洛沙金·Н.Н.上校和雅科夫列夫·Б.Н.上校
《伟大的卫国战争中的城市巷战战术》
（节选）

本书内容并非旨在涵盖城市巷战战术的所有问题，仅确定了组织与实施城市街巷战斗的基本依据。攻占建筑物、街区及其他设施的形式与方法，可根据具体情况变化。

本书结尾借鉴伟大卫国战争的经验，以专门章节对德军城市防御作战特点进行了阐述。

本书阅读对象为红军军官。

德军城市防御特点及街巷防御作战的实施

德国城市在结构上具有一系列特殊之处。城市中心——"老城区"——属于中世纪风格，其特点是建筑极为坚固，且彼此紧密相连。"老城区"内的街道狭窄、弯曲，向各个方向延伸，并有大量同样狭窄的小巷与之交叉。在"老城区"中，大多数建筑有3—4层楼高，窗户较小，屋顶呈尖顶状。这些建筑由砖或实心石块建成，墙壁厚度在0.8—1.5米之间。"老城区"中特别坚固的建筑是教堂和修道院。一些城市的"老城区"被砖墙或石墙环绕。

"新城区"与"老城区"通常以城墙或更常见的环形林荫道分隔开。"新城区"拥有宽阔笔直的街道、现代风格的房屋以及许多广场和小公园。这里坐落着重要的工业和公共事业企业。城市的这一部分毗邻公园、郊区以及工厂区。

德国城市的一个重要特点是独立的、坚固的砖砌建筑彼此紧密相连。通过在每栋建筑的每层墙壁上开辟通道，德军无需走到室外即可从一栋建筑进入另一栋建筑，以调动兵力和射击武器。

除了这些彼此紧密相连的建筑物外，也常常能遇到一些与其他建筑物隔离开的小型别墅、独立房屋。这些住宅通常有覆瓦的尖顶和许多位于不同高度的窄窗。住宅的墙壁相当坚固，通常由空心或实心砖砌成，有时也由压实的稻草和标准板材建造。此类建筑的特点有助于德军进行城市防御，并给我军识别从一个窗户移动到另一个窗户的火力点造成了困难。

如果城市仅具有战术意义，德国人通常会在靠近城市的入口处和城市内部组织防御。主要构筑的是野战型筑城工事：城市郊区和城内的建筑被最充分地改造用于防御。防御组织成环形，纵深不大。

位于主要作战方向上的城市，特别是靠近国境线的城市，德国人在战前很久就将其改造为可进行坚固防御的阵地。每个这样的城市都是一座强大的要塞，拥有前出很远的堡垒和其他永备工事。

根据其规模和作战意义，要塞城市的防御范围有时可达数百平方千米。

德军要塞城市的防御体系可以通过布雷斯劳（今波兰弗罗茨瓦夫）的防御示

意图（图1）为例来说明。

布雷斯劳的外部防御圈（外环线）向前延伸了10—25千米。它主要由野战式防御工事和连续的堑壕组成，并配备了机枪暗堡、各种混凝土工事、砖砌地堡等

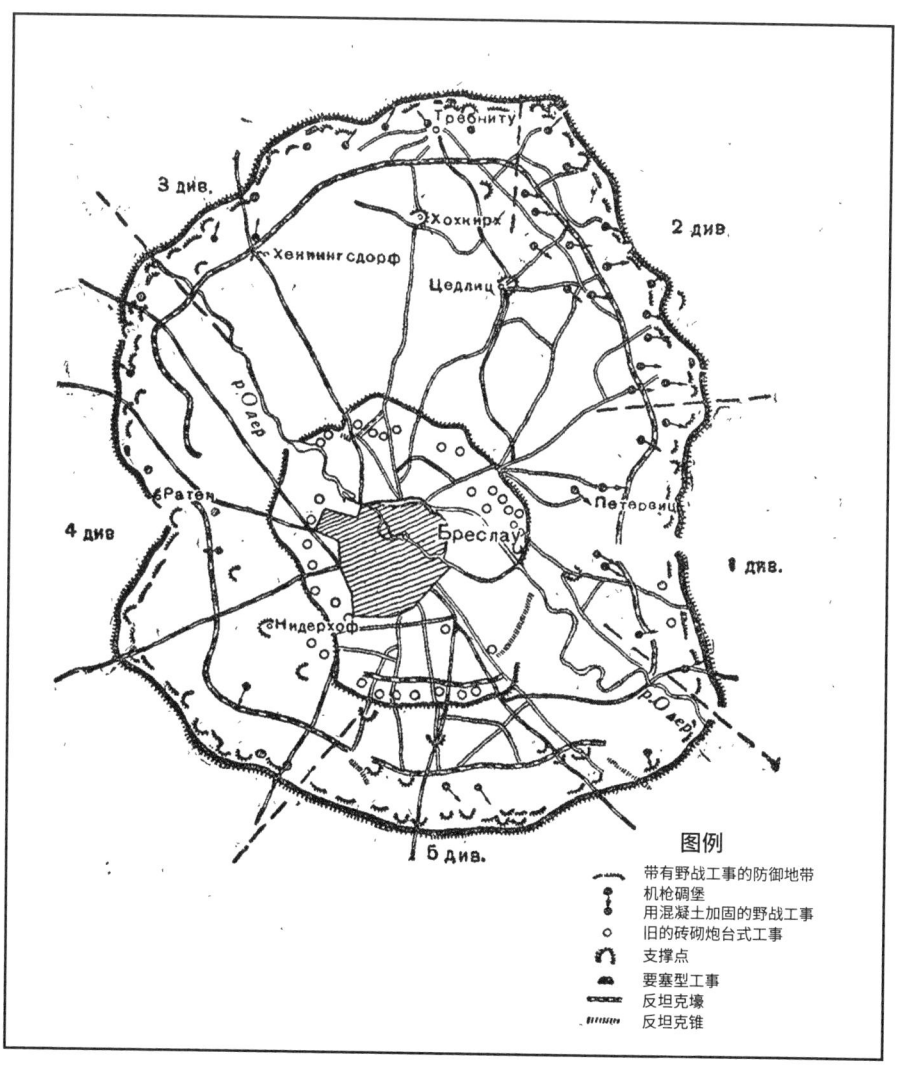

图1. 布雷斯劳城市防御

旧式防御工事以及堡垒式加固设施。

在外围防御圈后方设置了支撑点并构筑有抵抗枢纽部。在距离外围防御圈前沿3—5千米的深处，挖掘了一条几乎连续的防坦克壕，部分地段设置了反坦克障碍物。

在距离前沿8—17千米处，设有第二条内部防御圈（内环线），其防御工事与外环线相同，但以砖砌地堡等旧式砖砌掩蔽部型工事为主。

外部防御圈和内部防御圈之间的区域布满了永备工事，形成了坚固的支撑点。该区域内的所有居民点都被改造为支撑点或抵抗枢纽部。

内部防御圈比外部防御圈的防御工事密度要大得多；越靠近市中心，防御工事分布越密集。

布雷斯劳全城都被改造为可进行长期防御的阵地。在最重要的街区，建立了强大的抵抗枢纽部，由坚固且装备良好的支撑点（独立房屋或房屋群）组成。通往支撑点的道路布满了障碍和封锁物；街道被挖掘破坏，用路障封锁；在街道交叉路口修建了暗堡，或将拐角房屋的地下室和底层改造为火力点。尤其是通往广场和公园的出口得到了加强。

如果从整体上分析布雷斯劳的防御，那么必须指出，其面向东北、东和东南方向的防御工事构建得最为坚固。在这些方向上，现代型永备防御工事（机枪碉堡）占主导地位。

德国其他要塞城市的防御构筑也大致遵循同样的原则，但各有一些特别之处。例如，托伦要塞由城堡区和环绕城市的堡垒圈组成。通往堡垒的道路被有三射击孔的碉堡掩护。在堡垒之间的间隙部署了炮兵阵地和野战部队阵地。最坚固的是榴弹炮兵连的掩蔽部：这些掩蔽部的墙壁和拱顶厚度达到3米。其他要塞工事也能承受重型炮弹的直接命中。在要塞堡垒前方1.5—3千米处，设有带混凝土掩蔽部的野战型阵地。

在城市内部，德军防御的核心是支撑点和抵抗枢纽部。德军认为，城市中的每一栋房屋只要准备得当，都能轻易改造成堡垒；他们甚至认为，即使房屋被摧毁，地下室也是可靠的掩蔽所，可用于抵抗。

在组织城市防御时，德军对防御工事提出了以下要求：

与街区、街道的整体背景融为一体，不显眼；

与被防御的支撑点相连接；

能够提供强大的侧射火力，尽可能从上到下进行射击。

在构筑单个火力点、掩蔽所和其他工事时，德军采取了以下措施：

在宽阔的街道上，在街道两端修建独立的低矮碉堡，前提是这些碉堡能够通过通道与相邻房屋连接；

用混凝土加固建筑物上的所有阳台，只留下射击用的射孔；

封闭第一层和第二层的窗户，只在那些便于射击的窗户上留下伪装良好的射孔；

在建筑物入口前修建与人同高的石墙，墙上设有用于射击的射孔；

在大型建筑物内部（无论上层还是下层）设置隔墙。

此外，德军认为，每栋房屋都有其自身特点，在组织防御时必须加以考虑，而庭院和易燃建筑的防御则尤为困难。

为了进行防御作战，德军将整个城市（包括外部和内部防御圈）划分为防区、战斗地段、抵抗枢纽部和支撑点。

在外部和内部防御圈的防御作战，通常遵循在坚固设防地带进行野战的一般原则。当战斗转移到城市内部，德军力求牢牢守住支撑点和抵抗枢纽部。其守备部队的任务是用各种武器的强大火力阻止进攻部队接近攻击目标。如果进攻部队夺取了某个支撑点，德军会动用邻近支撑点的守备部队进行反击，以恢复原有态势。

德军1944年11月1日第500/44号《城市防御准备与实施指南》中指出："在敌人有计划的进攻时，必须在其接近支撑点时予以粉碎，这将具有决定性的作战意义。战斗警戒部队必须监视并以火力控制对面房屋的后院。"

防御前沿就是对面建筑物的墙壁。

支撑点的防御纵深通常不存在，而是以高度梯次配置火力来替代，换句话说，火力是从上层和屋顶进行射击。同时，实施侧射火力的可能性被赋予了重大意义。

德军根据自身经验，总结出城市中支撑点的防御方法如下：

在进攻方的坦克和炮兵行动开始前，首先坚守入口、侧射火力阵地和建筑物中不易燃烧的部分；

白天将机枪配置在第一层和第二层；

夜间将全部警戒哨、哨兵和值班分队配置在底层，而预备队配置在建筑物的上层；

将掷弹兵配置在第一层，负责防守建筑物入口；

在一层靠近大门入口的地方部署成对的哨兵；同时用障碍物堵塞大门或做好能迅速堵塞大门的准备；

在屋顶部署配备步枪和冲锋枪的射手，其任务是：日夜防守建筑物，防止敌人从相邻房屋的屋顶进攻；射击敌人的出发阵地；阻止敌人在街道远端活动；

通过装备精良的巡逻队，维持未直接参与战斗的支撑点守备部队与相邻支撑点之间的联系；

向位于狭窄街道房屋窗边的士兵提供近战反坦克武器——"铁拳"火箭筒；

通过在房屋前构筑防御工事以及在高度上按楼层梯次配置火力点，使每栋房屋的防御形成梯次配置；

组建反冲击小组，在进攻者突入房屋时，这些小组应立即通过备用出口出击，在近战中肃清被占领的街道或夺回建筑物的入口。

位于独立多层房屋的支撑点防御（图2）。根据德军的条令和指南，独立多层房屋作为支撑点的优势在于其拥有良好的视界和射界。除了改造房屋本身用于防御外，通常还有可能在接近支撑点的路线上组织防御。

德军认为，这样的支撑点如果防御组织得当，可以由一支人数不多的守备部队防守。

德军认为，此类支撑点防御的一个重大缺点是，其守备部队在战斗中难以获得各种补给，且与相邻支撑点及上级指挥官的通信也存在困难。因此，在组织防御时，德军要求守备部队挖掘通道，以便与相邻街道保持联系。

在这样的支撑点，除了通常部署的直接战斗警戒外，德军在夜间还向各个方向派出侦察巡逻队。

夜间，警戒人员、哨兵、值班分队或小队部署在建筑物的底层。

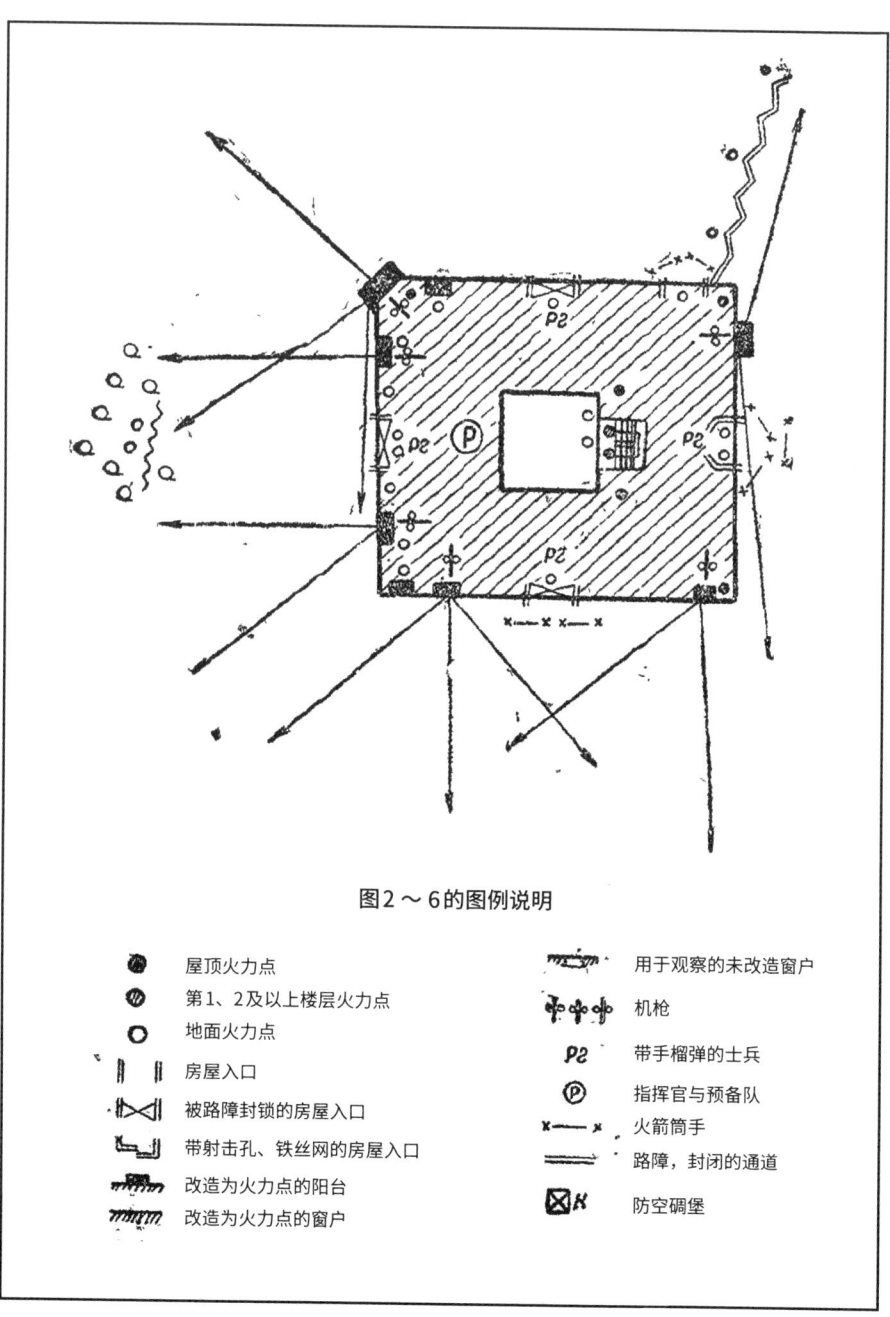

图2～6的图例说明

- 屋顶火力点
- 第1、2及以上楼层火力点
- 地面火力点
- 房屋入口
- 被路障封锁的房屋入口
- 带射击孔、铁丝网的房屋入口
- 改造为火力点的阳台
- 改造为火力点的窗户
- 用于观察的未改造窗户
- 机枪
- p2 带手榴弹的士兵
- ⓟ 指挥官与预备队
- 火箭筒手
- 路障，封闭的通道
- 防空碉堡

图2. 独立房屋的防御

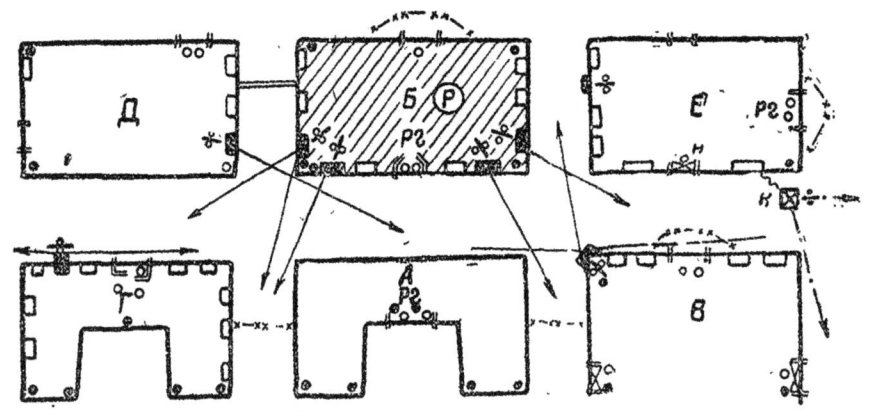

图 3. 笔直宽阔街道上的支撑点

支撑点守备部队的指挥官及其预备队通常位于房屋的中央部分。

位于笔直宽阔街道上的支撑点防御（图 3）。图 3 所示的是位于笔直宽阔街道上的支撑点防御，其特点是入口位于房屋中央。大部分火力点集中在入口附近以及一层和二层的拐角处；部分机枪部署在屋顶。屋顶的观察窗配备了持步枪的观察员。支撑点指挥官及其预备队位于第一层。

建筑物拐角处的阳台有利于沿街道组织火力。这些阳台可以向三个方向射击。朝向街道的阳台可以观察并控制整条街道。街道的死角部分可以从房屋 Д 的个别窗户观察。

直接警戒哨布置在对面房屋（А、Д）的庭院入口处。

在组织类似本例的防御时，德军建议主要火力瞄准街道上无法观察到的部分，而能够观察到的部分则由几支步枪、冲锋枪和机枪进行火力控制。

德军从上层和屋顶监视通往支撑点的通道。他们特别重视对房屋庭院、菜园、棚屋的监视。大型和高大房屋的阁楼通常设有指挥或观察点。

夜间，除预备队外，守备部队主力集中在第一层；阳台上部署了可用信号弹照亮街道的巡逻哨；接近支撑点的道路由巡逻队守卫。

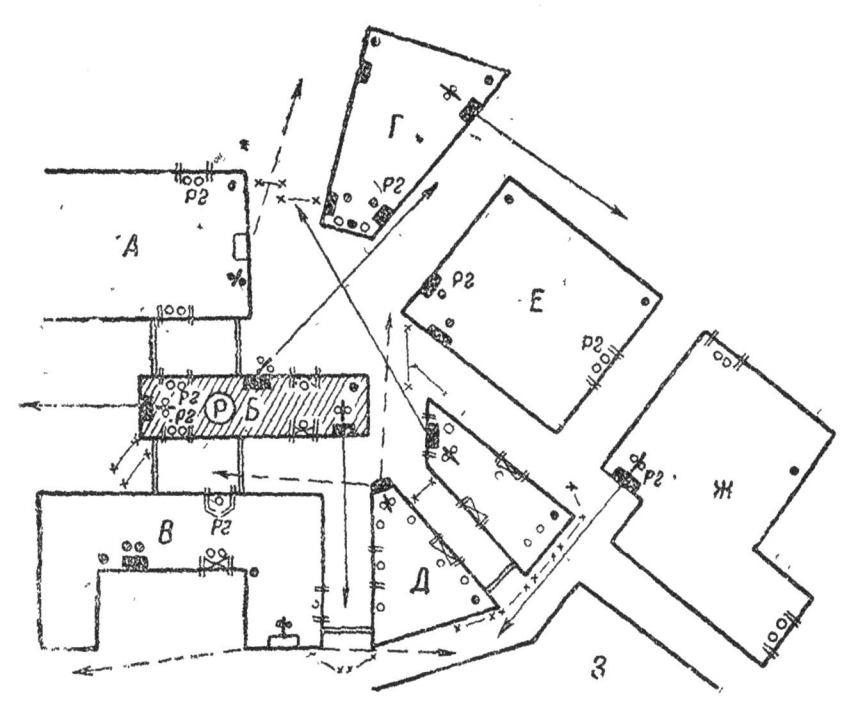

图4. 狭窄弯曲街道上的支撑点

位于狭窄弯曲街道上的支撑点防御（图4）。 德军指南指出，在狭窄弯曲街道上的防御支撑点，比在笔直宽阔街道上的需要更周密的侦察准备、更多的武器和更多的观察员。德军试图通过设置拒马和路障阻碍进攻部队进入街道的弯曲处。

他们建议使用填充沙子或泥土的混凝土空心板、鹅卵石、带土铺设的砖块等材料修建路障。

在选择支撑点的设置地点时，德军高度重视防火措施。

他们通常将建筑物第一层和第二层的窗户改造为射孔，用配置在第一层的便携机枪火力掩护建筑物入口，在房屋屋顶设置观察点。

在狭窄街道上，德军利用上层楼的阳台进行射击。鉴于狭窄弯曲的街道容易穿越，德军将最便于穿越的地点置于严密监视和火力控制之下。为此，他们派出战斗警戒哨,并用就便材料堵塞被防御房屋及邻近房屋第一层的窗户,将其改造为射击阵地。房屋的多余入口也用就便材料堵塞或派人守卫。为了与邻近房屋联系,开辟了通道(在图4中为房屋A、Б、В、Е)。

位于广场的支撑点防御(图5)。在防御位于广场的支撑点时,德军主要争夺广场,并将主要注意力放在通往广场的接近路上。为了组织支撑点防御,他们选择面向进攻部队占领街区的广场房屋,并在准备防御时将主要力量集中在该方向。德军认为,在广场上的支撑点,在我方自行火炮或坦克出现之前,是容易防御的。

在图5中,德军支撑点除了在房屋A本身有强大的守备部队外,在房屋B和Д还设有抵抗枢纽,这些枢纽仿佛是它的战斗警戒。与这些抵抗枢纽的联系通过位于广场上的邻近房屋维持。

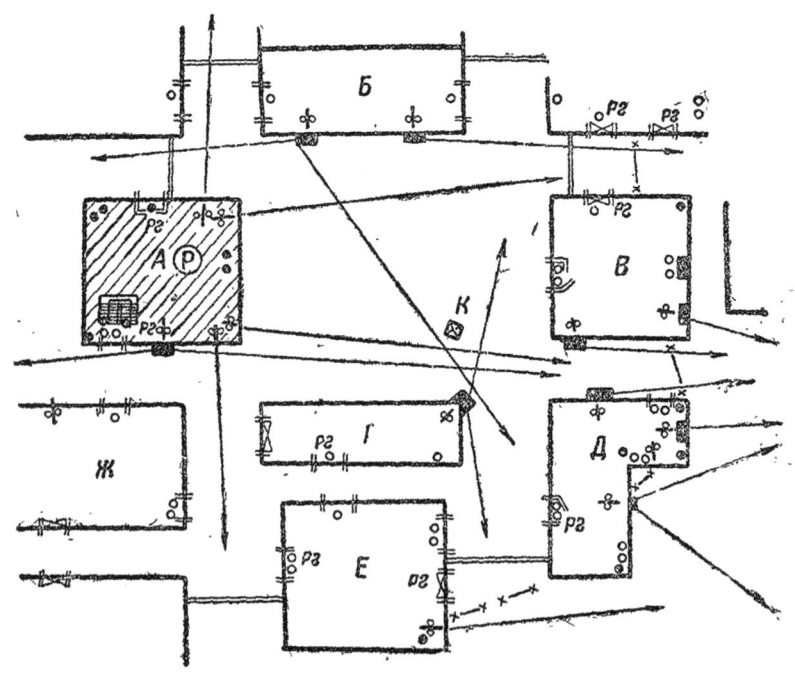

图5. 广场上的支撑点

随着夜幕降临，德军加强了底层兵力。为应对空袭，他们构筑了防空洞，通常位于远离房屋的广场或公园边缘。这个防空洞被纳入该支撑点的整体防御计划。在设置掩蔽所和火力点时，德军考虑到了被防御房屋可能遭到来自上方，即多层建筑对防御房屋射击的可能性。他们将火力点设置在不易被附近房屋观察和射击的位置。

位于街道交叉路口的支撑点防御（图6）。德军认为，在位于街道交叉路口的房屋中组织的支撑点，如果房屋内有阳台或窗户呈半圆形布置，则最便于防御。在这种条件下的防御支撑点，德军认为首先必须通过在前方房屋和街道上组织抵抗基点来守住前方建筑。在图6中，支撑点守备部队的主力及预备队在指挥官的带领下配置在房屋A中。

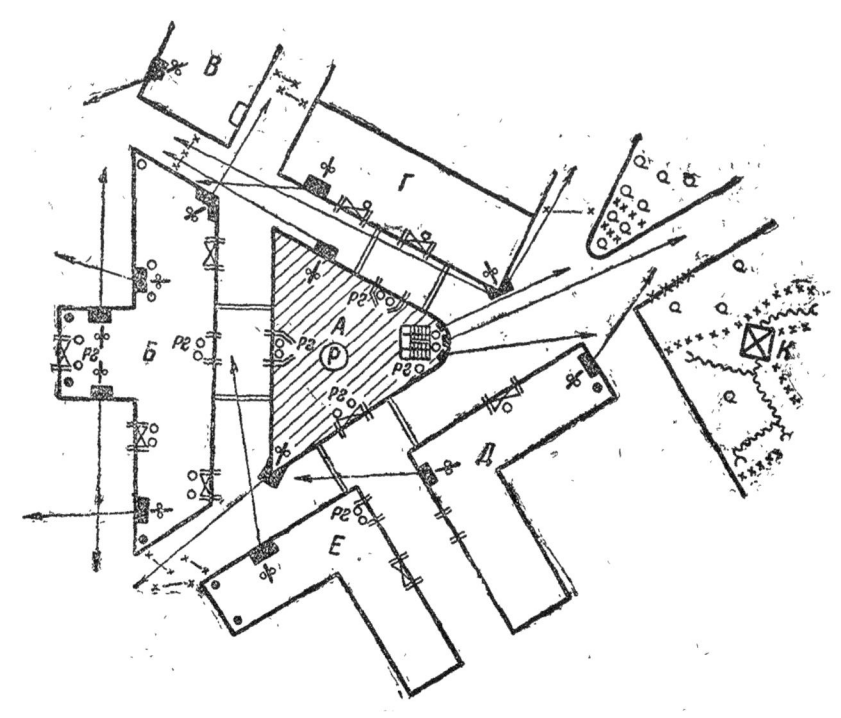

图6. 街道交叉路口的支撑点

位于密集建筑街区的支撑点防御。在密集建筑街区，德军通常不将单个房屋作为支撑点，而是将多栋相邻房屋划为一个支撑点，形成一个"街区"，该街区朝向进攻部队占领的街区方向与街道的开阔地段接壤。

德军特别强调，在这种情况下，后院防御困难；此外，彼此靠近的建筑不利于观察掌握情况，且在火灾中较为危险。

对于密集排列的建筑，德军通常不仅在底层，而且在上层也开辟通道连接起来。

布达佩斯一个半月的战斗经验可以总结出德军为防御而设置和部署火力点的一些方法：在建筑物内部，德军利用建筑物地基的石头和砖墙，修建了专门的战斗掩蔽部。战斗掩蔽部用数排铁轨或厚木板加固顶部，上面覆盖一层土或铺设厚度达1米的石头。这些掩蔽部足以保护内部的守备部队免受中、小口径火炮和迫击炮炮弹的直接命中。在被破坏的建筑物内部，德军为轻、重机枪挖掘了完整的射击阵地。在建筑物墙壁上开凿了专门的射击孔。在建筑物内部的火力点上方，用铁轨或木板建造专门的顶盖，以防建筑物被摧毁时碎片伤及火力点人员。德军通常利用窗户作为射孔，并用砖块或沙袋专门加固。

为射击通往街区的通道以及城市广场、公园、花园的主要出口，德军在拐角房屋设置了机关枪和反坦克炮，或在拐角房屋前的街道上修建专门的隐蔽火力点。通往所有拐角房屋的通道通常都布设了地雷，并处于多层火力控制之下。在重要的街道、广场、庭院地段，为便于兵力和武器机动，挖掘了堑壕和交通壕。德军在阁楼、建筑物上层、教堂和水塔上设置有观察点。

血街

柏林战役

［英］A. 斯蒂芬·汉密尔顿 / 著
小小冰人 / 译

民主与建设出版社
·北京·

© 民主与建设出版社，2025

图书在版编目（CIP）数据

血街：柏林战役 /（英）A. 斯蒂芬·汉密尔顿著；
小小冰人译 . —— 北京：民主与建设出版社，2025.9.
ISBN 978-7-5139-4981-1

I. E195.2-49

中国国家版本馆 CIP 数据核字第 2025YJ5345 号

Bloody Streets: The Soviet Assault On Berlin(Revised And Expanded Second Edition) by
Aaron Stephan Hamilton
Copyright:©by Aaron Stephan Hamilton 2020
This edition arranged with Helion&Company through BIG APPLE AGENCY,INC.,LABUAN,MALAYSLA
Simplified Chinese edition copyright:
2025 ChongQing Zven Culture communication Co.,Ltd.
All rights reserved.

著作权合同登记 图字：01-2025-1541 号

审图号：GS（2025）2205 号

血街：柏林战役
XUEJIE：BOLIN ZHANYI

著　　者	［英］A. 斯蒂芬·汉密尔顿
译　　者	小小冰人
责任编辑	唐　睿
封面设计	杨静思
出版发行	民主与建设出版社有限责任公司
电　　话	（010）59417749　59419778
社　　址	北京市朝阳区宏泰东街远洋万和南区伍号公馆 4 层
邮　　编	100102
印　　刷	重庆市国丰印务有限责任公司
版　　次	2025 年 9 月第 1 版
印　　次	2025 年 9 月第 1 次印刷
开　　本	710 毫米 × 1000 毫米　1/16
印　　张	59.5
字　　数	949 千字
书　　号	ISBN 978-7-5139-4981-1
定　　价	239.80 元

注：如有印、装质量问题，请与出版社联系。

译者序

20年前的某个下午,我在南京湖南路新华书店买到了科尼利厄斯·瑞恩的《最后一役》,迫不及待地坐在街心花园翻阅起来。那时候我很喜欢读军事类书籍,但对二战欧洲战场的各场战役不甚了解,阅读《最后一役》确实不得要领,不过还是觉得这是本很好的书,因为里面有各种细节,尤其是经历柏林战役的军民战后的回忆,读起来发人深省。

后来我成了约翰·托兰的粉丝,又翻译了戴维·格兰茨的若干战史专著,再后来甚至不知天高地厚地翻译了利德尔·哈特的几部著作,但一直心存遗憾:不知道是否有幸重译约翰·托兰的几本书。直到我翻译里克·阿特金森获普利策奖的"二战史诗·解放三部曲"的部分章节,仍有种"壮志未酬"感:为何不是约翰·托兰呢?

失之东隅,收之桑榆,没想到指文图书居然把重译科尼利厄斯·瑞恩"战争三部曲"的重任委托给我。我当然读过《最长的一天》和《遥远的桥》,电影也看了无数遍,接到任务,惶恐感油然而起,但更多的是荣幸:当初坐在电视机前目不转睛看影碟,几十年后重译这几部巨著的那个人,居然是我!冥冥中似乎出现了一道看不见的纽带……

其实除了"战争三部曲"和两部同名电影,我并不了解瑞恩其人,但几年前翻译亚历山大·沃思堪称苏联版《西行漫记》的《战争中的苏联》,才知道科尼利厄斯·瑞恩是与沃思、威廉·夏伊勒齐名的战地记者,而且他们都为世人奉献了无疑能流传千古的巨著。当然,还要算上约翰·埃里克森。

《最后一战》(我把瑞恩的 *The Last Battle* 改译为《最后一战》,因为"一役"两个字都是闭口音,读起来有点别扭)翻译起来没什么难度,只要注意遣词造句,为读者呈现真正的白话文译本即可。

我觉得有了瑞恩的《最后一战》、埃里克森的《通往柏林之路》、安东尼·比弗的《柏林1945》，读者便足以了解柏林战役了，没想到指文图书又送来A.斯蒂芬·汉密尔顿的《血街：柏林战役》。

又是柏林战役！

看了汉密尔顿的序言，我才震惊地得知，科尼利厄斯·瑞恩研究小组当年的大批采访记录，《最后一战》只采用了很少一部分。个中原因瑞恩在《遥远的桥》一书的致谢中说得很清楚："记忆并非绝对可靠。"他严谨的写作态度，要求"书里每一句话、每一段引语都有相关文件证明，或得到耳闻目睹此事的其他人证实"，不能"收录道听途说的传闻、消息或第三方叙述"。因此，"我的文件里还有数百个可能完全准确的故事，但没得到其他参与者证实，为准确还原历史，我没有采用"。

虽说《遥远的桥》写于1974年，而《最后一战》写于柏林战役结束不久后的1966年，但我觉得瑞恩创作《最后一战》期间的治学态度也是如此。

这就是汉密尔顿在俄亥俄大学奥尔登图书馆马恩中心仔细梳理科尼利厄斯·瑞恩各类藏品的缘故。他找到"疏漏的某些资料"，终于让"此前可能从没披露过的部分未编目的文件重见天日"。

从这个角度看，汉密尔顿的《血街：柏林战役》是对《最后一战》的补充。

更何况，汉密尔顿修订扩充的《血街：柏林战役》第二版，收录了大批苏联视角的新资料，主要依据除了白俄罗斯第1、白俄罗斯第2、乌克兰第1方面军的作战日志，还有苏联1948年出版的《攻克柏林》一书。约翰·埃里克森当年在写给科尼利厄斯·瑞恩的信里提到过这本书，认为"书里的内容很有意思，好多地方经过宣传人员'润色'，难以分辨这些记述是真是假，但总体而言，许多内容可用于核实苏联方面的叙述"。

汉密尔顿核实了，而且保证书中采用的"20多篇记述真实无误"。

埃里克森和汉密尔顿可能对《攻克柏林》一书感到惊喜，认为这是核实苏联官方战史的宝贵资料。的确如此，我想到国内出版的《淮海战役资料选》《孟良崮战役资料选》《南麻战役》等，想必战史爱好者不会陌生。虽说特定时期的宣传意味浓重，但很多细节是无法编造的，用于核实、对比军史不无价值。

与《最后一战》《柏林1945》等著作不同，汉密尔顿的《血街：柏林战役》按日期、分地区描述了柏林战役，对各部队各兵团的作战行动和进展叙述极为翔实，是研究柏林战役不可多得的战史佳作，这主要得益于苏联红军三个方面军的战役作战日志。细节方面，书中收录了交战双方参战官兵的回忆。要知道，《攻克柏林》一书出版于1948年，与柏林战役仅隔三年，而科尼利厄斯·瑞恩研究小组的采访工作也是在20世纪60年代进行的，当事人的记忆应该不会有太大偏差。仔细阅读红军官兵的回忆，会发现他们的记述相当客观，没有贬低敌人的侮辱性语言，这种手法反而增加了叙事的可信度。有趣的是，瑞恩《最后一战》中的人物，再次出现在《血街：柏林战役》里，而且更全面、更翔实，可以说是完美的补充，也满足了读者的好奇心。

《血街：柏林战役》篇幅较长，翻译期间最麻烦的无疑是德文地名，尤其是各条"街""大街""路""大道"，因为 Bloody Streets 文如其名，重点就是详述各条街道上发生的激战，街道名称的准确性至关重要。另外，还得考虑传统译名，例如"菩提树下大街"还是"菩提树下街"，"霍恩措伦运河"还是"霍亨索伦运河"，等等，幸亏汉密尔顿给出了德文原文。

《血街：柏林战役》一书确实填补了许多空白，例如第56装甲军的作战历程，例如党卫队"诺德兰"师的顽强抵抗，例如各人民冲锋队营不同的作战表现，最重要的是城内几座防空炮塔为抵御红军地面进攻发挥的重要作用，以往的书籍几乎从未涉及这些题材。可以说《血街：柏林战役》是一部真正的战史，资料丰富，篇幅宏大。与斯大林格勒战役不同，详述柏林战役的战史专著少之又少，这就让《血街：柏林战役》一书弥足珍贵。

当然，作者从西方世界的角度出发，对共产主义、苏联和苏联红军的看法确有偏颇，大量采用德方资料也让他对德军有种"同情的理解"，许多观点大谬不然。例如他和科尼利厄斯·瑞恩都对维斯瓦集团军群司令戈特哈德·海因里齐颇多溢美之词，不厌其烦地反复指出，海因里齐信奉宗教，不愿从事战争犯罪，宁可违抗希特勒的命令也不肯执行"焚毁斯摩棱斯克"的焦土令，他的弹性防御战术相当高明云云，可如果读读普里特·巴塔的《绞肉机》一书，看看海因里齐的家书，就会发现他的另一面。他下令不得在他窗户100米内绞死游击队员，不是对此类处决心存愧疚，而是对目睹行刑觉得不舒服，跟博克元帅见到部下当街枪杀俘虏的暴行后病倒如出一辙。

翻译《血街：柏林战役》是为广大读者提供柏林战役的史料参考，绝不代表我们赞同作者的观点。无论怎样分析、评价柏林战役，为维护世界和平进行的反法西斯战争永远是一场正义、胜利的事业。

小小冰人

鸣谢

《血街：柏林战役》修订扩充版得以面世，归功于过去十年强烈要求再版拙著的所有人。要不是你们孜孜以求，我会逐渐淡忘这本书，就像那场战役的记忆。感谢你们对这个军事历史主题的持续关注。

赫利昂出版社的邓肯·罗杰斯支持我彻底修订原稿的想法，他的耐心让我实现了重写本书的主要目标：纳入苏联红军一手文件和记述。这些资料让广大读者获得了迄今为止出版的柏林战役最权威的著作之一。

我要衷心感谢文稿编辑托尼·沃尔顿，他尽职尽责地审阅了我的手稿，提出的专业意见极大地改进了定稿。

保罗·梅里亚姆通晓俄文和德文，多年来为我提供了诸多帮助。这次也不例外，他承担起重要的工作，不仅查阅了数千页苏联时期的文件，还及时翻译了其中数百页。梅里亚姆军事经验丰富，处理这些文件的词汇和语境游刃有余，付出的努力起到事半功倍的效果。

《血街：柏林战役》的再版工作得到许多人大力支持。俄亥俄大学奥尔登图书馆马恩中心负责管理科尼利厄斯·瑞恩藏品的新馆长萨拉·哈林顿，帮助我们把此前从未公开过的玻璃底片转为新版收录的图片；斯图尔特·布里顿翻译了近卫坦克第3集团军的作战日志；伦纳特·韦斯特贝格提供了约阿希姆·齐格勒的档案资料；彼得·范德斯米森对柏林人民冲锋队、希特勒青年团、防空部队部署情况的研究颇具独到见解，分析得细致入微，让本书的再版工作获益颇丰；卡门·内文金提供了俄罗斯国防部中央档案馆（TsAMO）苏联时期的战役作战日志；柏林博物馆照片部部长伊内斯·哈恩、照片部联络主任罗伯特·魏因允许我们使用皇家工兵塞西尔·F.S.纽曼的摄影作品；另外还有本书首版的许多读者多年来的评论、意见、更正。

《血街：柏林战役》的首版于2008年面世，当初的研究工作得到许多人大力协助，具体如下：

德国方面，科布伦茨德国联邦档案馆的库尔夫人，为本书找到了许多出色的照片；弗赖堡德国联邦军事档案馆的C.诺茨克，不仅确定了柏林战役的作战序列，还提供了参与战役的德军部队的文献资料；塞洛高地纪念馆馆长格尔德-乌尔里希·赫尔曼先生提供了颇具价值的信息，还允许我们使用纪念馆收藏的文件档案。

美国方面，我得感谢美国第二国家档案馆的许多工作人员，具体如下：詹姆斯·克林先生为我们从缴获的德国及相关档案、特藏中寻找重要文件提供了大力协助；R.F.库克森先生提供了"日食"计划的信息，以及过去十年解密的战略情报局档案里的相关文件；制图部工作人员帮助我们确定了所有难以找到的地点的准确位置，还为本书提供了鲜为人知的柏林航拍照片；理查德·H.史密斯替我们找到了东线每日态势图，这些地图为读者了解战役期间苏德军队的部署情况提供了重要帮助。

道格·麦凯布先生的帮助让本书的首版获益匪浅，他原先是俄亥俄大学管理科尼利厄斯·瑞恩藏书的馆长，现已退休。我觉得瑞恩日积月累的研究工作，依然是了解柏林战役和德意志第三帝国最后几天最重要的历史文献、采访记录收藏。瑞恩在《最后一战》里几乎没使用他掌握的第一人称叙述，这批丰富的资料是20世纪60年代收集的，我是首个加以利用的作者。撰写柏林战役的作者，谁都无法忽略马恩中心收藏的这些资料文献。借此机会，我要向50年前接受瑞恩研究小组采访，介绍自己战时经历的数百名德国、苏联军民致谢，他们的观点有助于填补历史空白。

我还要感谢为本书首版提供协助的西尔克·哈特曼、亚努什·莱德沃赫、马丁·蒙松、伦纳特·韦斯特贝格、克里斯·哈比索恩、查尔斯·特朗。

最后我得感谢妻子金姆无尽的耐心，她没想到本书首版准备工作需要耗费的时间、经历、费用，更别说重新修订的扩充版了。

A. 斯蒂芬·汉密尔顿

修订扩充版前言

自我1992年夏季在佩加蒙博物馆外走下旅游大巴以来,柏林的变化很大,那时候我还是美国陆军军校学员,盯着已修复的德国历史博物馆大楼外墙,那座建筑当时显然留有50年前柏林战役的痕迹。那一刻我拿定主意,想了解柏林各条街道最后一战的更多详情。可我很快发现,没有相关著作能提供我探寻的战役或战术细节。于是我决定认真研究一番,撰写一部专著满足自己的兴趣,当然也希望这本书能让其他同好得益。

《血街:柏林战役》一书2008年付梓,归功于英国赫利昂出版社的邓肯·罗杰斯。他无意间读到我只写了个大纲的手稿,立马答应出版拙著。经济大衰退最严重的时期,首版《血街:柏林战役》仅用8个月就销售一空,随后10年间,再版此书的要求络绎不绝。

多年来,广大读者一再呼吁重新出版《血街:柏林战役》,但我的态度很坚定,除非能补充书里的内容,把柏林战役最详尽的细节呈现给读者,否则我绝不会贸然行事。我认为《血街:柏林战役》第二版实现了上述目标。

首版与扩充版推出之间的那几年,我掌握了一些新材料,包括苏德双方

笔者1992年7月柏林之行期间,见到柏林战役时在德国历史博物馆外墙留下的痕迹。20世纪90年代,这种景象在整个东柏林随处可见,激发了笔者写作本书的灵感。(本书中插图系原文插附地图)

不同视角的亲身经历、作战日志、战役照片等。许多读者也不吝赐教，主动提供了他们发现或掌握的新资料。我尽力把这些素材收入新版。

我深感高兴的是，新版《血街：柏林战役》收录了苏联视角的大批新资料。我买到一本苏联1948年出版的《攻克柏林》，里面有数百篇关于柏林战役的独特记述。20世纪60年代初期，约翰·埃里克森教授在寄给科尼利厄斯·瑞恩一封未注明日期的信里谈到这本书："书里的内容很有意思，好多地方经过宣传人员'润色'，难以分辨这些记述是真是假。但总体而言，许多内容可用于核实苏联方面的叙述。"

《攻克柏林》的内容不仅仅"有意思"，很多情况下，书中红军老兵的记述，往往是我了解至关重要的战术交战唯一的资料来源。我对照苏德双方的作战记录，核实了《攻克柏林》一书的许多篇记述。我能保证，为《血街：柏林战役》翻译的20多篇记述真实无误。这些记述为塞洛高地、警察总局、特雷普托公园、柏林动物园和其他地方的激烈战斗提供了新的细节，都是战斗亲历者讲述的。虽说苏联时期的宣传意图让几篇叙述读起来似乎有点"千篇一律"，但考虑到历史价值，我还是把它们收录到书里。红军对柏林战役的观点，我指的是普通士兵的看法，长期以来没得到应有的重视。

过去10年我掌握的新资料中，最重要的可以说是白俄罗斯第1、白俄罗斯第2、乌克兰第1方面军的战役作战日志。这些文件为我们了解1945年4月—5月间红军面临的战役决策和战术问题提供了无与伦比的视角。白俄罗斯第1方面军的文件，包括"各集团军司令部和军兵种参谋部呈报的作战兵团普遍经历简短摘要""1945年4月和5月份头10天，白俄罗斯第1方面军作战日志""1945年4月，白俄罗斯第1方面军辖内兵团普遍作战经验第22号概要"。乌克兰第1方面军的文件，包括"战斗中的近卫坦克第3集团军，第六册，集团军司令部战争经验运用处撰写""第28集团军辖内兵团作战日志摘要"。这些文件是1945年5月12日停战后，各方面军下属率领机关撰写的，他们对此前的战斗依然记忆犹新。

这些文件清晰无误地披露，战斗中哪些战术有效，哪些战术无效，充分说明战场上的红军战士是如何克服他们面临的难题，确保自身生存，最终赢得胜利的。红军学到的经验教训，也让我们深入了解到，他们为迅速攻克柏林付出了多么高昂的生命代价。这种代价往往不是德军殊死抵抗造成的,应当归咎于白俄罗斯第1方面军司令员格奥尔吉·朱可夫冷酷无情的指挥风格。

2016年我再次到访俄亥俄大学马恩中心查阅档案和特藏,仔细梳理科尼利厄斯·瑞恩的藏品,这是10年来的第二次。我的耕耘获得新的回报,找到了10余年前首次来这里查阅文献疏漏的某些资料。部分未编目的文件重见天日,此前可能从没披露过。我发现了柏林的玻璃底片,包括战役结束后不久拍摄的照片。本书修订扩充版收录的照片,有不少是首次公之于众。

我在本书首版提出的某些战术观点和结论,主要基于我分析战斗进展和军队部署情况时做出的观察评论。为撰写新版获得的新文献,证实了这些结论。其中最重要的是,柏林战役到达顶点之际,崔可夫近卫第8集团军,沿兰德韦尔运河与伊万·科涅夫元帅近卫坦克第3集团军辖内某加强军发生冲突。朱可夫派麾下作战兵团跨过最高统帅部划定的作战分界线,企图阻止他的竞争对手率先到达德国国会大厦,结果,红军两个方面军在柏林街头发生冲突。

从德方视角着眼,我想详尽阐述这场战役的一个方面,是分别位于动物园、洪堡海因、腓特烈斯海因公园的三座主要防空炮塔起到的作用。我在2008版《血街:柏林战役》里,首次披露了几座防空炮塔在地面战斗中广泛发挥的作用。我原以为这番叙述会获得普遍认同,却不料许多读者深感惊异,还质疑此事的真实性。我牢记他们的疑问,展开深入研究,了解并记录下几座防空炮塔在战斗中起到的重要作用。不仅德国军人,就连红军老兵也谈到这些防空炮塔积极参与地面战斗的情况。苏联方面的记述把几座炮塔称为"堡垒",理由很充分,这些炮塔在巷战中充当通信中心、掩蔽部、军医院,还以自身配置的武器顽强战斗,把柏林的陷落拖延了至少72小时。尽管上级从未赋予它们地面防御任务,但几座防空炮塔确实是德军防御的核心力量。柏林城内,洪堡海因与腓特烈斯海因两座防空炮塔之间的整片地域,全城投降前一直控制在德国人手里。由于这些"堡垒"发射的火力极为猛烈,几个红军兵团不得不变更前进方向。柏林防空炮塔在地面战斗中发挥的作用,现代军事史上史无前例。

过去25年的学术培训、军事经验、研究工作告诉我,从混乱的战斗中寻找历史真相是多么困难。19世纪创立现代史学方法论的利奥波德·冯·兰克说过,再现历史时,你能做的就是"把真实情况告诉他人"。但当年的柏林是欧洲大陆规模最大的城市,有300万居民,投入争夺战的参战人员超过100万,该如何再现那场战役呢?两个敌对的政权,政治军事机构和作战军队的传统不同,辖内指挥官和士兵的情况也大相径庭,如何呈现双方的不同观点呢?亲历者的第一人称记述,如何跟有限、往往自相矛盾的原始文献协调使用呢?这种情况下,拿破仑·波拿巴对再现历史的务实评论,也许比冯·兰克的办法更可靠:

历史真相……不过是说说而已;每个人的感受不同,根本无法弄清事件的确切发生时间;就算日后达成共识,也不过是没人反驳罢了……什么是历史真相?……其实就是众人认可的小说……某些真相依然混淆不清。[1]

不过,无论从哪个视角看,有个"真相"无可争辩:第二次世界大战结束75年后,苏联红军对柏林的最终突击,仍有许多值得研究之处。

A. 斯蒂芬·汉密尔顿

2019年11月

写于北弗吉尼亚

尾注:

1.Jav Luvaas, "Military History: Is It Still Practicable?" (Paramaters, Summer 1995)

引言

保卫德意志第三帝国的最后一战注定无比激烈,没有哪个柏林人愿意目睹自己的家园、商业机构、宗教场所或当地文化中心毁于战火。负责东线战事的德国陆军总司令部(OKH)高级成员,也不想把柏林当作"要塞"严防死守。时任德国陆军总参谋长的海因茨·古德里安大将,自作主张地给维斯瓦集团军群司令戈特哈德·海因里齐大将下达了特别指令,命令他沿奥得河战线长时间挡住红军,好让德怀特·D.艾森豪威尔将军派遣西线盟军几个集团军,渡过易北河,一举攻占柏林,以免德国首都落入苏联军队手里。

海因里齐下定决心,绝不能让柏林沦为另一个斯大林格勒。他着手实施自己的计划,把柏林城内残余的作战力量抽调一空。一旦苏联红军突破奥得河防线,他就命令麾下两个集团军(第3装甲集团军、第9集团军)绕过柏林城向西退却。海因里齐从来没对上司透露过后一份防御计划。

海因里齐在其元首暗堡对阿道夫·希特勒提出自己的观点,他觉得应当沿奥得河一线保卫柏林。纳粹德国最高领导人希特勒赞同他的看法,批准柏林城内的人民冲锋队和另一些军事力量统归海因里齐指挥。红军1945年4月16日对德国东部发起最终突击之际,维斯瓦集团军群司令部人员还以为柏林也许能免遭灾难重重的最后一战,可他们错了。

苏维埃社会主义共和国联盟最高领导人约瑟夫·斯大林大元帅,要求红军不惜一切代价,务必抢在西方盟国前攻克柏林。盟军率先攻入柏林的可能性,无论斯大林相信与否,是真切地感知到还是纯属杯弓蛇影,归根结底都无关紧要。他下定决心,白俄罗斯第1方面军司令员格奥尔吉·朱可夫元帅、乌克兰第1方面军司令员伊万·科涅夫元帅随即付诸行动。两位战地指挥员是竞争对手。斯大林充分利用这一点,激起他俩的胜负欲,两位元帅都想在战场上

白俄罗斯第1方面军司令员格奥尔吉·朱可夫元帅。

乌克兰第1方面军司令员伊万·科涅夫元帅。

胜对方一筹,率先攻入柏林市中心。

斯大林认为,攻克柏林是苏联神圣的权利,因为过去四年,他的国家为抵御纳粹侵略承受了最沉重的负担。红军对德国东部展开的最终攻势,完全是毫无约束的暴力行径,无论是从他们使用的火力、各种各样的行为,还是对城内女性肆无忌惮的大规模强奸。消灭"法西斯野兽巢穴"的荣耀归于他、红军、苏联。米哈伊尔·齐阿乌列里执导的苏联电影《攻克柏林》,强调了这种神圣不可侵犯的观点,把斯大林而不是朱可夫塑造成柏林战役的英雄。

苏联对德国和柏林发动的最后一场攻势,正式名称是"柏林战略进攻战役,1945年4月16日—5月8日"。这场战役是苏联历史学家说的"伟大卫国战争"期间,红军规模最大、代价最高昂的进攻战役之一。攻克柏林,随后彻底击败纳粹德国,堪称红军老兵、当今俄罗斯联邦武装力量、时至今日的俄罗斯民族史的集体记忆中独一无二、最伟大的军事成就。

红军攻克柏林,与这股力量在苏联战后主导东欧期间发挥的作用,存在明显的关联。从历史上看,苏联作为欧洲乃至全世界的主导力量,其兴衰

满怀崇敬之情的红军指战员,在滕佩尔霍夫机场迎接柏林征服者约瑟夫·斯大林大元帅,这张照片出自电影《攻克柏林》。

与纳粹首都柏林的陷落、柏林墙最终倒塌、这座分裂的城市重新统一息息相关,绝非巧合。

斯大林想的是,一旦击败德国这头"法西斯野兽",苏联就成为欧洲大陆唯一的军事强国。红军征服的各个国家,共产党迅速取代了老朽的君主政体和初生的民主政体。苏联武装力量确保了共产党的统治地位不受挑战[1]。当年在太平洋战区服役的美国海军陆战队老兵,后来成为军事历史学家的厄尔·F.齐姆克博士,在美国陆军战史中心推出的学术专著《从斯大林格勒到柏林》的序言里写道:"除了核武器面世,苏联击败德国堪称第二次世界大战最重要的结果。二者都造成种种变化,还引发各种问题,导致战争结束后20多年间,整个世界动荡不安。"[2]齐姆克这番话写于1966年,适逢冷战到达顶点,但直到红军粉碎阿道夫·希特勒的第三帝国、两极格局形成近50年后的20世纪末,他的话依然适用。

苏联征服柏林，给20世纪造成天翻地覆的政治、社会变革，没有哪场军事胜利能与之相提并论。直接结果是共产主义国家与民主国家两极分化，间接影响是东欧的政治、社会、文化彻底遭到压制。

第二次世界大战始于德国1939年9月入侵波兰，促使英法两国对德宣战。虽说欧洲战争胜利结束，但又过了近45年，波兰人才重新获得自由。

1944年，波兰反共抵抗爆发开来，许多忠于流亡政府的波兰人拿起武器，反抗苏联人[3]。斯大林早在1943年就下过命令，一旦红军攻入波兰，立即消灭波兰家乡军，或镇压该国的抵抗运动。从1944年到60年代中期，波兰各地的武装游击队不断爆发叛乱，苏联人逮捕、驱逐、处决了成千上万波兰人[4]。

苏联红军把德国军队逐出东欧，但争取欧洲自由的战争并未结束。一连串漫长，通常都很残酷的斗争随之而来，西方历史学家对此知之甚少，或者说根本不重视，他们为盟军赢得的胜利大唱赞歌，认为从纳粹压迫下获得解放的所有国家都"自由"了。第一次世界大战结束后独立的几个波罗的海国家，德军1944年撤出后，立即爆发了反抗苏联人的武装暴动。地下组织"森林兄弟"（立陶宛、拉脱维亚武装游击队）鼎盛时期的人数超过3万，从1944年到1953年，他们不断抵抗苏联军队的占领[5]。整个东欧，暴力和非暴力冲突此起彼伏，例如1953年东德工人在柏林举行的罢工游行，1956年的匈牙利起义，以及1968年引发华约军队入侵捷克斯洛伐克的"布拉格之春"。冲突的根源是东西方国家挥之不去的紧张局势，归根结底是分割的柏林城内，共产主义与资本主义的对立。

战后的共产主义势力范围内，中心区域居然有个资本主义的西柏林，斯大林知道，必须消除这个不利因素。第二次世界大战结束后，遍地废墟的柏林至少爆发了三次重大危机，每次都有可能引发北约成员国与华约成员国的第三次世界大战。第一次是1948年—1949年的柏林空运，是斯大林下令经济封锁柏林造成的；第二次危机发生在1958年，斯大林去世后出任苏联最高领导人的尼基塔·赫鲁晓夫，提议柏林成为"自由市"，想以此迫使西方国家撤出西柏林驻军；第三次危机是1961年8月突然出现的柏林墙，苏联人企图以这堵墙阻止东德人逃到西面，同时进一步孤立西方国家。

斯大林知道"邀请"西方盟军进驻红军占领的柏林深具政治危害，虽说盟国早已就战后占领区的问题达成一致,但斯大林从来没有保证他会允许西方盟军进入柏林,因为战争结束前,双方尚未就此达成正式协定。美国驻欧洲陆军司令部1962年撰写了《驻柏林美军,1945年—1961年》,这份解密后的文件指出:

> 1945年5月8日欧洲战争结束时,美国军队占领了很大一片指定由苏联占领的地区。
>
> 由于几份基本协定都不包含美军进入柏林的具体条款,哈里·S.杜鲁门总统6月14日致函约瑟夫·斯大林元帅,称美国军队会退到预先划定的占领区边界,前提是美军可以从美国占领区和不来梅飞地,经航空、公路、铁路自由进入柏林。斯大林复函称:"……按照上述既定计划「各盟国军队进入柏林」①……「我们」会在德国采取一切必要措施。"⁶

美军很快开始后撤,7月1日,盟军第1空降集团军辖内分队开入柏林。双方仍在商讨之际,红军工程兵在柏林城内迅速建起一座座纪念碑,他们觉得这是当务之急,著名的蒂尔加滕纪念碑就是其中之一,这尊红军战士的青铜塑像俯瞰下方,伸出的手臂指向西方盟国占领区内的主要铺道。

斯大林想以引人注目的标志纪念苏联赢得的柏林战役,以此提醒西方盟国,是谁率先攻克了这座城市。正如德国社会历史学家埃里希·库比在《俄国人与柏林,1945年》一书里说的那样,斯大林"把柏林视为中心发电厂,他的手搭在总开关上"⁷。实际上,盟国对柏林近50年的共同占领表明,这座城市对冷战主导的战后政治的兴衰是多么重要。

昔日当过柏林市长,后来出任西德总理的维利·勃兰特,准确阐明了柏林在战后世界中的地位,柏林墙出现前的1959年他就写道:"柏林的命运取决于世界问题,也取决于柏林在多大程度上是个世界政策问题。这里决定的不光是柏林及其居民的生活,甚至不仅仅是整个德国的发展。"⁸由此可见,柏林

---

① 译注:「」里的话为本书作者添加(本书脚注皆为译注,后续将不再注明)。

墙倒塌，遭分割的柏林重新合并后，冷战结束、苏联解体、东欧自我解放也就不足为奇了。

1989年11月9日那个深具历史意义的傍晚，欧洲自由运动风起云涌，柏林墙轰然倒塌，这绝非巧合。没过多久，德国1990年10月3日重新统一，当然，德意志联邦共和国、德意志民主共和国、美国、英国、法国、苏联1990年9月12日已经在莫斯科签署了《最终解决德国问题的条约》。这个日期可能比1945年5月12日更有理由成为第二次世界大战终结日。

柏林墙倒塌，1990年初苏联的政治解体随之而来，一直持续到1991年，苏联9月6日承认波罗的海三国独立，乌克兰12月1日独立，1991年12月8日，苏联正式解体，成立独立国家联合体。先前被苏联占领的几个欧洲国家，随后正式举行自由选举。

欧洲战争最后几周，红军为攻克柏林付出的代价很大，发人深省。苏联人刻意隐瞒了真实的损失数，直到近期才公之于众。当然，没有哪位红军高级指挥员愿意透露战争期间的损失，伊万·科涅夫元帅1964年说过，只要他活着，就绝不会把苏联遭受的损失告诉任何人[9]。直到20世纪90年代中期，两名俄罗斯参谋军官终于出版了一部专著，书里包含苏联的战斗损失，这些资料原先都是绝密。这部著作名为《20世纪苏联的伤亡和战斗损失》，首次让西方读者了解到苏联红军真实的战时损失。

表1：柏林战略进攻战役期间红军的总损失[10]						
	总兵力	不可归队减员	患病、负伤	合计	日均损失	兵力损失百分比
白俄罗斯第2方面军	441,600	13,070	46,040	59,110	2570	13%
白俄罗斯第1方面军	908,500	37,610	141,880	179,490	7804	20%
乌克兰第1方面军	550,900	27,580	86,245	113,825	4949	21%
第聂伯河区舰队	5200	16	11	27	1	0.5%
波罗的海舰队	—	15	8	23	1	—
总计	1,906,200	78,291	274,184	352,475	15,325	18%
波兰第1、第2集团军	155,900	2825	6067	8892	387	0.5%

仅就投入的兵力而言，柏林战略进攻战役堪称伟大卫国战争期间第四大会战。由于这场进攻战役正面狭窄，可以说从1941年到1945年，红军此前各场战役，从来没有在每公里正面集中这么多兵力。单从损失看，柏林战略进攻战役是战争期间每日伤亡率最高的攻势之一。红军官兵的每日伤亡，只有两次高于柏林战役，也就是1941年7月份头18天，他们在白俄罗斯和乌克兰西部从事灾难性的防御作战期间。德国1941年6月入侵苏联，自巴巴罗萨战役开局阶段以来，红军在近四年的交战中，从未遭受过如此高昂而又惊人的伤亡。

红军投入柏林战略进攻战役的总兵力损失17.5%，也就是说，平均每天伤亡15,000名官兵，相当于二战期间一个美国步兵师！朱可夫元帅的白俄罗斯第1方面军，承担了突破塞洛高地、攻入柏林的重任，该方面军蒙受的损失，几乎占总兵力的20%。科涅夫元帅的乌克兰第1方面军，不仅要杀开血路攻入柏林，还得对付德国第12、第9集团军，总损失高达21%。必须指出，红军统计的损失率，是基于这场进攻战役直到5月8日才结束[11]。实际上，柏林城内大部分战斗5月3日已告终，换句话说，红军的损失率可能比1941年战争初期还要高。这么算的话，攻克柏林就成为二战期间苏联红军代价最高昂的战役。另外，红军技术装备的损失也很大。

表2：柏林战役与库尔斯克战役红军技术装备损失对比[12]		
	柏林战役，1945年4月16日—5月8日（23天）	库尔斯克战役，1943年7月5日—23日（19天）
轻武器	215,900（每天9400件）	70,800（每天3700件）
坦克和自行火炮	1997（每天87辆）	1614（每天85辆）
火炮和迫击炮	2108（每天92门）	3929（每天207门）
飞机	917（每天40架）	459（每天24架）

就几乎所有类别的技术装备而言，柏林战略进攻战役的损失甚至超过库尔斯克。这个结论同样发人深省，因为世人普遍把库尔斯克战役视为军事史上规模最大的机械化交战。

对比东线这两场大规模交战的损失数很能说明问题。除了"火炮和迫击炮"一项，柏林战略进攻战役其他类别的技术装备损失明显更高。另外，鉴于柏林城内大部分战斗到5月3日已告结束，"坦克和自行火炮""飞机"的每日损失率可以说分别接近124辆、57架。换言之,柏林战役期间损失的坦克和自行火炮,比库尔斯克战役高69%左右,飞机损失数也比库尔斯克战役高42%。这些数字相当惊人,因为红军1945年对付的远不是装备精良、训练有素、补给充裕的敌人,与1941年甚至1943年的情况截然不同。

这位作者多年来潜心研究战争后期德军野战师的编成、结构、武器、装备,他先前出版的几部专著表明,与苏联红军相比,德军在各个方面都处于劣势。1945年4月,普通德军步兵仍配备毛瑟K-98手动步枪,而大多数红军步兵端着射速更高的波波沙冲锋枪。1945年与红军对阵的德军作战兵团,辖内大多是临时拼凑的部队,由于多年消耗,这些部队的人员和装备毫无出彩之处,根本无法跟1943年的前辈相提并论。

撇开物质方面的劣势不谈,德国军队的战术训练方式,下级军官和高级军士的领导能力普遍优于红军。这种状况显然起到重要影响,红军发起突击的

红军战损坦克和自行炮堆放地,此处似乎位于滕佩尔霍夫机场东北角,正面朝东。照片里能数出大约25辆战车残骸。有趣的是,战车的战术标识清晰可辨。照片中央的T-34/85坦克有一道白色实心条纹,条纹上方标了个实心十字符号。几辆战车上的双靶心圆环,表明它们隶属近卫坦克第3集团军。照片前方最显眼的位置,至少有一辆坦克没有其他标识,只标了106车号。

索菲—夏洛滕街尽头的战车残骸堆放地，位于施普雷河对岸，正面大致朝北。照片左侧的铁路桥今天仍在那里，但其他建筑大多已不复存在。照片右侧的大型建筑是专门收治妇女和儿童的公立医院。照片里能数出红军损毁的 50 多辆坦克（T-34/85、租借法案提供的 M4A2 谢尔曼）和自行火炮。右侧长满青草的车道上停放着几辆黑豹，再往上能看见 2 辆虎王。

红军损毁坦克的近照。注意最前方的 M4A2 谢尔曼坦克，似乎是被"铁拳"击毁的。最远处的谢尔曼坦克，似乎是前装甲板中弹，可能挨了发大口径炮弹。这些谢尔曼坦克大概隶属近卫坦克第 2 集团军。

初始阶段，德军师充分利用有限的资源，更好地发挥了战斗效力。当然，奥得河沼泽、塞洛高地、柏林庞大的城市综合体，地形非常复杂，对德军实施防御极为有利。但这些原因不足以解释，一支数量占有绝对优势，各种武器装备远胜对手的军队，为何会在人员和技术装备方面遭受如此严重的损失。

相关分析表明，红军损失惨重的主要原因是朱可夫与科涅夫的竞争，为率先赢得胜利，两人驱使各自的军队全速推进，根本不考虑他们面临的作战实际情况。斯大林敦促两位元帅指挥军队迅速攻克柏林，是因为他想抢在盟军到来前占领柏林，但朱可夫和科涅夫关心的似乎是击败对方，率先攻入柏林市中心，而不是艾森豪威尔的军队继续攻击前进。

与科涅夫的情况不同，朱可夫的主要目标，作战正面相当狭窄，他必须突破德军防线，而后攻克柏林。他以整个白俄罗斯第2方面军掩护自己的北翼，尽管德国第9集团军主力在他南面，但朱可夫几乎没派遣兵力阻挡对方，似乎也不担心这股敌军有可能扰乱他向西攻击前进。相比之下，科涅夫的作战地域更大，不得不应对几种状况，首先是德国第9集团军穿过他的进军路线后撤，其次是德国中央集团军群在德累斯顿城外歼灭波兰第2集团军，一举夺回包岑，迫使科涅夫赶紧派参谋长和麾下另一些部队赶去稳定态势，另外，德国第12集团军从东面攻入他的进军路线。

科涅夫的作战地域比朱可夫大数百公里，必须应对三个不同的威胁，还不包括他自己攻入柏林的任务。尽管困难重重，但科涅夫还是到达柏林市中心，若非朱可夫命令近卫第8集团军沿兰德韦尔运河穿越他的进军路线，科涅夫本来能从南面攻占国会大厦。

苏联披露的战役作战日志暗示，朱可夫的决定引发了红军自相残杀的事件。朱可夫战役期间做出的这项和另一些决定，很可能是他战后受到科涅夫和下属指挥员瓦西里·崔可夫元帅孤立疏远的原因之一。科涅夫和崔可夫都在战后苏联政府备受重用，朱可夫却被打入冷宫，职业生涯后期只能在偏远的指挥部门消磨时间。

朱可夫是冷酷无情、通常都很僵化的指挥体制的产物。他的指挥模式，与西方国家"从事战争的方式"格格不入。战争结束后没多久，盟军最高统帅德怀特·D.艾森豪威尔将军会晤朱可夫，两人探讨了包括战术在内的各种军事

话题。这番交谈让艾森豪威尔得知,红军解决战术问题的方式与美国陆军截然不同。艾森豪威尔在回忆录里写道:

> 朱可夫对我叙述了红军突破地雷场的办法,让我深受启发。德军以防御火力掩护的地雷场构成战术障碍,一次次给我们造成大量伤亡和延误。尽管我方技术人员发明了各种能想到的机械设备,用于安全地摧毁地雷,但突破地雷场总是件费力的事。朱可夫元帅实事求是地说出他的办法,大意是:"有两种地雷,一种是反步兵地雷,另一种是反坦克地雷。我们到达地雷场,我方步兵立即发起冲击,就好像那里根本没有地雷。我们认为,反步兵地雷给我们造成的损失,仅相当于我方进攻德国人决心以重兵而不是地雷场防御的特定地区期间,机枪和火炮给我方造成的损失。"

朱可夫解决战术难题的方式,无疑让艾森豪威尔深感震惊,他知道,美国军人或美国民众绝不会容忍这种战术。艾森豪威尔还注意到,美苏军事指挥部门维持部队士气的做法截然不同:

> 美国人用人命评估战争的代价,而俄国人算的是整个国家的总消耗。他们很清楚士气的价值,但他们鼓舞、维持士气,显然靠的是全面胜利和爱国主义,可能还靠某种狂热。
>
> 就我所见,我们认为维持美军士气的重要方法,朱可夫不太关心,这些方法包括各部队有序轮换、娱乐设施、短期休假,最重要的是提高他们的技能,以免这些士兵在战场上遭受毫无必要的风险,这些措施在我方军队司空见惯,可他的军队多半对此一无所知。[13]

这番对比为了解朱可夫的指挥决策提供了某种背景。艾森豪威尔很适合发表这些评论,因为他领导了西方国家反对纳粹德国的军事行动。鉴于他在战争期间竭力避免与红军发生冲突的强烈意愿,以及他在战争结束时为确保战时盟友间的亲密关系而付出的努力,他也没有理由粉饰自己的言论。

这种情况下,朱可夫的军事决策造成的损失不难估量。他做出的几项重要决定，加剧了红军的损失，具体如下：

- 朱可夫低估了战役潜在的复杂性，也低估了德军防御的娴熟程度。他觉得自己发动的攻势，会重演1945年1月大获全胜的维斯瓦河—奥得河进攻战役。
- 朱可夫固执己见，严格遵循红军的进攻学说，没有改变常规计划的任何方面。德军指挥部由此得知红军攻势的发起时间，全力抗击朱可夫的先期进攻。
- 当日清晨，朱可夫使用了探照灯，企图照亮德军防御阵地，此举纯属事与愿违，因为防空探照灯无法穿透红军炮火准备激起的硝烟尘埃。相反，探照灯光有助于德国守军瞄准前进中的红军兵团。
- 红军步兵、坦克兵团各自为战，缺乏战前协同训练。整个战役期间，这种情况造成巨大的混乱和高昂的损失，红军坦克兵经常发现他们得不到步兵支援，一次次遭到配备"铁拳"的德军步兵的猛烈打击。
- 战役初期，争夺塞洛高地的交战期间，朱可夫没等己方步兵按计划夺取地形复杂的地带，也没跟麾下投入交战的几个前线集团军协调，就命令近卫坦克第1、第2集团军投入前线。此举毫无必要地造成战场的混乱和红军前线部队的伤亡，因为战场上根本没有机动空间，红军投入的大批部队沦为德军防御武器极为密集的目标。
- 朱可夫得知自己的竞争对手攻入柏林，一路向前，企图前出到国会大厦，立即命令崔可夫率领近卫第8集团军穿过最高统帅部划定的作战分界线，而科涅夫也没把自己的前线位置告诉朱可夫。这道自私自利的进军令毫无必要地导致红军将士自相残杀，直到最高统帅部介入，重新调整两个方面军的分界线，还命令科涅夫不再攻入柏林。

除了这些具体决定，朱可夫还给麾下指挥员下达了高于一切的指令，要求他们毫不停顿，一路向前推进。

无论上级领率机构下达怎样的命令，前线军人压倒一切的想法是活下来，每支军队都是这样。遇到战术难题，为保全自己和战友的性命，大多数士兵会想出新办法解决问题。在柏林及周边战斗的红军团、营级指挥员学到许多经验教训，提交了大批战后报告。看看这些报告就会发现，为克服战术难题，红军指战员发挥了巨大的创造性。

大量第一人称记述表明，红军下级指挥员和普通战士知道自己必须适应眼下的情况，在此过程中，他们要么战斗，要么送命。由于战役速度很快，这些战术经验没有传达到各指挥部，许多分队针对特定情况采取的不同打法，我们会在后面的章节详述。这些指战员在战斗中活了下来，完全是自身的努力，无法归功于朱可夫或其他高级指挥员。

争夺柏林的战役极为激烈，在整个20世纪军事史中无与伦比。可以说，主要原因是东线战争远非出于政治动机的冲突，而是一场种族战争[14]。

纳粹和苏联多年来的大肆宣传，让大批苏德官兵丧失了人性。柏林战役期间，交战双方很少收留俘虏，尤其是德国人，因为柏林及周边地区根本没地方关押战俘。他们俘获红军士兵，审讯完通常枪毙了事。苏联人也射杀无法行走的德国伤兵，或战后显然不适合服苦役的俘虏。

德军和红军的火力肆无忌惮，根本不在乎是否会破坏柏林城内的文化或商业中心。例如，德国军事和政治当局下令炸毁城内每一座大型桥梁，切断整个城区的供水供电。诺伊克尔恩区纳粹党领导人命令摧毁高大的卡尔施塔特百货商店，以免红军利用这座建筑或里面的仓库。这道命令很可能是党卫队第11"诺德兰"装甲掷弹兵师执行的。

红军用一列列火车前运他们预先储备的大批弹药，把已探明或疑似的德军阵地炸为齑粉。他们夸耀道，西方盟国整个战争期间朝柏林投掷了45,000吨炸弹，而红军仅仅两周就向城内发射了40,000吨炮弹。红军战机遍布城市上空，恣意攻击一切目标。城内一处处庞大的住宅区满目疮痍。不分青红皂白发射的炮弹、坍塌的建筑、熊熊烈焰、硝烟、低垂的尘埃云随处可见，成为交战双方官兵日常环境的组成部分。

德国军人的记述里，一次次提到红军的强奸行径，他们身处的战斗环境，这种事数见不鲜。安东尼·比弗2002年出版了这场战役的社会史专著，名为《柏林1945》，他在书中记述的性侵事件似乎让公众震惊不已，媒体为之轰动。由于比弗批评了红军的所作所为，俄罗斯联邦某些地区甚至禁止出版他的著作[15]。比弗描述的强奸行径其实不是什么新鲜事，科尼利厄斯·瑞恩早在1966年出版的《最后一战》就向广大读者披露了相关暴行，是首位涉及这个话题的西方作者。苏联媒体立即对他口诛笔伐,就像俄罗斯当局大肆攻讦比弗那样[16]。瑞恩收集了红军在柏林实施性侵的大量记述和文件,但在书里只选择发布了一部分。强调红军在柏林城内犯下的暴行,绝不是替德国国防军、党卫队、纳粹政府战争期间在苏联境内犯下的罪行开脱,仅仅是想着重说明,红军进攻德国首都的激烈度前所未见。

柏林城内的平民百姓,有时候参加抵御红军的战斗,也有些时候转而对付德国守军。柏林街头爆发激战之际,部分百姓挺身而出,反对摇摇欲坠的纳粹政治和军事组织。纳粹1933年夺得政权后,柏林的共产党组织一直遭到镇压,他们现在武装起来,或公开或秘密展开行动,反对城内的纳粹官兵。这些平民经常袭击德国守军,不是开冷枪就是直接配合红军的行动。但红军官兵把所有德国人视为"希特勒分子",没有因为柏林共产党人的所作所为优待他们,反而对他们采取了相应的措施[17]。

没人同情卷入激烈战火的德国百姓,交战双方都没想过保全无辜居民的性命。红军作战行动的速度,排除了这方面的考虑。无独有偶,党卫队和盖世太保也经常枪毙稍稍流露出"失败主义情绪"的军人和平民。后面的章节阐述了一起残酷的事件,某座公寓楼的窗户挂出几面示意投降的白旗,几个盖世太保不分青红皂白地枪杀了楼里的男性居民。他们随后点燃遇害者的公寓,把幸免于难的家属赶到街上,而激烈的战斗此时就在周围肆虐。

红军攻克、占领柏林,首要因素是斯大林,以往的每一本战役史都忽略了这个事实。常见的说法是,由于希特勒期望来一场"诸神的黄昏"或坚信最终胜利,就此注定柏林战役不可避免。其实,无论希特勒做出任何军事或政治决策,斯大林都决心无情地征服柏林。

苏联导演米哈伊尔·齐阿乌列里1949年拍摄的电影《攻克柏林》,清楚地展现了这种观点。这部电影堪称苏联战后宣传的杰作,拍摄得不遗余力。通过本片,观众得以了解斯大林希望世人如何看待这场最终到达顶点的战役。影片中,朱可夫的军队沿塞洛高地陷入停顿,他竭力为部下的战斗表现辩解,还告诉斯大林,据被俘的德国兵交代,希特勒命令德国军队死守防线,牢牢挡住红军,等待西方盟军到达。斯大林驳斥了朱可夫的借口,认为这不过是敌人的宣传伎俩,他告诉朱可夫,眼下只有一个办法:"攻克柏林!"影片里,斯大林结束了与朱可夫的简短交谈,随即命令罗科索夫斯基在北面发动进攻,强渡奥得河,随后又致电科涅夫,命令他率领军队转向柏林,支援朱可夫的作战行动。

影片结尾,约瑟夫·斯大林身着一丝不苟的戎装,乘坐苏联军用运输机到达红军刚刚征服的柏林城。欢呼的红军指战员立即簇拥到他身边,称他是苏联的英雄。迎接斯大林的人群里,甚至有获救的英美战俘,他们挥舞着本国国旗,欢庆斯大林解放了他们。斯大林志得意满,大步走过红军指战员排成的队列,来到几位高级指挥员面前。他依次感谢了崔可夫、科涅夫、罗科索夫斯基,称赞他们不负苏联人民所望,胜利攻克了柏林。影片的高潮是欢庆红军攻克柏林,朱可夫却被粗暴无礼、悄无声息地排除在外。只有斯大林作为最高统帅、征服者、解放者、政治家的形象,与苏联对柏林神圣的征服永远紧密相连。

尾注：

1. G. MacDonogh, After the Reich: The Brutal History of the Allied Occupation, pp. 8—9.
2. Earl F. Ziemke, Stalingrad to Berlin: The German Defeat in the East, p. v.
3. T. Piotrowski, Poland's Holocaust, pp.88—90.
4. R.J. Rummel, Lethal Politics: Soviet Genocide and Mass Murder Since 1917, pp.193—194.
5. War after War: Armed Anti-Soviet Resistance in Lithuania in 1944—1953, p.3.
6. The U.S. Army in Berlin 1945—1961 (Headquarters of the United States Army, Europe: 1962), pp.3—4.
7. Eric Kuby, The Russians and Berlin 1945, p.7.
8. Otto M. von der Gablentz (ed. on behalf of the Research Institute of the German Council on Foreign Relations), Documents on the Status of Berlin 1944—1959 (Munich: R. Oldenbourg Verlag, 1959), p.5.
9. G.F. Krivosheev (ed.), Soviet Casualties and Combat Losses in the Twentieth Century, p.vii.
10. Colonel-General G.F. Krivosheev (ed.), Soviet Casualties and Combat Losses in the Twentieth Century, p.158. 兵力损失百分比是笔者补充的。
11. 5月8日是德国武装部队无条件投降的日子，应苏联政府要求，德国人在柏林象征性地签署了降书。
12. Soviet Casualties and Combat Losses in the Twentieth Century, pp.262—263.
13. Dwight D. Eisenhower, Crusade in Europe: A Personal Account of World War II, pp.467—468.
14. Geoffrey P. Megargee, War of Annihilation: Combat and Genocide on the Eastern Front, 1941, pp.33—41, and Omer Bartov, Hitler's Army: Soldiers, Nazis, and War in the Third Reich, pp.152—164. 种族问题在东线战事起到的作用，超出了本书的探讨范畴。也许有人会说，"总体战""歼灭战""意识形态战"这些词可能更恰当。不管怎样，读者应该明白，纳粹入侵苏联，苏联人后来的报复，都是阿道夫·希特勒策划、实施残酷战争，最终败给约瑟夫·斯大林的结果。
15. See "The final Days" by Carlo D'este (2002), https://www.nytimes.com/2002/09/08/books/the-final-days.html; "Russia's Revenge" by Michael Burleigh (2002), https://www.theguardian.com/books/2002/apr/20/historybooks.highereducation; "By banning my book, Russia is deluding itself about its past" by Antony Beevor (2015), https://www.theguardian.com/commentisfree/2015/aug/05/banning-book-russia-past-holocaust-red-army-antony-beevor; and "The Rape of Berlin" by Lucy Ash (2015), https://www.bbc.com/news/magazine-32529679.
16. "'The Last Battle' Enrages Pravda; Writer Finds Smear Plot by U.S., Bonn in Ryan Book" (1966), https://www.nytimes.com/1966/07/11/archives/the-last-battle-enrages-pravda-writer-finds-smear-plot-by-usbonn.html.
17. Max Hastings, Armageddon: The Battle for Germany 1944—1945, pp.479—480.

目录
CONTENTS

第一部 序幕 ········· 1

第一章　目标柏林 ········· 3
第二章　柏林要塞 ········· 27
第三章　维斯瓦集团军群 ········· 75
第四章　柏林战略进攻战役 ········· 117

第二部 战役 ········· 157

第五章　塞洛高地之战 ········· 159
第六章　攻往柏林 ········· 231
第七章　红军的经验教训和战后报告 ········· 391
第八章　强击柏林 ········· 427

第三部 余波 ········· 709

第九章　逃离柏林 ········· 711
第十章　评估 ········· 773

附录 A	美国陆军就柏林城内苏联驻军的情报报告—5月8日	784
附录 B	红军作战序列	793
附录 C	白俄罗斯第1方面军的伤亡	813
附录 D	近卫坦克第3集团军的伤亡	816
附录 E	德军作战序列	818

参考文献	841
地图说明	864
彩色地图	865
彩照	911

第一部

序幕

第一章

目标柏林

"鲁尔之后的目标当然是柏林。柏林作为德国残余力量的象征,在政治和心理上都很重要。但我认为,柏林不是西方盟军合乎逻辑或最合适的目标。"

——盟国远征军最高统帅德怀特·D.艾森豪威尔

"那么,谁会拿下柏林呢?是我们还是盟军?"

——约瑟夫·斯大林大元帅问苏联元帅格奥尔吉·K.朱可夫和伊万·S.科涅夫

"谁会顺利占领柏林?是西方国家还是斯大林?毫无疑问,没有哪个德国人愿意见到俄国人成为柏林的主宰。"

——维斯瓦集团军群司令戈特哈德·海因里齐大将

战争最后几个月,柏林作为军事和政治目标的地位,决定了盟军和德军指挥官的作战计划。各盟国也对柏林的价值抱有自己的看法。温斯顿·丘吉尔首相和斯大林把柏林视为塑造战后欧洲至关重要的政治奖品。富兰克林·D.罗斯福总统的健康状况迅速恶化,4月12日溘然长逝,他先前如何看待柏林,这个问题不得而知。罗斯福去世前,许多重要的政治或军事决策,副总统哈里·S.杜鲁门没有参与,所以他接任美国总统职务后,并不打算对欧洲战争的进程指手画脚，做出任何战略性更改。而艾森豪威尔一直是政治指导与战场策略间的协调者。

西方盟军渡过莱茵河，盟国远征军最高统帅艾森豪威尔宣称，柏林不再具有政治或军事价值，他打算把那座城市留给红军攻克。基于美国陆军参谋长乔治·C.马歇尔直接授予他的权力，艾森豪威尔做出这项决定。纳粹德国内部，柏林的价值1945年4月初还无足轻重，但到当月月底却变得至关重要。希特勒受国防军最高统帅部参谋长威廉·凯特尔元帅、国防军指挥参谋部参谋长阿尔弗雷德·约德尔大将鼓动，4月22日/23日夜间下定决心，只要他的军队在柏林城外击败红军，敌国大联盟就有可能瓦解。希特勒认为，这是第三帝国在首都废墟里生存下去的最后机会。

艾森豪威尔的意图很明确，他不想占领柏林，因为那座城市位于战后苏联占领区深处。参谋人员的建议和华盛顿的指导只是加强了他内心的看法，他认为柏林没有政治或军事价值，实在不愿冒上风险，让西方盟军将士为夺取该目标付出更多伤亡。鉴于苏联红军离柏林市中心只有70公里，艾森豪威尔的观点不无道理。但丘吉尔和第21集团军群司令伯纳德·劳·蒙哥马利爵士元帅继续施压，想说服艾森豪威尔改变立场。他们认为，就战后欧洲解决方案与斯大林展开的最终谈判中，柏林是个独一无二的政治抵押品。

斯大林把攻克柏林视为苏联的权利，一再向前线指挥员和红军战士灌输这种观点。斯大林从没说过夺取柏林具有军事必要性，他1945年3月和4月的言论明确表明，他认为红军攻克柏林，就赢得了对西方盟国的重大政治胜利。斯大林抢在西方盟军前占领柏林的愿望非常强烈，因此，艾森豪威尔的军队刚到达易北河，他就鼓励格奥尔吉·K.朱可夫、伊万·S.科涅夫这两位高级指挥员，为率先拿下柏林展开危险的竞争。两位元帅的激烈角逐无疑加剧了红军的损失，科涅夫的战线过度拉伸，结果被后撤中的德军一举突破。

柏林确实有一份防御计划，但阿道夫·希特勒无意保卫这座城市。1945年2月，红军到达奥得河西岸，离帝国首都仅隔70公里，却没能促使元首采取行动。他的注意力仍放在南线，那里有德国仅剩的自然资源和生产设施，就在南方，中央集团军群防线后方。

仔细研究希特勒在每日态势研讨会上给出的最终指导意见就会发现，战

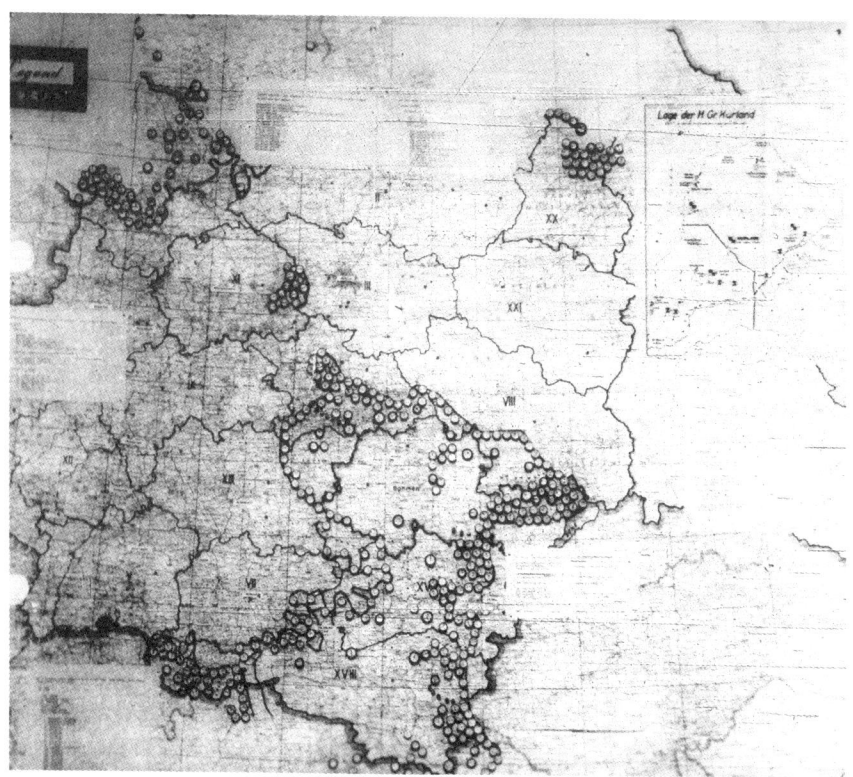

德国国防军最高统帅部（OKW）这幅态势图，标出1945年5月12日德国投降时所有德国师的位置。从图中能看出，大多数德军作战师部署在战前的德国边境外，直到战争结束。

争最后几个月，经济因素依然是他最关心的问题[1]。例如匈牙利和奥地利的油田，波西米亚和西里西亚的武器生产厂，这些都是要考虑的。毫无疑问，德国军备部长阿尔贝特·施佩尔最担心这些地区沦陷，战争最后几周，他不断敦促希特勒，无论如何都得守住上述地区。

希特勒继续关注格尔利茨地区和天然的东西向走廊，该走廊穿过德国南部，进入拉蒂博尔工业区。红军发动最终突击几周前，希特勒命令维斯瓦集团军群抽调3个强有力的作战兵团，转隶中央集团军群，用于加强上述地区。他打算保卫帝国残余的工业区，这与他1945年3月20日颁发的第71号元首令相悖，某些历史学家把这道元首令称为"尼禄指令"，第71号元首令里写道："必须破坏帝国领土内一切军用交通、通信、工业、后勤补给设施，以及其他重要设施,因为敌人可能会马上或不久后利用这些设施继续从事战斗。"[2]这道指令表明,希特勒觉得日后再也无法夺回最近几个月不惜一切代价据守的那些地区,于是下令摧毁敌人可资利用的一切,但他的指挥官,几乎没有谁在德国本土执行这项"焦土"政策。

德国人缴获了盟国的"日食"计划,该计划也许促使希特勒下定决心破坏一切,我们会在后文详述。除了把作战力量远远调离柏林防御圈,希特勒没对柏林的防御做出任何有见解的决策,甚至在战役期间也是如此。他似乎觉得这座城市的命运是个既成事实。

海因里齐决心尽己所能,不让柏林遭受进一步破坏,也不允许这座城市沦为战场。他拟制的作战计划是沿奥得河顽强据守,直到西方盟军占领柏林。倘若西方盟军开抵前,红军突破德军防线的话,海因里齐打算把麾下军队一分为二,绕过柏林向西退却,以免市区爆发激战。奥得河前线的最后之战到达顶点之际,德军最高统帅部而不是希特勒,决定实施大胆但不切实际的行动,在柏林城外挫败红军的攻势。

希特勒无所作为,促使凯特尔和约德尔没告知海因里齐就把一个军调入首都,打算从城外发起最后一场猛烈的反突击,一举"挽救"柏林。拯救国家社会主义国的企图完全不切实际,他们的计划失败了,随之而来的是柏林遭受了更严重的破坏。

决策和欺骗

柏林上演的最后一幕,西方盟国与苏联潜在矛盾的暗潮贯穿始终。最后,苏联人付出巨大的代价攻入纳粹德国首都,而西方盟军停在易北河畔,等待柏林战役落幕。红军攻入柏林,阿道夫·希特勒自杀身亡,纳粹统治集团土崩瓦解,这一切迅速导致第三帝国政治崩溃,军事指挥权移交给身处弗伦斯堡的海军元帅卡尔·邓尼茨。

1945年4月1日,斯大林在莫斯科接见方面军司令员朱可夫和科涅夫,问了个自德国入侵苏联以来最重要的问题。总参作战部部长S.M.什捷缅科读了份情报摘要:"英美军队司令部认为抢在苏联红军前攻克柏林的计划完全能做到,正准备全力以赴地实现这项目标。"待什捷缅科读罢简报,斯大林扭头望

向朱可夫和科涅夫,问道:"那么,谁会拿下柏林呢?是我们还是盟军?"³

斯大林向两位高级指挥员提出这个问题时,时间对苏联一方有利。红军目前在奥得河畔,离柏林仅隔70公里,而西方盟军刚刚渡过莱茵河,正在实施鲁尔区合围战役,位于西面约500公里处。看看地图就会发现,红军似乎完全能攻克柏林,赶在战争结束前顺利进入西方盟国的战后占领区。

促使斯大林向两位指挥员提出上述问题的,是艾森豪威尔3月28日直接发给他的电报,这份史无前例的电报引发轩然大波。艾森豪威尔在电报里概述了击败德国的最后阶段他打算采取的策略。艾森豪威尔称,封闭鲁尔口袋后,他下一个目标是挥师攻往埃尔福特—莱比—德累斯顿方向,与苏联红军会师,粉碎德国残余的军事抵抗。电报里没提到柏林。艾森豪威尔的作战构想让他的军队远离纳粹首都⁴,本意是想协调西方盟国与苏联最后的军事行动,可惜事与愿违,这封电报很可能加剧了斯大林固有的猜忌。斯大林不相信西方盟军愿意远离柏林,毕竟那里是欧洲七年战争的焦点。

整个战争期间,西方盟国规划的战略,从来没把柏林视为紧要目标。他们策划"霸王"行动,后来冲出诺曼底地区期间,压根儿没提柏林,直到强渡莱茵河期间才首次谈到柏林,视之为潜在目标⁵。虽说不是紧要目标,但西方盟国的占领计划确实把柏林纳入考虑。盟国1944年9月12日签订的秘密协议,首次提到柏林和各国占领区。协议里写道:"1:为实施占领,1937年12月31日德国国界内的德国领土分割成三片地区,三大国各占一片,特殊的柏林地区由三大国共同占领。"⁶到1944年11月,这份文件拓展成绝密的"日食"计划,还在1945年2月召开的雅尔塔会议上获得进一步批准⁷。

"日食"是盟国特定占领区的代号,待纳粹德国败亡立即生效。盟国远征军最高统帅部1944年11月制订了该计划。这份计划表明,从内部颠覆纳粹政权的可能性不大,必须让德国遭受更多军事失败,纳粹政权才会最终崩溃。文件里随后指出:"就算我们在西线重创德军,他们的东线也不一定瓦解,除非我们继续前进,致使东线德军难以为继;另一方面,东线德军大败亏输的话,很可能导致西线德军迅速崩溃。"⁸盟军这份评估颇具先见之明,德国军队确实沿东线继续抗击苏联红军。1945年4月初,西线盟军在易北河畔止步不前,这种情况与"日食"计划阐述的战略构想相悖。艾森豪威尔没有

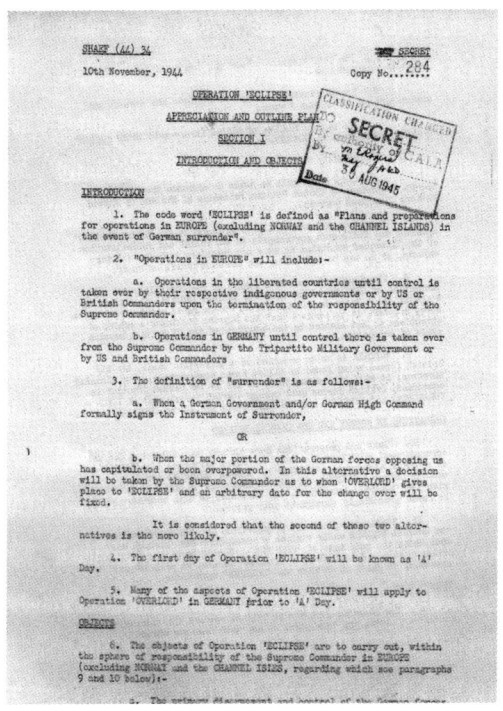

1944年11月10日签署的"日食"计划。德国军队在1945年1月的"守卫莱茵"战役期间缴获这份文件。阿道夫·希特勒和德国最高统帅部都读过该文件,可他们对这份战略情报无动于衷,直到大势已去。

发动进攻,渡过易北河奔向柏林,一举打垮东线之敌,迅速结束战争,而是命令部下停止前进。

只有纳粹德国确实崩溃后,在柏林实施"日食"计划的条件才成立。该计划指出,占领柏林的目的是"控制敌国首都和最重要的行政、交通中心,保全重要的情报中心和各项设施,同时展示我方武装力量"[9]。艾森豪威尔知道,各方人士可能会施加压力,敦促他攻占柏林,整个3月份,他一直在认真思考这个问题。他制订征服德国的最终计划时,决心保守秘密,不向包括蒙哥马利元帅在内的任何一位下属指挥官透露行动细节,甚至没告知英美联合参谋长委员会[10]。

盟国远征军最高统帅部作训处长(G-3)向艾森豪威尔简要汇报了情况,提醒他谨慎行事,尤其要考虑德国军队在战役中的恢复力。这番提醒不无道理,想当初,德军1944年12月的"守卫莱茵"攻势就把西方盟军打得措手不及。德国人在阿登山区发动进攻前,艾森豪威尔麾下的盟军情报官员认为,德国军队大败亏输,根本没有可用的预备队。奥马尔·布拉德利将军也就占领柏林的问题提醒过艾森豪威尔,他认为攻克德国首都可能要付出高达10万将士的伤亡[11]。艾森豪威尔后来跟他的情报处长,英军少将肯尼斯·斯特朗讨论了这个问题,艾森豪威尔指出:"要是我以巨大的生命代价夺取柏林,一两天后又遵照「日食」战后占领计划撤出该城,部队会怎么看,美国民众又会怎么看？"[12]斯特朗提醒艾森豪威尔，倘若他决心进军柏林，西方盟国有可能跟苏联爆发冲突，这是个不容忽视的威胁[13]。他们讨论柏林问题之际，盟军对德国"国家堡垒"的关注与日俱增。

所谓"国家堡垒"，是指残存的纳粹领导人和德国国防军、武装党卫队精心挑选的作战师，沿德国南部的阿尔卑斯山实施旷日持久的防御，尽可能长时间拖延战争。战争结束后，盟国对"国家堡垒"的合法性展开调查，受审的德国人称，瑞士公使馆把盟国"日食"备忘录透露给德国军官，结果促成了"国家堡垒"的构想[14]。

德国人把盟军的想法戏称为"堡垒妄想症"，他们打算拟制计划，无论"国家堡垒"是真正的防御阵地还是战略欺骗，他们都有利可图，说不定能打消盟国要求德国无条件投降的念头。无论哪种情况，希特勒都没就如何利用对方的"堡垒妄想症"做出明确决定，德国也没有据此制定任何决策。他们不费吹灰之力，就让西方盟军把德国南部列为战略优先事宜。

1945年3月25日，美国第7集团军司令部情报处，把"国家堡垒"研究报告呈送艾森豪威尔，强调他们对有可能发生的情况普遍感到担忧。这份五页篇幅的报告，详细汇报了他们在德国南部发现的部队、物资调运情况，以及德国军队在意大利、巴尔干地区、捷克斯洛伐克的部署状况，从这些因素看，他们担心德国人正在筹划某些勾当。报告里引述了许多情况，例如，尽管西里西亚和东普鲁士的重要地区沦陷，但德国第6装甲集团军依然部署在维也纳地区，由此可见，德国人准备在南部从事最后的抵抗[15]。

实际情况截然不同。德军最高统帅部的广播电台发言人库尔特·迪特马尔中将，4月底渡过易北河投降美国第9集团军，他告诉美军审讯者："国家堡垒纯属子虚乌有。"他言之凿凿地指出："希特勒仍在柏林，柏林一旦陷落，希特勒要么阵亡要么自杀，然后战争会在几天内结束。"[16]虽说事后证明迪特马尔的判断正确无误，但四周前负责评估纳粹政权动向的美国陆军情报官员认为，任何情况都有可能发生，他们当初估计纳粹政权会在1944年夏季崩溃，结果当年冬季却被德军在阿登山区始料未及的攻势打得措手不及。西线盟军进攻柏林可能会遭受重大损失，再加上对"国家堡垒"的担心挥之不去，艾森豪威尔最终下定决心，把柏林留给红军解决。

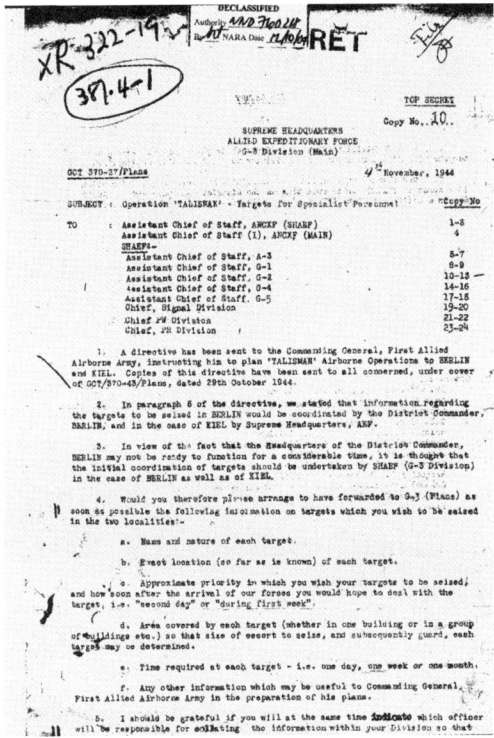

1944年11月4日签署的"护身符"行动。这份文件涉及盟军空降柏林的绝密计划,安抚了丘吉尔,但斯大林一直担心西方盟军可能会采取行动,抢先攻占柏林。

艾森豪威尔直接联系斯大林,坦陈他渡过莱茵河后的后续行动是攻入德国南部,此举引发的争议,战争结束后持续了好几年[17]。艾森豪威尔等待斯大林复函之际,得知此事的丘吉尔对艾森豪威尔发给斯大林的电报深表担忧,认为艾森豪威尔放弃柏林的决定是干预政治决策的越权之举。这种情况促使艾森豪威尔给参谋长联席会议的乔治·C.马歇尔将军发了份"仅限您亲阅"的电报,他在电报里写道:"不能再把柏林视为战略要地,因为那座城市遭到严重破坏……俄国人的前线离柏林很近,一旦他们重新发动进攻,几天内就能到达柏林。"[18]面对丘吉尔施加的压力,艾森豪威尔无意更改自己的决定。

艾森豪威尔很快收到斯大林的复电,对方确认,红军会在5月中旬发动后续攻势,而且按照艾森豪威尔的建议杀往莱比锡方向,他还称柏林不再是个有价值的目标[19]。斯大林的复电纯属蓄意欺骗,因为他担心西方盟军正打算对柏林发动进攻。西方盟军占领柏林的可能性,让斯大林深感担忧,部分原因可能是盟军制定的"护身符"行动。

"护身符"行动是"日食"计划的组成部分,盟军打算在柏林实施空降[20]。据时任美国第82空降师师长的詹姆斯·加文称,空降柏林的计划毫无必要,完全是为安抚丘吉尔和英国人,倘若这场行动真付诸实施,他就要亲自率领部队贯彻执行[21]。

白俄罗斯第1方面军、乌克兰第1方面军的战役作战日志明确表明，红军根本没有策划占领莱比锡的攻势。德累斯顿也不是他们的目标，波兰第2集团军未经批准就企图攻克该城，结果德军在包岑附近发起反突击，几乎把波兰第2集团军消灭殆尽[22]。斯大林和红军的目标始终是柏林。

斯大林和红军指战员把攻克柏林视为神圣的权利。科涅夫在战后出版的回忆录里明确无误地指出这一点："柏林是我们热切期盼的目标，从士兵到将军，所有人都想亲眼见到柏林，用武力攻克那座法西斯城市。"[23]斯大林故意挑起朱可夫和科涅夫的竞争，让他们在军事上征服柏林的强烈欲望暴露无遗。

斯大林与两位指挥员召开军事会议期间，故意把两个方面军的作战分界线只画到柏林东南方80公里的吕本。一旦越过吕本，这条分界线就要由两位元帅来决定，具体取决于朱可夫白俄罗斯第1方面军、科涅夫乌克兰第2方面军的进展。斯大林开了绿灯，倘若德军的防御拖缓朱可夫的前进速度，科涅夫便可以攻往柏林[24]。接下来几周，西方盟军不断穿过德国西部地区，几乎没遭遇抵抗，苏联人对此震惊不已。

4月1日—15日，美国第9集团军取得的进展超过320公里，还在易北河东岸夺得一座登陆场，此地已深入战后苏联占领区一半。美军这场推进穿过敌方领土，出乎所有人意料，他们遭遇的抵抗很轻微[25]。红军对柏林发动进攻前一天，美国第9集团军收到上级的最终决定，命令他们不得再攻往柏林[26]。鲁尔口袋投降后，德国西部协同一致的抵抗不复存在，但艾森豪威尔拒不更改放弃柏林的决定。值得注意的是，西方盟军几乎没遭遇抵抗，一路穿过德国西部，但从"日食"计划的行动纲领看，这种情况不能视为德国正式崩溃。

实际上，盟国远征军最高统帅部作训处长在4月14日呈交的报告中称："随着我方军队到达易北河，很明显，德国最终战败已确凿无疑。因此，仅考虑军事因素，我们的作战目标应当是尽快完成击败残余德国军队的任务。"[27]报告里继续写道："粉碎敌人抵抗意志的主要办法，无疑是消灭纳粹党领导人，尤其是希特勒。"[28]不过，这份报告没能促使西方盟军继续攻往柏林，尽管他们知道，按照斯大林的说法，红军再过一个月才会发动进攻，而且没把重点置于柏林。

直到4月17日，英美联合参谋长委员会还最后一次敦促目前已深入战后苏联占领区的艾森豪威尔,催他尽快攻往柏林,他们在发给艾森豪威尔的电报里指出:"联合参谋长委员会此前把盟军的行动理解为,不进入……'最终的'苏联占领区,尽管该地区可能仍控制在德国人手里,反之亦然。这种观念现在已改变,英美军队或苏联红军可以进入有军事利益的任何一处敌方领土。"[29] 作为西方盟军最高统帅,艾森豪威尔获得军事授权,可以渡过易北河,继续攻入日后的苏联占领区,实现既定目标,也就是歼灭德国国防军部署在东线的残余兵团,从而迫使盘踞在德国东部的德军部队最终瓦解。但艾森豪威尔没有渡过易北河,更别说攻往柏林了。西线德军土崩瓦解已成事实,按照"日食"计划指导方针,不出意外的话,西方盟军应当继续向东攻击前进,一举打垮东线之敌并夺取柏林。但基于前文讨论的原因,艾森豪威尔没有这样做。

美军以前所未见的速度穿过德国西部,促使苏联最高统帅部给朱可夫施加压力,要求他尽快制订作战计划,迅速发动进攻。西方盟军的前进速度,再加上苏联方面认为德国企图与西方盟国单独媾和,促使红军进入戒备状态。科涅夫战后指出:

> 我们不得不考虑这种情况,德军指挥机构和德国政府顽固推行分裂反希特勒同盟的政策,近期还直接寻求与我们的盟国单独媾和,企图达成目的后……把他们的军队从西线调到东线来对付我们。[30]

谈到西方盟国,科涅夫语气谨慎,但没有掩饰自己的不信任感,他继续写道:"我们不愿意相信我们的盟国会同德国人达成任何形式的单独协议,但在当时既有事实又有传闻的气氛下,我们作为军人,无权绝对排除那种可能性。"[31] 科涅夫在回忆录里总结道:"我们不得不考虑完全现实的可能性,不管怎么说,法西斯领导人宁愿把柏林交给美国人和英国人,为他们敞开道路,跟我们则要展开激战,打到最后一兵一卒。"[32]

迄今为止还没发现苏联时期的文件表明,的确有书面命令要求红军进攻柏林期间做好同西方盟军发生冲突的准备。但发生这种可能性的间接证据确实存在,主要是柏林战役开始前,红军战俘向德军审讯人员交代的情况。红军步兵第49师一名士兵,4月15日在奥得河畔法兰克福城外被俘,他告诉德军审讯

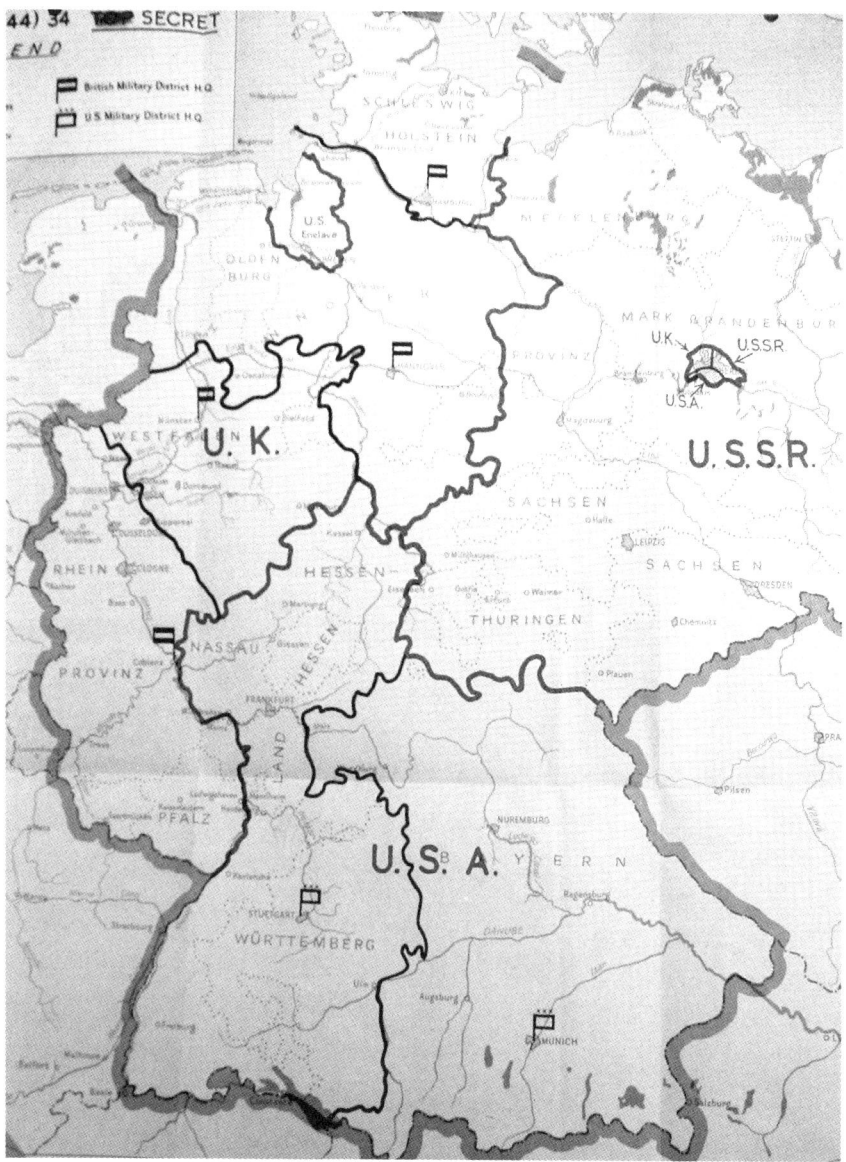

最初划定的各盟国占领区。待艾森豪威尔命令西方盟军沿易北河停止前进,他们已进入战后苏联占领区近半数路程。注意这幅地图里没有法国占领区。

者:"苏联人不会让英国人和美国人攻占柏林。"据他说,红军会以火炮,尤其是他们的喀秋莎火箭炮打击西方盟军部队,可能是以此警告对方不要再向前推进[33]。屈斯特林镇外,一名红军军官在沿主战线攻往柏林期间被俘,据他交代,苏联人估计会在攻往柏林途中遭遇美军,红军炮兵届时会打击西方盟军,阻止对方继续向东推进[34]。对德战争最后一场战役期间,苏联红军围绕与西方盟军协同行动采取的另一些正式措施,表明他们对柏林的归属深感担心。

柏林战略进攻战役开始后,苏联仍在欺骗西方盟国。美国人从德国获得情报,得知苏联红军打算攻往柏林,4月16日,也就是红军朝柏林发起突击的第一天,美国驻莫斯科军事代表团就此事询问斯大林。红军夺取塞洛高地进展缓慢,斯大林当时正在处理朱可夫发来的报告,一时口误,说他会攻往柏林,随后赶紧闭嘴,掩饰说进攻柏林不过是朝德累斯顿发动总攻的组成部分[35]。

直到红军突破塞洛高地,一路攻往柏林,他们也没打消对西方盟军的不信任感。苏联最高统帅部仍认为红军进攻途中有可能遭遇美军或英军作战部队,因而同意艾森豪威尔的建议:红军坦克应当围绕炮塔涂上一道白色条纹,条纹上方再涂个白色的十字架[36]。这份协定清楚地说明,"白色条纹"是便于西方盟军识别红军坦克和自行火炮,而不是红军部队在柏林巷战中的敌我识别标志。到4月底,红军战车的识别标志不再是白色条纹,而是炮塔上的一个小三角。红军更改识别标志,是因为德国第9集团军最终向西突围期间,各坦克车组在战车上也喷涂了白色识别条纹,企图欺骗红军[37]。看看红军坦克部队战争后期的照片就会发现,4月份最后一场进攻战役期间,部署在德国其他地区的红军战车没有喷涂白色条纹或小三角。

问题来了,要是苏联人没想过沿柏林方向或在柏林城内遭遇西方盟军,那么为何只有柏林城内及周边的红军战车涂上这些特定识别标志呢?直到4月25日,红军完成对德国首都的合围,苏联人才正式宣布他们对柏林发动进攻。战争期间红军规模最大的进攻战役开始9天后,伦敦发行的英文版《真理报》,刊登了题为"向柏林前进"的文章,首次向全世界承认,苏联红军正攻往纳粹首都[38]。同一天,苏联最高统帅部大本营向艾森豪威尔正式通报了他们夺取柏林的意图[39]。直到红军发动进攻九天、合围柏林一整天后,才姗姗来迟地发出这份通报。这段时间,艾森豪威尔没掌握红军攻往德国首都的一手情报。据他所知，斯大林仍在策划朝德累斯顿发动后续攻势。斯大林显然欺骗了他。

希特勒和德国最高统帅部

希特勒2月3日宣布柏林为"要塞"[40]。几天前，红军步兵第266师第1006团第2、第3营指战员，趁拂晓前的夜色跨过冰冻的奥得河，一举夺得基尼茨村。这群指战员是突击第5集团军近卫步兵第26军先遣分队，他们跨过柏林前方最后一道天然障碍，离纳粹首都只有70公里左右[41]。希特勒宣布柏林为"要塞"，是战争期间首次对这座城市做出的战略考虑。

OKW（德国国防军最高统帅部）没有制订保卫柏林的计划，因为希特勒认为，只要德国军队仍在奥得河据守东线，下令在河流西面组织防御则不啻为失败主义[42]。希特勒的情报机构搞到一份文件，这份文件可能影响到德军为德国中部最后一战做出的一切后续部署。阿登山区的战斗中，德国人从一名英国军官身上搜出"日食"计划副本。希特勒把这份文件标为"国家绝密"，文件里描述了西方盟国对德国未来的战略评估，还附有地图，图上标出分割德国的各盟国占领区[43]。

缴获的"日食"计划没对OKW或希特勒的总体战略规划产生影响。文件概述了战后的德国会是什么样子，还为发展剩余的战略选择提供了办法[44]。这份文件似乎证明，盟国要求德国无条件投降的声明真实无误，OKW指挥参谋部参谋长约德尔大将认为，这一点至关重要[45]。同盟国领导人在雅尔塔召开的会议，证实了德国最高统帅部对"日食"计划的看法。

德国情报机构联络各种可用渠道，想确定盟国提出的无条件投降是否依然有效，弄清西方盟国与苏联目前关系如何[46]。一份份报告很快发回德国，称西方盟国很可能同斯大林发生冲突。某份报告里写道："据可信的消息来源称，雅尔塔会议期间，英国人和美国人看清了苏联贪婪的扩张欲望，发觉他们跟苏联人签订的所有协议毫无作用，自身利益的考虑迫使他们做好军事、政治准备，以应对同莫斯科不可避免的冲突。"[47]

"日食"计划让希特勒茅塞顿开，他着手制定战争后期的策略，重点置于分裂同盟国。这种策略需要把德军大部分作战力量部署到德国中部和东部，建立必要的防御要塞，沿易北河政治分割线拖延战争。但希特勒没有这样做，而是继续关注经济优先事项，尤其是保卫帝国剩余的石油资源。

1944年12月，德军在阿登山区发动冬季攻势，分割西方盟军的企图失败后，希特勒下令把第6装甲集团军从西线调到匈牙利，参加匈牙利产油区保卫战。德国80%的石油储备出自那里[48]。希特勒认为，南方集团军群远比保卫德国和柏林的中央集团军群或北方集团军群更重要。这种情况引起盟军情报部门关注，他们在报告里指出，估计"保卫德国南部的作战师，数量是德国北部的两倍。到目前为止，敌人把大部分装甲师和武装党卫队师部署在南部"[49]。盟国打算分割柏林，这座城市位于战后苏联占领区中央，希特勒从没想过，只要守住德国中部，柏林也许会成为分裂同盟国的催化剂。随着帝国剩余的生产设施经波兰西南部和捷克斯洛伐克山区转入地下，他仍把重点置于实实在在的经济考虑。

希特勒宣布柏林为"要塞"前，这座城市根本没有防御计划。柏林的军事需求由国防军地区司令部负责，该司令部先后隶属第三军区副司令和后备军，随后转隶OKW[50]。柏林成为要塞后，第三军区司令接管了这座城市的防务。希特勒离开还是留下的问题，眼下成为他身边亲信顾问的讨论重点。大多数情况下，一旦某座城市成为"要塞"，任何人都不得离开，"要塞"内的官兵奉命战斗到最后一刻。到2月份第二周，希特勒仍未决定是留在柏林，还是按照亲信顾问的建议前往南方，利用盟军的"要塞妄想症"，在贝希特斯加登地区继续指挥战争[51]。由于希特勒一再拖延，军事态势的发展超出了他及时做出战略决策的能力。

到3月中旬，欧洲各地的德国军队大败亏输。西方盟军把德军最后一支大股作战力量合围在西面的鲁尔口袋，正在寻找强渡莱茵河的渡场。东面，德国第6装甲集团军没能打破红军对布达佩斯的围攻，正实施战斗后撤，穿过匈牙利退往奥地利。朱可夫的主力继续在东面集中，势头丝毫未减，其他红军兵团完成了征服东普鲁士和西里西亚的行动。苏联红军与柏林之间，唯一的防御屏障是装甲兵上将哈索·冯·曼陀菲尔实力严重受损的第3装甲集团军残部，以及步兵上将特奥多尔·布塞指挥的第9集团军。两个集团军都隶属维斯瓦集团军群，该集团军群可以说是OKH（德国陆军总司令部）手头唯一一股重要的作战力量。红军不断前进，他们与柏林之间最后一道有组织的防线就是维斯瓦集团军群。掌握这股作战力量的不是能力出众的军事指挥官，准确地说，党卫队全国领袖海因里希·希姆莱毫无军事经验，出任维斯瓦集团军群司令纯属政治任命。

1月15日到3月20日，希姆莱一直担任集团军群司令，更具能力的军事指挥官戈特哈德·海因里齐大将随后接替了他。希姆莱根本没有任何作战指挥能力[52]。德国陆军总参谋长海因茨·古德里安大将认为，绝不能让希姆莱继续担任维斯瓦集团军群司令职务，因为他甚至不具备最基本的军事知识[53]。希姆莱丢失了波美拉尼亚，结果希特勒在元首暗堡召开的会议上，公开质疑他是否可靠。希姆莱随后跟麾下第3装甲集团军司令冯·曼陀菲尔发生龃龉，把希姆莱气得七窍生烟。希特勒3月28日解除了古德里安陆军总参谋长的职务，但在此之前，古德里安说服希姆莱放弃军事指挥权，并以海因里齐取而代之。

3月22日，海因里齐奉命去措森的陆军总司令部面见古德里安。德国最高统帅部设在柏林南面风景如画的勃兰登堡镇，OKW、国防军指挥参谋部、陆军总参谋部的地下掩蔽部都在那里。古德里安的办公桌上放着一张折叠起来的大幅德国地图，地图上的分界线标出西方盟国和苏联的战后占领区。虽说古德里安没把此事直接告诉海因里齐，但不难推断，古德里安明白"日食"计划的重要性。海因里齐面见古德里安时，对"日食"计划一无所知。几天后，古德里安被希特勒解除职务前，派他的情报负责人、东线外军处处长赖因哈德·格伦中校去海因里齐的司令部，向他通报"日食"计划，确保海因里齐明白自己的指挥职责是多么重要[54]。古德里安没对盟军的绝密计划公开发表评论，说明他对相关消息持谨慎态度，哪怕在海因里齐面前也是如此。但很明显，他向维斯瓦集团军群新任司令下达指示时，无疑是知道"日食"计划的。

格伦递上"日食"计划，把海因里齐看得目瞪口呆。海因里齐战后评论道："所有读过这份文件的人都能清楚地看出，德国的对手，也就是盟国，打算分割德国，从根源上消除纳粹主义和军国主义，在德国遭分割的领土上去军事化，把这些地方变成农业经济。"[55]格伦的简要介绍让他得知，德国最高统帅部每个人都知道这份文件，也明白"日食"计划意味着什么。古德里安对此直言不讳，指示海因里齐不惜一切代价守住奥得河防线，目标是挡住红军即将沿奥得河发动的进攻,迫使西方盟军渡过易北河进入德国东部,一举夺取柏林,此举也许能挽救数百万难民、百姓、军人的性命[56]。海因里齐不得不为这种可能性未雨绸缪,还得瞒住OKW或希特勒。他着手拟制战争期间最后的作战计划时,不由得想起古德里安说的话:"必须这样处理作战问题,任何情况下都不能让柏林落入我们最坏的敌人,也就是斯大林手里。"

希特勒3月底确信,红军下个目标是柏林[57]。可他随后改了主意,莫名其妙地相信了斯大林哄骗艾森豪威尔的虚假战略计划。这种情况说明,德国情报部门可能知道艾森豪威尔与斯大林的往来电报,不过,现有的文件证据表明,希特勒的后续战争指导依然基于经济方面的考虑。他不顾海因里齐的反对,决定从第3装甲集团军抽调3个至关重要的装甲师,转隶中央集团军群[58]。3月30日,希特勒调离党卫队第10装甲师,4月2日抽出元首掷弹兵师,4月3日又抽调第25装甲师,几个师都交给中央集团军群。费迪南德·舍尔纳元帅是希特勒及其政策的坚定支持者,看来他能对德军残余装甲师的部署问题施加某些影响[59]。海因里齐抱怨不迭,步兵上将汉斯·克雷布斯替希特勒的决定辩解,说两个集团军群都可以使用这些装甲师,具体取决于红军下一场攻势的战略突击方向[60]。这番话听上去很有道理,但希特勒1月21日下过命令,要求所有军长、师长签发任何作战指令前必须直接向他汇报。这道命令攫夺了德国军队所剩无几的作战自由度。

4月22日,凯特尔元帅认为机会来了,可以用柏林周围的军力发起向心突击,缓解首都承受的压力,击败遂行进攻的红军。这份计划呈报希特勒,他批准了,觉得自己仍有可能击败苏联人,确保国家社会主义德国继续存在下去。红军4月25日完成对柏林的合围,希特勒知道,自己必须就是否离开柏林做出决断,绝望之余突发奇想,决心留在城内监督最后一战。他重拾勇气,宣称战争的最后一战会在帝国首都各条街道上决出胜负[61]。

为拯救纳粹德国,OKW制订的作战计划,要求实力严重受损的第9集团军与新近组建、装甲兵上将瓦尔特·文克率领的第12集团军发起联合进攻,攻往柏林南部,北面则由党卫队全国副总指挥兼武装党卫队上将费利克斯·施泰纳,率领新组建的施泰纳集团军级集群发动进攻,从第3装甲集团军翼侧进入柏林北郊。这份计划建立在柏林能长时间挡住红军的基础上。OKW没有就该作战计划与海因里齐或维斯瓦集团军群司令部协商沟通。第56装甲军军长违背海因里齐的作战意图，奉命率领部队开入柏林城内，守卫这座注定要沦陷的城市。凯特尔孤注一掷的计划没能彻底实现，部署在柏林周边的各支军队，没有哪位指挥官愿意为已然失败的事业牺牲自己的部下。相反，他们遵照海因里齐的命令，以残余兵力解救德国军人和难民，让尽可能多的军民逃离苏联红军。

海因里齐不愿柏林城内爆发激战，他对布塞和文克施加了影响，所以凯特尔的计划从一开始就注定要失败。北面，海因里齐和冯·曼陀菲尔设法把几个至关重要的师调离施泰纳麾下，以这些师阻止红军合围第3装甲集团军。凯特尔先前把这几个师调拨给施泰纳，专门用于从北面攻入柏林。海因里齐破坏了凯特尔的救援计划，差点儿搭上自己的性命。

凯特尔的目标是解救希特勒和国家社会主义德国。而海因里齐想的是，战争结束时把红军挡在东面尽可能远的地方，同时不实施任何激烈抵抗，任由西方盟军进入柏林。这就是海因里齐积极寻求的目标，正如他战后指出的那样：

英国人和美国人会停在易北河，还是会继续攻击前进，这个问题让维斯瓦集团军群深感不安……他们一直宣称，必须彻底击败德国，必须迫使她无条件投降。他们在卡萨布兰卡做出这项决定，在雅尔塔又一次重申。因此，敌人在西面不采取任何措施，不再继续推进，不实现他们的愿景，这个问题值得怀疑。他们只要冲出登陆场……据说接下来只要两天左右就能到达柏林。[62]

为实现既定目标，海因里齐自作主张，给麾下将士下达明确的指令，命令他们不得对西方盟军采取任何进攻行动，但要继续抗击苏联红军。美军第83步兵师缴获了这些命令[63]。实际上，德国第12集团军起初激烈抵御4月初渡过易北河的美军部队，但文克各作战兵团转隶海因里齐维斯瓦集团军群后，没再实施后续抵抗。

凯特尔在柏林孤注一掷，海因里齐失去了第56装甲军的指挥权，红军得以分割他麾下两个集团军。到4月20日，海因里齐的作战重点从据守奥得河转为挽救麾下将士、解救难民。他命令曼陀菲尔第3装甲集团军、布塞第9集团军撤往西面。曼陀菲尔倒不需要上司反复敦促，但布塞犹豫不决，没得到元首暗堡确认，他似乎不愿执行海因里齐的命令。这番迟疑差点葬送第9集团军，布塞最终下令向西突围，打着"救援"柏林的幌子，撤往文克等候已久的第12集团军。

为解救陷入重围的波茨坦守军和布塞第9集团军，文克麾下兵团打开一条走廊。凯特尔打算在柏林郊外击败红军，解救岌岌可危的首都，海因里齐没有积极响应，4月29日因违抗命令被解除职务。换个时候，海因里齐很可能因为他表现出的"失败主义"遭逮捕，送上军事法庭受审，因为这是他第二次因抗命被撤职。德军当初在苏联境内节节败退，撤过斯摩棱斯克期间，为执行希特勒的焦土政策，帝国元帅赫尔曼·戈林命令冯·格赖姆骑士大将炸毁城内的大教堂。时任第4集团军司令的海因里齐没理会冯·格赖姆的命令，因为这道指令是通过空军，而不是陆军指挥渠道直接下达的。不仅如此，他还插手干预，阻止冯·格赖姆执行破坏令。此举激怒了希特勒，他要求海因里齐为自己的所作所为做出书面解释，1943年末暂时解除他的指挥权[64]。海因里齐忠于自己的

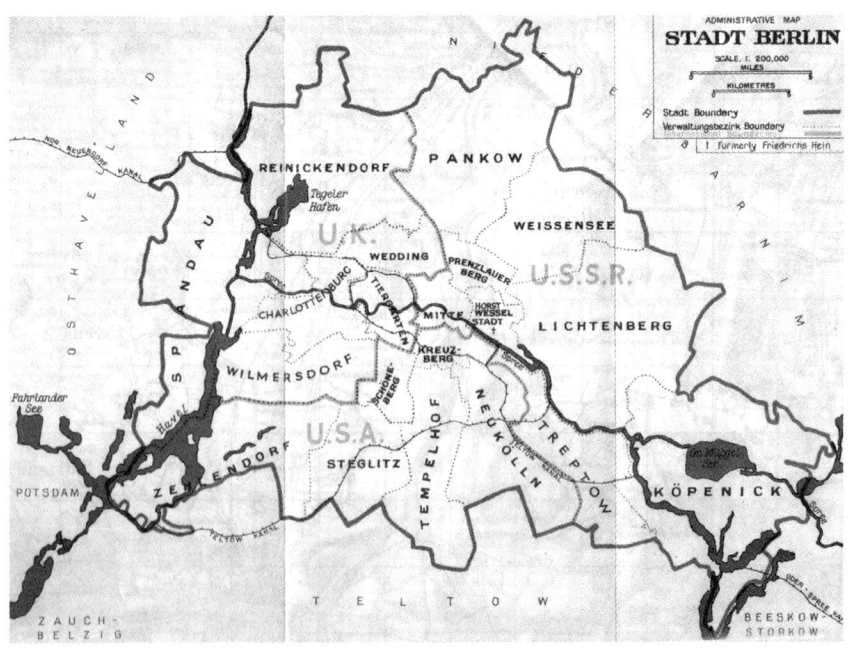

最初划定的柏林各盟国占领区，注意地图里没有法国占领区。

职业操守，第二次被撤职后驱车前往弗伦斯堡，找邓尼茨报到，战争最终结束后向英军投降。

战争的摩擦

战争最后几周，西方盟军与苏联人确实存在公开冲突的可能性。所有参与其中的人，对另一方的不信任感与日俱增。崔可夫战后写道："纳粹领导人期盼的就是盟国间的矛盾不断累积，最终爆发武装冲突，一方是苏联，另一方是英国人和美国人。"[65]美军与红军在托尔高胜利会师，与广泛宣传的报道相反，双方明显存在敌意。

4月份最后几天和5月初，红军追击逃窜的德国军民到达易北河期间，的确与美军发生了零零星星的冲突。4月25日，美国第9集团军第13军作战地域内，小阿尔瓦·吉勒姆少将惊愕地看见德军官兵和德国妇女游过易北河，逃离追赶的红军："就在这时，俄国人三架战斗机俯冲而下，沿河流两岸扫射。"美军的损失没有官方记录，但他们很可能遭受了伤亡。吉勒姆做出的应对战后记录在案：

> 很明显，俄国人知道他们正朝美军开火。吉勒姆立即拎起电台话筒，联系分配给他这个军的战术空军司令部，请他们肃清空中的俄国飞机。他随后打电话给第29步兵师，命令他们升高炮管，朝易北河对岸后方数英里猛烈开火，俄国人应该在那里。"倾泻大量炮火"后，吉勒姆命令第29步兵师停火，随后派译员用电台联络俄国人，传达了以下信息："我手头有足够的师对付你们，我们准备好了。倘若这就是你们想要的，那就来吧，我等着！"打那之后，俄国人再也没来滋扰吉勒姆。[66]

这不是唯一的例子。德国第12集团军渡过易北河期间，红军朝东岸和西岸猛烈开火，为避免伤亡，美军被迫退却。虽说有可能与红军公开冲突，但吉勒姆认为，上级应当批准美军渡过易北河攻往柏林："我始终认为，我们一路穿过欧洲的战略目标是柏林。我们知道俄国人可能会从另一面而来，但用不着担心。我们可以告诉对方，我们来了，让我们继续前进。"[67]在吉勒姆看来，美军没有继续攻往柏林是个战略失误[68]。

艾森豪威尔麾下许多指挥官赞同吉勒姆的看法。詹姆斯·M.加文中将牢骚最大，他本该指挥盟军空降柏林，这是"护身符"行动的组成部分。战争结束后，加文对巴尼·奥德菲尔德（美国空军上校，已退役）口述了一篇没有公开的记述，题为"我们本来能以空降突击夺取柏林……我们应该这样做！！"他直言不讳地指出，西方盟军没能按照"日食"计划采取主动，通过占领柏林结束战争。在他看来，执行"护身符"行动，空降柏林很有必要：

一旦丧失占领柏林真正的军事和宣传优势，俄国人肯定会向前推进，届时我们再跟他们会师。这场大胆的空降行动，本来能让我们在政治和军事方面获益匪浅。

这种突袭非常高明，当初实施的话，本来能让我们在更好的谈判基础上同苏联人打交道，还能为我们今天的生活建立更加积极乐观的理念。[69]

加文战后的观点，显然是斯大林战后封锁柏林，以及柏林墙平地而起造成的。战争结束后，海因里齐总结了"日食"行动蕴含的主要政治问题：

美国人无所事事的原因可能很多。经过漫长的接敌行军，一路前出到莱茵河①，也许确实有必要休整一番，然后再展开新行动。也许他们不过是想等待一段时间，届时俄国人会向前推进，这样一来，双方就能携手展开行动，更容易也更有效地打击德国人。还有个可能性，他们认为更好，实际上也更可取的做法是，东西方军队不要会师，换句话说，用不着在战场上相互接近，建立毫无必要的接触，另外，他们会不会只是为了避免相互开火的悲剧？这种决定显然对从事战役的俄国人起到作用，他们承受了战役的所有后果和损失。但美国人停止前进与军事无关，而是个政治解决方案。这项方案显然是罗斯福早些时候亲自决定的。战争的结束拖延了大约三周。美国人完全有能力迅速结束对第三帝国的最后一战，本来用不着耗费那么长时间，也不会造成这么大的苦难。[70]

---

① 似乎应该是易北河，可能是海因里齐接受采访时的口误。

朱可夫战后写道，柏林战略进攻战役加速了纳粹德国的无条件投降，以及欧洲战争的结束[71]。苏联红军发起突击期间，希特勒留在柏林，最后在暗堡内自杀身亡，是纳粹德国政治崩溃的前兆，正如盟国远征军最高统帅部情报机构4月17日在评估报告里指出的那样，结束战争最快的办法是消灭纳粹领导人，尤其是希特勒。艾森豪威尔显然对战略态势持不同看法。他独自做出决定，认为柏林对西方盟军不再是重要的军事和政治目标，余生不断为自己的决定辩解。

尾注：

1. A. Stephan Hamilton, The Oder Front 1945 Volume 2, Part IX.

2. Hugh-Trevor Roper, Blitzkrieg to Defeat: Hitler's War Directives 1939—1945 (New York: Holt, Rinehart and Winston Inc., 1964), pp.206—207.

3. Ivan Koniev memoir, pp. 54—55 (Cornelius Ryan Collection Box 72/Folder 3). 科尼利厄斯·瑞恩收集的文献和档案收藏在俄亥俄大学马恩中心，下文引用的相关文件标为RC: X/X。

4. J. Gavin, On to Berlin: Battles of an Airborne Commander 1943—1946, pp. 301, 302, and Cornelius Ryan, The Last Battle, p.214.

5. Ryan, pp.298—299.

6. Gablentz, p.18.

7. Ryan, p.102.

8. National Archives Records Administration (NARA), Record Group 331, Eclipse, p.3. 上述逻辑是基于盟国的认知，他们觉得德国人把苏联视为战争中的主要敌人。纳粹多年来的宣传，孕育了德国人对"布尔什维克主义者"的集体恐惧，以及真正的反共情绪，"日食"规划者由此推断，除非德国人被红军彻底击败，否则绝不会停止战斗。因此，无论西线战事进展如何，东线德军迅速瓦解至关重要。

9. Ibid, p.6.

10. Gavin, pp.299—300.

11. Omar Bradley, A Soldier's Story, p.535.

12. Gavin, p.300. Reprinted by permission of SII/Sterling Lord Literistic Inc. Copyright 1978 by James Gavin.

13. Ibid.

14. F. Hofer, MS #B-458 National Redoubt, p.9 (RC: 65/5).

15. HQ, 7th U.S. Army, G-2 Study on National Redoubt, Mar 25, 1945 (RC: 65/4). 矛盾的是，报告里提到的那些部队并没有部署到位，因为纳粹的宏大战略愿景是据守"堡垒"，以此拖延战争。

16. J. Wellard, "When Berlin goes, all is over: Hitler is there" (RC: 65/2).

17. Ryan, p.276.

18. Gavin, p.303.

19. Ibid, p.307, and Ryan, pp.252—253.

20. Ryan, p.249. See also SHAEF G3 "Operation Talisman-Targets for Specialist Personnel", 4 November 1944, and SHAEF G3 "Eclipse Outline Plan", 28 February 1945 in (NARA/RG331/Box 72).

21. Gavin, p.299.

22. A. Stephan Hamilton, Panzergrenadiers to the Front! The Combat History of Panzergrenadier-Division Brandenburg on the Eastern Front 1944—1945, pp.290—321.

23. Koniev, p.60.

24. Ibid, pp.59—60.

25. Gavin, p.310, and Ryan, p.279.

26. Ryan, p.279.

27. SHAEF G3 "Operations after reaching the River Elbe", 17 April 1945 (RC: 42/3—4).

28. Ibid.

29. CCS to Eisenhower communiqué, 17 April 1945 (RC: 42/1—2).

30. Koniev, p.62.

31. Ibid.

32. Ibid.

33. "Fremde Heere Ost", p.12. (NARA/RG242/T-78/503-11/215)

34. Ibid.

35. Military Mission, Moscow to War Department communiqué, 16 April 1945 (RC: 42/1—2).

36. SHAEF file "Liaison with Russians", 21 April 1945 (RC: 42/3—4).

37. 另外，红军还以白色信号弹识别己方部队。Archer & Olsen (Moscow) to SHAEF, 29 April 1945 (RC: 42/1—2).

38. Soviet War News, "Forward into Berlin", 24 April 1945 (RC: 74/14).

39. Military Mission Moscow to War Dept, 25 April 1945 (RC: 42/3—4). "请告诉艾克，苏联红军的当前计划是攻占柏林，肃清易北河东岸之敌。"

40. W. Wilmer, MS #P-136, The German Defense of Berlin, p.7.

41. Tony Le Tissier, Zhukov on the Oder, pp.34—35.

42. MS #P-136, p.10.

43. Ryan, p.97.

44. 值得注意的是，据说希特勒熬了好几个通宵，仔细研究缴获的文件。他目睹了自己发动的侵略战争最终给德国造成怎样的恶果，但撰写希特勒传记的所有作者都忽略了这件事。

45. Ryan, p.101.

46. "German view of Yalta Conference" (NARA/RG246/Box 441/No. 855).

47. "German Discussion of Yalta Conference Results" (NARA/RG246/Box 441/No 969).

48. Georg Maier, Drama between Budapest and Vienna, p.113.

49. SHAEF JIC Report Prepared 20 April 1945 (RC: 42/3—4).

50. MS #P-136, p.14.

51. Ziemke, p.462.

52. MS #D-189, The Pomeranian Battle and Command in the East, pp.20—23.

53. 关于希姆莱集团军群司令任期的详细探讨，可参阅The Oder Front Volume II, "Part IV: Overview of Heeresgruppe Weichsel Operations under Heinrich Himmler, 29 January‐20 March 1945"。

54. Heinrici interview, Tape No.1, pp.1—4, 25 (RC: 68/3). 约翰·埃里克森教授1963年7月17日致函科尼利厄斯·瑞恩，他告诉瑞恩，海因里齐对他说，他能"肯定"首次会晤期间古德里安没谈到"日食"计划，几天后他才得知该计划的详情（RC 68:3）。

55. Heinrici interview (RC 68/3—4).

56.Ibid, p.6.

57.Ziemke, p.463.

58.Ryan, pp.256—257, and Ziemke, pp.469.

59.深受希特勒青睐的舍尔纳是个特别残酷的指挥官,他设立了流动军事法庭,专门处置未接到书面命令就撤到后方地区的德军官兵。苏联和东德政府把舍尔纳囚禁了12年。舍尔纳1958年获释后返回西德,因非法处决德国军人被判有罪,坐了5年牢,1963年获释。

60.Heinrici interview.

61.Glantz, p.722.

62.Heinrici interview.

63.See The Oder Front 1945, Volume II, pp.387—388.

64.A. Stephan Hamilton, The Oder Front 1945, Volume I, p.47, and M-1019 Records of the US Nurnberg War Crimes Trials Interrogation, Roll 26, Frame 0072. 许多二手文献经常错误地应用上述资料,称海因里齐亲自接到炸毁斯摩棱斯克大教堂的命令,但从海因里齐的证词看,接到命令的是冯·格赖姆。

65.Vasily Chuikov, The Fall of Berlin, p.180.

66.A.C. Gillem interview (RC: 44).

67.Ibid.

68.Ibid.

69.Colonel Barney Oldfield (USAF, Retired) "We could have taken Berlin by Airborne Attack ... And We should Have!!" as dictated by Gavin (RC 51/33).

70.Heinrici interview.

71.Georgi Zhukov, Marshal Zhukov's Greatest Battles, p.267.

第二章

柏林要塞

"其实根本没人制订周密的柏林防御计划,有的只是希特勒保卫帝国首都顽强的决心。鉴于当时的情况,等他认真考虑守卫这座城市已为时过晚,来不及制定任何详尽的方案。因此,大量临时凑合的准备工作成了柏林城防的特点。这些情况揭示出彻底混乱的状况,这种状况下,敌人施加的压力,德国组织方面的混乱,用于防御的人力和物力资源严重短缺,共同造成灾难性影响。"

——弗朗茨·哈尔德大将

1939年的柏林,是欧洲大陆最大、世界第六大工业和商业城市,常住人口430万[1]。大柏林建于1920年,面积549平方公里,东西长45公里,南北宽37公里,周围环绕着茂密的松林、众多湖泊和水道,穿城而过的河道长达200多公里[2]。到1945年1月,柏林沦为欧洲被炸得最惨的城市。与战前相比,城内居民人数大幅度减少,眼下只剩225万[3]。盟军直到1945年才加强对柏林的空袭,自3月6日起,他们开始了昼间轰炸。

战争结束前,盟军总共对柏林实施了450场空袭,投下45,517吨炸弹,导致中心区的破坏率高达78%[4]。相比之下,德国人战争期间朝整个英国投掷的炸弹不到75,000吨(包括航空炸弹和V型飞弹)。柏林挨的炸弹和炮弹超过85,000吨,换句话说,落入柏林的爆炸物吨数远远超过整个英国!盟军的轰炸,其实在即将到来的巷战中给德国守军帮了大忙,因为碎石瓦砾堵住了城内许多小巷,一座座公寓楼和政府建筑的残骸成了出色的防御阵地。

保卫柏林的任务原先由第三军区副司令负责,1945年2月1日移交给后备军。希特勒宣布柏林为"要塞",指定第三军区副司令负责柏林卫戍区(Verteidigungsbereich Berlin)[5]。几乎没有德国官员和政治领导人愿意在街头同红军血战到底。城内兵力极为薄弱,根本守不住柏林。长时间防御需要的各种重要物资严重短缺,武器、弹药、油料和其他装备不是没有就是不足。城内也没设立有效的指挥机构。更要命的也许是,根本没有保卫柏林的方案。虽说希特勒和最高统帅部知道"日食"计划,可他们从来没把柏林的防御视为战略优先事项。

雷曼接掌指挥权

从希特勒2月份宣布柏林为"要塞",到他任命赫尔穆特·雷曼中将出任柏林卫戍区司令,这座城市几乎没做任何防御准备。1945年2月底,雷曼的头衔正式定为"第三军区副司令兼柏林卫戍区司令"。他的指挥部设在霍亨索伦路第三军区大楼内[6]。雷曼的前任是体弱多病的冯·豪恩希尔德骑士中将,他主持下唯一完成的工作,是沿市区东部边缘构筑了防御阵地,包括一连串堑壕

赫尔穆特·雷曼中将(中间坐立者)似乎正同部下商讨柏林的总体防御计划(真希望能看看他的地图!)。

和几排防坦克混凝土"龙牙"[7]。雷曼3月7日驱车驶入柏林，他发现："接近柏林市区时，我徒劳地搜寻各种防御设施。除了寥寥几个无足轻重的坦克陷阱，几乎见不到任何阻挡敌人前进的障碍物，放眼望去，没有任何东西能让人得出柏林是要塞的结论。"[8]

雷曼出任柏林卫戍区司令，直接听命于希特勒[9]。雷曼的卫戍司令部由以下军官组成：

表3：雷曼的卫戍司令部	
职务	人员
参谋长	总参上校雷菲奥尔
作训处长	总参少校施普罗特
后勤处长	魏斯少校
炮兵指挥官	普拉托中校
通信指挥官	弗里克中校
工兵指挥官	总参上校洛贝克

雷曼和司令部人员3月初谒见希特勒，是第一次也是最后一次。雷曼后来又多次面见希特勒，但整个卫戍区司令部再没见过元首。希特勒没给雷曼下达任何具体指示，而是把防御计划完全交给他负责[10]。

雷曼从历史角度理解自己接受的指示。他借鉴17世纪维也纳成功抵御土耳其人围攻的经验，想从中得到些启发。雷曼评估作战态势，还加以比较，希望自己的策划工作获得某些指导。他指出："我想到维也纳，那座城市成功抵御了来势汹汹的土耳其人，从而让欧洲免遭悲惨的命运。"[11]尽管这句话透露出柏林防御规划者的想法，但柏林和1864年的维也纳一样，没有外部援助是守不住的。雷曼的参谋长汉斯·雷菲奥尔上校总结了卫戍区司令部的任务："必须集中柏林城内一切可用的人力和物力，帝国首都的防御准备必须做到这样的程度，紧急情况下，从城外开来的军队只要进入预设防御阵地即可。"[12]这份计划最紧迫的问题是，保卫柏林的战略或战役目的不明。德国东部另一些城市也成为"要塞"，例如柯尼斯堡和布雷斯劳，死守那些城市的用意是牵制红军作战部队，拖缓他们向西推进的速度。但这不是保卫柏林的合适理由。

雷曼很快跟柏林各区领导人和党内人士发生了个性冲突。策划防御计划

雷曼的参谋长汉斯·雷菲奥尔上校（右）。

期间，雷曼不得不面对的主要对手，是帝国防务专员兼柏林大区领袖约瑟夫·戈培尔博士。戈培尔认为柏林的防务由他本人独自负责。第二个麻烦制造者是人民冲锋队地区专员，从名义上说，此人对城内五花八门的人民冲锋队有行政管辖权[13]。另外，大多数党政机构几乎没给雷曼和雷菲奥尔提供任何帮助。这些机构认为，既然奥得河畔的红军驻守在防御阵地内，那么他们用不着对敌人的后续突击做好准备。没过一个月，态势急转直下，这些机构的负责人纷纷逃往西面[14]。与柏林城内的官僚相比，柯尼斯堡和布雷斯劳官员的做法截然不同，他们群策群力，为防御计划提供了许多帮助，而柏林的官员只是掩耳盗铃，不愿面对即将到来的攻击。

戈培尔要求雷曼参加每天召开的战争委员会会议，还经常在会上下达与雷曼的军事部署相悖的命令。某次会议上，雷曼建议疏散柏林城内的平民百姓，戈培尔没批准，说现在谈这个问题为时过早，他不愿惊动民众[15]。戈培尔称，他已经为紧急情况制订了计划。可雷曼后来发现，戈培尔的计划仅仅是在地图上标出两条红线，代表疏散路线。至于如何转移民众，管制站和卫生站设在何处，根本没有相关方案。一旦俄国人发动进攻，大批德国男女老幼很可能困在前线地带，没人想过如何保全他们的性命[16]。

尽管希特勒表面上对柏林的防御悲观失望，但他确实下达了几道指令，为首都防御计划指明方向。3月19日，他签署了在德国境内实施焦土政策的元首令[17]。具体执行人基本上忽略了这道命令，只是4月7日在所有桥梁和部分立交桥上布设炸药，做好爆破准备[18]。元首令里的确切语句如下："1：对作战至关重要的桥梁设施必须炸毁，绝不能为敌人所用。"[19]由于前线的需求，城内可用的炸药数量有限。柏林战役中，德国人引爆了几座关键的桥梁，但由于缺乏高质量炸药，这些桥梁没能炸毁。激战期间，柏林城内248座桥梁被炸毁了120座，另外9座受损。立交桥只炸毁几座，两条地铁隧道也在5月1日/2日夜间炸毁[20]。整个交战期间，柏林卫戍区司令就没下达过炸毁桥梁的命令[21]。炸毁桥梁确实拖缓了城内红军作战部队的前进速度，但没能挡住对方。城外的德军部队根本没打算驰援柏林守军，从这个角度看，炸毁桥梁对城内的战斗几乎没产生影响。

雷曼最重要的决定，是设立三道防御带和八片防区，还任命了各防区指挥官[22]。这些防区有助于组织现有资源，另外，一旦俄国人发动进攻，维斯瓦集团军群辖内部队就退守市区，多少能利用这些防区提供的框架指挥系统。主防线环绕大柏林郊区构设，第二道防线沿城内几个中心区隆起的快铁轨道延伸，第三道防线是政府区，这片地区西接蒂尔加滕区，北面和东面是施普雷河，兰德韦尔运河位于南面[23]。整座城市细分成八片防区，代号从A到H，政府区的代号是Z[24]。负责各防区的至少是上校或军衔更高的军官。雷曼和参谋人员四处寻找有战斗经验的军官担任相关职务[25]。照理说他们应当接受柏林卫戍区司令指挥，可实际上他们独自行事，经常起到反作用。各防区指挥官的能力和政治关系不尽相同，这些差异无疑造成各防区的战斗准备状况也不一样。值得注意的是，柏林战役打响后，第56装甲军开入城内，部分防区换了指挥官。

虽说无法确定雷曼对"日食"计划知道多少，但他并不担心盟军从西面攻入柏林。他的防御重点是东面的苏联红军。西方盟军仍在西面很远处，正竭力渡过莱茵河，同时封闭鲁尔包围圈。为迟滞苏联红军，德国人在奥得河主战线后方30公里处构设了一道环形障碍带。所有大型城镇都成为

防区	防区指挥官
A	埃里希·贝伦范格中校（双剑橡叶饰骑士铁十字勋章获得者）
B	克劳森上校（骑士铁十字勋章获得者）
C	蒙茨上校
D	施雷德空军少将
E	勒姆希尔德中校/特德上校※
F	埃里上校（骑士铁十字勋章获得者）
G	舍费尔上校
H	罗斯巴赫中校
Z	塞弗特中校（骑士铁十字勋章获得者）

表4：柏林卫戍司令领导下的柏林各防区指挥官（1945年4月初）

※雷菲奥尔称，特德4月初就接掌了指挥权。

战术支撑点[26]。柏林前方的防坦克弧形防线由北向南延伸,长达100公里,以"龙牙"和一道防坦克壕构成。德国人在东线构设这种性质的固定防线只有几次,柏林前方的防线是其中之一[27]。这项工程需要10万名劳动力,但由于运输和其他后勤问题,在工地上干活的人,自始至终只有3万人[28],有时候似乎会增加到7万人[29]。毫无疑问,盟军3月份的猛烈空袭给柏林造成严重破坏,火车停运,大批施工设备调去清理柏林城内的废墟瓦砾,而不是用于修筑防御工事。大区领袖提供更多支援的承诺从没兑现过[30]。希特勒还提出,把每座大型城镇都打造成"战术支撑点",不仅要设立路障,还要构筑防御阵地。雷曼知道不可能做到,他竭力说服希特勒,资源有限,无法实现这种构想[31]。

沿快铁线延伸的第二道防线,构成柏林城内的主防线。市区东侧和西侧,德国人沿街道和堤岸挖掘了一道道堑壕[32]。市内各座火车站修建得很牢固,眼下改为现成的支撑点。快铁本身就在地面上和地下运行,德国人以铁路突起部分充当观察点和发射阵地,而深深的涵洞成为前进中的红军难以逾越的障碍。这道防线后方,德国人部署了20个永备固定阵地炮兵连和机动高射炮连[33]。许

沿柏林东郊外围防御阵地布设的防坦克"龙牙"。

和"龙牙"一同构设的若干支撑点之一,入口设有铁丝网,掩体后方布设了伪装网。

多道路交叉口部署了固定式防坦克障碍物。这些固定的混凝土障碍,部件可以移动,方便有轨电车和其他车辆通行[34]。天黑后,通行口关闭,部分防区还派重兵把守。F防区指挥官埃德显然在政治方面很有人脉,这让他构设的防御比其他防区强得多[35]。例如夏洛滕堡区,各条主干道设立了12道路障,路障高3米,由一根根插入路面的钢梁构成,还覆以碎石瓦砾。整片地区构设了许多局部防御阵地。机枪阵地设在重要路口附近的房屋上层。一条条通道和堑壕充当阵地,从地下室通往街道,可供战斗人员端着"铁拳"发起快速攻击。

总的说来,当地居民把地窖改建成避难所,一个个避难所相互连接,方便部队在地下悄然运动。至关重要的战术阵地,顶部设有狙击点[36]。如前文所述,各防区的防御准备工作参差不齐。A防区和B防区,每天有500—600人挖掘堑壕。这些防区正面朝东,统归贝伦范格指挥,他是戈培尔的密友,这种关系让他负责的几片防区获得更好的支持。但战役期间,贝伦范格跟戈培尔的关系,导致他与其他指挥官发生严重摩擦,破坏了协同一致的防御。

尽管构设防御的准备工作热火朝天,但柏林城内缺乏建筑材料。另外,盟军的轰炸严重影响到德国的原料生产,所以城内也无法构筑钢筋混凝土掩蔽

上图：1945年4月初，雷曼与一名人民冲锋队排长交谈。

上图：视察防御阵地期间，雷曼检查一支意大利步枪。

左图：1945年4月初，雷曼视察柏林东部外围防区一处路障防御工事。

上图：雷曼同参谋人员和路障指挥官商讨红军有可能采取的进攻方式。

部。当然也有些例外，例如天然防御阵地获得加强。由于供应不足，可供德国人布设的地雷和铁丝网少得可怜[37]。战役期间，这种情况带来了麻烦，城内许多桥梁确实做好了爆破准备，但引爆后，桥梁只是受损，根本没有炸毁。沿柏林城内周边的许多防御，设在盟军近期轰炸造成的大片废墟瓦砾上。面对迎面而来的俄国人，这些天然防御阵地提供了更好的掩护和隐蔽，相比之下，对方很容易识别并摧毁城内许多固定阵地[38]。

上图：雷曼视察期间，路障另一侧。从照片上能看到，松木构成的掩体堆满石块。总的说来，这些障碍物无法迟滞红军的前进，因为他们可以炸毁或干脆绕开这些障碍。

上图：雷曼沿柏林东区视察人民冲锋队的堑壕体系。

右图：雷曼视察柏林东区一处狙击孔。一名人民冲锋队连长站在最左侧。照片左侧能看到哥伦布大楼。

地铁隧道

一些地铁站设有防空掩体，通常充当局部指挥所或军用掩蔽部。当然，平民百姓也经常在这里躲避上方街道的激战。德国人主要利用地铁隧道迅速穿越内城区。红军部队往往在地面上机动，因为他们完全不清楚地铁的布局。但战役最后几天，隧道内确实发生了一些战斗，主要围绕市中心几座地铁站。

德国最高统帅部知道地铁站的军事价值，近期下令加强部分地铁站的防御。弗里茨·克拉夫特自1932年起就担任市政地铁系统主管，1945年4月初，他奉命去霍亨索伦路，向最高统帅部办公室的赖因哈德·冯·豪希尔德报到。豪希尔德下达命令，让他把亚历山大广场和扬诺维茨桥的地铁站强化成防御阵地[39]。

4月19日，只有75%的地铁仍在运行。随着红军炮弹落入城内，部分路线停运。待红军首批部队攻入柏林东部地区，柏林市政运输公司的工作人员，4月23日从亚历山大广场转移到策伦多夫区公交站。4月24日，从三角枢纽站到鲁勒本,从维滕贝格广场到克鲁默湖的A号线继续营运,但由于炮火猛烈,前一条线路当晚停运。4月24日/25日夜间,红军一发炮弹炸穿动物园站的隧道顶,迫使动物园到鲁勒本的地铁只能单向行驶。另一发炮弹穿过纽伦堡广场与霍亨索伦广场之间的街道,第二发炮弹接踵而至,炸塌了纽伦堡地铁站的墙壁。还有发炮弹直接命中波德比尔斯基大道站。到4月26日18点,下施普雷河发电厂因炮火猛烈停工,各条地铁隧道内的电力供应中断。

战役期间淹没地铁隧道的责任,应当由所有参战者承担。一场场肆无忌惮的空袭、红军炮火、党卫队人员都难辞其咎。归根结底是时间问题,因为地铁系统某些地段洪水泛滥早于其他地方。

施普雷河下方的地铁隧道,从克洛斯特街延伸到勃兰登堡博物馆站,4月2日夜间空袭落下的两颗炸弹,炸裂了隧道西墙。河水透过裂缝涌入隧道,消防部门立即封闭隧道,以每小时250立方米的速度抽水,但水泵耗尽燃料停转

20世纪20年代前后,从波茨坦广场沿赫尔曼·戈林街(埃伯特街)北望。这张照片摄于纳粹掌握政权前,所以当时的街名不叫"赫尔曼·戈林"。另外,照片右侧的建筑20世纪30年代拆除,成为新帝国总理府的西墙。

柏林战役开始前，城内几乎每个十字路口都构设了此类防坦克路障。这处路障位于通往莱比锡广场的入口处。照片摄于1945年4月初，右上角能见到哥伦布大楼。

后，水位上升，把亚历山大广场到波茨坦广场的隧道灌得满满当当。

另一些地方，地下水从隧道受损的墙壁渗出。隧道里的水管和排污管破裂，导致罗森塔勒广场到扬诺维茨桥的整条D号线受淹，洪水还沿撒玛利亚街到亚历山大广场的E号线漫延。各条地铁隧道内的积水多达98万立方米。

虽说时间无法确定，但党卫队员似乎在5月2日凌晨炸毁了兰德韦尔运河下方的快铁隧道。此举是为阻止红军从下方迅速穿越运河，一举攻入政府区，为自己争取时间撤往北面逃出柏林。柏林民众对这起事件的叙述清楚地表明，党卫队实施爆破前下令疏散避难所，但执行爆破的士兵，错误计算了民众疏散需要的时间，结果过早炸毁了隧道（我们会在第八章详细探讨这起事件）。河水涌入快铁隧道，从北端一直淹到斯德丁站入口。河水在腓特烈大街站北出口到达C号线连接隧道的水平面后，涌入地铁隧道，从韦丁站一直淹到格奈泽瑙大街站。战役结束后传言四起，说党卫队罔顾民众的性命，故意放水淹没地铁隧道。但这种说法似乎是苏联人的战后宣传。隧道系统对交通、军需物资、局部战斗指挥所至关重要，党卫队不分青红皂白炸毁隧道的可能性微乎其微，尤其是5月2日前[40]。

战争初期拍摄的照片里,党卫队旅队长威廉·蒙克(左)同泽普·迪特里希握手。柏林战役期间,蒙克指挥新帝国总理府周边几个街区的所有党卫队人员。他不隶属魏德林,希特勒自杀后,他组织部下向北突围逃离柏林。

埃里希·贝伦范格少校成为第243位骑士铁十字勋章橡叶饰获得者后拍摄的照片。1944年1月,他成为第45位骑士铁十字勋章双剑橡叶饰获得者,还擢升中校。他是个狂热的国家社会主义者,柏林战役期间负责指挥A、B防区,指挥部设在亚历山大广场地铁站。他利用自己同约瑟夫·戈培尔的亲密关系擢升为少将,这样就不用听命于穆默特少将。他5月1日参加向北突围的行动,但最终决定跟妻子一同在普伦茨劳贝格地铁站自杀。

防空炮塔

柏林城防的基石是三座庞大的防空炮塔。这些防空炮塔堪称二战期间建造的最复杂、最精密的防御体系。虽说德国人从没打算把几座炮塔当作固定阵地用于地面防御,但它们的确能以精准的火力击毁红军坦克,挡住步兵冲击,苏德官兵都对此深感意外。柏林城内三座防空炮塔,把市区的防御延长了三到五天。

英国皇家空军1940年8月首次空袭柏林后,希特勒立即下令构建防空炮塔[41]。首先建造的是动物园防空炮塔,因设在柏林动物园内而得名。他们随后建造了洪堡海因和腓特烈斯海因防空炮塔,分别设在洪堡海因公园、腓特烈斯海因公园内。三座炮塔选择的位置,因周围林木环绕加强了隐蔽性,还让炮塔平台上的武器尽可能远离了住宅区。

德国人最初打算建造六座炮塔保卫柏林,但1941年—1942年间只建了三座。规划的六座炮塔,其中一座本想建在国会大厦烧毁的残骸上[42]。这些建筑重达10万吨,堪称坚不可摧的钢筋混凝土堡垒,给遂行进攻的红军部队、战后炸毁炮塔的工作造成巨大的麻烦。每座炮塔成对建造,由G塔(火炮炮塔)和附近较小的L塔(火力控制塔)构成。

G塔占地面积70.5米×70.5米,外墙厚2.5米。G塔设有底层和五个上层,以混凝土螺旋楼梯连接炮塔各角落和中心。底层没有窗户,只有弹药库和摆放供电、供水、空调设备的机房,还有个防空掩蔽部。二楼是个巨大的防空掩蔽部,有几座大型厨房和食物贮藏室,还有德国广播电台的应急宿舍。只有动物园防空炮塔给德国广播电台留了地方。炮塔三楼有若干储藏室和额外

兰德韦尔运河对面,蒂尔加滕区的L塔。

柏林战役结束不久后,动物园防空炮塔的航拍照片。左侧的北面,兰德韦尔运河清晰可辨。东北炮台的128毫米高射炮似乎被炸毁,炮管指向内侧。另外几门128毫米高射炮压低炮管,瞄向地面目标。从边缘受损的情况看,很可能是一辆红军坦克朝西北炮台的高射炮开火造成的。炮弹堆放在炮塔入口外,战斗中阵亡的德军官兵,墓地就在入口外的草地上。

的防空掩蔽部,外加几个指挥所。四楼是德国空军的急救站,占了四分之三空间,剩下的是储藏室。动物园防空炮塔四楼也用于存放柏林几座博物馆的宝物,包括帕加马祭坛、埃及考古文物、普里阿摩斯的黄金宝藏、绘画、蚀刻版画等。炮塔五楼是防空部队的宿舍和办公室[43]。这里有两部货运电梯和几台装甲扬弹机,可以把重达10吨的炮弹提升到炮台[44]。几座防空炮塔还有自己的供水设施和地下通信线。

炮塔顶部有两个炮台,上方的炮台设有4组128毫米Flak 40双联装高射炮。这些大口径火炮堪称战争中最有效的防空平台。安装在顶部炮台的双联装高射炮,射高14,800米,最大射程20,950米,每分钟射速20—24发。它们能横向转动360度,俯仰角-3度到+88度,因而能朝露天地开火,打击地面目标[45]。这些火炮威力强大,发射时给防空炮塔内造成巨大的压力变化,塔内士兵必须解开钢盔带,以免受伤[46]。

腓特烈斯海因公园的 G 塔（1）和 L 塔（2）。一支军用车队排在防空炮塔主入口外。腓特烈斯海因街沿照片顶部穿过，公园右下角是一所公立医院。这张照片摄于 1945 年 3 月。

洪堡海因公园的 G 塔（1）和 L 塔（2）。注意这座炮塔较矮的炮台，四侧呈方形，无法旋转。G 塔右侧有一座教堂，在战斗中损毁，今天已不复存在。布伦嫩街沿公园东侧穿过。格孙德布伦嫩街快铁站和地铁站位于右上角。这张照片摄于 1945 年 3 月。

1944年，动物园G塔的双联装128毫米高射炮。注意炮管上画的白色圆环，表明两门高射炮已击落10架盟军飞机。这些火炮可以压低炮管打击地面目标，柏林战役期间，它们经常这样做。

主炮台下方的第二炮台，各角落部署了37毫米高射炮，四侧设有20毫米四联装高射炮。四联装高射炮的炮管能压低到−2度，完全可以打击地面目标。有作者指出，德国人1945年以高射机枪替换了37毫米高射炮，因为37毫米高射炮经常出故障[47]。倘若真是这样，那么只能说各座炮塔的情况不同，战时记述和战后拍摄的照片清楚地表明，部分20毫米四联装高射炮和37毫米高射炮仍在原处。

就连炮塔的地基也有弹性，能吸收128毫米火炮发射时产生的冲击[48]。这种设计特点提高了炮塔的生存力，尤其是战斗期间，炮塔遭到红军战机和火炮直接火力打击的情况下。另外，L塔也布设了口径较小的火炮。

空军上尉莱昂哈特·冯·察贝尔蒂茨，在空军少将奥托·叙多指挥的第1高射炮师任副官。柏林战役中，三座防空炮塔统归叙多指挥。盟军频频空袭柏林期间，察贝尔蒂茨在动物园防空炮塔顶部见到的情形，为我们提供了独特的视角。炮塔顶部有一座混凝土小屋，师部人员奉命在空袭期间目测对方的动向。察贝尔蒂茨和另一名军官共同执行这项任务，他后来回忆道：

我在此处目睹了186次空袭。起火燃烧的柏林看上去很壮观，令人难忘。2000架飞机从8000米高度发动空袭，领队的一架架长机率先到达，投下照明弹，不掌握轰炸地点的其他飞机，根据照明弹标出的位置投掷炸弹。雷达操作

38毫米四联装高射炮炮组在动物园防空炮塔较矮的东北角训练。这些四联装高射炮在战斗中发挥了重要作用,为驻守柏林动物园的地面部队提供火力支援。如照片所示,这些火炮可以压低到地平线下,也就是-2度。照片里能看见兰德韦尔运河对面的动物园L塔。

员能准确报出轰炸机弹舱何时打开,炸弹何时落下。炸弹从那个高度落下,需要整整18秒才触地。就算L塔很可能中弹,雷达操作员也得静静地坐在座位上,测算轰炸机高度,把相关数据传给高射炮组。知道炸弹再过18秒就会在身边爆炸,这种情况实在令人不安。

敌机有时候会投掷含磷的燃烧弹,这种炸弹从空中落下的声音就像一场暴风雨。每颗炸弹总是相距5米左右。倘若炸弹击中某个戴钢盔的人,会从头到脚穿过他的身躯。但从炮塔上望去,眼前的情形就像花园聚会的照明灯,每隔5米一个燃烧点。

盟军轰炸机以前从8000米高度投弹,因为这个高度是88毫米高射炮的最大射高。这种飞行高度,除非从上方直接飞过,德国人的高射炮才有可能击中轰炸机。当然,128毫米高射炮的射高更大,达到15,000米。L塔的混凝土塔顶厚达5米。令人惊讶的是,盟军的空袭几乎没给柏林防空炮塔造成任何破坏,整个战争中,L塔只挨了一颗炸弹[49]。

红军强击柏林期间,各座G塔和L塔积极介入市区保卫战。相关报道称,

这张照片是从动物园G塔顶部中央拍摄的两门扬起的高射炮。从塔顶中央加固的观测所能看出,德国人很害怕被盟军轰炸机命中。照片里能看见,高射炮组人员躺在照片中央的帆布床上晒太阳。

动物园G塔顶部的北向视图。东北炮台的128毫米双联装高射炮转向内侧,看上去已损毁。前缘右侧的混凝土结构弹痕累累,显然遭到炮火打击。位置较低的炮台也能见到炮弹造成的破坏,可能直接命中一门37毫米高射炮。混凝土前缘的弹孔是个明证,显然是从地面向上发射的大口径炮弹造成的。后墙能见到炮弹爆炸熏黑的地方。照片左侧是大型液压扬弹机。

几座炮塔早在4月22日就朝地面目标开火,每日态势报告指出,炮塔的火力一直持续到战斗最后几天,至少有一份苏方记述证实,动物园防空炮塔直到4月30日仍在射击。各座G塔和L塔,底座周围都有个盲区,因为高射炮炮管无法为掩护自身所在的建筑压得太低。察贝尔蒂茨知道如何解决问题,每座炮塔都能掩护另一座炮塔底座周边地域:"它们不得不朝对方的脚部开火。"[50]也就是说,G塔和L塔利用第二炮台上口径较小的高射炮掩护对方,相互提供防御支援。各座炮塔上的128毫米高射炮也能压低炮管,但火力弧线离炮塔不会低于2.5公里。例如,动物园防空炮塔上的主炮无法击中近于勃兰登堡门的目标,但据苏联方面的记述称,对方的打击范围确实包括国王广场和国会大厦「作者注:每座炮塔大致的火力盲区,标在地图册的柏林战役地图上」。防空炮塔配备的火炮射程很远，例如，动物园防空炮塔的128毫米高射炮，射程能达到西面的加托机场，支援那里的守军。这段射程超过13,000米，换句话说，每座炮塔都能朝柏林城内任何一处有效射击。

128毫米高射炮威力强大，炮弹命中红军坦克的话，几乎能把对方炸成碎片。口径较小的37毫米高射炮，战役期间换上穿甲弹，能轻而易举地射穿射程内红军战车的侧面装甲[51]。雷菲奥尔回忆道："动物园炮塔和腓特烈斯海因公园炮塔，以重型高射炮击毁很多强大的红军坦克编组。"[52]后文各章引用的第1高射炮师每日态势报告证实了他的说法。

察贝尔蒂茨称，部署在城内各处的前进观测员，用无线电指引防空炮塔的致命火力。他还证实，城内三座炮塔都以这种方式协同，这样一来，猛烈的火力会突如其来地落到毫无防备的红军兵团头上。他指出：

高射炮师的炮兵知道城内所有主要建筑和军事设施的坐标。部署在城内各处的炮兵观测员，把敌人集中兵力和坦克的情况告知炮塔上的炮兵，他们随

西南炮台128毫米双联装高射炮的炮门特写。空军上尉莱昂哈特·冯·察贝尔蒂茨在背景处的混凝土小屋里，多次观察过盟军轰炸机对柏林的空袭。

即以致命的准确性开炮射击。因此,战役最后几天,俄国人从夏洛滕堡宫公园发起坦克突击,可能是想攻往黑尔街,炮兵观测员发现敌人集中坦克,赶紧上报三座防空炮塔,炮塔上的火炮迅速开火,破坏了对方的企图。

这可能是雷巴尔科麾下的近卫坦克第7军在战役最后几天陷入停顿,没能在西十字站周围继续向东发展战果的主要原因。

红军总参谋部的柏林战役研究,明确指出几座防空炮塔发挥了重要的地面支援作用:

炮塔接近地遭遇大批高射炮袭来的纵射火力打击,这些高射炮集中在国王广场,另外,两座防空炮塔上的高射炮也射来猛烈的炮火。[53]

到1945年,担任炮兵的大多是年轻的希特勒青年团员,以及来自白俄罗斯、加利西亚的党卫队军校学员。这些学员戴着黄色袖章,袖章中央有个狮子

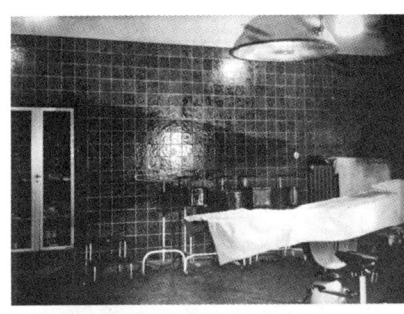
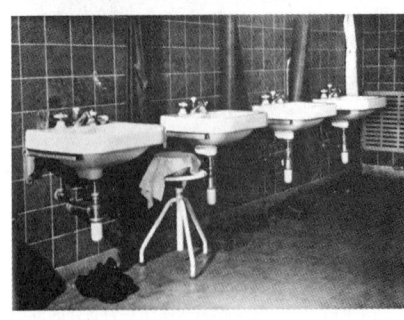

动物园G塔内的病房。这里的医疗设施非常先进,战役期间救治的军民就算没有数千人,也有好几百。

头。他们都是补充兵，本该调往党卫队第14掷弹兵师（第1加利西亚师），现在重新分配到柏林，弥补城内急需的兵力。他们对俄罗斯人和苏维埃体制怀有刻骨仇恨，是柏林最坚定的守卫者[54]。这群小伙，不少人自愿加入反坦克小组，激战中冲出炮塔，杀入周边各条街道。

柏林保卫战期间，几座防空炮塔发挥了重要的多重作用，既是防御平台和指挥控制中心，也为数以万计的平民百姓提供了躲避空袭的藏身处，还是忙碌的战地医院，甚至成为柏林好几座博物馆重要艺术品和文物的存放中心。这些炮塔有地下通信线，自带供电、供水设施。柏林城内建立了反坦克警报系统，严防红军坦克力量发起突袭[55]。启动警报系统的代号是"克劳塞维茨"。到3月底，这套反坦克警报系统的接线总机已转移到动物园防空炮塔，利用炮塔内的通信中心稳妥操作整套系统[56]。

毫无疑问，三座防空炮塔在柏林保卫战中发挥了重要作用。要不是这些炮塔积极介入战斗，柏林可能会提前五天陷落。时至今日，研究柏林战役的历史学家都忽略了这个事实。

物资供应

1945年3月，为柏林要塞供应物资是个难题。现有的战争资源悉数运往前线，造成柏林城内严重缺乏各种物资。最缺的是弹药，从国内其他地区征用的补给列车从未驶入城内。由于缺乏熟练的操作工，柏林城内无法生产弹药[57]。市内储备的武器，很多甚至不是德国制造的。城内有三座大型弹药库：哈森海德人民公园的玛尔塔仓库；格鲁讷瓦尔德的马尔斯仓库；处女地人民公园的莫尼卡仓库。这些仓库没有储满弹药，最多只有80%。还有些小型弹药库设在动物园防空炮塔内，以及Z防区的蒂尔加滕周围。随着红军攻入柏林，莫尼卡仓库储备的弹药近三分之二用马匹和大车运往马尔斯仓库。此举纯属徒劳，因为马尔斯、玛尔塔仓库4月25日落入俄国人手里。颇具讽刺意味的是，雷曼和他的参谋人员根本不知道城内这些弹药库，待他们得知此事为时已晚，无法把仓库里的弹药及时转移到别处[58]。

汽油供应也不足[59]。红军发动进攻前，柏林城内就没有油料储备。缺乏油料导致德国人的坦克和军用车辆动弹不得，妨碍了他们展开有效的军事部署。

许多部队倒是储备了油料，还采取各种必要手段获取油料，但仅供自己使用。守军唯一能指望的，只有他们带入城内的些许汽油。

缺乏食物和饮水是城内军民共同面临的另一个问题。柏林卫戍区司令部把冯·豪恩席尔特上校调来担任军需总监。豪恩席尔特先前在西里西亚组织了布雷斯劳的补给供应，城内守军得以顺利抗击围攻该城的苏联红军。可事实证明，为柏林这般规模的城市组织补给，就连豪恩席尔特也力有不逮。普遍的看法是，柏林城内的守军，凭借他们配发的口粮可以坚持两周。寥寥无几的食品仓储库设在柏林郊区，和弹药库一样，很快落入俄国人手里[60]。饮用水倒是不缺，归功于遍布城区的湖泊、运河、水井。

整个防御方案最令人不安的方面，是设法满足城内约12万儿童的需求。戈培尔建议，一旦全城遭受围困，这些儿童可以喝罐装牛奶。他甚至提出把奶牛运入城内，为他们提供新鲜牛奶。至于围困期间如何喂养奶牛的问题，戈培尔没做回答[61]。众人很快转移话题，谈起一旦红军对柏林发动进攻，如何通过空运为城内运送补给的问题。

柏林有两座主要的机场，可用于空运补给，分别是东南部的滕佩尔霍夫机场和西部的加托机场。以防万一，柏林卫戍区司令部建议，肃清胜利纪念柱到勃兰登堡门的东西向轴线充当跑道。这就要求砍掉大街两侧的树木和灯柱，好让Ju–52这类大型飞机起降[62]。预先策划的空运补给没能达成一致。柏林遭受围攻期间，没有一架补给飞机降落在东西向跑道上，紧急供应守军的弹药是用降落伞空投的[63]。援兵倒是利用临时跑道运抵了，这种情况至少有过一次。柏林城内确实有不少可充当临时跑道的地方，这些地点标在地图上，还附有可着陆的飞机型号。但由于战役进展太快，数十处临时跑道没能发挥任何作用。

除了纱布，柏林城内的医疗用品倒是很多。各所医院、陆海空军卫生补给仓库、技术紧急援助中央仓库储备了大量医疗用品。但没有绷带，由于产量奇缺，根本搞不到纱布。负伤的军民只好用自制绷带临时凑合[64]。

通信

柏林防御最棘手的问题，可能是缺乏统一的通信系统。训练有素的通信人员严重短缺，通信设备也不足[65]。造成这种情况的部分原因是守军兵力不足,只好派娴熟的技术兵充当步兵。盟军3月份持续不断的空袭造成整个电话网断电,每次断电都要持续好几天,所以柏林的民用电话系统只能部分弥补军用通信的不足。德国人解决通信问题的主要办法倒很符合军事传统:大量使用传令兵在各部队间传达命令。但据战后一份战役评估称,传令兵"穿过遍布碎石瓦砾的街道,几百米路程往往要耗费几个钟头"[66]。有一次,元首暗堡下达的命令,用了两小时才传达到本德勒街司令部,这段路程平日步行15分钟就能到达[67]。激战中,红军狙击手的冷枪、密集的炮火、正面突击、己方火力都让德军传令兵步履维艰。幸亏几座防空炮塔部分解决了通信问题。

兵力

雷曼的整个防御计划建立在以下基础上:手头有足够的兵力,不仅训练有素、装备精良,还要占据正在修筑的固定阵地。据他估计,柏林及周边沿主防线构设的防御,需要10万名受过作战训练的士兵。从某种程度上说,这种需求促使纳粹当局实施了动员。德国陆军总司令部4月19日签署的一份文件,阐明了可用于保卫柏林的总兵力[68]。请读者注意,不能以字面意思解读文件中的数字,这些数字不过是用于规划。许多因素影响到可用兵力和动员方案,尤其是"克劳塞维茨"一栏。

另外还有2个要塞反坦克炮兵连,9个陆军炮兵连,分配给第1高射炮师的44个高射炮连(主要是静态部队),外加66个高射炮战斗分队(80%机动)。看看文件列出的武器数量就会发现,柏林城内根本没有足够的武器配发给上表列出的总兵力。同样明显的是,城内可用的武器,大多是手动式毛瑟98K卡宾枪,这种情况并不令人惊讶。

所有重武器都无法移动。从理论上说,这些作战力量围绕9个防区指挥部

表5:柏林城内的可用兵力

	可用兵力	"克劳塞维茨"征兵(6小时内)
陆军	7160	19,289
空军	6707	10,049
海军	421	1004
警察	1713	1688
人民冲锋队	24,000	18,531
帝国劳役团希特勒青年团托特组织	1252	2280
合计	41,253	52,841
总计		94,094

组建，共34个国防军营、106个人民冲锋队营。总的说来，这些部队的战斗力、装备、组织情况参差不齐[69]。有些部队颇具战斗力，另一些则不然。文件列出的德军兵力，究竟有多少投入柏林保卫战，很难得出准确的结论。

柏林战役进程很快，再加上战斗异常激烈，根本不可能留下准确的记录。另外，守军最终投降红军前，许多部队烧毁了相关记录。另一方面，苏联人也没费心思弄清城内守军的确切人数。德国投降后，他们只是把所有身着军装、身强力壮

表6：柏林城内可用的武器数量	
	数量
手动式卡宾枪	42,095支
冲锋枪	773支
轻机枪	1953挺
重机枪	263挺
轻型迫击炮	25门
中型迫击炮	58门
重型迫击炮	10门
轻型野战榴弹炮	30门
重型野战榴弹炮	16门
75毫米反坦克炮	11门
88毫米反坦克炮	30门
88毫米高射炮	230门
105毫米高射炮	43门

的男性押往东面。柏林守军的准确人数，除去维斯瓦集团军群最终开入城内的几个兵团，可能远不到10万人。

上述规划文件还提到柏林城内参战的部队，我们把这些部队列入后面的表格。第五章会详述跟随第56装甲军一同撤入柏林城内的部队。

人民冲锋队

柏林卫戍区司令手头可用的主要防御力量是若干人民冲锋队营。希特勒1944年9月25日下令组建人民冲锋队[70]。这些部队直接向掌管各大区的大区领袖报到。第3大区（柏林）的人民冲锋队，由大区人民冲锋队领袖，冲锋队全国副总指挥格拉恩茨掌控[71]。格拉恩茨直接听命于戈培尔。和许多纳粹政治领导人一样，红军刚发动进攻，格拉恩茨就在视察防区期间消失得无影无踪。雷曼和继任者对这些部队只有战术指挥权，他们的武器、装备、给养、行政管理仍由戈培尔负责。

柏林的人民冲锋队，跟1944年最后几个月组建的人民冲锋队不同。初期成立的人民冲锋队营，主要由参加过第一次世界大战的老兵组成，这些部队几乎没什么战斗力，敌人刚发动进攻，往往就把他们打得四散奔逃。而柏林战役期间，年轻的希特勒青年团员加入人民冲锋队，通常由一名党卫队资深军官

或高级军士领导[72]。这种编制遵照了希特勒1月28日"部署人民冲锋队"的指令,指令里承认人民冲锋队的战斗力很成问题,要求人民冲锋队与正规军部队混编,以加强他们的战斗力[73]。

柏林的人民冲锋队通过两次征兵组建而成。第一次征召1884年到1924年出生的所有男性,这些人平均年龄52岁,大多是参加过第一次世界大战的老兵。他们获得些武器装备,还定期接受训练。第二次征召的是同一年龄段的男性,目前从事重要的文职工作[74]。这些人直到红军攻到柏林才被召集起来,主要充当首批征召人员的补充兵。

柏林城内究竟组建了多少个人民冲锋队营,说法不一,差异很大。雷菲奥尔称,总共组建了40个人民冲锋队营,1号、2号征兵令各组建20个营[75]。这个数字很可能基于他本人的回忆,而不是官方文件。OKH的记录表明,4月19日已经有69个人民冲锋队营遵照1号征兵令动员起来,作为2号征兵令的组成部分,"克劳塞维茨"行动又组建了47个营[76]。文件里还指出,1号征兵令组建的69个营共计24,000名人民冲锋队员,2号征兵令征召了18,531人。两次征兵获得的人民冲锋队员,总数不到43,000人。但这个数字不能从字面上理解[77]。各个营的兵力差异很大,从600人到1500人不等[78],某些营只有营部。

第3大区很可能动员了101个人民冲锋队营,参加柏林城内及周边的战斗。撇开文件不谈,实际动员的人民冲锋队营究竟有多少,大概永远得不到确切答案。从各种报道和德国红十字会战后发布的"失踪人员清单"看,可能有59个人民冲锋队营部署在城内。有30,000到40,000人获得武器装备,在这些营服役。有些人民冲锋队营据守防御阵地,战斗结束前就没遇到过红军作战部队,因此可以说,上述人数,真正参与战斗者要少得多。表7是对人民冲锋队营或他们隶属的上级部队,以及他们在柏林城内初期部署地的可靠估计。这份数据远谈不上权威,但代表了当前对比研究的成果。

武装人民冲锋队难度很大。发给人民冲锋队的主要是缴获的意大利步枪,每支步枪只配发20发子弹。人民冲锋队里能见到德国占领的各个国家制造的武器[79]。这种状况是希特勒3月11日那道命令造成的,他要求人民冲锋队各部队把武器上交国防军,弥补德国战时经济面临的严重短缺[80]。大多数人民冲锋队营至少配备了一挺08式机枪。MG-08是第一次世界大战期间广泛使用的

表7：柏林城内动员的人民冲锋队营	
第3大区的人民冲锋队营	柏林城内防区
3./115	A
3./121	A
3./811	A
菲舍尔	A
克鲁尔	A
申克	A
沃西茨卡	A
3./909	B
3./1	C
3./11	C
3./19	C
3./309	C
3./511	C
3./517	C
3./521	C
3./301	D
3./303	D
3./306	D
3./307	D
3./311	D
3./316	D
3./321	D
3./425	D
3./111	E
3./201	E
3./203	E
3./209	E
3./215	E
3./427	E
霍夫曼	E
"弗尔斯特"战斗群	E
3./101	F
3./105	F
3./109	F
3./112	F
3./113	F
3./181	F
3./607	F

第3大区的人民冲锋队营	柏林城内防区
3./609	F
拉德兰	F
3./403	G
3./407	G
3./421	G
3./569	G
3./603	G
3./611	G
3./617	G
3./807	G
罗兰II	G
3./713	H
3./803	H
3./813	H
3./869	H
帝国总理府连	Z
广播电台连	Z
威廉广场I	Z
3./103	?
冯·哈尔特骑士	?

武器，这款老旧的7.92毫米水冷式机枪以弹链供弹，发射速率每分钟600发。美国人海勒姆·马克西姆设计的这款武器，在柏林施潘道区生产。施潘道区的兵工厂显然还存有数百挺，现在拿出来装备人民冲锋队。

也有些人民冲锋队营弄到大批武器，主要原因是营长跟当地兵工厂关系不错。施潘道区几个营，搞到的MG-42机枪多达20挺[81]。MG-42是战争期间德军列装的一款新式武器，每分钟发射的7.92毫米子弹多达1500发。另一个营获得西门子厂资助,全营770人,编有3个步枪连、1个支援武器连、1个步兵炮连。营长是参加过第一次世界大战的老兵,全营训练得很充分,但这种情况是例外,并不多见[82]。从柏林各人民冲锋队营收缴多余武器的想法没能实现,当地纳粹官员不愿执行命令,因为上缴武器等于让他们放弃自己掌握的私人武装[83]。就目前掌握的资料看,人民冲锋队没配备新式突击步枪,但有些部队确实配发了"人民突击步枪"(VG1-5),这款7.92毫米半自动步枪1945年1月投产,只生产了10,000支,大多紧急交付在波美拉尼亚和普鲁士战斗的人民冲锋队。柏林城内的人民冲锋队主要配备德国制造的毛瑟98K卡宾枪[84]。战争爆发时,这款手动步枪是德国军队的制式装备,弹仓可容纳5发7.92毫米×55毫米步枪弹,500米内的射击精度很高。98K卡宾枪在开阔地很好用,但城内的巷战,与敌人的生死交锋往往发生在25米或更短距离内,这款步枪就派不上太大用场了。另外,柏林保卫战期间,

1945年3月10日,首批征召的人民冲锋队员肩扛"铁拳",很可能在尚未完工的防坦克路障附近从事每周的例行训练。

人民冲锋队配备的各种武器,弹药供应严重不足,"铁拳"倒是很多。这款反坦克武器大量供应,每个人民冲锋队营都配备了,还定期训练如何在城内有效使用这款武器。

"铁拳"堪称柏林巷战的代名词。双方使用的各种武器,没有哪款能跟威力惊人的"铁拳"媲美。柏林的男女老幼多多少少都受过操作这款轻型武器的基本训练,"铁拳"很容易上手,几乎对所有目标都非常有效。德国陆军武器局要求厂商研发一款空心装药、可以手动发射的反坦克武器,1942年11月,"铁拳"应运而生。首批交付军队的"铁拳"多达35万具,它能穿透200毫米厚的装甲板,最大射程75米。整个战争期间,"铁拳"的设计和生产不断改进,到1944年11月,军方列装了"铁拳100"。新型"铁拳"能射穿200毫米厚的装甲板,最大有效射程100米。值得自豪的是,"铁拳100"弹道高3.5米,射程因而加大到280米。虽说有5.5%的不发火率,但"铁拳"产量惊人,

1945年4月9日,人民冲锋队员和希特勒青年团员在格鲁讷瓦尔德森林接受训练,学习"铁拳"的操作。

仅1944年12月就生产了129.5万具[85]。许多历史学家没有认识到这款武器在柏林战役中的重要性，以及对日后低强度战争产生的影响。

1号征兵令征召的人民冲锋队员定期参加训练，各部队通常在周末或下班后的傍晚接受训练，从17点到19点[86]。部队通过训练能不能有效提高战斗力，取决于他们的积极性和现有的武器。有些部队每周去格鲁讷瓦尔德（柏林西南部一座林木茂密的大型公园）训练两三次[87]。3月份修筑防御工事期间，大批人民冲锋队员充当劳动力。这些工作大幅度减少了他们的训练时间，哪怕一次次举办政治讲座鼓舞士气也于事无补[88]。某些人民冲锋队应征者，修筑工事期间甚至消极抵抗，以此抗议当局强迫他们入伍，还得干苦力[89]。

2号征兵令征召的人民冲锋队员没参加训练，也没配发武器。按照规定，他们作为补充兵报到后，从1号征兵令组建的各部队获得武器。例如，库尔特·博格是个免服兵役的年轻人，因为韦丁区一家坦克零件厂把他列入"技师"行列。4月19日，2号征兵令终于把他召入人民冲锋队。他跟另外三四十人一同来到比斯多夫中学，大多数人的年龄都比他大。博格后来回忆道：

有个身着某种军装的人似乎是部队指挥官。他问道："你们当中谁有枪？"
真是个愚蠢的问题！谁敢有枪呢，私藏枪支是犯法的！
这名军官开始分发军装，所谓的军装都是邮递员、铁路工制服或类似的服装。

有人塞给库尔特一支枪，是1870款的塞尔维亚卡宾枪。发枪的军官说道："我们眼下没有弹药，但说不定能弄到些。"库尔特随后领了一具"铁拳"，他有点不知所措，战争爆发时，他确实受过三周军训，但接下来几年，厂里的活儿让他忙得不可开交，再也没碰过任何武器。库尔特问道："这东西怎么用？"军官回答得简明扼要："看好了，看见俄国人的坦克驶来，就按下这个键，但得当心您身旁的发射管。"[90]库尔特接受的训练就这么多。

争夺政治权力引发的种种矛盾，给雷曼造成严重影响，他根本没办法指挥、使用柏林城内本来就不多的人民冲锋队部队。例如，原本计划用于保卫柏林的20个人民冲锋队营，其中2个由勃兰登堡大区领袖施蒂尔茨指挥，他的责任区是波茨坦市。施蒂尔茨说什么也不肯把2个营交给雷曼，因为他讨厌戈培尔。据说施蒂尔茨自作主张地把2个营移交给第9集团军，还说了句："柏林关我屁事！"[91]柏林战役期间，各人民冲锋队营经常从军方和党内官员处接到相互矛盾的命令[92]。

究竟有多少人民冲锋队员在柏林城内参战，永远得不出准确的数字。倘若我们保守地估计，1号征兵令组建的每个人民冲锋队营有1000人，那么就能推断出，人民冲锋队武装了大约20,000人。德方资料称，人民冲锋队4月份的兵力不超过24,000人[93]。4月18日，应海因里齐的要求，半数以上的人民冲锋队营开赴奥得河前线。许多营刚遭遇红军就蒙受了惨重损失，随后撤回柏林城内[94]。大多数情况下，不少遭重创的人民冲锋队营合并，在柏林城内重建为战斗群。

从维斯瓦集团军群每日作战态势图看，2个人民冲锋队营4月18日已经在第9集团军身后展开行动，可能是从波茨坦派来的，另外11个营在开赴前线的途中[95]。也就是说，本该用于保卫柏林的13,000名人民冲锋队员，此时正赶往维斯瓦集团军群战线，这个数字占柏林人民冲锋队总兵力的65%。据苏联方面的资料称，战役期间，红军遭遇以下12个人民冲锋队营：第3、第16、第17、第39、第93、第103、第107、第109、第121、第205、第260、第721营[96]。就这一点而言，苏联方面的资料似乎与德方的说法一致。虽说2号征兵令又征召了20,000人，但所有第一人称记述都指出，由于缺乏武器和训练，人民冲锋队这批补充兵在保卫柏林的战斗中几乎派不上什么用场。根据各种计算，实际参加柏林保卫战的人民冲锋队员，保守估计在7000人到10,000人之间。身着人民冲锋队制服的人可能更多些，但难以确定他们是否都投入了战斗。

各人民冲锋队营的战斗表现差异很大。面对红军的冲击，有些营逃之夭夭，但也有些营跟国防军、武装党卫队、希特勒青年团战友并肩奋战[97]。例如，在滕佩尔霍夫南面守卫泰尔托运河的人民冲锋队，与国防军部队混编，据守精心构筑的防御阵地。这些人民冲锋队员挡住红军近卫第8集团军辖内分队的冲击，坚守了近两天[98]。沃尔夫冈·斯科尔宁指挥的几个人民冲锋队营部署在D防区，展开组织严密的防御作战，采用"打完就跑"的战术，用"铁拳"对付红军战车。红军近卫坦克第3集团军也指出，部分人民冲锋队营实施了卓有成效的抵抗。

希特勒青年团

柏林卫戍区司令手里有数千名希特勒青年团员，既能编入各人民冲锋队营，也可以独立编成部队。虽说希特勒青年团组织理应更注重军事训练，但跟人民冲锋队员相比，许多希特勒青年团员接受的训练强不到哪里去。不过大多数记述称，这些小伙满怀狂热的理想，迅速投入军事训练。希特勒青年团的组织指挥权掌握在帝国青年领袖阿图尔·阿克斯曼手里，此人在柏林一直待到最后一刻。就像戈培尔牢牢掌握人民冲锋队那样，阿克斯曼始终没有放弃希特勒青年团的领导权。和人民冲锋队的情况如出一辙，在城内参战的希特勒青年团员，确切人数不得而知[99]。

希特勒青年团一级区队长恩斯特·施林德尔博士，4月初在帝国体育场组建了希特勒青年团第1反坦克旅。该旅部分分队部署在第9集团军防线后方，但红军发动进攻后，他们退入柏林城内。这批人员最终编入"施林德尔"战斗群，统归施林德尔指挥。旅级规模的"施林德尔"战斗群分成两个独立战斗群：希特勒青年团一级支队长奥托·维欣格尔指挥的"黑尔街"战斗群（又叫希特勒青年团"帝国青年领袖"支队）；希特勒青年团"帝国体育场"战斗群。第三个希特勒青年团战斗群编有传令兵组成的2个营，也由施林德尔指挥，后来奉命守卫哈弗尔河上的皮歇尔斯多夫桥，为文克救援力量的到来牢牢守住入城通道。他们一直在原地坚守几座桥梁，直到5月1日/2日夜间才跨过哈弗尔河向西突围。

阿克斯曼把指挥部转移到威廉广场，给指挥链造成混乱。面对这种状况，希特勒青年团二级支队长京特·马雷克亲自领导F防区所有希特勒青年团作战部队，把他们编入新组建的"施潘道"人民冲锋队师。但希特勒青年团号称"柏林团"的另一支部队，是战役期间在帝国体育场组建的，由希特勒青年团二级区队长哈曼指挥。他们在诺伊克尔恩区和特雷普托公园参战，指挥官在战斗中阵亡，阿克斯曼随后解散了这支部队。接下来的战斗中，希特勒青年团10个连级分队，作为反坦克力量被分配到各防区[100]。

希特勒青年团在柏林城内参战的总兵力，相关估计从3500人到6000多人不等[101]。究竟有多少希特勒青年团员投身战斗，准确数字也许永远弄不清，但总人数可能会更高。党卫队定期梳理城内居民区，强迫先前没加入任何军事组织的小伙应征入伍。战役期间，这些小伙大多转入人民冲锋队。并非所有希特勒青年团员都参加了战斗，因为许多人担任指挥官的传令兵。也有些指挥官不欢迎这群满腔热忱的孩子加入自己的部队，哪怕待在后方地带也不行，极力规劝他们离开交战地区。但关于柏林战役的所有记述，一致认同希特勒青年团的战斗力。

战争最后几天，观看人数最多的一部电影，是希特勒为希特勒青年团员颁发铁十字勋章的宣传片。从这部纪录片里能看到，希特勒也为阿克斯曼颁发了金质德意志十字勋章，表彰他领导希特勒青年团在战役中取得的功绩。据某位参加授勋仪式的人称，希特勒看着阿克斯曼说道："没有您这些小伙，这场战役没办法打下去，不仅在柏林，整个德国的情形都是如此。"[102]撇开利用孩子（好多孩子才10岁出头）参加战斗这种道义上令人反感的方面不谈，希特勒青年团确实是一股重要的作战力量。

其他兵力

柏林城内还有五花八门的普通党卫队、武装党卫队、盖世太保、警察力量。所有党卫队部队几乎都部署在Z防区。许多党卫队军官和高级军士担任指挥官，领导散兵游勇组建的临时部队和独立的希特勒青年团部队。他们的人数有3000—4000人。所有党卫队部队，无论隶属关系如何，统归党卫队旅队长威廉·蒙克指挥。他也是政府区防御指挥官，直接听命于希特勒。蒙克的任务是保卫从福斯大街、威廉大街直到哈勒舍斯门的周边区域[103]。当然，他的主要职责是保卫帝国总理府和元首暗堡。蒙克指挥部独立行事，没跟柏林卫戍区司令或陆军任何部门协同行动[104]。战役期间，许多党卫队员与陆军官兵互不信任，甚至流露出敌意。

柏林城内的党卫队员编入两个团，这两个团以"阿道夫·希特勒警卫旗队"警卫团、调自施普伦哈根的"阿道夫·希特勒警卫旗队"训练补充兵营、元首护卫连、党卫队全国领袖护卫营部分分队组成。第1团号称党卫队"安哈尔特"团，以该团团长、党卫队旗队长京特·安哈尔特的名字命名，此人当初在"警卫旗队"蒙克麾下任职，表现出色，后来转入党卫队警察部队，侵苏战争期间获得骑士铁十字勋章。他的团编有两个营级战斗群，一个由一级突击队中队长托马斯·姆鲁加拉指挥,另一个由一级突击队中队长舍费尔率领。该团总兵力估计有1500人,都是"警卫旗队"警卫团经验丰富的官兵。

党卫队全国领袖护卫营4月22日开入柏林。当天早些时候,他们离开瑙恩,取道施潘道区到达勃兰登堡门。二级突击队大队长格茨·佩尔施指挥的这个营,有300—400名全副武装的官兵,编为4个排。党卫队全国领袖护卫营是个摩托化部队,带着几门88毫米高射炮、1门20毫米高射炮、几门37毫米自行高射炮开入城内。另外,该营突击炮连配备了大约6辆"追猎者"坦克歼击车[105]。这个营作为战斗群部署到各防区,尤其是北部和东部防区。

表8:第1高射炮师各防区指挥官			
高射炮部队指挥官	防区	兼高射炮营营长	地点
耶祖曼上尉	A	s.422(f)	利希滕贝格区、税务局
布雷特施奈德上尉	B		卡尔斯霍斯特、工兵兵营
诺尔特上尉	C		诺伊克尔恩区、里夏德广场
韦伯少校	D	s.126(f)	滕佩尔霍夫机场
戈加斯特上尉	E		策伦多夫西区、内斯托尔旅馆/万湖一沙路街(4月17日后)
科特上尉	F	s.530(f)	帝国体育场、游泳馆
布罗索夫斯基上尉	G	s.202(f)	洪堡海因L塔
冯·切柳斯上尉	H		潘科区、格鲁诺韦尔街
霍夫曼中校	Z	s.123(T)	腓特烈斯海因L塔
(f)=固定阵地			
(T)=防空炮塔			
各高射炮部队通常配备2门88毫米高射炮(机动式)和3门20毫米高射炮			

表9:柏林保卫战期间,第1高射炮师辖内各高射炮连			
北部高炮群		连队	截至4月17日的阵地(变更位置)
预警中心:洪堡海因L塔			
	E、F、G、H防区高炮部队的战术控制		
		下属分队	
	洪堡海因 /s. 202 (f)	5./422 (RAD 5./376)	火车站街,米勒街

（接上表）

	布罗索夫斯基上尉	2./154 (RAD 6./246)	伊里舍尔街
	兼 G 防区防空指挥官	6./422 (RAD 1./93)	潘科大道
	指挥所：L 塔	1./605 (RAD 4./95)	哈兰德街
		3./605	伦敦街
			（4月24日）爱尔兰街，加入2./154连
		5./605	易卜生街
		z.b.V. 10348	体育馆，埃贝斯瓦尔德街
	帝国体育场 /s. 530 (f)	5./437 (RAD 7./142)	达尔黑姆施塔茨
	科特上尉	z.b.V. 10349	柯尼希斯路
	兼 F 防区防空指挥官		4月17日后从特格勒靶场开抵
	指挥所：游泳馆	7./437 (RAD 5./93)	艾希卡姆普
		9./211	哈泽尔霍斯特
			金龟子兵营（4月17日后开抵）
		4./605	格鲁讷瓦尔德
		4./126	鲁勒本
		2./422	处女地
		3./211	布卢梅斯霍夫
			韦斯滕德高尔夫球场（4月23日）
		3./126 (RAD 5./174)	泰格尔靶场
		1./215 (v)	施马根多夫
		2./215 (v)	德雷普富尔
			施马根多夫（4月17日后开抵）
		3./215 (v)	斯文·海丁街
	腓特烈斯海因 /s. 123 (T)	1./123	腓特烈斯海因
	霍夫曼中校（指挥所：L 塔）	2./123	动物园
		3./123	洪堡海因
	特格尔 /lei 733 (f)	z.b.V. 6524 (1/2)	莫阿比特
	施拉克少校	z.b.V. 6512	莫阿比特
	指挥所转移到帝国体育场	1./733	加托
		加托	4月17日后从舍讷费尔德开抵
		5./733	大角星广场
		7./733	加托
		4./755	H防区
		4./215	E防区
			4月17日后从迪佩尔开抵
		5./215	E防区

（接上表）

			4月17日后从迪佩尔开抵
		博尔西格瓦尔德本土防空部队	博尔西格瓦尔德
		本土防空部队	本德勒街，OKW

南部高炮群		连队	位置
预警中心：兰克维茨埃米希大厦			
	A、B、C、D防区高炮部队的战术控制		
	下属分队		
	利希滕贝格 / s. 422 (f)	7./326 (z.b.V. 12500)	上美丽牧场医院
	耶祖曼上尉		4月17日后从腓特烈斯费尔德开抵
	兼 A 防区防空指挥官	9./326	中央牛肉交易场
	指挥所：税务局	4./307	东腓特烈斯费尔德
		5./326	卡尔斯霍斯特电车站
		z.b.V. 10306 (RAD 4./174)	劳本克，韦森塞
		2./605	卡尔斯霍斯特工兵学校
		7./126 (RAD 7./143)	腓特烈斯费尔德
		6./126 (RAD 4./32)	霍恩申豪森
		10./126	比斯多夫
		z.b.V. 10224	赫茨贝格体育场
		4./422	上施普雷河
		5./126	舍讷贝格
		10./326	特雷普托公园II
		8./211 (RAD 4./145)	特雷普托公园
		z.b.V. 10359	鲍姆舒伦路体育场
			滕佩尔霍夫（4月17日后开抵）
		3./458	滕佩尔霍夫
		2./326 (RAD 3./52)	博斯波鲁斯路
		5./211	约翰尼特施蒂夫特
		7./605 (RAD 8./133)	格拉德街
		6./307 (RAD 7./95)	格伦扎拉体育场
		z.b.V. 12500	哈森海德
	滕佩尔霍夫 /Lei 979 (f)	毛斯排（？）	马里恩多夫
	霍夫曼少校	z.b.V. 6560	滕佩尔霍夫军用机场
	指挥所：奥伯兰街		4月17日后从鲁多开抵
		z.b.V. 6561	普里斯特路
			4月17日后从鲁多开抵
		z.b.V. 14040	C防区

（接上表）

		z.b.V. 6524 (1/2)	C防区
		1./733	舍讷费尔德
			4月17日后开往加托，泰格尔支队
（f）=固定阵地			
（T）=防空炮塔			
各高射炮部队通常配备2门88毫米高射炮（机动式）和3门20毫米高射炮			

武装党卫队驻守柏林的另一些成员也隶属这支部队。第2团主要由普通党卫队员构成，他们原先在政府区周围各座建筑从事行政工作[106]。各种盖世太保小队编为当地作战部队，守卫阿尔布雷希特亲王街盖世太保总部等特定建筑。党卫队人员装备精良、训练有素、满怀热情，但很难融入整体防御。个别党卫队战斗指挥官，无论军衔高低，加入人民冲锋队、希特勒青年团或其他临时性作战部队，一个个表现杰出，他们的领导力、主动性、战斗经验让人刮目相看。

"大德意志"警卫团是驻守柏林的另一支礼仪部队，主要任务是保护昔日德国皇室居住在柏林的遗老遗少。盟军的空袭持续不断，该团越来越多地投入救援市民的工作。在柏林各工厂干活的外国强制劳工与日俱增，为管理这些人，"大德意志"警卫团也发挥了重要的作用[107]。该团还以部分兵力组建了一个独立团，编入第309"柏林"步兵师，部署到奥得河前线。警卫团余部留在柏林，这些官兵装备精良、训练有素、干劲十足，许多人原本隶属"大德意志"装甲军辖内部队，在东线打过仗，战斗经验相当丰富。"大德意志"警卫团在柏林参战的余部，由伦霍夫少校指挥，总共只有300—400名训练有素的士兵，虽说准确人数不得而知，但他们配备了至少5辆突击炮。

德国陆军总司令部（OKH）4月中旬展开最后一波动员[108]。通过这种方式组建的部分部队开入柏林，参加首都保卫战。部署在城市北面的"米勒"战斗群编有以下部队：第116"德贝里茨"要塞机枪营，第968"施潘道"工兵封锁营，"施奈德·克兰普尼茨"装甲旅坦克歼击中队。该战斗群奉命据守哈弗尔河与奥拉宁堡之间的阻击阵地，但红军合围柏林期间，战斗群部分分队被迫退往北面，进入第3装甲集团军防区，余部留在施潘道区。第2装甲团第2营4月21日、22日动员起来，配备了从柏林各工厂搞到的坦克。从动员令和随后更新的信息看，第6连获得15辆五号"黑豹"坦克，4月22日18点开赴第56装甲军，准备投入次日发动的行动。第7连4月23日也配有15辆五号坦克，是从戴姆勒—奔驰厂弄到的，其中至少5辆"尚未完工"。第8连从阿尔克特公司搞到10辆突击炮。4月23日有报告称，其中8辆突击炮位于柏林北面的格利尼克。这支部队三分之二的力量可能在柏林外围战斗，战争结束前甚至沿易北河赶往美军防线。但施密特少尉率领的一小群"黑豹"陷入重围，一直在城内战斗[109]。第249突击炮旅辖3个连，每个连派往不同的地方。相关报告称，第1连10辆突击炮（三号和H型）奉命加入党卫队第4"警察"装甲掷弹兵师战斗群，4月20日击毁29辆敌坦克，自身只损失4辆突击炮。该旅旅部和第2连率领10辆三号突击炮，4月21日20点在柏林东郊的韦森塞加入"贝伦范格"战斗群。第3连配备10辆三号突击炮，奉命做好4月22日2点从施潘道区阿尔克特公司出发的准备，该分队在柏林城内各片防区作战，最终参加了向西突围的行动[110]。

为上述作战编队提供支援的是五花八门、规模较小的局部力量。每个防区都能见到地方自卫队、军校学员、国防军补充兵部队、护厂队、警戒部队、区警察营。这些防御部队兵力不多，战斗力参差不齐[111]。例如匆促组建的几个警察营，制订防御计划期间，雷曼从没见过他们的身影，因为日常工作让他们忙得不可开交[112]。这些警察想必在照常执勤，由于没参与策划工作，他们无法在红军进攻期间协同守军积极防御。柏林卫戍区司令手头最出色的部队，是一股股重要的战斗支援力量。

高射炮部队

部署在柏林的第1高射炮师由空军少将奥托·叙多指挥，师部设在动物园L塔，位于兰德韦尔运河对面的蒂尔加滕。该师编有两个地面防空团，辖4—5个营，配备的都是德国和外国制造的旧型高射炮（20毫米到128毫米）[113]。尼古拉中校指挥的第126高射炮团，是北部高炮群的核心力量，团部设在洪堡海因L塔。尼古拉负责E、F、G、H、Z防区。斯莫伦斯基中校指挥第22高射炮团，负责A、B、C、D防区，团部设在兰克维茨的高射炮兵营。另外还有第82探照灯团，团里大多是女兵。战役打响后，该团组建了各种各样的反坦克小分队，在城内各处战斗。每个防区都有自己的高射炮指挥官，他们都隶属第1高射炮师。

柏林城内几座防空炮塔，防御任务由霍夫曼中校指挥的第123重型炮塔高射炮营负责。该营营部和第1连部署在腓特烈斯海因防空炮塔，第2连驻守动物园防空炮塔，第3连设在洪堡海因防空炮塔。第123重型炮塔高射炮营不仅要操作防空炮塔上的火炮，还要协调他们的对空、对地战斗。约41个高射炮连配属第1高射炮师，外加战役期间动员或分配的另一些部队。

交战期间，这种组织结构在防御和通信方面起到至关重要的作用。俄罗斯联邦国防部中央档案馆近期公开的文献表明，这些下级指挥官每天把各防区最新的战斗进展呈报第1高射炮师师部。最新报告不仅提供了"俄国人在哪里"的战术情报，还说明各座防空炮塔利用安装在G塔的火炮，直接参与地面战斗[114]。为打击地面目标，几座防空炮塔和附属的高射炮营消耗了数万发炮弹。

柏林城内还有大约66个独立高射炮战斗分队（FKT），这些营①不隶属第1高射炮师。他们部署在市区外环、内环防御圈，主要沿敌人进犯的主要路线设立防御。许多炮组训练有素，斗志高昂，但也有些是应征兵，从事地面防御的操炮能力较差。总的说来，柏林保卫战期间，这些高射炮营打得有声有色，可以说是一股强有力的作战力量。他们在巷战中操作火炮击毁75—100辆敌坦克。大批报告证明，炮组人员和高射炮部队作为步兵投入战斗，多次击退优势之敌的猛烈冲击。一门门火炮损毁或遗弃（例如安装在混凝土掩体内，无法移动的火炮）后，炮组人员就充当战斗步兵，打得非常英勇。

1945年3月，为增添火炮数量，德国人认真梳理了空军各所学校。在普拉托中校的率领下，7个轻型、7个重型炮兵训练连部署在柏林城周边。另外，各火箭炮部队部署在敌人进犯的关键道路上，准备给对方造成严重的心理打击。由于弹药不济，这些火箭炮部队每次只能打一个齐射[115]。

---

① 从Flak Kampf Troop这个词和表10看，这些独立高射炮战斗分队应当是连级规模。

表10：柏林保卫战中的独立高射炮战斗分队及部署地点

防区	高射炮战斗分队	部署地点
A 4月22日—23日被红军消灭	102	黑勒斯多夫
	103	赫诺I
	106	霍佩加滕
	109	韦森塞
	114	霍恩申豪森
	132	比尔克纳费尔德
	133	赫诺II
	134	威廉斯贝格（克尼普罗德街）
	9./326	雷德广场
B 4月22日—23日被红军消灭	101	考尔斯多夫
	104	南马尔斯多夫
	110	马尔斯多夫
	112	南考尔斯多夫
	113	腓特烈斯哈根
	121	腓特烈斯哈根
	122	克佩尼克
	149	埃尔森格伦德
	150	希尔施加滕
	5./326	特雷斯科大道
C	107	下美丽牧场
	111	布科
	123	舒尔贝格桥
	127	诺伊克尔恩劳动局
	146	布里茨
	147	马桑特桥
	3./458（2门火炮）	布劳瑙街—赫尔曼街
D	130	兰克维茨
	131	策伦多夫—芬肯施泰因大道
	135	布里茨格拉德街
	136	火车南站
	145	摄政王路德维希桥
	148	舍诺
	3./458（2门火炮）	哥伦比亚街—贝勒联盟街
	156	齐滕街
	157	奥斯多夫街
	158	戈尔扎利
	159	阿提拉广场
E	140	策伦多夫路
F	141	哈肯海德
	142	尼古拉湖
	144	阿武斯
	2./422（1门火炮）	霍赫迈斯特广场
	151	大格林尼克
	152	策伦多夫
	153	奥斯卡海伦海姆
	138	诺伊施塔肯
	139	泽堡
	143	阿马里恩霍夫
	2./422（1门火炮）	黑尔街
	154	加特普富尔
	155	阿尔布雷茨霍夫
G	124	威廉斯鲁
	125 (161)	罗森塔尔货运站
	126 (154)	泰格尔
	129	佩克维塞
	137 (155)	维特瑙疗养院
	3./605	八月胜利大道
H 4月23日—24日被红军消灭	105	韦森塞
	108	布兰肯堡
	115	马尔肖
	116	尼德申豪森
	117	南布赫霍尔茨
	128	诺登货运站
	5./605	博恩霍尔梅街
Z		

各高射炮部队通常配备2门88毫米高射炮（机动式）和3门20毫米高射炮

配备4—6具54/1式"战车噩梦"的SdKfz. 301博格瓦德四号坦克歼击车,这张照片摄于1945年5月3日的菩提树下街。柏林城内及周边部署了大约50辆坦克歼击车,这是其中一辆。

试验部队

柏林卫戍区司令手头掌握的作战力量,最不寻常的是个试验性反坦克支队,番号是第1坦克歼击营。该营由营部和三个连构成,每个连配备3—5辆坦克歼击车,但网上某些资料称,在柏林城内参战的坦克歼击车多达50辆。这些战车是SdKfz. 301博格瓦德四号C型坦克歼击车,配备4—6具54/1式"战车噩梦",这款火箭发射器以电点火的方式击发[116]。"战车噩梦"跟"铁拳"类似,是德国人1943年在突尼斯缴获的美制巴祖卡火箭筒的仿制品。战役期间,该营辖内分队作为机动力量四处逡巡,打击红军坦克纵队翼侧,不等对方发起反击就逃之夭夭。

固定式坦克炮塔

整个柏林城内,部署在重要十字路口的固定式坦克炮塔多达20来个。这些炮塔是四号坦克和五号"黑豹"坦克的混合体。几乎所有无法行驶(没有车轮和发动机)的坦克,都匆匆挖掘阵地半埋起来。有些是真正的坦克炮塔,只把炮塔安置在预先构设的掩体顶上。柏林城内部署的一个个坦克炮塔是从马里恩费尔德区的戴姆勒—奔驰厂、滕佩尔霍夫区的克虏伯—德鲁肯米勒维

德国人从克房伯—德鲁肯米勒维修厂弄到10辆无法行驶的黑豹坦克,把这些战车用于柏林的防御,这是其中一辆。车号314的黑豹部署在施托科维尔街与兰茨贝格大道拐角,就在腓特烈斯海因防空炮塔东面。照片里能看到,G型炮塔安装在带有改进过的发动机检修舱口的D型车身上。相关报告称,另一部炮塔部署在街对面。

修厂弄来的。几座工厂有好多"黑豹"坦克,不少是初期型号,大多需要各种维修或翻新。

1945年2月24日,"柏林"装甲连组建,获得10辆五号"黑豹"坦克和12辆四号坦克,每辆坦克3名乘员,分配给各防区指挥官[117]。3月份,许多战车奉命驶入城内,部署到防御阵地内。

最后的准备工作

到1945年3月底,柏林看上去就像一座军营。格鲁讷瓦尔德和国防军各营地内,现有部队的训练更加频繁。他们选择的武器是"铁拳",国防军补充兵部队在兵营周围用这款武器练习打坦克[118]。按照戈培尔的命令,就连女性也开始接受每周5小时的武器操作训练[119]。所有防区内,街垒、路障、武装巡逻队成了司空见惯的东西。高射炮和固定式坦克炮塔迁到快铁环形交叉点附近。

柏林卫戍区司令在城内组织起唯一条理分明的指挥结构,为此备受称赞,但各部队还是在资源、训练、调集、战术部署方面产生严重分歧。雷曼任命的防区指挥官、人民冲锋队领导人、阿克斯曼的希特勒青年团、蒙克指挥的各种党卫队部队、其他地方部队各行其是。正如雷菲奥尔在日记里写的那样,没人愿意对希特勒负责,所以拒不服从柏林卫戍区司令指挥[120]。

雷曼的卫戍区司令部继续寻求上级指导。他没能从希特勒那里得到明确的指示,于是找到OKH,对方却告诉他:"我们只负责东线战事,您想得到命令的话,去找OKW吧!"他又跑到OKW,得到的答复却是:"柏林正面朝东,您的上级应该是OKH。"[121]3月底,雷曼和他的卫戍区司令部总算暂时隶属维斯瓦集团军群。由于红军取得突破,柏林现在成为海因里齐防线的组成部分,实际上,一个月前就该这么做了[122]。

新的安排让雷曼和他的参谋人员满怀希望,现在看来,他们也许能获得真正的作战部队支援,并把这种可能性纳入自己的防御计划。他们知道,柏林的防御计划估计需要100个做好战斗准备的师,鉴于眼下的军事态势,这个数字不切实际,但他们还是希望,值此危急时刻,至少能获得部分部队加强柏林的防御[123]。雷菲奥尔在日记里重申:"从一开始我们就知道,仅凭现有的兵力根本守不住柏林……我们还是要考虑,一旦陷入合围,从何处获得指导的问题。"[124]

雷曼先前打电话给海因里齐谈过这个问题,明确无误地告诉对方,他希望维斯瓦集团军群辖内部分部队在必要情况下撤入柏林。海因里齐立即派参谋长金策尔少将、作战处长艾斯曼上校,找雷曼和他的参谋人员研究柏林防御计划。金策尔和艾斯曼不安地得知,柏林缺乏准备,根本无法抵御红军即将发动的大规模地面突击。最令人震惊的大概是,各政治和军事部门毫不关心协同问题。会晤结束时,艾斯曼对雷曼说道:"依我看,就让柏林那帮疯子自食恶果好了。"[125]艾斯曼很快汇报海因里齐,维斯瓦集团军群不提供必要兵力的话,柏林根本守不住。海因里齐随后把柏林的防御作战交给步兵上将布塞的第9集团军统一指挥。但海因里齐从没打算为柏林提供任何作战兵团,他告诉身边的参谋人员,不会让柏林沦为"另一个斯大林格勒"。

海因里齐知道,直接保卫柏林是不可能的,此举纯属发疯。他下定决心,无论如何都不能把柏林拖入前线的激战。海因里齐打算遵照古德里安的指导行事:沿奥得河防线长时间抵御红军的攻势,让西方盟军渡过易北河,攻入德国东部和柏林。为实现这个目的，他和雷曼共同决定，必须调离柏林城内所有兵力，沿奥得河加强防御。海因里齐随后命令布塞和第9集团军各下属指挥部，一旦红军突破奥得河防线，第9集团军辖内部队就绕过柏林向西退却。海因里齐直截了当地告诉布塞："「届时」率领部队避开柏林，从两侧绕过该城撤往梅克伦堡。"[126]海因里齐不愿卷入柏林旷日持久的争夺战，布塞的参谋长赫尔茨少将深表赞同，他随后会晤雷曼，重申最后一战会沿奥得河展开，而不是在柏林城内。赫尔茨称："第9集团军肯定会坚守奥得河，必要情况下我们可以战死在那里，但绝不会后撤。"[127]总之，海因里齐指挥的维斯瓦集团军群，抽不出任何作战部队加强柏林的防御。艾斯曼战后写道："依我看，最糟糕的情况莫过于第9集团军撤入柏林，此举只会让希特勒的'要塞狂欢'得逞，这场狂欢始于斯大林格勒，在柏林告终。无论如何都得避免这种情况发生。从军事角度看，保卫柏林毫无意义。"[128]柏林卫戍区司令部现在隶属维斯瓦集团军群，集团军群司令部做出最终决定，保卫柏林最好的办法是沿奥得河挡住红军，绝不能让首都沦为战场。

尾注：

1.J. Ethel and Dr A. Price, Target Berlin, Mission 250: 6 March 1944, p.3.

2.U. Hellweg, "Berlin: The Rebirth of Public Transport on Water", Public Transportation International, April 2000, p.6.

3.T. Le Tissier, Race for the Reichstag, p.11.

4.Ibid.

5.MS #P-136, p.14.

6.Hans Refior, Mein Berliner Tagebuch! RH 53-3/24, and H. Refior, My Berlin Dairy, p.1. (RC: 67/11)

7.Reymann interview (RC: 67/12).

8.Ibid.

9.Refior, p.2.

10.Ibid, p.3.

11.Reymann interview.

12.Refior, p.3.

13.Ibid, p.10.

14.Ibid, p.12.

15.Ibid, p.7.

16.Ibid, p.8.

17.MS #P-136, pp.34—37.

18.Refior, p.12.

19.Translation of "Führer Order, 7 April 1945" (RC: 65/9).

20.MS #136, pp.33—34.

21.Refior, p.12.

22.Reymann interview.

23.Refior, p.5.

24.Ibid, p.6.

25.MS #P-136, p.16.

26.Ibid, p.26.

27.Refior, p.9.

28.Ibid.

29.MS #P-136, p.26.

30.Refior, p.10.

31.MS #P-136, p.27.

32.Ibid, p.28.

33.Ibid, p.29.

34.Refior, p.10.

35.MS #P-136, p.33.

36.Ibid, pp.31—32.

37.MS #P-136, p.27.

38.Ibid, p.38.

39.Fritz Kraft interview (RC: 58/40).

40.Document XLVIII,"The Berlin Subway in the Last Days of the War"(Ryan Collection assorted papers).

41.M. Foedrowitz, The Flak Towers in Berlin, Hamburg and Vienna 1940—1950, p.3.

42.Ibid, p.6.

43.Dr Walter Hagedorn interview, Ryan Archives.

44.Foedrowitz, p.7.

45.Ibid, p.10.

46.Tony Le Tissier, With our Backs to Berlin: The German Army in Retreat 1945, p.125.

47.Foedrowitz, p.18.

48.Le Tissier, With our Backs to Berlin: The German Army in Retreat 1945, p.126.

49.L. von Zabeltitz interview (RC: 69/8).

50.Zabeltitz interview.

51.MS #P-136, p.31.

52.Refior, p.18.

53.The Berlin Operation 1945, p.376.

54.Refior, p.20.

55.Ibid, p.6.

56.Foedrowitz, p.11.

57.Refior, p.17.

58.MS #P-136, p.48.

59.Ibid, p.49.

60.Refior, pp.16—17.

61.MS #P-136, pp.50—51.

62.Refior, pp.11—12, see also Reymann interview.

63.Refior, p.17.

64.G. Drost interview (69/28).

65.MS #P-136, p.22.

66.Ibid, p.46.

67.Refior, p.40.

68.(NARA/RG242/T78/305/6256495-96).

69.MS #P-136, p.26.

70.H. Kissel, Hitler's Last Levy: The Volkssturm 1944—1945, pp.8, 17.

71.Refior, p.13.

72.Ibid, p.18.

73.Le Tissier, With our Backs to Berlin, p.204.

74.Kissel, pp.26—27.

75.Refior, p.13. 某些著作称柏林组建的人民冲锋队营多达92个，参阅MS #P-136, p.40.

76.(NARA/RG242/T78/305/6256495-96).

77.MS #P-136, p.40.

78.Ibid.

79.Reymann interview.

80.Kissel, p.35.

81.Refior, p.13.

82.Le Tissier, Race for the Reichstag, p.23.

83.Refior, p.14.

84.W. Venghaus, Berlin 1945: Die Zeit vom 16. April bis 2. Mai: Eine Dokumentation in Berichten, Bildern und Bemerkungen, p.159. 该人民冲锋队营的士兵，只配备98K卡宾枪、几枚手榴弹，没有其他武器。

85.W. Fleischer, Panzerfaust and other German Infantry Anti-Tank Weapons, pp.28, 47.

86.MS #P-136, p.40.

87.O. Haaf interview (RC: 69/30).

88.MS #P-136, p.32.

89.H. Hellriegel interview (RC: 69/33).

90.Kurt Bohg interview (RC: 19/20).

91.Ibid, p.15. 雷曼认为，他麾下最优秀的人民冲锋队部队，都应海因里齐的要求开往奥得河前线了。See Reymann interview.

92.MS #P-136, p.20.

93.H. Holzträger, In a Raging Inferno: Combat Units of the Hitler Youth, 1944—1945, p.65.

94.Refior, p.21, Le Tissier, Race for the Reichstag, p.10, and MS #P-136, p.27.

95.Heeresgruppe Weichsel "Lage Ost" (Eastern Theatre) 1939—1945, 18 April 1945 in NARA/RG242/Box 47.

96.Platonov, The Second World War 1935—1945, p.24. (RC: 74/10) 这部著作引用的苏方资料，关于德国军队的细节都不太准确，阅读时要注意鉴别。

97.DTV, Der Kampf um Berlin 1945一书第228页称，42,531名人民冲锋队员、3532名希特勒青年团员参加了柏林保卫战；H. Eismann interview (RC: 68/12)称柏林城内的作战力量，约90%是人民冲锋队员。

98.MS #P-136, p.29.

99.Ibid, pp.44—45.

100.Holtzträger, p. 71, and research provided by Peter Vandersmissen.

101.Ibid.

102.Ibid, p.73.

103.Le Tissier, Race for the Reichstag, p.25.

104.MS #P-136, pp.21, 43.

105.Archer, p.23.

106.Le Tissier, Race for the Reichstag, p.25.

107.H. Spaeter, The History of the Panzerkorps Großdeutschland vol. 2, pp.93—95.

108.BAMA T78/720/Folder H16/158 and NARA T78/305/6256445.

109.Lee Archer, Robert Kraska and Mario Lippert, Panzers in Berlin, p.25.

110.Ibid, pp.21—22.

111.MS #P-136, p.42.

112.Reymann interview.

113."Grundsätzlicher Befehl für die Vorbereitungen zur Verteidigung der Reichshauptstadt vom 09.03.1945-S. 1-54" in Venghaus, p.592. Also see MS #P-136, p.44, 这份资料称该师辖4个团。

114.http://wwii.germandocsinrussia.org. See Akte 143. Unterlagen der Ia-Abteilung der 1. Flakdivision: taktische Lagemeldungen von Einheiten der Division während der Kämpfe um Berlin.

115.Ibid, p.42.

116.Reymann interview.

117.Archer, Kraska and Lippert, Panzers in Berlin 1945, p.73.

118.H. Altner, Berlin Dance of Death, p.8.

119.Ibid, p.15.

120.Refior, p.18.

121.Ibid, p.19.

122.MS #P-136, pp.17—18.

123.Ibid, pp.25—26.

124.Refior, p.5.

125.Ibid, p.19.

126.Heinrici interview.

127.Refior, p.19.

128.Eismann interview.

第三章

维斯瓦集团军群

"我们的主防线是奥得河,绝不能后退一步!"

——海因里齐大将对维斯瓦集团军群将士如是说

　　苏联人1945年1月中旬发动冬季攻势,红军规划人员称之为维斯瓦河—奥得河战略进攻战役,这场战役的结果是,德军战线从维斯瓦河一路退到奥得河,离柏林只剩60公里。1945年1月底,奥得河与柏林福斯大街的元首暗堡之间根本没有任何德军作战师。红军对波美拉尼亚、东普鲁士、柏林构成的威胁,促使德国陆军总参谋长海因茨·古德里安劝说希特勒,在东线设立新的指挥机构。希特勒采纳了他的建议,批准组建维斯瓦集团军群。1月21日,希特勒签署的电传电报发给德军各指挥部。这封电报明确无误地指出,新指挥机构的职责"是在整条东线后方的德国领土组织全国防御"。希特勒还派党卫队全国领袖海因里希·希姆莱出任维斯瓦集团军群司令。

　　希姆莱不具备相关军事知识或技能,根本无法在自己的职责范围内组织切实可行的军事防御,更别说有效应对红军大规模攻势了。在统揽东线战事的OKH看来,希姆莱不过是个局外人,陆军几乎没给他提供任何直接帮助。希姆莱担任维斯瓦集团军群司令期间,他跟古德里安的猜忌和矛盾,给奥得河前线的防御造成不利影响。

　　维斯瓦集团军群的数千页作战日志表明,希姆莱统率军队期间,有三个显而易见的指挥特点。首先，尽管希姆莱希望别人把他视为军事指挥官，可到头来，他的所作所为还是像个行政人员。两者之间是有区别的。指挥官给下属分派任务，目的是实现某个军事目标，从而达成更高的意图，具体来说就是落实某项政策。而行政人员以官僚作风看待现有的组织结构，无论具体情况如何，只顾指示官僚体制内的其他成员"履行职责"，除了维护体制，几乎不考虑实现其他目标。其次，希姆莱大肆宣扬纳粹的"意志"美德，认为仅凭意志就能克服集团军群缺乏兵力和装备的窘况。最后，希姆莱的指挥有违常理，至少OKH是这么认为的，古德里安经常不跟希姆莱协商，直接给他或他的下属下达指令。反过来说，正如下文所述，希姆莱也经常绕过OKH，直接向元首暗堡报告。由于这种明显的个性矛盾，陆军与党卫队指挥机构严重对立，根本没有统一的指挥。

希姆莱确实没能以任何恒久的方式，给维斯瓦集团军群的防御姿态和能力带来正面影响。集团军群没有总体防御策略。除了极少数例外，事实证明希姆莱有能力指导某些具体任务，但无法把这些任务融入总体规划。他几乎没发挥任何主动性，经常表现得优柔寡断。他签发的防御指导意见，大多是古德里安直接下达的。

希姆莱指挥集团军群期间，波美拉尼亚沦陷，他也无力消灭或遏制奥得河岸边不断扩大的红军登陆场。当然，无论谁来当维斯瓦集团军群司令，可能都无法避免这些损失，但希姆莱没有积极确保集团军群源源不断地获得补充兵和技术装备。他也没采取措施，加强麾下一个个实力耗尽的师，更没有让作战部队为保卫德国和柏林的最后一战做好准备[1]。希姆莱没制订总体防御计划。3月15日，希特勒把希姆莱召到元首暗堡，为丢失波美拉尼亚严厉申斥了他。3月17日，希姆莱命令装甲兵上将哈索·冯·曼陀菲尔，指挥第3装甲集团军辖内部队从奥得河对岸的旧达姆登陆场发动进攻，曼陀菲尔不愿执行这道命令，两人大吵一通，希姆莱气得七窍生烟。曼陀菲尔实事求是但言辞犀利地阐述了当前军事态势，明确指出他的部队不得不撤离登陆场。希姆莱拒不接受曼陀菲尔的建议，还厉声斥责这位作战经验丰富的下属。曼陀菲尔据理力争，认为自己对作战态势的判断正确无误。最后，希特勒而不是希姆莱，3月19日批准第3装甲集团军残余部队撤出登陆场。当天，古德里安找到希姆莱，劝他交出集团

1944年3月3日，星期天，阿道夫·希特勒第三次视察东线。希特勒在巴特弗赖恩瓦尔德的城堡里审阅第9集团军辖内部队的战役部署。从左到右分别是炮兵上将威廉·贝尔林（第101军军长）、空军上将冯·格赖姆骑士（第6航空队司令）、第6航空队一名参谋、步兵上将布塞（第9集团军司令）。

军群指挥权，希姆莱照办了。

至于接替希姆莱的人选，古德里安首先想到的是装甲兵上将瓦尔特·文克。文克是个值得信赖的下属，先前在陆军总参谋部担任古德里安的作战参谋。1945年2月，古德里安不顾希特勒的反对，把文克派到希姆莱身边，亲自指挥"至日"行动。很不幸，"至日"行动刚刚发起，文克就因车祸身受重伤，没能继续指挥进攻。3月下旬，文克伤势未愈，仍在医院休养，古德里安只好派海因里齐接任维斯瓦集团军群司令，这项任命主要考虑到海因里齐作为防御指挥官业已证明的出色能力[2]，也是古德里安担任陆军总参谋长期间做出的最后一项重要决定，希特勒3月底解除了他的职务。

海因里齐出身于德国某个历史悠久的军人世家，先祖在17世纪中期的三十年战争期间跟伟大的瑞典军事统帅古斯塔夫·阿道弗斯并肩战斗过。海因里齐参加过第一次世界大战，先后在俄国、法国、加利西亚作战，表现出

维斯瓦集团军群司令,骑士铁十字勋章获得者戈特哈德·海因里齐大将,这张照片摄于1944年/1945年冬季的喀尔巴阡山。海因里齐周密的防御计划和预测红军进攻时刻的能力,给白俄罗斯第1方面军进攻战役初期阶段造成沉重打击。

色。两次世界大战期间,他在魏玛防卫军服役。第二次世界大战爆发后,他先是参加1940年的法国战局,随后投身东线,1941年12月6日,他率领部队杀到莫斯科南面。

海因里齐是个虔诚的新教教徒,从没加入纳粹党。这种情况导致他的擢升屡屡受阻,但1942年冬季,面对红军的猛烈冲击,他率领第4集团军坚守防线,充分展现出自己的能力,希特勒一改初衷,擢升他为大将。德国军队撤出苏联期间,海因里齐没有执行焦土政策,结果受到审查。他率部后撤时,上级命令他破坏斯摩棱斯克大教堂,可他却下达了禁止烧毁大教堂的命令。1943年末,海因里齐因违抗命令被暂时解除职务。1944年夏季,他受命指挥第1装甲集团军和附属的匈牙利第1集团军撤出乌克兰。海因里齐牢牢掌控这些军团,暂时陷入红军包围,指挥部队实施顽强防御,1945年3月3日,这番功绩为他赢得橡叶饰骑士铁十字勋章双剑饰[3]。古德里安非常赞赏海因里齐的性格和策划防御的出众能力,认为德国当前最紧迫的军事任务就得交给海因里齐这样的指挥官。

海因里齐对红军老套的进攻模式了如指掌,经常在对方发起炮火准备前撤出前线部队,以此挫败敌人猛烈的炮火打击。通过这种复杂的机动,他得以保全麾下兵团的战斗力,借助次要防御阵地展开战斗。这套应对措施能否奏效,时机至关重要。海因里齐准确判断敌军进攻时刻的能力,得益于红军呆板僵化、总是预示他们即将发动进攻的军事学说。海因里齐3月22日出任维斯瓦集团军群司令,古德里安很清楚他的能力。OKW和OKH所在地措森,两人在古德里安的地下办公室会晤，古德里安介绍了维斯瓦集团军群的作战态势，还给海因里齐下达新的命令。古德里安称：

> 我始终认为就该任命您当集团军群司令，因为眼下这种局面，我们需要的人选必须具备对付俄国人的实战经验。希姆莱担任集团军群司令，任何后续工作都无法展开，他对军务一窍不通，对各种战术或战役问题毫无概念，根本应付不了眼下的情况。是时候换人了，因为我们估计俄国人很快会对柏林发动进攻。眼下还不能确定对方何时发动进攻，但不管怎么说，他们可能会在几天内动手。赋予您的任务非常艰巨，所有作战行动只有一个目的，就是无论如何都得阻止我们最大的敌人，也就是斯大林，攻占柏林。[4]

海因里齐怀着沉重的心情离开古德里安的办公室。他必须整顿维斯瓦集团军群，做好防御准备，挫败红军即将发动的攻势，拯救柏林。海因里齐知道时间紧迫，但他不知道，自己只有不到30天时间来完成所有准备工作。

1945年1月，红军的维斯瓦河—奥得河进攻战役势如破竹，德国第9集团军撤过奥得河，维斯瓦集团军群1月底组建。集团军群辖第3装甲集团军和第9集团军。曼陀菲尔指挥第3装甲集团军守卫北部地段，防线从波罗的海一路延伸到埃伯斯瓦尔德周边高地。布塞指挥第9集团军，防线从埃伯斯瓦尔德向南递延到西里西亚，在那里与费迪南德·舍尔纳指挥的中央集团军群相连。舍尔纳1945年4月4日擢升陆军元帅，是希特勒作战原则的忠实拥趸，深得元首青睐。他凭借自己跟希特勒的亲密关系，4月份提出把维斯瓦集团军群几个装甲师转隶中央集团军群，海因里齐对此深感震惊。通过敌情报告和战俘的交代，海因里齐知道红军主力部署在维斯瓦集团军群当面，位于屈斯特林与奥得河畔法兰克福之间，也就是布塞第9集团军正对面[5]。除了对舍尔纳青睐有加，希特勒还认为，俄国人下一场大规模攻势的目标是德累斯顿，而不是柏林。希特勒的判断也许是个幌子，为转移意见分歧提供必要的论据，但斯大林先前告知艾森豪威尔，称红军后续攻势的方向是德累斯顿，希特勒的主张跟斯大林的说辞如出一辙，这绝非巧合。克雷布斯向海因里齐保证，必要情况下，两个集团军群都有权调用这几个装甲师。维斯瓦集团军群剩余的师，实际上已无力遂行旷

战争后期,奥得河前线某处一个德军步兵班,大多是年轻的新兵,只配备98K手动式卡宾枪和"铁拳"。他们很可能是希特勒青年团部署到奥得河前线的某支反坦克小队。

日持久的防御作战。

　　争夺波美拉尼亚的防御作战期间,海因里齐麾下两个集团军都蒙受了惨重的损失。第3装甲集团军和第9集团军辖内大部分部队,不是在近期的战斗中几乎全军覆没,就是新近组建、没太多作战经验的兵团。他们也没有任何值得一提的预备队。调拨给维斯瓦集团军群的新部队,都是各兵团残部,近期经历了库尔兰或东普鲁士的鏖战后开抵奥得河[6]。赶来的部队投入防线,可希姆莱和他的参谋人员根本没有为守卫奥得河制订任何计划。

　　海因里齐赶紧评估态势。他倒不担心俄国人在埃伯斯瓦尔德北面发起突击,因为春季解冻在奥得河沿岸造成洪泛区[7]。他研究敌情报告后得出结论,红军会从埃伯斯瓦尔德与奥得河畔法兰克福之间发动主要突击,很可能沿塞洛高地对面的帝国铁路1号线遂行。俄国人继续扩大登陆场,还一再试探德军防线,迫使维斯瓦集团军群保持积极防御,尤其是沿朱可夫白俄罗斯第1方面军当面的第9集团军防区。屈斯特林北面和南面地带尤为活跃。海因里齐从希姆莱手里接过指挥权之际,红军顺利封锁了进入屈斯特林这座古老的普鲁士堡垒的陆地通道[8]。

自2月初以来,第9集团军一直以积极的防御抗击红军,还多次发起代价高昂的反突击。布塞麾下兵团企图消灭奥得河西岸的红军登陆场,守住赖特韦恩山嘴(2月16日—18日),阻止对方封闭屈斯特林走廊(3月20日—23日),红军封锁走廊后,德军又企图重新打通(3月25日—26日)。第9集团军这些行动都以失败告终。

3月份最后十天,双方围绕屈斯特林登陆场展开激烈厮杀。红军控制了奥得河上的20座桥梁,但连接屈斯特林与西岸的那座桥梁最重要,是柏林方向上唯一的东西向铁路线。他们必须掌握这座桥梁和屈斯特林堡垒,这样才能为即将发动的柏林进攻战役大幅度加强后勤支援[9]。

3月25日,海因里齐奉命发起最后一次反突击,企图打通屈斯特林走廊,

1945年4月初,德国空军的高射炮组沿奥得河防线挖掘堑壕。海因里齐下令构设部分固定防线,好让部下避开红军即将发起的炮火准备。

但行动失败了,交战双方的损失都很惨重[10]。这场失败表明,沿奥得河西岸的沼泽地带使用坦克力量非常困难,但红军各兵团没有吸取教训,很快即将展开的进攻中重复了这种错误。屈斯特林陷入重围,希特勒正式宣布此处为"要塞",必须坚守到最后一兵一卒。守卫屈斯特林的党卫队地区总队长违抗命令,次日率领800名守军突围[11]。海因里齐下令逮捕他,可这位地区总队长跟希姆莱关系密切,逮捕令石沉大海。屈斯特林丢失后,希特勒一再打来电话,要求海因里齐立即发起反突击。元首暗堡不断命令维斯瓦集团军群进攻红军,把海因里齐搞得心烦意乱,跟3月28日接替古德里安的克雷布斯争辩道,倘若不取消进攻令,他没办法守住奥得河防线。克雷布斯知道海因里齐需要一段战役休整期,补充、整顿实力严重受损的第9集团军,于是立即下令停止一切后续作战行动[12]。

争夺屈斯特林的战斗结束后,海因里齐3月底全面评估了维斯瓦集团军群的处境。所有情报都估测红军4月中旬会发动进攻。海因里齐只有稍稍超过两周的时间整顿集团军群,为旷日持久的防御做好准备。这是个不可能实现的壮举,但海因里齐坚韧不拔,怀着坚定的决心投入这项孤注一掷的任务。

他首先要解决的问题,是率领一群从来没一同工作过的军官重建集团军群司令部。希姆莱的参谋人员大多是党卫队军官,都跟他离开了,只有汉斯·格奥尔格·艾斯曼上校留下来协助海因里齐,他也是希姆莱司令部里唯一的陆军军官。海因里齐给新调来的参谋人员分派了三项优先事宜:构建可靠的防御纵深;获取补充兵,整顿现有部队;囤积大批物资,为旷日持久的防御战做好准备。3月21日,海因里齐签发了一道后来出名的指令,题为"在主战线遂行交战"[13]。维斯瓦集团军群如何为敌人即将发动的进攻做好准备,文件里阐述了指导意见。海因里齐最重要的指示,是把奥得河设为主战线,后方设一道次要防线,一旦预料到红军即将实施炮火准备,德军前线部队就提前后撤,占据次要防线。海因里齐麾下将士在心理上强化了这道指示,他们接到命令,每次敬礼时都要说"奥得河是主防线,绝不后退一步"。

海因里齐在指令里给出的指导意见,明确要求必须确定红军的进攻时间,还附了份时间表,阐明何时后撤。他参照以往对付红军进攻的经验,概述了四条指导原则:

必须在主战线遂行主要交战,不是为守住这条或那条轮廓线,而是为阻止敌人战役首日就达成突破。否则,交战后期「据守不重要的阵地」几乎起不到任何用处,因为这会导致防御沦为持续不断的后撤。敌人不会再上当。主战线上的主要交战,在以下情况才算达到预期目的:

(1)我方部队在敌人发起首轮精心组织的炮火准备前后撤,从而获得鼓舞士气的效果;

(2)敌人白白浪费了部分弹药;

(3)敌步兵的进攻落到空处,随后陷入混乱;

(4)争取到时间前移,或调集预备队「投入敌进攻地段」。

面对俄国人3月10日的大举进攻,辖3个师的某军实现了上述各点。另外,我们还阻止了敌机械化军及时投入,因为对方的进攻变得犹豫不决。「海因里齐说的是他接掌维斯瓦集团军群前,在喀尔巴阡山采取的行动。」[14]

海因里齐强调,采用这种策略,协同一致、指挥得当的行动至关重要。指令里还规定,除了集团军群司令部,任何下属指挥机构都无权下达占据次要

沿奥得河前线部署的一门88毫米高射炮。各高射炮组训练有素,干劲十足。防御作战期间,他们打得非常英勇,经常战斗到最后一刻,用最后一发炮弹炸毁火炮。

阵地的命令。德军计划在红军发动进攻前一晚22点实施后撤机动，倘若对方没有进攻，那么德军就重新占据原先的阵地。集团军群辖内部队必须展开训练，做好独立执行后撤的准备，还要防止部队在机动过程中溃败。海因里齐的计划既大胆又有创造性，充分利用了红军战役策划和执行中的固有弱点。

弃守既占地域或重要的前沿防御设施，转移到缺乏准备的后方阵地，几乎没有哪位指挥官喜欢这种想法。海因里齐战后指出：

> 我下达了命令，为规避运动做出适当的部署。我知道这种打法很难贯彻执行，因为它会引发这样的危险，即我方部队的后撤运动沦为溃逃，另外，正确选择实施后撤运动的时间点也不是件容易的事。所以必须在敌人发动进攻前的夜间实施后撤，这样就不会丧失规避运动的效果。[15]

海因里齐对俄国人实施进攻战役的战役法并不陌生。红军死板、有条不紊地运用他们的军事学说（这种特点一直持续到苏联解体）。德国人先前获得大量经验，足以辨识红军的进攻准备，并预测对方何时发动进攻。基

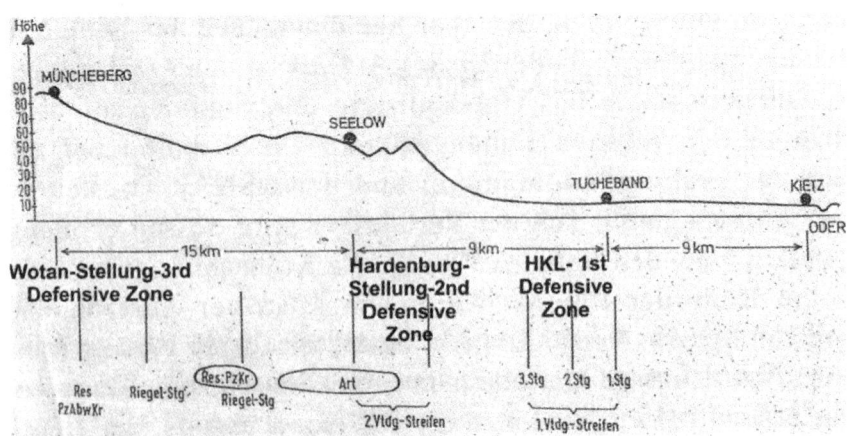

这份战时文件表明，海因里齐最大限度地利用了塞洛高地居高临下的地形。红军4月16日发起初期炮火准备前，德军撤离沿主战线（HKL）构设的战斗阵地（1.Stg和2.Stg）。待红军主力跨过奥得河沼泽地向前推进，会遭遇德军在第三道战斗阵地（3.Stg）实施的抵抗，这道阵地沿高地底部构设。海因里齐把炮兵和装甲力量部署在纵深。地形的高度有利于守军。

从塞洛高地德方一侧向东望去,能看见下方的帝国铁路1号线,铁路线两侧排列着树木。林木线外空地另一侧是旧图赫班德,红军近卫步兵第4军辖内近卫步兵第47师4月16日早上从那里发起冲击。俄国人一头撞上第76装甲掷弹兵团,该团获得"明歇贝格"装甲师装甲掷弹兵支援。开阔的地形让红军部队很容易沦为打击目标。

于每日敌情报告,海因里齐还知道,他没有其他办法挫败所有人都料到的大规模预先炮火准备。他手头的炮兵力量太弱,无法以压倒性反炮兵连火力打击红军的火炮。

很不幸,海因里齐发现麾下指挥官不愿命令部下挖掘纵深防御阵地,另外,他们手头几乎没有构设阵地的建筑材料。相反,当地指挥官要求派部分部队和工程设备帮助农民种植春季作物[16]。德国国内粮食短缺,1945年春季,农业需求显然超过军事需要。海因里齐最终命令各级指挥官执行他的指示,尽快构筑防御阵地。他说他实在不明白这些人为何对显而易见的事实视而不见:要是他们留在前线,会被红军炮兵炸得粉身碎骨。尽管下属指挥官怨声载道,但修筑作业还是在主防线和后方地带多条防线上开始了[17]。

整个战争期间,德国最高统帅部从未允许过这种分层防御计划。正如德军某位指挥官战后指出的那样,希特勒禁止军队实施分层防御,是因为他觉得这种防御方式会让德军官兵"频频望向后方,不再实施强有力的抵抗"[18]。红军近期穿越波兰的冬季攻势大获全胜,主要原因就是德军防线"外层薄弱",这种典型的防御方式主导了当时的防御规划。俄国人轻而易举地突破德军前沿防线,而后投入快速力量一路向西发展胜利,溃败的德军兵团根本没办法构设第二道防线。德军缺乏战役机动预备队,是红军赢得胜利的另一个重要因素。海因里齐清楚这一点,决心不再重蹈覆辙。

从主战线起,德军防线由三片主要防区构成。面对红军的主战线沿德军防线延伸,朝后方递延8—12公里,直到塞洛高地底部。这片区域在地理上被称为"奥得河沼泽地"。部署在主要防区内的各个师呈梯次配置。预先构设的第二后备阵地位于主阵地后方3—6公里,一旦上级下达命令,靠前部署的部队就可以占据这道阵地。第二防区称为"哈登贝格阵地",沿塞洛高地和老奥得河延伸[19]。德国人把火炮和反坦克炮部署在第二防区,重叠的射界为靠前部署在奥得河沼泽地内的部队提供火力支援[20]。

事实证明,塞洛高地是个巨大的障碍,俄国人策划战役计划时没把这一点考虑在内。高地海拔只有40米左右,但为守军提供了出色的视界,红军登陆场和整片交战地域一览无遗,部署在高地上打击敌坦克的88毫米高射炮射界很大。另外,主战线后方的机动预备队位于迪德斯多夫与利岑之间的天然断层。机动预备队正后方是各种希特勒青年团反坦克旅,部署在号称"沃坦阵地"的

从哈克诺和帝国铁路1号线附近西眺塞洛高地。德国人沿高地顶部部署的88毫米高射炮,居高临下地打击前进中的红军。红军在奥得河沼泽地的一举一动,德国人尽收眼底。注意远处的教堂尖塔,战役开始前,红军以此为瞄准点归零火炮。

第三防区内。沃坦阵地穿过第3装甲集团军和第9集团军防区，是最后一段防御分界线。红军没有获准突破这段防线，要是他们真朝这里下手的话，在柏林前方或德国东部直到易北河的其他地区就不会遭遇更多防御。

德军主防线以绵亘的堑壕构成，还沿天然支撑点构设了暗堡。某片防御地段，一个个散兵坑相距12—15米，而红军前线就在30—40米外[21]。红军阵地对面的德军前线防御工事，大多是土木掩体，顶部堆有岩石，而沿塞洛高地底部延伸的后备防线上，只有浅浅的散兵坑，提供的防护很有限，这种状况是维斯瓦集团军群既没有时间，也没有建筑材料造成的[22]。主战线前方稀稀落落地布设了几片地雷场，一颗颗43型盘式反坦克地雷之间，还埋设了反步兵地雷。43型盘式反坦克地雷是一款磁性地雷，受过专门训练的德军士兵把这种地雷置于红军坦克侧面，地雷带有定时触发装置。德国人用线缆把各片地雷场尽可能连接起来[23]。

春汛期间，主战线内的第一、第二防线几乎都在奥得河沼泽地内。由此造成的情况是，地下水位上升，许多堑壕和散兵坑挖了50厘米就再也无法深入。某些情况下，次要防线干脆沿诸多南北向运河隆起的堤坝延伸，这些运河都从奥得河沼泽地穿过。地形、缺乏设备、人手不足是德军没能认真构设次要防御阵地的主要原因。但结果反而对德国人有利，因为红军侦察机和地面侦察巡逻队，在奥得河沼泽地没发现任何值得一提的次要防御阵地，所以他们把重点置于德军主防线。朱可夫和他的指挥员不知道对方在奥得河沼泽地内构设了后备防线，待发动进攻才发现德军次要防线，完全出乎红军指挥员意料。

海因里齐的防御计划是为实现这样的总体目标：阻止红军突破德军防御，一路前出到柏林。这种防御姿态与希特勒近期下达的许多作战令背道而驰。海因里齐面见希特勒，他劝告元首，要想沿奥得河击败俄国人，就得策划并执行战役纵深防御。希特勒认为海因里齐的办法可行。值此战争后期，一位传统的普鲁士军官居然展现出不同寻常的信心，希特勒深表赞赏，他在3月30日签发的指令里写道："柏林战役必须以，也一定会以防御作战的决定性胜利而告终。"[24]另外，希特勒也赞同海因里齐的计划，也就是在主防线内构设次要防线，红军发动突击前，德国守军遵照指挥官的决定占据次要防线，以此避免敌炮火准备造成的伤亡。奥得河作为主战线的重要性，即将到来的防御作战是多么紧要，几乎每道命令的

照片里坐着的是海因里齐的参谋长冯·特罗塔上校,站在他身后的是赫尔穆特·冯·温斯科夫斯基中校。

第3装甲集团军司令,装甲兵上将哈索·冯·曼陀菲尔,他是海因里齐防御计划的坚定支持者。

结尾都要重复一遍,成为前线官兵挂在嘴边的口头禅,由此引起的笑话在他们当中流传开来。党卫队第11"诺德兰"装甲掷弹兵师担任集团军群预备队,该师的分队长弗里茨·哈斯评论道,简短的口述命令说完,就得补上一句"奥得河是主战线,不得后退一步",这种做法引发了滑稽的场面,"真想出去走走,奥得河是主战线,不得后退一步""20门火炮的弹药运到了,奥得河是主战线,不得后退一步",诸如此类的话经常能听到[25]。无论听上去多么可笑,重复这句短语确实给投身前线的许多士兵灌输了新目标,他们从全国各地而来,许多人可能想知道为何到现在还要打下去。

1945年3月底,许多遭受重创的陆军、武装党卫队师在组织结构上无法胜任旷日持久的防御任务。持续不断的交战把各部队的耐力拉伸到极限,眼下能投入的只有营级兵力。仅2月1日到3月15日这段时期,第9集团军阵亡、负伤、失踪者就高达35,376人。同一时期,他们只获得9990名补充兵[26]。相比之下,第3装甲集团军损失49,381人,获得24,745名补充兵。每个师的平均兵力下降到3770人[27]。他们中的大多数人,无法同1939年—1941年那些技能娴熟的职业军人相提并论。许多士兵是近期征召的,跟1939年—1941年的前辈相比,不是太年轻就是太老。另外,部队里几乎没有参加过早期战役、经验丰富的军士和军官训练或指导这些新兵。

武装党卫队的兵力这些年也不断消耗。许多部队征召了他们能找到的一切兵员,尤其是欧洲各地的德裔和希特勒青年团员。希姆莱是后备军司令,但这项职务没能为武装党卫队搞到新兵员,仅凭志愿者无法弥补武装党卫队的兵力缺口,他们只好继续依靠其他征兵来源。尽管如此,武装党卫队依然士气高昂,尤以他们的装甲师和装甲掷弹兵师为甚。维斯瓦集团军群的实际兵力难以确定,因为海因里齐不得不同拒不上报实际兵力的党卫队、空军各指挥部打交道。大多数情况下,这些部门囤积兵力和装备,以此加强自己的实力[28]。

最准确的兵力数源于集团军群1945年4月1日的"人员召集报告",详情可参阅《奥得河前线1945》第二卷。战斗兵力方面,算上后勤补给人员的话,维斯瓦集团军群共有273,067名官兵。陆军、党卫队、空军、海军、人民冲锋队之间明显存在矛盾。纸面上的战斗兵力如下:陆军156,701人,空军19,291人,海军20,186人,党卫队68,053人,人民冲锋队只有3897人。算上支援人员的话,集团军群可用的总兵力为394,067人。维斯瓦集团军群的编制兵力是481,428人,目前缺88,000人。值得注意的是,"有战斗力"的官兵只有104,162人。海因里齐对麾下非德国人和非国防军部队很不放心,他把完全由德国人组成的陆军部队的兵力,与他从其他军种获得的兵力分开。海因里齐发现非陆军、非德国人部队极不可靠,红军发动进攻前,他把几乎所有党卫队部队悉数调离前线。

武器、装备、弹药、汽油供应严重不足。虽说纳粹德国到1944年末增加了战争物资总产量,可由于盟军持续不断的空袭给铁路交通网造成种种问题,这些物资无法运抵部队。原料短缺,再加上奴工偶尔的蓄意破坏,德军官兵获得的补给物资往往不符合标准。例如,用于制造卡宾枪子弹弹壳的黄铜严重短缺,所以现在大多是钢制弹壳。钢制弹壳涂了层防锈保护漆,过度受热会融化,导致武器在战斗中卡壳。德军士兵不得不冒着敌人的火力,用挖掘工具把卡在卡宾枪里的弹壳撬出来[29]。罗马尼亚和匈牙利的初级炼油厂丢失后,德军坦克和装甲车只好使用合成汽油,含乙基的合成汽油经常导致坦克和其他装甲战车在不合时宜的时刻熄火。从机枪、突击步枪、弹药、运输工具、马匹到无线电台和战地厨房，整个维斯瓦集团军群什么都缺[30]。

海因里齐企图对地方政治领导人实施军管，从作战地域辖内各大区弄到更多武器、弹药、物资库存。他最希望上级授权他指挥勃兰登堡、梅克伦堡大区领袖，从而获得这些帝国机构囤积的大量物资。OKH否决了他的请求。许多大区领袖自视为统帅，觉得掌握一支私人军队才能配得上他们的政治权力。这种态度在国家社会主义德国盛行，与军事部门想方设法为部下弄到各种物资的努力背道而驰。例如斯德丁的大区领袖施韦德，下定决心保卫波美拉尼亚，为此囤积了大批物资和装备。待红军发动进攻，施韦德逃之夭夭，储备的物资原封不动地落入俄国人手里[31]。雷曼在柏林城内与各政治机构和大人物展开斗争，和他一样，海因里齐也在更大范围内面临同样的问题。

海因里齐卓有成效地集中了所有补给部队，总算让维斯瓦集团军群囤积起部分汽油和弹药[32]。面对即将到来的防御作战，海因里齐为物质准备付出的努力，没取得显著成效，因为他囤积的弹药只够集团军群的火炮和反坦克炮从事3—4天激烈交战。汽油储量更少，估计只能维持一天的战斗。德军航空兵的情况也很糟糕，德国空军的航空燃料只够维持头72小时的交战，执行阻断、消灭红军炮兵集中的联合任务[33]。

维斯瓦集团军群获得的补充兵，派往奥得河前线加入各部队受训前，在柏林接受过单兵训练[34]。勃兰登堡和柏林提供了大部分补充兵。柏林动员期间，各座兵营内或临时改建的操场上，广泛展开"铁拳"操作训练，他们拖来无法行驶的坦克，供受训人员实弹打靶[35]。待补充兵到达奥得河前线，寥寥无几的高级军士和军官指导他们操作98K卡宾枪和MG-42机枪。大多数情况下，这些训练很艰苦，也很讲求实际。不训练的时候，他们就强化作战阵地或执行巡逻任务。由于靠近红军战线，安全至关重要。德军士兵主要在昼间睡上4个钟头左右，整个夜间不能睡觉[36]。红军步兵训练期间，经常用火炮轰击德军防线，尤其是他们听到对面有动静的时候[37]。

德国人企图尽量隐蔽部队的部署，以免红军炮兵预先标定目标。补给卡车司机待在不同的地方，他们知道补给运输会给俄国人掌握德军部队类型和驻地提供重要情报。出车前几分钟，这些司机才会通过野战电话获知他们交付物资的地点。补给物资迅速装上卡车，夜间开着遮光灯，沿陌生的道路驶往目的地。物资卸载后，他们返回原地，等待下一通电话[38]。另外，德国人还用砍伐的原木沿整道防线布设了假反坦克炮、假高射炮阵地，从空中望去，这些假货很像88毫米火炮。他们希望以此吸引红军炮兵观测员和空中观察员的注意力，让对方的预先炮火准备落到假阵地上，从而保全真正的炮兵阵地。

值此战争后期，为第三帝国效力的德国和非德国军人，干劲和士气各不相同，复杂多样。当年3月，维斯瓦集团军群每天伤亡1396人，其中1064人是第9集团军的伤亡数，几乎是第3装甲集团军伤亡数的2.5倍[39]。第9集团军3月份的总伤亡超过33,936人，差不多占集团军总兵力的三分之一[40]。这种情况造成的问题是，各部队普遍缺乏凝聚力和传统的军人纽带，具体表现为士气不振，战斗力低下。经过数日激战，面对红军朝柏林发起的大规模突击，第9集团军辖内许多师土崩瓦解。

奥得河前线至关重要，离柏林近在咫尺，这种情况促使希特勒平生第三次，也是最后一次视察东线。他首次到访东线还是1942年，1943年2月又去了一次，两次都是战地指挥官竭力敦请的结果。只有1945年3月突如其来的到访，是希特勒主动做出的决定。他视察了第606步兵师，还在诺伊哈登贝格一座小屋里会见了布塞和他的参谋人员，以及另外几名师长。这番视察对士气起到积极作用，德军将士觉得元首清楚他们的处境，会为防御提供更多资源，确保他们赢得胜利[41]。尽管希特勒视察了前线，还答应提供新的援兵和装备，投入秘密武器，但恐惧感依然是许多德军官兵的主要动力。

害怕无条件投降[42]，害怕俄国人的残暴行径[43]，也害怕受到严惩，这一切让他们鼓足勇气继续战斗[44]。没接到命令擅自退到后方地带的官兵，会被草草处决，正如某位老兵回忆的那样："后方地带到处是宪兵，前线战斗人员对那条后方分界线望而生畏。"[45]

德军官兵鼓起勇气的另一个动机，是期盼西方盟军渡过易北河，跟德国人一同对付俄国人。某些知道"日食"计划的军官散布传言，激发了这种幻想。据海因里齐说，"日食"计划广为人知，但没人相信西方盟国会容忍俄国人攻占柏林[46]。这种念头把即将到来的战役变成对德国具有重要意义的历史性重大会战。维斯瓦集团军群各级指挥官显然强化了广大官兵心中的这份信念。

党卫队全国副总指挥兼武装党卫队上将费利克斯·施泰纳，先是担任党卫队第3"日耳曼"装甲军军长，后来任施泰纳集团军级集群司令，奉命从北面解救柏林。

海因里齐把即将到来的会战视为"关乎德国生死存亡"的斗争[47]。党卫队第3"日耳曼"装甲军军长费利克斯·施泰纳，好几次明确告知麾下官兵，即将到来的战役是多么重要，他有一次说道："这里会决定德国的命运，倘若我们击败俄国人，一切都没有问题，要是我们打输了，整个西方会变成共产主义者的天下。"[48] 施泰纳还对一群士兵说道："倘若西方盟军不渡过易北河，那么本世纪最大的戏剧性事件就会在易北河与奥得河之间上演。"[49]第9集团军司令布塞称："只要我们在奥得河一直坚守到美国人到来，就算在人民、祖国、历史面前完成了自己的任务。"[50]几乎每个德军官兵，恐惧和希望之情兼而有之。

非德国人组成的各种兵团部署在前线后方地带，他们的战斗积极性最让人担心。海因里齐对弗拉索夫军队出现的俄国逃兵深感震惊，他战后写道："战役准备期间发生了这些情况，站在德国一方参战的俄国官兵，面对自己的同胞显然没有强烈的战斗意愿。"据海因里齐称："出于这种原因，我们把俄国官兵调离前线，打发到波西米亚，弗拉索夫将军把军部设在卡尔斯巴德。"[51]武装党卫队形形色色的志愿者也让海因里齐很不放心，下令解除大部分志愿者部队的武装，把收缴的武器装备移交给开赴前线的德军增援部队[52]。海因里齐认为，事关德国生死存亡的最后一战，德国人应该在前线。

大多数增援部队4月份头两周开抵。表11列出了集团军群可用的火炮数量。海因里齐把大部分火炮分散到"哈登贝格阵地"防线。德军的实力不断加强。

集团军群继续整顿之际，海因里齐的注意力转向即将到来的战役。他命令参谋人员解决两个至关重要的作战问题：

第一个问题是，俄国人即将大举进攻，我方部队能否胜任这场攻势对他们提出的要求？尤其是我方部队如何抵御俄国炮兵直接朝德军阵地实施的首轮大规模炮火准备，而后又如何应对敌人越来越猛烈的空袭？根据以往的诸多经验，我知道这样一场大规模密集炮火准备会造成怎样的冲击效应。我见过许多新组建的师，尽管配备了他们需要的一切，可还是被炮火打得落花流水。我那些临时拼凑的师该如何应对这种情况？他们扛得住吗？

第二个问题是，俄国人的攻势能持续多久？几天，一周，两周，还是更长时间？这一点直接关系到集团军群的资源能否维系，能否应对不可避免的预期损失。[53]

表11：维斯瓦集团军群的重型支援武器	
火炮分布	
轻型野战榴弹炮（125毫米）	228门
重型野战榴弹炮（150毫米）	84门
第1人民炮兵军	
88毫米高射炮	9门
轻型野战榴弹炮	9门
210毫米臼炮	6门
150毫米加农炮	2门
100毫米加农炮	2门
铁路货车搭载的150毫米加农炮	2门
铁路货车搭载的240毫米加农炮	2门
铁路货车搭载的210毫米臼炮	9门
火炮合计	**353门**
反坦克炮和高射炮	
88毫米高射炮	176门
105毫米高射炮	24门
88毫米反坦克炮	40门
屈斯特林（高射炮）	24门
奥得河畔法兰克福（高射炮）	24门
菲尔斯滕瓦尔德（高射炮）	24门
韦尔诺伊兴（高射炮）	24门
反坦克炮和高射炮合计	**336门**
重型支援武器总计	**689门**

海因里齐对麾下部队长时间抵御红军攻势的能力深感怀疑。为应对旷日持久的围困，屈斯特林囤积了所有必要的物资，可负责防御的武装党卫队指挥官还是投降了，这种情况严重加剧了海因里齐的担忧[54]。屈斯特林失守对他造成影响，自己是否有能力执行古德里安分派的任务，他抱有挥之不去的疑虑。但海因里齐很清楚，基于以往的经验，他的集团军群可能每天要损失4—5个营，无法靠调动兵力来填补缺口。实际上，海因里齐知道，一旦战役打响，根本无法指望OKH提供他需要的补充兵。归根结底，他明白自己必须依靠经验丰富的作战部队，把损失控制在最低限度[55]。尽管疑虑重重，但海因里

齐的决心从未动摇，始终把重点置于加强集团军群，让部下做好应对红军大举进攻的准备。

海因里齐付出的心血获得回报，第9集团军的实力逐渐恢复。到4月中旬，该集团军的兵力和可用战车数显著加强，坦克和突击炮总数从527辆增加到587辆。4月份第一周，德国海军和空军没受过训练的新援兵开抵，人数多达3万人左右，但红军发动进攻前，如何让各部队吸收这些人员仍是个问题[56]。集团军群编有658个炮兵连，共计2625门火炮，包括695门高射炮。

表12：维斯瓦集团军群1945年4月15日的坦克和突击炮数量报告[57]					
	可用	短期维修	长期维修	途中	合计
第9集团军	512辆	25辆	30辆	20辆	587辆
第3装甲集团军	232辆	5辆	13辆	5辆	255辆
斯维讷明德防区	10辆	—	—	—	10辆
合计	754辆	30辆	43辆	25辆	852辆

1945年沿奥得河前线部署的国防军师，跟1939年那些师截然不同。历时五年的战争，彻底改变了前线部队的形式和类型。红军4月份发动进攻前，德军沿奥得河前线部署的34个师和师级战斗群，22个是当年1月到3月间组建的，数量多达可用作战师一半以上！德军沿奥得河部署的作战师，约有12个在红军当年1月的维斯瓦河—奥得河战略进攻战役、3月的波美拉尼亚战略进攻战役中不是被歼灭就是遭重创，而后重建。维斯瓦集团军群辖内各师的平均战斗兵力只有2300人。据德方记录称，4月份沿奥得河前线部署的作战师，18个师（占总兵力的57%）评为四级战斗力（只能遂行有限的防御），12个师（占总兵力的27%）评为三级战斗力（只能遂行防御），2个师（占总兵力的16%）评为二级战斗力（能遂行有限的进攻），没有一个师评为一级战斗力（能遂行进攻）。

第56装甲军

维斯瓦集团军群在争夺塞洛高地和柏林的交战中，发挥核心作用的兵团是第56装甲军。鉴于他们在塞洛高地和柏林城内遂行了至关重要的战斗，我们在下文简要介绍该兵团和辖内各师的情况。

骑士铁十字勋章获得者,炮兵上将赫尔穆特·魏德林是第56装甲军军长,也是最后一任柏林卫戍区司令。

第56装甲军炮兵指挥官汉斯·奥斯卡·沃勒曼上校。

到4月16日,第56装甲军堪称第9集团军辖内实力最强的兵团。该军投入奥得河沼泽地一线,还沿塞洛高地部署,他们的阵地直接穿过红军沿帝国铁路1号线延伸的主要进军路线。第56装甲军几个月前在上西里西亚陷入包围后遭歼灭,3月中旬重建军部[58]。重建第56装甲军主要是出于宣传目的,因为这个军在德国国防军内大名鼎鼎。1942年,该军作为埃里希·冯·曼施泰因元帅麾下一部,在克里木立下赫赫战功①,他们在东线另一些重大战役中也有出色的表现[59]。到1945年3月,该军只剩两名当初在冯·曼施泰因麾下服过役的军人,还都不是高级军官[60]。军部的重建工作3月13日开始,进展缓慢,特奥多尔·冯·杜夫文上校出任参谋长。直到4月11日前后,也就是红军发动进攻5天

---

① 对苏战争爆发后,曼施泰因确实指挥第56摩托化军,也就是第56装甲军前身,但1941年9月他出任第11集团军司令,第56摩托化军留在中央集团军群,并未参加当年秋冬季和1942年夏季的克里木战役。

前，第56装甲军军部才调往前线，划拨了几个作战师。新军长是炮兵上将赫尔穆特·魏德林，红军进攻前夕才姗姗来迟地到任[61]。

到4月12日，第9集团军实力最强的几个师编入第56装甲军。这些作战兵团包括第9伞兵师、第20装甲掷弹兵师、"明歇贝格"装甲师、第920"德贝里茨"坦克歼击营。另一些五花八门的战斗小组以人民冲锋队员、希特勒青年团员、海军官兵组成。魏德林的防区北起莱茨欣南部，南至弗里德斯多夫。与第56装甲军相接的友邻兵团，北面是第101军，南面是党卫队第11军。第9伞兵师的防御地段，从军左翼边缘递延到古索村，就在帝国铁路1号线北面。第20装甲掷弹兵师、"明歇贝格"装甲师以交叠的方式混合部署辖内部队，防御地段从古索村到军右翼。第920"德贝里茨"坦克歼击营在塞洛镇后方担任预备队。塞洛高地的山脊上部署了很多88毫米高射炮，位置很适合这些既能防空又能打坦克的两用高射炮。紧邻的后方地域，第408人民炮兵军为魏德林装甲军提供支援。这些兵团没有一个齐装满员，都在近期的激烈交战中蒙受了严重损失。

表13：第56装甲军坦克和突击炮总数（4月15日）及各战斗营兵力（4月7日）								
师	分队	型号		可用	短期维修	长期维修	途中	
"明歇贝格"装甲师								
		兵力	1350					
	第29装甲团第1营	三号坦克		1	—	—	—	1
		四号坦克		2	—	1	—	3
		四号坦克长身管A型		1	—	—	—	1
		五号坦克		21	—	—	2	23
		六号坦克		10	—	3	1	14
		四号坦克歼击车		1	—	—	—	1
		小计		36	0	4	3	43
第20装甲掷弹兵师								0
		兵力	3100					0
		三号突击炮		—	—	—	10	10
		四号坦克		13	—	1	—	14

（接上表）

师	分队	型号		可用	短期维修	长期维修	途中	
		四号自行高射炮		3	—	—	—	3
		四号坦克长身管A型		16	—	—	—	16
		小计		32	0	1	10	43
柏林步兵师								0
		兵力	3800					0
	柏林反坦克营	三号突击炮		10	—	2	—	12
		小计		10		2		12
第9伞兵师								
		兵力	5000					
	反坦克营	三号突击炮		—	—	1	—	1
		追猎者坦克歼击车		8	—	—	—	8
		小计		8	0	1	0	9
第18装甲掷弹兵师								
		兵力	2350					
		四号坦克		27	—	—	1	28
	第18装甲营	四号坦克长身管A型		8	—	—	—	8
		追猎者坦克歼击车		19	—	4	—	23
		小计		54	0	4	1	59
党卫队第11"诺德兰"师								
		兵力	2100					
		三号突击炮		22	1	—	—	23
		四号坦克歼击车（V）		10	—	—	—	10
		小计		32	1	0	0	33
党卫队第503重型装甲营		六号坦克		10	—	2	—	12
坦克和突击炮总计				182	1	14	14	211
各战斗营总兵力				17,700				
注：表中包括柏林步兵师，但该师只有部分作战力量隶属第56装甲军。								

战役期间，维斯瓦集团军群还从预备队腾出更多作战兵团交给第56装甲军。该军撤往柏林途中，收编了很多散兵游勇，以及在红军攻势中遭歼灭的另一些师的残部。接下来简要介绍第56装甲军和维斯瓦集团军群在柏林城内战斗的所有兵团。

第9伞兵师

师长：1945年3月2日到4月18日，空降兵上将布鲁诺·布罗伊尔（被海因里齐撤职）；4月18日到投降，哈里·赫尔曼上校。

作战参谋：总参少校恩格尔；恩格尔上尉。

师类型：伞兵师。

战斗力：二级；约30%摩托化；几个作战营4月7日的兵力估计有5000人；辖6个轻型、3个重型炮兵连；可用的坦克和突击炮是8辆"追猎者"坦克歼击车，外加11门重型反坦克炮。

战斗序列：第25伞兵团，第26伞兵团，第27伞兵团，第9伞兵反坦克营，第9伞兵炮兵团，第9伞兵高射炮营，第9伞兵工兵营，第9伞兵空军通信营，第9伞兵迫击炮营，第9伞兵补充兵营，第9伞兵师支援和补给部队指挥官。

第9伞兵师1945年2月组建，是战争后期德军实力强大的一个作战师。该师最初编有第25、第26、第27伞兵团，后来增加了各种支援部队和分队，包括1个炮兵团、1个反坦克营（8辆"追猎者"坦克歼击车）、1个战斗工兵营、1个高射炮营[62]。"追猎者"是一款轻型坦克歼击车，设计目的是替换各种临时凑合的拖曳式、自行式反坦克炮，它以改装过的38（t）坦克底盘搭载一门75毫米Pak 39 L/48反坦克炮，在700米距离内打击红军战车非常有效。"追猎者"通常编入12辆坦克歼击车组成的连队，独立分配给步兵团。第9伞兵师最初有6758名官兵，大多数人训练有素，经验丰富。第25伞兵团是全师最早调拨给维斯瓦集团军群的部队，在波美拉尼亚同党卫队全国副总指挥费利克斯·施泰纳指挥的党卫队第3装甲军辖内武装党卫队兵团并肩奋战，获得了战斗经验[63]。第25伞兵团是一支独特的部队，各个营都是老兵。第25伞兵团第1营以奥托·斯科尔策尼特种部队成员构成，先前在阿登山区，近期沿斯德丁南面的奥得河参加过战斗。第25伞兵团第2营由著名的勃兰登堡特种部队成员组成。而第25伞兵团第3营都是受过充分训练的伞兵，值此战争末期，这种情况非常罕见[64]。第26伞兵团只有2个营，因为科涅夫的军队包围布雷斯劳后，该团第3营2月22日空运到城内，加强布雷斯劳的防御[65]。3月底，第9伞兵师插入第9集团军防线[66]。第25、第26伞兵团部署在施泰因托赫村南面的防线上，这道防线以布施多夫为中心。第27伞兵团在诺伊恩豪森附近担任师预备队，就在普拉特科村外，布鲁诺·布罗伊尔将军的师部设在村内。

第 20 装甲掷弹兵师

师长：1945年1月1日到4月23日，格奥尔格·朔尔策少将（4月23日自杀身亡）。

作战参谋：总参少校阿尔特迈尔。

师类型：1945年式装甲师。

战斗力：三级；10%马匹拖曳，30%摩托化；几个作战营4月7日的兵力估计有3100人，这个数字不包括一个半数兵力的人民冲锋队营；辖7个轻型、3个重型炮兵连；可用的坦克和突击炮是31辆四号坦克；只有1门重型反坦克炮。

第 20 装甲掷弹兵师师长，骑士铁十字勋章获得者格奥尔格·朔尔策少将。朔尔策未经上级批准就命令他的师后撤。该师大部分官兵逃出红军包围圈，向西方盟军投降。但朔尔策在战役结束前自杀身亡。

战斗序列：师部，第125装甲掷弹兵团，第192装甲掷弹兵团，第21装甲侦察营，第8装甲营，第220工兵营（摩托化），第155炮兵团，第305陆军高射炮营，第20战地补充兵营，第200反坦克营，第20装甲掷弹兵通信营，第200装甲补给连①。

第20装甲掷弹兵师受领的任务，是在奥得河沼泽地内守卫红军沿帝国铁路1号线攻往塞洛高地的主要接近地，还负责据守塞洛镇。该师有4848名官兵，配备13辆各种型号的四号坦克、3辆装有四联装高射炮的防空坦克（威力强大的反步兵武器）、16辆四号坦克歼击车（L/70 A型）⁶⁷。四号坦克是一款中型主战坦克，也是德国在战争期间产量最大的战车，还推出许多衍生型号。1945年，德军配备的四号坦克衍生型号主要是H型和J型，车身和炮塔周围加了装甲裙板。这款战车搭载一门威力强大的75毫米KwK 40 L/48火炮。防空坦克通常是在旧型四号坦克

---

① 战斗序列有误，例如第125装甲掷弹兵团、第192装甲掷弹兵团、第21装甲侦察营都隶属第21装甲师。

底盘上安装一门20毫米四联装高射炮,用于杀伤人员非常有效。四号坦克歼击车是一款轮廓低矮的反坦克战车,也以四号坦克底盘打造,各种衍生型号有的配备侧裙板,也有的不配备,搭载一门75毫米Pak 42 L/70反坦克炮。第20装甲掷弹兵师三月份大多数时候都在战斗,伤亡1367人[68]。第90、第76装甲掷弹兵团沿塞洛高地底部部署在奥得河沼泽地内。每个团缺1个营,腾出的兵力交给临时设立的某指挥部,用于守卫塞洛镇。第8装甲营把大部分坦克部署在两个装甲掷弹兵团的防御阵地间。

赫尔穆特·万德马克少校出任塞洛镇战斗指挥官,他接到命令,必要情况下可以让红军包围塞洛镇,而后坚守该镇,尽可能多地牵制敌军[69]。万德马克掌握的兵力是两个装甲掷弹兵团各调拨的一个营,外加海军水兵,他们的舰艇被击沉在波罗的海。这股力量还获得从柏林赶来的两个人民冲锋队连的加强[70]。冯·瓦滕贝格上尉指挥塞洛镇守军靠前部署的连队,该连有136名士兵,编为3个步兵排和1个迫击炮排,大多是新兵,缺乏作战经验。尽管每个人都知道自己的处境,也知道敌人即将发动进攻,但他们依然士气高昂。该连的防线在塞洛镇前方形成1500米的半圆形弧线,镇内一栋栋房屋间,700米长的次要防御圈连接各道堑壕。迫击炮排分成两个分排,分别掩护塞洛镇东部、北部出口的道路。铁路路堤前方斜坡上,部署的88毫米高射炮多达8门,用于反坦克任务。

"明歇贝格"装甲师

师长:瓦尔特·穆默特少将。

作战参谋:总参少校托马。

师类型:1945年式装甲师。

战斗力:四级;约85%摩托化;几个作战营4月7日的兵力估计有1350人;4月15日可用的坦克和突击炮是1辆三号坦克、2辆四号坦克、1辆四号长身管型坦克、21辆五号"黑豹"坦克、10辆六号"虎式"坦克、1辆四号坦克歼击车。

战斗序列:该师1945年3月5日奉命组建,辖"明歇贝格"第1装甲掷弹兵团["大德意志"柏林警卫团,党卫队第1装甲掷弹兵补充训练营(党卫队第1'警卫旗队'装甲师的训练补充部队)],"明歇贝格"第2装甲掷弹兵团(25%是装甲兵学校的学员,25%来自人民冲锋队,50%调自其他补充部队),"明歇贝格"装甲团(1个四号坦克连,1个五号坦克连,1个六号坦克连),"明歇贝格"装甲侦察营,"明歇贝格"装甲炮兵团,"明歇贝格"装甲工兵连,"明歇贝格"装甲通信连。

3月5日组建的"明歇贝格"师是个临时性装甲师,才干出众的瓦尔特·穆默特中将任师长①[71]。组建装甲师的命令表明,全师辖2个装甲掷弹兵

"明歇贝格"装甲师师长,骑士铁十字勋章获得者瓦尔特·穆默特少将。

团,第2装甲掷弹兵团编有2个营,其中一个营的交通工具是自行车!按照计划,第1装甲掷弹兵团至少要编有党卫队"阿道夫·希特勒"警卫旗队驻柏林警卫团的1个营[72]。师属装甲营起初以第29"科堡"装甲团第1营构成,计划辖2个五号坦克连(各配备10辆"黑豹")、1个六号坦克连(10辆"虎Ⅰ")、1个四号坦克歼击连、1个"追猎者"坦克歼击连。到1945年,五号"黑豹"坦克成为德国军队的制式中型坦克。这款坦克用途广泛,装备精良,搭载一门75毫米KwK 42 L/70主炮。"黑豹"生产了几个衍生型号,最常见的是G型。这款坦克的两侧安装了装甲裙板,以防护车轮周围的易损部位。"黑豹"的设计目的是对付德军1941年遭遇的苏制T-34坦克。与采用垂直装甲的其他德国坦克相比,倾斜装甲为"黑豹"提供了更好的防护,哪怕垂直装甲板更厚。六号

---

① 穆默特的最终军衔是预备役少将。书中前后矛盾的地方较多,上文的战斗序列也有各种错误,请读者自行鉴别。

坦克H型（虎Ⅰ式）依然可以说是二战期间最著名的坦克，不仅安装了厚重的正面装甲，还搭载了一门88毫米KwK 36 L/56主炮，这款火炮源自威力强大的88毫米高射炮，再加上液压传动炮塔和出色的光学设备，让它成为战场上最令人生畏的武器系统。虎Ⅰ式坦克的主炮能在2000米距离射穿84—110毫米厚的倾斜正面装甲[73]。虎式坦克的一个缺点是没采用倾斜装甲。俄国人的测试表明，苏制JS-2重型坦克的122毫米主炮，发射尖头穿甲弹能在700米距离内穿透"黑豹"坦克的倾斜装甲，而最佳情况下，训练有素、经验丰富的炮手能在1200米距离内射穿虎Ⅰ式坦克的垂直装甲[74]。装甲部队获得虎Ⅰ式坦克，这种情况不太寻常，但"明歇贝格"师本身就是个不同寻常的装甲兵团。从那段时期拍摄的照片看，该师获得的虎Ⅰ式坦克都是早期型号，先前用于库默斯多夫的训练工作，现在投入前线服役。

"明歇贝格"装甲师组建完毕，3月底立即投入德军发起的反突击，企图解屈斯特林之围，反突击期间在旧拜恩口袋里损失了3个装甲掷弹兵营[75]。"明歇贝格"装甲师的实力严重受损，甚至丢了个"追猎者"坦克歼击连，该连加入屈斯特林守军[76]。战役前，"明歇贝格"装甲师的编制兵力超过6836人，但德军3月底为重新打通屈斯特林走廊的反突击期间，该师严重受损，月底调离前线，撤回后方整补。作为加强，"明歇贝格"装甲师获得一个配备红外线装置的"黑豹"坦克连，但装甲掷弹兵的损失没得到补充。红外线装置通常安装在"黑豹"坦克的车长指挥塔上，能把夜间能见度提高到100米[77]。从现有各种资料看，党卫队"警卫旗队"特遣队的士兵似乎没调到该师，真调到该师的话，4月中旬就不会再分配给"明歇贝格"装甲师。到4月15日，该师只剩1986名官兵，外加2个装甲连，共计21辆"黑豹"和10辆早期型号的"虎Ⅰ"式坦克[78]。

4月15日傍晚，"明歇贝格"装甲师把大部分坦克和装甲掷弹兵部署在塞洛镇东面的豪普特格拉本运河河道后方，与第20装甲掷弹兵师相互支援。坦克（可能是虎Ⅰ式）和装甲掷弹兵组成的小股力量留作军预备队[79]。第920"德贝里茨"坦克歼击营4月初转隶"明歇贝格"装甲师，该营有17辆突击炮和7辆坦克歼击车，作为机动反冲击力量担任第56装甲军预备队[80]。

其他作战兵团

第18装甲掷弹兵师

师长：1945年3月16日到投降，约瑟夫·劳赫中将。

作战参谋：总参中校考夫曼；总参中校伯切尔。

师类型：1945年式装甲师。

战斗力：二级；约30%摩托化；几个作战营4月7日的兵力估计有2350人；由于该师仍在组建，暂时没有炮兵营；4月15日可用的坦克和突击炮是27辆四号坦克、8辆四号坦克歼击车（长身管A型）、19辆"追猎者"坦克歼击车。

战斗序列：师部，第30装甲掷弹兵团（第1、第2营），第51装甲掷弹兵团（第1、第2营），第118混编装甲团，第18炮兵团，第18工兵营，第18反坦克营，第18战地补充兵营，第118装甲侦察营，第18通信营，第18后勤连。

第18装甲掷弹兵师由约瑟夫·劳赫中将指挥。和几乎所有德国师一样，该师蒙受了惨重的损失，不得不两次重建，第一次是1941年/1942年红军冬季攻势后，第二次是1944年红军发动"巴格拉季昂"进攻战役期间。1944年那场攻势，第18装甲掷弹兵师在明斯克陷入重围后覆灭，时任师长的楚塔弗恩中将不愿投降俄国人，自杀身亡。该师残部在波美拉尼亚继续战斗。到1945年2月中旬，估计该师的战斗兵和坦克损失了65%。

德国陆军总参谋部作战处3月2日下令重建该师，作为北方集团军群辖内一支650人的部队，补充"西里西亚"装甲师。该师目前编有师部、通信营部分人员、勤务部队、维修连部分人员。这项初期决定很快发生变化，按照鲁登道夫上校与艾斯曼上校

第18装甲掷弹兵师师长，骑士铁十字勋章获得者约瑟夫·劳赫中将，他的师是第56装甲军辖内实力最强的兵团。

3月16日往来传达的几道命令，第18装甲掷弹兵师在埃伯斯瓦尔德地域获得"西里西亚"装甲师、"荷尔斯泰因"装甲师残部加强。北方集团军群司令部人员3月22日奉命飞往维斯瓦集团军群，而第18装甲掷弹兵师与第3装甲集团军防线后方的OKH预备队主力兵团会合。3月份上半月，"西里西亚"装甲师、"荷尔斯泰因"装甲师都在争夺西波美拉尼亚的激战中损失惨重。虽说"荷尔斯泰因"装甲师没了装备，但获得的评价颇高，认为师里的官兵技术娴熟，积极主动。该师3月22日正式撤编，残余的大部分官兵成为第18装甲掷弹兵师第18炮兵团核心骨干。由于缺乏通信设备、官兵作战经验不足等因素，上级把"西里西亚"装甲师在波美拉尼亚战场上的表现评定为"无法令人满意"。该师3月21日撤编，许多官兵加入第30装甲掷弹兵和第118混编装甲团。

第18装甲掷弹兵师3月20日加入OKH预备队，组建期间一直待在那里。据师作战参谋弗里德里希·伯切尔上校称："整补期结束后，该师又一次齐装满员，还配备了一批坦克和其他车辆。师里的官兵个个训练有素，战斗经验丰富，第18装甲掷弹兵师再次成为一流的作战兵团。"[81]此时的第18装甲掷弹兵师，堪称维斯瓦集团军群辖内实力最强大的兵团。该师约有6000名官兵，还有25辆半履带装甲车，第118装甲团有27辆四号G型、H型坦克，第18反坦克营有19辆"追猎者"、8辆四号坦克歼击车。第18装甲掷弹兵师继续在埃伯斯瓦尔德周围担任预备队，4月18日才赶去填补第56装甲军防区的缺口，随即遭到近卫坦克第2集团军辖内分队侧击。

党卫队第11"诺德兰"志愿者装甲掷弹兵师

师长：1944年7月27日到1945年4月25日，党卫队旅队长兼武装党卫队少将约阿希姆·齐格勒；4月25日到投降，党卫队旅队长兼武装党卫队少将古斯塔夫·克鲁肯贝格博士。

作战参谋：党卫队二级突击队大队长温切克（代理）。

师类型：党卫队装甲掷弹兵师。

战斗力：三级；60%摩托化；几个作战营4月7日的兵力估计有2100人；可用的坦克和突击炮是25辆三号突击炮、7辆五号坦克；该师还有10门重型反坦克炮。

战斗序列：师部，党卫队第23"挪威"装甲掷弹兵团，党卫队第24"丹麦"装甲掷弹兵团,党卫队第11装甲掷弹兵师摩托车团,党卫队第11装甲团,党卫队第11反坦克营,党卫队第11炮兵团,党卫队第11突击炮营,党卫队第11高射炮营,党卫队第11工兵营,党卫队第11通信营,党卫队第11战地补充兵营,党卫队第11师级补给部队指挥官,党卫队第11维修营,党卫队第11卫生营,党卫队第11后勤补给营。

党卫队地区总队长约阿希姆·齐格勒指挥的这个师担任维斯瓦集团军群预备队。该师和党卫队第23"尼德兰"志愿者装甲掷弹兵师一同构成施泰纳指挥的党卫队第3"日耳曼"装甲军。"诺德兰"师也奉命加强第56装甲军的防线。该师辖党卫队第23"挪威"装甲掷弹兵团、党卫队第24"丹麦"装甲掷弹兵团、党卫队第11"赫尔曼·冯·扎尔察"装甲营。他们前几个月在波美拉尼亚遂行了激烈的防御作战,而后获得整补。该师总兵力2100人左右,但真正的战斗兵人数可能少得多。师装甲营配备三号突击炮和四号坦克歼击车。三号突击炮既能支援步兵,也能对付敌坦克,装甲厚度适中,战争后期经常添加德军

党卫队第11"诺德兰"志愿者装甲掷弹兵师师长,党卫队地区总队长约阿希姆·齐格勒(右),由于未经批准就命令他的师逃离柏林,齐格勒后来被解除职务。

坦克常见的装甲侧裙板。三号突击炮要么搭载75毫米Stuk 40 L/48主炮，要么安装威力强大的105毫米StuH 42 L/28主炮。"诺德兰"师在师级层面缺乏卓有成效的领导，师长未经批准擅自命令部队撤离柏林周边，结果被解除职务。战役期间，该师主要作为团级战斗群参加战斗。

党卫队第503重型装甲营

营长：1945年1月18日到投降，党卫队二级突击队大队长弗里茨·赫尔齐格。

战斗力：不详，可能是二级。

战斗序列：党卫队重型装甲营第1连，党卫队重型装甲营第2连，党卫队重型装甲营第3连。每个连辖3个排，全营最初配备13辆六号虎Ⅱ式坦克。4月16日，该营有10辆虎Ⅱ可用，2辆需要长时间维修，还配属了8辆四号"旋风"防空坦克组成的1个高射炮排。

党卫队第503重型装甲营由绰号"弗里茨"的党卫队二级突击队大队长弗里德里希·赫尔齐格指挥。这支部队仅存在短短四个月时间，但每日击毁战果比战争期间任何一个虎式装甲营都要多。党卫队第503重型装甲营在波美拉尼亚、奥得河畔、柏林城内打击朱可夫的军队，声称击毁敌人约500部车辆[82]。该营1943年7月组建，但直到1945年1月才投入战斗，原有39辆六号虎Ⅱ式坦克（虎王）。虎王坦克恰当地用于防御作战的话，简直就是一座堡垒。它的车身正面装甲厚150毫米，炮塔正面装甲更是厚达180毫米。和虎Ⅰ式坦克一样，虎Ⅱ搭载88毫米KwK 43 L/71主炮，能轻而易举地射穿战场上红军最重型坦克的正面装甲。更长的火炮身管赋予虎王更高的初速和更大的远距离穿透率，能在1500米或更远距离打击并击毁敌战车。由于虎王安装了倾斜装甲，哪怕要射穿它的侧面装甲，红军战车也得逼近到700米内。党卫队第503重型装甲营在波美拉尼亚遂行一连串鏖战，损失了大量技术装备。3月17日，武装党卫队指挥总局命令该营撤到帕泽瓦尔克附近整补，在战术上隶属党卫队"诺德兰"师第11"赫尔曼·冯·扎尔察"装甲营。3月底，第2集团军剩余的虎Ⅱ式坦克，从但泽经海路运到斯维讷明德，再用火车运抵帕泽瓦尔克，加入党卫队第503重型装甲营。在波美拉尼亚，该营主要以装甲排投入战斗，偶尔会投入装甲连，但从来没投入过整个营。到4月16日，全营只剩10辆虎王可用，外加几辆搭载

20毫米四联装高射炮的"旋风"式四号防空坦克。该营作为党卫队第11"赫尔曼·冯·扎尔察"装甲营的组成部分投入战斗[83]。

第309"大柏林"步兵师

师长：海因里希·福格茨贝格尔少将。

作战参谋：总参少校布措斯卡。

师类型：1945年式步兵师。

战斗力：三级；70%马匹拖曳，95%摩托化；几个作战营4月7日的兵力估计有3800人，包括配属的第1234军校学员团；师属炮兵辖3个轻型炮兵连；可用的坦克和突击炮是5辆三号突击炮、10辆"追猎者"坦克歼击车；师里还有12门重型反坦克炮。

战斗序列：该师以第166步兵师、"大德意志"柏林警卫团的骨干力量组建。配属部队调自一个反坦克营营部、第31人民掷弹兵师一个连部和一个反坦克连、空军一个反坦克连和一个高射炮团。这些部队编为：师部，第652掷弹兵团，第653掷弹兵团，"大德意志"警卫团，第309燧发枪手营，第309炮兵团，第309工兵营，战地补充兵营，第309反坦克营，第309通信营。

第309步兵师部署在第9伞兵师北面，该师也称作"大柏林"师。与1945年德国组建的许多师一样，第309步兵师也是个临时编制。师里一个团以"大德意志"警卫团2个营组成。4月份头两周，红军企图扩大基尼茨西面的登陆场，第309步兵师顽强防御。4月12日—14日的交战尤为激烈，红军冲出阵地，准备发动进攻。4月15日，俄国人实施异常猛烈的炮火准备后，以2个师冲击第309步兵师防线。早在2月份，红军就首次跨过奥得河这片地段，为即将朝柏林发动的进攻做好了充分准备。

4月16日，红军终于发动进攻，"大柏林"师几乎立即被打垮。俄国人向西发起大规模进攻前，该师经历了四天激战，部署在奥得河前线的大多数德国师，储备的弹药只够维持2—3天的激烈防御作战，而"大柏林"师的弹药可能在红军发动主要突击前就耗尽了。该师辖内各团的防御缺乏协同，无法阻止红军达成突破，师部和师部人员在诺伊哈登贝格悉数被俘，部分残兵败将逃往北面，加入德军其他部队，但大多数残部跟随第56装甲军退入柏林。

第408人民炮兵军

第408人民炮兵军1944年9月29日组建,不过是个加强炮兵团而已。该军辖6个营,配备各种型号的火炮,许多是缴获的法国货。第408人民炮兵军为第56装甲军提供直接火力支援,战役期间在柏林城内发挥了重要作用。

表14:第408人民炮兵军编成和指挥官	
军部	指挥官
军长	预备役中校京特·亚当
特设副官	预备役上尉克雷齐希
营	
第1营	彼得雷克上尉
第2营	恩格尔上尉
第3营	胡佩斯贝格上尉
第4营	海泽上尉
第5营	阿利上尉
第6营	预备役上尉洛伦茨

表15:1945年4月24日可用的火炮、炮兵连及驻地	
部署在诺伊克尔恩、特雷普托区的炮兵力量	
4门	75毫米加农炮
4门	轻型野战榴弹炮
5门	152毫米重型野战榴弹炮
4门	210毫米重型臼炮
柏林防区可用的炮兵连	
1个	重型野战榴弹炮连(缺乏牵引设备)
1个	100毫米加农炮连
1个	155毫米重型野战榴弹炮连(一战期间的法国火炮)

希特勒青年团反坦克旅

帝国青年领袖阿图尔·阿克斯曼组建了一批希特勒青年团反坦克旅。每个旅辖4个营,每个营480名大男孩。这些部队散布在整片后方地域,充当防波堤,阻止敌坦克达成突破。他们配备"铁拳",任务是在近距离内击毁敌坦克[84]。不少大男孩是武装党卫队军官从学校招募来的,有的才12岁,一个个斗志昂扬。直到红军沿塞洛高地发动进攻前夕,德军前线部队一直在积极征募新兵[85]。红军达成突破,这些反坦克旅里的许多大男孩退入柏林,在城内继续战斗。

武器和坦克

1945年的德国师配备了五花八门的武器、装备、装甲战车。这些装备大多来自德国各地的训练基地,要么就是战争初期纳粹德国从各占领国缴获的。与红军相比,德国国防军部队配备的无线电台通常更多些,这让他们获得明显的战术优势。总的说来,德国人研发的武器很优秀,但不见得大量配发前线部队。德国步兵主要配备的仍是手动式98K卡宾枪，大量提供给他们的"铁拳"是一款现代武器系统。他们还获得"战车噩梦"，但数量不多，这种武器是德军当初在突尼斯缴获的美制巴祖卡火箭筒的仿制品。MG–42机枪是德国步兵的主要支援武器，堪称二战期间最具效力的机枪之一。MP–40、StG–44作为德军制式冲锋枪和突击步枪，也配发给德军士兵。另外，德国人还生产了堪比美制M1加兰德步枪的Gewehr 41、Gewehr 43式半自动步枪，这款武器配发前线部队的数量较少，有时候充当狙击步枪。

德国士兵配发的武器，最常见的是服役达10年之久的98K卡宾枪。维斯瓦集团军群辖内德国师配备的战斗步枪，98K卡宾枪占85%[86]。单发的98K卡宾枪或其他手动式步枪性能可靠，射击精度高，装上ZF40或ZF41式瞄准具更是如虎添翼。但短兵相接时，德军步兵的火力不及对手，因为苏联军火工业在战争后期为红军指战员配备了大量自动武器。

战争期间，德国军方试验了各种坦克衍生变款。许多战车置于德国各地的训练或测试场。德军补充装备的需求与日俱增，许多训练场把日常使用的坦克或试验性战车交给维斯瓦集团军群辖内各装甲营。这就是德军师配备的装甲战车五花八门的原因。同一个营的坦克，配置和迷彩涂装不一样的情况很常见。同一支部队的两辆四号坦克歼击车很可能看上去完全不同，一辆安装了侧裙板，另一辆没有。德军装甲战车的涂装方案也不一样。例如"明歇贝格"装甲师的黑豹坦克，保留了工厂涂的防锈底漆，再画上黄色、绿色斜条纹，以此分解影像。虎王坦克以绿色、黄色、深棕色构成伏击涂装，再辅以一个个斑块。德制弹药发射时排出一股绿色无烟气流，敌观察员很难发现。面对红军暴露在外的大批战车，这种优势让党卫队第503重型装甲营的虎王坦克取得骄人的击毁战果。精心伪装的虎王隐蔽在松树覆盖的树林线，敌人难以发现它们的位置。德制坦克有个主要缺点，战争后期，德国工厂不得不把锰换成高碳合金钢和镍，导致坦克装甲太脆[87]。维斯瓦集团军群显然使用了形形色色的非制式单兵武器和五花八门的战车。德国人当时用上一切可用装备，还大量依靠训练场提供的各种战车，这种情况实实在在地说明，德国战时经济到1945年3月—4月衰退到怎样的程度。

外国志愿者

奥得河前线部署了一些外国志愿者组成的党卫队部队，海因里齐并不信任他们，红军4月16日发动进攻前，他把这些部队悉数撤到后备阵地。保卫德国的最后一战，海因里齐不想使用非德国人，从另一些记述能清楚看出，他对外国志愿者的忠诚度很不放心[88]。挪威人、丹麦人、法国人、西班牙人、匈牙利人、乌克兰人在柏林城内与德国战友并肩奋战。有种观点认为，柏林保卫战吸引了德国国防军和武装党卫队的大批外国志愿者，他们怀着纳粹的反共热情，在德国首都街道上投入捍卫欧洲"自由"的最后一战。这种自诩的现实纯属虚构。

除了武装党卫队一小批西班牙志愿者，其他外国志愿者根本不愿进入柏林，为希特勒的最后一战卖命。他们不是奉命退入城内，就是跟随其他部队撤离奥得河前线，战争结束时身处柏林纯属意外。党卫队"诺德兰"师师长命令麾下官兵离开柏林，而法国志愿者在红军封锁最后一条入城路线前，奉命开入柏林城内。少数匈牙利人待在柏林城内各训练营，是当初在匈牙利跟德军并肩战斗的匈牙利部队的残部。在希特勒青年团和德国空军服役的乌克兰小伙，此时驻守各训练学校和防空炮塔。更值得关注的可能是西班牙、拉脱维亚志愿者组成的两股作战力量。

西班牙"蓝色"师1944年5月解散，所有西班牙官兵本该返回西班牙，大多数人奉命行事，但600名西班牙志愿者违反第三帝国和西班牙的官方政策，加入武装党卫队，组建了"幽灵"营[89]。撤入柏林时，该营的兵力只剩100来人，他们在城内守卫施普雷河上几座重要的桥梁。

拉脱维亚志愿者组成的特遣队，起初打算逃往西面，但许多人裹入后撤大潮，最终进入柏林。1945年3月，拉脱维亚部队在斯维讷明德（今天的希维诺乌伊希切）渡过奥得河，作为维斯瓦集团军群的预备队部署在新勃兰登堡地区。遵照海因里齐的命令，拉脱维亚人只留少量步枪执行警卫勤务，上交了所有自动武器，用于武装开赴前线的德军后备部队。拉脱维亚人利用自己所处的位置，企图以强行军穿过德国中部，找西面150公里的西方盟军投降。当然，海因里齐和德国最高统帅部全然不知拉脱维亚人的想法。但战时法生效了，也就是说，哪怕最轻微的抗命行为也有可能处以死刑[90]。最后，一批拉脱维亚官兵向西转移期间，跟随人潮进入柏林城内。外国志愿者不愿参加柏林保卫战，并没有减弱他们的战斗力或热情，他们个个展现出自己的军事技能和职业精神，与德国战友相比毫不逊色。

最后的准备工作

4月6日，德军空中侦察发现，1000部红军车辆从普鲁士向西开往奥得河[91]。4月8日，OKH给维斯瓦集团军群、中央集团军群发了份备忘录，称根据现有的敌情评估判断，红军会在4月15日发动"主要突击"[92]。到4月10日，俄国人即将发动进攻的企图昭然若揭。德国人发现对方变更部署，但被俘的红军士兵没有透露何时会进攻[93]。4月12日，红军展开行动，着手扩大他们占据的登陆场，海因里齐知道，对方的进攻迫在眉睫。近期的经历告诉他，红军发动大规模攻势前，总是会展开强有力的战斗侦察[94]。

第9集团军发来的一份份报告涌入维斯瓦集团军群司令部，他们注意到大批红军坦克集中在几座登陆场内。另外，红军炮兵以树丛和教堂尖塔为瞄准点，归零他们的火炮[95]。4月13日—14日，红军朝塞洛高地对面的屈斯特林以西地带发起试探性进攻，企图让德国人弄不清己方展开情况，同时隐瞒进攻发起时刻。海因里齐觉得，看对方采取的这些行动，就像读了红军的《野战条令》，他早就习惯了俄国人大举进攻前典型的准备工作。

维斯瓦集团军群4月14日的每日报告指出，这是红军发动进攻的开始阶段，还概述了各师防御地段发生的战斗[96]。4月15日，东线外军处每日报告预测，敌人会在4月16日发动进攻[97]。海因里齐得出结论，对方一连两天实施强有力的战斗侦察，确实会在4月16日清晨发动进攻。希特勒给维斯瓦集团军群的将士发了份不同寻常的训令。

元首日训令

全体东线将士！

与不共戴天的犹太-布尔什维克敌人最后决战的时刻到了，他们率领大批游牧部落准备发动进攻。他们企图摧毁德国，灭绝我们的民族。你们这些身处东线的将士，早就知道威胁德国妇女、姑娘、儿童的命运；他们会杀掉老人和孩子，把妇女和姑娘送到兵营充当军妓，再把其他人押往西伯利亚。

我们早就料到这场进攻，自1月份以来，我们为构设强大的防线采取了一切措施。大批火炮严阵以待，无数新部队弥补了我方步兵缺员。警戒部队、新建部队、人民冲锋队正在加强我们的防线。布尔什维克分子这次会遭受亚洲的宿命，必然在德意志帝国首都门前大败亏输。

此刻不履行职责的人就是我们民族的叛徒。任何一个团或师，擅自弃守阵地的行为都极为可耻，有何面目面对我们各座城市遭受恐怖空袭的妇女和儿童？

要格外警惕一小撮叛变的官兵，为保全可耻的性命，也为了俄国人的酬劳，他们会转而对付我们，甚至可能穿着德国军装。无论谁命令你们后撤，除非你们非常了解他，否则都要立即逮捕他，必要情况下可以就地处决，无论他的军衔有多高。

只要东线每个军人接下来几天和几周恪尽职守，就能粉碎亚洲游牧部落最后的冲击，西线之敌也是如此，尽管他们在各处取得渗透，但最后还是会以失败告终。

柏林依然属于德国，维也纳也会重回德国，欧洲永远不会落入俄国人手里。

庄严地宣誓保卫祖国，这绝非空洞的概念，而是保卫你们的家园，你们的妻子，你们的孩子，以及我们的未来。

全体东线将士，此时此刻，整个德意志民族正看着你们，只希望凭借你们的忠诚，你们的狂热，你们的武器，你们的领导，让布尔什维克分子的猛烈冲击淹没在他们自己的污血里。

命运之神把有史以来最大的战犯「罗斯福」带离世界之际，也决定了此次战争的转折点。

阿道夫·希特勒[98]

海因里齐先前一直想方设法让麾下将士做好准备，眼下没什么可做的。虽说很难弄到补充兵和军用物资，但他过去四周付出的心血，极大加强了辖内部队的实力和战备状况。海因里齐的作战计划遵从古德里安的命令，他打算沿奥得河挡住俄国人，迫使西方盟军渡过易北河攻入德国东部，而后他们可能率先占领柏林。海因里齐司令部人员和下属指挥官抱有同样的想法,即"把柏林拱手让给美国人,不管怎么说都比落入俄国人手里强"[99]。海因里齐给布塞和曼陀菲尔下达了口头命令,倘若计划失败,就率领军队绕过柏林退往易北河。

尾注：

1. Heinrici interview.
2. Hamilton, The Oder Front 1945, Vol. I, pp.97—102.
3. MS #P-136, p.ii.
4. Heinrici interview.
5. Ibid.
6. Ibid.
7. Ibid.
8. (NARA/RG242/T311/169/7221263)，"随后要考虑的是，倘若敌人即将发动大规模进攻，这种情况下是否要撤出屈斯特林突出部，是的话，撤出当前阵地后就得重新寻找主战线遂行大规模交战"。
9. Heinrici interview.
10. Le Tissier, Zhukov on the Oder, pp.90—97.
11. MS #T-3, Heinrici Memoir, p.17 (RC: 68/4).
12. Heinrici interview, and T-311: 169/7221263，"克雷布斯将军承认，通过进攻扩大阵地对我方不利"。
13. (NARA/T311/169/7221216).
14. Ibid.
15. Heinrici interview.
16. Ibid.
17. Ibid.
18. MS #D-189, The Pomeranian Battle and the Command in the East, p.12.
19. Le Tissier, Zhukov on the Oder, p.120.
20. (NARA/T311/169/7221378) "Einsatz der Artillerie für den Grosskampf" 31.3.45, and T311/171/7223310-11.
21. Le Tissier, With our Backs to Berlin, p.18.
22. H.W. Arnold and H. Jansen interviews (RC: 69/9 and 11).
23. Le Tissier, With our Backs to Berlin, p.28.
24. MA DDR, WF-13433, Sheet 055 cited in Le Tissier, Zhukov on the Oder, pp.117—118.
25. F. Haas interview (RC: 69/18).
26. NARA/T311/169/7221401.
27. NARA/T311/169/7220993. 准确数字是4209人，其中包括"奥得河畔法兰克福要塞"的9039名官兵，去掉这个数字的话，每个师的平均兵力就降到3770人。
28. Heinrici interview.
29. Le Tissier, With our Backs to Berlin, p.34.
30. Heinrici interview.
31. Ibid.

32. Hamilton, The Oder Front Vol. II. See section "Supply and Versorgungstruppen".
33. Heinrici interview.
34. Altner, p.37.
35. Ibid, p.8.
36. Le Tissier, With our Backs to Berlin, p.22.
37. Ibid, pp.18—19.
38. W. Bensch interview.
39. NARA/T311/169/7221534-35.
40. Ibid.
41. Eismann interview.
42. Heinrici interview.
43. Ibid.
44. Altner, p.7. See also OKW Messages and Documents, March 8 Directive (RC: 62/8).
45. Altner, p.32.
46. Heinrici interview.
47. Ibid.
48. Haas interview. Also see F. Böttcher interview (RC: 68/8).
49. H.H. Lohmann interview (RC: 66/2).
50. T. Busse interview (RC: 67/17).
51. Heinrici interview.
52. Ibid.
53. Heinrici interview.
54. Ibid.
55. NARA/T311/169/7221376 "Infanterie-Ersatz im Großkampf".
56. Heinrici interview.
57. Heinrici Report, 17 July 1963 (RC: 68/3) and (00T311/171/7223305-08).
58. T. von Dufving interview (RC: 69/1).
59. 埃里希·冯·曼施泰因1942年夏季指挥军队攻克塞瓦斯托波尔，当时普遍认为塞瓦斯托波尔坚不可摧，是欧洲最强大的防御要塞。
60. 其中一个其实是司机，v. Dufving interview。
61. v. Dufving interview. 维斯瓦集团军群的每日作战态势图，直到4月11日才在前线标出第56装甲军。
62. H.M. Stimpel, Widersinn 1945, pp.12—13. See also (NARA/T311/171/7223306).
63. G. Ramm, "Gott Mit Uns:" Kriegserlebnisse aus Brandenburg und Berlin, p.192, and Stimpel, p.35.
64. Le Tissier, Zhukov on the Oder, p.127, and Stimpel, p.38.
65. Stimpel, p.37, and Ramm, p.192.
66. Le Tissier, Zhukov on the Oder, p.78.

67.R. Lakowski, Seelow 1945, p.49. (NARA/T311/171/7223305).

68.(NARA/T311/69/7221537) "Gesamtverluste von 22.6.41—31.3.45 15.4.1945".

69.Le Tissier, With our Backs to Berlin, p.96.

70.Ibid, pp.95, 98.

71.Bundesarchiv-Militärarchiv (BAMA) RH-10 and Schultz-Naumann, p.158.

72.(BAMA/RH-10), Le Tissier, Zhukov on the Oder, p.128.

73.Peter Chamberlain, Hillary Doyle and Thomas Jentz, Encyclopedia of German Tanks of WWII, p.245.

74."Development History of the JS-1/JS-2", p.9. (www.battlefield.ru)

75.Le Tissier, Zhukov on the Oder, p.128.

76.Ibid, p.86.

77.现有的一手或二手资料无法证实红外线装置的战术效力。从理论上说，这种设备似乎能帮助"黑豹"坦克在近距离内对付红军战车。

78.Le Tissier, Zhukov on the Oder, p.273, and Lakowski, p.49.

79.Le Tissier, With our Backs to Berlin, p.92.

80.Le Tissier, Zhukov on the Oder, p.128.

81.Böttcher interview.

82.C. Wilbeck, Sledgehammers, p.186.

83.W. Schneider, Tigers in Combat II, pp.296—298.

84.W. Feldheim interview (RC: 70/12).

85.Altner, pp.47, 51.

86.Hamilton, The Oder Front 1945, Vol. II. See section "Heeresgruppe Weapons".

87."Development History of the JS-1/JS-2", p.9. (www.batllefield.ru)

88.Hamilton, The Oder Front 1945, Vol. I, p.105.

89.W. Bowen, "The Ghost Battalion: Spaniards in the Waffen-SS, 1944—1945", p.2.

90.A. Pçtersons, Mums jâpârnâk: Latviešu karavîripçdçjie Berlînes aizstâvji, pp.68—73.

91.Heinrici interview.

92.(NARA/T311/169/7221541), "「敌人」有可能4月15日发动主要突击"，中央集团军群作战处长与维斯瓦集团军群作战处长长途通话的附注。

93.Heinrici interview.

94.Ibid.

95.Eismann interview.

96.(NARA/T311/169/7221669)，"今日清晨，敌人对第9集团军发动先期进攻，估计会持续数日"。

97.(NARA/T314/1445/000229)，"1945年4月15日，最重要的敌情判断"。

98.(NARA/T311/169/7221733) and (RC: 62/8)，到4月15日，德国整个指挥机构都知道，第三帝国和柏林的最后一战即将到来。希特勒的日训令是提前写好的。

99.Heinrici interview.

第四章

柏林战略进攻战役

"我认为我们只要重复在维斯瓦河畔取得突破的战术就行了。"

——1945年4月16日3点，崔可夫对朱可夫如是说

1945年1月底，红军在冰冻的奥得河对岸扩大了一座险象环生的登陆场，柏林成为红军各兵团眼中诱人的目标。那座城市的东部地区就在70公里外。红军逼近柏林，是他们从波兰发动声势浩大的冬季攻势，一举击溃德国军队的结果。据德国情报部门的报告称，俄国人粉碎德军脆弱的防御、发展胜利的速度，就连西方盟军也震惊不已[1]。红军大获全胜，很大程度上得益于德军缺乏防御纵深，他们只有一道防线，后方地带没有第二防线。德军战术预备队部署在红军火炮射程内，没有可用的机动预备队。几个月前，东线德军还抽调大批兵力和装备，支援西线"守卫莱茵"行动最后的准备工作[2]。红军到达奥得河西岸，德国最高统帅部却把调离阿登山区的兵力派往匈牙利，而不是前线受威胁最严重的地带。1945年1月底，苏联红军与柏林之间，甚至没有一个德军作战师。

但红军此时无法利用他们的战略优势，一鼓作气地攻入德国。缺乏补给，急需补充兵，过度拉伸的翼侧暴露在外，这些情况都给苏联最高统帅部大本营的决策造成影响。崔可夫战后接受采访时称："要不是我们后方地区的通信和交通线过于分散，承受的压力太大的话，我们本来可以在2月份一举

攻克柏林；但我们需要弹药和油料，还需要强渡奥得河和柏林前方若干运河的浮舟。"[3]由于德国境内的铁路轨距不同，红军为前出到奥得河的军队提供补给不是件容易的事。苏联铁路线使用2根而不是3根道钉，可靠性较差，经常需要维护[4]。

俄国人严重依赖汽车运输，以此支援整整两个方面军，这些军队20天内前进了500多公里。仅在科涅夫的作战地域，就有15,000辆卡车往来于前线，运送部队、弹药、油料，拖曳火炮和坦克。这些卡车都是美国和英国制造的，通过租借法案提供给苏联[5]。汽油供应相当紧张，许多车辆因耗尽汽油不得不丢弃。补给物资运抵前线后，执行运输任务的卡车，每两辆就有一辆得拖回来。他们甚至把缴获的德国酒精当作油料使用，哪怕故障频发也在所不惜[6]。再过4—6周，冰冻的奥得河和尼斯河就要解冻，为西岸红军部队运送补给的作业届时会雪上加霜，除非立即夺取屈斯特林、奥得河畔法兰克福至关重要的交通干线。盘踞在波兰和西里西亚的德国军队死守各座"要塞"，这些要塞通常设在城市和主要交通枢纽。

红军北翼，整个东普鲁士和波美拉尼亚仍控制在德国人手里。倘若红军对柏林发起后续突击，驻守那些地区的德国军队就对他们的翼侧构成威胁。古德里安策划了一场进攻，代号"至日"行动，打算对奥得河东岸的红军炮兵和坦克兵团来一场大胆的夹击。但这场攻势的规模很快就大幅度削减，因为希特勒下令把若干作战师调往匈牙利，还把突击方向改为波美拉尼亚的施塔加德地区，取消了相应的南钳。德军2月15日发动进攻，利用突然性取得些初期战果，但没能实现更多目标。希特勒2月21日取消进攻，德军突入红军翼侧的进攻彻底告终[7]。这场行动没给红军突击柏林的时间安排造成影响。

有人认为，"至日"行动迫使朱可夫停止西进，转身肃清自己的北翼，从而"挽救了"柏林。实际上，红军早就制订了夺取波美拉尼亚和东普鲁士的计划。早在2月9日，斯大林就命令I.D.切尔尼亚霍夫斯基元帅的白俄罗斯第3方面军，2月25日前把保卫东普鲁士的德国第4集团军消灭在海利根拜尔口袋里[8]。切尔尼亚霍夫斯基2月18日在战斗中阵亡，德军一发炮弹击中他的指挥车[9]。A.M.华西列夫斯基接替他的职务，迅速修改了这份稍有些冒进的作战计划。新计划打算在3月22日前歼灭德国第4集团军，4月初展开行动，一举攻克柯尼斯堡[10]。大本营2月8日拟制命令，指示白俄罗斯第2方面军司令员康斯坦丁·罗科索夫斯基元帅向北发动进攻，打击盘踞在波美拉尼亚的德国第2集团军，切断东普鲁士之敌，而后向西攻击前进，3月初前出到奥得河[11]。红军指挥员认为，这些地区的德军部队不会殊死顽抗，就像他们在红军穿越波兰的1月攻势中做的那样。可他们猜错了，为保卫自己的家园，德军各兵团展现出强烈的战斗意愿，新组建的人民冲锋队和警戒部队，许多人员是从当地村镇征募来的。

激烈的交战沿波罗的海沿岸持续之际，朱可夫的参谋人员拟制了迅速攻克柏林的计划，2月10日呈送大本营。这场行动打算投入5个诸兵种合成集团军和2个坦克集团军，突破奥得河西岸的敌防御，一举攻克柏林。朱可夫作战计划的主要缺点是他敞开的右翼，因为白俄罗斯第2方面军在普鲁士和波美拉尼亚鏖战，远远落在他身后。朱可夫建议投入3个诸兵种合成集团军和2个骑兵军，掩护自己敞开的右翼，防范敌人有可能发动的进攻。大本营赞赏这份计划，但决定采用另一个方案[12]。

毫无疑问，朱可夫尽到自己的职业责任，为大本营提供了立即进攻柏林的选择。此时的红军能否顺利攻克柏林，这个问题存有争议，但朱可夫可能确实认为自己本来能做到的。他的计划没能付诸实施，大本营命令朱可夫，以近卫坦克第1、第2集团军协助罗科索夫斯基，执行进攻波美拉尼亚的计划[13]。希特勒取消"至日"行动三天后的2月24日，红军发动进攻。罗科索夫斯基麾下部队3月3日到达克斯林附近的海岸，就此切断德国第2集团军。两天后，红军前出到科尔贝格附近的波罗的海，德国第3装甲集团军部分部队遭隔断。到3月25日，苏联红军把残余的德军分割包围在三个口袋里。在格丁尼亚遭切断的德军部队3月28日投降，但泽守军3月30日放下武器。第2集团军残部死守但泽湾的海拉半岛，一直战斗到5月8日[14]。

艾森豪威尔3月22日发动进攻，渡过莱茵河，斯大林和最高统帅部大本营对西方盟军迅速取得的进展深感惊愕。头六天，美军朝易北河前进了四分之一路程，而到4月4日，他们沿柏林方向攻击前进，朝易北河已推进了四分之三路程。面对德军的顽强抵抗，红军逐一夺取普鲁士、波美拉尼亚、西里西亚的村镇，而西面的美军却不费一枪一弹就拿下卡塞尔、曼海姆这些主要工业城市和交通枢纽。斯大林认为西线已不复存在，德国人没从东线抽调哪怕是一个师，用于抗击西线盟军，这个事实加剧了他的怀疑，德国可能会跟西方盟国单独媾和。按照"日食"计划的概述，柏林完全处于战后的苏联占领区，斯大林想让红军率先攻克柏林[15]。斯大林3月底收到艾森豪威尔关于战略方向的备忘录后，加快了夺取柏林的计划，绝不能让西方盟军把握先机，无视预先商定的占领区，渡过易北河率先攻占德国首都。

3月18日，朱可夫遵照大本营的命令，拟制了进攻柏林的两份方案。这些方案3月29日呈交大本营，大本营选中A方案，命令他继续研究。红军即将对柏林发起突击，众所周知，为激发白俄罗斯第1方面军的进取精神，斯大林故意挑起朱可夫与科涅夫的竞争，科涅夫指挥乌克兰第1方面军在朱可夫南翼展开行动。两位方面军司令员奉命4月1日飞赴莫斯科面见斯大林。

两位元帅刚走入克里姆林宫斯大林的办公室，就看见苏联大元帅坐在长桌顶端，办公室墙壁上挂着俄国著名军事统帅苏沃洛夫和库图佐夫的画像。外交人民委员莫洛托夫、伏罗希洛夫元帅、国防委员会委员马林科夫、内务人民委员贝利亚、卡冈诺维奇（斯大林最亲密的助手之一）、沃兹涅先斯基、对外贸易人民委员米高扬、A.I.安东诺夫大将、总参作战部部长S.M.什捷缅科将军坐在长桌两侧[16]。什捷缅科随即读了份战略态势的情报评估，概述了西方盟军的意图，说他们打算以蒙哥马利元帅率领的主力集团攻往柏林。情报评估还谈到西方盟军可能会采取的行动，以及对方的计划时间表。什捷缅科读罢报告，斯大林看看朱可夫和科涅夫，问道："那么，谁会拿下柏林呢？是我们还是盟军？"科涅夫没理会在座的朱可夫，抢先回答了这个问题，说他会攻克柏林。斯大林露出一丝笑容，随后告诉科涅夫，他的军队位于南面，首先要做的是变更部署。科涅夫迅速答道，他不需要大规模变更部署，只要在方面军分界线内实施必要的重组，而后从那里发起突击，这些不难做到。等科涅夫说完，朱可夫才答道，他的军队不需要变更部署，已经做好进攻柏林的准备，因为他们早已把目标直接对准柏林，而且距离柏林最近。斯大林显然实现了自己的意图，顺利挑起两位高级指挥员的竞争。他命令他俩24小时内拟制最终作战计划。

科涅夫和朱可夫各自投入工作，几乎没做任何商讨，就跟他们后来在战役中的表现如出一辙。只有寥寥几次，两人就某些问题稍事协商，交换了意见。两份计划都没制定重要的作战细节，时间也不允许。实际上，他俩的计划都把重点置于主要突击方向和战役开始日期。4月3日早上，两位方面军司令员把作战计划呈报斯大林，朱可夫先汇报，随后是科涅夫。斯大林对两份方案没多做评论。众人接下来讨论战役开始日期。科涅夫提出个很近的日期，建议一周后发动进攻，但他请求大本营为乌克兰第1方面军增派兵力。斯大林同意他提出的战役开始日期，答应为他增派第28、第31集团军，两个集团军即将结束东普鲁士的作战行动。可他们随后发现，由于铁路轨距不同，两个集团军无法及时开抵科涅夫方面军，参加柏林进攻战役。科涅夫又提出个新的战役开始日期，好让两个集团军来得及加入方面军。斯大林同意了，柏林进攻战役的开始日期改为4月16日。

大本营签署了两道训令。给朱可夫的训令规定，白俄罗斯第1方面军负责攻克柏林，而后在12—15天内前出到易北河。给科涅夫的训令规定，乌克兰第1方面军攻占贝利茨—维滕贝格一线，而后占领直到德累斯顿的易北河东岸，但有个明显的例外：倘若朱可夫军队沿屈斯特林—柏林方向的突击遇到困难，大本营可能会命令科涅夫麾下的坦克集团军转向西北方协助朱可夫。两个方面军的作战分界线只划到吕本，消除了把科涅夫方面军挡在波茨坦南面的原定分界线[17]。科涅夫奉命研究相应的方案，也就是以一个获得加强的坦克集团军攻往西北方，一路前出到波茨坦[18]。至于科涅夫的军队能否直接攻入柏林，斯大林没表态。朱可夫与科涅夫的分界线有些含糊，是斯大林刻意为之的结果。K.K.罗科索夫斯基元帅的白俄罗斯第2方面军，此时仍在肃清普鲁士和波美拉尼亚的残敌，斯大林也给他发了道训令，责成他接防朱可夫右翼的阵地，做好4月18日后某个时刻强渡奥得河发动进攻的准备[19]。罗科索夫斯基方面军加入，为柏林进攻战役提供了额外的支援。

大本营拟制三道训令，概述了攻克柏林的作战行动。交给朱可夫和科涅夫的训令是两人仍在莫斯科期间起草、签署的。几天后拟制的第三道训令发给罗科索夫斯基。斯大林4月1日签署，大本营4月2日下达的训令，把攻克柏林的主要任务交给朱可夫指挥的白俄罗斯第1方面军，训令里写道：

大本营给方面军司令员的指示（1945年4月2日）：

白俄罗斯第1方面军准备和实施攻克德国首都**柏林**的战役，不迟于10—15日内前出到易北河。

战役部署：

以4个诸兵种合成集团军、2个坦克集团军从屈斯特林登陆场向西发起主要突击。

为从北面和南面保障白俄罗斯第1方面军主要突击集团，每个方向各以2个集团军实施辅助突击……

突破敌人防御后，再把配合主要突击集团的2个坦克集团军投入交战，从北面和东北面迂回柏林，发展胜利。[20]

斯大林4月2日签署，4月3日交给科涅夫的训令，无疑谈到他在柏林进攻战役中的潜在任务：

大本营给方面军司令员的指示（1945年4月3日）：

乌克兰第1方面军负责消灭科特布斯地区及柏林以南之敌。

不迟于10—12天内前出到贝利茨—维滕贝格一线，而后占领直至德累斯顿的易北河一线。

战役部署：

5个诸兵种合成集团军和2个坦克集团军遂行主要突击，从特里贝尔地区朝施普伦贝格—贝尔齐希这个总方向攻击前进……

第二梯队的诸兵种合成集团军和坦克集团军负责发展主要突击集团的胜利。

发给乌克兰第1方面军的附加指令：

为克服屈斯特林—柏林方向上强大的敌军防御，白俄罗斯第1方面军奉命在每公里正面集中最大的兵力密度，每7公里正面部署1个师；但是，倘若白俄罗斯第1方面军的前进速度遭阻滞，乌克兰第1方面军就应当把快速部队转向柏林，这样就能协助白俄罗斯第1方面军合围柏林守军，冲击法西斯分子的首都。[21]

大本营发给白俄罗斯第2方面军的训令如下：

大本营给方面军司令员的指示（1945年4月6日）：

白俄罗斯第2方面军的任务是强渡奥得河；消灭敌斯德丁兵力集团；不迟于12—15天内前出到安克拉姆—代明—瓦伦—普里茨瓦尔克—维滕贝尔格一线。

战役部署：

从施韦特以北地区朝施特雷利茨总方向展开行动。

配合白俄罗斯第1方面军右翼，歼灭奥得河畔之敌。

以3个诸兵种合成集团军、3个坦克军、1个机械化军、1个骑兵军遂行主要突击。[22]

大本营提出，每公里正面的火炮密度，不得少于270门76毫米和更大口径的火炮！为遂行柏林战略进攻战役，红军集中了20个诸兵种合成集团军、4个坦克集团军、3个空军集团军，技术兵器总数超过42,000门火炮和迫击炮、6300辆坦克、6600架战机[23]，投入的兵力超过200万。就兵力而言，柏林战略进攻战役是苏联在第二次世界大战期间遂行的第四大战役，仅次于1943年12月24日—1944年4月17日的第聂伯河—喀尔巴阡山战略进攻战役、1944年6月23日—8月29日的白俄罗斯战略进攻战役、1945年1月12日—2月3日的维斯瓦河—奥得河战略进攻战役。但柏林战略进攻战役的正面较窄，每公里正面投入的部队比红军以往任何一场攻势都多，事实证明，这也是战争期间红军代价最高昂的进攻战役之一。柏林战略进攻战役的人员损失超过斯大林格勒会战，装甲车的损失超过库尔斯克战役。虽说红军的实力远胜海因里齐的维斯瓦集团军群，兵力优势达到5.2∶1，坦克和自行火炮的优势更是高达8.2∶1，可还是遭受了惨重的损失。

表16：红军投入柏林进攻战役的兵力和技术装备[24]					
	白俄罗斯第2方面军	白俄罗斯第1方面军	乌克兰第1方面军	波兰人民军第1、第2集团军	总计
兵力	441,600	908,500	550,900	155,900	2,062,100
坦克	644	1795	1388	?	3827
自行火炮	307	1360	667	?	2334

(接上表)

反坦克炮	770	2306	1444	?	4520
76毫米和更大口径的火炮	3172	7442	5040	?	15,654
82毫米和更大口径的迫击炮	2770	7186	5225	?	15,181
火箭炮	807	1531	917	?	3255
高射炮	801	1665	945	?	3411
机动车辆	21,846	44,332	29,205	?	95,383
飞机（各种型号）	1360	3188	2148	无	6696

值得注意的是，大本营发给白俄罗斯第2方面军的训令，要求他们配合朱可夫军队，而发给乌克兰第1方面军的训令，对此只字未提。几道训令的措辞故意挑起朱可夫与科涅夫的竞争，明确规定朱可夫受阻的话，科涅夫可以攻往柏林。柏林战役到达顶点，待朱可夫得知科涅夫的军队攻入柏林，他更关心谁的军队率先到达国会大厦，而不是协调双方的作战行动。这也解释了彼此的竞争如何影响到朱可夫在柏林做出的决定。战役期间，朱可夫没把自己的意图告知科涅夫，就命令麾下部队穿越对方的前线。这项决定让本已混乱的战术态势雪上加霜，毫无必要地导致柏林城内的红军兵团自相残杀。

朱可夫和科涅夫是完全不同的两个人，但性格类似。他俩都参加过第一次世界大战，俄国内战期间加入红军。苏德战争初期，1941年莫斯科保卫战期间，科涅夫在朱可夫手下任集团军司令员，1942年秋季，朱可夫策划了打击德国中央集团军群的"火星"行动，结果大败亏输，科涅夫作为方面军司令员参加了战役。战争初期两人的关系如何不得而知，但科涅夫显然对朱可夫在战场上的指挥、执行风格越来越反感。朱可夫可以说是个冷酷无情的指挥员，他了解战争的技术方面，但他的作战手段远谈不上巧妙，而是直截了当。他进取心很强，漠视生命，尤其对自己部下的性命漠不关心。精通苏联军事史的著名历史学家戴维·格兰茨，在朱可夫回忆录英译版的序言里写道：

评价朱可夫漫长而又辉煌的职业生涯，会发现他有几个不同的特点。首先，他具有钢铁般的意志，是个处事不惊的人，这让他在进攻和防御期间都很顽强，对自己和下属毫不留情。近期披露的档案只是强化了哈里森·索尔兹伯里的评判："朱可夫指挥的每一场战役，从来不吝惜人命。他认为只有付出大量牺牲才能实现军事目标。"[25]

朱可夫并非战无不胜的军神[26]。1942年秋季，他在斯大林格勒发动代号"天王星"行动的反攻前，策划并实施了"火星"行动，对盘踞在莫斯科前方的德国中央集团军群施以打击。这场攻势大败亏输，仍在恢复的苏联红军遭受了难以承受的严重损失。红军用了差不多两年时间才恢复实力，对莫斯科当面之敌再次发起大规模攻势。

朱可夫在"火星"行动中的决策，暴露出他指挥方面的许多缺点，这些缺点在柏林进攻战役期间再次展露无遗。归根结底，朱可夫策划、指挥的"火星"行动以失败告终，很大程度上因为他总是低估德国军队，总是过于乐观地评估自己的作战计划，面对不利的局面，总是要求麾下指战员付出更大的牺牲[27]。格兰茨写道："'火星'行动开始后，朱可夫满脑子想的是赢得胜利，再加上他生性固执（略带对华西列夫斯基的嫉妒），所以没有依据当前情况明智地缩小战役目标和期望，相反……他命令麾下指战员怀着更大的决心继续战斗。"[28]更大的决心往往意味着麾下部队要付出惨重的牺牲。

苏德战争头三年，科涅夫在朱可夫手下任职。朱可夫的许多重要特点，也出现在科涅夫身上。科涅夫在战役中积极进取，对下属脾气很大，这些特点很快让他出了名，也引来同袍的嫉妒。但科涅夫的战役策划和执行跟朱可夫不同，他表现得细致缜密，从来不像朱可夫那样低估敌人、高估自己的能力。两人最显著的区别，可能是科涅夫在战役中展现出的灵活性。朱可夫专注于如何

1942年斯大林格勒战役期间，近卫第8集团军司令员V.I崔可夫将军（左二）和他的参谋人员。斯大林格勒历时6个月的巷战更像第一次世界大战的堑壕战，与红军对柏林的快速机械化突击截然不同。相比之下，斯大林格勒是个中等规模、相对二维的工业城市，而柏林是欧洲大陆最大的城市综合体，不仅有现代化地铁，还有许多不得不跨越的水道。崔可夫亲身经历过斯大林格勒保卫战，但几乎没有什么经验教训可供他在柏林战役期间借鉴，与白俄罗斯第1方面军在柏林城内作战的其他集团军相比，近卫第8集团军的损失高出26%。

使用军事力量，科涅夫却对战役法情有独钟，大概是他喜爱军事历史的缘故[29]。这种区别很有意思，因为科涅夫职业生涯初期是政治委员，而不是朱可夫那样的职业军官。

两位方面军司令员之间的竞争不是什么新鲜事，早在几个月前的维斯瓦河—奥得河战略进攻战役期间就发生过。朱可夫指挥白俄罗斯第1方面军沿主要突击方向推进，科涅夫的乌克兰第1方面军位于他左翼。按照计划，科涅夫1月12日发动进攻，朱可夫会在两天后的1月14日展开突击。这种安排破坏了他们的整体协同。两个方面军向西突击期间，两人都没跟对方协调各自的行动，而是全力向西推进。夹在红军两个方面军之间的大批德军部队，统归内林集群和"大德意志"装甲军指挥。朱可夫和科涅夫没有协调麾下部队，封闭德军作战兵团的西撤路线，致使这批德军作战力量后来给科涅夫造成很大的麻烦。这股德军沿尼斯河下游重组整顿，在科涅夫进攻柏林期间展现出强大的战斗力，最终击败波兰人民军第2集团军。这件事促使斯大林命令科涅夫的军队离开柏林开往南面[30]。

朱可夫和科涅夫离开莫斯科返回各自的司令部，跟麾下指挥员最终确定他们的作战计划。两个方面军只有12天时间为战争期间红军第四大进攻战役做好准备。柏林战略进攻战役的目的，是抢在西方盟军之前攻克德国首都，5月1日前作为献礼交给斯大林。参与进攻的红军各兵团，从事有效准备的时间少得可怜，因为再过8天就要实施战斗侦察了。前线指战员忙得不可开交，崔可夫直到战后还指出："从眼下的军事政治局势看，我们必须在尽可能短的时间内完成战略任务。"[31]他继续说道："为进攻战役从事准备期间，我们觉得有点仓促，也低估了敌人的实力。战役开始阶段和后续执行过程中，两个问题都暴露出来。"[32]

朱可夫离开莫斯科返回司令部，4月5日前后把白俄罗斯第1方面军辖内的集团军司令员、军长、独立骑兵和坦克兵团指挥员召到兰茨贝格某所学校开会。会议室里摆满空中侦察航拍照片和地图，以及司令部人员耗时两天制作的柏林市区大型模型[33]。朱可夫以引人注目的方式，向麾下指挥员介绍了他们的任务：

同志们，我先前在最高统帅「斯大林」那里。鉴于眼下的情况，我觉得有必要把你们紧急召到这里。我们先前建议，柏林进攻战役应该晚些时候发起……时间表现在变了！

某些小盟友「讽刺性说法」对我们施压，提出些不太像"盟友"的要求「指的是雅尔塔会议」。

艾森豪威尔4月份打算围歼盘踞在鲁尔区的敌军，而后攻往莱比锡—德累斯顿，"顺路"拿下柏林。这些行动看上去是帮助红军，但大本营很清楚，艾森豪威尔的主要目标是抢在苏联红军到达前攻占柏林。大本营还获悉，盟军2个空降师正在抓紧准备，打算空降柏林「指的是"护身符"行动」。

德国人显然乐见其成，他们在各个市中心顽强抵御我方军队，而在西面，盟军打个电话，他们就拱手交出城镇。[34]

朱可夫告诫会议室里的指挥员，尽管柏林城就在70公里外，但面对德军的殊死抵抗，这场战役可能会非常艰巨。他提醒众人，这段距离还不及1月份维斯瓦河—奥得河进攻战役期间，他的军队一天内前进的路程。朱可夫积极进取的作战计划规定，坦克部队平均前进速度是每天35—37公里，步兵兵团是每天11—14公里[35]。他和麾下指挥员在地图上重新研究了三条已探明的德军主要防线，随后夸张地掀开盖在柏林市区大型模型上的防水布，模型上布满工程兵部队制作的三维建筑，中央是一座座带有编号的建筑，代表政府区[36]。他指指编号105的建筑，提高嗓门加重了语气："这里就是国会大厦，谁会率先到达？……谁会第一个升起胜利的旗帜呢？"[37]国会大厦是主要目标。至于苏联人为何把重点置于国会大厦，没有相关记录，但他们1943年赢得库尔斯克战役后，柏林国会大厦就成为他们的最终目标。可以肯定，国会大厦神秘地成为红军的主要目标，与1933年的国会纵火案有关，刚刚上台的希特勒和纳粹党利用那起事件彻底掌握了政权。朱可夫的部下现在喊出"攻往国会大厦！"的战斗呼号，接下来两天，朱可夫和下属指挥员全力以赴，为此次进攻展开兵棋推演。任务简报会结束时，他透露了柏林进攻战役的开始日期，4月16日，会议室里每个人都热烈鼓掌。

白俄罗斯第1方面军的作战日志概述了参谋人员继续策划进攻战役的情况：

4月5日—7日，苏联元帅、白俄罗斯第1方面军司令员朱可夫，领导各集团军司令员在方面军司令部的地图上进行了单方兵棋推演。参加兵棋推演的是各集团军司令员、军事委员、炮兵司令员、各步兵军军长、各独立坦克和骑兵军军长。他们针对即将发起的进攻战役的具体情况进行了这场兵棋推演（参见Delo 0056, Volume 1）。

4月8日—14日，各军各师的参谋人员也进行了指挥和参谋图上演习，各炮兵和坦克旅、团参谋人员，以及航空兵团司令部代表参与其中。这些演习核查了各指挥部协调配合、完成战役的准备程度。

针对种种问题的培训，重点置于训练指挥员和参谋人员在大型城市内从事进攻战。

方面军司令部根据白俄罗斯第1方面军辖内部队在波兹南、施奈德米尔、德意志克罗讷、阿恩斯瓦尔德、屈斯特林战役中累积的普遍战斗经验，下达了针对在德国大型城市组织和实施进攻战役、进攻人口稠密地区时实施侦察的指令，还给突击支队和突击集群的指挥员编了本手册，这些指令和手册都下发给部队。

根据以往夺取人口稠密地区各场战役的经验，各集团军司令部编写了文字说明和战斗范例下发给部队。战役准备期间，各兵团、部队、分队指挥员认真研究了这些材料。[38]

进攻开始前，红军各师师部只有一周时间熟悉情况，拟制给各旅各团的命令。

基于麾下军队的地理位置，朱可夫和科涅夫面临截然不同的战术、战役环境。他们解决问题的办法也不一样。从目前可用的登陆场看，朱可夫面对一片狭窄的作战地域，奥得河春汛泛滥，可供他机动的地域严重受限。从地理上说，朱可夫需要克服一个重要的问题。奥得河两岸都是沼泽地，河面原本宽200—300米，由于春汛，现在的宽度近

突击第5集团军司令员，日后担任柏林警备司令的N.E. 别尔扎林上将。该集团军直接攻入柏林东部，渡过兰德韦尔运河突入柏林市中心，速度比朱可夫麾下任何一个集团军都快。

380米。朱可夫的工程兵架设了20座桥梁,空军上将罗伯特·冯·格赖姆骑士指挥德国第6航空队,不断打击这些桥梁。红军工程兵在泛滥的奥得河上架设桥梁,展现出高超的技能,尽管德国第6航空队发起猛烈攻击,每天出动的战斗架次超过1000架,但红军工程兵还是保障了大部分渡场[39]。奥得河西岸是一片平坦的沼泽地,绵延10—15公里,直到塞洛高地脚下。一条条运河和小河在这片被称为Oderbruch(奥得河沼泽地)的沼泽地纵横交错。整片开阔地散布着一个个小村庄,除此之外,平坦的地面上没有任何值得一提的植被和林木。塞洛高地某些地方的海拔超过60米,只有几条改善过的道路沿陡峭的山坡蜿蜒通往山脊顶部。由于地势陡峭,塞洛高地大部分地方无法供坦克通行。越过塞洛高地就是茂密的松林,一条条狭窄的小径穿过丘陵和湖泊区,一路通往柏林。只有一条改善过的主要道路从奥得河直接通向柏林,就是帝国铁路1号线。在俄国人看来,复杂的地形不是什么新鲜事。

朱可夫的军队前两个月一直沿奥得河西岸战斗,竭力扩大基尼茨和格尔利茨登陆场,还顺利攻占该地区海拔最高的赖特韦恩山嘴。包括"明歇贝格"装甲师、党卫队第502重型装甲营在内的几个德军兵团,3月份越过开阔地发起反突击,企图解救屈斯特林,红军一直面临如何以坦克跨过奥得河沼泽地发起突击的问题,这场交战让他们获得直接经验。德军的进攻告诉俄国人,穿越开阔的沼泽地带非常困难,尤其是夜间[40]。但苏联战时文件里,没有证据表明奥得河沼泽地的复杂地形给红军的策划工作造成任何影响。

俄国人认为,德军企图沿塞洛高地实施防御,就像当年1月维斯瓦河—奥得河进攻战役期间他们守卫波兰那样。红军战役规划人员估计,对方会固守红军战线正对面的防御阵地,不会实施任何战术再部署。他们乐观地认为,德军濒临战败边缘,己方的压倒性火力能轻而易举地粉碎一切负隅顽抗之敌。朱可夫的战役规划图上标出德军三道防御地带,但他麾下的指挥员对此毫不在意。红军的情报工作通常都很可靠,可随着战线深入德国境内,情报部门能为作战部队提供的帮助微乎其微。他们派特工潜入德军防线后方,打探敌军动向,但这些行动不太顺利,大部分特工被德国安保部队抓获[41]。据红军几位高级指挥员称,战役规划人员掌握的德军作战情报寥寥无几[42]。

方面军司令部情报处处长特鲁索夫少将,向朱可夫司令部呈交了第115号最终敌情评估,有效期到4月15日午夜。报告里概述了已探明的敌兵团、对方沿前线实施的总体编组、敌预备队的位置。这份报告没提到几道防御地带,也没有就德军有可能采取的行动提醒司令部,更没对敌兵团的战斗力做出任何评判。特鲁索夫确实准确识别出德军沿前线部署的几乎所有作战师,可他漏了第18装甲掷弹兵师,该师在柏林保卫战中发挥了重要作用[43]。值得注意的是,红军战役规划人员显然没有发现,海因里齐出任维斯瓦集团军群司令有什么高明之处。实际上,白俄罗斯第1方面军的战时文件,似乎从没提到过海因里齐。他们没把海因里齐与他昔日以弹性防御对付红军预先炮火准备的能力联系起来。

俄国人确实投入大批德国人从事秘密和直接行动,协助红军获取情报,误导德国军队,甚至直接参与进攻。德国最高统帅部把这些德国军人称为"赛德利茨部队",以斯大林格勒被俘的炮兵上将瓦尔特·冯·赛德利茨–库尔茨

1944年5月,L. 尼基塔·赫鲁晓夫(中)和雷巴尔科将军(中,右后)在塔尔诺波尔附近某个村庄为红军战士颁发勋章。雷巴尔科是位能力出众的坦克兵指挥员,率领乌克兰第1方面军辖内近卫坦克第3集团军从南面攻入柏林。要不是最高统帅部大本营命令该集团军停止前进,他们说不定能抢在朱可夫之前到达国会大厦。近卫坦克第3集团军攻往北面,本身就是坦克力量发展胜利的壮举。

巴赫的名字命名。许多德国人跟俄国人合作，赛德利茨是他们当中的重要人物，很快当上德国军官联盟负责人，还是自由德国全国委员会的重要成员。该组织及其成员的来龙去脉不详，但已知的情况是，可能有数千名在东线被俘的德国官兵加入该组织，对付仍在德国国防军服役的袍泽。随着战火烧到德国境内，俄国人派来许多支持共产主义的反纳粹军人，让他们对付自己的同胞。某些情况下，他们确实在战术层面起到重要作用。这些人出现在战场上，积极采取行动，误导德军兵团，迫使OKH给维斯瓦集团军群下达命令，必须对出现在作战地域内，身份不明或未经授权的德国士兵、军官、将领采取强有力的措施[44]。红军无法克服的另一个关键弱点是，德国人通过塞洛高地上的直接观察或空中侦察，几乎把奥得河沼泽地内的红军动向尽收眼底。

朱可夫的战役计划要求3个步兵集团军粉碎德军沿奥得河部署的防御，再以跟进的2个坦克集团军冲向柏林。突击第3、突击第5、近卫第8集团军部署在主要突击方向上。崔可夫近卫第8集团军受领的任务，是在战役首日结束前拿下塞洛高地。3个集团军必须在德军防线上打开突破口，好让近卫坦克第1、第2集团军发展胜利。方面军司令部估计，几个步兵集团军能在战役第6日前出到柏林西面的哈弗尔湖区和加托区。第47集团军投入进攻后，绕过柏林朝西北方攻往瑙恩—拉特诺一线，战役第11日前出到易北河畔的申豪森。朱可夫右翼，第61集团军和波兰人民军第1集团军先向北进击，而后转向柏林西面，穿过利本瓦尔德，战役第11日前出到易北河。方面军左翼，第69、第33集团军奉命攻往波茨坦和勃兰登堡，而后转身向北进入柏林郊区。第3集团军担任方面军预备队，沿主要突击方向部署[45]。

总的说来，朱可夫的作战计划要求麾下兵团4月16日日终前攻克塞洛高地，4月21日前突击并攻克柏林，4月27日到达易北河，完成整个战役[46]。朱可夫的作战参谋人员可能觉察到己方部队面临的困难，故而把整场战役分为三个阶段，他们觉得这样能彻底瓦解海因里齐作战部队的士气。但作战计划规定的进攻速度暴露出他们不切实际的乐观情绪。白俄罗斯第1方面军的战时日志称："柏林进攻战役的战斗任务纵深是160—170公里，平均每日进攻速度如下：步兵16公里，机动兵团35公里。"[47]但红军没能实现这些每日进攻速度。

朱可夫计划在4月16日拂晓前两小时发起突击。8900多门火炮先实施10分钟炮兵进攻,接下来是10分钟炮兵连火力,最后施以第二轮10分钟炮兵进攻。30分钟初期弹幕射击结束后,步兵和提供支援的坦克兵团按计划推进,跨过奥得河沼泽地攻往塞洛高地,延伸2000米的双层徐进弹幕和延伸4000米的单层徐进弹幕提供炮火护送。崔可夫近卫第8集团军的任务是直接冲击塞洛高地,为支援该集团军,双层徐进弹幕射击结束后,炮兵会在步兵发起突击时以密集的炮火打击塞洛高地[48]。红军炮兵面临的关键问题,是他们在黑暗中开炮射击,很容易误击靠前部署的己方兵团。

朱可夫和参谋人员想出个新颖的办法,他们认为这个办法能解决为己方指战员照亮战场的问题,同时惊吓在预先炮火准备中存活下来的德国人。他们决定以143部防空探照灯照亮奥得河沼泽地。每部探照灯间隔150—200码,距离德军阵地400—500码左右。强烈的探照灯光束扫过红军部队前方地面,不仅能照亮敌军防御阵地,还会把德军官兵照得眼花[49]。待战役首日夺得塞洛高地,方面军辖内2个坦克集团军不会向北绕过柏林发起联合进攻,而是分散开来,对柏林实施大范围包围,近卫坦克第2集团军迂回到北面,近卫坦克第1集团军绕到南面。这些军团的目标是在柏林城内的夏洛滕堡区会合[50]。斯大林直接批准了变更的作战计划。

波兰第1集团军司令斯坦尼斯瓦夫·波普瓦夫斯基上将军。近卫坦克第2集团军各战斗营损失惨重,战斗力严重下降,朱可夫命令波兰第1集团军进入柏林,支援近卫坦克第2集团军穿过柏林北部地区的突击。

S.I.鲁坚科空军中将指挥空军第16集团军,为地面进攻提供直接支援,该集团军的3188架战机和空军第18集团军的800架轰炸机,战役伊始就大力支援红军的突击。朱可夫要求把他麾下的航空兵力量部署为3个强击航空兵军和1个强击航空兵师。航空兵作战指挥权,初期突击期间交给步兵,突破期间交给坦克兵。从战役开始到战役首日19点50分,空军第16集团军计划对德军阵地实施毫不间断的打击[51]。空军前进控制员直接加入各步兵、坦克集团军司令部,以便更紧密地实施地空协同。

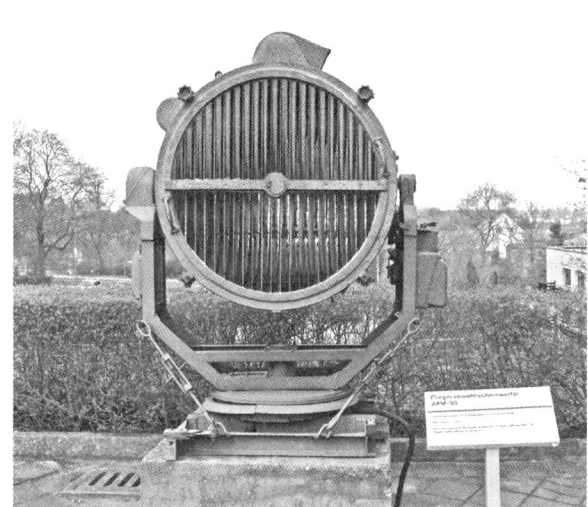

朱可夫固定或流动部署的探照灯之一,红军初期炮火准备期间和之后,这些探照灯的光束扫向德军阵地。事实证明,探照灯反而成为妨碍红军前进的严重障碍,因为初期炮火准备激起巨大的尘埃云和硝烟,强大的探照灯光束反射到前进中的红军指战员眼中。

朱可夫以惊人的密度部署了火炮、装甲战车、战斗兵力。他打算从屈斯特林登陆场发起主要突击,故而把麾下79个步兵师中的41个部署在登陆场内,奥得河东岸还有4个步兵师,一旦发展突击,他们就向前攻击。位于这些步兵师身后的是近卫坦克第1、第2集团军辖内各坦克旅。虽说集中了大批步兵、坦克、火炮、战机,但朱可夫的作战计划只对头24小时做出详细规定[52]。朱可夫和作战参谋人员显然认为,他们对付的是已然战败的敌人,对方根本无法招架红军如此猛烈的火力。他估计战役首日就能彻底击败德军,一举打开通往柏林的道路。朱可夫觉得根本没必要详细策划、紧密协调后几日的作战行动。

朱可夫北面,白俄罗斯第2方面军准备为他的主要突击提供支援。罗科索夫斯基必须渡过作战地域内奥得河两条支流发动进攻,这些河流又宽又浅,无法使用突击舟,因为突击舟会在河滩上搁浅。按照计划时间表,白俄罗斯第2方面军4月18日投入进攻,罗科索夫斯基决定以3个主力集团军沿宽大正面遂行突击。第49、第65、第70集团军沿50公里宽的正面展开行动,3个坦克军、1个机械化军、1个骑兵军提供支援。无论在何处达成突破,那里就是方面军的主要突击方向。罗科索夫斯基的任务是歼灭德国第3装甲集团军,掩护朱可夫翼侧,而后前出到易北河,不得迟于主要突击第15天,也就是5月1日[53]。

科涅夫为乌克兰第1方面军制订的战役计划，跟朱可夫的作战方案截然不同。与朱可夫的情况不同，科涅夫麾下3个步兵集团军、2个坦克集团军在尼斯河西岸没有占据登陆场。另外，施普雷河就在尼斯河35公里外。科涅夫能否赢得胜利，取决于快速而又复杂的机动。他的军队必须冒着敌军火力强渡河流，而后在西岸迅速突破敌人预先构设的防御阵地。待突破德军阵地，科涅夫的军队还得奔向施普雷河，再次快速强渡河流，阻止后撤之敌在对岸加强防御。

科涅夫决心以7733门各种口径的火炮，天亮后实施190分钟炮火准备。首轮炮兵进攻持续1小时，直接打击德军沿尼斯河构设的防御阵地，而后施放45分钟烟幕，地面部队随即强渡河流。第三轮炮火准备持续45分钟，打击尼斯河与施普雷河之间的德军防御阵地[54]。科涅夫的炮火准备方案很详尽，还亲自检查了各个细节[55]。

这份突击计划让人叹为观止，大本营调拨了485个战斗工兵营，在准备和实际强渡尼斯河期间协助乌克兰第1方面军。科涅夫的战役方案不像朱可夫的计划那么简单。一旦在西岸设立渡场，工兵就奉命在尼斯河上架设浮桥，构设渡口，好让近卫坦克第3、第4集团军的坦克渡过尼斯河[56]。

乌克兰第1方面军指战员从大本营下发的训令得知，他们的作战任务有可能包括朝柏林发起突击。科涅夫也知道，斯大林提出过，万一朱可夫朝柏林的突击受阻，自己可以组织坦克力量向北发动进攻。科涅夫不打算等这种情况发生，再姗姗来迟地下达转向北面的新命令。他制定方案，命令近卫坦克第3集团军渡过施普雷河后，立即转身向北攻往柏林，近卫第3集团军提供步兵支援[57]。科涅夫把他的炮兵力量编入一个个实力强大的团级编组，直接分配给机动部队。机械化军和坦克军军长全面掌控作战地域内的炮火支援[58]。科涅夫后来得以顺利实施转向西北方的复杂机动，主要归功于他提前制订的计划。跟北面的竞争对手不同，科涅夫没有低估敌人，拟制了一份远远超过头24小时的作战方案。

柏林战略进攻战役是一场令人叹为观止的军事行动。三个方面军集中了41,600门火炮和迫击炮、6300辆坦克和自行火炮、8400架战机。就连苏联官方史也承认，为这般规模的进攻战役分配的准备时间很不充分[59]。进攻柏林的策划工作既仓促又不完整。朱可夫和科涅夫只有不到两周时间策划、准备整个战役。鉴于苏联眼下与西方盟国的军事、政治形势，两位方面军司令员发动柏林进攻战役时承受的压力非常大。

战役和战术准备

红军各军兵团没获得充分的准备时间，对柏林发起协同一致的进攻。大多数集团军4月12日才收到书面命令，突击第3集团军的情况就是这样[60]。待他们接到命令，再过48小时就要实施战斗侦察了。突击第3集团军受领的任务是突破奥得河西岸的德军防线，向西攻击前进，突击柏林，夺取哈弗尔河西岸的施潘道—克拉多地区，还要同右翼第47集团军、左翼突击第5集团军保持紧密联系。为实现作战目的，突击第3集团军司令部决心在奥得河西岸登陆场6公里地段达成突破，作战纵深10公里。集团军辖内两个步兵军（步兵第79军、近卫步兵第12军）的任务是遂行初期突击，第三个军（步兵第7军）担任预备队，直到前两个军前出到柏林郊区。突击第3集团军只有4天时间准备这一切！

红军情报部门判断，突击第3集团军当面之敌只有12,700名官兵，配备59挺机枪、80门迫击炮、207门火炮、40辆坦克和突击炮。他们相信德国人把大部分兵力部署在突击第3集团军正对面第一防御阵地上。为对付这股预判之敌，突击第3集团军投入12,000名士兵、150辆坦克和自行火炮、450门火炮和迫击炮。红军情报部门高估了当面之敌的兵力，还错误地认为大部分守军位于第一防御阵地。这种情况说明他们根本不清楚对方的兵力、能力和企图。

突击第3集团军提供了绝佳的视角，让我们得以了解红军为进攻柏林采取的准备措施，突出了几个重要的组织问题。大本营3月中旬下令，为前线部队制订新的规划和训练计划，重点置于"进攻作战和确保渡过大型河流"[61]。这场训练持续到4月6日，突击第3集团军随后奉命渡过奥得河，部署在屈斯特林登陆场内。待他们渡河后进入新地域，训练重点改为突破敌筑垒阵地、在大型城市地区战斗。

训练期间暴露出两个重要问题。第一个问题是他们根本没办法在城市作战的战术方面指导红军指战员，因为登陆场内没有训练环境，无法复制进攻柏林提出的诸多战役和战术问题。历史学家经常引用崔可夫的回忆录，讨论红军为即将到来的进攻做的准备工作，因为他强调自己为部下提供了一本城市训练手册,可能是以他在斯大林格勒的亲身经历编写的[62]。这本手册没给红军指战员帮上什么忙,因为从城市规模和地形复杂度方面看,斯大林格勒无法与柏林相提并论。战役即将发起,随之而来的战斗肯定激烈而又混乱,红军确实没办法为此做好准备。第二个问题是,红军各独立坦克兵团与步兵兵团之间,缺乏战前训练或合同演练。红军每个坦克旅都有自己的冲锋枪连,这些冲锋枪手广为流传的称谓是"坦克搭载兵"。苏联的军事学说要求,一旦达成突破,坦克部队就得独立行动,所以各坦克部队都编有自己的合成步兵连。换言之,按照苏联的军事学说,坦克部队不需要跟独立步兵兵团协同演练。从理论上说,一旦取得突破,坦克部队就得冲在步兵前方,靠合成冲锋枪连及时支援坦克。但随后发起的战役中,红军坦克团、坦克旅发现他们跟步兵团、步兵师并肩战斗,由于缺乏合作训练,双方根本无法展开卓有成效的协同作战。

兵力缺员

红军1945年经历了一场兵力危机,直接影响到他们的军事行动。近期的交战造成严重损失后,他们把重点置于红军指挥员团队的重建工作,尤其是下级指挥员[63]。红军作战兵团各个层级的损失都很大,再也无法达到编制兵力水平。1943年7月的库尔斯克战役期间,红军一个加强步兵师的兵力通常为8000人,而到1945年4月,近期参加过重大进攻战役的近卫步兵师,兵力能有6000人就算不错了[64]。红军正规师1945年的平均兵力下降到3600人或更少,这种情况司空见惯[65]。苏联红军的军事条令规定,步兵连的进攻正面宽度高达350米。1944年,整个步兵师沿2500米宽的正面遂行冲击,个别连队的进攻正面不到100米。而到1944年末,许多步兵连的兵力跟1942年的满编步兵排差不多[66]。

苏联最高统帅部大本营想以加强火力的方式弥补步兵兵力的短缺。他们强调,步兵师兵力下降的话,先从师属步兵团抽调人手,然后再从支援武器营或连抽调士兵。即便从支援武器部队或分队抽调人手,也得采用每门火炮抽调一名炮组人员的方式,不得裁撤整个武器系统[67]。例如步兵第126师步兵第550团第2营,为4月16日的进攻组建了两支突击队。每支突击队以一个实力不足、只有2个步兵排的步兵连组成。但为该连2个步兵排提供支援的是1个重武

柏林进攻战役开始前,红军一个步兵班沿奥得河某处训练。最近处的红军战士戴着"沙普卡"冬帽,身着"捷洛格里卡"絮棉冬装,以此抵御春寒。他配备制式莫辛-纳甘M1944式步枪,刺刀折叠在枪管右侧。他背着个褡裢,看上去带着一具望远镜,可能是德国货。照片中间和远处的战士穿着M1943式冬季大衣,班长和远处的士兵配备波波沙41式冲锋枪。注意远处的战士还带着一具德制"铁拳"。到1945年春季,红军正规部队的步兵班,武器和装备都优于德国人。

器连、战斗工兵第175营2个排、独立喷火器第266连2个排、2门280毫米攻城炮、2辆ISU-122自行火炮[68]。火力确实很强大!他们的德国对手没有这种可供夸耀的火力支援!

战争末期,红军近卫兵团与普通兵团差异不大。1942年和1943年初,就连最基本的军事任务也交给近卫部队,例如从一处开往另一处,不能因为交通堵塞或迷路陷在后方地带[69]。进入1943年,红军组建近卫团的数量急剧下降,原因是90万新军官、士官、士兵离开各种训练营和学校,填补苏联武装力量耗尽实力的各支部队,这种做法让红军各兵团在一定程度上实现了一致性。到1944年,红军近卫兵团与普通兵团的战斗力相差不大,有些普通兵团甚至比近卫兵团优先获得重武器[70]。

红军新调来的援兵开赴前线,准备投入4月16日的进攻战役,非战斗行政勤务停止前进期间,ISU-152车组匆匆伪装他们的自行火炮。照片里能看到各种非战斗车辆,包括左侧两辆吉斯-5卡车、几辆美国租借法案提供的斯蒂贝克卡车和一辆美制吉普。西方盟国的租借法案让苏联红军在战争最后一年实现摩托化,大幅度提高了他们的机动性,起到的作用远比历史学家的共识更大。

红军T-34/85坦克穿越柏林接近地的沼泽。注意坦克炮塔上的白色三角,这是与西方盟军协商后添加的,好让对方识别战场上的红军坦克。如正文所述,只有在柏林城内及周边作战的红军坦克涂有这种识别标志。

思想教育

红军指挥员最关心的,是如何解决部队日益加剧的士气问题。红军士气下降是三个重要因素造成的:他们在中欧见到的生活水准;大规模强奸德国和非德国妇女;经历了持续四年的战争,眼下面临严重的兵力短缺[71]。前两个问题是环境造成的,部队目前部署在几座登陆场内,应该能得到控制。第三个问题有点难,得靠政委来解决。

新来的补充兵迅速融入各部队,对形成牢固的军人纽带,打造深具凝聚力的作战部队至关重要。许多新兵民族各异,来自苏联中部和东部地区。苏联还着手动员在德国领土和乌克兰、白俄罗斯、摩尔达维亚西部地区获得解放的俄罗斯人,这些地区战前抱有强烈的反俄情绪。许多补充兵从未受过军事或游击训练,突击第3集团军获得的3460名补充兵也是如此[72]。要把这些新兵迅速打造成能执行作战任务的部队,唯一的办法是集中力量加强思想教育,给他们灌输军事集体荣誉感[73]。苏联官方史指出:"因此,有必要帮助全体指战员适应新环境,让他们认清资本主义外表的鲜亮,资产阶级生活方式内在的腐朽性,再次激发他们对我们伟大祖国的自豪感。"[74]各部队每晚举办宣传讲座,主题通常是"红军的胜利,苏维埃社会的胜利""共产党:苏联人民赢得卫国战争的组织者"[75]。各种发言讲话把政治、军事主题糅合起来,例如"党的政治工作确保了自行炮兵车组人员与步兵紧密协同""团党支部为执行军事指令做的工作"[76]。士气固然有所提高,但无法弥补兵力的总体短缺,也改变不了新兵缺乏训练的现状。

乌克兰第1方面军官方史的统计数据,揭示出他们是如何组织思想教育的。柏林进攻战役开始前一个月,方面军沿整条前线成立了1000个新的党组织。每个营有30—50名共产党员,每个连有8—20名党员。成立这些组织的目的是加强政治教育,吸收新成员。进攻前夕,乌克兰第1方面军有7339个基层党组织和12,139个连队党支部,另外还有6321个共青团基层组织和10,900个连队团支部。共青团组织的具体职责是动员年轻人入团。这个数字反映出部队里青少年的人数。到4月16日,红军三个方面军共计72.3万正式和预备共产党员,43.3万共青团团员[77]。

红军作战部队

我们接下来简要介绍几个参加柏林进攻战役的红军兵团，让读者了解进攻开始前这些兵团的组织和装备情况。红军在柏林赢得胜利，一个普遍存在的因素是西方盟国的租借法案。朱可夫麾下每个坦克集团军，配备的谢尔曼坦克都占坦克总数的三分之一。红军各摩托化步兵师，配备了美国制造的卡车和半履带车。红军飞行员驾驶美国制造的战机，在德国首都上空投入战斗。5月1日战役结束时，红军在国会大厦顶部升起苏联国旗，美国工业力量同样功不可没。

突击第3集团军步兵第150师

该师1943年9月8日在旧鲁萨附近第二次重建，1944年1月加入突击第3集团军，隶属步兵第70军。该师辖步兵第469、第674、第756团，起初的兵力约5000人。到1945年4月，该师的兵力减少到不超过4000人。为遂行柏林战略进攻战役选定的突击步兵师，都获得额外的直接支援，以弥补兵力短缺。以步兵第150师为例，他们配属了以下部队：轻型炮兵第868团（24门76毫米加农炮），反坦克歼击炮兵第1956团（24门76毫米加农炮），近卫轻型炮兵第23旅（72门76毫米加农炮），自行炮兵第1203团（21辆SU-76自行火炮），近卫重型自行炮兵第351团（21辆ISU-152自行火炮）。V.M.沙季洛夫少将指挥的这个师担任先遣力量，奉命强渡奥得河沼泽地，攻入柏林。该师是率先跨过施普雷河上的毛奇桥，攻入政府区的红军部队之一，他们冲击德国内政部，在国会大厦上方升起第5号突击旗。

标准的步兵连编有1个冲锋枪排和2个步枪排。冲锋枪排配备波波沙41、43式冲锋枪，这款武器发射7.62毫米圆头弹，弹鼓容量35发，耐用可靠，近距离内威力强大。步枪排的制式武器是莫辛-纳甘步枪，这款7.62毫米手动步枪，弹仓容量5发，因精准度高深受红军狙击手青睐。红军制式师属火炮和反坦克支援武器是76.2毫米ZIS-3两用加农炮，也是战争期间最具效力的火炮之一。这款火炮发射制式穿甲弹的话，能在1500米距离内轻而易举地穿透德国所有中型坦克（例如黑豹）的侧面装甲[78]。苏联还生产了一系列自行火炮火力平台，包括SU-76、SU-85、SU-100、ISU-122、ISU-152。这些自行火炮的

红军两辆ISU-152自行火炮涉渡河流,可能是奥得河。宽大的履带提供了出色越野机动性,威力强大的152毫米主炮给柏林城内的德军支撑点造成毁灭性打击。

用途,是在突破行动中为突击步兵提供直接火力支援,或编为自行炮兵团,加入机械化军和坦克军执行反坦克任务。参加柏林进攻战役的两款主要武器系统是SU-76和ISU-152。SU-76自行火炮系列使用加长的T-70坦克底盘,装甲较薄,搭载一门制式76.2毫米ZIS-3加农炮,作为步兵支援武器很有效,但德国人配备的几乎所有反坦克武器都能轻而易举地击毁它。ISU-122和ISU-152是重型自行榴弹炮兼坦克杀手,厚重的装甲在中远距离提供了出色的生存力,分别搭载A-19S和152毫米榴弹炮。ISU-122自行火炮身管很长,在城市战斗中难以机动,战斗效力不及ISU-152。

突击第5集团军步兵第266师

首次组建的步兵第266师,1942年哈尔科夫战役期间遭歼灭,那场战役为德军打开了通往斯大林格勒的道路。1942年8月26日,步兵第266师重建,编有步兵第1006、第1008、第1010团,兵力超过10,000人。该师参加了1942年12月的"小土星"攻势,战斗表现出色,立下赫赫战功。1944年10月下旬,该师在波兰为即将发起的维斯瓦河—奥得河战略进攻战役做准备，隶属突击第5集团军近卫步兵第26军。进攻柏林期间，该师先是沿法兰克福大道在重工业区作战，随后遭遇党卫队"安哈尔特"团一个营，为争夺西里西亚快铁站激烈交战，而后在亚历山大广场为争夺警察总局一个个房间展开艰巨的战斗，最后在菩提树下街攻克军械库和国立图书馆，就此结束了征程。

福米琴科少将指挥的步兵第266师，兵力约3000—4000人，额外配属的部队包括通信兵第728营、自行炮兵第360营。维斯瓦河—奥得河进攻战役开始前，该师有80门各种型号的加农炮和榴弹炮、72门82毫米迫击炮、12辆SU-76自行火炮、141支反坦克步枪、374挺机枪。1945年1月的维斯瓦河—奥得河进攻战役期间，该师派30名士兵驾驶18辆美制2.5吨卡车，利用租借法案提供的车辆，步兵第1006团大部分重武器实现了摩托化。这股临时组建的作战力量，协助红军坦克兵团穿过波兰追击溃败之敌。步兵第266师大部分炮兵力量，此时也借助美制M3A1半履带车实现了摩托化。租借法案为苏联红军实现摩托化发挥了重要作用，二战期间，苏联获得1000辆美制M17炮车、3112辆美制M3A1半履带车[79]。

步兵第266师在攻克柏林的战斗中使用了各种轻武器。PTRS-41是红军制式反坦克步枪，使用制式14.5毫米穿甲弹的话，据说能在100米距离内射穿40毫米厚的装甲。红军以这款武器对付各种目标，包括德军固定机枪阵地和迫击炮，甚至用于打击掩体和建筑墙体。红军配备了几款班组机枪，用得最多的是SG-43郭留诺夫导气式中型机枪，发射制式7.62毫米弹，每分钟射速500—700发。

近卫坦克第1集团军近卫机械化第8军

该军1943年10月23日组建，经历了持续近一年的交战后，1944年9月奉大本营的命令转入预备队整补。I.F.德廖莫夫少将指挥的近卫机械化第8军编有以下部队：近卫机械化第19、第20、第21旅，每个旅有41辆T-34/85坦克和3个步兵营；近卫重型坦克第1旅，有65辆T-34/85坦克；近卫重型坦克第48团，有21辆"约瑟夫·斯大林Ⅱ"式坦克；近卫自行炮兵第353、第400团，配备ISU-152和ISU-100自行火炮；迫击炮兵第265团，有36门120毫米迫击炮；近卫高射炮兵第358团，有24门37毫米高射炮；近卫迫击炮兵第405营，有8辆BM-13自行火箭炮；近卫摩托车第8营，编有1个坦克连；最后还有战斗工兵第27营。该军和近卫坦克第1集团军辖内其他兵团一样，冲出奥得河登陆场期间，战车力量损失惨重。进攻柏林期间，近卫机械化第8军在近卫第8集团军作战地带交战，为该集团军提供支援，还参加了争夺滕佩尔霍夫和兰德韦尔运河渡场的战斗。

红军坦克军配备三款制式坦克，分别是T-34/76、T-34/85中型坦克和"约瑟夫·斯大林"或"约瑟夫·斯大林Ⅱ"式重型坦克。T-34/76列装部队时，倾斜装甲是个深具创新性的特点，但到1945年，这款坦克的装甲和武器都已落伍，T-34/85坦克配备的85毫米火炮威力更强大。T-34系列坦克一直存在机械问题，近期对T-34重新做出的评估认为，S-53型85毫米坦克炮，性能不及西方盟军和德国人的76毫米火炮。T-34使用电动炮塔，而德国坦克采用液压传动，对比炮塔旋转性能，德国的黑豹坦克能以2秒之差击败T-34/85。相关研究得出结论，对比T-34/85和T-34/76的使用情况，T-34/85并没比早期型号改进多少。1944年—1945年战场上的T-34/85，为红军坦克兵提供的生存力，还不如1941年的T-34/76坦克[80]。苏联坦克厂没对T-34/76的衍生型号充分加以现代化改造，T-34/85难以匹敌德军的黑豹坦克，更别说战争末期在战场上遭遇的更重型的德国坦克了。易于修理、回收，随后再次投入战斗，成为T-34坦克在战争中的特点。

红军1944年中期列装了"约瑟夫·斯大林Ⅱ"（JS-2）式重型坦克。这款坦克搭载一门122毫米火炮，与同类型坦克相比，改进过的倾斜装甲更厚。JS-2的焊接设计让车体正面装甲达到足以自豪的120毫米，堪称所有德国坦克的强大对手。但JS-2也有缺点，例如弹药储量有限，炮塔旋转速度较慢，弹丸和发射药包分开储备导致射速缓慢。这些坦克编入重型突破坦克团，隶属各坦克军，但也分配给机械化军。机械化军是强大的作战兵团，但苏联红军的机械化军数量较少。机械化军是真正的机械化作战力量，用苏联军事术语来说，他们的合成步兵营实现了摩托化，还配有大批装甲力量。

要组建一个齐装满员的机械化军，红军必须弄到熟练的兵员，这就是机械化军较少的原因。另外，他们的技术装备也存在重大缺陷，例如无线电台供不应求，坦克和机械化兵团根本没有足够的电台可用，这方面有个例子，整个近卫坦克第5集团军只有254部电台，还不如美军一个师[81]。机械化军的运输工具也不足，所有装甲运兵车和50%—75%的机动式高射机枪都是租借法案提供的。没有西方盟国的租借法案，战争后期的红军根本无法实现眼下的机械化水平，许多历史学家经常忽略这个事实。

军是红军的基本作战编组。军级兵团独立使用，目的是完成作战目标，不需要与友邻部队协同。在开阔地从事作战行动，这种做法可能还不错，但在城市环境下，缺乏协同和相互支援的能力让红军付出高昂的代价。要知道，从组织目的看，红军兵团相当于德国国防军次一级的作战兵团。从理论上说，红军一个军相当于德军一个师，红军的师相当于德军的团，红军的旅相当于德军的营。必须在命名法与实际使用方面做出重要区分。红军机械化军可以比作德军装甲掷弹兵师，德军装甲掷弹兵师是摩托化步兵师，而红军机械化军也是摩托化步兵师，但配属坦克兵、炮兵等重要的诸兵种合成力量。

近卫坦克第2集团军"克拉斯诺格勒"机械化第1军

朱可夫麾下有两个坦克集团军，近卫坦克第2集团军是其中之一。"克拉斯诺格勒"机械化第1军1942年末以坦克第27军军部在加里宁方面军预备队组建。该军1943年春季转隶草原方面军，部署在库尔斯克突出部后方。他们参加了攻往哈尔科夫的作战行动，1944年1月转入大本营预备队，1944年6月分配给白俄罗斯第1方面军，参加了"巴格拉季昂"战役。坦克第2集团军在夏季攻势期间表现出色，根据最高统帅部第0376号命令，1944年11月20日授予该集团军"近卫军"称号[82]。完成作战行动后，机械化第1军再次转入预备队，随后分配给近卫坦克第2集团军，作为该集团军辖内兵团，参加了冬季的维斯瓦河—奥得河进攻战役，随后投入波美拉尼亚进攻战役。

表17说明了机械化第1军参加波美拉尼亚进攻战役前和参加柏林进攻战役前的实力。3月16日，该军只剩54辆可用坦克，不得不在接下来30天内重建。这种损失严重削弱了整个近卫坦克第2集团军的战斗力。值得注意的是，机械化第1军作为一股作战力量继续存在，得益于西方盟国的租借法案。该军主要配备美制M4A2坦克，搭载改进过的T23炮塔和76毫米主炮。但运抵苏联的

红军工程兵架设横跨奥得河的浮桥,准备对柏林发起突击。

4102辆M4坦克,有多少交付给机械化第1军,不得而知。

1945年2月消灭施韦特登陆场期间,机械化第1军暂时转隶第47集团军,随后返回近卫坦克第2集团军建制,参加了波美拉尼亚进攻战役。近卫坦克第2集团军自去年12月以来一直在战斗,波美拉尼亚进攻战役打响时,该集团军约82%的坦克发动机已超过正常使用寿命[83]。到目前为止,近卫坦克第2集团军一直用于红军进攻战役的突破期,也就是说,待红军步兵师在德军通常都很薄弱的防御阵地打开通道,该集团军就投入交战。红军在波美拉尼亚面对德军分层防御,没能立即达成突破。这种情况迫使红军首次把坦克集团军提前投入前线,跟几个步兵集团军并肩战斗。另外,他们还遭遇德军在阿尔特达姆登陆场村镇内精心构设的防御阵地。这些情况通常导致坦克力量严重受损。

机械化第1军3月9日返回近卫坦克第2集团军建制,准备对阿尔特达姆登陆场发起最终突击。但德军营级部队开抵克莱博周围,几次发动进攻,迫使机械化第1军朝该镇东南方退却了500米左右。上级命令机械化第1军,次日按照新的进攻计划行事,夺回丢失的地盘,但3月11日的战斗异常艰巨,德军坦克精准的火力让该军付出高昂的代价。"铁拳"和近战导致机械化第1军没能取得进展，随后接到命令，撤回后方整补。

近卫坦克第2集团军辖内各军战斗表现欠佳，3月10日，集团军军事委员会以书面形式严厉申斥辖内部队。部分批评意见如下：只有为首的部分战车投入交战；没有组织炮火护送或支援坦克进攻；排长、连长、营长不知道如何引导他们的坦克和自行火炮炮火，也不知道如何机动；坦克进攻通常只在正面遂行；坦克不会利用自己的主要优势，也就是机动性；遭遇敌军火力，坦克没有寻找新的进攻方向，而是停在原地，任由敌人肆无忌惮地击毁、烧毁己方坦克和自行火炮；预先不实施侦察；整个旅驶入无法通行的地段、地雷场，以

表17：截至1945年3月4日14点，机械化第1军的状况

兵团和部队	型号	编制数	服役或在途中	维修状态			不可归队损失	人员	
				小修	中修	大修		编制数	实际数
机械化第1军									
截至1945年3月4日									
机械化第19旅	M4A2	35	28	—	1	4	2	—	—
机械化第35旅	M4A2	34	26	—	—	8	—	—	—
机械化第37旅	M4A2	33	24	1	2	3	3	—	—
坦克第219旅	M4A2	49	36	—	5	8	—	—	—
自行炮兵第75团	SU-76	13	11	—	—	2	—	—	—
自行炮兵第1822团	SU-85	17	14	—	1	2	—	—	—
重型自行炮兵第347团	ISU-122	20	15	—	3	2	—	—	—
合计		201	154	1	12	29	5	—	—
截至1945年4月10日									
机械化第19旅	M4A2	35	5	30	—	—	—	3592	2778
机械化第35旅	M4A2	35	19	13	—	—	—	3592	2006
机械化第37旅	M4A2	35	6	27	—	—	—	3592	1889
坦克第219旅	M4A2	65	33	30	2	—	—	1362	883
摩托车第57团	M4A2	10	—	—	—	—	—	—	—
自行炮兵第75团	SU-76	21	14	—	—	—	—	225	208
自行炮兵第1822团	SU-85	21	6	—	—	—	—	318	228
重型自行炮兵第347团	ISU-122	21	—	21	—	—	—	420	299
迫击炮第294团	—	—	—	—	—	—	—	596	531
近卫迫击炮兵第41团	M-13	—	—	—	—	—	—	203	194
高射炮兵第1382团	—	—	—	—	—	—	—	397	368
合计		246	86	121	2	4	213	16,160	11,856

及配备"铁拳"的敌步兵和敌反坦克炮兵连构设的伏击圈；战斗指挥控制"组织得马马虎虎"；军长和旅长不知道自己在战斗队形中的位置，从看不到战场的建筑物内指挥战斗[84]。机械化第1军和整个近卫坦克第2集团军不得不撤回后方，设法在一周内恢复实力。大规模进攻战役开始前，在这么短时间内训练、整合新来的补充兵，显然无法提高部队整体战斗力，进攻战役中的情况证明了这一点。

近卫坦克第2集团军提出的批评意见表明，他们预计会在即将到来的柏林进攻战役中遭遇复杂的战术局面。首先，阿尔特达姆的巷战导致坦克无法有效机动：

> 面对我方突击部队，敌人实施了异常顽强的抵抗，尤其是在建筑区。一个个城镇遍布砖石建筑，很适合遂行旷日持久的巷战。有些例子表明，敌人把火炮部署在建筑二楼和三楼，以直瞄火力打击各条街道和各座广场。[85]

其次，集团军没有按照传统方式使用坦克：

> 这个阶段的战斗中，集团军的战车主要作为步兵支援坦克使用。近期遂行的交战，最大的困难是地形不合适，道路通行性很差，坦克兵团无法充分发挥机动性，也无法展开成战斗队形，也就无从利用坦克兵团的整体火力了。[86]

近卫坦克第2集团军提出的几点意见，预示了即将面临的困难：

1. 在雷茨地区投入突破，是在步兵渗透深度不足以投入坦克兵团实施突破的情况下遂行的。因此，坦克兵团不得不杀开血路，穿过敌军防御。
2. 春季条件下遂行作战行动，极大地减缓了进攻速度。坦克纵队交通堵塞；寻找替代路线，这些路线经常与纵深迂回路线相连，还进入友邻集团军作战地带；坦克丧失突击势头，尤其是在树林和建筑区内；这些都是第一阶段交战的特征细节。
3. 指挥部下达了作战任务，而执行任务的兵团，兵力和技术装备只有编制力量的50%—60%。坦克投入交战期间，步兵兵力太少的窘况暴露无遗，尤其是在树林和城镇内。尽管坦克部队充分掌控了树林内和人口稠密区的战斗，但身旁没有步兵，不免有些犹豫，这种情况再次妨碍了前进速度。[87]

除了大量使用"铁拳"，德国人眼下还给红军造成另一个战术难题：他们改进了坦克的光学设备。几名红军指挥员发现并强调指出，德军一辆坦克歼击车在3000米距离取得四发三中的战果。还有个例子，红军一辆JS-2坦克在2500米距离被炮弹直接命中三次。这些情况有力地证明，党卫队第503重型装甲营几个虎王坦克车组的说法准确无误，他们声称在敌人突破阶段击毁对方数百辆坦克[88]。

德国人认为红军坦克兵是极其顽强的对手，他们多次见到，即便击毁对方的坦克，红军车组人员通常还是待在坦克战斗舱内。德军第9装甲师第33装甲团，在1942年7月的一份报告里指出，许多红军坦克中弹5—6次后无法动弹，但车组人员继续用坦克炮开火射击，他们不得不派反坦克小组步行上前炸毁敌坦克。红军坦克兵士气高昂，德国人称赞不已，觉得他们"真了不起"[89]。但后期报告表明，柏林城内激战期间，坦克持续不断的损失给红军坦克车组的士气造成影响。红军坦克力量即便遭受严重损失，依然能维持下去，关键因素是他们的维修连。

红军维修技术高超，知道如何修理发生故障或被敌坦克、反坦克炮击中的战车。1944年11月，苏联最高统帅部大本营把所有坦克维修工作交给一个指挥机构统辖。这项安排让红军的坦克维修能力加强了50%，维斯瓦河—奥得河进攻战役期间的情况充分证明了这一点。1945年1月头六天的交战中，德军火力和其他原因导致近卫第8集团军159辆坦克和自行火炮无法使用，维修人员迅速修复了85辆，这些战车重返前线服役。统计数据表明，整个维斯瓦河—奥得河进攻战役期间，白俄罗斯第1方面军的坦克和自行火炮修理了3786次，乌克兰第1方面军修理了4267次。红军许多战车遭炮火命中后无法行驶，修复了不止一次[90]。俄国人迅速修复战车的能力，是战争结束前他们在战场上赢得胜利的关键因素之一。

铁拳

白俄罗斯第1、第2方面军在波美拉尼亚缴获大批"铁拳",许多红军指战员学会了如何使用这款武器[91]。红军以前也见识过德国人的"铁拳",但数量远比不上普鲁士和波美拉尼亚。很长一段时间里,红军指挥员对这款武器敬畏有加,苏联官方战争史指出:

> 因此,为柏林进攻战役从事的准备工作,从头几天起,集团军辖内各兵团就组织了"铁拳"教学课程,还指导广大指战员如何对付德国人的"铁拳"。每个步兵连的各分队都组织了反坦克小组,任务是教会连里的战士使用这款缴获的德国武器。分配到各小组的反坦克专家,开办了为期五天的培训班,他们教会的战士随后成为教官。[92]

"铁拳"堪称红军坦克的致命杀手,红军损失的战车,24%是"铁拳"造成的[93]。红军步兵清楚这款武器的威力,知道用它对付德国人的坦克非常有效。1945年3月,德军企图解屈斯特林之围,"铁拳"成为红军胜利实施防御的重要组成部分,他们用这款武器打击德国人的坦克和装甲运兵车[94]。红军坦克兵对"铁拳"深感畏惧,一直想找到应对之策。

最后的准备

整个白俄罗斯第1方面军加快了训练工作。坦克、火炮、自行火炮、物资、士兵匆匆渡过奥得河,河流后方的情况也是如此。红军很难掩饰他们为进攻做的准备工作,因为从塞洛高地望去,奥得河沼泽地的情况一览无遗。这里的树木没有开花,所以没有树叶遮蔽,挖掘工事也很困难,因为春季洪水淹没了整片地面。红军大部分运动在夜间进行,但德国人在高地上架设了探照灯,每隔一段时间,探照灯光束就扫过奥得河沼泽地,他们还发射照明弹,照亮整片地带[95]。4月14日,红军实施战斗侦察,沿德国第9集团军两个外翼攻往德军前沿阵地,目的是让对方弄不清红军主要突击方向。但这场战斗侦察反而提醒德国人,对方即将发动进攻。

4月15日中午,红军完成进攻准备,白俄罗斯第1方面军所有火炮和迫击

1945年4月，近卫坦克第3集团军一辆T-34/85坦克安装了德国四号坦克的装甲侧裙板。争夺柏林的战役打响前，只有少数红军坦克部队采用这种抵御"铁拳"的防护措施。攻入柏林后，红军坦克部队普遍采用了诸如此类的防护措施，但方式形形色色，坦克组员利用他们弄到的各种材料加强战车防护，有效应对"铁拳"袭击。

一名红军近卫军战士试射"铁拳"，右胸佩戴的徽章表明他的"近卫军"身份。波美拉尼亚进攻战役期间，红军缴获数千具"铁拳"，柏林进攻战役期间配发给前线部队。他们用"铁拳"打击德军支撑点，或炸开建筑间的墙壁。战后出现的RPG火箭筒是"铁拳"的改进型仿制品。

炮停止对德军阵地的炮击，这是数月来的第一次。空气中弥漫着令人不安的宁静。近卫坦克第1集团军集中地域，M.Y.卡图科夫坦克兵上将看着麾下几个坦克兵团驶入最终出发阵地。一辆辆坦克的侧面车身上，用硕大的白色西里尔字母涂写着"从莫斯科到柏林"等标语。有个T-34/85坦克车组似乎特别兴奋，他们的战车侧面涂写的标语是，"零号登陆场—明歇贝格—柏林和国会大厦！"卡图科夫将军看着这辆坦克隆隆驶过，幽默感油然而起，俯身对身旁的参谋人员说道："这哪里是战车，简直就是移动宣传台。"[96]

崔可夫的地下指挥所设在赖特韦恩山嘴顶部，俯瞰整片战场，朱可夫来到这里会见了崔可夫和卡图科夫。此时大致是莫斯科时间4月16日凌晨1点。朱可夫问崔可夫，他的各个营是否做好了进攻准备。崔可夫答道，各营做好了进攻准备，他们按照朱可夫的命令，前两天实施了战斗侦察。尽管遂行了侦察，但崔可夫告诉朱可夫，除了德军退守防线，他确实没掌握其他重要作战情报。他还告诉方面军司令员，德国人似乎知道红军即将发动进攻。朱可夫带着一丝担忧，询问集团军作战计划细节。崔可夫答道："我认为我们只要重复在维斯瓦河畔取得突破的战术就行了。"但"敌人完全知道我们的主要突击方向……

也很清楚这场打击何时会落下"[97]。崔可夫引用了一名德国俘虏的讯问报告，对方声称德军知道目前的战斗侦察不是主要突击，他们估计红军会在两天内发起主要突击，目标是一周内前出到柏林，两周内结束战争[98]。朱可夫可能向崔可夫透露了他想听到的消息，崔可夫随后打消疑虑，大声说道，就算德国人知道红军这场进攻的时间和地点，"他们也绝对料不到我们会再次采用老战术，这种情况会把他们打得措手不及……您想想，一场大规模炮火准备，我们的飞行员实施空中突击，然后突然打开探照灯，依我看，这就是一场灯光打击。"[99]朱可夫跟崔可夫这番交谈，要是近卫坦克第1集团军作战处处长N.K.波佩尔少将在场的话，可能会觉察到红军即将发动的进攻潜在的灾难。仓促的战役策划，坦克和步兵部队缺乏协同，坚信德军无法抵御即将到来的炮兵进攻，这一切对朱可夫战争期间最后一场攻势造成不利影响。红军现在准备发动柏林战略进攻战役。

尾注：

1.(NARA/RG226/441 No. 880)，"1945年2月，德国人对盟军军务的评估"。

2.Hamilton, Panzergrenadiers to the Front! pp.88—89.

3.Chuikov interview (RC: 71/7).

4.Le Tissier, Zhukov on the Oder, pp.13—14.

5.J. Erickson, The Road to Berlin, p.539.

6.Le Tissier, Zhukov on the Oder, p.39.

7.Ibid, p.54, and Grier, p.115.

8.Prit Buttar, Battleground Prussia: The Assault on Germany's Eastern Front 1944—1945 (UK: Osprey Publishing, 2010), p.282.

9.Ibid, pp.285—286, and Duffy, p.203.

10.Grier, pp.112—113.

11.Buttar, pp.242—243.

12.Tsentral'nyi arkhiv Ministerstva oborony RF (Central Archive of the Ministry of Defense) hereafter cited as TsAMO. Journal of Combat Actions of the First Belarussian Front for April and the first ten days of May 1945 (July 25, 1945), pp.130—138.

13.See Zhukov's comments in his article "Taking Berlin", Military Historical Journal #6, 1965, (RC: 73/11).

14.Duffy, p116. 波美拉尼亚战役的大致情况，可参阅Buttar's Chapter 10 "The Riviera of Hades and the Fall of Pomerania" in Battleground Prussia, pp.236—276. 希特勒把波美拉尼亚的丢失明确归咎于希姆莱缺乏领导力，参阅Goebbels, pp.103—104.

15.Erickson, p.540.

16.I. Koniev, Marshal of the Soviet Union, "Forty Five" in Noviy Mir, #5 1965, 赫鲁晓夫后来清洗了伏罗希洛夫、莫洛托夫、马林科夫、卡冈诺维奇，处决了贝利亚和沃兹涅先斯基[①]。

17.Ibid and Erickson, p.533.

18.The Berlin Operation 1945, pp.57—58.

19.Erickson, p.533.

20."Red Army Order of Battle for 15 April, 1945" (RC: 71/9).

21.Ibid.

22.Ibid.

23.Ibid.

24.Krivosheev, p.158, and Wilhelm Tieke, Das Ende Zwischen Oder und Elbe: Der Kampf um Berlin 1945, quoted from Voyenno-Istoricheski Zhurnal 1965, p.506. Compare with the Red Army

---

① 处决沃兹涅先斯基的不是赫鲁晓夫，而是斯大林。

Order of Battle found in the Ryan Collection (RC: 71:9).

25. Zhukov, p.xxvi.

26. Ibid, pp.xviii—xx.

27. David M. Glantz, Zhukov's Greatest Defeat: The Red Army's Epic Disaster in Operation Mars, 1942, p.303.

28. Ibid, pp.303—304.

29. David M. Glantz, Red Storm Over the Balkans: The Failed Soviet Invasion of Romania, Spring 1944, p.28.

30. See Chapter 18 and 21 in Hamilton, Panzergrenadiers to the Front!

31. Platonov, p.4.

32. Chuikov, p.140.

33. Le Tissier, Zhukov on the Oder, p.137.

34. G.V. Ivanov interview (RC: 72/2).

35. Le Tissier, Zhukov on the Oder, p.138.

36. Zhukov, "Taking Berlin" (RC: 74/11).

37. W. Tieke, Das Ende Zwischen Oder und Elbe: Der Kampf um Berlin 1945, p.355. 红军给柏林城内各个目标编了号，例如国会大厦是105，外交部大楼是108，帝国总理府是106。

38. TsAMO, Journal of Combat Actions of the First Belorussian Front for April and the first ten days of May 1945 (July 25, 1945) pp.130—138.

39. Heinrici interview, and Jansen interview. 德国空军志愿者组成自杀队，对红军架设的桥梁发起攻击，这些FW-190战斗机飞行员驾驶载满炸药的飞机撞向桥梁。

40. Tieke, Tragedy of the Faithful: A History of the III. (germanisches) SSPanzer Korps, pp.416—418.

41. Heeresgruppe Weichsel War Diary, 20—29 Apr, p.4 (RC: 64/3).

42. N.N. Popiel interview (RC: 74/12), and Chuikov, The Fall of Berlin, p.29.

43. TsAMO, Journal of Combat Actions of the First Belorussian Front for April and the first ten days of May 1945 (July 25, 1945), p.474, "Annex 5 Extract from Final Intelligence Estimate No. 115 of the Headquarters of the 1st Belorussian Front up to 24:00 on April 15, 1945".

44. (NARA/T311/169/7221626-7). "Bezug: Diess. Befehl R 30/44 G. Kdos vom 6.2.44. - Anzeichen haeufen sich, das feind macht, um eigene truppe zu taeuschen. Truppe ist zu erhoehter wachsamkeit und staerkstem misztrauen gegen jeden unbekannten soldaten, einerlei ob mann, offizer, oder general, anzuhalten. Bei nicht sofortiger."

45. Zhukov, "Taking Berlin", pp.35—36, and Le Tissier, Zhukov on the Oder, pp.138—139.

46. Le Tissier, Zhukov on the Oder, p.139.

47. TsAMO, Journal of Combat Actions of the First Belorussian Front for April and the first ten days of May 1945 (July 25, 1945), pp.130—138.

48. Erickson, pp.538, 556.

49. Ibid, p.537

50. Zhukov, "Taking Berlin", and Erickson, p.535.

51. Ibid, p.557.

52. Le Tissier, Zhukov on the Oder, p.145.

53. Erickson, p.559.

54. Ibid, pp.538, 556.

55. Koniev's memoir, p.9 (RC: 72/3).

56. Ibid, p.71.

57. Ibid, p.66.

58. Erickson, p.556.

59. Platonov, p.5.

60. Yedenskii, The Berlin Operations of the Third Shock Army, pp.37—38 (RC:74/10), and Erickson, p.562.

61. Yedenskii, p.32.

62. Le Tissier, Zhukov on the Oder, p.138.

63. Yedenskii, pp.32—33.

64. C. Sharp, Soviet Order of Battle World War II: Volume X "Red Swarm" : Soviet Rifle Divisions Formed From 1942—1945, p.143.

65. Ibid, pp.142—143, and The Berlin Operation 1945, p.156.

66. C. Sharp, Soviet Order of Battle World War II: Volume IV "Red Guards" : Soviet Guards Rifle and Airborne Units 1941—1945, p.105.

67. Sharp, "Red Swarm", p.142.

68. C. Sharp, Soviet Infantry Tactics in World War II: Red Army Infantry Tactics from Squad to Rifle Company from the Combat Regulations of November 1942, p.121.

69. C. Sharp, Soviet Order of Battle World War II: Volume IV "Red Guards" : Soviet Guards Rifle and Airborne Units 1941—1945, p.34.

70. Ibid, p.35.

71. Le Tissier, Zhukov on the Oder, p.148, and C. Duffy, Red Storm on Reich, pp.122—123.

72. Yedenskii, p.36.

73. Le Tissier, Zhukov on the Oder, p.147.

74. Yedenskii, p.36.

75. Ibid, p.33.

76. Ibid, p.35.

77. The Berlin Operation 1945, pp.149—150.

78. "Fire and Movement", RAC Tank Museum, pp.22—25.

79. C. Sharp, Soviet Order of Battle World War II: Volume III "Red Storm" : Soviet Mechanized Corps and Guards Armored Units 1942—1945, p.10.

80.R. Michulec and M. Zientarzewski, T-34: Mythical Weapon, pp.245—259.

81.Sharp, Red Storm, p. 6.

82.Igor Nebolsin, Combat History of the 2nd Guards Tank Army from Kursk to Berlin, Volume 2: July 1944—May 1945, p.99.

83.Ibid, p.212.

84.Ibid, p.245.

85.Ibid, p.263.

86.Ibid.

87.Ibid, p.266.

88.Ibid.

89.C. Sharp, Soviet Armor Tactics in World War II: Red Army Armor Tactics from Individual Vehicle to Company According to the Combat Regulations of February 1944, p.90.

90.Duffy, p.349.

91.Yedenskii, p.35.

92.Ibid, p.36, and Platonov, p.37.

93.Duffy, p.349.

94.Chuikov, p.132.

95.Chuikov, p.144.

96.Popiel interview, p.2.

97.Ibid.

98.Ibid.

99.Ibid.

第二部

战役

第五章

塞洛高地之战

"目力所及之处，燃烧的农场和村庄、硝烟和尘云随处可见，简直是地狱！"

——德国伞兵格尔德·瓦格纳

"一片无边无际的火海，这就是我见到的。"

——红军波波夫上校

4月16日，星期一

4月15日/16日夜间，奥得河沼泽地上空的气氛宁静而又紧张。红军火炮不再归零，步兵巡逻队不见踪影，几座登陆场内听不到坦克履带发出的声响。4月15日20点左右，海因里齐命令第9集团军撤出前线，他知道红军即将在凌晨发动进攻。德军前线兵团传达了行动代号，成千上万名德军官兵遵照命令退守主战线上的第二阵地。在此期间，数十万红军指战员奉命做好朝柏林发动最后一场攻势、胜利结束战争的准备。进攻开始前一小时，红军各级指挥员传达了朱可夫的训令：

全体指战员：

最后一群法西斯野兽就在我们面前。我们今天要渡过奥得河，目标是把苏联国旗插上国会大厦，必须实现我们的目标。你们一直在英勇作战，有勇气完成斯大林同志的命令。为了祖国,为了斯大林,前进!

签名:朱可夫和方面军军事委员会[1]

炮火准备开始前30分钟,红军指挥员拆开了标有"4月16日3点30分启"的信封[2],信纸上简短地写道:"4点发出进攻信号。"

奥得河沼泽地内,格尔德·瓦格纳率领第9伞兵师第27伞兵团一个班撤出前沿阵地,利用夜色退往古索附近的第二阵地。他们接到海因里齐的命令,撤出时间比大多数部队要晚些。突然,刺眼的闪烁,震耳欲聋的爆炸,打破周围诡异的夜色和宁静的环境,而且愈演愈烈。瓦格纳事后回忆道,几秒钟内,"班里10名战友悉数阵亡,我也负了伤,倒在冒着硝烟的弹坑里,但回到第二阵地,我才发觉自己挂了彩。目力所及之处,燃烧的农场和村庄、硝烟和尘云随处可见,简直是地狱!"[3]红军发动了进攻。

波波夫上校是崔可夫近卫第8集团军司令部的参谋人员,奉命视察各下属指挥所,了解炮火准备的最终情况,他回忆道:

4月15日晚上8点,我离开方面军司令部,奉命去前沿阵地了解炮火准备和步兵进攻的情况。

我深夜时赶到「近卫步兵第29军」军部。作战处设在防空洞内,我在这里见到执勤官和作战处工作人员。我在军部了解战役作战文件时,他们制定的细节吸引了我的目光。他们的计划为每个排、每门火炮、每辆坦克和自行火炮确定了位置。

「近卫步兵第74师」师长巴卡诺夫少将的观察所设在拉特施托克西部边缘,我凌晨2点到达那里。

师长向我介绍了情况,我询问,夜间发动进攻,部队移动是否有危险,自行火炮和坦克会不会误击友军,师长告诉我没有危险。

会晤持续到凌晨3点,再过一个半钟头①就要实施炮火准备了。众人决定

---

① 与下文不符。

抓紧时间睡上一会儿。就在防空洞内，所有人躺下休息了。每个人都装出呼呼大睡的样子，其实没人能睡着，所有人都在焦急等待炮火准备的开始。为消磨时间，不少人悄悄走出防空洞。德国人几发炮弹在某处炸开，有几处地带一如既往地响起步枪和机枪射击声。

4点40分，观察所里的人站起身。每个人都看看手表，有几名军官最后20分钟目不转睛地盯着手表，不时说道："还有15分钟……还有14分钟……10分钟……8分钟……"师长和参谋人员反复核实准备状况。

4点57分，一名军官深深地吸了口气，说道："还有3分钟。"

右侧某处传来几门火炮的齐射声，随即被数千门火炮的怒吼淹没了。众人离开防空洞，匆匆赶往观察所。

从观察所望去，一发发炮弹的炸点看得清清楚楚。一片无边无际的火海，这就是我见到的。我走入防空洞，随后又走了出去，但剧烈的爆炸声随处可闻，我不得不捂住耳朵。

待我返回观察所，师长告诉我："炮火没有误击友军。"在场的炮兵人员松了口气。猛烈的炮火持续了30分钟，战役规划人员预先部署的防空探照灯打开了，这个信号意味着"停止炮火准备，开始以弹幕支援步兵"。

部署在各处的探照灯照亮整片地带，帮助步兵和坦克确定了方向。但无法看到敌人，也不知道他们在做什么。浓密的灰尘和烟雾在敌军阵地上形成一堵墙壁，日出时没人发现我方先遣部队。[4]

红军这场猛烈的炮击，震破了前线士兵的鼓膜，损伤了他们的鼻窦，德军和红军士兵都没能幸免。这是战争期间欧洲大陆最密集的火炮和火箭炮火力。奥得河东侧一名苏联战地记者，回忆起河岸上挤满红军步兵的情形。他"觉察到这些战士激动得几乎要发抖"。喀秋莎火箭炮以数百轮火箭弹齐射率先开火，号称"战争之神"的火炮随后加入其中。炮击刚一开始，"每个人都端起武器开火，尽管他们什么也没看见，一个个欢呼雀跃，就好像这一刻在从事近战似的。"[5]担任炮长的高级军士斯维晓夫·尼古拉·亚历山德罗维奇参加了这场炮火准备，他回忆道："炮击猛烈至极，投入了各种口径的火炮。不习惯这种剧烈轰鸣的人，会被震得双耳流血，正因为如此，我们开炮时一直张

红军一门 M1931 B-4 式 203 毫米重型履带式榴弹炮。红军 4 月 16 日的炮火准备，部署的火炮密度超过第二次世界大战期间任何一场战役。朱可夫的目标是在头 30 分钟内消灭德军作战部队，而后迅速突破遭摧毁的德军前线阵地，为坦克集团军冲向柏林打开通道。海因里齐出色的防御策略让守军避开朱可夫大肆吹嘘的炮击，打乱了他的计划时间表。

大嘴巴。炮火准备结束后，强光探照灯打开了。"[6]有个红军战士回忆起前线某片地带，红军强渡奥得河的壮观场面：

> 泛滥的奥得河上，我看见我方战士游过600米宽的河面，他们使用空油箱、木块、树干、空箱子，我甚至看见个朋友，他是军医，本该待在战地医院，此刻却拖着条小小的划艇，跟在队伍后方朝河流跑去。他名叫尼古拉耶夫，是个大块头。他登上小得可怜的划艇，拼命朝对岸划去。橡皮艇寥寥无几。河面突然活跃起来，一个个人头此起彼伏，各种各样的船只，看上去就像一大群蚂蚁渡过泛滥的河流。没有什么能阻止他们，每个人都想尽快渡河。[7]

德国第9集团军防线上，朱可夫的大规模炮击落入空无一人的前沿防御阵地。第20装甲掷弹兵师的卡尔-赫尔曼·塔姆斯目睹了红军猛烈的火力，时隔50年后生动清晰地回忆起当时的情形：

整个奥得河谷床震颤不已,登陆场内亮如白昼。炮火卷起的飓风席卷到塞洛高地,犹如一堵厚厚的墙壁伸向空中。我们周围的一切咯咯作响,四散飞舞。没扎紧的东西从架子和橱柜上落下,墙上挂的相片掉在地上,窗框破碎的玻璃四散飞溅。沙子、泥土、碎玻璃很快覆盖在我们身上。我们此前没人经历过这种情况,简直不敢相信是真的。无处可逃,史上最密集的炮火直接落在我们前方。我们觉得炮弹把每平方码地面犁了一遍。两三个钟头后,炮火突然停息。我们冒着风险,小心翼翼地从高地探头窥视奥得河沼泽地,眼前的情形看得我们毛骨悚然。目力所及之处,昏暗的拂晓光线下,一波重型坦克出现了。坦克引擎的轰鸣,履带发出的嘎嘎声弥漫在空中。第一排坦克逐渐驶近,我们看见后面又出现一排坦克,然后是一群群奔跑的步兵。[8]

"明歇贝格"装甲师的库尔特·凯勒记得,炮击结束后,红军打开前线部署的探照灯。一道道探照灯光束企图穿透沙子、泥土、硝烟构成的"墙壁",这堵墙壁犹如厚厚的帷幕,挂在满是弹坑的地面上。库尔特和战友以探照灯为瞄准点,开了几炮,他们撤回连指挥所的集合点[9]。虽说朱可夫的炮火准备声势浩大、弹雨密集,但海因里齐的战术后撤大获成功。奥得河沼泽地内的德军作战部队主力,避开红军的炮击,清晨时在新防线焦急地等待红军向前推进。

近卫第8集团军司令员,经历过斯大林格勒保卫战的老兵瓦西里·崔可夫上将,在奥得河沼泽地海拔最高处的指挥所里看着战斗展开。他战后写道,部队严格执行了朱可夫的作战计划,初步炮击结束后,探照灯开启,但光束的穿透距离充其量只有150—200米。意想不到的间接效果出现了:探照灯光束反射到红军指战员身上,严重妨碍了他们的夜间能见度。朱可夫和其他战役规划者都没想到,炮击扬起的沙子和烟雾有可能给探照灯光束造成影响。一道道光束不仅标出红军的主要接敌路线,还吸引了德军火力[10]。

崔可夫的部队继续向前,头几公里进展缓慢,但很稳定。待他们逼近塞洛高地,步兵与随行的坦克部队分开了,因为红军坦克不得不应对诸多水障碍。面对德军防御火力,缺乏直接火力支援的红军步兵很快就止步不前。

近卫军战士D.奇比索夫操作一门76毫米野战炮参加了炮火准备。炮击结

束后,他跟随炮组向前推进,步兵战友需要他支援,因为他们遭遇德军出人意料的顽强抵抗:

我们来到铁路右侧一栋烧毁的建筑前方。德军一道堑壕沿道路延伸,堑壕里的积水灌得半满。我们排奉命协助诺维科夫上尉的连队,该连在铁路路堤旁占据防御阵地。

此时天色未亮,但借助炮火的闪烁,我们还是能找个合适的地方架设火炮。前方阵亡者的武器收拾干净,伤员送到隐蔽处。我们着手为火炮清理射界。

晨雾逐渐消散,我看见四栋建筑,距离我们的阵地400米左右,德国人守在里面。炮长朝我喊道:"瞄准手!"

"到!"

"您看见前方那栋白色建筑了吗?"

"看见了!"

"阁楼上有挺机枪,干掉它!"

我看见三个德国兵和他们架在窗户内的机枪。装填手萨奇科夫塞入一发炮弹,我瞄准目标后报告:"准备完毕!"

炮长发出口令:"开炮!"

第一发炮弹击中右侧,没等校正,我就更准地瞄准了目标。第二发炮弹射出,硝烟和瓦片破碎扬起的灰尘笼罩了窗户。待烟尘稍稍消散,窗户和机枪都不见了。炮长喊道:"五个德国鬼子逃跑了,开炮!"我又射出5发炮弹。我觉得还有个德国佬躲在某处角落,所以绝不能让他爬出去。

突然,隐蔽在木棚下的一个德军机枪手开火了,一个个长连发射出猛烈的火力,我们隐蔽在高高的胸墙后,子弹没给我们造成任何伤害。

透过瞄准具,我看见木棚右侧边缘有一堵新砌的胸墙,两个德国佬正朝外张望。我操作火炮直接瞄准目标,随即按下击发器。炮弹激起的土块在木棚上方四散飞溅。我们的战壕里响起欢呼声:"干得好,真棒,奇比索夫!"

欢呼的是步兵连战友。营教导员杰尼索夫目睹了我跟德军机枪手这场较量,也表扬了我。

我方坦克向前驶去,步兵尾随其后,我们来到我刚才开炮射击的那栋建筑。我先前射出的一发炮弹击中房屋左角,院子里满是碎砖断瓦。我想看看自己的战果,于是爬上阁楼,那里倒着两具尸体,灰尘染白了他们身上的军装。弹片击中他们头部。我没找到第三个德国佬,肯定被炸得尸骨无存。[11]

拂晓到来,红军终于识别出德军第二阵地。炮兵转换目标,浪费了宝贵的时间。红军战机对新发现的德军阵地发起攻击,但混乱的战斗中,由于缺乏直接联络地面部队的手段,他们多次误击红军作战兵团。

崔可夫的部队沿主要接敌路线推进,在豪普特格拉本运河遭遇激烈抵抗。据守运河的是第20装甲掷弹兵师第76、第90装甲掷弹兵团辖内分队,以及"明歇贝格"装甲师的黑豹和虎Ⅰ式坦克。"明歇贝格"装甲师的装甲指挥官霍斯特·措贝尔上尉,声称战役首日击毁50辆敌坦克,随后撤回塞洛高地[12]。到上午10点左右,红军在战役首日沿帝国铁路1号线夺取塞洛高地的目标显然难以实现了,面对顽强抵抗的第56装甲军,他们没能取得预期进展。

近卫军少校E.齐托夫斯基是近卫步兵第27师的营长,参加了夺取塞洛高地的初期战斗,他后来回忆道:

我检查全营的进攻准备后,率领这些近卫军战士赶往堑壕。清晨4点,副团长和一名参谋出现在堑壕里。他们带来团里的近卫军战旗,旗帜上缀着红旗勋章,还有列宁的肖像。战旗沿战壕传递,摊开的战旗似乎在预祝我们赢得胜利。

上级当初在斯大林格勒授予我们这面战旗,我们带着它一路战斗到奥得河,现在即将高举这面旗帜攻入柏林。我们很想高呼"乌拉",但还是忍住了。

河水流入浅浅的堑壕,全营指战员端着自动武器站在泥地里。几挺机枪部署就位。堑壕右侧,大批卡车逐渐驶近,正在前送探照灯。我们以前在前线见过这种设备,但不知道这些探照灯今天要发挥什么作用。

我把野战电话拿到前沿堑壕,摆放在那里。上级命令我为坦克突击提供些冲锋枪手。我抽调50名近卫军战士,让他们坐在坦克上,就这样,他们脱离了我的营。

探照灯突然开启，有那么一两秒钟，我们看见远处塞洛高地上的敌军堑壕。但炮火同时袭来，烟雾笼罩了我们前方的一切，只能看见炮弹爆炸的闪烁。

我们期待已久的战斗开始了，我和营里剩下的两个连待在原地，奉命担任第二梯队。此时天色稍稍放亮。隆隆炮声中，我听不到前方部队的进攻声。我等待着投入进攻的命令。我们营出现了首批伤员，他们说敌人抵抗得很激烈。

整个上午我一直在等待，竭力保持耐心。上午11点，我们的团长，苏联英雄瓦热宁中校终于打来电话。

"敌人前调坦克，企图挡住我们。我命令您赶往塞洛高地山脚，我方部队在那里停滞不前。您跟他们一同进攻，夺取高地顶部的多尔格林车站。"

我把全营战士排成横队，越过我方炮火彻底翻搅过的地面。德国人遗弃的火炮、迫击炮、车辆、堆满杂物的大车随处可见。某辆大车上，一台上足发条的唱机正为我们的部队播放音乐。

全营不得不步行2公里，这段路程相当艰巨。我们向前跋涉，没有开火，但敌军炮火落在周围。遂行突破的坦克就在我们旁边。前方是炮弹翻搅过的庞大田地和塞洛高地。田地里散落着坦克残骸，还有些小小的身影。全体战士直起身向前而去，用背带携行手提式机枪，或向前推动轮式机枪。我遇到参加突击的己方战友，他们负了伤，正撤往后方，据他们说，友邻部队已突破到高地。

我们很快也逼近高地斜坡。我估计我们离高地顶部800米，离多尔格林车站1公里。我率领营里的近卫军战士投入进攻。他们散开队形发起冲击，前进了400米。我们翻过没有树木、光秃秃的山坡。敌人占有居高临下的优势，我方火炮仍在很远处，无法按照我们的要求提供炮火支援，但我们营无论如何都得前进。我的副营长格列布措夫头部负伤，营教导员也负了伤。

夜幕降临，我们位于山上，在铁路路堤附近挖掘阵地，离敌堑壕仅隔50步。

事实证明，我们无法前运弹药和口粮。但一切照旧。支援排的波捷申上士给大伙分发了热汤、肉、100克伏特加。卫生员柳达·塔莫希娜和瓦利娅·奥库洛娃疏散了躺在敌军堑壕里的伤员。他们来到我们这里和后方地带，说一旦我们在此处站稳脚跟,就意味着前线可以更进一步。可以说,是他们在支撑我们。

我决定朝敌人投掷手榴弹,一举冲入对方的堑壕。红色信号弹射出后,近卫军战士站起身,攥着手榴弹,悄无声息地向前而去。逼近敌堑壕,他们高呼"乌拉"。我方数十挺机枪和两门速射反坦克炮开火了。活着的德国兵沿铁路线逃窜。

我们的任务完成了一半,只完成一半,车站仍在敌人手里。[13]

战役开始阶段,朱可夫仍待在崔可夫的前进观察所。他对前线发回的报告不太满意,崔可夫告诉他,近卫第8集团军先遣部队遭遇"塞洛高地之敌激烈抵抗,「德军」炮火猛烈,「红军」步兵没获得坦克支援,部分坦克遭击毁,还有些陷入沼泽和洪泛区周围的灌溉渠"。据说朱可夫问道:"您是说进攻遭到压制?这就是您想说的?"由于后半句话很可能带来政治后果,所以崔可夫回答得很有分寸:"元帅同志,无论部队是不是遭到压制,我们都会继续进攻!"中午过后不久,他下令对塞洛高地发起第二轮冲击[14]。

当日上午晚些时候到下午早些时候,德军沿塞洛高地实施的防御一直很顽强。他们部署在高地山脊上的88毫米高射炮,以直瞄火力击毁一辆又一辆敌坦克,搭乘坦克的红军步兵损失惨重。沿豪普特格拉本运河和高地底部实施防御的德军装甲掷弹兵,以"铁拳"击毁几辆逼近到阵地前的红军坦克。为应对红军下一轮冲击,第二阵地上的德军后撤,沿高地山脊占据后备阵地,红军战斗队形还是没发觉德军这场后撤[15]。崔可夫对先前发现的德军第二阵地实施炮击,炮火准备持续了30分钟,随后展开地面突击。但24小时内,红军炮火第二次落入空无一人的敌阵地。掘壕据守、几乎完整无损的德军兵团迅速击退了朱可夫第二轮地面突击。

朱可夫的军队遭受了意想不到的损失,下午3点前后停止进攻。斯大林与朱可夫当日昼间的电话交谈,究竟说了些什么不得而知,但不难想象,这场谈话肯定很不愉快。无论怎样,必须攻克塞洛高地,继续攻往柏林,朱可夫承受着巨大的压力。为解决负隅顽抗之敌,受到斯大林申斥的朱可夫做出战役期间首个拙劣的决定。他更改了原定战役计划,命令近卫坦克第1、第2集团军立即投入交战。奥得河沼泽地内的红军先遣部队对此一无所知。14点，近卫坦克第1、第2集团军投入混乱而又复杂的交战，没有任何预先计划或协同[16]。

18点，红军首批坦克到达战场前沿，但没能构成突破态势。坦克集团军无法在战役首日粉碎德军防御，朱可夫恼怒至极，命令道："即便夜间也得继续进攻，不惜一切代价突破敌防御，打开突破口。倘若敌人顽强抵抗，「近卫坦克第2」集团军无法突破的话，那么4月17日上午组织协同配合，与各步兵兵团一同投入进攻。"[17]他不顾损失，要求部下彻夜战斗。

朱可夫战役首日做出的决定，是他专横霸道、冷酷无情的指挥风格的典型例子。密集的红军坦克编队，在寥寥几条可用道路上堵塞了所剩无几的机动空间，给等待的德军火炮提供了大量打击目标。己方军队在奥得河沼泽地面临怎样的地形或作战现实，朱可夫似乎缺乏认知，没有为部下克服眼前艰难的局面提出新颖的战术解决之道。其实还有个办法，他可以让两个坦克集团军转向西北面，迂回德军精心构设的阵地，不要直接进攻塞洛高地，可他没这样做。不过，随着损失不断加剧，他的部下倒是想到这个办法。他们没有等待朱可夫的命令，自行决定迂回德军阵地，次日突破了塞洛高地。

在崔可夫右翼行动的突击第5集团军，出乎意料地遭遇德国第56装甲军北翼激烈抵抗。第9伞兵师、"明歇贝格"装甲师第2装甲掷弹兵团据守该地带。第25、第26伞兵团先遣分队和伞兵反坦克营的"追猎者"坦克歼击车，伏击了为首的红军坦克部队。德军的殊死抵抗出人意料，红军似乎有些不知所措，突击势头严重动摇。

当日的战斗中，好斗的德国伞兵一再发起反冲击，卓有成效地遏止了近卫步兵第26军、步兵第32军辖内几个先遣师[18]。但一次次反冲击也让伞兵暴露在红军猛烈的炮击和轰炸下，毫无必要地付出了惨重的伤亡。红军变更部署，15点到18点再次发起冲击。他们重新发动进攻，突破了德军伞兵的第二阵地。战役首日结束时，在红军这轮冲击中首当其冲的第25伞兵团遭粉碎。该团的幸存者组成几个小股战斗群，自行撤往西北面。团里大部分官兵以前是勃兰登堡特种部队的突击队员，或是在奥托·斯科尔策尼手下干过，深谙求生之道。第26、第27伞兵团各损失一个靠前部署在主防线上的营。两个团的建制还算完整，但混乱的战斗中很快混杂在一起。由于战事异常激烈，德军囤积在该地段的弹药越打越少。当日日终前,第9伞兵师缓缓退往普拉特科重新编组[19]。

红军猛烈的冲击持续了一整天,第9伞兵师北面的德军部队顶着巨大的压力坚守阵地。"柏林"步兵师第652装甲掷弹兵团位于突击第5集团军进攻地带北部边缘。该团孤军奋战,打得极为顽强,迫使突击第5集团军提前把第二梯队投入前线[20]。

突击第3集团军的指战员发现,进攻地段的德军防线无人据守。可他们向前推进时,却遭遇德军依托先前没探明的第二阵地实施的顽强抵抗[21]。德军的多层防御,再加上诸多运河和排水沟,导致突击第3集团军无法按照原定作战计划把坦克部队投入"突破口"地带。4月16日拂晓,突击第3集团军司令员遵照朱可夫的命令,安排坦克第9军穿过集团军先遣战斗梯队,进攻德军阵地,但由于地形复杂,再加上坦克和步兵缺乏协同,无法实现作战企图[22]。突击第3集团军本打算前出到德军首道防线后方15公里,但战役首日结束时,他们只取得3—9公里进展。红军与第606步兵师激烈交战。双方步兵当日一再遂行冲击和反冲击,旧莱温易手两次。相关报告称,第606步兵师官兵在战斗中击毁28辆敌坦克[23]。

为削弱突击第3集团军的进攻势头,据守该地带的德军付出了高昂的代价。日终前,第606步兵师和"柏林"步兵师另外几个团都出现战斗力耗尽的迹象。有报告称,"柏林"步兵师战役首日折损60%左右的兵力。幸亏他们避开红军的先期炮火准备,这才得以顽强抵抗对方的猛烈冲击。

崔可夫进攻地带,近卫坦克第1集团军的坦克力量,下午晚些时候开始渡过豪普特格拉本运河。德国守军无法有效应对奥得河沼泽地内的红军坦克,对方前出到塞洛镇下方的高地底部。一个个红军坦克车组在帝国铁路1号线两侧寻找驶上山坡的道路,遇到战役规划期间谁都没想到的问题。他们的坦克无法爬上陡峭的山坡,不得不冒着德军持续不断的防御火力寻找其他接敌路线。崔可夫的部下陷入混乱,一个个疲惫不堪,困在奥得河沼泽地,德军猛烈的防御火力从高地上朝他们袭来。清晨那股迅速赢得胜利的兴奋之情消失了,死伤者躺在一辆辆起火燃烧的坦克残骸间。红军当日究竟伤亡了多少人不得而知,但合理的估计是,朱可夫军队在战役头12小时内阵亡、负伤、失踪1万多人,还损失100多辆战车。

红军一辆T-34/85坦克驶过奥得河沼泽地一条小小的运河,坦克右侧似乎是一座正在架设的桥梁。朱可夫的作战计划没太关注此类障碍,但战役头几天,这些障碍严重拖缓白俄罗斯第1方面军的进展。

朱可夫朝柏林发起的首轮突击陷入停滞,当天的日训令是"继续前进!别停下!"傍晚,崔可夫的步兵借助夜幕掩护,终于登上塞洛镇南面数公里的几座高地。他们在塞洛镇南端控制了一片小小的立足地,但无法发展胜利,因为万德马克少校指挥的德军战斗群夜间发起一连串反冲击。

近卫坦克第1、第2集团军投入交战,没能像朱可夫预期的那样取得决定性突破。卡图科夫将军告诉参谋长尼古拉·基里洛维奇·波佩尔将军[①]:"整个战争期间我没遇到过这么激烈的抵抗。这帮负隅顽抗的希特勒匪徒殊死战斗!我们接到的命令是夜以继日地进攻,一路向前推进,其他事情概不考

---

① 波佩尔不是参谋长,也不是上章说的作战处处长,而是集团军军事委员会委员,此时是中将。

虑！"[24]红军几个先遣坦克旅发回的报告称："先遣分队全速前进，竭力突破到塞洛高地，可那座高地根本不适合坦克作战，德国人依托几乎每条灌溉沟渠，以'铁拳'和高射炮实施抵抗，那些高射炮压低炮管直瞄射击，严重妨碍我方先遣分队取得进展。"[25]步兵和坦克部队缺乏协同训练，给红军造成损失。突击第3集团军的作战评估也揭示出这个问题：

> 另外，战役首日暴露出军事行动的组织和执行存在重大缺陷。不是所有指挥员都能利用手头的兵力迂回敌军阵地，突入敌后方。有些指挥员对敌防御阵地实施正面冲击，没能取得预期结果。他们没有充分利用坦克的冲击力和火力。有些坦克部队和分队没有在战斗中展现出灵活性，要么就是消极被动。政治部门对此负有一定责任，因为他们没太关注坦克部队和兵团，对各兵种的协同问题，尤其是步兵与坦克的协同不够重视。[26]

上述官方意见批评了红军的战斗领导力，还强调指出，低效的训练导致战术执行欠佳。这份评估继续指出，红军战机没跟坦克兵团进行过任何战前演练。红军飞行员多次把红军坦克兵团误判为德军部队，一再对他们发起攻击[27]。

4月16日傍晚，波佩尔将军会见了几个坦克军的三名将领，询问他们对初步突击的看法。他们的回答预示了朱可夫军队在柏林巷战中可能会遇到的问题。近卫坦克第1集团军的沙林将军指出：

> 我们发动进攻时，对敌战斗队形的实际编成一无所知。德军主力和大部分技术装备已撤出第一阵地，转移到第二阵地，那道阵地就在塞洛高地上。方面军司令部当时并不知道德军这场变更部署。[28]

近卫坦克第1集团军辖内另一名军长格特曼中将，谈了他对使用探照灯的看法，说这些探照灯纯粹是"为德国人照亮我方支援步兵的坦克！根本没能让敌军主力头晕目眩，结果造成灾难性后果"！突击第3集团军司令员库兹涅佐夫上将总结了进攻彻底失利的原因：

> 死守教条！德国人非常了解我们的传统打法，他们知道战斗侦察结束后，我们会发动全面进攻。正因为如此，他们得以把主力撤到第二防线，换句话说，他们从主防线后撤了8公里左右。结果，我方炮火落到敌掩护支队头上，没给敌主力造成破坏。²⁹

柏林进攻战役的苏联官方史，记录下朱可夫4月16日的失利：

> 方面军司令员「朱可夫」把方面军辖内快速力量投入进攻战役，但坦克部队没能脱离步兵……尽管炮兵和航空兵对敌军中间阵地和防御地带实施了后续打击……但到4月16日结束时，各突击群辖内部队只是在狭窄地段突破敌人第一道野战防线。³⁰

几名红军指挥员做出的评估，谈到柏林进攻战役首日战果欠佳的关键原因，例如缺乏周密的计划，情报不足，训练欠佳，领导不力，步兵、坦克、航空兵兵团缺乏协同等。虽说朱可夫对战役的总体缺陷和执行不力负有责任，但上述因素也说明红军当时在组织方面的系统性缺点。

战役首日没能突破德军防御，关键原因是红军的行动过于僵化。海因里齐准确预料到朱可夫发动进攻的确切时间，及时后撤前沿作战部队，避开对方的大规模炮火准备。这不是新战术，因为海因里齐此前在喀尔巴阡山就以这种战术取得重大防御战果，挡住红军在该地区的进攻。朱可夫为何没吸取宝贵的教训，原因不得而知。海因里齐麾下的指挥官认为这样一场战术机动起不到什么作用，但朱可夫的压倒性火力优势确实落到空处。

德国第9集团军的防线顶住朱可夫白俄罗斯第1方面军的猛烈冲击。夜间，第56装甲军继续坚守防线。魏德林兵团守卫的防线，在塞洛镇以东3.5公里处递延到豪普特格拉本运河东面800米，韦尔比希车站东南方1.5公里，再到韦尔比希车站西部边缘、福韦尔克、阿尔贝蒂嫩霍夫、施泰因托赫、莱茨欣车站。尽管崔可夫麾下部队前出到塞洛镇南面的高地，但他的主力仍在奥得河沼泽地内战斗。德国人声称，截至当日日终共击毁106辆敌坦克³¹。

海因里齐知道，基于德军的损失和弹药消耗量，虽说第9集团军表面上挡住红军，没让对方攻克塞洛高地，但这场静态防御坚持不了太久。出人意料的是，第56装甲军辖内各师，挫败了红军突击第5集团军和近卫坦克第2集团军在左翼，近卫第8集团军和近卫坦克第1集团军在右翼发起的联合冲击。魏德林麾下各师的当面之敌不下4个加强集团军，对方投入主要突击方向攻往柏林，这是一场实力完全不对等的较量。海因里齐此时确定了红军的主要突击方向，23点下令从集团军群预备队抽调第18装甲掷弹兵师。他打算让该师在明歇贝格镇附近展开，置于近卫第8集团军突击方向对面。海因里齐随后获悉，第101军防区的态势岌岌可危，于是决定投入第18、第25装甲掷弹兵师，在土崩瓦解的"柏林"步兵师作战地带发起联合反突击，打击突击第5集团军先遣力量。希特勒否决了他的方案，命令第18装甲掷弹兵师继续向南，开入第9伞兵师阵地[32]。希特勒的战术干预，让海因里齐错失了打击朱可夫实力虚弱的右翼，协助第101军稳住防区的良机。第18装甲掷弹兵师向南展开耗费的时间，导致该师无法有效介入沿塞洛高地肆虐的交战。

4月17日，星期二

柏林市民4月17日得知红军发动进攻的消息，冒着风险走上首都各条街道，购买了晨报，不少人读到《人民观察家报》的头版头条："布尔什维克分子发起决定性战役！"[33]等待了几个月，俄国人不出所料地发动了进攻。

4月16日/17日夜间，第56装甲军的战术处境越来越艰难。根据第9伞兵师和第20装甲掷弹兵师发来的报告，魏德林得知红军加大突击力度，企图在他与党卫队第11装甲军相连的右翼、与第101军相连的左翼之间强行打开突破口。第18装甲掷弹兵师开抵的消息让他稍稍松了口气，该师17日凌晨展开。魏德林命令新到来的装甲掷弹兵在明歇贝格镇东北面6—8公里占据阵地，做好沿军左翼发起反突击的准备[34]。这项决定是希特勒在部队展开令里批准的，还是魏德林觉得正确无误自行做出的，不得而知。

近卫第8集团军作战地带，塞洛镇的顽强抵抗让崔可夫头痛不已。德国人沿高地布设的高射炮不断打击红军坦克，直到这些火炮遭摧毁，或是耗尽弹药后被炮组人员炸毁。午夜过后不久，负责塞洛镇防御的德军指挥机构发生变动，第76装甲掷弹兵团第1营的罗森克上尉，奉团长的命令接掌万德马克战斗群。第76装甲掷弹兵团夜间撤过高地,部署到塞洛镇南面,红军近卫步兵第57师的出现对那里构成主要威胁。塞洛镇的德国守军改称罗森克战斗群[35]。卡尔-赫尔曼·塔姆的连队只剩80人。上午晚些时候,坦克第11军辖内分队终于在塞洛镇北面数公里冲上高地,那里的山坡没给他们的机动造成太大困难。

坦克第11军军长伊万·I.尤舒克少将后来回忆起这场进攻:

> 攻克塞洛高地的战斗很艰巨。近卫坦克第65旅取得突破,战役首日我们向前推进,但没能拿下高地。我们在那里止步不前,坦克军做不了什么,一连三个钟头,其他近卫坦克兵团也无能为力。夜间忙碌了一番,次日上午10点30分到11点,我们终于发现有可能在塞洛镇北面取得突破。德军坦克部队把他们的战车半埋起来,给我们造成严重损失。

尤舒克称,他们原本预料在距离柏林更近的地方才会遭遇抵抗,"可惜

塞洛高地一门遭击毁的105毫米火炮,可能隶属第408人民炮兵军。这门火炮似乎部署在塞洛高地周边,扔在旁边的大批空弹壳说明该炮经历了激烈的战斗。这门火炮是毁于敌军火力,还是炮组人员自行炸毁的,不得而知。注意红军炮击炸出的一个个弹坑。

况根本不是这样"。³⁶红军先以火炮猛轰塞洛镇,而后投入战机发起空中突击,这场狂轰滥炸至少让塔姆连指挥所一名成员精神崩溃³⁷。T–34/85坦克很快出现了,取道古索从北面攻入塞洛镇,一时间造成恐慌。负责守卫该地段的德军第3排显然趁夜间逃之夭夭。

塞洛镇南部边缘的情况也开始恶化。面对红军重新发动的进攻,第76装甲掷弹兵团倍感压力。红军近卫步兵第27师对德军装甲掷弹兵的防御阵地发起冲击,近卫坦克第11军几个坦克旅提供支援,该军从塞洛镇南面攻上高地。武装党卫队的德裔成员S.H.兰道目睹了当时的情形,虽说描述的时间有些含糊,但他捕捉到眼前令人难以置信的场景:

我们很快到达一座细细长长的平顶山丘,山丘尽头是一道陡峭得近乎垂直的落差,高度约为20—30米。这道天然沟渠的顶部,部署了该地区德军指挥官能搞到的每一门火炮……一根根炮管压低到我觉得不可思议的角度。

我从阵地顶部看着伊万不断逼近,不由得有点脊背发凉。敌人投入各种型号的坦克,但T–34数量最多,可能比我们的火炮还要多。谁能描述俄国步兵不断进逼的情形呢,反正我做不到。³⁸

近卫军上士S.H.戈格利泽是T–34/85坦克驾驶员,回忆起4月17日上午在塞洛镇南面冲上高地山坡的情形:

步兵急需坦克支援,好多地方,敌人的火力点非常活跃。

我穿过空地,朝高地底部全速驶去,随后开始上坡,战车自信地向前而去。一发发炮弹在旁边炸开,纷飞的弹片和子弹击中装甲板。尽管如此,我必须堵住缺口,尽快驶上道路。

近卫军中尉德廖明是我的车长,他命令道:"前进,前进!"

每个人都按捺不住地向前而去,步兵攀上峭壁,我们的坦克不断向前,身后拖着火炮。

瓦西柳克上士和装填手特卡琴科中士坐在我身后的炮塔里,操作火炮朝敌人射出一发发炮弹。他们旁边的报员佩图霍夫以机枪朝德国佬猛烈射击。

我们都驶上山坡……我提高转速,发动机加速运行,工作得平稳可靠,毫不间断。我操纵坦克,选择更适合战车行驶的路段,但这种地形越来越少,而且离高地顶部还有很长一段路。

我们的坦克突然发出剧烈的震颤,敌人一发炮弹射中炮塔右侧。这发炮弹只是擦伤了装甲,没能穿透。装填手特卡琴科被震得双耳发聋,但几分钟后,他继续奋力装填炮弹。

我看见左侧两个德国兵端着"铁拳"躲在掩体内,他们没有瞄准我们的战车,而是对准旁边一辆。我驾驶坦克转向左侧,加快速度,用履带碾压敌人。

上坡越来越难,发动机发出阵阵嘶吼,坦克几乎要直立了。我随即操纵坦克,不是垂直于高地顶部,而是沿对角线行进。战车现在行驶得更加轻松,但右履带的负重加剧了。没关系,它能承受得住。T-34的传动系统和发动机都很可靠。

我们车组把炮塔转向左侧,朝那个方向开火。一发炮弹射出,我看见敌人一门火炮炸得飞入半空。

冒着猛烈的火力,这段攀爬陡坡的行程极其艰难,而且持续了很长一段时间。但苏联制造的战车光荣地经受了考验。待坦克到达高地顶部,发动机的轰鸣减弱了。

坦克行驶得更加轻松,可惜车组人员遭了大罪,因为敌人的火力朝战车袭来。车上的火炮和机枪全力还击。我利用履带和战车的重量,协助车组消灭敌技术装备和人员。我压死"铁拳"射手,还碾碎了敌人的机枪和其他武器。

驶上高地的坦克越来越多,一群群步兵也冲了上来,火炮朝敌防御纵深开火。

我的头戴式耳机里传来命令:"前进,前进!"[39]

战斗不断加剧,团长施塔默约翰上校清晨某个时刻阵亡[40]。红军重新发动进攻,再加上施塔默约翰上校阵亡的消息,让战斗群指挥所残余人员情绪低落。当日傍晚,德国守军奉命撤往西面数公里,迪德斯多夫前方的高地,他们以夜色为掩护撤出塞洛镇。当晚19点,首批红军部队慢慢占领了塞洛镇左半部分。近卫坦克第1集团军司令部人员占据镇子北部一栋小屋,等待上级下达后续命令,因为朱可夫原先的计划时间表已派不上用场[41]。

4月17日上午，第90装甲掷弹兵团仍在塞洛镇东北面的奥得河沼泽地内。突击第5集团军辖内部队攻往该团北面，与第9伞兵师交战，而近卫第8集团军主力攻往高地期间，从南面绕开这群装甲掷弹兵。清晨4点，第90装甲掷弹兵团把指挥所迁回古索车站。近卫坦克第1集团军的战车沿道路而行，没有开火，但他们突然到来，给第90装甲掷弹兵团指挥所造成一场灾难。由于战役首日进展缓慢，红军没理会德国守军形成的一个个口袋，而是向西疾进。朱可夫不想再发生任何延误，敦促麾下指挥员不惜一切代价前进。一支支红军部队渗透到第90装甲掷弹兵团第1营、第2营身后，第90装甲掷弹兵团第3营主动后撤，以免陷入包围。

上午9点，第90装甲掷弹兵团在第8装甲营几辆自行火炮掩护下后撤。该团很快到达格尔斯多夫周边地带，团部人员朝高地转移之际，追击的红军部队就在团阵地对面。红军黄昏时对该团翼侧发动进攻，进入第20装甲掷弹兵师主力身后。第90装甲掷弹兵团立即发起反冲击，一门20毫米高射炮和第8装甲营几辆坦克提供支援，但没能击退红军[42]。残余的装甲掷弹兵实施战斗后撤，退往明歇贝格西面的沃坦阵地。第90装甲掷弹兵团这场退却，把第9伞兵师余部的右翼暴露在外，红军进入拓宽的突破口。

第9伞兵师余部以小股部队发起一连串反冲击，继续抵御突击第5集团军。地形有利于防御，因为该师左前方是泛滥的老奥得河，迫使近卫坦克第2集团军不得不在更北面寻找合适的渡场。第9伞兵师防线右侧，第27伞兵团完整无损的2个营驻守古索镇。古索镇坐落在几道起伏平缓的山坡间，再过去是几片茂密的林地，只有几条蜿蜒、狭窄的土路穿过这些林地。红军步兵第248师企图从后方包围古索镇，分割第26、第27伞兵团残部，而步兵第301师协同坦克第11军辖内分队正面冲击古索镇。德军在镇周围部署了几门88毫米高射炮，由十五六岁的空军人员操作。这些小伙猛烈打击敌坦克，直到炮弹耗尽才把他们的88炮炸毁[43]。13点，古索镇落入红军手里。

第27伞兵团残部越过树林撤往武尔科，途中还穿过第18装甲掷弹兵师开抵的先遣分队。红军坦克毫不拖延地展开追击。据第9伞兵师的老兵古斯塔夫·赫布斯特说，他和连队进入武尔科刚刚5分钟，18辆敌坦克就冲出东面的树林[44]。德国人立即发起反冲击，很可能击毁了大部分敌坦克，因为武尔科又

奥得河沼泽地内一辆SdKfz.124"黄蜂"自行火炮（近处）和一辆SdKfz.165"熊蜂"自行火炮（远处），日期、地点、所属部队不详。不知道两辆战车出了什么状况。从照片可以看出，4月初到当月中旬，奥得河沼泽地低洼的洪泛区内，复杂的泥泞地形限制了交战双方的运动。"黄蜂"周围的情况值得注意，地上似乎有个地图盒，旁边散落着可能很有价值的情报，车辆前方扔着两具"铁拳"和一枚盘式地雷，表明这辆战车可能碾上诡雷。

一辆后期型号的三号突击炮陷入排水沟或大弹坑。俄罗斯国家电影和照片资料档案馆的照片注释指出，拍摄地点位于明歇贝格镇外。但本书作者去过那里，没找到相应的地点。这张照片也可能是在奥得河沼泽地内的戈尔措或旧图赫班德拍摄的，甚至有可能在更西面。这辆战车的顶部有5个战争后期的蘑菇状吊机底架，还装有额外的"东线履带"，提供了更多防护。这辆战车可能隶属第56装甲军辖内某师。

一辆遗弃或损毁的四号坦克歼击车，拍摄地点与左图三号突击炮相同。这辆坦克歼击车可能隶属第56装甲军辖内某师。

坚守了一天。幸存的伞兵组成临时编队，继续向西实施战斗后撤。第25伞兵团在先前的战斗中遭粉碎，几个拼凑起来的营撤往北面。当日早些时候与第27伞兵团脱离后，第26伞兵团残余的分队退往东北面，但也有部分官兵撤往西面，朝柏林退却期间加入第27伞兵团[45]。

突击第3集团军克服德军的顽强抵抗，一路向前进击，4月17日傍晚强渡弗里德兰运河。直到4月18日，突击第3集团军才到达进攻出发线以西15—16公里，他们本该在进攻首日就实现这项目标。"柏林"师残部继续后撤，辖内部队从一个城镇退到下一个城镇，直到遇上宪兵，宪兵的任务是维持秩序，命令溃逃的士兵返回前线。大多数情况下，宪兵允许部队文员和后勤人员通过他们的警戒地段，但发现携带武器的士兵，会勒令他们返回前线[46]。

第56装甲军北翼遭迂回，面对红军持续不停的进攻，南翼也向内凹陷。第18装甲掷弹兵师没能稳住防线，也没能以成功的反突击封闭军左翼的缺口，导致态势更加复杂。第27伞兵团退却之际，第18装甲掷弹兵师先遣分队刚刚进入武尔科周边地带的防线[47]。海因里齐不得不抽出最后的预备队，加强魏德林的防线。他当晚命令党卫队第11"诺德兰"装甲掷弹兵师南下，开入第56装甲军作战地带，在第9伞兵师破裂的左翼占据阵地[48]，他还从预备队抽出党卫队第23"尼德兰"装甲掷弹兵师，命令该师在塞洛镇南面进入党卫队第11装甲军身后的防线[49]。

为保持一道稳固的防线，魏德林命令麾下部队全面后撤，退到迪德斯多夫—旧罗森塔尔—赫梅斯多夫一线[50]。"明歇贝格"师的装甲兵和装甲掷弹兵奉命与红军脱离接触，向西转移，退守沃坦阵地。德国第9集团军称，他们在当日的战斗中又击毁211辆敌坦克，两天的交战共击毁317辆驶过德军防线的敌军战车，这番战果充分证明战斗是多么激烈[51]。

白俄罗斯第1方面军作战日志，从苏方角度总结了当日的交战，让我们得以了解各参战师宝贵的战术细节：

方面军部署在中央地段的部队，克服敌人猛烈的防御火力，击退敌步兵和坦克多次发起的反冲击，突破敌人在强大的加强防线上构设的防御，绕过塞洛镇和东面的利贝尼兴镇，向前推进12公里，夺得若干加强支撑点，其中一些是大型支撑点，包括但不限于塞洛镇、古索镇、普拉特科镇、弗里德斯多夫镇、多尔格林镇、诺伊哈登贝格镇、夸彭多费尔镇、新特雷宾镇。

敌人在许多河流、小溪、灌满水的运河岸边，依托预设防线掘壕据守，借助完善的战地支援体系和永备防御工事，以各种类型的武器抵御方面军遂行冲击的部队，还频频发起反冲击。

敌航空兵以单架飞机实施侦察飞行，轰炸皮里茨到兰茨贝格再到施维布斯的路线，还投入12—18架飞机组成的一个个航空编队，轰炸我方部队和基尼茨、屈斯特林、格里茨地区的渡场。

我们当日发现敌人总共投入261个战斗飞行架次，包括64个夜间战斗飞行架次。方面军防空部队击落8架敌机。

德国人使用无人驾驶的"槲寄生"复合飞机，撞毁红军沿奥得河构设的渡场，这一幕让许多红军指战员看得目瞪口呆。列兵T.科瓦尔回忆起当时的场景：

当天中午，地面和空中的战斗都很激烈。整片天空熏黑了，我躺在弹坑里望向上空。不同寻常的一幕吸引了我的注意力：一架大飞机载着架小飞机。我惊呆了——那架飞机怎么会停在另一架飞机上面呢？我目不转睛，想看看接下来会发生什么情况。两架连在一起的飞机径直朝我们扑来。突然，上面那架小飞机飞入空中，下面那架大飞机以螺旋机动飞往下方。它一头撞向地面，爆炸的威力太强大了，数百万颗星星在我眼中闪烁。爆炸过后，出现一个尺寸很大的弹坑，大得能把我的房子放进去。没错，德国人当初在苏联境内的第聂伯河畔烧毁了我的家。这玩意儿没什么可怕的，就是架"炸弹飞机"。[52]

白俄罗斯第1方面军作战日志，记述了辖内各集团军随后的交战情况：

突击第3集团军

从8点起，集团军辖内部队继续朝原先的方向进攻，15点前出到弗里德伦德尔·施特罗姆运河，在那里遭遇敌人有组织的抵抗。经过激烈战斗，他们渡过弗里德伦德尔·施特罗姆运河，迫使敌人逃离先前据守的防线。

敌人以第309步兵师残部和<u>重新投入战斗的第25机械化师</u>，实施强有力的抵抗，阻滞集团军遂行进攻的部队。「原件是手写的下划线。」

敌航空兵投入单架飞机和4—12架飞机组成的若干飞行编队实施侦察，轰炸我方进攻部队战斗队列，以及奥得河畔的渡场。

步兵第70军——克服敌人强有力的抵抗，辖内兵团在新特雷宾占领敌人一座大型支撑点，渡过弗里德伦德尔·施特罗姆运河，日终前到达以下战线：

步兵第150师——从库讷斯多夫镇东部边缘到梅茨多夫镇外。

步兵第171师——从梅茨多夫到运河交汇处（梅茨多夫东南方1.5公里）。

步兵第207师——担任军第二梯队，位于旧特雷宾和武布里格斯贝格附近。

步兵第12军——克服敌人强有力的抵抗，辖内兵团渡过弗里德伦德尔·施特罗姆运河，除了遂行进攻，下午4点前还夺得戈特斯加贝。

日终前，军属各兵团沿以下战线遂行交战：

近卫步兵第23师——从运河（施兰霍夫附属建筑群西南面1公里）到戈特斯加贝。

步兵第33师——从戈特斯加贝郊外到克洛斯特湖西北岸。

近卫步兵第52师——担任军第二梯队，在武舍维尔和欣青「发音」附近。

步兵第7军——经夜间运动，军属各兵团清晨5点集中在以下地域：

步兵第265师——索利坎特农场建筑群（基尼茨以西5公里）。

步兵第146师——威廉绍和福斯塔克（勒申东北面500米）。

步兵第364师——8.6地标（基尼茨以西3公里），单体建筑（8.6地标西南面？公里），单体建筑（基尼茨西南方2公里）。

坦克第9军——以辖内摩托化步兵渡到弗里德伦德尔·施特罗姆运河西岸，协同步兵第79军辖内部队在库讷斯多夫东南面遂行交战，弗里德伦德尔·施特罗姆运河东岸的军坦克兵团在布格瓦尔地域构设渡场。

集团军司令部设在新特雷宾。

突击第5集团军

实施20分钟炮火准备后，集团军辖内兵团重新发动进攻，克服敌人强有力的抵抗，渡过老奥得河，迫使敌人逃离既占防线，集团军取得12公里进展。

近卫步兵第26军——1945年4月17日前的夜间，该军继续进攻，辖内各兵团前出到老奥得河。炮兵前移，实施强大的炮火准备后，军属各兵团上午10点迫使敌人逃离老奥得河西岸既占阵地，日终前在以下战线遂行交战：

近卫步兵第94师——森林西部边缘（林根瓦尔德东北面1公里）到公路（林根瓦尔德东面1公里）。

步兵第266师——公路外（林根瓦尔德东面1公里）到多尔根湖西南岸。

近卫步兵第89师——担任军第二梯队，日终前集中在夸彭多费尔「发音」和贝温克尔的附属建筑群。

步兵第32军——军属各兵团利用浅滩和手头的渡河设备，沿宽大正面渡过老奥得河，克服敌人猛烈的火力抵抗，日终前在以下战线遂行交战：

近卫步兵第60师——施塔夫湖「发音」西岸到森林东部边缘（52.8地标西北面800米）。

步兵第295师——52.8地标北面800米，52.8地标，52.8地标南面500米。

步兵第416师——担任军第二梯队，位于普拉特科附近和森林内（普拉特科西南面1公里）。

步兵第9军——军属各兵团当日昼间协同一致，继续遂行紧张的交战，粉碎敌抵抗支撑点：

步兵第301师——与左翼外投入战斗的步兵第248师协同作战，当日前半天攻克古索庄园的敌支撑点，而后冲击、封锁个别敌支撑点，22点前该师在52.8地标南面1公里到赫梅斯多夫东部边缘一线遂行交战。

步兵第248师——从第二梯队投入交战，与步兵第301师辖内部队协同作战，攻克古索的敌主要支撑点，日终前在赫梅斯多夫南面1公里到绍斯湖「发音」东岸一线遂行交战。

步兵第230师——担任军第二梯队，位于古索附近。

近卫第8集团军

实施30分钟炮火准备后，集团军辖内兵团沿原先的突击方向重新发动进攻。近卫第8集团军克服敌人强有力的抵抗，击退对方以营级兵力和坦克多次发起的反冲击，与近卫坦克第1集团军辖内部队协同作战，迫使敌人逃离利于防御的防线，这道防线穿过韦尔比希东面的高地、塞洛镇、利贝尼兴镇，集军继续进攻，在个别地段取得7公里进展。

敌人投入"明歇贝格"装甲师、第20装甲掷弹兵师、第303步兵师、第163人民掷弹兵师「可能是第169步兵师」、"库尔马克"装甲掷弹兵师、第404人民炮兵军、"勃兰登堡"装甲师「只有"勃兰登堡"装甲团在场，"勃兰登堡"装甲师此时在中央集团军群辖内作战」、第26要塞炮兵旅、第17高射炮师第35炮兵团的兵力，沿预设防线掘壕据守，面对近卫第8集团军的突击力量，敌人不仅以猛烈的火力实施强有力的抵抗，还以一个步兵营、8—12辆坦克和自行火炮多次发起反冲击。

昼间，敌航空兵投入10—15架飞机组成的若干飞行编队，轰炸集团军突击部队作战队形和集团军后方地域。

近卫步兵第4军——军属各兵团与近卫坦克第11军辖内部队协同作战，继续进攻，克服敌人强有力的抵抗，夺得塞洛镇，这是敌人重要的支撑点，掩护着通往柏林的道路。

近卫步兵第35师和（近卫）坦克第40旅（隶属近卫坦克第11军）——从军第二梯队投入交战，当日晨发动进攻，克服敌人强有力的抵抗，日终前在旧罗森塔尔东部边缘到韦梅林湖东北岸一线遂行交战。

近卫步兵第47师和（近卫）坦克第44旅（隶属近卫坦克第11军）——经过激烈战斗，攻克塞洛镇内的敌支撑点，日终前到达格尔斯多夫到迪德斯多夫北部边缘一线。

近卫步兵第57师——肃清了格尔斯多夫东面森林内的敌人。

近卫步兵第29军——军属各兵团克服敌人在塞洛镇以南地域的抵抗，日终前沿以下战线遂行交战：

近卫步兵第27师——魏恩贝格湖东岸到森林（弗里德斯多夫西面1.5公里）北部边缘。

近卫步兵第74师——森林（弗里德斯多夫西面1.5公里）西部边缘到多尔格林镇郊。

近卫步兵第82师——担任军第二梯队，开入近卫步兵第27师身后。

近卫步兵第28军——军属各兵团与近卫机械化第8军（隶属近卫坦克第1集团军）辖内部队协同作战，遭遇敌人猛烈的火力抵抗，击退敌人以营级兵力、8—12辆坦克和自行火炮从多尔格林和利贝尼兴发起的五次反冲击，一举攻克多尔格林，日终前继续沿以下战线遂行交战：

近卫步兵第79师——多尔格林西部边缘到公路（利贝尼兴北面1公里）。

近卫步兵第88师——利贝尼兴东部边缘到灌木丛（利贝尼兴东南方2公里）。

近卫步兵第39师——傍晚离开萨克森多夫地域，开往近卫步兵第79师进攻地带。

近卫坦克第2集团军

集团军辖内兵团昼间继续进攻，奔向弗里德伦德尔·施特罗姆运河和老奥得河渡场，为坦克渡河创造条件。摩托化步兵协同突击第5集团军辖内部队遂行战斗。

近卫坦克第9军——摩托化步兵在布格瓦尔附近渡过弗里德伦德尔·施特罗姆运河，协同步兵第79军（隶属突击第5集团军）「原件是手写的下划线」辖内部队遂行战斗。日终前，军里的坦克集中在新特雷宾西面的弗里德伦德尔·施特罗姆运河东岸。

近卫坦克第12军——由于夸彭多费尔「发音」地域没有渡场，该军在普拉特科附近到达老奥得河北岸，攻往诺伊哈登贝格。

机械化第1军——1945年4月17日晨，从集团军第二梯队投入交战。军属一部和突击第5集团军夺得诺伊哈登贝格，在森林（诺伊哈登贝格以西4公里）内遂行交战。

集团军司令部设在莱茨欣。

近卫坦克第1集团军

集团军辖内兵团协同近卫第8集团军各兵团，上午10点30分朝明歇贝格总方向发动进攻。集团军辖内兵团克服敌人强有力的抵抗，击退对方以营级兵力、10—25辆坦克和自行火炮多次发起的反冲击，日终前在以下战线遂行交战：

坦克第11军——协同步兵第301、第248师（均隶属突击第5集团军）：赫梅斯多夫东部边缘到海斯湖「发音」东岸。

近卫坦克第11军——协同近卫步兵第35、第47师（均隶属近卫第8集团军）辖内部队：旧罗森塔尔到格尔斯多夫。

近卫摩托化第8军——协同近卫步兵第28军（隶属近卫第8集团军）的步兵夺得多尔格林，军先遣支队（近卫坦克第1旅）超越步兵后，19点在新福韦尔克附属建筑群外遂行交战。从20点起，军主力从弗里德斯多夫地域开往迪德斯多夫北面的森林。

近卫坦克第64旅和近卫坦克第11团——19点30分渡过奥得河，到达拉特施托克地域（格里茨西北方8公里）。

自行炮兵第19旅——渡过奥得河，下午6点正赶往旧图赫班德。

集团军司令部设在塞洛镇。

第聂伯河区舰队

河流舰艇第1、第2支队在旧德雷维茨、旧绍姆堡、卡伦齐希地域的桥下通过，集中在基尼茨地域。

河流舰艇第3支队以其主力在尼斯河河口以东4公里占据发射阵地。

空军第16集团军

由于天气条件恶劣，战斗侦察飞行受到限制。夜间，波-2飞机、轰炸机、强击机摧毁敌发射阵地的火炮，还破坏了我方突击部队前方的敌支撑点。

集团军共出动1597个战斗飞行架次，包括803个夜间战斗飞行架次。

我方航空兵的战斗飞行，击伤击毁20门敌火炮，炸毁敌人一座弹药库，引发18起火灾，还在8场空战中击落9架敌机。[53]

4月18日，星期三

4月18日对第56装甲军是至关紧要的一天。塞洛镇和施泰因阵地周围的高地都落入红军手里。魏德林面临翼侧遭突破的危险，只能寄希望于维斯瓦集团军群调派的预备队，但愿他们能稳住防线，多坚守几天。红军一方，朱可夫的作战行动落后于计划时间表48小时。他的先遣分队继续向前缓缓推进，一个个师企图在陌生的松林内、起伏的山丘上绕过德军防御阵地，但经常与敌人迎头相遇。

朱可夫的部队缺乏协同,普遍都很混乱,这种情况导致各兵团的战术态势更加复杂。例如,德国第9伞兵师临时组织的布卢门塔尔连部署在赫梅斯多夫,不得不击退红军坦克第11军一连串正面坦克突击。这个临时连队的伞兵,在近距离防御战中击毁5辆T-34/85和1辆"约瑟夫·斯大林"坦克[54]。红军坦克兵前进期间,步兵师没有遵照朱可夫的命令随行提供支援,红军坦克部队经常发生这种情况。

据坦克第11军军长尤舒克称,红军当年1月在维斯瓦河与奥得河之间发动冬季攻势期间,坦克与步兵兵团相隔200—300公里很常见。现在两个兵种间隔5—15公里成为常态,尽管靠得很近,但坦克和步兵毫无协同可言,在左翼或右翼作战的其他兵团也没提供支援。误击友军的意外令人担心,上级提醒各炮兵兵团谨慎行事,以免误击己方部队,尤其要留意尤舒克军的坦克兵。坦克第11军没实施任何有效侦察,就企图绕开德国守军,结果在附近的树林里遭遇德军激烈抵抗。

党卫队第11"诺德兰"装甲掷弹兵师先遣力量,夜间向南开往第56装甲军作战地带,穿过的各条道路上,挤满向西奔逃的难民和溃兵。战役打响前,紧邻主防线的后方地域已经转移了平民百姓,但施泰因阵地以西地域没有疏散,因为当地居民还得从事农业生产。红军不断逼近,迫使居民徒步逃往西面。有些德国兵被红军初期突击打得晕头转向,不愿在接下来的战斗中白白送命,于是丢下武器向西溃逃。还有些官兵跟部队失去联系,在战场上四处游荡,寻找自己的上级,想获得领导和命令。第101军后方地带尤为混乱,"柏林"师在那里土崩瓦解。"诺德兰"师的调动耗时近两天,红军战机不断滋扰该师行军纵队[55]。

集团军群命令"诺德兰"师开往南面,4月17日傍晚加入党卫队第11装甲军防线。维斯瓦集团军群的电话日志表明,集团军群军需长吕克特上校接到命令,待"诺德兰"和"尼德兰"师开抵第9集团军防线后方的展开地域,就为两个师提供汽油[56]。魏德林期盼"诺德兰"师立即从雅恩斯费尔德东南地域发起反突击。这场进攻的企图,是沿明歇贝格东面的帝国铁路1号线插入突击第5集团军与近卫第8集团军的作战分界线。党卫队第11装甲侦察营率先开拔,该营彻夜行军,奔赴反突击展开地域[57]。"诺德兰"师先遣分队到达第56装甲军战线后方之际，该师几个团停在普勒策尔周围，还有些装甲掷弹兵到达布科东面的树林。也就是说，该师的到达地点远在雅恩斯费尔德北面和西面。

有报告称，除了党卫队第11装甲侦察营，"诺德兰"师辖内其他部队"耗尽汽油"，无法按照上级的命令完成展开。11点15分，维斯瓦集团军群司令部接到报告，称"诺德兰"师在施特劳斯贝格附近耗尽汽油[58]。耽搁了20多个钟头，"诺德兰"师才获得足够的汽油，辖内部队总算行动起来[59]。魏德林对"诺德兰"师的进展深感不快，当天一直把该师师长、党卫队旅队长兼武装党卫队少将约阿希姆·齐格勒留在军部[60]。齐格勒的动机很可疑。

几名下属指挥官战后透露，说齐格勒不愿在国防军指挥官领导下作战。齐格勒后来还违抗魏德林和希特勒直接下达的指令，命令部队逃往西面。党卫队第24"丹麦"装甲掷弹兵团的例子就是个明证，海因里齐命令"诺德兰"师南下近8小时后，"丹麦"团才收到7点出发的书面命令，命令里只字未提即将发起的反突击，而是要求该团在施特劳斯贝格西面设立防线，面朝东面和东北面[61]。"丹麦"团本来要部署到更南面的奥得河畔法兰克福周边地域。海因里齐和魏德林设法解决预备队开抵后的展开问题时，红军忙着巩固既得战果，做好了继续进攻的准备。

崔可夫近卫第8集团军的指战员疲惫不堪，在塞洛镇内占据各栋房屋的每一个角落。第408人民炮兵军的火炮瞄准塞洛镇，接连不断的炮火持续了一整天。昼间很少露面的德国空军也出现了，对塞洛镇实施扫射和轰炸。崔可夫没让部下休息太久。第二天早上，近卫第8集团军和近卫坦克第1集团军沿帝国铁路1号线攻击前进，狠狠打击第56装甲军与党卫队第11装甲军的作战分界线。"明歇贝格"装甲师和第20装甲掷弹兵师几个团继续守卫魏德林战线右翼，而"尼德兰"师（显然还有油料）、"库尔马克"装甲师、党卫队第11装甲军辖内党卫队第502重型装甲营的虎王坦克，据守道路以南地域。

在朱可夫反复催促下，崔可夫的军队沿最容易的接近路线挺进，攻往明歇贝格镇。他们没打算实施侦察。近卫坦克第1集团军的坦克，很快沿帝国铁路1号线形成首尾相连的单路纵队，其他部队沿翼侧几条次干道迂回前进。他们很快遭遇了占据有利地形的德国守军。随之而来的战斗相当激烈，德军坦克、反坦克炮、士兵伏击了一字排开的红军战斗队形。崔可夫下令暂时停止前进,打算从预备队前调近卫骑兵第3军,协助消灭德军阵地。

红军炮兵沿高地重新部署火炮,瞄准德国守军。他们采用"拳击"战术,以炮火形成一堵铜墙铁壁,阻止敌援兵开入前线,红军步兵趁机对遭隔断的守军发起冲击。这方面有个生动的例子,红军炮兵轰击塔姆斯阵地后方一线,步兵展开白刃战,争夺第20装甲掷弹兵师辖内部队的堑壕线。塔姆斯回忆道,那一刻的情形多次出现在他梦里,远远超过他三年半军旅生涯中从事的任何一场厮杀:"此前我从没经历过这样的战斗,很难相信居然会发生这种事,双方士兵抡着棍子和匕首混战,简直像中世纪的人。"[62]

近卫第8集团军继续楔入第56装甲军防线,魏德林别无选择,只能下令立即发起反冲击。下午晚些时候,"明歇贝格"装甲师第29装甲团第1营在迪德斯多夫西面的树林内整补,营里的坦克获得弹药和油料补充。措贝尔上尉接到的当前命令是收复特雷布尼茨村,近卫坦克第1集团军辖内分队刚占领该

明歇贝格镇东面,特雷布尼茨的东西向铁路线,霍斯特·措贝尔上尉率领的黑豹和虎Ⅰ式坦克在这里设伏,4月18日消灭红军向西进击的一支坦克纵队。

村。待措贝尔的部队赶到那里,发现敌步兵盘踞在村内。由于措贝尔遂行反冲击的分队没有步兵随行,他只好把坦克沿村子东面的铁路路堤展开。一支庞大的红军坦克纵队很快沦为措贝尔的猎物,对方驶出树林,向东穿过他的防线。红军坦克纵队遭遇措贝尔沿帝国铁路1号线实施的激烈抵抗,随后打算绕过德军顽强防御的阵地,结果被引入穿过该地区的东西向土路。措贝尔装甲营声称击毁近50辆敌坦克,他手下一名高级军士,面部负重伤前独力取得17个击毁战果[63]。措贝尔营随后遭到红军炮兵打击,傍晚前返回出发阵地。该营随后奉命撤回明歇贝格镇,那是崔可夫的下一个目标。

傍晚前,党卫队第11"诺德兰"装甲掷弹兵师先遣分队终于开抵许纳贝格高地上的阵地,师里几个营随即与已在该地域展开的其他德军部队协调防御阵地。贡纳尔·伊卢姆率领突击连开抵布科东面的树林,忙着寻找第9伞兵师辖内分队,有报告称他们就在这片地带[64]。伊卢姆的突击连隶属党卫

从布科向东望去的道路。这张照片展现出从塞洛高地延伸,典型的东西向道路网,而塞洛高地是红军坦克部队必须克服的。如照片所示,这些没改建过的道路只有一条车道,穿过茂密的树林,德军步兵很容易在密林内设伏,消灭红军笨拙的坦克纵队。

队第24"丹麦"装甲掷弹兵团，只有44名官兵。他们全副武装，不仅配备突击步枪，还带着一挺轻机枪和若干"铁拳"。这群士兵进入博勒斯多夫和布科东面的树林。

伊卢姆带着传令兵在普林茨哈根找到第9伞兵师指挥所，还向师长做了自我介绍。出乎他们意料，几支冲锋枪突然抵住他们后背，手枪也被收缴了，一名德军少校命令他们拿出证件和军饷簿。对方仔细核查后，发觉是一场误会，伞兵少校解释道，"赛德利茨的人"在整条前线活动，所以他们对陌生人都得小心提防[65]。这是伊卢姆首次听说"赛德利茨的人"，但在保卫柏林期间，他还会听到更多该组织的消息。伊卢姆查看地图，与伞兵做出最终协调后，率领部下进入防御阵地过夜。

朱可夫军队取得的进展很有限，主要原因是缺乏协同，寥寥几条堪用的土路发生严重的交通堵塞，导致许多部队混杂在一起，这些土路穿过塞洛高地后方林木茂密的山丘。缓慢的进攻速度不断消耗朱可夫的耐心，他再次收到坦克损失惨重的报告，他的坦克兵不是在开阔地遭到打击，就是在狭窄的土路上遭遇德军反坦克火力袭击。朱可夫终于明白过来，仅凭火力无法克服眼下的难题，所以他打算创造性地解决战术问题。

朱可夫立即组织交通管控勤务，指导各步兵师和坦克旅的协同问题，好让他们沿既定道路继续前进。他随后命令所有后勤车辆驶离主干道，还要求机械化步兵下车步行前进，可能是为肃清前进道路上一片片松林内的德国守军。可惜这些战术指令纯属事后诸葛亮，他的部队混杂在一起，经常在不利的战术处境下与德国对手交火。朱可夫以他典型的风格，强调不惜一切代价继续前进的要求，下达命令称，不履行职责的指挥员会被就地免职[66]。

朱可夫下达的指令说明，进攻战役开始前他几乎没考虑过地形的影响或协同运动的问题。他让机械化步兵下车，肃清树林里的道路，但这道新指令很可能给许多坦克部队造成更大的混乱，这些部队按照他先前的指示行事，全速向西攻击前进，此时在步兵兵团前方展开行动，肃清周边树林内德国守军的指令只对后方跟进的部队有利。另外，朱可夫罢免下属指挥员的威胁，只会促使他们继续以鲁莽的方式向西冒进，因为谁都不想在战争最后一场至关重要的战役中丢官罢职。红军继续进攻，势头有增无减。

4月18日，朱可夫麾下诸集团军只取得3—6公里进展，没能突破第56装甲军防线，但魏德林的翼侧已向内凹陷。随着战术态势不断恶化，第9伞兵师丧失了凝聚力。另外，集团军群司令部不得不派哈里·赫尔曼上校替换该师师长。空降兵上将布鲁诺·布罗伊尔用电台联络第56装甲军军

奥得河沼泽地内的弗里岑村。德军第606步兵师辖内分队和"一千零一夜"战斗群据守该村。村庄遭受的破坏证明这里经历了激烈的地面战斗。

部，请求批准他的师休整24小时[67]。这项请求显然源于绝望，眼下是德军防御最紧要的时刻，根本不可能批准。布罗伊尔对第9伞兵师的处境丧失信心，结果被解除职务。

面对红军炮兵施加的巨大压力，第20装甲掷弹兵师继续撤往西面，而"明歇贝格"装甲师仍在明歇贝格镇周围坚守阵地，但损失越来越大。实力强大的第18装甲掷弹兵师完整展开，但第56装甲军左翼的战术态势很不稳定，迫使该师也退往西面。这种情况促使红军从弗里岑一路渗透到蒂芬湖。朱可夫起初没留意这番战果。令魏德林愤怒的是，"诺德兰"师零零碎碎地开抵，进入的展开地域完全不符合他的预期。当日傍晚，近卫坦克第1集团军迫使"尼德兰"师退往帝国铁路1号线西南方，切断了魏德林与右翼党卫队第11装甲军的联系[68]。

白俄罗斯第1方面军的作战日志，描述了他们对4月18日战事的看法：

1945年4月18日，方面军实施短暂的炮火准备后，9点20分到10点50分，各军团继续沿原先的方向进攻。方面军遂行进攻的部队克服敌人猛烈的火力抵抗，击退对方发起的数次反冲击，日终前在中央地段朝韦尔诺伊兴和施特劳斯贝格方向取得6—7公里进展。

敌人以下述兵团加强他们部署在柏林前方的兵力集团：第1教导空军野战师、第1人民掷弹兵师、第18装甲掷弹兵师（原先的西里西亚装甲师）。他们

随后在预有准备的防线纵深,依托原先构设的防御网掘壕据守,以猛烈的火力抵御我方部队的进攻,还在遭受威胁的方向多次发起反冲击。

敌航空兵派单架飞机沿前线实施侦察,还投入18个飞行编队,每个编队4—20架飞机,轰炸我突击部队战斗队列和奥得河畔的渡场。

我们注意到敌航空兵当日出动了454个战斗飞行架次,包括30个夜间战斗飞行架次。

我方高射炮火击落22架敌机。

突击第3集团军

集团军辖内兵团9点起继续朝原先的方向攻击前进,克服敌人猛烈的火力抵抗,击退对方发起的数次反冲击,继续挺进6公里,日终前在以下战线遂行交战:

步兵第79军:

步兵第207师——从公路(舒尔岑多夫西南面1公里)到铁路(默格林主要住宅区西北面1公里)。

步兵第171师和坦克第9军1个坦克旅——从默格林主要住宅区西面1.5公里到卡岑湖西面1公里。

步兵第150师——在库讷斯多夫攻克敌支撑点后转入军第二梯队,集中在森林里(库讷斯多夫西面1公里)。

近卫步兵第12军:

近卫步兵第23师——从卡岑湖西南岸到赖歇诺东面1公里。

步兵第33师——从一座无名高地(巴茨洛西北面1公里)到70.8高地,再到一条公路(巴茨洛南面1公里)。

近卫步兵第52师——担任军第二梯队,集中在森林里(戈特斯加贝南面1.5公里)。

步兵第7军——军属各兵团下午3点开拔,午夜前集中在以下地域:

步兵第265师——布格瓦尔和新特雷宾。

步兵第146师——施拉恩霍夫的附属建筑群和布施霍夫的附属建筑群。

步兵第364师——格鲁贝和新弗里德兰。

坦克第9军——1个坦克旅协同步兵第171师辖内部队遂行交战，军主力集中在森林内（库讷斯多夫西面1公里）。

方面军司令员命令：突击第3集团军司令员应使用各种火力，确保近卫坦克第9军（隶属近卫坦克第2集团军）进入突破口。待步兵通过，近卫坦克第9军重新返回近卫坦克第2集团军作战建制。（白俄罗斯第1方面军司令部第10479号加密电报，1945年4月18日签发。）

突击第5集团军

实施短暂的炮火准备后，集团军辖内兵团7点重新发动进攻，克服敌人的火力抵抗，击退敌人步兵在坦克支援下发起的反冲击后，11点前取得2—3公里进展，前出到敌人沿赖兴贝格和明兴霍费「发音」西南面和西面预设的防线，遭遇敌人有组织的防御，日终前在这条战线遂行交战，企图突破敌军防御。

近卫步兵第26军——军属各兵团克服敌人的火力抵抗，击退对方以连级到营级兵力，在10—20辆坦克支援下发起的数次反冲击，取得2公里进展，日终前在以下战线遂行交战：

近卫步兵第94师——从公路（巴茨洛南面1公里）到赖兴贝格西部边缘。

步兵第266师和近卫坦克第67旅——从赖兴贝格南部边缘到89.5高地。

近卫步兵第89师——担任军第二梯队，集中在旧弗里德兰西面的树林里。

步兵第32军——军属各兵团克服敌人的火力抵抗，取得3公里进展，日终前在以下战线遂行交战：

近卫步兵第60师和近卫坦克第11旅——从89.5高地到49.9地标西面1公里。

步兵第295师——从49.9地标西面1公里到田间道路交叉口（明兴霍费东北面2.5公里）。

步兵第416师——担任军第二梯队，集中在诺伊哈登贝格西面的森林东半部。

步兵第9军——军属各兵团克服敌人的火力抵抗，击退对方以连级到营级兵力，在10—20辆坦克支援下发起的数次反冲击，日终前沿以下战线交战：

步兵第301师和独立坦克第220旅——从田间道路交叉口（明兴霍费东北面2.5公里）到另一处田间道路交叉口（明兴霍费北面1公里）。

步兵第248师——从田间道路交叉口（明兴霍费北面1公里）到明兴霍费。

步兵第230师——担任军第二梯队，集中在武尔科东面的森林西半部。

近卫第8集团军

集团军辖内兵团继续进攻，克服敌人强有力的抵抗，右翼取得7公里进展；左翼遭遇敌人强有力的抵抗，击退对方多次发起的反冲击，敌人每次投入连级或营级兵力，还以10—12辆坦克为支援，集团军辖内兵团没能取得进展，日终前仍在原先的战线交战。

敌人沿预设防线掘壕据守，步兵、火炮、坦克火力相当猛烈，还以步兵和坦克多次发起反冲击，面对集团军遂行进攻的兵团，对方实施了强有力的抵抗。

近卫步兵第4军：

近卫步兵第35师——渡过弗利斯河「发音」，克服敌人的抵抗，日终前夺得奥伯斯多夫，在奥伯斯多夫到63.6高地一线交战。

近卫步兵第47师——从63.6高地到公路（雅恩斯费尔德北面500米）。

近卫步兵第57师——在森林（格尔斯多夫西南面1公里）附近担任军第二梯队。

近卫步兵第29军——军属各兵团克服敌人的火力抵抗，夺得沃林和迪格斯多夫「发音」，击退敌人以连级到营级兵力、8—10辆坦克为支援的四次反冲击，日终前在以下战线交战：

近卫步兵第82师——从右翼投入交战，肃清沃林西面的森林，晚10点前在雅恩斯费尔德前方交战。

近卫步兵第27师——从雅恩斯费尔德东南部边缘到一栋独立建筑（85.9高地北面500米）。

近卫步兵第74师——从附属建筑群（弗里德斯多夫以北3公里）到南部空地（弗里德斯多夫西南面1.5公里）；辖内一个步兵团日终前到达马克思多夫附近。

近卫步兵第28军——面对敌人强有力的防御，军属各兵团昼间遂行了紧张的战斗，击退敌人以1个步兵营和10—12辆坦克发起的四次反冲击，军属各兵团在右翼没取得太大进展，日终前在以下战线交战：

近卫步兵第39师——1个团位于十字路口（弗里德斯多夫西南面1.5公里）到克

鲁门湖（多尔格林西南面2公里）；2个团在弗里德斯多夫附近担任第二梯队。

近卫步兵第79师——从多尔格林西南面500米到公路（多尔格林东南面1公里）。

近卫步兵第88师——从公路（58.9地标西面1公里）到利贝尼兴东部边缘，再到灌木丛（利贝尼兴东南面1公里）。

集团军司令部设在巴尔克韦因贝格「发音」。

近卫坦克第2集团军

集团军辖内兵团昼间与突击第3、第5集团军的步兵协同，继续进攻。

近卫坦克第9军：

近卫坦克第47旅——协同步兵第143师（隶属第47集团军）的步兵从南面绕过舒尔岑多夫，为争夺85.0高地（舒尔岑多夫高地西面500米）遂行交战。

近卫坦克第50旅——夺得默格林主要建筑区。

近卫坦克第65旅和近卫摩托化步兵第33旅——集中在森林内（巴茨洛北面1.5公里）。

机械化第1军：

辖内部队协同步兵第33师（隶属突击第3集团军）的步兵，夺得巴茨洛。

近卫坦克第12军：

近卫坦克第48旅协同步兵第266师（隶属突击第5集团军）的步兵争夺赖兴贝格；军主力集中在林根瓦尔德东南面的森林附近。

近卫坦克第1集团军

1945年4月18日晨，集团军辖内兵团协同近卫第8集团军的部队，朝原先的方向重新发动进攻。昼间，他们击退敌人以步兵和10—20辆坦克发起的四次反冲击，把敌人赶出赫贝尔斯多夫、特雷布尼茨、迪德斯多夫的加强支撑点，超越近卫第8集团军的步兵后，近卫坦克第11军和近卫机械化第8军辖内部队朝明歇贝格、海讷斯多夫发动进攻。

面对集团军遂行进攻的部队，敌人以火力和反冲击实施强有力的抵抗，集团军战线前方共数出80—100辆敌坦克和自行火炮。

坦克第11军——克服敌人的火力抵抗，击退敌人以1个步兵营、15—30辆坦克发起的三次反冲击，日终前夺得明兴霍费。

近卫坦克第11军——克服敌人的抵抗，先遣旅在明歇贝格接近地交战，夺得87.7高地（明歇贝格东北面2.5公里）；军主力跟随先遣旅，从特雷布尼茨地域出发。

近卫机械化第8军——夺得马克思多夫。

第聂伯河区舰队

河流舰艇第1、第2支队——在基尼茨地域等待渡河行动结束。

河流舰艇第3支队——位于尼斯河河口以东4公里的发射阵地上。

空军第16集团军

夜间投入的波-2飞机和昼间投入的轰炸机、歼击机组成的突击集群，在巴德弗赖恩瓦尔德「发音」、施特内贝克、布科、明歇贝格、海讷斯多夫、埃尔策施多夫「发音」地域消灭了方面军突击部队当面的敌坦克、火炮、人员，还实施侦察，掩护战场上的己方部队。

集团军24小时内出动4114个战斗飞行架次，包括396个夜间战斗飞行架次。

航空兵的作战行动，击伤击毁敌人28辆坦克、39部机动车辆、70门火炮、5辆大车、2辆装甲运兵车；压制敌人40个炮兵、5个迫击炮兵连；制造了100多个起火点，炸毁5个弹药堆栈，驱散1000多名敌军官兵，在一定程度上杀伤了敌人。

集团军遂行了162场空战，击落161架敌机。[69]

4月19日，星期四

柏林的防御力量逐渐抽空。前一天，应海因里齐的请求，希特勒批准再给第9集团军调拨5个人民冲锋队营。每日态势研讨会上，希特勒下令腾出更多作战部队，调拨给维斯瓦集团军群。会议记录上写道：

希特勒的基本思想坚定不移，他认为必须在第9集团军前线保卫柏林。为确保这种防御，他答应维斯瓦集团军群司令「海因里齐」，与柏林大区领袖协商一致后，把柏林城内所有作战力量用于前线。柏林城内尚未彻底展开行动的人民冲锋队部队，必须把他们的武器交给KV「Kriegsverwendungdfähig的缩写，意思是"适合服役"」人员组成的空军、海军部队。柏林城内现有的5000支步枪和200挺机枪，用于武装"赫尔曼·戈林"第2伞兵装甲掷弹兵师。柏林城内60个机动高射炮战斗营，20个奉命守卫东南部防御地段，20个派往城外防区的东部防御地段，另外20个留在柏林城内担任预备队。人民冲锋队奉命跟高射炮战斗分队一同部署到城外防区，为他们提供步兵掩护。

希特勒下令，从柏林城内阿尔克特公司装运的下一批战车送往东南方，用于对付从东南方攻往柏林的红军坦克先遣力量。[70]

海因里齐清空柏林城内作战力量的努力失败了，因为接下来几天，承受巨大压力的第56装甲军退往西南方，为白俄罗斯第1方面军攻往东面的部队敞开道路。刚刚离开柏林的许多兵团，立即被红军赶回城内。

魏德林战役开始前不久接掌第56装甲军，可能对海因里齐"避免柏林沦为战场"的意图不太了解。战争结束后，俄国人多次审问魏德林，可他从没提过海因里齐的作战企图是沿奥得河守住防线。战役开始前，魏德林跟海因里齐或集团军群司令部参谋人员打过多少交道不得而知，我们必须在这种背景下看待他随后做出的决定。

4月19日凌晨，魏德林把麾下各师作战参谋召到军部，想了解当前战术态势，跟众人商讨应对方案。他在会上指出："我们的北翼和南翼一样，俄国人也取得突破。舍尔纳会守住南面的阵地，第3装甲集团军还没遭到猛烈进攻。很明显，俄国人企图尽快前出到柏林。我们的作战企图就是保卫柏林。"[71]第18装甲掷弹兵师作战参谋伯切尔持反对意见，他觉得在柏林各条街道上战斗纯属发疯，坦克在城内派不上任何用场。他认为第18装甲掷弹兵师应当退往南面，跟中央集团军群会合。伯切尔的意见动摇了魏德林的想法，他随后改口称柏林是一座不设防的城市，由于战术态势混乱不明，眼下无法做出最终决定。魏德林最后命令各师作战参谋，尽可能长时间坚守各自的防线[72]。接下来几天，这番交谈一直困扰着魏德林和伯切尔，造成他俩当时都没预见到的影响。

第56装甲军北翼，充当突击第3、第5集团军先遣力量的近卫坦克第

2集团军继续进攻。4月19日晨,波格丹诺夫将军签发了第3043号加密电报,电报里写道:

> 近卫坦克第2集团军与突击第3、第5集团军协同作战,朝相同的方向「从北面包围柏林」发动进攻。近卫坦克第9军与突击第3集团军协同作战,遂行原先的任务,攻克普勒策尔后,攻往比索姆庄园、洛伊恩堡、滕佩尔费尔德、拉德堡方向;机械化第1军和突击第5集团军步兵第26军,朝林根瓦尔德、伊洛、普雷迪科、造船厂、舍恩费尔德、贝尔瑙方向进攻;近卫坦克第12军和突击第5集团军步兵第32军,朝赖兴贝格、格吕诺、克洛斯特多夫、韦尔诺伊兴、泽佩尼克方向进攻。[73]

按照波格丹诺夫的命令,近卫坦克第9军上午10点前从舒尔岑多夫攻往弗兰肯费尔德西面1公里一线。近卫摩托化步兵第33旅2个摩托化步兵营开往近卫坦克第47旅作战地带,在那里与德国守军交战。经过6小时激战,哈内科普村16点陷落。

近卫坦克第50旅攻往舒尔岑多夫西南方,上午10点夺得赫尔茨霍恩庄园。上午11点,该旅和近卫坦克第65旅、近卫摩托化步兵第33旅第1营前出到普勒策尔东北面1公里的战线。近卫坦克第9军辖内部队从普勒策尔地域变更方向,向北开赴施特内贝克①,16点攻克该镇[74]。红军前出到哈内科普—施特内贝克一线,在第56装甲军北翼打开个永久性缺口。

机械化第1军攻克巴茨洛,而后实施机动,穿过塞洛高地北面茂密松林周围的开阔地,攻占赖歇诺。近卫坦克第9军转身向北,军属坦克兵团转向西南偏西方,沿公路攻往赫尔茨霍恩庄园和普勒策尔。机械化第19旅一马当先,占领86.4高地东坡,迫使德国人逃离赖歇诺南面的防线,一举夺得赖歇诺村,而后在赫尔茨霍恩庄园和102.4高地与近卫坦克第12军近卫坦克第49旅会合。16点,争夺普勒策尔的战斗打响[75]。

---

① 地图10标的是施特恩巴赫。

挺进期间，坦克第9团发现德军一支炮兵纵队从弗里岑方向后撤。红军坦克兵利用丘陵地形，没有等待步兵支援就封锁了德军炮兵纵队的后撤路线。团里的坦克发起攻击，穿过德军纵队，追上对方20门拖曳式火炮和反坦克炮。德国人来不及排开火炮实施防御，整个纵队迅速土崩瓦解。俄国人声称他们在近距离内击毁敌人6门76毫米反坦克炮、6门150毫米火炮。

机械化第19旅坦克第9团团长马特维·博尔托夫斯基少校亲自击毁敌人7门火炮，这份战果为他赢得"苏联英雄"称号。坦克支援连连长切尔内绍夫上尉和卡扬别尔上尉也因为作战表现出色获得嘉奖[76]。

近卫坦克第49旅继续挺进，前出到普雷迪科东郊，"诺德兰"师一部据守在那里。据苏方记录称，德国空军当日在该地域攻击了挺进中的红军坦克兵。近卫坦克第49旅没有等待步兵支援就从西北面发起冲击，经过7小时激战，肃清普雷迪科镇内守军。该旅16点到达普勒策尔，苏方记录称，德国人已经把这座大型城镇打造成"强大的抵抗枢纽部"。

近卫坦克第49旅企图从西南面实施迂回机动，但在树林里遇到砍倒的树木路障，随后在普勒策尔东南面2公里左右的树林边缘遭遇德军防御。17点，坦克旅转身向南，任务是和姊妹旅（近卫坦克第48旅）穿过恩斯特霍夫和格吕诺西面的森林，攻往克洛斯特多夫。

赖兴贝格尔公路从博勒斯多夫向西延伸到施特劳斯贝格。伊卢姆率领"诺德兰"师的装甲掷弹兵和希特勒青年团的反坦克小组，从道路两侧的树林里粉碎了红军JS-2坦克突破德军防线的企图。

党卫队第503重型装甲营精心伪装的虎王坦克，部署在博勒斯多夫西北方丘陵地带，隐蔽车身，只露出炮塔，一举歼灭红军近卫坦克第12军从东面树林出现的分队。

苏方记录称，由于格吕诺周围遍布沼泽，几个坦克旅只能排成单路纵队沿道路而行。这种队形让红军坦克沦为德军反坦克炮的猎物，损失很大，"因为坦克旅遭遇敌人预有准备的防线，这道防线沿格吕诺西北面一片树林的东侧延伸。"[77]

红军两个坦克旅的先遣分队，一头闯入党卫队第503重型装甲营虎王坦克布下的伏击圈，该营跟随党卫队第11"诺德兰"装甲掷弹兵师第11"赫尔曼·冯·扎尔察"装甲营刚刚开抵。为首的红军坦克出现时，党卫队小队长格奥尔格·迪尔斯的虎王坦克（编号314），就在克洛斯特多夫东北面高地上。迪尔斯的虎王与T-34交火，逐一击毁对方，直到红军炮手射出的炮弹命中迪尔斯的炮塔，破坏了他那辆虎王的火控系统[78]。

二级突击队中队长米勒指挥党卫队第503重型装甲营另外5辆虎王，位于迪尔斯东南面。他把3辆重型坦克靠前部署在格吕诺附近高地的阻截阵地内，从林木茂密的高地上掩护开阔地。虎王坦克的绿色、棕色迷彩涂装，致命的88毫米炮弹发射时无烟，再加上先进的光学设备，让部署在固定阵地内的德军重型坦克获得明显的优势。100多辆红军坦克从东面驶入开阔地。

但3辆虎王坦克过早开炮，几发炮弹射偏了。红军坦克兵起初无从判明炮火袭来的方向，但立即做出应对，一辆辆坦克散开，实施不规则机动，以免沦为活靶。德国人早就领教过对方这种战术。据德军第33装甲团第1营1945年1月19日—2月15日提交的敌情报告称，红军坦克在近期机动作战中采取的战术没什么作用。报告指出，在开阔地遭遇红军坦克编队，对方由于缺乏有效的指挥控制，往往会散开队形，企图以毫无计划的快速越野运动弥补这一弱点，以免沦为打击目标[79]。

3辆虎王很快耗尽了弹药，党卫队一级小队长卡尔·克尔纳（编号311的虎王坦克）指挥担任预备分队的2辆虎王，奉命投入战斗。5辆虎王共击毁70辆敌坦克，损毁的战车残骸在开阔地熊熊燃烧。俄国人终于发现虎王的藏身处，调来绰号"斯大林管风琴"的喀秋莎火箭炮还以颜色。火箭弹雨点般落在虎王坦克集中地周围，米勒阵亡，弹幕落下时，他刚好待在坦克外。但德军这场坦克猎杀战还没结束。

党卫队第24"丹麦"装甲掷弹兵团一部位于几辆虎王坦克南面，他们昨晚占据这片阵地。红军火炮和火箭炮密集的弹雨继续袭向德军阵地[80]。红军援兵开抵，奉命夺取格吕诺和恩斯特霍夫。贡纳尔·伊卢姆的连队在树林东部边缘的前进防线掘壕据守，见状立即隐蔽起来。弹幕射击过后，在突击第3集团军战线最左侧行动的近卫坦克第12军发动进攻[81]。红军坦克投入冲击，叮当作响的履带声惊动了丹麦人，他们赶紧进入防御阵地。伊卢姆看见红军一个重型坦克旅出现在前方，他数出28辆JS-2坦克，战车上还搭载着步兵。他的连队配备了"铁拳"，还获得第9伞兵师一个火箭炮连支援。开抵的援兵是陆军和党卫队军士领导的希特勒青年团K反坦克团[82]。

伊卢姆的连队实施伏击，激烈的交战随之而来。战斗中，红军一辆坦克冲入树林内的德军防线。伊卢姆派2名士兵去干掉敌坦克，但其中一人很快就身负重伤。伊卢姆带着"铁拳"和手枪，亲自去解决敌坦克。他悄无声息地穿过树林，转身时看见一个红军士兵端着自动步枪，就在10米开外，伊卢姆纵身跳到一旁，避开对方朝他射来的第一串子弹，随即扔掉"铁拳"拔出手枪。就在这时，突然一声枪响，红军士兵倒下了。开枪的是伊卢姆连里的战友，这个匈牙利农村小伙名叫日卢茨基。伊卢姆捡起刚才丢下的"铁拳"，继续逼近敌坦克。他瞄准后发射"铁拳"，但空心装药火箭弹擦过JS-2厚厚的侧面装甲，敌坦克迅速后撤，在这场遭遇战中侥幸逃脱。

当天下午，红军再次发动进攻。猛烈的炮火击中200—300名希特勒青年团员据守的阵地，不少人阵亡，伊卢姆连里几名士兵也没能幸免。夜幕降临，他们奉命撤回霍恩施泰因村，在施特劳斯贝格东面的树林里过夜。

19日凌晨，红军列兵V.诺索克就在该地区，他后来谈起自己的经历。诺索克是否参加了对付丹麦人的战斗不得而知，但他的经历，让我们得以从红军的角度看待森林内的战斗：

4月19日，团长杜德尼克中校命令我们连赶去增援某步兵营，该营占领了德军几道堑壕。我们夜间开抵这些堑壕，随即挖掘阵地。当然，我们没法睡觉了。德国佬企图把我们连赶出既占阵地，战斗持续了一整夜。

凌晨3点左右，手榴弹不多了。我们的连长，近卫军上尉列文（我是他的通信员）给我下达命令：无论如何都得在拂晓前把手榴弹送来。我跳出战壕动身出发。夜色漆黑，地形陌生。德国人每隔5分钟射来一通炮火，激起的尘埃迷住我的双眼。不断爆炸的炮弹和迫击炮弹、燃烧的火药让人呼吸困难，似乎没有足够的空气，一时间难以行进。

我没找到我方野战弹药库。我不能空着手回去：我离开时，连里的手榴弹所剩无几，现在可能彻底耗尽。我找到尚未参加战斗的几个分队，向几名上士寻求帮助，有个上士（我不知道他姓什么）给了我一箱手榴弹。我赶紧返回。我们连阵地的接近地是一片开阔地，德国佬的火力射向那里。离我们连据守的堑壕还有15米时，德国佬发现了我，立即用机枪和"铁拳"朝我开火。我搂着弹药箱趴在地上装死。德国佬觉得此处没人还活着，于是不再朝这里射击。我用右臂夹着弹药箱跑完剩下的50—60米，具体情形我记不清了，也可能冲刺了四次。我总算回到指挥所，连长没认出我，疑惑地问道："怎么回事？"

我答道："我是诺索克，带着手榴弹回来了。"

"快把弹药箱拆开，把手榴弹分发下去！"

列兵切尔卡斯跑进来报告："快去帮忙，德国佬正沿交通线冲向我们的堑壕。"这时，我拆开弹药箱，又拆开一罐引信。首批10枚手榴弹做好了投掷准备。立即有人拎起手榴弹冲了出去。我迅速打开第二个罐子，刀子割得很快，就像切黄油，而不是金属罐。我往大衣卷边里塞了几枚手榴弹和引信，随即朝交通线跑去，在那里遇到列文上尉、穆尔塔津中尉、列兵梅福杰夫和伊万佐夫。他们手里都拎着枚手榴弹（我分发的第一批手榴弹），站在战斗排里。我从堑壕朝外张望，看见德国佬就在大约15米外的交通线上等着我们，一个个半弯着腰，手榴弹落在他们前方。列文上尉冲出堑壕扔了枚手榴弹，硝烟腾起，夹杂着负伤的德国佬发出的惨叫。他们损失了几个人，不再继续前进，而是躲在我们射不到的安全处，他们用"铁拳"射击，打得我们没法抬头。负责连队卫生健康事务的梅里宁，照料完伤员后返回，发现一个"铁拳"射手，于是对我说道："您枪法很好，我把他指给您看怎么样。"

其实我走了几步就发现了目标：那个德国佬隐蔽在一条浅浅的冲沟里，正煞费苦心地朝我们的堑壕投掷手榴弹。我朝他开了一枪，这家伙发觉自己被盯上了，赶紧伏倒在地。我等他稍稍探起身子，仔细瞄准后一枪结果了他。

15—20分钟后，炮火准备开始了。[83]

德军在博勒斯多夫周围向东发起反冲击，目的是支援党卫队第24"丹麦"装甲掷弹兵团，阻止红军穿过树林。丹麦人向西撤往施特劳斯贝格东面的阵地时，克尔纳的3辆虎王向东而行，发现敌人一个JS-2坦克连，该连先前穿过伊卢姆的阵地，现在排成纵队，沿松树林立的狭窄道路从恩斯特霍夫赶往施特劳斯贝格。

这个JS-2坦克连可能隶属近卫坦克第12军近卫坦克第79团，但无法证实。另外，集中在博勒斯多夫到东南方的T-34/85坦克，隶属近卫坦克第48、第49旅残部，以及正在开抵的近卫坦克第66旅。克尔纳几辆虎王开炮射击，击毁敌坦克纵队第一辆和最后一辆JS-2，挡住整支队列。由于道路两旁树木林立，炮塔的转动幅度受到限制，这些JS-2坦克被逐一击毁。几辆虎王随后对付大批T-34/85，着手干掉这些敌坦克。虎王打击JS-2期间，其他红军坦克有没有参战不得而知。德国人声称他们在这场战斗中击毁64辆敌坦克[84]。

三辆虎王随后撤往施特劳斯贝格补充弹药和油料。到达补给仓库，他们又接到命令，立即赶往北面，然后转向西北面的韦尔诺伊兴。他们在那里跟另外30辆T-34/85坦克和红军步兵交战，这支敌坦克纵队可能是近卫坦克第9军残部，当天早些时候跟虎王交过手，奉命向北而行，再转身向西，绕开德军阵地。第四辆虎王调了上来，德国人称击毁所有敌坦克，还以延迟引信炮弹挡住敌步兵的进攻[85]。

当日傍晚，JS-2坦克企图以夜色为掩护强行通过，赶往施特劳斯贝格，但几辆虎王再次挡住对方的进攻。德国人发射照明弹，照亮通往施特劳斯贝格镇的主干道，借助照明弹诡异的光芒朝JS-2开炮射击。希特勒青年团K反坦克团的小伙和党卫队第24"丹麦"装甲掷弹兵团的官兵位于周边树林内，参加了夜间消灭敌坦克的战斗[86]。红军没有停止进攻，再次以火炮和火箭炮猛烈打击党卫队第24"丹麦"装甲掷弹兵团第3营。周边树林起火，松树燃烧，腾起诡异的火光，守军接到命令，撤出树林退往施特劳斯贝格机场。近卫坦克第12军企图穿过茂密的树林攻往魏德林左翼，结果折损了大约200辆坦克。尽管损失惨重，但该军当日深夜前还是朝西面的施特劳斯贝格郊区前进了9公里。

德军寥寥几辆坦克和七拼八凑的步兵居然击毁这么多敌坦克，实在有些匪夷所思。但苏联公开的档案文件，证实德方战斗记述准确无误。近卫坦克第

2集团军辖内三个军投入战役时，共计620辆坦克和自行火炮，外加大约1.9万名官兵。三个军共损失242辆坦克和自行火炮，主要发生在4月19日—21日的48小时内，也就是说，战车损失高达40%！另外，这段时间他们还伤亡1800人左右，占总兵力的10%[87]。4月18日—21日，近卫坦克第12军的维修部门，修理了48辆T-34/85、5辆JS-2、12辆SU-100、2辆SU-76。考虑到俄国人回收、修理了77辆战车①，不可修复的损失很可能等于或高于这个数字[88]。虽说德国人也许重复计算了他们的击毁战果，但俄国人也经常多次修复他们的战车，所以几乎不可能弄清准确的数字。战役头三天，近卫坦克第12军不可修复的战车损失可能超过100辆，也就是说，这股作战力量折损了三分之一多。受损的战车也许要小修，也许要大修，所以近卫坦克第12军270辆坦克和自行火炮的编制兵力，尚能作战的大概不到60%。苏联方面的资料称，要不是红军具备维修这些坦克的能力，近卫坦克第12军根本无法完成攻往柏林的作战任务。红军总参谋部的柏林战役研究承认，当日的战斗极为艰巨：

> 近卫步兵第12军在林地和湖区的复杂地形条件下作战。该军把第二梯队师投入交战，与机械化第1军一部协同，完成对德军第二道中间阵地西部的突破。经过激烈战斗，军属部队攻克德军普勒策尔、普雷迪科支撑点。[89]

4月19日一整天，突击第3、第5集团军辖内部队沿德军第二道中间防御阵地进行了激烈的交战，这道阵地沿弗里岑—巴茨洛—赖兴贝格一线延伸。

崔可夫沿帝国铁路1号线对明歇贝格镇发动进攻，步兵第82师第242团担任先遣力量。该团团长伊万·费奥多罗维奇·苏霍鲁科夫近卫军上校没有实施正面冲击，而是转向西北面进入树林，打算迂回该镇。苏霍鲁科夫利用步兵、自行火炮、坦克组成的小股合成部队，经过数小时战斗后攻克明歇贝格镇[90]。

苏联后期出版的一部著作称，近卫坦克第1集团军接到命令，让他们对明歇贝格镇发动正面突击，但集团军司令部拒不执行，可能是因为他们先前

---

① 应是67辆。

在明歇贝格镇接近地遭受了严重损失。近卫坦克第1集团军转身向南，避开德国守军，继续向西挺进，让崔可夫自行解决问题[91]。这种说法是可信的，因为"明歇贝格"装甲师报告，他们据守这座平静的德国小镇，沿接近地击毁53辆敌坦克[92]。红军损失的大批战车，可能是措贝尔遂行防御的黑豹和虎Ⅰ式坦克取得的战果。

不管怎样，明歇贝格镇傍晚前后陷落。崔可夫写道，攻克明歇贝格镇后，他按照朱可夫的命令转向西南方，但他的坦克力量在树林里遭遇德军强有力的抵抗，敌人以"铁拳"阻挡他的进攻[93]。在此处挡住崔可夫前进步伐的是"明歇贝格"师担任后卫的装甲掷弹兵，以及第20装甲掷弹兵师部分分队[94]。

争夺明歇贝格镇的交战是如何进行的，苏联官方记述提供了第三种观点：

为夺取明歇贝格镇组织进攻时，近卫步兵第29军和近卫坦克第11军军长听取了方面军司令员的指示，即发展攻势期间，我们不能为争夺居民区和支撑点陷入长时间交战，敌人已经把这些地方打造成适合防御的据点，所以我们要绕开这些地方，避免正面进攻。

根据这些指示，近卫步兵第29军军长给辖内兵团分配了以下任务：

近卫步兵第82师攻往87.7地标——福莱湖总方向，同时从北面打击明歇贝格镇，日终前攻克该镇；近卫步兵第27师和近卫坦克第11军近卫坦克第44、第45旅，沿屈斯特林——柏林铺装道路攻击前进，夺取埃利森霍夫，从南面迂回明歇贝格，以这种方式支援近卫步兵第82师辖内部队，而后攻往埃格斯霍夫。左翼的近卫步兵第74师，负责掩护军突击集团左翼，沿10公里长的战线展开，准备攻往南面，这条战线位于明歇贝格东南面树林的南部边缘。

4月19日，我军实施30分钟炮火准备，13点30分发动进攻。近卫步兵第82师近卫步兵第242团以猛烈的冲击夺得77.0高地，留下一个营守卫高地，另外两个营继续攻往西南方，从南面绕过福莱湖，前出到达姆斯多夫——明歇贝格铁路线。师里另外两个团前出到福莱湖西北面的阵地，16点到达铁路线，从北面迂回了明歇贝格镇。

近卫步兵第27师和近卫坦克第44、第45旅前进了250—300米，随即遭遇明歇贝格镇袭来的猛烈炮火，以及埃利森霍夫射来的机枪和反坦克炮火力，德国人把发射点设在工厂厂房内，先前的炮火准备没能压制对方。师里的步兵遭到压制，携带"铁拳"的敌军士兵给我方坦克造成惨重的损失，这些坦克只好退回隐蔽处，从那里炮击埃利森霍夫的敌火力点。

右侧的近卫步兵第47师，进攻行动很顺利，2小时内取得4.5—5公里进展，16点，师里的部队在达姆斯多夫北郊作战。

鉴于近卫步兵第27师在埃利森霍夫地域受到延误，为加强该师的进攻力量，尽快执行转向明歇贝格镇南面的机动，近卫坦克第11军军长把配合近卫步兵第47师作战的近卫坦克第40旅调往南面，在近卫步兵第27师右翼团的战斗队形中发动进攻。

17点，我军对明歇贝格镇北郊、东郊、东南郊和埃利森霍夫实施第二轮威力强大的炮火准备。炮击过后，近卫步兵第82师对明歇贝格镇发起冲击，而近卫步兵第27师和近卫坦克第11军辖内部队进攻埃利森霍夫和埃利森霍夫车站。

近卫步兵第27师近卫步兵第76团，与近卫坦克第40旅协同行动，夺得埃利森霍夫后继续攻往明歇贝格镇南面，18点30分到达埃格斯多夫，在那里遭遇猛烈的步枪和机枪火力，这些火力射自埃格斯霍夫东北面和东面的堑壕，施塔福斯特树林东部边缘也袭来迫击炮火。近卫步兵第27师另外两个团，与近卫坦克第44、第45旅协同作战，夺得埃利森霍夫车站，从南面迂回埃利森霍夫，21点已经为争夺舍讷费尔德展开战斗。

近卫步兵第27师和近卫坦克第11军辖内部队从南面迂回明歇贝格镇，再加上近卫步兵第47师顺利夺得达姆斯多夫，对明歇贝格镇守军构成合围威胁。据守镇北郊的德国守军，抵抗有所减弱，守卫西南郊的部分守军开始匆匆撤往西面。近卫步兵第82师辖内部队粉碎敌人在镇北郊的抵抗，18点30分攻入镇中心，21点彻底占领全镇。[95]

事实证明，维斯瓦集团军群预备队的展开毫无成效，只是偏转了红军坦克力量的突击方向，无法阻止对方渗透。魏德林和海因里齐面临的最大问题，是第56装甲军左翼暴露在外宽达30公里，第606步兵师和"柏林"师土崩瓦解造成这种局面。第9集团军与第3装甲集团军之间不再有绵密的战线。到4月19日傍晚，红军终于攻入魏德林左翼后方，他的左翼破裂，右翼承受巨大的压力。明歇贝格镇陷落，魏德林面临的选择是，倘若留在原地，他的军要么陷入包围，要么被迫撤入柏林城内。鉴于眼下的局面，魏德林做出最佳战术决策，命令辖内各师抢在朱可夫切断第56装甲军唯一的后撤路线前，向南撤入第9集团军防线。

经历了诸事不顺的几天交战，朱可夫制订了新的作战计划。他命令卡图科夫近卫坦克第1集团军和崔可夫近卫第8集团军合兵一处，继续沿帝国铁路1号线到柏林这条直线攻击前进，而后转身向南，渡过施普雷河和达默河，沿施普雷河到哈弗尔河这条弧线包围柏林南郊。他认为两股力量合兵一处能更好地协同作战。虽说原先的计划要求波格丹诺夫近卫坦克第2集团军构成合围柏林的北钳，但集团军辖内3个军现在分配给该地区的3个诸兵种合成集团军。A.F.波波夫少将的近卫坦克第9军，受领的任务是径直攻往哈弗尔河，支援F.I佩尔霍罗维奇中将的第47集团军，M.P.康斯坦丁诺夫少将的近卫骑兵第7军、调自S.G.波普瓦夫斯基中将波兰人民军第1集团军预备队的波兰第1摩托化迫击炮旅，进一步加强第47集团军。S.M.克里沃舍伊纳中将的机械化第1军、M.P.捷尔塔科夫少将的近卫坦克第12军，现在分别担任突击第3、突击第5集团军先遣力量，攻往柏林东北郊。近卫坦克第2集团军变更部署，后两个军接掌柏林郊区的北部弧线。V.I.库兹涅佐夫上将的突击第3集团军负责进攻柏林东北郊，N.E.别尔扎林上将的突击第5集团军在左翼行动，径直攻入柏林东郊。朱可夫把坦克兵团分配给步兵军，希望实现更好的步坦协同，最大限度地降低坦克部队面临的风险[96]。

以下是白俄罗斯第1方面军4月19日作战日志摘录：

方面军辖内部队克服敌人强有力的抵抗和一道精心构设的工程障碍网，击退敌人多次发起的反冲击，取得11公里进展，还攻克多个敌支撑点，包括弗里岑、明歇贝格、布科的大型支撑点。

敌人继续加强第9集团军辖内部队，增派党卫队第11"诺德兰"机械化师、党卫队第22"尼德兰"机械化师的部队，这些部队调自斯德丁和施韦特以西地域，他们还从柏林抽调第1人民冲锋队旅，投入保卫柏林的战役。

1945年4月19日当天，敌人使用各种类型的武器，对方面军遂行进攻的部队实施强有力的抵抗，还不止一次以坦克支援的步兵发起反冲击。

敌航空兵以单架飞机实施侦察，轰炸前线路线，还投入14个飞行编队，每个编队16—20架飞机,轰炸我方部队和奥得河畔的渡场。

24小时内,我们数出敌人502个战斗飞行架次,包括61个夜间战斗飞行架次。

我方高射炮火击落34架敌机。

突击第3集团军

集团军辖内部队昼间继续进攻,克服敌人猛烈的火力抵抗,取得11公里进展。

步兵第79军——军属各兵团克服敌人的火力抵抗、原木障碍、地雷场,日终前到达以下战线:

步兵第207师——133.8高地南坡到布卢门塔尔。

步兵第171师——布卢门塔尔附属建筑群到兵营(普勒策尔西北方4公里)。

步兵第150师——担任军第二梯队,集中在115.7地标附近和南面的森林内。

近卫步兵第12军——经过激烈交战,军属各兵团攻克布雷迪科和普勒策尔,日终前在以下战线遂行交战:

近卫步兵第23师——从兵营(普勒策尔西南方4公里)到一座无名高地(卡恩斯多夫附属建筑群西北方2公里)。

近卫步兵第52师——从无名高地(卡恩斯多夫附属建筑群西北方2公里)到卡恩斯多夫附属建筑群。

步兵第33师——担任军第二梯队,集中在森林附近(伊洛西面1.5公里)。

步兵第7军——出发后,当晚7点前集中在以下地域:

步兵第265师——森林内(卡塔琳嫩霍夫附属建筑群北面和东面1公里,库讷斯多夫西南面1.5公里)。

步兵第146师——森林内(卡塔琳嫩霍夫附属建筑群西南面1.5公里)。

步兵第364师——森林内(巴茨洛东北方2公里)。

坦克第9军——在步兵第79军步兵战斗队列中遂行交战。

突击第5集团军

集团军辖内部队昼间沿原先的方向继续进攻,克服敌人猛烈的火力抵抗,击退敌步兵和坦克多次发起的反冲击,取得9公里进展。

近卫步兵第26军——军属各兵团克服敌人在预有准备的防线上猛烈的火力抵抗,消灭几个支撑点的敌守军,日终前在以下战线交战:

近卫步兵第94师——从卡恩斯多夫附属建筑群到公路(格吕诺西南方3.5公里)。

步兵第266师——从公路(格吕诺西南方3.5公里)到111.1高地。

近卫步兵第89师——担任军第二梯队,集中在森林地域(林根瓦尔德东南方2公里)。

步兵第32军——军属各兵团克服敌人的火力抵抗,击退对方在个别地段以1个步兵营和10—12辆坦克多次发起的反冲击,日终前在以下战线交战:

近卫步兵第60师——从111.1高地到公路十字路口(韦勒斯多夫西面1公里)。

步兵第295师——从公路十字路口(韦勒斯多夫西面1公里)到沙米策尔湖东岸。

步兵第416师——担任军第二梯队,集中在森林附近(赖兴贝格南面2公里)。

步兵第9军——军属各兵团克服敌人的抵抗,击退对方以1个步兵营、10—12辆坦克发起的两次反冲击,攻克布科,继续前进了7公里。

1945年4月,柏林东面损毁的三号突击炮G型。这辆战车可能隶属第20装甲掷弹兵师、第9伞兵师或"诺德兰"师。注意,置于发动机舱后部的备用履带加强了战车的防护。

步兵第301师和步兵第92团——经过激烈战斗，22点攻克布科。

步兵第248师——以右翼配合步兵第301师辖内部队攻克布科，22点在以下战线交战：从布科到瓦尔德西弗斯多夫东北边缘。

步兵第230师——担任军第二梯队，集中在森林内（赫贝尔斯多夫西面2公里）。

反坦克歼击炮兵第20旅和近卫机械化第94团——调自突击第5集团军，作战上隶属近卫坦克第2集团军司令员。

近卫第8集团军

集团军上半日以近卫步兵第4、第29军辖内分队（每个步兵师派1个营）实施接触侦察，任务是探明敌火力配系，确定明歇贝格镇接近地的敌军防御前沿。

集团军实施30分钟炮火准备，辖内部队13点重新发动进攻，克服敌人猛烈的火力抵抗，击退对方多次发起的反冲击，一举攻克敌主要支撑点明歇贝格镇。

近卫步兵第4军——各兵团克服敌人强有力的抵抗，日终前沿以下战线交战：

近卫步兵第35师——从站台区（布科以南3公里）铁路线东面300米到达姆斯多夫北部边缘。

近卫步兵第47师——从达姆斯多夫东部边缘到明歇贝格镇西北边缘。

近卫步兵第57师——担任军第二梯队，集中在雅恩斯费尔德附近。1个团在森林西南边缘（明歇贝格镇东南方2公里）接替近卫步兵第74师辖内部队。

近卫步兵第29军：

近卫步兵第82师——克服敌人猛烈的火力抵抗，击退对方以1个步兵营、5—8辆坦克发起的三次反冲击，下半日攻克明歇贝格镇，赶往该镇西部和西南部边缘。

近卫步兵第27师——攻克菲利皮嫩霍夫，日终前在以下战线交战：从无名高地（明歇贝格车站西南面1.5公里）到菲利皮嫩霍夫。

近卫步兵第74师——在森林（明歇贝格镇东南方3公里）西南边缘交战。

近卫步兵第28军：

近卫步兵第39师——1个团在诺伊恩滕佩尔南部边缘交战，另外2个团位于57.3高地东坡和新福韦尔克附属建筑群东部边缘。从21点起，该师把部分作战地段移交给近卫步兵第88师辖内部队，赶往诺伊恩滕佩尔执行南面的作战任务。

近卫步兵第79师——在以下战线交战：从公路（多尔格林西南面1.5公里）到新马利施东部边缘，再到一栋独立建筑（新马利施东南面1.2公里）。1945年4月19日/20日夜间，该师把作战地段移交给近卫步兵第88师辖内部队。

近卫步兵第88师——战线从一栋独立建筑（新马利施东南面1.2公里）到旧马利施，该师赶来接替近卫步兵第39师、近卫步兵第79师辖内部队，换防地带从田间道路（多尔格林以西2公里）路口南面500米到新福韦尔克附属建筑群东部边缘，再到新马利施东北部边缘，再到一栋独立建筑（新马利施东南面1公里）。

从1945年4月19日24点起，近卫第8集团军与第69集团军设立新作战分界线：从前方的波德尔齐格起，一路递延到利贝尼兴、新马利施、利岑、舍恩费尔德，再向前延伸（除了新马利施，上述各地均由近卫第8集团军负责）。

近卫坦克第2集团军

集团军协同突击第3、第5集团军辖内部队继续进攻，当日昼间取得11公里进展。

近卫坦克第9军——在施泰因贝克、洛伊恩贝格、比索附属建筑群攻克敌支撑点，继续向西攻击前进。

机械化第1军——沿公路攻往韦尔诺伊兴，日终前到达一片森林地带（普勒策尔西北方5公里）。

近卫坦克第12军——与近卫步兵第26军辖内部队协同作战，日终前在森林（格吕诺以西4公里）西部边缘交战。

反坦克歼击炮兵第20旅和近卫迫击炮兵第94团[①]——调自突击第5集团军，作战上隶属近卫坦克第2集团军司令员。

集团军司令部设在旧弗里德兰。

[①] 前文写的是近卫机械化第94团。

方面军司令员命令：

近卫坦克第2集团军司令员应继续进攻，**无论发生什么情况**「原件添加的强调」，1945年4月20日必须以主力攻往韦尔诺伊兴。

（白俄罗斯第1方面军司令部第00572号作战令）

近卫坦克第1集团军

集团军协同近卫第8集团军辖内兵团继续进攻，当日昼间取得11公里进展。

坦克第11军——实施30分钟炮火准备，会同近卫步兵第4军辖内部队重新发动进攻。日终前，2个旅正遂行交战夺取达姆斯多夫，军余部开往格吕诺地域，准备攻往西面。

近卫坦克第11军——下午1点30分，会同近卫步兵第29军辖内部队重新发动进攻，从南面绕过明歇贝格镇，攻克埃格斯霍夫。该军克服敌人强有力的抵抗，击退对方以1个步兵营和4辆坦克发起的反冲击，日终前继续攻往舍恩费尔德。

近卫机械化第8军——昼间会同近卫步兵第28军辖内部队，沿马克思多夫到诺伊恩滕佩尔一线遂行交战，击退敌人以1个步兵营、8—10辆坦克和自行火炮发起的两次反冲击，下半日退出战斗，转移到近卫坦克第11军辖内部队身后，先遣旅22点前穿过埃利森霍夫（明歇贝格镇以东2.5公里）。

近卫坦克第64旅——昼间留在森林附近（马克思多夫以北2公里），从20点起，会同近卫步兵第28军辖内部队攻往南面。22点前在田间道路路口（马克思多夫东面1.5公里）附近交战。

第聂伯河区舰队

河流舰艇第1、第2支队位于基尼茨附近。

河流舰艇第3支队——1个浮动炮台以炮火打击出现在菲尔斯滕贝格附近的敌军目标，主力位于原先的发射阵地。

空军第16集团军

夜间使用波-2飞机，昼间投入强击机和轰炸机组成的飞行编队，消灭我方进攻部队当面之敌,以歼击机掩护战场上的我方部队,还实施了侦察。

24小时内,集团军共出动3829个战斗飞行架次,包括444个夜间战斗飞行架次。

集团军在76场空战中击落73架敌机,还在机场上击毁6架敌机。[97]

4月20日,星期五

当天是希特勒最后一个生日。他上午10点起床,收到美国人送上的生日祝福:美国第8航空队300架B-17轰炸机,当天中午轰炸了柏林[98]。希特勒听取上午的情况简报时得知,清晨4点发布了"克劳塞维茨"的代号[99]。新帝国总理府遭炸毁的大厅里安排了一场小型庆典,到访者为元首祝寿[100]。他们普遍以为,希特勒4月20日或21日会离开柏林。

所有亲信都劝希特勒离开首都,但他没有接受,而是重申4月14日下达的指令,万一敌人把德国一分为二,北部地区就由海军元帅卡尔·邓尼茨负责,阿尔贝特·凯塞林元帅指挥南部地区[101]。戈培尔昨晚跟希特勒商量了一番,满怀激情地恳求元首留在柏林,完成这场最后之战。希特勒深表赞同,否决了所有人请求他离开的呼吁:"要是我逃到安全的地方,又如何能激励军队为保卫柏林展开决定性交战呢?"[102]这似乎是希特勒首次提到保卫柏林的决定性战役,戈培尔的影响力由此可见一斑。

希特勒这番话也许激励了到场的海因里希·希姆莱,祝寿期间,他抽空给目前在柏林东面作战的武装党卫队"诺德兰"师、"尼德兰"师发了封电报。电报里写道:"你们在东面置身一场决定性战役,不能后撤,也不得退却,我们必须抵抗到最后一人,我们必须进攻。欧洲的命运掌握在你们手里。想想牺牲的战友,再想想数百万条顿妇女和儿童。我要求你们展开无情的战斗,忠实履行自己的职责。"[103]维斯瓦集团军群辖内部队此时正为生存而战,两个武装党卫队师的官兵有没有收到这份电报很值得怀疑。

海因里齐的参谋人员勾勒出红军的作战画面,清楚地表明第56装甲军当面之敌的动向和目标。利用缴获的文件、红军战俘(包括苏联飞机空投到德军战线后方的特工)的交代、第9集团军作战参谋发来的报告,归纳总结的情报让海因里齐得知,红军企图以几个坦克集团军在第56装甲军两翼达成突破,从西北面和西南面迂回柏林[104]。海因里齐认为，第56装甲军北翼的确岌岌可危，因为当天夜里，红空军第18集团军出动713架轰炸机，空军第16集团军也出动波-2飞机，打击施特劳斯贝格北面和东北面的德军阵地，显然是为他们的地面部队削弱德军防御力量[105]。更让维斯瓦集团军群担心的是，第3装甲集团军当日晨发来报告，称白俄罗斯第2方面军5点30分实施炮火准备后，渡过奥得河发动进攻[106]。早上7点，对方展开全面进攻[107]。布塞10点50分打电话给海因里齐寻求指示：万一红军渗透第56装甲军南翼，分割第9集团军的话该如何是好[108]。最后，实施"克劳塞维茨"行动的消息传来，柏林城的防御重任就此落到海因里齐肩头，他15点致电雷曼，下令未经维斯瓦集团军群司令部批准，不得炸毁城内桥梁[109]。海因里齐当天的心情无比沉重。

红军昨日在直通施特劳斯贝格的路线上损失惨重，迫使朱可夫更改作战计划[110]。可能是因为历时三天的猛烈进攻进展甚微，朱可夫反应过来，必须实施机动，绕开德军防御阵地，这样才能实现他迫切希望达成的突破。夜间，近卫坦克第12军奉命变更部署到东北面，朝西南方攻往韦尔诺伊兴，而后攻往旧兰茨贝格，魏德林的部队驻守在施特劳斯贝格周围，旧兰茨贝格就在他们北翼后方[111]。红空军夜间打击了进军地域可能存在的德军防御阵地。

近卫坦克第12军分成两个独立中队，以便在独自展开的行动中灵活行事，另外也是为节约兵力，毕竟该军前三天的损失很大。倘若一个中队遭遇德军抵抗，另一个中队可以包围敌守军，从后方打击对方。坦克第49旅、独立摩托化第24旅①编入第2中队，近卫坦克第66、第48旅加入第1中队。这些部队13点完成集结。第1中队16点到达韦尔诺伊兴，遭遇镇内第603人民冲锋队营第3连和应急部队顽强抵抗，党卫队第503重型装甲营剩余的虎王坦克和"大德意志"警卫团也参与其中[112]。部署在南面的第408人民炮兵军为守军提供炮火支援。

谢夫茨琴科上校②命令第2中队赶往东南方，韦尔诺伊兴南面的韦森达尔村。第2中队很快占领这座未设防的村庄，随后转向西南面，直扑施特劳斯贝

---

① 近卫摩托化步兵第34旅。
② 舍甫琴科上校。

格后方的旧兰茨贝格。旧兰茨贝格是柏林城外最后一座城镇，现在成为突击第5集团军的进攻重点。红军迅速派出炮兵和战机支援近卫坦克第12军，至少100架飞机打击了旧兰茨贝格镇内和周边的德军阵地，他们还对该镇施以15分钟炮击。坦克第49旅攻入镇南部，近卫摩托化步兵第34旅冲击镇北郊。守卫旧兰茨贝格的人民冲锋队和希特勒青年团，以"铁拳"猛烈还击。这是自4月16日以来，近卫坦克第12军首次遭遇密集的"铁拳"火力。俄国人显然深感意外，命令第1中队变更部署，与第2中队合兵一处，共同夺取旧兰茨贝格[113]。尽管遭遇抵抗，近卫坦克第12军还是深深楔入魏德林北翼后方。朱可夫把突击第3集团军辖内部队投入不断扩大的缺口，切断施特劳斯贝格的大部分德军部队。与此同时，突击第5集团军准备冲破德军防御，径直攻入施特劳斯贝格。

红军彻日炮击党卫队第24"丹麦"装甲掷弹兵团的阵地和施特劳斯贝格镇。施特劳斯贝格东面，红军冲破德军虚弱的防御阵地，企图继续向西攻击前进。党卫队第11"赫尔曼·冯·扎尔察"装甲营的瓦尔特·蒂姆少尉，驻守在克洛斯特多夫附近某座高地顶部的凸起部下方，目睹大批T-34/85坦克编队穿过德军防线，攻往施特劳斯贝格[114]。红军发起猛烈冲击，穿过党卫队第24"丹麦"装甲掷弹兵团的防线，一辆JS-2坦克发射的炮弹击中该团团长的指挥车，冯·克洛茨和司机阵亡，二级突击队大队长佩尔·瑟伦森接替他指挥全团[115]。

19点，红军坦克和步兵部队已对施特劳斯贝格展开全面进攻。他们以猛烈的火炮和火箭炮火力打击镇子东部边缘，冲入镇南部[116]。党卫队"诺德兰"师奉命撤往旧兰茨贝格，该师部署在阻击阵地上的几支部队，军士想方设法让部下井然有序地撤离。待"诺德兰"师辖内部队接近旧兰茨贝格，却发现近卫坦克第12军已到达该镇。"诺德兰"师的装甲掷弹兵无计可施，只得寻找撤往西面的路线，以免沦为俘虏。

指挥"诺德兰"师工兵营第3连的党卫队三级突击队中队长亨泽勒，耗时两天才率领部下到达施特劳斯贝格以东地域。4月20日上午，他看见宪兵巡逻队收容散兵游勇，领着他们从奥得河赶往西面，把他们编入一个个战斗群。他还看见第9伞兵师残部混乱不堪地穿过他的防线后撤。亨泽勒奉命在树林内设立警戒线收容散兵游勇，但红军炮火击中他的阵地，迫使他率领部下匆匆退却。他们傍晚停下来过夜，很快听见附近道路上传来坦克履带声。众人察看

这张照片很有趣,捕捉到红空军强击航空兵第6军4月19日—20日前后突击韦尔诺伊兴机场的飞行场面。党卫队第503重型装甲营、"诺德兰"师一部和另一些德军部队短暂守卫该村,抵御近卫坦克第2集团军先遣部队。

一番,发现红军一支长长的坦克纵队驶向西面。

"诺德兰"师师长庆祝自己的生日时①,趋于无望的态势继续对他造成负面影响。齐格勒当天下定决心,最好避开柏林城内的交战,率领全师退往西面。他随即命令参谋人员,烧掉证明武装党卫队员身份的军饷簿和证件,还告诉他们,眼下活命的唯一机会是逃到西方盟军那里。齐格勒悄悄制订了后撤计划,还向工兵部队简要通报了情况[117]。

魏德林的左翼土崩瓦解,迫使第56装甲军辖内许多部队没接到命令就朝西南方撤往柏林。第9伞兵师和"柏林"师残部退往西南方,穿过明歇贝格镇后方的瓦尔德西弗斯多夫,希特勒青年团K反坦克团残部在那里加入他们的行列。这群官兵赶往帝国铁路1号线[118]。希特勒青年团员满怀战斗热情,一次次企图拦下后撤的德军部队,想让他们调转行军方向,继续抵抗敌人。"柏林"师某个士兵亲眼看见,一群16—17岁的小伙搜捕逃往后方的散兵游勇,强迫他们重返前线。这些希特勒青年团员缺乏武器装备,已经在红军手里遭受了很大的损失。尽管如此,他们还是以高超的技能抗击红军坦克部队,在近达4—5米距离内击毁好几辆敌坦克。直到红军调来援兵,从三个方向发动进攻,他们才后撤[119]。参加战斗的德军或红军官兵无休无眠,经过四天毫不间断的交战,作战势头渐渐超出人类承受能力。

后撤期间,第20装甲掷弹兵师还是无法设立一道绵密的防线。师里大部分官兵分散在通往西面的各条道路上,师补给纵队拼凑90名士兵,组建了一个做好战斗准备的连队。就连通信排也解散了,排里的士兵充当前线步兵。

---

① 齐格勒的生日是10月2日。

傍晚前，这些士兵奉命守住树林内的阵地，没过多久，新组建的连队就有30人为保全性命开了小差。红军朝林区发射燃烧弹，企图引燃树林，驱散德国守军。红军炮击结束后，团里①另外90名官兵再也不见踪影。随后接替这股力量的是"明歇贝格"装甲师1个机械化步兵连，配有1辆半履带装甲车和2辆黑豹坦克。红军一辆JS-2坦克突破德军防线，击毁一辆黑豹，但沿德军防线向上行驶时，被"铁拳"和埋伏的第二辆黑豹坦克击毁[120]。

4月19日—20日前后，红空军第16集团军部分战机轰炸普勒策尔西北面洛伊恩贝格附近的德军部队，企图协助地面部队沿第56装甲军左翼取得突破。照片里能见到防御阵地，可能由人民冲锋队据守。第18装甲掷弹兵师部分分队向西撤往柏林期间穿过此地。

朱可夫命令部队施以不间断的冲击，面对重重压力，"明歇贝格"装甲师被迫后撤。第56装甲军留在原地的部队，面临不是陷入包围就是遭歼灭的厄运。26岁的军械官阿尔贝特·弗里茨少尉，4月19日/20日夜间刚刚分配到"明歇贝格"装甲师军需处。他先前在莱布斯某个人民掷弹兵师任职，红军发动进攻前，他和另外30人奉命去菲尔斯滕瓦尔德的预备军官营地报到。在那里待了6个钟头，上级把他分配到"明歇贝格"装甲师。

弗里茨向北而去，很快找到后撤中的"明歇贝格"装甲师。他报到后，在森林里寻找师军需处，结果遭到一架红军歼击机扫射，右肩负了轻伤。虽说伤势不重，可他无法举起右臂。弗里茨终于找到菲舍尔少校报到。据他回忆，与自己近期待过的几个师相比，"明歇贝格"师的坦克和其他装备无疑更精良，这种情况给他留下深刻的印象。弗里茨指出，官兵的士气很难衡量，因

---

① 未提及是哪个团。

为"没人会坦陈自己的真实感受"。当时,面对"敌人压倒性的兵力和战争物资","明歇贝格"装甲师不断退却。弗里茨原本觉得众人的普遍感受"不仅仅是担心,还有一种沮丧到近乎抗命的情绪",但他跟师部高级参谋一同工作时打消了这种印象。"明歇贝格"装甲师4月20日到达柏林的鲁多郊区,12小时后,师军需处

柏林进攻战役第一周,红空军第16集团军部分战机对柏林北面的古滕格尔门多夫发起打击。红军地面部队逼近前,柏林接近地几乎每个村庄都遭到红空军猛烈打击。

迁到柯尼希武斯特豪森,占据了那里的广播电台。弗里茨回忆道,他当时觉得穆默特少将"不想在柏林战斗"。几乎没人愿意这样做[121]。

第56装甲军日终时与友邻部队彻底隔绝。"柏林"师残部正式转隶魏德林,加剧了他的作战职责[122]。维斯瓦集团军群作战日志记录下红军的突破,称近卫坦克第1集团军"以留下的步兵在法兰克福—柏林高速公路、屈斯特林—柏林公路地带突破我方防线"[123]。尽管朱可夫下令把坦克部队分配给步兵兵团,提供作战配合,但近卫坦克第1集团军的坦克兵显然不愿充当崔可夫部队的"配角"。近卫坦克第2集团军"顺利分割第56装甲军和第101军辖内部队,在施特劳斯贝格—贝尔瑙地段取得突破,前出到大柏林防区外围廓"[124]。魏德林4月20日写道:"就我军而言,这确实是痛苦的一天,说实话,对所有德军兵团也是如此。我们在持续不断的交战中蒙受了巨大损失,部队遭分割,承受的压力到达顶点,再也无法抵挡俄军优势兵力的猛烈冲击。"[125]

维斯瓦集团军群司令部越来越担心,倘若各部队撤入柏林,德国首都可能会沦为战场。集团军群给魏德林下达指令,要求第56装甲军原地坚守[126]。但第56装甲军根本无法实施固定防御,弹药即将耗尽,油料短缺,通信设备不足,辖内各兵团自行退往西面和西南面,企图逃离敌人下一场包围。魏德林随后下达命令,4月21日全军撤往西南方,与布塞第9集团军北肩会合[127]。由于魏德林战线的态势迅速发展,第56装甲军与维斯瓦集团军群的通信当晚20点悉数

中断。通信中断引发的连锁反应，给魏德林和柏林造成严重后果。

日终前，朱可夫白俄罗斯第1方面军终于突破第9集团军防线，进入大柏林防御地带外围廓。柏林宣布"克劳塞维茨"行动付诸实施，全城展开至关重要的动员活动。希特勒青年团和1号征兵令征召的人民冲锋队，4月19日已赶赴维斯瓦集团军群，2号征兵令也在柏林动员了部分人民冲锋队[128]。各座体育场成为动员中心，征召的新兵不仅来自当

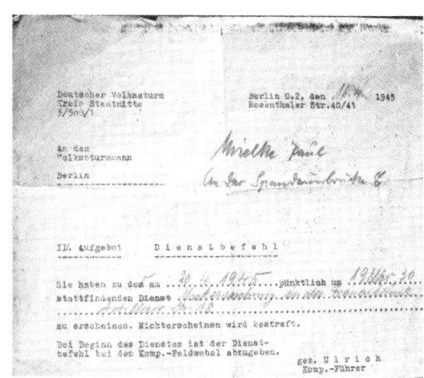

4月16日发给克赖斯·施塔特米特的人民冲锋队动员令，要求收件人次日19点30分去莫阿比特区邮政总局附近的炮兵街18号报到，就在奥拉宁堡街南面。4月16日—20日，柏林仅剩的劳动力，数千人收到加入人民冲锋队的动员令。

地居民，还有出现在各条街道上的国防军散兵游勇，他们见人就讲述红军大肆破坏的事情。

施潘道区的冯·泽克特兵营设立了收容点，马丁·京策尔和近期在柏林东面的战斗中生还下来的1名二级下士、76名士兵赶到那里[129]。来自各军兵种的2000人已集中在施潘道区，他们编入应急部队，每支应急部队由167名士兵、1名军官、1名军士组成。他们只配发步枪，要是有谁丢了钢盔，也会补发一顶。京策尔的部队奉命加入腓特烈斯海因防空炮塔的防御，那里驻有15名军官、60名军士、1500个士兵。这些士兵大多是15—16岁的空军学员，配备手动98K卡宾枪、几枚手榴弹和大批"铁拳"。接下来几天，京策尔的部队和其他应急部队与攻入柏林东部防区的红军激战。柏林人觉得战火迅速烧到自家门口，他们看见年轻人和老人开赴东面，而第9集团军满身污秽、疲惫不堪、被炮弹吓得要死的残兵败将穿过市区向西逃窜。

科涅夫的攻势

莫斯科时间6点10分，伊万·科涅夫元帅强渡尼斯河发动进攻。科涅夫的计划是以炮兵和航空兵压制对岸德军，同时施放浓密的烟幕，掩护第13、近卫第3、近卫第5集团军强渡尼斯河。红军工程兵不知疲倦地作业，构设了一座座

渡场。近卫第3、第13集团军主要突击地域，架起20座桥梁、9节门桥、12个突击登陆渡口、17座强击桥[130]。先遣步兵梯队刚肃清对岸，近卫坦克第3、第4集团军就展开强渡。

科涅夫的突击落在德国第4装甲集团军北端，该集团军隶属舍尔纳中央集团军群。科涅夫知道斯大林已批准他攻往柏林，所以战役开始前把消息告知麾下指战员。他在大本营训令里加了句话作为补充："拟以方面军右翼部分兵力协助白俄罗斯第1方面军攻克柏林。"[131]他还下达具体指令，专门列出需要帕维尔·雷巴尔科将军近卫坦克第3集团军执行的任务："拟以一个坦克军在近卫第3集团军一个步兵师加强下，从南面冲击柏林。"[132]德国最高统帅部料到科涅夫会发动进攻，但希特勒认为科涅夫的目标是德累斯顿，甚至是布拉格。其实科涅夫另有计划。

科涅夫军队面对的德国守军，准备程度远不及朱可夫当面之敌。舍尔纳的军事作战知识和战场经验也比不上海因里齐，他是个忠实的国家社会主义者，坚信"意志"的力量，认为严厉的惩处能解决一切问题。舍尔纳没有为自己的部队准备后方防御阵地，还说他很不喜欢固定阵地或纵深防御，更愿意实施机动反击，这番姿态果然获得德国最高统帅部和希特勒支持。

红军突破地段正对面，舍尔纳遂行防御的兵团是第214、第275步兵师，外加武装党卫队第35、第36师的战斗群，这些兵力部署在第一防线。党卫队第10"弗伦茨贝格"装甲师担任机动预备队。位于这些兵团左侧的是第342、第545步兵师，元首护卫旅担任预备队，都隶属第5军。第21装甲师部署在前线后方担任预备队。科涅夫几个坦克集团军迅猛推进，分割第4装甲集团军北翼，迫使第5军和第21装甲师退入第9集团军防线。

战役头24小时，科涅夫的军队前出到施普雷河，近卫坦克第3集团军利用浅滩强渡该河[133]。科涅夫克服两道主要水障碍，现在完全可以向北攻往他的最终目标。科涅夫夜间致电斯大林，汇报了方面军的进展，建议派他的部队转身向北攻往柏林[134]。这通电话交流记录在案，斯大林听罢立即问道，能不能让朱可夫变更部署，派麾下部队赶往南面，利用科涅夫取得的战果。科涅夫赶紧提出反对意见，认为此举不切实际，因为他的两个坦克集团军已经为后续突击部署就位。斯大林同意了，批准科涅夫的军队转向柏林。科涅夫立即通知两位坦克集团军司令员,打开他们兜里的信封。正如科涅夫战后接受采访时指出的那样,他下达攻往柏林的新指令前,"相关命令就揣在他们衣兜里。"[135]与朱可夫不同,战役开始前科涅夫就为这一刻变更兵力部署精心制订了计划。战役头两三天该如何行事,他的作战计划非常细致,目标是以大范围迂回攻往柏林。抢在竞争对手前攻克柏林的竞赛开始了。

两次获得苏联英雄称号的装甲坦克兵元帅(柏林战役时是上将)帕维尔·S.雷巴尔科,回忆起接到命令转身向北攻往柏林的那一刻:

我坐在某个党卫队上校公寓内硕大的办公室里,他妻子敲敲门,满脸堆笑,把一本《工农红军指挥员地图册》放在我面前。她这样做显然是想赢得我的好感。

地图册上盖有波尔塔瓦红军之家的印章。德国女人的丈夫偷了这本地图册,作为战利品寄回柏林的住处。

我不由自主地摊开地图册,翻到德国地图那页,找到柏林。就在那里,活像黑蜘蛛,即便在地图上看也像蜘蛛,一条条公路和高速公路,还有一处处墓地。

当初我们逼近维斯瓦河时,一幅大柏林地图就挂在我的指挥所里。我记得德国首都各条街道的名称,工厂、公园、广场的位置,还研究过柏林各处接近地。

我永远忘不了科涅夫元帅当初说过的话,他悄然俯身对我低声说道:"记住,我们会攻克柏林!"

所以我也把"我们会攻克柏林"的观点悄然灌输给我那些将军、指挥员、战士。

的确,我原先认为我们必须从东面攻克柏林,可事实证明并非如此。

我们离开尼斯河畔的集中地域时,很明显,我们的进军路线更靠南,也就是攻往勃兰登堡市。

研究柏林的所有工作会不会纯属徒劳?虽然我很清楚,即便朝那个方向进攻也是参加柏林进攻战役,但我得承认,这个消息令我震惊。不过,这种震惊没持续多久,因为我坚信,我们会在某个地方"转向"柏林。

从战役首日起,我们的所有行动只能用一个字来形容:快!在尼斯河畔,我们的坦克突破了敌步兵团的防御。我们没等待工程兵搭设渡场。坦克兵用压条仔细封闭坦克舱盖,驾驶坦克泅渡过河。我永远不会忘记某辆坦克上书写的标语:"我有足够的油料一路攻往柏林!"

4月18日3点10分,我们距离施普雷河2公里,正攻往勃兰登堡,我接到方面军司令员的指示,命令我们强渡施普雷河,朝费茨肖、「戈尔森」、巴鲁特、泰尔托、柏林南郊总方向迅猛进攻。

就是说,迅速攻往柏林!这道命令真让我们振奋!

乌克兰第1方面军辖内部队朝柏林的进军/机动开始了。[136]

值得注意的是,雷巴尔科的文章收录于官方纪念册《攻克柏林》,这本回忆文集1949年呈送斯大林和苏共中央政治局。雷巴尔科没有隐瞒科涅夫告诉他的话——"我们会攻克柏林"。毫无疑问,近卫坦克第3集团军转身向北的主要目标,是抢在朱可夫之前夺得攻克柏林的殊荣,至于击败残余的德国军队,不过是次要目标罢了。

近卫坦克第3集团军奉命攻往泰尔托运河,近卫坦克第4集团军的任务是攻往波茨坦,夺取柏林西南部。科涅夫下达了具体指示,声称这是一场快速推进,也可以说是一场竞赛:"坦克突击集团在主要方向要更大胆、更坚决地向前突破,迂回各城镇,切勿卷入持久的正面战斗。我要求你们充分理解,坦克集团军的胜利取决于大胆的机动和迅猛的行动。"[137]4月19日日终前,近卫坦克第3集团军前进了35公里,近卫坦克第4集团军取得50公里进展。南面,落入一个个口袋的德军部队,仍在红军后方地域和施普伦贝格、科特布斯这些大型城镇负隅顽抗。

海因里齐忧心忡忡地关注着红军这场机动,还把空军寥寥无几的飞机派往南面执行侦察任务,监视那里的态势。德国空军4月20日报告,他们在科特布斯—吕本公路上发现800辆坦克和500辆载满步兵的汽车,正朝西北面开进。卡劳—戈尔森公路上,另外300辆坦克、500辆汽车和步兵也开往西北面[138]。当日晚些时候,德军地面部队和更多空中侦察汇报的情况,再次更新了他们在南面见到的情形。德国人起初的估计有些离谱,认为有1000多辆坦克隆隆驶向柏林,虽说后来调低了一些,但真实数量还是很高:吕本西面的确有300辆坦克和700部机动车辆,分成两路纵队挺进,取得37公里进展。这股红军下午夺得巴鲁特,即将到达措森时遭遇灾难性打击。海因里齐收到的报告称,科涅夫的纵队停了下来，可能是因为缺乏油料。这份报告正确无误，近卫坦克第3集团军确实耗尽了油料。近卫坦克第6军的先遣坦克旅，耗尽油料后突然停了下来，配备"铁拳"的德军士兵趁机发起反冲击，逐一消灭红军坦克[139]。没有汽油，进军纵队无法派其他部队提供支援。和朱可夫一样，科涅夫并不介意驱使麾下部队继续前进，超出他们的能力范围也在所不惜，为了荣誉，让部下冒上送命的危险算不了什么。

希特勒和德国最高统帅部恍然大悟，科涅夫攻往柏林，而不是德累斯顿或布拉格[140]。他们匆匆调集新兵团，企图阻滞科涅夫逼近。"弗里德里希·路德维希·雅恩"帝国劳役团步兵师和调自温斯多夫训练场的8辆黑豹坦克，奉命赶往措森南面迎战科涅夫的纵队。这些援兵刚刚开抵，近卫坦克第4集团军突然发起攻击，把帝国劳役团步兵师打得落花流水。师长被俘，还折损一个团。步兵上将汉斯·克雷布斯命令该师残部撤回波茨坦[141]。

另一些兵团和部队也匆匆投入柏林南部周围。施潘道区组建了一个特殊的半履带装甲车连，编有3个排，共计14辆各种型号的Sd.Kfz. 251装甲车，包括搭载多管火箭炮的251/1型、装有75毫米StuK 37 L/24反坦克炮的251/9型，载有火焰喷射器的251/16型。德国人还组建了另外几个战斗群。默夫斯战斗群在措森附近加入克特尔战斗群。这些战斗群配备各种不太常见的战车，都是从军械库和军工厂弄到的。第36装甲团第2营、第11装甲团第4营、于尔岑装甲掷弹兵连、库默斯多夫装甲连、德累斯顿反坦克连、第614重型反坦克连组建的战斗群，配备了费迪南德"大象"坦克歼击车。费迪南德是一款炮塔固定的武器平台，装有一门88毫米Pak 43/2 L/71主炮，正面装甲厚达200多毫米，侧面装甲的厚度也超过100毫米。费迪南德用于防御很有效，但机械故障频发。2辆费迪南德坦克歼击车驶入柏林，据说在中心区作战，但这一点无法确定，因为没有任何照片可资证明[142]。克特尔战斗群损失惨重，装甲分队加入4月22日组建的里特尔战斗群[143]。尽管德国人想方设法拼凑兵力，投入科涅夫的进军路线，但红军坦克力量继续挺进。到4月22日，科涅夫进军柏林的通道门户大开。

奥得河后方

奥得河前线之战，准确地说，是第56装甲军守卫塞洛高地到哈登贝格阵地的交战结束了。红军发起对柏林的突击，海因里齐无法沿奥得河长时间挡住对方，促使西方盟军渡过易北河，率先攻入柏林。整整一个星期，艾森豪威尔的美国第9集团军无所事事地待在易北河西岸，听取红军在遥远的东面发动大规模攻势的报告。

不间断的交战持续四天后，德国第9集团军北翼土崩瓦解。朱可夫毫不停顿的进攻在德军防线撕开个缺口，麾下部队涌过不断扩大的突破口攻往柏林。南面，科涅夫迅速击败德军，转向西北方，面对德军临时拼凑的各种部队零零星星的抵抗，一路攻往柏林，速度之快远远超过朱可夫。

海因里齐信守对古德里安的承诺，"克劳塞维茨"行动开始后，他命令柏林城内剩余的作战部队悉数开赴奥得河前线。他希望要么宣布柏林为"不设防的城市"，要么实施最低程度的抵抗，让红军迅速攻克了事。海因里齐认为，自己仍能阻止柏林城内遭受不必要的破坏和苦难。由于集团军群与第56装甲军的直接通信联络仍未建立，维斯瓦集团军群的作战参谋只能期盼魏德林向南撤入第9集团军北翼。海因里齐现在关心的是，如何阻止白俄罗斯第1方面军和乌克兰第1方面军辖内部队合围第9集团军。维斯瓦集团军司令部没人意识到，不同的想法正在决定柏林的最终命运。

为保全希特勒的国家社会主义帝国，德国最高统帅部决心在最后一场战役中全力保卫首都。德国人是保卫柏林还是宣布柏林为"不设防的城市"，在斯大林、朱可夫或科涅夫看来无关紧要。俄国人认为，征服柏林不仅仅是军事需求，更是他们在祖国领土经历四年全面战争后的权利。红军即将对柏林发起突击，无论付出多大代价，都得把锤子和镰刀旗帜插上国会大厦烧毁的屋顶。

尾注：

1. S.I. Golbov interview (RC: 72/1).
2. 莫斯科时间。
3. Le Tissier, Zhukov on the Oder, pp.15—19.
4. Shturm Berlina, Colonel A. Popov, "The Night before the Attack".
5. Oder and Berlin Russian Participants interviews (RC: 73/7).
6. Ibid.
7. Ibid.
8. Le Tissier, With Our Backs to Berlin, pp.100—101.
9. Le Tissier, Zhukov on the Oder, pp.171—172.
10. Chuikov, pp. 146—147.
11. Shturm Berlina, D. Chibisov, "With the Infantry".
12. Le Tissier, With Our Backs to Berlin, p.92.
13. Shturm Berlina, E. Tsitovskiy, "On the Seelow Heights".
14. N.N. Popiel interview, pp.4—5 (RA: 74/12).
15. Le Tissier, With Our Backs to Berlin, p.101.
16. Chukov, pp.150—151.
17. Nebolsin, p.299.
18. H. Jansen interview (RC: 69/11).
19. Le Tissier, Zhukov on the Oder, p.169.
20. Le Tissier, With Our Backs to Berlin, p.40.
21. Yedenskii, p.41.
22. Ibid.
23. (NARA/T311/169/7221745).
24. Popiel, p.9.
25. Ibid.
26. Yedenskii, pp.41—42.
27. Ibid, p.41.
28. Popiel, p.7.
29. Ibid, p.8.
30. Ibid, pp.6—7.
31. (NARA/T311/169/7221761), "Tagesmeldung".
32. (NARA/T311/169/7221747), Weidling interrogation, and Le Tissier, Zhukov on the Oder, p.206.
33. Ryan outline notes (RC: 75/1).
34. Weidling interrogation.

35. Le Tissier, With Our Backs to Berlin, p.102.
36. Yushchuk interview (RC: 73/10).
37. Le Tissier, With Our Backs to Berlin, p.103.
38. S.H. Landau, Goodbye Transylvania, p.108.
39. Shturm Berlina, Guards First Sergeant S.H. Goglidze, "The Tank on the Heights".
40. Le Tissier, With Our Backs to Berlin, p.104, and Zhukov on the Oder, p.202.
41. Popiel, p.10.
42. Le Tissier, With Our Backs to Berlin, p.115.
43. Stimpel, p.86.
44. Ibid, p.99.
45. Ibid, p.100.
46. Le Tissier, With Our Backs to Berlin, p.44.
47. Bötteler interview.
48. (NARA/T311/169/7221763).
49. Weidling interrogation.
50. Ibid.
51. (NARA/T311/169/7221761).
52. Shturm Berlina, Pvt. T. Koval.
53. TsAMO, Journal of Combat Actions of the First Belarussian Front for April and the first ten days of May 1945 (July 25, 1945), 17 April 1945, pp.149—163.
54. Stimpel, p.106.
55. Henseler interview.
56. Hamilton, The Oder Front, Vol. I, p.133.
57. Hillblad, p.60.
58. Ibid, p.136.
59. Dufving interview and Weidling interrogation.
60. Weidling interrogation.
61. H.P. Scholles interview (RC: 69/24).
62. Le Tissier, With Our Backs to Berlin, p.107.
63. Le Tissier, Zhukov on the Oder, p.217.
64. Illum interview.
65. Ibid, p.4.
66. Le Tissier, Zhukov on the Oder, p.225.
67. Ibid, p.221.
68. Schultz-Naumann, p.159.
69. TsAMO, Journal of Combat Actions of the First Belarussian Front for April and the first ten days of May 1945 (July 25, 1945), 18 April 1945, pp.166—180.

70.(NARA T78/305/6256466-67).

71.Böttcher interview.

72.Ibid.

73.Nebolsin, p.305.

74.Ibid.

75.Ibid, p.306.

76.Ibid.

77.Ibid, pp.307—308.

78.Schneider, p.300.

79.Sharp, Soviet Armor Tactics in World War II, p.92.

80.Scholles interview.

81.N. Skorodumov, "Maneuvers of the 12th Guards Tank Corps in the Berlin Operation", p.1.

82.Illum interview.

83.Shturm Berlina, Private V. Nosok, "At the Schoenfliess Station".

84.Schneider, p.301, and Fey, p.314.

85.Ibid.

86.Scholles, p.4.

87.Nebolsin, pp.294—295 compared to 316—317.

88.Skorodumov, p.5.

89.The Berlin Operation 1945, pp.203—204.

90.Chuikov, p.157.

91.A.L. Getman, Tanks are Heading to Berlin, p.337.

92.Army Group Weichsel war diary, 20—29 Apr, pp.18—19.

93.Chuikov, pp.157—158.

94.Ibid.

95.The Berlin Operation 1945, p.209.

96.Le Tissier, Race for the Reichstag, p.29.

97.TsAMO, Journal of Combat Actions of the First Belarussian Front for April and the first ten days of May 1945 (July 25, 1945), 19 April 1945, pp.181—194.

98.Le Tissier, Race for the Reichstag, pp.36—37.

99.A. Lampe interview (RC: 67/10).

100.J. Fest, Hitler's Bunker, p.45.

101.Le Tissier, Race for the Reichstag, p.37, and Fest, pp.45—46.

102.Quoted in Fest, p.47.

103.Army Group Weichsel war diary, 20—29 Apr, p.32.

104.Ibid, pp.14—17.

105.Le Tissier, Race for the Reichstag, p.39.

106. Army Group Weichsel war diary, 20—29 Apr, p.28.

107. Heinrici memoir.

108. Army Group Weichsel war diary, 20—29 Apr, p.29.

109. Ibid.

110. Skorodumov, p.3.

111. Ibid, p.1.

112. Hamilton, The Oder Front, Vol I., p.145.

113. Ibid, p.3.

114. W. Timm interview (RC: 69/25), and Haas interview.

115. Illum and Scholles interview.

116. Ibid.

117. Roman Burghart interview (RC: 69/16).

118. Stimpel, p.108, and Jansen interview.

119. Le Tissier, With Our Backs to Berlin, p.46.

120. Ibid, p.117.

121. Albert Fritz interview (RC: 67/18).

122. Weidling interrogation.

123. Army Group Weichsel war diary, Apr 20—29, p.18.

124. Ibid.

125. Weidling interrogation.

126. Army Group Weichsel war diary, 20—29 Apr, p.28.

127. Weidling interrogation.

128. Hamilton, The Oder Front, Vol I., p.157.

129. Venghaus, p.160.

130. Koniev memoir, p.71.

131. Ibid, p.66.

132. Ibid.

133. Le Tissier, Zhukov on the Oder, pp.6—7.

134. Ibid, pp.81—82.

135. Ibid, pp.86—87, and Le Tissier, Slaughter at Halbe: The Destruction of Hitler's 9th Army, April 1945, p.18.

136. Shturm Berlina, P. Rybalko, "Attack from the South".

137. Koniev interview.

138. Koniev memoir, p.89.

139. Army Group Weichsel war diary, 20—29 Apr, p.17.

140. Ibid, pp.18—19.

141. Schultz-Naumann, p.160.

142.Le Tissier, Race for the Reichstag, pp.34—35, and K. Münch, The Combat History of the German Heavy Anti-Tank Unit 653 in World War II, pp.226—227.

143.Ibid.

第六章

攻往柏林

"据国民启蒙与宣传部称,元首仍在柏林……众多领导人决心留守柏林,保卫帝国首都到最后一刻。"

——德国宣传部1945年4月23日的广播

"我们渐渐丧失了所有人类特征。我们双眼灼伤,脸上布满身边尘埃造成的污垢。我们再也见不到蓝天,燃烧的建筑、坍塌的废墟、街道上的滚滚浓烟倒是随处可见。每次炮击后的沉默,不过是引擎轰鸣,履带叮当作响,预示敌坦克即将发动新进攻的前奏。"

——柏林城内某个老兵的回忆,1945年4月24日

"注意!无论是谁,只要批准或鼓励某些削弱我们抵抗的措施,他就是叛徒!必须立即绞死或枪决!包括那些所谓以戈培尔或元首本人的名义下令采取的措施!"

——希特勒发表在最后一期《人民观察家报》上的公告,
1945年4月24日

4月21日,星期六

海因里齐当天上午才掌握红军在第9集团军防线达成突破的规模,还确认

红军迅速突破柏林周围的防御外围廊,摧毁或绕开德国人构设的暗堡和"龙牙"。

白俄罗斯第1方面军和乌克兰第1方面军的目标就是柏林。他对第56装甲军作战地段的情况知之甚少,因为昨晚20点,集团军群司令部与魏德林军部的通信联络中断了。

当天上午,海因里齐最关心的还是柏林。他9点30分打电话给雷曼,询问4月19日下令腾空柏林城内人民冲锋队的执行情况。雷曼报告:"已经征召了15个人民冲锋队营,再想征召更多人民冲锋队营不太可能,因为每个新兵只有15—20发子弹。仅在建筑密集的阵地上,才有可能派这些'武装平民'实施防御。"海因里齐对雷曼强调:"腾出一切人手保卫柏林,可能的话,让他们远离柏林。"[1]海因里齐的参谋人员告诉他,至少9个人民冲锋队营已部署到第9集团军战线后方的防御阵地[2]。至少还有6个人民冲锋队营要部署到柏林城外。

过去48小时,一支支人民冲锋队离开城区,自封的柏林保卫者戈培尔越来越震惊。当天下午早些时候,他请求希特勒撤换柏林卫戍区司令雷曼。希特勒同意了,下午晚些时候派孔策将军接替雷曼出任柏林卫戍区新司令。孔策是国家社会主义督导员(NSFO)的头头[3],该组织是7-20刺杀希特勒的事件发生后成立的①,目的是给国防军军官团灌输政治思想。戈培尔认为孔策是个忠实的国社党员,意识形态正确,支持现政权,会积极接受自己的指示。

---

① 与尾注不符。

雷曼随后奉命去波茨坦组建个新指挥部,番号是施普雷集团军级支队,负责守卫柏林南部接近地[4]。战役关键时刻,指挥部门发生变动,海因里齐插手干预,但没能奏效。

柏林的人民冲锋队和另一些部队部署到城外,一再遭到朱可夫先遣部队打击,面对红军铺天盖地的火力,有些人民冲锋队营被迫退入柏林城内,也有些坚守固定支撑点,结果不是陷入包围就是遭迂回[5]。

白俄罗斯第1方面军

德国第101军土崩瓦解,红军随后突破第56装甲军左翼,白俄罗斯第1方面军的北路挺进实现了作战自由。近卫坦克第2集团军辖内各军展开机动,担任这场挺进的先锋。北面,近卫坦克第9军率领第47集团军向西攻往亨尼希斯多夫。机械化第1军前出到柏林附近的贝尔瑙,而后转向西南面,与突击第3集团军一同攻往柏林北郊。近卫坦克第12军巧妙地穿过普勒策尔与施特拉斯贝格之间的森林小路,当天上午会同突击第5集团军夺得旧兰茨贝格,而后继续前进,进入柏林东郊的赫诺和马察恩。近卫第8集团军和近卫坦克第1集团军沿帝国铁路1号线继续向东攻击前进,随着第56装甲军左翼不断撤往南面,两个集团军在吕德斯多夫转向西南面。

白俄罗斯第1方面军左翼当面的德国第9集团军没采取任何行动,朱可夫越来越担心。他抽调沿奥得河展开的第69集团军,派该集团军和第3集团军从北面阻挡德国第9集团军。但朱可夫不知道,科涅夫麾下第28集团军,正沿布塞的西肩向北挺进。

过去48小时,突击第5集团军从施特劳斯贝格北面的森林攻击前进,越过韦尔诺伊兴,攻入柏林远郊。4月19日—21日,该集团军跨过相对平坦的开阔地域,每日进展8公里左右,魏德林麾下各师向南撤往克佩尼克,没给他们造成任何麻烦。突破炮兵第6军的近卫军大尉伊万尼欣跟随突击第5集团军前进,对柏林实施了首次炮击:

> 我们通过塞洛高地,把明歇贝格甩在身后,迅速攻往柏林……
> 队伍停下,一群群战士跳下车,焦急地跑向路标和里程碑,想弄清离柏

林还有多远，估算我们营何时能到达那里。我们肯定会攻入柏林，没人怀疑。唯一的问题是什么时候，明天还是后天？这几天，我们觉得敌人的抵抗肯定会越来越弱。空中见不到太多敌机，他们的炮火越来越稀疏，年幼的德国兵穿着宽松的军大衣，过大的军帽遮住他们的眼睛，高举双手向我们投降，这种场面越来越常见，他们的态度也越发顺从。

我们团逼近柏林时发生了争执：谁会第一个朝敌人的巢穴开炮呢？结果，每个营的近卫军指战员都坚信自己会率先打出炮火齐射。想到其他团有可能抢在我们前面，众人担心不已，但这种担心很快打消了，因为我们知道，前方的坦克兵不会在我们之前到达那里，我们也不会远远落后于他们。所有人兴高采烈，沉浸在节日般的气氛中。许多人回忆起我们团当初经历过的斯大林格勒战役，回忆起斯大林同志的预言，自豪地说道："国内的街头肯定也在欢庆！"

最后，首批德国村庄出现在道路上。我们在柏林最南郊见到一座座普鲁士风格的小别墅和独立花园。德国男男女女站在房屋旁，卑躬屈膝地朝我们挤出一丝笑容。

这里距离柏林不超过10—12公里，我和部下不由得担心起来：其他营会赶在我们前面进入炮击距离吗？这种担心纯属多余，因为团里三个营离目标的距离都差不多。

4月22日傍晚前后，我们停在柏林郊区乌伦霍斯特附近的森林里。镇内各条街道、各座广场上，激烈的交战仍在继续。卡图科夫的近卫军战士彻夜战斗，把敌"铁拳"、自动武器射手逐出地下室和阁楼。

早上8点，我们营部署在乌伦霍斯特镇西北边缘，营长乌克兰斯基大尉把我和第2连连长帕斯图霍夫上尉叫去。看见大尉不同寻常的神情，我们马上猜到即将受领的任务。

营长说道："准备好柏林的射击参数！从两处发射阵地朝西里西亚火车站开炮，一处是您的连，另一处是第2连。8点30分准时实施炮火齐射……明白了吗？"

"大尉同志，明白！"我俩异口同声地答道，"干吧！"

营长介绍了必要的情况，我们返回各自的连队，通报了喜讯，准备好射击参数。连里的战士喜不自胜，差点要跳起舞来。每个人都请求把他的火炮调入发射阵地。我挑选了近卫军中士东琴科指挥的炮组。他在别尔哥罗德战役中操作火炮打出赫赫威名，当时打了100多轮齐射，尽管防盾、炮身上留下不少弹孔和划痕，但火炮完好无损。帕斯图霍夫选中西拉耶夫上士的炮组开火射击。

两个炮组提前10分钟进入发射阵地。敌人以火炮和迫击炮猛轰我方战斗阵地。但射击参数都已准备妥当，连长和排长各就各位，完全能亲自指挥炮击。敌射手带着重型迫击炮涌向西里西亚火车站。全体指战员牢牢站在原地，营长也站在一旁，手里攥着手表。最后几分钟最急人。敌人的炮火越来越猛烈，弹片在空中飞舞，但每个人都望着营长和他手里的手表。营长目不转睛地盯着手表上的指针，随后解开枪套，拔出手枪高高举起。

"瞄准法西斯的巢穴，炮火齐射……"营长响亮地喊出长长的口令，"开炮！"

伴随这道口令，营长扣动手枪扳机。喀秋莎火箭炮发出剧烈的轰鸣，一发发大口径火箭弹拖着硝烟和火焰，闪电般袭向德寇盘踞的火车站。

"真棒！"阵地上的指战员欢呼起来。

我们就这样朝柏林打出第一轮炮火齐射。[6]

机械化第1军当日上午攻克柏林附近的贝尔瑙，遭遇的抵抗微不足道。该军随后转向西南面，作为突击第3集团军先遣力量攻入柏林。坦克第219旅协同机械化第19、第35、第37旅，沿斜线实施机动，直扑施普雷河，途中遭遇人民冲锋队局部抵抗。上午晚些时候，机械化第37旅前出到布赫郊外，随后攻入镇内。

A.罗曼诺夫中尉此时指挥一个T-34坦克排，他回忆起红军当日昼间攻入柏林北郊，夜间进入潘科镇引发的混乱：

4月21日，也就是奥得河战役第六天，跟前几天一样，我的排执行侦察任务，目的是探明进军路线和桥梁通过能力，以及敌军火力配系。

布赫接近地，德国人的抵抗微不足道。遗弃的各种车辆和技术装备表明敌人仓促逃离，敌军官兵的尸体、发射阵地上炸毁的火炮告诉我们，我方歼击机和轰炸机干得很棒。

我的巡逻车驶向镇东郊，没遭遇任何抵抗，整支侦察巡逻队跟在身后。我们在途中遇到些蹒跚而行的希特勒分子，他们高高举起双手，还喊道："希特勒完蛋了！"

我们赶往镇中心。消息传播开来，镇内居民得知红军坦克出现在各条街道。法西斯分子强征来的俄罗斯人、乌克兰人、法国人、波兰人逐渐走出地窖、掩蔽部、防空洞。他们起初小心翼翼地凑近炮塔上涂有红星的我方战车，随后安下心来，渐渐放开胆子。

四面八方传来呼喊声："是我们的军队，我们的军队来了！"

自由的风吹遍全镇，获得解放的奴工走上大街，许多人怀里抱着一束束丁香。到处都能见到欢聚的人群。

但我们不能停下，旅长命令我们赶往柏林郊区卡罗镇西北部边缘，日终前到达那里，还要占领火车站。

我向当地居民打听一番，得知敌人沿我们的进军路线布设了四道路障，每道足有3米厚。他们把钢轨深深插入地下，再覆上横梁、石块、沙土。但德国人没来得及在路障接近地埋设地雷，我们的到来完全出乎他们意料。

我们很快获悉，就在我们到来前一个钟头，敌人把18辆坦克和自行火炮派往卡罗镇。我决定亲自核实消息的真伪。

离开布赫西部边缘后，我16点探明，头两道路障很容易绕过去。我们就是这样做的。巡逻车转身向左，朝跨过道路的铁路桥驶去。但我们很快就无法继续前进了，第三道路障封锁了桥梁接近地。我们发现这里没有埋设地雷，但无法绕行，右侧是沼泽地，左侧有一条铁路路堤，坦克无法通行。另外，德军狙击手、突击步枪手、"铁拳"射手严密掩护路障。一名坦克兵刚把头探出炮塔，就被隐蔽在附近建筑内的德军狙击手射杀。

"铁拳"还朝我们的巡逻坦克开火，幸亏距离较远，火箭弹够不着我们。

我命令全排展开，消灭伏击之敌。战斗持续了几分钟，我们消灭了埋伏的敌人，这才驶入路障。我们叫来工程兵，清理进军路线，拆除第四道路障，那道路障距离铁路桥300米左右。

一辆辆坦克向前驶去。布赫通往卡罗的道路上，我们看见德军车辆留下的车辙印。早上刚下过雨，潮湿的地面上，履带印清晰可辨。我们仔细检查履带印，发现驶过这里的战车多达18辆，先前得到的消息真实无误。很明显，德国人正在后撤他们的技术装备，企图加强柏林的防御。

我们继续前进，遭遇的抵抗很轻微。我们在某处遇到几个敌狙击手和突击步枪手，但我们刚刚逼近，他们就逃入附近的果园和花园。

18点30分，我们到达卡罗镇西北郊，在那里发现一座集中营，里面关着2000多个饱受折磨的苏联和波兰姑娘。德国人本来打算把她们疏散到德国南方腹地，我们及时赶到，粉碎了法西斯分子的企图，俘虏了集中营守军。营地指挥官是个德国将军，就连他也没能逃脱。步兵侦察巡逻队最后一刻逮住他，他穿着全套军装，正准备登车逃离。

19点，我们占领火车站。部分战车留在防御外围廓，其他车辆补充弹药和油料。

就这样，我们彻底完成了上级当日赋予我们的任务。

次日清晨（4月22日5点），连长努日金上尉打来电话通知我，我们排暂时转隶某步兵团，加入他们的突击队，该团此时正在执行战斗侦察。

细雨绵绵，我们听见火炮齐射的轰鸣，以及机枪、突击步枪咯咯作响的发射声。

6点45分，我们的坦克各就各位，准备从这里出发，攻往潘科镇郊外。我们把战车部署在先前探明的地方，设立了防御和观察，还朝进攻方向实施侦察。我们面临的最大困难，是镇内一个个春花盛开的花园和公园，不仅给观察造成麻烦，还彻底遮蔽了目标。15米外的坦克根本看不见，只能通过发动机的轰鸣判断对方的位置。

德国人充分利用这种天然伪装，以火炮和高射炮对付我方坦克，不仅驻守各路口，还部署在各条高速公路和街道上。敌人的突击步枪手、狙击手、"铁拳"射手隐蔽起来，待我方坦克和步兵靠近，突然冒出来开火射击。

我们继续进攻，在行进中开火。鉴于敌人在十字路口部署了火力，我们决定排成纵队遂行冲击。我们借助工厂的烟囱、高压输电塔等地标判明方向。

大多数情况下，我方步兵编队伴随坦克一同行动，他们顺利发现敌"铁拳"射手，把对方消灭在地下室、堑壕、各种掩蔽部内。

我们跨过铁路，到达潘科镇北部边缘。敌人丢下车辆、火炮、各种装备仓促逃离。我方坦克以炮火和履带粉碎了敌人的火炮和车辆,把它们变成一堆堆废铁。

潘科镇几条主街道的交叉口,德国人瞅见坦克驶来,一个个惊慌失措,丢下10门高射炮和反坦克炮。这些火炮完好无损地落入我们手里。有些炮组人员毙命,其他的当了俘虏,无一逃脱。

攻克潘科镇,我方战机发挥的作用最大。从早上到深夜,空中一架架飞机发出的嗡嗡声就没停过。一个个飞行编队相互接替,每个编队多达50架飞机。空中几乎见不到敌机,偶尔冒出一架敌机,在高空孤零零地执行巡逻任务。

红空军强击航空兵第6军给西里西亚火车站货运场造成的破坏。党卫队"安哈尔特"团的分队,在"明歇贝格"装甲师黑豹坦克支援下,在这片地区死守了近一周。

红军强击航空兵第6军的强击机,对柏林东部利希滕贝格区西里西亚火车站货运场附近的AEG涡轮机厂发起打击。照片顶部是东北方。

就这样，我们攻克了敌人设在通往柏林道路上最后的抵抗据点，前出到柏林东北郊。[7]

突击第3集团军近卫步兵第12军的步兵跟在坦克兵身后，次日负责肃清潘科镇。

近卫坦克第12军辖内部队4月20日/21日夜间继续前进。他们前几天开辟了一条深入德军防御的路线，突击第5集团军近卫步兵第26军得以从施特劳斯贝格攻往柏林东部地区，一天内前进了23公里。红军步兵继续消灭前进中的坦克部队甩在身后的一个个抵抗据点。

近卫坦克第66旅4月21日凌晨3点隆隆驶入赫诺镇。据守该镇的守军至少有4个人民冲锋队营（第3/115营、第3/811营、克鲁尔营、菲舍尔营）的分队。该旅坦克第2营从北面包抄人民冲锋队设在镇内的阵地，而近卫坦克第49旅和近卫摩托化步兵第34旅辖内分队，从南面切断该镇与外界的联系。清晨6点，红军肃清赫诺镇，这里成为他们随后包围柏林北部地区的集中地域。

当日上午大部分时间，近卫坦克第12军作战部队休整，军属步兵抓紧时间赶上来，军部随后下达了新指令。近卫坦克第49旅奉命向北攻击前进，绕开湖区，攻克阿伦斯费尔德，而后转身向西，攻往霍恩申豪森。

近卫坦克第66旅、近卫机械化第34旅接到的后续命令是向南攻入考尔斯多夫，而后转身向西，攻入马察恩。A.伊格纳捷夫上校回忆起当日晚些时候进攻马察恩的情形：

4月21日夜间，我方部队逼近柏林东郊，也就是马察恩郊区，德国人把那里打造成一座主要支撑点。我们前进了大约1.5公里，我打电话给坦克团团长，他的团配属给我们，命令他赶往马察恩，我率领步兵继续前进。3分钟后，一群坦克穿过步兵接敌路线，沿宽阔的铺面高速公路向前驶去。就在这时，敌狙击手从马察恩射出的火力，雨点般朝我们袭来。我方坦克本该继续攻往柏林，但敌人射来的一发炮弹命中为首的战车，身后第二辆坦克也中弹起火。我觉得不能拿部下的性命冒险，于是下令取消沿高速公路的正面运动，坦克隐蔽到附近居民区的砖制建筑间，还派人侦察周边路线。

我派两股步兵绕过马察恩。很快，赶往左侧的那股步兵派人带回报告，说马察恩那一侧有一道很大的防坦克壕，里面灌满水。我决定等待另一股步兵的报告。他们很快探明了情况，马察恩右侧有一片深深的洼地，覆满植被。我随即命令近卫军少校叶尔萨科夫和莫伊西恩率领各自的步兵营进入那片洼地，炮兵营各炮组朝他们身后高高的植被开炮。为分散敌军注意力，我还命令炮兵和迫击炮兵加强火力，打击通往马察恩主干道的各片路段。欺骗措施奏效了，德国人以为我们会沿高速公路朝马察恩发动主要突击，于是把所有兵力调到那个方向。猛烈的步枪火力响起。激烈的战斗中，德国人没留意我们发起决定性进攻的信号（他们也许看见了，但不明白什么意思），一发曳光弹蹿入空中，随后是一连串红色、绿色、白色信号弹。一分钟后，叶尔萨科夫少校的步兵营站起身发起冲击，他们先前已逼近马察恩镇，还占据了出发阵地。又过了几分钟，一个76毫米机动火炮炮组冲过敌军火力，全速赶往马察恩。团属各分队呈半圆形包围这片郊区，沿宽大正面向前挺进，封锁了希特勒分子盘踞的各栋建筑。

马察恩镇边缘的建筑顶上，我们的红旗飘扬在柏林硝烟弥漫的空中。飘扬在柏林东郊的第一面红旗，是阿纳托利·波格列布尼亚克下士升起的。[8]

近卫摩托化步兵第34旅奉命在考尔斯多夫向南攻击前进，攻克利希滕贝格[9]，而近卫坦克第66旅的任务是攻克艾歇镇，而后转入军预备队。战役这一刻，近卫坦克第12军比其他红军兵团更深地楔入柏林城内。该军攻克旧兰茨贝格镇后，军长决定把兵力分散在一条7公里长的弧线上，导致他缺乏协同的坦克部队进入复杂而又陌生的城市环境。这份计划很可能是朱可夫批准的。

城市地形越密集，红军部队面临的战术态势就越艰巨。红军总参谋部战后的战役研究，指出柏林东郊的情况：

德国人在马尔肖大量部署了街垒、土石障碍、防坦克壕。马尔肖郊外还为"铁拳"射手构设了大量阵地。这种情况下，进攻马尔肖肯定要耗费很多时间，于是军长决定放弃战斗，从东面绕过马尔肖，继续攻往韦森塞。

例如，敌人在卡尔克贝格地区构设了预有准备的防御和防坦克障碍物：

绵密的堑壕，一两排精心构设的机枪阵地，还有"铁拳"射手专用堑壕。每公里正面有20个发射点。

敌人在坦克有可能采用的进攻路线上埋设了地雷。卡尔克贝格郊外和镇内各条街道上构设了路障。镇北面的树林里也布设了地雷障碍。[10]

据苏方资料称，德国人当日中午投入营级兵力，在数量不明的坦克支援下发起反冲击，一举夺回赫诺镇。为击退德军的反冲击，前进中的近卫坦克第49旅转身返回，解决后方遭受的威胁。在该地区配合装甲部队行动，仅有的德军部队是"大德意志"警卫团。

近卫坦克第2集团军辖内各军，在城内的进展明显放缓。他们用了三天时间才到达夏洛滕堡区的施普雷河，也就是说，从潘科镇出发只前进了5公里。形成鲜明对比的是，关于近卫坦克第2集团军作战进展的官方报告，谈到该集团军是如何在"与顽强防御之敌激烈交战的情况下"取得"80公里"进展的[11]。

4月15日—21日，近卫坦克第2集团军损失惨重。坦克第9军报告，损伤64辆坦克和自行火炮，26人阵亡，581人负伤。近卫坦克第12军报告，损伤96辆坦克和自行火炮，148人阵亡，565人负伤。机械化第1军报告，损伤82辆坦克和自行火炮，91人阵亡，384人负伤。近卫坦克第2集团军4月13日总共有661辆战车，五天的交战折损了242辆坦克和自行火炮，损失率达到37%。集团军现有兵力38,000人左右，共伤亡1794人①，虽说以报告提到的战斗激烈度看，这些损失似乎微不足道，可实际情况是，承受伤亡的部队，主要是直接投入前线交战的9—12个旅和团。例如，近卫坦克第12军3个坦克旅和1个机械化旅②，共计6475名官兵，伤亡713人，损失率达到11%。另外，该军共有211辆战车，损伤96辆，损失率高达45%。红军承受不起这么高的损失，照这样下去，各作战部队到4月27日可能就会耗尽可用的战车[12]。

近卫坦克第12军军长亚历山大·舍甫琴科将军，遵照朱可夫的命令，自4

---

① 应是1795人。
② 摩托化步兵旅。

月16日起就驱使他的坦克兵毫不停顿地进攻。过去五天数场激烈的交战中，该军人员和装备损失惨重。所以，击退"大德意志"警卫团的反冲击后，舍甫琴科指示政工人员鼓舞部队的士气也就不足为奇了。

舍甫琴科的部下很可能暴露出身心俱疲的迹象。另外，红军官兵在德国中产阶级的住处见到各种奢侈品，不免大肆劫掠，军纪开始瓦解。强奸德国妇女的事件也一直存在。没有哪个红军士兵想在战争快结束的时候送命[13]。据苏联方面的记述称，舍甫琴科指示政治委员A.A.维特鲁克上校当晚视察各作战营，确保指战员做好心理准备，即将对一座"数百万居民"的城市发动下一轮进攻[14]。毫无疑问，柏林周围的其他红军兵团，政治委员也到各自负责的前线作战部队做了类似的视察。

元首暗堡

柏林一夜间沦为前线。下午3点左右，红军猛烈的炮击取代了意料中西方盟军的轰炸。红军发射的炮弹，不加区分地落在亚历山大广场和蒂尔加滕区[15]。炮火远比空袭更可怕，因为一发发炮弹毫无征兆地袭来，弹片沿宽大的弧线四散飞溅，把街上许多平民炸得措手不及。

红军构成的直接威胁，终于迫使柏林官方关闭各所工厂，因为城内几座发电站储备的燃料消耗殆尽。公用事业的使用受到限制，除了医院和其他重要场所，禁止使用电力和煤气。公共交通仅限于官员的必要出行[16]。柏林人即将面对可怕的城市地面作战。

公元9年，日耳曼战神阿米尼乌斯在条顿堡森林击败三个罗马军团，现在，以他妻子的名字命名的"图斯内尔达"行动立即付诸实施。4月12日/13日夜间，帝国总理府用电话向一众政府官员发出"图斯内尔达"代号。这是预先安排好的疏散，收到行动代号，纳粹政府高级官员就从柏林乘火车撤往奥地利边境的加米施。这场疏散按照详细的时间表预先做好安排，整个行动由国务秘书弗里德里希·威廉·克里钦格尔负责。疏散计划提出以公交车把政府高级官员送往两列专列，一列名为"阿德勒"，另一列名为"多勒"。但疏散令发出时，希特勒做了修改。

新命令让许多人失望不已，他们本以为能逃离即将沦为最后一片战场的柏林：

（1）元首决定：

　　a.帝国政府最高机关高级领导人、帝国部长、国务秘书和其他工作人员留在柏林。

　　b.愿意战斗的人可以从政府机关转入武装部队，只要他们不是高级领导机关或重要部门不可或缺的人员，例如人民法庭。

　　c.先前包括在疏散计划中的其他人员可以离开。[17]

疏散专列定于4月13日发车。克里钦格尔提醒道，相关人员要是没赶上当天19点发车的专列，就无法保证还能离开柏林了。许多人对自己不能离开首都失望不已。有些人找出种种理由自行前往南方，说是去"开会"，可他们携带的大量行李无法掩饰他们逃离首都的企图。4月21日上午，疏散令再次下达，但希特勒先前做出的限制不见了。不幸的是，西方盟军和红军的快速挺进，切断了通往南方的所有路线。新疏散令把目的地改为北方的石勒苏益格—荷尔斯泰因。

元首暗堡内，希特勒当天下午召开会议，会上听到大量令人震惊的报告，都是红军攻入柏林的消息。众人讨论了几个至关重要的问题，包括第56装甲军的位置，第101军发动破坏性进攻、攻入朱可夫军队翼侧的可能性，以及第9集团军为缩短战线有可能实施的后撤。维斯瓦集团军群16点报告："菲诺运河与第56装甲军北端间的防线彻底破裂。贝尔瑙附近的部队土崩瓦解，敌人能轻而易举地攻入柏林。第9集团军身后，红军半切断了北部瓶颈。"[18]布塞集团军的补给状况日趋严峻。维斯瓦集团军群另一份报告称，他们已命令一列载满油料和补给物资，计划驶往德国南方的火车改道去第9集团军。报告里还提出，布塞麾下各兵团必须退往柏林南面，这样才能获得必要的弹药[19]。希特勒明确答复：第9集团军辖内所有部队不得后撤，必须原地坚守。另外，他下令立即攻入朱可夫右翼。施泰纳党卫队第3"日耳曼"装甲军更名为施泰纳集团军级集群，应当从埃伯斯瓦尔德向南进攻，而魏德林第56装甲军必须从当前位置向北突击。希特勒在命令里指出：

　　施泰纳集团军级集群唯一的任务是以党卫队第4"警察"师发动进攻，可能的话，投入第5猎兵师、第25装甲掷弹兵师（必须以第3海军师接替）的强大兵力，而后与第56装甲军辖内部队（党卫队"诺德兰"装甲掷弹兵师）、第18装甲掷弹兵师、第20装甲掷弹兵师、"明歇贝格"装甲师以及第9伞兵师一部会合，以一切手段保持连接。

明令禁止撤往西面。

必须无条件执行命令，违抗命令的军官会被逮捕，立即处决。您（施泰纳）必须以您的脑袋担保执行这道命令。

帝国首都的命运，取决于您胜利完成任务。[20]

这道命令绕开常规指挥渠道，直接下达给施泰纳，意味着柏林周边军事行动的指挥权从海因里齐手里转入元首暗堡。

希特勒3月份的指令让海因里齐失去几个至关重要的装甲师，红军突破第101军的防御，第18装甲掷弹兵师的计划展开地域却在突破口南面，希特勒现在没跟任何人协商，又下达了新指令。这道命令激怒了施泰纳和海因里齐。施泰纳根本没有兵力立即发动进攻[21]，他托维斯瓦集团军群司令部报告克雷布斯："鉴于总体态势，这道命令无法执行，甚至来不及执行。遂行进攻需要的几个师，已经沿宽大战线占据阵地自保。"克雷布斯发来复电，态度坚定地重申，必须执行这场进攻[22]。海因里齐震惊不已，他告诉克雷布斯，红军几乎包围了第9集团军，该集团军的处境非常危急，施泰纳发动进攻毫无价值。眼下唯一的办法，是让第9集团军撤离沿奥得河据守的阵地，以免陷入重围。为强调报告的真实性，海因里齐告诉克雷布斯，倘若希特勒不重新考虑自己的决定，他就辞去维斯瓦集团军群司令职务[23]。海因里齐态度坚决，说什么也不肯按照希特勒的命令发动进攻，显然让克雷布斯深感担忧。

海因里齐的参谋长埃贝哈德·金策尔将军，此时已奉命去OKW的北方作战处任职。值此关键时刻，这么重要的领导职务为何发生变动，原因不得而知。但有一点很清楚，接替金策尔担任集团军群参谋长的伊沃-蒂洛·冯·特罗塔中将，以前在海因里齐手下任过职，是海因里齐的坚定支持者[24]。1942年10月底，特罗塔出任第4集团军作战处长，而集团军司令就是海因里齐。那段时间，第4集团军在中央集团军群辖内出色地执行了防御作战，两人很可能建立起亲密的友谊。海因里齐转入将领预备役两个月前，冯·特罗塔调离第4集团军，先担任南乌克兰集团军群作战处长，后改任南方集团军群作战处长。1944年11月初，冯·特罗塔出任第1装甲集团军参谋长，可能是海因里齐推荐的，因为海因里齐1944年8月接掌该集团军指挥权。1945年2月中旬，冯·特罗塔接替出车祸的文克，在克雷布斯手下担任OKH作战处处长。他在这个职位上肯定得知了"日食"计划，也知道古德里安对希姆莱指挥维斯瓦集团军群担心不已。鉴于冯·特罗塔同海因里齐的关系，他跟古德里安商量由谁来接替希姆莱的问题时，很可能推荐海因里齐出任维斯瓦集团军群司令，这种推断合情合理[25]。集团军群新参谋长很了解海因里齐，也清楚古德里安先前就"日食"计划给出的指导意见，以及守卫奥得河战线背后的意图。

接下来几天，元首暗堡全面接掌柏林周边军事行动指挥权的舞台搭设完毕。临近傍晚，第56装甲军的官兵实施激烈的后卫作战，继续撤往西南面[26]。

第 56 装甲军

4月20日/21日夜间，第56装甲军辖内兵团撤往柏林东南部地区。魏德林麾下几个师与上级部门失去联系，一直在遂行防御。经过四天激战，近卫坦克第1集团军终于获得机动自由，第56装甲军展开激烈的后卫作战，以免被红军紧追不舍的坦克纵队包围。形形色色的德军车辆沿各条拥堵的道路行驶，潮水般涌向柏林，尤其是帝国铁路1号线，这是通往柏林的东西向主干线[27]。

魏德林不断后撤的部队面临怎样的境地，获得苏联英雄称号的近卫军上校V.别洛乌索夫谈了自己的看法，他当时指挥空军第16集团军一群伊尔-2"斯图莫维克"强击机：

清晨到来，能见度刚刚改善，五个伊柳辛强击机编队就从机场逐一起飞。率领这些编队的是邦达连科大尉、基里洛夫大尉、斯科里克大尉、格里金大尉、科瓦连科中尉，都是对地攻击的高手。当时，各道防线上的敌军被击败，正排成纵队沿通往柏林的各条道路后撤。强击机飞行员的任务是拦住敌人，不让他们远离我方坦克。

9点30分，中央地面控制电台收到6架依柳辛组成的第一个编队的呼叫。

编队队长在电台里喊道:"提供目标,提供目标,这里是邦达连科。"

舍甫琴科中校下达命令:"打击古索到武尔科道路上的敌军纵队。"这道命令发送了好几次。

邦达连科回复道:"收到!"

五个强击机编队打击了指定目标。

这一整天,直到天黑,越来越多的伊柳辛编队毫不间断地投入战斗,敌人的汽车和坦克中弹起火,遭追击的敌步兵逃入森林。在这场空中打击下侥幸生还的敌人,又被我方坦克兵和摩托化步兵追上。

为挽回态势,德军高层夜间从柏林地区和城内驻军派出援兵。第二天早上,德国人投入步兵和坦克,对军作战地带几处发起反冲击。猛烈的火炮和迫击炮火力阻滞了我方一支强渡水障碍的坦克部队。

军长请求道:"把强击机派来!"

就在这时,三个伊柳辛编队出现在战场上空,每个编队6架强击机,统归获得苏联英雄称号的近卫军少校霍赫拉乔夫指挥,赶去打击其他目标。坦克兵将领命令道:"更改目标。"

"桑尼,桑尼,"空中传来地面控制电台的呼叫,"能听到吗?"

过了一会儿,霍赫拉乔夫在电台里答道:"听到了!"

"打击B点南面森林内的火炮和迫击炮!"

"收到。"霍赫拉乔夫答道。

强击机对德国人的火炮和迫击炮阵地施以打击,坦克兵毫发无损地渡过水障碍。

那天,地面控制网也做了很多工作。米京大尉、亚历山德罗夫上尉、谢列兹尼奥夫上尉等电台引导员报告舍甫琴科中校,敌人猛烈的火炮和迫击炮火力挡住我方坦克的前进。到处都有坦克兵要求强击机实施对地攻击。

11点30分,舍甫琴科从观察所给航空兵部队发来电报:"派几个伊柳辛编队出动,持续打击坐标方格内的敌人……天气好极了,加油干吧!"

20分钟后,一架架伊柳辛出现在空中。

"伙计,快点来吧!"坦克兵兴高采烈地招呼空中的战友。

强击机编队一波波飞抵,引擎的轰鸣淹没了火炮和迫击炮的隆隆炮声。列乌先科编队、列舍特尼亚克编队、卢基扬诺夫编队……他们身后是邦达连科编队、格里金编队、孔道罗夫编队和另一些强击机编队。数百架战机从空中打击敌人。这场空中突击持续了2小时,坦克兵随后向前挺进。

我方部队前进之际,敌人加强了抵抗。人口稠密的柏林郊区,德国人殊死抵抗。我方大量集中的部队和技术装备赶往柏林,随着时间推移,对地攻击越来越困难。这种情况下,无线电地面控制发挥的作用简直是无价之宝。

克拉塞尔多夫—伊洛地带,某坦克部队先遣支队遭遇德军集中的大批汽车和坦克。坦克兵向舍甫琴科中校汇报了情况,舍甫琴科派出几名侦察员。首批侦察员探明情况,侦察同一片地带的第二批人员证实了他们的情报。情况都弄清了。几分钟后,邦达连科大尉率领22个机组赶到,地面人员准确指引目标,邦达连科带领部下击毁数辆坦克和几十辆汽车。敌人的福克-武尔夫战机出现在空中,但无法阻止我方强击机七次攻击地面目标。

我方坦克构成的钢铁洪流继续攻往柏林,粉碎敌军人员和技术装备。腓特烈斯费尔德郊区,一条铁路侧线,前方炸毁的桥梁,舍甫琴科中校带着电台赶往郊区。一发炮弹落在他身旁,炸坏电台,炸伤了报务员。但舍甫琴科中校带着备用电台。为轮式车辆铺设的桥梁上,无线电地面控制员几乎到达火车站。这里已经有几架侦察/强击机盘旋在空中。他们很快跟上级取得联系。列舍特尼亚克中尉报告,他看见铁路线上有25列满载的火车。

20分钟后,列乌先科大尉率领6架伊柳辛扑向目标。基里洛夫、卢基扬诺夫、列舍特尼亚克率领的编队接踵而至。七个伊柳辛编队炸毁火车站出口路线,引发几起剧烈的爆炸,还造成10多起火灾。所有火车进退不得,结果被返回车站的坦克兵俘获。

我方坦克继续前进了一段路程,停在斯德丁火车站加强地域。车站半圆形弧线内,敌炮兵与我方坦克交火。暂时的停顿可能会拖缓突击势头,但强击机赶来了。

先遣坦克支队刚逼近斯德丁火车站的防御,三对强击机就飞到上空实施侦察。猛烈的防空火力射向侦察机。卢基扬诺夫中尉驾驶第一对强击机的长机,飞机引擎中弹,不得不带着僚机返航。但弗拉索夫中尉和金季诺夫中尉率领的另外两对侦察机完成了任务:不仅以目视观察的方式探明敌军防御状况,还拍摄了斯德丁火车站整片区域。

接下来两小时,我方坦克发动进攻,九个强击机编队打击了斯德丁火车站内的火车。图罗夫斯基中校,格里金大尉,孔道罗夫大尉,邦达连科大尉,科瓦连科上尉,卢基扬诺夫中尉,列舍特尼亚克中尉,我方航空兵精锐尽出。坦克进攻之际,强击机的空中打击压制了敌人。我方坦克从斯德丁火车站出发,沿柏林北部边缘继续向西攻击前进,而后突然向南急转,把柏林城内的德国守军牢牢困在钢铁包围圈内。[28]

第56装甲军残部,在马尔斯多夫与沃尔特斯多夫之间据守帝国铁路1号线南面最后一道防线后,撤入柏林郊区。红军第69集团军近卫骑兵第2军和几个附属坦克旅快速挺进,迅速切断德军穿过埃尔克纳湖区撤往南面的所有路线,日终前封锁了其他运动走廊,导致第56装甲军四分五裂。

克佩尼克地区施普雷河上的桥梁,成了第56装甲军辖内几个师的生命线,红军在埃尔克纳北面追上第56装甲军,近卫坦克第1集团军不断前进的坦克第11军、近卫坦克第11军给该军造成巨大的压力。党卫队第11"诺德兰"装甲掷弹兵师率先跨过桥梁,部署到下美丽牧场。党卫队第24"丹麦"装甲掷弹兵团主力排成四路大股纵队,沿帝国铁路1号线向西开入柏林[29]。"诺德兰"师到达柏林时,师里官兵一再遇到希特勒青年团员、宪兵、党卫队员据守的检查站。拿不出书面调动令的人立即编入临时编队或应急部队,奉命返回前线。情况一片混乱,红军火炮和战机不断扰乱后撤中的德军部队,到处都有士兵报告敌坦克到来,但这些报告大多是睡眠不足、过于紧张引发的幻觉。"诺德兰"师的德国老兵海因茨·根措跟随党卫队第11高射炮营的分队到达亚历山大广场,受到几名官兵盘查,看他有没有书面调动令。时隔多年,根措依然记得自己对柏林的第一印象,觉得这座城市简直像"巫婆的大锅",无论什么时候,根本不知道敌人在何处[30]。第18装甲掷弹兵师尾随其后,部署到阿德勒斯霍夫。

埃尔克纳西南面,第20装甲掷弹兵师到达戈森,排成长长的纵队,蜿蜒穿过柏林南部湖区的道路和桥梁。该师取道施默克维茨到达克佩尼克,柏林平静的东南郊,迎接他们的是当地居民难以置信的目光,这些居民现在终于明白涂写在镇中心墙壁上的标语究竟是什么意思了——"柏林依然属于德国!""铁拳和士兵比敌坦克更强大!"[31]第20装甲掷弹兵师的弗里茨·鲁道夫·阿费尔迪克站在装甲车上环顾四周,发觉柏林缺乏防御。他觉得这里就没有一支部队或指挥部负责防御，他见到的一切都让人有种必然失败的感觉[32]。"明歇贝格"装甲师辖内分队到达吕德斯多夫郊区，就在第20装甲掷弹兵师东面13.5公里，而后向南进入施普伦哈根。该师面临遭切断的危险。

过去几天的激烈战斗和断断续续的运动，导致德军另一些部队土崩瓦解。士气和斗志成了大问题。"柏林"师师长福格茨贝格尔召集残余的部下，命令他们"想办法平安回家，再打下去毫无意义"[33]。解散师残部后，他继续担任魏德林的联络官。

4月22日，星期天
元首暗堡

最后一期《帝国报》刊登了戈培尔的社论，题为"不惜一切代价抵抗到底"。这篇文章不祥地呼吁每个男人、女人、孩子为保卫柏林献身。戈培尔写道："最终胜利的时刻正在等待我们。胜利要用鲜血和泪水换取，但最终会证明我们付出的一切牺牲都是值得的。"[34]

希特勒和秘书马丁·鲍曼15点召开每日例行会议，凯特尔、约德尔、克雷布斯出席会议。一份份报告让希特勒的情绪越来越低落。朱可夫军队到达柏林北面和南面的施普雷河，科涅夫的坦克纵队几乎前出到波茨坦，估计红军48小时内就能完成对柏林的合围。第3装甲集团军向西退却，第9集团军遭隔断，施泰纳集团军级集群无意奉命向南发动进攻。希特勒终于明白战略态势已然无望，在这群高级官员面前崩溃了。他宣称自己打算留在柏林，跟首都共存亡，还命令凯特尔、约德尔、鲍曼去德国南部，在那里继续指挥战争。与会人员震惊不已，凯特尔和约德尔赶紧劝解希特勒，说还有其他军事解决之道。元首意志消沉地说道："你们想做什么就做吧，我不再发号施令了。"[35]下午晚些时候，希特勒让广播电台通知柏林市民，他会留在城内，直到最后时刻[36]。

日终前，凯特尔、约德尔、克雷布斯终于说服希特勒，只要以施泰纳集团军级集群从北面、第9集团军从东南面、新组建的第12集团军从西南面联合发动向心攻击，完全有可能击败柏林周围的红军。美军停在易北河畔，没有攻往柏林的迹象，德国最高统帅部由此得知，"日食"计划划分的占领区真实有效，装甲兵上将瓦尔特·文克指挥的第12集团军完全可以转身向东解救柏林，艾森豪威尔不会干预。希特勒默然接受了这份方案。又过了一天，他终于重振精神，欣然接受保卫柏林的最后一战，可能是从腓特烈大帝那里汲取了灵感。

希特勒做出这些至关重要的决定后，下午晚些时候，他把费迪南德·舍尔纳元帅召到帝国总理府[37]。舍尔纳见到希特勒、克雷布斯、步兵上将威廉·布格多夫，据舍尔纳称，"我觉得希特勒的状态很糟糕，看上去像个对事态发展丧失信心的病人，脸色苍白，面容肿胀，说话声微弱。"[38]希特勒问舍尔纳对当前军事形势的看法。这是个奇怪的问题，因为舍尔纳指挥的中央集团军群在南面。希特勒没有召见海因里齐，充分说明他对海因里齐的看法跟舍尔纳完全不同。

舍尔纳坦率地评估了当前态势，请求元首批准他撤出捷克斯洛伐克东部。希特勒对这项请求的答复，概括了他前三个月的战略考量，也回答了他为何更看重中央集团军群而不是维斯瓦集团军群这个重要的问题。据舍尔纳说，希特勒指出："必须坚守前线，控制捷克斯洛伐克，那里的工业和经济潜力过去和将来都深具决定性。"[39]即便是政权存在的最后几天，经济因素也主导了希特勒的想法。他对舍尔纳透露了眼下的计划，鉴于西方盟军止步不前，他打算让第12集团军调转方向，稳定柏林周边战线。两人进一步探讨总体战略态势后，希特勒告诉舍尔纳，他会留在柏林，必要的时候自行了断，还说他已口述了政治遗嘱，很快会派信使送到舍尔纳的司令部。会晤结束时，布格多夫向舍尔纳透露，元首决定自己死后由舍尔纳担任陆军总司令。舍尔纳离开前跟戈培尔短暂会晤，戈培尔给他留下的印象截然不同，似乎是希特勒核心圈里"最具活力"的人，尤其是谈到"为保卫柏林而战"[40]。

待在元首暗堡的空军将领埃克哈德·克里斯蒂安打电话给空军总参谋长卡尔·科勒，通报了希特勒精神崩溃和他留在柏林的决定。克里斯蒂安20点45分从元首暗堡打出电话，他告诉科勒：

元首精神崩溃了，觉得继续从事战争已然无望，但他不愿离开柏林，而是打算留在暗堡内，等待最后时刻到来。凯特尔、约德尔、鲍曼、海军元帅邓尼茨、党卫队全国领袖（他打来电话）竭力劝说元首改变主意，尽快离开柏林，因为待在这里无法指挥战事，元首必须继续掌管帝国。这些劝解没能奏效。元首让人把暗堡里的所有公文和文件拿到院子里烧掉，还邀请戈培尔带上妻子和孩子搬入暗堡和他住在一起，他们现在都跟元首待在暗堡里。

科勒问克里斯蒂安，戈培尔一家最后会怎样，克里斯蒂安答道："他们可能会杀掉几个孩子，然后自杀。"科勒又问起暗堡里的其他高级幕僚，克里斯蒂安答道：

> 元首说他要留在这里，其他人可以离开暗堡，想去哪里随便。OKW、凯特尔、约德尔想掌握局面，打算让易北河畔的部队调转方向，把所有兵力投入东面。OKW正迁离柏林，今晚在克拉姆普尼茨集合。今天发生了太多让我触目惊心的事情，到现在还有点缓不过劲儿来，我觉得元首不会离开。暗堡里的气氛深深感染了我，有种说不清道不明的感觉。[41]

OKW和OKH合并成一个作战指挥机构，离开柏林前往普隆，在那里为邓尼茨和希特勒效力。一通通电话打到德国各地，要求把所有军事部队派往柏林。希姆莱从私人卫队抽调600名党卫队员，当晚23点到达柏林。这股兵力立即编入大本营部队，部署到政府区。

为发挥自己的影响力，戈培尔决定解除柏林卫戍区和维斯瓦集团军群保卫柏林的职责。他对若干人民冲锋队营开出柏林城区的调动深表关切，也许怀疑雷曼和海因里齐在密谋些什么。戈培尔现在决心让柏林成为最后一场决定性战役的焦点，不允许任何人破坏这份计划。他把克特尔中将降为上校，解除对方柏林卫戍区司令的职务①。希特勒听从了戈培尔的劝告，同意亲自指挥柏林的防御[42]。元首暗堡发出一道道指令，命令所有人民冲锋队营从奥得河前线返回柏林。接替这些部队的是30个行进营，德国海军和空军新兵构成的行进营，目前正在德贝里茨组建[43]。这些命令表明，希特勒、戈培尔等人全然不知维斯瓦集团军群面临的严峻局面，简直令人难以置信，但又在意料之中。第三军

---

① 前文提到的孔策将军其实没有出任柏林卫戍区司令，这项职务由恩斯特·克特尔上校担任，克特尔临时擢升中将，被解除职务后又降为上校。

区没办法武装这些营,于是把命令改为:"由于武器装备必须从获得接替的各人民冲锋队营获取,换防工作仅限于战术情况允许换防的那些人民冲锋队营。"⁴⁴这道命令就此没了下文,根本没有执行。

维斯瓦集团军群

克雷布斯打电话给海因里齐,命令他变更部署,朝柏林发动向心突击。海因里齐恪尽职守,把命令传达给第9集团军。布塞读罢命令将信将疑,因为命令里要求他的部队"对沿北方向攻往帝国首都之敌的纵深翼侧发起打击,还要协同第12集团军从西面而来的南翼攻往于特博格"⁴⁵。海因里齐也向施泰纳传达了克雷布斯的指令,命令他向南发动进攻。

下午大部分时间,海因里齐就第9集团军的部署问题同克雷布斯争论不休。第9集团军的油料和弹药即将耗尽。布塞东南面的防御支柱科特布斯,当日落入科涅夫军队手里⁴⁶。这座城市沦陷,对仍在奥得河东岸据守奥得河畔法兰克福"要塞"的守军构成威胁。海因里齐告诉克雷布斯,鉴于眼下的情况,唯一的办法是让守军撤到奥得河对岸,好让布塞缩短战线,为计划中的进攻做好准备。克雷布斯汇报希特勒,希特勒同意变更部署,认为撤离奥得河畔法兰克福的守军可能有助于保卫柏林的最后一场决定性战役。4月23日凌晨1点,第9集团军终于收到缩短战线的命令⁴⁷。海因里齐利用这道命令赋予布塞机动自由,让他把麾下部队撤往西面,朝文克第12集团军方向突围。海因里齐司令部与元首暗堡激烈的电话交谈涉及另一个话题:第56装甲军在哪里。当天深夜,克雷布斯终于得知魏德林在克佩尼克,随即把消息告知海因里齐⁴⁸。

第56装甲军

魏德林和参谋人员竭力掌控辖内部队,还设法同维斯瓦集团军群或第9集团军司令部恢复联系。过去24小时混乱后撤期间,第56装甲军辖内各师几乎都在各自为战,谁都不想覆灭在柏林城内。

党卫队三级突击队中队长亨泽勒奉命去"诺德兰"师当前驻地南面,明歇霍夫某座小屋报到。"诺德兰"师的哨兵在那里构设了严密的警戒线,他们拦住亨泽勒,仔细检查他的证件。待他走入屋内,发现师里几个工兵连连长都在场。亨泽勒随后得知的消息令他难以置信。齐格勒决定把"诺德兰"师带到柏林南面,然后赶往西面投奔西方盟军,避开柏林城内的交战。这项决定是齐格勒自行做出的,上级根本没给他下过这种命令。工兵的任务是担任前卫,控制哈弗尔河上必要的桥梁,确保全师顺利渡河。召集大伙开会的是党卫队第11工兵营营长,二级突击队大队长福斯,他告诉众人:"你们的任务是控制哈弗尔河上的桥梁,当心桥上有可能部署的哨兵,务必保障全师利用桥梁,必要情况下使用船只顺利渡河。"[49]各工兵连连长随后接到命令,分配了各自负责的具体目标,营长还叮嘱他们,此事务必保密[50]。西北偏西的后撤方向,可能会让"诺德兰"师在途中遇到施泰纳集团军级集群。齐格勒似乎觉得自己下达的命令合情合理,因为他的师"耗尽汽油",无法遵照魏德林4月18日的命令部署到相关地域。无论齐格勒做出这项决定的原因究竟是什么,他的所作所为不啻为叛国,完全可以判处死刑[51]。

白俄罗斯第1方面军

朱可夫的司令部设在柏林东部接近地某座古雅的小村里,他收到几份前景看好的报告。麾下军队总算取得进展,尤其是北面和西南面。沿柏林东部接近地,面对德军断断续续但相当激烈的抵抗,白俄罗斯第1方面军辖内部队取得的进展喜忧参半。朱可夫的坦克部队攻入柏林郊区,前进速度再次放缓。

近卫坦克第9军和步兵第125军向西挺进,前出到菲诺运河南岸。朱可夫担心,德军可能会扼守施潘道北面的哈弗尔河渡场。可他的部队发现,哈弗尔河渡场不仅完好无损,而且无人据守[52]。红军坦克在亨尼希斯多夫驶过桥梁,获得向柏林西面机动的自由,朱可夫这才松了口气。近卫骑兵第7军跟随先遣部队迅速渡过哈弗尔河,随后散开,打算侦察柏林北部、西部接近地防御情况[53]。调自德贝里茨的米勒战斗群,编有克兰普尼茨反坦克旅、第968工兵营、第116机枪营,奉命据守哈弗尔河,抵御朱可夫的部队[54]。鉴于战斗的流动性,米勒战斗群有没有开抵他们奉命扼守的阵地不得而知,但红军包围柏林期间,该战斗群被迫退入施潘道区。

突击第3、第5集团军攻入柏林北部和东部地区,前进速度再次严重放缓。前六天持续不停的作战行动,再加上人员和技术装备损失惨重,致使这些兵团停下来重组。红军侦察兵继续以小股渗透组绕过一个个疑似的德军阵地进入城内。红军主力的任务是消灭敌重兵防御的据点，尤其是主要工厂和高架快铁车站周围的支撑点，这些据点是柏林内环防御圈的外围廓。布霍尔茨、比斯多夫、潘科、韦森塞、利希滕贝格镇现在成为东线最前沿。柏林卫戍区司令部企图部署兵力扼守柏林内环防御圈。上级下令据守柯尼希斯武斯特豪森—梅尔基什—布霍尔茨—吕本—布尔格防线，但汽油短缺，部队无法从各防御地带开入遭受威胁的地区。先前动员的人民冲锋队，此时大多在柏林郊外[55]。

苏联最高统帅部大本营记录下突击第3集团军在潘科区的交战情况，这份资料证明红军在柏林外围地区面临的挑战相当艰巨。S.N.佩列韦尔特金少将步兵第79军辖下的步兵第171师担任前卫。该师步兵第525团第1营上午9点攻入潘科镇，日终前到达费尔森埃格斯街与快铁交叉口。步兵第525团第2营在该营右侧500米遂行冲击，而左侧500米外，是近卫步兵第23师近卫步兵第66团。他们对当日交战的描述如下：

此时，营里每个连只剩35—40人，其中25—30人是步兵，每个连编有两个步兵排。指战员配备的武器主要是自动步枪，另外，营里还有8挺轻机枪、2挺重机枪、6支反坦克步枪。营属炮兵有3门82毫米迫击炮和2门45毫米火炮。炮兵第357团为全营提供支援。

营长决定以小股分队沿宽大的正面遂行冲击，穿过花园、空地、菜园，尽量绕开敌人据守的建筑，渗透到敌防御纵深。

潘科镇郊区的建筑大多是二层小楼，这些房屋之间是花园、菜园、空地，每栋建筑间隔150—200米。

上午8点50分，营里的火炮和迫击炮以猛烈的火力打击一栋栋郊区建筑，预先已探明敌人设在这些建筑内的火力点。9点，全营排成单行发起冲击。营里的分队组成一个个3—4人的战斗小组，冲入首批建筑。他们在这些房屋内几乎没见到德国人，因为炮击期间敌人就撤走，在离郊区一段距离外的纵深处占据其他建筑。

占领首批房屋后，一个个战斗小组穿过花园攻往下一批房屋。45毫米火炮伴随步兵前进，不断观察敌军动向，按照步兵连指挥员的信号，轰击敌人开火的建筑。

炮兵开了几炮，各战斗小组趁敌人混乱之机冲入几栋房屋，消灭了躲在里面的敌人，他们没有停顿，继续向前冲去。

进攻开始后没过10分钟，我方自动步枪手组成的一个个战斗小组已渗透到敌防御纵深700—800米处，在那里展开战斗。到上午10点，全营抓获20名俘虏，前出到潘克河，营长把部下召集到一起。这场战斗让我们少了15名战士，大多落在后面，要么就是在争夺一栋栋房屋的战斗中走丢了。团长命令我们发展胜利，还从团属炮兵调了个76毫米炮兵连和6门45毫米火炮加强我们营。

全营强渡潘克河，先是沿北岸进攻，肃清紧邻皇宫大道几栋房屋内的敌人，而后转身向南。再次渡过潘克河后，全营向西攻击前进，从北面绕开潘科镇居民区，穿过皇宫公园。守卫公园的是人民冲锋队，他们隐蔽在散兵坑和堑壕里。我们沿公园前进的速度，当然比先前在住宅区快得多，主要归功于火炮和迫击炮火为遂行冲击的步兵提供了支援。

上午11点，我们营夺得公园，离奥古斯塔皇后街与格拉贝大道交叉路口只有几百米。侦察30分钟后，营长决定先拿下交叉路口周边一组建筑，德国人把路口打造成支撑点，封锁了通往舍恩霍尔茨的道路。营长下定决心，派2个连从北面和南面包抄，一举攻克敌支撑点。

营长手头有12门火炮，他把8门交给左翼连，另外4门配属给右翼连。

12点，营长通过团长召唤了10分钟炮火准备，猛烈打击那组建筑，两个连队借助炮火掩护展开迂回机动。

两个连在敌支撑点西面200米会合，随后转身向东，各派一个班从西面掩护战斗队形，随即冲击敌支撑点。

营里的分队从后方打击敌人，经过30分钟激战，一举攻克敌支撑点，击毙80名敌人，俘虏30人。全营继续攻往西面，14点攻克舍恩霍尔茨，我们营在战斗中伤亡14人。[56]

卡扎尼中将[①]近卫步兵第12军辖下的步兵第33师，在步兵第171师南面作战。A.列别捷夫大尉描述了那里的战斗。参战的IS-2坦克[②]可能隶属近卫重型

[①] 亚历山大·费奥多罗维奇·卡赞金中将。
[②] 本书混用IS-2和JS-2，其实都是"约瑟夫·斯大林2式"坦克。

坦克第79团：

4月22日，我的营追击敌人进入柏林，在潘科区一座软木塞厂遭遇希特勒分子预有准备的防御。那里已经是柏林的郊区。德国人的防线，侧面与制砖厂厂房相接，穿过一座长满灌木丛的茂密花园。您在这里只能看见几条主干道，离开主干道往旁边走几步，就什么也看不见了。我们后来发现，三道防坦克壕穿过整座花园，还有三条铺了木板的堑壕线。德国人部署在这里的兵力多达1个步兵营、1个迫击炮连、2个重型火炮连。

我们冲入花园搜寻敌人，天色渐渐昏暗，全营在距离敌人200米处占据防御阵地。

早上7点，我接到进攻令。首个任务是夺取工厂，而后攻占潘科镇和火车站。我的营获得1个轻型炮兵营、1个120毫米迫击炮连、7辆IS坦克、4辆自行火炮支援。各种武器实施10分钟火力准备，我的营9点30分发起冲击。坦克和步兵排成一行，甚至稍稍落后一点，因为我们估计每片灌木丛后都有可能射出"铁拳"。步兵逼近德军前沿堑壕，准备以直射火力打击敌防御纵深的火力点。可我们不知道敌人在这里构筑了防坦克壕。待我们逼近这些防坦克壕，我方坦克，然后是火炮，不得不挤入几条主干道。我投入预备队连协助他们。附近房屋内的居民早已逃离，我们的战士把屋里的家具扔出来，还砍断栅栏，把这些东西丢入防坦克壕，再铺上泥土。这场作业持续了30分钟左右。这时，苏马罗科夫少尉率领第1连到达第二道堑壕线，拎着手榴弹展开战斗，苏马罗科夫是个年轻的指挥员，刚刚从军校毕业。第1连以艰巨的近战夺得第二道堑壕线时，坦克和火炮仍在跨越第一道堑壕线。他们必须继续前进，因为战斗的重负彻底落在步兵肩头。步兵已到达第三道堑壕线，坦克和火炮好不容易挤到第二道堑壕线前方，停在那里等待车组和炮组人员在预备队连协助下，用杂物和泥土填满第二道防坦克壕。

到13点，全营已穿过所有堑壕线，一路前出到火车站，而坦克和火炮此时仍停在第三道堑壕线前方。

我们在火车站遇到意想不到的新障碍。侧面钉上木板的火车车皮堵住所有铁路线。要想拖开这些车皮，就得先打垮敌人，对方在道路另一侧占据防御，还以火力控制道路。我的营在此处损失惨重，我们的战士钻入车皮下，沦为敌人的绝佳目标,没等他们冲到铁路路堤就中弹了。

我们在这里打垮德国守军,但为发展进攻,我不得不命令预备队连,把火车车皮推到交叉道口,让坦克和火炮继续前进后再发动进攻。

待我的营到达潘科镇中心,已经是凌晨3点。6小时内,我们以不间断的战斗在柏林郊区挺进了3公里。

出现在我们眼前的花园、果园、空地远远多于房屋,铁路线前方就是柏林市区。目光掠过一栋栋砖砌小屋的尖瓦屋顶,能看见多层建筑的墙壁。这里距离柏林市中心还有好几公里,但我们先前克服的障碍,与即将在那座半毁的大型城市内必须解决的问题相比似乎微不足道。我想过在法西斯巢穴展开巷战的种种困难,但无法想象柏林城内一条条遍布碎石瓦砾的街道上,等待我们的会是什么。想想看,空地或花园里有一座巨大、昏暗的四边形建筑,这座五六层的建筑看上去像个监狱,钢筋混凝土墙壁厚达2.5米左右,一扇扇窗户覆盖着弹痕累累的装甲板。这座遭受过轰炸的建筑很适合防御,简直就是堡垒,另外,各座公园里的堑壕、铁丝网障碍,各条街道上的路障和街垒,形成一个个抵抗枢纽部,封锁了进入柏林的所有入口。[57]

别尔扎林突击第5集团军先遣分队逼近近卫坦克第12军打开的突破口,在黑勒斯多夫遭遇德军有组织的抵抗。扼守这座小镇的守军,是此时柏林城内少数组织良好的编队之一。丰克少校的第57要塞团昨晚从柏林开抵此处,该团编有3个营,第3/115西门子施塔特人民冲锋队营部署在中央,1个国防军营居左,瓦尔霍尔茨警察营居右。这些部队驻守在坦克路障后方的防御外围廊。红军部队上午集中后发动进攻。德国人前调几辆三号突击炮,可能调自"诺德兰"师,还从第3/121人民冲锋队营派来预备队步兵。这股混编力量把俄国人挡在镇前方。别尔扎林不想为消灭固定阵地耽误时间,决定绕开这股守军,第3/115人民冲锋队营13点被迫退却。该营撤离,导致团里其他营暴露在外,他们别无选择,只好后撤。[58]

柏林城内庞大的防空炮塔开炮打击地面目标,这是柏林战役中的首次。俄国人起初可能不知道炮弹是从哪里射来的。接下来一周的交战中,他们很快领教了那些庞大防御工事的致命威力。腓特烈斯海因的G塔发射了5000发128

毫米口径的炮弹，打击红军坦克、步兵编队，击毁对方8辆坦克、1辆自行火炮、2辆卡车。第123重型高射炮营第1、第3连，声称他们击落2架逼近防空炮塔的伊尔-2"斯图莫维克"强击机。B防区几个88毫米地面炮兵连声称击毁3辆T-34、1辆KV-85和大批卡车。其他防区也发来报告，说他们发现敌坦克，还与对方交战[59]。

近卫坦克第12军攻入腓特烈斯费尔德—利希滕贝格时遭遇抵抗。他们首次遇到路障，这些路障沿主干道布设在主要地下通道。A.沃尔科夫上士描述了他遇到的路障：

当时，我们炮兵团刚刚到达柏林郊区。

炮兵连正在支援坦克进攻。

德国人的坦克和"铁拳"从前方和侧面开火射击，我们无法用车辆把火炮拖入发射阵地。我决定打破阻力，徒手把火炮推到前方。30分钟后，我在谷仓里选中发射阵地。我们在墙上开了个射孔，从外面只能看见炮管，我们从此处可以炮击两条街道。

上级下达了前进的命令。坦克在我这门火炮支援下向前驶去，但一枚"铁拳"从旁边的房屋朝坦克袭来。幸运的是，火箭弹没给坦克造成破坏。我发现了"铁拳"射手的发射位置，没等他射出第二枚火箭弹，我就开炮结果了他。我们又攻克一栋房屋，还消灭了从房屋窗户近距离开火的自动武器和一挺机枪。

我们又前进了200米，随后被迫停下，因为我们遂行进攻的道路从铁路桥下方穿过，敌人在桥下构设了路障，还以部署在路障后面的反坦克炮开火。另外，那里的自动武器和"铁拳"也朝我们射击。

这是我们在柏林城内遇到的第一道路障。

我这门火炮射出的炮弹，无法穿透路障40厘米粗的原木，我随后决定爬到铁路路堤上，从那里开炮。

我们徒手推着火炮穿过果园，渡过运河，但无法到达铁路路堤，有个德军狙击手从某处朝我们开枪。必须找到他的藏身处。我们伸出钢盔试探了几次，终于发现敌狙击手隐蔽在一栋四层楼顶部的烟囱后面开枪射击。我们架好火炮，一炮就干掉敌狙击手。但铁路路堤上仍有自动武器在开火，我们不得不把炮管朝向前方推动火炮，以防盾抵御袭来的子弹。

装填手着手准备炮弹。侧面某处突然响起自动武器射击声。我们被迫匍匐在地，唯一的掩护是铁轨。

还好我们不用趴太久，坦克兵注意到敌人的自动武器，以车载武器消灭了对方。现在可以采取行动了。必须说，我们这个炮组动作很快，根本用不着催促，因为每个人都知道，耽误一秒钟也许就永远躺在铁路路堤上了。火炮做好发射准备，我发现了目标：两个"铁拳"射手利用路障缝隙射击；距离路障200米左右，一挺大口径机枪从附近某栋房屋的地下室开火射击；还有个自动武器射手待在同一栋房屋的阳台上，不时射出一个个短点射。

我把几个目标指给瞄准手丘基诺夫，命令他先干掉"铁拳"射手，然后再消灭自动武器射手，因为他随时能站起身朝我们射击，最后再打击地下室里的敌机枪。

火炮开火，瞄准手和装填手库克林中士包办了一切，其他人隐蔽起来。2分钟后，四个目标悉数消灭，我挥舞军帽示意坦克兵，"前进！"获得火炮支援的坦克向前驶去。[60]

别尔扎林不希望近卫坦克第12军在他的作战地带展开行动，具体原因不得而知，但他确实命令谢夫茨琴科坦克军不要向西攻击前进，而是开往北面，进入突击第3集团军作战分界线，在那里做好从赖尼肯多夫攻入柏林的准备[61]。这场调动耗费几天时间，近卫坦克第12军疲惫不堪，谢夫茨琴科似乎再也无法胜任指挥任务。4月26日，坦克兵少将M.F.萨尔米诺夫替换了他，谢夫茨琴科改任近卫坦克第9军副军长[62]。

党卫队"诺德兰"师第11侦察营穿过希特勒青年团一处防御阵地，希特勒青年团这群小伙正等待机会，想在战斗中证明自己的勇气[63]。党卫队第11侦察营的官兵在一场遭遇战中，看见希特勒青年团的坦克猎手用"铁拳"挡住红军坦克的冲击。柏林城区即将到来的巷战中，这一幕多次上演：

三个身材矮小的小伙趴在散兵坑里，手里紧紧攥着他们的"铁拳"，听见坦克引擎的轰鸣越来越响,一个个紧张得心脏怦怦跳动。血肉之躯对抗钢铁战车!沉重的坦克继续向前,整个地面震颤起来。我们紧张得全身发僵,不由自主地瞪大双眼。我们与敌坦克的距离肯定不到50米。那三个小伙倒是很冷静。几辆敌坦克隆隆向前,相互的间距很小,可能只有10—15米。他们只看见我方部队在后撤,却没想到遗弃的阵地内,死神正等着他们。敌坦克很快逼近我们的散兵坑。我根本没注意到夹在手指间的香烟在燃烧,紧张得浑身发颤。

看在上帝的分儿上,赶紧站起来,否则就太晚了!敌坦克此时驶入的位置,对散兵坑里的三名战友是个绝佳良机。敌坦克间的些许差距给它们带来灭顶之灾。第一辆坦克进入10米距离内,三个头颅和三具"铁拳"闪电般冒了出来,伴随三声短促的巨响,火箭弹射出,命中三辆敌坦克。其中两辆起火燃烧,有一辆几乎立即殉爆了。第三辆坦克履带断裂,原地转起圈来。三个脑袋带着空发射管迅速消失,换上三具新的"铁拳"又冒了出来。原地旋转的敌坦克还没来得及逃离"铁拳"短短的射程,就挨了致命一击,与此同时,反坦克地雷炸毁了剩下的两辆敌坦克。

五辆重型坦克在战场上熊熊燃烧,三个立下大功的不知名步兵战士跳出散兵坑,沿之字形路线避开敌步兵火力,穿过田野朝后方跑来。[64]

"铁拳"又一次证明自己是战场上占有主导地位的武器。

腓特烈斯费尔德快铁站爆发的激烈战斗,充分说明德军依托高架车站遂行防御给红军造成的麻烦。无论面对直接还是间接火力,坚固的建筑都能提供很好的防护,这些建筑居高临下,成为德军出色的观察所。伊卢姆的连队和"诺德兰"师一个工兵排,以及其他部队的掉队者,在铁路路堤北侧占据阵地。坦克第11军上午肃清马察恩镇后攻往西南面,逼近腓特烈斯费尔德快铁站。坦克第11军独立作战,柏林战役期间,红军所有军级兵团都是这么做的,该军分成两个独立战斗群,就像近卫坦克第12军几天前那样。尤舒克少将指挥右路分遣队,编有坦克第65旅(辖近卫重型坦克第50团)、摩托化步兵第12旅、迫击炮兵第243团、自行炮兵第1493团、自行炮兵第1461团、轻型炮兵第1071团(辖2个M-13火箭炮营、2个高射炮营)。坦克兵少将格里岑科指挥的左路分遣队,编有坦克第20、第36旅[65]。这种任务组织方式,说明了红军如何适应不断变化的战术态势。

左路分遣队的侦察部队逼近铁路路堤，立即遭遇党卫队第24"丹麦"装甲掷弹兵团分队的猛烈火力，伊卢姆突击连此时据守防御阵地。近卫第8集团军辖内其他部队沿帝国铁路1号线向西挺进，就在伊卢姆连阵地南面，彻底切断德军朝该方向迅速后撤的一切路线。德国人决定坚守阵地，为其他部队争取时间，好让他们抢在俄国人之前撤离。上级命令红军上尉格沃尔格恩守住铁路路堤，直到格里岑科左路分遣队主力开抵。据苏联方面的记述称，这场战斗相当激烈，德军一连发起五次反冲击。伊卢姆的记述没提到这么激烈的厮杀，但友邻部队也许没跟伊卢姆突击连协同行动，自行发起反冲击。伊卢姆获得党卫队第11"赫尔曼·冯·扎尔察"装甲营几辆三号突击炮支援，该营就部署在附近。

"赫尔曼·冯·扎尔察"装甲营的党卫队三级突击队中队长瓦尔特·蒂姆，率领3辆三号突击炮待在铁路路堤南面，上级随后命令他前进，协助守卫快铁站周围的路障。蒂姆这支小股装甲力量向前驶去，很快发现一道坦克路障挡住街道。这道路障以几节空电车车厢构成，在柏林城内和周边地区很常见。

蒂姆命令几辆突击炮对路障对面的俄国人发起反冲击。这支小股装甲部队沿街道而行，蒂姆的突击炮从电车路障右侧绕过，另外两辆突击炮从左侧绕行。左侧两辆突击炮的车长是三级突击队中队长穆斯和古特蔡特。蒂姆突然听见震耳欲聋的爆炸，电台里传来消息，红军炮火击毁了穆斯的战车。古特蔡特的突击炮赶紧撤到路障后，蒂姆的突击炮继续向前，想找个发射阵地。他突然发现敌坦克深绿色的炮口制退器从路障后面探出，随后看见一根长长的炮管。他起初以为这是辆ISU-152自行火炮，但很快反应过来，是JS-2重型坦克。坦克第11军显然分拆了重型坦克第50旅①的JS-2坦克，分配给两个分遣队。

蒂姆明智地挂上倒挡，驾驶突击炮撤到路障后面。两辆突击炮在阵地上待了一个钟头，直到JS-2坦克炮手开炮射击，炮弹穿过电车路障破碎的窗户，神奇地击毁了古特蔡特的战车。蒂姆呼叫团部，团里立即派党卫队第503重型

---

① 近卫重型坦克第50团。

装甲营一辆虎王坦克赶来增援。虎王到达后，蒂姆奉命把第二辆突击炮拖到施潘道区，营里的维修车间设在那里。他拖着第二辆突击炮驶过施普雷河，由于机械故障，再也无法拖曳受损的战车，于是他把第二辆突击炮丢在路边，独自驶往施潘道。蒂姆经历了最近几天的激烈战斗，到达维修车间后总算能休息片刻，但想到阵亡的战友和身边发生的事情，沮丧和惶恐感油然而起。和许多德军、红军士兵一样，唯一的解决之道是喝个酩酊大醉，以此缓解内心的痛苦[66]。

N.D.利亚先科中尉指挥的T-34/85坦克，载着冲锋枪手驶向德国人刚刚以反冲击夺回的一片建筑区（可能在路障和快铁站北面）。突然，不远处的二楼窗户里射出一发"铁拳"，火箭弹穿透炮塔，利亚先科负了致命伤，坦克倒是没什么大碍。红军步兵朝窗内投掷手榴弹，还以冲锋枪扫射楼内，以防后撤之际德国人再发射"铁拳"。坦克第11军的坦克兵终于尝到巷战的滋味，他们在柏林城内很快会经常遭遇这种场面[67]。

坦克第11军穿过马察恩进入狭窄的城市地带，尤舒克将军想方设法减少坦克兵的伤亡："两个旅在施普雷河南面行动，另一个旅在施普雷河北面，而柏林城内，我的坦克在各条街道上以连级兵力展开战斗。"他的战术安排是在任何一条街道上都把3辆坦克一字排开，第一辆坦克居左，第二辆居右，第三辆居中。在左侧行驶的坦克朝右面开火，右侧的坦克朝左面开火，中间的坦克稍稍落后于前两辆坦克，为他们提供掩护。尤舒克"还以10辆坦克担任预备队，即便一字排开的3辆坦克有哪辆中弹，总能确保其他坦克迅速接替"。他的坦克兵还采用另一个颇具创造性的战术，使用了威力强大的速射高射炮："我们为坦克添加了高射炮。"这些高射炮是装在坦克车身上，还是以随行的装甲车搭载不得而知，但尤舒克称："相关分析指出，我们在柏林战役中使用的大部分炮弹，是高射炮发射的。"尽管采取了这些防范措施，但即将到来的巷战中，坦克第11军还是会遭受惨重损失。尤舒克回忆道，战役开始时他有300辆战车，不可修复的损失高达40%。这个数字似乎不包括那些中弹后暂时丧失战斗力，但后来修复的坦克。他回忆道："最激烈的战斗发生在「高架」车站和勃兰登堡门。"

红军与扼守快铁站的德国守军展开战斗，激战持续了一整天。黄昏前后，德国人终于撤离，把车站丢给俄国人。伊卢姆一直坚守到夜里，可能没人通知他德方守军已弃守车站。撤离塞洛高地期间，这种做法就很常见。混杂在一起的德军部队经常并肩战斗，既没有指挥官，也没有预先制订的防御计划。由于情况混乱，缺乏统一的指挥机构，各部队经常不通知友邻部队就自行撤离。红军步兵逐渐渗透，从伊卢姆部下身旁穿过，他赶紧命令全连跟随党卫队"丹麦"装甲掷弹兵团第8连撤往南面，该连先前作为援兵开抵这片地带。朱可夫随后命令坦克第11军转隶突击第5集团军，不再隶属近卫第8集团军，因为该军在北面作战，离崔可夫的部队太远。接下来两天，坦克第11军变更部署，准备发起最终突击，一举攻入柏林[68]。

近卫坦克第1集团军与近卫第8集团军合兵一处，继续对付第56装甲军，崔可夫的部队一步步穿过柏林东南面复杂的湖区。近卫第8集团军辖下的近卫步兵第88师第269团，4月22日渡过两条河流。当天上午，他们先游过施普雷河，到达米格尔湖与达默河之间的半岛，然后在克佩尼克南面的文登施洛斯弄到几条小船，利用夜色掩护渡过达默河，4月23日拂晓前在格吕瑙和法尔肯贝格站稳脚跟。

克佩尼克镇，崔可夫集团军在北翼作战的部队追击"明歇贝格"装甲师残部，双方为争夺郊区快铁站展开激战。守卫这片地段的主要是"明歇贝格"师的装甲兵和装甲掷弹兵，而第56装甲军辖内其他部队，在"明歇贝格"师防线后方继续后撤。当日早些时候，20—30辆JS-2坦克（可能隶属近卫坦克第1旅）发动进攻，穿过这片地段，给德军造成混乱[69]。德军各部队向北撤往诺伊克尔恩。跟"明歇贝格"装甲师一同行动的弗里茨回忆道，他们"全速行驶"，穿过一条条街道赶往诺伊克尔恩。要不是夜色掩护，他们可能无法逃脱，因为红军歼击机一直在上空逡巡。

党卫队第503重型装甲营已进入诺伊克尔恩的虎王坦克，在太阳大道上掩护桥梁方向。当日早些时候，他们穿过克佩尼克后撤，刚刚到达诺伊克尔恩。这些虎王坦克很快接到命令，让他们赶往西南面，返回克佩尼克，配合"明歇贝格"装甲师的装甲掷弹兵发起反冲击，夺回刚刚丢给俄国人的快铁站[70]。红军波-2双翼机飞得很低，在战场上空来回盘旋，搜寻德军作战编队。不同的记述指出，这些波-2飞机要么把发现的目标告知歼击轰炸机，要么悄无声息地逼近德军部队,从低空突然发起攻击。崔可夫企图穿过镇区,强渡施普雷河进入柏林南部,激烈的巷战在克佩尼克肆虐了一整天。日终前,德军总算击退红军部队,暂时夺回快铁站[71]。这让第20装甲掷弹兵师得以继续西撤,夜幕降临前到达诺伊克尔恩[72]。

乌克兰第1方面军

科涅夫麾下的近卫坦克第3集团军继续向前快速挺进,从西南面攻入柏林。雷巴尔科将军指挥的近卫坦克第3集团军,编有近卫坦克第6军、近卫坦克第7军、机械化第9军,还获得更多炮兵力量加强,成为科涅夫向北攻往柏林的先遣力量。雷巴尔科的当前目标是泰尔托运河,最终目标是国会大厦,至于消灭德军残部不在他的考虑范畴内,那是朱可夫麾下兵团的任务。问题是,谁会率先到达国会大厦,第一个在国会大厦的废墟上升起红旗。以下是近卫坦克第3集团军截至4月24日的作战日志摘抄,收录于《近卫坦克第3集团军战史,第六册》,这部战史是战争经验研究部撰写的:

科涅夫为获得加强的近卫坦克第3集团军找了个出色的旋转点。这是场冒险的赌博,他的坦克兵利用德国高速公路系统,以惊人的速度攻往帝国首都,但在此过程中确实遭受了部分损失。他的先遣分队在某处耗尽汽油,结果被配备"铁拳"的人民冲锋队逐一消灭。最后,近卫坦克第3集团军切断德国第9集团军,导致该集团军进退不得,还挡住德国第12集团军的进击,前出到兰德韦尔运河,很可能抢在朱可夫近卫第8集团军前渡过这条运河。这样一来,乌克兰第1方面军辖内部队就可以朝国会大厦发动进攻,但大本营直接介入,结束了他们的行动。这份战功让人叹为观止,要知道乌克兰第1方面军仅以1个加强坦克集团军就实现这番战果,他们前进的路程几乎是朱可夫整个方面军的三倍。朱可夫赢得的柏林进攻战役,科涅夫贡献颇多。

近卫坦克第6军

近卫坦克第53旅克服敌人轻微的抵抗，上午9点夺得诺特运河上的铁路桥，而后继续进攻，辖内部队日终前在泰尔托运河南岸到达柏林接近地。敌人炸毁了运河上的所有桥梁，我方坦克无法泅渡运河。坦克旅辖内部队在泰尔托运河南岸的既达战线就地据守。

4月22日7点30分，近卫坦克第54旅①和重型自行炮兵第385团，在近卫坦克第52旅身后渡过诺特运河，继续攻往达本多夫、格林尼克、勒文布鲁赫、大贝伦、鲁尔斯多夫、泰尔托方向。在大贝伦地域，近卫坦克第54旅辖内部队遭遇敌炮兵和配备"铁拳"的敌步兵顽强抵抗。4月22日17点30分，该旅消灭大贝伦守军后夺得全镇。他们没有停顿，而是继续进攻，消灭敌步兵和补给车辆，4月22日19点前出到泰尔托附近的泰尔托运河一线，由于运河上没有桥梁，该旅就地固守。

4月22日7点30分，近卫坦克第52旅在特尔茨地域强渡诺特运河，而后沿左侧路线继续攻往达本多夫、维特施托克、鲁尔斯多夫、泰尔托方向。4月22日11点，该旅粉碎小股敌步兵的轻微抵抗，从行进间攻入达本多夫，12点彻底肃清镇内残敌。近卫坦克第52旅辖内部队克服小股敌步兵的轻微抵抗，与近卫坦克第54旅协同作战，19点30分前出到泰尔托运河。

4月22日全天，摩托化步兵第22旅和配属的加强力量，沿两条路线在第二梯队遂行进攻，没遭遇敌人抵抗，21点前出到迪德斯多夫地域。

随着军属部队前出到泰尔托运河，柏林市中心之敌开始以大口径火炮，尤其是高射炮，轰击军属各部队作战阵地。敌人投入大口径火炮，主要是高射炮，定时实施炮火齐射。

近卫坦克第7军

战役开始时，近卫坦克第7军有10,519名指战员，其中2810人隶属各作战部队。全军有130辆T-34坦克、12辆SU-122自行火炮、2辆IS-122重型坦克、

---

① 近卫坦克第54旅隶属近卫坦克第7军，这里可能是近卫坦克第51旅的笔误。

20辆SU-100自行火炮、20辆SU-76自行火炮、10辆装甲运兵车、10辆装甲车、34辆摩托车、765辆卡车和轿车。武器装备有36门76毫米火炮、12门57毫米火炮、16门37毫米火炮、8门MS-13火箭炮、36门120毫米迫击炮、28门82毫米迫击炮、52挺德什卡大口径机枪、56挺重机枪、198挺轻机枪、14辆M-17防空车、3773支步枪和卡宾枪、2844支冲锋枪。

补给方面，全军有1.3个炮弹基数、1.5个迫击炮弹基数、1.5个子弹基数，以及1个柴油基数、1.2个I型苯基数、1.5个II型苯基数，指战员配发了5天口粮。

坦克军编有以下部队：

近卫摩托化步兵第23旅——1195名指战员；

近卫坦克第54旅——316名指战员，39辆T-34坦克；

近卫坦克第55旅——359名指战员，43辆T-34坦克；

近卫坦克第56旅——335名指战员，42辆T-34坦克；

近卫重型自行炮兵第384团——12辆SU-122自行火炮；

中型自行炮兵第1997团[①]——20辆SU-100自行火炮；

轻型自行炮兵第702团——20辆SU-76自行火炮；

轻型炮兵第408团——16门76毫米火炮；

独立近卫迫击炮兵第467团——30门120毫米迫击炮；

独立近卫迫击炮兵第440营——8门M-13火箭炮；

近卫高射炮兵第287团——16门37毫米高射炮；

配属部队是近卫迫击炮兵第32旅，配备36门M-31火箭炮，以及高射炮兵第1336团，配备24门37毫米高射炮。

战役最后阶段：1945年4月19日—22日，在柏林接近地交战，攻入柏林郊区。

敌人以若干战斗群、调自库默斯多夫试验场的一个连、几个人民冲锋队营，沿库默斯多夫、费恩诺伊恩多夫一线顽强抵抗。

柏林南郊的泰尔托运河，敌人主要以大口径高射炮、步枪、机枪、"铁拳"火力顽强抵抗，投入的兵力包括第2步兵师辖内部队、第9预备掷弹兵营、

---

① 自行炮兵第1977团。

第2突厥斯坦铁路营、第3预备通信营、第277步兵营、第345"班希茨"营。

1945年4月19日—21日，近卫坦克第7军发展胜利，克服若干敌集团缺乏组织的轻微抵抗继续挺进，夺得大奥斯尼格、大多贝尔恩、朔尔布斯、洛伊滕温特多夫、伊尔默斯多夫、米森、奥格罗森、卡劳、托尔诺、施拉本多夫、卢考、吉斯马恩斯多夫、克姆利茨、巴鲁特、帕普利茨、利诺、施梅尔策、诺伊霍夫、舍讷费尔德等城镇和村庄。

4月21日和22日，坦克军辖内部队投入激烈战斗，当面之敌是几个人民冲锋队营，调自库默斯多夫试验场的2个武装连（每个连250人），第2步兵师集中后从……埃尔贝格「字迹难以识别」开抵的1个营，库默斯多夫试验场的坦克和自行火炮，第3装甲掷弹兵师据守施佩伦贝格①、库默斯多夫、温斯多夫「字迹难以识别」地域的坦克。

4月22日争夺库默斯多夫车站的交战结果是，近卫摩托化步兵第23旅缴获74辆坦克、17辆自行火炮、20辆半履带装甲车，粉碎敌人的抵抗后，坦克军辖内部队向北挺进，沿以下战线交战：

近卫摩托化步兵第23旅和近卫坦克第56旅——争夺施佩伦贝格；

近卫坦克第54、第55旅——争夺克劳斯多夫；

坦克军辖内部队遭遇敌人轻微抵抗，继续发展进攻，4月22日21点到达以下战线：

近卫坦克第54、55旅——泰尔托；

近卫坦克第56旅——阿伦斯多夫；

近卫摩托化步兵第23旅——齐滕。

在路德维希斯费尔德，近卫坦克第54旅缴获2座弹药库、1个燃料和润滑油堆栈、几列满载坦克和车辆的火车。

机械化第9军

补充的人员、坦克、自行火炮严重耽搁，因此，作战准备时间不足，战

---

① 原文如此，不确定是否为施普伦贝格。

役开始前只进行了连级兵力的集体训练。

指挥部门没有变动，和先前一样，军长依然是近卫军中将苏霍夫，参谋长是近卫军上校阿尔库沙，叶菲莫夫是负责炮兵的副军长。

我们的盟友在西线胜利发动进攻，适逢东线发动攻势的有利时机，这就要求我们在最短时间内完成战役准备，让部队开入出发阵地。

1945年4月18日上午，情况很清楚，近卫坦克第4集团军辖内部队在施普雷维茨夺得施普雷河上一座桥梁，还在西岸的布科地域控制了登陆场。在此期间，敌人顽强抵抗近卫坦克第6、第7军辖内部队，两个军已经在卡特洛、康普滕多夫地域强渡运河。

军长评估了态势，决定全军转向西南面，在大卢亚、瓦德尔斯多夫、霍尔诺占据出发阵地，为强渡施普雷河控制几处道路枢纽，之后任务视情况而定，朝北面或西北面展开行动，前出到费茨肖地域。

4月18日9点15分，各旅接到电话传达的口述命令，10点到12点间从既占地域出发，14点到达地图3标注的地区。这里的情况很明显，近卫坦克第4集团军处境相当艰难，辖内一个旅在比洛地域强渡施普雷河，其他部队忙着夺取南面一座桥梁。德军部队仍盘踞在大卢亚树林内，敌人20辆坦克和10辆半履带装甲车部署在北面的卡塞尔地域。

穆克「穆克罗？」地域，军属侦察部队在布雷辛兴南面找到可供泅渡的施普雷河浅水河段。

军长决定，全军（缺机械化第69旅）开往出发地域，在巴根茨地域和西面的树林控制渡场，坦克和自行火炮利用浅水河段渡过施普雷河，控制西岸登陆场，为轮式车辆过河搭设桥梁。机械化第69旅留在当前地域，跟随近卫坦克第4集团军辖内部队在比洛地域渡过施普雷河。

渡河顺序如下：机械化第71旅坦克第74团率先渡河，坦克第91旅、重型自行炮兵第1978团、机械化第70旅坦克第229团、重型自行炮兵第383团尾随其后。待桥梁搭设完毕，机械化第71旅、坦克第91旅、机械化第70旅、炮兵部队、喷火器第1营的轮式车辆渡河，军指挥所尾随其后。

军辖内部队开抵出发地域，准备渡过施普雷河，随后对浅水河段和接近地实施最后的侦察，4月18日午夜，各部队按照规定的顺序渡河。机械化第69

红军攻往柏林期间，近卫坦克第3集团军车号357的T-34/85坦克（可能隶属近卫坦克第7军），穿过一个自行式坦克歼击车排的阵地。近处的战车是一辆ISU-122，看上去仍能使用，因为车身侧面和炮塔添加了新鲜的枝叶伪装，但主炮防盾左侧明显挨了一炮，可能是"铁拳"造成的。T-34/85右侧的防御阵地上，能看见另一辆ISU-122。

旅也在同一地段渡河。到4月19日13点，全军渡过施普雷河，到达地图3标注的地区，准备在近卫坦克第7军身后，从近卫坦克第3集团军第二梯队发动进攻。

近卫坦克第3集团军辖内部队出现在施普雷河西岸，德军第21装甲师、第342步兵师的抵抗终于土崩瓦解，残部企图逃离我方部队的进攻，匆匆退往柏林。只剩小股人民冲锋队部队，在2—3门火炮支援下负隅顽抗。

科特布斯地域的敌集团继续实施顽强抵抗，坚守镇区，对我们的右翼和后方构成威胁。

4月19日15点，机械化军在近卫坦克第7军身后，从近卫坦克第3集团军第二梯队出发，沿两条路线前进。

右侧路线：小奥斯尼格、雷普滕、大吕伯瑙、基特利茨、特尔普特……格洛斯岑、巴鲁特、策伦斯多夫、舍奈歇、大马赫诺。

左侧路线：奥拉斯、洛伊滕温特多夫、维斯滕海因……萨斯莱本、比施多夫、卡恩斯多夫、德拉恩斯多夫、大齐施特、克劳斯多夫、大舒尔岑多夫、布兰肯费尔德。

机械化第69旅沿右侧路线前进，担任先遣力量，机械化第70旅尾随其后；坦克第91旅沿左侧路线前进，担任先遣力量，身后是机械化第71旅。

军长的预备队是重型自行炮兵第383团、独立近卫迫击炮兵第441营、喷火器第1营，这些部队在机械化第70旅身后，沿右侧路线和军部一同行进。一个作战「指挥？」小组跟在机械化第69旅身后。

形势要求我方部队迅速攻往柏林，任务是争取时间，不能让敌人在柏林郊区掘壕据守。无论付出怎样的代价，我们都得抢在敌人从其他战线抽调预备队，从东面撤出支离破碎的残部前攻入柏林。

这个阶段的作战行动，特点是部队的机动性相当高。机械化第69旅位于舍奈克西面和南面，坦克第91旅在克劳斯多夫地域，推开敌人孤零零的后卫支队，所有摩托化步兵登上坦克和自行火炮，或乘坐各种车辆，利用这种情况，全军4月22日日终前到达柏林郊区，在那里投入交战，如地图4所示。

机械化军受领的任务，耽搁了一天才完成，原因是德军在湖泊间狭窄隘路构设的防御阵地相当有利。

1945年4月21日，机械化第69旅和自行炮兵第1507团在舍奈克地域交战

舍奈克接近地，机械化第69旅遭遇敌人在舍奈克西面和南面精心组织、预有准备的防御，但敌人只以小股人民冲锋队据守这道有利的防线。

鉴于这种情况，旅长决定投入坦克第53团、摩托化步兵第2营，在自行炮兵第1507团支援下，从行进间冲击敌支撑点。

敌人抵挡不住坦克和自行火炮的冲击，开始撤往北部，留下几个后卫支队扼守机械化旅前进路线上的隘路。

机械化第69旅4月21日21点攻克舍奈克，随即追击逃窜之敌，从行进间打垮敌后卫支队，4月22日17点前出到马里恩多夫南郊。

1945年4月21日—22日，坦克第91旅争夺克劳斯多夫的交战

逼近克劳斯多夫前，坦克旅就从德军第1装甲掷弹兵团第1营一名俘虏的交代得知，敌人以1个步兵营的兵力扼守克劳斯多夫南郊，获得火炮和迫击炮加强，步兵还配备了"铁拳"。敌人挖掘了堑壕，一条条交通壕通往后方房屋

的地窖，堑壕前方还有道防坦克壕。若干湖泊和沼泽地强化了敌人的防御，炸毁的桥梁阻止了迂回克劳斯多夫的机动。

坦克第91旅派坦克第1营担任先锋，身后依次跟随1个摩托化步兵营、旅部、坦克第2营、迫击炮兵第616团第2连、重型自行炮兵第1978团，4月21日13点从诺伊霍夫地域出发，4月21日14点到达克劳斯多夫东南面某片树林北部边缘，随即遭遇敌人猛烈的火炮和迫击炮火力。

4月21日15点30分，坦克旅准备发起冲击，战斗队形如下：坦克第1营和摩托化步兵营位于第一梯队，第二梯队的坦克第2营，做好发展坦克第1营胜利的准备。

5分钟炮火准备后，摩托化步兵营的冲锋枪手发动进攻，坦克和自行火炮集中火力提供支援，16点，他们在克劳斯多夫南郊激战。

敌人的火炮、迫击炮、"铁拳"从堑壕和建筑射来有组织的火力，挡住坦克旅的后续推进。

4月21日20点，在火炮和迫击炮火力支援下，坦克从两个方向（南面和西南面）朝克劳斯多夫重新发动进攻，给敌方人员和技术装备造成巨大破坏，迫使敌人弃守克劳斯多夫，4月22日3点，坦克旅一路攻到镇北郊。

战役第三阶段——争夺柏林的交战

敌人投入第208装甲旅和第67步兵师残部，以及若干独立战斗工兵营和人民冲锋队，企图阻止我机械化军攻往柏林。

1945年4月23日1点，军部接到攻往马里恩费尔德、滕佩尔霍夫、舍讷贝格总方向的命令，当前目标是前出到布科、马里恩费尔德、兰克维茨一线。而后任务是强渡泰尔托运河，夺取滕佩尔霍夫和施泰格利茨南部，然后再攻往市中心。

近卫坦克第6军在左侧进攻，总方向是利希特费尔德和维尔默斯多夫。两个军的作战分界线是：小贝伦、海讷斯多夫、施泰格利茨西郊（除海讷斯多夫，以上地点均属机械化第9军）。

军长决定把3个旅编成一个梯队遂行进攻，特别注意掩护军右翼。

进攻开始时间定于4月23日8点。

根据正式通过的决定,第12号作战号令4月23日2点口述传达给机械化第70旅旅长,4月23日4点口述传达给机械化第69旅旅长,4月23日6点口述传达给坦克第91旅旅长。

实施炮火准备后,机械化第70旅继续进攻,摩托化步兵第1、第2营和坦克第229团的坦克担任第一梯队。炮兵营和几个迫击炮兵连护送该旅进攻,炮兵第229团和近卫迫击炮兵第91团第1营提供炮火支援。

进攻期间,该旅在利希滕拉德卷入巷战,对手是一个人民冲锋队营和柏林翻译学校的学员,敌人配有冲锋枪、机枪、"铁拳",还获得猛烈的炮火支援。

4月23日20点,机械化第70旅攻往利希滕拉德北郊,跨过那里一道防坦克壕。

机械化第69旅和自行炮兵第1507团、迫击炮兵第616团第1营、喷火器第1

1945年4月,科特布斯地域,党卫队第10"弗伦茨贝格"装甲师第10装甲团第3连被击毁或遗弃的黑豹G型坦克。近卫坦克第3集团军转向西北面期间,切断了"弗伦茨贝格"装甲师。

损毁的黑豹坦克,可能隶属克特尔战斗群,该战斗群投入战斗,抵御近卫坦克第3集团军。炮塔上的反万字标志不是标准的徽标,是苏联媒体在照片上刻意画出来的。这种情况也出现在德军其他战车上,包括"明歇贝格"装甲师的虎Ⅰ式坦克。

营,从兰克维茨东北部的既占地域继续进攻。这些部队日终前全力攻往泰尔托运河。该旅右翼暴露在外,敌小股冲锋枪手和狙击手从那里渗透到他们身后,还以火力控制该旅前进路线上的各条街道。

旅部抽出相当一部分兵力,用于肃清右翼之敌,并把全旅战斗队形向右拓展。只有2个步兵连前出到泰尔托运河,其他部队落在稍后方,整个夜间没采取行动。前出到泰尔托运河的2个步兵连犹豫不决,没有设法夺取运河上的桥梁。后来得知,4月23日/24日夜间,敌人根本没有足够的兵力扼守泰尔托运河,哪怕以小股分队在夜间展开决定性行动,也有望取得无可争议的战果。

坦克第91旅和重型自行炮兵第1978团2个连、迫击炮兵第616团第2营,9点离开奥斯多夫地域继续进攻,坦克、火炮、迫击炮火消灭了盘踞在利希特费尔德几座建筑三楼的敌人,铁路东面,摩托化步兵营的步兵夺得六栋建筑,一路前出到利希特费尔德铁路东面的教堂。沿利希特费尔德铁路占据防御的敌人,以各种武器开火射击,阻止该旅继续前进,敌人还获得后方几个炮兵、迫击炮兵连支援。

坦克第91旅与左右两侧的友邻部队缺乏紧密联系,致使敌人逼近该旅右翼,还从北面对该旅后方构成威胁。

机械化第71旅担任近卫坦克第3集团军预备队。

机械化第70旅进攻地带,步兵第48师辖内部队也投入进攻,4月23日日终前到达机械化第70旅既达战线。

另一方面,机械化第69旅与坦克第91旅之间有个很大的缺口,所以两个旅的翼侧都缺乏保障。军长因而决定撤回机械化第70旅,步兵第48师前调,开抵马里恩费尔德地域。他们的任务是从那里出发,朝兰克维茨方向攻入机械化第69旅与坦克第91旅间的缺口,而后强渡泰尔托运河。

近卫坦克第3集团军昨晚彻夜作战,强渡措森附近的诺特运河。一旦渡过运河,科涅夫的军队与柏林郊区外围廓之间就再也没有其他天然障碍。这些兵团沿宽大的战线攻入柏林。当日傍晚,近卫坦克第7、第6军先遣分队分别在施塔恩斯多夫和泰尔托到达泰尔托运河,右侧的机械化第9军11点跨过高速公路,夜幕降临前深深楔入利希滕拉德、马里恩费尔德、兰克维茨郊区[73]。近卫坦克第4集团军的将士没能渡过泰尔托运河，德军沿北岸加强抵抗，迫使该集团军停止前进[74]。

雷巴尔科左翼，近卫坦克第4集团军辖下的近卫机械化第5军形成一道掩护屏障，朝贝利茨攻击前进。这场挺进几乎没遭遇抵抗，但卢肯瓦尔德是个例外，那里的德军部队实施了顽强抵抗。近卫机械化第5军指战员还在特罗伊恩布里岑夺得一座战俘营，解放1600名美国、英国、挪威官兵，挪威军队前总司令奥托·卢格将军也在其中[75]。除了战俘营，科涅夫军队还着手解放一个个劳工营，营地里关押的俄罗斯人，被迫在柏林城内和周边地区从事各种苦力活。从战俘营或劳工营获救的俄国人，都领到冲锋枪或步枪，随后加入作战部队，填补持续四年的战争造成的兵员缺口。和朱可夫一样，科涅夫军队也缺乏兵力，不得不把获救的红军战俘和苏联劳工直接纳入前线作战部队，尽量保持一定的兵力水准。这里仅举一个例子，有个红军老兵参加了科涅夫挥师向北的作战行动，战后回忆道，他那个营完全由前红军俘虏组成，红军攻往柏林期间，在各座集中营解放了他们[76]。

近卫机械化第6军当晚前出到贝利茨，短暂休整后准备继续向北进攻。右翼的近卫坦克第10军顺利穿过萨尔蒙德和申肯霍斯特，傍晚前封锁波茨坦接近地。近卫机械化第6军和近卫坦克第10军绕过柏林攻往西北面，很快就能跟朱可夫第47集团军先遣部队会合，完成对柏林的合围[77]。近卫坦克第4集团军进展顺利，右侧的近卫坦克第3集团军也不遑多让，该集团军受领的任务关乎声望——率领科涅夫的主力攻入柏林。

红军向北挺进并非毫无意外。叶夫根尼·别索诺夫中尉是个搭乘坦克的冲锋枪手，所在的旅隶属近卫坦克第4集团军，他战后写道，九天内前进450公里攻入德国的途中，"各条道路埋满地雷，路障和一堆堆垃圾堵住道路，尤其是建筑区和建筑区前方，以及铁路、公路桥下方，那里有高高的路堤。敌人以'铁拳'对付我们的坦克。战斗没日没夜地肆虐，毫不中断，让人疲惫不堪。"[78]

沃尔夫冈·斯科尔宁中校指挥的斯科尔宁战斗群，以第60要塞团第2连组建而成，编有1个人民冲锋队连、1个炮兵连和另一些小股部队。该战斗群沿马里恩费尔德与布科之间的南部防御地段部署，结果在南郊遭遇科涅夫方面军先遣分队。德国人沿几条主要道路,使用可移动的电车车厢布设了坦克路障。另一支德军部队(克劳泽营),没有封闭某道防坦克路障,红军坦克由此通过,径直攻入马里恩费尔德。斯科尔宁战斗群的分队赶紧追击渗透防线的敌坦克,总算在身后3公里的旧马里恩费尔德街上干掉这些坦克。很明显,红军坦克缺乏协同的情况不仅限于朱可夫麾下各兵团,科涅夫的部队也犯下同样的错误[79]。

柏林南部许多地区,党卫队挨家挨户征召年轻男孩参军入伍,还四处搜捕散兵游勇。京特·皮恩克尼1944年加入德国海军时才16岁,他回家看望母亲期间,在柏林开了小差。正为希特勒青年团寻找人手的党卫队很快发现了他,于是给他两个选择,要么加入正在组建的党卫队部队,抵抗攻往柏林的红军,要么枪毙。京特选择了前一项,但他的朋友想办法把他转入希特勒青

柏林南面某处,德军损毁的IV/70型坦克歼击车(沃马格)变款,这款战车搭载长身管75毫米L/70主炮。照片上能看见科涅夫乌克兰第1方面军辖内部队,可能是近卫坦克第3集团军,正沿道路行进。注意路上的许多车辆是租借法案提供的美制汽车。

年团第200大队,大队长是32岁的党卫队Bannführer①海因茨·布特曼,布特曼以前是国防军少尉,获得过一级铁十字勋章,现在成为柏林"狼人"组织的领导人之一。在鲍曼指挥下,"狼人"组织起来,以游击战打击柏林城内的红军[80]。布特曼至少有一座名为"别墅"的安全屋,倘若红军占领某些地区,他那个组织里的小伙无家可归的话,可以躲在"别墅"里。皮恩克尼这群15—17岁的男孩奉命赶往泰尔托运河,在科涅夫军队对面构设防御阵地[81]。

柏林东部接近地某处,德军损毁的 IV/70(V)型坦克歼击车。直接命中的炮弹射穿这辆战车正面装甲板(右下部),导致战斗舱殉爆,掀飞了顶盖。这辆坦克歼击车可能隶属"明歇贝格"装甲师、第20装甲掷弹兵师、第18装甲掷弹兵师或党卫队"诺德兰"师。

雷巴尔科集团军遭遇的抵抗不断加强,科涅夫不得不为柏林城内的主要突击提供更多支援,把突破炮兵第10军、突破炮兵第25师、高射炮兵第23师调给雷巴尔科。科涅夫还命令歼击航空兵第2军在作战上隶属雷巴尔科集团军[82]。他指示雷巴尔科守住泰尔托运河,做好4月24日早上强渡运河的准备。暂时停止前进很有必要,近卫坦克第3集团军朝柏林毫不停顿地前进了六天,全体指战员总要休整一番。科涅夫也需要时间,好把炮兵力量部署就位。东面,第28集团军继续沿德国第9集团军左翼向前挺进,逐渐靠拢朱可夫攻往西南面的近卫第8集团军。

虽然朱可夫尚不知情,但科涅夫正式战胜了他,率先攻入柏林。乌克兰第1方面军辖内兵团攻入城内,最终确保朱可夫赢得柏林战役,科涅夫的军队现在部署就位,完全能削弱德国第12、第9集团军的运动[83]。斯大林仍在耍手

---

① 原文如此。

段,怂恿两位方面军司令员激烈竞争,根本不打算协调他们的后续行动。他决定再等几天,看哪位元帅能取得最大进展,一举攻入柏林市中心,大本营届时再下达命令,为两位方面军司令员划定作战分界线。

4月23日,星期一

第56装甲军

4月22日/23日夜间,魏德林渡过施普雷河和泰尔托运河南面的支流,把军部转移到鲁多郊区。第56装甲军的战线左起特雷普托公园,一路延伸到右侧的施默克维茨。中断30多个钟头后,该军终于联系上第9集团军。第9集团军司令部得知第56装甲军仍在前线,不由得大吃一惊。通信中断引发众人密切关注,都想知道第56装甲军究竟在哪里。布塞的参谋长赫尔茨中将立即给魏德林下达具体指令,命令他掩护第9集团军北翼。赫尔茨随即把第56装甲军的当前位置告知布塞。接到赫尔茨的命令,魏德林的参谋人员总算萌生了希望,说不定真能避免部署到柏林城内。

与第9集团军重新建立联系后,魏德林派海因里希·福格茨贝格尔少将(已覆灭的"柏林"师前师长)去布塞司令部当联络官。福格茨贝格尔带着消息返回,说希特勒下令逮捕、枪毙他(魏德林)和伯切尔,罪名是擅自撤离前线,退到远在柏林西面的德贝里茨。希特勒做出这项决定,部分原因是批准第9集团军司令的要求,也跟魏德林先前命令军里的外籍志愿者和希特勒青年团员撤到德贝里茨引发的普遍误解有关[84]。实际上,魏德林的部队正为守住前线苦战,同时想方设法与第9集团军会合。魏德林对自己受到的指控愤怒不已,立即赶往元首暗堡澄清事实。他让参谋长特奥多尔·冯·杜夫文上校留在军部负责指挥。魏德林下达的最后一道指令是与第9集团军会合,避免第56装甲军部署到柏林城内[85]。

第18装甲掷弹兵师作战参谋伯切尔,完成了监督部队撤往柏林南面的任务,凌晨回到师部才得知令人难以置信的消息,希特勒下令枪毙他。黑暗中,师人事参谋打着电筒走了过来,情绪激动地说道:"听着,伯切尔,有人在元首面前进谗言,说第56装甲军和第18装甲掷弹兵不肯保卫柏林,魏德林将军、他的参谋长和您本人非常危险,元首下了逮捕、枪毙你们的命令。"[86]伯切尔对这种说法一笑置之,但人事参谋赌咒发誓,说炮兵上将魏德林正赶去见元首,还劝伯切尔找魏德林好好商量一番。伯切尔走入师部,向师长约瑟夫·劳赫中将汇报部队后撤情况。劳赫耐心听取了报告,随后突然问道:"伯切尔,究竟怎么回事?元首暗堡来了两个家伙,带着命令说要逮捕您,您能跟我说说到底怎么回事吗?"[87]伯切尔向劳赫解释了前几天他跟魏德林和另外几名作战参谋的会谈经过,随后把师人事参谋说的话告诉劳赫:魏德林已赶往柏林面见元首。

魏德林18点前后到达元首暗堡,立即要求相关人员做出解释,为何要下达枪毙自己的命令。他跟克雷布斯、布格多夫将军谈了几个钟头,终于让两人相信,他这几天一直在跟俄国人鏖战,军部离前线只有1—2公里。克雷布斯无疑认为,第12、第9集团军的救兵攻往柏林期间,保卫首都正需要魏德林的部队。魏德林麾下几个师已经沿柏林郊区卷入激战,命令第56装甲军开入柏林似乎理所应当。克雷布斯把新命令告知魏德林,还说马上向希特勒汇报[88]。

魏德林让作战参谋西格弗里德·克纳普少校通知冯·杜夫文,先前下达的命令可能会变更。克纳普打电话联系军部,随后告诉魏德林,冯·杜夫文收到第9集团军司令部的电传电报,说魏德林已被解除职务,第56装甲军现在由布尔迈斯特将军指挥。布塞做出这项决定,显然是因为魏德林未经批准擅自后撤,他想确保自己充分掌握第56装甲军的后续行动。魏德林怒不可遏,在克雷布斯和布格多夫面前发作了,请求他们批准他休假,好给继任者腾地方。克雷布斯再三安抚,还告诉魏德林,元首要亲自接见他[89]。

这是魏德林军旅生涯期间第二次谒见元首[90],希特勒的模样吓了他一跳。魏德林事后回忆道,希特勒的脸像个微笑的面具,坐下后左腿抖个不停,像钟摆那样摆动,只是速度更快些。魏德林把麾下部队目前的位置告知元首,还回答了希特勒就部队战斗素质提出的问题。魏德林强调,麾下几个师过去一周毫不间断地跟红军鏖战,希特勒对他实事求是的态度心生好感,他先前以为站在自己面前的这位将军弃守前线逃跑了。希特勒已从昨天的崩溃状态恢复过来,接受了凯特尔和约德尔提出的新方案。他阐述了保卫柏林的新计划,这份计划旨在投入第12、第9集团军,再以奥拉宁堡周围新组建的施泰纳集团军级集群发起突击,在最后一场深具决定性的会战中挡住红军。希特勒最后命令魏德林，把第56装甲军开入城内，加强柏林的防御。具体来说，希特勒委任魏德林为柏林卫戍区司令，直接向他汇报[91]。魏德林拿到份柏林地图，上面标出城内划分的各个防区。魏德林强调指出，保卫柏林的想法不切实际，应该宣布这是座不设防的城市。克雷布斯以屈尊俯就的口气指出，元首说过，柏林陷落意味着战争结束和德国的末日，这座城市必须坚守到最后一刻。

魏德林离开元首暗堡，随即打电话给冯·杜夫文，命令麾下各师调转方向开入柏林城内。这通电话，魏德林和冯·杜夫文的情绪都很激动。冯·杜夫文认为，脱离正在进行的交战存在种种固有问题，现在命令各师调转方向，会给第56装甲军残部造成严重损失："我不知道该怎么做，下达相反的命令会引发混乱。我们不能执行这场新机动，真让各个师调转方向的话，会造成彻底的混乱和无序，估计全军要折损60%的战斗力。"魏德林的答复很简洁："第56装甲军不执行命令的话，您知道我的下场。"[92]魏德林回到军部，对冯·杜夫文一诉衷肠："不管怎么说，末日即将到来，倘若非死不可的话，我想体面地战死。"[93]魏德林是个军人，强烈的责任感让他不得不服从希特勒的命令。

23点，海因里齐接到克特尔上校打来的电话，说希特勒决定把魏德林装甲军调入柏林城内。海因里齐怒不可遏，他想尽办法避免柏林城内爆发战斗，可希特勒把第56装甲军调入城内的决定，会导致第9集团军北翼暴露在外，他对克特尔指出这一点：

<u>海因里齐</u>："该军部分力量掩护第9集团军身后，倘若翼侧退却的话，第9集团军后方会暴露在外。布塞将军明确要求施默克维茨登陆场内的部队无论如何都得留在原地。"

<u>克特尔</u>："这得让克雷布斯将军来决定。"

<u>海因里齐</u>："必须立即同第56装甲军军长谈谈。我会亲自跟克雷布斯协商。"[94]

两人通话时，克雷布斯和魏德林正面见希特勒。海因里齐凌晨1点10分致电克雷布斯，克雷布斯不在，接电话的是他的副官弗赖塔格少校，海因里齐告诉他：

克雷布斯将军刚刚命令魏德林将军,把第56装甲军右翼撤出格吕瑙与施默克维茨之间的战线,转移到柏林南部战线。撤往格吕瑙没问题,但施默克维茨是第9集团军的门户,布塞将军明确要求掩护部队留在原地。众所周知,第56装甲军是第9集团军的左翼,这样一场调动会给该集团军造成大麻烦。

海因里齐没有记录下弗赖塔格的答复,他后来接到克雷布斯的回电,战后回忆起通话内容:

我打电话给克雷布斯将军,用最强烈的措辞指责他直接派一名军官去魏德林装甲军,把该军调离前线,根本没通知集团军群或第9集团军。克雷布斯解释道,电话线出了故障,无法提前告知集团军和集团军群。他说正因为如此才发生疏漏,没能及时通知集团军和集团军群司令部。我告诉克雷布斯,这道命令引发的不幸已无法纠正,因为俄国人穿过敞开的缺口,绕过第9集团军西侧,眼下可能彻底包围了该集团军,这一切都是他造成的。[95]

第56装甲军调离第9集团军,标志着在柏林东面遂行防御的一切可能性化为泡影,也决定了南面布塞集团军的命运。奥得河前线战役剩下的时间,海因里齐想方设法保全第3装甲集团军,同时解救陷入重围的第9集团军。他没理会红军对柏林的进攻,因为这不是他的战斗,而是他竭力避免的战事。自3月份以来,让柏林免遭斯大林和苏联的报复一直是他作战意图的核心。

第56装甲军久经战火考验的官兵,现在成为垂死的纳粹政权实施防御的骨干,该政权决心把战争拖延到最后一刻。下达给第56装甲军全体将士的命令很明确:"保卫柏林!"

维斯瓦集团军群

海因里齐失去对第9集团军的作战控制。红军的进击速度、战场上的混乱、元首暗堡一再给集团军群下级指挥部门下达重叠的命令,削弱了海因里齐打造柏林周边战场的能力。第3装甲集团军作战地域,罗科索夫斯基白俄罗斯第2方面军辖内部队,沿奥得河西岸几个地点加强进攻。曼陀菲尔日终前报告海因里齐,尽管红军取得"纵深进展",但他的战线依然稳定。守卫坦托、科尔比措镇的防御战愈演愈烈。德军朝普里茨洛、克罗伊茨布鲁赫发起反冲击。海因里齐接到命令,让他把施泰纳的部队撤出埃伯斯瓦尔德登陆场,以免驻守在那里的党卫队"太阳"团和一个突击炮旅遭隔断。施泰纳的部队,虽说是第3装甲集团军南翼的重要组成部分,但根本不受曼陀菲尔或海因里齐指挥。

元首暗堡命令施泰纳,把部队调到西面的奥拉宁堡附近,从那个方向朝柏林发动救援进攻。奥拉宁堡此时在朱可夫军队攻击下。第1海军师没有足够的反坦克武器,就这样在镇内火车站展开激烈的防御战[96]。进攻准备期间,OKH和施泰纳要求调拨援兵,例如第25装甲掷弹兵师和第7装甲师,而这两个师目前在曼陀菲尔麾下执行至关紧要的防御任务[97]。针对调离几个重要作战师的要求,曼陀菲尔请求海因里齐批准,次日把他的部队撤到沿沃坦防线构设的第二阵地,以此巩固战线,防止麾下部队在艰难的处境下土崩瓦解。曼陀菲尔明确指出,他觉得第3装甲集团军扼守奥得河战线撑不过24小时。就好像罗科索夫斯基方面军对第3装甲集团军战线构成的威胁还不够似的,第3装甲集团军身后也受到朱可夫近卫坦克第2集团军辖内部队威胁,对方有可能转身向右攻往北面,进入第3装甲集团军战线后方,切断该集团军所有后撤路线[98]。海因里齐根据朱可夫的后续行动为曼陀菲尔集团军制定接下来的行动方案时,南面的第9集团军已陷入危急境地。

布塞集团军即将陷入重围。科涅夫麾下第28集团军继续向北挺进,不断靠近朱可夫从东北面而来的第69集团军,沿德国第9集团军西部边缘构成一道屏障。更西面,科涅夫的坦克主力到达柏林城内泰尔托运河河畔,准备强渡运河攻入城内。这场合围从西面彻底截断第9集团军。当天下午,科涅夫方面军辖内部队,首次与卡图科夫将军绕过柏林攻往西南面的近卫坦克第1集团军取得无线电联络[99]。由于红军当时的无线电通信距离较短,眼下的情况说明红军两支对进的部队近在咫尺,也说明第56装甲军已不在第9集团军西北面战线上。

合围德国第9集团军的铁钳合拢,德国人的弹药、油料、技术装备越来越少。布塞打着让部队为计划攻往巴鲁特的行动做好准备的幌子,把奥得河东岸的大部分部队撤到西岸,还带离大多数重型装备[100]。但布塞集团军在当前作战地域无法获得汽车或火车运送的补给，只能靠空投补给勉强维持[101]。计划中的"进攻"日期定于4月25日[102]。海因里齐知道第9集团军的处境岌岌可危，他以元首下令救援柏林为借口，着手制定方案解救布塞集团军。

第12集团军

凌晨1点，凯特尔元帅赶到第12集团军司令部所在地，号称"古老地域"的林间小屋，亲自宣布救援柏林的历史使命落在第12集团军司令肩头[103]。文克身着军装，坐在宽大的安乐椅上打盹，副官赶忙叫醒他，见到凯特尔，文克仍有些昏昏沉沉。尽管司令部的气氛很紧张，但凯特尔显得很激动。文克汇报完第12集团军的状况，凯特尔"严肃但实事求是地"指出："希特勒的精神崩溃了，您必须率领部队调转方向，和布塞将军的第9集团军一同开往柏林。"[104]

、 佩戴骑士铁十字勋章的第12集团军司令瓦尔特·文克少将。接下来几天，"文克"这个名字成为柏林城内遭围攻的守军和平民获救的代名词。第12集团军根本没有赶赴柏林，因为文克就没打算遵照最高统帅部的指令行事。

第12集团军参谋长京特·赖希黑尔姆总参上校（右），正跟另一位佩戴骑士铁十字勋章的国防军高级军官交谈。赖希黑尔姆监督了第12集团军为挽救第9集团军、雷曼集团军级集群发起的战役反突击。

文克对这道命令深感惊愕。他首先想到西方盟军对自己身后构成的威胁,凯特尔告诉他,不用担心艾森豪威尔。文克当时显然不知道"日食"计划。凯特尔很可能向他做了解释:西方盟军不会渡过易北河,继续攻入战后的苏联占领区[105]。文克其次担心计划中的进攻路线,要求他的部队穿过柏林南面复杂的湖区,他指出:"我觉得最好取道瑙恩和施潘道,从北面、从湖区北面解救柏林。但我至少需要两天准备时间才能发动进攻。"[106]凯特尔不出所料地答道:"我们等不了两天。"文克觉得凯特尔说的很可能是实情,于是同意第12集团军立即发动进攻。凯特尔离开后,文克在屋内踱来踱去,反复斟酌自己的计划。他告诉身边的副官:"我们得尽量靠近柏林,但不能弃守易北河畔的阵地。径直攻往柏林纯属胡闹,俄国人肯定会包围我们。我们得设法救出柏林城内的军民,但仅限于此。"[107]接下来几天,文克集团军又受领了另一项艰巨的任务:解救第9集团军。

当天下午,克雷布斯告诉海因里齐,计划以文克集团军救援柏林。海因里齐不知道在柏林后方作战的这个"新"集团军实力如何,但他觉得第12集团军所在的位置能为维斯瓦集团军群提供援助。海因里齐当晚23点15分左右打电话给文克,要求文克把手头所有兵力投入勃兰登堡与瑙恩之间,阻止红军绕过柏林攻往西北方。他还要求文克从特罗伊恩布里岑向东进攻,这道命令旨在为第9集团军打开一条逃生路线。海因里齐在电话里指出:"务必把布塞救出包围圈,这项任务必须由他的老朋友文克完成。"面对救援柏林的指令,既要把麾下部队开往当前展开位置的东北面,又要解救第9集团军,文克告诉海因里齐,所有人都觉得第12集团军实力强大,可他手头的部队纯属纸面力量。文克把这些部队称作"圣诞老人",要么就是根本不存在[108]。海因里齐重复了自己的命令,随后打电话告诉布塞:"您能相信吗,文克明天会以三个兵团取道特罗伊恩布里岑发动进攻。他托我向您致以问候,还说会尽全力救朋友于水火。"[109]为了让布塞保持信心,海因里齐显然夸大了实情。他1944年指挥过陷入红军重围的军团,深知信心对困境中的官兵保持战斗力是多么重要。要是布塞和部下觉得前景无望,那么第9集团军就完了。

凯特尔、约德尔、克雷布斯忙着为施泰纳集团军级集群、文克第12集团军、布塞第9集团军最后一场向心突击制订计划,海因里齐却想方设法阻止这

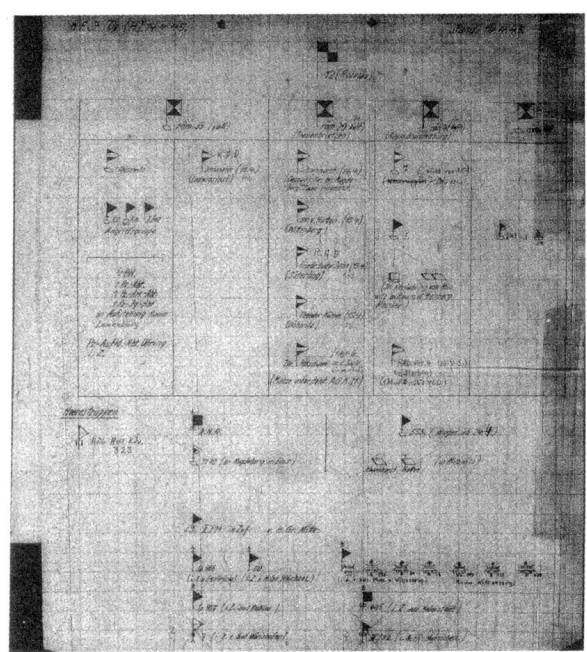

第12集团军1945年4月12日的编成。除了第1170突击炮旅,中央集团军群和维斯瓦集团军群没有划拨文件里标出的任何一支陆军直属部队。

场进攻。遵照海因里齐的指示,布塞没有为攻往柏林加以准备,而是打算向西突围。文克也没想救援柏林,相反,他准备发起两路突击,一路攻往波茨坦,在那里尽可能多地解救柏林城内的军民,另一路攻往东面,为布塞集团军打开逃生通道。同时他还让部下守住易北河畔的阵地,确保德国军民逃往西方盟军那一侧的后撤路线畅通无阻。上级下达了进攻的命令,施泰纳必须执行,但他知道一旦进入柏林,后果不难预料,他当然不愿落入俄国人手里,一时间左右为难。他一再拖延希特勒要求他攻往柏林的命令,但最终别无选择,只能以薄弱的兵力发起某种形式的进攻。曼陀菲尔奉命为施泰纳的进攻提供支援,但他获得海因里齐支持,迟迟不让第3装甲集团军辖内部队变更部署,这才挡住红军对他南部战线的进攻。

三路"救援"行动展开之际,第56装甲军奉命开入柏林,准备击退正等待他们到来的红军部队。柏林周围的军事行动在一连串相互矛盾的命令下展开,这些命令源于相互竞争、混乱、绝望,甚至夹杂着近乎兴奋的信念,不少人觉得仍有可能赢得胜利,至少能获得某种形式的解救。红军火炮和火箭炮猛轰柏林城区之际,文克的名字成了希望的代名词:"再坚持一天,文克正在赶来!"

苏联最高统帅部大本营

4月22日日终前,大本营注意到朱可夫和科涅夫军队各自取得的进展,朱可夫的作战计划显然失败了,他无法凭一己之力包围柏林。大本营越来越担心德国第9集团军可能会向北发动进攻,彻底阻止红军的攻势。因此,大本营4月22日/23日夜间下达指令,要求彻底包围德国第9集团军,不得迟于4月24日,必须不惜一切代价阻止该集团军向西或西南方①突破到柏林。

科涅夫近卫坦克第3集团军前出到柏林南面的兰克维茨地域,速度快得出人意料,大本营深感欣慰,而朱可夫军队作为进攻柏林的主力,缓慢的进展让大本营失望不已。4月23日清晨6点,大本营延长了朱可夫与科涅夫方面军的作战分界线,从吕本一路向前,穿过托伊皮茨、米滕瓦尔德、马里恩多夫、安哈尔特火车站,还把这些地点专门留给乌克兰第1方面军。安哈尔特火车站位于兰德韦尔运河北岸,与北面的帝国总理府和最终目标国会大厦仅隔几个街区。科涅夫的快速挺进获得回报,战胜竞争对手、赢得战争最终大奖的良机在握。

朱可夫对这种情况很不高兴。据柏林进攻战役官方史称,朱可夫命令"他的右翼和中路集团军继续执行原定任务,最大程度地加快进攻速度"。大本营还记录道,为了以坦克加强在柏林城内战斗的步兵部队,朱可夫命令几个坦克集团军辖内部分部队,在作战上隶属诸兵种合成集团军司令员:坦克第11军交给突击第5集团军司令员;坦克第9军隶属突击第3集团军司令员;近卫坦克第1集团军辖内1个坦克旅听命于近卫第8集团军司令员。

第47集团军和近卫坦克第9军辖内1个坦克旅,奉命渡过施潘道北面的施普雷河,而后转向西南面,任务是迅速攻克波茨坦,切断德军从柏林逃往西面的后撤路线。近卫坦克第2集团军(缺近卫坦克第9军),奉命前出到夏洛滕堡地区,不得迟于4月24日。近卫坦克第1集团军奉命在近卫第8集团军作战地带

---

① 西北方。

渡过施普雷河，前出到柏林郊区的滕佩尔霍夫、施泰格利茨、马里恩费尔德，不得迟于4月24日。要是朱可夫能在24小时内到达施泰格利茨，也许能阻止科涅夫的部队攻往柏林市中心。大本营划分的方面军作战分界线，让朱可夫与科涅夫的竞争产生新的敌意[110]。

东部地区

获得苏联英雄称号的M.托尔卡乔夫大尉所在的反坦克歼击炮兵营，奉命守卫南北向高速公路，直到步兵部队开抵，这条高速公路连接利希滕贝格区北面的柏林环路。在此期间，他和部下短暂停顿，首次见到德国首都：

夜间，马林克维奇大尉指挥我们的反坦克歼击炮兵营搭载汽车赶往西北面，避开德军援兵。我们不得不悄然赶往从柏林通往北面的高速公路，在那里坚守到步兵到来。

这条高速公路对敌人至关重要：柏林陷入半包围状态，通往外部的交通线所剩无几，这条高速公路就是其中之一。

我们离高速公路18公里左右，估计到天亮才能完成这段行程。我们从掌握的情报得知，德国人没有在这些遍布森林的地带构设绵密的防御，只有些障碍物和掩体。

我们沿乡间道路行进，车灯关闭，发动机的声音也很小。所有指战员配备自动武器和手榴弹，车上还有几支冲锋枪。我和卡连季亚中尉的排搭乘头车，他是个快乐而又勇敢的格鲁吉亚人。这个排连夜展开侦察。汽车发动机运转良好。我们的全地形车辆在春季的泥泞地面上行驶自如，自信地驶过路上的坑洼和其他豁口。黑暗中，一排排茂密的树木和低矮的灌木丛隐约可见。这让我想起不久前在西北战线的战斗，当时我们周围也是森林环绕，每个转弯处都可能遭遇危险。那时候的情况很糟糕，我们没有作战经验，物质条件也不好。我们现在有机动车辆搭载、性能优异的火炮，更别说经验丰富的指战员了。他们是扎丹、莫罗佐夫、日加洛夫、尼格马图林、科索拉波夫、科尔久克、卢奇科，都是反坦克歼击炮兵连久经战火考验的老兵，遵照斯大林同志对我们提出的要求，充分掌握了炮兵技能。伴随轻微的晃动，他们静静地坐在车上，手里紧握自动武器，随时准备投入战斗。

行驶了不到一小时，我们遭遇一股敌军。这是座小小的掩体，我们不费吹灰之力就打垮敌人。紧接着，我刚去前方侦察道路，汽车就遭到机枪火力打击。德国人从右侧的森林深处开火射击。

我立即下达命令："做好战斗准备，机枪手，开火！"

莫罗佐夫中士手里有挺机枪，刚跳下汽车就把机枪架在附近的树桩上开火了。另外几挺机枪也嘶吼起来，加入他那挺捷格加廖夫机枪快速射出的火力。卡连季亚中尉端着枪，催促部下继续前进，即便如此，这些小伙还是迅速完成任务。他们把武器转向德军机枪响起的一侧，接到命令就开火射击。

我方机枪火力取得立竿见影的效果，敌人的火力哑了。我们驶过敌军堑壕，看见五六具身着人民冲锋队军装的尸体，破碎的手推车扔在一旁。

之后，我们不得不同更强大的敌人交火。德国人从两个方向以机枪和火炮朝道路射击，猛烈的火力袭向我们。遍布森林的地形对他们有利，我们的任务越发艰巨，根本无法机动。我们把部分武器部署在路上，把剩下的武器拖到道路左侧一片空地。清晨即将到来，能见度逐渐好转。营长仔细辨别枪炮声，发现森林里有一辆精心伪装的敌坦克。他集中火力打击坦克射来炮弹的方向，几轮齐射打哑了敌坦克。

我们不能停在这里，于是决定从林间道路转向左侧，这样就稍稍偏离上级规定的路线。但希特勒分子发现了我们的机动，我们刚离开森林，他们就射来猛烈的机枪火力，子弹射自我们要去的方向。车队停下，扎丹上士的炮组奉命消灭敌人的机枪。他的炮组出色地完成了任务，简直有些不可思议。他们冒着敌军火力，向前全速行驶400米左右，把火炮架在小山丘的灌木丛内，随即朝敌人开炮。瞄准手克拉舍维尔尼科夫胳膊负伤，德国人的子弹射中了他，但他没离开战斗岗位。扎丹炮组几炮就消灭敌人的机枪，我们的车队得以继续前进。

待我们到达高速公路，天色彻底放亮。此时下起雨来，透过高速公路护栏，我们看见柏林高耸的建筑，此处是柏林北郊的起点。城市上空烟雾缭绕。我觉得我们当时谁都无法冷静，从大伙兴奋激动的脸上能清楚地看出这一点。每个人都望向柏林，可眼下没时间好好观望一番。一队德国兵离开森林，朝高速公路而来。在马林克维奇大尉指挥下,全营摆开战斗队形,第一批炮弹很快射向敌人。德国人惊慌失措,一个个趴倒在地,企图在我方炮火下保住性命。毫无疑问,我们的到来把他们打得措手不及。数十具德国兵的尸体倒在树林线,但几辆装甲运兵车碾碎大车冲了出去。

我们知道,敌人很快会调来大股兵力,把我们驱离高速公路。我把机枪手部署在炮兵连翼侧,还命令所有战士把自动武器和手榴弹放在火炮间,做好近战准备。

中午,敌人在炮火掩护下对我们的阵地发动进攻。我的连就在高速公路旁边,不得不承受敌人极为猛烈的冲击。他们的兵力多达一个营,分成一个个小队迅速扑了上来。待德国人前进了500米左右,我命令连里的炮组:"开火!"火炮和机枪响了。

很明显,敌人企图攻入几个反坦克歼击炮兵连之间的缺口,可他们没能逼近我方发射阵地。敌军战斗队形破裂,被迫撤了回去。

半小时后,德国人再次发动进攻。他们这次以装甲运兵车护送步兵,车上的机枪不停地扫射。敌人沿宽大的战线散开,不断向前。我方火炮稍稍停顿,随后全力打击敌人。真该看看我们的小伙是如何开动脑筋打击敌人的,一轮轮炮火齐射有条不紊。一辆装甲运兵车中弹起火,另一辆中弹后停在原地动弹不得。但德国人越来越近,企图绕过我们翼侧。一群德国兵离得很近,想从右侧绕过我们连。我命令科尔久克炮组把火炮转动90度,以高爆弹打击敌人,我端起冲锋枪猛烈射击。敌人这轮进攻也以失败告终,他们丢下死者,朝来的方向退却。

我们就这样守住高速公路,直到我方步兵开抵。[111]

当日清晨,突击第5集团军的坦克和自行火炮从利希滕贝格区出发,沿兰茨贝格大道行进,猛烈的炮火突然袭来,击毁8—10辆重型坦克(可能是KV或JS-2)和搭载步兵的卡车[112]。红军纵队的其他车辆赶紧隐蔽。这通猛烈的火力不是射自"铁拳"或火炮,而是腓特烈斯海因防空炮塔上的128毫米高射炮发射的[113]。

柏林城内各座重要建筑和设施的坐标,都存在三座防空炮塔的火力控制系统内。遍布市区的前进观察员，把敌军部队和坦克集中的情况报告给防空炮塔上的炮组，他们随后以极为精准的火力打击目标。三座防空炮塔甚至能集中火力轰击特定目标。这些堡垒既是抵抗枢纽部，也为城内军民提供了藏身处。有报告称，动物园G塔朝19个不同的地面目标开火，而洪堡海因G塔击中27个目标[114]。红军部队更改了攻入城内的前进方向，企图避开致命的128毫米火炮[115]。

由于防空炮塔的火炮和部署在地面上的高射炮充分发挥威力，步兵第7军沿快铁外环路停止前进。4月23日，第1高射炮师的高射炮兵开始执行反坦克任务，打击地面目标，红军逼近一个个快铁站，这些车站标志着防御内围廓的外缘。德军高射炮兵操作88毫米火炮，直瞄火力穿过长长的巷道和林荫大道，迅速挡住红军坦克纵队。就连地面炮兵连各个炮组也以近战打击敌坦克，第123重型炮塔高射炮营的一等兵施瓦茨，用"铁拳"击毁一辆T-34[116]。

"诺德兰"师的工兵继续执行命令，寻找、守卫桥梁，确保全师撤离柏林的通道。党卫队三级突击队中队长亨泽勒当天上午找到"诺德兰"师师部，师部正要转移到柏林城内。亨泽勒随即接到命令，让他守住上美丽牧场与下美丽牧场之间的特雷斯科桥。亨泽勒赶到桥梁，设立了防御阵地，还把指挥所设在集市广场。他很快遇到大批惊恐不安的平民，他们正逃离前进中的红军，见亨泽勒又要出发，这些平民纷纷哀求带上他们。亨泽勒一行当天下午没遇到敌人，傍晚前后渡过施普雷河赶往下美丽牧场的施佩特林木苗圃，营部设在那里。他们到达时遇到党卫队第11炮兵团的散兵游勇，所有人都在喝酒，亨泽勒惊异地发现，这些炮兵居然知道齐格勒逃离柏林的计划。这显然不再是秘密，因为每个人似乎都认为，上级不会命令他们守卫这座注定要沦陷的城市[117]。亨

4月23日出版的《装甲熊报》，这是德国宣传部出版的报纸，每天在城内分发。报上强调了城内具体的作战行动。

泽勒工兵连渡河处北面，他那些战友面临艰难的处境，因为突击第5集团军正准备强渡施普雷河。

红军攻入柏林东部防区，"诺德兰"师首当其冲，突击第5集团军辖内步兵第9军的任务是夺取卡尔斯霍斯特。卡尔斯霍斯特东面，党卫队第11侦察营分队遇到一群人民冲锋队员，他们正跟希特勒青年团战斗小组共同守卫当地的街垒。看见这群希特勒青年团员，党卫队老兵感慨万千，其中一人回忆道：

> 这些尚武的孩子不仅满怀战斗信心，还有种仇恨的狂热和对死亡无限的蔑视，是我们这些成年人不具备的。他们像黄鼠狼那样敏捷地爬到高处，或钻入根本不可能进入的位置，不是用"铁拳"击毁俄国人的坦克，就是用手榴弹干掉一个或几个俄国兵。柏林战役中，这些十来岁的小男孩消灭了大批敌坦克。[118]

党卫队老兵和临时组建的各种人民冲锋队、希特勒青年团部队，共同坚守沿赛马场边缘构设的防御阵地。红军继续遂行翼侧机动，同时对德军阵地发起快速突击，逼退守军。

"诺德兰"师几个团的大部分官兵，先前已渡过施普雷河。他们炸毁许多桥梁，给随后渡河的红军部队造成很大麻烦。第聂伯河区舰队为突击第5集团军强渡水障碍的行动提供支援。遵照别尔扎林的命令，区舰队第1支队抽调10艘小型快艇，用汽车运到卡尔斯霍斯特。待他们到达目的地，接到步兵第9军军长罗斯雷中将的命令，让他们支援卡尔斯霍斯特西面强渡施普雷河的行动。苏联官方史称："敌人的火炮、迫击炮、机枪火力非常猛烈，给登上小型快艇的我方指战员造成很大麻烦，一时间难以渡过施普雷河。"尽管困难重重，但步兵第9军先遣部队1点45分总算完成强渡。苏联官方史的记述如下：

> 一发发照明弹照亮登陆区，敌人猛烈的火炮和机枪火力袭来，还发射了"铁拳"。拂晓前后敌人前调预备队，企图以反冲击消灭我方登陆部队。为加强登陆力量，军长命令火炮和坦克开往西岸。搭载技术装备的趸船由几艘小型快艇负责拖曳。

> 4月23日14点，军里大部分部队、火炮、坦克已登上施普雷河西岸。总

之,4月23日—25日,小型快艇组成的分遣队以直接载运或拖曳趸船的方式,把超过1.6万名指战员、600门火炮和迫击炮、1000多匹马、27辆坦克、大批各种军用装备送到对岸。

4月23日的交战,让军右翼兵团突破市区防线,渗透到柏林中心区域,取得2—4公里进展。[119]

德国守军无力阻止红军强渡施普雷河,仅在发电厂遂行了激烈的防御作战。夺取大型混凝土建筑的战斗中,步兵第9军步兵第301师损失惨重[120]。

贡纳尔·伊卢姆率领部下撤离腓特烈斯费尔德快铁站,在上美丽牧场寻找渡过施普雷河的渡场。他们此时位于B防区与C防区结合部,正执行刚刚接到的命令,打算赶往南面绕过柏林。伊卢姆连里的官兵和一群国防军士兵坐在小街旁的台阶和门口休息,很快听见红军坦克逼近的声响,隆隆的引擎轰鸣清晰可辨。没等上级下达命令,他们就撤入路边几栋房屋,等待敌坦克到来。经历了一周毫不间断的战斗,这些士兵的动作完全不假思索,采用了先前让他们赢得胜利并存活下来的战术。伊卢姆突击连放红军坦克驶过己方阵地。这些坦克可能隶属坦克第11军,在没有步兵支援的情况下独自行动,显然是执行"不惜一切代价找到施普雷河渡场"的命令。德军士兵毫无征兆地射出几发"铁拳",击毁敌纵队第一辆和最后一辆坦克。剩下的6辆坦克在狭窄的街道里进退不得,结果被"铁拳"逐一击毁。德军士兵随后击毙了企图弃车逃离的红军坦克车组[121]。

昨日的防御战让伊卢姆突击连伤亡惨重,全连现在仅剩10人。红军战机击中周边建筑,迫使伊卢姆

照片里年轻和相对年长的士兵,似乎是某支人民冲锋队成员,驻守在柏林防线内围廊的阵地上。但他们佩戴的M40式空军野战军帽表明,两人可能隶属第1高射炮师。不管怎样,这张照片表明,柏林保卫战期间,没有哪款武器比"铁拳"更重要。"铁拳"彻底改变了小股部队的战斗方式。

和部下离开这片地带，向西赶往施普雷河。他们在途中遇到一支德军补给纵队，这支车队遭遇空袭，部分车辆被炸毁，司机显然在空袭期间躲入附近的掩蔽部，不在车队周围。伊卢姆和部下征用了一辆仍能行驶的无线电通信卡车，驶过施普雷河进入下美丽牧场。他们在施普雷河另一侧没见到任何德军士兵。伊卢姆向宪兵检查站打听了一番，傍晚前后，他率领部下在C防区格利策火车站附近一家啤酒厂，找到党卫队第24"丹麦"装甲掷弹兵团指挥所。伊卢姆连随即接到保卫柏林的命令，任务是守卫航运运河上的桥梁。近卫步兵第4军逼近上美丽牧场，与残留在施普雷河东岸的德军散兵游勇展开激烈的巷战，傍晚前到达几座残余桥梁南面的施普雷河岸边。

战斗压力很大，就连"诺德兰"师训练有素、干劲十足的官兵也受到影响。哈斯回忆起红军跨过冲沟发动进攻，一群党卫队士兵后撤的情形。指挥这群士兵的军官名叫施珀莱，军衔不明，他下达口头命令，让他们返回各自的防御阵地。这些士兵拒不服从施珀莱的命令，于是他枪毙了其中的一个，其他人这才勉强返回阵地。待红军跨过冲沟再次发动进攻，党卫队战斗群的某个士兵显然打算自行其是，开枪射穿了施珀莱的脑袋[122]。

有些德军士兵开始公然抗命，而面对柏林保卫战的重重压力，许多指挥官不是意志消沉就是更加残暴。这方面也有个例子，蒂姆接到营长的命令，率领2辆三号突击炮赶往扬诺维茨桥。待他到达那里，遇到一名国防军少尉，对方告诉蒂姆，他觉得突击炮赶来简直是发疯，因为他受领的任务是看见俄国人到来就炸毁桥梁。于是蒂姆率领2辆突击炮返回原处，结果遇到营长。党卫队一级突击队大队长考施对蒂姆没执行自己的命令怒不可遏，朝他大声咒骂起来。据蒂姆说，营长的火气很快消了，因为他觉得"一切都没有意义"。他随即命令蒂姆赶往哈勒舍斯门方向的萨尔兰街。这个例子说明，经历了七天毫不间断的交战，第56装甲军的官兵疲惫、沮丧至极。

在此期间，哈斯连只剩7人，其他人不是阵亡就是失踪（开小差）。他们渡过施普雷河撤入特雷普托，在仓促挖掘的堑壕里过夜。朔勒斯的连队穿过上美丽牧场满目疮痍的街道和桥梁，跟随"诺德兰"师最后一批部队渡过施普雷河。傍晚前后，德国人在上美丽牧场与下美丽牧场之间，引爆施普雷河上所有桥梁，但爆破作业干得并不彻底[123]。特雷普托公园内，第10/326、第8/211高射炮连顽强防御，从中午起就跟企图渡过施普雷河的敌步兵激烈交战。

"诺德兰"师渡过施普雷河撤入柏林南部地区，遇到些充满敌意的柏林市民。住在柏林东部和南部地区的大多是工人阶级，动荡的魏玛共和国时期，大部分共产主义运动源自这些地区。这里的许多居民厌倦了战争，对武装党卫队官兵的政治立场深感愤怒，觉得他们出现在这里只会拖延战争的结束。当地居民的敌意，主要表现为冷嘲热讽和大声咒骂，但某些情况下也公然爆发了战斗，柏林的共产党人与"诺德兰"师后撤的官兵相互射击[124]。

南部地区

近卫第8集团军、近卫坦克第1集团军继续攻往东南面①，打算从那个方向包围柏林。途中众多湖泊和河流继续给他们的挺进造成妨碍。两个集团军组建了若干先遣支队，在主力前方行动，任务是寻找、控制可用的渡场。崔可夫的部队分头行事，分别绕过米格尔湖北岸和南岸。近卫步兵第29军在达姆沃施塔特完好无损地夺得施普雷河上通往南面的铁路桥。近卫步兵第39师与后撤中的德军后卫激烈交火，随后肃清克佩尼克，完好地夺得施普雷河、达默河上的桥梁。红军当日再次发动进攻时，克尔纳的虎王坦克就在克佩尼克。他的车组迅速击毁一辆JS-2，但他们没看见第二辆敌坦克。第二辆JS-2射出的炮弹，在虎王的炮管内造成一场不寻常的事故，炸碎了装弹机[125]。克尔纳编号311的虎王坦克，随后奉命赶往维修连，据说该连位于巴黎街。傍晚前，近卫步兵第28军在格吕诺逼近泰尔托运河南部支流下方地域。

C防区指挥官获得额外的援兵，于贝尔上尉率领的希特勒青年团突击队，赶来应对红军在该地区不断发展的威胁。这群突击队员配备"铁拳"、桶式车和民用汽车，在城内四处逡巡，打击敌坦克，得手后迅速撤离，随后再次伏击敌人[126]。崔可夫和科涅夫的部队攻入柏林，德国人征召了更多新兵，把他们派往C防区和D防区。

城内既有从东面逃来的士兵，也有从西面开来的援兵，奥林匹克体育

---

① 原文如此，不确定是否是西南面。

场、帝国体育场、鲁勒本兵营等关键地点都设立了收容所。除了走散的官兵，他们还召集了2号征兵令征召的部分人民冲锋队员。前几个月，这些人既没接受训练，也没获得武器，通常由国防军高级军士率领，就连1号征兵令招募的人民冲锋队员也把他们视为二流士兵。2号征兵令召集的一群人民冲锋队员，匆匆集中后奉命赶往泰尔托运河。这支部队每天都有人开小差，他们东奔西走了好几天，没有哪个指挥部给他们分配具体任务，最后找到个废弃的商店，就这样待在里面袖手旁观，没开一枪[127]。

科涅夫的部队沿泰尔托运河集中，为4月24日上午的渡河行动做准备。当天剩下的时间，近卫坦克第3集团军重新编组。第28集团军步兵第128军辖内部队开抵，但步兵第152师正与德国第9集团军辖内分队交战，一连数日没能归建。科涅夫觉得强渡运河是场艰巨的行动，也是到达柏林市中心前的最后一步。虽说他明显夸大了自己面临的障碍，但以下文字阐明了科涅夫对这个问题的想法：

> 想想看，这条蓄满水、又深又宽的护城河，再加上两岸高耸的混凝土陡坡，会构成怎样的障碍。雷巴尔科坦克兵占领的20公里运河地段，敌人在另一侧集中了他们手里剩下的所有兵力，约有15,000人。城市战斗条件下，每公里1200人的密度应该说非常大了。他们还有250多门火炮和迫击炮、130辆坦克和装甲运兵车、500多挺机枪，另外还有大批"铁拳"，"铁拳"的数量可以说近乎无限。[128]

科涅夫夸大了德军的实力，但他确实阐明了部队冒着敌军火力强渡运河的关键问题。他的步兵可以泅渡，但坦克和火炮必须使用残余的桥梁，或者搭设浮桥，才能渡过河堤陡峭的运河。就在这时，新任柏林卫戍区司令魏德林下达了爆破城内桥梁的命令。但并非所有桥梁都立即炸毁了，有些保留下来，例如黑尔街上的弗赖桥，泰尔托运河上的穆塞尔桥。科涅夫决定同时投入近卫坦克第3集团军辖内3个军，沿宽大的战线发动进攻。他还要求确保渡场的火力优势，因而在4.5公里宽的突破地带集中了3000门（辆）火炮、迫击炮、自行火炮。据科涅夫称："每公里正面650门！这种炮火密度大概是我整个战争实践中唯一的一次。"[129]科涅夫准备发动进攻之际,泰尔托运河两侧的德军部队正开入新阵地,对科涅夫攻入柏林的后续行动一无所知。

大约8个人民冲锋队营辖内各连队部署在D防区。许多连队在防区南部沿泰尔托运河部署。雷巴尔科的部下面对第3/301、第3/303、第3/306、第3/307、第3/311、第3/316、第3/321、第3/425人民冲锋队营。有些人民冲锋队营完整无损,在他们的动员区展开卓有成效的战斗,例如施泰格利茨区的第3/306营。而另一些人民冲锋队营,例如第3/303营,开小差的人很多,战斗期间约有100人没了踪影[130]。这些人民冲锋队营,获得希特勒青年团和另一些当地动员的部队支援。

斯科尔宁中校率领部下来到泰尔托运河北面,在几座重要渡场对面的建筑内设立防线[131]。西面,京特·皮恩克尼的部队在吉森斯多夫街与泰尔托运河相交地对面挖掘阵地。他们等待之际,一辆虎Ⅰ式坦克从俄国人的方向隆隆驶来,逼近希特勒青年团第200大队派到前方担任哨兵的两名党卫队士兵。哨兵以为这辆坦克是撤入柏林城内某支部队的掉队者。有个车组人员从炮塔探出身子,问两个哨兵有没有手枪子弹,还把自己的手枪递给他们看。一名党卫队士兵掏口袋时,那个车组人员突然拎起MP-44突击步枪,当场射杀了两个哨兵。车组人员砰然关闭舱盖,虎式坦克迅速转向,朝来的方向驶去。

希特勒青年团员惊呆了,随后反应过来,拎起"铁拳"朝逃离的虎式坦克开火,但情急之下没能命中。这起事件显然是"赛德利茨士兵"的渗透,他们跟随科涅夫近卫坦克第3集团军先遣部队行动,很可能在寻找泰尔托运河合适的渡场[132]。一支人民冲锋队部队当晚赶来换防,皮恩克尼的部队撤往奥斯克兰格桥。到达新阵地,他们想进入附近某栋建筑,可居民不让他们进去,还说不希望楼里有携带武器的军人。这群小伙只好返回附近的公园,准备构设阵地,结果遭到附近建筑射来的狙击火力打击,因为该地区有很多共产党支持者[133]。

西部地区

4月22日/23日夜间,红军各兵团继续渡过哈弗尔河。第47集团军、近卫坦克第9军、近卫骑兵第7军担任先遣力量。近卫坦克第9军分拆了几个旅,在作战上隶属第47集团军辖内兵团。步兵第125军获得近卫坦克第50旅、近卫机械化第33旅加强,逼近施潘道和加托机场防御阵地,打算迅速夺取城内这些地区。红军部署就位,但没有立即展开行动渗透施潘道镇。步兵第77军和步兵第38师,在近卫坦克第65旅支援下赶往南面。近卫骑兵第7军呈扇形散开,控制远到易北河的乡村。

守卫施潘道的是临时组织的各种部队,包括动员起来的几个人民冲锋队营和希特勒青年团、加利西亚空军学员、帝国劳役团部队,驻扎在鲁勒本兵营。年轻的士兵赫尔穆特·阿尔特纳也在其中,目睹了柏林城这片地区逐渐陷入混乱:

时间无情地流逝,最后时刻即将到来。一群妇女从南面而来,街上匆匆行走的男人偷偷打量她们。党卫队员开着汽车沿街道巡逻,在这里拦下某人,或在那里逮捕某人,汽车发动机嗡嗡作响。此处的人民冲锋队员大多穿着党卫队制服,忙着封闭身后的防坦克障碍,希特勒青年团员扛着"铁拳",自豪地四处逡巡。[134]

阿尔特纳深感不安的是,武装党卫队和人民冲锋队在街头巡逻的频率太高了,他们不断在每栋房屋里搜寻体格健全的男性,勒令他们参加战斗。一旦逮住逃兵,他们会草草枪毙、绞死他,还在他身上挂个"叛徒"的标牌[135]。柏林居民就这样强行动员起来,奉命参加战斗。

北部地区

城区快铁环路标志着北环防御带,这条环路北面的地区,防御部队寥寥无几,只部署了几个人民冲锋队和警察营。德国人认为,红军会从东面和南面发起主要突击,所以北部地区不太需要守备力量。相关报告表明,近卫坦克第2集团军攻往东面①和北面,而不是南面。德军情报部门尚未确定突击第3集团军的确切位置和突击方向,也不知道V.I.库兹涅佐夫上将的作战企图。机械化第1军肃清了远

---

① 原文如此。

到泰格尔机场的地区,只遇到轻微抵抗。近卫坦克第12军余部向前挺进,穿过不设防的赖尼肯多夫郊区,步兵第79军位于他们左侧的尼德申豪森。突击第3集团军辖内各军的战术,证明朱可夫麾下诸集团军的战术原则大同小异。所有红军兵团行动速度很快,但缺乏协同。他们绕开德军防御阵地,无法迂回疑似有重兵据守的地区,他们立即以火炮和火箭炮实施炮击,再投入战车,以直瞄火力打击目标,红军步兵随后向前,冲击残余的德军阵地[136]。

俄国人在北部居民区停下来过夜,德军援兵投入部署。"大德意志"警卫团残部从奥得河前线撤回,似乎对上级的命令有自己的看法,他们部署到莫阿比特、韦丁、潘科区,在快铁环线后方占据防御阵地。"大德意志"警卫团的官兵对这片地区非常熟悉,因为他们是战争期间唯一驻扎在柏林的作战部队,团部和兵营都在莫阿比特区[137]。这些士兵训练有素,装备精良,甚至配有突击炮。

4月24日,星期二

伦敦当日发行的英文版《真理报》刊登的一篇文章,首次向全世界宣布,苏联红军对柏林发动进攻。文章里写道:"德国人全面而又熟练地构设了防御。从一道防线到下一道防线,进攻部队不断遭到侧射火力打击。所有田地遍布纵横交错的沟渠,许多沟渠灌满水。精心伪装的反坦克炮隐蔽在果园里。柏林接近地德军堑壕体系的密度,是我从没见过的。"[138]这条新闻获得官方证实:红军合围柏林,切断了这座城市与外界的联系。德国宣传部也出版了《装甲熊报》[139],这份四个版面的报纸有个副标题,"大柏林保卫者的战斗报",主要刊登昨日战斗摘要,以此提醒柏林人,他们现在是德国的最后一道防线。

虽说《真理报》发布了消息,但红军还没有在陆地上彻底合围柏林。6点到10点30分之间某个时刻,雷巴尔科麾下的机械化第71旅,在柏林西南面的舍讷费尔德机场与崔可夫近卫第8集团军辖内部队会合[140]。这场会师完成了对德国第9集团军的合围。当日傍晚,近卫步兵第61师①、机械化第9军辖内部队在

---

① 应该是步兵第61师,因为近卫步兵第61师此时在乌克兰第3方面军麾下。

马里恩多夫与崔可夫麾下其他部队会师，从南面完成了合围柏林的任务[141]。科涅夫麾下，列柳申科近卫坦克第4集团军辖内近卫机械化第6军，当日晚些时候前出到勃兰登堡和哈弗尔河。虽说科涅夫的将士没跟第47集团军指战员会合，但朱可夫麾下步兵第77、第129军继续向南挺进，到达的位置就在科涅夫前沿阵地北面5公里[142]。西面，科涅夫第13集团军和近卫第5集团军到达易北河[143]。科涅夫的军队过度拉伸，在远离后勤基地的地方作战，稀疏地分布在两个陷入绝境的德国集团军之间，对方正准备打击他翼侧。

第12集团军

文克当日凌晨给麾下各师下达命令，让他们做好向东进攻的准备。第12集团军编有第39装甲军、第41装甲军、第48装甲军、第20军。沿易北河东西向弯曲部，这些兵团在一片很大的区域遂行交战，北起波罗的海，南至维滕贝格。文克立即命第41装甲军在易北河畔留下小股警戒部队，主力向东开拔，在勃兰登堡—波茨坦东面设立防线，但务必待在瑙恩西面。这道防线可以掩护维斯瓦集团军群后方。文克麾下立即能向东进攻的兵团只有卡尔-埃里克·克勒中将新组建的第20军，该军沿易北河部署，防范美军渡河。为执行即将发起的进攻，第20军获得几个新师。"特奥多尔·克尔纳"师奉命从易北河开往贝尔齐希地域，转隶第20军。该师的任务是执行警戒，朝东北方和东南方实施战斗侦察；确保与"乌尔里希·冯·胡滕"师相接的右翼；向东推进，探明通往第9集团军的走廊是否畅通。第243突击炮旅跟随"特奥多尔·克尔纳"师一同到来。"乌尔里希·冯·胡滕"师奉命与易北河畔的美军脱离接触，部署到维滕贝格地域，抵御红军一切后续进攻。"费迪南德·冯·席尔"师奉命完成动员，做好4月25日开往尼梅克地域的准备。展开后，该师隶属第20军。另外，第1170突击炮旅跟随"费迪南德·冯·席尔"师向东开拔，准备参加即将发动的进攻[144]。"沙恩霍斯特"师留在当前位置，防范美军渡过易北河发动进攻[145]。

1945年4月初组建的第12集团军，原先的任务是攻往西面，前出到瓦尔特·莫德尔元帅陷入鲁尔包围圈的B集团军群身旁。但美军动作很快，迅速穿过德国西部地区，4月12日到达易北河畔，德军的计划无疾而终。莫德尔4月

17日自杀身亡，B集团军群残部放下武器投降。4月8日—19日，第12集团军组建期间，由西线总司令部指挥。由于西面不再需要发动进攻，从4月20日起，第12集团军由OKW国防军指挥参谋部指挥，直到4月27日。第12集团军彻底投入奥得河前线的战斗，4月27日转隶维斯瓦集团军群，直到德国战败投降。

几个师都是以1945年式步兵师为样板组建的帝国劳役团师（RAD）。也就是说，这些师以德国现有劳动力抽调的人员组建而成，减少了每个团辖内营的数量[146]。师里数千名新兵，都来自希特勒青年团和军官学校。每个师的兵力不超过7500—9000人，

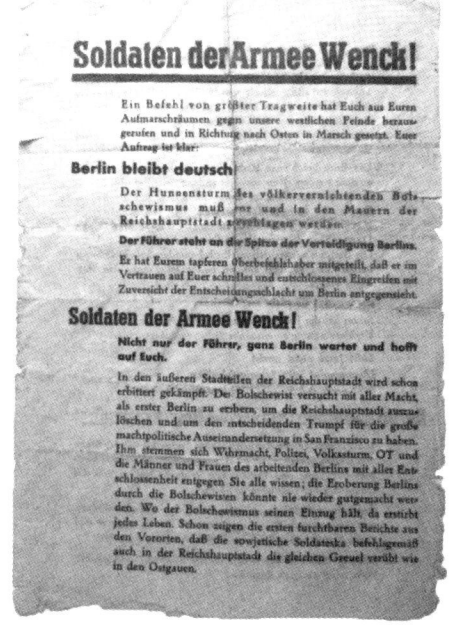

德国宣传部在波茨坦和柏林分发的传单，宣布文克第12集团军正在赶来。这份传单破坏了德军发动进攻的突然性，告知科涅夫，先前不知道的一个德国集团军就在他西面，即将对他的翼侧发动进攻。文克得知传单一事非常愤怒。

在战争末期就算一股可观的作战力量了[147]。普遍的看法是，这些师配备了优秀的军官，领导得不错，而且装备精良、训练有素、斗志高昂。例如"费迪南德·冯·席尔"师编有2个掷弹兵团，每个团辖3个营，外加调自"大德意志"师的突击炮旅，另外还有个配备自行火炮的突击炮旅[148]。

克勒的部下顺利执行了艰巨的调动令。他们夜间行军，次日上午10点左右到达指定位置。西方盟军彻底停止了第12集团军上方的空中行动，给几个德军师的调动帮了大忙，从4月23日起，德军利用几条东西向高速公路从易北河畔赶往柏林[149]。这些德军师轻而易举地完成艰巨的调动任务，几条高速公路显然功不可没。

"乌尔里希·冯·胡滕"师完成夜间行军，旋即在维滕贝格东面和东北面遭遇科涅夫第13集团军辖内部队。该师发起冲击，攻入红军翼侧，轻而易举

地击退这股敌军,还设法同北面的"特奥多尔·克尔纳"师会合。俄国人没想到会遭遇如此激烈的抵抗,刚跟德军接触就迅速后撤,重新评估态势。骤然出现的红军可能也让克勒大吃一惊,他立即指示"沙恩霍斯特"师变更部署,从易北河畔开往维滕贝格以北地域,封闭"特奥多尔·克尔纳"师左翼[150]。与此同时,"特奥多尔·克尔纳"师也奉命发动进攻,从尼梅克朝特罗伊恩布里岑前进12公里,还攻往西南面,设法同"乌尔里希·冯·胡滕"师会合。德军迅速击退第13集团军位于该地区的先遣部队。特罗伊恩布里岑镇,"特奥多尔·克尔纳"师与机械化第5军近卫机械化第10旅辖内部队的拉锯战持续了一整天[151]。

科涅夫起初不知道柏林西面还有个第12集团军。近卫坦克第4集团军与第13集团军之间的掩护部队,一头撞上纪律严明、组织严密的德军兵团,这才让他大吃一惊。科涅夫赶紧让近卫机械化第5军和部分空中力量变更部署,从东面应对德军发动的进攻[152]。科涅夫发觉德军兵团在他左翼展开行动,不由得深感意外,但他在回忆录里对此轻描淡写,不过他确实提到手头没有足够的兵力,难以应对过度拉伸的战线引发的种种作战问题:

我还特别关注贝利茨—特罗伊恩布里岑一线,我们本该掌握额外的兵力。必须弄到这些兵力。我已经从普霍夫那里抽调了一个师,把该师派往波茨坦,巩固列柳申科随后会在那里夺取的一切「指的是施普雷集团军级集群」。我们现在不得不把普霍夫一个军调入集团军第二梯队,也就是于特博格地区,该军在那里有两个用途,视情况而定:要么加强面朝柏林的对内方向,要么在贝利茨—特罗伊恩布里岑地区附近加强正面朝西的对外方向,机械化第5军……已经在那里展开行动。

这种情况令我特别担心,因为4月23日已经出现了一些迹象,表明西面的德军做出些部署调整,显然准备从西面对我们实施突击。[153]

文克麾下兵团变更部署之际,他的名字和第12集团军成为柏林城内军民"获救"的代名词,就连第9集团军陷入重围的将士也这么看。

文克转身攻往东面,纳粹宣传部门大肆吹嘘,让文克震惊不已。当晚19

点和20点45分,柏林广播电台两次播报以下消息:

元首下达了具有历史重要性的命令。德国军队离开西面,赶来参加柏林保卫战。他们投入原本部署在西线,准备执行特殊任务的精锐师。几个师投入保卫柏林的战役,先遣部队已到达首都郊区。帝国以这场行动展现出不惜一切代价保卫柏林、阻止亚洲游牧部落席卷欧洲的决心。毫无疑问,接下来几天,甚至几个钟头,会出现战争中的决定性转折点。[154]

另外,宣传部门还印制了大量黄色的小册子,空投到德军战线,手册上写道:

1945年4月23日的元首令:文克集团军全体将士!一道非常重要的命令把你们调离抵御西方敌人的阵地,要求你们赶往东面。你们的命令很明确:柏林依然属于德国。命令规定的目标无论如何都得实现,因为其他方向展开的行动也在进行中,目标是让布尔什维克分子在德国首都保卫战中大败亏输,彻底扭转德国的处境。柏林绝不屈从于布尔什维克主义。得知你们迅速集中的消息,德国首都的保卫者鼓起新的勇气,顽强战斗,英勇防御,期盼尽快听到你们的武器发出的阵阵雷鸣。元首在召唤你们。就像昔日一次次赢得胜利那样,你们整装列队,准备投入进攻。柏林正等待你们。柏林一心期盼你们到来![155]

电台播报的消息、宣传部门刊印分发的小册子激怒了文克,他命令麾下部队烧掉这些宣传册。宣传部门的大肆宣扬给文克造成两个问题。首先,这些消息给柏林军民带去虚假的希望,误以为文克打算以直接进攻的方式解救他们;其次,宣传部门始料未及的举措让他的部队丧失了所有作战突然性[156]。

文克集团军转身向东,给柏林城内的德军部队产生重大心理影响。令人惊异的是,西方盟军决定留在原地,根本不拦截文克的部队[157]。第12集团军攻往柏林,西方盟军按兵不动,让人产生西方盟国有可能与苏联分裂的幻觉。德国人兴高采烈,觉得西方盟国说不定会和德国合兵一处,共同对付苏联。德国与西方盟国单独媾和的传言甚嚣尘上,德国最高统帅部担心不已,生怕这种猜测会破坏德军官兵的战斗意志。克雷布斯给各集团军群发了封电报,电报里写

第12集团军第243突击炮旅损毁或遗弃车辆的收容点。照片里至少能见到3辆三号突击炮，第四辆可能是四号突击炮。照片里还能看见另外几辆战车，包括1辆六轮Sd.Kfz. 234装甲车。第12集团军朝柏林发起救援进攻，打击科涅夫麾下部队，第243突击炮旅充当先遣力量。

道："敌人散布各种犯罪谣言，说我们要跟美国停战，以及诸如此类的消息，这些谣言会麻痹我们的斗志。我们必须坚定不移地打击此类谣言，不能任由它们散布。我们会奋战到最终胜利。"[158]而实际情况是，许多德军官兵坚信德国与西方盟国达成停战协议，对方也许会加入德国一方，共同反对布尔什维克主义，他们从这种信念汲取了力量。

维斯瓦集团军群

施泰纳用一整天时间组织他虚弱的部队，准备发起他根本不愿执行的进攻。施泰纳集团军级集群的骨干力量是党卫队第3"日耳曼"装甲军，还编有第62要塞团、哈策尔战斗群（辖第9海军团、党卫队第8装甲掷弹兵团、党卫队第23反坦克营）、席尔默战斗群、克雷辛战斗群、冯·沃尔夫战斗群[159]。施泰纳集团军级集群就是陆军、党卫队、海军、空军、人民冲锋队人员拼凑而成的大杂烩。红军第61集团军正沿菲诺运河向西挺进，施泰纳再次推迟对该集团军翼侧的打击。他跟海因里齐交流时，对自己受领的任务大加抱怨，还说就算他按计划发起反突击，"也无法取得纵深推进。"[160]尽管施泰纳一再反对，但第25装甲掷弹兵师、第1海军师一个营、60辆坦克还是准备发动反突击，打击在奥拉宁堡周围战斗的波兰人民军第1集团军[161]。

第3装甲集团军变更部署辖内兵团，准备发起局部反突击，阻止红军

拖拉机把一门重型 203 毫米 B-4 榴弹炮拖入柏林城内。照片右侧是一辆租借法案支援的美制斯蒂贝克卡车。这张照片似乎是战役初期拍摄的，因为右侧几名士兵没有像战役结束后拍摄的照片那样绽露出笑容。红军朝德国首都倾泻的炮弹超过 40,000 吨。

一切突破。海因里齐命令滞留在斯德丁的德军部队撤过奥得河，以免被红军隔断[162]。

布塞的处境越来越危急。第9集团军陆地补给线遭切断，德国人以空降和空投的方式组织空中补给[163]。布塞继续组织、集中麾下部队，准备向西攻往文克集团军，同时抵御红军兵团从北面和南面发起的攻击。

为协助柏林守军，德国空军最后一次大规模出击。总共252架飞机参加进攻，包括158架战斗机和83架对地攻击机。柏林上空甚至出现了德国空军列装的最先进的喷气式飞机。柏林城内和周边，红军地面部队堵在一条条受到限制的道路上，为德军战机提供了大量目标。德国空军最后一次出击，声称击毁敌人11辆坦克和243辆汽车[164]。他们没有报告己方损失多少架飞机，想必不少。

柏林卫戍区

用于作战目的的第56装甲军不复存在。魏德林出任柏林卫戍区司令，组建新的战斗指挥部。他留用雷曼司令部部分人员，因此，除了他的参谋长冯·杜夫文上校,雷菲奥尔上校留下来担任副参谋长。他的炮兵指挥官沃勒曼上校接掌柏林城内所有炮兵力量,此前一直担任柏林卫戍区炮兵指挥官的普拉托中校,现在隶属沃勒曼。魏德林的首要任务,是在滕佩尔霍夫机场行政楼内的临时司令部,与参谋人员研究柏林各防区地图,分析作战态势。

魏德林把柏林防御地域若干地区分配给麾下四名师长,目的是整合常设地方组织与前线经验丰富的领导班子。他随后给几个兵团下达新开拔令。魏德林打算任命自己的指挥官,依据四个因素把几个师部署到各防区:麾下各师目前的战斗力;防区的重要性;防区受威胁程度;防区现任指挥官的作战经验。基于这些因素,他的部署令把第20装甲掷弹兵师派往E防区,扼守柏林与波茨坦之间这片地段;"诺德兰"师负责C防区,该师主力已经在那里与突击第5集团军交战;"明歇贝格"师派往B防区;第9伞兵师负责A防区;第18装甲掷弹兵师在滕佩尔霍夫机场西北面担任预备队;第408人民炮兵军余部调往蒂尔加滕[165]。魏德林的初期部署说明,他认为红军会从东面和南面发动进攻,而不是同时从四面八方冲来。这番部署还表明,魏德林不知道科涅夫的军队已经沿他的南部战线在柏林城内作战。

这份计划付诸实施,魏德林立即遭到反对。埃里希·贝伦范格中校刚刚擢升少将,不肯听命于派到他这个防区的前线师师长。这些麻烦,再加上必须立即把第56装甲军刚刚开抵的部队投入交战重点,结果一再造成变化和延误。

魏德林率领新成立的作战指挥部视察各片防区,弄清当地部队的编成和战备状况。他见到的情形不利于长期防御。视察结束后,他注意到各部队只有"铁拳",几乎没有其他反坦克武器,另外,大约300门高射炮(主要是88炮)分散在各处执行反坦克任务。他见到的地面部队主要是人民冲锋队,夹杂着形形色色的人员,就没看见哪怕是一支可靠的正规军部队,城内炮兵力量主要是分散在各防区的炮兵连,配备缴获的各种火炮。德国最高统帅部的作战日志写道,这些作战力量"不是组织完善、充分整合的部队,而是……残部和四分五裂的群体拼凑起来的大杂烩,没有正规的组织,训练程度、武器、技术装备各不相同,因而战斗力低下"[166]。

魏德林最后把卫戍区司令部设在本德勒街的壳牌公司大楼。他返回司令部,核实麾下部队开入柏林的进展。克雷布斯11点打来电话,让他立即去元首暗堡。魏德林赶到那里，克雷布斯告诉他，元首昨天对他的观感很好，现在正式任命他为柏林卫戍区司令。魏德林答道："我倒宁愿您下令枪毙我，这样一来就用不着管这个烂摊子了。"[167]

第56装甲军辖内各师在柏林城内执行部署令，各防区现任指挥官显然都把自己的防区视为领地。穿过防区的军人，倘若没有调动令或身份证明的话，会遭逮捕，纳入应急部队。魏德林要求赋予他部下全权，不受限制地在城内调动。实际上，倘若他的部下能拿出军饷簿或证明所属部队的其他证件，那就没问题，可经历了从奥得河前线的混乱后撤，不是所有士兵都有官方证件的[168]。元首暗堡很快给各防区发了份备忘录，列出魏德林指挥的部队，还批准他们在城内自由调动。

第56装甲军辖内部队进驻各防区，魏德林和参谋人员清点了作战力量。冯·杜夫文指出，第56装甲军几个师现在只剩40辆坦克和80辆半履带装甲车[169]。也就是说，他们在过去九天的作战行动中损失近80%的装甲力量。魏德林估计，他把13,000—15,000名官兵领入城内。从许多相关研究和第一人称记述看，实际数字可能不会超过13,000人[170]。由此可见，魏德林折损了大约43%的兵力。他也没获得援兵。不出冯·杜夫文所料，"明歇贝格"师无法跟俄国人彻底脱离接触。该师凌晨3点在柏林南面的瓦尔特斯多夫周围冲出包围圈，只有三分之一的坦克和步兵顺利撤入柏林城内，余部不是惨遭歼灭，就是逃到第9集团军北翼。"明歇贝格"装甲师第2装甲掷弹兵团的士兵威廉·佩尔证实：

> 凌晨3点，部队在柏林南面的瓦尔特斯多夫镇附近陷入重围，拂晓突围期间遭受了损失。部队里大多数人集中在阿德勒斯霍夫，伤员送往柏林布里茨区。快到下午时，部队开入柏林西面的阵地，就在泽布格镇附近，直到傍晚才转移到格鲁讷瓦尔德。[171]

第20装甲掷弹兵师缺乏强有力的领导，就这样向西转移。撤离塞洛高地期间，该师师长意志消沉。大部分师部人员还不知道，这位师长也自杀了。该师沿泰尔托运河一字排开，结果遭到科涅夫猛烈打击，不仅蒙受了更多损失，还陷入混乱境地。"诺德兰"师部署在亚历山大广场到诺伊克尔恩区的宽大弧线上,其他部队奉命向西转移,寻找并控制哈弗尔河畔的渡场,确保全师顺利逃脱。第9伞兵师只剩团级兵力,魏德林对该师没抱太大期望。第18装甲掷弹兵师依然是魏德林麾下实力最强的兵团,所以他把该师留作机动预备队,随时可以攻往东面或南面,打击红军攻入城内主要进军路线穿过的地区[172]。魏德林当天下达的日训令,要求炸毁泰尔托运河上残存的桥梁,显然是因为第20装甲掷弹兵师当日报告,红军正准备强渡运河[173]。第408人民炮兵军的弹药消耗殆尽,只把约三分之二火炮带入城内,目前仅剩4门75毫米加农炮、4门野战榴弹炮、5门152毫米苏制野战榴弹炮、4门210毫米臼炮[174]。

魏德林卫戍区司令部面临的麻烦是,缺乏统一指挥、通信分散、物资短缺。对所有野战部队而言,弹药不足成了司空见惯的事,能否获得补给物资要看运气,也要看部队指挥官是否发挥了聪明才智。其实,柏林城内有足够的德军制式弹药,但弄到这些弹药不太容易。各防区指挥官囤积弹药和物资供自己使用,这种情况经常导致现任防区指挥官与魏德林任命的指挥官发生冲突。A防区就是个例子,贝伦范格中校与"明歇贝格"师师长穆默特少将,就谁来指挥A防区部队的问题公开爆发冲突[175]。

东部地区

柏林东部接近地遭到突击第3、突击第5集团军猛烈冲击。接下来五个战斗日,两个集团军的作战分界线几次调整,但大致沿腓特烈斯海因和亚历山大广场南面延伸。总的说来,A、B防区配备的88毫米高射炮、布设的路障更多些,因为德国人料定红军攻入柏林的主要突击路线位于东部接近地。驻守这些防区的守备力量,继续获得腓特烈斯海因防空炮塔火力支援。当天下午早些时候,腓特烈斯海因防空炮塔派出前进观察员,协调炮塔上的128毫米高射炮火力。

俄国人企图前出到腓特烈斯海因防空炮塔下方,打哑炮塔上致命的高射炮。他们沿克尼普罗德街遂行的进攻失败了,折损3辆T-34坦克。红军投入200名士兵,从体育场方向发动进攻,前出到L塔底部第一道堑壕线,德军在一辆突击炮支援下发起反冲击,一举击退这股敌人,自身阵亡3人、17人负伤。G塔报告,他们在当日的防御作战中发射了1232发128毫米炮弹、1363发

37毫米炮弹、428发20毫米炮弹[176]。

通往筑垒亚历山大广场的向心道路网，为守军提供了额外的优势。通往柏林市中心的所有东西向主干道，都朝亚历山大广场地铁站和快铁站汇聚。这让德军得以利用内线和地铁隧道，最大程度地加强他们的防御力量。位于地下好几层的地铁站，本身就是座地下堡垒，为德国军民提供了保护。警察总局位于南面，这座大楼居高临下，墙壁厚达2米，可以说是一座地上堡垒，控制着法兰克福大道上的一举一动。

步兵第7军先是穿过普伦茨劳贝格和利希滕贝格区，而后渗透内环防御圈，跨过普伦茨劳大道和韦森塞快铁站，没遭遇激烈抵抗[177]。该军辖内各师逼近腓特烈斯海因公园，防空炮塔上的火炮终于投入地面防御作战，德军抵抗得越来越激烈。率领突击的步兵第146、第364师损失惨重，陷入陌生的城市地形，面对德军严密的防御。步兵第7军遭遇的抵抗不断加剧，于是把进攻方向从腓特烈斯海因公园南面调整到腓特烈斯海因，还从军预备队抽出步兵第265师，率领全军攻往亚历山大广场。接下来一周，步兵第7军辖内各师为争夺柏林十几个街区陷入残酷的巷战，德国守军打得相当顽强。该军战线一直停在腓特烈斯海因公园东面，直到5月1日—2日才有所变化。柏林投降前夕，A、B防区大部分地盘始终控制在德国人手里。

别尔扎林将军的近卫步兵第26、步兵第32军，在近卫坦克第11、坦克第67旅几支独立坦克分队支援下，跨过内环防御圈内的法兰克福大道，攻往法兰克福大道快铁站西面。当日清晨，俄国人在几座坚固的石制厂房内遭遇第115西门子施塔特人民冲锋队营2个连。这些人民冲锋队连几乎陷入重围，可他们没有撤离，而是顽强抵抗前进中的红军。俄国人不仅使用迫击炮，还调来自行火炮，以直瞄火力把守军驱离工厂和附近的铁路综合楼。

腓特烈斯海因防空炮塔上的128毫米火炮，以及部署在地面阵地的反坦克炮开火了，猛烈的炮火击中红军纵队，迫使他们停止进攻。别尔扎林对部队缺乏进展恼怒不已。他知道自己无法摧毁北面的防空炮塔，于是决定消灭依托阵地负隅顽抗的人民冲锋队。别尔扎林下令把该地区每座建筑的坐标告知炮兵，让他们把这些建筑悉数炸平，还指示集团军的2000门火炮用不着节约弹药[178]。可事实证明，别尔扎林的部队不知道如何在城市地形使用大规模炮火。炮击造

4月24日前后，利希滕贝格区快铁环线西面，突击第5集团军的T-34/85坦克停在兰茨贝格大道。这支部队似乎正准备开进。照片右侧，他们所在位置西北面，是腓特烈斯海因防空炮塔，炮塔上威力强大的128毫米火炮做好开炮准备。前方是第1高射炮师沿快铁环线部署的88毫米高射炮。

红军一个JS-2坦克连在某条小街上暂时停止前进。前方十字路口似乎有一辆JS-2遭击毁，可能是导致JS-2坦克连停止前进的原因。右侧建筑腾起的烟雾表明，这片地区刚刚发生过战斗。一名坦克组员似乎躺在最右侧那辆坦克后部打盹。由于朱可夫下令昼夜不停地遂行突击，作战速度很快，坦克车组根本得不到足够的休息。

成的碎石瓦砾经常堵塞寥寥几条穿过主干道和小街的道路。德军士兵避开对方的间接火力，迅速变更部署到红军炮火创造的新防御地点。

塞弗特中校从Z防区抽调援兵派往东部防区。援兵包括党卫队一级突击队中队长姆鲁古拉指挥的"警卫旗队"警卫团第1营，以及"明歇贝格"装甲师几辆黑豹坦克。"警卫旗队"训练补充营的一级小队长维利·罗格曼，率领希特勒青年团员和人民冲锋队员组成的一个迫击炮班也赶往那里。没有调动令，从奥得河前线擅自撤入柏林东部地区的散兵游勇，悉数纳入前线应急部队。

编入应急部队的散兵游勇，有不少党卫队第15武装掷弹兵师（第1拉脱维亚师）的官兵，该师以拉脱维亚武装党卫队志愿者组建而成。这些官兵近期在波美拉尼亚作战，向西撤过奥得河，逃脱了沦为红军俘虏的厄运。他们重新编入党卫队第15燧发枪手营。另外，海因里齐4月初下令把外籍志愿者和武装党卫队部队调离前线，还指示某些部队把武器装备悉数交给德国陆军作战兵团。拉脱维亚人也在这些不得不服从命令的部队里，只剩几支步枪用于站岗放哨。

党卫队第15武装掷弹兵师眼下的兵力只有2000人左右，由党卫队旗队长亚努姆斯独立指挥。亚努姆斯知道，战争对他们而言结束了，因而着手策划一场未经批准的后撤，打算向西面150公里外的西方盟军投降。这个计划当然瞒着维斯瓦集团军群。战时法依然有效，也就是说，哪怕最轻微的抗命也有可能判处死刑[179]。4月22日夜间，残存的拉脱维亚人分成几股，打算撤向柏林，然后再赶往西面。有报告称，该师剩下的3个营4月19日在明歇贝格镇西面[180]。结果，由于朱可夫军队的前进速度很快，党卫队第34志愿者掷弹兵团心不甘情不愿地退入柏林。

该师另外两个团继续撤往西面的易北河。美军第83步兵师提交的情报报告，说明了党卫队第15武装掷弹兵师的官兵到达易北河的遭遇：

4月27日，编有党卫队第15拉脱维亚师第32志愿者掷弹兵团第1营、第33志愿者掷弹兵团第1营的亚努姆斯战斗群向我军投降。该战斗群离开波美拉尼亚的师主力，奉命向柏林卫戍区司令报到，协助保卫陷入围困的首都。指挥战斗群的党卫队旗队长（上校）亚努姆斯，决心把部下从必然覆灭的下场挽救出来，因而绕过柏林，赶到我军登陆场「巴尔比」，我们接受了他的投降。[181]

这些外籍志愿者不愿沿奥得河前线鏖战,但缺乏战斗意愿没有降低他们的战术能力。卷入柏林城内的外籍志愿者知道,投降俄国人的话,等待他们的下场是立即遭处决。要想活命,就得照顾好自己。这种集体绝望感远远超过法西斯反共世界观,导致柏林城内的巷战异常激烈,与德国官兵相比,外籍志愿者打得毫不逊色。

4月20日上午,一级突击队中队长瓦利率领党卫队第15燧发枪手营的士兵赶往柏林,日终时到达柏林东郊的埃尔克纳,在埃尔克纳运河东岸占据阵地。该营赶往柏林的编组情况如下:三级突击队中队长多纳特(德国人)率领第1连(130人),排长是军校学员梅尔德里斯和斯利斯;三级突击队中队长施密特(德国人)率领第2连(105人),排长是三级突击队中队长斯陶埃尔斯、三级突击队中队长季特马尼斯、突击队小队长莱维奥;三级突击队中队长鲁特基斯、突击队小队长卡姆普斯、二级突击队中队长内兰德斯率领第3连(80人);三级突击队中队长基尔普(德国人)率领第4重武器连(55人),排长是三级突击队中队长利普尼克斯和军校学员克鲁米奥,该连其实只有1个排,也只有1门迫击炮,还没有炮弹。

混乱撤过第56装甲军前线期间,一级突击队中队长瓦利单独驾驶一辆汽车,与部下走散。他没找到自己的营,孤身一人向旗队长亚努姆斯报到。党卫队第15燧发枪手营的官兵没能跟亚努姆斯会合,但几名拉脱维亚军官得知,亚努姆斯打算向西突围。党卫队第15燧发枪手营三名连长都是德国人,但趁营长在柏林之机,几个拉脱维亚军官决心自行其是,设法逃到易北河。他们知道亚努姆斯会穿过波茨坦赶往西面,因而把波茨坦定为初期目标。

4月22日夜间,红军为下一轮进攻发起炮火准备,几个拉脱维亚连离开埃尔克纳的阵地,开始寻找撤往西面的路线。这不太容易,因为靠近前线的地区,德国宪兵在每个路口设立哨所,拦下未经批准擅自后撤的部队,还把单独的士兵送往收容点。面对这种情况,党卫队第15燧发枪手营第2连非常幸运,他们和第3连一个排搭乘德军某支后撤部队(可能隶属"诺德兰"师)的顺风车,顺利到达柏林市中心。刚到达柏林,负责收容各部队的军官就发现他们,命令第2连在帝国总理府附近,沿威廉大街与腓特烈大街之间的狭窄街道集中。一级突击队中队长瓦利晚些时候赶到,接掌了自己的部队[182]。

党卫队第15燧发枪手营第4连撤离埃尔克纳运河的情况有些不同,该连带着那门重型迫击炮据守第二道堑壕线。红军坦克逼近,前沿阵地的德军官兵后撤。拉脱维亚人跟随他们一同退却,该连此时没有军官,三级小队长乌尔季斯·杜库尔斯接掌全连。杜库尔斯是个经验丰富的军人,1943年12月在苏联普斯科夫地区的韦利卡亚河附近首次参加战斗。波美拉尼亚的激烈战斗中,他几次接替负伤的连长,直到自己也负了伤,燧发枪手营撤往柏林前不久,他刚刚归队。第4重武器连离开埃尔克纳运河,由于缺乏运输工具,只好丢下那门120毫米迫击炮。杜库尔斯知道,第一个宪兵检查站就会拦下他们,把他们作为普通步兵重新投入战斗。为了不让战友卷入近战,这名经验丰富的指挥官"搞到"德国人遗弃的一辆大车,车上载有2门81毫米迫击炮,杜库尔斯总算让偏远外围的宪兵检查站相信,他正率领部下去柏林归建。在卡尔斯霍斯特附近,两辆汽车突然拦下杜库尔斯,一个熟悉的声音问道:"三级小队长杜库尔斯,您还有多少部下?"出乎杜库尔斯意料,来的是"阵亡"的营长瓦利,还有B防区几名军官。杜库尔斯率领重武器连24名士兵和2门迫击炮,奉命立即加入B防区预备队,还得了个"拉脱维亚第15"的绰号。他们部署到帝国银行大楼,就在施普雷运河(称为库普费尔格拉本运河)附近的柏林宫殿后方。他们附近驻有西班牙志愿者组成的一个党卫队排,这个排进入柏林的经历不太一样,我们会在后文详述。防区指挥官贝伦范格想让杜库尔斯的连队参加近战,让他们去亚历山大广场抗击突击第5集团军。杜库尔斯反对把他的部下当作战斗步兵使用,提出他们还有2门迫击炮。贝伦范格同意他的观点,迫击炮确实比几个端步枪的士兵更管用,就这样,拉脱维亚人继续留在预备队[183]。

除了拉脱维亚人,从东面战场撤入柏林的德军官兵,无论军兵种如何,都在寻找自己的部队、寻求上级的命令,要么就是伺机逃脱。许多官兵直接加入最靠近的部队。格哈德·蒂勒里是遭粉碎的"柏林"师训练军官营成员,他穿过法兰克福大道,看见第118"西里西亚"装甲团两辆"追猎者"坦克歼击车①,于是请他们捎上自己。蒂勒里发现,"四下游荡的士兵随处可见,没有任何秩序。几乎见不到像样的部队,到处是无人领导的散兵游勇。"[184]坦克

---

① 第118装甲团第1营转隶第18装甲掷弹兵师,番号改为"西里西亚"装甲营。

沿施普雷河望向南面的特雷普托公园（摄于20世纪30年代中期）。党卫队第24"丹麦"装甲掷弹兵团的官兵和希特勒青年团"柏林"团，在这里抗击突击第5集团军步兵第9军辖内部队，红军发动进攻，跨过施普雷河攻入公园。

歼击车车组让蒂勒里坐在战车甲板上，没过多久，坦克歼击车车长洛伦茨少尉邀请他加入自己的部队，当装甲掷弹兵。两辆"追猎者"四处寻找他们的团指挥所。待他们找到团指挥所，受领了守卫几条街道的新任务，但当天没遭遇红军部队。

突击第5集团军辖下的步兵第9军、坦克第11军顺利发起独立进攻，打击B防区与C防区之间，施普雷河东岸的德国守军，楔入"诺德兰"师防御阵地。党卫队第24"丹麦"装甲掷弹兵团两个营沿施普雷河东岸和西岸排开，从特雷普托公园北面向南延伸到下美丽牧场，"丹麦"团据守在这里。第3营守卫左翼，第2营守卫右翼。"丹麦"团正等待"诺德兰"师第54工兵营的战斗工兵赶来换防①，好让辖内一个营撤过施普雷河，在西岸占据阵地[185]。他们等待换防之际，红军步兵第301师在近卫坦克第12团、坦克第220旅的坦克支援下发动

---

① 党卫队第54工兵营最初隶属第4"尼德兰"志愿者装甲掷弹兵旅，后改称党卫队第23工兵营，隶属党卫队第23"尼德兰"志愿者装甲掷弹兵师，此处可能是党卫队第11工兵营的笔误。

克虏伯—德鲁肯米勒维修厂把"柏林"装甲连12辆无法行驶的四号坦克运到特雷普托公园,充当固定防御阵地,这是其中一辆。这辆J型四号坦克,战役开始前是否完成了装配工作不得而知。

进攻,强渡施普雷河。

当日清晨,红军从东岸发起突击,企图夺取部分损毁的桥梁(施图本或特雷斯科桥)。他们迅速消灭人民冲锋队设在东岸的警戒哨,但丹麦人以"铁拳"击退红军冲击桥梁、前出到西岸的企图[186]。几小时后,第聂伯河区舰队第1支队开抵,使用突击舟在党卫队第24"丹麦"装甲掷弹兵团第2营防御阵地北面和南面渡过施普雷河。在北面渡过施普雷河的红军夺得特雷普托公园,驻守在那里的是党卫队第24"丹麦"装甲掷弹兵团第3营。摩托化步兵第3团辖内分队,借助坦克第220旅摆渡过河的5辆T-34/85坦克,击退德军的反冲击。

A.N.阿扎罗夫中尉率领部下击退德军,为守住登陆场发挥了重要作用,获得苏联英雄称号。近卫军少校古萨林的记述,提供了红军为强渡施普雷河付出重大伤亡的一手资料:

我们的近卫摩托化步兵部队穿过卡尔斯霍斯特和舍讷维德北郊,到达施普雷河岸边。敌预备队在对岸的特雷普托公园整装列队。这是柏林市中心前方最后一道水障碍，德国人占据了他们预先构设的防御阵地。但我们不打算在岸边待太久，迅速侦察渡场接近地后，工程兵开始装配他们携带的船只，到了夜间，一切准备妥当，就等渡河了。

四下里的枪炮声相当激烈。我方炮兵以猛烈的齐射把敌军人员和火力点炸成碎片，敌人不时以阵阵炮火还击……

我们的团长，近卫军上校费多罗维奇，亲自赶到岸边的渡场指挥强渡。近卫军少校别兹马特内赫指挥第1营率先渡河。摩托化步兵第2连和1个通信班迅速登上6条小船，我们只有这些渡河设备。敌人被我方炮火打得失魂落魄，根本不知道我们会在何处渡河，毫无组织地在河岸上胡乱射击。英勇的红军战士组成的第一个支队，迅速而又悄无声息地渡过施普雷河，突然冲向敌人，消灭了大约1个排负隅顽抗的德寇。

随后的渡河行动冒着敌人不断加强的机枪、迫击炮、火炮火力进行，但不管怎样，全营顺利渡过河去，损失很小。鲁达科夫上尉率领的营尾随其后，渡河赶往已夺取的登陆场，任务是向右扩大登陆场。40分钟后，3个营到达施普雷河西岸。对岸的我方分队用电话和电台设立直接通信。德军开始前调预备队。夜间，敌人发起三次反冲击，企图把我们赶下河，但我方指战员光荣地守住了登陆场。

当晚剩下的时间，工程兵捆扎木筏，准备摆渡火炮。天色破晓，敌人终于看清渡场和我们集中的部队。斯特罗科夫大尉随即布设烟幕，浓密的烟幕遮蔽整片河段，持续了2个多钟头，以此为掩护，1个炮兵营和1个防空机枪连渡过施普雷河到达登陆场。

这项任务可不容易。特雷普托所有房屋的阁楼和地下室里，都有端着突击步枪和"铁拳"的敌人。我们的船只和木筏刚从烟幕里出现，就遭到敌军火力猛烈打击。我方指战员表现得极为英勇。炮兵连连长阿扎罗夫现在是苏联英雄了，他当时率领全连战士卸下一门门火炮，再把火炮推入发射阵地，以直瞄火力打击敌人的火力抵抗点。

昼间，德国人越来越活跃，他们调来坦克和突击炮，发起强有力的反冲击。夜间渡过施普雷河的炮兵营和步兵，顽强抵御敌人凶猛的反冲击，军属炮兵以猛烈的炮火齐射为他们提供支援。战斗中，我们的一个个炮组损失很大，每门火炮只剩2—3人,但没有降低发射速度,就这样,我们英勇击退了敌人三次猛烈的反冲击。

但并非所有战斗都一帆风顺。我们右翼,敌人发起第二次反冲击期间,营长鲁达科夫上尉负伤,遇到麻烦的右翼稍稍退却。但团长费多罗维奇亲自介入,迅速恢复态势。预备队几个突击步兵连和反坦克炮投入战斗后,敌人的反冲击失败了。

夜晚到来,我们牢牢加强了登陆场。[187]

党卫队第24"丹麦"装甲掷弹兵团团长下令撤过北面的兰德韦尔运河,以免陷入包围。该团与师里其他部队失去联系,奉命"依据自己的判断行事"。

4月24日,坦克第11军冲出腓特烈斯费尔德向西挺进,穿过利希滕贝格,前出到施普雷河岸边,没有遭遇激烈抵抗。全军随后转身向右,沿施普雷河东岸赶往西北面,到达西里西亚快铁站西面几个街区。坦克第11军坦克第65旅第3营的A.V.尤金大尉,朝远处挥着手说道:"原来这就是柏林!……支离破碎的建筑、只剩框架的房屋和工厂看得清清楚楚,无数教堂耸立在它们上方,以前高大的尖顶现在已破碎,施普雷河一片狭窄的河段上,阳光熠熠生辉……一股股黑烟腾入空中,巨大的乌云覆盖了整座城市。"[188]

柏林的街道布局迫使红军部队沿相同的路线进入市中心,不得不穿越友邻部队作战地带。坦克第65旅遇到步兵第32军步兵第60师先遣团,该团突破快铁防线后,已经转到军左翼。在迫击炮兵第243团支援下,步兵第60师企图强渡施普雷河。工兵第61旅的工程兵着手在河上搭设浮桥,还检查了安德烈亚斯街部分损毁的桥梁。工程兵作业时,红军炮兵猛轰西岸建筑,阻止德国守军干扰渡河行动。迫击炮兵第243团在安德烈亚斯教堂占据发射阵地,以距离河岸50米的一栋三层楼作为观察所,支援步兵渡河。步兵第60师一个营泅渡过河,几乎没遭遇抵抗,他们随后占领对岸一栋建筑。全营占据一栋建筑,这种情况说明红军在柏林城内作战的步兵军兵力不足。与其他已知的红军作战部队相比,该营更靠近柏林市中心。俄国人竭力扩大登陆场,但遭遇激烈抵抗,德军依托克佩尼克街对面托马·K.莱布尼茨小学坚固的石制建筑顽强防御。当地的人民冲锋队和希特勒青年团，可能还有党卫队第24"丹麦"装甲掷弹兵团第3营部分分队，以突击步枪和"铁拳"阻止红军扩大登陆场[189]。

红军几名团长和营长赶到迫击炮兵团观察所，随后以炮火直接轰击学校，迫使德国守军弃守那座建筑。傍晚前后，近卫重型坦克第50团机动到东岸，以直射火力打击对岸的建筑。JS-2坦克的122毫米火炮能射穿平均厚度的混凝土墙壁，这种直射火力对德军步兵深具致命性。红军工程兵夜间终于修复受损的桥梁，坦克部队准备渡过施普雷河，支援对岸遭围攻的步兵营[190]。

蒂默战斗群作为援兵赶往西面。党卫队二级小队长蒂默率领的这个战斗群，4月23日在帝国体育场组建，共75名士兵，包括40—50个希特勒青年团员，一个警察迫击炮小组，以及"警卫旗队"警卫团和人民冲锋队成员。希特勒青年团员阿里贝特·舒尔茨也在该战斗群，他是党卫队第12"希特勒青年团"装甲师的老兵。分发弹药后，该战斗群步行赶往克洛伊茨贝格区的海因里希广场，在那里占据阵地[191]。

他们在东西向大道上设立了居高临下的阵地，这条大道穿过格利策火车站北面几个街区。临近傍晚，红军坦克到来，迫使该战斗群退回奥拉宁广场，这些坦克可能隶属独立坦克第220旅，该旅充当步兵第9军先遣力量。蒂默战斗群后撤时，红军炮火给他们造成首批伤亡，他们只好停在一道坦克障碍处，党卫队员守卫的这道路障就在耶路撒冷教堂前方。蒂默战斗群随后接到命令，让他们去养老院市场据守阵地。舒尔茨和战斗群里的其他士兵在科洛纳登电影院占据了居高临下的阵地。他和战友随后又接到命令，让他们赶往北面，在莱比锡街某栋房屋的地下室占据防御阵地，就在莱塞鞋店旁边。移动式车厢构成的大型坦克路障和盘式地雷，封锁了通往政府区的东西向主干道。

南部地区

清晨4点，亨泽勒的工兵营①接到命令，去党卫队第24"丹麦"装甲掷弹兵团当前阵地接替他们，还要与右侧的国防军侦察部队取得联系。他们出发后

---

① 工兵连。

没多久就发现，红军步兵第9军已渡过施普雷河，亨泽勒的部下没找到党卫队第24"丹麦"装甲掷弹兵团辖内任何一个营，因为对方已撤往北面。这群工兵随后沿柏林街西面的快铁铁路线占据阵地。他们构设外围防御时，亨泽勒一支巡逻队找到右翼的国防军部队，但对方在1.5公里外，这段距离对他实力不足的连队来说太远，根本没办法与对方连接起来。亨泽勒的部队还找到一门50毫米反坦克炮，于是把这门火炮用于防御，沿快铁铁路线守卫一条地下通道。拂晓时，步兵第9军渡过施普雷河的先遣部队发起大规模步兵突击，跨过柏林街，冲向快铁铁路线。党卫队工兵施以猛烈的火力，给俄国人造成伤亡，迫使对方退了回去。俄国人随后投入独立坦克第220旅摆渡过施普雷河的坦克，重新发动进攻。为应对敌人构成的威胁，亨泽勒想把50毫米反坦克炮部署到新发射阵地，可惜那门火炮无法移动。红军在南北两面突破亨泽勒连的防线，迫使他率领部下后撤。亨泽勒穿过道尔瓦尔德儿座花园，附近的居民告诉他，俄国人出现在南面的约翰尼斯塔尔，无疑是科涅夫的军队。亨泽勒随后接到赶往市中心的指示，于是率领全连向西进入布里茨，而后转身向北，取道博格曼桥跨过泰尔托运河，进入滕佩尔霍夫区[192]。

当地纳粹党领导人率领人民冲锋队守卫桥梁。他们接到命令，只要看见俄国人出现在泰尔托运河南岸就炸毁桥梁。纳粹党领导请求亨泽勒率领部下协助守卫桥梁，他们跨过桥梁渡河时，当地妇女站在岸边斥责这些军人丢下她们，任由不断逼近的俄国人摆布[193]。亨泽勒和部下在桥边一直守到11点，红军步兵穿过桥梁南侧的花园向前逼近。要不要炸毁桥梁，纳粹党领导人犹豫不决，直到亨泽勒给他下达书面批准令，他才下令爆破。炸药引爆，在桥梁中央炸出个小洞，看来，埋设的炸药不足以炸毁整座桥梁。纳粹党领导人丢下亨泽勒的部下和人民冲锋队去搞炸药。亨泽勒等待之际，发现人民冲锋队员悄然离开阵地逃往北面。

亨泽勒也决定离开此地。他命令部下赶往东面，跨过布里策桥，守卫桥梁的当地警察部队奉命炸桥，可他们也对接下来该怎么做犹豫不决。亨泽勒觉得没人负责柏林的防御，他认为眼下的混乱状况是指挥链瓦解造成的，他的看法基本正确。亨泽勒不知道，魏德林已下令炸毁泰尔托运河上的所有桥梁，可当地官员质疑他的命令，认为自己防区的事务完全由自己负责，容不得他人指手画脚。亨泽勒率领部下继续向东，在布施克鲁加大道右转。

亨泽勒始终在前方率领部队，大多数德国军官受过的培训要求他们这样做。他的部下也训练有素，他一停下，他们就占据最近处的隐蔽阵地。持续不断的战斗锻炼了他这个连队的作战技能。亨泽勒沿大道行进，突然听见有人喊道："您想去哪里？"亨泽勒停下脚步，看见一名佩戴骑士铁十字勋章的国防军少校，带着8个全副武装的士兵出现在对面[194]。亨泽勒说他正在寻找上级指挥部，可少校全然不信，还驳斥道："每个人都这么说！敌人在那里！"他指指亨泽勒一行来的方向。少校几名部下阴恻恻的面孔让亨泽勒不寒而栗，但他手下的二级小队长是个德裔罗马尼亚人，见情况不对，早已让全连在街上散开，一支支突击步枪瞄向少校的部下。少校起初没看见亨泽勒隐蔽在废墟间的连队，待他们形如鬼魅般地从瓦砾堆站起身，一个个板着脸，立即改变了现场的局面。少校赶紧打圆场，说他保持这片地区的秩序也不容易，愿意为亨泽勒和他的战斗工兵提供帮助。亨泽勒谢过少校，率领部下继续寻找上级指挥部，红军炮火此时已席卷这片地区。由于指挥控制系统欠缺，元首暗堡批准魏德林麾下部队在城内自由通行的命令，没能传达到各防区的部队指挥官。几小时后，亨泽勒和部下总算找到党卫队第11工兵营指挥所。他很快得知，营里另外两个工兵连在前几天的战斗中损失惨重。

在此期间，朔勒斯所在的党卫队第24"丹麦"装甲掷弹兵团第2营，无力阻挡不断挺进的红军部队。他们渡过泰尔托运河，炸毁身后的桥梁，但几乎没能拖缓红军的前进步伐。红军步兵继续渡过运河，迫使党卫队第24"丹麦"装甲掷弹兵团第2营再次后撤。

朔勒斯的连现在只剩30—40人，根本无法抵御敌人从南面、现在又从东面特雷普托公园施加的双重压力，党卫队第24"丹麦"装甲掷弹兵团据守特雷普托公园的第3营已撤离。丹麦人撤到鲍姆舒伦韦格快铁站后方，在那里设立防线。红军从左右两侧渗透，攻往诺伊克尔恩区，随后以迫击炮火猛烈轰击，把丹麦人压制在阵地上，红军狙击手前移，沿快铁高架铁轨占据狙击阵地。

党卫队第24"丹麦"装甲掷弹兵团第2营的巡逻队，短暂联系上左侧的第3营。"诺德兰"师师部传令兵送来消息，说党卫队第11"赫尔曼·冯·扎尔察"装甲营和党卫队第11侦察营辖内部队正准备发起反冲击[195]。为反冲击从事准备期间,"丹麦"团团长,二级突击队大队长瑟伦森来到一处暴露的位置,察看红军部队动向。瑟伦森端起望远镜观察红军阵地时,敌狙击手从附近的废墟里开了一枪。子弹射入瑟伦森后脑勺,从他上胸处钻出,瑟伦森当场身亡[196]。他是党卫队第24"丹麦"装甲掷弹兵团最后一任团长。瑟伦森阵亡的消息传到师部,该团随后奉命分拆成几个战斗群,接下来的战斗中接受党卫队第11侦察营指挥[197]。党卫队第24"丹麦"装甲掷弹兵团不复存在。

近卫步兵第172团担任近卫第8集团军近卫步兵第57师先遣部队,当天在鲍姆舒伦韦格快铁站逼近德军防御阵地。近卫军少校瓦西金撰写的战后报告概述了这场战斗,他是近卫步兵第172团参谋长。红军一个营部署在阻击阵地上,另两个营迂回丹麦人,迫使对方后撤。瓦西金的报告里提到德国人使用了几辆"费迪南德"战车,这些战车可能隶属第614重型坦克歼击连,有报告称该连从南面进入柏林。也可能是瓦西金搞错了,把城内的熊蜂战车误认为费迪南德。他还提到德国人使用了"Schwarz(黑色)"火炮,这究竟是哪款武器不得而知。瓦西金在报告里写道:

> 1945年4月23日,敌人退往西面,在诺伊克尔恩东面的兰德韦尔运河西岸设立防御,就在一栋改造过的房屋、铁路路堤、几道路障后方。敌人以1个步兵营、5辆坦克、2辆费迪南德自行火炮、1个119毫米迫击炮兵连、1个75毫米炮兵连守卫这片地段。他们在铁路路堤上部署了4门Schwarz火炮,轰击运河上的桥梁和桥梁接近地。进入这片地段很困难,地势平坦,我们无法以隐蔽的方式接近。
>
> 团长评估态势后,决心把主要突击置于右翼和左翼,把预备队置于中央,分散敌军注意力。
>
> 步兵第2营赶往铁路线,沿铁路线发起冲击,步兵第3营赶往布拉瑙尔街「贝尔瑙尔街?」,在街上发起冲击。
>
> 与此同时,团长的预备队赶往沿兰德韦尔运河东岸延伸的铁路线,以火力分散敌军注意力。
>
> 利用预备队的机动,步兵第2、第3营前出到运河岸边,以一个连从行进间渡过运河,为其他连和支援力量夺得渡场。团属各分队在施瓦策街、托伊皮

策街、萨莱街与敌人战斗。

敌人企图从托伊皮策街发起反冲击,投入的兵力多达150人,外加2辆费迪南德坦克。

步兵第2营营长定下决心,以左翼力量打击敌军身后。与此同时,我方炮兵与敌坦克和费迪南德战车展开交战。

面对步兵第2营朝身后施加的压力,敌人惊慌失措,取道舒多姆街逃离,在战场上丢下50名死伤者、1辆坦克、1辆费迪南德战车。[198]

报告里随后提到的一句,无疑说明了红军和德军士兵经历的艰巨厮杀:"必须以战斗夺取每层楼,每个房间。"

党卫队第11侦察营当日中午进入布里茨,由于红军动作很快,德军没能实现他们策划的反冲击。俄国人继续攻击前进,德军渡过泰尔托运河,向北全面后撤。德军企图渡过泰尔托运河进入诺伊克尔恩区,但肖塞街上只有一座狭窄的桥梁,致使德军部队行速缓慢[199]。突然,几辆JS-2坦克冲破德国人设在渡场周围的防线,朝党卫队步兵驶来。据党卫队某个目击者称:"数百名党卫队员,多年来无数次面对死亡从不惊慌失措,此时却陷入极度恐慌的境地。"[200]

为规避JS-2坦克的直射火力,一辆半履带装甲车跌跌撞撞地驶上桥梁,根本顾不上爆破桥梁的导火索已点燃。桥梁炸毁前,半履带装甲车顺利通过,但许多德军官兵仍困在桥上和南岸。赫尔曼街上一个88炮组想以火炮打击敌坦克,但"斯大林管风琴"一轮齐射命中火炮,击毙炮组人员。德军官兵跳入河里,惊慌失措地朝对岸游去[201]。党卫队第11侦察营残部穿过诺伊克尔恩退向市中心之际,看见两侧建筑上涂写的标语:"党卫队员是卖国贼,是拖延战争的人!"戴着红色袖章的德国共产党员,用他们从人民冲锋队偷来的武器,从屋顶上朝党卫队官兵开火射击[202]。死神潜伏在柏林的每个角落后。

面对德军实力悬殊的抵抗,崔可夫的部队不断向前。红军步兵和坦克迅速绕过德军支撑点,攻入诺伊克尔恩,下午晚些时候,"诺德兰"师先前设在劳动局的师部所在地爆发激烈交战[203]。几门88毫米高射炮和"赫尔曼·冯·扎尔察"装甲营的突击炮,与红军坦克和自行火炮展开战斗[204]。德国人发起一连串局部反冲击,击退了缺乏协同的红军部队。

德军多管火箭炮和党卫队第503重型装甲营的虎王坦克，从遭受威胁的街道赶到下一条街道。三级突击队中队长加斯特指挥的虎王，击毁一辆企图渡过泰尔托运河的ISU-122自行火炮[205]。一支T-34坦克纵队遭到德军装甲兵和装甲掷弹兵打击，俄国人退了回去。整个夜间，他们继续渗透德军阵地，为早上的推进做好准备[206]。崔可夫的当前目标是滕佩尔霍夫机场，他敦促麾下指挥员尽快前出到那里，不必顾虑战斗损失。

科涅夫乘坐美制帕卡德指挥车，穿过柏林南郊的碎石瓦砾，火速驶向泰尔托运河，想在部队强渡运河前赶到雷巴尔科的指挥所。为赢得这场与朱可夫的竞争，科涅夫冒着风险，命令麾下坦克军团以前所未见的速度攻入柏林南郊，目标是率先到达国会大厦。科涅夫在回忆录里承认，乌克兰第1方面军向北突击，得益于德国出色的道路条件，战争期间在苏联或东欧根本见不到这么好的公路。科涅夫写道，施普雷河西面是一片连绵不断的森林地带，研究地图时，如何迅速穿过这片地带让他深感不安。可实际情况是，通往柏林的各条道路"都很好，从布雷斯劳到柏林的高速公路特别管用，似乎成为乌克兰第1方面军作战地带内的主要运动轴线"[207]。

科涅夫的冒险终于获得回报，他到达柏林比朱可夫早了整整24小时。他的部队现在准备渡过泰尔托运河，抢在竞争对手前攻入柏林市中心。红军的炮火准备即将结束时，科涅夫到达泰尔托运河。他和雷巴尔科、高级炮兵指挥员、两名航空兵军军长来到八层楼上的观察所，以便更好地协调进攻。

科涅夫攻入柏林的近卫坦克第3集团军，并不知道白俄罗斯第1方面军辖内部队的确切位置。坦克集团军编成内每个军各自准备，向北进攻期间独立展开行动。左侧的坦克第7军攻往施塔恩斯多夫，居中的近卫坦克第6军攻往泰尔托，最右侧的机械化第9军攻往施泰格利茨。

4月23日一整天，近卫坦克第6军为攻入柏林从事准备。该军的任务是攻往利希特费尔德、弗里德瑙、维尔默斯多夫方向，当前目标是强渡泰尔托运河，夺取利希特费尔德北部地区，前出到柏林—勃兰登堡铁路线。近卫坦克第6军强渡泰尔托运河的作战计划如下：

1. 参加强渡运河行动的部队名单

近卫摩托化步兵第22旅，近卫坦克第51、第52、第53旅，自行炮兵第1892团，轻型炮兵第1645团，近卫迫击炮兵第272团，近卫迫击炮兵第432营，独立工兵第120营。配属部队包括1个突击战斗工兵营，1个背囊式喷火器连，第1/40团级炮兵旅，摩托化工兵第19旅。

2. 渡河方式：近卫摩托化步兵第22旅两个摩托化步兵营，以一切可用材料和集团军的6条船只渡过运河；摩托化步兵第3营使用紧急搭设的步行桥强渡运河；独立工兵第120营备好铺道板和桥面板；使用集团军现有手段，铺设一座30公吨和一座16公吨的桥梁。

3. 强渡泰尔托运河，战斗夺取登陆场的时间安排：a.1945年4月24日6点05分到6点10分，5分钟炮火准备；b.部队和现有材料集中到渡河地段；c.6点10分到6点50分，以40分钟炮火支援渡河行动，步兵强渡运河；d.6点50分到7点整，10分钟炮火急袭；e.从1945年4月24日7点起，通过战斗扩大登陆场，炮火护送进攻。

准备期：4月23日21点到22点，军长给各旅旅长分配任务，下达编组指示；4月23日22点到4月24日5点，安排各部队的协同，准备临时性渡河手段，实施侦察，设立观察所；为强渡泰尔托运河占据出发阵地；为1945年4月24日6点渡河做好准备。

强渡运河的兵力兵器配置：近卫摩托化步兵第22旅以两个摩托化步兵营强渡运河，第三个摩托化步兵营跟在几个坦克旅身后；为强渡运河，摩托化步兵第1营配属近卫坦克第53旅，摩托化步兵第2营配属近卫坦克第52旅，摩托化步兵第3营配属近卫坦克第51旅，各步兵营与各坦克旅联合行动。

强渡运河、夺取登陆场期间，以一个突击工兵营（每个营各分配一个连）和一个喷火器连（每个营各分配一个排）加强近卫摩托化步兵第22旅。

以自行炮兵第1893团加强近卫坦克第51旅，以轻型炮兵第1645团加强近卫坦克第53旅。近卫步兵第48师第138团，在近卫坦克第53旅作战地带渡河，协同该旅。

作战计划（动态）

6点05分到6点10分的炮火准备开始后，步兵把临时性渡河设备前运到泰尔托运河。

弹幕射击第二分钟,各坦克旅的火炮和坦克,以及各自行炮兵团开火,从南岸发射直接火力,支援步兵强渡运河。

6点15分到6点55分,步兵在炮兵支援下强渡泰尔托运河。近卫摩托化步兵第22旅夺取泰尔托运河北岸登陆场,在那里掘壕据守,直到坦克渡过泰尔托运河。

集团军以现有手段为坦克和机动运输铺设一座30公吨和一座16公吨的桥梁。渡河顺序:近卫坦克第51旅,近卫坦克第52旅,近卫坦克第53旅,炮兵群。

近卫坦克第51旅渡过泰尔托运河后,在铁路线右侧、泰尔托—策伦多夫公路左侧地区进攻,前出到柏林—勃兰登堡铁路一线,倘若敌人抵抗轻微,就攻往维尔默斯多夫方向,控制该地区。

渡过泰尔托运河后,近卫坦克第51旅会获得近卫摩托化步兵第22旅第3营加强。

近卫坦克第52旅跟随近卫坦克第51旅渡过泰尔托运河,越过近卫坦克第51旅左翼,攻往艾登费尔特、策伦多夫方向,占领艾登费尔特和策伦多夫南郊,掩护军左翼。而后待近卫坦克第7军渡过泰尔托运河,就按照军长的指示,调整到近卫坦克第53旅外侧的右翼。强渡泰尔托运河期间,近卫摩托化步兵第22旅第2营配属近卫坦克第52旅。

近卫坦克第53旅在近卫坦克第52旅身后渡过泰尔托运河,攻往利希特费尔德东部地区方向,前出到柏林—勃兰登堡铁路一线,与近卫坦克第51旅的作战分界线如下:泰尔托铁路线,利希特费尔德火车站。该旅部分兵力攻往东北面,掩护军右翼。前出到柏林—勃兰登堡铁路一线后,该旅的任务是夺取弗里德瑙。

4月24日清晨,近卫坦克第6军朝泰尔托东郊实施短暂而又猛烈的炮火准备后,以几个摩托化步兵营攻往利希特费尔德和策伦多夫方向。

4月22日/23日夜间①和4月24日一整天,近卫坦克第7军通过战斗夺取渡场

---

① 原文如此。

和泰尔托运河北岸登陆场。面对红军坦克和步兵的是德军第20装甲掷弹兵师辖内分队，以及当地防御力量。4月24日晨，红军实施短暂的炮火准备，近卫坦克第7军辖内部队沿克莱恩马赫诺小径强渡泰尔托运河。渡河行动持续一整天，直到17点，近卫坦克第55旅的摩托化步兵营、近卫摩托化步兵第23旅、轻型自行炮兵第702团8辆自行火炮，才在炮火和乌克兰第1方面军航空兵力量掩护下渡过运河。18点，近卫摩托化步兵第23旅克服敌人的抵抗，攻往克莱恩马赫诺东北面1.5公里一线。尽管赢得初期胜利，但近卫坦克第7军在昼间的战斗中没能扩大登陆场。由于德军在该地段的防御相当严密，再加上大批红军工程兵铺设了一座桥梁，可供部队沿克莱恩马赫诺小径渡河，近卫坦克第7军接到雷巴尔科的命令，让他们在泰尔托地域近卫坦克第6军作战地段渡过运河。

变更部署耗费了一整夜，在陌生的市区，这项任务相当艰巨。4月25日8点，近卫坦克第7军辖内部队在泰尔托西北面与德国守军交战。近卫坦克第55、第56旅位于尼古拉塞东南郊和南郊；近卫坦克第54旅在施塔恩斯多夫南部地区掩护军左翼；近卫摩托化步兵第23旅在近卫坦克第55旅身后跟进。

机械化第9军强渡泰尔托运河的行动也很艰巨。德国守军夜间炸毁运河上的桥梁。扼守这片地区的是斯科尔宁战斗群和克劳泽营，可能还获得第51装甲掷弹兵团支援，该团刚好在赶往新作战地段的途中。德国人可能没想到，强渡运河的不是朱可夫，而是科涅夫麾下部队。据红军报告，他们注意到德军援兵沿北岸开入阵地，"以有组织的猛烈火力与机械化第69旅遂行突击的步兵交战。"

机械化第69旅辖内部队上午9点强渡运河。红军战后报告称，炮兵第4营奉命增援强渡行动，但进攻发起时才接近运河，"没有解决与他们协同的问题，也没能识别敌军目标，"致使机械化第69旅在没有大规模炮火准备的情况下强渡河，该旅以自己的炮兵力量实施短暂的炮击，但火力密度"完全不够"，没能摧毁或压制德军发射阵地。红军投入进攻的几个连，"遭遇猛烈的机枪火力，被密集的炮火弹幕覆盖，跨越运河与建筑间的暴露地带时伤亡惨重。"

尽管机械化第69旅的摩托化步兵表现得英勇而又顽强，但摩托化步兵第1营只有25—30人利用各种手段到达北岸，其他人在强渡运河期间非死即伤。

摩托化步兵第2、第3营几个连遭火力压制，被迫退回出发阵地。红军发起反冲击，击退了渡过运河到达南岸的敌步兵①。机械化第69旅匆匆停止了进攻。

机械化第70旅留下摩托化步兵第1营守卫利希滕拉德地区，直到第28集团军步兵第48师辖内部队开抵，旅里其他部队清晨6点开往兰克维茨南面兵营地带的出发阵地。摩托化步兵第1营12点获得接替，返回旅里归建，22点到达泰尔托运河。

机械化第70旅计划以不到4小时完成强渡任务。实施炮火准备后，该旅10点发起冲击。坦克第91旅和配属部队10点30分投入进攻，与步兵第48师近卫步兵第138团协同行动。德军防御火力极为猛烈，而且相当准确，"迫使我方步兵退回出发阵地，驶过铁路路堤的部分坦克被'铁拳'击毁，剩下的坦克没有步兵支援，也只好返回出发阵地。"

初步进攻遭击退，旅长沿运河实施侦察。他12点定下决心，投入坦克第2营，朝火车站台东北方2公里的教堂方向发动进攻，任务是夺取兰克维茨西面、泰尔托运河畔的渡场。坦克第2营一路前出到铁路线，没遇到任何激烈抵抗，但在兰克维茨火车站西南面0.5公里处遭遇炮火和"铁拳"打击，无法更进一步。该营停止前进，与德军这场交火一直持续到22点。

日终前，雷巴尔科的近卫坦克第6、第7军已利用两座桥梁渡过运河，正攻往柏林市中心，机械化第71旅留作近卫坦克第3集团军预备队。

皮恩克尼所属的希特勒青年团第200大队，队部设在利希特费尔德某所学校里。科涅夫军队渡过泰尔托运河后，皮恩克尼的部队接到命令，攻入策伦多夫，前出到戈尔茨大道的德律风根厂。命令还规定，倘若部队被打散，就到存有食物和武器的安全屋会合，白天待在里面，夜里出去伏击俄国人。21点左右，希特勒青年团第200大队沿环路行进，忽然看见两辆T-34/85坦克静静地停在腓特烈广场，另一辆T-34/85从附近的墓地向前驶去。这些坦克隶属近卫坦克第6军，该军正巩固他们在泰尔托运河北侧控制的地盘。希特勒青年团的小伙悄无声息地沿街道两侧而行，大队长布特曼下达了严格的命令，未经

---

① 原文非常含糊，不太清楚究竟是哪一方发起反冲击，从"到达南岸"看，敌步兵似乎指的是德军。

批准不得开火。

皮恩克尼、赖纳、穆勒尔在宣传栏后方占据阵地,把四具"铁拳"放在阵地上。他们静静地等待T–34/85驶来。敌坦克离他们还有10米,赖纳端起"铁拳"冲到街中央,在近距离开火,一举击毁敌坦克。剧烈的冲击波震碎了宣传栏,把赖纳掀翻在地。赖纳爬起来,跑回阵地拎起第二具"铁拳",干掉停在广场左侧的第二辆T–34。停在右侧的敌坦克这才慢慢向前行驶,不明白究竟是什么炸毁了另外两辆坦克。赖纳端起第三具"铁拳",等敌坦克进入射程才开火,在近距离内击毁对方。消灭三辆坦克后,广场上平静下来,第200大队沿着黑黢黢的街道继续赶往策伦多夫。他们很快逼近达勒姆小径,这条小径穿过快铁铁轨和舒伯特街。

布特曼走在队伍最前方,率领大队登上楼梯。他们接近顶部时,红军士兵伏击了这群希特勒青年团员。猛烈的机枪火力从桥顶、快铁铁轨、下方街道袭来,15个小伙当场阵亡,街上另外20人四散奔逃。楼梯上和布特曼身边的小伙顽强坚守,布特曼随后冲上楼梯到达桥顶,两个红军士兵靠在桥上开枪射击,击中他腹部。红军巡逻队迅速撤离。希特勒青年团小伙冲到布特曼身旁,扯开他的军装,看见他浑身是血。布特曼低声说出最后一句话:"想办法穿过这里去别墅。"说罢他从兜里掏出个氰化物胶囊,放入嘴里咬碎,自杀身亡。曳光弹在附近房屋引发几起小火灾,借助火光,他们把大队长的尸体抬下楼梯[208]。希特勒青年团第200大队大部分人员随后解散,骨干力量返回阿尔布雷希特—阿基里斯街学校的指挥所。

24点,近卫坦克第1集团军部分部队到达泰尔托运河,与近卫坦克第3集团军辖内部队会合。他们马上得知科涅夫的军队已渡过泰尔托运河,此时正在内城作战。据科涅夫称,由于他的军队迅速攻入柏林,大本营4月23日晨修改了两个方面军的作战分界线。就像乌克兰第1方面军作战日志里的作战地图证实的那样,新分界线一路延伸到安哈尔特火车站右侧,这让科涅夫得以攻往国会大厦[209]。

朱可夫此时是否知道作战分界线发生变化,这个问题不得而知。但有一点可以肯定,直到他的部队与科涅夫麾下部队在泰尔托运河会师,他才得知科涅夫已攻入城内这么深。收到消息,朱可夫不太相信,还质疑报告的可靠性。

他随后下达命令："军事委员会委员亲自前往先遣支队,弄清究竟是谁率先到达泰尔托运河一线。"[210]白俄罗斯第1方面军的作战日志里,没有证据表明朱可夫命令参谋人员协调攻入柏林的行动,他随后的做法证明,他关心的依然是谁先到达国会大厦。

朱可夫命令崔可夫的部队转向西北面,穿过科涅夫的战线。这道指令导致两支军队在市中心混杂起来。从军事角度看,朱可夫的决定毫无道理,可能是出于竞争和对荣誉的渴望。近卫步兵第28、第29军转身向右,穿过鲁多进入马里恩多夫,靠近泰尔托运河,而近卫步兵第4军渡过施普雷河,肃清约翰尼斯塔尔"岛屿"一部分,当晚在布里茨占据阵地。一切准备妥当,就等崔可夫发动进攻渡过运河了[211]。

虽说白俄罗斯第1方面军、乌克兰第1方面军作战日志都没有提到两个方面军在柏林城内会师的太多详情,但红军总参谋部战役研究却谈及此事。官方史写道,科涅夫机械化第9军机械化第71旅从舍讷费尔德地域攻往东面,10点30分从西面到达博恩斯多夫,近卫第8集团军和近卫坦克第1集团军辖内部队23日已占领该地区东部:"就这样,4月24日上半天,白俄罗斯第1方面军与乌克兰第1方面军在博恩斯多夫地域会师。"科涅夫第28集团军步兵第61师辖内部队与机械化第9军编成内的部队联合行动,为夺取马里恩多夫鏖战一整天,日终前与近卫第8集团军和近卫坦克第1集团军到达该地区的部队会师。红军总参谋部战役研究指出:"就这样,4月24日日终前,我们把德国人的柏林军队集群与第9集团军主力,也就是所谓的法兰克福—古本军队集群,彻底隔开了。"[212]

西部地区

朱可夫麾下第47集团军,准备沿哈弗尔河西岸攻往施潘道和加托机场。步兵第129军第82、第143师冲击施潘道北部,而步兵第77军第132、第185师进攻南部①。这些兵团获得近卫坦克第50旅、近卫机械化第33旅支援。步兵第125军进攻施潘道南部地区,直到加托机场。步兵第175师受领了攻占机

---

① 步兵第132师隶属步兵第129军。

场的特定任务。

红军部队缓缓逼近施潘道,但4月23日没有发动进攻[213]。施潘道是埃德中校①F防区的组成部分,施潘道镇的主要作战力量统归党卫队地区总队长海斯迈尔②指挥。他的部队主要是希特勒青年团"海斯迈尔"大队、德国空军的加利西亚小伙、几个国防军补充兵营、各种人民冲锋队部队。红军准备进攻施潘道镇的迹象越来越明显,德国人赶紧打开当地军火库,把所有武器装备分发给士兵,既有"铁拳"也有一战时期的老式机枪。4月24日,当地警察也武装起来,奉命进入镇周围的防御阵地[214]。红军发起初步进攻后没多久,海斯迈尔离开柏林逃往阿尔卑斯山,抛弃了在施潘道镇孤军奋战的部下[215]。

4月24日清晨,步兵第129、第77军辖内几个师,从北面和西面同时进攻施潘道镇。红军的突击原则跟过去的进攻行动没什么不同,当日清晨先实施炮火准备,打击德军潜在的重要防御目标,而后以坦克发起突击,辅以少许或根本没有步兵支援。红军在各条街道遭遇顽强抵抗,没打算强行达成突破。他们企图渗透施潘道镇防御外围廓,折腾了一整天,第47集团军撤回后方过夜。红军航空兵以协同一致的空中支援协助消灭施潘道镇防御阵地。

南面,进攻加托机场的步兵第175师也被击退。守卫加托的是德国空军学员、人民冲锋队、建筑营部队组成的混编力量,获得哈弗尔河东岸一个炮兵连支援。动物园防空炮塔的双联装128毫米火炮,也对机场外的红军阵地施以打击。尽管德国守军取得些初期战果,但人民冲锋队很快就弃守阵地。不过,机场仍控制在德军手里。

党卫队旅队长古斯塔夫·克鲁肯贝格不是个训练有素的职业军人。第一次世界大战期间,他的确在德军总参谋部当过上尉,但1920年辞去职务。希特勒上台前,他在一家英国化工公司当董事,还担任过几个半外交性质的职务。1939年9月,克鲁肯贝格奉命重返现役,以上校军衔回总参谋部任职。他一路获得晋升,1944年转入武装党卫队。克鲁肯贝格颇具政治人脉,法语也很流利,因而出任党卫队第33"查理大帝"武装掷弹兵师(第1法国师)师长。该

---

① 表4说他是上校,其实埃德5月5日擢升上校,此时仍是中校。
② 海斯迈尔是党卫队全国副总指挥兼武装党卫队上将。

师以动机和忠诚度各不相同的法国士兵组成。克鲁肯贝格师隶属第3装甲集团军,在波美拉尼亚和斯德丁地区参加了诸多交战。4月24日清晨,他接到电话通知,让他立即去帝国总理府接受新任务。虽然克鲁肯贝格此时还不知道,但他即将接替意志消沉的齐格勒,出任"诺德兰"师师长[216]。8点30分前后,克鲁肯贝格率领几辆指挥车、9—15辆卡车动身赶往柏林。"查理大帝"突击营近500名法国士兵与他同行,该营以党卫队第57营和第58营一个连构成。这群士兵全副武装,配有突击步枪、MG-42机枪、"铁拳"[217]。

党卫队旅队长古斯塔夫·克鲁肯贝格1944年9月接掌党卫队第33"查理大帝"掷弹兵师。他率领该师几百名官兵退守柏林,刚进入城内,上级就派他担任党卫队第11"诺德兰"志愿者装甲掷弹兵师师长。

克鲁肯贝格的车辆驶入柏林,途中见到的情形实在离奇。法国志愿者的车队一路上遇到无数向西跋涉的德军官兵。他们甚至遇到"诺德兰"师一个通信支队,指挥官说奉命赶往荷尔斯泰因(该分队仍在执行撤往西面、投奔西方盟军的命令)[218]。他们还遭遇仍在实施机动,企图封锁柏林的红军官兵,但克鲁肯贝格率领部下绕开敌人,渡过哈弗尔河,最终进入柏林。这支队伍驶入柏林西郊,大批德国民众夹道欢迎,以为他们是文克第12集团军开抵柏林的先遣部队。克鲁肯贝格惊愕地发现,夏洛滕堡大道上的防御阵地根本没人据守,只有三个骑自行车、携带"铁拳"的希特勒青年团员。他战后说道:"我真的很想知道,谁在保卫柏林。"[219]

克鲁肯贝格一行22点到达奥林匹克体育场,让法国志愿者待在这里过夜。他随后蜿蜒穿过废墟瓦砾赶往帝国总理府,午夜前不久总算到达那里。满目疮痍的总理府让克鲁肯贝格和他的副官,一级突击队中队长帕胡尔震惊不已。他们没遇到警卫,走入总理府也没人盘查他们的身份。两人绕了半天,沿楼梯走下暗堡，求见党卫队全国副总指挥赫尔曼·费格莱因①，费格莱因是党卫队派驻总理府的联络员。费格莱因得知他们到来，陪两人来到接待室，请他们在这里等克雷布斯。凌晨3点，克雷布斯和布格多夫一同到来，向克鲁肯贝格简要介绍了战略态势，还告诉他："正在商谈美国人进入柏林的事宜，眼下唯一的问题是再阻挡俄国人一周。"[220]他说的无疑是假话，而且违反了希特勒的命令，但他可能想以这套措辞鼓舞克鲁肯贝格的士气，就连克雷布斯也知道说真话会造成何种后果。倘若得知文克集团军或西方盟军都不会赶来解救柏林，恐怕谁都会丧失保卫首都的信心。透露这个惊人的消息后，克雷布斯吩咐克鲁肯贝格向新任柏林卫戍区司令魏德林报到。克鲁肯贝格和副官返回奥林匹克体育场，他的部下在那里宿营过夜。

北部地区

近卫坦克第2集团军没有像海因里齐担心的那样转向北面，进入第3装甲集团军身后。近卫坦克第2集团军在进攻塞洛高地和后续一连串突破交战期间损失惨重，已无法作为一个独立集团军继续遂行交战。近卫坦克第9军转隶第47集团军，在哈弗尔河西侧行动。机械化第1军和近卫坦克第12军转隶突击第5集团军，但上级决定把两个军调到北部地区，朱可夫在那个方向的兵力和可用部队都不够。近卫坦克第12军随后转隶突击第3集团军，与步兵第79军协同作战。只有机械化第1军独立行动，奉命变更部署到哈弗尔河与突击第3集团军之间，填补那里的缺口。鉴于两个军面临地形、协同、敌军行动等复杂问题，他们只用一天就完成变更部署的任务，这种说法似乎过于乐观了[221]。

机械化第1军从新位置向南进击，穿过处女地村，傍晚前逼近霍亨索伦运河。该军夜间渡河，几个战斗群到达对岸，位于西门子公司创建的现代工业区西门子施塔特郊区边缘[222]。机械化第1军随后铺设浮桥，好让坦克力量渡过运河。

突击第3集团军辖下的步兵第79军穿过赖尼肯多夫南部，一路向西前出

---

① 费格莱因的军衔是党卫队地区总队长兼武装党卫队中将。

到德国空军废弃的"赫尔曼·戈林"兵营,而后转身向南,在西港仓库和普勒岑湖监狱遭遇顽强抵抗,遂行防御的可能是当地警察和护厂部队。近卫坦克第12军部分分队渗透到该地区,分散成小股,支援集团军辖内各步兵军的作战行动。

近卫步兵第12军一路向下,穿过工人阶级居住的韦丁区,这片城区的地形特点是遍布大型公寓楼。当地居民普遍支持共产党,红军的挺进似乎没遇到什么麻烦。这里几乎见不到德军官兵,红军的射击只持续了30分钟左右,随后逐屋逐房搜查地窖。他们在该地区似乎没有大规模使用炮火。但该军指战员在韦丁快铁站到达内环防御圈时,遭遇守军顽强抵抗。扼守阵地的可能是人民冲锋队,红军召集猛烈的炮火打击德军阵地。洪堡海因防空炮塔位于近卫步兵第12军左翼,一道深深的铁路路堑成为掩护防空炮塔的护城河。尽管红军想攻克这处阵地,但射自防空炮塔下层的炮火把红军步兵挡在公园另一侧,俄国人无法攻入这处阵地,只好绕行[223]。

突击第3集团军先遣部队攻入G防区和H防区之际,魏德林投入麾下最具战斗力的几支部队,加强这些防区的守卫力量。"大德意志"警卫团残部率先到达,他们撤入柏林后接受魏德林指挥。"大德意志"警卫团官兵斗志昂扬,训练有素,装备也很精良,不仅有半履带装甲车,还配备了突击炮。第27伞兵团残部和第9伞兵反坦克营残余的几辆"追猎者"坦克歼击车也撤入柏林,在洪堡海因防空炮塔附近占据阵地。当地的防御部队不仅有防空炮塔组织的若干反坦克小组,还有人民冲锋队、希特勒青年团、警察部队。该地区先前遭到西方盟军猛烈轰炸,主要因为这里有各种仓库、油料贮存设施、工厂、相互连接的水道。持续不断的空袭导致该地区沦为焚毁的废墟,各条街道布满碎石瓦砾,阻碍了红军的前进。

哈里上校把他率领的500名伞兵分成两个战斗群,还把指挥所设在舍恩豪泽大道的啤酒厂内,和第27伞兵团一同在洪堡海因防空炮塔周边地域展开行动[224]。第9伞兵炮兵团分队和只剩80人的布卢门塔尔连,撤入柏林后分配到Z防区。第9伞兵团残部设法把12门88毫米高射炮带入城内,现在用于地面防御,他们还有20—25门20毫米四联装高射炮、9门37毫米高射炮,用于杀伤人员相当有效[225]。

红军一辆T-34/85坦克小心翼翼地沿柏林郊区的街道行驶。车长向前张望,车组人员以舱盖为掩护。几名步兵谨慎地跟在坦克身后,做好战斗准备。行驶中的T-34/85坦克,履带扬起厚厚的泥浆。车组人员在后甲板添加了开花的灌木枝,以此为伪装。

部队后撤之际,又接到从南部开往北部地区的新命令,由此引发的混乱,让马不停蹄战斗了一个多星期的德军官兵身心俱疲。汉斯·莱茵博士接到命令,率领第9伞兵炮兵团充当步兵的官兵守卫洪堡海因防空炮塔附近地带。他知道仅凭现有兵力,想彻底守住柏林这般规模的城市是不可能的。他战后指出:"不同的部队和战斗群根本无法协同作战,因为下达给他们的命令不仅缺乏对全局的深入了解,而且对哪些能做到、哪些做不到等基本概念一无所知。"[226]第9伞兵炮兵团第5连的汉斯-维尔纳·阿诺尔德穿过克佩尼克,从南面进入柏林,上级什么情况也不告诉他们,他觉得自己受够了[227]。维尔纳设法穿过特雷普托公园,随后来到共和广场,把一门四联装20毫米高射炮部署在毛奇桥对面,掩护几个新组建的反坦克小组,这些反坦克小组奉命去施普雷河对岸对付敌坦克,德国人估计敌坦克会从北面而来。

洪堡海因防空炮塔上的火炮当日忙得不可开交,有记录称它们朝各个目标发射了4000发炮弹,击毁2辆敌坦克,还消灭1个加农炮连和1个火箭炮连。另一辆红军坦克在近距离地面战斗中损毁,而第1高射炮师部署在该地区的几个地面炮兵连，损失2门88毫米高射炮，17人阵亡，43人负伤。德国空军也在该地区积极展开行动，观察员记录下一架Me-109击落上空2架敌机的经过[228]。

中央区

Z防区，德国人围绕政府区主要建筑构设了有组织的防御，留在柏林城内的纳粹政治领导人和阿道夫·希特勒仍待在这些建筑内。党卫队"安哈尔特"团两个营的作战分界线，位于该团第2营右翼的贝勒联盟广场，在那里沿兰德韦尔运河递延到蒂尔加滕，再穿过蒂尔加滕延伸到施普雷河。作战分界线随后沿施普雷河穿过外交使馆区，一路递延到王子桥，在那里与该团第1营相连。一级突击队中队长托马斯·姆鲁古拉指挥的党卫队"安哈尔特"团第1营，防线继续向东延伸，穿过国王广场和国会大厦，沿施普雷河南岸递延，而后向南进入政府区。国王广场和国会大厦周边地带的防御，统归二级突击队中队长巴比克指挥[229]。整个战役期间，Z防区的指挥关系始终混乱而又紧张，塞弗特负责整个防区，但帝国总理府周围4平方公里街区内的党卫队仍由蒙克指挥。

塞弗特上校①把指挥所设在帝国航空部，而蒙克的指挥所位于赫尔曼·戈林街。蒂尔加滕区的防御阵地很稀疏，守军据守一个个两人散兵坑，彼此间的距离相隔50米。党卫队第11"赫尔曼·冯·扎尔察"装甲营的坦克，在一级突击队大队长考施指挥下，部署到该地区担任预备队[230]。蒂尔加滕成为德军撤入柏林城内所有炮兵力量的集合地点。这里的树木为他们提供了遮蔽，以免暴露给红军战机，松软的地面能让炮兵和装甲兵迅速构设防御阵地。

4月25日，星期三

红军前出到柏林南面的诺伊巴贝尔斯贝格—策伦多夫—诺伊克尔恩一线，从那个方向封锁了柏林。柏林东部和北部地区，红军坦克和步兵渗透得最远，一个个街区的争夺战愈演愈烈。柏林城西面，红军先遣部队到达瑙恩和凯

---

① 前文说他是中校。

钦镇。白俄罗斯第1方面军与乌克兰第1方面军,仅在施潘道与波茨坦之间留下一个小小的缺口。进入柏林的最后一条通道日终前封闭。争夺帝国首都中心区的战斗开始了。

不断改进的战术

朱可夫的作战部队最终到达标志市区防御内围廓的快铁环线,随即遭遇顽强抵抗。德国人在快铁环线周围布设了许多固定防御阵地,不少阵地设在车站内,他们还增加了反坦克炮的数量。俄国人把城内的防空炮塔称为"堡垒",这些炮塔现在以128毫米和小口径高射炮直接参与地面交战。每座防空炮塔昨日都报告,他们直接投入战斗,打击大批红军地面目标。部署在腓特烈斯海因防空炮塔的第123重型炮兵营第1连,朝5个目标开火,包括潘科、克罗伊聪湖、穆勒街的红军坦克编队。该营部署在动物园防空炮塔的第2连,朝7个目标开火,包括东面兰茨贝格大道和兰茨贝格火车站的敌坦克编队,充分说明防空炮塔打击城内另一侧的地面目标是多么有效。第123重型炮兵营驻守洪堡海因防空炮塔的第3连,打击了盘踞在水塔、罗森塔尔快铁站、兰茨贝格广场的红军步兵和火箭炮部队。有报告称,他们发射了1232发128毫米、1363发37毫米、428发20毫米炮弹[231]。红军作战部队无法避开这些直射火力,只好改变前进方向。由此可见,防空炮塔的确是所在防区的抵抗枢纽部。

红军侦察兵进入柏林,他们骑的是租借法案提供的美制哈雷-戴维森42WLA摩托车,安装了苏制M-72侧斗。摩托车上还装有捷格加廖夫7.62毫米DP机枪。

两张照片拍摄的都是法兰克福大道与默伦多夫大街交界处,"柏林"装甲连遭击毁的同一座黑豹炮塔。直接命中火炮防盾的炮弹,可能射自76毫米反坦克炮,导致炮塔内殉爆,炸飞了指挥塔和后舱盖。这些炮塔有很多是早期型号,照片里的似乎是A型,涂有齐默里特防磁涂层。这些炮塔部署在重要的十字路口,以及视野开阔的宽阔大道上。照片里这座炮塔置于地铁站入口,横跨法兰克福大道的快特高架桥附近,就在腓特烈斯海因防空炮塔东南面。街对面布设了另一座炮塔(参见557页照片)。

魏德林集中防御的组织工作很有效,可他下令发起几次代价高昂的反冲击,导致他的防御部队进入开阔地,在红军火炮、火箭炮猛烈的火力打击下损失惨重。不过,内线作战的确能让德军迅速变更部署到遭受威胁的防区。随着德军部队撤入城内,经验丰富的军官和军士,加入缺乏经验的士兵组成的连级战斗群,这些部队成为有组织抵抗的核心力量。德军步兵集结后投入战斗,随后散开,但很快又重新集中起来。红军总参谋部战后的战役研究表明,德军对付红军作战部队的这种战术非常有效。

德国人一反常态,采取打完就跑的战术,完全是形势所迫。置身前线的士兵总是以战术创新找到生存之道，事实证明，这是他们对抗红军火力优势唯一的办法。营级或更大编制的德军部队，进入开阔地会遭遇灭顶之灾。学习过国防军军事学说的德军指挥官不会采用打完就跑的战术，因为这不符合他们掌握的国防军军事学说。相反，他们临时采用这种战术是因为面对种种困难，必须使用全新的城市作战技术。德国国防军见识过类似的战术，是别人以此来对付他们，最近一次是华沙起义期间，但他们认为这是"游击队"或"犯罪分子"的勾当。

尽管缺乏可供借鉴的城市作战学说，但柏林守军还是展开卓有成效的抵抗，而红军的军事学说也给他们自己的作战行动造成种种困难。红军各个军独自攻入城内，可他们接受的训练却是如何穿越开阔地带。他们冲击德军支撑点的行动起初缺乏协同，辖内部队不断接到"前进"的命令，总是在行进中克服敌军抵抗。无限制的火力往往是他们的首选手段，但和柏林守军在战术层面组织起来，迅速适应新情况一样，红军官兵也是如此，各团级指挥部自发进行了任务组织。我们会在下一章详细介绍这些创新。

4月25日清晨4点，突击第5集团军与近卫第8集团军确定了新作战分界线，说明红军转身向南，对付德军在东部地区不断加强的抵抗。这条分界线从卡尔斯霍斯特以西4公里，运河河曲部附近的桥梁起，沿运河延伸到蒂尔加滕公园东郊。突击第5集团军司令员接到命令，从东面沿施普雷河西岸和东岸发展进攻。突击第3集团军也接到攻占柏林北部地区的指示。近卫第8集团军、近卫坦克第1集团军司令员奉命朝西北面的蒂尔加滕公园总方向发展进攻。近卫坦克第2集团军辖下的机械化第1军、近卫坦克第12军穿过西门子施塔特，继续攻往施潘道航运运河[232]。

待朱可夫麾下的作战部队到达防御内围廓，攻势再次放缓。德军的分层防御相当有效，部署在各处的部队打得有声有色，红军部队每次穿过城市地带，都遭到德军反坦克炮、四处逡巡的坦克、"铁拳"猛烈打击。柏林一条条同心大道往往垂直于严密防御的高架快铁站，众多水道增加了红军克服这些地形特征的难度。守军充分利用每一处战术有利的位置，还在红军使用猛烈的火力前及时后撤，重新构设另一处防御阵地。崔可夫在战后回忆录里概述了这些问题：

「4月25日」几乎所有地方都发生了异常激烈的交战。防御地域和防御地段的每栋房屋、每个街区布满火力点,到处都是扛着"铁拳"的敌军士兵,他们充分利用楼上的阳台和窗户,居高临下地发射火箭弹,打击我方坦克和集中的人员。

柏林有很多铁路线,从各个方向汇入城内,形成极为有利的防御阵地。敌人把火车站、桥梁、平交道口接近地打造成强大的支撑点;运河和运河交汇部也成为防线,敌人依托这些防线竭力阻挡我们前进。致命的火力从各处,从街道、小巷、地下室、损毁的房屋射向我军指战员。[233]

崔可夫知道,面对新的城市环境,他的部队必须改变战术。他在回忆录里承认了这一点,还特地指出:"实施机动包围城市是一门作战艺术,而冲击城市则是小股部队采用的战术问题。"他们在城市作战取得胜利的关键,是"指挥小股部队的指挥员发挥的作用,以及作战主动性……城市作战中,这些条件至关重要"。[234]

红军坦克不断攀升的损失率最让人担心,崔可夫明确回答了坦克在柏林城内作战遇到的问题:

坦克部队冰冷而又强大的战车在城内从事战斗,无法取得与他们在野外成群结队实施打击同样的效果。一个坦克团或坦克营在城内……被迫排成纵队沿街道行进,沦为易受打击的目标。

但有些指挥员显然不愿丧失作战自主性,还担心他们的声望受损,所以不顾一切地把坦克排成纵队,投入柏林城内的鏖战。他们命令坦克前进,随后看见这些战车沿各条街道排成长龙,先是因为交通堵塞动弹不得,随后一辆接一辆中弹起火。为首的坦克起火,其他坦克无处机动隐蔽,只能听凭敌"铁拳"射手从侧面发起攻击,中弹后起火燃烧。[235]

朱可夫1965年发表了关于柏林战役的首篇文章,也批评了红军坦克在柏林城内的部署。他对同时投入3个步兵集团军(近卫第8、突击第3、突击第5集团军)和2个坦克集团军(近卫坦克第1、第2集团军),企图迅速击败城内德军集团的决定深感遗憾，因为协调这些军团的作战行动很困难。有趣的是，他在文章里没提到科涅夫的部队。朱可夫随后以谨慎的口气写道："应该补充的是，当时并不存在适合坦克部队发挥机动能力的机动空间和特定任务。"[236]换句话说，指挥员的决定，更准确地说是朱可夫的决定，把重装坦克力量投入柏林这般规模的城市是个战役失误，朱可夫罕见地承认了这一点。

战术创新不是崔可夫或朱可夫这些高级指挥员能自上而下给予指导的，必须出自下属部队。一旦某种新战术在战斗中被证明确实有效，高级指挥员就有责任在自己的指挥范畴内贯彻实施。可惜，柏林战略进攻战役的速度妨碍了新战术的广泛应用。4月25日后，柏林城内的战斗演变为营级、连级的小股部队作战行动。

竞争和自相残杀

朱可夫下达的两道指令，强调了他与科涅夫的竞争，以及他以火力克服战术困境的决心。接受科涅夫率先攻入柏林的现实后，朱可夫命令崔可夫的诸兵种合成集团军穿过他与科涅夫的作战分界线，截断对方攻往市中心和国会大厦的路线。这场行动是故意的，崔可夫事先没跟雷巴尔科协商就付诸实施。近卫坦克第3集团军右翼朝兰德韦尔运河发起后续冲击，却发现红军战友从焚毁的各条街道朝他们开火还击。

挡住科涅夫的前进后，朱可夫还得解决德军的顽强抵抗，这样才能恢复突击势头，前出到柏林市中心。为实现这个目的，他命令航空兵重新发起大规模作战行动，打垮前进道路上的德国守军，由此可见，他再次依靠集中火力来克服不利的作战条件。空军第16、第18集团军发起历时两天、代号"敬礼"的空中突击，企图削弱德军固定防御阵地，好让红军地面部队取得突破，继续攻往国会大厦。为执行此次行动，红军航空兵投入1368架战机，包括500多架轰炸机。据苏方资料称，为避免误击地面上的己方部队，他们选派了最好的飞行员[237]。这项决定显然是承认很难辨别地面上的德军和红军部队，塞洛高地交战期间投入航空兵，就发生过误击友军的事件。而柏林城内的作战问题完全不同，数百栋燃烧的建筑腾起滚滚浓烟，遮蔽了下方各条街道。各栋建筑高度不同，红军战机任何时候都无法贴近地面低空飞行，以便识别目标。想以目视准确辨识敌我部队是不可能的。

这场规模庞大、缺乏协调的空中突击,离科涅夫的部队太近,造成严重的误击。科涅夫在回忆录里坦然描述了这起事件,但他极力淡化空中突击对自己的部队造成的破坏和影响,也没谈到发生这出悲剧的原因:

> 在市区进行巷战时,很难引导航空兵对当时必须要打击的目标实施准确突击。各个目标藏匿在废墟里,火焰、硝烟、尘埃笼罩了一切。总的说来,从空中很难看清在什么地方有什么东西。
>
> 我从雷巴尔科发来的报告得知,我方航空兵的空中突击给他的部队造成损失,有时候发生在这里,有时候发生在那里。[238]

这是个代价高昂的失误,整个战役期间时有发生。另外,朱可夫也没想到"敬礼"行动会造成副作用:航空兵给城内建筑造成进一步破坏,反而给敌人帮了忙,轰炸导致的碎石瓦砾堵塞了本来可供红军部队前进的道路,德国守军还利用残垣断壁构设了更多阻击阵地。

柏林陷入合围

当日中午,科涅夫近卫坦克第4集团军编成内的近卫机械化第6军,在凯钦附近与朱可夫第47集团军辖内步兵第328师、近卫坦克第65旅的部队会师。这场会师完成了合围柏林的对外正面。90分钟后的13点30分,近卫步兵第58师在施特雷尔附近遇到美军第69步兵师一支侦察分队,没过多久,近卫步兵第173师在易北河畔的托尔高与美军会师。德国现在被切为两段[239]。尽管科涅夫貌似赢得胜利,但他的处境并不令人羡慕:德国第12集团军正准备攻入他实力虚弱的右翼,而德国第9集团军也以陷入绝境的官兵对他左翼发起孤注一掷的突击。

科涅夫的兵力在作战上捉襟见肘。尽管他应对复杂局面的能力值得称道,但改变不了以下事实:他与朱可夫的竞争让自己的部下面临种种作战困难。西面,近卫机械化第6军忙着攻往波茨坦接近地,施普雷集团军级集群在那里的湖泊和运河间扼守牢固的防御外围廓,那些水障碍几乎让波茨坦变成一座岛屿。近卫机械化第5军和第13集团军对文克拉伸的战线保持压力,还获得空军第2集团军强击航空兵第1军支援。德军各兵团来势汹汹,不断向西试探之际,科涅夫的部队竭力守住防线。他们兵力不济,强击航空兵第1军只好投入一波波歼击轰炸机,不仅直接攻击德军编队,还沿文克各兵团的主要接敌路线投下反坦克地雷,拖缓对方的前进速度[240]。科涅夫在该地域使用航空兵,说明他根本没有足够的地面兵力构设适当的防御屏障,挡住德军兵团。而在东面,他以大规模炮火打击德国第9集团军预有计划的突围。

第28集团军奉命沿大本营规定的与崔可夫集团军的分界线,据守布塞第9集团军退入柏林郊区的后撤路线西侧。阻挡德国第9集团军的任务交给V.N.戈尔多夫上将的近卫第3集团军,该集团军攻克科特布斯后开往北面,不断逼近布塞南翼和西南翼。科涅夫可能觉察到,近卫第3集团军辖内3个军和第28集团军部分兵力不足以消灭包围圈内的敌军,所以他只希望这股力量挡住被围之敌。

凯特尔的孤注一掷失败了

OKW参谋长凯特尔误导各方,企图组织进攻,最终赢得柏林战役的决定性胜利。他找到文克,命令第12集团军调转方向攻往东面时,没有透露第9集团军陷入重围的绝望境地,没提该集团军的弹药和油料储备少得可怜,也没有坦陈柏林北面第3装甲集团军的艰难处境,更没把施泰纳集团军级集群仍未获得兵力,无法从那个方向发动进攻的实情告知文克。凯特尔对这些情况心知肚明。待他视察完文克的司令部,返回元首暗堡向希特勒汇报时,夸大了第12集团军的实力,给元首暗堡和整个柏林带来虚假的希望。凯特尔"赢得最终胜利"的信念,加强了希特勒留在柏林的决心[241]。凯特尔的计划没能付诸实施,因为海因里齐、文克、布塞、曼陀菲尔都想方设法阻挠这道不切实际的命令,只有施泰纳向南发动进攻。

北面,曼陀菲尔第3装甲集团军的防御陷入危急境地。他的部下顽强奋战,挫败红军扩大登陆场的企图,随后为集中兵力撤到沃坦防线。罗科索夫斯基的白俄罗斯第2方面军继续消耗德军防御,最终攻入斯德丁登陆场。斯德丁城内和周围的德军官兵,经历了艰巨的防御作战后身心俱疲,再也承受不住后续交战。第3装甲集团军4月25日报告："驻守该地区的我方部队丧失战斗意志，显然不愿再打下去。"[242]虽说德军几场局部反突击都以失败告终，但第25装甲掷弹兵师的确发动进攻，从奥拉宁堡和格尔门多夫地域攻入波兰人民军第1集团军翼侧。德军装甲掷弹兵渗透到格尔门多夫主铁路线，把波兰人打得措手不及，突破对方的防线[243]。有消息称，为德军前线作战部队提供加强的空军地面部队纪律瓦解，没接到命令就擅自撤离。海因里齐命令宪兵将军和20名空军军官赶紧恢复空军地面部队的秩序，以免第3装甲集团军战线遭突破[244]。他可不想让另一个集团军也陷入重围。

施泰纳继续拖延，迟迟不愿向南进攻。日终前，他总算迎来第7装甲师先遣部队和整个第5海军师，尽管红军航空兵不断袭扰，但该师还是完成了再部署。约德尔明确指出，施泰纳必须发动进攻。为激发施泰纳的自尊心，约德尔告诉他，必须以现有兵团发动进攻，否则这些兵力就得调回第3装甲集团军，而施泰纳的司令部也要转隶文克第12集团军[245]。施泰纳照办了。

南面，维斯瓦集团军群想方设法协调补给供应，组织15架飞机，彻夜为第9集团军空投物资。德国人的报告里把这些飞机称为大型"运输机"，可能是绰号"巨人"的Me-323运输机。空投计划安排这些飞机午夜时出动，但3架运输机提前起飞，而且再也没有返回。他们大概没找到午夜才照亮，不得提前打开照明灯光的着陆跑道。德国空军估计几架运输机被敌人击落了。德国空军基地指挥官决定让其他飞机停飞，为第9集团军空运补给的任务停止了[246]。

第9集团军着手策划向西突围的方案，而不是遵照凯特尔的命令攻往柏林。布塞计划以两个战斗群赶往巴鲁特，在集团军最终朝文克战线发起突围前控制通往西面的道路。布塞一直等到奥得河畔法兰克福守军撤离奥得河东岸，三天后与集团军主力会合，这才发起初期进攻。他组建了皮普科恩战斗群，由党卫队旗队长吕迪格·皮普科恩率领，编有党卫队第35"警察"掷弹兵师和党卫队第10"弗伦茨贝格"装甲师残部。科涅夫先前穿过两个德国集团军群的作战分界线，把这些部队与中央集团军群隔断。另外，布塞还获得第21装甲师汉斯·冯·卢克上校第125装甲掷弹兵团，以及第22装甲团剩余的黑豹坦克，这些部队也和第9集团军一同陷入包围圈。冯·卢克的部队编为第二个战斗群。突围进攻计划当晚20点发起[247]。

科涅夫麾下第28集团军可能预感到德军企图突围，从西面发起先敌进攻，打乱了布塞的时间安排。这场进攻还分隔了两个德军战斗群。直到22点30分，冯·卢克战斗群仍在沿计划中的进军路线击退红军的冲击，午夜前估计无法发动自己的进攻。但皮普科恩战斗群准时攻往巴鲁特，还在克劳斯尼克南面取得初期战果[248]。

西面，"乌尔里希·冯·胡滕"师昨日攻往东北面，在科贝尔斯多夫与察纳之间渗透步兵第27军翼侧。这场进攻有助于缓解红军持续施加的压力，还让第48装甲军得以从南面渡过易北河，完成最终的变更部署。"沙恩霍斯特"师毫不间断地继续向东展开，"费迪南德·冯·席尔"师也完成展开，没发生任何意外。特罗伊恩布里岑的激战仍在肆虐，"特奥多尔·克尔纳"师发起额外进攻。第12集团军派遣鲁道夫·霍尔斯特中将指挥的第41装甲军，阻止红军取道拉特诺进入第3装甲集团军战线后方[249]。

文克和参谋人员斟酌了眼下的战略态势和他们的选择。俄国人包围柏林，雷曼的部队也在波茨坦陷入重围。当天下午，科涅夫的部队在"乌尔里希·冯·胡滕"师与"特奥多尔·克尔纳"师之间渗透。文克作战地域还有10,000名来自东部省份的难民，他们想逃离红军，获得德国军队保护。情况很快弄清了，就算文克与布塞集团军会合，解救柏林的企图也注定要失败。文克不需要海因里齐积极游说，就决定无视凯特尔的命令。他下定决心，新行动方案是朝柏林西北面发动协同一致的进攻，与维斯瓦集团军群从东南面发起的类似突击会合，歼灭第47集团军在该地域活动的部分力量，打开一条通往柏林的走廊。文克是否以此掩饰他攻往波茨坦的行动不得而知。他向OKW汇报时，OKW明确无误地指出，他没有别的选择，必须向东发动进攻，与第9集团军会合，而后朝东北方攻往柏林[250]。文克没执行这道命令。

柏林卫戍区

魏德林出任柏林卫戍区司令后没有浪费时间，迅速视察各个防区，还相应地安排了自己的部队。他得知动物园防空炮塔独一无二的通信能力，特地赶去视察一番，想确定这里是否适合作为指挥部。魏德林登上炮塔，遇到第1高射炮师师长奥托·叙多少将。叙多领他参观了庞大的堡垒。就在这时，红空军对防空炮塔发动空袭,这是"敬礼"空中攻势的组成部分,动物园外发生剧烈爆炸。魏德林评论道:"一枚炸弹在炮塔附近炸开,整座高塔似乎在震颤,这种感受绝对有些非同寻常!"由于防空炮塔里过于拥挤,再加上它是红军的重点打击目标,所以魏德林决定把司令部迁到Z防区的本德勒街区,壳牌公司大楼对面。那里靠近帝国总理府,位置也不引人注目[251]。

魏德林离开防空炮塔,去亚历山大广场找贝伦范格少将,他估计红军会在那里对柏林城构成直接威胁。红军猛烈的炮火迫使他的指挥车沿波茨坦广场和莱比锡街缓缓行驶。他后来回忆道:"砖块和石块扬起的灰尘,像薄雾那样挂在空中。"魏德林把汽车停在施普雷河西侧的皇宫街,沿长长的街道步行赶往亚历山大广场。俄国人的迫击炮弹在各处炸开,整片地区满目疮痍。魏德林和参谋人员连跑带跳,总算来到地铁站入口。他们走入车站,发现几个站台和隧道里挤满德国难民。贝伦范格的指挥所设在E站台。

贝伦范格以前是希特勒青年团指挥官,是纳粹事业的忠实信徒,深受戈培尔青睐。贝伦范格请求魏德林调拨更多弹药,还要提供装甲力量支援,因为俄国人正全力攻往亚历山大广场。贝伦范格手里的武器,大多是陈旧过时的德制手动步枪,以及缴获的意大利步枪。幸亏他们有不少"铁拳",几条主干道还布设了半埋的88炮。视察期间,魏德林看见地铁站接近地周围有很多人民冲锋队和希特勒青年团员击毁的敌坦克[252]。魏德林对提供增援的请求不置可否,他离开这里,赶去视察城内其他部队。

魏德林的下一站是"诺德兰"师师部。战后接受俄国人审讯期间,他回忆道:

我亲自前往党卫队第11"诺德兰"志愿者装甲掷弹兵师,现在得去肯佩尼克尔街寻找该师指挥所。赶往那里的途中,我看见该师一大群士兵在柏林西部寻找藏身地。面对我的询问,有个士兵答道:"我们是奉命来这里的。"

党卫队"诺德兰"装甲掷弹兵师一直在从事极为艰巨的防御战。实力强大的敌军已渡过施普雷河,从北面攻入该师翼侧。我不得不把自己的看法再次告知党卫队旅队长齐格勒。齐格勒总是能找出客观理由为自己的失败开脱。他汇报道,他这个师眼下可用的兵力实在太少(该师每个团的确只有一个实力遭削弱的连),不仅严重缺乏武器,而且几乎所有军官和军士都损失殆尽,我告诉他，必须把他在柏林西部四处游荡、无所事事的部下召集起来，果断地命令他们返回前线。但我的建议更加坚定了齐格勒的想法，在他看来，只要能让他尽快离开柏林这个鬼地方，可以采用一切手段。结束视察后，我请求上级解除齐格勒的师长职务，获得批准后，党卫队旅队长克鲁肯贝格替换了齐格勒。

随后发生的事件也涉及"诺德兰"师官兵，可以从几个方面解读。虽说魏德林在审讯报告里只字未提，但他无疑知道此事，而且这起事件很可能让他下定决心撤换齐格勒。4月23日/24日夜间，"诺德兰"师官兵来到诺伊克尔恩区赫尔曼广场上庞大的卡尔施塔特百货公司。该师几个党卫队军官命令几名指挥雅恩公园炮兵部队的国防军军官，20分钟内撤离百货公司。待对方撤离后，党卫队士兵在哈森黑德街的商店橱窗内设立防御阵地，还架起一挺MG-34机枪，其他士兵有条不紊地劫掠了食品和其他物品，装满几辆卡车后驶离。

消息传到周边社区，据说劫掠仍在进行，谁都可以拿走他想要的东西，根本没人阻拦。"卡尔施塔特大楼的院子里人满为患。霍布雷希特桥炸毁后，这里的供电电缆断了，人群举着蜡烛，挥舞着火炬涌入几个宽大的地下室，把党卫队员没拿走的食品库存劫掠一空。"贪念和生存欲交织，没人在乎"会不会受伤"。他们"根本不关心庭院里和街上的死者，贪婪的欲望让他们忘了危险，抢的东西太多，根本拿不动"。

疯狂的劫掠持续之际，红军炮火落在百货公司周围。16点，百货公司面朝乌尔班街的二楼起火燃烧。没人知道是楼里的人纵火还是随机落下的炮弹引发火情，反正救火的努力失败了。当地消防队赶到现场，但随后不得不撤离。据目击者称：

火势以惊人的速度蔓延，一扇扇窗户突然发出血红色的亮光，火舌吞没了一层层楼房，透过噼啪作响的火焰，能听见玻璃破裂的声音。铁格栅烧得通红。火焰很快吞噬了哈森黑德街一侧。卡尔施塔特大楼，这座庞大的七层建筑从底楼烧到72米高的塔楼，看上去活像一支巨大的火炬，火焰直冲云霄。高温在建筑群周围形成一道致命的圆环，热浪袭向赫尔曼广场上的房屋，窗户旁根本没办法站人。

赫尔曼广场的卡尔施塔特百货公司。4月26日的大火焚毁这座庞大的建筑,只剩些残垣断壁。纵火的可能是党卫队"诺德兰"师官兵,他们奉当地纳粹党领导人的命令行事。

赫尔曼广场的卡尔施塔特百货公司(摄于20世纪30年代中期)。大楼建于1929年,是世界上最大的百货公司之一。这座九层楼高的建筑据说有72,000平方米可用零售空间,最初雇用了4000名员工(大萧条之前)。这座庞大的建筑还有两个56米高的塔楼、4000平方米露天平台、几部车式提升机,以及通往地铁的入口。它是德国最高的建筑,俯瞰克罗伊茨贝格区与诺伊克尔恩区之间的天际线。

卡尔施塔特大楼的技师卡舍尔觉察到危险,赶紧让躲在大楼地下室里的500名妇女和儿童疏散。她们冒着火焰穿过哈森黑德街一侧,朝地铁站入口处转移,就在这时,乌尔班街上的房屋坍塌,哈森黑德街的中央建筑群随后倒下。大楼向内坍塌之际,浓密的尘云笼罩了卡尔施塔特大楼和周边街区。虽说起火原因始终没搞清,但"诺德兰"师难辞其咎。齐格勒的师部就在正西面,距离火灾现场大约一个街区。鉴于"诺德兰"师不仅有军用口粮储备,还分配给第56装甲军辖内各师,他们的行为表明,该师官兵正为齐格勒未经批准撤离柏林的行动储备口粮和其他物资[253]。

二级下士奥托·乌斯贝克，很可能是4月16日红军进攻塞洛高地时分配到"明歇贝格"装甲师的。他和连队穿过柏林郊区的马尔斯多夫、约翰尼斯塔尔、诺伊克尔恩、克洛伊茨贝格一路后撤。卡尔施塔特百货公司烧毁那天的事情，他记得很清楚，他对这起事件的叙述，与上述报道稍有些不同。民众劫掠柏林首座摩天大楼卡尔施塔特百货公司和周边建筑时，据说负责第10区的纳粹党区领导人沃伦贝格赶到现场，命令众人别再抢东西了，赶紧离开，因为马上要炸毁这几座建筑。实施爆破的目的是不让俄国人获得任何物资，也不能让他们占据卡尔施塔特大楼的有利位置。乌斯贝克依稀记得《进攻报》宣布，这座大楼会在当天上午10点炸毁。爆破和由此引发的火灾不仅摧毁了卡尔施塔特大楼，还导致仍在周边建筑内抢东西的300—500名平民丧生。建筑坍塌，破坏了地下总水管，意外淹没了毗邻的地铁隧道[254]。问题还是没弄清：究竟是"诺德兰"师的装甲掷弹兵执行齐格勒的命令劫掠卡尔施塔特百货公司呢，还是齐格勒利用沃伦贝格下达的命令，向西逃窜前储备更多物资？

魏德林继续视察各防区和麾下各师：

我离开党卫队"诺德兰"装甲掷弹兵师，赶往第18装甲掷弹兵师，该师刚刚占据新防区。实力强大的敌军部队正攻往达勒姆和策伦多夫［这些部队隶属科涅夫方面军］。第56装甲军编成内的所有兵团，就数第18装甲掷弹兵师战斗力最强，打得也最好。师长劳赫少将深刻地理解作战任务，极为冷静地指挥麾下部队的作战行动。我在途中再次检查了"炸毁泰尔托运河上所有桥梁"这道命令的执行情况。

爆破柏林各座桥梁的准备工作很马虎，城内几乎搞不到炸药。雷菲奥尔上校解释道，与爆破桥梁相关的一切事宜，其实不归各防区指挥部管，而是掌握在帝国部长施佩尔和他的部门手里，因为供电电缆和电话线从桥上穿过，炸毁的话会造成重大经济损失。[255]

魏德林结束视察，完成了向元首汇报当前情况（包括重新部署麾下几个作战兵团）的准备工作。

魏德林下午任命了新的防区指挥官。新部署和指挥官如下：

党卫队"诺德兰"师、"查理大帝"师官兵死守赫尔曼广场和卡尔施塔特百货公司残骸。红军一支坦克纵队企图突破德军防御,结果在附近遭遇伏击,被德军装甲力量消灭。今天的卡尔施塔特商店,仅仅是30年代辉煌前身的缩影。这张照片摄于2005年4月。

A、B防区(东部):穆默特少将替换贝伦范格,负责指挥工作,魏德林出任柏林卫戍区司令后,第56装甲军名义上交给穆默特指挥;"明歇贝格"装甲师组织起来支援A、B防区。

C防区(东南部):先是由"诺德兰"师师长、党卫队旅队长齐格勒负责,随后交给继任师长克鲁肯贝格旅队长,"诺德兰"师余部和"明歇贝格"装甲师额外的战斗编组奉命守卫滕佩尔霍夫机场。

D防区(横跨滕佩尔霍夫):第56装甲军炮兵指挥官沃勒曼上校接替62岁的空军少将施雷德,负责指挥工作。作战力量是该防区的地方部队。

E防区(西南部和格鲁讷瓦尔德森林):由格奥尔格·朔尔策少将指挥,兵力是他的第20装甲掷弹兵师。

F防区(施潘道和夏洛滕堡):仍由埃德中校指挥,部署在该防区的兵力是当地组建的各种帝国劳役团、希特勒青年团、人民冲锋队部队，以及收容的散兵游勇，这些士兵撤离奥得河前线，穿过柏林退往西面时与自己的部队走散。

G、H防区（北部）：由哈里·赫尔曼上校指挥，他率领的是第9伞兵师和"大德意志"警卫团残部。

Z防区：由塞弗特中校指挥，但所有党卫队部队统归蒙克指挥，蒙克还负责保卫政府区。这种安排给穿过该地区的士兵和部队造成极大的混乱。蒙克觉得自己和自己的部队不归魏德林指挥。柏林战役期间，他的立场暴露出党卫队与国防军指挥机构间近乎敌对的态度。[256]

表18：柏林卫戍区司令魏德林领导下的各防区指挥官		
防区	防区指挥官	分配的作战师
A	穆默特少将※	"明歇贝格"装甲师
B	穆默特少将※	"明歇贝格"装甲师
C	党卫队旅队长克鲁肯贝格	党卫队第11"诺德兰"装甲掷弹兵师
D	沃勒曼上校	地方人民冲锋队、希特青年团、警察部队
E	格奥尔格·朔尔策少将	第20装甲掷弹兵师
F	埃德上校（骑士铁十字勋章获得者）	地方人民冲锋队、应急部队、警察营
G	哈里·赫尔曼上校	第9伞兵师、"大德意志"警卫团
H	哈里·赫尔曼上校	第9伞兵师、"大德意志"警卫团
Z	塞弗特中校（骑士铁十字勋章获得者）	第18装甲掷弹兵师、第408人民炮兵军
Za	国王广场：党卫队二级突击队中队长巴比克	党卫队
Zb	帝国总理府：党卫队旅队长蒙克	党卫队
※ 希特勒应戈培尔的请求，擢升贝伦范格为少将，继续指挥A、B防区		

魏德林知道，仅凭手头的兵力不足以保卫柏林，哪怕短时间防御也做不到。他立即命令参谋人员拟制突围计划，好让阿道夫·希特勒和守军残部逃离这座城市[257]。

元首暗堡

魏德林22点赶到元首暗堡，注意到暗堡内的气氛发生变化。希特勒早些时候听取了戈培尔和克雷布斯的简报。克雷布斯继续就文克集团军从西面发动进攻的进展，以及协调其他救援行动的前景，向希特勒提交虚假报告。他的乐观评估给众人带来希望，喜悦之情持续了一整天。冯·格赖姆骑士和女试飞员汉娜·赖奇的到来振奋了希特勒的情绪，他俩驾机降落在勃兰登堡门与胜利纪念柱之间的东西向轴线上，这条宽阔的大道现在充当临时跑道。红军的炮火相当猛烈，冯·格赖姆降落时负了伤，希特勒告诉他，他（希特勒）解除了戈林的职务，现在任命他（冯·格赖姆）为空军总司令。为冯·格赖姆出任空军总司令举办简短的就职仪式后，希特勒告诉两位来宾，柏林的情况其实比众人想的要好[258]。

据OKW作战日志记载，希特勒已经从4月22的崩溃中恢复过来，现在认为只要守住柏林，就能赢得战争胜局。克雷布斯和其他高级将领提交了各种乐观但不准确的报告，声称施泰纳、布塞、文克的救援行动取得进展，无疑强化了希特勒的信念[259]。

无论承认与否，实际情况糟透了。美国军队与苏联红军在易北河畔的托尔高会师，把德国切成两段。没有迹象表明西方盟国即将与苏联决裂。驻守柏林的兵力少得可怜，提供给他们的补给物资越来越少。德国人当晚组织空投补给。海军元帅邓尼茨接到命令，立即采取一切必要手段，抽调兵力支援柏林[260]。汉娜·赖奇提出用飞机把希特勒送出柏林，可他断然拒绝。当天早些时候，希特勒和戈培尔、克雷布斯等人召开态势研讨会，重申了留在柏林、死在这里的决定。戈培尔在态势研讨会上告诉希特勒，坚守柏林会在全世界赢得道义上的胜利[261]。希特勒的答复很明确，他觉得自己离开柏林的话，就无法证明他强加给作战部队的严厉措施合情合理。离开柏林不啻为向世人宣布他逃跑了，更何况在德国南部如何指导政府运作，也没有可行的计划。会议开始时，希特勒还不太确定最佳做法是什么，但他最终重申了自己的决定：留在柏林，战斗到最后一刻。在他和元首暗堡里的其他人看来，柏林保卫战深具决定性，可实际情况根本不是这样[262]。

魏德林简要汇报情况，希特勒重申了为国家社会主义的存亡展开最后决战的信念。据魏德林回忆，希特勒发表讲话时，所有话语都集中于一个思路："毫无疑问，柏林陷落的话，德国也就战败了。"[263]态势研讨会4月26日凌晨2点结束，魏德林返回新司令部途中，越来越觉得自己率领第56装甲军奉命开入柏林，是把部下置于危险境地。

两辆 ISU-122 穿过柏林外围区域的路障后停下。前方的战车车号 194。两辆战车保持怠速,因为照片里能看见发动机排出的废气。ISU-122 的后甲板似乎放了个备用负重轮。这片地区没有刚发生过战斗的迹象。照片里的红军坦克兵正向第二辆 ISU-122 的车长汇报情况,似乎执行完短暂的侦察刚刚返回,骑的自行车靠在第一辆自行火炮旁。ISU-122 搭载的主炮跟 JS-2 一样。

车号 192 的 ISU-122 驶入柏林郊区,可能跟上一张照片里的自行火炮隶属同一支部队。左侧的红军战车似乎是一辆 JS-2,但无法确定。从 ISU-122 两名车组人员的神情,以及照片里的拖缆看,他们可能正设法回收左侧受损的坦克。杂货店墙壁上喷涂的标语是:"柏林依然属于德国!"

东部地区

突击第5集团军重新发动进攻,沿施普雷河两岸攻往亚历山大广场和几个街区。红军指战员艰难地穿过密集的碎石瓦砾和路障,继续朝重要的路口挺进。右翼的近卫步兵第89师,缓缓通过法兰克福大道两侧的公寓楼。突击第3集团军步兵第7军辖下的步兵第265师,位于近卫步兵第89师右翼,受领的任务是向北攻往腓特烈斯海因防空炮塔。德军炮兵观察员用电台汇报确认的网格坐标,三座防空炮塔上的128毫米高射炮猛烈轰击地面目标,致使红军进展缓慢[264]。当日昼间,腓特烈斯海因的G塔朝十几个计划目标发射了280多发炮弹。潘科区和兰茨贝格大道依然是德军高射炮的重点关照对象,他们朝地面目标发射了数千发37毫米炮弹[265]。

德国守军依托一座座损毁的工厂顽强抵抗,把红军步兵拖入旷日持久的激战。红军以大规模炮火猛轰德军阵地,但大多数情况下没能驱散守军。第

施普雷河东岸的扬诺维茨桥快铁站,"警卫旗队"训练和补充兵营的党卫队一级小队长维利·罗格曼,率领希特勒青年团员据守在此处。这支小股力量挡住坦克第11军辖内分队渡过施普雷河的先期行动。这张照片摄于2005年4月。

3/115西门子施塔特人民冲锋队营两个连继续抵抗，堪称该地区的防御主力。该营配备50支K98步枪和2挺轻机枪，形形色色的警察和国防军散兵游勇从亚历山大广场地带赶来加入他们的行列，还有从防空炮塔过来的空军学员，他们担任反坦克猎手。这些德军士兵沿里希特霍芬街西侧据守防御周边，背靠圣乔治墓地[266]。

南面，近卫步兵第26军步兵第266师、步兵第32军近卫步兵第60师几个团，卷入西里西亚快铁站周围的激烈交战。守卫车站的是一级突击队中队长姆鲁古拉指挥的党卫队"安哈尔特"团第1营，该营奉命和"明歇贝格"装甲师2辆黑豹坦克一同赶去加强车站的防御。这股力量及时赶到，算是满足了贝伦范格早些时候调派援兵的请求，罗格曼提供了额外支援，他把6门80毫米迫击炮部署在扬诺维茨桥快铁站东面的高架铁轨上[267]。

红军指导员V.塔甘采夫少尉当日参加了冲击西里西亚快铁站的行动。他谈到突击第5集团军辖内分队开始调整战术，组建了一个个小股强击队，做出的评述相当准确。他的话还着重说明，为确保自身生存，也为克服敌人的抵抗，任何一支军队的士兵都能找到办法，让自己适应当前作战环境的现实：

4月23日，我们营所属的团在沃洛什丘克近卫军大尉①指挥下，突破柏林近接近地德军深邃的多层防御后攻入城内。我们在那里不得不立即分成若干小股强击队，每个强击队3—10人。我是营里的党组成员，也加入一个强击队。

我这个五人小组，是率先在西里西亚火车站内与敌人展开战斗的若干强击队之一。柏林战役头几天，我们在西里西亚火车站遭遇的抵抗，可以说是最顽强的。德国人隐蔽在车站建筑内，一挺挺机枪架在窗户后面，狙击手躲在阁楼里。

我决定翻过一扇俯瞰站台的窗户，设法从后面攻入车站大楼。我们翻入窗内，来到一条走廊，随后踏上通往各个房间的楼梯，德国人隐蔽在房间里朝街上开火。有几个房间，敌人已做好自卫准备，防范渗透到楼内的红军战士。

---

① 下文是少校，大尉担任团长似乎军衔偏低了些。

贝科夫斯基上士追击一群逃入远处房间的敌人，他们反锁了房门。贝科夫斯基喊我帮忙，我从消防柜拿了把斧子，跑过去劈门。房门劈开后，我们往里面扔了几颗手榴弹，后来数出房间里有12个德国兵，一个不剩，都炸死了。消灭这股敌人后，我们赶紧去支援一直在三楼战斗的战友。我听见一间装有钢门的房间里传来咯咯作响的机枪发射声。我想砸开房门，可砸了几次也没能破门。于是我命令强击队守在原地，不能让一个德国佬逃离，我站起身，翻过窗户跑到沃洛什丘克少校的指挥所，告诉他我们需要炮兵支援。但我先前在楼内发现，敌人的机枪伪装得很好，炮兵很难发现对方。沃洛什丘克少校拎起电话，打给一名坦克车长。没过10分钟，一辆JS坦克到来，我跑过去为坦克兵指明敌机枪的位置。突然，一发"铁拳"击中坦克旁边，剧烈的爆炸震得我双耳发聋。我觉得敌人肯定发现了我们的动向，这帮该死的家伙，我扯着喉咙朝坦克兵喊道："同志，看三楼，那扇有窗帘的窗户，那里有一挺机枪！"

坦克兵第一炮就消灭了敌人的机枪。[268]

当日晚些时候，红军步兵沿街道攻往德军阵地，这些步兵可能隶属坦克第11军的摩托化步兵第12旅。罗格曼的迫击炮开火，把开阔路面上的红军步兵炸得人仰马翻。迫击炮弹在软泥地面上通常会炸开个两只手宽的弹坑，以45度或接近45度的角度向上爆炸。而迫击炮弹击中混凝土这类坚硬路面的话，会在撞击时破碎，弹片沿近乎水平的角度四散飞溅。所以，城市战场落下的迫击炮弹非常危险。一发发迫击炮弹炸开，许多红军士兵腿部或腹部负伤。红军部署在该地区的反炮兵连火力迅速瞄准罗格曼的发射阵地，一通炮火炸毁他4门迫击炮，除了4名希特勒青年团员，其他人非死即伤。罗格曼率部撤离，当天晚些时候，他用临时打造的火箭发射器，以直瞄方式发射火箭弹，击毁数辆沿木材市场街逼近扬诺维茨桥的敌坦克[269]。

当日昼间，坦克第11军继续巩固施普雷河西岸的既占阵地，该军官方战史谈到城市作战的难度。近卫重型坦克第50团和更多步兵部队摆渡过河，准备投入下一轮冲击。红军总参谋部战役研究写道："战斗强度加剧了，为争夺每栋房屋和每栋房屋的每一层，我方指战员都得跟敌人浴血厮杀……在大型城市各条街道从事作战非常困难，尤以柏林为甚，这里的每栋房屋、每间地下室都朝外喷吐火舌。"[270]坦克第11军再也无法凭一己之力卓有成效地穿过各条街道，他们需要突击第5集团军提供更多步兵支援。该军坦克兵独立展开行动，自4月16日起一直在艰苦作战，率领其他部队从东面攻入柏林。这些坦克兵现在陷入城市地带，取得的进展只能以街区而不是公里计算。

坦克第220旅身后，步兵第9军攻往西北面，在格利策快铁站周围卷入激烈交战，这座车站居高临下，控制战线中段。红军部队追击"诺德兰"师后撤的残部，刚刚渡过兰德韦尔运河。党卫队第24"丹麦"装甲掷弹兵团余部和当地的人民冲锋队在此据守一道严密的警戒线，就在"诺德兰"师设在诺伊克尔恩区的主要防御东北面。德军坚守格利茨快铁站，掩护"明歇贝格"装甲师翼侧，该师残部正列队穿过诺伊克尔恩区。

"明歇贝格"师的装甲兵和装甲掷弹兵从克佩尼克开赴西北面，穿过这片地区赶往他们奉命部署的A、B、C防区。当日晨，红军在克佩尼克发起大规模进攻，还投入30辆JS-2坦克，"明歇贝格"师残部顺利退出交战。与敌人脱离接触后，该师奉命增援亚历山大广场，他们9点在途中得知先前的命令已撤销，因为崔可夫的部队渡过泰尔托运河发动进攻。但上午10点左右，"明歇贝格"装甲师重新编组，部分分队赶往亚历山大广场，余部开赴滕佩尔霍夫机场[271]。

南部地区

克鲁肯贝格找到魏德林，柏林卫戍区司令告诉他，他（魏德林）对齐格勒的指挥能力很不放心，现在命令克鲁肯贝格指挥"诺德兰"师，要求他立即接掌指挥权。克鲁肯贝格索要书面命令，没有书面授权的话，他担心自己无法顺利接掌该师。魏德林找了张便条，写下命令交给克鲁肯贝格，还告诉他，形势所迫，只能这样[272]。克鲁肯贝格没费多少时间就在诺伊克尔恩区找到"诺德兰"师师部，师部工作人员的车辆停在劳动局门前，完全不符合军事规定。执行"敬礼"行动的红军战机很容易从空中发现这群军车，一旦发起攻击，会造成严重的破坏和混乱。

几辆BMW卡车沿哈森黑德街行驶，随后停在"诺德兰"师师部所在的街区入口。挎着突击步枪的法国党卫队员跳下卡车，迅速封锁街区两端，克鲁肯贝格走下指挥车，步入齐格勒的指挥所，迅速接掌指挥权。他见过师部工作人员后指出："'诺德兰'师师部一片混乱，没人知道辖内几个团究竟在哪里，也不清楚他们的新防御阵地在何处。"据克鲁肯贝格说："整个师分散在各处，许多官兵干脆逃之夭夭。该师似乎丧失了凝聚力……对这片地区的情况一无所知。"接掌指挥权后，克鲁肯贝格来到区长办公室，想从他那里打听些情况，在区长办公室等待时，"我望向窗外，看见远处有几辆俄国人的坦克。"[273]党卫队分队长布格哈特是"诺德兰"师的老兵，他回忆起师指挥权的变更："外面，正对入口处有两三辆满载士兵的卡车，他们的突击步枪对着大门……看上去随时会开火。"布格哈特站在那里，看见更多卡车载着党卫队士兵赶到："大约30名士兵跳下车，开始封锁街道，所有官兵都不得进入师部……几分钟后，齐格勒和他的司机埃梅特从地下室走了出来。"齐格勒看看布格哈特，对他说道："把您的东西从车里拿走，我不再需要您和那些口粮了。"[274]

布格哈特看着一辆卡车护送齐格勒离开。齐格勒刚刚离去，几辆载有"诺德兰"师伤员的半履带装甲车到来，他们正在寻找医院或急救站。仍在警卫这片地区的法国党卫队员命令装甲车停下，可几名驾驶员觉得对方是"赛德利茨的士兵"，没理会他们的命令。一名法国党卫队员端起突击步枪朝为首的装甲车开火，对方立即以MG-42机枪还击，交火中射伤几个法国志愿者。困惑、恐惧、不明就里、陌生的面孔让所有人心生不安。[275]齐格勒解除职务后没多久，"诺德兰"师师部奉命迁往兰德韦尔运河北面的国家歌剧院。布格哈特和另外12名士兵赶往养老院市场的莱内韦伯百货公司，突击第5集团军辖内部队正从东面和东南面攻向这里。布格哈特现在接受塞弗特中校指挥，因为养老院市场在Z防区内。布格哈特和30名士兵构设了防御阵地，在这里抵御红军，一直坚守到5月1日[276]。

克鲁肯贝格当天下午再次面见魏德林，汇报了"诺德兰"师的情况。他告诉魏德林，该师目前还有1500名官兵和6辆突击炮，分散在整个城内，师属炮兵在蒂尔加滕，而补给和保障分队在皮歇尔斯贝格—施潘道地区[277]。后一个情况证明，齐格勒未经批准擅自采取行动，命令他的工兵分队寻找并守卫渡口，好让全师顺利逃往柏林西面。魏德林命令"诺德兰"师撤离诺伊克尔恩开入Z防区，以免被挺进中的近卫第8集团军隔断。克鲁肯贝格接受塞弗特指挥，命令部下在政府区东面和南面占据防御阵地[278]。下达命令后，克鲁肯贝格跑去找塞弗特，塞弗特对另一个指挥机构并入自己的防区很不高兴。他欢迎"诺德兰"师辖内部队到来，但他宁愿让自己的指挥官领导该师官兵。克鲁肯贝格对他的态度深感担心，更令人不安的是，他的下属指挥官报告，这里根本没有预设防御阵地，就像魏德林一行完成初步视察后说的那样。克鲁肯贝格在国家歌剧院过夜，觉得柏林城内既没有真正的防御，也没有明确的指挥机构。他打算明天早上去找党卫队全国副总指挥费格莱因，汇报自己担心的情况，而他的部队仍留在兰德韦尔运河南面的阵地。当日剩下的时间，崔可夫的部队从南面渡过泰尔托运河发动进攻，"诺德兰"师若干分队在整个诺伊克尔恩区展开一连串激烈的小股部队作战行动。

第18装甲掷弹兵师"西里西亚"炮兵连第1排、"荷尔斯泰因"炮兵连第1排凌晨1点前后得知，俄国人正渗透几个炮兵连之间的废墟瓦砾。师里几个主力团已渡过运河退往西北面的柏林市中心，但流动作战的几个炮兵连仍在泰尔托运河南面。实施渗透的是崔可夫麾下部队，他们正为早上的突击加以准备。德国人立马觉察到自己的处境岌岌可危，赶紧撤过泰尔托运河进入诺伊克尔恩，在市政厅遇到"诺德兰"师师部分队。他们休息到10点左右，随后奉命赶往蒂尔加滕和防空炮塔，他们携带的火炮几乎可以说是柏林城内仅剩的德制火炮[279]。待他们靠近防空炮塔，在柏林动物园占据阵地时，红军刚好发起炮击。一发炮弹击中鹈鹕待的池塘，池水四溅，炸死的几只大鸟落在德军官兵周围。附近的兽笼里，一头负了重伤的棕熊疼得嘶声吼叫。眼前惨不忍睹的情形促使德军官兵离开动物园继续转移。

崔可夫部队渡过泰尔托运河发起对进突击，全力执行"夺取滕佩尔霍夫机场"的命令，攻往西北面，穿过科涅夫的前线，阻止他继续攻往国会大厦。左翼的近卫步兵第28、第29军，获得近卫机械化第8军支援，在滕佩尔霍夫路与标志方面军作战分界线的快铁铁路间渡过泰尔托运河。崔可夫奉命展开这场行动，没有获得炮兵和航空兵大力支援[280]。

近卫步兵第29军辖内近卫步兵第82师强渡运河的情况如下：

在近卫步兵第82师右翼进攻的近卫步兵第242团，沿兰德韦尔运河与泰尔托运河交汇处到鲁多尔街这片地段，前出到泰尔托运河南岸和德尔夫特堤岸。该师另外两个团，沿鲁多尔街到赫尔曼街这片地段前出到弗朗茨—克尔纳街，与敌人几股自动步枪手交火，对方正掩护几支分队沿伦吉乌斯街上的桥梁撤往泰尔托运河北岸。

近卫步兵第242团团长的观察所设在约翰街北面某条小巷内，四层建筑的阁楼上。

泰尔托运河是一道难以克服的水障碍，给火炮和坦克造成的麻烦特别大。不伦瑞克堤岸地段，垂直的河岸覆盖着光滑的石块和混凝土板。运河宽12—15米，深5米。

敌人在运河北岸码头构设了强大的防御。一道庞大的石围墙环绕着北岸的墓地，德国人在围墙上凿开若干机枪射孔，以纵射火力控制桥梁地带和运河南岸。伦吉乌斯街桥梁地带，德国人构设据点，还在转角几栋房屋里架设了机枪。

近卫步兵第242团实施侦察后确定，鲁多尔街桥梁接近地遭到自动武器和机枪火力持续不断的扫射。隐蔽在墓地石围墙后的机枪射手和狙击手射出的火力特别危险。另外，他们侦察后还发现，泰尔托运河北岸有一辆半埋的坦克，就在鲁多尔街右侧转角一栋房屋旁，墓地北部边缘也部署了火炮。

很明显，德国人在运河北岸集中大批作战分队和大部分发射手段，就在鲁多尔街、伦吉乌斯街几座桥梁之间。不难预料，德军步兵撤到运河北岸后，他们会炸毁伦吉乌斯街上的桥梁。

鉴于这种情况，师长决心发展近卫步兵第242团的胜利，在桥梁东面强渡运河，而后攻往西北面，迫使敌人弃守运河北岸最强大的筑垒据点，也就是那座公墓。

4月25日16点，团属各分队在鲁多尔街炸毁的桥梁东面强渡运河。鲁多尔街东面、约翰街北面，茂密的花园和大批所谓的菜园小屋遮蔽了通往运河的接近地。强渡地段的运河北岸，德国人在随处可见的厂房内也构设了防御，但严密度远不及公墓附近街区那些建筑。

团里的火炮和机枪以直射火力打击敌人的发射点，建筑和公墓里的火力点是我方情报人员发现的。为避开敌军火力，我方火炮部署在几扇大门间的空地，以及鲁多尔街右侧拐角建筑几堵墙壁的缝隙间。第2营两个连在我方炮火掩护下强渡运河，在工厂院落里夺得几栋房屋。团里其他分队在他们身后渡过运河。

团属各分队攻克运河北岸的工厂和居民区后，把战线转向西面，跨过鲁多尔街，16点在约翰街和布格尔街战斗。我方火炮和迫击炮火给敌人造成严重损失，据守公墓和公墓北面街区的德国人开始撤往克内泽贝克街。此时，近卫步兵第82师左翼部队，在近卫机械化第8军坦克加强下，粉碎德军在伦吉乌斯街登陆场地段的抵抗。坦克和自动枪手冲向桥梁，敌人根本来不及炸桥。坦克驶过桥梁到达运河北岸，沿伦吉乌斯街和赫尔曼街攻往北面。这群坦克身后，近卫步兵第82师的炮兵和近卫步兵第27师一部，也沿这座桥梁渡过运河。

近卫步兵第29军辖内部队与近卫机械化第8军部分部队并肩作战，到4月25日23点已夺得诺伊克尔恩区南部。[281]

这场强渡与乌克兰第1方面军昨日艰巨的渡河行动形成鲜明对比。右翼的近卫步兵第4军，在近卫坦克第11军支援下，渡过运河攻入诺伊克尔恩，在那里遭遇"诺德兰"师仍在坚守防御阵地的部分分队。颇受爱戴的团长瑟伦森昨日阵亡，党卫队第24"丹麦"装甲掷弹兵团的官兵深受打击。团长阵亡后，"丹麦"团残部编入二级突击队大队长扎尔巴赫指挥的党卫队第11装甲侦察营[282]。但全团解散前还有件事情要做。贡纳尔·伊卢姆驱车赶往皮歇尔斯贝格西面一处公墓，发现墓地负责人仍在办公室。伊卢姆提出为团长找块墓地，墓地负责人却告诉他要办手续，不仅需要死亡证明，还得支付300马克墓地费用。此时战斗仍在肆虐，伊卢姆没心思跟这个官僚主义作风的负责人扯皮，直截了当地告诉对方："他为保卫您的城市献出生命，可您却要收钱才肯给他办场体面的葬礼。"墓地负责人不吱声了，觉得跟一个悲痛欲绝、全副武装的军人争论对自己没好处。站在旁边看热闹的一个柏林女市民提出，她愿意支付这笔费用给墓地负责人，伊卢姆婉言谢绝，给了掘墓工一些香烟作酬劳。他驱车返回师部，整理瑟伦森的遗体，随后带着遗体和团里的仪仗队赶往墓地[283]。党卫队二级突击队大队长赫尔曼是个德国人，但自1944年起就在该团服役，他在葬礼上发表了悼词。以下就是这篇首次公之于众的讲话：

我站在这里，站在您敞开的墓地旁，不仅要向我相识已久的英勇同志、团里堪称模范的领导和军官告别，这一刻还要代表部队里的德国官兵对您说声谢谢。您和贵国许多人宣誓效忠德国，在反对布尔什维克主义的斗争中跟我们并肩奋战，展现出战友情谊，您和许多人为自己的誓言献出了生命！

您以这种方式英勇牺牲，我无比悲痛。这些日子我深受震撼，因为我知道您和其他丹麦战友在这处人间炼狱战斗得多么勇敢，而那么多德国部队不是撤往西面就是消极应对。愿您在这里，在我们流血的城市中心安息！[284]

赫尔曼讲完，团仪仗队鸣枪致敬，众人高呼"胜利万岁"，一同唱起传统的军歌"我有个战友"[285]。伊卢姆和其他人随后离开公墓赶往诺伊克尔恩。

"诺德兰"师几个分队在诺伊克尔恩继续坚守防御阵地，而师部参谋人员打算向北开拔，渡过兰德韦尔运河。党卫队第24"丹麦"装甲掷弹兵团战斗群、三级突击队中队长克里斯滕森率领的党卫队第24"丹麦"装甲掷弹兵团第16（工兵）连、"查理大帝"突击营、各种人民冲锋队部队分布在整片防区[286]。党卫队第23"挪威"装甲掷弹兵团前几天的损失也很惨重，全团撤编，残余官兵编入更小的战斗群，调到诺伊克尔恩和市中心几片地区。党卫队第11装甲侦察营依然完整，部署在诺伊克尔恩中央地带附近。党卫队第503重型装甲营的3辆虎王坦克也在这里，为他们提供支援。这些部队统归克鲁肯贝格指挥，可他无法卓有成效地协调作战行动，尤其是因为他此时把新指挥所设在北面。

亨泽勒和他的连奉命在诺伊克尔恩的里夏德广场占据阵地，他的工兵营指挥所也设在此处。他率领部下穿过废墟瓦砾，整片地区在燃烧，浓浓的黑烟遮天蔽日。亨泽勒很快得知克鲁肯贝格接任师长的消息。克鲁肯贝格下达的头几道命令，有一条是：向师部提交书面请求前，下级指挥所不得擅自转移或搬迁。"诺德兰"师官兵在柏林城内卷入混乱的战斗，亨泽勒的营部人员觉得克鲁肯贝格这道命令毫无用处[287]。克鲁肯贝格下达的指令表明，他对齐格勒领导的"诺德兰"师缺乏凝聚力、居然允许各部队自行其是深感担忧，但也说明克鲁肯贝格对当前作战行动的性质缺乏了解。

红军近卫步兵第35、第47师和近卫坦克第40、第45旅的坦克，当日上午渗透亨泽勒营指挥所周围几条小街，迫使该营中午前撤离。亨泽勒和他的工兵连沿里夏德街向北赶往柏林街附近，诺伊克尔恩区邮政总局。他们在那里看见一辆黑豹坦克半埋在街道一侧，只露出炮塔，控制十字路口。这辆黑豹很可能是故意埋入地下，构成装甲防御阵地。亨泽勒和部下凑近坦克炮塔，想占据这处装甲阵地，把附近的房屋打造成支撑点。可他们刚刚走近，在附近房屋里喝酒的黑豹坦克车组跑了出来，宣称这辆坦克是他们的。亨泽勒带着部下来到街道另一侧，在这里可以同黑豹车组相互支援，朝街道南面开火，抵御逼近的红军部队。

崔可夫部队巩固了他们在泰尔托运河对岸取得的战果，准备迅速穿过诺伊克尔恩，向上攻往滕佩尔霍夫东侧。守军知道俄国人当天会大举推进，不出所料，红军下午3点左右沿宽阔的街道发动进攻，穿过贝格街和柏林街。率先发起突击的是几个坦克团没获得步兵支援的T-34/85坦克。战斗初期，红军部队仍在适应城市地形，打得有些生疏，但他们在接下来一两天的战斗中有所改变。操作坦克炮塔的德军车组，虽说喝得醉醺醺的，但没受什么影响，要么就是在酒精作用下鼓起勇气，一连击毁7辆进犯的敌坦克，直到炮塔中弹才逃离。

党卫队第503重型装甲营三级突击队中队长本德尔的虎王坦克，此时就在赫尔曼街地铁站附近的十字路口，他也挡住进犯的敌坦克，顺利守住该地区[288]。位于邮局附近的另一辆虎王，被敌军炮火击毁，车组人员弃车。第三辆虎王和丹麦志愿者从哈森黑德街发起反冲击，战斗中击毁数辆敌坦克。红军采用老战术，暂停进攻，以火炮和迫击炮猛轰这片地区，准备发起第二轮冲击。猛烈的炮火炸毁邮局和附近几栋建筑。俄国人下午晚些时候投入进攻，最终突破对方设在废墟瓦砾间的防线，穿过里夏德街。这种情况迫使几辆虎王和亨泽勒的丹麦志愿者撤往赫尔曼广场[289]。

斯科尔宁战斗群成功抵御科涅夫机械化第9军强渡泰尔托运河的行动后，沿运河开往东面，在滕佩尔霍夫附近遭遇崔可夫近卫第8集团军准备穿越方面军作战分界线的部队。近卫步兵第39师第117团在机场西南面。当日昼间，近卫步兵第39师沿泰尔托运河南岸向西运动，寻找合适的渡口。他们位于近卫第8集团军最左翼。下午3点左右，该师到达小小的滕佩尔霍夫港对面的河岸。附

近的桥梁都已炸毁,所以该师奉命强渡运河。近卫军上尉卡波林率领步兵第2营实施强渡,他后来报告道:

> 受领任务后,全营立即占据出发阵地,准备木筏,改造码头,还给每个战士讲解了任务。我们获得的所有火炮(1个76毫米炮兵连和3辆SU-76自行火炮)都精心伪装,准备以直接火力提供支援。1个步兵连在运河岸边和毗邻河岸的建筑内占据出发阵地,任务是掩护第一梯队的渡河行动。
>
> 工兵排准备了6个渡场,都穿过敌人搭设在运河两岸的铁丝网障碍。
>
> 1945年4月25日17点,我方炮兵对敌军堑壕和建筑内的火力点实施15分钟炮火准备。炮火准备结束前5分钟,我们的战士准备好木筏,在火炮和机枪火力掩护下开始渡河。30分钟内,2个步兵连渡过运河,迅速冲入堑壕和建筑,与敌人展开白刃战。
>
> 全营以此为契机,没用一小时就彻底渡到运河对岸,克服敌人的抵抗,把登陆场扩大到600—700米宽、800—1000米深,随后冲出登陆场攻往日耳曼尼亚街。
>
> 敌人从翼侧射来猛烈的机枪火力,还使用了"铁拳",为掩护渡场,工兵排点燃毗邻街区的几栋房屋,这样一来,敌人就无法瞄准射击,我们还消灭了对方几个火力点。[290]

据苏联官方资料称,步兵第2营渡河期间1人阵亡,12人负伤。虽说不确定卡波林遇到的守军是不是斯科尔宁战斗群,但很明显,运河对岸的守军遭到红军准确的炮火打击,蒙受了相应的损失[291]。

崔可夫决心当日拿下滕佩尔霍夫,因而下令立即对机场发起冲击。为赶在科涅夫之前向东取得进展,朱可夫可能对他施加了很大的压力。进攻机场的任务交给近卫步兵第29军,近卫坦克第1集团军两个旅提供支援。近卫步兵第29军的布势,是把近卫步兵第39师辖内部队部署在左侧,近卫步兵第79师位于右侧,近卫步兵第88师在中间推进[①]。红军炮兵的任务是不让敌机使用跑道逃

[①] 这三个师都隶属近卫步兵第28军。

离。红军坦克和步兵组成的特种部队受领了明确的任务,阻止所有飞机起飞,以防希特勒或其他纳粹高官逃离这座城市。红军设法到达机场,但机场的主要防御仍控制在"明歇贝格"装甲师辖内分队手里。虎Ⅰ式装甲连残部据守机场北端,88毫米火炮轻而易举地控制了南面的开阔地段。德军装甲掷弹兵沿机场两侧据守主要建筑。黄昏时,红军更多坦克和步兵开抵机场,但面对德军密集的火力,他们没能夺取机库或行政楼。"明歇贝格"装甲师的克勒默少尉回忆道:

> 上午10点:俄国人势不可当地攻往机场。新防线设在镇中心。巷战很激烈,大批平民伤亡,牲畜奄奄一息,当地妇女从一个地窖逃到另一个地窖。我们赶往西北面,而新命令一如既往,要求我们向北攻击前进。可眼下的局面显然彻底陷入混乱,元首暗堡掌握的情况肯定不确实,我们本该接防的阵地已落入俄国人手里。我们冒着敌人猛烈的空袭再次后撤。墙上的标语写道:"黎明前的时刻最黑暗""我们虽然后撤,但正在赢得胜利。"逃兵不是被绞死就是被枪毙……第一场小规模冲突发生在地铁隧道内,俄国人穿过隧道,企图迂回到我们后方。隧道里挤满平民百姓。[292]

克勒默的记述,突出了德军指挥机构的混乱局面,各条街道上乱成一团,也让我们得以窥见城内百姓的苦难。红军进攻期间,柏林城内仍有400万平民,他们在艰难的战斗条件和交战双方的报复下勉力求生,这一点很容易被人遗忘。傍晚前后,近卫第8集团军停止前进。该军团已深入城内,辖内各师沿滕佩尔霍夫机场两侧狭窄的通道排成一行。尽管遭到红军火炮和战机猛烈打击,但德军部队仍在坚守许多关键位置。崔可夫必须占领机场,继续攻往西北面。西面,科涅夫来势汹汹的部队仍朝东北面的国会大厦攻击前进。

撤离奥得河前线期间,第18装甲掷弹兵师想尽办法,基本保持了完整的建制和战斗力。该师仍有足够的汽油和弹药,撤离奥得河期间,他们没捞到机会使用这些作战物资。师里的装甲掷弹兵和装甲兵,现在开入维尔默斯多夫—施泰格利茨附近的后备阵地,而伯切尔率领的师作战科在动物园防空炮塔内设立小型指挥所。师长劳赫奉命留在元首暗堡。第18装甲掷弹兵师的作战参谋人员,眼下的通信条件是所有兵团里最好的,因为他们可以使用有线电话和无线电台。战役剩下的日子,该师辖内各团直接从动物园防空炮塔接收一道道命令[293]。装甲掷弹兵占据指定阵地,奉命侦察前方,探明位于他们翼侧的第20装甲掷弹兵师的确切位置,该师应该在格鲁讷瓦尔德南面据守防线。德军侦察兵很快发现,科涅夫的军队已强渡泰尔托运河,正迅速攻往东北面,第20装甲掷弹兵师不知去向。

第20装甲掷弹兵师负责的防区很大,还奉命守住泰尔托运河上的几座桥梁。师部人员起初在万湖岛设立指挥所,但撤离塞洛高地期间,师长朔尔策的意志似乎越来越消沉。几周前,波茨坦遭遇空袭,他妻子和四个孩子不幸罹难。近期经历的持续交战,再加上痛失家人,耗尽了朔尔策残余的自制力。当天他跟师部人员握手道别,随后自杀身亡[294]。当日晚些时候,魏德林打电话找朔尔策,参谋人员才发现他死在指挥车里。雷巴尔科的近卫坦克第3集团军前天进展神速,把第20装甲掷弹兵师打得四分五裂。虽说该师部分人员仍在万湖岛,但师主力溜过城市西面红军逐渐合拢的铁钳,一路退到凯钦。

第90装甲掷弹兵团主力、师属补给营、装甲营改编为第20装甲旅,4月25日在弗里萨克镇外整顿,又编入2个步兵营、2个炮兵支队、1个有8辆突击炮的装甲连、一个高射炮连、1个步兵迫击炮连,都是摩托化分队。问题是,许多新"战斗兵"调自师补给部队,每天都有人开小差,对留下来的那些士兵显然也不能抱太大期望[295]。

第20装甲掷弹兵师现在转隶霍尔斯特将军的第41装甲军,成为北面第12集团军的组成部分,但该师所有官兵都知道,从周边村庄弥漫的烟雾和隆隆炮声看,北上不是个好主意。俄国人也知道该兵团在何处,他们的"跛脚鸭"双翼飞机朝德军纵队投掷照明弹,不断追踪第20装甲掷弹兵师。4月27日,旅长罗斯托克少校和副官科恩上尉丢下师里残余的官兵,自寻出路回家了。第20装甲旅的将士继续向西,令人称奇的是,剩下的军官居然率领师残部渡过易北河,向对岸的美国军队投降。魏德林对这些情况一无所知,他命令第18装甲掷弹兵师立即发起反冲击,攻入科涅夫战线,与失联的第20装甲掷弹兵师重新建立联系。

尽管科涅夫的部队与崔可夫集团军取得联系,但红军两个方面军没有协同一致地展开行动，还是和先前一样，各自攻往政府区。雷巴尔科的部队获得第28集团军步兵第20、第128军加强，在兰克维茨与马里恩多夫之间到达泰尔托运河。此举掩护了雷巴尔科右翼，他的坦克和机械化部队得以继续攻往北面和东北面。

雷巴尔科在柏林城内作战的坦克力量，起初遭受了严重损失。正如几乎所有红军兵团经历的那样，没有步兵支援，继续使用坦克力量全然无效。雷巴尔科的部队攻入施泰格利茨，发现必须重新编组各兵团。

科涅夫在回忆录里表述了他对坦克部队最初投入交战的担忧之情。他写道，雷巴尔科的坦克兵"必须一寸接一寸地攻占「柏林」，而且是在城内守军大量配备'铁拳'的条件下，这种武器对坦克构成严重威胁"[296]。雷巴尔科的坦克力量，围绕排级或连级步兵分队编组。这股步兵力量不超过25人，以此为核心，配备3—4辆坦克、2—3辆自行火炮、几门口径高达203毫米的重型火炮、2—3部"斯大林管风琴"火箭炮、1个配备爆破器材的战斗工兵组、几门随行的直接瞄准火炮[297]。

雷巴尔科设法让麾下几个军迅速适应城市地形和"铁拳"造成的种种困难，因而备受称赞。由于战役速度很快，科涅夫坦率地承认，他的步兵"配合坦克作战时……损失很大，这是我们不得不承受的代价"。科涅夫不打算放缓攻往国会大厦的速度，但他承认："虽说坦克兵很英勇，但在巷战中无法独立取得决定性胜利。"[298]

机械化第9军获得步兵第61师支援，取道施泰格利茨攻往舍讷贝格，很可能遇到崔可夫掩护东面的部队。据近卫坦克第3集团军作战日志称，机械化第9军军长决定在4月24日到达的战线留下小股掩护力量，军主力4月24日/25日夜间在泰尔托地区渡过运河，从近卫坦克第6军右翼后方发展胜利，4月25日日终前攻占柏林中心地带，前出到安哈尔特火车站一线。4月25日的作战目标依然是安哈尔特火车站，这个事实清楚地表明，雷巴尔科打算在该地区渡过兰德韦尔运河。机械化第9军的作战日志，概述了各兵团的运动：

> 步兵第61师辖内部队在右侧进攻，「我军」与该师的分界线是：利希滕拉德、化工厂、安哈尔特火车站。

近卫坦克第6军在左侧进攻，「我军」与该军的分界线是：兰克维茨南面的兵营、弗里德瑙、311象限。

部队在教堂（1384A）、公园（1183B，不含）、泰尔托运河上的桥梁（1285B）地区占据进攻出发地段。此次进攻以两个梯队遂行，任务是前出到474、461象限一线，之后3个旅合并成一个梯队。军长的决定通过后，各旅收到第13号作战号令规定的任务。

机械化第70旅和重型自行炮兵第383团、迫击炮兵第426团、喷火器第2/1营、轻型炮兵第229团、炮兵第1108/168旅、近卫迫击炮兵第91团第2营，4月25日2点从既占地带出发，赶往泰尔托地区的桥梁。

4月25日10点，该旅渡过泰尔托运河到达出发阵地。为遂行巷战，旅里组建了6个强击群，具体编组如下：

第1强击群——马格尼特克中尉的摩托化步兵第1营第1连，配备3辆坦克、2辆SU-122、炮兵师调拨的1个炮兵连、1个迫击炮兵连，还获得炮兵第1108/168旅1个营支援。

第2强击群——库科夫斯基中尉的摩托化步兵第1营第2连，配备3辆坦克、2辆SU-122、炮兵师调拨的1个炮兵连、1个迫击炮兵连，还获得炮兵第1108/168旅1个营支援。

第3强击群——马拉绍夫上尉的摩托化步兵第2营第1连，配备3辆坦克、2辆SU-122、炮兵师调拨的1个炮兵连、1个迫击炮兵连，还获得炮兵第229团1个营支援。

第4强击群——沃罗比耶夫中尉的摩托化步兵第2营第2连，配备3辆坦克、2辆SU-122，获得炮兵第229团1个营、迫击炮兵第426团1个营支援。

第5强击群——伊万金上尉的摩托化步兵第3营第1连，配备3辆坦克、2辆SU-122，获得炮兵第1108/168旅1个营支援。

第6强击群——萨芬上尉的摩托化步兵第3营第2连，配备3辆坦克、2辆SU-122，获得炮兵第1108/168旅1个营支援。

三个摩托化步兵营定于4月25日13点30分，以单路梯队沿铁路线发动进攻。

摩托化步兵第2营沿许岑街遂行冲击。

摩托化步兵第1营在摩托化步兵第2营右侧进攻。

摩托化步兵第3营沿罗森滕街攻往铁路线左侧。

机械化第69旅在右侧进攻，位于左侧的是步兵第4师步兵第143团[①]。

位于中路的近卫坦克第6军，获得近卫步兵第48师支援，在路易丝王后广场的植物园对面打垮德军一个高射炮连，前出到施马根多夫郊区。作战日志记录下当日的情况：

实施炮火准备后，近卫摩托化步兵第22旅强渡泰尔托运河，在泰尔托北面的运河北岸夺得一座登陆场；该旅19点前出到利希特费尔德西南面1公里地带，在既占登陆场坚守到4月25日上午。

近卫坦克第51旅17点渡过泰尔托运河，攻往利希特费尔德南部方向。该旅18点克服了配备"铁拳"、获得炮兵支援的敌步兵的顽强抵抗，前出到利希特费尔德西南部，在利希特费尔德切断铁路线。

近卫坦克第52旅——强渡泰尔托运河，朝策伦多夫发动进攻；克服敌人顽强的抵抗，摧毁3门火炮，19点前出到策伦多夫地区。

近卫坦克第53旅——在军第二梯队遂行冲击，准备击退敌人从东北面和北面发起的反冲击。

近卫坦克第51旅、自行炮兵第1893团、轻型炮兵第187团——克服了配备"铁拳"、获得炮兵支援（主要是高射炮）的敌步兵的抵抗，沿阿尔滕施泰因街继续进攻，4月25日日终前到达"施马根多夫"标牌南面1.4公里的朔尔勒梅大道，继续攻往施泰格利茨方向。

近卫坦克第52旅——与近卫摩托化步兵第22旅辖内部队协同，继续沿蒂尔大道攻击前进，克服了配备"铁拳"、获得炮兵支援的敌步兵的抵抗，4月25日日终前到达皮克勒街与王储大道十字路口附近，继续攻往施马根多夫方向。

[①] 步兵第4师隶属白俄罗斯第1方面军第69集团军步兵第25军。

近卫摩托化步兵第22旅——与近卫坦克第51、第52旅辖内部队协同,以部分兵力掩护坦克,以防"铁拳"袭击,日终前到达皮克勒街与王储大道十字路口,以部分兵力掩护近卫坦克第51、第52旅的作战分界线。

近卫坦克第53旅——4月25日担任军长的预备队,没有执行作战任务,集中在柏林街与蒂尔大道十字路口地带及其东面。

军属炮兵与各旅协同作战,继续向前推进,以炮火支援各部队的作战行动。

1945年4月25日,军属各部队四次遭到己方航空兵和波-2飞机误击,这些误击事件造成以下损失:近卫摩托化步兵第22旅21人阵亡,88人负伤,5辆汽车、1部电台和部分作战文件烧毁;近卫重型自行炮兵第385团8部车辆、1辆SU-122受损。

左翼的近卫坦克第7军,获得步兵第20师支援,穿过达勒姆攻击前进,途中占领德国空军第3航空区司令部大楼。从林木茂密的格鲁讷瓦尔德到哈弗尔

第1高射炮师第5/437连的105毫米火炮,该连前身是帝国劳役团第7/142连,部署在普鲁士国家档案馆前方达勒姆区的田野里,就在近卫坦克第7军的前进路线上。上图的炮管上有12道战果环,表明他们击落12架盟军飞机。右侧炸毁的炮闩表明,炮组人员撤离前自行炸毁了火炮。下图的火炮也有12道战果环,这门火炮很可能也是被炮组人员破坏的。地上堆放的大批弹壳,表明该连卷入激烈的地面战斗。

河，掩护这片地段的任务交给达维德·德拉贡斯基上校的近卫坦克第55旅，该旅只有1500来人，不得不以失去战车的坦克车组充当步兵，因为所有红军兵团都缺乏兵力。德拉贡斯基的坦克旅，后来获得近卫机械化步兵第23旅2个步兵连加强[299]。近卫坦克第7军的行动，会在后文介绍4月26日的作战行动时详述。

科涅夫的坦克兵为解决城市作战的难题重新编组时，他收到令人不安的报告，说雷巴尔科的部下遭到白俄罗斯第1方面军辖内兵团攻击。科涅夫在回忆录里指出："两个方面军辖内部队越接近柏林市中心，出现的困难就越多，特别是在航空兵的使用方面。"[300]除了"敬礼"行动，两个方面军的指战员在遍布碎石瓦砾的街道上相遇，刚刚接触时不知道对方是敌是友，往往会相互射击。4月25日上午发生一连串冲突，导致雷巴尔科和崔可夫辖内兵团自相残杀。除了几个红军老兵和科涅夫披露的情况，几乎找不到红军在柏林街头误击友军的资料。科涅夫在回忆录里谈到误击事件，是唯一披露此事的红军高级将领：

> 由于这样或那样的疏忽在前线误击友军，而且还造成损失，肯定会带来极度紧张而又可悲的结果。柏林进攻战役期间，这种现象特别突出，尤其是4月25日那天，这类报告一份份送抵，显然不仅送到我这里，也送交朱可夫。[301]

这些冲突迫使两位方面军司令员不得不向大本营做出解释，但两位司令员都不愿主动放弃率先到达国会大厦的权利。

布特曼昨晚阵亡后，希特勒青年团第200大队解散。皮恩尼克仍对大队长的牺牲震惊不已，他听从布特曼的遗言，赶往为狼人展开行动准备的别墅。皮恩尼克到达安全屋，遇到队里另外三个小伙。他在潮湿的地下室里找到床垫和部分装备，还有足以维持六个月的食物。皮恩尼克和另一个小伙普森杰克决定，与其待在别墅里"当狼人"，还不如去加入另一支作战部队。

两个小伙赶到舍讷贝格区公所，接到前往约克街的命令。南部两条主要的快铁铁路线在那里的安哈尔特货运场交会。他俩的任务是担任警戒哨，一旦发现敌坦克渗透到该地区立即报告。两个小伙赶往目的地途中遇到一群平民，他们在街头兴高采烈地谈论着什么。皮恩尼克上前询问怎么回事，他们说铁路站场有一列35节车皮的货运列车，满载丹麦的黄油和熏猪肉，可那里有两个党卫队员把守，不让任何人靠近。

这些平民说他们好几天没吃东西了，饿得饥肠辘辘，但党卫队哨兵看见有人凑近火车就开枪示警。两个小伙决定过去看看怎么回事。他们靠近铁路站场，看见几个人民冲锋队员和平民死在铁轨上或旁边，大多是头部中弹。两人刚走上站台，就听见四个党卫队哨兵高声喊道，要是他们想打食物的主意，就别怪他们不客气了，因为上级有命令，不许任何人劫掠火车。皮恩尼克和普森杰克决定干掉几个党卫队哨兵。他俩趴在旁边一列火车下，朝一名哨兵的腿开了一枪。哨兵倒下，几个战友跑过来救他，皮恩尼克和普森杰克端起自动武器开火，击毙了剩下的党卫队哨兵。两个小伙爬上火车，往兜里塞满食物，随后跑去告诉那些平民，赶紧去拿食物，想拿什么就拿什么。众人挤上火车哄抢食物，红军炮火袭向铁路站场，一发炮弹直接命中，炸毁了火车。皮恩尼克和普森杰克赶紧隐蔽到约克街的快铁高架桥下，待炮击结束才赶往比洛街。

他俩随后遇到一名空军上士指挥的小股战斗群，他们还有一门20毫米高射机关炮。空军上士喊道："胆小鬼，你们干嘛要逃跑？"皮恩尼克本能地觉察到情况不妙，但他反应很快，伸手扶住普森杰克，说他正送负伤的战友去后方。空军上士吼道："说什么都没用！"随即命令部下以20毫米机关炮开火。操作机关炮的伙计看他俩不过是孩子，很可能故意射偏了。皮恩尼克和战友跳到广告栏后，以红军迫击炮火为掩护迅速逃离，这通炮火朝20毫米机关炮响起的方向袭来，一发发炮弹落在附近[302]。

西部地区

红军第47集团军朝施潘道和加托发起第二轮突击。步兵第125军顺利隔断施潘道区防御阵地，但没能攻占该镇。他们的兵力不足以完成这项任务，只能靠航空兵和炮兵把德国守军驱离阵地。动物园防空炮塔继续支援加托守军，守卫加托的部队估计，白天会有各种飞机飞抵这座机场[303]。由于希特勒公开宣布，他打算在柏林街头为保卫德国奋战到最后一刻，要求援兵尽快赶来的急电不断通过无线电波和OKW指挥渠道发出。

18岁的海因茨·克拉奇马尔就是援兵中的一员，他是个海军新兵，接受雷达操作训练，驻守在波罗的海沿岸的施特拉尔松德。4月24日，海因茨和其他学员整装列队，还获得口粮和武器。海因茨领到两具"铁拳"、两枚手榴弹、一箱机枪子弹、一支德制K-98步枪。他们随后登上卡车，赶往罗斯托克南面的居斯特罗机场。他们到达机场后进入防空掩蔽部，在里面度过一个令人不安的夜晚，红军战机每隔30分钟就赶来轰炸、扫射机场。

凌晨3点，一名高级军士叫醒这群新兵，命令他们离开防空掩蔽部。众人默默无语地穿过满是弹坑的机场，朝一架老旧的福克-武尔夫运输机走去，这架运输机等在一旁，引擎发出阵阵轰鸣。机舱内的座椅已拆除，腾出的空间可容纳22人和他们携带的装备。运输机滑行时，又一轮空袭到来，飞机在高低不平的跑道上加大油门，炸弹落在两侧，运输机随后起飞，钻入4月25日清晨的夜空。飞行途中，海因茨和战友得知目的地是柏林。邓尼茨答应希特勒从海军抽调援兵救援首都，海因茨这群新兵就是其中一部分。总之，德国海军从各所训练学校召集300名海军新兵派往柏林，但据信只有3架飞机到达目的地，送去近70人。

福克-武尔夫贴着树梢飞行，避开红军歼击机和德军高射炮火，眼下根本没办法与己方地面部队协调飞行事宜。当晚月色明亮，飞往柏林途中，海因茨和战友看见到处是炸毁和正在燃烧的村庄。飞行员驾机平安降落在柏林西郊的加托机场，简直是奇迹。海因茨和战友冲下飞机，跑到附近的沟壑隐蔽，在那里遇到早些时候降落在机场上的另一些海军新兵。俄国人此时就在机场对面的树林里，朝这些充当步兵的水兵开火射击，这种情况促使新到来的海军士兵向东赶往市中心。早上8点，他们到达哈弗尔河畔的加托镇，几辆卡车接上他们驶往柏林城内。他们在途中不时遭遇炮火，还看见许多13—14岁的大男孩扛着"铁拳"，在各处挖掘堑壕。这群海军新兵讨论他们会部署到城内何处，最终奉命进驻外交部，作为援兵加强Z防区的防御[304]。

绰号"汉内"的约翰内斯·索贝克4月份刚好45岁，以前是个著名的足球运动员，因为腿伤免服兵役。战争期间他在夏洛滕堡区马祖伦大道的广播电台担任体育编辑，就在奥林匹克体育场西面。德国1944年宣布进入"总体战"，包括汉内在内的电台工作人员动员起来，加入人民冲锋队广播电台特别连。这支分队隶属宣传部人民冲锋队营，该营驻扎在威廉大街。指挥人民冲锋队广播电台特别连的是无线电广播主任奥斯卡·哈夫。4月21日，戈培尔的门徒维尔纳·瑙曼下达命令，宣布广播电台的人民冲锋队"当天必须到宣传部报到，执行保卫元首的光荣任务"。当天下午，人民冲锋队广播电台特别连在院内集合，随后登上卡车，沿东西轴线赶往东面的勃兰登堡门。连里还有些队员骑着摩托车，行驶在这支小型车队前后。红军的炮弹从滕佩尔霍夫方向射来，落在政府区附近，但几辆卡车穿过弹幕平安到达目的地，连里所有队员迅速进驻宣传部掩蔽部。他们到达后，汉斯·弗里切穿着棕色便装来到掩蔽部。弗里切是宣传部广播司司长，大家都认识他，但据汉内说，众人对他态度冷淡。弗里切把全连召集起来，大声宣读了一份声明：

诸位同志，诸位同事，你们现在奉命从广播电台来到宣传部。我对此懊悔万分！我想跟你们开诚布公地说几句心里话。我现在终于能换个方式跟你们聊聊了。柏林眼下发生的事情太疯狂了！我跟你们相识多年，现在眼睁睁地看着你们卷入这场疯狂的漩涡，实在让我无比难过。我会尽一切努力帮助你们，也会尽己所能，不让柏林彻底沦为废墟。

这番讲话和他后来的所作所为，改变了众人对弗里切的看法。汉内回忆道："广播司司长的表现像个男子汉。尽管为时已晚，可他直言不讳地说出自己得出的结论。必须说，他在柏林最艰难的时刻，不仅证明自己是个男子汉，更是个堂堂正正的人。"

人民冲锋队广播电台特别连的任务是侦察巡逻，弄清俄国人离政府区还有多远，另外还要担任宣传部与驻帝国总理府各部门间的传令兵。汉内的许多战友执行这些任务期间阵亡或负伤，连长哈夫也身负重伤。俄国人射向威廉广场的炮火极为猛烈，炮击停止前没人能穿过广场。有一次，柏林的希特勒青年团区领导人哈特曼，和德国少女联盟的区领导人（一名妇女）离开掩蔽部执行巡逻任务，但没把握好穿越广场的时机。两人到达空阔的广场中心，"斯大林管风琴"一轮齐射击中沥青地面，抛洒出"上千块弹片，蒸汽云笼罩现场，两人像被闪电击中那样倒下了。那名妇女似乎当场身亡，哈特曼的腹部划开个大口子"。汉内看着他慢慢爬回宣传部。

从威廉广场北望威廉大街（摄于20世纪30年代中期）。（1）旧帝国总理府；（2）地铁入口；（3）宣传部。德国足球明星约翰内斯·索贝克和人民冲锋队宣传广播连的其他成员，驻守在此处的地下掩蔽所里。

4月25日，汉内看见一股不同寻常的援兵来到政府区这座掩蔽部：都是海军士兵。汉内回忆道，这些身着深蓝色军装的前"潜艇艇员"，在掩蔽部内占据了"没人知道该派什么用场的"楼梯井。

同一天，另一股赶来的援兵让汉内和人民冲锋队的同袍意外而又震惊：这支作战部队共100—150人，都是全副武装的女兵。她们个头很高，留着齐肩金发，平均年龄25岁到35岁之间。她们身着褐绿色伞兵迷彩外套，脚上穿着伞兵短军靴，配备MP-40冲锋枪和手枪，扎着"装有好多弹药的子弹带"，还随身携带"铁拳"。她们的皮带下塞着"土豆捣碎器"般的长柄手榴弹。这群女兵的MP-40冲锋枪似乎是"崭新出厂的"。这支看上去"很厉害"的女兵部队分入几个连队，连队里都是勃兰登堡妇女联盟和德国少女联盟精心挑选的成员。人民冲锋队的男人不太喜欢跟这群女兵共用掩蔽部，汉内解释道，这是因为她们说一口"难听的萨克森方言"，还"傲慢自大，根本瞧不上我们这些装备拙劣的人民冲锋队员"。每个女兵都以简短的誓词宣誓："为元首奋战到最后一刻！"

当时，掩蔽部里的男人从没见过"这么狂热的女兵,他们盯着这些阴森的身影，就好像她们是女鬼似的"。汉内承认，这群女兵的模样"确实很怪异"。毫无疑问，她们接下来几天跟俄国人展开逐屋逐房的艰巨战斗："这些妇女和姑娘组成的连队像猛虎那样战斗，她们夜复一夜地外出行动，而且只在夜间投入巷战。"完全以女兵组成的这支部队损失惨重。她们沉默寡言，很少跟男兵交流。每次结束巷战返回，她们会在清晨时像猫那样"溜入"掩蔽部，"动作优雅、镇定、迅速，沿着墙壁来到部委大楼。"汉内回忆道："钢盔下露出她们潮湿、凌乱的头发，苍白的脸上带着苦涩的神情，双眼像燃烧的煤块那样熠熠生辉，军装脏兮兮的，沾满泥泞、石灰、尘土，没人敢跟她们搭讪。"她们从不谈论自己从事的战斗，唯一流露出的情绪是"某个女友在夜间战斗中阵亡后，情难自抑地抽泣和恸哭"。夜复一夜，返回掩蔽部的姑娘越来越少[305]。

北部地区

为肃清西门子施塔特的现代工业郊区，机械化第1军遂行了一连串局部战斗，由于缺乏步兵支援，该军坦克损失惨重。这里的工厂都有自己的护厂队，而且装备精良，配有"铁拳"和机枪。红军14点30分冲击建成区，激烈的战斗持续了三天，他们直到4月28日才逼近施普雷河。S.I.波格丹诺夫上将请求朱可夫调派更多作战兵团，4月25日傍晚得到答复，波兰重型炮兵第2旅和波兰舟桥兵第6营开抵[306]。

4月25日拂晓，突击第3集团军步兵第79军以猛烈的炮火为掩护，在普勒岑湖船闸处渡过霍亨索伦运河。他们4月24日肃清了直到西港运河河岸的地区，却发现无法继续前进。运河上的桥梁已炸毁，碎石瓦砾撒得到处都是，每次只能供5个人渡河。对岸布满机枪阵地，快铁站也打造成防御地堡。一个四号坦克炮塔置于铁轨附近，掩护着桥梁。一座座烧毁的工厂也成为筑垒阵地。到4月24日13点，步兵第79军辖下的步兵第207师，以步兵第597团前出到运河北岸，步兵第594团位于东面1公里。担任师第二梯队的步兵第598团集中在更后方。红军企图迅速渡过运河，但行动失败了。两个团掘壕据守，准备次日清晨在更多火炮和工兵支援下强渡运河[307]。

师长和作战参谋14点赶到最前沿，随即组织力量侦察地形和敌情。他们观察后发现，德国人沿运河南岸据守若干建筑，以持续不停的火力控制运河。他们发现师前线对面，敌人在几个地下室里部署了8挺机枪，但无法确定敌人的正式防御阵地在哪里。师情报人员认为，运河最宽处60米，据守南岸的是几个人民冲锋队支队，总兵力多达300人，还获得3个迫击炮连、1个炮兵连支援。

步兵第207师几个团，每个团辖2个营，每个营编有2个连，每个连的兵力不超过50—60人。该师获得2个炮兵、3个迫击炮兵团加强，配属的12辆SU-152、10辆SU-76自行火炮为该师提供更多战术支援。步兵第207师还获得一个舟桥兵营，该营配备的充气式浮筒估计会在16点运抵运河，届时可以摆渡师里的作战装备。

步兵第594团团长拟制了强渡运河的方案，打算以30名配备自动武器的战士搭乘橡皮筏渡过运河，每条橡皮筏携带2—3人，船桨就用现有的木板凑合。待强击群在对岸建立小型登陆场，工兵就以浮筒和橡皮筏搭设突击桥，把机枪和其他重型支援武器运到对岸。

舟桥兵营17点开抵，比计划时间晚了一小时，他们的渡河设备集中在距离河岸150米处。突击定于18点发起。此次强渡行动的官方记述如下：

规定时间已到，在10分钟炮火准备的掩护下，自动步枪手组成的强击群带着橡皮筏冲向运河，把橡皮筏抛入河里，有的游泳，有的乘坐橡皮筏，就这样朝南岸而去。

德国人的武器遭我方炮火压制，无法有效袭扰我们的渡河行动。

自动步枪手刚到达南岸，我方炮火就从沿岸建筑延伸到纵深，自动步枪手冲击几座厂房，迅速攻克目标。

借助自动步枪手的火力掩护，在火炮和自行火炮炮火支援下，团里第一个连队迅速铺设突击桥，随后穿过桥梁冲向对岸，在行进间进攻先遣强击群既占房屋右侧几栋建筑。尾随其后的第二个连队也强渡运河，夺得运河南岸到渡口西面的几栋建筑。

步兵渡河时，工兵忙着把45毫米、76毫米轻型火炮装上橡皮筏。

随后从桥上渡河的第二个营，部署在第一个营左侧。

与此同时，步兵第597团的步兵也在步兵第594团右侧的铁路桥地带渡河。

19点，营属、团属炮兵利用橡皮筏渡河，此时步兵已在对岸控制一座1公里宽、800米深的登陆场。22点，渡口建成，团属炮兵终于运抵南岸。获得重武器支援，团里的步兵把登陆场扩大到1.5公里宽、1公里深。到4月25日凌晨3点，一座16吨的浮桥铺设就位，师里的火炮和自行火炮隆隆渡过运河。[308]

近卫步兵第12军在北港利用芬恩桥渡河，进入莫阿比特区，他们掩护渡口，以防德军从该方向有可能发起的反冲击，但没有设法迂回西港阵地。战线中央的洪堡海因防空炮塔给他们造成妨碍，接下来几天，该军在因瓦利登街北面的工厂和密集的公寓街区间，陷入逐屋逐房的争夺战[309]。那里的守军获得第9伞兵师第27伞兵团、"大德意志"警卫团残部加强，打得极为顽强，而且斗志高昂。

居住在该地区的德国平民，很多是共产党的支持者，对纳粹没什么好感。他们期盼获得"解放"，开始在窗外挂出白旗。这些举动未免为时过早。废墟瓦砾间的战斗态势复杂多变，关键街区和十字路口易手数次的情况很常见。这种情况下，当地党卫队和警察部队展开报复，把"叛变的"平民百姓从家里拖出来，吊死在最靠近的灯柱上。和城内其他地区一样，四处游荡、拿不出相应证件或命令的军人也会被绞死[310]。

弗里茨·弗雷德是个德国老兵，跟随罗斯巴赫战斗群参加战斗，他和另外140个战友，在一名二级下士率领下驻守舒尔特海斯啤酒厂。他们待在舍恩豪泽大道与弗兰泽基街拐角处，经常外出执行宪兵的任务，维持当地秩序。作为部队成员，弗雷德多次目睹了针对平民和军人的报复行径，但他觉得此举只会降低在柏林城内战斗的德军官兵的士气[311]。

步兵第7军位于突击第3集团军最左翼，在快铁高架铁轨西面进展缓慢，这条铁轨标志着柏林的内环防御圈。步兵第146、第354师①前出到腓特烈斯海因公园边缘，但很快陷入停顿。步兵第265师继续前进，沿突击第5集团军翼侧穿过防空炮塔南面的废墟。

---

① 应是第364师。

洪堡海因防空炮塔当日报告了重要的防御行动。他们发射了超过1208发128毫米炮弹、946发37毫米炮弹、388发20毫米炮弹，打击西起普勒岑湖造船厂运河，东至格孙德布伦嫩快铁站的地面目标，击毁敌人数辆装甲车和卡车，还挡住红军坦克和步兵从舍恩霍尔茨体育场、格孙德布伦嫩快铁站朝防空炮塔发动的进攻。有报告称，红军炮火在战斗中击毁2门128毫米高射炮，但无法确定两门火炮是部署在地面，还是防空炮塔上的高射炮。瓦贝尔坦克歼击特遣队消灭了红军部署在周边建筑内的两个机枪阵地[312]。

中央地区

步兵第9军强渡泰尔托运河，进入诺伊克尔恩后转身向北。俄国人渡过兰德韦尔运河发动进攻，在Z防区东南角的格尔利茨快铁站遭遇顽强抵抗。西北面遍布一条条街道和林荫大道，那片重要地区称为养老院市场。养老院市场是一片很大的开阔地，有个交通环岛，还有很多百货公司和商业机构。这处同心路口是莱比锡街的起点，宽阔的林荫大道向西延伸，径直通入政府区。这条街道控制多个通往皇宫岛南端的渡口，以及渡过稍东面施普雷河的主要通道。养老院广场现在具有重要的战术价值，俄国人需要这个路口，这样才能确保他们进入Z防区的南北向、东西向运动。

魏德林知道该地区至关重要，因而迅速派遣援兵开赴那里，既有"诺德兰"师"丹麦""挪威"团组建的小股战斗群，也有人民冲锋队和希特勒青年团混编部队。人民冲锋队一支新部队早上接到"占据养老院市场地铁站"的命令。待他们赶到车站，发现那里成为当地纳粹党领导班子的驻地，还是个临时医院。德国人怀疑东面的红军坦克正准备沿瓦尔街朝养老院市场实施侦察，蒂默战斗群昨日在那里据守防御阵地。

希特勒青年团的阿里贝特·舒尔茨就在附近，目睹了随后发生的事情。从他待的地下室望去，瓦尔街上的情况一览无遗。舒尔茨很快看见3辆T-34/85坦克从预料中的方向朝人民冲锋队据守的阵地驶去。"诺德兰"师一群士兵站起身，冲向不断逼近的敌坦克。他们隐蔽在废墟瓦砾中，朝为首的敌坦克发射"铁拳"，把它击毁在道路中央。另外2辆敌坦克跟在后面一段距离外，见情况不妙，赶紧挂上倒挡，沿街道后退。没过多久，红军沿养老院市场发起猛烈

养老院市场（摄于20世纪30年代中期）。柏林这处主要商业区，有2条主干道、4条次干道、1条主要地铁线穿过。柏林战役期间，一些持续时间最长、最激烈的战斗发生在此处。

养老院市场北面的库尔街上，坦克第11军遭击毁的T-34/85坦克（车号605）。墙壁倒塌，碎石瓦砾砸在坦克上，炮塔前部能见到烧焦的痕迹。610页第二张图片是这辆坦克不同视角的照片。

炮击，既是报复，也是为下一轮进攻做准备[313]。

炮击过后，舒尔茨奉命给设在科隆纳登电影院的指挥所传递消息。等他赶到电影院，看见一名国防军中士，佩戴着包括坦克突击章在内的几枚勋章，就因为穿了条普通长裤被押了进来。简短讯问后，这名中士被移交给一个身材瘦削、一头红发的19岁党卫队士兵，他挎着带有瞄准具的K-98卡宾枪。红发小伙押着中士来到街头，猛推对方一把，随即朝他后背开了一枪，遵照军事法庭的草率判决枪毙了他。舒尔茨第一次见到这种事，不禁有些毛骨悚然，不幸的是，他还会见到更多此类事件。战役最后几天，流动军事法庭草菅人命的事情在整个柏林市中心时有发生，此举的用意是"加强"德军官兵的抵抗。舒尔茨傍晚前后回到自己的部队，党卫队第23"挪威"装甲掷弹兵团一个四人无线电小组赶来，任务可能是把红军在该地区的进展情况及时汇报给元首暗堡的蒙克。几名无线电报务员到来，让舒尔茨和其他小伙得知元首暗堡发出的消息，据说文克的救援军队正在赶来。这个消息振奋了众人的士气，似乎证明他们在柏林废墟里顽强抵御俄国人完全正确[314]。

动物园防空炮塔收到消息，得知俄国人正逼近另外两座防空炮塔。几支补给车队夜间驶往仍控制在德军手里的防空炮塔，把那里储备的弹药运回动物园，因为德国人觉得几座防空炮塔可能过不了多久就会落入俄国人手里。鉴于眼下的战术境况，可以说这是一项非常艰巨的任务[315]。从目击者的记述和现存文件看，无论补给车队运走多少弹药，另外两座防空炮塔似乎都有足够的弹药继续抵抗，一直坚守到战役结束。特罗斯特上校估计俄国人可能很快会攻入动物园地区，于是以20名空军学员和希特勒青年团员组建了几个坦克歼击组，驻守动物园防空炮塔。他给他们配发了卡宾枪和"铁拳"，把几个坦克歼击组部署在动物园周围，还在水族馆设立局部指挥所[316]。

柏林终于陷入重围，与外部的陆地连接悉数中断。红军渗透柏林卫戍区内环防御圈，白俄罗斯第1方面军和乌克兰第1方面军准备发起最终突击，一举攻入市中心。城内守军死死抱着最微弱的希望，期盼文克第12集团军从东面或南面赶来解救他们。虽说所有参战人员都觉得前三天沿城郊持续不断的交战异常艰巨，但他们还不知道，接下来七天的战斗会更加恐怖。

尾注：

1. Hamilton, The Oder Front 1945, Vol I, p.151.
2. Army Group Weichsel war diary, 20—29 Apr, p.35.
3. NSFO是1943年12月22日成立的，旨在加强国防军的意识形态灌输，因为希特勒认为陆军缺乏继续从事意识形态斗争的能力。NSFO效仿苏联的"政委"制。1944年7月20日刺杀希特勒的事件发生后，该组织的影响力增加了。See Bracher, The German Dictatorship, p.462 (NARA/T77/852/5597556) and "XVI. Die Mitwirkung der Partei on der politischer Aktivierung der Wehrmacht" (NARA/T77/852/5597604).
4. Army Group Weichsel war diary, 20—29 Apr, pp.63, 64, 80, 81, 93, 94.
5. Ibid, p.118.
6. Shturm Berlina, Guards Captain Ivanikhin, "The First Salvo at Berlin".
7. Ibid, Lieutenant A. Romanov, "Tanks breakthrough the outskirts of Berlin".
8. Ibid, Hero of the Soviet Union Guards Colonel A. Ignatev, "The Red Flag over Marzahn".
9. "Das Manöver des 12.Garde-Panzerkorps in der Berliner Operation" by Major General of the Tank Forces Skorodumov. Original article was written in Russian and published in the Journal of Soviet Military Affairs in the 1960s. The article was translated into German for the author. Author's collection.
10. The Berlin Operation 1945, pp.245, 247.
11. Nebolsin, p.316.
12. Skorodumov.
13. Giles, After the Reich, pp.95—102. 朱可夫对此持不同看法，他认为强奸事件频频发生，是他的部下与纳粹德国作战多年后纪律松懈造成的。Zhukov, p.202.
14. Skorodumov, p.3.
15. Army Group Weichsel war diary, 20—29 Apr, p.98.
16. Le Tissier, Race for the Reichstag, p.21.
17. "Neue Zeit", 7 October 1945 (Ryan Collection).
18. Army Group Weichsel war diary, 20—29 Apr, p.101.
19. Ibid, pp.132—133.
20. HGr. Weichsel message to OKH (RC: 77/78) and Army Group Weichsel war diary, 20—29 Apr, p.74.
21. Schultz-Naumann, p.161.
22. Army Group Weichsel war diary, 20—29 Apr, p.111.
23. Ibid, p.76.
24. Ibid, pp.93—94.
25. 笔者查阅了瑞恩收集的各种资料，找到一张冯·特罗塔的照片，照片背面用打字机打了一行文字："出任海因里齐的参谋长，不受海因里齐欢迎。"笔者没找到关于两人关系的更多情况，无法证实上述说法。但相关人员的记述都指出，无论海因里齐如何看待冯·特罗塔，他俩合作得非常好。

26.Schultz-Naumann, p.166, and ibid, p.110.

27.Le Tissier, With Our Backs to Berlin, p.47.

28.Shturm Berlina, Hero of the Soviet Union Guards Colonel V.Belousov, "Over the Battlefield".

29.Scholles interview.

30.Venghaus, p.160.

31.Bensch interview, p.4.

32.Le Tissier, With Our Backs to Berlin, pp.117—118.

33.Ibid, p.48.

34.Ryan outline for 22 April (RC: 75/1).

35.Quoted in Fest, p.65.

36.Le Tissier, Race for the Reichstag, p.58, and Schultz-Naumann, pp.163—164.

37.此次会晤的确切时间不明。

38.Vinogradov, V.K., Pogonyi, J.F. and Teptzov, N.V., Hitler's Death, p.242.

39.Ibid, p.243.

40.Ibid, p.245.

41.Karl Koller diary (RC: 65/14).

42.Fest, p.59, Le Tissier, Race for the Reichstag, p.62, and Army Group Weichsel war diary, 20—29 Apr, p.137.

43.Army Group Weichsel war diary, 20—29 Apr, p.134.

44.Ibid, p.144.

45.Army Group Weichsel war diary, 20—29 Apr, p.136.

46.Ibid, pp.146—147.

47.Ibid, p.180.

48.Ibid, pp.178, 179.

49.Henseler interview.

50.Ibid.

51.笔者仔细研究了大量一手资料，才对齐格勒的所作所为做出上述评判，与竭力为齐格勒开脱的其他历史学家截然不同。例如，威廉·蒂克在"诺德兰"师权威战史《忠诚者的悲剧》一书第296页写道，是魏德林而不是齐格勒把第56装甲军辖内指挥官召到比斯多夫开会，会上决定全军离开柏林撤往西面。会议做出的另一项决定是让"诺德兰"师担任前卫，在上美丽牧场守住施普雷河上的桥梁，控制渡场。蒂克可能把齐格勒召开的会议与魏德林早些时候商讨"柏林怎么办"的会议混为一谈了。魏德林当然不愿在柏林城内作战，但他也不愿放弃自己的指挥链。各种记述明确无误地指出，魏德林命令麾下各师退往南面与第9集团军会合，而不是撤向西面。对齐格勒所作所为的评判，跟他作为战术家或师长的能力无关。"诺德兰"师3月份据守阿尔特达姆登陆场，击退近卫坦克第2集团军和其他红军兵团多次发动的进攻，还报告击毁敌人194辆装甲战车。这份战果4月19日为齐格勒赢得骑士铁十字勋章橡叶饰提名。奥得河前线当时的交战异常激烈，有些师长承受不了巨大的压力，精神崩溃。一名师长自杀身亡，另一名师长被解除职务，还有个师长解散了自己的师，而第20装甲掷弹兵师师长没接到命令就撤往西面，彻底避开柏林城内的战斗。命令部队撤往西面的显然不止齐格勒一人，而且是当时的时机和地点决定的。

52.Schultz-Naumann, p.166.

53.Le Tissier, Race for the Reichstag, p. 50.

54.Army Group Weichsel war diary, 20—29 Apr, pp.74—75.

55.Army Group Weichsel war diary, 20—29 Apr, pp.127—128.

56.The Berlin Operation 1945, pp.251—252.

57.Shturm Berlina, Hero of the Soviet Union Captain A. Lebedev, "At the Gates of Berlin".

58.Le Tissier, Race for the Reichstag, p.91.

59.22.4.45 2000hrs. Report of the 1.Flak-Division. Akte 143. Unterlagen der la-Abteilung der 1. Flakdivision: taktische Lagemeldungen von Einheiten der Division während der Kämpfe um Berlin.

60.Shturm Berlin, First Sergeant A. Volkov, "The Barricades under the Bridge".

61.Skorodumov, p.4.

62.Ibid.

63.Hillblad, p.83.

64.Ibid, p.81.

65.Platonov, pp.14—15.

66.Timm interview.

67.Platonov, p.17.

68.Ibid, p.15.

69.H.J. Eilhardt, Frühjahr 1945: Kampf um Berlin Flucht in den Westen, p.52.

70.Schneider, p.301.

71.Army Group Weichsel war diary, 20—29 Apr, p.146 (RC: 68/4).

72.Le Tissier, With Our Backs to Berlin, p.118.

73.Koniev memoir, pp.111—112.

74.Ibid, p.114.

75.Koniev memoir, pp.11—12.

76.E. Bessonov, Tank Rider: Into the Reich with the Red Army, p.230.

77.Koniev memoir, pp.111—112.

78.E. Bessonov, Tank Rider: Into the Reich with the Red Army, p.198.

79.Le Tissier, Race for the Reichstag, pp.56—57, and Venghaus, pp.337—338.

80.建立"狼人"组织的目的，是在德国被占领领土上展开游击战。战争最后几个月，德国媒体大肆宣传"狼人"组织。战后发生的破坏、黑市交易、政治暴力事件似乎与该组织有关，但总的说来，"狼人"从来没成为切实可行的战后运动。

81.Pienkny interview.

82.Koniev memoir, p.108.

83.科涅夫为确保朱可夫赢得柏林战役发挥的作用,战后出版的历史著作很少提及,这些著作过于依赖朱可夫和崔可夫20世纪60年代和70年代的记述,那些记述不仅过时,还不符合事实。在本书作者看来,事实清清楚楚,若非科涅夫攻往柏林南部,白俄罗斯第1方面军能否凭一己之力在5月2日前攻克柏林很成问题。没有乌克兰第1方面军,德国第9、第12集团军完全能轻而易举地加强柏林的防御。倘若海因里齐无法阻止他们增援柏林,近10万名战斗兵进入城内的话,会给苏联攻入德国东部的最后一场战役造成无法预料的军事和政治后果。

84.Von Dufving interview.

85.Ibid.

86.Böttcher interview.

87.Ibid.

88.Ibid.

89.Weidling interrogation.

90.魏德林第一次面见希特勒,是1944年4月13日获得骑士铁十字勋章橡叶饰(第408号),实际授予日期是1944年2月2日。

91.Weidling interrogation. 魏德林为自己的所作所为辩解时称,他根本不知道第12集团军或施泰纳集团军级集群有多少兵力。他只是觉得柏林城外残余的德国师,有足够的兵力发动卓有成效的进攻解救柏林。魏德林到达奥得河前线和维斯瓦集团军群没多久,抱有这种想法不足为奇。

92.Von Dufving interview.

93.Ibid.

94.Heinrici interview, p.4.

95.Ibid, p.3.

96.Army Group Weichsel war diary, 20—29 Apr, p.236.

97.Ibid, pp.211, 237—238.

98.Ibid, pp.241—242.

99.Koniev memoir, p.119.

100.Army Group Weichsel war diary, 20—29 Apr, pp.230, 246.

101.M. Bauer, MS #R-79, Ninth Army's Last Attack and Surrender Apr 21—May 7, 1945, p.14 (RC: 62/2).

102.Ibid, p.9.

103.Schultz-Naumann, p.17.

104.W. Wenck interview (RC: 67/24), and H.W. Ritter, "Factual Report of Interviews with General A.D. Walter Wenck" (RC: 67/24).

105.Summary of Final Battles between the Order and Elbe in Apr/May 1945 (Especially the Battles of 12th Army), p.7 (RC: 67/24).

106.Wenck interview.

107.Ibid.

108.Army Group Weichsel war diary, 20—29 Apr, p.245.

109.Ibid, p.246.

110.The Berlin Operation 1945, pp.255—256.

111.Shturm Berlina, Hero of the Soviet Union Captain M. Tolkachyov, "The raid on the Highway".

112.23.4.45 2255hrs. Report to Friedrichshain Flak Tower. Akte 143. Unterlagen der Ia-Abteilung der 1. Flakdivision: taktische Lagemeldungen von Einheiten der Division während der Kämpfe um Berlin.

113.Zabeltitz interview, and Army Group Weichsel war diary, 20—29 Apr, pp.227—228.

114.22.4 2000hrs—23.4 0700hrs Report to 1.Flak-Division. Akte 143. Unterlagen der Ia-Abteilung der 1. Flakdivision: taktische Lagemeldungen von Einheiten der Division während der Kämpfe um Berlin.

115.Zabeltitz interview.

116.23.4.45 2255hrs. Report to Friedrichshain Flak Tower. Akte 143. Unterlagen der Ia-Abteilung der 1. Flakdivision: taktische Lagemeldungen von Einheiten der Division während der Kämpfe um Berlin.

117.Henseler interview.

118.Hillblad, p.91.

119.The Berlin Operation 1945, p.258.

120.Hillblad, p.91.

121.Illum interview.

122.Haas interview.

123.Scholles interview.

124.Burghart interview.

125.Schneider, p.301.

126.Venghaus, p.228.

127.H. Hellriegel interview (RC: 69/33).

128.Koniev memoir, p.116.

129.Ibid, p.118.

130.Deutsches Rotes Kreuz records, Vandermissen archive.

131.Venghaus, pp.337—338.

132.这件事听上去匪夷所思，但"赛德利茨分子"或红军士兵装成德军装甲车组袭击德军士兵的事件，这不是第一起，也不是最后一起。这辆虎Ⅰ式坦克可能是德国人遗弃在柏林南面库默斯多夫试验场内的，科涅夫的部队几天前占领那里，大概把这辆坦克纳入近卫坦克第3集团军先遣部队。

133.Pienkny interview.

134.Altner, p.82.

135.Le Tissier, Race for the Reichstag, p.86.

136.Ibid, p.80.

137. Spaeter vol. 3, pp.501—502.

138. Soviet War News, The Press Department of the Soviet Embassy in London, 24 April (Ryan Collection).

139. 熊是柏林的象征。

140. Chuikov, p.168, and Koniev memoir, p.140. 各种回忆录和文章对会师确切时间的记述各不相同。

141. Koniev unpublished memoir, p.140.

142. Ibid, p.142, and Le Tissier, Race for the Reichstag, p.78.

143. Koniev memoir, p.127.

144. K. Voss and P. Kehlenbeck, Letzte Divisionen 1945: Die Panzerdivision Clausewitz and Die Infanteriedivision Schill, pp.289, 293, and G. Reichhelm, MS #B-606, The Last Rally: Battles Fought by the German 12th Army in the Heart of Germany, between East and West (13 April— 7 May 1945), pp.21—22, (RC: 67/23).

145. MS #B-606, pp.21—22.

146. 帝国劳役团师组建于1934年，是帝国劳役团的组成部分，作为辅助作战兵团支援国防军。

147 这些帝国劳役团师4月中旬组建（NARA/T771430/205-206）。

148. Voss, and Kehlenbeck, pp.280—281.

149. MS #B-606, p.17. 西方盟军停止空袭是因为他们担心美国与苏联战斗机可能会发生空中冲突。

150. Ibid, p.22.

151. Le Tissier, Slaughter at Halbe, p.72.

152. Koniev, unpublished memoir, p.143.

153. Ibid, p.128.

154. Army Group Weichsel war diary, 20—29 Apr, p.200.

155. Ritter, p.13.

156. Wenck interview.

157. Haaf interview.

158. Army Group Weichsel war diary, 20—29 Apr, p.266.

159. "Organization of III SS Panzer Korps, Apr 23, 1945" (RC: 61/5).

160. Army Group Weichsel war diary, 20—29 Apr, p.298. 值得注意的是，现今的记述都认为施泰纳反突击的日期是4月24日，这种说法是错的。《最后30天》一书第168—169页是造成日期混乱的原因。维斯瓦集团军群的电话记录明确表明，施泰纳4月24日无法发动进攻。另外可参阅Le Tissier, Race for the Reichstag, p.84。

161. Army Group Weichsel war diary, 20—29 Apr, p.298.

162. Ibid, p.299 (RC: 68/4).

163. Army Group Weichsel war diary, 20—29 Apr, p.230.

164. Ibid, p.387.

165. Weidling interrogation.

166.Schultz-Naumann, p.172.

167.Weidling interrogation.

168.Jansen interview.

169.Von Dufving interview.

170.Weidling interrogation report.

171."Tank Division Müncheberg"（RC: Document 78）.

172.Ibid.

173.Ibid.

174.Army Group Weichsel war diary, 20—29 Apr, pp.258—259.

175.Schultz-Naumann, pp.170—171.

176.23/24.4.1945 2000—0900hrs. Report to Friedrichshain Flak Tower and 24.4.1945 Tages-Gefechtsmeldung. Akte 143. Unterlagen der Ia-Abteilung der 1. Flakdivision: taktische Lagemeldungen von Einheiten der Division während der Kämpfe um Berlin.

177.Le Tissier, Race for the Reichstag, p.91.

178.Ibid.

179.Pçtersons, pp.68—73.

180.(NARA/T78/304/6255292).

181.AAR April 1—30 1945, from www.indianamilitary.org.

182.Pçtersons, pp.68—73.

183.Ibid.

184.Le Tissier, With our Backs to Berlin, p.48.

185.Scholles interview.

186.Ibid.

187.Shturm Berlina, Guards Major S. Gusarin,"At Treptower Park on the Spree".

188.Platonov, p.18.

189.Ibid.

190.Ibid, p.19.

191.A. Schulz interview (RC: 70/11).

192.Henseler interview.

193.德国妇女普遍对遭受强奸的厄运心怀恐惧，施普雷河岸边这些妇女最担心的事情发生了。当天晚些时候，亨泽勒的部下听见她们的尖叫声。这群妇女为何不跟德国军人一同渡河，原因不得而知。

194.Ibid.

195.Scholles interview.

196.Ibid, and Illum interview.

197.R. Michaelis, Die 11.SS-freiwilligen-Panzer-Grenadier-Divisi on "Nordland", p.109.

198.TsAMO. Operations Directorate, First Belorussian Front. Short summaries of generalized experience of forces provided by army headquarters and staffs of service branches. May 12—28,

1945."Experience Crossing the Canal".

199.Hillblad, p.96.

200.Ibid, p.97.

201.Ibid.

202.Ibid, p.98.

203.W. Tieke, Tragedy of the Faithful: A History of the III. (germanisches) SSPanzer Korps, p. 98.

204.Scholles interview.

205.W. Fey, Armor Battles of the Waffen-SS 1943—1945, p.374.

206.Hillblad, p.23.

207.Koniev memoir, p.136. 4月初,德军喷气式战斗机,可能是Me 262,经常扫射布雷斯劳与柏林之间高速公路上的红军补给纵队,以此扰乱科涅夫为柏林进攻战役集中兵力。红军4月16日发动进攻后,科涅夫作战地域上空没再出现过德军喷气式战斗机。

208.Pienkny interview.

209.Koniev memoir, p.115, and Le Tissier, Race for the Reichstag, p.95.

210.Popiel, p.16.

211.Le Tissier, Race for the Reichstag, p.95.

212.The Berlin Operation 1945, p.295.

213.Altner, p.106.

214.Ibid, p. 93.

215.Ibid, p.107.

216.Krukenberg interview.

217.R. Forbes, Pour L'Europe: The French Volunteers of the Waffen-SS, p.263.

218.Ibid, p.264.

219.Krukenberg interview.

220.Ibid.

221.勒蒂西耶在《争夺国会大厦》一书第52—53页的地图里标出近卫坦克第12军的运动,该军4月22日/23日奉命开拔,4月24日完成变更部署。该军必须穿过另一个集团军的作战分界线,还得为随后的进攻及时展开,鉴于完成这场复杂的运动需要的组织工作,该军一天内完成变更部署似乎不太现实。

222.Ibid, p.87.

223.Ibid, pp.87—90.

224.Venghaus, p.180.

225.H. Rein interview (RC: 69/12).

226.Ibid.

227.Werner interview.

228."Gefechtsmeldung über die Flakkampftätigkeit am 23.4.45 bis 2000 Uhr". Akte 143. Unterlagen der Ia-Abteilung der 1. Flakdivision: taktische Lagemeldungen von Einheiten der

Division während der Kämpfe um Berlin.

229.Le Tissier, Race for the Reichstag, p.153.

230.Ibid.

231."Tages-Gefechtmeldung 24.4.1945". Akte 142. Unterlagen der Ia-Abteilung der 1. Flakdivision: Meldungen über die Gefechtstätigkeit der Division vom 21.4.—24.4.1945.

232.The Berlin Operation 1945, p.268.

233.Chuikov, p.186.

234.Ibid, pp.183—184.

235.Ibid.

236.G. Zhukov, "Taking Berlin" (RC: 73:11).

237.A.A. Novikov, "The Air Forces in the Berlin Operation".

238.Koniev memoir, p.158.

239.Ibid, pp.154, 157.

240.Ibid, p.156.

241.Ibid, p.155.

242.Army Group Weichsel war diary, 20—29 Apr, p.303.

243.Ibid, p.303, and M. Bauer, MS #R-69 The End of Army Group Weichsel and Twelfth Army, Apr 27 — May 7, 1945, p.14 (RC: 62/3).

244.Army Group Weichsel war diary, 20—29 Apr, p.308.

245.Ibid, p.367.

246.Ibid, p.363.

247.Le Tissier, Slaughter at Halbe, pp.84—85.

248.M. Bauer, MS #R-79 Ninth Army's Last Attack and Surrender, p.26 (RC:67/17).

249.Schultz-Naumann, p.168.

250.MS #B-606, p.25.

251.Weidling interrogation.

252.Ibid.

253."Karstadt - Flaming Torches" (RC: Document XXXVIII).

254.Otto Usbeck interview (RC: 66/10).

255.Weidling interrogation.

256.Ibid, and Le Tissier, Race for the Reichstag, p.106.

257.Ibid.

258.Fest, p.87.

259.Schultz-Naumann, p.24.

260.Ibid.

261.Heiber and Glantz, p.721.

262.Ibid, pp.723, 725.

263. Weidling interrogation.

264. Le Tissier, Race for the Reichstag, p.107.

265. "Gefechtsmeldung für 25.4.45, 0700—2000 Uhr". Akte 143. Unterlagen der Ia-Abteilung der 1. Flakdivision: taktische Lagemeldungen von Einheiten der Division während der Kämpfe um Berlin.

266. Ibid.

267. Ibid.

268. Shturm Berlina, Junior Lieutenant V. Tagantsev, "A Meeting in the Tunnel".

269. Ibid, p.109, and Le Tissier, With Our Backs to Berlin, p.161.

270. Platonov, p.17.

271. Schultz-Naumann, pp.175—176, and Venghaus, p.230.

272. Krukenberg interview.

273. Ibid.

274. Burghart interview.

275. Michaelis, p.110.

276. Burghart interview.

277. Scholles interview.

278. Krukenberg interview.

279. Venghaus, p.256.

280. Chuikov, pp.186—187.

281. The Berlin Operation 1945, pp.269—270.

282. Scholles interview.

283. Illum interview.

284. Ibid.

285. 战争结束后，那个不知名的妇女多年来一直照料着瑟伦森的墓地。

286. R. Landwehr and H.T. Nielsen, Nordic Warriors: SS-Panzergrenadier-Regiment 24 Danmark, Eastern Front, 1943—1945, p.152.

287. Henseler interview.

288. Schneider, p.302.

289. Fey, pp.315—316, and Venghaus, pp.115—116.

290. TsAMO. Operations Directorate, First Belorussian Front. Short summaries of generalized experience of forces provided by army headquarters and staffs of service branches. 12—28 May 1945, "On Crossing the Teltow Canal in the Vicinity of Blocks 118 and 158 by the 2nd Rifle Battalion, 117th Rifle Regiment".

291. Venghaus, pp.337—338.

292. Thorwald, pp.230—231.

293. Böttcher, pp.7—8.

294. Fritz Rudolf Averdieck, Die letzten Tage der 20.Panzergrenadier-Division (privately published).

295. Ibid.

296. Koniev memoir, p.154.

297. Ibid.

298. Ibid.

299. Le Tissier, Race for the Reichstag, pp.114—115, and Koniev memoir, p.157.

300. Ibid, p.158.

301. Ibid.

302. Pienkny interview.

303. Le Tissier, Race for the Reichstag, p.105.

304. H. Kratschmar interview (RC: 66/1).

305. Johannes "Hanne" Sobek (RC: Document XLVII).

306. Le Tissier, Race for the Reichstag, p.106.

307. Ibid, p.107.

308. The Berlin Operation 1945, pp.264—265.

309. Le Tissier, Race for the Reichstag, p.107.

310. F. Wrede interview (RC: 69/36).

311. Wrede interview.

312. "Abschnitt G Gefechtsmeldung für 25.4.45, 0700—2000 Uhr". Akte 143. Unterlagen der Ia-Abteilung der 1. Flakdivision: taktische Lagemeldungen von Einheiten der Division während der Kämpfe um Berlin.

313. Schulz interview.

314. Ibid.

315. Von Zabeltitz interview.

316. Ibid.

第七章

红军的经验教训和战后报告

柏林进攻战役结束后没多久,红军着手记录对柏林的最终突击。各集团军忙着从下级领率机关收集经验和建议,汇编成正式备忘录,呈报各自的方面军司令部。白俄罗斯第1方面军的各种档案资料,包括"各集团军司令部和各军种参谋人员提交的关于部队总体经验的简短总结""1945年4月和5月份头10天,白俄罗斯第1方面军作战日志""白俄罗斯第1方面军辖内部队1945年4月普遍战斗经验第22号总结"。乌克兰第1方面军可供查阅的文件包括"战斗中的近卫坦克第3集团军,第六册,集团军司令部战争经验研究科汇编""第28集团军辖内部队作战日志摘要"。这些文件都是1945年5月12日战争结束后,各方面军下级领率机关编撰的,此时他们对刚刚结束的柏林战役记忆犹新。方面军司令部挑选重要的摘录,编入自己的报告呈交大本营。大本营审阅了这些材料,最终出版正式的战役研究,题为《1945年4月的柏林战役》。

红军总参谋部这份正式的战役研究,提供了美化过的战役叙述,因为没有哪个集团军司令部愿意给人留下无能的印象。为准确了解红军在柏林战役中面临的种种困难,我们必须审阅团级、旅级指挥机关做出的适应性改进。

为保全性命,士兵会努力适应现实。他们经常在战场上即兴发挥,克服指挥部没有料到或没做好相应准备的各种情况,就像红军指战员在柏林战役期间做的那样。历史上从未有哪支现代欧洲军队像红军那样,以机械化力量进攻过柏林这般规模的城市综合体。红军发动进攻前,没有任何可供他们借鉴的经验教训。

红军的作战速度让各领率机关无法轻松交流战术创新。这种情况迫使每个分队都得为他们当前面临的战术难题找出解决方案。有时候，各部队运用了相同的经验，也有些时候则不然。

以下是红军各种战后报告，还有几份第一人称记述，摘自白俄罗斯第1方面军、乌克兰第1方面军作战日志。这些报告和记述让读者跟随红军进入后续章节介绍的巷战，认清下级指挥员面临的战术难题，以及他们在战场上的解决方案。

为了让读者了解总体背景，接下来是红军对柏林防御状况的概述：

德军防御评述

离市中心越近，德军的防御越严密。柏林中心地区的防御完整无损。每栋建筑都做了防御配置，就连空袭中炸毁的房屋也大量用作支撑点和抵抗枢纽部，严密把守的路障封锁了所有街道和小巷，即便使用最大口径的火炮也很难摧毁这些路障。

石制建筑做了长期防御配置，本身就是支撑点，房门和窗户封闭，只为各种武器留下射孔。

据守这些支撑点的守军，配置各不相同，取决于该支撑点的战术重要性，可能是连级兵力，有时候会多达1个营。打造成支撑点的每栋建筑，接近地由临近建筑提供火力掩护。这些建筑的上层通常没有加强，一般部署1名狙击手或1个狙击组（狙击手和观察员）、1挺机枪（尤其是毗邻十字路口、公园、林荫大道的建筑）、1名自动步枪手。

德国人把大部分武器部署在一楼的射孔（窗户和房门）、地下室或半地下室空间。支撑点大部分守军也位于一楼和地下室；交战期间，这些守军开火射击，还在城内机动。

炮击或空袭期间，敌人部署在上层和阁楼的武器，会隐蔽到下层和地下室。待炮击或空袭结束，他们再次占据阵地，继续朝我方部队开火射击。

德国人把几栋此类筑垒建筑，通常是一整个街区，打造成抵抗枢纽部。支撑点守军的武器，大多部署在角落的建筑内，而厚达4米、严密把守的路障负责掩护翼侧。

这些路障反过来获得自动步枪手和火炮火力,以及守在街垒翼侧的"铁拳"射手掩护。

位于抵抗枢纽部中间的建筑,由小股部队守卫,但这些建筑的接近地,德国人通常以火炮和机枪构成的多层横向精确火力覆盖。抵抗枢纽部后方地带的街道交叉口,通常有半埋的重型坦克,任务是打击我方沿街道前进的坦克和步兵,同时防范我方步兵渗透到抵抗枢纽部后方。

德国人的防御体系广泛利用城内的地下结构,例如防空洞、地铁、地下通道、排水渠等等。

我方分队突入敌支撑点,守军会穿过地下通道撤离,这些地下通道把一个个支撑点连接起来。城内地下结构的出口面朝我方部队,通常设有路障,或由自动步枪手、榴弹发射器射手守卫。

敌人广泛利用地下设施守卫城内预有准备的阵地,为此,他们在地下结构出口附近构筑了钢筋混凝土设施。在遭摧毁地区,这些钢筋混凝土设施以地下通道相互连接。钢筋混凝土设施面临被炸毁或被俘的威胁,守军就利用地下通道撤离。

借助城内发达的地下结构系统,敌人得以在我们身后留下大批自动步枪手、狙击手、榴弹发射器射手、"铁拳"射手。这些小股力量在我方部队身后设伏,打击我方机动车辆、坦克、炮组人员,射杀我方指挥员、通信人员、单独的士兵,还切断通信线。分散我军注意力的敌团伙面临危险时,会利用地下通道迅速躲藏起来。

应当指出,由于敌人陷入混乱境地,他们无法充分利用城内地下王国提供的种种优势。

德国工兵构筑的柏林防御工事,尤其是中心地区,主要特点是大批专门建造的钢筋混凝土掩蔽部。其中最大的是钢筋混凝土地下掩蔽部,每座可容纳300—1000人。

这些设施的大小各不相同,从18米×42.6米到70.5米×70.5米都有,有些掩蔽部高达36.9米,足有六层楼那么高。顶部覆盖物的厚度从1.4米到3.5米不等,墙壁厚度从1.1米到2.5米不等。

某座钢筋混凝土掩蔽部的容积达到85,000立方米。

每座掩蔽部的顶部部署4—8门高射炮,某些情况下,这些火炮配有装甲平开窗。「作者注:鉴于柏林城内三座防空炮塔在地面战斗中发挥的作用,红军起初不知道这三座炮塔是防空炮塔。攻入城内的红军部队觉得它们是装甲"堡垒"或"掩蔽部",因而称之为掩蔽部。由于苏联没有类似设施,几座防空炮塔给红军指挥员留下深刻的印象。」

这些建筑设施都安装了过滤通风设备和发电站,还配有矿用提升机,可以把炮弹直接送到火炮旁。

柏林城内共有400多座此类建筑,最大的位于腓特烈斯海因公园、蒂尔加滕区,以及韦丁区动物园(柏林卫戍区司令魏德林将军的司令部和通信中心)。

为保护、守卫城内工业设施,德国人构筑了大量钢筋混凝土结构。这些结构很像圆柱形岗亭,直径1.5米,高2.5米,顶部呈圆顶状,墙上有射孔,可以360度射击。一个个工厂内,这些结构通常沿围栏边缘布设,位于门口、厂内道路交叉口、大型车间角落处。

争夺柏林的战斗中,敌人想尽办法,最大限度地利用流经城区的河流和运河。德国人撤离这些水障碍时,会炸毁身后的桥梁,沿岸边建筑占据防御阵地,以火力阻止我军渡河。柏林—施潘道航运运河、费尔宾东斯运河、兰德韦尔运河和许多河流的情况都是这样。[1]

红军的战术

截至4月25日,沿柏林接近地挺进的红军步兵和坦克部队一直保持中等水平的机动性。由于德国人部署在城郊的防御零零星星,红军先遣部队通常可以绕过敌支撑点,把这些据点留给第二梯队兵团包围、消灭。待他们渡过北面的霍亨索伦运河、东面的施普雷河、南面的泰尔托运河,城市环境变得越来越复杂。工厂、高层建筑、快铁高架铁路线、位于地下的地铁站占据重要位置。能见度受限。电台和通信断断续续。周围钢材林立,影响指南针的准确度。盟军轰炸机给城区造成严重破坏,导致地图派不上太大用场。内线作战对德国守军有利,他们充分利用复杂的地形,在红军部队后方、下方、上方快速机动。每处街角，每片碎石瓦砾，每个弹坑都可能是他们的支撑点。以下是红军在争夺柏林市中心最后阶段的战斗中，采用新战术的一系列报告、简介、第一人称记述。

白俄罗斯第1方面军
突击第5集团军的经验教训[2]
强击群

在柏林遂行巷战的主要战斗队形是强击群。

1945年4月22日，所有步兵团组建强击群，编成如下：

（一）步兵第32军步兵第60师①

1. 40人的步兵连

2. 2挺脚架式机枪

3. 3门45毫米火炮

4. 1门76毫米团属火炮

5. 1门76毫米师属火炮

6. 1—2门122毫米榴弹炮

7. 2辆SU-76自行火炮或1辆IS-122坦克

每个强击群编有1—2个强击队（每个强击队8—10人），1个支援队（重型步兵炮、狙击手、5—10名自动武器射手），1个堑壕队、1个预备队。

（二）步兵第9军，步兵第230师第988团

1. 45—50人的步兵连

2. SU-76自行火炮连

3. 坦克（最多4辆）

4. 2挺脚架式机枪

5. 2具反坦克火箭筒

6. 喷火器排（5具背囊式喷火器）

---

① 近卫步兵第60师。

7. 2门76毫米团属火炮

（三）步兵第9军步兵第301师

1. 15人的2个步兵队

2. 携带爆破器材的5人工兵队

3. 2名携带发烟设备的化学兵

4. 2辆坦克或自行火炮

5. 1—2门76毫米师属火炮或122毫米榴弹炮

集团军辖内其他兵团组建的强击群，具体编成可参照以上三个例子。

每个步兵营组建一个强击群，担任突击营第一梯队。强击群的编成并非一成不变，具体取决于该营受领的任务、敌人的抵抗和获得的增援。强击群获得火炮、坦克、工兵、化学兵加强，具体也取决于上述因素。

例如，沿街道遂行正面冲击期间（突击营占据街道一侧争夺半幅街区），强击群会缩减编制，部分加强力量移交给营长，因为不可能把火炮、坦克、自行火炮拖离街道。规模缩小（最多可减少三分之二）的强击群，机动性更强，便于穿过建筑、地下室、围墙的缺口。

遭遇敌支撑点（独立建筑、企业、火车站、教堂），强击群再次获得兵力和技术装备加强，因为没有火炮的强击群无法攻克敌支撑点。

柏林战役最后阶段，部队和分队指挥员组建小型强击群的意愿明显加强。这些强击群的兵力不超过15人。例如，1945年4月27日到5月2日，近卫步兵第94师近卫步兵第286团组建的几个强击群，编有3—5名自动武器射手、1—2名狙击手、1名报务员、2—3名工兵、1—2名化学兵，隶属各第一梯队营，打得非常出色。强击群缩小规模，是因为持续的战斗减员导致步兵部队实力下降，进攻地段缩窄（到1945年4月28日，步兵团沿200—250米的战线进攻），也跟部队、分队指挥员想方设法实施机动，充分利用四通八达的地下设施网有关。

作战经验表明，总的说来，各部队妥善解决了以火炮、坦克、自行火炮加强强击群，以炮火支援强击群的问题。

加强中等规模的强击群（30—40人），2—3辆重型坦克、1—2辆SU-122自行火炮、1—2门76毫米师属火炮或122毫米榴弹炮就够了。给每个强击群配备1门45毫米火炮或1门76毫米团属火炮不是什么好主意，因为这些火炮威力不足，无法给砖结构造成任何破坏，对强击群取得战果贡献甚微。相关经验表明，要是没有足够的大威力火炮，最好给强击群配备脚架式机枪或德什卡重机枪。这些机枪朝敌支撑点喷射火力，机动性更强，也易于伪装，在巷战条件下能发挥重要作用。

柏林战役最后阶段，步兵团进攻地段缩窄到200—250米，让人觉得无从使用过多的加强技术装备。例如，1945年4月29日，近卫步兵第286团沿某条街道，而不是一片进攻地段遂行突击。加强该团的所有技术装备，加强该师的大部分技术装备都在这条街道上行进。结果自然是火力发射受到限制，步兵团和步兵师无法使用所有技术装备。各种类型的装备和大车经常堵塞街道。技术装备、车辆、辎重队过于集中，致使作战部队难以采取行动，机动性严重受限。经验表明，现役部队应当把作战、前运、运输不需要的装备交给辎重队。只要指挥员能做到这一点，部队的行动受到的限制较少，取得的战果就越大。

机动性

在柏林从事巷战的我方部队，作战行动的特点是显著的机动性。为卷击防御之敌翼侧和后方，我方部队广泛实施机动，穿过院落、建筑墙壁上的缺口、地下通道。墙上的缺口是以炸药、镐、撬棍、发射"铁拳"打开的。最后一种方式特别方便，各部队普遍采用。

我方部队渗透到敌支撑点身后，最常用的办法是穿过地下通道（地铁隧道、连接地下室和防空洞的地道）。

例如，1945年4月30日，近卫步兵第94师近卫步兵第286团遭遇德军持续抵抗，敌人在迪克森街和伯尔泽车站据守加强铁路线，把那里打造成支撑点。该团从东南面发动进攻，企图以正面冲击夺取伯尔泽车站，但没能取得战果。敌人以猛烈的火力掩护车站接近地。

由于铁路路堤很高（5—6米），绕过车站的迂回行动非常困难。

团指挥员随后决定，穿过连接地铁隧道的地下室，进入伯尔泽车站后方。

坍塌的建筑墙堵塞了地下室出口，我方部队以爆破的方式打开通道。两个步兵营（每个营50—60名指战员）奉命穿过地下通道深入敌军后方。第三个营、火炮、坦克留在车站前方,从正面牵制敌军。两个步兵营沿地下通道前进了400米,没受到任何阻碍,随后出现在敌支撑点身后,完全出乎敌人意料。

团长跟随两个步兵营执行迂回任务,待他发射了红色信号弹,三个营对伯尔泽车站发起总攻。我方部队前后夹击,一举歼灭守军,攻克敌支撑点。

进攻伯尔泽车站的同时,团里还以部分兵力(1个步兵连)进攻医院,不仅俘获大批敌军官兵,还缴获许多武器、食物、弹药。

两天的战斗中,近卫步兵第286团辖内分队四次潜入地下,赶往获加强之敌身后。该团1945年4月30日、5月1日的行动大获全胜,夺得12个街区,俘虏1248名敌军官兵。

由于没有地下设施的地图,在地下展开运动非常复杂,但迂回分队配备了工兵,他们以爆破的方式炸开缺口,总能让团里的分队冒出地面。

如果地下通道没有出口,或迂回分队偏离路线,则可以采用爆破的方式。

进攻独立建筑

进攻独立建筑的安排如下:强击群展开行动前,先以小股侦察队(3—5人)侦察目标设施。通过侦察确定建筑内敌火力点的位置,以及隐蔽的接近地。

而后要策划强击群渗透、夺取建筑较低楼层的行动方案,以及在建筑内据守的步骤。

发动进攻前,脚架式机枪和直瞄射击的火炮、坦克、自行火炮朝目标设施开火,打击、压制敌翼侧火力点。炮弹在砖砌建筑,尤其是在坍塌的建筑内炸开,腾起的烟尘云会遮蔽敌人的视线。

借助加强武器火力和烟尘的掩护,强击群逼近敌人,朝地下室和一楼的窗内投掷手榴弹,炸开进入建筑的通道。

在建筑后方或下一个街区占据立足地至关重要,哪怕是以小股兵力执行。

营里其他分队和炮兵的运动,以先遣强击群的火力和布设的烟幕为掩护,先遣强击群发射火力的同时,还要以烟幕弹和手榴弹遮蔽敌火力射击的街道地段。

营主力携带牵引式火炮、坦克、自行火炮继续战斗,肃清整栋建筑,强击群采取行动,设法夺取下一栋建筑。

支援强击群的坦克和自行火炮，应当在强击群身后一段距离展开行动，以免被"铁拳"击毁。坦克和自行火炮在街道两侧依次前进。倘若一辆坦克或自行火炮前进时，另一辆坦克或自行火炮朝敌火力点射击，会导致其他坦克和步兵难以前进。自行式高射炮朝楼上的窗户、阁楼、建筑墙壁上的缺口开火射击。

步兵和坦克前进并发动进攻时，轻武器火力非常有效。整个分队各种类型的所有轻武器突然开火，以密集的弹雨穿过建筑的窗户、房门、阁楼、各堵墙壁上的缺口。这样一来，我方分队就迫使敌人隐蔽在建筑墙壁后，致使对方无法准确射击，更无法发射"铁拳"，另外，此举也让强击群的行动，坦克、火炮、自行火炮的运动更加容易。

例如，1945年4月30日，伯尔泽车站附近的161设施（1∶15,000的地图）东角，敌榴弹发射器射手投下猛烈的火力，给近卫步兵第94师近卫步兵第286团的坦克攻往伯尔泽车站造成妨碍。为压制敌榴弹发射器射手的火力，我方分队把1个脚架式机枪组和3名自动武器手派往某栋独立建筑。这些武器骤然开火，脚架式机枪和自动武器压制了敌榴弹发射器射手的火力。我方坦克继续前进，没再受到妨碍。由此通过的我方火炮，以几轮齐射摧毁敌榴弹发射器射手盘踞的建筑，终于肃清前进通道。

交战期间的指挥控制也很困难，是作战部队快速挺进，缺乏足够的通信联络造成的。

争夺柏林的战斗中，步兵团指挥控制的特点

柏林巷战期间，大多数情况下，团级指挥员和参谋人员离先遣分队200—300米，配属部队和分队指挥员的位置也是如此。

除了转移指挥所需要的短时间间隔，参谋人员很少分配到作战梯队。

团长指挥全团的主要方式，是亲自在现场给营长下达具体任务。

近卫军战士谢明介绍的情况，让读者得以了解战斗的复杂性，以及红军战士为确保营部与先遣团之间的通信采取的临时性举措：

从大卢基那时候起,我就跟部队里的两个孩子并肩战斗,一个名叫加尔金,另一个叫格鲁舍沃伊。他们管我叫父亲,我认他俩做儿子,因为两个小伙都是1920年出生的。虽说我年纪还不算老,但1920年我已经在高加索地区打仗了。真没想到,我在柏林居然不得不回想内战期间在高加索地区是如何利用绳索从一块岩石爬到另一块岩石的。至少有一次,我在柏林用上这项技能。要不是掌握这种本领,我可能会头晕目眩,说不定一头坠入万丈深渊……

我和两个儿子在柏林负责米纳耶夫大尉与营长间的通信联络,营长总是待在步兵编队的观察所里。我们穿过迈尔霍夫、海讷斯多夫、潘科,甚至沿各条大街和各座广场继续深入,那些大街和广场的名字我记不得了。起初,两个儿子总是问我:"父亲,这是座大城市,为什么屋顶都铺了瓷砖,而墙壁却是裸露的砖块,看上去那么悲观呢?"

他们不明白,这是德国的建筑风格,我告诉他们,民族本性决定了建筑风格:一个悲观的民族,建筑风格必然是悲观的。随后我们不再留意城内的建筑风格,因为我们还得在地下室里战斗。您没法沿街道铺线,彻底坍塌的建筑堵塞了街道,窗户完好无损的地方,敌人会躲在那里,从你身后开枪,要是你爬过去的话,还得回来把子弹或其他什么东西射断的通信线接好。我们很快钻入地下室,里面挤满德国百姓,有妇女,也有孩子。地下室里人满为患,挤得根本没法动弹。可我们的通信电缆碰到某人时,这些德国百姓却设法让出通道。

柏林城内最初的战斗中,我方通信人员在某间地下室发现一个神秘的符号:白漆涂画的圆圈里有个十字。他们砸开符号旁边的墙壁,发现是条地下通道,通往下一栋建筑。他们在下一栋建筑寻找同样的符号,还真让他们找到了。所有地下室都以地下通道相互连接。我不知道德国人为何要修筑这些通道,但地下通道为我们沿街道铺设通信电缆帮了大忙。要是通信电缆必须穿过街道的话,我们会在院内找个排水孔,把线缆穿过管道。

可惜,不是每个院落都有排水孔。有时候我们不得不沿双方火力打击下的小街铺设通信电缆。我们在院内没找到排水孔,但我瞅见房屋侧面挂着一部消防梯,寻思这东西倒可以替代排水孔。格鲁舍沃伊守着器材,我和加尔金设法把梯子拖上屋顶。梯子太大,两个人根本搬不动。于是我们找来几个侦察兵,请他们帮着把梯子搬上屋顶,再把绳索绑在最后一根横梁上,另一端系在腰间，把梯子搭到小街对面某栋建筑的房顶上，以此充当空中桥梁。我顺着梯子爬过去，两个儿子跟在身后，再往后是卡尔巴尚中尉率领的师侦察队。德国人的注意力集中在街上，没人抬头往上看。就在他们头顶上，我们把线缆和器材顺利运到街对面。在相邻建筑的屋顶上，我们迅速撬开瓷砖，在阁楼内设立观察哨，我随即用通信电缆把卡尔巴尚的指令传给炮兵连。一发发迫击炮弹飞过屋顶，落入隐蔽在花园内的敌堑壕，德国人这才发现我们的空中桥梁。他们赶紧朝梯子开炮，炸断梯子，但通信电缆已铺设就位，我们用不着梯子了。

我们随后以这种方式几次穿过小街，沿建筑顶部铺设线缆。情况就是这样，德国人守在建筑下层，我们和侦察兵顺着消防梯爬上阁楼，身后拖着线缆。下方的战斗肆虐之际，我们爬上屋顶，为我方迫击炮连校正火力。我两个儿子的确不太喜欢德国人的建筑风格，尤其是尖耸的屋顶，比高加索的巨石更难攀爬。[3]

克服路障和障碍物的办法

在柏林城内，我方部队不是绕开就是攻克路障、障碍物和其他阻碍。

第一种情况下，我方部队仔细侦察确定的迂回路线，以及敌人防御最薄弱的地段，然后取得突破，绕过障碍物。例如，步兵第1052团进攻期间，在瓦塞托尔街遭遇敌人依托实木和泥土构筑的路障实施的持久抵抗，强行攻克路障不仅耗费时间，还会给人员和装备造成严重损失。敌人以一个步兵连遂行防御。团里的分队和坦克第220旅从左侧实施迂回，穿过亚历山大街、吉茨希讷街、旧雅各布街，进入敌军防区，继续攻往霍尔曼街。该团顺利完成迂回机动，损失很小。

倘若部队无法顺利迂回障碍物，就得以下述方式攻克：火炮、坦克、轻武器提供火力掩护，3—5名工兵悄悄摸到障碍物旁，把它炸毁。爆炸压制住防御障碍物，在障碍物上炸出缺口。爆炸也是部队冲击障碍物的信号。

其他情况下，应当以直瞄火炮在路障和障碍物上打开缺口。

对付敌"铁拳"射手，保护己方坦克

对付敌"铁拳"射手的任务，由专门指定（每个步兵营2—3人）的优秀

射手或狙击手完成，也可以交给配备"铁拳"的小组。某些编队，整支分队都配备了"铁拳"。例如，近卫步兵第60师近卫步兵第177团，每个步兵排都有一个班，除了自己的武器，还配备两具"铁拳"。这些班在巷战中对付敌"铁拳"射手，掩护己方坦克、自行火炮、牵引式火炮。

拉泽诺夫斯基上士的记述，说明了他的坦克（车号376，可能是一辆T-34/85）如何依靠步兵组成的小股强击队肃清敌"铁拳"射手。这种任务很艰巨，不一定每次都能成功：

车上只有我们四个，第五名组员是报务员，负伤后去了卫生营。

夜幕降临，此时不仅有风，雨水也飞溅到我们脸上。

376号坦克车长杰米舍夫少尉跳出炮塔，跑到一旁寻找绕行路线。路上有个难以逾越的硕大弹坑。进攻柏林的行动开始了。

"情况怎样？"我们焦急地询问车长。

"咱们得从左侧绕过去"，车长答道，打算让坦克从两根倒在地上的粗壮树干间穿过。

我启动引擎，坦克的加速声听得清清楚楚，另一些侦察车跟在我们身后。

一片田地在我们前方伸展开来，还有条道路通往左侧，道路两侧满是两三层楼的建筑。这条道路通往法西斯首都核心地带。

我加大油门，透过引擎的轰鸣，听见车长平静的声音："还得往前行驶800米左右。"

战车加快速度。前方某处，一团火花闪烁不定，一发炮弹拖着尾焰，嘶嘶作响地落在我们旁边。

"前方有个梨形目标"，我大声喊道，可这番警告纯属多余。炮手瓦西连科上士早已瞄准目标，射击声淹没了我的话。

战车以惊人的速度向前冲去，车载机枪猛烈射击，一发发子弹拖着各种颜色的尾迹袭向目标。

尽管此刻是黄昏，可我们还是看见瓦西连科的射击结果。德军一门火炮扔在路上，炮轮脱落，两具熏黑的尸体倒在一旁。坦克左右两挺机枪喷射的火力钻入一间间地下室的几扇窗户。

不能再往前了，我放缓车速，把坦克停在建筑遮蔽处。我们必须弄清拐角那里出了什么事。

强击步兵下车，冲入几间地下室，我们很快听到那里传来枪声和手榴弹爆炸声。没过一会儿，强击步兵班班长布林面带笑容，拖着一具"铁拳"走出来。他在刚才的白刃战中，干掉了企图击毁我们坦克的敌"铁拳"射手。

情况很快弄清了，前方的十字路口，距离我们大约三个街区，德国人把一辆坦克半埋起来。我们决定穿过街道和街道后方的广场，设法消灭敌坦克，可就在这时，我们旁边响起四声爆炸，猛烈的冲击波钻入战车缝隙，力量很大，甚至掀飞了我戴的坦克帽。

车长喊道："炸药！"

我摸索着找到炸药块，把他递给装填手朱可夫中士。就在这一瞬，炸药块噼啪作响，腾起的黑烟笼罩了战车。我们制造出坦克起火燃烧的假象。

这时，一名强击步兵从敌"铁拳"射手刚刚开火的那栋建筑跑过来，喘着粗气告诉我们："我们的部队在二楼，德国人在三楼和阁楼里，我们需要炮火支援。"

炮塔转动，三发炮弹脱膛而出，控制住三楼的"居民"。

我们身后的坦克击中阁楼。很快，窗户里打出一面白旗，楼内的"居民"再也承受不住，高举双手走了出来。

我方主力赶到时，天色已黑。一发发炮弹拖着尾焰射向四面八方的街道，战斗进行得如火如荼。

我们现在的任务是待在原地，收到请求（一发信号弹）就支援步兵和强击步兵。

就在这时，街角附近又射来炮弹，炸断了我们旁边那辆坦克的履带，但车组人员把火炮转向炮弹袭来的方向开炮射击。我们也加入其中，2发炮弹射穿了半埋在路口的敌坦克。

为确保安全，我们随即变更位置，因为敌人借助炮口的闪烁，能判断出我们在何处。

"呃，我们到达柏林，"装填手对我说道，"他们的末日到了。"

有人答道："他们的末日是快到了，可我们还得使用扎带和皮带。"

坦克兵说的"扎带"是指燃烧弹，而"皮带"指的是穿甲弹。

此时离拂晓还有一个半钟头。

敌"铁拳"射手又从某栋建筑的阁楼开火。我们的坦克中弹起火,我驾驶战车后退,几名战友忙着用大衣和毛毯灭火。呼吸越来越困难。有那么几分钟,我松开操纵杆,递上几个灭火器。又过了几分钟,我们终于扑灭火焰,但坦克引擎打起"喷嚏",看来是燃料传输不顺畅。直到燃料从后油箱传到侧油箱,引擎才恢复正常。

我们忙着灭火时,其他战车前进了100米左右,另一辆坦克迅速占据了我们先前的位置。[4]

巷战中的160毫米迫击炮

城市地区,火力校正和瞄准都很困难。

由于难以观察弹着点,迫击炮火力校正必须以6—8门迫击炮的齐射来同时完成。多枚迫击炮弹的爆炸比单枚炮弹更容易观察到,这样就能顺利校正炮火。

从建筑后方开炮打击隐蔽在路障、废墟、建筑后面的敌人,需要提供弹道倾斜角,这种情况下使用3号药包。使用3号药包,迫击炮火又准又有效。

射击采用混合齐射。第一轮齐射使用延迟引信,第二轮齐射使用高爆弹,第三轮齐射换上杀伤弹。采用这种方式,第一轮和第二轮射出的迫击炮弹几乎同时爆炸,增加了破坏性和对敌人的心理影响。

迫击炮发射阵地应当距离前沿战线1500米。昼间变更发射阵地,两个连转移时,另外两个连必须做好发射准备。这里没有永备观察所,每次发射都要在距离目标100—200米处单独选择观察所。

发射是以一条穿过某物的弹道来完成,炸点逐渐移向目标。目标主要以穿透混凝土的榴弹来消灭。某些情况下,必须彻底摧毁敌人抵抗特别持久的个别建筑。炸毁一座三四层楼、平均尺寸的建筑需要投入多达40门迫击炮。

突击第3集团军的经验教训[5]

在柏林从事巷战的战术

我方步兵部队和分队在城内遂行进攻或冲击个别建筑时采用的战术,反映出敌人构设柏林防御的特点，以及柏林接近地交战的旷日持久性。

敌人在城市远接近地把集中在柏林东部和东南部的兵力、技术装备投入交战，甚至在我们逼近柏林郊区前就企图遏止我军的进攻。为此，我军发动进攻第二天和第三天，敌人不仅把战术预备队投入交战，还投入战役预备队（例如，机械化第25师1945年4月17日沿老奥得河一线投入交战）。许多情况下，敌人据守中间战线的火炮密度相当大（例如步兵第79军当面，每公里正面部署了200多门火炮和迫击炮）。

遂行进攻的我方部队，渗透敌人梯次配置的纵深防御时损失惨重，进攻柏林前各分队的兵力如下：步兵营只有60—90名战斗兵，步兵连只有20—25人。许多步兵营当时只有2个连（步兵第79军、近卫步兵第12军、步兵第32军都是如此）。

渗透敌军防御期间，为诸兵种合成集团军发挥冲击力的坦克兵团损失也很大，尤其是摩托化步兵部队（1945年4月22日—23日，某些坦克旅有80—100名摩托化步兵，摩托化和机械化旅有300—400人，摩托化步兵旅的兵力达到700人）。

这种情况迫使我军进攻期间，把冲击独立设施的任务交给步兵营（许多时候也交给步兵团），把夺取街区的任务交给步兵师。夹杂在摩托化步兵队列中的坦克编队损失较大，还要协助强击群夺取独立建筑，肃清建筑后方的残敌，因而无法沿宽大战线执行自己的任务，争夺柏林的战斗中，他们沿一条或最多两条35—40米宽的街道遂行进攻，这些街道可以同时投入不超过2—3辆坦克、3—4辆自行火炮、6门火炮。另外，城内的多层建筑限制了射界，致使我军无法充分使用火炮。

争夺柏林的战斗中，经验丰富、能力出众的诸兵种合成部队指挥员，娴熟地使用战术装备加强各强击群（包括强击群辖内的强击队和保障队），这些战术装备是强击群的组成部分，数量比平日更多，对巷战结果起到积极影响。

参加柏林进攻战役的某集团军，辖内部队组建的强击群，获得的加强是：4—6门（有时候8—10门）45毫米到152毫米口径的火炮，M-31火箭炮，1—2个120毫米甚至是160毫米迫击炮连，2—4辆坦克或1个自行炮兵连。

另一个集团军，强击群的编成，除了营属和团属火炮，还有1—2个远程炮兵连，调自独立坦克歼击师的1个炮兵连，以及IS-122坦克。

步兵分队兵力不足，迫使强击群指挥员把麾下各小队的人数限制在5—7人，并为这些小队挑选英勇顽强、身强体健、训练有素的步兵。待强击队攻入建筑，敌军火力减弱后，强击群其他战士才冲向目标建筑。

进攻柏林市中心期间，以火炮和坦克加强强击队支援进攻，以小股机枪射手遂行冲击，是部署、实施巷战的特点之一。

柏林城内的战斗，步兵部队采用的进攻战术，受到德国人保卫首都的常见方式影响。敌主力在柏林远接近地遭歼灭，因此，他们没有足够的兵力在附近组织作战部队保卫庞大的柏林城区，也没能在柏林城郊或外围地区构筑稳固、强大的防御。调入城内实施防御的人民冲锋队营很不可靠。因此，城郊之敌仅在孤立的个别支撑点实施顽强抵抗，把防御重点转移到市中心，例如政府机构所在地，密集的水障碍网（施普雷河和诸多运河）环绕该地区，为防御提供了便利。

我们在城郊没发现敌人精心组织的防御体系，我方进攻部队利用宽阔、笔直的街道实施机动，绕过敌人陷入孤立的抵抗枢纽部，柏林城内交战的第一阶段，大多数情况下，我们没有让友军先前组织的强击群参加战斗。

总的说来，我们在进攻前先对附近所有建筑实施炮火准备，纵深为1—2个街区，步兵随后沿街道顺利推进。这项任务完成后，步兵团挑选一个连担任第一梯队，第二、第三梯队各配置一个步兵营。第三梯队的任务是肃清敌人仍在负隅顽抗的建筑，而团主力继续挺进。这种安排给步兵的前进速度产生有利影响，

我方步兵逼近市中心，敌人的抵抗急剧加强。水障碍、先前被航空兵炸毁的建筑、密集的碎石瓦砾堆和路障，给进攻方造成严重阻碍。另外，敌人为他们的步兵大量配发自动武器，依托每栋建筑实施顽强抵抗。因此，我们逼近市中心，以强击群和强击队遂行进攻，这是对城市街区和建筑有组织的猛烈突击。

强击群和强击队以当时尚未投入战斗，步兵团第二、第三梯队的人员组建而成。

柏林中心地区的防御特点如下：

——包括大批人民冲锋队营在内的守军防御市区。这些营装备不足，武器五花八门，也没有在城内从事战斗的经验；

——缺乏组织明确的指挥机构，据守各独立设施的群体间缺乏联络；

——多层建筑街区的建筑密度，让遂行防御的德军群体难以观察，也不太容易确定方位；

——敌人实施伏击，还对我方进攻部队战斗队形身后施以打击。绝大多数人民冲锋队员没穿军装，很容易混入城内的大批平民百姓。

另外，由于缺乏有组织的指挥和通信，许多德军战斗群经常在战斗中展现出很强的独立性，因此，他们实施极为顽强的抵抗，个别机枪手、狙击手、"铁拳"射手主动从事的作战行动最常见。

许多时候，个别狙击手（或2人组成的狙击组）守在半毁建筑物上层，挡住我方分队在街道、桥梁、码头上的运动。我方分队攻入某栋建筑，盘踞在里面的一群群人民冲锋队员就丢下武器，利用地下室和院落离开建筑逃到街上，跟平民百姓混杂在一起，设法到达我方部队身后，随后在那里设立火力伏击，出人意料地袭击我方第二梯队和后方分队。

例如，华沙街和雷瓦格街「雷瓦莱街？」转角处一栋五层建筑，敌狙击手和机枪手守在阁楼上，每次射击后都变换位置，当日阻止了我方分队跨过桥梁，穿过西里西亚火车站附近铁路线的运动。

普勒岑湖南面的巷战中，敌人把自动武器射手、狙击手、"铁拳"射手组成的团体留在我方先遣部队身后，潜入已肃清的建筑，随后打击我们沿街道行进的汽车、坦克、大车。

战斗中，我们发现敌人在许多建筑的地下室和阁楼里搭设了存放武器弹药的储藏室，这些储藏室精心伪装。还有些人民冲锋队员，专门负责朝遭受攻击的建筑投掷武器弹药，他们还渗透到我方部队身后展开牵制行动。

采取措施对付敌人此类战术时，应当注意以下事项：

a.各步兵营除了组建强击群，还应该建立一支独立分队对付敌狙击手和机枪射手。这支分队编有狙击手和机枪射手，有时候还应配备1—2门火炮。该分队的战士在强击群战斗队形身后一段距离运动，或者精心隐蔽在损毁的建筑内，不要开枪，严密监视进攻分队翼侧和身后。敌狙击手和自动武器射手突然开火暴露位置后，该分队的战士就以出其不意的方式还击，用步枪和机枪（有时候使用火炮）打击敌人。在此过程中，为避免敌狙击手变更发射位置，这些分队应当从较高层的窗户和屋顶实施齐射或按顺序发射。

b.也可以派单独的狙击手，以常见的"猎杀"方式消灭敌狙击手。

两种情况下，以分队行动打击敌狙击手和机枪射手非常有效（尤其是近卫步兵第57师、步兵第171师、近卫步兵第52师、近卫步兵第60师的作战行动）。

c.第二梯队步兵团，应当指定特别小组，在既占街区转移建筑内所有平民百姓，无一例外。离开地下室和防空洞的平民，在警卫（1—2名机枪手）护送下，转移到附近纵深4—5公里的后方地带。疏散民众的临时安置，甄别他们当中的人民冲锋队员，这项任务交给集团军辖内部队，主要由城市警备司令负责。因此，最重要的措施之一是尽快任命警备司令，设立警备司令部。

争夺柏林市中心的战斗中，我方步兵部队和分队攻往目标设施后方，但这种机动受到城内各条街道上设立的大批路障阻碍。盟军航空兵早些时候炸塌了许多建筑，在某些方向甚至摧毁了整个街区，这种情况简化了德国人构筑路障的作业。许多街区沦为钢筋混凝土结构的碎石瓦砾堆，混杂着建筑垃圾。另外，柏林中心地区还有很多相互隔绝的内部庭院，也给我们在街区内的机动造成困难。我们也无法广泛使用地下通道和地铁隧道网，因为地铁和所有地下室都挤满躲避炮火的平民百姓，他们当中有人民冲锋队员，也有换上便装躲起来的正规军官兵。我方分队冲入地铁隧道后发现敌人，对方根本不顾平民百姓的伤亡，长时间发射机枪火力负隅顽抗，这种情况发生过多次。

面对这些情况，为了不让敌人利用地下通道实施机动，赶往地铁车站和大型地下防空洞，我方部队派出一群群步兵和机枪手封锁这些设施，禁止平民百姓出入。

与此同时，考虑到柏林地铁是在街道下方挖掘的，我方进攻部队在通过的街道部分，对所有深坑和缺口展开侦察，因为我们在某些地方发现，大型航空炸弹落下后，炸塌了地铁隧道拱顶，敌人企图利用这种破坏实施机动。

但许多情况下，为占领敌人火力扫射的空地，我方进攻分队成功地利用地下通道网实施机动，到达敌军防御翼侧和后方，敌人通常以步枪、机枪猛烈的交叉火力掩护布设了路障的各条街道。面对这种情况，我们派遣小股步兵组（2—5人），悄然穿过建筑墙壁的缺口，穿过院落，攀过屋顶，渗透到路障后方紧邻的建筑内，以火力压制敌人设在路口建筑上层的火力点。从后方这些建筑的窗户突然开火，把敌人打得措手不及，扰乱了敌火力系统的秩序，让我方突击分队得以直接攻到路障，以较小的损失攻克这些路障，或冲击路障旁的建筑，占领这些建筑后，路障就丧失了作为屏障阻挡我方强击群的意义。给小股步兵组配备手提式机枪的话，他们的行动特别有效（步兵第251师）。敌人以火力掩护路障接近地，而我方以猛烈的炮火打击街角建筑，掩护小股步兵组的机动（例如步兵第79军辖内部队攻往柏林—施潘道航运运河）。

其他情况下，例如我方部队在莫阿比特区和蒂尔加滕北面的进攻，派遣独立炮兵连，甚至师级力量支援小股步兵组的机动。他们冒着敌人的火力，迅速冲到路口，进入毗邻路障的街角建筑，从所有窗户和地下室开火射击。与此同时，小股步兵组穿过街道，渗透到路障后方。炮兵连占据开阔的发射位置，另一个炮兵连从后方为他们提供火力掩护。

在市中心遂行进攻时，小股步兵组这种娴熟的机动，提高了我方进攻部队和分队的运动速度。小股步兵组实施机动，我方进攻部队顺利占领掩护路障的建筑，之后就能沿街道毫不停顿地前进2—3公里。我方坦克分队排成战斗队形沿街道攻击前进，步兵部队在他们身后跟进，与坦克相互提供火力支援。

争夺柏林接近地（位于环城公路线）和柏林郊区的人口稠密区期间，敌人利用夜间全力整顿丧失战斗力的部队和分队，许多情况下，他们干脆调离这些部队和分队，以预备队和火炮加强受威胁最严重的地段。有些时候，我们早上对独立建筑的冲击没能取得战果，因为守军连夜加强这些建筑，兵力增加了2—3倍，建筑附近还出现新火力点。例如，近卫步兵第112团辖内分队攻往动物园附近，布达佩斯街街角的建筑，1945年4月27日日终时，敌人在那里只部署了3挺机枪，外加一些步枪和"铁拳"。我方分队把冲击建筑的行动推迟到拂晓，可拂晓时，敌人已经把自动高射炮调到那里，突然朝发起冲击的我方步兵开火。

鉴于这种情况，我方部队昼夜不停地在柏林从事巷战，疲惫敌军人员，绝不给敌人恢复阵地的时间，要知道，在损毁的城市里，恢复阵地比野外条件下快得多。

为执行夜间行动，我方派遣的是没参加昼间战斗的独立部队和分队。不仅部队指挥员高度重视夜间战斗的组织工作，就连集团军司令部也是如此。

敌人特别注意守卫施普雷河上的桥梁，施普雷河把柏林城一分为二，还与无数运河交汇，这些运河朝各个方向分割市区。大部分桥梁早已做好爆破准备，还构设了路障。德国人调派重兵守卫桥梁。例如，几支警察分队守卫五座桥梁（从特雷普托公园到安德烈亚斯街地段，施普雷河上三座，汇入东港的运河上两座），兵力超过1200人。

争夺桥梁的战斗中，我方进攻部队和分队打得英勇主动，想方设法阻止敌人炸毁桥梁，而后再设法夺取桥梁。

某些情况下，夺取桥梁前，我方小股步兵组会在两座桥梁间突然渡过运河。到达对岸，这些步兵组迅速攻往据守桥梁的敌分队身后，同时确保进攻部队主力能够朝桥梁前进。

强击群和强击队掌握的技术加强装备，数量增加后，导致机动条件紧张，随着友军朝市中心挺进，守军战斗队形的密度不断增加，这就要求特别谨慎地组织强击群内部、各强击群之间、提供支援的火炮和迫击炮相互配合。

柏林进攻战役中出现了许多积极主动、熟练使用技术装备，以及步兵利用特殊地段实施机动后进攻敌支撑点的战例。

柏林城内巷战的指挥工作，以下特点值得注意：

大多数情况下，团长和参谋离先遣分队200—300米，配属部队和分队指挥员也是如此。团长指挥全团的主要方式，是在现场亲自给各营长、配属加强部队指挥员分配任务。作战期间，战斗任务的澄清和修改由亲临现场的团长负责，或在参谋人员协助下完成，参谋人员给各营长下达配有地图的命令。只有个别问题的澄清以电话或电台完成。

作战期间，副团长和参谋长助理的职责分配大致如下：

——负责作战和政治事务的副团长待在第一梯队营，协助营长从事战斗准备，及时向团长汇报情况；

——第一副参谋长负责团属分队与上级部门的联络，收集、整理作战报告和其他文件，及时呈报师部；

——负责侦察工作的副参谋长收集敌军情报。

侦察敌情期间，设立细致的观察发挥了重要作用，大多数情况下，每个营的作战地段都有两个持续运作的观察所，而且直接连接团里负责侦察工作的副参谋长。

从预备队特地指定的两名军官负责与友邻部队联络，至少每天三次（昼间两次，夜间一次）去友邻部队，向对方通报本团的情况。另外，大多数情况下，团里也跟友邻团保持电话联络。

团里的通信组织和通信人员指导工作，由团副参谋长亲自负责，因为团里的参谋人员要转移指挥所（每天多达5次）。在大型城市内确定方位不太容易，这给通信造成困难，另外，敌狙击手在友邻部队身后活动，经常给他们的工作造成麻烦。

柏林城内的战斗中，主要通信手段是电话。电话线置于人行道与行车道之间的水沟里，以及十字路口的地面上。

在柏林城内使用电台，通信距离较短，只有2—3公里。城内大批高压电缆和大量钢铁（火车和电车铁轨、建筑物金属顶、高大建筑的金属结构），吸收了无线电发报机发射的电波。

柏林巷战中的炮兵[6]
· 榴弹炮直射火力

近卫炮兵第124团榴弹炮连连长科瓦利近卫军大尉，成功地使用榴弹炮直射火力。1945年4月26日，该连以直射火力打击敌人沿哥本哈根街发起的反冲击，击毙50名敌军官兵，击伤一辆敌坦克。

迅速而又主动地开赴发射阵地。

柏林城内的巷战条件下，炮兵人员积极主动的行动深具意义，不仅迅速前移火炮，以直射火力间接支援强击群的行动，还在复杂的巷战条件下勇敢地选择发射阵地。

1945年4月24日，舒贝尔街上，巴拉诺夫上士的火炮在战斗中受损。炮长率领炮组人员占据周边防御阵地，冒着枪林弹雨击退敌人，消灭对方3挺脚架式机枪、1辆自行火炮、25名士兵。

4月25日，巴拉诺夫上士的炮组架设火炮，以直射火力打击敌人，消灭对方2门88毫米高射炮、2挺机枪、15名官兵。炮组冒着敌军火力，把火炮迅速转移到新发射阵地，这处阵地位于通往某栋主要建筑的行车道上，他们随后从格莱因街的新阵地开炮，消灭格莱因街上4个敌机枪阵地，掩护步兵夺得毗邻格莱因街的一座公园。

·以侦察班掩护炮兵连

1945年4月24日，里歇尔街「发音」与舍恩豪森大道的十字路口，敌人转入反冲击，以猛烈的直射火力打击炮兵第124团某连。炮兵连侦察班班长沙汉·阿里舍夫中士，率领2名侦察兵冲入敌人占据的建筑，投掷手榴弹，与敌人展开白刃战。

·柏林巷战中使用火箭弹直射火力的经验

巷战条件下，没有固定的前线，陷入孤立的敌团体通常滞留在我方部队后方地带，占据街角的独立建筑和十字路口，这种情况导致我方身管火炮无法直接射击，集团军火箭炮部队起初使用单发M-31、M-13和缴获的280毫米火箭弹，即便没有发射器也能直接射击。

鉴于M-31火箭弹的口径和破坏力，巷战中使用这款火箭弹直接射击，可以说是打击敌前沿阵地火力装备最有效的办法。

我方部队发动进攻前，可以用箱式火箭发射器的直射火力摧毁敌人盘踞的建筑，也可以在砖砌建筑墙壁上打开通道。城内的战斗条件让我们得以在距离敌人100—30米「原文如此」处，以简单的瞄准具瞄准，把火箭弹射入某栋建筑的窗户或墙上的缺口。

进攻前使用M-31火箭弹直接射击，在最后时刻为步兵在砖砌建筑墙壁上打开通道，杀伤敌方人员，消灭他们的火力武器，所以就算敌人有机动预备队也派不上用场。

速度和巨大的破坏力，再加上物理破坏，给敌人造成严重的心理影响。

火炮直接射击前以M-31火箭弹直接射击的优势在于，不可能前调大口径火炮抵近射击，因为以大口径火炮轰击敌人占据的前方建筑，有可能误伤友军，而以威力较小的武器直接射击不会造成这种问题。

大批火箭弹突然齐射，在多处同时消灭敌人，是第二个优势。

大规模使用 M-31 火箭弹的直射火力，为巷战中的我方进攻部队提供了强大而又有效的火力支援。

使用火箭弹直接射击的条件如下：

1. 进入发射阵地的隐蔽路线；
2. 发射阵地距离敌人 30—150 米；
3. 以最严格的伪装架设发射箱，悄无声息地展开作业；
4. 强击群指挥员从营长那里受领任务，妥善安排与步兵的协同「作者注：这一条在草稿里划掉了，上级指挥部审阅时可能觉得有点消极」；

做好发射准备时，强击群必须「原文缺失」……运送、安装发射箱难度很大。

一群群敌步兵和"铁拳"射手位于我方部队身后，火力很猛，所以运送火箭弹的机动车辆只能开到距离发射阵地 900—1000 米处。剩下的路程，要靠人力搬运 130 公斤的火箭弹，穿过墙上的缺口，穿过地下室，或穿过损毁建筑的下层。某些时候，搬运火箭弹前，我们得在砖砌建筑的墙壁上打开缺口。

在必须穿越街道的地方，敌人以步枪和机枪火力射击装有火箭弹的发射箱，我们会找根长长的绳子或电线，一端绑住发射箱，另一端绑个石块，把石块抛到街道另一侧，随后一群士兵依次冲到街对面，找到石块，拉动绳索，把发射箱拉到架设位置。把发射箱拖到街对面期间，为防止灰尘和弹片造成破坏，火箭炮分队会用砖块盖住发射箱。

在离敌人适当的距离架设火箭发射箱，必须严格做好伪装，因为敌人哪怕发现一点点动静，都会以"铁拳"打击我方人员。水平发射火箭弹，使用的瞄准具很简陋，钉在发射箱前端的一根钉子充当准星，发射箱后端的两根钉子是照门。

要调整发射仰角，就把砖块和木棒垫在发射箱前部或后部下面。要想设立更稳定的发射阵地，就用钉子把发射箱固定在窗台、墙壁或地板上，还可以用拉线把发射箱固定成各种角度。通过这种固定方式，发射箱发射时不会偏离发射位置，也能确保火箭弹射向正确方向。

由于火箭弹发射时喷出强大的气体射流，会在发射空间造成高压和高温，为排出火箭弹后方和整个房间里的气体，发射前必须打开所有门窗，还得移走所有易燃物品。

为防范意外，必须把击发设备拿到地下室或远处的房间。为防止殉爆，连接火箭弹与击发设备的电线，贴着房屋墙壁的地面延伸，每隔1.5—2米用重物压牢。

架设火箭弹准备发射期间，用手头现有材料加以伪装，发射前几秒钟移走伪装。

近卫第8集团军的经验教训[7]
柏林进攻战役中使用喷火器或其他可燃物品的经验

1945年4月28日，某步兵团沿威廉大街进攻时，遭遇敌人从黑德曼街北面街区实施的顽强抵抗。

步兵团团长决定使用喷火器连一个排，烧毁敌人盘踞的筑垒建筑，对方从那里朝黑德曼街接近地开火射击。喷火器兵在自动武器火力掩护下，利用缺口和损毁的建筑，悄然潜入那栋建筑，把12具背囊式喷火器部署在各个窗台和地下室里。步兵第3营营长发出信号，9具背囊式喷火器的可燃混合物覆盖整栋建筑，喷火器兵随后以3具背囊式喷火器引燃可燃混合物。着火区迅速蔓延到街区内几栋邻近建筑，迫使敌人撤离，我方部队迅速夺取了街区。

Ⅱ

某步兵营战斗侦察分队设法在行进间渡过泰尔托运河，但没能继续前进，因为他们在洛伦茨工厂和滕佩尔霍夫港遭遇敌人顽强的火力抵抗。步兵营余部滞留在运河南岸。

敌人盘踞在某栋六层楼高的建筑内，以猛烈的火力打击我方渡河人员。喷火器兵以烟雾为掩护，悄然潜入这栋建筑，部署了7具背囊式喷火器，收到信号后点燃。建筑起火燃烧，敌人的火力停了，步兵营余部抓住机会，迅速渡过运河，但又一次陷入停顿，因为他们遭遇敌人从其他建筑射来的火力。喷火器兵又点燃那些建筑。我方进攻分队包围几栋建筑，消灭了负隅顽抗的守军。

工厂内，一大群敌人躲在庞大车间的地下室里。喷火器兵砸开地下室天花板，往里面灌了300升缴获的可燃混合物后点火。蔓延的火势迫使敌人投降，120人当了俘虏，另外130人葬身火海。

III

进攻部队在兰德韦尔运河北面街区遭遇敌人强有力的抵抗，德国人从威廉大街两栋五层建筑射出的火力极为猛烈。步兵团辖内的战斗侦察分队，架设6具喷火器瞄准街道左侧一栋五层建筑的几扇窗户，8具喷火器对准街道右侧另一栋建筑。喷火器引燃两栋建筑，82名敌军官兵丧生，我方进攻分队继续前进。

IV

安哈尔特火车站射出猛烈的机枪和"铁拳"火力，再加上梅克尔恩街「发音」、贝格尔街「发音」上的筑垒建筑，挡住我方两个进攻步兵团的运动。

喷火器连配属各团的喷火器排，以8具背囊式喷火器对付火车站，6具背囊式喷火器对付车站南面的梅克尔恩街，12具背囊式喷火器部署在火车站西面，贝格尔街西部边缘。喷火器击发后，引燃几场大火。据守火车站的敌守军躲入地下室继续顽抗。我方步兵和喷火器兵返回火车站，在地面上钻了4个孔，灌入4具背囊式喷火器的可燃液体后点火，藏身地下室的敌守军悉数丧生。

V

支援步兵的我方坦克在威廉大街遭遇敌人直射火力和"铁拳"阻碍，对方从几栋建筑的三楼和四楼开火射击。交火中，敌人的炮弹命中一辆坦克，"铁拳"击中另一辆坦克。

步兵团团长下令释放烟幕，不让敌人准确瞄准，进攻分队和坦克随后毫发无损地继续前进。

结论：

与先前在各座城市遂行的战斗一样，面对在建筑内设立防御的敌守军，喷火器再次展现出很高的效力。

一如既往，喷火器兵与步兵分队紧密配合，总是能顺利完成任务。

以下作战经验报告来自近卫步兵第170团：

小股强击队在柏林城市条件下的行动

1945年4月30日，该团受领的任务是在林克街附近渡过运河，在对岸掘壕据守，准备继续攻往西北面。

为完成受领的任务，他们需要了解渡场和运河接近地的情况，以及敌人的火力配系。

当天，两个侦察小组奉命赶往渡场，一个小组5名成员，另一个小组3人。第一个侦察组报告，敌人炸毁了运河上的公路桥，桥上只剩一根H形横梁可供步兵过河，宽度不超过50厘米。第二个侦察组报告，步兵可以利用铁路桥过河，但仅凭步兵轻武器有点难度。

收到侦察报告，该团从惩戒连挑选6人组成强击队，给他们配备了自动武器、"铁拳"、手榴弹、带起爆装置的烟幕弹。各种武器和自行火炮以强大的火力打击建筑前缘，以此为掩护，强击队设法穿过炸毁的桥梁。

与此同时，几个步兵营以大量发射的烟幕弹为掩护，开始跨过铁路桥。逼近对岸的建筑时，强击队在砖墙上开辟通道，这项作业获得步兵武器支援。

城市作战条件下，击毙盘踞在建筑二楼、三楼和接近地的敌狙击手、"铁拳"射手是个艰巨的任务。几个强击队冲入建筑，穿过缺口进入旁边几栋建筑，其他步兵负责消灭盘踞在楼内的敌人。

手榴弹和烟幕弹投入楼内地下室。这里的特点是，所有地下室都有很多通道和房间，所以消灭盘踞在地下室或各楼层的敌人不是个容易的任务。

在柏林各街区从事战斗的经验表明，自动武器最有效，而近战武器可能派不上太大用场。

强击队应当由队长指挥，因为他们经常面对先前做出决定时没考虑到的问题，必须现场制定对策，强击队的兵力不能超过10人。

出其不意往往能决定战斗结果。

城市地形有个独特的方面，就是城内纵横交错、庞大的地铁隧道系统。虽说没采用特定的战术，但红军战士还是钻入地下，在里面鏖战了好几天。近卫军上等兵扎姆科夫负了伤，他的记述是此类战斗的好例子。他所在的部队耗费四天时间，企图从地下穿过市中心。这支部队可能隶属突击第3集团军。扎姆科夫回忆道：

德国人在各条街道殊死抵抗，我们的任务是钻入地下，一路赶往国会大厦。当然，每个人都想率先到达国会大厦，地铁隧道是通往那里的直达路线。

我们进入一座黑黢黢的地铁站。我们的腿不时撞上水泥桩，前方有闪烁的灯光，一条细细的灯带。我们像侦察员那样评估了情况：这里伸手不见五指，只能凭声音和触感把握方位。敌人的防御条件非常好。

我们没想太久，随即穿过隧道向前而去，沿铁轨走了300米，没遇到任何抵抗。我们在黑暗中行进，就像笼罩在煤烟里。但墙上有个壁龛，里面放着块电池，一盏烧坏的小灯泡连接着黑色绝缘橡胶电线。走在队伍前方的战友报告，他听见德语交谈声。我们趴在隧道的地上，潮湿的空气臭烘烘的，让人难以忍受。匍匐前行对我特别困难，因为我前几天胸部负了几处枪伤。绷带让我的动作有点迟缓，但我不能让人看出我的情况不太好，他们肯定会把我直接送到医院，这样我就无法亲眼见到在柏林赢得胜利的那一天了。

我们匍匐穿过隧道，每隔5米停下来等一会儿。我们仔细分辨气味，闻起来像烟味，但不是常见的烟草，而是淡而无味、切成薄片的德国烟草。空气里还有肉罐头的味道，是德国人按公斤装在棕色罐头里的那种肉类。

很明显，附近肯定有德国佬。突然，前方的手电筒亮了，某个德国佬朝我们这里照了照，但他笼罩在黑暗中。借助电筒的光亮，我们判明方位：一堵砖墙隔开隧道，这堵墙壁显然是为防御专门砌的。我们还瞅见钢制屏蔽门，说明德国佬把地铁隧道当作防弹、防毒气掩蔽部使用。

我们又前进了四五十米，子弹呼啸着穿过隧道，我们仿佛置身蜂巢。我们躲在隧道墙壁的壁龛内，这些壁龛显然是为工人或地铁护路员准备的。

尽管如此，子弹还是给我们造成伤亡。我的战友安德烈·波尔塔韦茨牺牲了，他是近卫军战士，也是个舞蹈演员。好友牺牲让人痛心，尤其是胜利即将到来的这几天。

我们在隧道里又遇到一堵墙壁,不得不再次停下,投了几颗手榴弹,用突击步枪消灭敌人。德国人在地铁隧道里构设的防御就是这样:一段空地,后方是一堵墙,过去又是一段空地,然后又遇到一堵墙。

隧道内的战斗持续了四天。我们的弹药很充足,"铁拳"和手榴弹随处可见,数量很多。我们还在隧道两侧的壁龛里找到食物,显然是德国兵从家里带来的,既有盛满樱桃酱的大玻璃罐,也有不少用稻草包裹的瓶装葡萄酒。我们没喝酒,尽管如此,可还是累得瘫倒在地。我们起初觉得果酱很美味,可后来就难以下咽了,齁得要命。我们很想喝水,但附近没有可供饮用的水。

四天时间,我们在地下潜行1500米,但其中一天只勉强前进了100米,因为敌人抵抗得太激烈了。

我们最终离开隧道回到地面。我看见勃兰登堡门,也瞅见国会大厦上飘扬的红旗,不由得想到:"看来我们还是没能率先到达这里。"

柏林各条街道上的德国佬已投降,但他们在地下继续负隅顽抗。成千上万的德国兵盘踞在隧道里顽强抵抗,很难把他们赶出来。[8]

接下来的报告是坦克编队的作战概要,揭示出柏林周边诸多水障碍给他们造成的麻烦:

坦克兵团的使用特点[9]

鉴于攻克德国首都柏林对加快彻底歼灭敌军的进程具有重大意义,我方坦克兵团突破敌战术防御地幅后,没等突破对方整个战术纵深就独立展开行动,在各楔入地段与诸兵种合成兵团协同作战,开始取得进展。

敌人利用人口稠密区的大批砖砌结构,构设防坦克支撑点,还为各种反坦克武器设立了发射阵地。守军据守一栋栋砖砌建筑,我方步兵、战斗工兵、炮兵组成的一个个强击群与他们展开鏖战。

敌人在人口稠密区大规模使用"铁拳",还在路口和主要街道的建筑内为"铁拳"射手构设了发射阵地。坦克很难独自对付"铁拳",结果,前进速度放缓了。

大批水障碍(河流、湖泊、运河,以及大批河岸沼泽化的小溪和运河)

给坦克兵团和部队的机动、展开造成困难，迫使他们只能在道路上某些地段或沿道路展开行动，而这些地方恰恰是敌人防御最激烈处。

敌防御纵深部的地形，也不利于大股坦克编队展开行动。敌人很容易利用天然障碍，在多条防线上设立反坦克防御，还广泛使用人工防坦克障碍，例如埋设地雷、堆砌土堆、构筑路障等。敌人被迫撤离一道水障碍，很快利用另一道不太有利的水障碍设立新防御。

以上情况减缓了坦克兵团的运动速度，迫使他们在许多已深入敌军防御的地段与步兵编队协同行动，不敢远离步兵。

诸多水障碍和有限的渡口，有时候迫使坦克部队实施大范围迂回机动，偏离原定路线和方向，经常出现几支编队在同一个渡口渡河的情况。例如，他们在武勒河和达默河（分别位于克佩尼克北面和南面），一整天只使用克佩尼克附近一个渡口。

坦克部队渡河困难，很大程度上归咎于配属坦克集团军的摩托化工程兵旅，他们的技术装备不足以迅速搭设充足的桥梁供坦克渡河。桩基桥梁只能在昼间架设，因为桥桩要徒手安装，零部件也得靠人力准备、运送。

我们提出，跨越水障碍或在人口稠密区作战时，坦克兵团必须广泛使用烟幕伪装。

柏林进攻战役中使用坦克兵团，让我们得出以下结论：

1. 我军突破敌防御战术纵深后，坦克兵团投入战斗，这种情况下的运动很复杂，因为坦克兵团必须克服敌战役纵深随后大幅度加强的防御阵地，只要精心协调坦克兵团与诸兵种合成兵团的行动（协调双方的时间和运动方向；战役不同时期，步兵和坦克任务的联合解决方案），坦克兵团就能跟诸兵种合成兵团继续前进。

这种联合行动，至关重要的是：坦克和诸兵种合成兵团相互通报各自的行动，交换敌情报告；补给和疏散路线的分配；在各条道路精心组织交通流向。

2. 坦克兵团在水障碍众多的地区展开行动，要想取得成功，至少得给坦克军配属2个摩托化工程兵营，派他们在第一梯队展开行动，为坦克兵团搭设渡口。

坦克集团军占领某片小型水障碍众多的地区时，摩托化工程兵旅的制式渡河器材和技术保障,无法确保遂行进攻的坦克集团军迅速进入渡场。

3. 这场战役证明了我军在不间断的交战中连续使用坦克兵团的能力。只要技术勤务组织得当,各坦克部队就能从事不间断的战斗,持续的时间远远超过《红军装甲坦克和机械化兵作战条例》第二章第12节规定的4—5天。

乌克兰第1方面军
近卫坦克第3集团军 [10]

集团军辖内每位军长都得到评估本军作战表现的机会。这些经验教训反映出每个踏上战场沃土的军人固有的生存智慧。有些战例可能更加发人深省,但所有战例都让我们窥见各军面临的困难:

近卫坦克第6军

1. 参加柏林进攻战役的近卫坦克第6军,在1945年4月16日—23日的交战中前进200公里,速度达到25公里/每天。

2. 遂行战役期间,坦克军强渡尼斯河、施普雷河、马尔克塞运河、诺特运河、泰尔托运河;攻克吕本、巴鲁特、吕伯瑙、波森和另一些城镇;经过八天激烈的巷战,与其他部队配合,共同攻克德国首都柏林。

3. 柏林进攻战役伊始,坦克军辖内各部队投入进攻,4月16日—18日的后续进军路线位于尼斯河与施普雷河之间,敌人投入大批预备队,预有准备的防线大多配备了火炮。我方部队逼近施普雷河时,敌人使用了火炮,据我们观察,敌军炮兵主要在翼侧活动,频繁变更观察所,还实施大范围机动。

4. 坦克军在敌战役纵深展开行动期间,没发现敌人采用新的打法。敌人确实投入了最新式的梅塞施密特262歼击机,不时攻击我方部队,但没有参与空战。

5. 柏林城内的巷战中,敌人主要使用"铁拳"、火炮、坦克,以街道障碍物和路障为掩护,与我方坦克交战。城内构设了重重路障,一堆堆障碍物封锁了所有街道。他们还在各栋建筑的地下室里打开通道,利用这些通道撤往下一个街区,用不着暴露在街道上。

6. 我方部队在巷战中积累了丰富的作战经验,这些经验是坦克军以前不掌握的。与敌"铁拳"射手斗争时,我方战士使用以下方式攻入敌"铁拳"射手盘踞的建筑：4名战士找到一枚M-31火箭弹，他们把火箭弹抬入可供发射的建筑内，架在桌子或箱子上，瞄准目标。他们在火箭弹上接了根20—30米长的电线，另一端拖入地下室或另一栋建筑。换句话说，发射M-31火箭弹的建筑内不能有人。电线另一端连接点火器，按下点火器，火箭弹就射向目标。火箭弹击中目标，伴随剧烈的爆炸，任何建筑都会坍塌、起火，就连发射火箭弹的那栋建筑也无法幸免。

我们还用背囊式喷火器和"莫洛托夫鸡尾酒"点燃建筑，因为敌人顽强据守每栋建筑，要想把他们赶出来，唯一的办法是火攻。敌人之所以负隅顽抗，可以用以下事实来解释：虽说人民冲锋队员已投降，还有些人换上便装停止抵抗，但狂热的法西斯分子依然存在。

7. 巷战中使用烟幕很有效，尤其应当用于十字路口。

8. 以203毫米火炮直接射击起不到太大作用。威力强大的炮弹会穿透一切建筑，离开建筑后才炸开，而且这款火炮在街道上的机动性很差，牵引车无法把大口径火炮迅速拖入发射阵地，必须使用宽阔的街道。

9. 整个战役期间，军指挥所始终设在各部队战斗队形中，取得非常积极的成果。

10. 军属各部队没有太好的办法进入突破口，这意味着我方部队要在敌防御体系尚未彻底瓦解时在战场上机动，也说明进入突破口的初期阶段是战役最艰巨的时期。

造成这种情况的原因是，柏林战役发起时，参谋人员不知道敌防御纵深至少远到施普雷河。

各项缺点：

1. 各部队在巷战中的战斗协同不足。

2. 有时候观察不到炮火。

3. 缺乏巷战经验，部队经常排列在柏林的街道上无所事事，只有为首几辆坦克在战斗。

4. 巷战中，战斗队形纵深太浅。巷战中的战斗队形至少要覆盖3—4个街区。

5. 柏林进攻战役中，加强力量过多的情况时有发生。加强力量必须适度，否则会影响战斗队形的灵活性。

「签名」近卫坦克第6军军长，近卫军少将米特罗法诺夫

军参谋长，近卫军上校列别捷夫

近卫坦克第7军

· 柏林战役中炮兵的使用情况

a. 自行炮兵

柏林方向的战斗中，自行炮兵的使用方式如下：

自行炮兵第1977团配备SU-100自行火炮，配属给担任军先遣支队的几个旅。做出这种安排是因为SU-100自行火炮使用T-34坦克底盘，能快速机动，越野性能良好，火力优于T-34坦克。

SU-100搭载100毫米火炮，可靠地掩护了坦克旅翼侧，击退敌坦克的反冲击，无论坦克旅如何机动，从来没有落在后面。

通常情况下，每个坦克营配属2个SU-100自行炮兵连，另外2个连作为机动反坦克预备队，由旅长掌握。

近卫重型自行炮兵第384团配备ISU-122自行火炮，战役开始时保持完整建制，担任军长亲自掌握的机动反坦克预备队。待我军逼近柏林郊区，团里3个连配属各坦克旅，另外2个连继续担任军长的预备队。

ISU-122自行炮兵连配属各坦克旅，是因为几个旅目前主要在柏林的街道上作战，需要威力强大的火炮提供支援。

巷战中，ISU-122自行火炮作为强击群组成部分投入战斗，取得积极有效的战果，因为在直射距离内，ISU-122发射的混凝土穿透弹威力强大，能射穿柏林城内任何一栋建筑。

整个战役期间，轻型自行炮兵第702团配属近卫摩托化步兵第23旅，担任旅长的机动反坦克预备队，掩护该旅进攻队形翼侧。

b. 轻型炮兵团和迫击炮兵团的使用

我军逼近柏林、到达柏林郊区前，轻型炮兵第408团和近卫独立迫击炮兵第467团编为军炮兵群。到达泰尔托运河后，轻型炮兵第408团配属近卫坦克第56旅，近卫独立迫击炮兵第467团配属近卫摩托化步兵第23旅；做出这种安排是因为巷战中需要的不是密集炮火，而是炮兵连火力。无论在何处集中炮火，朝军前进方向集中火力总是必要的，突破炮兵第25师的火力确保了这一点。

c. 火箭发射器的使用

遂行战役期间，M-13、M-31火箭炮兵营只用于需要集中火力的地方。

争夺柏林的战斗中，近卫迫击炮兵第32旅把2个营分别配属给近卫坦克第56旅、近卫摩托化步兵第23旅，他们加入强击群，只实施直接射击。

总结：

…………

2. 出色的无线电通信确保了炮兵部队的快速机动，整个战役期间，我们没发生一起与辖内部队失去无线电联络的事件。

3. 遂行战役期间，炮兵部队配属各旅的分配工作更加合适，确保了各旅顺利执行军部下达的命令。

例如，SU-100自行火炮在军主要和重要方向行动。我们通常以这个团加强军先遣支队，因为SU-100自行火炮使用T-34坦克底盘。这种系统充分保证了快速机动的能力，所以自行火炮从来没有落在T-34坦克后面，还以强大的火力确保各坦克旅顺利挺进。

4. 值得注意的是，争夺柏林的战斗中，M-31火箭发射器发挥了很大作用。作为强击群组成部分，M-31火箭发射器在距离敌人300—400米处直接射击，从木框射出的火力虽不频繁，但足以在敌人盘踞的建筑内引燃大火，这一点也值得注意。

我们与近卫迫击炮兵第32旅的指挥员交流后得知，从火箭发射器直接射击更有效，损失也更小，而从木框发射火箭弹的话，效果要差些。后一点的原因是，从建筑内开火，往往会烧毁木框发射箱架设的建筑，甚至造成发射人员丧生；另外，不难想象，为木框发射箱寻找架设位置很难，会浪费很多时间。

使用火箭发射器直接射击更有效，因为滑轨上装有12枚火箭弹，可以有条不紊地发射定向火力，直到彻底摧毁建筑或敌防御阵地，与此同时，己方发射阵地也不会发生火灾，更不会造成操作人员伤亡。但火箭炮组必须找到合适的发射阵地，以免遭敌军火力打击。

5. 遂行战役期间，与集团军炮兵司令部的通信很成问题，因为我们没有与集团军司令部相连的电台，这种情况影响到上级指挥部门及时传达消息。另外，上级部门传达的信息不够，可能是军炮兵司令部人员太少的缘故。例如，只有一名副参谋长负责作战事务，靠他一个，根本无法及时处理各部队的作战报告、信息、指挥情况，因为作战行动中，全军有10—12支炮兵部队，弄清各部队的情况要耗费3小时，所以，集团军在最佳情况下，通常每24小时也只能收到2—3次信息。由此可以得出结论，军炮兵司令部应该增加人手。

另一点值得注意的是，军炮兵司令部还负责以下工作：为炮兵部队人员授勋，考评行政军官的绩效，军炮兵军官的会计与簿记。这些事务占用大量时间，严重影响军炮兵司令部的作战指挥工作。

「签名」坦克军炮兵司令员，近卫军上校诺维茨基
近卫坦克第7军炮兵参谋长，近卫军中校莫塞科
近卫坦克第9军

总结

我军成功达成突破以及随后的快速发展，导致敌人无法从东线抽调任何重要的作战兵力。因此，随着方面军快速部队到达柏林郊区，尤其是近卫坦克第3集团军，敌人显然企图以人民冲锋队部队为主力，辅以当时无足轻重的当地守军实施防御。

柏林守军利用预有准备的障碍物体系顽强抵抗，尤其是城市中心地带。他们在战斗中主要使用"铁拳"这种相当危险的武器。

我军在柏林城内获得的作战经验表明，这种条件下，1个摩托化步兵营，获得8—10辆坦克、2—3个炮兵连、战斗工兵、喷火器兵加强，可以沿两条街道进攻。

为彻底肃清大型建筑和地下室，第二梯队有必要向每条街道投入1—2个步兵连。

炮兵支援很有必要，主要以中口径和大口径火炮直接射击。76毫米火炮只适合在路口掩护翼侧，对付敌人有可能发起的反冲击。

巷战条件下，全面组织作战协同特别重要。这种协同的组织工作不断延误，根本原因是连长和营长不在战斗队形内。

指挥部与前沿部队的距离不能超过500—600米。巷战条件下，这个距离必须缩短到200—300米。

巷战中的基本通信手段是电话和人员联络，可以通过传令兵和联络官实现。使用无线电通信会遇到某些困难，但不能彻底无视这种手段。

把指挥部分成若干小组的做法毫无意义。

尾注：

1.The Berlin Operation 1945, pp.356—357.

2.TsAMO. Operations Directorate, First Belorussian Front. Short summaries of generalized experience of forces provided by army headquarters and staffs of service branches. 12—28 May 1945.

3.Shturm Berlina, Guards Private I. Semin, "Through Basements and Roofs".

4.Ibid, Senior Sergeant A. Radzenovskiy, "Tank 376".

5.TsAMO. General Staff of the Red Army, Chief of the Directorate for the use of War Experience. Short summary no. 22 on the generalized combat experience of the forces of the First Belorussian Front for April 1945 (6 June 1945).

6.Ibid.

7.TsAMO. Operations Directorate, First Belorussian Front. Short summaries of generalized experience of forces provided by army headquarters and staffs of service branches. 12—28 May 1945.

8.Shturm Berlina, A. Zhamkov, "The Battle in the Subway".

9.TsAMO. General Staff of the Red Army, Chief of the Directorate for the use of War Experience. Short summary no. 22 on the generalized combat experience of the forces of the First Belorussian Front for April 1945 (6 June 1945).

10.TsAMO. Fighting 3 Guards Tank Army, Vol. VI, as prepared by the headquarters' department on the Use of the War's Experience.

第八章

强击柏林

"昨天,交战双方都把预备队投入柏林之战,这场战役对第三帝国的未来和欧洲的生活深具决定性。帝国首都南部地区,激烈的巷战在策伦多夫、施泰格利茨、滕佩尔霍夫机场南部边缘肆虐。东部和北部地区的部队,获得希特勒青年团、党、人民冲锋队英勇支援,在西里西亚车站、格尔利茨车站、泰格尔与西门子施塔特之间顽强抵抗。夏洛滕堡区也爆发战斗。我们在这些战斗中击毁大批敌坦克。俄国人的坦克从凯钦攻入勃兰登堡。攻往拉特诺之敌,还没到达城区就被我方部队的反冲击挡住。敌人进攻费尔贝林没能取得任何进展。我方部队重新夺回城市南面的部分村庄。"[1]

——OKW公报(1945年4月26日)

4月26日,星期四

4月26日,柏林湛蓝的天空万里无云。各条街道上的官兵几乎没注意到,数百栋起火燃烧的建筑,腾起的烟雾遮蔽了阳光和天空。大多数士兵记不得今天是几号,更别说具体时间了。战斗在街道上持续时,柏林城外重要的交战也在肆虐。

4月25日日终前,红军部署在柏林周围的兵团,具体位置如下。近卫坦克第2集团军辖机械化第1军、近卫坦克第12军,受领第47集团军与突击第3集团军之间的独立进攻地带,朝西南方攻入柏林城内。集团军强渡施潘道航运运河，夺得西门子施塔特郊区，日终前沿该区南郊前出到施普雷河。

突击第3集团军在柏林北部地区继续进攻，右翼取得重大战果。集团军右翼的步兵第79军，从罗森塔尔地区攻往夏洛滕堡，四天内取得10公里进展，突破敌人沿维特瑙—潘科区构设的防御内围廊。该军肃清柏林郊区维特瑙和赖尼肯多夫之敌，前出到西门子施塔特以东地带的快铁防线。近卫步兵第12军从集团军第二梯队投入交战，突破韦森塞郊区西南面和南面的快铁防线，在柏林中心地区战斗。步兵第79军也从集团军第二梯队投入，但被德军拦在腓特烈斯海因公园外的快铁铁路线上。

突击第5集团军和坦克第11军，继续在柏林东部地区进攻。他们肃清柏林郊区比斯多夫、腓特烈斯费尔德、卡尔斯霍斯特之敌，目前沿施普雷河两岸作战，穿过腓特烈斯费尔德—特雷普托地区的快铁防线。集团军深入市中心，攻克西里西亚快铁车站周边地区，越逼近亚历山大广场，遭遇的战斗越艰巨。

近卫第8集团军与近卫坦克第1集团军从东南面协同行动，四天内前进21公里。4月25日日终前，两个集团军在柏林市中心东南地区作战。崔可夫左翼在马里恩多夫地区与乌克兰第1方面军近卫坦克第3集团军辖内部队会合。

乌克兰第1方面军近卫坦克第3集团军，获得第28集团军3个师加强（步兵第61师、近卫步兵第48师、步兵第20师），在兰克维茨—施塔恩斯多夫地段强渡泰尔托运河，肃清柏林东南郊利希特费尔德、策伦多夫、达勒姆、施泰格利茨之敌。近卫坦克第6军赶往北面的近卫坦克第2集团军，辖内部队正在夺取施马根多夫郊区。科涅夫麾下部队准备攻往柏林动物园、兰德韦尔运河、安哈尔特火车站。

维斯瓦集团军群

海因里齐等了一个多星期，徒劳地期盼西方盟军赶紧渡过易北河，其实他肯定对美国人是否会这样做心存怀疑，甚至在4月16日前就有这种想法。文克集团军离开易北河转身向东，美军没有干涉，这种情况终于证实了海因里齐的担心。尽管他的目标是不让德国首都沦为城市战场，但柏林还是陷入重围，遭到苏联两个方面军辖内军团进攻。由于凯特尔和希特勒横加干涉，海因里齐已无法指挥第9集团军。布塞的将士即将发起战争期间最扣人心弦的突围，他们的目标不仅仅是冲到文克集团军战线，还要到达西方盟军那里。

第3装甲集团军苦苦抵御白俄罗斯第2方面军，在防线上又坚守了一天，但曼陀菲尔麾下将士已是强弩之末。红军坦克部队突破普伦茨劳东面的沃坦防线，旋即被德军反冲击逼退。面对红军的猛烈冲击，德国第101军沿霍亨索伦运河彻日坚守防线。由于波兰人民军第1集团军拦截力量开抵，第25装甲掷弹兵师没能扩大昨日设立的登陆场。德军装甲掷弹兵击退波兰人发起的几场反冲击，但他们此时的处境岌岌可危。俄国人在埃伯斯瓦尔德渡过菲诺运河，到达德军阵地北面。第1海军师开始出现瓦解的迹象，上级只好把该师调离前线，派他们返回沃坦阵地。第3海军师无力阻止红军攻入萨克森豪森，施泰纳的部队继续拖延，迟迟未做好进攻准备。

一整天，第3装甲集团军炮兵忙着击退红军步兵反复发动的进攻。维斯瓦集团军群在报告里指出："我方炮兵部分投入近战，为阻止敌步兵彻底达成突破发挥了重要作用。"² 除了炮兵，德国空军残余力量也大举投入。由于红空军把大部分战机用于柏林附近的作战行动，德国空军终于在第3装甲集团军战线上空获得局部优势。据德方报告称，德国空军击落18架敌机，还击毁地面上20辆敌坦克³。

党卫队"太阳"团的突击队员充分证明了自己的战斗力。这支部队把红军先遣力量挡在格吕诺西面，随后赶往普伦茨劳地域，协助守军阻挡俄国人。海因里齐显然需要更多机动力量，这样才能应对红军必然达成的突破。他唯一能获得援兵的地方是施泰纳那里，施泰纳仍遵照OKW的命令，准备向南攻往柏林。海因里齐11点45分致电元首暗堡，请求克雷布斯取消施泰纳的进攻。他明确指出，眼下需要施泰纳这股力量变更部署，这样才能挡住红军对第3装甲集团军右翼的冲击。克雷布斯向希特勒做了汇报，可希特勒不为所动，坚持要求施泰纳向南进攻⁴。看来，第3装甲集团军的战线土崩瓦解只是时间问题了。

海因里齐下定决心，打算靠自己来挽救第3装甲集团军，决不能让他们重蹈第9集团军陷入重围的覆辙。他给冯·曼陀菲尔下达命令，要求第3装甲集团军有序撤往西面。曼陀菲尔向海因里齐保证，麾下部队还能再坚守一天，但请求海因里齐批准他立即撤出斯德丁和施韦特守军。海因里齐没跟OKW或OKH汇报就批准曼陀菲尔的请求⁵。海因里齐身边大部分参谋人员，似乎支持他撤往西面的决定。据维斯瓦集团军群作战处长艾斯曼上校称,曼陀菲尔和他的参谋人员是海因里齐最坚定的支持者,一致赞同这场未经批准的后撤[6]。

元首暗堡

为救援柏林,希特勒4月25日19点下达了协同行动的指令,这道指令4月26日零点25分才传到OKW。指令里写道:

> 各进攻集团必须坚忍不拔,紧密团结起来,不必顾虑翼侧和相邻地带,必须强行达成突破,届时才能与第9集团军和柏林重新建立联系,歼灭敌军强大的一部……
>
> 第9集团军应当在施普雷瓦尔德与菲尔斯滕瓦尔德之间坚守当前的东线,做好沿最短路线向西进攻,与第12集团军取得联系的准备。
>
> ……第12集团军的南部集团应当在维滕贝格地带留下掩护力量,从贝尔齐希地域沿贝利茨—费尔希方向发动进攻,切断敌坦克第4集团军后方交通线,对方正攻往勃兰登堡方向,第12集团军还应继续向东进攻,直到与第9集团军取得联系。
>
> 待两个集团军会合,转身向北、歼灭柏林南部之敌至关重要,这样就能与柏林建立广泛的联系。[7]

约德尔4月26日8点15分的复电听上去鼓舞人心。据他说,两个集团军正朝各自的目标前进,而且取得进展。但约德尔发给希特勒的报告很不靠谱,完全不符合战场上的实际情况。

第9集团军

4月26日凌晨,皮普科恩战斗群和冯·卢克战斗群到达巴鲁特,随后与科涅夫的部队爆发大规模交战,对方料到德军会从这个方向朝西面突围。德军两个战斗群无法取得进展,当日上午取消进攻。冯·卢克解散了战斗群,告诉部下设法向西突围,随后带着身边的参谋人员驱车向东返回包围圈,4月27日在那里被俘[8]。

包围圈内，布塞苦苦思索，想制订个新计划。他麾下的党卫队第11装甲军位于北面的战线，东面是党卫队第5山地军，第5军在南面。他手里还有200辆可用的装甲战车，包括至少100辆坦克。不算成千上万平民的话，包围圈内的官兵共计15万左右。布塞眼下面临的关键问题是，他需要补给。由于柏林当局不断否决海因里齐的命令，空运补给越来越难。据维斯瓦集团军群的每日报告称，第9集团军的弹药和油料状况"岌岌可危"。德国空军确实以空运或空投的方式给包围圈内的部队送去几吨弹药，但空中补给依然优先考虑柏林[9]。海因里齐22点40分致电约德尔，商讨当晚的补给优先事宜：

海因里齐：给第9集团军提供的空运补给又缩减了，我很气愤，对此深感不快。成千上万人陷入困境，我们没办法向这些同袍做出解释。

约德尔：柏林的需求比第9集团军更重要。要是柏林守不住，我就不需要你们发动进攻了，您得顾全大局。

海因里齐：这不是我该考虑的。

约德尔：可我得考虑！柏林沦陷的话，我们就满盘皆输了。

海因里齐：但布塞必须尽快突围，然后我们才有机会救援柏林。

约德尔：克兰普尼茨的弹药库提前炸毁了，否则柏林的补给情况不会这么捉襟见肘。城里的人都要疯掉了。我们不能对这里的人和希特勒弃之不顾。

海因里齐：我可没这么说，别曲解我的话。

约德尔：我觉得，您那个集团军掌握的资源总归比柏林城内那帮穷鬼强得多。今晚可能是我们最后一次飞入柏林，之后一切物资都会提供给城外部队。

海因里齐：请您审议补给问题时记住，第9集团军成千上万将士陷入这般境地，我们必须帮助他们。[10]

当晚空运给柏林的物资，仅仅是从炸毁的仓库里抢救出来的几箱弹药[11]。布塞的部队继续从事向西突围的准备。

第12集团军

文克麾下第20军继续抵御科涅夫的部队。"乌尔里希·冯·胡滕"师和

"特奥多尔·克尔纳"师以攻势防御对付俄国人。"沙恩霍斯特"师开入"特奥多尔·克尔纳"师西北面阵地,遭遇警觉的红军兵团预有准备的抵抗。元首早些时候通过OKW下达命令,要求第12集团军发起两路突击,既要克服红军不断加强的抵抗,向东攻往第9集团军,又要攻往东北方的费尔希,切断在波茨坦西面活动的红军部队。虽说不知道约德尔有没有把这些命令传达给文克或布塞,但文克发现东面之敌有所警觉,抵抗得相当顽强,他终于醒悟过来,现在得自行做出决策。另外,他还要考虑自己沿易北河展开的西翼。倘若他把麾下作战兵团悉数调往东面,就得冒上这些兵团像第9集团军那样陷入重围的风险。文克脑海里闪过种种念头,不断考虑是否应当让麾下大部分师再次变更部署,做好朝东北方大举攻往波茨坦的准备,同时抵御红军在正东面不断加大的压力。当日一整天,文克和参谋长京特·赖希黑尔姆总参上校一直在研究作战地图和各种方案。

柏林卫戍区

"大德意志"警卫团一支特遣队,在本德勒街的司令部迎来魏德林一行。有个年轻少尉积极响应OKH"柏林需要志愿者"的呼吁,赶来协助城内的防御。此人名叫塔特尔,以前在"大德意志"装甲掷弹兵师服役。塔特尔到来后,"大德意志"警卫团把76名士兵交给他指挥。这支小股战斗群在本德勒街周围占据阵地,包括本德勒街区、壳牌公司大楼、旅游部,任务是保卫魏德林的新司令部。他们架起MG-42机枪,控制兰德韦尔运河对面的主要接近路线[12]。

魏德林耗费三天时间任命各防区指挥官,研究战术态势,协调各部队的运动,终于弄清红军在柏林内环防御圈周围的兵力部署情况。在此期间,战术态势瞬息万变,红军继续攻入城内,德军各战斗群不断组建、战斗、解散、重建。但不管怎样,魏德林的主要作战力量现在总算部署到各防区。

魏德林反复研究态势图,注意到三个关键威胁。首先是攻入诺伊克尔恩的红军部队危险地奔向政府区,倘若他们到达兰德韦尔运河,也许会轻而易举地切断A、B防区的德军部队。对方还直接威胁到滕佩尔霍夫机场,近卫第8集团军前一天已到达那里。其次,第20装甲掷弹兵师显然不在泰尔托运河和

兰德韦尔运河河畔，本德勒街与蒂尔皮茨街拐角，20世纪20年代建造的壳牌公司大楼。这座大楼是军舰建造总局所在地。魏德林起初把卫戍区司令部设在街对面。守卫该地区的是"大德意志"警卫团一支特遣队。兰德韦尔运河上的桥梁战役期间被炸毁。这张照片表明，该地区发生了激烈的交战，大楼外立面遭受的破坏似乎是红军战车直瞄射击造成的。

柏林东南部地区的阵地上，从施潘道一路向东递延到滕佩尔霍夫，这片地带的德军部队都受到威胁。最后一点，哈弗尔河沿岸阵地必须坚守，这样才能让文克的部队进入柏林，换句话说，那里也是魏德林麾下将士的逃生路线。他立即下达了一连串反冲击和增援的命令。南部地区，他命令党卫队第11装甲侦察营、党卫队第24"丹麦"装甲掷弹兵团、"查理大帝"突击营发起反冲击，把红军驱离诺伊克尔恩。党卫队第503重型装甲营的虎王坦克、党卫队第11"赫尔曼·冯·扎尔察"装甲营的三号突击炮奉命支援这场反冲击。西面，第18装甲掷弹兵师接到命令，对科涅夫的部队发起反冲击，设法与第20装甲掷弹兵师会合，"明歇贝格"装甲师的虎Ⅰ式坦克率领这场突击。魏德林还命令新组建的一个希特勒青年团营，沿哈弗尔河占据阵地，为文克正在赶来的部队守住施潘道对面最南端两座桥梁，500名大男孩组成的这个营，由二级支队长恩斯特·施林德尔博士①和几名经验丰富的军官、军士指挥[13]。施林德尔是参加

---

① 第二章说他是一级区队长，其实他是党卫队一级突击队中队长。

过第一次世界大战的老兵，获得过勋章，他把300个大男孩部署在哈弗尔河西侧，其他人留在东侧，还以传令兵与帝国体育场保持联络。

魏德林的参谋人员制订了突围计划，他打算在当晚的会议上呈交克雷布斯和希特勒。这场突围行动组织如下：

第一梯队：第9伞兵师三分之二兵力和F防区的埃德战斗群位于右翼；第18装甲掷弹兵师在黑尔街南面的左翼；大部分可用坦克和突击炮部署到第一梯队。

第二梯队：编有2个党卫队团的蒙克战斗群和空运来的海军援兵。希特勒和其他政府官员加入这股突围力量。

第三梯队："明歇贝格"装甲师残部、贝伦范格战斗群、"诺德兰"师残余的战斗群、第9伞兵师另外三分之一兵力。[14]

魏德林和雷菲奥尔上校带着最终的突围计划，驱车赶往帝国总理府。这是魏德林最后一次夜间穿过城内的碎石瓦砾，因为敌人射入整个Z防区的火炮和火箭炮火力明显加强。红军缓缓逼近政府区。蒂尔加滕街与赫尔曼·戈林街拐角处，一发发落下的炮弹在街上炸开。魏德林的司机踩下油门，想尽快驶离炮火杀伤区，结果撞上一根垂落的电线或电话线，电线扯掉汽车引擎盖，撞上雷菲奥尔的脖子，差点削掉他的脑袋[15]。

夜间会议上，克雷布斯接受了魏德林合情合理的观点，这位卫戍区司令认为，倘若文克只能到达柏林郊外，无法突破红军封锁进入城内的话，柏林守军必须突围，另外也得做好弹药耗尽前突围的准备。克雷布斯随后批准魏德林向希特勒简要汇报突围计划。一如既往，魏德林概述了战事，重点是各部队的状况，以及城内的补给和医疗情况。他认为最紧迫的是补给和弹药问题。谈到这个话题，魏德林趁机汇报了自己的突围计划。没等希特勒和克雷布斯发表意见，戈培尔博士就用激烈的言辞大肆攻讦魏德林的计划。很明显，戈培尔不想离开柏林，更无意把首都拱手交给俄国人。希特勒倒是认真考虑了突围方案。据魏德林说，希特勒最后答复道："就算突围成功，我们也只是从一个口袋落入另一个口袋，随后不得不风餐露宿或躲在某个农舍，等待末日到来。"希特

战役期间,SU-76M 自行火炮(车号 15)沿柏林一条未知街道开炮。这条街道刚刚发生过激烈的战斗,因为照片里能见到,红军在街上遗弃了至少 3 门 45 毫米反坦克炮。更重型的自行火炮到来前,德国人可能沿这条街道实施了反冲击。

勒下定决心,觉得眼下对他而言最好的办法是留在帝国总理府。据魏德林说:"就这样,元首否决了突围计划。"[16] 魏德林失望地返回卫戍区司令部,把元首的决定告知各部队指挥官,他们不得不在城内战斗到最后一刻了[17]。

魏德林对自己的处境沮丧不已,更令他恼火的是,戈培尔打来电话,要求贝伦范格一小时内给他(戈培尔)回电。魏德林同意了,没过多久,布格多夫又打来电话,告诉魏德林,贝伦范格刚刚获得战地任命,不仅擢升党卫队旅队长,还替代穆默特指挥 A、B 防区。贝伦范格现在归魏德林指挥,他是个党卫队军官,一直对两个重要防区的指挥权落入陆军指挥官手里耿耿于怀①。贝

---

① 这句话非常牵强,贝伦范格中校跳过上校,直接晋升少将,并未转入武装党卫队,他一直是陆军军官,而且获得过双剑橡叶饰骑士铁十字勋章。他之所以"耿耿于怀",可能不是因为听命于陆军指挥官,而是大权旁落。

伦范格是戈培尔的密友，收到他的求援，戈培尔说服希特勒，当日擢升了贝伦范格。穆默特少将不再指挥A、B防区，返回滕佩尔霍夫重新担任"明歇贝格"装甲师师长。魏德林的指挥权一再遭削弱，这种情况加剧了他对党卫队的不信任感[18]。

东部地区

从腓特烈斯海因到亚历山大广场，德军当日在整片地区发起局部反冲击。红军坦克第11军官方史记录下当日突如其来、瞬息万变的战事。突击第5集团军在东部地区大片地段竭力肃清德国守军之际，辖内部队在施普雷河对岸据守的脆弱立足地却险象环生。战史记录下德军一场反冲击，迫击炮兵第243团朝一群遂行进攻的德国兵发射了282发炮弹，对方企图切断目前位于施普雷河西侧的红军部队[19]。德国人从西里西亚快铁站发起反冲击，不仅投入常见的人民冲锋队，还有党卫队"安哈尔特"团。他们企图击退俄国人，逐屋逐房的争夺战在地下室和建筑上层爆发开来。红军设法前调JS-2、T-34/85坦克和自行火炮，以直瞄火力抵近射击德军阵地，但经常暴露在"铁拳"火力下。当天下午，几股德军步兵渗透红军战线，但他们可能并不知道敌人到底在哪里。

坦克第11军炮兵第2连侦察分队与守军展开近战。苏联方面的一份战斗叙述，记录下当天发生的事情：

> 各迫击炮组以迫击炮、突击步枪、步枪打击敌人。第2营的侦察兵V.M.瓦西列夫让希特勒分子逼近到30—40米处，然后端起"铁拳"从近距离朝他们开火。第2营侦察班班长V.I.先金中士，发觉自己在第6营的前进观察阵地，与自己的分队隔绝，于是下令朝他这里开炮。结果，希特勒分子死伤15人。一群希特勒分子「配备突击步枪的德军士兵」扑向第2营第5连发射阵地。G.P.斯捷帕奥夫下士率先开炮，消灭这群匪徒。我方部队俘虏敌人3名士兵、3名军官，击退这场反冲击。[20]

苏联方面的记述强调指出，他们没有步兵参与这场战斗。坦克第11军确实有一个步兵旅，但此时似乎没有太多兵力掩护前进中的坦克部队，更别说像迫击炮排这种战斗支援分队了。多变的作战态势下,他们全靠坦克直接对付敌步兵。这种做法很成问题,因为坦克兵不可能知道德国人究竟在何处,盲人瞎马,很容易沦为"铁拳"射手的活靶。

　　坦克第11军再次前进。封锁的街道和路障让他们无法顺利攻往市中心。一个个侦察班穿过废墟,设法探明德军防御重点,寻找绕过诸多路障的通道。红军侦察兵在柏林城内最危险的任务可能莫过于此。他们不知道自己要去何处,也不清楚敌人在哪里。他们爬过遍布碎石、玻璃、钢梁的废墟,大多数情况下无法原路返回,因为德国人已发现他们。返回己方战线更危险,己方战友可能会误以为他们是德国人,当场射杀他们[21]。煤灰、尘埃、污垢很容易把棕色军装染成灰色,难以识别他们到底是德国人还是红军战士。坦克第11军用一整天时间侦察、摧毁各道路障,甚至还炸毁几栋建筑,为他们沿施普雷河西侧发动下一轮进攻开辟通道。他们在废墟里止步不前,德国人继续遂行反冲击。

　　突击第5集团军司令员别尔扎林获得朱可夫任命,出任柏林警备司令。他着手实施条理分明的方案,在已征服的东部地区恢复各项市政服务,还为柏林居民供应食物和饮水。鉴于苏联军人普遍流露出对德国人的蔑视,各种行径也近乎野蛮,别尔扎林的做法很有必要,有助于消除德国民众的敌意。当然也有现实原因,苏联人在柏林东部地区从征服者摇身变成占领者,恢复最基本的供水和卫生勤务,避免发生疫情,显然符合他们的自身利益。他们通过帮助平

两张照片表明,柏林战役期间,近卫迫击炮兵连的BM-31-12"斯大林管风琴"架在美国租借的斯蒂贝克US6卡车上齐射。建筑遭受的破坏说明,该地段刚刚发生过巷战。

民百姓获得各种无形的好处，尤其是在开阔的街道上。"诺德兰"师的老兵根措在那里作战，发现俄国人给当地居民分发食物和饮水，德国兵无法朝他们开火，因为俄国人身边围满平民百姓[22]。

下午晚些时候，A、B防区的情况没什么变化。红军步兵第364师发起局部反冲击，诸如第115西门子施塔特人民冲锋队营这些德军部队撤到腓特烈斯海因防空炮塔。这个人民冲锋队营悄无声息地到达兰茨贝格大道和弗里登街，经历了防御作战，累得筋疲力尽。该营4月27日接到命令，要求他们重新占领原先的阵地，这道命令不切实际，根本无法执行。第3/115西门子施塔特人民冲锋队营继续在防空炮塔附近作战，直到战役结束[23]。

由于C防区的滕佩尔霍夫丢失（下文详述），"明歇贝格"装甲师奉命开往亚历山大广场地带。该师装甲掷弹兵主力刚刚开抵，红军"喀秋莎"火箭炮就朝该地带发起第46轮炮击[24]。贝伦范格重新掌握防区指挥权，决心展示自己的权力，他给"明歇贝格"装甲师赶来的军官分发"铁拳"，命令他们去街上猎杀敌坦克。与此同时，党卫队员和宪兵在各间地下室搜寻散兵游勇和换上便衣的德军官兵。

孤零零的步兵第9军渡过施普雷河继续作战，他们进攻格尔利茨快铁站，还沿奥拉宁街宽阔的林荫道攻往西北面。经历了清晨的进攻，德国守军撤离快铁站，因为红军攻往东北方，崔可夫也对滕佩尔霍夫机场发起突击，构成切断他们的威胁。早上7点，红军步兵第301师步兵第1050团肃清格尔利茨快铁站，而后继续攻击前进。坦克第220旅辖内部队穿过德军防御薄弱的地区，搜寻向北进击的路线[25]。

南部地区

魏德林打算发起反冲击，消除红军在诺伊克尔恩区构成的威胁，进攻定于清晨5点付诸实施。"明歇贝格"师的装甲掷弹兵和坦克位于右翼，任务是向南攻往滕佩尔霍夫机场东侧。2辆虎Ⅰ式坦克、5—8辆仍能使用的黑豹G型坦克、几辆半履带装甲车打头阵[26]。经历了10天激战，"明歇贝格"装甲师损失惨重，残余的装甲掷弹兵可能不超过200—400人，编入几个战斗群。中路的区公所附近，"查理大帝"突击营刚刚开抵，为清晨的进攻编为4个连。他们

被击毁或遗弃的战车停在腓特烈大街与莫伦街拐角,可能是一辆黑豹 D 型。这是战争后期的改款,注意炮塔火炮防盾的"下巴"。这辆黑豹可能隶属"明歇贝格"装甲师,但也可能是第 2 装甲团第 2 营留在城内的少量坦克之一。坦克的第一组负重轮不见了。

1945 年夏季,索菲—夏洛滕街尽头的战车残骸堆放地,让我们得以窥见在柏林西部地区作战的坦克型号。左侧是一辆黑豹 D 型,球形机枪座缺失,注意正面倾斜装甲板上的 164"军械局"徽标。右侧似乎是一辆黑豹 F 型的车身。黑豹 F 型装有战争后期的炮口消焰器,还披挂了重新设计的铸造装甲板,右侧还能看到罕见的弧形通风帽。两辆坦克都隶属"明歇贝格"装甲师,来自柏林周边训练场。最右侧停在树前的第三辆黑豹可能是 G 型。

计划沿柏林街攻击前进,"诺德兰"师战斗群在左翼沿兰德韦尔运河而下,为他们提供支援。党卫队第503重型装甲营1辆虎王、"明歇贝格"装甲师2辆黑豹部署在多瑙河街与富尔达街交叉口,"赫尔曼·冯·扎尔察"装甲营几辆三号突击炮为法国志愿者提供直接火力支援[27]。进攻开始前的清晨,"查理大帝"突击营的法国志愿者赶往出发阵地途中,遇到些德军装甲兵,他们抽着烟,相互开着玩笑[28]。一级突击队中队长亨利·费内决定以"查理大帝"突击营第2、第3连遂行突击,第1连赶往滕佩尔霍夫西侧的D防区,第4连留作预备队。费内把营指挥所设在沦为废墟的区公所。

当天,崔可夫对麾下部队计划前进的地区实施大规模炮击。德国人不知道,崔可夫打算恢复对滕佩尔霍夫机场的突击,包括穿过诺伊克尔恩区的第二轮进攻。炮击结束后没多久,"查理大帝"突击营第4连集中在开阔地,连长让·奥利弗正给几名副手下达命令。就在这时,"诺德兰"师停在旁边的一辆三号突击炮突然朝这群集结的法国志愿者开火,当场打死15人。排里①其他

---

① 此处和尾注29说的都是第4排,与上文不符。

早些时候拍摄的黑豹坦克近景,可能是G型,停在树前。炮塔涂有三色伪装,车身下部留有防磁涂层,说明这辆坦克更换过炮塔。

人迅速端起"铁拳"击毁突击炮。之所以发生这起事件,据说是俄国人缴获了那辆德军突击炮,但更有可能是"赛德利茨的人"驾驶突击炮充当红军编队的先锋[29]。

6点前不久,德国人终于下达进攻令。"明歇贝格"师沿奥得河街攻往哈森黑德人民公园南面。整片地区可能有红军狙击手、侦察兵、反坦克炮,是崔可夫昨日夺取机场未果后留下的。早上7点,在虎Ⅰ式坦克率领下,德军装甲掷弹兵跨过快铁铁路上依然完好的桥梁,到达滕佩尔霍夫与马里恩多夫路拐角的埃莫公墓,在那里被近卫第8集团军、近卫坦克第1集团军辖内部队挡住,对方正准备向北发动进攻。

遂行突击的两个法国志愿者连并排前进,"查理大帝"突击营第3连沿布劳瑙街而下,第2连先是沿柏林街前进,而后进入里夏德街。三级突击队中队长[①]皮埃尔·罗斯坦指挥的第3连,获得虎王坦克支援。这辆虎王没行驶多远,就耗尽燃料停了下来,但还是为法国志愿者提供了强有力的支援,击毁数辆出现在宽阔林荫道上的T-34/85坦克。红军炮火的轰鸣不断加剧,导致德军士兵几乎听不到对方的轻武器射击声。俄国人的机枪火力击毙罗斯坦的副官,

---

① 原文写的是SS-Unterführer,不明就里。

第1排排长吓破了胆，拒不执行前进的命令，罗斯坦只好撤换了他[30]。

法国志愿者攻到德国人原先据守的一道街垒，红军已占领此处，法国人发起冲击，一举夺回路障。罗斯坦发现一辆T-34隐蔽在小街内，立即用"铁拳"击毁敌坦克。可惜他离得太近，坦克爆炸时，不仅他负了伤，就连递给他"铁拳"的法国志愿者也被飞溅的弹片炸得身首异处。罗斯坦转身返回，发现12名部下死在街垒另一侧，原因不明。他朝左右张望一番，终于发现敌机枪组操作的一挺马克西姆机枪，枪管从某个门口伸出。他立即开火，击毙了俄国人的机枪组。战斗的喧嚣中，没人听见机枪连发声，结果，隐蔽在街垒后等待罗斯坦干掉T-34的12个法国志愿者死于非命。此时临近7点，"查理大帝"突击营第3连已损失25%的兵力，每五分钟就有一人死于红军火力。红军狙击手也不断击伤、击毙沿宽阔林荫道继续前进的法国志愿者。法国人很快到达赫茨贝格广场，红军反坦克炮组守在这里。德军一辆三号突击炮奉命前进，开炮干掉俄国人的反坦克炮，尾随其后的法国人冲入广场，在战斗中消灭另一个敌机枪组[31]。他们决定继续前进，攻往沿泰尔托运河延伸的快铁铁路线。

"查理大帝"突击营第2连沿柏林街的前进不太顺利，几乎立即遭到红军猛烈的火力打击[32]。部署在此处的红军步兵，正为早上穿过该地区的行动积极准备。费内很快收到"诺德兰"师师部派传令兵送来的命令，无疑造成混乱，命令里写道："要是还没发动进攻，就停止行动，过来受领新命令；要是已投入进攻，就尽力而为吧！"[33]费内赶紧派传令兵去师部弄清情况，随后发现俄国人开始沿两翼推进，法国人在红军战线中间形成个突出部。

中午前后，费内命令法国志愿者一个预备队排和一辆三号突击炮，从赫尔曼广场沿赫尔曼街向南攻击前进[34]。这群士兵赶到"明歇贝格"师官兵当天早些时候到达的位置。他们合兵一处，在两辆虎Ⅰ式坦克支援下挡住红军，一直坚守到虎Ⅰ式坦克奉命撤回。大约在这个时候，"明歇贝格"师的装甲掷弹兵奉命赶往亚历山大广场（参见上文的"东部地区"）。费内决定召回几个法国志愿者连，在区公所构设防御阵地。200名配备K-98步枪和"铁拳"的希特勒青年团员赶来增援这群越来越孤立的法国志愿者[35]。

"诺德兰"师的分队长哈斯忙着为部队提供弹药，结果被防区指挥官征用，还把他派往诺伊克尔恩。他到达区公所，随后接到命令，让他率领部分人员发起反冲击,从俄国人手里夺回太阳大道上某座桥梁,这是该地区发起全面反冲击的组成部分。据哈斯说,这道命令是一位将军下达给他的,大概是克鲁肯贝格,他身旁围着一群外国军官,可能是法国人。哈斯说,那位将军告诉他,进攻前给他那些小伙搞点喝的,随后给了他们几瓶白兰地。哈斯有点摸不着头脑,万一他和部下喝得酩酊大醉怎么办,但激战期间,这种事情肯定很常见。战斗压力很大,再加上柏林城内很容易弄到酒类,双方官兵酗酒的情况非常普遍。哈斯获得一辆三号突击炮支援,可他在街角找到这辆突击炮,车长却不肯驱车逼近桥梁。哈斯喝得太多,没办法争吵,只好继续朝目标而去。待他逼近桥梁,附近公寓楼一名住户走过来,告诉他这片地区有不少俄国人。哈斯喝得醉醺醺的,根本不在乎。他的部下发现红军一辆弹药车,哈斯端起"铁拳"击毁那部车辆。此时天色已黑,哈斯借助火光发现10—15辆敌坦克排列在运河旁,就在他这一侧。他知道仅凭自己率领的100来人,无法击败这股敌军,于是撤到附近一家餐厅,派人报告法国人的指挥所,他无法消灭敌坦克。红军的进攻穿过诺伊克尔恩,迅速隔断哈斯和他的部下,他们在餐厅里待了好

红军步兵班在柏林市中心摆拍的照片,可能是战役结束后拍摄的。从照片可以看出,红军面对复杂的城市地形。

几天，几次派传令兵去指挥所，始终没等来新命令，这才明白过来，师部人员没通知他就撤离了[36]。

当天早上，党卫队三级突击队中队长亨泽勒和"诺德兰"师的工兵，奉命在计划发起的反冲击期间据守因恩街与韦泽街拐角到区公所东南部这片地段。丹麦人占据街道两侧几栋建筑的一楼，整个上午多次击退俄国人。但红军不断设法绕过这群丹麦人，还从旁边一栋建筑摸到丹麦人守卫的楼房上层。亨泽勒下令朝街上投掷烟幕弹，随后率领部下冲往韦泽街另一侧的建筑。他看见两个红军士兵在他刚刚离开的那栋建筑的二楼阳台占据阵地，于是拎起"铁拳"，悄悄推开一楼的窗户，没有引起俄国人注意。他推开窗户，端起"铁拳"瞄准、开火。空心装药火箭弹命中目标，炸毁了阳台，守在那里的两个红军士兵丧命。

红军步兵沿屋顶和地面渗透到亨泽勒所在的街道一侧。亨泽勒和部下孤立无援，手头也没有重武器，他们不想卷入近战，但此时已陷入包围。几个平民从楼房地下室跑出来，想看看这里发生了什么情况。短暂交谈一番后，他们给亨泽勒和他的部下指了条穿过几座后花园的出路。丹麦人迅速离开这栋建筑，冒着红军持续不停的火力赶往西北面，最终到达赫尔曼广场。他们在空阔的广场上遇到其他德军士兵，可能是"明歇贝格"师、人民冲锋队、希特勒青年团驻守在焚毁的卡尔施塔特百货公司废墟周围的分队。傍晚前后，他们再次向北开拔，最后沿舍恩莱因街设立防线[37]。

魏德林的反冲击显然延误了，但没有停止，而崔可夫4月26日也打算发动进攻。上午晚些时候，红军终于按计划投入进攻，崔可夫企图肃清诺伊克尔恩，占领滕佩尔霍夫机场，前出到波茨坦、安哈尔特火车站对面的兰德韦尔运河。他命令麾下部队不断前进，绕开一切抵抗，把负隅顽抗之敌留给身后跟进的部队解决。德军发起反冲击后不久，崔可夫的炮兵轰击滕佩尔霍夫和诺伊克尔恩，随后展开总攻。

崔可夫麾下部队从机场西端和南端阵地重新发动进攻，"明歇贝格"师守卫机场的部队穿过机场撤往北面。弗拉基米尔·阿贝佐夫是红军近卫步兵第39师的战士，参加了进攻柏林和滕佩尔霍夫的行动。他对当日战斗的描述，充分说明崔可夫在他那片作战地段部署的进攻相当鲁莽。阿贝佐夫战后回忆道：

激烈的战斗昼夜不停……轰鸣的炮火犹如雷鸣，迫击炮砰然作响。左侧，右侧，上方某处，冲锋枪手的火力持续不停。

整座城市在燃烧，浓烟笼罩屋顶，彻底覆盖这片饱受踩躏的土地。烟雾透过每个缝隙和缺口渗入房间和地下室，简直让人无法呼吸。尽管如此，我们还是在路障间的空地猛冲，摔倒后爬起来，穿过院落，沿街道或穿过街道继续往前冲，不时把手榴弹投入只剩窗框的窗户。

一连五天，我们的近卫步兵团一直在从事巷战，这种战斗跟我们在训练场学到的东西完全不同。这里没有明确的战线，没有后方，也没有精心制定的作战任务。要是你在二楼，那么这里就是你的前线，底楼是你的后方。不过这是5—10分钟前的事，现在似乎一切都乱了套。不知何故，德国人出现在底楼，二楼一片火海。步兵战斗条令说的前线在哪里，后方又在何处？

巷战刚开始，我们想按照伪装条令的要求匍匐在地，必要情况下甚至用堑壕铲挖掘散兵坑。可我们根本没时间挖坑。继续前进！继续前进！不过我记得我们后来确实很后悔丢掉堑壕铲，那是在争夺滕佩尔霍夫机场的战斗中。我们在机场跑道这一侧，德国人的坦克半埋在跑道另一侧的坑里。敌坦克发射穿甲弹。穿甲弹落在我们前方和身后，发出闷哑的声音，就像秋天的肥鹌鹑落在割过的草地上。我们用匕首或徒手在地面上挖掘散兵坑，先前干嘛要丢掉堑壕铲呢？

我们冲入某栋五层建筑，为防范意外，我们先从门口扔进去几枚手榴弹，随后逐一肃清各个房间，占领了一楼、二楼、三楼。半栋建筑落入我们手里，另一半控制在德国人手中。一堵很厚的墙壁隔开敌我……获得苏联英雄称号的索罗金少尉朝梅德韦杰夫喊道：

"用'铁拳'炸开墙壁！"

梅德韦杰夫站在门口，端起"铁拳"对准墙壁。伴随剧烈的爆炸，除了火焰还有大量灰尘和硝烟，一时间我们什么也看不清。我们摸索着走到墙壁旁，本指望找到个大洞，可墙上没有洞，只有个凹坑。[38]

阿贝佐夫和战友跑到街上，又接到"绕开这股敌人，夺取下一栋建筑"的命令。任务很明确：尽快前进，不得停顿！

进攻机场的红军部队，遭遇德国人半埋起来的坦克抵抗，究竟哪支部队把坦克埋在这里不得而知，反正阿贝佐夫觉得坦克半埋在这里肯定是因为耗尽了燃料。崔可夫在回忆录里称，近卫步兵第39师重新发动进攻，卷击机场西侧，近卫步兵第79师尾随其后，穿过诺伊克尔恩进攻机场东侧[39]。阿贝佐夫的记述，有趣的一面是他谈到柏林城内战斗的复杂性。他特地指出，柏林城内的战斗经历跟战役前他受过的任何训练都不同，敌人似乎无处不在，这里没有前线，也没有精心组织的作战任务。

费内率领部下在区公所构设防线，击退红军夺取这栋建筑的一切企图。"查理大帝"突击营第3连很不情愿地撤离赫茨贝格广场的阵地。红军近卫坦克第40旅当日继续冲杀，一路穿过诺伊克尔恩。旅长M.A.斯米尔诺夫中校指挥部队艰难前行，奋力攻往兰德韦尔运河和波茨坦快铁站。他把旅里的坦克分成两支快速行进的纵队，穿过小街小巷，希望避开德国人构设的各道路障。

一群T-34/85坦克排成单路纵队，迅速逼近柏林街[40]。德国人以"铁拳"击毁几辆坦克，但其他战车继续前进，他们没有步兵支援，显然不愿暴露在开阔地。第二辆虎王得知红军坦克前进的消息，车组人员立即把他们的战车部署到耶格尔街，这条小街在柏林街—里夏德街北面[41]。第一辆T-34/85坦克出现，德军车组以88毫米主炮开火，击毁为首的敌坦克，迫使红军其他坦克不得不另寻出路。第二辆虎王在柏林街很可能还击毁另外几辆敌坦克，因为两辆虎王都耗尽弹药。他们撤回赫尔曼广场，一名车组成员下车时被红军狙击手射伤。当日傍晚，两辆虎王又退到波茨坦广场维修[42]。

17点，费内没获得任何坦克支援的"查理大帝"突击营，隔断在区公所。红军多次发起冲击都被击退，崔可夫下令以大口径火炮轰击整个诺伊克尔恩区。猛烈的炮火打垮了部分德军官兵的士气，他们离开阵地，向北撤往兰德韦尔运河。接下来发生的事情很典型，反映出战斗的压力和混乱。某个法国志愿者决心拦下溃逃的士兵，恢复秩序：

高级候补士官杜鲁突然看见100来人出现在区公所附近的街道上，这群人惊慌逃窜，途中还扔掉武器。杜鲁攥着手枪冲了上去，他知道必须拦下他们，否则这帮家伙会四处传播恐慌。但有个德国金发壮汉抢先一步，他原本站在街道中央,双腿分开,MG-42机枪抵在胯部朝敌人开火射击。看见奔逃的士兵,他转身朝这群溃兵头顶上打了个长长的连发。此举没能奏效,他不再犹豫,压低枪口射出一个个短连发,这群溃兵立即停了下来。他转身朝柏林街上的敌人开火。杜鲁把溃兵召集起来,驱使他们向前冲去。[43]

19点左右,费内收到几份报告,得知俄国人的坦克出现在赫尔曼广场,就在他们北面900米。这群法国志愿者别无选择,只得撤离阵地。费内把手下的法国志愿者和希特勒青年团员编成几个班,随后撤往赫尔曼广场,天黑前秩序井然地到达那里。斯米尔诺夫某支坦克纵队确实找到一条畅通的道路,直通约克街和布吕歇尔街。该纵队可以沿奥得河街("明歇贝格"师当日早些时候沿这条街道向南进攻),也可以沿与赫尔曼街平行的小街攻击前进。红军这支坦克纵队很可能转身向左穿过哈森黑德公园,出现在哈森街上。军长命令麾下部队变更部署,派近卫坦克第45旅赶往新路线,加快进攻速度[44]。

可惜,德国人发现了他们的动向。坦克金属履带在铺面道路上发出的声音很大,再加上红军坦克投入行动前的准备工作,经常把他们的进攻方向和兵力规模泄露给守军。红军坦克从韦泽街或布劳瑙街逼近,刚出现在赫尔曼广场外,就遭到"诺德兰"师至少一辆,也可能两辆三号突击炮打击。相关资料称,没有步兵支援的红军坦克贸然前进,至少损毁40辆,埋伏在废墟内的守军击毙许多车组人员[45]。

近卫第8集团军和近卫坦克第1集团军合兵一处,忙着在诺伊克尔恩和滕佩尔霍夫地区消灭负隅顽抗之敌,企图完成包围,一举拿下机场。一整天,红军不断向北推进,绕开他们在该地区遭遇的激烈抵抗。崔可夫指挥部队攻往西北面,穿过舍讷贝格奔向柏林动物园。这场机动是因为朱可夫下了命令,让他把科涅夫与市中心隔开。滕佩尔霍夫傍晚才陷落,而且是守军撤离后,并非红军直接进攻的结果。当时指挥D防区的沃勒曼上校,把"查理大帝"突击营第1连留作预备队。直到下午晚些时候,"查理大帝"突击营第1连才奉命部署到机场与西面的公墓之间,可能是科洛嫩街对面那座公墓。从法国人的记述明显能看出,滕佩尔霍夫机场仍未陷落,但遭到炮火猛烈打击,崔可夫的回忆录确认了这一点[46]。傍晚前后,红军步兵向前推进,越过"查理大帝"突击营第

1连，占领东北面几栋建筑，这让他们获得明显的战术优势，足以打垮留在机场上的守军。俄国人知道，法国志愿者设在公墓的阵地会给他们的后续推进造成种种问题，于是对"查理大帝"突击营第1连发动进攻。双方展开近战，这片可怕的战场上，破碎的墓碑随处可见。法国志愿者边打边撤，一路退往赫尔曼广场，当晚晚些时候在那里与费内和"查理大帝"突击营余部会合。临近午夜，法国志愿者和"诺德兰"师官兵全面后撤，渡过兰德韦尔运河。法国人赶往安哈尔特火车站对面的托马斯·凯勒啤酒厂、战斗训练学校、国家歌剧院[47]。

崔可夫麾下部队彻夜不停地继续进攻。阿贝佐夫叙述了他的部队夺取某座工厂的经过，这座工厂可能在兰德韦尔运河附近的约克街北面：

> 当天深夜，我们参加了夺取某座工厂的战斗。厂房里摆放着一排排机床，还有好多装满成品部件的板条箱。窗户上挂着遮光窗帘……
> 连长约诺夫中尉走到我们面前，腰间紧紧扎着皮带。
> "全连休息！"他说道。

从兰德韦尔运河北望腓特烈大街的哈勒舍斯门。

工厂外面有个很大的院子,对面是一栋低矮的长形石制建筑。第3营正在那里击退敌人的进攻。我们总算得到喘息之机。[48]

没休息多久,阿贝佐夫的战友就把他叫醒。德国人发起反冲击,夺回广场对面那栋低矮的建筑,第3营被迫退到阿贝佐夫连待的厂房。有个躲在防空洞里的德国平民目睹了当时发生的事情,据他回忆,当日13点30分到15点30分,党卫队狙击手占据哈勒舍斯门附近的地方法院,俄国人到来,这些狙击手朝兰德韦尔运河南面一切移动目标开火[49]。阿贝佐夫的部队准备发起反冲击,他们砸碎窗户,冲过空阔的广场,夺回那栋低矮的建筑,但随着肾上腺素激增,这些红军士兵冲得太远了:

我们夺回那栋低矮的长形建筑,这才发现此处是工厂的机修车间。激烈的战斗中,我们冲出敞开的房门。但德国人以曳光弹朝我射来一个个长连发,迫使我们撤回机修车间。

我们损失七八个战友,非死即伤。我们后送伤员时,上方某处射来几枪,两名自告奋勇的卫生员倒在柏油路上,是敌狙击手干的。[50]

俄国人迅速构设防线,避开敌人朝维修车间各扇窗户射来的机枪连发和狙击火力,当晚剩下的时间安顿下来。

沿陶恩齐恩街望向西北面的威廉皇帝纪念堂,这张照片摄于20世纪30年代中期。

上图：一辆Sdkfz 251/21装甲车，这款战车配备三联装MG-151式20毫米航空机炮，用于地面支援。机炮射速高达每分钟2000发，车内的3000发炮弹能在90秒内射光。这张照片是从陶恩齐恩街朝西北面的威廉皇帝纪念教堂拍摄的。

右图：战后从布达佩斯街朝东南面拍摄威廉皇帝纪念教堂。教堂位于柏林市中心，六条主要东西向街道的东西向十字路口，为狙击手提供了绝佳的全方位观察视角。此处成为德军和红军的争夺重点。地面战斗给教堂正立面造成的破坏显而易见。教堂尖塔上的大洞，可能是128毫米高射炮造成的，因为动物园防空炮塔就在左侧视线外几百米处。

西面，近卫坦克第34团的战车驶过科洛嫩街，跨过波茨坦、安哈尔特铁路线，而后转向西北面，在那里渗透到选帝侯路上的威廉皇帝纪念教堂。近卫军少尉契尔年科回忆起这场进军：

我们的坦克沿选帝侯路前进，途中没遭遇激烈抵抗。这种情况一直持续到选帝侯路与凯特街交叉口。这里有大批希特勒分子，他们以各种武器朝我们射击，猛烈的火力迫使我方突击部队跳下坦克，为争夺每栋建筑、每个房间展开激战，一路冲杀到凯特街。他们冲上凯特街，损失不大，尽管敌军炮火彻底摧毁了这条街道，但我方突击部队还是无法通过。

德国人在该街区做好了长期防御的准备。时至今日，我还能想起入口处的一扇扇大门和房门，敌人在里面严防死守。我甚至记得左侧拐角的建筑，敌人从那里以防空武器和手提式机枪朝街上开火。所有建筑内都有敌狙击手。上级给我们下达了任务：无论如何都得夺取路口，控制选帝侯路到动物园这一段，这样就可以沿凯特街而下，攻往兰德韦尔运河和蒂尔加滕。仔细侦察后，我们发现敌人在100—150米外构设的防御最强大，再往前，他们的防御就很薄弱了。所以只要穿过路口，我们就能迅速发展战果。坦克营营长卡巴诺夫大尉随后做出大胆的决定。

突击分队大部分人员再次搭乘坦克，先携带配备突击步枪的战士。几辆坦克向前驶去，逐渐逼近敌人，随后骤然加速，全速冲向危险地带。其他战车为他们提供火力支援。突击分队接到命令，坦克冲过敌人据守的路口和街道时，以不间断的突击步枪火力朝敌人射击，还要向敌人投掷手榴弹。

伴随一辆辆战车雷鸣般的炮火，步枪火力毫不间断的噼啪声，几辆坦克沿街道全速行驶，推倒一堵堵墙壁，玻璃破碎的声音听上去无比绝望，砖块和石膏随处可见，灰尘和烟雾笼罩街道。这一幕把德国人吓得魂飞魄散，有些敌人丢下武器四散奔逃，剩下的趴在阵地内，根本不敢抬头。

尽管如此，德国人还是射来几发"铁拳"，但突击分队持续不停的火力把他们挡在远处，"铁拳"没能命中……敌人一挺机枪开火了，但很快被打哑。冲过危险的十字路口，我方突击分队包围那里的一群德国人。这群敌军士兵有的毙命，也有的投降了。

我们打开了通往兰德韦尔运河的道路。[51]

崔可夫称，红军为首几辆坦克碾上地雷后动弹不得，被全副武装的盖世太保用"铁拳"击毁。有个名叫赫尔曼·沙什科夫①的红军坦克兵，他的坦克挨了几发"铁拳"，两次起火，此时已无法行驶，可他还是待在战车里。车组其他成员都已丧生，待红军士兵冲上来，发现沙什科夫还活着，他守在坦克战斗舱内，手里只有一把匕首[52]。

近卫坦克第34团向西挺进，直接穿过乌克兰第1方面军近卫坦克第3集团军的进军路线。崔可夫当然清楚两个方面军的作战分界线，也知道科涅夫的部

---

① 赫尔曼似乎是个德国名字，崔可夫回忆录中文版里写的是格尔曼。

队正在接近。尽管如此，他还是把麾下部队置于危险境地，几乎可以肯定，这是朱可夫反复敦促的结果。

红军坦克离动物园防空炮塔近在咫尺，德国人召集志愿者，赶往附近街道猎杀敌坦克。哈里·施魏策尔是名空军高射炮兵，接到命令后跟另外三人组成坦克歼击小组。这群小伙离开动物园防空炮塔，带着"铁拳"和装有乳白色液体的玻璃瓶，据说这玩意儿跟空气里的氧气混合后，能让坦克发动机停止运转，随行的两名士兵配备突击步枪，负责射杀跳离坦克的敌坦克组员。德国人在动物园水族馆设立新指挥所，还在动物园快铁站构设了防坦克障碍。坦克歼击小组出发后没多久，在维希曼街和凯特街拐角发现一辆T–34/85，这处街区位于兰德韦尔运河南面。坦克炮火控制着街道。施魏策尔后来回忆起对付敌坦克的经过：

我们爬过一片片废墟、一间间地下室，终于从某个地下室的窗户里看见敌坦克。那辆坦克就停在我们对面的街上，正朝凯特街不停地开炮。有个俄国兵挎着冲锋枪，站在坦克旁边的门口，看着坦克接二连三地开炮。先干掉俄国佬还是先打击敌坦克，我们商量了一番，最后决定先对付敌坦克，因为枪声一响肯定会惊动敌坦克组员。战友希钦格负责从他那间地下室的窗户朝坦克开火，"铁拳"击中目标，但与此同时，他也发出惨叫，原来他没考虑到"铁拳"喷出的尾焰，全身都烧着了。站在门口的那个俄国兵旋即消失。我们赶紧跑到战友身边，脱下军装扑灭他身上的火焰，随后把他送回防空炮塔内的医院。[53]

他们夜间返回水族馆，随即接到命令，去威廉皇帝纪念教堂附近的布达佩斯街，找在那里战斗的盖世太保部队报到，对方可能就是崔可夫的坦克当晚早些时候遇到的那支部队。到达那里，他们朝俄国人设在街角的机枪阵地开火。施魏策尔小组一名小伙在战斗中负伤。他随后接到命令，带上8名年迈的人民冲锋队员前往盖世太保部队。施魏策尔奉命行事，在此过程中，两名人民冲锋队员负伤。施魏策尔目睹了他们中弹的情形，对巷战彻底丧失信心。他受够了，于是返回动物园防空炮塔。上级随后派他带上"铁拳"，去蒂尔加滕伏击俄国人的坦克,但敌坦克当晚没再渡过兰德韦尔运河[54]。

红军狙击手和侦察兵潜入动物园防空炮塔周边地带,隐蔽在茂密的植被里。他们迅速用精准的火力覆盖较小的L塔,不让德国人踏足塔顶[55]。崔可夫麾下部队向西渗透,这样一来,近卫第8集团军就位于两个方面军作战分界线西面。近卫坦克第3集团军从西南方逼近,不知道崔可夫麾下部队已穿过乌克兰第1方面军战线。实际上,科涅夫的先遣部队很可能已经在该地区展开行动。红军两个方面军司令部没有协调各自的作战行动。

库尔特·阿赫上尉指挥第18通信营,手里有200来人和十几辆装甲通信车。撤入柏林后,阿赫奉命在动物园防空炮塔设立指挥所。他4月22日接到命令,从车上拆下4部电台送到元首暗堡,再把几支装甲通信车分队派往卡尔斯霍斯特、布里茨、滕佩尔霍夫、舍讷贝格、弗里德瑙、维尔默斯多夫、格鲁讷瓦尔德、夏洛滕堡、哈伦湖。动物园防空炮塔本来就有城内最好的固定电话通信,现在又设立了中央无线电通信。第18通信营到来后投入部署,缓解了守军面临的部分指挥控制问题。阿赫回忆道:"因此,至少在这些地区,防区指挥官多多少少能了解整体情况,只要手头还有兵力,就能把援兵派往受威胁最严重的地段。否则,即便编制最小的分队也只能凭自己的判断行事。面对突如其来的混乱局面,城内根本无法实施协同一致的防御。"[56]

4月25日,阿赫的部队在吕德斯海默广场遭到科涅夫近卫坦克第6军、机械化第9军辖内部队攻击。阿赫的叙述表明,科涅夫没有朝该地区投入重兵,很明显,他的作战重点是攻往柏林市中心,前出到国会大厦。科涅夫麾下部队继续赶往西北方,4月26日到达施马根多夫快铁站,这里也驻有阿赫的分队,奉命变更部署,实施防御,因为此处没有其他可用部队。三级突击队中队长法伊格驾驶虎王坦克赶去增援,当日昼间击毁6辆敌坦克。当天下午,阿赫把快铁站的防御移交给一支番号不明的党卫队部队[57]。

当日清晨,第18装甲掷弹兵师部分部队按计划发起反冲击,这场进攻的意图是与第20装甲掷弹兵师重新取得联系。魏德林策划的反冲击,也可能是着眼于文克的救援力量,试探朝柏林西南方突围的可能性,因为他投入进攻的兵力相当强大。据第18炮兵团的炮兵阿尔诺·彭钦说,他们早上7点听取了任务简报。此次进攻投入的力量包括第30装甲掷弹兵团第1、第2营,外加6辆坦

车号 217 的四号坦克 J 型。柏林战役中,唯一配备这款战车的是第 18 装甲掷弹兵师和第 20 装甲掷弹兵师。这辆坦克安装了格栅侧裙板,可能隶属第 18 装甲掷弹兵师第 118 装甲团第 2 连。

克和15辆半履带装甲车。至少有一位历史学家称,德军此次使用的都是虎式坦克,但这是不可能的。大部分虎王,以及"明歇贝格"装甲师可用的虎Ⅰ式坦克,至少半数已投入其他防区。不过,"明歇贝格"装甲师至少派1—2辆虎Ⅰ式坦克参加此次反冲击完全有可能。其他坦克大概是黑豹,也调自"明歇贝格"装甲师,另外还有第118"西里西亚"装甲团的四号坦克歼击车。德国人为反冲击集结兵力时,科涅夫麾下部队发现了德军的动向,红军正准备当日上午发动进攻穿过该地区。

红军火炮和火箭炮打击德军集中地域。德国人受了些损失,但很快恢复过来,发起预有计划的进攻,沿教练汽车道攻往策伦多夫和达勒姆。德军坦克起初取得不错的进展,随后遭遇近卫坦克第7军部署在该地区的反坦克炮和坦克。德国人无法联系上驻守蒂尔加滕的"西里西亚"和"荷尔斯泰因"炮兵连,没能召集间接火力支援进攻。上午10点,德军取消进攻,俄国人立即展开反冲击,迂回德军翼侧,迫使他们转移,穿过哈根街撤往东北方。红军步兵一路向前,14点穿过该地区,途中消灭了他们发现的一切残敌。

彭钦注意到，红军发动下一轮进攻前朝德国百姓喊话，让他们赶紧离开交战地域[58]。得知消息的德军官兵也迅速转移，避开即将落下的猛烈炮火。

近卫坦克第7军彻夜发展战果，15点，他们在以下战线作战：

近卫坦克第55旅——鲁勒本（高速公路）南郊；
近卫坦克第56旅——埃希卡姆普西南方2公里的体育场；
近卫摩托化步兵第23旅在近卫坦克第56旅身后跟进；
近卫坦克第54旅——尼古拉塞西南郊，从波茨坦方向掩护全军的行动。

当晚20点，他们在街道上、森林内与柏林守军交战。他们夜间继续前进，向北攻往韦斯滕德、鲁勒本、皮歇尔斯贝格，以便同白俄罗斯第1方面军近卫坦克第2集团军辖内部队会合。他们在鲁勒本北面的铁路桥附近，与近卫坦克第2集团军坦克第35旅一部取得联系。

近卫坦克第6军发动进攻，德军第51装甲掷弹兵团首当其冲，被迫退到布赖特沙伊德广场与施泰格利茨区皇宫街之间的席尔德霍恩街[59]。科涅夫回忆录里没提4月26日发生的事情，但还是让读者注意到柏林城内作战的艰难程度。这说明他可能没取得预期的战果，大概是德军发起反冲击造成的。当晚前后，城内德军显然无法与第20装甲掷弹兵师取得联系。魏德林请求克雷布斯把第20装甲掷弹兵师正式转隶施普雷集团军级集群，说明他此时仍不知道第20装甲掷弹兵师已离开柏林[60]。

安葬瑟伦森后，伊卢姆战斗群奉命去格鲁讷瓦尔德地区，汇报雷巴尔科麾下近卫坦克第7军从南面发动进攻取得的进展。傍晚前后，红军步兵和坦克攻入伊卢姆的阵地，他们可能不知道伊卢姆战斗群驻守此处。双方在黑暗中爆发激战。德国人只能从对方自动武器和坦克炮火的闪烁确定敌人的位置。伊卢姆和部下发现，俄国人攻往他们翼侧，战斗群别无选择，再不后撤就会陷入包围。他们脱离战斗，很快找到一辆卡车，驱车向北赶往施潘道区[61]。

近卫坦克第3集团军作战日志倒没对当日的战斗保持缄默。近卫坦克第6军在施马根多夫、维尔默斯多夫地区作战，位于柏林动物园、崔可夫部队南面不到2公里处。近卫坦克第51旅与近卫步兵第48师第138团协同，经过激烈战斗，17点到达洪布格尔街和梅克伦堡街。与此同时，他们还沿洪布格尔街肃清体育场和某个损毁街区内的残敌。近卫坦克第52旅一路攻往海利根达姆街、库诺街、霍亨索伦路和更北面。近卫摩托化步兵第22旅、自行炮兵第1894团、近卫迫击炮兵第272团，经过顽强战斗，前出到赖兴哈尔街、楚尔策街「特尔岑街？」、克瑙斯街。近卫坦克第53旅担任军预备队，集中在柏林街与蒂尔大道十字路口，准备投入进攻。

当日早些时候，坦克第6军以搭载步兵的一个坦克排组成侦察分队，逼近凯撒大道，这条大道通往快铁环线。一名伞兵军士率领的小股希特勒青年团巡逻队沿这条重要的街道布防。第一辆T-34逼近，第二辆载有步兵的坦克跟在身后50米左右。远处传来其他坦克的轰鸣。德国人架在四楼房间内的机枪开火，打散第二辆坦克搭载的步兵，几名希特勒青年团员冲上街头，以海森广场附近的灌木丛为掩护，悄然逼近第一辆敌坦克。第二辆坦克发现希特勒青年团员逼近，立即用主炮轰击灌木丛。就在这时，"嘭"的一声，"铁拳"击中第一辆坦克的履带和侧面，击毁这辆战车。第二辆坦克以车载机枪扫射，但几个希特勒青年团员已带着一名负伤的战友返回己方阵地。德军这支临时性部队里的其他小伙继续打击其他坦克，迫使俄国人撤到后方重新编组。从德国人描述的战斗可以看出，红军这场行动没获得任何间接火力支援，说明这支奋力前行，企图前出到更远处的坦克部队是坦克第6军先遣力量，而该军炮兵正在变更位置[62]。

雷巴尔科右翼，机械化第9军径直攻往安哈尔特火车站和兰德韦尔运河。当天中午，该军夺得施泰格利茨快铁站。日终前，摩托化步兵第3营到达蒂默曼街，摩托化步兵第2营前出到贝格街，摩托化步兵第1营进抵阿尔布雷希特亲王街。该军作战日志里写道："配备步兵武器和'铁拳'的敌军部队（300—330名柏林步兵学校学员、第311人民冲锋队营350名士兵），在坦克和火炮支援下顽强抵抗。"

西部地区

第47集团军昨日重新编组。由于红军兵力不足，协同欠佳，再加上德军形形色色的防御部队激烈抵抗，该集团军对施潘道区的首轮突击以失败告终。

为确保第二轮突击一举攻入该区，红军采用了更有条理的打法，这种作战样式在他们遂行的柏林进攻战役中非常典型。他们先以猛烈的炮火打击一切疑似的德军阵地，而后投入坦克和自行火炮，战车前进期间消灭残余的德国守军。最后，步兵在迫击炮火支援下，沿翼侧发起冲击，包围或驱散守军，一旦对方暴露在外，就能以交叉火力轻而易举地干掉他们。

和柏林大部分地区一样，德军士兵混入当地居民，脱掉军装换上便衣。许多士兵本来就是当地小伙，这种情况加剧了开小差的现象。德军指挥官不得不施加压力，迫使手下士兵留下来继续战斗。前几天，第156步兵师在红军猛烈打击下土崩瓦解，赫尔穆特·阿尔特纳从奥得河前线撤回柏林。他那支部队的150名希特勒青年团员，只有58人活了下来[63]。回到柏林，阿尔特纳和其他小伙重新编组，领到武器装备，随后赶往施潘道区加强那里的防御。驻守该地区的一名武装党卫队军官命令阿尔特纳的指挥官，没收手下士兵的军饷簿，因为有传言称，落入俄国人手里的德军士兵，拿不出军饷簿的话，俄国人就认为他是武装党卫队员，会就地处决他[64]。所以，收缴军饷簿能让这些小伙留在部队继续战斗，而不是回家躲起来。

阿尔特纳的连队在施潘道区北部平静的居民区街道上，从事了一场实力悬殊的战斗。红军沿街区前进时，他所在的部队据守一排多层公寓楼。一辆T-34/85坦克绕过守军，沿公寓楼后方几座花园前进。坦克驶过街区，发现了窗户后的德军士兵，于是依次朝每栋楼房开火。阿尔特纳和部下没有"铁拳"，为避开猛烈的火力，他们冲出楼房跑到街上。少尉赶紧命令他们返回楼房，阿尔特纳和战友回到公寓楼门前，却发现楼内居民锁上大门，不想让德军士兵进来，以免引来俄国人的火力。阿尔特纳和他的班砸开大门进入公寓楼。他在回忆录里谈到，这场毫无意义的防御战中，他们不仅要抵御敌人，还得跟同胞作斗争，简直是咄咄怪事[65]。

当天傍晚，红军发动第二轮进攻，横扫整个施潘道区，终于打垮德国守军，迫使他们撤到哈弗尔河对岸。施潘道区仅剩的守军，是希特勒青年团和奉命守卫施潘道区北面哈弗尔河渡口的"1月30日"团部分分队，该团几天前被第47集团军逼入柏林[66]。夜幕笼罩守军，动物园防空炮塔发射的曳光弹划破天际，阿尔特纳说夜空中布满一道道银白色弹迹[67]。这是动物园G塔的双联装128

毫米高射炮，他们朝施潘道区开火，协助守军击退俄国人。阿尔特纳随后率领部下撤往哈弗尔河，寻找渡口逃到河东岸。

第1高射炮师第370营营部和第82团团部报告，施潘道区南面的加托机场仍在坚守。这些报告称，俄国人直到下午才发动进攻，暂时切断德军与机场的通信联络[68]。机场的防御获得一个88毫米高射炮连加强，该连部署在哈弗尔河东岸，直接支援守军抵御敌坦克或步兵从附近树林发动的进攻。魏德林深知守住机场的重要性，因而派空军少将阿里贝尔特·米勒负责机场防御。

北部地区

近卫坦克第2集团军辖内机械化1军，穿过夏洛滕堡对面的西门子施塔特，继续逼近施普雷河。波兰工兵接到命令，为傍晚有可能发起的强渡构设渡口。突击第3集团军向东攻击前进，取得不错的进展。

步兵第79军拂晓重新发动进攻，强渡西港运河。军右翼（正面朝南），步兵第150师第756团第3营，企图以猛烈的炮火为掩护，跨过国王路上损毁的桥梁①，但没能成功。借助师属炮兵的支援，他们再次发起冲击，部分官兵到达对岸，但德军的反冲击又把他们赶了回来。对岸的德军阵地，在东面码头星罗棋布的仓库、桥梁正对面博伊塞尔街多层砖砌快铁站内部署了机枪，还有个半埋的坦克炮塔[69]。守军是当地的人民冲锋队。几个人民冲锋队营动员后，在G防区作战，包括第3/403、第3/407、第3/421、第3/569、第3/609、第3/611、第3/617、第3/807营，外加"罗兰"营。步兵第79军的报告里识别出大部分人民冲锋队营，这些抵御红军的人民冲锋队营穿过该地区撤往Z防区[70]。

红军发动第三轮进攻，先派化学工兵设法渡到运河对岸，释放烟幕，掩护其他红军官兵渡河，继而扩大登陆场。红军企图前运直接支援火炮，但德国人以交叉火力扫射桥梁，射杀了拖曳火炮的马匹。红军步兵不得不徒手把火炮拖到对岸，耽搁大半天后，总算以迂回的方式驱散德国守军。他们迅速加强登陆场，准备发起进攻穿过莫阿比特。当天下午，步兵第79军辖内几个师一路向

---

① 国王路与下文的国王街可能是同一条街道。

前,几乎没遭遇抵抗,最终到达莫阿比特监狱[71]。

军左翼(正面朝南),步兵第207师第598团第2营,在炮兵第328团支援下发动夜间进攻。以下这份战后报告,详细描述了该营的强渡行动:

步兵第598团第2营营长科尔恰诺夫大尉,从团长那里受领了任务:1945年4月27日拂晓前到达施普雷河右侧、陶罗根街左侧地带,夺取施普雷河上的铁桥。

该营必须在夜幕降临前进入出发阵地,以铁路路堤为掩护。

营长4月26日接受任务时,天色尚亮。

团长就强击群需要执行的任务做出指示,他告诉营长,此次行动会获得坦克和重型火炮支援。团长还命令轻型火炮(45毫米火炮和反坦克炮),凭借自身的力量紧跟在步兵身后。

受领任务后,营长还有足够的昼间时间从事准备,于是向各连长通报作战任务,为他们指明地图上和地面上的行动方向,命令他们4月26日晚11点30分前给各连队分发一个弹药基数,要特别注意让战士带足手榴弹和冲锋枪子弹。考虑到夜间战斗的特殊性,他下令只有在意外情况下,迫不得已时才能开火。

为了在战斗中给参战分队供应弹药,弹药补给堆放在铁路路基附近。

各排长把战斗任务传达给排里的战士。

营长派副营长检查各连队的准备情况。

投入战斗前,营长给几名连长规定了各连观察所的运动方向,沿第4连连长身后一线跟进,他还设立了通信联络。

营长与各连连长间的通信主要靠电话(战斗条件下,电话通信在城内没出任何岔子)和传令兵,另外他还会派副营长了解战斗情况。

为执行受领的任务,营里组建了几支强击队,每支强击队编有:

6—7名步枪和冲锋枪兵;

1支反坦克步枪(并非每支强击队都有);

1挺带三脚架的机枪。

强击队指挥员由排长担任。

夜晚临近时,我方炮兵对附近之敌盘踞的几栋建筑实施短暂的炮击,步兵随后悄无声息地向前运动。我们的战士以夜色为掩护，沿建筑物顺利移动，穿过一个个内部院落。他们没有惊动敌人，迅速夺得第一个街区，几乎没遭遇抵抗，直到几支强击队进入铁路线南面第二个街区，敌人才以步枪和"铁拳"射来零零星星的火力。

营里几支强击队夺得第二个街区，他们穿过若干内部院落，利用先前的空袭在墙壁上炸出的孔洞，钻过一栋栋建筑，从一条街道摸到下一条街道。各强击队在没遭遇敌军抵抗的地段迅速前进，还搜查了部分地下室和几栋建筑的下层。

倘若遭遇抵抗，强击队就绕过建筑，设法从后方打击敌人。他们利用废墟、墙上的孔洞、侦察兵预先探明的隐蔽接近路线，极大地简化了这场迂回机动。与此同时，他们以火炮和机枪朝敌人盘踞建筑的各扇窗户开火，压制对方火力，让强击队更容易地接近、渗透各栋建筑。

这场夜战的结果是，该营4月27日拂晓前完成任务：他们赶往施普雷河，肃清特格勒街之敌，夺得施普雷河上的铁路桥。

通到那里的电话线确保了各连队之间的通信，他们还用电话与营长保持联络。

支援该营的炮兵连，连长跟营长待在一起，炮兵观察员和火力指挥专员跟随连长、强击队指挥员一同行动。

45毫米、76毫米反坦克炮跟随各连编队一同行动。

该营成功使用了单发M-31火箭弹，他们把火箭弹徒手搬到建筑二楼或三楼，从窗口直接打击敌"铁拳"射手，没有火炮的情况下，他们还以火箭弹轰击对面建筑内的敌人。[72]

步兵第20师[①]随后在更西面的渡口与近卫机械化第1军[②]辖内部队会合。夺得几处渡口后，突击第3集团军攻入几乎不设防的莫阿比特区。

魏德林不知道红军这场包围的规模有多大，也不知道红军主力部署在柏

---

① 应是步兵第207师。
② 机械化第1军，近卫机械化第1军此时在乌克兰第3方面军辖内。

林城外何处。战争迷雾挥之不去。一份份混乱或不完整的报告以惊人的速度发来。德国平民和后撤的官兵带来最准确的消息，据他们说，俄国人目前在柏林北部地区，正攻往市中心。魏德林手头没有额外的部队投入各阻截阵地，几乎无法阻止红军挺进。

赫尔曼上校的伞兵开入莫阿比特东面的防御阵地，约500名伞兵在洪堡海因防空炮塔附近和周边街区占据阵地。赫尔曼和师部人员起初把指挥所设在防空炮塔内。"大德意志"警卫团部署在伞兵部队东面，该团比城内任何一支部队都熟悉柏林市区，尤其是北部地区，因为他们原先就驻扎在莫阿比特。数百名士兵、若干半履带装甲车、大约6辆"追猎者"坦克歼击车占据强大的防御阵地，这道防线从格孙德布伦嫩快铁站东面起，沿高架快铁铁路递延到舍恩豪泽大道快铁站、普伦茨劳大道快铁站[73]。

近卫步兵第12军步兵第23师①辖内部队，在舍恩豪泽大道快铁站与格孙德布伦嫩快铁站之间攻击前进。红军暂时穿过德军防线，守住哥本哈根街北侧，街南侧仍在德国人手里[74]。当日昼间，一群敌坦克企图突破德军防线，"大德意志"警卫团二级下士弗兰克在该地区一战成名，击毁7辆T-34。这番壮举是他以"铁拳"独自实现的，他随后奉命去元首暗堡。希特勒不仅亲自接见，还给弗兰克颁发了骑士铁十字勋章，表彰他的战功[75]。

经过异常激烈的战斗，德国人在该地区挡住近卫步兵第52师近卫步兵第153团的后续推进，红军总参谋部的战役研究记录下这场战斗。尽管战斗发生地与洪堡海因防空炮塔很近，但炮塔上的128毫米高射炮可能无法提供任何直射火力支援，因为炮管没办法压到足够低的程度。不过，红军战役研究里提到"重机枪"火力，可能指的是德军38毫米高射炮，这款火炮能压低炮管打击近距离地面目标。不管怎么说，德国守军不仅挫败了红军的突击势头，接下来五天还包围对方，没让他们继续发展胜利。红军总参谋部战役研究里写道：

为夺取柏林城内这处重要的铁路枢纽，该团在战斗中采取的行动很有代

---

① 近卫步兵第23师。

表性。4月25日13点，该团第1营占领席韦尔拜因街上的花园，前出到花园西南角附近的十字路口。

德国人在该地区的主要支撑点是格孙德布伦嫩快铁站和火车站，他们以各种火力配系加强两处的防御。

16点，我方两个炮兵团朝两栋建筑开炮，另外还有5门火炮以直瞄火力打击这些建筑。

该营战士在炮火掩护下，逼近到离火车站100—150米处，5分钟密集的炮火齐射后，他们发起冲击。火车站随后爆发激烈的厮杀，直到18点才落入我们手里。

团长立即命令支援炮兵转移全部火力，打击快铁站大楼。第1连也以所有机枪扫射快铁站的窗户。德国人无法抵御我方猛烈的火力，分成一个个小组，以快铁站结构为掩护撤离。

19点，第1营彻底肃清快铁站内的残敌，加强了此处的防御。

第1营投入进攻之际，第2营前出到席韦尔拜因街花园南面的铁路线。实施5分钟炮击后，该营投入进攻，冲击格莱姆街地带盘踞在铁路建筑内的敌军。这片地带的铁轨沿一条深深的通道延伸，陡峭的斜坡高达5—6米。因此，这场进攻只有步兵设法跨过通道，攻入哥本哈根街上的建筑。所有火炮、自行火炮、坦克留在铁路线北面，没有工兵支援，他们无法越过这条深邃的通道。我们设法用人力把2门45毫米火炮运过通道。

第2营以电台呼叫炮火支援，随后向南推进，20点到达格莱姆街与高迪街之间的花园。

他们企图沿花园攻往西面和铁路线，但没能成功，因为敌人从周边建筑射来的交叉火力挡住他们。

伤亡10名战士后，第2营营长把部下撤入花园西面的建筑，暂时构成环形防御。

22点，德军出人意料地朝该营射来猛烈的机枪和迫击炮火力，"铁拳"也夹杂其中。

与此同时，敌人以一个营兵力从格莱姆街、高迪街发动进攻。尽管敌人的火力很猛烈，但第2营还是击退对方的反冲击，敌人撤了回去，在建筑前方街道上丢下30具尸体。德国人带走伤员和部分阵亡者。第2营营长决定让部下休息到4月26日凌晨1点,1点30分恢复进攻。

夜色中,全营指战员离开建筑,有些战士爬到附近几座建筑顶上,沿格莱姆街察看林荫道的情况。全营散开,排成散兵线沿林荫道北侧行进,到达几座建筑的楼梯平台,这些建筑面朝花园。

占领花园北部的街区后,营长把几个连集中到西部,没太留意敌人杂乱的火力,随即向西进攻。

第2营越过铁轨,利用夜色掩护和敌人的混乱迅速赶往西面,穿过格劳恩街,没用半个钟头就到达斯维讷明德街,冲入俯瞰街道的建筑,在那里设立了周边防御。

团长收到第2营营长的报告,得知他们到达该地区,决定让两个营合兵一处,于是命令第1营营长,立即从格孙德布伦嫩快铁站地区向南进攻。

但德国人的火力异常猛烈,第1营损失30名战士后被迫撤回出发阵地。4月26日12点前,两个营没再发动新的进攻,敌人也没采取行动。

4月26日12点,德国人在快铁站北面的高架桥地带集中一个营兵力,另外一个连部署在代明街与铁路的交叉路口附近。不久后,没有实施炮火准备,两股敌军相继发动进攻,把我方两个营与师里其他部队隔断。

经过激烈战斗,北面的德军把第1营辖内分队驱离快铁站,随后沿铁路线迅速攻往南面。与此同时,南面的德军沿铁路线迅速向北发动进攻。敌北部集团企图从后方进攻火车站,南部集团企图沿格莱姆街攻往西面,但他们没能实现作战意图。遭受部分损失后,德国人沿挪威街、瑞典街隐蔽在铁路线东面的建筑内。

这场战斗的结果是,敌人最终把近卫步兵第153团两个营包围在格孙德布伦嫩快铁站和斯维

从施普雷河上的皇宫桥望向南面的夏洛滕堡。这座桥梁没有彻底炸毁。4月26日,步兵第207师第598团第2营营长科尔恰诺夫大尉,率领部下跨过桥梁。

讷明德街地带。

团长手里没有预备队,无法冲破包围圈,再加上军预备队此时在另一个方向作战,该团只好构设环形防御,在包围圈内战斗到5月1日,大批德军官兵随后放下武器,向他们包围的这个团投降。[76]

夏洛滕堡宫位于莫阿比特区西部边缘,施普雷河对面。公园东南边缘的皇宫桥完好无损。年轻的二等兵曼弗雷德·冯·德尔·海特是柏林人,一连四天,他和一小群士兵奉命坚守这处阵地。4月25日,红军迫击炮弹开始落在城堡空地。当日傍晚,步兵第207师辖内各团继续向南进攻,迫击炮和火炮不断加强火力。面对红军的猛烈冲击,跟海特待在一起的几个年轻士兵吓得脸色苍白,就在这时,"孤零零的一个人民冲锋队员出现在他们身旁,简直像树精。他彻底糊涂了,操着浓重的柏林口音说道:'我应该守卫皇宫桥,告诉我,我该怎么做。'他没有武器,随后就像来时那样神秘地消失了。这个小小的插曲把海特等人搞得莫名其妙"。[77]

4月26日早上,逃难的平民百姓穿过海特的阵地,还惊慌失措地喊着"俄国人过桥了"。这显然是夸大其词,因为白俄罗斯第1方面军的作战地图上标得很清楚,步兵第207师4月28日才到达皇宫桥。但海特的指挥官是个二级下士,他觉得既然没理由再守卫桥梁,他的小队就该朝西南方后撤几个街区,退到路易丝公墓对面的兵营。

兵营内乱成一锅粥,军官和军士在各个房间跑来跑去,朝士兵大喊大叫,命令他们守卫各扇窗户。海特端着自动步枪守卫面朝公墓的窗户,他"盯了几个钟头,只

红军T-34/85车组吃早饭,可能是当日作战行动开始前。

看见一动不动的墓碑"。海特渐渐走了神,直到剧烈的爆炸冲击波把他砸到墙上,这才清醒过来。俄国人的火炮、迫击炮弹落在四周。炮击结束后,"死者倒在房间里,伤员的惨叫声不绝于耳。"另一个士兵朝海特走来,问道:"您的钢盔上是什么玩意儿?真可笑!"海特摘下钢盔看了看,一块弹片卡在帽檐处。那名战友又说道:"哎呀,我要是您的话,肯定会向天父祈祷,还有什么比这更值得感恩的?"这不是海特在柏林街道上最后一次险些送命,因为接下来几天,死亡的威胁几乎无处不在。

中央地区

党卫队旅队长克鲁肯贝格赶往帝国总理府,在那里见到费格莱因。交谈时,克鲁肯贝格对以下情况深感担心:他的部队听命于非党卫队指挥官塞弗特,"诺德兰"师分成几个小股战斗群,赶去增援城内各防区,例如塞卢姆的部队。魏德林此时也在元首暗堡,无意间听到他们的交谈,插话说"诺德兰"师支离破碎,分成若干小股战斗群是不得已为之。魏德林转身去参加元首召开的会议,党卫队派驻帝国总理府的联络官费格莱因,建议克鲁肯贝格直接向党卫队旅队长蒙克汇报情况,Z防区守卫政府区的所有党卫队部队统归他指挥[78]。克鲁肯贝格找到蒙克,两人简短交谈了一会儿,蒙克支持克鲁肯贝格,命令"诺德兰"师剩余的官兵驻守政府区东部和东南部。克鲁肯贝格奉命把指挥所设在施塔特米特地铁站,他战后回忆道:

> 我是个理想主义者,还以为柏林市中心早已构设了某些防御,结果发现什么都没有。例如我的指挥所所在地施塔米特地铁站,我以为那里有预设的防御,却发现没有电灯,也没有电话,只有一节车厢停在车站内,仅此而已。我不得不布设指挥所需要的各种必要物品。眼下的情况究竟如何,我一无所知,因为没人给过我地图,我也从没得到准确标明态势发展的作战地图。[79]

目前情况如何,红军在城内取得哪些进展,对此全无了解的绝非克鲁肯贝格一个。魏德林后来得知克鲁肯贝格接到的新命令,证实了他对党卫队的猜忌。

柏林城内,没有哪个德军指挥官随时掌握总体战术态势,充其量只知道

红军机枪组战役结束后的摆拍照片,他们在某间公寓的窗口据守监视阵地。柏林城区的规模,与红军战争期间在其他地方经历过的情况完全不同。

麾下部队周边两三个街区的情况。无线电通信受限。缺乏持续的通信联络造成大麻烦,迫使克雷布斯不得不从电话簿上随便找个名字打过去,希望找到个了解那片地区当前战术态势的人。魏德林的指挥控制权继续遭到削弱,不仅要为自己给麾下部队下达命令的权力据理力争,还要跟某些相互矛盾的指挥结构作斗争,例如东部地区的贝伦范格,现在还得加上政府区的克鲁肯贝格和蒙克。通信不畅,日益加剧的不信任,妨碍了他在城内设立统一防御的能力。魏德林当日的反冲击以失败告终,说明红军完全能迅速调集火力,猛烈打击在开阔地集中的一切德军部队。直到守军5月1日发起突围,魏德林麾下的德军兵团才再次编为一支支营级部队,在城内遂行战斗。

柏林守军现在编为一个个陆军、党卫队、人民冲锋队、希特勒青年团小股战斗群,这些战术层级的战斗群没有名称。他们毫无征兆地对红军部队发动猛烈攻击,打完后撤入废墟。这些战术部队在战斗中遭受损失,幸存者和其他散兵游勇编入新战斗群,再次上演这一幕。

随着近卫第8集团军穿过诺伊克尔恩,当天下午晚些时候和傍晚前后,德军部分战斗群和掉队的官兵渡过兰德韦尔运河进入Z防区。"明歇贝格"师驻守滕佩尔霍夫北端的一个战斗群,冒着红军近乎持续不断的炮火撤向西北面,渡过运河赶往安哈尔特火车站。快铁站下方是各种纵横交错的地铁隧道。为安全起见,"明歇贝格"师的官兵钻入隧道。师里某个士兵在日记里写道:

> 车站看上去像个兵营。妇女和孩子挤在壁龛和角落里,聆听着战斗的声响。一发发炮弹击中隧道顶,水泥块从天花板落下,隧道内烟雾弥漫,充斥着火药味。突然,河水涌入我们的指挥所。隧道内响起惨叫、哭喊、咒骂声。隧道里有梯子穿过通风井通往街道,众人围在梯子旁争斗不休。湍急的河水灌入隧道,人群惊慌失措,跌跌撞撞争相逃命,有些人摔倒在铁路枕木上。遗弃的孩子和伤员随处可见,还有些人被活活踩死。[80]

搭载 PaK 40 L/46 主炮的 Sd.Kfz 234/4 "美洲狮"坦克歼击车。战车后甲板安装了双联装7.92毫米高射机枪,这款机枪杀伤步兵的威力很大,似乎是车组人员改装的。1944年12月到1945年3月,这款战车只生产了不到90辆。照片里这辆战车可能隶属"明歇贝格"装甲师装甲侦察车连,位于快铁铁路线附近,面朝蒂尔加滕的阿尔托纳街,就在606页照片那辆虎Ⅰ式坦克后方。

战后的记述称，放水淹没几条地铁隧道是党卫队奉希特勒的命令行事。但仔细研究具体来源就会发现，这些说法主要出于宣传目的，根本不是事实。Z防区驻有许多德军部队，蒙克的部下也在其中，这些部队的指挥所设在犹如地下掩蔽部的地铁站内，守军还充分利用地铁隧道实施机动，绕过红军部队，以免被火炮或迫击炮击中。指挥政府区党卫队作战部队的蒙克，战斗初期下令不分青红皂白地放水淹没几条地铁隧道的可能性微乎其微。合理的猜测是，红军不加区分地朝柏林市中心发射了数千发大口径炮弹，其中一发很可能击中、炸碎兰德韦尔运河某道水闸，导致河水灌入几条隧道。但几名目击者的叙述证实，党卫队5月1日深夜朝北面突围时，的确对隧道实施了爆破，放水淹没地铁站。不幸的是，他们算错了疏散仍在地下的平民需要多少时间。

红军当日昼间进攻施潘道区，党卫队第24"丹麦"装甲掷弹兵兵团的补给和维修分队从那里退入蒂尔加滕。三级小队长朔勒斯是"丹麦"团的军士，他们拂晓前到达蒂尔加滕，俄国人以例行炮击开始了当日的战斗，炮弹落入动物园和附近的公园。"诺德兰"师另一些掉队者，也从柏林南部地区的战斗中陆续退入蒂尔加滕。可能是魏德林下达了命令（克鲁肯贝格此时还没找费格莱因诉苦），"丹麦"团辎重队和师里走散人员组成新的战斗群。该战斗群在三级突击队中队长巴赫曼领导下组建而成，巴赫曼是党卫队第24"丹麦"装甲掷弹兵团第2营通信连连长。战斗群有100来人，只有一半人有武器，他们奉命开赴哈勒舍斯门，占据正面朝南的半圆形防御阵地。和许多德军部队一样，该战斗群左右两侧都没跟任何部队保持直接联系。巴赫曼只知道自己的当前任务是守住阵地，抵御红军从兰德韦尔运河南岸发动的一切进攻。俄国人很快对这个小股战斗群据守的废墟发起炮击。红军炮击期间，朔勒斯隐蔽在废墟里，总算有时间思考部队目前的处境，"与世隔绝感"油然而起[81]。经历了10天持续不断的战斗，没获得任何休整，朔勒斯和战友终于觉察到精神上的疲劳。

汉斯·莱茵的第9伞兵炮兵团赶往腓特烈大街车站设立指挥所。Z防区的流动行刑队非常活跃，莱茵看见两具尸体吊在腓特烈斯海因快铁铁路桥下。一具尸体是个军官，另一具是个中士，他们上方挂了块牌子，上面写道："我被吊死，是因为我没有按照元首的命令，让我的突击炮做好战斗准备。"[82]炮兵团剩下的80名伞兵，奉命作为增援步兵赶往国王广场。赫伯特·孔策就是纳入莱茵麾下的一名伞兵。

孔策的营部人员在腓特烈大街担任预备队。孔策和其他伞兵眼下据守的防御阵地，位于内政部、克罗尔歌剧院、莱尔特快铁站周围的施普雷河北岸、毗邻的帝国体育场。他们从二级突击队中队长巴比克那里接受命令，巴比克把指挥所设在国会大厦地下室里，他还负责国王广场上几栋建筑的防御任务[83]。

三级突击队中队长蒂姆和"诺德兰"师剩余的三号突击炮，从诺伊克尔恩撤往北面，重新部署到阿尔布雷希特亲王街，盖世太保总部前方的备用阵地，接受二级突击队大队长扎尔巴赫指挥。他们的防线沿威廉大街前方一道防坦克街垒延伸，面朝齐默尔街。据蒂姆说，接下来三四天他一直待在那里，没再接到打击俄国人的命令。虽说他每天遭到红军火炮和迫击炮火打击，但没有直接发生战斗。接下来几天，他部队里的另外几辆突击炮，几次奉命投入战斗。这些突击炮一直担任战役预备队，直到5月1日夜里接到突围的命令[84]。蒂姆似乎在风暴中据守孤岛，此时，Z防区东端爆发了激烈的交战。

养老院市场北面，红军坦克第11军损毁的JS-2重型坦克，停在库尔街的帝国银行（照片左侧）前方。这张照片朝南望向遭击毁的T-34/85坦克（参见377页第二张照片和610页第二张照片）。布满废墟瓦砾的狭窄街道，构成坦克难以通过的地形。

坦克第11军先遣部队，在那里继续冲击养老院市场重要的交叉路口。守卫此处阵地的希特勒青年团，从帝国总理府获取口粮，"警卫旗队"警卫营人员分发盛在热水壶里的食物，以及应急口粮。阿里贝特·舒尔茨领到发给他那个分队的口粮，随即返回阵地，他们的高级军士是个东线老兵，提醒这群小伙别吃得太多，否则一旦腹部负伤就麻烦了。

俄国人实施猛烈的炮击，准备对养老院市场再次发起地面突击。炮击结束后，舒尔茨和其他小伙拎起武器赶往街垒，等待敌人必然到来的进攻。他们看见红军步兵从瓦尔街进入养老院市场，没等对方逼近防坦克街垒，"挪威"战斗群据守韦尼奇克打字机厂的挪威志愿者就开火了。他们的自动武器扫向身处开阔地的红军步兵，迫使对方沿瓦尔街后撤，途中经过昨日损毁的T-34/85坦克烧毁的残骸。红军进攻受挫后没多久，一辆安装了大喇叭的卡车驶近养老院市场，用德语播报"赛德利茨部队"的警告，要求所有守军四小时内放下武器投降，否则会死无葬身之地。舒尔茨和其他小伙士气高昂，所以这番警告对希特勒青年团没起到什么作用。他们都知道俄国人不留俘房，恐惧之情促使众人下定决心战斗到底[85]。俄国人的心理战不是什么新玩意儿，但他们逼近市中心，似乎增加了心理战的频率，因为共产主义者的五一劳动节即将到来，朱可夫渐渐耗尽耐心。他大概下达了指令，要求各部队采用一切手段，促使德国人尽快停止抵抗，放下武器投降。

4月27日，星期五

"敌人从北面的夏洛滕堡，南面的滕佩尔霍夫机场攻入内环防御圈。争夺市中心的战斗在哈勒舍斯门、西里西亚火车站、亚历山大广场展开。东西轴线遭到猛烈炮击。

……柏林西面的勃兰登堡、拉特诺、克雷门地域，我军成功挡住敌人的进攻。"[86]

——OKW公报

红军攻入柏林，艰难地穿过遍地瓦砾的各条街道。攻往市中心期间，红军各部队采用了新战术,以免战斗力不断下降。他们为攻克柏林付出高昂的生命代价。夺取柏林周边和城内各地区的战斗中,白俄罗斯第1方面军平均每天损失7804人,乌克兰第1方面军的每日伤亡也高达4949人[87]。柏林北面,朱可夫的白俄罗斯第2方面军①对德国第3装甲集团军发起打击,每日伤亡2570人[88]。近卫第8集团军损失最惨重,先前进攻塞洛高地,该集团军担任朱可夫的先遣力量,眼下在柏林城内又过度拉伸,为阻止科涅夫率先到达国会大厦,崔可夫不顾伤亡全力攻往兰德韦尔运河。4月份的激烈交战中,近卫第8集团军、突击第5集团军、突击第3集团军共损失60,443人,近卫第8集团军占了40%,伤亡人数多达24,484人[89]。总之,加上波兰人民军每天伤亡的387人,红军在柏林战略进攻战役中的每日伤亡高达16,000人。他们在城内的巷战和柏林郊区的战斗中,平均每天还损失100辆坦克和自行火炮。这是自德国近四年前的1941年入侵苏联以来,红军最高的损失率。红军指挥员很难解决伤员的救治和康复问题,缺乏医疗救治导致许多伤员丧生。回收受损的坦克也很困难,许多可以修复的坦克停在德国人封锁的前进路线上,直到战斗结束才能回收。蒙受损失的不仅仅是红军地面部队,德国空军的战斗机和高射炮组,平均每天击落40架红军战机。德国人的确切伤亡数不得而知,据呈交希特勒的报告称,自4月22日以来,送到柏林各所医院的伤员约有9000人。虽然这个数字看上去较低,但说明德军每日负伤人数达到1500人左右[90]。这个统计数据还不包括城外军民不断增加的死亡数。无论实际数字是多少,每个战斗日都有数千名军民在柏林城内各条街道负伤或丧生,这是不争的事实。

红军的损失不断加剧,朱可夫命令红空军派飞机朝柏林城内投掷传单,粉碎德国守军的士气,促使他们尽快投降。传单的内容主要针对在城内苦战的人民冲锋队营。朱可夫发动的宣传攻势表明,许多人民冲锋队营打得非常顽强。战役期间,近卫夜间轰炸航空兵第9师、夜间轰炸航空兵第242团、强击航空兵第6军共出动116个飞行架次投放传单[91]。这些传单上写道:

---

① 白俄罗斯第2方面军司令员是罗科索夫斯基,但此处并非作者的笔误,因为两个方面军的总指挥是朱可夫。

1945年4月27日

致柏林的人民冲锋队!

柏林陷入重围!

红军已包围整座城市。随着红军不断进攻,包围圈只会越收越紧。鉴于战线其他地段的德军部队陷入岌岌可危的境地,期盼他们赶来解柏林之围纯属幻想。

若干德国师在法兰克福/奥得河地域战败,残部困在贝斯科以南地域,成千上万人放下武器投降。红军沿宽大的战线渡过下奥得河,不仅攻克斯德丁,还越过该城前进了30公里。在此期间,其他红军部队已渡过霍亨索伦运河。红军在易北河畔许多地段与美国人会师,因此,德国依然控制的小片地区已被切成两段。

与此同时,红军在柏林集中了前所未见的强大兵力:数万门重型迫击炮和火箭炮、数千架轰炸机、数千辆坦克。柏林的命运已定,没有什么能阻挡红军。

你们的兵力已耗尽。正规部队寥寥无几,只剩在奥得河畔战败的几个师所剩无几的残部,以及柏林军事哨所和仓库的后方人员。

你们装备低劣,缺乏训练,就连现代轻武器也没有,更别说重武器了。面对红军压倒性的强大力量,继续抵抗只会导致城内的一切玉石俱焚。

拖延战事的企图会造成城内粮食短缺,流行病蔓延,会让成千上万无辜的居民丧生。

我们知道城内缺水断电,也知道城内的人在挨饿。

这种情况下,任何一位明智的领导人都会做出投降的决定,拯救城市和城内的平民百姓,尤其是妇女和儿童。

可希特勒的犯罪领导层却反其道而行,呼吁你们继续抵抗。戈培尔无耻的宣传机器置人民的一切权利于不顾,鼓动包括儿童在内的平民百姓投入巷战。

他们不顾你们的死活,强迫你们参加战斗,还一再以所谓的俄国人入侵的可怕故事吓唬你们。

所有人民冲锋队员!

我们严正声明：红军没有对平民百姓发动战争，也没有消灭德国人民的愚蠢想法。另外，红军也不会惩处普通的国社党党员，哪怕他继续忠于党。红军进攻柏林唯一的目标是：消灭希特勒政权，惩治希特勒和他的犯罪集团。

因此，你们用不着害怕红军到来，该害怕的只有纳粹领导人。

所有人民冲锋队员！

别被他人欺骗，别被"红军会带来恐怖"这类谎言吓倒。

德国人民最坏的敌人是柏林的破坏者阿道夫·希特勒，离开他！

不要听从他的命令！

保全你和家人的性命！回家去，跟家人待在一起！

赶紧躲起来！

打出白旗投降，就像700名人民冲锋队员4月22日在埃尔克纳做的那样，就像成千上万名战友每天在做的那样。

<u>记住</u>：你们抵挡得越久，柏林遭受的破坏就越大，受害者也越多。

4月27日的《装甲熊报》。

柏林守军几乎没人听从传单的呼吁，大多数人都知道，把传单揣在身上很可能被冠以逃兵的罪名，结果就是被党卫队流动行刑队迅速处决。

维斯瓦集团军群

德国第3装甲集团军再也支撑不住。红军最终在普伦茨劳突破德军防线，40辆坦克奔向西面的克林科。党卫队"太阳"团在普伦茨劳从事激烈的防御作战，但无法挡住红军。面对红军施加的压力，部署在镇郊的德军高射炮连开始后撤[92]。第3海军师不复存在，七零八落的残部后撤期间被红军逐一消灭。北面，红军粉碎了斯德丁南面守卫高速公路的一个警察师，越过那座港口城市继续前进[93]。海因里齐一整天都在想办法撤销以第7装甲师、第25装甲掷弹兵师救援柏林的命令，他想派这两个师封闭俄国人在北面达成的突破。电话里这番争执持续了一整天，最后，施泰纳失去两个师的指挥权。但他不再承担向南攻往柏林的重任，这副担子现在置于霍尔斯特中将肩头。克雷布斯13点20分签署了发给维斯瓦集团军群的指令：

元首决定，攻往奥拉宁堡西面的集团不再由党卫队全国副总指挥施泰纳指挥，交给第25装甲掷弹兵师师长布尔迈斯特将军，集中所有兵力，继续沿宽大的战线攻往南面。第41装甲军军长有必要尽快接掌进攻集团。[94]

海因里齐明智地提出，把霍尔斯特置于自己麾下，这样就能以霍尔斯特的部队阻止俄国人突破第3装甲集团军战线，但日终前的战役态势已恶化到根本无法挽救的地步。

红军沿沃坦阵地达成突破，海因里齐请求约德尔取消施泰纳的进攻，把第25装甲掷弹兵师、第7装甲师调到西面一道新防线后方。约德尔17点10分同意取消施泰纳的进攻。17点30分，冯·特罗塔中将前往OKW/OKH，随后打电话给集团军群司令部，确认两个师可以调回滕普林[95]。但这道命令下得太晚，两个师的汽油消耗殆尽。他们总共只剩190吨燃料，估计还有100吨在运输途中，但没人知道何时能运抵[96]。第7装甲师丢下82辆战车，严重浪费了稀缺的作战资源[97]。

当晚晚些时候，曼陀菲尔致电冯·特罗塔，汇报了略有些惊人的情况：

"朗格马克"师、"瓦隆人"师、第1海军师辖内部队和整个高射炮营彻底瓦解，有意或无意地丢弃了他们的武器装备。

我这辈子从没见过这种情形，哪怕是1918年也没见过。"朗格马克"师和第1海军师，只有部分勇敢的指挥官和寥寥无几的士兵还能以仅剩的理智和责任心自控。无线电通信断断续续，倘若命令能传达下去，他们就能贯彻执行，部队里的普通士兵也不会丧失凝聚力。[98]

曼陀菲尔得出结论:

> 眼下从事战斗的目的是保全集团军,让所有将士转移到西面。一支支难民队伍里满是最宝贵的人力资源,他们本该待在家里。我们没时间了,在军人看来,政治领导人必须采取措施。10万人正在逃亡。[99]

第9集团军

布塞准备发起最终突围,困住德国第9集团军的包围圈不断缩小。部分德军部队自行逃往西面,朱可夫麾下第33集团军突破包围圈西北边缘,形成个更小的包围圈,号称"普雷罗斯口袋"。激烈的战斗中,德国人死死守住马尔基施布赫霍尔茨村重要的路口,但突围行动中央地带至关重要的哈尔贝村、托伊皮茨村落入红军手里[100]。凯特尔当天收到报告,OKW终于获悉恶化的态势,还把第9集团军的处境总结为"越来越危急"[101]。海因里齐呼请第12集团军救援。凯特尔和约德尔仍相当乐观地认为,布塞会朝西北方进攻,与文克麾下部队合兵一处攻往柏林[102]。

第12集团军

第20军在东面保持积极防御。"沙恩霍斯特"师击退"特奥多尔·克尔纳"师与"乌尔里希·冯·胡滕"师缺口间的红军部队,还在特罗伊恩布里岑与尼梅克之间4公里长的高速公路上肃清红军。特罗伊恩布里岑地域的战斗仍在继续,红军投入更多部队解决"特奥多尔·克尔纳"师。4月27日凌晨,文克不得不做出决定。数日来,第20军辖内三个师不断向东打击敌人,遭遇红军反突击后被迫停止前进。文克告诉身边的参谋人员:"我们尽量靠近柏林,但绝不能放弃易北河畔的阵地——径直攻往柏林,然后陷入俄国人的包围圈,这纯属胡闹。我们应当设法让柏林城内的军民撤离,这才是我们要做的。"[103]文克跟参谋长交谈时,肯定提到布塞第9集团军的问题,因为文克似乎调整了自己的计划,这份计划有三个目标:攻往东北方,打开通道解救波茨坦周围的施普雷集团军级集群,尽可能为柏林守军创造一条逃生通道;守住通道,让布塞第9集团军逃出特罗伊恩布里岑北面的红军包围圈;控制易北河畔的通道,掩护成千上万的难民和伤员疏散到西面。文克转身对参谋长说道："要是我们实现这些目标，就撤往易北河向美国人投降，这是我们最后一项任务。"[104]文克终于放弃执行凯特尔"向东进攻，与第9集团军会合"的指令，而是命令"乌尔里希·冯·胡滕"师和"沙恩霍斯特"师夜间开拔，赶赴"特奥多尔·克尔纳"师左翼，与"费迪南德·冯·席尔"师一同攻往东北面的波茨坦。为了让平民百姓免遭更多的战火摧残，也为缩短战线，文克命令部队夜间弃守维滕贝格[105]。为加强新的攻势，第1170突击炮旅担任此次突击的先遣力量[106]。

德国国防军最终动员后仅剩的几个师，年轻的官兵再次与敌人脱离接触，夜间开往新集中地域，随后为拂晓前的进攻加以准备。相关记述称，涉及此次进攻的命令，直到4月27日最后一刻才下达。此举可能是出于保密的缘故，因为文克不想让OKW在广播里再次把他的新进攻计划告知全世界。

乌克兰第1方面军

事实证明，科涅夫部署在柏林城外的部队，无法有效应对乌克兰第1方面军直接面临的三个麻烦。北面，科涅夫确实堵住文克第12集团军直接攻往东面的通道，但他手头没有可用的兵力，无法以直接进攻的方式阻挡第20军。文克决定沿阻力最小的路线前进，他变更部署，悄然撤出科涅夫当面的部队，准备向东北方攻往波茨坦。东面，布塞第9集团军开始全面突围，向西冲往第12集团军战线。科涅夫最南翼，希维尔切夫斯基将军的波兰人民军第2集团军，未经批准就擅自进攻，企图夺取德累斯顿，结果陷入危险的战术境地。

科涅夫迅速调动部队，派遣高级指挥员设法应对上述三场危机，而他本人的关注重点还是以雷巴尔科近卫坦克第3集团军尽快攻到国会大厦。负责堵截第9集团军突围的是乌克兰第1方面军辖内第28、近卫第3集团军。德军突围之际，红军派遣更多部队，赶去阻截在哈尔贝村取得突破的德军。南面的突击第24军①奉命赶往库默斯多夫试验场，第13集团军几个师尾随其后，该集团军正在抵御文克第20军的推进。近卫机械化第6军辖内几个旅，参加了封锁波茨

---

① 就是步兵第24军。

坦西南地域的战斗，阻止文克的部队继续前进，现在奉命赶往东南方，阻挡布塞孤注一掷的突围部队。更南面，关于柏林战役的历史中经常忽略的是，中央集团军群的第4装甲集团军向北发动反突击，攻入波兰人民军第2集团军、近卫第5集团军翼侧。德军这场反突击让科涅夫深感担心。

中央集团军群辖内部队在该地域继续进攻，开始击败过度拉伸的波兰人民军第2集团军和提供支援的红军部队。科涅夫越来越担心自己的南翼，他的司令部几天前与波兰第2集团军失去一切通信联络。第52集团军和近卫机械化第7军确实给方面军司令部发来零零星星的报告，但这些报告令人震惊，于是科涅夫命令参谋长伊万·叶菲莫维奇·彼得罗夫将军、方面军作战部长弗拉基米尔·伊万诺维奇·科斯特列夫将军弄清具体情况，设法稳定态势。科涅夫战后写道：

> 这几天，我主要待在前进指挥所，方面军参谋长伊万·叶菲莫维奇·彼得罗夫大将守在方面军主指挥所。我派他去科罗捷耶夫和希尔切夫斯基的部队，就地帮助组织军队协同，这些军队在近卫第5集团军部分部队支援下，不仅要击退德军的进攻，还要转而对他们施以打击。
>
> 与此同时，我把一项特定任务交给方面军作战部长科斯特列夫将军，派他去波兰人民军第2集团军，与希维尔切夫斯基取得联系，因为德军进入该集团军后方后，我就同希维尔切夫斯基将军失去了联系。[107]

彼得罗夫赶到希维尔切夫斯基的集团军司令部，立即解除这位波兰将军的指挥权，科斯特列夫接替他指挥波兰人民军第2集团军[108]。未经批准攻往德累斯顿的行动取消了，剩下的波兰部队奉命撤往西北面整顿。科涅夫非常担心德军向北发起的反突击，命令近卫第5集团军编成内的近卫坦克第4军，在近卫步兵第14、第95师加强下开往东南方，增援遭受重创的波兰人民军第2集团军和近卫机械化第7军残部。科涅夫周围，德军作战部队频繁调动，还发动进攻。

科涅夫麾下部队遭遇德军三场重要的反突击之际，他最关注的还是阻止德国第9集团军逃脱。科涅夫在回忆录里没有使用当时常见的宣传言论，而是对布塞的表现称赞有加,他写道:"……第9集团军突围时打得英勇顽强,殊死战斗。战争最后几天,他们这些坚决的行动给我们造成许多麻烦和困难。"[109]

必须强调指出,红军六个集团军的主力目前都忙着阻止布塞突围:科涅夫麾下三个集团军,外加朱可夫三个集团军。这股力量几乎与红军用于攻克柏林的集团军数量相当。相比之下,布塞的兵力和坦克至少是柏林城内魏德林麾下作战力量的四倍。

三次获得苏联英雄称号的近卫军上校A.波克雷什金,谈到第9集团军在于特博格突破了他的航空兵师占据的机场,虽说他的记述颇具宣传意味,但很有意思。他还描绘了柏林上空最后几场空战的情形:

从高加索山麓到德国腹地,我们一次次经历了近距离交战,我这个航空兵师的飞行员,在普遍都很困难的条件下飞行数千小时,总航程高达1200万公里左右。师里30名飞行员因表现英勇获得苏联英雄称号;我们每个飞行员都飞过数百架次,也都有几十个击落战果。到达柏林边缘,他们都成为经验丰富的战士,顽强、知识渊博的指挥员,完全掌握他们的装备。我们坚信,用不了几天就能攻入柏林。

进攻开始前一天,我们离开高速公路上临时构设的机场,飞往更靠近尼斯河的新机场。我方部队对柏林发起突击时,我们甚至在更靠近前线的地方设立基地,就在柏林南面于特博格市附近的机场。此时我们部署在己方地面部队身旁,他们正在从事人类历史上前所未有的战役。

夺取机场的故事很有趣。于特博格市有两座机场,都在市区边缘,列柳申科上将的坦克迅速发动进攻,在我这个航空兵师配合下攻占机场。坦克兵的进攻完全出乎敌人意料,德国空军指挥官只来得及破坏一座机场上的部分设施。第二座机场是德国歼击航空兵保卫德国全境的中央机场,我们在这里收获颇丰。所有机库和包括喷气式歼击机在内的所有战机,所有机场建筑和油料、弹药库都完好无损。

坦克兵占领机场后,迅速向我们通报情况,我的副师长带着技术人员飞往于特博格,他仔细检查了机场,准备让我们的战机进场。敌人确实在机场边缘埋了地雷，但我方坦克兵迅速排除地雷。机场保障营接管机场，着手为航空兵分队准备场地。与此同时，各种食物、设备、飞机零部件和正常作战行动需要的一切，从原先几座机场运抵。

飞往新机场途中，我看见那座非常漂亮的机场、机场建筑、于特博格市的轮廓，过目难忘的教堂伫立在城市广场中央。几个钟头后，新机场恢复了往日的繁忙。没过多久，克拉索夫斯基上将赶来看望我们，指示我从新机场组织作战行动。

距离我们10—15公里处，激烈的战斗在东面和西面的森林内进行。东面，一片庞大的森林几乎就在机场边缘，我方部队在那里困住大批德军官兵。敌人企图冲出包围圈，他们逃往西面的唯一途径是穿过我们在于特博格市旁边占据的机场。

面对这种情况，定时组织空中侦察，时刻掌握森林内的敌军动向至关重要。任何天气下，无论下雨还是起雾，我方侦察机飞行员频频出动，从春意盎然的树木上方缓缓飞过，在网格线上准确记录下林间空地。很难发现敌人，因为他们隐蔽在森林内。敌人的火力很强大，给我们的侦察飞行和随后的对地攻击行动造成许多麻烦。尽管如此，我们的飞行员，例如苏联英雄科梅尔科夫大尉、伏罗希洛夫中尉和另一些侦察机飞行员，还是向我们通报了敌人的些许动向。他们巧妙地用交叉点判明敌人从一个坐标方格运动到另一个坐标方格，哪怕最小股敌军的动向也难逃他们的法眼。

掌握情报后，我方战机立即出动，赶去实施对地攻击，由于无线电通信组织得很好，我们总能在开阔地打垮敌人。从清晨到傍晚，一群群歼击机攻击德军部队，投掷炸弹，用机枪和更大口径的武器打击他们。我们的强击给敌人造成严重损失，并不仅限于毙伤敌人。与我们协同行动的步兵部队指挥员告诉我："你们每次强击后，德国人都会成群结队地跑过来投降！"

我也参加了打击被围之敌的战斗。收到德国人组织兵力向西突围的电报，我和苏联英雄特鲁德大尉驾机出动，赶去打击敌人。我们打垮德军穿过林间空地的几支车队。敌人无处躲藏，我们五次逼近车辆发起攻击，给他们造成严重损失，迫使德国人徒步逃入森林。

接下来，8架战机组成两个飞行编队赶去打击敌人：我率领其中一支，另一支由飞行员特罗菲莫夫指挥。我首次接敌时,一发子弹在机枪内殉爆,不得不返回机场。待我那些战友返航,我们再次投入强击行动。

此时天色已暗,暮色中能看见燃烧的车辆和森林,下方见到的一切都着了火,可敌人继续顽抗。我和飞行员戈卢别夫结队俯冲轰炸,打哑德军几门高射炮。

德军一个个频频遭隔断的群体企图向西突围,出现在森林旁的机场东部边缘,给机场有序的作业造成些干扰。当时不执勤的所有空军成员,以及负责机场设施、勤务保障的人员端起步枪和自动武器击退敌人。德军官兵排成一个个纵队,甚至以密集队形朝我们冲来,他们不停地开火,一个个倒下,但绝望的突围部队继续向前,一波波德军官兵涌出森林。

尽管机场爆发战斗,我们的空中突击也没有中断。一架架飞机继续起飞,赶去执行作战任务,返回时降落在机场上,而机场边缘激烈的小规模战斗仍在继续。某天,森林边缘的形势相当危急,我们不得不打电话给上级,请求于特博格的司令部警卫连提供支援。还有一次,艰巨的地面战斗中,刚好从机场地域路过的两辆自行火炮救了我们,他们从近距离朝敌人开炮,就此决定了这场小规模战斗的结果。

天气越来越恶劣,不仅有雾,还下起雨来,但我们继续起飞,打击机场旁边森林内的敌人。我们的强击越猛烈,德国人朝机场突围的企图就越小。4月份最后几天,我方部队从四面八方不断挤压被围之敌,迫使对方成群结队地走出森林投降。陷入重围的敌集团彻底覆灭。据步兵部队指挥员说,我们这个航空兵师的战机,消灭约8000名德军官兵,还击毁数十部车辆和大批武器装备。机场相对比较平静,可能和前沿战线附近的作战机场一样平静。

这段时间,震耳欲聋的炮声从北面传来,告诉我们白俄罗斯第1方面军、乌克兰第1方面军诸集团军,正攻入钢铁包围圈内法西斯巢穴的中心。我们的飞行员,此时的作战任务很重,他们都在柏林烟雾缭绕的上空投入战斗。

我们每天都收到"斯大林的雄鹰"英勇战斗的好消息。例如,苏霍夫上尉和苏联英雄邦达连科上尉分别指挥两个飞行编队,每个编队4架战机,在施普雷河渡口上空战斗时遭遇20架敌机。架桥地点附近这场空战,他们击落10架法西斯飞机,剩下的敌机仓促逃离,我们的飞行编队和渡口处的坦克没遭受任何损失。

别列兹金少尉在柏林南面打了场非同寻常的空战,他单枪匹马地迎战12架福克-武尔夫190歼击机,击落其中3架,完全是熟练利用云层,巧妙实施机动的结果。得知这个消息,我非常高兴。

这些日子,著名的王牌飞行员德米特里·格林卡也几次赢得非凡的空战胜利,他飞往柏林,随后又飞往德累斯顿地域,在那里掩护易北河上的渡口。

我和僚机戈卢别夫也在易北河、柏林上空执行了战斗飞行。

那天,柏林地平线腾起的烟雾中,能看见我方数百架战机。红军航空兵彻底掌握制空权。我们遇到的一群群梅塞施密特和福克-武尔夫歼击机几乎总是设法逃离,根本不敢投入战斗。[110]

元首暗堡

魏德林得知,连级规模的一个海军营昨日到达加托机场,履行了邓尼茨海军元帅对希特勒做出的承诺。希特勒把这群水兵部署到Z防区的政府区,由蒙克统一指挥,而不是按照魏德林的要求部署到其他防区[111]。这件事激怒了魏德林,夜间态势研讨会上,他向希特勒提出海军人员的使用问题。希特勒答道,柏林城内的防御力量不会只交给一名将领指挥。他还说他信任蒙克,换句话说,他更信赖党卫队。希特勒认为,要是他把所有部队交给一位指挥官,那么城内根本不会剩下任何防御力量[112]。希特勒指的是雷曼先前下令,把20个人民冲锋队营派往维斯瓦集团军群,导致柏林失去一股重要的防御力量。颇具讽刺意味的是,第56装甲军目前在城内担任防御主力,该军由于意外的作战境遇来到柏林,没被希特勒彻底损失掉[113]。希特勒的话加剧了柏林防御指挥机构间的隔阂,毫无必要地分散了魏德林麾下部队所剩无几的战斗力。

希特勒当天最关心的是,具有战斗力的德军部队能否到达柏林加强市区防御。听罢魏德林的每日简报,希特勒做了总结发言,列出有可能赶来的援兵,他估计这些援兵会以空运的方式到来。元首随后指出,要是他想保卫柏林到最后一刻,就需要最优秀的部队,战斗力差的部队派不上什么用场。保卫柏林的是许多外国志愿者组成的群体,而不是血统纯正的德国人,这个事实令希特勒不安,他明确指出,在他看来,以300个法国人守卫柏林的做法大错特错[114]。

元首暗堡每天都收到报告，当然知道丹麦人、挪威人、拉脱维亚人、西班牙人、加利西亚人保卫柏林的英勇壮举，而法国人的战斗表现尤为突出。随着红军逼近福斯大街，希特勒不得不接受以下事实：保卫柏林的最终决战毫无计划可言，最坚定的守军大多不是德国人。

东部地区

别尔扎林加强麾下部队，朝柏林市中心发起最终突击时，A、B防区内的非正规战仍在持续。亚历山大广场依然控制在德国人手里，一个个小股反坦克组继续沿各条小街巡逻。通往北面和东面的几条主要道路上，剩余的反坦克炮和障碍物完好无损，烧毁的红军坦克证实了这些装备和设施的效力。

亚历山大广场外，红军作战地带断断续续，近卫步兵第26、步兵第32军攻击前进，在各处陷入孤立的一群群德国守军继续抵抗。红军绕过西里西亚快铁站的党卫队员和人民冲锋队员攻往北面，这股守军陷入包围。德国人构设的阵地相当强大，虽说别尔扎林很想攻克敌支撑点，但他不愿让麾下部队再次陷入停顿。

根揩的部队继续守卫普伦茨劳街周边地带。他这个小股战斗群几乎耗尽兵力，最终获得几名新兵补充，现在总算有16名士兵和6个调自德国空军的希特勒青年团员（可能来自防空炮塔）。这些希特勒青年团员没有步枪，只有4具"铁拳"。另外16名士兵倒是有武器，但都是老式步枪，平均每人只有17发

从亚历山大广场望向西南方的国王大街（摄于20世纪30年代中期）。（1）地铁站入口；（2）快铁铁轨；（3）警察总局；（4）红色市政厅；（5）修道院教堂；（6）尼古拉教堂；（7）城堡；（8）柏林大教堂。亚历山大广场地铁站是A、B防区指挥官埃里希·贝伦范格的司令部驻地。此处是从东面进入柏林市中心的门户，交战双方在这里激战。坚守此地的德国守军直到5月1日夜间才突围。

战役结束后不久,从亚历山大广场向西拍摄的照片。激烈的战斗中,快铁站和周边建筑毁于战火。

子弹。他们巡逻时进入主街道旁边一片建筑区。上午10点,红军步兵渗透到他们阵地周边,几乎包围了这个小小的战斗群。根措战斗群里还有几名指派给他的纳粹官员,他中午率领部下撤离包围圈,几个纳粹官员逃之夭夭。

柏林这片地区以年轻的冲锋队领导人霍斯特·韦塞尔的名字命名,此人1930年被当地共产党人开枪射中面部,后来伤重不治。许多支持共产党的市民仍住在这片地区,他们埋伏在屋顶上,瞅准机会朝撤往亚历山大广场的根措战斗群开枪射击。经历了几场激烈的交火,根措战斗群到达腓特烈斯海因公园时只剩4人[115]。

腓特烈斯海因防空炮塔和周边公园还没见到红军部队。突击第3集团军没打算派步兵第7军或近卫步兵第12军越过快铁环线。这片地区只有红军狙击手和巡逻队。克雷布斯下午向希特勒汇报时,谈到柏林东部地区挡住红军的进攻,还特地表扬了腓特烈斯海因防空炮塔的指挥官,称赞他以直接火力支援整片地区的德军地面部队[116]。亚历山大广场东南面,随着突击第5集团军投入进攻,激烈的战斗仍在持续。

坦克第11军继续扩大施普雷河对岸的登陆场,格尔利茨快铁站陷落后,步兵第9军攻往西北面。德军作战部队渡过施普雷河撤往西南面,恰好进入坦克第11军的前进路线,另一支红军部队在亚历山大街与国王街之间攻往亚历山大广场,就在扬诺维茨桥北面。莫纳斯特尔斯基上尉讲述了该地区的战斗:

德国人坚守瓦尔纳剧场街和亚历山大街,两条街道由北向南穿过这片地区。街道的十字路口对敌人特别重要。德国人集中援兵,从亚历山大广场抽调人民冲锋队,派他们沿亚历山大街向南,徒劳地企图到达河边。

14点,利波达耶夫少校把我叫到指挥所,给我下达了命令:把德国人驱离瓦尔纳剧场街,占领十字路口,而后攻往施特拉劳街,穿过那里的铁路道口，在修道院街与施特拉劳街十字路口设立筑垒阵地。

也就是说，我们必须奋力穿过两个地铁站、三个十字路口，最艰巨的是，我们还得越过一道铁路路堤。

营长告诉我："记住，为赢得这场战斗，您的部下必须投入更大的干劲，保持前进速度。要是您放缓速度，就会遭受过多伤亡，无法完成这片地区的总体任务。"

利波达耶夫少校与我握手道别，还祝我好运。

我对自己满怀信心，更重要的是，我的部队很优秀。在柏林街头战斗的那些日子，他们满怀赢得胜利的期望，世界上没有什么力量能阻挡他们的猛烈冲击。

回到连部，我立即召集连里的战斗核心。这些排长和共青团负责人每次都帮助我正确地组织起连里的人手。前两天的战斗中，我们连损失很大。昨天英勇战斗的几名战士负了伤。我们必须为机枪手和掉队的步兵找到补充人员。

就在这时，外出侦察的布尔达上士、丘皮欣中士、利索戈尔列兵回来了。他们报告，十字路口处于地铁站火力打击下，铁路接近地还构设了街垒。

我决定在瓦尔纳剧场街西侧发动进攻。费多连科中尉的排攻往沿街区延伸的建筑，安东诺夫中尉的排做好发展胜利的准备，为此，他们带了很多手榴弹，还有从德国人手里缴获的"铁拳"。夺得建筑物拐角后，费多连科排爬上阁楼。为分散敌军注意力，安东诺夫排投入战斗，肃清建筑上层之敌。与此同时，费多连科排穿过阁楼赶往建筑另一侧，着手破坏墙壁，这样就可以离开建筑，赶往亚历山大街与瓦尔纳剧场街的十字路口。他们使用手头一切工具，斧子、凿子、锤子、镐头、撬棍、铁铲，尽管如此，还是忙了40分钟才打开通道。

离缺口不远处的街上有个很大的弹坑，费多连科排悄然潜入，没被敌人发现。他们把手提式机枪、反坦克炮、步枪兵部署到十字路口，随即朝一个德军机枪手开火，对方正朝瓦尔纳剧场街射击，还朝安东诺夫排那栋建筑的窗户开火。敌人的机枪很快哑了。就在这时，我们部署在屋顶上的机枪手叶安舍夫，不停地朝后撤之敌射击，没让任何一个敌人活着逃离。我们肃清街道和十字路口附近的建筑，我方位于附近的两辆战车驶来。在我的指示下，我方炮兵开火，只用几炮就压制了地铁站两处火力点，还摧毁了车站前方的街垒。

全连集中后，我一口气冲过亚历山大大街，命令安东诺夫攻占把我们与路障和铁路线隔开的建筑。费多连科排隐蔽在半毁的建筑内，朝亚历山大街和十字路口射击，两辆战车也朝铁路线和施特拉劳街开火。

随后发生了意想不到的事情。猛烈的炮火齐射造成的冲击波震塌一堵墙壁，费多连科排刚好隐蔽在墙下。好几人受伤，伤势严重的四名战士必须疏散到后方。这些工作都需要时间。柏林街头的后续战斗中，我一直牢记这起事件，确保自己的分队不再发生类似的意外。

安东诺夫排攻克他们西面的建筑，速度相对较快，他们从楼房窗口射出四发缴获的"铁拳"，引燃原木路障。两辆战车提供火力掩护，我们也以脚架式机枪开火支援，营里赶来的第二梯队迅速占领这处重要的十字路口。

此时，我们连已做好进攻铁路线的准备。路障仍在燃烧，借助烟雾的掩护，一个分队带着机枪手爬上30米外的路堤。他们用机枪和步枪朝盘踞在那里的敌人开火，雷马尔中士率领的分队迅速突破到铁路线另一侧。我们动作很快，把敌人打得措手不及，他们沿施特拉劳街惊慌逃窜。比留科夫和库利科夫斯基端起手提机枪猛烈扫射溃逃之敌。

全连立即在雷马尔分队身后投入战斗，追击敌人，肃清建筑，终于到达营长规定的目标：修道院街与施特拉劳街的十字路口。

不久后，我打电话报告营长，连队完成了受领的任务。[117]

红军步兵不断逼近亚历山大广场，战斗愈演愈烈。红军参战士兵另外三篇记述，描绘了他们沿附近街区展开的战术交战[118]。第一篇出自近卫军上士A.班德罗夫斯基：

我们不断向前，攻往柏林市中心的亚历山大广场。德国人在两条大街的十字路口构设了防御。他们用街垒把路口围起来，挡住我方坦克和步兵的前进道路。我们看不见敌人的火力点，但能觉察到他们隐蔽在周围某个地方，可能在地下室缺口处，也可能在破碎的窗户周围，说不定在屋顶上，或是在附近建筑的阁楼里。

的确如此，我方步兵刚踏上宽阔的街道，街垒和附近的建筑就活跃起来。机枪、突击步枪、迫击炮的发射声突然从各处响起，子弹和炮弹呼啸掠过。这一刻，硝烟和石灰粉尘遮蔽了整条街道。

炮兵连连长亚辛近卫军上尉受领了消灭敌火力点，支援步兵继续前进的任务。他叫来炮长贡恰连科上士和济金上士。两名军士当初参加过斯大林格勒的巷战，战斗经验丰富，连长刚一开口就明白了他的意思。没过多久，两人默默地看着平静的街垒和街道，仔细盘算着什么。

"我说说我的看法，上尉同志！"贡恰连科终于开口了，"我们没办法把法西斯分子从这里赶走，我们得变更阵地……只要天还亮着，他们就不会让我们展开火炮，您能批准我们天黑后再动手吗？"

"您有一整晚时间，但步兵明天早上必须前进，明白吗？"

"明白，上尉同志！步兵明天早上出发。"

午夜前后，侦察员利普切夫斯基带回敌火力点部署的情报，还说他找到一个合适的发射阵地。炮组人员从牵引车摘下火炮，在侦察员身后沿街道而行。他们推着火炮走了20分钟，利普切夫斯基打了个停下的手势。

他低声说道："到了，这个位置很好，可以朝两个方向开炮。"

几个炮组一声不吭地构设发射阵地。拂晓前不久，一切准备就绪。各炮组占据发射阵地。没想到，一串突击步枪火力从左侧射来，子弹击中贡恰连科那门火炮的防盾。从跳弹判断，德国人是从大约200米外一栋五层楼房开火的，那里又射来第二个更长的连发。德国人发射了曳光弹。

贡恰连科骂道："这帮歹徒暴露了！"

第二个连发其实是一挺大口径重机枪从同一方向射来的。子弹在离火炮2米远的街道上弹飞了。侦察员经验丰富的双眼已判明敌机枪的位置，又是两个连发，敌火力点的位置确定无疑了：机枪是从右侧街角那栋建筑的二楼发射的。拂晓前的薄雾中，就连机枪火力喷出的火花也看得清清楚楚。贡恰连科发出简短的命令，三发炮弹逐一射出。烟雾顿时遮蔽了拐角的建筑，砖块和窗框四散飞溅，敌火力点哑了。炮组人员等了一会儿，但敌机枪没再发射火力暴露自己的位置……

"干掉一个目标！"贡恰连科很满意，随即对侦察员说道："敌人的脚架式机枪在哪里，指给我们看！"

利普切夫斯基指明位置，贡恰连科发出口令，火炮朝新目标开炮。济金上士指挥的第二门火炮依然沉默。德国人没发现这门火炮，所以济金炮组可以等待更适合的时机再投入战斗。贡恰连科很快又逐一消灭敌人两个火力点。但德国人几乎没做出回应，不知道是为节约弹药，还是担心过早暴露他们的火力配系。此时天色已亮，我方坦克和自行火炮紧紧跟在我们身后，车组人员做好开火的准备。炮兵观察员和侦察员的目光转向十字路口，只要敌人开火，他们就能迅速判明敌火力点的位置。但德国人始终沉默。一辆坦克迅速向前驶去，行进间朝街垒开炮。坦克绕过我们的火炮，不断逼近十字路口，就在这时，敌人几个火力点同时开火了。左侧，第二挺大口径机枪发出响亮的射击声，"铁拳"也从同一栋建筑的阁楼射出。火箭弹炸开，手提式机枪咯咯作响。那辆坦克立即消失在黑色的烟云和灰尘中……

亚辛上尉发现目标，迅速判明位置，待他确定两个炮组瞄准了目标，立即发出口令："一炮和二炮，干掉西面的目标……齐射！"

两门火炮同时发出轰鸣，烟雾笼罩了街垒和附近的建筑，砖块、木块、灰泥飞入空中。建筑拐角两处坍塌，还腾起火焰。

火炮继续发射。更多敌火力点出现了。两个炮组旁边传来叮当作响的履带声，我们的侦察坦克回来了，安然无恙。两辆自行火炮似乎很高兴它能平安归来，也开炮射击……

贡恰连科和济金的火炮一连发射了50分钟。敌人的子弹呼啸掠过，"铁拳"也在附近炸开，但没有一个人离开自己的阵地哪怕是一分钟，就连伤员也没下火线。敌火力点一个个哑了。炮兵在街道拐角引燃的那栋建筑，火势越来越大。我方两辆坦克伴随步兵前进，自行火炮跟在身后，从满身灰尘的炮兵身旁驶过，穿过敌人的街垒，他们开始进攻起火的建筑。我们这些炮兵停止射击。

我们的火炮前方，侦察员利普切夫斯基靠墙而立，旁边站着个身材魁梧的德国兵。

瞄准手多尔戈别里多夫用衬衫袖子擦擦脸上的汗水，问道："您从哪里把这家伙揪出来的？"

利普切夫斯基答道："他躲在地下室里，想用突击步枪干掉你们，我摸到他身后，朝他头上来了一下，然后请他过来了。"

第二篇记述出自近卫军中士V.索罗金：

通往亚历山大广场的某条街道上，我们的营长诺沃哈季科大尉叫来侦察排排长谢列德上尉。

他对谢列德说道："我们得探明前方那栋寂静的建筑！"

那栋建筑位于我们营的进攻路线上。里面没人开火射击，但营长怀疑德国佬隐蔽在楼内，好从身后打击我们。

谢列德上尉向几名侦察员通报了任务，过了几分钟，他们悄无声息地朝街道而去，必须冒着敌军火力穿过街道，才能到达那栋可疑的建筑。

侦察队共10人，我也在其中。沙波什尼科夫上士走在最前方。他猫着腰冲过街道，穿过墙上的大洞消失了。尽管法西斯分子火力很猛，但所有侦察员都在沙波什尼科夫身后冲过街道。我们刚开始检查一楼，身后就传来一声剧烈的爆炸和墙壁坍塌的轰鸣。沙波什尼科夫上士没有中断任务，继续侦察情况，只是派两名侦察员去看看出了什么事。两人很快回来报告，说炮弹炸塌墙壁，堵住我们离开建筑的出口。这个情况没让我们气馁，全排分成两组继续侦察。他们在角落处的房间里与一名"铁拳"射手交火，那家伙旁边摆放着一堆地雷。"铁拳"射手交代，二楼有埋伏。的确如此，我们刚要冲上去，两枚手榴弹顺着楼梯扔了下来，阿基宁上士眼疾脚快，冷静地踢开手榴弹，手榴弹爆炸，但我们毫发无损。

我们守在楼梯处，现在得赶紧把楼上有埋伏的消息告知营长，但离开大楼通往街道的出口被堵住了，所以我们决定，想办法冲破通往临近街道的铁门。的确，铁门锁上了，还在德军街垒的火力打击下，可这里没有其他出口。侦察员杰斯亚特金奉命传递消息。他带了根长长的绳子、两枚手榴弹、1枚反坦克手榴弹，贴着地面朝铁门爬去。苏奇科夫爬过去帮他。门上挂着铁锁，他们把手榴弹绑在铁锁上，再用绳子连接保险销，随后爬了回来。一分钟后，他们拉动绳索引爆手榴弹，铁门炸开了。杰斯亚特金又爬过去，站起身猛地冲过街道，消失在对面建筑的废墟堆里。

德国人几次企图把我们逐出楼房，但我们以突击步枪火力击退他们。杰斯亚特金很快从营长那里返回，说一个步兵分队负责冲击楼房，我们这个侦察排有新任务。

第三篇记述出自近卫军中士A.列斯丘科夫：

炮兵连连长杰米多夫近卫军大尉接到命令，让他以直接火力支援步兵运动。几个炮组赶紧把火炮挂上牵引车，全连沿中间的街道火速赶往亚历山大广场。

驾驶员纳斯坚科的汽车行驶在最前方。车辆驶过一个个交叉路口和个别建筑时，子弹朝我们袭来。纳斯坚科经验丰富，当初在斯大林格勒战斗过，自信地驾驶着汽车。车上的炮组人员用突击步枪还击。

战斗越来越激烈，烟雾里射出的火力随处可见。我们的作战分界线肯定就在附近某处。汽车停了下来，出人意料地遭到猛烈打击，一发发迫击炮弹在车辆附近炸开。大尉迅速弄清情况，原来是德国人从毗邻街区通过。他下达命令，车辆迅速折返。近卫军中士亚科文科的汽车率先掉头。有些士兵已按照大尉的命令下车，遭到附近掩体射来的火力打击。其他车辆随后也调转方向。出乎意料，亚科文科位于最前方的汽车停了下来，堵住狭窄的通道，司机身负重伤。德国人加强了火力……其他车辆也停下，一个个司机非死即伤，手榴弹和"铁拳"在他们身旁爆炸……

纳斯坚科朝亚科文科停下的汽车跑去，根本不理会敌人致命的火力。他跳入驾驶室，坐在方向盘后启动汽车。一发"铁拳"在旁边的墙上炸开，汽车笼罩在烟雾里。就在他驾驶汽车向前行驶时，第二发"铁拳"击中汽车。剧烈的爆炸把纳斯坚科掀出驾驶室，他摔倒在地，双耳失聪……

纳斯坚科艰难地站起身，朝第二辆汽车跑去，他踩下油门，驾车离开，迅速消失在拐角。炮组人员赶紧朝那里跑去……两分钟后，纳斯坚科再次出现，跑向第三辆汽车，冒着敌人的火力把汽车开到一处隐蔽的发射阵地。一分钟后，我们的火炮从那里射出第一轮炮弹。炮弹的爆炸给敌军队列造成混乱，利用这个机会，英勇的纳斯坚科钻入自己的汽车，拖着火炮离开交火地带。炮组人员还带上亚科文科那门火炮。

四门火炮射出的致命火力很快奏效了：德国人匆匆撤离。炮兵连前移到新发射阵地，继续打出一轮轮齐射。

一整晚，英勇的司机纳斯坚科轮流驾驶三辆汽车，拖着火炮从一处阵地转移到下一处发射阵地。

亚历山大广场入口位于亚历山大街,堡垒般的警察总局也在这条街上,警察总局设有刑事警察局、秘密国家警察局二处(盖世太保)、警察通信处。这座建筑构成亚历山大广场东南方接近地的防御枢纽部。西南面同样有座庞大的多层建筑,也就是红色市政厅,不仅有247个房间,还有

从警察总局向西看(摄于20世纪20年代)。亚历山大广场东角这座建筑被打造成堡垒,红军逐一肃清每个房间,战斗持续时间超过24小时。

座高达94米的钟楼,沿国王街控制施普雷河渡口。红军步兵不断逼近,为攻克两座堡垒般的建筑,他们势必要耗费几天时间,展开残酷的逐屋争夺战。

当日清晨,坦克第11军获得突击第5集团军工兵部队支援。红军指挥员知道,目前在施普雷河西岸展开行动的部队寥寥无几,坦克第11军就是其中之一,眼下最重要的是协助该军牵制德国人,不让对方开入东面的A、B防区,突击第5集团军辖内另外两个军仍在那两片防区作战。据人民冲锋队某个老兵称,红军配备喷火器的工兵和突击部队部署到养老院市场地带。这些工兵企图用喷火器把守军赶出来,与此同时,红军步兵对养老院市场发起突击,而德国人顽强守卫该地带每一堆废墟瓦砾[119]。

俄国人施加的压力越来越大,舒尔茨的指挥官命令他们去掉所有党卫队标志。摘掉领章和肩章很容易,但舒尔茨刮掉钢盔上的如尼文字母SS后,留下很明显的疤痕。夜里,舒尔茨独自守在街垒里,就在这时,一辆T–34/85坦克沿重骑兵街朝这里驶来。舒尔茨只有一支手动式K–98步枪,于是朝战友待的地下室跑去,想看看谁有"铁拳"。几个大男孩冲出地下室,一名14岁的希特勒青年团员拎起"铁拳",登上楼梯冲入黑黢黢的街道。T–34/85的炮塔缓缓转动,想开炮击毁街垒,一发"铁拳"突然从侧面射来,打爆了这辆坦克。

坦克起火燃烧,车长舱盖嘎嘎作响地推开,一名红军坦克兵逃离坦克投降了。几个大男孩把他押回地下室,一名伞兵抢走红军坦克兵的皮裤,舒尔茨把他的皮夹克据为己有,但尺码有点大。他们随后搜查这名坦克兵,在他身上找到几张照片,都是柏林重要的地标,例如亚历山大广场和广播塔。他们把俘

房送到电影院，舒尔茨他们的指挥所仍设在那里。审问了两个钟头后，上级让人把这名坦克兵领出去释放。红军坦克兵朝己方战线走了几步，以为自己获释了，没料到昨天枪毙逃兵的那个红发党卫队小伙朝他后背开了一枪。这一幕把天真的舒尔茨吓坏了，他后来才知道，战

红军几个迫击炮组准备齐射。街对面能看见2辆T-34/85坦克，不清楚是否被击毁了。这里显然在进行战斗，左上角能看见一辆损毁的卡车。

斗中没法处理红军俘虏，眼下这种情况，根本没地方关押他们，所以大多数俘虏接受审问后被立即处决[120]。

中央地区

交战双方穿过诺伊克尔恩发起冲击和反冲击，该地区沦为燃烧的荒地。崔可夫的将士赢得这场实力悬殊的角逐。德军夜间撤离，各部队渡过兰德韦尔运河退入Z防区。不幸的是，有些德军官兵在诺伊克尔恩陷入包围，不是因为没接到总撤退的通知，就是因为俄国人绕过德军防御阵地，穿过废墟瓦砾向前推进隔断了他们。

有个法国党卫队志愿者排被困在战线后方，企图逃往北面。他们派一名成员装扮成法国外籍劳工走在街上，俄国人盘问一番，随后放他离开[121]。柏林城内的外籍劳工实在太多，许多外籍战斗人员迅速混入当地居民。俄国人最关心的是"你是不是德国人"，不太留意操一口外国话的居民。这给了外籍战斗人员可乘之机，他们只要脱掉军装，换上便服，往往都能蒙混过关。德国投降后，许多会说荷兰语、立陶宛语或波兰语的德军官兵也以这种方式轻而易举地逃出柏林。近卫第8集团军、近卫坦克第1集团军沿兰德韦尔运河前进，不断寻找合适的渡口。近卫坦克第1集团军独自攻往西面的动物园。

崔可夫的部队越过滕佩尔霍夫和诺伊克尔恩迅速挺进，他们的进攻重点是Z防区。红军部队楔入市区南部防御地段，迫使守军渡过兰德韦尔运河后

撤。整片地区，德军部队仍在变更部署。魏德林显然赢得他跟克鲁肯贝格就"诺德兰"师部署问题的争执，丹麦和挪威志愿者分配到整片防区。

新组建的巴赫曼战斗群接到命令，向东赶往斯卡利茨街的科特布斯门地域，红军步兵第9军在那里推进。党卫队第11装甲侦察营余部和两辆三号突击炮奉命占据安哈尔特火车站，目前守在那里的是各种地方部队，外加"明歇贝格"师一个战斗群[122]。党卫队第24"丹麦"装甲掷弹兵团残余的官兵，目前在党卫队第11装甲侦察营指挥下展开行动，他们离开安哈尔特火车站，沿兰德韦尔运河赶往贝勒联盟广场。党卫队第23"挪威"装甲掷弹兵团残部组成几个战斗群，沿林登街—养老院市场—渔夫岛（也叫博物馆岛）一线部署。"诺德兰"师工兵、炮兵和其他保障部队也派了出去，主要用于Z防区。由于弹药不济、缺乏重武器、火炮和迫击炮提供的支援有限，该师和其他德军部队的战斗力到4月27日已大幅度下降。

巴赫曼战斗群开往东面，党卫队第24"丹麦"装甲掷弹兵团一个连级战斗群奉命去哈勒舍斯门接替巴赫曼战斗群。朔勒斯和几名战友编入巴赫曼战斗群一个班，他们大概留在哈勒舍斯门，协助赶来接替战斗群的部队部署到阵地内。党卫队第24"丹麦"装甲掷弹兵团第2营通信连编为突击群，在主防线后方担任预备队。格奥尔格·迪尔斯的虎王坦克在施塔特米特地铁站占据后备阵地，面朝贝勒联盟广场[123]。

贝伦范格获得战地擢升，军衔和穆默特一样，还重新获得A、B防区指挥权后，穆默特就把师部设在安哈尔特火车站。安哈尔特火车站旁边是波茨坦广场和波茨坦火车站。安哈尔特火车站和波茨坦火车站是用于德国南部的主要铁路运输枢纽。整片地区一直是西方盟军的重点空袭目标，基本已沦为废墟，尽管如此，红军发动进攻前，德国人还是设法保持了进出车站的部分铁路交通。这片地区现在成为崔可夫的目标，他把105毫米榴弹炮部署到维多利亚公园的山坡上，轰击两座火车站之间的空地。维多利亚公园在滕佩尔霍夫北面，仅隔两个街区，是柏林城内海拔最高的地方，能俯瞰整个市区，崔可夫迅速利用地形优势，以火炮打击城内沦为废墟、正在燃烧的大片地区。

撤过兰德韦尔运河，许多德军官兵感到绝望，他们经历了毫不间断的战斗，持续的压力让他们流露出失败主义的迹象。随之而来的是，Z防区的流动军事法庭更加频繁地做出即决审判。"明歇贝格"师经验丰富的战斗人员,性命却由那些根本没打过仗的年轻军人来决定,穆默特对此深恶痛绝,下令不得在他的防区设立流动军事法庭,谁敢在他战线后方草草处决他的部下,他就枪毙谁[124]。

"明歇贝格"装甲师剩下的黑豹、虎Ⅰ式坦克撤入蒂尔加滕,施潘道区陷落后,市中心的坦克修理厂设在此处。穆默特的许多黑豹坦克渐渐耗尽汽油,随后改造成固定式反坦克阵地。5月1日夜间,由于缺乏汽油或机械故障,参加突围的黑豹或虎Ⅰ式坦克似乎寥寥无几。

亨泽勒的部下沿乌尔班街彻夜后撤,还与红军步兵部队交火,凌晨前后

上图:维多利亚公园是柏林海拔最高处,公园中央还有个天然泉。崔可夫攻占滕佩尔霍夫机场后,下令把105毫米榴弹炮部署到山顶,不加区分地朝市中心和波茨坦、安哈尔特火车站开炮。高地下方是一系列仍未竣工的防空掩蔽部。这张照片摄于2005年4月。

上图:柏林战役期间,红军航空兵打击波茨坦铁路枢纽站。约克街斜穿过照片。右侧是胜利公园,在那里可以看见1944年底开工建造的地下防空洞。这座铁路枢纽站也是白俄罗斯第1方面军(右侧)与乌克兰第1方面军(左侧)的作战分界线。

左图:红军步兵沿柏林街道迅速前进,这张照片可能是为宣传摆拍的。在开阔地运动的速度要快,否则很容易沦为狙击手的目标。交战持续的时间越长,红军指挥员就越焦急,不断催促麾下部队尽快攻往国会大厦。

总算到达哈勒舍斯门和兰德韦尔运河。亨泽勒率领部下打算跨过贝勒联盟桥,却被希特勒青年团一名独臂领导人拦下,他不让他们过桥,怀疑亨泽勒一行是"赛德利茨的部队"。亨泽勒劝说对方不要开枪,最后获准过桥,穿过部署在对岸的防坦克街垒。亨泽勒随后率领部下赶往贝勒联盟广场,在那里遇到"诺德兰"师师部传令兵,他命令亨泽勒的连队去威廉大街的帝国航空部。柏林西部地区,伊卢姆的突击连和工兵排待在一起,他们也接到命令,离开施潘道附近的阵地,撤往市中心找各自的指挥部报到[125]。

亨泽勒和部下艰难地踏上威廉大街,俄国人的炮火此刻没有落下,但前几天的猛烈炮击造成的破坏一目了然。到处是燃烧的建筑、烟雾、废墟、落下

红军喷火器小组在柏林摆拍的照片,但很准确。左侧的士兵配备ROKS-3喷火器,右侧的士兵似乎穿着棕褐色或棕绿色制式连体迷彩服,外套防弹衣。红军使用喷火器把德国守军逐出建筑。待德国兵逃出起火的房屋,会被埋伏在周围的红军步兵班击毙。

从损毁的贝勒联盟广场南望快铁铁路线和兰德韦尔运河。武装党卫队的丹麦、拉脱维亚志愿者,与红军近卫第8集团军辖内部队在此处激战。崔可夫的部队渡过兰德韦尔运河,沿北岸战斗,企图控制攻入政府区的进军路线。

的电线,亨泽勒和部下非常谨慎,这场跋涉很费时间。帝国航空部完好无损,各部队的军官和士兵在这里毫无意义地跑来跑去。亨泽勒带着部下上楼,楼上好歹没那么混乱。数日来,他们首次得到休息,还吃了点煮熟的火腿。稍事休息后,亨泽勒动身去找营指挥所,据说就在大楼地下室内。穿过长长的走廊,他在某个房间里见到营长和参谋人员喝得酩酊大醉。二级突击队大队长福斯手里拎着一瓶烈酒,一名空军女秘书坐在他膝盖上。亨泽勒对福斯的所作所为和接下来的话震惊不已。福斯大声说道:"老伙计,您能平安到来真让人高兴!过来,给自己倒杯酒,用不了24小时一切都要结束了,趁还有时间喝点吧!"[126]亨泽勒谢过营长,和营部人员安顿下来,还仔细查看了现场。营长显然把先前派去掩护哈弗尔河畔渡场的所有工兵排排长召了回来,可能是遵照旅队长克鲁肯贝格的命令行事。党卫队第11工兵营另外几名连长也到了,连长吉尔迪施告诉亨泽勒,他赶到施潘道区几座桥梁,一直守在那里,克鲁肯贝格接替齐格勒后,他才得知突围计划取消了,随后率领部下返回市中心[127]。

"诺德兰"师工兵营营部弥漫着绝望的气氛,每个人都在讨论,一旦市区陷落该用什么法子自杀,无论如何不能落入俄国人手里当俘虏。亨泽勒倒没寻思自杀的手段,但他喝得醉醺醺的,情绪异常低落,他也认为最后时刻到来的话就该自杀。他昏头昏脑地在帝国航空部庞大的地下室里逛了一圈,发现整个地下室满是末日到来前最后一次搞艳遇的人:"这里有很多酒,根本喝不完,每个人都喝得酩酊大醉。某个房间里,几名士兵站在桌上高唱传统的行军歌曲,另一个房间里,留声机播放着磨损严重的爵士乐唱片。到处都能见到一对对男女在沙发上或角落处交媾,全然无视旁边的人。"[128]

19点前后,一名空军上尉从通信处跑入地下室,挥着手里的电报大声喊道:"文克集团军正攻往柏林!我们只要再坚守24小时!文克集团军来了!"[129]听到这个消息,刚才还在醉酒状态下依照本能行事的人都很振奋。有人大声下达命令:"各作战指挥部各就各位!"众人忙碌起来,亨泽勒跌跌撞撞地爬到楼上,跟自己的部下睡了一夜[130]。

拂晓时,崔可夫的炮兵朝兰德韦尔运河几处重要渡口开炮,包括贝勒联盟桥,他们还炮击了哈勒舍斯门疑似的德军阵地。这场炮火准备是近卫步兵第29军发起突击的前奏,该军目前等在巴鲁特街出发阵地内。上午11点,朔

1939年,沿威廉大街南望的帝国航空部。这栋建筑一直控制在德军手里,守军坚守到最后一刻才投降。外面的战斗肆虐时,楼内的军人和文员毫无军纪,一个个喝得酩酊大醉。

科特布斯门,巴赫曼战斗群奉命开赴这里守卫兰德韦尔运河渡口和政府区东部接近地。注意快铁高架铁轨居高临下的位置。这张照片摄于2005年4月。

勒斯等人沿王子街渡口据守的阵地东面,一群士兵惊慌失措地逃过桥梁。有人看见,各指挥部的人民冲锋队、陆军、空军军官冒着红军重新发起的炮击撤离诺伊克尔恩和滕佩尔霍夫,甚至包括少校和更高军衔的军官。他们是昨日防御战的最后一批守军,先前躲在废墟里,现在终于瞅准机会突围到兰德韦尔运河北岸。

朔勒斯发现这些士兵似乎彻底丧失了斗志,一个个绝望至极,他们丢掉武器,要么就是从"诺德兰"师阵地旁通过时把武器交给该师官兵。大部分溃兵可能隶属"明歇贝格"装甲师,穆默特少将赶到,总算让桥梁周围的士兵平静下来。由于崔可夫的部队沿兰德韦尔运河南岸逼近，朔勒斯那支部队削弱了哈勒舍斯门附近的阵地，派一个包括突击预备队通信连在内的小股战斗群赶去加强王子街地域[131]。

红军炮兵猛轰兰德韦尔运河北岸之际，步兵第9军的侦察兵穿过奥拉宁街，在挪威志愿者与丹麦志愿者的阵地间渗透，12点到达夏洛滕街。红军侦察兵巧妙地绕过丹麦人的前哨阵地，进入他们沿兰德韦尔运河构设的主防线后方。巴赫曼战斗群奉命赶去封闭缺口，但养老院市场与哈勒舍斯门之间显然没有强有力的德军部队。

俄国人企图以大胆的突袭攻往帝国总理府，采用了战争期间双方经常使用的欺骗手段。一支T-34/85坦克纵队担任先遣力量，俄国人把两辆缴获的捷克造38t坦克部署在队伍最前方，坦克炮塔上喷涂了反万字徽标。他们的任务是假扮德国人，兵不血刃地穿过德军防御阵地。这支坦克纵队驶入德军防线，德国人立马识破对方的花招，"诺德兰"师担任预备队的几辆三号突击炮迅速击毁所有敌坦克，至少俘获一个坦克车组[132]。

俄国人渗入Z防区中心，出现在离帝国总理府这么近的地方，引发元首暗堡严重关切。蒙克接到报告，立即命令炸毁兰德韦尔运河上的桥梁。他还下令从蒂尔加滕调来几门105毫米中型火炮，一门部署在宪兵广场，掩护贝勒联盟广场，另一门部署在巴黎广场，掩护菩提树下宫殿，还有一门部署在莱比锡街，瞄准养老院市场重要的十字路口。每门火炮只有12发炮弹，以直瞄射击打光炮弹后，炮组人员奉命作为步兵投入战斗[133]。

当天下午，按照侦察员的报告，步兵第9军强击群沿夏洛滕街前进。崔可夫的部队在几个街区外，沿兰德韦尔运河南岸展开行动，对突击第5集团军步兵第9军的动向一无所知，更谈不上作战协同。

哈勒舍斯门右侧的桥梁要求立即炸毁，蒙克派遣的党卫队工兵赶往哈勒舍斯门，在桥上布线，准备实施爆破。朔勒斯分队奉命从当前阵地撤回贝勒联盟广场，新任务是坚守这处重要路口，可他们只有几挺机枪，没有反坦克炮，也没有坦克支援。执行爆破作业的党卫队工兵，只把桥梁炸塌一部分。爆破激起的尘埃消散后，桥梁残余的部分足以让俄国人的坦克继续通过。党卫队第24"丹麦"装甲掷弹兵团另一股残部还没有分配新防御阵地，他们在该团第11

连连长，三级突击队中队长德克森率领下开抵哈勒舍斯门。

德克森立即召集志愿者，沿吉茨希讷街赶往贝勒联盟桥左右两侧。党卫队工兵先前仓促的爆破惊动了俄国人，他们向前冲去，企图在德国人炸毁更多桥梁前让坦克渡过运河。T-34/85坦克驶到运河畔，朝桥对面疑似的德军阵地开炮，打死打伤"诺德兰"师守在阵地内的官兵。14点30分，第一批红军坦克渡过兰德韦尔运河进入哈勒舍斯门，这股力量可能隶属崔可夫麾下的近卫坦克第44旅。

德克森率领部下从废墟中发起反冲击，用"铁拳"击毁一辆T-34/85，暂时挡住敌坦克继续驶过桥梁。红军步兵第9军的步兵从夏洛滕街向西攻击前进，占领挪威、丹麦志愿者防御阵地后方几个街区，迫使他们弃守贝勒联盟广场的防御阵地。朔勒斯分队穿过地铁隧道撤往北面，只盼避免与俄国人交火，其他德军部队被迫退往西面的安哈尔特火车站。

红军炮兵发射的炮弹、航空兵投掷的炸弹在街上炸出一个个硕大的弹坑，地铁隧道暴露在外。红军士兵潜入地铁系统，准备在隧道内伏击朔勒斯分队和其他德军部队。黄昏时，双方在隧道里用手榴弹和自动武器展开近距离战斗。朔勒斯的部下发现，仅凭30人很难守住从贝勒联盟广场到科赫街的地铁线。传令兵把一份份情况危急的报告送到克鲁肯贝格设在施塔特米特地铁站的师部，这些报告促使克鲁肯贝格重新组织该地区的防御。三级突击队中队长克里斯滕森立即出任腓特烈大街战斗指挥官，他在科赫街地铁站设立指挥所，准备守卫这片地区，阻止步兵第9军继续前进[134]。

近卫第8集团军和近卫坦克第1集团军合兵一处，沿兰德韦尔运河南岸占据东起诺伊克尔恩、西至动物园防空炮塔的大片地区。崔可夫麾下每个军都受领了各自的任务，赶去加强他们的既占地域。近卫步兵第39师彻夜激战，竭力守住他们在兰德韦尔运河附近夺取的几座工厂。第二天早上，该师发现他们几乎就在安哈尔特火车站对面，于是迅速攻往西北面的舍讷贝格桥，企图尽快夺取运河渡口[135]。他们与第28集团军步兵第61师展开竞赛，该师奉雷巴尔科的命令攻往安哈尔特火车站。

当日昼间，崔可夫的部下已深入白俄罗斯第1方面军与乌克兰第1方面军作战分界线西面。他们挡住科涅夫麾下近卫第3坦克军攻往国会大厦的进军路线，所有战时文件表明，崔可夫没有向乌克兰第1方面军通报这场机动。城市作战行动中这种危险的情况，当日晚些时候造成严重的误击友军事件，当时，雷巴尔科的部队正在进攻安哈尔特火车站。

近卫步兵第39师南面，德国守军以猛烈的机枪火力扫射红军阵地。德国人守在海因里希·冯·克莱斯特公园对面一栋多层建筑内。猛烈的机枪火力控制了货运场，崔可夫的步兵穿过货运场赶往西面。他决心消灭德军这处阵地，于是命令配备喷火器的工兵第41旅肃清德国守军[136]。战斗沿步兵第61师进军路线展开，明显超出两个方面军的作战分界线。

红军以喷火器打击德国守军，这场行动不仅艰难，而且没起到什么效果，尤其是因为德国人守在楼房高处。红军工兵企图用喷火器在楼房地下室纵火，把楼上的守军熏出来，可这番努力收效甚微，因为守军撤入地下室继续顽抗。红军步兵投入战斗，和工兵一同冲入底楼。他们随后攻入地下室，把喷火器当作直射武器使用，迫使守军爬出窗户逃到街上，守在外面的红军士兵再把他们逐一射杀。

西面，近卫坦克第1集团军的坦克前出到动物园防空炮塔周边地域，以直射火力轰击炮塔各扇窗户，但没起到什么效果。动物园防空炮塔上的双联装128毫米高射炮，炮管无法压低到打击敌坦克的程度，于是炮塔指挥官派反坦克小组出去消灭敌坦克。虽说这些分队没遭到直接打击，但很快被雷巴尔科机械化第9军、步兵第61师辖内部队隔断。

南部地区

崔可夫知道乌克兰第1方面军辖内部队在他西面推进，只是不清楚对方的确切位置。他遵照朱可夫的指示，命令部队继续向西。舒加耶夫中将①的近卫步兵第28军辖内各师，前一天在滕佩尔霍夫机场西南面渡过泰尔托运河。近卫步兵第39师居中，近卫步兵第79师在最右侧，近卫步兵第88师居左。近卫步兵第266团担任近卫步兵第88师先遣部队。以下这篇记述，介绍了该团越过马里

---

① 舒加耶夫少将是近卫步兵第47师师长，近卫步兵第28军军长是雷若夫中将。

"柏林"装甲连一辆黑豹D型坦克半埋在固定阵地,此处位于俾斯麦街、皇宫街、苏亚雷斯街街角。黑豹炮塔面朝正东面的俾斯麦街,被若干发炮弹击中。红军竖立的路牌上写着"通往波茨坦高速公路"。

恩赫厄公园高地,攻往快铁南站的战斗经历:

近卫步兵第266团是近卫步兵第28军率先攻入柏林的首批兵团和部队之一,参加了激烈而又光荣的巷战。全团指战员在战斗中展现出极大的勇气和英雄主义。以下是近卫军大尉雷巴尔科领导的一场战斗。该营受领的任务是渡过泰尔托运河,把德国人驱离俯瞰运河的高地,攻往快铁南站,而后在那里掘壕据守。

营长雷巴尔科命令第7连连长巴巴耶夫近卫军上尉,率领他的连强渡运河,确保全营顺利渡河后夺取高地。步兵第7连的渡河行动,获得营里其他分队火力支援。连长命令万尤申少尉的步兵排分成若干五人小组过河,每个小组都要任命小组长。万尤申少尉率领全排迅速出发,行动迟缓肯定不行,因为德国人不仅实施爆破,还纵火焚烧桥梁……随时可能坍塌。万尤申排里一个个小组冲过半毁的桥梁,没理会猛烈的火焰和敌人密集的步枪、机枪火力,步兵第7连随后冲过桥梁,到达运河对岸,登上山坡冲向高地,德国人在山坡上挖了道堑壕。红军战士跳入堑壕,以白刃战消灭希特勒分子一个排,而后据守堑壕，掩护全营顺利过河。该营随后面临的任务是夺取快铁南站，在那里就地据守。全营随即分成若干强击群，冲击快铁车站。

敌人依托铁路街上几栋建筑顽强抵抗，射来密集的机枪火力，还发射了"铁拳"。不肃清盘踞在建筑内的敌人，全营就无法前进。

近卫军上尉巴巴耶夫指挥的强击群封锁两栋建筑，朝里面投掷手榴弹，还发射了"铁拳"，万尤申少尉排里的战士随后冲入楼内。他们击毙10个希特勒分子，俘虏20人，全营得以继续攻往快铁站。他们赶往车站，在那里掘壕据守，30分钟后，敌人从威廉大街发起反冲击攻往营左翼，攻往帕克街的营正面，还攻往雷布利克街的营右翼。

该营击退敌人从正面发起的反冲击，万尤申少尉的排击退从右翼而来的敌人。左翼，格拉德科夫上士率领侦察员和传令员击退敌人的反冲击。

总之，敌人这场反冲击投入三股力量，兵力多达一个营。4月26日傍晚，该营还克服个别敌群体的持续抵抗，随后转入进攻，直扑普里斯特贝格车站。[137]

该团位于崔可夫近卫第8集团军最西翼。要是崔可夫以为自己能把乌克兰第1方面军辖内部队挡在兰德韦尔运河南面那么远的地方，那他就错了。

雷巴尔科的近卫坦克第3集团军，准备发动进攻跨过快铁内环防御圈，这条环形防线从西十字车站一路延伸到市区西南部的舍讷贝格快铁站。雷巴尔科的坦克兵团，获得卢钦斯基第28集团军步兵力量加强，充分说明科涅夫兵力不足，也证明市区的战斗相当激烈[138]。步兵第20师加强近卫坦克第6军，近卫步兵第48师加强机械化第9军，两个师都调自步兵第20军。位于机械化第9军右翼的是步兵第128军编成内的步兵第61师。步兵第128军辖内的步兵第152、第150师①部署在机械化第9军东南面，受领的任务是待雷巴尔科集团军攻往兰德韦尔运河，就在他们右翼后方向北攻击前进。这些步兵师，每个师兵力4000人，各战斗营的总兵力约为3000人。三分之一人员配备冲锋枪，其他人配备制式半

---

① 第130师。

自动步枪，支援武器和车辆很多。步兵第61师在战斗中发挥了重要作用，表19列出该师的状况：

表19：1945年4月20日、4月30日的人员和装备		
	4月20日	4月30日
人员		
指挥员	576	587
军士	966	879
士兵	2720	2588
合计	4262	4054
马匹	726	832
步枪（各种型号）	1716	1969
冲锋枪（各种型号）	966	928
机枪		
手提式机枪	60	81
班组机枪	25	22
高射机枪	12	13
迫击炮		
120毫米	10	8
82毫米	28	22
火炮		
122毫米	12	12
76毫米（师属）	17/11	19/11
76毫米（团属）	7	5
45毫米	17	14
反坦克武器①	8	7
汽车（各种类型）	129	154
坦克（各种型号）	—	—
布雷车	—	—
高射炮	—	—

有趣的是，该师在柏林城内的战斗中显然伤亡数百人，但这段时间他们很可能获得补充兵，所以难以确定他们准确的伤亡率。

德军第51装甲掷弹兵团在雷巴尔科部队前方实施战斗后撤，穿过施马根

---

① 原文写的是Anti-tank missiles，可能是反坦克火箭筒之类的武器。

多夫,随后在城市快铁内环防线后方撤往维尔默斯多夫区的柏林街[139]。他们被近卫坦克第6军和步兵第20师逼退,而在右侧,机械化第9军和步兵第61师几乎没遭遇抵抗,夺得维尔默斯多夫快铁站、因斯布鲁克广场快铁站、舍讷贝格快铁站,顺利攻入舍讷贝格区。近卫坦克第7军沿霍亨索伦路和教练汽车道两侧发动进攻,德军第30装甲掷弹兵团昨日在此处发起反冲击,企图与第20装甲掷弹兵师取得联系。这种情况下,雷巴尔科的部队决定展开夜间渗透,预先不实施炮火准备。为适应当前艰巨的战术环境,科涅夫麾下的指挥员展现出创新精神。

夜间,红军步兵渗透,对第30装甲掷弹兵团第2营阵地和阿尔诺·彭钦的炮兵连发起冲击。守军觉察到自己的处境岌岌可危,不由得陷入恐慌。虽说他们很快肃清对方的初期渗透,但红军步兵继续穿过小街小巷和废墟瓦砾,寻找抵抗较小的新路线。拂晓时,德国守军发现自己陷入包围,连接动物园掩蔽部的电话线也断了。5辆T-34坦克驶上霍亨索伦路,但德军步兵用"铁拳"击毁3辆敌坦克,暂时挡住对方的前进。陷入包围的守军打算下午晚些时候突围,撤往哈伦湖快铁站附近的德军战线。

17点,1000名德国守军带着平民百姓逃离不断前进的近卫坦克第7军,穿过小街小巷撤往北面。俄国人发现守军企图突围,立即发动一连串进攻,阻止彭钦这群官兵逃回德军主防线。哈伦湖附近,两辆T-34坦克朝大群士兵和平民百姓开火,一时间引发恐慌。几名装甲掷弹兵穿过废墟瓦砾,用"铁拳"干掉敌坦克。俄国人随后前调76毫米反坦克炮,掩护红军步兵高呼"乌拉"发起的猛烈冲击。德军后卫在废墟内展开近战,竭力阻挡红军步兵的突击,掩护其他军民后撤,几小时后,大批德国官兵和平民总算撤到哈伦湖快铁站。

党卫队一级小队长克尔纳和三级突击队中队长施罗德驾驶他们的虎王坦克,在选帝侯路和哈伦湖快铁站占据阵地,就在科涅夫不断前进的近卫坦克第7军对面[140]。Z防区接到报告,说俄国人即将从西南面发动新的进攻,于是把克尔纳和施罗德派到这片地区。两辆虎王为后撤中的德军官兵提供了必要的掩护,在此过程中击毁2辆T-34。平安撤回德军防线的装甲掷弹兵,在快铁内环防御圈后方占据阵地。另一些装甲增援力量离开Z防区赶往阿道夫·希特勒广场,掩护第18装甲掷弹兵师阵地北翼。蒙克还派2辆88毫米自行火炮赶来参加

1928年朝东南方拍摄的教练汽车道：（1）赛道；（2）教练汽车道；（3）施马根多夫区；（4）格鲁讷瓦尔德区。此处是从西面进入柏林市中心的门户。近卫坦克第3集团军辖下的近卫坦克第7军，沿教练汽车道攻往这片地区，但被守军挡住。

西部地区的战斗[141]。官方记录里没提这些战车的具体型号，可能是第614重型坦克歼击连搭载88毫米火炮的"犀牛"坦克歼击车，也可能是神出鬼没的"大象"坦克歼击车。

4月27日，红军作战地图上划定的方面军作战分界线，从滕佩尔霍夫机场西面起，朝正北方延伸到安哈尔特火车站。科涅夫给雷巴尔科下达的指令很明确，近卫坦克第3集团军攻往柏林市中心，渡过兰德韦尔运河。近卫坦克第3集团军作战日志确认了进军路线。

日终前，近卫坦克第7军巩固既得战果，并为4月28日清晨的进攻加以准备。全军重新编组，4月28日凌晨3点进入出发阵地，作战目标如下：攻占黑尔街南部、埃希卡姆普，以便从西面攻入市中心，任务是夺取动物园。这场进攻由获得加强的近卫坦克第55旅、近卫摩托化步兵第23旅执行。

近卫坦克第6军和提供加强的步兵第20师发动进攻，越过快铁铁路线攻往东北方。该军左翼，近卫坦克第52旅组建了四个强击群，一路攻往霍亨索伦路快铁站，日终前"正为夺取车站遂行战斗"。近卫摩托化步兵第22旅、自行炮兵第1894团、近卫迫击炮兵第272团穿过近卫坦克第52旅打开的缺口，夜间继续攻入维尔默斯多夫。右翼，近卫坦克第51旅"顽强战斗后编为两个强击群"，沿库诺街体育场到哈瑙街一线发动进攻。他们摧毁若干路障，日终前夺得施马根多夫快铁站和快铁环线外几个街区。近卫坦克第53旅担任军预备队，把一个坦克营和一个摩托化步兵营集中在朔尔勒梅大道与波德比尔斯基大道交叉口的地铁站附近。另一个坦克营部署在军部附近。

机械化第9军和提供加强的步兵第48、第61师取得重大进展。该军辖内两个旅穿过舍讷贝格，沿波茨坦街攻击前进，还攻往安哈尔特火车站对面的兰德韦尔运河。他们与崔可夫麾下部队取得联系，双方都没料到这场会合。

机械化第70旅攻往快铁环线，进入舍讷贝格。4月27日，该旅的进攻情况如下：左侧，摩托化步兵第3营沿凯撒大道攻击前进；中路，摩托化步兵第2营沿劳费尔街和汉迪尔恩街进攻；右侧，摩托化步兵第1营沿弗雷格街和维兰德街攻击前进。19点30分，该旅跨过快铁铁路线，摩托化步兵第3营包围维尔默斯多夫快铁站。该旅彻夜进攻。

右翼，获得加强的机械化第69旅从阿尔布雷希特亲王街朝舍讷贝格、科洛嫩街快铁站总方向发动进攻，作战意图是沿波茨坦街向北攻击前进。机械化第69旅和自行炮兵第1507团、重型自行炮兵第383团第1连、喷火器第1营，编为三个强击群：

第1强击群——辖摩托化步兵第1营，3辆坦克，6辆SU-85坦克歼击车，轻型炮兵第202团1个营，迫击炮兵第616团第2营，近卫炮兵第1111旅第1营，炮兵第50旅1个营，炮兵第49旅1个营。

第2强击群——辖摩托化步兵第3营，2辆坦克，4辆SU-85坦克歼击车，轻型炮兵第202团1个营，迫击炮兵第616团第1营，炮兵第50旅1个营，炮兵第49旅1个营。

第3强击群——辖1个冲锋枪连，2辆坦克，2辆SU-85坦克歼击车，1个炮兵营，1个迫击炮兵连，炮兵第50旅1个营，炮兵第49旅1个营。

18点20分，该旅攻克舍讷贝格快铁站。他们在车站东面遇到白俄罗斯第1

方面军攻往西北面的步兵第66团。这场会师没有阻止机械化第69旅，该旅越过崔可夫近卫第8集团军辖内部队的进军路线，继续攻往东北面。20点30分，机械化第69旅全力攻往豪普特街与巴恩街交叉路口，在那里遭遇街垒和敌人强有力的抵抗。他们打垮当地守军，一举攻克科洛嫩街快铁站。该旅继续攻往东北方，午夜前后遇到近卫第8集团军的步兵第120团。两支攻击前进的作战部队都不知道附近有友军，深夜这场相遇很可能发生了误击事件。机械化第9军作战日志里简单地写道："解决了协同问题。"雷巴尔科和科涅夫无意停止前进，机械化第69旅接到命令，无论是否遇到白俄罗斯第1方面军辖内部队，都得继续进攻。科涅夫仍在大本营划定的作战分界线内行动，这条分界线允许他攻往波茨坦街和安哈尔特火车站。4月28日清晨7点，科涅夫终于收到他期望听到的报告："该旅……前出到兰德韦尔运河。"崔可夫硬着头皮致电朱可夫司令部，称科涅夫乌克兰第1方面军辖内部队刚刚隔断了近卫第8集团军沿兰德韦尔运河展开行动的部队。

西部地区

达维德·德拉贡斯基上校的近卫坦克第55旅，在近卫摩托化步兵第23旅支援下发动进攻，穿过柏林西部地区。该旅还获得1个火箭炮兵营、10辆JS-2坦克、1个ISU-152自行火炮连、2个炮兵旅加强。这股半独立作战力量肃清格鲁讷瓦尔德森林到哈弗尔河这片地区，朝鲁勒本方向攻往施普雷河，估计白俄罗斯第1方面军辖内部队就在那里。获得加强的近卫坦克第55旅动身出发，随即遭遇德军支援加托机场的高射炮连打击。德拉贡斯基赶紧召集航空兵对付这股敌人，他知道88毫米高射炮打击坦克的威力，不愿与这些致命的火炮正面对决。红军航空兵消灭敌高射炮连，近卫坦克第55旅继续前进，小心翼翼地穿过树林，傍晚前后到达林区北端，就在皮歇尔斯多夫桥南面[142]。德国人得知该旅到达此地，迅速派遣兵力加强防御。守卫该地区的是帝国劳役团将领德克尔指挥的帝国劳役团部队。德克尔的部下顽强抵抗，当天呈交希特勒的每日战事简报里提到这一点[143]。第18装甲掷弹兵师第18工兵营奉命增援在皮歇尔斯多夫桥坚守阵地的希特勒青年团。此时，德国人已无法取道万湖跨过哈弗尔河，东南方这条通道不复存在，因此，无论文克集团军开入柏林，还是城内守军朝城外

左图：三辆T-34/85坦克小心翼翼地穿过柏林的街道前进，可能隶属近卫坦克第7军近卫坦克第55旅。这张照片似乎是战役期间拍摄的，因为中间那辆坦克的车长看上去非常谨慎。另外，他的战车正面覆盖了很多伪装物。请注意，第三个油箱垂直地放在右侧两个油箱后面。远处的T-34/85坦克显然停了下来，没见到车上携带外置油桶，不清楚这辆坦克是不是被击毁了。远处的建筑似乎挨了几发直接命中的炮弹，可能是这些坦克发射的。

右图：战役期间，红军一支营级规模的T-34/85坦克部队停在柏林宽阔的街道上。红军坦克的作战教条，让他们沦为手持"铁拳"、埋伏在废墟中的德军步兵轻而易举的活靶，因为红军坦克经常在没有步兵支援的情况下独立行动。

突围，守住哈弗尔河上唯一的桥梁至关重要[144]。

日终前，加托和施潘道区终于落入白俄罗斯第1方面军第47集团军手里。近卫坦克第55旅消灭哈弗尔河东岸的德军高射炮连后不久，加托机场陷落。残存的机场守军逃往北面哈弗尔河畔最后一个渡口，在那里与逃离施潘道区的其他散兵游勇会合。德军溃兵彻夜逃往哈弗尔河渡口之际，施潘道区的战斗仍在继续。阿尔特纳的希特勒青年团战斗群穿过火焰照亮的各条街道，路上满是军人、妇女、孩子烧焦的尸体，这番经历让许多年轻小伙毕生难忘。柏林各条街道上，德军自相残杀的事件时有发生，阿尔特纳亲眼见到一个德军机枪组朝疑似的敌人开火，一辆喷火坦克随后嗖嗖喷出大股烈焰，火焰照亮周边建筑，惨叫声在街上响起。但机枪组和喷火坦克打击的不是前进中的红军士兵，而是后撤的德国兵。黑黢黢的街道上，寻找德军防线非常危险，因为此时的战斗早已超出大部分官兵身心耐力的极限，黑暗中移动的一切东西都有可能是敌人，结果他们死在自己人手里[145]。

几股陷入包围的德军在施潘道区继续抵抗。德国空军的加利西亚小伙在国家政治教育学校（纳波拉）和警察大院坚守了一段时间，很可能在那里战斗到死，因为这些小伙知道，一旦落入俄国人手里，会被冠以"祖国叛徒"的罪名当场处决。还有些希特勒青年团员撤入施潘道城堡，一直抵抗到战役结束，具体数字不明。

日终前，红军第47集团军停止了朝柏林市区的推进，眼下的重点是沿哈弗尔河西岸加强对柏林西部地区的控制。此举实属无奈，因为他们没有足够的兵力突破到河东岸，希特勒青年团沿南面的渡口实施强有力的抵抗。哈弗尔河对岸，机械化第1军编成内的机械化第35旅，在波兰工兵协助下，从北面率先渡过施普雷河，前出到亚历山大兵营对面的鲁勒本赛马场，没遭遇激烈抵抗[146]。

二等兵曼弗雷德·冯·德尔·海特所在的部队接到命令，重新部署到歌剧院地铁站。为执行这场调动，海特和一名司机奉命去凯撒路的口粮仓库领取油脂、面包、香肠，带上补给物资回新阵地归队。上午晚些时候，他们带着领

乌克兰姑娘热情迎接近卫坦克第2集团军机械化第1军辖内部队，她们是被德国人押送到柏林的奴工。近处的坦克是租借法案提供的美制M4A2"谢尔曼"，配备新式M1A2火炮，装有炮口制退器。更大口径的火炮安装在新式T23炮塔上。停在远处街道上的两辆"谢尔曼"，搭载的是M1A1主炮，没有炮口制退器。背景处还能见到一辆SU-122自行火炮。

取的补给物资到达地铁站，海特见到的场面简直像疯人院："大批平民肩并肩蹲着、躺着，人数无从估计，一个个看上去眼神空洞，脸色苍白，瘦弱憔悴，身心俱疲。"看见那些母亲和孩子，海特揪心不已，把他私下里从后勤主管那里搞到的补给物资取出一些分给她们。可他的善意刺激了其他平民，他们冲上来哄抢海特给部队弄到的物资，迫使他警告这些人退后，否则他要开枪了。

海特的部队当天下午到达目的地。指挥人员找了节车厢安顿下来，根本不理会部下的食宿问题。海特立马决定找个机会开小差。前两天发生的事情压在他心头，但让他萌生开小差念头的完全是军官的冷漠，他决心投奔柏林西区他哥哥的住处。

北部地区

突击第3集团军步兵第79军穿过莫阿比特区继续攻击前进。该军在通往施普雷河和国会大厦的直线上，没获得支援，也没跟友邻部队保持联络，就这样一路向前。他们无意间进入柏林市区防御最薄弱的地段，前进路线直达此次战役每个红军指挥员都渴望夺取的桂冠。

突击第3集团军辖内另外几个军，巷战中的进展极为缓慢。近卫步兵第12军没能突破以格孙德布伦嫩快铁站和洪堡海因防空炮塔为标志的防御内围廊。东面，以腓特烈斯海因防空炮塔为标志的防御内围廊也有效挡住步兵第7军[147]。

红军步兵冲过去登上梯子，攀入柏林市中心运河上的一座桥梁。他们似乎带着电话线，准备设立通信联络。穿过柏林城内的废墟瓦砾不仅艰巨，还耗费时间，哪怕没面临德军防御火力也是如此。

红军开入柏林城内的ISU-122自行火炮。这些变款仍配备原先射速较低的A-19主炮。

4月28日，星期六

"昨日战事的焦点是柏林城内的战斗。我方官兵与所有身强体健的市民并肩奋战，英勇抵抗布尔什维克分子的大举进攻，不仅守卫每栋房屋，还以反冲击把敌人逐出市区的防御内围廊。我方部队「第9集团军」从菲尔斯滕瓦尔德以南地域发动进攻，深深楔入在柏林南面活动的布尔什维克分子翼侧，还切断敌人在巴鲁特—措森公路上的主要补给线。我们几个年轻的师「第12集团军」，满怀激情地从西面发动进攻，前出到贝利茨林地，在那里展开激烈战斗。

"布尔什维克分子从勃兰登堡和拉特诺发动的进攻均被击退，敌人损失惨重。奥拉宁堡两侧，布尔什维克分子渡过莱茵运河和霍亨索伦运河的企图以失败告终，损失惨重。但斯德丁西南方，俄国人得以攻往普伦茨劳。"[148]

——OKW公报

随着红军把德国守军逼入一个香蕉形口袋，柏林城内的抵抗越来越激烈。朱可夫的白俄罗斯第1方面军，遭遇的主要抵抗枢纽部依然是A、B防区内的腓特烈斯海因防空炮塔、亚历山大广场、警察总局，以及Z防区内的养老院市场、安哈尔特火车站、莱比锡广场。科涅夫近卫坦克第3集团军辖内各军逼近市中心，沿一条U形战线鏖战，这条战线从施特森塞桥起（这座桥梁通往皮歇尔斯多夫和西面的广播塔周边地区），穿过维尔默斯多夫区中心，直达安哈尔特火车站对面的兰德韦尔运河[149]。两位方面军司令员竭力驱使麾下部队继续前进，都想抢在对方之前到达国会大厦，而守军为争夺每一栋沦为废墟的建筑展开激烈战斗，坚信文克第12集团军正赶来救援他们。

当日清晨，德国人着手把第二批援兵空运到柏林。党卫队警察团第3营①400名全副武装的党卫队员，作为第3装甲集团军的组成部分驻守在奥得河前线。白俄罗斯第2方面军在普伦茨劳突破德军防线，德军各部队分阶段向西后撤，以免陷入包围。党卫队警察团到达雷希林的小米里茨湖畔，没过多久又

---

① 原文是III./SS-Polizei-Bataillon，不合逻辑。

接到命令,让他们做好部署到柏林的准备。为何选中这支部队空运到柏林,空运飞行又是谁组织的,不得而知。

这群党卫队员在米利茨机场集合,登上27架Ju-52运输机,作为援兵开赴柏林。飞机一架架起飞,向南飞往柏林,打算降落在蒂尔加滕的东西轴线上,因为空军人员知道,滕佩尔霍夫机场和加托机场已落入红军手里。飞机在夜色中起飞,飞行员很容易找到飞往柏林的航线,只要沿马克勃兰登堡一个个村庄往南飞即可,地面上那些燃烧的村庄清晰可辨。

此次空运的情况如何,或者说有多少架Ju-52平安到达,这方面的资料少之又少。据搭乘最后一架飞机的威廉·利奥波德说,只有他那架Ju-52平安降落,他和另外40名党卫队员在胜利纪念柱附近下了飞机。运输机随后装上伤员飞出柏林。利奥波德和党卫队警察团的其他人列队穿过蒂尔加滕赶往帝国总理府报到。他们当晚接到命令,去安哈尔特火车站与前几天空运到柏林的海军人员并肩作战。据利奥波德说,他们最终分配到安哈尔特快铁站街对面的阵地[150]。这是从城外进入柏林的最后一股援兵。红军情报部门发现这些飞机的动向,还记录在作战日志里,因为他们一直紧盯着进出柏林的所有飞机,对希特勒逃离首都的可能性保持警惕。

维斯瓦集团军群

第3装甲集团军的防线在普伦茨劳周围土崩瓦解,正利用一连串精心安排的阶段线向西撤退。白俄罗斯第2方面军在几个地段突破沃坦防线,隔绝了斯德丁,还直接穿过他们昨日在普伦茨劳附近打开的缺口。清晨4点发来的多份报告称,多达800辆敌坦克,沿25公里宽的缺口突破菲尔斯滕瓦尔德西面的德军防线[151]。海因里齐当日想方设法封闭防线上的缺口,元首暗堡几次打来电话,不断命令他发起反突击,可他不愿把自己的部下消耗在纯属浪费兵力的反突击中。海因里齐撤销了凯特尔、约德尔、克雷布斯昨日下达的命令,不再要求第7装甲师、第25装甲掷弹兵师向南攻往柏林。他打算以这两个师对攻往新施特雷利茨的白俄罗斯第2方面军发起打击,阻止敌人从那个方向包围第3装甲集团军。

海因里齐还得处理擅自弃守阵地、未经批准就后撤等行径一再造成的紧急情况，尤其是他从来就不信任的武装党卫队外籍部队。红军突破德国人的防线，许多外籍志愿者知道，他们很可能被俄国人俘虏，因而决心逃往西面，向西方盟军投降。海因里齐打电话给曼陀菲尔的司令部，命令他在瓦伦附近设立拦截线，"拦下'瓦隆人'师、'朗格马克'师、'诺德兰'师的非德裔党卫队员，这帮家伙正从新勃兰登堡逃往西面，他们成群结队，搭乘机动车辆，甚至列队而行，足有好几千人。可怕的灾难正在发生，您得采取一切措施，到明天早上，绝不允许任何一个党卫队员乘坐机动车辆向西逃窜！"[152]除了施泰纳，海因里齐、曼陀菲尔和他的下属指挥官一致同意维斯瓦集团军群残部必须撤往西面，以免重蹈第9集团军覆辙。这场后撤必须精心安排、协同一致、从容不迫，这样才能让所有德军作战部队和多达10万的难民做好向西撤退的准备。而党卫队部队擅自撤离，只是给防线造成缺口，还引发恐慌。

凯特尔不再相信维斯瓦集团军群用电台或电话汇报的情况，越来越怀疑海因里齐拒不执行命令。他离开指挥部，驱车找到施泰纳，这才得知先前命令的进攻为何没有实现。凯特尔在途中还发现，第5猎兵师和第7装甲师辖内部队的展开地域，维斯瓦集团军群昨晚的报告里只字没提[153]。海因里齐命令第7装甲师和第25装甲掷弹兵师，把所有可用部队部署到新施特雷利茨，沿翼侧打击红军的突破，以免维斯瓦集团军群辖内其他兵团陷入重围。另外几个师，例如第5猎兵师，也奉命变更部署。这些情况都没有准确呈报凯特尔或克雷布斯。海因里齐下达这些命令，实际上推翻了元首暗堡通过最高统帅部下达的指令，也就是以所有可用力量朝柏林发动救援进攻[154]。

凯特尔怒不可遏，立即要求与海因里齐、冯·曼陀菲尔会面，可以在他们其中一位的司令部，但凯特尔随后改了主意，提出在某个十字路口碰头[155]。凯特尔改变主意，可能是担心自己孤身去某个敢于公然违抗他命令的司令部会有危险。第3装甲集团军参谋长布克哈特·米勒-希勒布兰德少将下定决心，无论如何都得保护海因里齐和冯·曼陀菲尔，他觉得凯特尔可能会给他们冠以"叛变"的罪名。米勒-希勒布兰德战后接受采访时回忆道：

> 我知道此次会晤可能会造成灾难性结果，曼陀菲尔和海因里齐说不定会被当场逮捕，天知道会出什么事。我叫来副官和军需主任，我记得还有司令部

警卫连连长。我告诉他们,我觉得海因里齐和曼陀菲尔有危险。我命令他们几个带上冲锋枪,万一出事的话,当然我不知道究竟会出什么事,他们就得保护海因里齐和曼陀菲尔,不能让人逮捕他们,也不能出其他岔子……我还对他们说,无论发生什么情况都得保住海因里齐和曼陀菲尔,哪怕当场击毙凯特尔也在所不惜。海因里齐、曼陀菲尔面见凯特尔的时候,他们几个隐蔽在树林里。海因里齐和曼陀菲尔都不知道我做的安排。[156]

当天下午,凯特尔、海因里齐、曼陀菲尔在预先说好的十字路口会面。凯特尔厉声申斥海因里齐对第3装甲集团军防线的作战态势处置不当。他朝海因里齐吼道:"您为何要后撤!您奉命坚守奥得河!元首命令您守在那里!早就给您下过不得后撤的命令!"[157]海因里齐平静地答道:"仅凭手头的兵力守不住奥得河前线,我需要预备队。就手里这些部队,我们可能要撤到后方更远处。"[158]海因里齐随后请冯·曼陀菲尔汇报情况,曼陀菲尔简要介绍了麾下部队目前的状况,他说的一切都支持海因里齐的观点。凯特尔吼道:"我命令第3装甲集团军调转方向,返回原先的阵地继续坚守!"曼陀菲尔平静地答道:"第3装甲集团军听命于哈索·冯·曼陀菲尔将军!"无论凯特尔说些什么,都改变不了目前的局面。三人大吵一通,凯特尔转身离去[159]。

凯特尔当晚回到指挥部,跟约德尔商讨作战态势,还说了他跟海因里齐的谈话内容。凯特尔4月29日凌晨致电海因里齐,两人在电话里又吵了起来,相互指责对方胡乱干涉,缺乏军事判断力。凯特尔结束交谈时说道:"即刻起解除您维斯瓦集团军群司令的职务,您把工作移交给冯·曼陀菲尔将军,然后去普伦,加入高级将领预备役。"[160]集团军群参谋长冯·特罗塔也被解除职务。曼陀菲尔不肯接掌集团军群,凯特尔只好派库尔特·施图登特大将在战争最后几天担任维斯瓦集团军群司令[161]。施图登特到任后,听取了总体态势简报,没过多久,他就擅自离开司令部逃往西面。

维斯瓦集团军群在柏林战役中的使命就此结束。海因里齐启动了他构想的计划,意图坚守奥得河防线,直到西方盟军渡过易北河,赶在俄国人之前夺取柏林,以免首都遭受更大的破坏。尽管希特勒和德国最高统帅部横加干涉,但海因里齐还是在复杂的作战条件下,尽己所能地指挥了麾下部队。柏林现在遭到苏联红军直接攻击，第9集团军陷入重围，但正朝西面的第12集团军突围。虽说海因里齐无法阻止这两场灾难，但他总算挽救了第3装甲集团军。曼陀菲尔现在一门心思率领部下向西退却，他打算渡过易北河，那里是苏联红军与西方盟军的作战分界线。

第12集团军

第20军辖内三个主力师为发动进攻变更部署，这是一周内的第二次。他们即将攻往东北方的波茨坦。这番战术壮举是在不太有利的条件下准确完成的。"乌尔里希·冯·胡滕"师与维滕贝格城外的红军脱离接触，顺利部署到贝尔齐希西北面的集中地域。"沙恩霍斯特"师开入"乌尔里希·冯·胡滕"师左侧的集中地域，就在贝尔齐希东面。两个师迅速完成这番壮举，主要归功于昨日反突击期间，"沙恩霍斯特"师从俄国人手里夺回一段高速公路。"特奥多尔·克尔纳"师撤离特罗伊恩布里岑，转移到第20军东翼，掩护"沙恩霍斯特"师开拔后在南面腾出的地盘，同时准备攻往东北方，为即将到来的攻势提供翼侧掩护。

完成部署后，"乌尔里希·冯·胡滕"师、"沙恩霍斯特"师、"特奥多尔·克尔纳"4月28日傍晚发动联合进攻。除了第20军，贝尔齐希北面还有"费迪南德·冯·席尔"师和第1170突击炮旅的联合力量。他们完成动员后，直接向北开抵"乌尔里希·冯·胡滕"师左翼[162]。文克达成突然性，这场进攻大获成功。红军近卫机械化第6军受领的任务是包围波茨坦的德国军队，此时已过度拉伸。文克夜间发动的进攻把他们打得措手不及，迫使科涅夫这支兵团仓促后撤。

文克这场进攻，起初几乎没遭遇抵抗，但他们离波茨坦和柏林越近，红军的抵抗就越激烈。夜间，文克与雷曼的施普雷集团军级集群取得无线电联络。雷曼赶紧通知麾下将士救兵来了，激励部下的斗志，随后率领他们攻往东南方，沿湖区赶往卡普特，朝文克的战线而去。他的部下都害怕最终投降后落入俄国人手里，因而把文克视为救星。

某些著作称文克4月26日朝柏林发动进攻。之所以出现这种混淆视听的说法，是因为作者没掌握切实可靠的资料，过度相信了文克战后混乱的叙述，

红军配备步枪和机枪的战斗小组在柏林某条林荫道街角占据阵地。远处腾起的烟雾表明这张照片是在战斗中拍摄的。照片里能看见街对面几部损毁的车辆,左侧步兵右肩上方的街道中央还有辆坦克,型号不太确定,可能是一辆JS-2。

文克说他4月26日发动进攻,驱车18公里到达贝利茨[163]。问题是,第20军辖内任何一个兵团开抵贝利茨的路程都不会少于25公里。另外,"沙恩霍斯特"师、"乌尔里希·冯·胡滕"师这两个重要的作战兵团此时仍在南面,"乌尔里希·冯·胡滕"师远在40多公里外的维滕贝格[164]。事实是,文克按照原定计划,以"特奥多尔·克尔纳"师向东发动进攻,但被科涅夫的部队挡住。文克随后决定,麾下兵团突然变更部署后攻往东北方,解救波茨坦守军,同时以部分力量守卫东翼,务必坚持到第9集团军残部到达己方战线。

元首暗堡

元首暗堡里,希特勒不断询问各场救援进攻的状况。克雷布斯告诉凯特尔,希特勒认为接下来48小时没有援兵到来的话,一切都完了。这番话预示了希特勒4月30日的自杀。俄国人当日12点38分终于切断帝国总理府与外部的电话通信。元首暗堡现在只能靠广播塔的无线电通信,或是派传令兵传递命令和消息[165]。21点,帝国宣传部得知希姆莱通过瑞典的贝纳多特伯爵与西方国家媾和的消息。希特勒获悉此事后情绪低落,觉得抛弃自己的不光是戈林,还有希姆莱,他本以为希姆莱是自己最亲密的支持者之一。希特勒当晚迎娶埃娃·布劳恩,还把不明就里的纳粹党大区行政领导人兼人民冲锋队战士瓦尔特·瓦格纳请来主持婚礼,4月29日凌晨1点30分,婚礼仪式结束。没过多久,希特勒向女秘书口述遗嘱，指定海军元帅邓尼茨为继任者[166]。

东部地区

虽然柏林仍遭受围攻，但新任警备司令别尔扎林将军还是下达了以下命令：

根据红军最高统帅部下达的指令，柏林城内所有行政和政治权力由我掌握！

1. 解散NSDAP（国家社会主义德国工人党）和所有相关组织。

2. 政府各部门和党务办公室所有高级工作人员48小时内登记。

3. 恢复所有公共事业的工作。

4. 使用占领区货币。

5. 暂停银行所有金融业务，查封保险箱。

6. 72小时内把所有武器、弹药、无线电接收机、无线电发报机、照相机、汽车、汽油、润滑油上交地区指挥官。

7. 查封所有印刷厂。

22点到8点宵禁，继续实施灯火管制。批准教堂的宗教仪式、娱乐场所和餐厅经营到21点。[167]

这道日训令可能就连别尔扎林也觉得有些荒唐，因为激烈的战斗此时仍在施普雷河东岸到腓特烈斯海因防空炮塔一线肆虐。实际上，除了最外围几个地区，整个柏林几乎都在作战区域内，那里的居民似乎不太可能获悉红军警备司令部的公告。

别尔扎林以心理战解决眼下的困难局面。他派出双翼飞机，在自己的作战地带投下鲜艳的黄白色传单，要求守军无条件投降。据"明歇贝格"师某个老兵说，俄国人的卡车沿大街小巷来回行驶，用大喇叭呼吁守军赶紧放下武器[168]。这番劝降全然无效，守军继续抵抗，于是别尔扎林毫无顾忌地以直接战斗的方式解决问题。

近卫步兵第26军受领任务，从东面和东北面攻往亚历山大广场。该军奉命突破德国人设在亚历山大广场外的防御，攻入突击第3集团军步兵第7军作战地带。红军战线后方，京策尔的部队继续出击，从腓特烈斯海因防空炮塔穿过帕利萨登街打击红军部队[169]。4月29日发行的《装甲熊报》称,俄国人投入26辆T-34/85坦克,在该地区取得突破。这些坦克可能是独立坦克第11旅残余的战车。150名德军士兵从防空炮塔出击,击毁10辆敌坦克,迫使其他坦克仓促后撤[170]。

堡垒般的警察总局大楼位于亚历山大广场外,伫立在广场东侧,控制着东北面新国王街、东面兰茨贝格大道、东南面亚历山大街等接近地。德国人以猛烈的机枪、"铁拳"、轻武器火力扫射通往这座建筑的主要道路,守军是A、B防区调集的党卫队员、警察、希特勒青年团员、人民冲锋队员。不难想象,警察总局的高度和内设的通信处,让炮兵前进观察员得以召唤防空炮塔上的128毫米火炮打击附近的红军阵地。

这栋大楼和周边建筑控制着亚历山大广场,成为红军步兵第266师的主要目标,该师获得独立重型炮兵第322营加强。接下来24小时,对柏林警察总局大楼的近距离突击战一直在持续。生还的德国守军,就算有也寥寥无几[171]。红军以一个加强师冲击孤零零的一栋建筑,这种情况充分说明消灭城内一个支撑点是多么困难。红军战士的记述,揭示出争夺这座建筑的战斗有多激烈[172]。

近卫军中士I.佩先斯基参加了这场战斗,他所在的部队奉命占领附近某栋建筑,支援主要突击,佩先斯基写道:

一门重型203毫米B-4榴弹炮投入柏林城内的战斗。照片右侧能看见浓浓的黑烟。右下侧,一名红军战士似乎在掩护负伤的战友。

发起冲击前，连长巴拉布金上尉奉命夺取附近的建筑，德国人盘踞在里面，不停地扫射通往主建筑群的所有接近地。连长派我的机枪组掩护全连。为执行任务，我率领机枪组悄然潜入附近的建筑，在二楼窗台占据阵地，朝德国人盘踞的建筑开火。我们不仅以一挺脚架式机枪，还以几支突击步枪朝几个敌火力点射击。在此期间，巴拉布金上尉率领全连迅速夺得危险地段，冲入楼内。

我们连进入街对面的大楼，德国人朝我这挺机枪开火。我命令主射手孔德罗夫赶紧变换阵地，带上机枪去底楼。他刚刚执行我的命令，德国人发现了我们，大批敌人朝我们的机枪冲来。

等了几秒钟，我发出口令："开火！"

孔德罗夫在近距离用机枪扫射敌人，副射手舍皮洛和我端起突击步枪猛烈射击。法西斯分子四散奔逃，纷纷倒在我们的子弹下。[173]

近卫军少校斯特拉图洛特的记述，谈到他们如何以直射炮火炸开墙壁，打开通道进入德军复杂的防御阵地：

近卫军少校伊尔萨科夫的分队刚要对警察总局大楼发动进攻，密集的火力雨点般射向他们。铅和钢构成的弹幕来势汹汹，似乎要扼杀一切鲜活的生命。看来，我们的进攻刚刚开始就要戛然而止。值此关键时刻，支援我们营的炮兵营把一门榴弹炮推上街头。炮长列赫基赫近卫军上士是个共产党员。炮组人员冒着生命危险把火炮推入一片空地，近距离轰击警察总局大楼，与此同时，几挺脚架式机枪也开火射击，很快打哑了法西斯分子的火力。英勇的炮组射出一发发炮弹，射速丝毫未减弱。破碎的砖块、扭曲的横梁、泥土四散飞溅，把德国人埋在下面……

一分钟后，步兵站起身继续进攻。他们已绕开危险地段，此刻全速向前。一颗颗手榴弹投入门廊和窗户。片刻后，红军战士冲入大楼……

走廊里、楼梯上爆发白刃战。

监狱所在的中央街区附近，敌人在邻近地段实施的抵抗更激烈。这片庞大的街区很适合守卫整个警察总局大楼。从亚历山大广场通往大楼的所有接近地，都在敌人从街区射出的火力打击下。面对致命的火力，步兵根本无法站立，只能匍匐在地。

这时，副团长奥尔亚宾斯基近卫军少校来到我们营，下达任务后，他带着我和党组成员里亚博孔、莫罗佐夫去了几个炮兵连。我们跟党员和预备党员会面后，炮兵连连长、党员杰尔古诺夫近卫军上尉做出个勇敢的决定。他打算率领侦察分队队长、党员波波夫和另外两名战士，冲入监狱大楼窗户对面的建筑。一群"铁拳"射手盘踞在里面。这些英勇的指战员在随后的小规模战斗中消灭了敌人。杰尔古诺夫负伤，但他没离开火线。这位英勇的指挥员率领几名战士冲上三楼，从窗台朝监狱内的敌火力点开火。

近卫军上士列赫基赫的炮组抓住机会，把预先准备好的一门榴弹炮推上街道，开炮轰击监狱大楼，没过几分钟就消灭了阻挡我们前进的几个敌火力点，我方步兵再次投入进攻，这回冲入楼内。[174]

近卫军大尉M.达维多维奇率领了对警察总局堡垒的突击，他写道：

德国人在市中心守卫的环形防御圈越来越紧密。此时我们位于警察总局昏暗的残垣断壁处。这座建筑硕大的侧厅相互连接，里面有座监狱，庞大的附属建筑和竖井、庭院占据了亚历山大广场附近一整个街区。

我的连奉命进攻这些建筑，但大批敌人盘踞在某栋建筑的地下室里，以机枪和"铁拳"火力迫使我们停在进攻出发线。导致情况更加复杂的是，即便使用火炮，我们也无法到达建筑，更别说那里的地下室了……

进攻开始前不久，伊万诺夫上士跑来找我，请我拨给他三名战士，他打算率领他们消灭盘踞在地下室里的敌人。听完他的计划，我批准了……

伊万诺夫上士带着三名突击步枪兵穿过墙上的缺口，隐蔽到邻近的建筑内。过了一会儿，他们出现在废墟中，悄然爬向"铁拳"射手盘踞的建筑。警察总局大楼里的敌人发现了他们，立即开火射击，但这些英勇的战士继续向前爬去。他们离目标已经非常近。就在这时，伊万诺夫上士中弹负伤，他停了下来，用几分钟时间简单包扎了一下，随后用尽全力继续向前爬去……过了片刻，整个小组消失在一堵坍塌的墙壁后。

伊万诺夫忍着伤口的疼痛，率先站起身，把几枚手榴弹投入刚刚射出一串串机枪火力的地下室窗户。他身后的突击步枪兵塔布纽克、贡恰鲁克、叶夫

柏林城内损毁的"熊蜂"自行火炮,这款火炮使用三号或四号坦克底盘,装有150毫米sFH. 18/1主炮。据我们所知,第56装甲军没有哪支部队配备"熊蜂"。不清楚这辆战车隶属哪支部队,也不知道照片是在何处拍摄的,但从建筑设计风格看,可能是在政府区某个地方。

琴科也投出手榴弹。与此同时,他们穿过窗户冲入地下室,在近距离朝德国人射击。经过短暂的战斗,11个活着的希特勒分子放下武器举手投降。[175]

近卫军上士K.别克包的详细记述,充分说明在柏林城内进攻建筑物期间,各部队的协同非常困难:

> 我们冲击警察总局大楼,是夜间从几个方向遂行的。按照营长诺沃哈季科大尉的命令,我们连在阿尔费罗夫中尉率领下,率先赶往进攻出发线。几辆坦克熊熊燃烧,火焰照亮街道,德国人立即发现了冲过街道的我方战士,朝他们射去猛烈的机枪火力。尽管如此,连长还是率领10名战士穿过大门进入院落。连里其他人在西莫欣中尉带领下,以大楼周围的围栏为掩护匍匐前进,还朝各扇窗户投入一枚枚手榴弹。贡恰罗夫中士率先爬入大楼,西莫欣中尉和其他战士紧跟在他身后。一枚枚手榴弹爆炸后,突击步枪的射击声在楼内的房间和走廊上响起……
>
> 德国人撤到楼上,也有些人躲入地下室。他们在几间地下室的入口留下机枪手组成的后卫力量,我们连继续肃清大楼。突然,我们听见前方有人用俄语喊道:"德国人,德国人!"我们惊愕地停了下来,攥着手榴弹,端着突击步枪,随时准备战斗。西莫欣中尉喊道:"什么人?"

红军牵引式M1937式152毫米榴弹炮在柏林城内开炮。这款火炮是很有效的间接火力武器，主要发射杀伤弹，配备集团军属炮兵团。

我们听见对面有人喊道："自己人……阿尔费罗夫！"

是连长阿尔费罗夫和他率领的小组，他们设法从院内冲入大楼……

我们继续向前，没多久又遇到近卫军上尉巴拉布金的连队，他们从另一侧攻入大楼，比我们稍晚些。

营长诺沃哈季科大尉对我们说道："真了不起，同志们！你们完成了任务！"[176]

东南面，西里西亚快铁站的守军继续抵御红军一再发起的冲击。固定式88毫米火炮、黑豹G型坦克（可能仍部署在此处）、混编德军部队仍在抗击整个步兵第32军。

步兵第416师竭力攻往施普雷河北岸的木材市场街，在那里被德国人设在扬诺维茨高架桥快铁站的阵地挡住。调自亚历山大广场的人民冲锋队，从党卫队一级小队长维利·罗格曼手里接防阵地，在施普雷河这处渡场实施了强有力的抵抗。

中央地区

坦克第11军辖内部队悉数投入施普雷河西侧的战斗，只有坦克第36旅支援步兵消灭西里西亚快铁站。坦克第11军的步兵和坦克兵用几天时间加强兵力、实施侦察后,准备继续攻往国会大厦。他们早些时候以坦克和战斗工兵试探养老院市场,发现必须攻克这个重要的交叉路口,要么寻找其他通道,绕开此处的守军。

柏林城内的战斗中,坦克第11军的遭遇和其他红军兵团没什么不同,他们的步兵在逐屋逐房的巷战中损失惨重,坦克在各条遍地瓦砾的狭窄街道上也遭受重大损失。红军步兵与战车缺乏协同依然是个严重的问题。虽说某些情况下他们配合得不错,但大多数时候并非如此。为了在柏林城内更好地组织战车实施巷战,I.I.福舒克少将①下令组建"轻型突击群"[177]。以坦克第11军为例,一个轻型突击群相当于1个T-34/85中型坦克班、1—2辆JS-2重型坦克、1个配备冲锋枪的步兵排、1—2门高射炮、1—2门反坦克炮、1个战斗工兵班。红军对养老院市场的几次试探性进攻没取得什么战果,福舒克下达命令,下一轮进攻以新组建的轻型突击群遂行。

红军部队集中在养老院市场南面的赛德尔街。德国人在赛德尔街进入广场的出口构筑街垒,还派驻了守备部队。当日凌晨,红军工兵悄然爬到街垒,布设炸药炸毁这道障碍。T-34/85坦克等在街上,引擎保持运转。工兵爆破后,别尔德舍夫上尉率领这群坦克迅速驶入广场。他们在养老院市场内占据阵地,迅速以压制火力打击已知和疑似的德军阵地,与此同时,红军步兵也冲入打开的广场,占据一切可用的防御阵地。在坦克火力掩护下,红军步兵冲过广场,攻到北侧的下瓦尔街。他们控制了下瓦尔街出口,坦克和支援部队穿过敞开的广场一路向前。这场突如其来的协同进攻卓有成效,显然把德国守军打得措手不及,只有两个警觉的三号突击炮组企图与俄国人交火,但很快被对方击毁。

诸兵种合成部队提供的支援,让红军突破、肃清了广场。坦克第11军官方战史称:"柏林的巷战中,德国人以近战对付坦克的手段,尤其是使用'铁拳'和手榴弹,给我们遂行进攻的坦克造成重大损失。"[178]红军坦克兵找到各种简易附加防护,安装到炮塔和车身上。这些附加防护固定在焊接支架上,既

---

① 尤舒克少将。

废墟内,红军步兵班在 JS-2 坦克支援下前进,这张照片可能是摆拍的。柏林战役中,红军步兵和战车从来没能实现有效协同,导致坦克损失惨重。但部分指挥员反应过来,在没接到命令的情况下编组步兵和坦克,取得不错的效果。

坦克第 11 军坦克第 36 旅一辆 T-34/85,注意这辆战车没有安装抵御"铁拳"的屏障。坦克第 11 军从养老院市场起,一个街区沿一个街区遂行战斗,穿过市中心,沿菩提树下街一路挺进。为减少坦克损失,他们给战车安装了抵御"铁拳"的防护屏障。

有1.25毫米厚的钢板,也有3毫米网孔的铁丝网,与炮塔或车身保持15—20厘米间隔。此类附加防护对付"铁拳"很有效,但这些防御手段是在战斗中创造发明的,并非约定俗成的惯例。各部队根据手头现有材料和作战要求各显神通。红军的作战速度给此类措施的广泛使用造成限制。看看柏林战役的500来张照片就会发现,摄影师拍摄的坦克很多,但只有2辆部分安装了简易附加防护。每个军、师、团、营在柏林各条街道各自为战,除了他们负责的一两个街区,对其他地方的情况几乎一无所知。坦克第11军的行动表明,红军对大规模城市作战缺乏准备。各种应急手段很有必要,通常是渴望活下去的士兵在战术层面想出来的。此类简单而又巧妙的应急创新很好地满足了他们的需求,时至今日仍在沿用[179]。

坦克第11军辖内部队突破养老院市场,继续攻往西北面的豪斯沃格泰广场。要是各军配合得更好,坦克第11军本来能向西前进几个街区,利用养老院市场后方步兵第9军的进军通道,径直沿防御薄弱的莱比锡街攻击前进。坦克第11军先遣部队此时离帝国总理府、元首暗堡、阿道夫·希特勒还有8个街区。他们显然不知道自己所处的位置是多么重要。倘若步兵第9军与坦克第11

军合兵一处，本来能在一天内轻而易举地攻入政府区中心。

红军冲破北部几道街垒，部分步兵，可能还有些坦克，留在养老院市场北部接近地周围担任预备队。当日剩下的时间，一个个小股狙击组潜入废墟，让此地变得极为危险[180]。希特勒青年团员阿里贝特·舒尔茨早上走出地下室，夜间潜入附近某栋建筑的红军狙击手立即朝他开枪。舒尔茨和另外五个小伙奉命肃清那栋建筑。45分钟后，只有两名希特勒青年团员返回，另外几个送了命。敌狙击手不断开火，他们根本无法靠近对方的狙击阵地[181]。

舒尔茨对街上的杀戮和死亡已麻木不仁。他竭力忘掉昨日毙命的那个红军坦克兵，以及试图逼近敌狙击手时丧生的几名同伴。他唯一的反应是发觉自己的香烟抽完了，于是跟另外几个小伙找了辆卡车，趁红军炮击间歇驱车赶往重骑兵街一家雪茄铺，洗劫了店内商品，像英雄那样返回阵地。战斗间歇，他们静静地吸着烟。

塞弗特收到红军突破养老院市场的消息，命令阿尔贝特·利泽朗上尉率领一个突击群加强该地区的防御，该突击群由人民冲锋队员和海军中校库尔曼手下的部分水兵组成。利泽朗突击群在开阔地遭遇红军炮火打击，利泽朗负伤，突击群止步不前[182]。

步兵第9军在一个巨大的缺口部作战，右侧是养老院市场接近地，左侧是吉茨希讷街。他们沿中路进击，到达帝国总理府东面几个街区的夏洛滕街。该军竭力穿过迷宫般的小街小巷，企图迅速前进，通常会绕过德军阵地，而据守阵地的德国守军在他们身后发起猛烈的反冲击。俄国人逼近政府区，元首暗堡震惊不已，立即命令塞弗特或蒙克展开反冲击。

亨泽勒和部下奉命离开帝国航空部大楼，攻往莫里茨广场，击退步兵第9军。他的部下带上现有的弹药和"铁拳"，沿科赫街赶往耶路撒冷教堂，在那里沿奥拉宁街发动进攻。文克集团军赶来解救柏林的传言四起，亨泽勒的部下萌生新的希望，他们重新拼凑兵力，随即投入进攻。亨泽勒回忆道："几乎和以往一样，这场突如其来的反冲击完全出乎俄国人意料，把他们打得措手不及。"[183]亨泽勒率部下逐一克服敌军阵地。战斗中，他们跳过红军部署在小街里一门反坦克炮硕大的防盾，击毙三个大吃一惊的俄国人，红军炮组原本待在火炮后面静静地喝着罐头里的汤。街区内其他红军士兵惊慌失措地撤往莫里

从奥拉宁街东望劳西特广场和格尔利茨火车站,这张照片摄于20世纪20年代末。党卫队"丹麦"装甲掷弹兵团一部据守此处,抵御红军步兵第9军。

茨广场,在德国人原先的防坦克街垒后方占据防御阵地。亨泽勒派传令兵返回指挥部,询问新的作战命令。没过多久,30名水兵赶来增援。亨泽勒发现这些水兵有个特点,他们遵循德国海军的惯例,指挥官下达的每一道命令,水兵都要重复一遍,大多数围观的党卫队士兵对这种毫无意义的形式主义嗤之以鼻。

俄国人整顿了一番,随后沿奥拉宁街发起反冲击。亨泽勒和部下被迫沿指挥官街撤往北面,随后向东穿过一个街区,赶往施塔尔施赖伯街。亨泽勒发现路易森施塔德蒂舍尔教堂有个野战医院,里面满是伤兵,却没人照料他们。亨泽勒命令连里的卫生员留下来,尽量救助这些伤兵。没等俄国人的炮火雨点般袭向野战医院,亨泽勒就率领部下撤离教堂。留下来的卫生员,泪水夺眶而出,知道自己肯定要落入俄国人手里了,对大多数德国人来说,这是个可怕的结局,武装党卫队外籍志愿者的下场尤为悲惨。亨泽勒让他冷静下来,还告诉他戴上红十字袖章,待俄国人到来,就把这所野战医院交给他们。就在这时,亨泽勒一名部下急匆匆地跑过来,报告说有个会说德语的俄国人,刚刚在街上与附近某个德军士兵交谈。两人相距25米,俄国人朝德国兵示意,大家都摘掉钢盔以示善意,随后呼吁附近的守军放下武器,还喊道:"战争结束了,干嘛还要打下去?"守军不肯投降,两人返回各自的阵地,战斗重新爆发。

亨泽勒率领部下向北赶往养老院市场附近的新格林街和博伊特街,在防御阵地内过夜。后撤期间,连里的二级小队长阵亡,他是亨泽勒的好友[184]。亨泽勒发起反冲击后，步兵第9军右翼后撤，但在其他地方却继续前进。

当日昼间，步兵第301师第1050、第1052团夺得兰德韦尔运河畔的帝国专利局，声称在这处支撑点击毙80名守军，俘虏146人[185]。蒙克指挥的拉脱维亚党卫队员当天上午在这片地区占据阵地。相关资料称，当日昼

德军一辆Sdkfz 251半履带装甲车，停在柏林经历了激烈巷战的某条街道上，似乎被击毁或遗弃了。装甲车车身涂有三色伪装图案，但没有其他识别标志。

间，红军几支巡逻队企图渡过运河，拉脱维亚党卫队员在哈勒舍斯门的桥梁正对面激烈抵抗。拉脱维亚党卫队燧发枪手营第3连守卫吉茨希讷街上的帝国专利局，第2连在贝勒联盟广场占据后备阵地。拉脱维亚人在这里经历了最激烈的战斗。拉脱维亚党卫队燧发枪手营第2连连长爱德华兹·施陶埃尔斯在战斗中负伤，沃尔德马尔斯·莱温什接替他指挥拉脱维亚志愿者，直到战役结束[186]。下午晚些时候，"诺德兰"师一个战斗群开抵后发起反冲击，拉脱维亚人这才撤离。

诺伊克恩陷落两天后，党卫队分队长哈斯和部下仍坚守在魏克塞尔街。哈斯的部队编为战斗群，耐心等待传令兵送来上级的命令。可左等右等不见人来，于是哈斯派传令兵去找上级指挥部。传令兵很快返回，说原先驻有营指挥所的掩蔽部空无一人。营部人员可能没通知哈斯就转移了，也可能派了传令兵通知哈斯，但传令兵在途中遭遇不测。

俄国人昨日赶往兰德韦尔运河途中，绕过哈斯守卫的阵地。他们根本没有足够的兵力搜索或据守城内每一栋建筑，因而没发现哈斯和他的部下。崔可夫派近卫坦克第11军辖内部队在西北面强渡兰德韦尔运河，哈斯周围的激战声越来越响。他随即下定决心，率领部下向北穿过红军战线撤往Z防区。此时他还有60—70名部下，其他人在前几天的战斗中走散，要么就是开了小差。哈斯

战斗群悄然离开大楼，穿过附近几栋烧毁的建筑，赶往西北面的潘尼尔街。有个警惕的红军狙击手发现哈斯是这支德军分队的指挥官，于是朝他开了一枪，子弹击中哈斯的腿，其他人赶紧隐蔽起来[187]。

哈斯战斗群转身向南赶往韦泽街，发现附近的街道上，一辆德国救护车忙着把伤员送往南森街女修道院的急救医院。哈斯上了救护车，他的部下步行跟随。救护车开到女修道院，院长迎出来，告诉这群士兵，要想获得帮助就得脱掉军装。这是柏林城内大多数神职人员常见的要求，以免引来红军官兵报复。哈斯身旁一名伤兵朝院长喊道："我是个德国军人，绝不会脱掉身上的军装！"这句话激怒了哈斯，他厌倦了战斗，很想在女修道院里待到战役结束。救护车司机决定把车上的伤员送到动物园防空炮塔的主要医院，可能是因为大多数伤员都不愿听从女修道院院长的指示。

救护车奇迹般地穿过柏林市区，驶向红军战线后方的动物园防空炮塔。最直接的路线是沿科特布斯路驶往奥拉宁街，然后转入莱比锡街，穿过蒂尔加滕到达动物园。所有人都觉得这条路线肯定不安全，到处都在激战。可救护车司机不顾落在周围的炮弹和火箭弹，几次穿过战线，最终到达动物园，这是个惊人的壮举，但也说明城内的红军前线到处是缺口[188]。

在哈斯看来，动物园防空炮塔内的医院可怕至极："这所医院看上去像个屠宰场，伤员躺在血泊里，死去孩子的尸体就扔在地上。那些医生除了锯掉伤员的胳膊和腿，似乎什么也没做。有些锯下的腿丢在周围，几条腿上仍穿着军靴。我看见个女人，双腿截肢，怀里仍抱着个小小的孩子。"哈斯经历过多年战斗，这是他目睹过的最可怕的场面。接下来两天，他睡在这片屠宰场，经历了12天持续不断的激战，此处是他唯一能找到的避难所[189]。

崔可夫打算4月29日强渡兰德韦尔运河。此次进攻计划以小股"突击群"沿宽大的战线遂行，最大限度地使用火炮和火箭炮提供支援。他的部下已经在几处渡过运河，还设立了小型登陆场。崔可夫在回忆录里称，这场行动必须精心协调，因为北面的红军战士就在2200米外的蒂尔加滕对面。崔可夫的回忆录里没有提到，突击第5集团军在东北面几个街区战斗的步兵第9军正在靠拢，更没提与乌克兰第1方面军协同的问题，科涅夫麾下部队正准备发动进攻，穿过崔可夫的战线。

柏林市中心附近某处,一辆损毁的SU-85坦克歼击车。

从莱比锡广场沿萨尔兰街望向东南面的兰德韦尔运河,这张照片摄于20世纪30年代初:(1)新帝国总理府;(2)莱比锡广场;(3)航空部;(4)盖世太保总部;(5)欧罗巴大厦;(6)安哈尔特车站;(7)波茨坦车站和波茨坦广场。这片地区的争夺战异常激烈,面对德军的顽强抵抗,近卫第8集团军缓缓攻往新帝国总理府。

崔可夫当然知道科涅夫的部队正在靠近,因为雷巴尔科麾下的机械化第69旅彻夜战斗,早上已到达兰德韦尔运河。从近卫坦克第3集团军作战日志先前提到的几份报告看,雷巴尔科和崔可夫的部队昨日昼间和夜里几次发生冲突。雷巴尔科无疑把这些情况汇报给科涅夫,但科涅夫认为自己仍在大本营划定的作战分界线内行动,因而指示雷巴尔科继续前进。白俄罗斯第1方面军出现在安哈尔特火车站西面的一切部队,都违反了大本营的指示,进入他的作战地域。崔可夫执行朱可夫先前下达的指令,沿兰德韦尔运河攻往西北面,阻挡科涅夫继续前进,他的部下为此付出了代价。近卫第8集团军的将士,包括许多参加过斯大林格勒战役、在东线鏖战多年的老兵,强渡兰德韦尔运河时,友军突然从身后对他们发起打击。崔可夫发现科涅夫的部队从南面攻入他的作战编队,立即停止进攻。崔可夫在战后出版的回忆录中称,他的部下4月29日只是试探性地强渡运河,但德军老兵的记述表明,近卫第8集团军发起猛烈冲击,可这场进攻随后停止。近卫第8集团军遭受了损失,情况相当混乱。当日晚些时候,朱可夫和科涅夫相互指责,官司打到大本营。接下来,我们从各部队的角度详细阐述雷巴尔科与崔可夫这场冲突。

强渡兰德韦尔运河对近卫第8集团军绝非易事。威廉大街与哈勒舍斯门之间,唯一完好的桥梁是波茨坦桥,桥上挂了两枚航空水雷。德国人以机枪和"铁拳"火力控制整个桥段,该地区许多建筑获得加强,还筑有地下暗堡和掩蔽部。

例如,旅游事务部位于蒂尔皮茨街拐角,大楼下方有个很大的现代化地下室,地下室里的300张床位,供德国各地的孩子度假期间途经柏林时过夜。这里有电热供暖、空调、盥洗室、餐厅、用于应急照明的柴油发电机,还有医生的诊室和病童的隔离病房。这间地下室位于地下30节台阶,德国军方1943年接管此处,1944年把它扩建成强化掩蔽部,白天可容纳2000人,夜里能收留1000人过夜。通往街道的出入口安装了双扇钢门。

玛格丽特·普罗赫诺早些年在地下室当志愿者,现在全权负责行政事务,就连军官也得听她指挥。她回忆起4月25日首批红军坦克出现在对岸的情形,还讲述了上方地面随后爆发的战斗。3月底,两个人民冲锋队营进驻地下室,另一支军事部队一同到来,但玛格丽特直到战役后期才弄清楚他们的身份和来此的目的。红军4月17日实施首轮空袭后,柏林东郊负伤的妇女和孩子送入地下室照料。接下来几天,俄国人的炮弹落入市中心,更多伤员运到地下室。运河南侧的红军坦克,不停地朝蒂尔皮茨街上的房屋开炮。玛格丽特回忆道:

供水和电话通信彻底中断。我们有发电机,好歹还能发电。水流入房屋旁边的竖井,我们冒着炮火出去打水,用于烹饪和饮用。我们再也无法获得现成的饭菜,所以我用砖块砌了五个小小的炉灶。生命不断受到威胁,我们不得不冒着雨点般落下的炮火,在院子里用炉灶烹煮饭菜。4月初,运入地下室的食物有熏猪肉、香肠、油脂等，他们不许我碰这些食物，可我现在还能做些什么呢？有个狂热的军人威胁我，说我违抗命令的话，就把我送交军事法庭。我反驳道，这种威胁对我没用，最坏的情况无非是送命。

由于炮击持续不断，地下室部分坍塌，30人丧生，还有两个疯了，我们只好把他们关起来。日复一日，负伤的人越来越多。几个人民冲锋队连在波茨坦广场战斗，伤员送到我们这里。地下室现在成为战斗指挥部。幸亏我们还有些儿童床垫，就靠这些东西设立起一间小小的医院。这里根本没有摆放床架的空间，于是我们把床垫并排铺在地上。急救用品越来越少。医生不知疲倦地救治伤员，有些人伤势很重。激烈的战斗在周围肆虐，我们没办法处理死者，只好把尸体堆放在地下室某个房间里。我问自己："这种情况还要持续多久？"情况越来越难以为继。我恳请他们投降，却遭到疯狂的阻挠。地下室里的狂热气氛简直让人无法忍受。通风设施坏了，拥挤的人群和伤员身上散发出阵阵臭气。呻吟、呜咽、惨呼不绝于耳。谁都无能为力！炮弹不断落下，烟雾渗入地下室。

可怕的经历终于让我弄清地下室里那支神秘部队的身份。这支部队总是有不少人进进出出，似乎身负重大机密。有两个年迈、头发斑白、疲惫不堪的人民冲锋队员想逃离这处地狱，被逮住后判处死刑。我跟下达处决令的军官激烈争论了一通，想保住他俩的性命。这名军官就是那支神秘部队的指挥官，争论中他告诉我，他指挥的是"狼人"。他是个中校，名叫埃森贝格或类似什么名字。我深受打击！我热爱我们的陆军，为自己是军官的妻子深感自豪，也知道艰巨的任务意味着什么，可我厌恶狂热的极端手段。那名军官在我面前执行了死刑。[190]

这支"狼人"部队在地下室坚守到最后一刻。德国人投降后，有人发现那名中校死在地下室外面，头部遭到重击，没人知道是谁杀了他。

西起本德勒街，东到贝勒联盟广场，崔可夫打算沿2000米长的战线发动进攻。红军部队前一天实施了侦察，侦察兵奉命潜入通往兰德韦尔运河下方的隧道，尤其是从约克街编组车场通出的快铁隧道，以及从贝勒联盟街进入腓特烈大街的地铁隧道。红军侦察兵报告，这些隧道派不上什么用场，但崔可夫还

柏林战役期间，一具BM-31-12"斯大林管风琴"架设在租借法案提供的美制斯蒂贝克US6卡车上。滑轨上的火箭弹已射出，浓烟遮蔽了前方街道。照片两侧能看到红军士兵押着个别德军俘虏赶往后方，表明前方仍在战斗。

是命令他们组成小股分队穿过隧道，从后方袭扰德国人，牵制有可能抵御近卫第8集团军渡河的德军部队。崔可夫特别注重麾下部队的政治思想教育，把这项任务交给政治委员，因为他的部下持续不停地鏖战了两周，没人想在即将赢得胜利前送命。许多指战员很可能筋疲力尽，流露出身心俱疲的迹象。崔可夫在回忆录里指出，进攻开始前，他不得不加强各级部队的指挥控制。城市作战条件下的通信很困难，顺利传达、执行命令非常重要[191]。

凌晨时，近卫第8集团军的工程兵在哈勒舍斯门附近的兰德韦尔运河河段架设浮桥，把坦克运到对岸，加强那里的立足地。驻守该地区的法国党卫队员迅速组建了两支反坦克突击队，把他们派往贝勒联盟广场南面。"诺德兰"师辖内部队赶来掩护法国人左翼，阻止红军在贝勒联盟广场继续取得进展。"查理大帝"突击营发起一连串进攻或试探性进攻，击毁6辆敌坦克。当天下午，法国人被红军步兵第9军赶往北面的巡逻队隔断，他们决定对阵地以北地域展开侦察，与帝国总理府重新取得联系。有个名叫皮希隆的德国军士熟悉柏林，主动提出由他来率领巡逻队。他率领这支8人巡逻队拐过某个街角时，红军一门反坦克炮突然开火，击毙6人，另外2人身负重伤[192]。

当日晚些时候，法国志愿者撤离，沿黑德曼街占据一处阵地。他们左翼，"诺德兰"师辖内部队部署在腓特烈大街，安哈尔特火车站位于右侧。他们封锁了从贝勒联盟广场通出的三条主干道。这些法国志愿者对自己击毁红军坦克的能力抱有近乎浪漫的看法。几天前在诺伊克尔恩的战斗中，率领战斗训练学校预备队的韦伯少校，指着他独力击毁的一辆敌坦克对亨利·费内说道："是不是很美？"[193]

法国人发现，大批红军步兵占领了街对面某栋建筑，可能准备穿过黑德曼街发动进攻。有个名叫罗贝托的法国人，率领巡逻队钻进下水道，进入一连串纵横交错的通道，悄然潜入敌人占据的那栋建筑的地下室。他们放了把火，随即撤到伏击阵地，端起StG-44突击步枪瞄准出口。看见红军步兵从起火的楼房跑出来，法国人立即开火击毙他们。法国人还用手榴弹把楼内的敌人赶出来，随后把他们射杀在街头。这种打法与红军采用的战术如出一辙：巷战中的基本原则是把对手驱赶到露天处，然后从隐蔽阵地射杀他们，而不是直接冲入楼内。这种打法能最大限度地降低误击友军的事件。50多具俄国人的尸体倒在街上，红军坦克随后碾过尸体，对法国人的阵地发起攻击[194]。

贡纳尔·伊卢姆率领突击连和工兵排，赶到"诺德兰"师设在腓特烈大街法兰西街地铁站的师部。灯光昏暗的地下站台上，数千名士兵和平民（主要是妇女和孩子）漫无目的地四处游荡。伊卢姆朝停在轨道上的指挥车厢走去，这才得知克鲁肯贝格已取代齐格勒出任师长。一群军衔很高的武装党卫队军官聚在这里，全国副总指挥汉斯·于特纳也在其中，他是武装党卫队参谋长。这么多党卫队、武装党卫队领导人凑到一起，看来他们已着手策划以党卫队部队突出这座城市的计划[195]。

南面的科赫街地铁站，巴赫曼战斗群当天中午接到命令，要求他向南赶往哈勒舍斯门，肃清已渡过兰德韦尔运河的红军部队。巴赫曼战斗群昨天的任务是守卫科特布斯门，现在奉命调离。13点，巴赫曼率领100名部下动身出发，刚前进了100米，俄国人的迫击炮弹雨点般落下，巴赫曼战斗群4死13伤，三级突击队中队长巴赫曼也负了伤。这场进攻戛然而止，无人率领的战斗群进入腓特烈大街与普特卡默街拐角处的黑罗尔德保险大楼。这栋建筑严重受损，只剩底楼和二楼。楼内约有40—50名士兵，分别隶属朔勒斯战斗群、人民冲锋队、盖世太保、陆军部队。巴赫曼战斗群的生还者与他们合兵一处。

朔勒斯率领部下在损毁的楼房周围设立防线，"查理大帝"突击营的士兵守在他右翼的街对面。朔勒斯左侧是"诺德兰"师另一群士兵，由一个不知名的中士指挥，可能是昨日派去掩护王子街的突击队残部。朔勒斯和巴赫曼战斗群残部收到师部传令兵送来的消息，计划明日发起反冲击，新部队集中在北面。崔可夫的侦察兵和强击群昼间渗透到黑罗尔德保险大楼周围，离守军非常近，甚至无法使用迫击炮之类的重武器[196]。

伊卢姆和党卫队第24"丹麦"装甲掷弹兵团第16工兵排排长克里斯蒂安森接到命令，做好4月29日加入反冲击的准备，击退在贝勒联盟广场附近渡过兰德韦尔运河的红军部队。克里斯蒂安森工兵排受领的任务是肃清威廉大街，而伊卢姆突击连负责消灭从腓特烈大街到哈勒舍斯门的所有敌军部队。伊卢姆和克里斯蒂安森离开地铁站赶往自己的分队，为次日的作战行动下达了预先号令。

伊卢姆的部下等在附近，不少平民百姓排在"诺德兰"师装甲掷弹兵团的战地厨房车旁边，丹麦厨师和两个俄国志愿者伊万、彼得忙着给他们分发食物。战争临近结束时，许多德军部队，尤其是武装党卫队，仍有不少俄国志愿者帮着德国人从事各种保障勤务。伊卢姆下达预先号令，随后侦察进攻出发阵地，还找到两辆三号突击炮和一辆重型装甲侦察车，想请他们为进攻提供支援。这些突击炮归蒂姆指挥，但突击炮车长不肯参加进攻，可能是因为他们接到命令，为党卫队正在策划的突围行动保存实力，也可能仅仅是出于自保的缘故。

德军突击部队下午完成集结。伊卢姆和克里斯蒂安森为各自的战斗群拼凑起100来人。尽管数千名士兵在政府区周围的多座办公楼和地铁站游荡，但用于进攻的兵力少得可怜。伊卢姆把他的突击群编为五个战斗小组，每个小组获得一挺机枪支援。4月16日柏林战役打响时，伊卢姆投入战斗的连队，眼下只剩12人，突击群里的其他人来自师属各部门。例如，师里负责司法事务的军官现在投身前线，成为战斗小组指挥官，率领名叫兹鲁基和阿达梅克的两个匈牙利人，还有名叫齐普费尔和汉格尔的两个特兰西瓦尼亚人。伊卢姆和部下搭乘三辆卡车赶往集中地，看见为首的卡车上挂着他们的旧团旗。这面旗帜是当初在丹麦某个俱乐部制作的，1941年送到昔日的自由军。众人本以为这面旗帜遗失了，现在却看见它飘扬在卡车上。这群混编官兵明天就要投入进攻，进攻准备和飘扬的团旗振奋了他们低落的士气。卡车驶向法兰西街南面的出发阵地，这群战士高声唱起德国传统的祝酒歌"在容克的小酒馆里"，以及古老的军歌"现在开始血腥的战斗……"[197]

伊卢姆战斗小组到达出发阵地，随即派侦察巡逻队探明敌人的位置。巡逻队返回后报告，他们发现红军步兵和侦察兵前出到威廉大街和腓特烈大街。对方很可能是步兵第9军的步兵部队。伊卢姆的部下在某条废弃街道的废墟内安顿下来过夜[198]。各种传闻继续让筋疲力尽的守军抱有一线希望，有人说美国人正在赶来，还有人说文克和布塞会解救柏林。随后又有传言称希姆莱促成了德国与西方国家结盟。"诺德兰"师在波茨坦快铁站作战的一名老兵后来回忆道：

党卫队全国领袖希姆莱与西方盟军最高统帅艾森豪威尔取得联系的传言，把我们从机械、浑浑噩噩的防御战中唤醒，赋予我们新的希望和新的斗志。据说艾森豪威尔听取了希姆莱阐述的"赤色危险"后，意识到这种危险不仅对英国人和美国人，甚至对整个欧洲都构成同样严重的威胁。据传他们已经就红军到达柏林前，与德国携手对付布尔什维克主义的事宜达成一致。[199]

近卫步兵第29军①编成内的近卫步兵第39师做好最后的准备，当日上午打算在安哈尔特火车站附近强渡兰德韦尔运河。一股德军，可能是"明歇贝格"装甲师某个战斗群，突然冲出卢肯瓦尔德街与舍讷贝格街拐角处的地下地铁站，企图击退红军。阿贝佐夫营里的战士用冲锋枪猛烈射击，把德国人赶回地铁站入口。他的一名部下听见炮兵观察员用固定电话向迫击炮连喊出坐标："二十七！二十七！朝地铁站打几发迫击炮弹！动作快点！"[200]德国人也知道阿贝佐夫部队的位置，他们的迫击炮率先击中目标，炸死炸伤几名红军士兵。德国人再次冲出地铁站，但又一次被红军逼退。最后，红军的迫击炮弹落在地铁站入口，迫使德国人从兰德韦尔运河下方撤往波茨坦广场。俄国人冒着炮火彻日等待，直到黄昏才跨过受损的桥梁，攻入遍地废墟的安哈尔特火车站。

苏联官方战史详细介绍了近卫第8集团军近卫步兵第82师强渡兰德韦尔运河，在安哈尔特火车站内战斗的情况。这篇记述明确表明，近卫步兵第29军4月28日强渡兰德韦尔运河，尽管崔可夫在回忆录里称这场行动不过是"试探性进攻"：

---

① 应是近卫步兵第28军。

安哈尔特火车站，这张照片摄于20世纪20年代。虽说朱可夫和科涅夫的目标是国会大厦，但安哈尔特火车站是红军两个方面军的交汇点。近卫第8集团军与第28集团军的指战员，为控制这座建筑展开争斗。

4月27日上半日，近卫步兵第29军近卫步兵第82师辖内部队展开顽强战斗，冲击兰德韦尔运河南面贝勒联盟广场上几栋筑垒建筑。15点，在师右翼进攻的近卫步兵第242团先遣部队，前出到瓦尔滕贝格街与默克尔恩街交叉口。几个独立自动步枪小组穿过默克尔恩街，登上铁路路堤，但敌人从安哈尔特火车站朝铁轨射来猛烈的火炮和机枪火力，迫使我方步兵后撤。师左翼部队企图在约克街地域跨过南面的铁路枢纽，也没能成功。

情况越来越明显，沿兰德韦尔运河南岸继续前进，会加剧、延长铁路枢纽地域的战斗，对总体进攻不利。师长因而决定把师战线转向北面，强渡兰德韦尔运河，从南面发起打击，一举攻克安哈尔特火车站。根据师长的决心和这道命令，该团肃清大贝伦街上的敌人，在贝勒联盟广场以南地域前出到兰德韦尔运河。

在该地段强渡兰德韦尔运河特别困难：默克尔恩街和大贝伦街上的几座桥梁已炸毁；运河河段宽达30—35米，陡峭的河岸覆满石块；码头上几栋多层石制、砖砌建筑，不仅要求突击分队具备高超的战斗技巧，还要勇敢灵活。

尽管德国人射来猛烈的火力，但我方步兵还是沿宽大的战线，采用各种应急手段强渡运河。火炮和坦克晚些时候在旧雅各布街地段（贝勒联盟广场东面）利用桥梁渡过运河。

到达运河北岸的分队立即投入激烈的战斗。

我方步兵遇到的一道严重障碍，是位于萨尔兰街与哈勒舍斯街拐角的建筑。德国人盘踞在这栋筑垒建筑内，以精准的火力控制大楼附近的码头地段。另外，电气化铁路线沿兰德韦尔运河码头延伸，敌自动步枪兵和狙击手在站台上据守精心构设的阵地，以交叉火力打击我方步兵。

到达兰德韦尔运河南岸的我方步兵，以炮火支援步兵摆脱困境。多亏几门火炮的精准射击和M-31火箭炮的齐射，才彻底消灭萨尔兰街拐角的敌支撑点，近卫步兵第242团各分队沿哈勒舍斯街和小贝伦街冲向安哈尔特火车站。

安哈尔特火车站南部接近地的战斗非常激烈。德国人在毗邻默克尔恩街的所有街区构设街垒，每栋建筑都做了防御配置，各栋建筑的接近地都布设了地雷。

我方部队发动进攻前，安哈尔特火车站地域多次遭受过空袭。近卫步兵第82师辖内部队刚到达兰德韦尔运河，一个佩-2轻型轰炸机中队再次轰炸安哈尔特火车站地域。重型火炮一直朝火车站开火。车站旁边的建筑彻底沦为废墟，但德国人依然顽强坚守。从残存建筑的屋顶和阁楼，从这里和那里，敌机枪手、自动步枪手、狙击手不断射出猛烈的火力。

我方分队沿默克尔恩街朝安哈尔特火车站南部发起的冲击，犹如一场毫不间断的风暴。获得坦克、自行火炮、152毫米、203毫米火炮支援的步兵部队逐步向前。经过4月28日的顽强战斗，近卫步兵第242团以猛烈的冲击夺得安哈尔特火车站废墟。[201]

党卫队第15燧发枪手营几个连位于街对面，他们当日早些时候在帝国专利局战败后转移到这处防御阵地。他们的阵地沿阿尔布雷希特亲王街与安哈尔特街之间的街区延伸[202]。拉脱维亚志愿者用机枪猛烈扫射红军步兵阵地，以及安哈尔特火车站与街对面红军阵地间的渡口。问题是，拉脱维亚志愿者打击的对手，究竟是科涅夫还是朱可夫的部队？

除了拉脱维亚守军，这里还有威廉·利奥波德的党卫队警察部队和海军战斗群，他们傍晚前后作为援兵开抵。据利奥波德说，俄国人傍晚时企图把几辆坦克运过兰德韦尔运河。这些坦克率领红军步兵攻往西北面，但很快被"铁

从兰德韦尔运河南岸望向安哈尔特火车站背面。注意建筑南侧留下的战斗痕迹,说明两个方面军辖内部队为争夺火车站爆发了战斗。

拳"击毁。利奥波德据守的阵地,街对面是当地邮局,这栋多层建筑的正面搭设了脚手架,可能是想修复盟军多次空袭柏林期间给邮局大楼造成的破坏。俄国人占据这栋建筑,派若干狙击手攀上脚手架,这些训练有素的神枪手以火力覆盖整片地域,德国守军很难实施机动[203]。

N.先恰大尉回忆起攻克安哈尔特火车站期间牺牲的战友。但他的记述明确指出,这场战斗发生在4月29日夜间。查阅数百名红军老兵的记述会发现,他们对"昼间""夜间"的使用完全一致。如果进攻发生在4月28日/29日夜间,他们会把这段时间称为"凌晨",而先恰写的是"夜间",所以我们只能认为他指的是4月29日夜晚。这样一来,他的记述就与苏联官方史产生矛盾:

4月29日夜间,炮兵第5、第7连前移技术装备,对火车站实施炮击。此时下着雨,一堆堆火焰渐渐熄灭,浓密的黑烟覆盖了各条街道。但我们的司机识别出前进路线,穿过烟雾和夜色,在废墟和损毁的车辆间顺利前行。

各炮兵连连长走在每支队伍前方,不时跌入弹坑。此时已是深夜,我们必须把所有火炮部署就位,这样才能在拂晓时摧毁敌军阵地。

营长库德里亚采夫少校和基里琴科近卫军少校来到发射阵地。拂晓到来,猛烈的炮火齐射震颤着路口,淹没了所有战斗声。石膏分崩离析,窗框炸飞，砖块四散飞舞。

"开炮！"格拉托夫中尉喊出口令。

"开炮！"一发发威力强大的炮弹再次穿透地下室，一股股浓烟汇聚成云团。德国人朝炮兵射来猛烈的火力。弹片击中炮长杰尔萨利亚，一等兵戈察一声不响地接替了负伤的炮长。二等兵伊万诺夫、库图姆巴耶夫、图尔哈诺夫牺牲了。火炮受损，但火炮专家沙伊尼科夫迅速修复。

敌"铁拳"射手朝普罗宁上士那门火炮射来的火力尤为猛烈。普罗宁牺牲了，巴格纽克接替了他。一块迫击炮弹片结束了他颇具传奇性的一生。一等兵阿萨扬、什拉帕克、索洛夫耶夫先后接掌火炮，一个个倒在地上，鲜血汩汩流出。科茹什科中尉朝火炮走去。

烟雾遮蔽了他的视线，但中尉透过瞄准具辨认出安哈尔特火车站，"开炮！"炽热的金属弹丸飞向目标。

火车站终于腾起一发红色信号弹，是侦察员沃龙佐夫和伊万诺夫发出的停火信号，他俩和几个强击群已冲入火车站楼内。[204]

以上记述在时间方面似乎有些混乱。崔可夫的部队渡过兰德韦尔运河，率先攻克安哈尔特火车站，究竟是4月28日还是29日实现了这番壮举？倘若近卫步兵第242团确实率先攻克火车站，那么他们随后就遭到步兵第61师第221团的红军战友打击，因为步兵第221团4月28日/29日夜间到达火车站。倘若近卫步兵第242团4月29日才攻克安哈尔特火车站，那么白俄罗斯第1方面军的历史记录就是篡改过的，抹杀了乌克兰第1方面军辖内部队率先渡过运河到达火车站的事实，我们会在下文详述。很明显，红军两个独立方面军辖内作战团同时卷入柏林废墟间的激战。既要对付敌人，又要阻挡友军，彼此的距离仅隔几米，都想成为第一个渡过兰德

安哈尔特火车站正面。为争夺该建筑，科涅夫第28集团军步兵第61师第221团辖内分队，与崔可夫近卫第8集团军的部队交火，这座建筑是白俄罗斯第1方面军与乌克兰第1方面军的作战分界线。

韦尔运河的团。

"明歇贝格"师驻守波茨坦快铁站的士兵遭到红军炮火猛烈打击。德国人的新鲜食物所剩无几，他们从施普雷河打来河水，煮沸后饮用。战斗压力导致部分士兵精神崩溃。当日凌晨，俄国人穿过兰德韦尔运河下方的地铁隧道，悄然渗透后攻往波茨坦广场。"明歇贝格"师官兵奉命进入毗邻的地铁隧道赶往南面，从兰德韦尔运河下方退回诺伦多夫广场[205]。这场机动可能是为后续向西突围做的准备，因为"明歇贝格"师这个战斗群显然弃守了他们保卫政府区的阵地。

崔可夫近卫步兵第82师强渡兰德韦尔运河，他的右翼一路延伸到泰尔托运河，过度拉伸的部队有些捉襟见肘。卡波林率领的近卫步兵第117团第2营，自4月25日强渡泰尔托运河后，三天内没取得太大进展，仍滞留在骑士团团长街的防御阵地内。很明显，虽说崔可夫驱使麾下部队向北攻往兰德韦尔运河，但滕佩尔霍夫以西地域仍控制在德国人手里。

近卫步兵第28军继续攻往西北面。近卫步兵第88师近卫步兵第269团的一篇记述表明，朱可夫施加的压力迫使崔可夫命令麾下部队加快前进速度。4月28日上午，该师已越过方面军分界线，进入科涅夫的作战地域。4月29日昼间，近卫步兵第88师朝西北面的动物园方向前进了大约20个街区，穿过机械化第9军战线，而该军正变更部署，准备向西攻往动物园南面。白俄罗斯第1方面军后来记录道：

> 该团顺利渡过泰尔托运河，粉碎对岸的敌军防御，投入主力集团，接下来五天在城内与敌人进行了激烈而又紧张的巷战。

豪普特街东南面的火车站一线，德国人负隅顽抗，打得特别顽强。他们把每栋建筑、每个房间、每间地下室打造成支撑点，派配备"铁拳"和自动武器的法西斯分子（警察和宪兵）据守。通常来说，敌人充分利用狙击手，把他们部署在十字路口的建筑内。

铁路和萨维尼奇「音译」车站一线，敌人坚守每个街区、每栋建筑，持续抵抗，往往战斗到最后一颗子弹。直到乌克兰第1方面军辖内部队从我们施加压力处的西面和西北面逼近，敌人的抵抗才减弱，数百名敌军官兵投降。仅这段时间，我们就击毙1700名敌军官兵，俘虏1449人，还缴获各种储备物资。

1945年4月28日早上8点，该团和近卫炮兵第1285团穿过近卫步兵第266团的战斗队形，从贝尔齐格街一线向北发动进攻。敌人顽强抵抗，尤其是在该团左翼。我方步兵不得不冲击每一栋建筑，随后以直瞄炮火摧毁整栋建筑，不仅使用团属火炮，还投入大批122毫米榴弹炮。这一切发生在炮火准备射出足够的炮火，"铁拳"发射大量步兵武器火力后。我方步兵使用小股强击群，冲入楼房底层和上方楼层，与敌人频频展开白刃战和手榴弹战。就这样，五天内，一个街区接一个街区，我们的战士在战斗口号和友邻部队取得胜利的鼓舞下，以毫不减弱的进攻从敌人手里解放了23个街区。[206]

近卫步兵第39师辖内部队受领了掩护滕佩尔霍夫机场西侧的任务。卡波林奉命沿骑士团团长街向东运动，着手肃清泰勒街和机场西南边缘的建筑，红军先前绕过这些地方的德国守军。他在报告里指出，滕佩尔霍夫区的敌守军占据有利位置，战斗非常艰巨。与此同时，近卫第8集团军严重拉伸的部队在动物园战斗，或渡过兰德韦尔运河。白俄罗斯第1方面军的报告里写道：

1945年4月28日，近卫步兵第117团第2营继续遂行巷战。该营在122街区遭遇敌人猛烈的火力抵抗，驻守此地的敌军官兵超过500人，主要配备大口径机枪、步枪、"铁拳"。

这里的建筑构设了360度环形防御，射界非常好，各栋建筑间的火力协同也很出色。

该营受领了消灭敌守军，夺取122街区的任务。为执行这项任务，该营组织了两个强击群，每个强击群编有1个步兵连、1个脚架式机枪排、1个45毫米炮兵连、1个狙击手小分队、1个配备喷火器的化学兵排。

炮火准备开始后，两个化学兵排带着喷火器部署到距离建筑40—50米处，待炮火停息，他们朝敌人开火，一股股火舌穿过二楼和上方楼层的窗户和豁口；45毫米火炮也朝建筑的豁口开炮，打击敌人的大口径机枪和其他火力点。

步兵在火炮和迫击炮的弹幕、迷盲射击支援下，迅速冲入底楼，经过短暂的白刃战，占领了底楼和上方楼层。

我方分队的快速行动把敌人打得晕头转向,他们无法从楼上发射火力,于是转移到地下室,以机枪和步枪朝街道发射低伸火力,继续实施抵抗。

工兵小分队在底楼用炸药迅速炸开地下室上方的覆盖层,步兵把一枚枚手榴弹、一瓶瓶易燃液体丢入地下室。

敌人损失惨重,再也无法凭借地下室的掩护实施抵抗,不得不投降,没过一小时,我们就彻底肃清这片街区的敌人。[207]

据卡波林称,他的营在这场战斗中牺牲3人,另有13人负伤。

兰德韦尔运河沿线的战斗,无论德国还是苏联方面的记述,不可否认的一点是,崔可夫麾下几个师当日确实强渡运河。同样明确的是,近卫第8集团军没有沿运河展开大规模行动,因为集团军辖内一个军仍在西南面战斗。科涅夫的部队已到达兰德韦尔运河,他们发起进攻,直接冲入崔可夫近卫步兵第29军的战斗队形。

南部地区

近卫坦克第3集团军辖下的机械化第9军,清晨7点到达波茨坦街西面的兰德韦尔运河。科涅夫麾下指战员做好傍晚前后发动进攻,强渡兰德韦尔运河的准备。机械化第9军右翼获得步兵第61师支援,准备发动进攻,穿过海因里希·冯·克莱斯特公园,跨过约克街,到达安哈尔特、波茨坦快铁站对面的兰德韦尔运河。近卫坦克第6军和近卫步兵第48师,沿同一条路线攻往机械化第9军左侧的诺伦多夫广场。近卫坦克第7军和步兵第20师准备攻往蒂尔加滕,夺取柏林动物园[208]。

雷巴尔科的炮兵当日上午开炮射击,扫荡机械化第9军阵地前方的街区,炮火一路递延到兰德韦尔运河,落到近卫第8集团军近卫步兵第29军头上。下属指挥员打来电话时,崔可夫可能还不知道究竟出了什么状况,这些指挥员在电话里嚷

战役结束后的诺伦多夫广场和快铁站。

从诺伦多夫广场望向东南面,这是1931年发行的明信片。为争夺快铁站,"明歇贝格"装甲师辖内部队与机械化第9军一部在此处激战。

嚷,说德军猛烈的炮火击中他们的阵地,他们没想到德国人在城内仍有这般数量和口径的火炮。炮火准备结束后没多久,机械化第69旅、坦克第91旅的步兵和坦克在步兵第61师支援下发动进攻,奔向安哈尔特火车站的渡口。接下来发生的事情本来完全可以避免,纯粹是朱可夫的嫉妒心作祟,缺乏正确的军事判断造成的。

近卫坦克第3集团军的作战地图清楚地表明,这股联合作战力量到达指定目标,在安哈尔特火车站地段渡过兰德韦尔运河。第28集团军的作战日志也证明,步兵第61师在安德烈·格奥尔吉耶维奇·沙茨科夫上校指挥下一路攻往运河,渡过水道,在波茨坦火车站、安哈尔特火车站南面和外部的登陆场内战斗。4月27日/28日夜间,步兵第61师实施侦察,攻往东北面:

通过这场进攻,该师夺得机场西面一片居民区,前出到兰德韦尔运河。该师当日上午发起进攻,在激烈的战斗中强渡运河,夺得北岸一处登陆场,18点在以下战线作战:

步兵第221团——安哈尔特火车站西南面0.4公里的铁路线到安哈尔特火车站南面的铁路桥;

步兵第66团——位于运河南岸,安哈尔特火车站西面的铁路线两侧;

步兵第307团——担任师第二梯队,集中在舍讷贝格车站东南面0.3公里几栋铁路建筑附近;

师指挥所——滕佩尔霍夫西部边缘。

为赢得这场胜利,步兵第61师直接冲过崔可夫近卫步兵第82师的战斗队形,近卫步兵第82师大概在同一时刻渡过运河,很可能使用同一座桥梁。近卫第8集团军辖内部队沿运河一路部署到动物园。步兵第61师径直挺进,穿过白俄罗斯第1方面军作战部队,但第28集团军的作战日志没谈到该师的任何遭遇,对误击友军造成的伤亡更是只字未提。

步兵第61师没有停止进攻,而是彻夜前进。辖内几个团21点沿兰德韦尔运河再次发动进攻,渡过运河,在激烈的战斗中逐一肃清各栋建筑,到达安哈尔特火车站,夺得兰德韦尔运河南面11个街区,4月29日拂晓到达以下战线:

步兵第221团——安哈尔特火车站外到安哈尔特火车站西南面的铁路桥;

步兵第66团——凯特街到动物园东南面0.3公里;

步兵第307团——担任师第二梯队,集中在舍讷贝格车站东北面0.5公里几栋铁路建筑附近。

波茨坦火车站与安哈尔特火车站之间,步兵第221团在德绍街与安哈尔特街之间作战,与福斯大街和希特勒的新帝国总理府仅隔3个街区。步兵第221团的指战员有望赢得柏林战役的荣誉。不难想象,团里的战士用不着指挥员和政治委员敦促,就能击败白俄罗斯第1方面军渡过运河的部队,率先到达安哈尔特火车站。雷巴尔科这股联合作战力量的每个指战员都知道,他们正跟朱可夫的部下赛跑,这是他们的当务之急。在他们看来,战胜朱可夫的部队可能比击败德军更重要。

毫无疑问,红军两个方面军的作战部队在柏林街头发生了短暂的自相残杀。战争迷雾中,误击友军的意外事件肯定时有发生,但跟团级规模的部队相互厮杀完全不同。这场混乱的战斗似乎很激烈,而且持续了好几个钟头,因为科涅夫显然知道机械化第9军主力确实已到达兰德韦尔运河。科涅夫在回忆里写道："我命令雷巴尔科，①「作者的强调」，就把他推进得最远的部队转向西面，在此时已划归乌克兰第1方面军的新作战地带继续进攻。"[209]

红军总参谋部战后出版的战役研究证实了这种情况：

> 由于近卫第8集团军4月28日前半天已沿兰德韦尔运河南岸向西大举推进，德国人在舍讷贝格车站与维尔默斯多夫车站之间的城市防线战败后，机械化第9军发动进攻，在波茨坦街地带进抵兰德韦尔运河；也就是说，该军进入近卫第8集团军近卫步兵第29军身后，近卫步兵第29军此时已沿安哈尔特火车站（不含）—吕措广场—帕拉斯街与马森街十字路口一线进抵兰德韦尔运河。[210]

1994年一部名为《柏林：不惜一切代价！》的纪录片也详细说明了雷巴尔科与崔可夫麾下部队自相残杀的程度。莫斯科国家档案馆拍摄的这部纪录片，揭示出红军两个方面军的战士在因斯布鲁克广场快铁站到安哈尔特火车站这条走廊内相互厮杀的实情。几名俄罗斯参谋军官在纪录片里指出，科涅夫的部队抢在朱可夫之前到达安哈尔特火车站，证明他的部下确实渡过兰德韦尔运河[211]。虽说科涅夫的部下很可能捷足先登，但究竟哪个团率先到达沦为废墟的安哈尔特火车站，这个问题难有定论。

机械化第9军的作战日志也证实他们与红军其他作战部队发生冲突，但作战日志里用"遭遇"这个词描述相关事件，而不是更合适的"战斗"一词：

> 与白俄罗斯第1方面军辖内部队遭遇一事，是因为对方切断我军部队从东南面向西北面前进的战斗队形，改变了我军后续进攻方向。
>
> 军长决定，各旅4月28日/29日夜间开入以下出发地域：
>
> 机械化第70旅——马森街，霍尔茨街；
>
> 坦克第91旅——施瓦本街，弗兰肯街；
>
> 机械化第69旅——市政厅和南面的公园。

---

① 进抵兰德韦尔运河后。

4月29日8点,各旅朝以下方向发动进攻:

机械化第70旅——会同先前的力量沿新温特费尔德街、维多利亚·路易斯广场、雷根斯堡街、布拉格街、林登堡街、布赖夫赖街「布莱谢尔街?」攻击前进,夺取萨维尼车站;

坦克第91旅——会同先前的力量沿罗森海姆街、兰茨胡特街、帕绍街、巴黎街攻击前进,夺取奥利弗广场;

机械化第69旅——会同先前的力量,留在市政厅地域和南面的公园。

大本营出面干预,把两个方面军的作战分界线向西移动,结束了科涅夫攻往国会大厦的征程,但还是把肃清柏林城内西部地区的任务交给他。雷巴尔科实现了几乎不可能实现的目标,科涅夫在回忆录里称,他与雷巴尔科的电话交谈"很不愉快"。雷巴尔科驱使部下全力前进,面对德军通常都很激烈的抵抗,他的集团军取得100多公里进展,不仅抢在白俄罗斯第1方面军之前渡过泰尔托运河和兰德韦尔运河,还位于率先攻到国会大厦的有利位置。他的部下抢在朱可夫之前攻入柏林,跟自己的战友冲突了半日,最后却接到离开这座城市的命令,很难想象这些指战员受到的心理打击有多大。科涅夫承认,他完全理解雷巴尔科的愤怒之情,可除了阻止他继续进攻,自己别无选择。虽说科涅夫在回忆录里没有详细阐述,但也没淡化当日发生的事情:

如果问我个人的看法,那么我认为,这一时节有必要规定两个方面军之间精确的分界线。我们应当消除引发混乱、误击友军和其他不愉快事情的一切可能性,这些情况与部队混杂密切相关,尤其是在巷战条件下……

任何情况和环境下,保持两个方面军的战斗友谊和同志情谊,比维护任何人的个人自尊心重要得多。我想,即便在心情不愉快的时刻,雷巴尔科也是明白这个道理的。[212]

乌克兰第1方面军步兵第61师与白俄罗斯第1方面军近卫步兵第82师辖内部队之间的战线,谈不上任何战斗友谊和同志情谊。雷巴尔科毫未拖延,立即把步兵第61师彻底调离前线,战斗中做出的这项决定很不寻常。第28集团军作

战日志里写道:

> 1945年4月29日5点,步兵第61师分批撤出战斗,完成调动后,10点30分集中在以下地带:
> 步兵第207团——兰克维茨东北边缘;
> 步兵第66团——兰克维茨中部;
> 步兵第221团——巴特岑多夫公园「原文的音译,可能是海讷斯多夫公园」;
> 师指挥所——圣马蒂亚斯公墓东面的街区,洛伊凯撒街「音译」天然气厂南面1000米。

步兵第61师奋力渡过兰德韦尔运河,已逼近元首暗堡,可以说不落后于白俄罗斯第1方面军辖内任何一支部队迄今为止取得的进展,可这些指战员现在却奉命撤回泰尔托运河南岸。沙茨科夫5月5日擢升少将,部分原因是他指挥的步兵第61师在柏林战役中打得英勇而又主动。

要是大本营批准雷巴尔科再朝帝国总理府前进几个街区,结果会怎样?这场推进很可能迫使希特勒提前24小时自杀,也许会导致柏林城更早陷落,提前24—72小时结束战役。倘若这番假设真的发生,朱可夫的丰功伟绩肯定会受到玷污。

雷巴尔科麾下另外几个军,当日的进展喜忧参半。据近卫坦克第6军作战日志称,他们不仅遇到若干路障,还遭遇敌人"顽强抵抗"。近卫坦克第53旅朝东北面发动进攻:"克服敌步兵在坦克和火炮支援下,依托筑垒阵地实施的顽强抵抗,日终前到达兴登堡街与凯撒大道十字路口,在那里遇到10米宽的碎石瓦砾堆,敌人以火力覆盖这片地带。该旅与敌人交战之际,还得肃清障碍。"近卫坦克第51旅与近卫摩托化步兵第22旅协同,在自行炮兵第1894团、近卫迫击炮兵第272团支援下继续攻击前进,日终前到达梅克伦堡街、曼海姆街、威廉大街十字路口一线。近卫坦克第52旅担任军长的预备队,留在霍亨索伦路、保尔斯博尔纳街地带的铁路南侧一线。

科涅夫的进攻,确实给德军在该地区的防御造成冲击。近卫坦克第6军攻向第51装甲掷弹兵团翼侧,迫使该团退守霍亨索伦路到霍亨索伦广场一线。

但德军守住霍亨索伦路快铁站,这座车站堪称他们实施防御的基石[213]。该地区的战斗异常激烈,近卫坦克第6军耗费一整天才夺得维尔默斯多夫区大部分地带。阿尔诺那个战斗群的残部逃回德军防线,在费尔贝林广场占据防御阵地,红军还要耗费一天时间才能突破到那里。俄国人在这片地带采用略显保守的城市坦克战打法。他们派狙击手和侦察员在战车前方渗透,占据建筑物上层阵地,搜寻配备"铁拳"的德国兵,确保无虞后,他们的坦克才向前推进。

红军侦察兵沿勃兰登堡街占据阵地,眺望锡格马林根街,以及德国人设在道路对面的障碍物,这条道路通往北面。希特勒青年团一支巡逻队收到敌坦克在该地区活动的报告,他们穿过地铁隧道赶过去,顺利到达费尔贝林广场地铁站,没发生任何意外。他们刚离开地铁隧道,就遭到红军狙击手火力打击。德国人在有效距离内用冲锋枪扫射疑似的红军阵地,以此压制对方,随后以废墟为掩护赶往街垒。这支德军巡逻队靠近时,朝街垒上方射出几枚"铁拳",以吓退另一侧的敌坦克。俄国人已收到侦察员的报告,对"铁拳"射手保持警惕,他们撤回坦克,只以间接火力打击这片地带,在此过程中没有折损坦克[214]。

西面,选帝侯路上的哈伦湖快铁站周围,面对德军的坚决抵抗,近卫坦克第7军奋力向前。16岁的维利·费尔德海姆率领一个希特勒青年团反坦克小组投入战斗,打击这片地带的俄国人。费尔德海姆出生于柏林,征兵部门1944年让他自行决定,是加入国防军还是参加人民冲锋队。他加入人民冲锋队,和另一些小伙编入三个希特勒青年团反坦克旅中的一个,随后部署到塞洛高地,第56装甲军战线后方。

红军达成突破后,费尔德海姆撤回柏林。上级把他分配到当地一支反坦克部队,昼间和傍晚前后与红军编队战斗,夜间返回营地补充弹药。拂晓的黑暗中,费尔德海姆和另外9个小伙奉命赶往横跨西十字快铁铁轨的桥梁,俄国人正攻往那个方向。他们在桥上遇到一名国防军军官,他知道这群小伙是赶来增援的援兵,于是命令他们据守桥对面的防坦克街垒。费尔德海姆和另一名小组成员进入阵地等待敌人到来。

这道街垒以混凝土浇筑而成,还以钢筋加强,高2.1米,宽6.5米,厚度达到3.5米[215]。等了20分钟,两人听见坦克履带"刺耳的叮当声",随即看见红军一辆自行火炮转过拐角朝他们驶来。俄国人在城内战斗中使用自行火炮的方式各不相同，取决于各部队。眼下，俄国人派自行火炮过来炸开街垒。

这辆战车可能是重型ISU-152自行火炮，因为ISU-122的炮管很长，在柏林紧凑的街道上很容易遭受攻击。红军步兵似乎没有为自行火炮提供支援，因为费尔德海姆没提到敌人以火力压制据守街垒的德军士兵。费尔德海姆的同伴低声说道："别开火，让它靠近点……我先开火，再等等，别害怕，我来对付它。"费尔德海姆的朋友名叫海因茨，显然有近距离打坦克的经验，深受其他小伙敬重。ISU-152越来越近，待它距离街垒45米左右，海因茨开火了。费尔德海姆回忆道："'铁拳'击中战车正面，发出剧烈的爆炸。几个小伙跳上街垒欢呼起来。"[216]车内的弹药殉爆，伴随剧烈的爆炸，战车起火燃烧。激烈而又混乱的战斗中，往往会发生难以预料的后果。红军坦克兵已经在炮膛里填了发炮弹，战车燃烧产生的高温导致炮弹脱膛射出。呼啸的炮弹射入街垒，发生剧烈爆炸，把街垒炸开一个缺口，几个小伙吓得四散奔逃。他们好不容易集合起来，发现没人负伤。震惊之余，他们以为附近还有第二辆自行火炮，随后才明白发生了什么状况。

那名国防军军官对这群小伙的表现深感满意，他走到海因茨面前，把军装上佩戴的铁十字勋章摘下来递给海因茨。这群小伙随后奉命赶往哈伦湖快铁站，有报告称俄国人的坦克在那里活动。他们排成单路纵队沿博恩施泰特街行进，经过一辆烧毁的敌坦克时，旁边某栋楼房上层的窗户里突然朝他们射出火力。费尔德海姆赶紧命令这群小伙趴下，各自寻找隐蔽处。几个小伙迅速爬入附近某栋建筑的废墟内，只有海因茨和另一个小伙没照办。费尔德海姆让他们赶快回来，海因茨却喊道："别担心！"这是他的最后一句话，两个红军士兵从附近一扇窗户探出身子，"用冲锋枪朝两个小伙猛烈扫射。"费尔德海姆对好友的阵亡震惊不已。其他小伙所在的位置无法还击，只有某个携带"铁拳"的小伙除外。他端起"铁拳"朝俄国人露头的那扇窗户开火。剧烈的爆炸震颤着楼房前部，费尔德海姆站起身冲上街道，全然不顾隐蔽，朝几秒钟前俄国人所在的那扇窗户扔了几颗手榴弹。窗内没有射出还击火力，这群小伙估计他们干掉了敌人。战争似乎突然击中费尔德海姆的要害，他对猎杀敌坦克丧失了兴趣，命令这群小伙原路折返，率领他们穿过街垒，返回东面选帝侯路上的营地[217]。

尽管近卫坦克第7军想方设法达成突破，但第30装甲掷弹兵团还是沿快铁铁路线守住自己的阵地，这道防线从哈伦湖北面延伸到俾斯麦街[218]。此处的战斗极为激烈，俄国人甚至以德军部队的番号称呼守军，这种情况在苏联时期的作战日志里罕见（参见下文的"西部地区"）。德军第118装甲团随后奉命返回奥林匹克体育场，支援那里组织的希特勒青年团，抵御从北面攻来的敌人，机械化第1军不久前在那里渡过运河[219]。德国人没有想到，主要威胁来自南面，而不是北面。

乌克兰第1方面军拉伸的战线上，近卫坦克第10军未经科涅夫批准，就在步兵第350师支援下从西南面发动进攻，渡过泰尔托运河，在万湖岛设立小小的防御圈。第20装甲掷弹兵师没能到达贝里茨的残部顽强抵御红军的冲击，在此期间炸毁格利尼克桥。另外，红军机械化第9军朝波茨坦发动进攻，目标是歼灭施普雷集团军级集群，这股德军正赶去与文克从贝利茨攻击前进的部队会合。

此时，38岁的党卫队二级突击队中队长阿尔方斯·普福塞尔分配到托特战斗群，该战斗群以指挥官托特上校的名字命名[220]。普福塞尔原先待在皇宫街上的秘密警察领导人员学校兼保安处，红军4月16日发动进攻，他到夏洛滕堡火车站的党卫队施普雷战斗群报到，随后分配到沿大万湖湖岸平行延伸、桑德韦德街上的"西柏林收容站"。负责收容站事务的是个不知名的陆军上校，此处聚集了各军种、各部队的5000来人，既有陆军、空军、海军人员，也有武装党卫队官兵。这股力量奉命沿柏林通往南方的高速公路守卫城市周边。配备88毫米高射炮的希特勒青年团战斗群，沿高速公路驻守在散兵坑里。普福塞尔获得一个混编营，守在马赫诺韦船闸与施塔恩斯多夫之间。左侧是一群人民冲锋队员，右侧跨过泰尔托运河的高速公路上，驻有一支柏林警察部队，他们身着绿色警察制服，端着卡宾枪。

4月25日—26日，第20装甲掷弹兵师部分人员和第9集团军另一些残部到达泰尔托运河。他们对普福塞尔谈起南面第9集团军作战地域的殊死战斗，还说他们陷入俄国人包围三次之多。

普福塞尔当晚率领一支四人巡逻队赶往阵地左侧，想确保他们与人民冲锋队部队依然保持联系，结果看见一堆军装、臂章、勋章扔在地上，那些

左图：从广播塔望向东北面的夏洛滕堡区，这张照片摄于1931年：（1）展览场；（2）柏林广播电台；（3）维茨勒本快铁站；（4）广播塔；（5）利特森湖；（6）夏洛滕堡宫。守卫柏林这片地区的是第18装甲掷弹兵师辖内部队和党卫队第503重型装甲营的虎王坦克。战役结束前，该地区一直控制在德军手里。

右图：租借法案提供的美制道格拉斯A-20"浩劫"/"波士顿"攻击机列入红空军服役，战争结束时在柏林上空飞行。近3000架A-20运往苏联，作为中型轰炸机、侦察机、强击机、夜间重型歼击机、高速运输机用于东线战场。（1）奥拉宁堡街的新犹太会堂；（2）斯德丁火车站；（3）国会大厦；（4）克罗尔歌剧院；（5）内政部；（6）胜利纪念柱，再往后，右处看不到的地方是动物园防空炮塔，战役期间，防空炮塔上的火炮朝照片拍摄的地区开炮。

人民冲锋队员已逃之夭夭。4月29日拂晓，他先是听见科涅夫从南面而来的坦克发出的轰鸣，天亮后看见敌坦克从利希滕费尔德攻来，朝他这个方向逼近泰尔托路。

莫斯科时间当日午夜，苏联最高统帅部大本营重新划定两个方面军的作战分界线，科涅夫率先攻到国会大厦的雄心壮志就此破灭。斯大林随后打来电话，问了个科涅夫很熟悉的问题："您怎么看，谁去拿下布拉格？"[221]科涅夫知道南面的德国中央集团军群依然是个重大威胁，还知道美军已攻往皮尔森，离布拉格仅隔50公里，在斯大林看来，柏林即将陷落，下一个诱人的大奖无疑是布拉格，控制布拉格就能掌握中欧。于是，科涅夫着手策划新的作战部署。近卫坦克第3集团军主力开始撤离兰德韦尔运河，只在城内留下近卫坦克第55旅和近卫坦克第7军部分力量，保持对柏林西南部地区的控制。

西部地区

近卫坦克第7军实施5分钟炮火准备，6点30分发动进攻，跨过德意志礼堂和格鲁讷瓦尔德车站一线。近卫坦克第55旅率领此次进攻，近卫机械化第23旅提供支援。近卫坦克第7军在作战日志里写道：

敌人顽强抵抗，以第18装甲掷弹兵师第30团、第68战地补充兵营一部、第1386机枪营、第345"潘施基茨"营、第4"施潘道"行进连、几支配备"铁拳"的人民冲锋队守卫柏林，获得少量火炮和自行火炮支援。

在皮歇尔斯贝格、格鲁讷瓦尔德湖陷入包围的敌集团，企图穿过我方部队的作战阵地逃往柏林市中心。

当日18点，近卫坦克第7军辖内部队到达以下进军路线：

近卫坦克第55旅——西十字车站、格奥尔格·威廉街东郊；
近卫摩托化步兵第23旅——国王大道（霍恩湖东面）；
近卫坦克第56旅从黑尔街西北端到南端掩护全军作战行动，准备击退敌人从西北面和东南面发起的反冲击；
近卫坦克第54旅从波茨坦方向掩护全军进攻，位于以下战线：高速公路、万湖地带、格鲁讷瓦尔德城市森林南面的岔路口、49.2高地。
整个夜间，全军在西十字车站东郊、哈伦湖车站西郊作战。

当日昼间，近卫坦克第55旅向北攻击前进，穿过奥林匹克体育场，打击据守在那里的帝国劳役团部队。到达施普雷河，他们转向东南方，又返回体育场。一支红军部队攻克帝国体育学院操场上的德军高射炮、野战炮混编阵地，这里与奥林匹克体育场共用一座小山丘，他们沿山丘后方而下，越过鲁勒本

柏林奥林匹克体育场东视照：（1）帝国体育部；（2）帝国科学院；（3）东门；（4）奥林匹克体育场；（5）游泳馆；（6）迪特里希—埃卡特露天舞台；（7）奥林匹克钟楼；（8）西门；（9）南门；（10）德意志礼堂；（11）教练汽车道；（12）广播塔。近卫坦克第7穿过这片地区，向北攻往施普雷河，而后返回广播塔地区，在那里受阻，没能继续向西取得重大进展。

红军T-34/85车组在战斗中停下，让宣传摄影师拍照。注意他们旁边的废墟仍在燃烧。

柏林市中心，车号208的JS-2坦克。车组似乎在开阔地稍事停顿，并不担心附近有敌狙击手。照片里能看见一个手提箱靠着炮塔，可能是战役期间劫掠的。挂在排气管消声器上的衣物大概已经干了。

靶场，攻往夏洛滕堡大道[222]。红军凌晨的进攻把德国人打得措手不及，赫尔穆特·阿尔特纳回忆道：

> 夜间，可怕的战斗声把我惊醒。炮声和炮弹的爆炸犹如雷鸣，与墙壁坍塌的轰鸣、窗玻璃的破碎声、咯咯作响的机枪火力汇聚成一股噪音，麻痹了感官，震得耳膜嗡嗡作响。战斗的喧嚣演变成持续不断的雷鸣，根本无法辨别单独的炮声和炮弹爆炸声，犹如一场无可避免的灾难，悄然渗透、吞噬了每个人。地面震颤不已，不由得让人觉得它随时会裂开，吞没黑暗中的一切。[223]

红军夺得帝国体育场，加强了他们设在鲁勒本兵营周围的阵地。红军步兵进入支援位置，坦克不停开炮。整个夜间，德国人死守兵营，以持续的火力阻挡红军士兵。激烈的战斗毫不间断，红军步兵不断逼近，德军士兵跳出周边战壕，朝奥林匹克体育场街对面的敌军战线跑去。早上，红军一辆T-34坦克挂着白旗驶向德军防线，舱盖推开，一个俄国人用德语喊道："伙计，投降吧！"他告诉德国人，战争结束了，让他们放下武器，去帝国体育场投降。舱盖砰然关闭，T-34返回红军战线。十几个德国兵丢下武器朝红军战线跑去。德国军官和军士赶紧下令击毙逃兵：德国人开始射杀这些几分钟前还是战友的士兵[224]。

俄国人对兵营发动进攻，残余的德国守军以机枪和"铁拳"火力挡住对方的冲击。希特勒青年团援兵迅速开抵，上级下达命令，10点发动进攻夺回帝国体育场。红军步兵太少，根本无法阻挡德军为反冲击集中的数千名官兵。10点整，德国人发动进攻，越过小山丘攻入帝国体育场，把俄国人赶过黑尔街。战斗结束后，希特勒青年团的伤亡高达80%[225]。近卫坦克第56旅再次发动进攻，还是以失败告终。

汉斯-约阿希姆·韦茨基是柏林人，1945年2月接到动员令加入希特勒青年团时才15岁。4月28日前他已经历过实战，近卫坦克第56旅进攻时，他的部队驻守在帝国体育场附近。十余辆敌坦克驶过黑尔街，这是守卫施潘道桥梁、广播塔的守军与东面动物园掩蔽部之间的东西向交通干道。红军坦克在帝国体育场街与拉格尼特街之间向北推进。希特勒青年团的小伙扛着"铁拳"发起反冲击，暂时挡住红军的进攻，还把剩下的敌坦克赶过黑尔街[226]。

韦茨基的反冲击阻止了红军的迂回，可能为阿尔特纳他们守住兵营助了一臂之力。这群希特勒青年团小伙随后奉命穿过奥林匹克体育场赶往东面，作为援兵开赴伊丽莎白王后街的鲁勒本兵营。他们到达阿道夫·希特勒地铁站时又接到命令，说他们当中要是有谁此时还没受过军事训练的话，可以离开队伍回家。这道命令没什么意义，因为俄国人占领了柏林大部分居民区。但还是有许多小伙离开了，整支队伍只剩20人[227]。

韦茨基的部队接到命令后分成几个小组，设法进入柏林市中心。他们发现两辆T-34/85坦克停在凯撒路地铁站上方的高架铁路桥上，挡住他们的去路。一个六人小组奉命去干掉敌坦克，小组长让其他人原地等待，他去前方侦察一番，可他再也没回来，其他小伙只好返回营地。傍晚前后，一名少尉接管这群小伙，命令他们去北面，在红军机械化第1军辖内部队刚刚占领的西门子施塔特工厂附近设立警戒线。少尉把指挥所设在稍后方，告诉这群小伙等待其他部队赶来换防。接替他们的部队始终不见踪影，这些小伙随后发现少尉早已换上便衣逃之夭夭，他们随即离开阵地，沿布伦纳亲王路撤往后方。

近卫坦克第55旅进攻鲁勒本兵营失败后，当天下午获得加强，向东攻往市中心。希特勒青年团一支小股巡逻队，在通往俾斯麦街的某条小街设立防御阵地。他们守在二楼角落处一扇窗户后，以机枪火力挡住红军几支小股巡逻队[228]。

近卫坦克第55旅此时的作战地段，显然与近卫坦克第2集团军辖内部队近在咫尺。崔可夫与雷巴尔科的部队沿兰德韦尔运河自相残杀，这起事件可能促使两个方面军达成协议，以免麾下部队在该地区再次发生冲突。机械化第1军把鲁勒本地区交给乌克兰第1方面军，加强自身薄弱的兵力，随后集中在夏洛滕堡宫公园正北面的施普雷河河曲部，那里的施普雷河船闸为步兵提供了潜在的渡口。近卫军中尉伊柳欣，讲述了近卫坦克第2集团军机械化第1军朝柏林中央地区发起的最终突击：

我们从西面逼近柏林市中心。坦克停在施特拉劳街，我们前方是兰德韦尔运河，身后是蒂尔加滕。

等待战斗信号时，我跳下战车，在周围绕了绕，呼吸点新鲜空气。德国首都壮观的战斗场面出现在我眼前。柏林街上一栋栋建筑起火燃烧，墙壁坍塌，沦为一片火海。数百门火炮的轰鸣汇聚在一起，形成毫不间断的隆隆声。昏暗的阳光几乎无法穿透浓密的烟尘。

普卢戈夫上士走了过来："营长找您……"

营长没用电台呼叫，而是派人来找我，怎么回事？他肯定就在附近，显然遇到某些棘手的事情。

果不其然，获得苏联英雄称号的营长比马近卫军少校站在最前方的坦克旁，几乎就在德军自动武器射手的火力打击下。

"我们往旁边站站"，他轻声说道，友好地拍拍我连体作战服的衣袖。

我们都很了解营长，他向来沉默寡言，对下属做出这番举动，说明接下来的谈话肯定不同寻常。

"听我说，伊柳欣，"他说道，"我现在想以共产党员的身份对另一名共产党员说几句。"沉默片刻，他继续说道："我们必须突破到富兰克林街十字路口，守在那里，绝不能让德国人炸毁桥梁。这项任务非常艰巨，但必须完成。"

突破到十字路口……也就是说，要冲破敌人构设的障碍，那里部署了上百具"铁拳"、数门火炮，还有一群自动武器射手。然后再穿过几十个街区，每个街区都有可能遭到敌军火炮直射火力打击。确实很艰巨……

可眼下没时间考虑这些，必须毫不延误地执行作战任务。

我招呼部下上坦克，返回战车的途中不停地琢磨：我们可以用机枪自卫，挡住敌"铁拳"射手，可如何对付敌人的火炮呢？到时候见机行事吧。

就这样，我的坦克连率先出发。我决定以1个坦克排、1个自行炮兵连、1个自动武器射手排组成强击群。几分钟后，我们这支小分队驶入硝烟、火焰四起的街道。

我们在河岸街与敌人爆发激战。炮管打得滚烫，汗水浸透的作战服粘在身上，火焰熏黑了我们的面孔。

右侧的友邻部队停止前进，我们位于柏林街附近的翼侧暴露在外。德国人投入连级兵力的自动武器射手和"铁拳"射手，占据了考尔街十字路口某栋建筑的上层。

连主力赶来支援强击群，为我们提供火力掩护。

我跳下坦克，率领自动武器射手排进入楼房上层，与敌人展开近战。其他坦克兵看见连长和步兵投入战斗，也拎着手榴弹，端着自动武器赶来帮忙。驾驶员兼机械师加库什夫扬干掉一个"铁拳"射手，揪着他的衣领把那家伙从三楼的窗户扔了出去。另一个"铁拳"射手倒在我脚下，我用靴子朝他肚子踢了一脚，他连声求饶，躺在地上举起双手。

自动武器射手排很快驱散二楼的敌人。帕夫连科和列别杰夫少尉率领的坦克兵掩护自动武器射手，以炮火消灭了盘踞在临近建筑内的希特勒分子。一股烟雾腾起，坦克兵抓住机会驶上夏洛滕堡街，这条大街通往兰德韦尔运河岸边。

再往前200米,我们就能到达目标!

在最后一个街区,我们遭遇敌火炮和迫击炮火力打击,这些火炮守卫着十字路口。我问排长巴甫洛夫近卫军中尉:"您能碾碎那些火炮吗?"

共产党员巴甫洛夫答道:"我能碾碎它们!"

我下达命令:"我们提供火力掩护,您全速向前!"

我们朝敌炮兵连开炮,巴甫洛夫中尉、苏罗夫中尉、杰利亚诺夫中尉的坦克朝十字路口冲去,盘踞在那里的希特勒分子四散奔逃。就在这时,红军坦克强大的履带把德国人的火炮和迫击炮碾成一堆废铁。

几分钟后,我们连最后几辆坦克跟上,近卫军少校比马率领的主力尾随其后。

我们夺得十字路口。[229]

15点,机械化第1军坦克第219旅接到命令,要求他们沿凯撒路俾斯麦街进攻,前出到兰德韦尔运河上的桥梁。该旅奉命行事,18点到达凯撒路俾斯麦街与温德沙伊德街十字路口的地铁站,遭遇德军几辆半埋起来的坦克猛烈打击。该旅绕过地铁站地带,沿柏林街到达某处。

坦克第219旅随后发起突击,穿过毗邻的处女地快铁站支撑点,这里的快铁路堤提供了仅有的几个缺口,可以穿过莫阿比特区西部的屏障。步兵第79军的进军路线穿过近卫坦克第12军,渡过西港运河进入莫阿比特区,随即攻往施普雷河和兰德韦尔运河河口。经过激烈战斗,红军冲锋枪手在坦克火力掩护下继续前进,彻夜肃清德军盘踞的各栋建筑。步兵第207师一个团位于施普雷河北岸。4月29日清晨6点,坦克旅到达俾斯麦街十字路口,卷入蒂尔加滕公园西郊的战斗。该旅

战役结束后,红空军的斯图莫维克飞越柏林上空。照片里的河流,可能是城市西部地区的施普雷河。背景处的工厂无法确定,现在大概已不在城内。

几次企图夺取兰德韦尔运河上的桥梁，都没能成功，4月30日和5月1日忙着肃清体育场地带[230]。

当天下午，向东推进的近卫坦克第55旅，暂时切断此处与Z防区的联络，迫使阿尔特纳和其他德国守军朝同一方向前进，重新建立联系。F防区的埃德纳上校[①]从鲁勒本兵营派出一支强大的巡逻队，命令他们与Z防区和动物园掩蔽部重新取得联系。他选中500名小伙执行这项任务，阿尔特纳也在其中。他们穿过韦斯滕德，看见近卫坦克第55旅穿过这片地区造成的破坏。这支巡逻队在阿道夫·希特勒广场分成两股，分别在地上和地下沿地铁隧道赶往动物园方向。另一个战斗群从帝国体育场赶往黑尔街，负责肃清皮歇尔斯贝格，进入鲁勒本和面朝施普雷河的快铁铁路线北侧。

阿尔特纳的巡逻队刚到达凯撒路地铁站就遇到麻烦，配备"铁拳"的武装党卫队员和希特勒青年团员守在此处，误以为这支巡逻队是俄国人。他们旋即开火，打死阿尔特纳巡逻队4名成员。双方停火后，武装党卫队员解释道，俄国人占领了里夏德·瓦格纳广场周边地带，西十字和夏洛滕堡快铁站也落入他们手里。阿尔特纳的巡逻队随后分成几个小组向前而去，希望避开敌人突如其来的打击。他们穿过隧道前进，周围突然射来机枪火力，还伴随手榴弹的爆炸。隧道内一片混乱，只有曳光弹和手榴弹的爆炸划破黑暗。猛烈的火炮或坦克炮火炸塌地铁隧道顶部，红军步兵在街道上直接朝隧道里的德军巡逻队开火，甚至沿通风井发射"铁拳"，雨点般的弹片在隧道内四散飞舞。伤亡不断增加，巡逻队人数越来越少，但他们很快到达维滕贝格广场地铁站。激战声从诺伦多夫广场传来，"明歇贝格"师一部当日早些时候撤离波茨坦广场，在此处占据防御阵地。当地的德军巡逻队告诉阿尔特纳，红军攻往动物园掩蔽部，但该地区的反坦克歼击队挡住敌人。阿尔特纳巡逻队赶往动物园掩蔽部[②]，在那座巨大的堡垒内等待后续命令。他们在掩蔽部里听到各种传闻，据说西方盟国与苏联的关系破裂，德国马上要使用新式秘密武器，希特勒和埃娃·布劳恩在暗堡里完婚，还有另一些真真假假的消息[231]。

---

① 埃德中校。
② 就是动物园防空炮塔。

阿尔特纳和他的战友一直在掩蔽部里休息,午夜过后才接到命令,让他们返回鲁勒本。从阿尔特纳他们这场巡逻可以看出,近卫坦克第55旅分散在一大片地带,可能在俾斯麦街与康特街之间停止前进。蒙克部署到该地区的"大象"坦克歼击车大概加强了德军的防御,挡住近卫坦克第55旅。88毫米主炮和厚重的装甲,让"大象"坦克歼击车成

红军 SU-76 自行炮兵排,在居特尔街与法兰克福大道拐角,驶过"柏林"装甲连一辆被击毁或遗弃的四号 J 型坦克。SU-76 车队遮挡住街对面的黑豹坦克炮塔(参见 335 页照片)。

为名副其实的移动堡垒。争夺Z防区西部接近地的战斗逐渐停息,争夺国会大厦的激战却沿东北面的施普雷河爆发开来。

当天早上,曼弗雷德·冯·德尔·海特7点左右离开自己的部队,沿熏黑的铁路向西而去。没人注意他这个孤零零的士兵走向远处,现在几乎所有人都在盘算自己该何去何从。海特很快到达库尔比耶雷街与爱森纳赫街路口。他知道铁轨在这里上升,离开隧道进入诺伦多夫广场的街道。海特走到阳光下,沿铁轨而行。他看见前方车站损坏的老式圆顶。有那么一刻,他陷入沉思,但战斗声很快把他拉回现实。海特战后接受采访时说道:

我在莫茨街看见俄国人几辆坦克停在那里,就在诺伦多夫广场剧院,活像灰色巨兽。那些坦克起初一动不动,就像被钉子钉在地上,我随后伏下身子,趴在铁轨旁。此时我几乎没注意到一发发炮弹在周围炸开。远处和近处的雷鸣似乎是前几天的炮声,红军炮兵正以数千门火炮把柏林炸成碎片。我随后留意到红军坦克发射的炮弹,嘶嘶作响地从我头顶掠过。其他的炮火轰鸣来自我身后的街道。我环顾四周,这才搞清楚情况。俄国人的T-34坦克正与停在库尔比耶雷街拐角,克莱街上的德军坦克交火。原来我置身战斗中。

海特无意间卷入"明歇贝格"装甲师辖内部队与近卫坦克第6军的交战。

眼见自己性命难保，绝望的海特冲过街道，翻过栅栏，逃入某座住宅，这里也是个酒铺。他在此处待了一会儿，灌下一瓶葡萄酒，住户向他打听外面的情况，他简短回答了几个问题，随后再次出发，因为他知道党卫队的人在这片地区很活跃。海特跑过后院时，炮弹的爆炸震颤着周围的地面。他冲过迈恩街，悄然钻过阿霍尔恩街的花园，随后再次穿过选帝侯路与艾内姆街的十字路口，这才到达他要去的乌尔门街。海特喜悦不已，随后震惊地发现，他哥哥的房子不见了，只剩一个冒着烟的弹坑。海特战后得知，他哥哥和姐姐待在附近一栋房子里，平安无事，可他当时的确以为他们遭遇不测。

海特混混沌沌地朝来的方向踽踽独行，重新钻入地铁隧道，设法返回几小时前他刚刚离开的部队。他恍恍惚惚地走过几个车站，遇到一名孤零零的士兵，对方问他要去哪里，海特回答后又问对方在做什么。那名士兵顿了顿，转身指着一堆东西说道："我要去那里站岗，党卫队的人刚刚枪毙了他们。"他指指隧道旁一堵墙壁，借助穿过街道栅栏的光线，海特看见一堆士兵的尸体，他们刚刚死在党卫队枪下。海特顿时意识到，离开自己的部队四处游荡是多么愚蠢，因为党卫队员逮住散兵游勇，一旦认定对方是逃兵，会当场处决他。

海特总算回到自己的部队，没人发觉他先前开了小差。他和另外三名士兵很快接到新命令，赶去守卫俾斯麦街的路障。他在阵地上看见俄国人的坦克从阿道夫·希特勒广场开炮射击，还驶过凯撒路，就在200米外。没过多久又传来命令，让海特率领一群希特勒青年团员赶往柏林街，用"铁拳"干掉停在那里的一辆敌坦克：

我一声不吭地瞅瞅这群小伙。我先前听说希特勒青年团已动员起来，现在终于看见这些传说中的"战士"站在自己面前。他们才十二三岁，一张张小脸激动不已，眼睛闪闪发亮。这五个小家伙比我矮得多，所以他们仰头望着我。我瞅着他们，说起来没人相信，可事实就是这样：他们为自己即将投入战斗兴奋不已，甚至有些激动。他们都扛着"铁拳"，我也拎了一具。我瞅瞅这些不知该如何是好的小家伙，领他们来到俾斯麦街与柏林街之间的小拐角，让他们待在防坦克壕内。我告诉他们："都别离开这里！"我拎着"铁拳"悄然走开，强压怒火贴着房屋边缘而行，随后看见T–34坦克缓缓逼近。

海特跳入弹坑隐蔽，没想到自己此刻居然会这么冷静。T–34坦克渐渐靠近，他端起"铁拳"，稍稍瞄准后按下扳机，T–34中弹爆炸。海特守在原地，想看看敌坦克兵会不会爬出坦克逃生，"我随后咧嘴而笑，是啊，谁能逃离熊熊烈焰和这堆钢铁残骸呢？"他跑回几名希特勒青年团员身边，他们一个个兴奋地盯着他。海特对他们说道："要是你们想看炸毁的坦克，那就去吧！"他又带着怒意告诉他们，放下"铁拳"赶紧回家。几个小家伙面面相觑，又瞅瞅海特，这才执行命令，丢下"铁拳"消失在周围的废墟瓦砾中。

海特返回地铁站，发现自己的部队早已离开。就在他盘算该去哪里时，一名上尉走过来，问他是否熟悉市区地形。海特当然熟悉，于是上尉命令他领自己去兰德维尔赌场，他要去那里为150名部下征用物资。海特别无选择，只好领着上尉赶往赌场，随后在楼内的角落里睡着了。

柏林城内，俄国人的封锁线越收越紧，所有人的性命都有点朝不保夕。一旦被认定是逃兵、失败主义者，哪怕是没有证件在街上四处游荡的人，都有可能被就地处决，或吊死在路边的灯柱上。虽说此类暴行大多是党卫队员和盖世太保干的，但有时候他们自己也难逃厄运。弗里茨少尉在动物园附近的临时指挥所为"明歇贝格"师残余的战斗群征集补给物资时，就目睹了这样一起事件。

弗里茨看见一名空军士兵押着个18岁左右的党卫队员走入指挥所。这名空军士兵直截了当地说道："我在地下室里发现了这家伙，应该枪毙他！"弗里茨答道："这事不归我管，带他去见法官吧，他也在这里。"于是，空军士兵带着年轻的党卫队员去见当地的法官。几分钟后，指挥所设立了军事法庭。有人请弗里茨参加庭审，可他拒绝了。参与诉讼的一名少尉再三邀请弗里茨，他还是不愿加入，于是，另外几名军官主持军事法庭。没过10分钟，法庭就做出死刑判决，但必须找个将军签署判决令。弗里茨奉命带着判决令赶往伊甸园旅馆，"途中差点送命。"住在那里的一位将军签了字，弗里茨带着死刑判决令返回指挥所，四个宪兵把年轻的党卫队员押了出去。他们回来后，弗里茨问道："你们真把他毙了？"几个宪兵答道："空军那头猪猡跟我们一起去的，监督我们执行死刑。我们也不想这么做，可那家伙一心要他的命，主动当见证人。"听完这番话，弗里茨大声抱怨道："天哪，我真受够了！"

16岁的洛塔尔·克兰茨也目睹了此类街头判决，柏林市中心这些苦难的日子让他终生难忘。某天，他跟长官费尔根特罗伊少尉在街头巡逻，少尉昔日在前线服过役，负伤后装了条木腿。克兰茨看见"党卫队员检查证件时，年轻而又残酷的脸上带着施虐狂般的神情，反复盘问，粗鲁地对待饱受折磨的人，似乎有种邪恶的喜悦之情"。他俩沿乌兰德街巡逻时，党卫队的人也几次拦住他们，克兰茨恶声恶气地回应年轻的党卫队员，所以他们的盘查通常都很简短。

但随后发生的事情有点严重。一名身材魁梧的党卫队三级突击队中队长拦住他俩，查看他们的证件，另外六个党卫队员静静地站在一旁，盯着红军一架俯冲轰炸机掠过房屋上方，发出阵阵轰鸣。三级突击队中队长随后说道："同志，对不起，您得跟我去指挥所，这个小家伙也一起去。"

他们一声不吭地绕过下一个街角，进入一间深邃的地下室。一些党卫队员躺在床垫上，有个年长的党卫队一级突击队中队长坐在小桌子后的扶手椅上，这家伙身材瘦削，谢顶，苍白的脸上长了不少粉刺，浅灰色的眼睛冷冰冰的。但这名一级突击队中队长很有礼貌，他检查了两人的证件，仔细阅读一番后把证件还给他们，说道："你们可以走了！"他随后对那个三级突击队中队长说道："赫斯勒，没必要这么做。伙计，别惹我发火！"

双方简短交谈时，克兰茨看见角落处坐着个人，直勾勾地盯着前方，神情茫然，就好像自己根本不存在似的。克兰茨问旁边的党卫队员，角落里那家伙是怎么回事。党卫队员告诉他，他们在街上逮住这个士兵，他"没有证件"。克兰茨知道，这个伙计马上要被处决了："我一阵恶心，我见过很多死者，也目睹过被绞死的军人，可这家伙还活着，我有些不知所措，不断寻思能做些什么，就在这时，我听见一级突击队中队长说我们可以走了。"费尔根特罗伊少尉把证件递给克兰茨，这才注意到角落处的士兵。他顿时明白过来，转身走向桌子，问道："他是国防军的人，犯了什么事？"克兰茨后来回忆道：

一级突击队中队长抬头看了看，答道："他？他擅离职守，是个逃兵。"

那个可怜的伙计此时坐直身子，双手紧握，浑身上下抖个不停，他睁大双眼，疯狂地盯着党卫队员和国防军军官。费尔根特罗伊中尉①转身走到桌子旁，平静地说道："要不，把他交给我吧，我把他带回我的战斗群，他不过是吓破了胆。要是他真的擅离职守，把他交给我们，您也算让他归队了。我不太相信他真是个逃兵，他看上去很正派。我们不能这么草率地毙掉一个人。"

一级突击队中队长眯起灰色的眼睛，平声静气地说道："这是我的职责，不关您的事，别插手跟您无关的事情，眼下可不是慈悲为怀的时候。"

他突然跳起身，苍白的面孔涨得通红，吼道："出去！"我看见那个三级突击队中队长端起冲锋枪。费尔根特罗伊拉着我胳膊说道："走吧。"

走到外面，我再也控制不住，失声痛哭起来。费尔根特罗伊扶着我的胳膊说道："哭吧，小家伙，想哭就哭吧，没关系。"

我们随后遇到个带着几名传令兵的国防军少校，费尔根特罗伊汇报了刚才发生的事情。这位少校矮壮敦实，无疑是个精力充沛的好人，只听他说道："那又怎样？您去看看丹克尔曼街的宏大场面吧，您感兴趣的话，就去那里看看。子弟兵在杀人民，简直无法无天。住在丹克尔曼街的平民在窗口挂出白旗，党卫队的人把他们从家里拖出来，让他们靠墙站着，然后枪毙了他们。您过去的话，能看见那些尸体仍在那里。党卫队还点燃了他们的房子。中尉先生，祝您好运！"说罢，他带着手下离开了。²³²

攻往动物园的红军坦克，经常被海特这些占据有利位置的"铁拳"射手击毁。柏林动物园园长卢茨·黑克博士回忆道："德军驻守在动物园行政楼底楼，有个士兵扛着'铁拳'隐蔽到大楼前方别人看不见的地方。一辆敌坦克进入射程，楼里的人大声喊叫起来。楼外那个士兵跳起身，朝敌坦克射出'铁拳'，俄国人先前根本没发现他。"黑克说，动物园守军以这种方式击毁"1辆重型坦克和7辆轻型坦克"。他还提到，德军士兵"看见红军坦克车组里有个女兵爬出损毁的战车，不由得深感惊异，他们没朝她开火，任由她逃到伊甸

---

① 原文如此。

园旅馆后面去了"[233]。

北部地区

　　1945年5月1日，苏联的"锤子镰刀"旗在国会大厦上方升起，没有哪场军事行动比这更能象征盟国战胜了纳粹德国。苏联人写过好几篇记述，谈到红军冲击国会大厦的战斗，而德国人对此几乎只字未提。战斗生还者的记述往往有很多矛盾之处，尤其是对比文章里提到的时间和战斗性质。接下来谈到的国会大厦争夺战，是迄今为止最准确的记述，解决了以往各篇文章的矛盾之处。

　　步兵第79军当天上午从博伊塞尔街快铁站的施普雷河渡口穿过莫阿比特区，一路进抵小蒂尔加滕。当地的人民冲锋队部队据守该地区，可他们只实施了些许抵抗。红军最大的障碍，不过是冒着浓密的烟雾穿过遍地废墟的街道。俄国人没有准确的柏林市区地图，周围的建筑和工厂让他们手里的指南针变得很不可靠。待他们到达小蒂尔加滕，步兵第150师辖内部队奉命赶往公园南面，不费吹灰之力就夺得几座厂房[234]。上午11点，红军步兵在旧莫阿比特街与拉特诺街发现了莫阿比特监狱。莫阿比特监狱是一座星形多层建筑，看上去像中世纪的石制堡垒。传言四起，据说戈培尔正亲自指挥这座监狱的防御。柏林战役临近尾声，没有哪个红军士兵想在最后时刻为祖国献出生命。戈培尔亲自指挥防御的传言，可能是红军政治委员刻意炮制的，以此鼓舞指战员的斗志，一举攻克这座强大的堡垒。

　　红军的炮火齐射，拉开了进攻莫阿比特监狱的序幕，步兵第150师两个团随后在步兵第171师支援下发起冲击。守卫监狱的可能是德国安保部队（保安处、党卫队、秘密警察）和人民冲锋队，相关资料表明，该地区没有第56装甲军的官兵。经过几小时激战，监狱陷落，里面没找到戈培尔博士，俄国人大失所望。不过，他们确实解放了监狱，救出包括捷克人、波兰人、法国人在内的7000名囚犯。获救的红军战俘接到命令，立即加入实力严重受损的各步兵团。这种做法非常卑劣，因为苏联人把所有被俘者视为叛徒。长期待在国外，即便身份是俘虏，也意味着你在政治方面不再可靠。许多红军战俘刚刚获救就领到武器，奉命编入部队参加战斗，没人在乎他们的身心状况。倘若他们在战斗中阵亡，至少以自己的性命洗刷了被俘的"耻辱"。

下午3点左右,红军朝东南方攻往柏林市中心。步兵第79军位于最前方的侦察兵,首次见到国会大厦,他们立即向军部人员汇报情况。在莫阿比特区的战斗中被俘的德军士兵不断押来,他们证实了这一点,还告诉审讯者:"国会大厦就在前方,渡过施普雷河就能看见。"S.N.佩列韦尔特金将军反复确认国会大厦就在附近后,下令立即渡过施普雷河,还指挥步兵第150、第171师毫不拖延地赶赴河边。这道命令驱使红军部队绕过德国人设在该地区周围的支撑点,尤其是北面的OKW军官学校和东面的莱尔特快铁站,第9伞兵师辖内部队在这些地方掩护他们设在韦丁区的阵地左翼[235]。佩列韦尔特金把指挥所设在街道尽头高大的海关大楼上,从这里能俯瞰毛奇桥。步兵第150师师长把师部设在财政部大楼内[236]。

施普雷河是柏林市中心一道巨大的水障碍,宽150米,两岸的河堤高于水面3米,还筑有围墙。河上的桥梁完好无损,但两端用电车和铁丝网构筑了路障,桥上布满地雷,还埋设了炸药,随时准备爆破。南岸的建筑内驻有党卫队"安哈尔特"团第1营部分官兵,以及人民冲锋队和第9伞兵师人员。守军兵力可能有几百人。桥梁东侧还有几栋外交大楼,瑞典领事馆就设在那里。

桥梁西侧是易守难攻的内政部,俄国人称之为"希姆莱大楼"。一名警察上校待在地下掩蔽部,指挥内政部的防御。街道两侧的多层建筑上布设了机枪阵地,国会大厦前方的国王广场和周围,德国人还部署了几个固定式88炮阵地。动物园防空炮塔上的128毫米高射炮、蒂尔加滕残余的火炮为此处提供直接和间接火力支援。国会大厦前方整片地带是个庞大的建筑工地,是阿尔贝特·施佩尔地铁隧道工程的组成部分,但这项工程一直没完工。巴比克负责国会大厦和周边地带的防务[237]。他派500来名部下守卫国会大厦周边地带,这些士兵来自国防军各军兵种。国会大厦本身就是座堡垒,1933年纵火案发生后,这里的门窗都用墙砌上,地下室里几条通道向东通往另外几栋建筑,那里有座野战医院,就在勃兰登堡门北面。

下午晚些时候,俄国人企图立即冲过毛奇桥,但被德军防御火力挡住。这场战斗惊动了南岸的德军,他们知道俄国人来了,先前可能还没意识到这一点。红军18点重新发动进攻,这次组织得更好,步兵第756团第1营的彼得·皮亚特尼斯基下士率领的侦察兵参与其中。皮亚特尼斯基和他的部下轻而易举地越过第一道路障，但对岸的机枪和迫击炮火力很快朝他们袭来。迫击炮火射自维利·罗格曼剩下的几门迫击炮，他在几栋外交大楼间设立了防御阵地[238]。

红军航空兵奉命赶来，一架架战机摆出攻击姿态，企图迫使德国守军趴下隐蔽。红军步兵不断逼近，离守军很近，红军歼击机不敢开火，生怕再发生误击友军的事件。红军前调坦克，支援步兵渡河。自行火炮肃清桥梁北侧的路障，随后沿桥梁驶往南岸，为桥上的红军步兵提供支援。

动物园防空炮塔收到战场上发来的电报，立即开炮轰击毛奇桥。第9伞兵师的恩格尔少校发电报给G塔，说红军两辆JS-2坦克和步兵在桥上，企图攻到南岸[239]。128毫米炮弹把俄国人的坦克炸成碎片，几辆坦克腾起熊熊烈焰，还有几辆可能被着火的战车撞下施普雷河[240]。罗格曼战后回忆道："炮弹不仅仅击中坦克，而是把它炸得粉碎，尤其是击中坦克侧面时，就像这里发生的情况。"[241]他召集一群党卫队员和人民冲锋队员，准备发起反冲击，肃清桥上的敌人，而工兵奉命炸毁桥梁。明亮的绿色信号灯腾入空中，通知动物园掩蔽部，德军士兵逼近桥梁，防空炮塔上的128毫米火炮停止射击。

罗格曼率领部下发起反冲击，到达桥梁南端的路障，迫使俄国人退过桥梁。河北岸，驻守莱尔特快铁站的德国伞兵知道自己遭隔断，陷入红军编组地带。红军航空兵的空袭炸毁了通往韦丁区的舍尔海军上将桥，红军步兵占领车站以北地带，困守车站的德国伞兵几乎没什么选择。他们决定冲过毛奇桥，逃到施普雷河南岸，与守卫Z防区的德军部队会合。他们把施普雷河北岸的红军士兵打得措手不及，俄国人没想到身后会有德军。这群伞兵冒着敌人的火力，顺利冲过毛奇桥。

红军没能突破毛奇桥，涅乌斯特罗耶夫大尉向团长津琴科上校做了汇报，还提出个新方案，打算夜间实施炮火准备后渡河。津琴科批准了这份计划，下一轮进攻定于当晚20点发起[242]。接下来的战斗间歇，德军官兵忙着安装炸药，随后引爆。但爆破作业不太成功，只在桥面上炸出个大洞。19点，红军团属炮兵朝德军阵地开炮。德军援兵奉命开往该地带，认为俄国人很可能再次发动进攻。

巴比克命令孔策率领另一股援兵从国会大厦赶往内政部。孔策傍晚时离开内政部，打着电筒穿过国王广场。他踩着木板跨过地铁隧道宽阔的施工沟渠，沟里灌满积水，此时，俄国人的炮弹落在四周。孔策一行穿过侧面的通道进入国会大厦，刚进入这座建筑，楼上就传来爆炸声，现场一片混乱。似乎是红军一支小股侦察队从西面潜入楼内，图书室附近的楼上有人投掷了手榴弹，火焰腾起，还能闻到烟味。

孔策在战斗中遇到巴比克，随即获得更多人手和武器。就在这时，一名身着医护兵军装的"赛德利茨士兵"出现了，劝说守军投降。德国人立即逮住他，把他押走时，此人还高呼："自由德国！"赛德利茨的人熟悉柏林的大街小巷，现在很可能率领红军小股部队攻往诸如国会大厦等重要建筑。这些小股部队可能隶属步兵第9军或坦克第11军，因为他们此时就在菩提树下街西南面作战。据孔策说，俄国人的渗透给国会大厦守军造成恐慌，但他们随后听到歌声，弗朗茨中尉唱道："嗬，嗬，嗬，我们来自纳瓦霍！"听见歌声，许多德军官兵定下心神。孔策率领部下，端着StG-44自动步枪，扛着"铁拳"离开南出口。他们穿过国王广场赶往瑞士领事馆，随后穿过大街到达内政部[243]。

炮击一小时后，红军炮火稍稍前移，步兵再次渡河。皮亚特尼斯基打头阵，彼得·舍尔宾中士率领的班一同投入战斗。他们第二次到达桥梁南面的路障，这回迅速克服了障碍，随即赶往左侧，进入几栋外交楼，在黑黢黢的走廊和房间里展开白刃战。红军这场冲击大获成功，德国人陷入混乱，抵抗大为减弱。接下来几个钟头，红军步兵第1营余部跨过毛奇桥进入几栋外交楼。最关键的建筑无疑是瑞士领事馆，黑黢黢的石制走廊上爆发的战斗特别激烈，俄国人投掷手榴弹，猛烈打击守军。第2营很快也渡过施普雷河进入同一座建筑。两个营的兵力约有500—700人，挤在楼内过夜[244]。

由于红军几个先遣营都没达到满编兵力，于是投入获救的红军战俘，补充他们在莫阿比特区对面的战斗中遭受的伤亡。红军每个步兵营的编制兵力500人，编为3个步兵连、1个支援武器连、1个45毫米野战炮兵连。但这场战斗中，每个营分成两个强击群，还配属一个自行炮兵分队。另外，为遂行此次突击，步兵第79军还获得独立喷火器第10营和坦克第23旅。突击第3集团军位于东面的其他部队，继续对付德军在柏林北部地区的顽强抵抗。

近卫步兵第12军继续冲击舍恩豪泽大道快铁站与格孙德布伦嫩快铁站之间的德军防线。他们在几处突破德国人的防御，数日来，红军据守哥本哈根街

柏林城内，租借法案提供的美制斯蒂贝克US6卡车搭载的BM-31-12"斯大林管风琴"连。从行走在街上的平民数量看，这张照片可能是战役结束后才拍摄的。红军的火箭炮是面杀伤武器，能炸毁德国守军盘踞的整栋建筑。

北侧，而德国人守在南侧。4月28日，红军士兵渗透到格莱姆街几个后院。和其他地方一样，柏林城内的苏联奴工和前战俘迅速编入前线作战部队，补充各部队短缺的兵力。许多苏联奴工在AEG厂干活，就在洪堡海因防空炮塔后面。

红军迅速加强对既占地区的控制，他们通常会盯着一扇扇窗户，赶往下一条街道。倘若某处住宅射出火力，他们怀疑里面藏有德国兵的话，就纵火焚烧房屋。他们命令住在格莱姆街上的德国百姓躲入地下室，在一栋栋房屋门口部署中等口径的火炮，好让炮火穿过防空炮塔所在的公园射向市中心。双方展开炮战，德国人部署在蒂尔加滕和防空炮塔的火炮朝红军阵地猛烈射击，摧毁许多房屋。

俄国人随后决定转向东面，企图从后方攻克舍恩豪泽大道快铁站，但德军步兵的火力挡住他们，一辆虎王坦克还驶上高架快铁铁轨，开炮打击提供支援的红军战车[245]。"大德意志"警卫团以小股战斗群守卫该地区，不断实施顽强抵抗[246]。下述战例值得注意，几辆红军坦克没获得步兵支援，企图穿过附近的街道时被德国人击毁：

第一辆坦克向前驶来，绕过房屋拐角，火炮吓人地转向前方的路障。它缓缓逼近防坦克路障，速度非常慢。第二辆坦克转过拐角，第三辆、第四辆坦克尾随其后。我们防护得很好，一名掷弹兵对趴在旁边的少尉说道："他们拿我们没辙。"第一辆坦克此时离路障仅隔50米，第五头钢铁巨兽绕过拐角，就在这时，一声剧烈的爆炸震得嗡嗡作响。少尉抬头看了看，喊道："最后一辆敌坦克起火了，干掉他们！"少尉率领四名掷弹兵，拎着"铁拳"和手榴弹，借助各种掩护，小心翼翼地潜入对面的废墟。第二声爆炸响起，少尉又看见另一辆坦克中弹爆炸……第三辆坦克报销了。少尉现在要对付第一辆坦克，"铁拳"射出，一声巨响……敌坦克不再开火。车组人员跳离损毁的战车,躲到第二辆坦克后面,结果遭到掷弹兵火力打击。少尉又射出一发"铁拳",击毁第二辆敌坦克。[247]

德国人暂时挡住红军在北部地区的推进。

4月29日,周日

"逐屋逐房的激烈巷战在柏林市中心肆虐。激战中,英勇的守军顽强防御,挡住布尔什维克乌合之众毫不间断的冲击。尽管如此,敌人还是不可避免地在市区某些地段取得些进展。波茨坦街和贝勒联盟广场上,激烈的巷战仍在继续。敌人从普勒岑湖而来,一路攻往施普雷河。

"柏林南面,敌人投入新锐部队抵御我方遂行突击的几个师,激战仍在持续,结果殊难逆料。我军夺回贝利茨和弗雷德东部,与波茨坦防区重新建立联系,正攻往特罗伊恩布里岑东翼和西南方。"[248]

——OKW公报

4月29日,柏林的纳粹领导层和城内守军没收到什么好消息。食物和弹药短缺开始给德军的作战行动造成影响。4月28日/29日夜间,德国空军空投了6吨食物、15—20具"铁拳",但这批物资的分配非常混乱。受损的战车几乎无法维修,因为仅剩的维修车间位于蒂尔加滕,那里一直遭到红军炮击[249]。帝国宣传部天天在广播里宣称援兵即将到来,《装甲熊报》也刊登了相关消息,可这些宣传听上去无比空洞,因为文克第12集团军没有一兵一卒开抵柏林。魏德林在希特勒面前坦陈了柏林最后的防

4月29日的《装甲熊报》。

御该做些什么,他指出,现有的弹药估计到4月30日晚就会耗尽。希特勒终于意识到,城外根本没有援兵赶来,于是他批准残余的守军耗尽弹药和物资后,分成小股突围,设法与目前仍在柏林城外作战的其他德军部队会合。希特勒明确指出:柏林绝不投降![250]

希特勒批准守军突围,魏德林的参谋人员着手制订新计划,动物园防空炮塔内,叙多的参谋人员也参与其中。从那里向西突围的计划已经用不着保密。毫无疑问,党卫队旅队长蒙克得知希特勒批准突围的准话,就继续制定自己的突围方案。

元首暗堡里的气氛,充分说明在柏林赢得决定性胜利的希望破灭了。最后一期《装甲熊报》宣称:"我们的职责明确无误:必须坚守到底! 元首和我们在一起。元首在哪里,哪里就能赢得胜利!"[251]

柏林卫戍区

以下是第1高射炮师当日19点收到的报告:

强大的敌军对亚历山大广场施加压力,养老院市场落入敌人手里。敌人占领莱尔特火车站,安哈尔特火车站仍在我们手里。蒂尔皮茨河岸南面、布雷特讷广场也在我们手里。敌人从南面的维尔默斯多夫发动进攻,具体位置不明。动物园快铁站和蒂尔加滕仍在我们手里。我方防线沿快铁环线布设。敌人从莫阿比特、洪堡海因发动进攻。斯德丁火车站仍在我们手里。敌人占领了腓特烈斯海因。[252]

柏林城内的防御渐渐缩窄。

魏德林前一天晚上开始策划突围方案。"明歇贝格"装甲师的菲舍尔少校通知弗里茨少尉,让他去找师作战参谋托马少校,托马此时在动物园掩蔽部附近的伊甸园旅馆。弗里茨从法萨嫩街的驻地出发,总算找到托马少校,托马告诉他:"去动物园防空炮塔,那里驻有一个空军师,再去腓特烈大街的火车站,联系那里的装甲部队,弄清楚这些部队是否愿意跟随'明歇贝格'装甲师冒险突围。"他提醒魏德林①:"私下里说一句,这不是命令,绝对不是希特勒下达的命令,而是穆默特将军想召集几个战斗力相对不错的师向西突围。"托马补充道:"任何情况下都别说是穆默特将军派您去的,更别对那些指挥部里的党卫队人员泄露此事。"魏德林向他信赖的几名指挥官征询意见,准备发起未经批准的突围,扣人心弦的最后一幕,弗里茨不过是个小角色。他得到的答复如出一辙:"我们会联系穆默特将军,肯定不会用电话。"希特勒现在批准守军突围,突围计划终于不用遮遮掩掩了。

魏德林召集各防区指挥官开会,指示他们制订计划,4月29日晚上22点突围。党卫队旅队长蒙克和克鲁肯贝格没有受邀参加会议,因为魏德林和参谋人员担心党卫队会对突围计划做出不利的举动。魏德林指出,必要情况下他打算自行批准突围行动[253]。国防军与党卫队缺乏协调,表明他们直到此刻依然互不信任,这种情况导致高级指挥部门继续分裂,妨碍了柏林城内组织预有计划的防御和协同一致的突围[254]。

第12集团军

当日清晨,"费迪南德·冯·席尔"师、"乌尔里希·冯·胡滕"师、"沙恩霍斯特"师、"特奥多尔·克尔纳"师年轻的官兵继续攻往东北方。那里是红军近卫机械化第6军后方地域,该军此时忙着困住施普雷集团军级集群。文克的进攻实现了突然性,动作很快,彻底打垮过度拉伸的近卫机械化第6军。"费迪南德·冯·席尔"师和"乌尔里希·冯·胡滕"师,在戈尔措与布吕克之间茂密的森林地带前进10余公里,到达费尔希南面的东西向高速公路,在此过程中俘获红军若干补给部队和一个坦克维修车间[255]。右侧,"沙恩霍斯特"师夺得贝利茨疗养院和贝利茨镇,在疗养院解救了落入俄国人手里的一所战地医院和3000名伤兵。德国人还夺回一列火车,于是以这列火车来回奔波,把伤病员和难民送到50公里外的易北河[256]。"特奥多尔·克尔纳"师继续坚守强大的东翼。德国第20军这场进攻取得的进展激动人心,24小时内在20公

---

① 似乎应该是弗里茨。

里范围内变更部署三个主力师，连夜发起蔚为壮观的进攻，把俄国人打得猝不及防，朝波茨坦方向前进20—25公里。这场推进让第20军距离柏林不到20公里。当日下午，第20军停止进攻，转入积极防御。

文克逼近柏林的消息传来，元首暗堡里的人又萌生了强烈的希望。柏林守军得知文克集团军正在赶来，某个军官记录下他们的反应："这些冷漠的官兵又一次产生希望，既然文克能攻到波茨坦，那么他也能攻到柏林。倘若文克到达柏林的话，那么布塞将军的第9集团军也不会离得太远。"[257]国务秘书瑙曼博士仍待在帝国宣传部的废墟内，就在元首暗堡街对面，他迅速命令手下把文克集团军赶来的消息传播出去。他们全然不顾军事常识，认为此时应该把文克集团军逼近的消息和该集团军的位置告知柏林市民[258]。广播电台立即播出这个消息。文克的勤务兵正在收听柏林广播电台。4月29日凌晨2点左右，广播里的公告把他吓了一跳，他赶紧报告文克："将军，最高统帅部公告！"广播里播报了令人震惊的消息：

> 最高统帅部宣布：英勇的柏林保卫战再次表明，这是德国民众抵抗布尔什维克主义的决定性战役。城内部队在史上最伟大的战役中殊死保卫首都之际，易北河畔的我军部队调转方向，背对美国人，从外部发起救援，全力攻往柏林。若干师从西面投入，沿宽大的战线展开激烈战斗，目前已击退敌人，到达费尔希。[259]

文克气得满脸通红，他盯着参谋长京特·赖希黑尔姆，大声吼道："天哪，他们的脑子是不是有问题？这帮家伙全都疯了。这些该死的蠢货把我们的位置告诉全世界，明天我们再也无法前进一步。俄国人肯定会朝这里调集一切兵力，堵截我的集团军。"[260]文克给柏林守军发了封电报："致柏林战斗指挥官魏德林将军，第12集团军的进攻停在波茨坦南面，部队转入激烈的防御作战。建议朝我们这里突围。文克。"[261]不知道是不愿回复还是当前作战环境所迫，反正文克这封电报没收到答复。文克的作战意图是攻往波茨坦，但没想过继续攻击前进。第20军的任务是尽可能长久地守住防线，让柏林城内尽可能多的德国军民逃到他们的战线。

第20军与雷曼的施普雷集团军级集群暂时取得联系[262]。待第12集团军将士到达费尔希，雷曼的20,000名官兵和随行的平民百姓动身向南，在旧格拉博穿过狭窄的地峡。另一些人借助划艇渡过施维洛湖，到达第12集团军战线。雷曼的部队立即投入部署，在"费迪南德·冯·席尔"师西北翼填补一个严重的缺口[263]。文克用电台告诉凯特尔，他的部队再也无力朝柏林更进一步。凯特尔答复说他知道了，还赋予文克自主行事权，可以采取一切必要的行动。于是文克命令第20军将士就地坚守，等待布塞第9集团军从东面赶来。

元首暗堡

希特勒知道柏林保卫战即将告终，再也无望赢得决定性的军事或政治胜利。当日凌晨，他与埃娃·布劳恩完婚，随后任命邓尼茨继任帝国总统，还打了三份遗嘱副本。一名信使带着遗嘱赶往邓尼茨的司令部，第二名信使去舍尔纳集团军群司令部，第三名信使带着遗嘱去慕尼黑的纳粹党党部[264]。希特勒召集蒙克参加午间会议，此时他觉得没必要再听取魏德林的作战简报。蒙克告诉希特勒，俄国人离元首暗堡仅隔300—400米，残余的德军部队只能再坚守24小时[265]。这一整天，暗堡内的气氛螺旋式下降。当晚22点30分，有消息称墨索里尼落入游击队手里后被杀，他和情妇的遗体还受到种种凌虐，这件事证实了希特勒的担心：要是他被俘的话，俄国人会把他押到莫斯科，像动物园里的动物那样展出[266]。23点，希特勒给约德尔发出最后一封电报，要求他回答五个日后相当出名的问题：

1. 文克的先遣部队在哪里？
2. 他们什么时候再次发动进攻？
3. 第9集团军在哪里？
4. 第9集团军朝哪个方向突围？
5. 霍尔斯特的先遣部队在哪里？[267]

次日，也就是4月30日凌晨，希特勒收到答复，可以说这份复电促使他把4月24日就已做出的自杀决定付诸实施。城外部队解救柏林的希望荡然无存。文克当晚正式致电OKW，告诉他们第12集团军无法继续进攻。

苏联最高统帅部大本营

科涅夫与朱可夫麾下部队在安哈尔特火车站对面的兰德韦尔运河发生冲突，促使大本营再次修改柏林城内两个方面军的作战分界线：

鉴于两个方面军的作战行动已转移到柏林市中心，加之原先划定的方面军作战分界线到安哈尔特火车站为止，最高统帅部大本营4月28日为两个方面军制定新分界线，4月28日24点生效：如前所述，新分界线是马里恩多夫—滕佩尔霍夫站—维多利亚·路易丝广场—萨维尼站—沿铁路线到夏洛滕堡站—西十字站—鲁勒本站（以上地点统归乌克兰第1方面军）。

白俄罗斯第2方面军辖内部队奉命继续进攻，执行原先受领的任务。

科涅夫争夺国会大厦的行动结束了。他的部队在新作战分界线东面打得很好，但现在必须变更部署。大本营下达了含蓄的指令，因此，他的部队在柏林城内的新进攻方向已确定无疑：

乌克兰第1方面军司令员命令近卫坦克第3集团军司令员，4月29日日终前夺取舍讷贝格—维尔默斯多夫—哈伦湖地区，肃清格鲁讷瓦尔德森林；机械化第9军从安哈尔特火车站地带撤回，从兰德韦尔运河南岸赶往集团军作战地域，任务是从舍讷贝格南部地带攻往萨维尼站。

第28集团军司令员奉命从安哈尔特火车站地带撤出步兵第61师，与近卫坦克第3集团军协同作战。

科涅夫的部队攻入柏林，迄今为止取得的进展相当惊人，简直是对朱可夫毫不掩饰的侮辱，因为白俄罗斯第1方面军进展缓慢，每天都在苦苦挣扎。但斯大林不想让科涅夫和朱可夫在柏林街头自相残杀。他的本意是激励两位司令员不惜一切代价攻克柏林，这个关键目的已实现，更何况他还获得更多成果。尽管当时没有公之于众，但朱可夫的声誉确实受到玷污。斯大林可以利用苏联红军最资深、名气最大的指挥员在柏林城内这种看似"拙劣"的表现来对付他，毫无疑问，他战后确实这样做了，把朱可夫打入冷宫近四分之一个世纪。

科涅夫的部队不再争夺国会大厦,两个方面军的竞赛就此结束。朱可夫报告大本营,他的部队已看见国会大厦。大本营下令加强突击第3集团军,好让他们一举攻克国会大厦:

为最大程度地加强突击第3集团军对国会大厦的冲击,也为尽快分割敌集团,该集团军获得方面军预备队步兵第38军加强,4月28日日终前,该军驻扎在比尔肯韦尔德东北面的树林里。步兵第38军奉命开赴潘科郊区,当晚23点在作战上暂时隶属突击第3集团军司令员。[268]

尽管大本营把最终攻入柏林市中心的权利赋予朱可夫,但他可能并没有

两辆SU-76M自行火炮停在柏林某条小街上。照片里还能看见租借法案提供的一辆美制斯蒂贝克US6卡车向左驶入另一条小街。近处的SU-76M,生产编号25283,后面那辆是4[?]151。这款自行火炮,主炮安装在T-70坦克底盘上,动力装置的安装位置做了修改,两台引擎一前一后安装在右侧(注意两个变速箱)。战车顶部敞开,导致车组人员暴露在外,但由于尺寸较小,在柏林街道上的机动性很高。他们以直射火力打击各种地面目标,提供的支援很有效。

松一口气，因为他必须在5月1日前攻克国会大厦。

东部地区

近卫步兵第26军沿施普雷河东岸前进，一路赶往亚历山大广场西面。他们的目标是渡过施普雷河，登上博物馆岛，而后沿菩提树下街向西挺进，最终与已经在那里作战的步兵第9军、坦克第11军辖内部队会合。

近卫步兵第94师穿过市中心狭窄的街道，攻往伯尔泽证券交易所快铁站。博物馆岛就在伯尔泽快铁站前方，这座岛屿给红军渡过施普雷河的行动造成麻烦，红军到达Z防区腹地前，先得渡过博物馆岛湍急的支流。

近卫步兵第89师继续沿亚历山大广场接近地鏖战。近卫军炮兵上尉A.帕杜诺夫回忆道，红军其他部队发动进攻时，他奉命压制广场中心快铁站严密的防御：

虽说我方步兵通过4月28日的近战占领亚历山大广场南部，消灭了敌人设在该地区最后一处支撑点，还攻克警察总局大楼，但广场北部的德军继续抵抗。他们据守在地铁和毗邻的建筑内，以火力控制整个广场，阻止我方分队攻往亚历山大火车站。地铁站成为他们的抵抗据点，配备强大火力的大股敌军隐蔽在地下车站内。

我4月29日接到命令，准备以炮火打击敌人的抵抗据点。我们只能直接射击，因为我们处在敌人的火力下。

我派近卫军上士库济莫夫的炮组执行这项任务。他们把榴弹炮推入发射阵地前，一如既往，我以手头的力量提供可靠的火力掩护。为此，没有受领任务的其他炮组人员进入距离榴弹炮不远的隐蔽阵地。每个战士都有需要他们打击的敌火力点，这些火力点对我们的火炮构成威胁。

我发出口令，他们以机枪和突击步枪射出猛烈的火力。借助火力掩护，库济莫夫上士的炮组把榴弹炮推入发射阵地，开始朝敌人开炮。

库济莫夫的榴弹炮不停地轰击了一个半钟头，炮管和零部件打得滚烫，甚至能灼伤我们的手。炮组人员汗流浃背，几名供弹手累得再也搬不动炮弹。

到了规定时间，我们听见发动机发出阵阵轰鸣。炮兵最大程度地加强炮火,右侧也传来隆隆炮声。装有机枪的我方坦克从废墟后面出现了,迅速驶过街道,设法赶往广场,还在行进间开炮射击。可是,没等他们走完半数路程,猛烈的火力就从半毁的建筑和地下室袭来,德国人从新位置开火。一分钟后,烟雾笼罩广场。我方坦克被迫返回,还拖着一辆中弹起火的汽车。炮兵加强火力,更猛烈地打击敌人刚刚出现的新火力点。[269]

近卫军中校卡奇托夫撰写的文章,突出了共青团员亚沙加什维利下士的英雄主义:

> 我方坦克和步兵的进攻失败了,很明显,只有消灭敌人的主要据点,也就是地铁站,我们才能夺取亚历山大广场剩余的部分。
>
> 共青团员亚沙加什维利下士是营长伊什布拉托夫的勤务员,和其他战士一样,经历了部队艰难穿过柏林市区的每一次延误,正苦苦思索攻克那座半毁地铁站的办法。他觉得必须大胆地打击敌人。亚沙加什维利拿定主意,向营长汇报了自己的想法,请他批准自己采取行动。他的计划其实很简单,也很大胆。营长批准了,他非常了解亚沙加什维利,知道这名勇敢的共青团员一旦拿定主意,肯定能实现预定目标。他只是对亚沙加什维利的计划稍稍做了些修改。
>
> 亚沙加什维利放下不必要的装备,只带了突击步枪和备用弹鼓①,往兜里塞满手榴弹,朝街上分隔有轨电车路线与行车道的围栏冲去。马斯卡里扬中士和另一名战士跟在他身后。亚沙加什维利身旁是个电话兵,带着线轴和通信设备。共青团员亚沙加什维利翻过围栏,冲向地铁站入口,奔跑中投出一枚枚手榴弹,手榴弹在车站入口处爆炸,几乎是同时,他已冲到那里。亚沙加什维利站在硝烟中,朝竖井投了几枚手榴弹,还端起突击步枪射击。身后的马斯卡里扬中士和另一名战士也冲进来,朝敌人投掷手榴弹,追击残敌,用突击步枪在近距离内扫射敌人。
>
> 电话兵带着通信设备和线轴,在距离车站几步远的街上负伤。亚沙加什维利发现后,朝他跑过去,全然不顾附近建筑射来的火力,把伤员拖到地铁

---

① 由此可见,书中反复提到的突击步枪可能是冲锋枪。

柏林城内的巷战,激烈度远远超出红军指挥员预料。红军指挥员驱使部下毫不停顿地夺取这座城市。这张很可能是摆拍的照片上,一个红军步兵班似乎正冲过遍布碎石瓦砾的空地,到达对面的公寓楼。红军士兵穿过德军狙击手或机枪的夹射火力冲到街对面,往往会为夺取目标建筑与敌人展开激烈的白刃战。这种厮杀让人身心俱疲。

站,接好电话后通知营长,他已夺得地铁站。[270]

亚沙加什维利勇敢地冲到地铁站入口,但红军当日没能攻克车站。

近卫军上士M.列格基赫谈到,进攻方与防御方之间的战线处处是漏洞。红军正准备进攻亚历山大广场上的高架快铁站,德国人突然从他们战线后方发起袭击,列格基赫的作战部队遭受了伤亡,他不得不更改战术计划。值得注意的是,他还谈到如何以火炮的直射火力驱散德国守军:

我方步兵准备进攻亚历山大广场上的火车站,我这门火炮的炮弹即将耗尽。我和党代表莫罗佐夫赶往汽车旁,打算解下火炮,刚到达牵引车停靠的铁路桥,就遭到突击步枪火力袭击。我们环顾四周,发现朝我们射击的两个德国兵跑入桥梁附近的建筑躲了起来,一道路障环绕着那栋建筑。我们看见不远处扔着一门损坏的76毫米火炮,旁边倒着几具尸体,前方还有一门122毫米榴弹炮,防盾上有个大洞,显然是躲在楼内的德国人干的。没过一会儿,隐蔽在楼内的敌人再次开火,我手下搬运炮弹的两名战士牺牲了。必须采取措施,绝不能耽误炮火准备。

我召集几名战士,朝楼房的几扇窗户射击后,我们冲入底楼。出乎我意料,这里没有敌人,只看见几扇窗户旁散落着一堆堆步枪子弹弹壳和"铁拳"发射管。我仔细检查一番,在门廊通道找到地下室入口。我们瞅见里面发出亮光。我命令战士往里面扔了几枚手榴弹,我们随后冲了进去。

地下室很大,一堵石墙把它分成两部分,一半黑黢黢的,另一半亮着灯。亮灯的半间地下室里,我们看见几十个德国兵。手榴弹的爆炸把他们震得半聋。我命令他们投降,可他们不仅没照办,还拉动枪栓。我们又投了几枚手榴弹，闪身隐蔽到后面。子弹在我们身边掠过……

我让瞄准手安德烈耶夫和另一名战士守在地下室入口，命令他们看住德国人，随即朝牵引车跑去。待我到达火炮旁，把它从车上解下，转动火炮对准楼房。我给安德烈耶夫发出信号，让他过来。我们朝楼房连开几炮，德国人高举双手从地下室出来，约有100来人。[271]

步兵第266师仍在警察总局大楼内鏖战，一直打到15点。战争结束后，盟军评估了柏林遭受的破坏，发现这座大楼的西侧严重受损，说明红军从该方向实施了主要突击。发动进攻前，他们可能沿新腓特烈街以直射火炮和自行火炮轰击这座建筑的墙壁。攻克警察总局后，步兵第266师指战员没有休整，迅速逼近巨大的红砖建筑——红色市政厅。他们起初没取得什么进展，用"铁拳"在毗邻建筑的墙上炸开几个缺口后才攻了进去。德国人顽强抵抗，双方为争夺每个房间展开激战。这场战斗持续了24小时，步兵第266师直到4月30日上午才彻底占领这座建筑。

4月28日22点，坦克营营长D.斯克沃尔措夫少校接到以下命令："明天一早进攻市政厅，傍晚前赶往施普雷河，夺取河上两座桥梁，坚守到我方部队开抵。"斯克沃尔措夫后来叙述了这场战斗：

我指挥的坦克营，在柏林城内的战斗中积累了许多组织、实施巷战的经验。

我们离施普雷河上的桥梁还有三个街区，与市政厅相隔两个街区，市政厅很大，占了一整个街区。

所有坦克车长都参加军官侦察，确定遭进攻街区敌火力点的位置，探明各独立结构的接近地。每个车组都接到指示，知道要先行压制哪些火力点；各车组还根据个人观察

北望柏林红色市政厅，这张照片摄于20世纪30年代。当地德军作战部队在这座庞大的建筑内严密防御，坚守了24小时。

和专门的草图,仔细研究他们要进攻的建筑。讨论各种可行方案时,军官认真制定了坦克营的指导方案,以及坦克营与步兵、炮兵协同作战的计划。

与此同时,我们还完成一项重要的政治任务:全体指战员现在都知道,施普雷河上的渡口对彻底赢得柏林战役是多么重要。

坦克连连长诺维科夫中尉率领强击群,他是个充满干劲、英勇无畏的年轻军官,胸前佩戴着三枚勋章。整个突击期间,他始终位于强击群最前方,在这场英勇的壮举中身先士卒地率领坦克兵和协同作战的步兵。

坦克向前驶去,在几栋建筑旁占据合适的位置,以所有车载武器消灭敌方人员和火力点。针对眼下的情况,强击群配属的步兵分成几个小分队,有的占据庭院和楼梯井出口,有的冲入楼房上层,还有一支小分队攻入地下室。就这样,他们肃清各栋建筑。

我们离市政厅越近,敌人的抵抗就越激烈。他们发射的火力极为密集,尤其是市政厅楼内和接近地射出的"铁拳"和大口径机枪火力。另外,敌人还从翼侧射来炮火,特别是从腓特烈大街,他们的火炮和坦克从那里开炮射击。

有那么一刻,局面相当紧张,我方部队似乎再也无法继续前进。坦克排排长邦达连科少尉随即受领以下任务:率领3辆坦克全速攻往市政厅,确保强击群攻克该建筑。

我们的火炮和坦克在行进间开炮,借助猛烈的炮火掩护,邦达连科排径直攻往市政厅,整座建筑笼罩在烟雾里。强击群和掩护群主力抓住机会冲入市政厅,消灭部分希特勒分子,剩下的敌人在两名将军率领下投降了。

突击市政厅的关键时刻,邦达连科坦克排以无与伦比的勇气投入战斗。一发"铁拳"击中他的战车,邦达连科头部负了重伤,血流不止,可他继续朝敌火力点开火。炮弹再次命中他的坦克,这位英雄负了致命伤,很快就牺牲了,倒下时还紧紧攥着机枪。

多古舍夫上士的车组打得也很英勇。他们

战役结束后,南望柏林红色市政厅的照片,从照片上可以看出,红军进攻、夺取这座建筑造成的巨大破坏。

在行进间消灭敌人一门火炮、几十个火力点、20名敌军官兵。多古舍夫在战斗中身负重伤，但他继续指挥车组执行作战任务。

波利亚科夫上士的车组在战斗中的表现同样出色，他们在近距离击毁一辆装甲运兵车，还干掉一辆自行火炮和几个火力点。

夺得市政厅大楼后，我们迅速占领施普雷河上两座桥梁，人员和装备损失很小，一直坚守到4月30日上午我方部队开抵。4月29日晚，德军步兵在坦克和火炮支援下，两次发起反冲击，企图逼退我们占领桥梁的部队，但两场反冲击都被我们击退，敌人损失惨重。[272]

步兵第32军步兵第416师，在近卫重型坦克第11旅支援下，攻克扬诺维茨桥快铁站，不断逼近施普雷河，一路前出到部分炸毁的选帝侯桥，随后着手准备渡河行动[273]。西里西亚快铁站可能也陷落了，但没有相关作战记录。倘若这座车站确实落入俄国人手里，那么他们就能把兵力迅速调往施普雷河畔。幸存的德国守军很可能撤到施普雷河西岸的友军防线。

中央地区

争夺养老院市场的战斗似乎在4月29日结束。坦克第11军穿过此处向北而去，其他红军部队没打算夺取此处另一些建筑。坦克第11军辖内部队现在隶属突击第5集团军步兵部队，为他们提供支援，具体如下：

坦克第20旅配属步兵第248师辖内部队；

坦克第36旅配属近卫步兵第94师辖内部队；

摩托化步兵第12旅按营配属给几个旅；

坦克第65旅担任军长的预备队，留在原先的集中地域。[274]

从以上分配可以看出，坦克第36旅前几天可能跟随近卫步兵第26军在施普雷河东岸作战，另外几个旅在西岸与步兵第9军协同行动。

当日晚些时候，朱可夫还下达了白俄罗斯第1方面军00632号作战令，把近卫坦克第1集团军在作战上隶属近卫第8集团军。此举是为避免战术方面的混乱，减少坦克兵的损失，到目前为止，他们一直在巷战中独立行事。虽说近卫第8集团军和近卫坦克第1集团军在柏林南部接近地并肩作战，但近卫坦克

三辆 T-34/85 坦克驶入广场后停下。他们似乎采用错列战术,为首两辆坦克以正面装甲面对通往广场的街道。前方建筑遭到直射火力打击,可能是这些坦克造成的。建筑腾起烟雾,表明这里刚刚发生过战斗。近处的坦克,燃料桶脱离金属带滚落到地上。照片上没见到车组人员,战车看上去也没受损。走在墙边的两名红军战士步枪上肩,说明这里是安全的。

第1集团军并不听命于崔可夫。也就是说,他们没有协同一致地遂行突击。红军坦克和自行火炮的高昂损失,可能迫使朱可夫下达命令,确保诸坦克兵团与步兵联合作战。

　　阿里贝特·舒尔茨离开地下室赶往莱比锡街,在那里进入某座民用防空洞,想给班里的希特勒青年团员打点水。舒尔茨走下台阶,询问50来岁的防空洞管理员,能不能让他打桶水,管理员恶声恶气地答道:"打水?没有!"舒尔茨不知如何是好,只好返回自己的地下室向指挥官汇报情况,指挥官立即命令舒尔茨和另一名希特勒青年团员再去一趟,那个希特勒青年团员端起StG-44突击步枪对着管理员,命令他打桶水上来。管理员立马照办了。这种情形让舒尔茨对平民百姓的忠诚产生怀疑。他的情绪越来越低落,不知道自己是否还能平安回家[275]。

　　党卫队三级突击队中队长亨泽勒和部下昨日撤离指挥官街,俄国人沿这条街道向北攻击前进。德国人仍在该地区坚守,可能是"诺德兰"师的官兵。红军大尉捷尔阿科皮扬回忆起养老院市场西面毫不留情的逐房争夺战:

　　4月29日,我们营在施普雷河左岸投入巷战,沿指挥官街攻击前进。当晚,我们逼近雅各布街,敌人从拐角一栋五层楼房的窗户里朝我们射来猛烈的火力。倘若我们滞留在这里,全营无疑会遭受重大伤亡,此处也无法构设临时防御。于是，营长罗曼年科少校命令我们，冒着敌军火力立即返回那栋建筑，楼房每一层都有敌人据守，配有自动武器、机枪、"铁拳"，还朝我们投掷手榴弹。

全营指战员高呼"乌拉"冲了上去，从窗户和大门攻入底楼房间。每个房间都得以白刃战肃清。消灭底楼之敌后，弗罗洛夫中尉的步兵排冲入地下室，与盘踞在里面的敌人战斗。经过15分钟艰巨的近战，地下室里的敌人悉数就歼。我们随即着手消灭盘踞在楼上的敌人，这场战斗最为艰巨。

希特勒分子利用他们先前在地板和天花板凿开的一个个豁口，从二楼朝我们投掷手榴弹。但面对我们射出的猛烈火力，敌人很快从二楼的窗户跳入庭院。我们的机枪手什特尔科夫、加尔金和狙击手萨宁正在那里等着他们，以精准的火力把50来个希特勒分子撂倒在楼房窗户下。

二楼还活着的德国兵逃上三楼和四楼。我们冲上二楼，敌人射来交叉火力，又一次从满是孔洞的入口通道朝我们投下手榴弹。但我们的近卫迫击炮兵赶到了，他们带着10门重型迫击炮冲上二楼。

按照炮兵的建议，我们营悄然撤离楼房，没有引起敌人注意。

10门迫击炮的齐射炸塌楼上三层，盘踞在楼上的德国人葬身废墟。

我们没再回去，而是继续前进。距离楼房30米外，敌人在另一栋楼内构设了防御。侦察员赶往那栋大楼，没发现敌人，我们逼近时，也没人从窗户里开枪射击。我方士兵进入地下室，没遇到任何抵抗，通信兵布设电话线，我们几个走入房间。我们在某个房间放下设备，就在这时，雨点般的子弹从四面八方射来，我们根本不知道敌人在哪里。原来，我们没发现敌人在建筑内墙上凿了好多孔，他们从旁边房间透过这些孔洞朝我们开火。我们赶紧用电话向团长柴卡中校汇报情况，他命令道："让全体指战员撤离楼房，用火炮炸毁它。"可我们无法撤离楼房。德国人包围三个房间，我们50来名指战员困在房间里。这里只有一条通道，是条非常窄的走廊，通往院子底部，但暴露在地下室敌人、二楼敌机枪手和狙击手的火力下。几名战士先后穿过这条窄窄的走廊冲出去，都在途中牺牲了。

我们陷入困境，有人趴在地上，根本没办法站起身，因为子弹从他们头上掠过，也有人背靠孔洞旁的墙壁而立，敌人一挺机枪就在另一头朝孔洞射击，这些战士死死盯着另一侧的墙壁，那里也发出射击的闪烁。我们遭到敌人火力压制，什么都做不了，但我们还有通信联络，这让我们稍稍定下心神。我们把所有希望寄托在与团长保持联络的电话线上。突然，透过通往入口的房门，我们看见电话线垂入地下室。德国人找了把钩子，钩住电话线拽到他们那里，想剪断电话线。埃马舍夫中士像猫那样跳向垂落的电话线。埃马舍夫牺牲了，但他在最后一刻从钩子上解下电话线。德国人再次企图把电话线拽过去，但没能做到。

连长米卡埃良上尉告诉同一个房间里的战士，他们现在无法离开，但炮兵必须开火。他想让炮兵朝这里开炮，所有战士异口同声地说道，让炮兵开炮吧！米卡埃良和他那个分队的意见转告给团长，但团长决定暂时不开炮。

我们在楼内三个房间困了五个钟头。敌人发觉很难用机枪干掉我们，于是从墙上的孔洞移开机枪枪管，把手榴弹投入房间，我们根本没地方躲避手榴弹纷飞的弹片。步兵连连长克雷洛夫中尉、迫击炮兵连连长斯梅尔京中尉、排长弗罗洛夫中尉几乎同时牺牲。墙上的缝隙和孔洞传来敌人磕磕巴巴的俄语喊叫声："俄国佬，你们完蛋了，投降吧！"我们的战士喊道："你们才完蛋了，柏林完蛋了！"

突然，米卡埃良他们待的那个房间冒出浓烟，萨宁和科尔马戈罗夫按照连长的命令，往一堆家具浇上汽油点火焚烧，米卡埃良的声音随后响起："同志们，德国佬马上要完蛋了，我们点了火，两分钟后就会爆炸。"

烟雾弥漫到各个房间，米卡埃良那番可怕的警告，德国人听得清清楚楚，不由得惊恐万状。他们不再朝我们逼近，为保全性命，他们把武器丢在射孔旁，从各个出口逃出大楼。但我们的战士早就守在院子里，步枪和机枪火力从四面八方射来，跳出窗户逃入院落的德国佬一个没跑掉。[276]

捷尔阿科皮扬知道，没人会抓俘虏，逃出大楼的德国人都死在院子里。

帝国总理府南面，"诺德兰"师几个战斗群计划当日清晨发起突击。伊卢姆战斗群沿腓特烈大街发动进攻，遭遇步兵第230师向西前进的先遣部队。丹麦人和俄国人在废墟间爆发激战，双方展开逐房争夺。德军这场反冲击把俄国人打得措手不及，红军步兵退却，撤往南面。丹麦人很快到达普特卡默街，随后赶到黑德曼街，接近朔勒斯的阵地。上午9点，伊卢姆指挥下一阶段的进攻时，一辆T-34/85坦克赶来支援红军步兵。敌坦克朝丹麦人的阵地开了几炮，一发炮弹射中伊卢姆旁边的墙壁，在他的脸颊上划开个口子，剧烈的冲击波把他掀翻在地，眼睛和腿也负了重伤。几名部下赶紧把他扶起来，简单包扎后把他送往阿德隆旅馆，那里现在改成一座大型野战医院[277]。克里斯滕森的反冲击可能也遭遇类似结果，但没有相关记述。

朔勒斯率领部下继续守卫黑罗尔德保险大楼，红军步兵第9军辖内部队从西面和北面冲击他们的阵地。跟随伊卢姆发起反冲击的6名人民冲锋队员赶来加强朔勒斯的部下。俄国人近在咫尺，几个德军士兵决定在空地升起反万字旗吸引敌军火力，然后撤出阵地，召唤德军炮火施以打击[278]。当日傍晚，红军直接攻向朔勒斯和他的部下，双方在大楼入口展开白刃战[279]。22点，突击第5集团军步兵第9军彻底占领萨尔兰街，以及威廉大街南部，几乎一直到帝国航空部。和昨日科涅夫的部队一样，步兵第9军辖内几个师很可能在混乱的巷战中与近卫第8集团军辖内部队发生冲突，这些巷战发生在距离安哈尔特火车站很近的地方。这里显然是突击第5集团军向西推进的极限。该集团军本该继续向西、向北攻往福斯大街，可他们似乎没这样做。可能是朱可夫给别尔扎林下达了停止前进的命令，好让崔可夫向北攻入政府区核心地带，否则他这位尽心尽责阻挡科涅夫率先到达国会大厦的下属，可能会发现自己的部队被隔断在兰德韦尔运河南面。

科涅夫麾下部队昨日强渡兰德韦尔运河，给近卫第8集团军造成混乱，恢复秩序后，该集团军重新发动进攻，强渡兰德韦尔运河。4月28日/29日凌晨，近卫步兵第79师接替近卫兵第27师，准备当日中午强渡运河。换下近卫步兵第27师的原因，可能是该师昨日与雷巴尔科坦克第91营、机械化第69旅发生冲突期间遭受了损失。近卫步兵第79师与德国人在兰德韦尔运河沿岸展开拉锯战。

激烈的战斗中，一名红军士兵成为苏联征服柏林的形象代言人。近卫步兵第79师步兵第220团的旗手尼古拉·马萨洛夫，在波茨坦桥上把一个小姑娘从她死去的母亲怀里救出。苏联人大肆宣传这番善举，战后还竖起纪念碑纪念此事[280]。

红军坦克部队想尽一切办法强渡兰德韦尔运河，好为目前在北岸战斗的

北望兰德韦尔运河上的波茨坦桥,这张照片摄于20世纪10年代。这是兰德韦尔运河上可供红军使用、寥寥无几的完好桥梁之一,发生了激烈的战斗。红军战士奋勇拯救德国孩子的传奇故事就发生在此处,这件事最终促成特雷普托公园竖起红军烈士纪念碑。

步兵提供支援。红军工兵排除地雷,还拆掉挂在桥下的两颗大型航空炸弹,随后几次企图冲过桥梁,但都被废墟间精心构设、严密防护的德军阵地猛烈的机枪火力逼退。俄国人随后想以坦克强行冲过桥梁,但德军半埋的战车、扛着"铁拳"隐蔽在废墟间的步兵逐一击毁冲过来的坦克。部分红军步兵确实渡过运河,在对岸坚守小小的立足地,可他们的坦克还是不断损毁。有个红军坦克车组很聪明,决定把汽油浇在坦克上,再次发动进攻后,他们点燃坦克,朝桥梁隆隆驶去。德国人以为这辆坦克中弹损毁,是在惯性作用下向前滑动,所以没加理会。这辆T–34/85驶过桥梁,炮塔突然转动,在近距离轰击德军阵地,驱散守军,为己方部队争取到加强力量、扩大登陆场的时间[281]。

近卫步兵第39师近卫步兵第120连①沿萨尔兰街赶往波茨坦火车站,但在基督教堂、沿街各处和默克尔恩街上的邮政大楼都遭遇德军支撑点[282]。

据弗拉基米尔·阿贝佐夫称,红军穿过东北面某个街区攻往德绍街,巩固他们的既占阵地[283]。阿贝佐夫回忆道:"车站大楼后面一条小街里,敌人的曳光弹四散飞舞,简直像绿色、红色、白色的黄蜂。"[284]这种防御火力让阿贝

---

① 这个番号很奇怪,似乎应该是近卫步兵第120团。

佐夫营的补给作业危险万分，一个人根本没办法扛着重达24公斤的弹药箱，冒着敌军火力迅速穿过街道。他们采用的办法很简单：长长的绳子捆在弹药箱上，另一端抛到街对面，对面的人拽动绳子，把弹药箱安全地拖过去。

红军坦克冲出安哈尔特火车站攻往波茨坦广场，还向东驶向萨尔兰街。"查理大帝"突击营击退敌坦克谨慎的试探性进攻。红军随后发动全面进攻，坦克以直瞄火力打击法国人藏身的建筑。半毁的建筑遭到炮击，坍塌的墙壁砸在守军身上。"铁拳"越来越少，法国人为剩下的"铁拳"如何分配发生争执，最后决定朝帝国总理府出击，去补充些弹药[285]。

俄国人以为法国志愿者活埋在坍塌建筑的废墟里，于是向前推进。可他们很快发现判断失误，"铁拳"从近距离射出，最前方几辆坦克中弹，腾起滚滚浓烟。法国人分散了敌军注意力，随即撤到黑德曼街。此处依然伫立的建筑只剩三分之一[286]。俄国人渗透到这片废墟，双方爆发近战，法国人击退了猝不及防的红军步兵。

俄国人不顾一切，重新发动进攻，在宽阔的街道上投入尽可能多的坦克并排行进，企图卷击萨尔兰街。近卫坦克第84团从北面发起冲击，并排前进的坦克多达8辆，但由于无法穿过废墟，庞大的车阵很快改为并排2辆坦克的纵队。法国人耐心等待对方改变队形后才发起攻击，一举击毁为首两辆坦克。俄国人随即撤离，晚些时候过来拖走了堵住萨尔兰街的坦克残骸[287]。

红军沿萨尔兰街施加的压力，把党卫队第503重型装甲营剩下的一辆虎王

兰德维尔运河上的大贝伦桥。德军炸毁桥梁，以防崔可夫近卫第8集团军夺取桥梁后径直攻入波茨坦广场。如照片所示，崔可夫的部队不得不跨过东面完好的贝勒联盟桥，沿运河向西机动。红军借助租借法案实现了摩托化，注意他们使用的汽车数量。

北望萨尔兰街与安哈尔特街路口的欧罗巴大厦，这张照片摄于20世纪30年代中期。安哈尔特火车站位于左侧，不在照片里。

吸引到这里。小队长格奥尔格·迪尔斯指挥他的虎王坦克从蒂尔加滕隆隆向南驶往波茨坦广场，而后赶往安哈尔特火车站南面。迪尔斯很快遇到卡尔·海因茨·图尔克的虎王（车号101），两辆虎王与前进中的红军坦克交火，至少击毁1辆JS-2重型坦克、1辆ISU-122自行火炮和几辆T-34/85坦克。损毁的战车彻底挡住红军沿萨尔兰街的推进[288]。

党卫队第15燧发枪手营指挥所转移到帝国航空部。该营几个连残余的官兵掩护阿尔布雷希特亲王街到威廉大街这片地段。党卫队第15燧发枪手营第2连连长莱温什，把前沿阵地部署在阿尔布雷希特亲王街和安哈尔特街的花园里，指挥所设在盖世太保总部大楼的防空洞内。利普尼克斯少尉的分队以机枪掩护威廉大街。拉脱维亚人在这片阵地一直坚守到柏林市中心的争夺战结束。

当天，红军从西面绕开这群拉脱维亚人，穿过萨尔兰街，对帝国总理府直接构成威胁。党卫队旅队长蒙克负责政府区防务，为遂行反冲击，他拼凑起最后的预备队，包括党卫队"诺德兰"师第54工兵营半个连、党卫队第15燧发枪手营莱温什第2连残部、"幽灵"营一群西班牙志愿者。

1941年—1943年，西班牙"蓝色"师（第250步兵师）在苏联境内与德国人并肩作战，该师解散后，数百名西班牙志愿者转入武装党卫队，继续替德国人卖命。他们站在德国一方继续参战具有政治敏感性，所以这支部队命名为"幽灵营"。指挥西班牙人的是党卫队一级突击队中队长沃尔夫冈·格雷费，此人当初跟随"蓝色"师在苏联境内作战。柏林战役开始前，这群西班牙人进入城内，希望参加德国首都保卫战，抵抗俄国人。与其他外国志愿者相比，他们的功绩鲜为人知，但众所周知，他们在战役期间实施了顽强抵抗[289]。

15点，拉脱维亚人从街区西南角发起反冲击，迫使红军撤离欧罗巴大厦附近的废墟。拉脱维亚老兵亚尼斯·普古利斯回忆起这场战斗：

> 我们最后的反冲击激动人心。直到战争结束后我们才得知，红军步兵第1050团辖内三个营都集中在安哈尔特街那个小街区对面（南面），他们显然不缺子弹。反冲击大获成功，俄国人退到欧罗巴大厦后方和安哈尔特火车站，但我们付出的代价也很大。轻伤员自行撤离，我们这些重伤员后来冒着敌人猛烈的火力疏散。俄国人打输了，被我们赶过安哈尔特街，他们补充弹药，重新装填武器，随后无情地朝我们开火。我们一名战友在进攻中负了致命伤，他靠着墙，直直地站在那里。敌人集中猛烈的火力朝他射去，每次中弹，这位牺牲的战友都像电影里那样跳起来，他似乎一直在努力站起来，继续英勇抵抗敌人的子弹……等待救援的黄昏时刻，看着阵亡的战友，我心如刀绞，根本顾不上慢慢流血的伤口和渐渐丧失的意识，我们想回家。[290]

红军步兵第301师在坦克第220旅支援下，继续进攻阿尔布雷希特亲王街的盖世太保总部和帝国保安总局，殊死守卫这些建筑的是留下的官员和拉脱维亚党卫队员[291]。为红军步兵提供支援的除了坦克第220旅，还有近卫重型坦克第11旅。

西部地区

雷巴尔科麾下部队继续攻击第51装甲掷弹兵团翼侧，该团沿维尔默斯多夫区霍亨索伦路守卫选帝侯路以北地带。第30装甲掷弹兵团守卫霍亨索伦路北侧，直达新康特街。哈伦湖快铁站在他们这片作战地带的西部分界线上，控制着科涅夫作战地域由西向东的接近地。

按照雷巴尔科下达的口头命令，近卫坦克第7军打算上午8点从既达战线发动进攻（近卫摩托化步兵第23旅除外）。该军计划攻往西北面，消灭从左侧

波斯特沼泽延伸到韦斯滕德这片地带的残敌,但不包括西十字快铁站和阿道夫·希特勒广场。17点,该军辖内部队到达以下地点:

近卫坦克第56旅和轻型炮兵第408团1个营、近卫重型自行炮兵第354团若干装甲运兵车、工兵第121营1个战斗工兵连——凯撒路;

近卫坦克第55旅和轻型炮兵第408团1个营、重型自行炮兵第384团若干装甲运兵车、工兵第121营1个战斗工兵连——哈弗尔河畔的皮歇尔斯贝格(施特森湖西岸);

近卫坦克第54旅和中型自行炮兵第1977团,主力仍在原处,当日以1个坦克营和1个摩托化步兵营肃清洪德克勒湖与格鲁讷瓦尔德湖之间林地、瓦尔迪迪尔、格鲁讷瓦尔德湖东面树林直至费尔宾杜格斯路的残敌;

近卫摩托化步兵第23旅会同独立近卫迫击炮兵第467团、轻型自行炮兵第702团、突击第79营守卫3号目标、保尔斯博尔纳街和西十字车站一线,正面朝东,任务是阻止敌人渗透到西面。

"西里西亚"装甲营第1、第2连①的坦克歼击车和党卫队第503重型装甲营2辆虎王部署在韦斯滕德。二级小队长施托尔策和小队长本德尔指挥的两辆虎王,与蒙克早些时候投入的"大象"坦克歼击车一同挡住雷巴尔科部队当日的推进[292]。

南面,近卫坦克第6军取得的进展很有限,该军作战日志里写道:

近卫坦克第53旅和轻型炮兵第1645团1个营、重型自行炮兵第385团1个连、独立工兵第120营1个战斗工兵排、4辆防空战车、近卫摩托化步兵第22旅摩托化步兵第3营,克服了获得炮兵支援的敌步兵实施的顽强抵抗,前出到雷根滕街地带,在那里遇到泥土和木料构设的街垒,敌人的步枪和机枪火力非常猛烈。该旅辖内部队投入战斗。

---

① 原文写的是I. and II./Pz.Abt. Schlesien,罗马数字与Abteilung矛盾,尽管他们的确是个装甲营,但前文一直称其为第118"西里西亚"装甲团,所以似乎应该是"西里西亚"装甲团第1、第2营。

近卫坦克第51旅和配属的加强部队，1945年4月29日上午从兴登堡街一线朝普鲁士公园方向重新发动进攻，克服敌人以"铁拳"实施的顽强抵抗，日终前在柏林街与巴尔街十字路口、曼海姆街与柏林街十字路口地带到达柏林街。

近卫摩托化步兵第22旅（缺第3营）和自行炮兵第1894团、近卫迫击炮兵第272团，与近卫坦克第51旅协同作战，克服敌人的抵抗，日终前到达柏林街与巴尔街十字路口、曼海姆街与柏林街十字路口。

170毫米K-18臼炮和牵引车，位于杜塞尔多夫街与萨克森街路口。这门火炮可能隶属驻守该地区的第18装甲掷弹兵师。向西突围前，德国人破坏了许多技术装备，这门火炮也在其中。

近卫坦克第52旅担任军长的预备队，沿铁路线西南侧遂行防御：从保尔斯博尔纳街到霍亨索伦路一线。

劳赫第18装甲掷弹兵师的官兵顽强据守防御内围廓，雷巴尔科在该地区取得的进展很有限。横跨西十字车站到霍亨索伦路、从选帝侯路到动物园掩蔽部的市内街区牢牢控制在德国人手里。劳赫现在想从防御转入进攻，因为魏德林指定第18装甲掷弹兵师率领城内守军向西突围。劳赫命令他的工兵，务必确保皮歇尔斯多夫的桥梁（施特森塞桥和弗赖桥）能承载30吨重量，好让他的坦克渡河。

洛塔尔·克兰茨也在该地区，目睹了部分德国守军土崩瓦解的迹象。克兰茨是个16岁的希特勒青年团员，现在加入第3反坦克炮连，跟连长费尔根特罗伊少尉在街上巡逻，费尔根特罗伊是名伤残军人，装了条木腿。他们沿尼布尔街慢慢向北，前往夏洛滕堡快铁站："连长在路上不停地开玩笑，还拖着木腿穿过一道道街垒的废墟瓦砾，简直让人难以置信。"一发发迫击炮弹沿平滑的弧线飞来，他们迅速穿过险象环生的街道。待他们到达安全处，少尉说道："依我看，没必要跑这么快，要是老爹斯大林盯上你的话，你就完了，可要是没有，你肯定平安无事。"他们赶到快铁站，没见到一个俄国人。两人走入车

党卫队第503重型装甲营车号311的虎王和一辆四号"旋风"防空坦克,以及可能隶属"明歇贝格"装甲师的黑豹G型坦克,排列在维尔默斯多夫区不知名的街道上。这辆虎王参加了柏林西部地区的战斗,抗击雷巴尔科的近卫坦克第7军,正面倾斜装甲板上的弹痕证实了这一点。照片没拍到虎王弯曲的炮管,红军JS-2坦克射出的炮弹击中这辆虎王的炮口制退器。车号311的虎王是第2连一级小队长卡尔·克尔纳的座车。他驾驶战车赶往"明歇贝格"装甲师设在巴黎街尽头的维修站,战役结束时很可能滞留在那里,后来拖到索菲—夏洛滕街尽头的战车残骸堆放地,参见593页照片。

站餐厅,看见吧台后面站着个党卫队二级小队长,尽管附近炮声隆隆,可他依然平静如常地递出一杯杯啤酒。克兰茨和费尔根特罗伊询问俄国人在哪里,二级小队长说他也不知道,似乎只关心如何能"完美地倒出一杯啤酒"。

克兰茨和少尉沿路返回内瓦街,在变电站遇到个"锦鸡"(当地纳粹党领导人)和他率领的人民冲锋队员。这群士兵全副武装,还扛着"铁拳"。费尔根特罗伊少尉上下打量对方一番,说道:"长官,真够稀罕的!"那个纳粹党领导人很有幽默感,带着忧郁的笑容答道:"是啊,挺稀罕。"费尔根特罗伊又说道:"您是在等待文克集团军吗?他们不来的话,我们就完蛋了!"

雷巴尔科的近卫坦克第9军[①],到达兰德韦尔运河后转向西面。

[①] 近卫坦克第9军隶属近卫坦克第2集团军,此处应该是机械化第9军的笔误。

机械化第70旅把摩托化步兵第1营留在他们原先驻守的温特费尔德广场地带,4月28日/29日夜间到达集中地域。4月29日上午10点,该旅投入进攻,近卫坦克第3集团军作战日志里写道:

该旅投入巷战,日终前到达:摩托化步兵第2营——盖斯贝格街到纽伦堡街;摩托化步兵第3营——沿一条无名街道到兰克街;摩托化步兵第1营沿沙佩尔街夺得一个街区。

4月30日日终前,该旅前出到约阿希姆特街「约阿希姆施塔勒街?」和法萨嫩街。他们在萨维尼车站地带,克服敌人第67预备掷弹兵营、第51装甲团、第3预备通信营、人民冲锋队支队、当地警察部队在5辆坦克和火炮支援下实施的抵抗,5月1日17点攻克萨维尼车站。

战役结束前,他们一路进抵近卫第8集团军作战地带的柏林动物园南面。

坦克第91旅进入出发地带,4月29日8点发动进攻。作战日志里写道:

战役结束后,红军和德军损毁的车辆及装备排列在索菲—夏洛滕街尽头的铁路站场堆放区。这些战车残骸大多是从柏林西部地区拖来的。照片里能看见红军一门152毫米火炮,后面是一辆"黄鼠狼"Ⅱ型坦克歼击车(所属部队不明),党卫队第503重型装甲营车号233的虎王坦克,还有一辆"追猎者"坦克歼击车(Sd.Kfz. 138/2),可能隶属第18装甲掷弹兵师。

两辆德军战车的近景照片。前方的坦克歼击车是搭载75毫米PaK.40/2反坦克炮的"黄鼠狼"Ⅱ型(Sd.Kfz. 131),似乎使用二号坦克底盘。第56装甲军没有哪支部队配备"黄鼠狼"战车,所以不清楚这辆坦克歼击车究竟隶属哪支部队。党卫队第503重型装甲营车号233的虎王坦克,就在"黄鼠狼"Ⅱ型坦克歼击车身后。

该旅逼近帕拉斯街与霍尔茨街十字路口,在那里遭遇一道街垒和几支配备冲锋枪、"铁拳"的敌小股部队,敌人埋伏在阁楼和地下室里;该旅压制敌军火力,肃清街垒,继续执行受领的任务,4月29日13点进抵霍恩施陶芬街和蒙沙贝尔街,在那里与敌冲锋枪手和"铁拳"射手战斗。该旅坚决执行受领的任务,在巷战中克服敌人顽强的抵抗,5月2日清晨6点在勃兰登堡街与杜塞尔多夫街十字路口地带,与近卫坦克第2集团军机械化第19旅、近卫坦克第6军近卫坦克第53旅会合。

该军辖内另外几个旅撤出战斗。机械化第69旅转入预备队,4月30日上午9点集中在马洛地带。机械化第71旅也转入预备队。

动物园防空炮塔,弗里德里希·伯切尔上校接到一通奇怪的电话,他的办公室现在是第18装甲掷弹兵师作战指挥中心。电话是从格鲁讷瓦尔德地区打来的,电话另一端的军官说他逮住个身着便装、企图穿过防线的家伙,对方说他带着绝密文件,必须离开柏林。伯切尔问究竟是什么文件,那名军官读道:"我,阿道夫·希特勒……"后面是元首指定邓尼茨为继任者,还有他的遗嘱。伯切尔不知道这份文件是真是假,说不定是某人为逃离柏林编造的。他立即打电话给元首暗堡的劳赫中将,向师长求证文件的真伪。劳赫说他马上去找鲍曼。几分钟后,鲍曼怒气冲冲地打来电话,两人的对话如下:

党卫队第503重型装甲营车号233的虎王坦克近照。这辆战车可能是一级小队长施密特的座车,战斗中在科赫街与腓特烈大街路口中弹后,施密特和炮手从底部舱口逃脱。

党卫队第 503 重型装甲营车号 311 的虎王坦克,这是克尔纳的座车(参见 590 页照片)。这辆虎 II 式坦克参加了柏林西部地区的战斗,战役结束时很可能遗弃在巴黎街。战斗中,坦克炮塔和车身侧面挂着绿色防水布作为伪装。注意坦克正面倾斜装甲板上,中弹后出现的凹坑。虽然照片里看不太清楚,但车组人员在正面倾斜装甲板上潦草地写了句"我们奏乐"。

鲍曼「在电话里吼道」:我是鲍曼,您那里怎么回事?

伯切尔:我这里逮住个人,他带的文件似乎是元首的遗嘱。

鲍曼:您他妈的在做什么?太荒唐了!他奉命把文件带出柏林。您无权逮捕我的人,更无权阅读文件!您必须立即忘掉您看到的内容!您知道吗,您逮捕此人就是阻止他执行元首的命令!

伯切尔:我对此一无所知,没人告诉我此人要穿过我的防线。那里的指挥官不过是履行职责而已,我们下过逮捕逃兵的明确命令。要是我事先知道的话,肯定会派人护送他穿过我的防线。

鲍曼:我还派了另外两个人,带着同样的文件,执行同样的任务。注意,至少要让这两人通过您的防线。[293]

就在这时,伯切尔的部下把第二个携带相同文件的人押了进来。伯切尔与鲍曼继续在电话里交谈:

伯切尔:第二个人也被逮捕了,此时就在我的办公室,我该拿这两人怎么办?

鲍曼吼道:把他们送回元首暗堡![294]

没过多久,第三名信使也被逮住。其中两个是身着便衣的党卫队员,奉

4月25日—26日前后,近卫坦克第2集团军机械化第1军的美制M4A2"谢尔曼"坦克行驶在泰格尔区的柏林街上。这辆坦克搭载新式76毫米M1A2火炮,装有炮口制退器,安装在尺寸更大的T23炮塔上。坦克后甲板捆扎着燃料桶、圆木、个人物品。

命赶往波茨坦西南边缘的文克集团军战线,第三名信使是个海军军官,被捕时正赶往西北方,想去邓尼茨的司令部。这起事件自然引发了关于元首最终命运的种种传言。

鲍曼决定再试一次,他重新挑选了三个人,命令他们携带文件离开柏林,去邓尼茨那里。他选中维利·约翰迈尔少校、党卫队旗队长威廉·灿德尔、希特勒最后一任新闻助理海因茨·洛伦茨。他们任奉命赶往万湖,届时会有水上飞机降落在那里把他们接走。鲍曼想方设法把希特勒的遗嘱送出柏林时,红军继续在北面强渡施普雷河。

万湖岛

党卫队二级突击队中队长阿尔方斯·普福塞尔报告桑德韦德街上的指挥所,他看见敌坦克位于施普雷河北岸。上级命令他率领部下和毗邻的警察部队返回指挥所。他从一支工兵部队那里获悉,除了快铁铁路桥,泰尔托运河上的其他桥梁都已炸毁。俄国人的炮弹开始落在普福塞尔周围,这还是第一次。负责收容站的是个不知名的上校,很快擢升为将军。得知自己晋升的消息,这名上校走入办公室饮弹自戕。整个指挥所随后转隶托特战斗群,奉命从万湖上的桥梁撤入万湖岛,上

近卫坦克第2集团军机械化第1军损毁的美制M4A3"谢尔曼"坦克,具体位置不明,可能在夏洛滕街附近。

级已宣布此处是岛屿要塞。

普福塞尔的部队开入万湖岛，包括西侧格利尼克桥在内的所有桥梁悉数炸毁。托特战斗群收容了柏林整个西部地区的散兵游勇，眼下的兵力约有11,000人，还有24辆包括黑豹和虎式坦克在内的各种战车，外加若干门88毫米高射炮。岛上储备的食物足够维持18个月，弹药也很多，就是没有水，因为供水管沿桥梁布设，爆破桥梁时一并炸断了。岛上有几口水井，还附有标记。面包不多，大米倒很充裕。

士兵睡在兵营里，军官住在岛屿东北角黑克朔尔恩一座大型掩蔽部内。托特上校还想炸掉对岸的船只和船库，防范俄国人有可能发动的进攻，但普福塞尔认为船只和船库实在太多，根本无法彻底完成这道命令。托特上校同意他的看法，于是朝湖岸派遣巡逻队，倘若发现敌人即将发动进攻，就把那些船只炸掉。

北部地区

机械化第1军向东变更部署，以免与近卫坦克第55旅发生冲突，一路穿过夏洛滕堡宫花园，进入这座建筑的废墟，而坦克第219旅突破德军设在处女地快铁站的阵地。红军从夏洛滕堡宫花园继续向西推进受阻，因为德军一名前进观察员发现俄国人集中坦克，立即通知三座防空炮塔开炮轰击。128毫米高射炮射出强大的火力，红军坦克无法继续前进[295]。波兰第6舟桥兵营的工兵，冒

东望共和国广场，这张照片摄于1929年。照片里能看出纳粹掌权前该地区的模样，以及希特勒上台后开始的建设工作。（1）内政部；（2）克罗尔歌剧院；（3）国会大厦。

着德军炮火为红军步兵铺设浮桥，随后修理受损的铁路桥，好让坦克过河后支援步兵。近卫坦克第12军的战车利用浮桥渡过施普雷河，随后转身向东，当日晚些时候渡过兰德韦尔运河。

近卫坦克第2集团军在最后的突击行动中没有可供调用的步兵预备队。他们的坦克各自为战，损失很大。各部队指挥员逐级上报，请求集团军司令员S.I.波格丹诺夫上将调拨援兵，波格丹诺夫只好向朱可夫求助，说要是不给近卫坦克第2集团军在柏林城内作战的部队调派更多步兵的话，他们就无法发展战果。但朱可夫手上也没有步兵预备队，因为红军步兵此时所剩无几，于是他把目光转向波兰军队，安排波兰人民军第1步兵师赶去支援机械化第1军。朱可夫命令：

（1）1945年4月30日早上7点前，波兰第1集团军司令员用汽车把1个步兵团运到赖尼肯多夫（柏林北部边缘）东北边缘，把该团交给近卫坦克第2集团军司令员，这个团在作战上暂时隶属该集团军；

（2）近卫坦克第2集团军司令员，应当把波兰第1集团军这个步兵团用于集团军作战地带，对柏林发动进攻。

（白俄罗斯第1方面军司令部00634号作战令）

次日，波兰部队搭乘卡车从奥拉宁堡地区出发，耗费一整天才进入城内[296]。

4月28日/29日夜间，俄国人竭力加强国王广场北面几栋外交大楼内的阵地。早上7点，红军火炮、火箭炮从北岸铁路站场轰击"希姆莱大楼"和西南面的克罗尔歌剧院。由于红军部队离目标区很近，这场炮击必须尽量准确，而且也不是特别猛烈。德国守军知道俄国人就在内政部对面，他们从毛奇街上各扇窗户朝红军步兵开火射击。红军步兵第756团两个营整个上午沿街道顽强抵抗。党卫队员和伞兵用"铁拳"射向对面的窗户，迫使俄国人退入楼内走廊。团长津琴科上校以夜色为掩护，穿过毛奇桥赶到前线，和他的两个营一同守在街对面的外交大楼里。他命令部下做好战斗准备，因为朝国会大厦发动后续进攻前，必须肃清内政部大楼。津琴科派达维多夫大尉的第2营执行进攻任务，让率先渡过施普雷河的第1营稍事休整。达维多夫几个步兵连当日上午朝街对

从施普雷河上的毛奇桥望向西北面，红军步兵和坦克沿这个方向挺进，赶去夺取国会大厦。1945年，桥梁两侧设置了路障，桥面上布满铁丝网和地雷。2005年4月拍摄的这张照片里，作者的妻子和女儿悠然漫步在1945年激烈战斗过的桥上。照片右侧能看见莱尔特快铁站。

从毛奇桥望向东南面。照片背景处能看见国会大厦的圆顶。1945年，浓烟笼罩整座城市，只能隐约看见这座建筑，朝东南面延伸的一排建筑挡在国会大厦前方。右侧是庞大的内政部，也称为"希姆莱大楼"。这张照片是2005年4月拍摄的。

面发起几次冲击，都被德军火力击退。13点，他的部下终于在内政部底楼夺得几个房间，这群战士迅速合兵一处，准备在楼内展开后续行动[297]。

获得加强的几个连队赶紧跟上。据步兵第171师步兵第380团第1营第2连连长萨姆索诺夫上尉称，红军跨过毛奇桥，德国人朝南岸发起反冲击，还投入一辆突击炮：

我们离桥梁越近，敌人的火力就越猛。尽管如此，克鲁特赫中尉还是率领他的排穿过桥梁冲入楼内。德国人在内政部大楼里的兵力很多，克鲁特赫当然知道这个情况，但他还是率领全排冲了进去。一场严重不对等的战斗随之而来。德国人投入坦克和自行火炮。克鲁特赫中尉的分队与全营隔断。每个人都听见克鲁特赫就在附近战斗，但此时没人能帮他。负责通信的萨莫伊洛夫大尉再也无法忍受，用尽力气喊道："为了祖国，为了斯大林，前进！"

桥梁附近所有指战员聚到大尉身后。就在刚才，一切似乎都绝对无法做到，可现在，我方部队冲过桥梁，赶去救助战友。萨莫伊洛夫负了伤，但他没离开战斗编队。我们看见德军几辆自行火炮出现在萨莫伊洛夫分队身后。这些自行火炮隆隆驶近他们的车辆，开始打击我方指战员。萨莫伊洛夫的处境现在比克鲁特赫更危险。突然，一切发生了天翻地覆的变化。一辆自行火炮中弹，德国人跳出起火的战车。我们的战士用突击步枪朝敌人几辆自行火炮射击。几个德国兵乖乖举起双手。原来是二等兵梅德韦杰夫发现战友陷入困境，赶紧爬到他的反坦克炮旁，连发两炮击毁敌人的自行火炮。

他用电台向上级汇报这里的情况，佩列韦尔特金将军说要授予梅德韦杰夫卫国战争勋章。这个消息激励了全体指战员。

午夜前后，我方火炮、坦克、自行火炮开炮轰击德国人在"希姆莱大楼"附近占据的防御。贡恰连科上尉的步兵连冲过桥梁，赶去救援克鲁特赫中尉的步兵排。

待我们进入大楼，克鲁特赫这位英雄已不在人世。二等兵萨布罗夫接替他指挥全排。全排指战员高呼"为排长报仇，消灭德国匪徒"，迅速投入战斗。就在这时，贡恰连科率领他的连冲入大楼，赶来支援他们。

拂晓时，所有分队和炮兵都已跨过毛奇桥。广场遭到猛烈炮击，我们借助各种掩护前进。我们选中地下室，找到几条秘密通道，还在墙上炸开缺口。我们必须为冲击国会大厦的决定性进攻保存兵力。

4月30日的突击开始了。[298]

红军步兵加强既占阵地时，库尔纳齐什维利上校的工程兵忙着加固毛奇桥，确保桥梁能承载坦克，他后来写道：

两个先遣营有些犹豫不决。

河上的桥梁完好无损。

怎么回事，难道是陷阱？但四名战士离开队伍，迅速冲过桥梁，是库达舍夫上士、卡洛塔中士、别拉科夫斯基一等兵、阿布拉姆扬二等兵。两个营紧跟在他们身后，在对岸迅速重组，夺得一座车库和一栋楼房。现在必须把技术装备赶紧运过桥，然后全团渡河。我命令战斗工兵检查桥梁。敌人的火力持续不断，战斗工兵无法仔细检查桥梁，但他们没发现桥上布有地雷的外部迹象。我们发出信号，重型坦克驶近桥梁。我们急不可待地跟随第一辆坦克逼近桥梁，可坦克刚驶上桥梁就发出一声巨响，桥塌了。

情况危急，登陆场和我们几个营都遭受威胁。敌人说不定会摧毁我们运到对岸的装备。眼下唯一的办法是以猛烈的火力把敌人与我方登陆场隔开。炮兵迅速把前沿阵地转移到岸边，穿过各栋建筑间的缺口，把火炮推到岸边。我也把指挥所前移到岸边，设在一栋损毁建筑的地下室里，指挥所与敌人仅隔一条河。自动武器频频开火的射击声清晰可辨，是我方部队正在击退敌人发起的反冲击……我们的炮火切断敌军前进路线。

可敌人的进攻越来越猛烈，德国人显然下定决心，无论如何都要把我们的人赶下河。战斗压力越来越大，通信中断，电话线炸断几十处。一如既往，我方指战员打得非常英勇。冒着持续不断的火力，杜博维茨基大尉和达维多夫二等兵利用一条不适航的小船渡过河流，把一条新电话线拖到对岸。沉默的电话又响了。

"上校同志"，值勤官兴冲冲地向我报告，"我们的'小世界'一切都好！"河对岸的部队击退敌人的反冲击，还把目标位置告知炮兵。

炮兵干得很棒，我们的"小世界"请求他们再来一次："这场音乐会确实很精彩。"

敌人的进攻彻日未停。"小世界"内，我们既要击退敌人的进攻，还得扑灭既占建筑内燃起的火焰。傍晚前后，我得知敌人封锁登陆场周边地带，他们占领岸边所有建筑。唯一的出路是穿过我们占据的"小世界"发动进攻，最重要的是夺取俯瞰战场的建筑，于是我命令炮兵朝那栋建筑开炮。我方部队占领大楼底层后，争夺整栋建筑的战斗也没结束。炮兵朝楼上几层开炮。楼内的情况前所未见：德国人往下冲，我们往上冲。好消息很快传来，整栋建筑落入我们手里，任务完成了。可敌人没有偃旗息鼓。河流两岸，灰尘覆盖了建筑，我们的指挥所起火燃烧。冒着敌军炮火，我们换了个地方，可他们随后又引燃电话线，我们的"小世界"再次陷入沉寂。

我们越来越担心。我知道前方部队没多少弹药，他们能坚持下去吗？眼下没办法跟他们联络,敌人一直以持续不断的火力射向两岸。夜晚很快就要到来。

夜幕终于降临。借助夜色掩护,我方指战员设法赶往对岸,有人利用桥上完好的桥梁,也有人使用船只。他们把弹药运到对岸,再把伤员带回。我们的"小世界"安然无恙,敌人没能进犯一步。

战斗工兵着手修复桥梁。拂晓时,桥梁终于能用了。我们的"小世界"与"大世界"会合。我们跟友邻部队协同作战,迫使敌人仓促逃窜。通往国会大厦的道路敞开了。我们的人在岸边与优势之敌战斗的那栋建筑旁,竖起一块显眼的标牌:"柏林战役的英雄英勇牺牲在此处。"[299]

巴比克命令孔策,找辆虎王坦克支援德军防御。孔策从内政部赶往勃兰登堡门,在那里找到个虎王坦克车组,请求他们提供支援。他还向车组保证,这个情况可能会汇报元首暗堡。与此同时,一辆长身管四号坦克歼击车也赶到了。孔策还搞到些食物,他把这些物资放在引擎盖上,搭乘坦克歼击车返回内政部。他卸下食物,迅速分发给楼内的德军士兵,随后乘坐坦克歼击车返回,没参加与俄国人的激战。返回勃兰登堡门途中,孔策看见苏联国旗飘扬在驷马战车雕像上。一群红军士兵,可能隶属步兵第9军或坦克第11军,在勃兰登堡门顶上升起旗帜。孔策把那面旗帜指给车长看,坦克歼击车车长抬起炮管,朝驷马战车雕像打了发高爆弹,击落苏联国旗,也破坏了雕像,这让孔策深感意外[300]。

内政部大楼里的战斗持续了一整天,毫未减弱。第2营沿大楼底楼北侧战斗,第1营奉命攻入楼内为他们提供支援。潘克拉托夫上尉率领部下冲上二楼楼梯平台时腿部中弹,随后又在激烈的白刃战中头部负伤。部下把他抬离战场,古谢夫上士接替他指挥全营。

红军和德军继续在战斗中遭受伤亡。佩列韦尔特金将军对缓慢的战斗进展深感震惊,命令第二个团(步兵第674团)渡过施普雷河进入内政部大楼。德国人从动物园掩蔽部炮击毛奇桥,猛烈的炮火持续了一整天。红军工兵彻底肃清桥梁南侧的路障前,渡过施普雷河的步兵援兵和坦克寥寥无几。当晚21点,也就是第一个步兵团渡河近24小时后,步兵第674团才到达施普雷河南岸。第1营营长指出:

我们夜间获得援助，是步兵第150师第674团洛格维年科少校的营。他率领部下把敌人逐出大楼西南部。艰巨而又密集的战斗在内政部大楼内持续，激烈度毫未减弱。我们损失很大，但继续取得进展，不断夺得一个个房间、一条条走廊、一处处楼梯平台。楼内燃起火焰，家具、屋内设施、文件起火燃烧。浓浓的烟雾弥漫开来，刺痛、灼伤了我们的眼睛，简直让人无法呼吸。直到深夜，楼下几层的轰鸣声才消退，随后递延到楼上。不间断的战斗开始减弱，逐层向上，4月30日早上，敌人的抵抗彻底瓦解。[301]

底楼的德国守军撤往西南面的克罗尔歌剧院，楼上的德国人战斗到死，就算他们想投降，也被筋疲力尽的红军士兵就地处决。这是场毫不留情的厮杀，不是你死就是我亡。

4月30日，星期一

"争夺首都中央地区的战斗仍在继续，激烈度毫未减弱。国防军各军兵种、希特勒青年团、人民冲锋队部队以顽强的逐房争夺战和巷战守卫柏林中央地区，堪称德国英雄主义杰出的象征。无论在安哈尔特火车站、波茨坦街，还是在舍讷贝格区，英勇的守军都挡住了敌人的冲击。

"德国空军飞行员怀着自我牺牲精神，为柏林守军空投弹药。

"柏林城南面，我方救援部队正与布尔什维克强大的部队激战，给对方造成惨重损失。

"柏林与波罗的海之间的战线，现在从克雷门起，穿过新施特雷利茨、新勃兰登堡，直抵安克兰。"[302]

——OKW公报

维斯瓦集团军群发来一份份报告，反复宣称城外部队无力救援柏林，元首暗堡的气氛越来越悲观。一周来，元首暗堡里的人始终坚信最后一批德军部队（第3装甲集团军、第9集团军、第12集团军、施泰纳集团军级集群）正取得进展，肯定能决定性地击败柏林城外之敌，顺利解救城内守军。这种信念是凯

阿道夫·希特勒自杀时坐的沙发,注意墙壁和沙发坐垫上的血迹。

特尔和约德尔精心设计的,克雷布斯的虚假报告推波助澜,可实际情况完全不同。

柏林城外,曼陀菲尔第3装甲集团军企图逃到西方盟军那里,他们分阶段撤往西面,以免陷入红军重围。布塞第9集团军分成几股,面临没顶之灾的官兵殊死奋战,竭尽全力冲向救星文克的战线。霍尔斯特独自展开行动,掩护维斯瓦集团军群身后,阻止红军向北攻入德军战线后方。第12集团军在费尔希停止主要突击,"费迪南德·冯·席尔"师发起最后一场进攻,穿过高速公路,前出到北面的湖区,好为雷曼的施普雷集团军级集群守住逃生通道。雷曼麾下部队继续撤入文克战线,他们在费尔希西面占据防御阵地,加强第20军北翼。"费迪南德·冯·席尔"师是文克麾下朝柏林推进得最远的兵团。文克眼下的重点是尽可能多地挽救柏林城内的军民,把他们转移到易北河和西方盟军战线。尽管德国最高统帅部知道柏林周围的部队无意攻入城内,但约德尔发给城外下属指挥机构的电报依然宣称:"必须继续战斗,为获得有利的政治条件争取时间。"[303]他这番话听上去空洞无力。

4月22日,希特勒几近崩溃,可三天后的4月25日,他又认为完全有可能在柏林赢得决定性胜利。这种变化是他对身边高级军事将领和戈培尔反复敦促的直接回应[304]。希特勒这段时间最亲密的知己戈培尔,为强化柏林必须坚守到底的信念发挥了重要作用。短短几天,文克集团军先向东,而后朝东北方取得的进展,让帝国宣传部在广播里和报纸上大肆宣扬的内容显得多少有些可信之处。但德国电台播报的消息,破坏了第12集团军的突然性,暴露了他们的作战目标。午夜过后不久,回答希特勒昨日问题的复电到了,凯特尔从菲尔斯滕贝格南面的新指挥部发来电报,他写道:

1. 文克的先遣部队在施维洛湖南面停滞不前;

伯尔泽证券交易所,这张照片摄于20世纪20年代。近卫步兵第94师近卫步兵第286团辖内分队从东南面发起正面冲击,但没能攻克这座建筑。此处是德国人在施普雷河畔构设的支撑点。近卫步兵第286团团长修改了进攻计划,利用毗邻地铁站的连接通道潜入德军身后,把守军打得措手不及。经过两天激战,伯尔泽证券交易所于5月1日陷落。这座建筑1863年竣工,1944年毁于空袭,1958年彻底拆除。

2. 因此,第12集团军无法继续攻往柏林;

3. 第9集团军主力陷入重围;

4. 霍尔斯特军被迫转入防御。

希特勒知道,再也没有援兵赶来解救柏林,更谈不上什么决定性胜利。他的国家社会主义帝国已到穷途末路。因此,没有任何理由继续在城内实施积极防御了。

第12集团军和第9集团军

文克给布塞集团军司令部发了封电报,要求他加快速度,率领麾下部队朝第12集团军东翼突围[305]。库默斯多夫西端,陷入包围的第9集团军各部队重新编组,准备朝文克集团军的方向突围。第9集团军疲惫、绝望的将士前方,是红军设在铁路线对面的强大阵地,这条南北向铁路线连接特雷宾与卢肯瓦尔德。对布塞的部队而言,为重获自由冲向文克集团军的最后一搏绝非易事。

元首暗堡

希特勒清晨6点召见蒙克。红军的隆隆炮声穿透暗堡的钢筋混凝土墙壁。他向蒙克询问红军的确切位置。蒙克告诉他,俄国人已到达威廉大街与菩提树下街十字路口的阿德隆旅馆,腓特烈大街的地铁隧道,就在福斯大街南面的帝国总理府外面。蒙克估计,为配合共产党的节日,红军5月1日会对帝国总理府发动大规模正面突击。

蒙克介绍的情况基本正确。红军确实到达菩提树下街,但兵力不多,而阿德隆旅馆仍在德国人手里,红军步兵进入地铁隧道,但没到达福斯大街对面的施塔特米特地铁站。朱可夫确实打算5月1日发动进攻,但目标是国会大厦,并非帝国总理府。听罢蒙克的汇报,希特勒交给他一份遗嘱副本,请他带给邓尼茨。希特勒可能得知鲍曼昨天派人携带遗嘱出城的行动失败了[306]。对希特勒而言,战争结束了,他做好最后的准备。当天下午早些时候,希特勒和埃娃·布劳恩自杀身亡。党卫队员随后焚毁两具遗体,埋在元首暗堡外,帝国总理府花园的浅坑里。

柏林卫戍区

魏德林上午10点召集各防区指挥官开会。俄国人就在几个街区外,他把众人召集到一起不啻为一项壮举。除了贝伦范格,其他人都到了,贝伦范格很

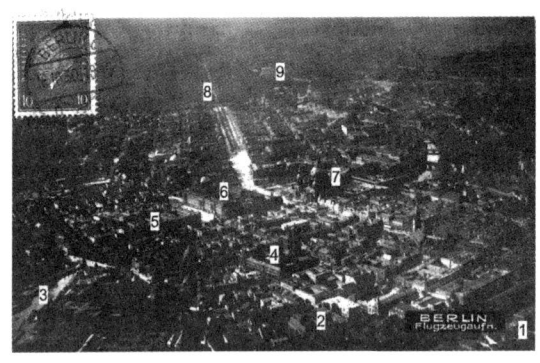

从亚历山大广场附近西眺柏林市中心,这张照片摄于20世纪30年代初。此处是突击第5集团军的进军路线:(1)亚历山大广场;(2)修道院教堂;(3)兰德韦尔运河;(4)红色市政厅;(5)伯尔泽证券交易所;(6)城堡;(7)柏林大教堂;(8)勃兰登堡门;(9)国会大厦。

东眺柏林市中心,这张照片摄于20世纪30年代初:(1)柏林大教堂;(2)红色市政厅;(3)城堡。这里是突击第5集团军的进军路线。近卫第8集团军在照片右侧向北攻击前进,但在实际战斗中没能到达这么远。

晚才收到开会的通知电报，可能是因为他跟戈培尔关系密切，魏德林不想让他参加会议。魏德林向与会者简述了希特勒昨天的口头命令：批准城内守军在弹药不济的情况下突围，但柏林绝不投降。魏德林随后问道，现在是否批准城内部队突围。与会者一致同意立即突围。魏德林把突围时间定在当晚22点，各防区指挥官13点离开魏德林的卫戍区司令部，回去准备各自的部队[307]。

众人离开后不久，一名党卫队二级突击队大队长来见魏德林，还带着希特勒的信件。魏德林此时左右为难，不知道如何向克雷布斯汇报自己的突围决定，听闻党卫队的人到来，以为对方是来逮捕自己的。结果是虚惊一场，二级突击队大队长送来的信件，是希特勒的书面确认令：弹药耗尽的情况下，魏德林可以批准城内残余部队突围[308]。希特勒还在信中告诫道，绝不允许柏林城投降[309]。魏德林决心立即赶往帝国总理府，把自己的决定告知克雷布斯，他现在获得希特勒的书面确认令，完全可以采取行动。没等他动身，又来了个党卫队信使，这回送来的是克雷布斯的信件："魏德林将军立即去帝国总理府报到，克雷布斯将军。4月30日计划采取的一切措施立即停止。"这封信是党卫队旅队长蒙克的副官签署的[310]。蒙克可能收到希特勒交给他的类似信件，他告诉克雷布斯，克雷布斯又通知戈培尔。当日傍晚，戈培尔撤销了希特勒批准突围的命令，所有计划搁置24小时[311]。

魏德林下午晚些时候赶到元首暗堡，克雷布斯向他通报了以下情况：

1. 今天，4月30日，下午15点30分左右，元首已自杀；
2. 他的遗体在帝国总理府花园一个浅浅的弹坑里焚毁；
3. 元首自杀的消息必须绝对保密；
4. 在国外，我们只把元首自杀的消息告知斯大林大元帅；
5. 接受党卫队旅队长蒙克指挥的防区指挥官塞弗特中校，已奉命联络当地红军指挥部，请对方准许克雷布斯将军去红军司令部；
6. 克雷布斯将军随后会向红军司令部通报以下情况：
　　a. 元首已自杀；
　　b. 元首遗嘱的内容，遵照元首遗嘱成立的德国新政府，具体成员如下：
　　　　帝国总统：海军元帅邓尼茨

帝国总理：戈培尔博士

　　帝国外交部长：鲍曼

　　帝国内政部长：赛斯-英夸特①

　　帝国国防部长：陆军元帅舍尔纳②

c. 德国新政府接管柏林前，请求红军停战；

d. 德国政府希望与苏联就德国投降一事展开谈判。³¹²

克雷布斯解释道，为了跟俄国人谈判解决问题，所有突围计划必须暂停。戈培尔希望与俄国人谈判，说不定能为纳粹当局争取到时间，继续战斗下去，或是跟西方国家单独媾和。戈培尔最关心纳粹的政治存在，而不是柏林市民或在街头战斗的军人的福祉。

柏林成了交易对象。倘若城内守军悉数突围，那么戈培尔在谈判中就没了筹码。魏德林甚至就这个问题质问戈培尔："您真认为俄国人会跟您任总理的德国政府谈判吗？"³¹³派人去红军战线提出谈判提议的准备工作已就绪。有报告称，崔可夫的部队在南面几个街区作战，所以德国信使打算去那里穿过红军战线。

希特勒自杀的消息，守军要么突围要么投降的说法，在柏林城内的德军部队里传播开来。这些消息给每个官兵造成的影响不同，他们的反应也不一样，但大多数人觉得自己被出卖了。许多人下定决心，把命运把握在自己手里。威廉·利奥波德和党卫队战友在安哈尔特火车站击退红军，当日傍晚得知希特勒自杀的消息。他随即解除部下的职责："我跟他们道别，希望每个人现在自行做出决定。"³¹⁴

塞弗特10点55分用电台联络动物园防空炮塔，据他汇报，战线眼下从亚历山大广场地铁站起，沿国王街和布赖特街延伸到费舍尔桥的米伦路³¹⁵。东面，腓特烈斯海因防空炮塔指挥官批准掩蔽部内残余的官兵突围。他们是否知道魏德林的突围令，这一点不得而知，但估计他们从动物园防空炮塔获悉希

---

① 希特勒的政治遗嘱指定赛斯-英夸特担任外交部长，内政部长是吉斯勒。
② 希特勒指定舍尔纳担任陆军总司令。

两张照片拍摄的可能是一辆拼装坦克:战争中期生产的虎Ⅰ式车身,加上战争后期制造的炮塔。拍摄地点是胜利纪念柱北面的阿尔托纳街,炮塔面朝汉萨桥对面。这辆虎式坦克部署在已拆除的防坦克路障后方,可能隶属"明歇贝格"装甲师第3装甲营。注意车身两侧喷涂的黑十字和反万字徽标。

特勒自杀的消息。残余的官兵以夜色为掩护离开防空炮塔,穿过沦为废墟的各条道路向西而去。防空炮塔西面和北面的街区仍控制在德国人手里。防空炮塔内只剩伤员和医护人员,所以他们决定第二天早上把这座堡垒交给俄国人[316]。红军步兵第512团接受腓特烈斯海因防空炮塔的投降,5月1日占领这座堡垒。

东部地区

A、B防区的战斗停息后,突击第5集团军在部分地区实施军管。大部分德国守军本能地渡过施普雷河逃上博物馆岛,或穿过菩提树下街逃往西面,要么就是朝西北方的普伦茨劳逃窜。亚历山大广场的战斗仍在持续。近卫步兵第94师当日继续消灭德军设在伯尔泽证券交易所快铁站的防御。红军步兵渗透到德军阵地后方,快铁站下午陷落。红军工兵随后炸开一段铁路路堤,让坦克通过,绕开德国人部署在附近的固定式反坦克阵地。近卫步兵第286团对伯尔泽证券交易所发起突击,详情参阅本书第七章。近卫步兵第94师辖内其他团攻往奥拉宁堡街,打算克服德国人设在电报局的下一道防御阵地。当天傍晚,近卫步兵第94师到达沙里泰医院,步兵第266师冒着德军火力渡过施普雷河,准备夺取博物馆岛和岛上的帕加马博物馆、柏林大教堂[317],近卫重型坦克第67旅提供支援。

步兵第32军发动进攻,在博物馆岛南部渡过施普雷河,博物馆岛又名渔夫岛,柏林宫就在岛上。近卫步兵第60师、步兵第416师部分部队攻往庞大的帝国银行，但"幽灵"营的西班牙志愿者，从库普费尔格拉本运河对岸的建筑射出猛烈的火力，这条运河现在是德军的新前线[318]。

西部地区

大本营重新划定两个方面军的作战分界线后，合兵一处的近卫坦克第3集团军和第28集团军，在柏林城内只留少量部队。第18装甲掷弹兵师的装甲掷弹兵继续抗击科涅夫留下的部队。第30装甲掷弹兵团据守的战线沿快铁铁路线延伸，标志着柏林城的防御内围廓，而第51装甲掷弹兵团被迫退到选帝侯路[319]。施托尔策的虎王当日在哈伦湖快铁站只击毁一辆敌坦克，这个情况说明战斗速度下降了。

近卫坦克第7军在步兵第20师支援下，继续攻往萨维尼广场快铁站。他们组织了两个强击群，一个从西十字站攻击前进，另一个沿选帝侯路推进。近卫摩托化步兵第23旅和近卫坦克第56旅，从哈伦湖—西十字站一线攻往萨维尼广场快铁站方向，14点停止前进。红军作战日志里写道，他们"没取得进展，但继续与敌人交火"。近卫坦克第55旅据守皮歇尔斯贝格一线，从西面掩护全军，而近卫坦克第54旅从西南面掩护近卫坦克第7军。

近卫坦克第6军穿过维尔默斯多夫继续进攻。该军作战日志称，这是场"激烈而又艰巨的巷战"。日终前，该军辖内几个旅到达以下位置，充分说明进展缓慢：

近卫坦克第53旅克服敌人顽强的抵抗，沿两条街道继续攻往北面，日终前到达柏林街与摄政王街十字路口，一个坦克营位于京策尔街与凯撒路交叉口。

近卫坦克第51旅继续进攻，粉碎敌人在几条街道、几栋建筑实施的殊死防御，日终前到达勃兰登堡街—柏林街十字路口、威廉大街—梅克伦堡街十字路口一线。

近卫摩托化步兵第22旅（欠1个步兵营）会同自行炮兵第1894团、近卫迫击炮兵第272团，克服敌人顽强的抵抗，日终前到达巴尔街与柏林街十字路口北面一线。

近卫坦克第52旅以部分兵力继续进攻，16点截断霍亨索伦路西北地带的铁路线，前出到塞森街与内斯托街十字路口附近的塞森街。

动物园防空炮塔内，残余的军官和参谋人员传播着即将突围的消息。第18装甲掷弹兵师一名中尉找到伯切尔，对他说道："我跟另外几名军官讨论了突围事宜，我们不打算参加突围，效忠元首的誓言依然有效，我们不能在这般危急的情况下弃元首而去。"[320]战争最后几天，继续忠于誓言的想法，引发城内许多官兵的共鸣。听罢中尉这番话，伯切尔深感惊愕，他战后认为有两个原因："某些军官出于宗教方面的考虑，不愿违背自己的誓言，还有些人是狂热的国家社会主义者，不想背叛自己的政治理念。"伯切尔当时没有就政治问题与对方争论，他只是告诉对方："是不是留在柏林您自己决定，我会向上级提出誓言的问题，具体结果到时候再告诉您。"[321]

伯切尔打电话给帝国总理府的劳赫中将，汇报了他遇到的情况。劳赫说他会跟魏德林将军商讨此事。劳赫当晚晚些时候回电："已经向元首提出誓言的问题，回答是'我解除所有军人的誓言'。"要是劳赫真跟魏德林谈过此事，那么魏德林可能只是根据希特勒预先批准弹药和补给物资耗尽的情况下可以突围的指令给出答复。劳赫知道希特勒已自杀，他编造元首的回复可能是因为他保证过，绝不泄露希特勒的死讯。无论实际情况是什么，这个善意的谎言完全是为拯救他的部下，让他们尽快逃离柏林，以免落入俄国人手里[322]。

元首暗堡外，近卫第8集团军对动物园实施30分钟炮火准备，下午晚些时候投入进攻。红军步兵占领动物园外围几栋周边建筑，但他们的坦克仍停在安全距离外。

4月29日晨，一名神情严肃的党卫队三级突击队中队长①叫醒海特，想知道自己的部队究竟在何处，上级有没有给他下达新的命令。两人简短交流了一番，海特承认自己是柏林人，于是三级突击队中队长命令他带自己的分队去伊甸园旅馆。动身前，三级突击队中队长提醒海特，红军狙击手潜伏在纪念教堂

---

① 原文写的是 Sturmführer。

遭击毁的JS-2重型坦克,可能位于养老院市场地区。街道很窄,坦克在这种地形难以机动。

养老院市场北面,坦克第11军在库尔街遭击毁的T-34/85坦克(车号605),北面是帝国银行。这辆坦克残骸的另一个视角参见377页第二张照片。沿这条布满碎石瓦砾的街道往上,左侧有一辆损毁的JS-2坦克,参见468页照片。

(选帝侯路上的一座纪念教堂)塔楼里。海特战后接受采访时说道:

带着梦游者的自信,冯·德尔·海特率领一群士兵穿过选帝侯路快铁站拱顶,取道天文馆进入动物园。他在这里见到动物的末日。几头死去的熊倒在笼子里。体型庞大的阿拉斯加熊兽笼旁,他们看见饲养员脸朝下倒在地上,双手还攥着毛茸茸的熊脖子。听见饥饿、受伤、恐惧的动物发出的呜咽、咆哮、号叫、哭泣,这群士兵脸色苍白,一个个神情苦涩地匆匆走过。动物惊恐万状,发出的声音跟人类有些类似,彻底影响了见到这一幕的人。动物和人陷入同样的绝望境地,无可救药地崩溃了。

损毁的德国车辆,包括党卫队"丹麦"装甲掷弹兵团一辆指挥车,停在帝国刑事警察局大楼旁的奥伯瓦尔街。这张照片可能是面朝北拍摄的,位置在耶格尔街与法兰西街之间。

从莱比锡广场南望波茨坦广场和波茨坦火车站,这张照片摄于20世纪30年代初。右侧的道路是波茨坦街,通往兰德韦尔运河上的同名桥梁。

波茨坦火车站外,党卫队第503重型装甲营卡尔·海因茨·图尔克车号101的虎王,他5月1日把战车遗留在这里。坦克右侧能看见把这辆虎王拖回帝国总理府地区维修的牵引钩。照片右侧是一辆大众指挥车。

海特和其他士兵匆匆穿过布达佩斯街的大象馆入口,一个个汗流浃背,总算平安到达优雅的伊甸园旅馆,这栋举世闻名的高贵建筑像个三角岛,坐落在布达佩斯街、纽伦堡街、选帝侯路之间。①

三级突击队中队长和海特直奔旅馆的酒吧,酒吧里挤满醉酒程度不一的党卫队员。海特找了个角落,不假思索地把一名醉醺醺的党卫队军官从地上的床垫推开,自己躺上去睡着了。

海特不知道党卫队员为何要去伊甸园旅馆,但克劳斯·莱麦尔第二天搞

---

① 整理过的访谈内容使用了第三人称。

清楚了。过去24小时，越来越多的党卫队员接到命令，让他们去动物园集合。莱麦尔是个陆军士兵，在柏林休长期康复假，随后奉命去施潘道区报到，他在那里获得武器装备，作为掷弹兵去夏洛滕堡加入某个连队。该连奉命开入蒂尔加滕，协助工程兵构设一条简易跑道，莱麦尔看见"许多车辆停在树下，还做了伪装，以防敌机发现"。他注意到这些车辆耗尽了汽油。4月30日黄昏，莱麦尔奉命给动物园地铁站附近的当地党卫队指挥官担任警卫。他赶到动物园，周边的情形宛如一场浩劫：

> 黄昏时，传令兵来了，脸上沾满血迹，他带着我们穿过动物园赶往地铁站。动物园里满目疮痍，到处是弹坑和坟头。两只年幼的爱尔兰雪达犬号叫着扑向兽笼栅栏。水族馆里一片漆黑。我们搜索了好一阵子才找到个地下室，旁边的房子就是指挥这片地区作战行动的指挥所。我们要在夜间接管警卫勤务。
>
> 此时天色还没有全黑，仍能看见前方几米外的情形。月亮在空中发出红色的光芒，火焰在弥漫的烟雾里反射出红光。一切看上去呈灰红色。几盏聚光灯照到蒂尔加滕上方一架低空飞行的德国飞机，就连原本白色的灯光也微微泛出红光。斯大林管风琴的齐射击中附近某处，一根根火柱腾空而起。几座防空炮塔上的速射炮朝四面八方开火，曳光弹的尾迹就像一串串闪闪发亮的珍珠。西塔上的重型火炮开炮射击，犹如一道闪电，照亮整片地带，但被附近腾起的白色和彩色照明弹迅速淹没。
>
> 首次换岗后，我们在地下室里有了惊喜的发现：某人找到一箱香槟。
>
> 太阳升起，但从冒着烟的废墟望去，阳光很暗淡。激烈的战斗在德国最后几米土地上打响。据说某处有个德国将军开始跟敌人谈判了。[323]

莱麦尔的记述清楚地说明，动物园防空炮塔上的火炮，4月30日夜间仍在打击红军地面目标。

机械化第1军派机械化第19、第35旅残部沿施洛街赶往动物园，分别肃清康特街以北、以南地带。机械化第35旅在腓特烈大街到夏洛滕堡车站附近的右翼一线，遭遇德军强有力的抵抗，进展缓慢。机械化第19旅到达卡尔·奥古斯特广场的德军支撑点，雷巴尔科近卫坦克第7军先前没能攻克这座广场。

机械化第19旅的两翼此时暴露在外，与俾斯麦街另一侧的机械化第37旅失去联系，机械化第37旅在那里与守军激烈交战。机械化第19旅与北面的友军坦克第219旅也相互隔绝，坦克第219旅此时位于更前方，在克尼北面的马尔希街附近战斗。

波兰人民军第1"塔德乌什·科斯丘什科"步兵师当晚开抵。波兰军官震惊地获悉，近卫坦克第2集团军辖内某些部队的伤亡高达95%。波兰第3步兵团配属近卫坦克第12军近卫坦克第66旅，自4月16日沿塞洛高地发动进攻以来，由于缺乏步兵支援，该旅已损失82辆坦克。波兰第1步兵团随后分成两个作战分队，分别配属机械化第19、第35旅。波兰第2步兵团配属坦克第219旅和整个机械化第1军。出人意料的是，白俄罗斯第1方面军作战日志直言不讳地指出，即便增加了波兰步兵，近卫坦克第12军"还是没能取得进展，日终前沿原先的战线遂行战斗"[324]。

柏林市中心遍布地下掩蔽部和防空洞，照片里的苏联军人正查看某座掩蔽部的入口。

柏林城内，德军210毫米M18/L31重型榴弹炮，被遗弃在市中心附近某个地铁站的防御阵地旁。

万湖岛

托特战斗群在万湖岛上发动进攻。工兵修复部分损坏的万湖桥，好让坦克通行。德军工兵干得很出色，这场反冲击攻入策伦多夫区。德军小股部队击毁数辆T–34坦克后撤回岛上。

中央地区

早先发行的一期《装甲熊报》传到阿里贝特·舒尔茨和另一些小伙手里，他们

国王广场北侧的瑞士领事馆。红军1945年进攻柏林期间，瑞士领事馆和国会大厦是国王广场仅存的两座建筑。瑞士领事馆是施普雷河沿岸建造的多层政府建筑群的组成部分，这里发生过激烈的白刃战。

此时隐蔽在养老院市场的地下室里。他们在报上读到，戈林和希姆莱背叛了希特勒，所以冯·格赖姆接替戈林，汉克替换希姆莱。得知这个消息，舒尔茨等人当天早上争论起来，实在不明白希姆莱怎么会被解除了职务。红军再次发动进攻，打断他们的争论，坦克第11军主力穿过十字路口攻往北面后，俄国人企图彻底肃清养老院市场。

俄国人发现柏林城内大部分地下室相互连接，于是在地下室墙壁上炸开一个个豁口，从街道下方攻入德军支撑点。红军以这种战术逼近舒尔茨的部队，冲入这群小伙上方的楼房底层。希特勒青年团员朝楼上发起反冲击，双方爆发激烈交火。希特勒青年团的小伙用"人民手榴弹"（没有木柄的手榴弹）把红军步兵逐出楼房。最后，"诺德兰"师配备喷火器的一个工兵班赶来，纵火焚烧红军阵地，把幸存者赶了出去[325]。三名红军士兵被俘，可能都负了伤，德国人把他们押回舒尔茨部队的指挥所，审讯后草草处决。

尽管遭遇挫败，但俄国人继续穿过这片废墟。当天下午，他们终于夺得莱比锡街北侧，以及南侧的登霍夫广场。舒尔茨和残余的守军继续守卫养老院市场南侧。傍晚前后，人民冲锋队、希特勒青年团、党卫队援兵从政府区赶来。他们到达后立即发起反冲击，舒尔茨回忆道："他们在激烈的战斗中重新夺回街道北侧。"

帝国宣传部当晚在广播里通报最新消息。听众得知文克第12集团军正逼近柏林，德国已经同美国达成停战协议。柏林城内全体军民必须坚持下去，援

从内政部的位置望向国王广场。1945年，此处与国会大厦之间满是乱七八糟的施工设备、堑壕、88毫米高射炮，还有条淹没的通道。红军几次企图穿过这片开阔地，到达国会大厦的台阶。

从国会大厦顶部望向西北面，能看见毛奇桥和左侧的内政部。从施普雷河对岸走到国会大厦，动作快的话用不了五分钟，但红军激战三天才到达目标。

兵即将到来。这个消息宛如救命稻草，极大地鼓舞了舒尔茨和地下室里的其他小伙[326]。

库尔街就在养老院市场北面。直到战役这个阶段，德国人仍忙着构筑防御工事。有个德国军官押来78名荷兰奴工，命令他们构筑一道防坦克路障。这名军官和几个士兵提供掩护，以防荷兰奴工遭遇火力打击。红军坦克第11军指战员可能发现了这群人，他们迅速开火，迫使荷兰奴工躲入一座半毁的工厂。厂房内墙排列着高大的金属橱柜。红军一发炮弹或迫击炮弹击中厂房，残垣断壁坍塌，砸在这群奴工和德国士兵身上。一排金属橱柜倒下，但抵在旁边的墙壁上，那个德国军官捡了条命。其他人就没这么幸运了，大多葬身废墟[327]。

党卫队三级突击队中队长亨泽勒和他的部下，在养老院市场西南面林登街一条小巷内过夜。他们在这里待到次日上午11点，喝了点酒，吃了点食物，这些东西都是从附近的凯宾斯基餐厅搞到的。俄国人当日上午发起一连串冲击，可他们的坦克几乎没取得进展，因为一辆虎王部署在附近，挡住红军一切推进。中午前，亨泽勒接到命令，让他率领部下去帝国航空部报到，待他们到达，塞弗特直接命令亨泽勒守卫波茨坦广场附近的欧罗巴大厦。亨泽勒率领部下赶到欧罗巴大厦，发现楼里有100多名空军人员，一个个急切地请求亨泽勒指挥他们作战。他们告诉亨泽勒，俄国人就在街对面，说不定想从地下室潜入欧罗巴大厦。这些空军人员还说，他们怀疑俄国人已溜到楼上。亨泽勒和部下迅速封闭地下室几个出入口，还用手榴弹布设了诡雷。随后，他们小心翼翼地搜索楼上，没发现俄国人[328]。

黑罗尔德保险大楼内，三级小队长朔勒斯和部下击退敌人持续不断的冲击。克里斯滕森收容了一切可用的散兵游勇，继续坚守腓特烈大街和普特卡默街。俄国人想方设法突破普特卡默街，好到达帝国总理府和其他政府建筑。"诺德兰"师的官兵继续听到文克第12集团军即将赶来救援的各种传闻，但计划中的突围行动杳无音信。他们很可能故意装聋作哑，因为他们必须阻止俄国人继续攻往北面[329]。朔勒斯在当天的日记里写道："我们之所以顽强战斗，是因为我们期盼援兵从西面赶来。尽管我们的处境渐渐趋于无望，但我们继续战斗。这是我们唯一能做的事，这样才不会去想明日的灾难。我本人彻底沉浸在战斗中。"[330]

为肃清波茨坦火车站和安哈尔特街向北延伸到福斯大街的若干街区，红军发起一连串进攻。法国志愿者沿普特卡默街继续抵抗。有个被俘的红军士兵交代，红军坦克车组在枪口威逼下投入进攻，因为他们知道为首的坦克肯定回不来了[331]。红军坦克兵继续遭受惨重的损失，特别是因为德国人不断遭到压缩的阵地越来越小，这让他们能以火力更好地覆盖几条关键的接近道路。弗拉基米尔·阿贝佐夫目睹了红军坦克进攻威廉大街的情形，他对这场战斗的回忆提供了独特的视角，让读者得以窥见红军坦克兵在巷战中面临的种种风险：

长长的街道渐渐隐没在远处的黑暗中。坦克和火炮为我们的进攻提供支援。我扣动扳机，感觉到手里的冲锋枪焕发了活力，但由于火炮的轰鸣和坦克隆隆的引擎声，我根本听不见冲锋枪的射击声。

我看见前方一辆坦克黑乎乎的轮廓。它是从哪里来的？没等我弄明白怎么回事，它就朝一辆敌坦克开炮了。停在道路中央的敌坦克也朝我方坦克还击。

我方坦克又开了一炮。我随后看见一道"铁拳"炽热的尾焰，德国人的坦克中弹起火，但我们的T-34也腾起火焰。

我们夺得街角一栋建筑的底楼。楼内弥漫着浓郁的薰衣草味道，地上满是弹坑，还有好多碎玻璃。这是个理发店。营长命令我们加强防御……

一枚"铁拳"在我们身后的地上炸开，剧烈的爆炸震聋我的耳朵，一时间什么也听不到……

我方另一辆坦克中弹起火，停在小街上熊熊燃烧。我们看见车组人员推

西望克罗尔歌剧院，这张照片摄于20世纪30年代中期。照片左上角第二个尖顶就是广播塔。

这张北望毛奇桥的照片，可能是 1945 年 5 月 2 日拍摄的。注意右侧拆除的防坦克路障，以及照片底部大批损毁的红军战车。这些坦克、自行火炮、牵引式火炮，要么是在过桥时被击毁，要么是沿南岸攻往国会大厦期间损毁的。部分坦克涂有三角形识别标志，用于区分苏联红军与西方盟军的坦克。几个红军战士正在照料一名负伤的战友（参见本页右下照片）。

开舱盖，跳出战车跑上人行道。有个坦克兵身上烧着了，他在地上来回翻滚，想扑灭身上的火焰。我们一个小伙跳出窗户，冲过去救助那名坦克兵。

敌冲锋枪手从阁楼上开火，我们的小伙还没跑到坦克兵身旁就倒下了，那个坦克兵也死在冲锋枪火力下。[332]

附近的波茨坦快铁站，激烈的战斗仍在继续。

卡尔·海因茨·图尔克和他的虎王继续坚守阵地，跟俄国人的坦克和反坦克炮鏖战了一个钟头，崔可夫的部队已经把部分技术装备运过兰德韦尔运河。战斗结束后，红军好几辆坦克停在街上燃烧。图尔克的虎王右履带中弹，无法行驶，他赶紧步行赶往蒂尔加滕，去找柏林城内唯一一辆黑豹坦克救援车，救援车车长是他的朋友。他很快带着黑豹坦克救援车返回波茨坦广场，找到他那辆受损的虎王，拖回帝国总理府地带修理。三小时后，虎王修好了，图尔克驾驶战车沿萨尔兰街返回，把坦克部署在波茨坦地铁站一道街垒

毛奇桥南端 JS-2 坦克近照。这张和上一张照片都看不清两辆 JS-2 坦克是丧失了战斗力，还是暂时停在此处。从这张照片可以看见，上一张照片里的几个红军士兵似乎在照料一名负伤的战友，他躺在两条雪橇犬拖曳的大车里。红军使用狗拉雪橇把伤员撤离前线。

后方。他随后接到命令，上级让他尽量长时间坚守广场。红军步兵企图穿过下水道逼近这辆虎王，但车组人员用炮塔上的机枪击退敌人[333]。

崔可夫的电话响了一整天，是朱可夫打来的，他不断询问能否在五一劳动节前彻底攻克柏林。崔可夫当日的最终答复是："我不敢肯定，某些党卫队部队仍像猛虎那样战斗。"[334]

蒂尔加滕北面，红军步兵4月30日凌晨仍在内政部大楼里舔舐昨日战斗的伤口。上级要求他们继续进攻，尽快攻克国会大厦，眼下已顾不得人员伤亡。红军当时没几部便携式电台，但夜间还是把其中一部运过毛奇桥送入内政部大楼。团长津琴科必须掌握进攻情况。

涅乌斯特罗耶夫大尉说他觉得自己位于大楼尽头，可他在黑暗中丧失了方向感。团长命令他立即攻往国会大厦，不得以任何理由暂停行动。涅乌斯特罗耶夫叫醒全营指战员，从内政部大楼发动进攻，冲入国王广场拂晓的黑暗中。他的部下在夜色里摸索前进，烟雾和火焰遮蔽了他们的视线，机枪火力随即击中他们，可能是从克罗尔歌剧院射来的。涅乌斯特罗耶夫的首次进攻，没有攻往国会大厦，而是冲向克罗尔歌剧院，这种错误情有可原。没人知道国会大厦究竟在哪里，尤其是在黑暗中。第1营只好带着伤员返回内政部大楼，等天亮后再说[335]。

涅乌斯特罗耶夫只收到一个好消息，部队急需的援兵到了，是刚刚在莫阿比特监狱获救的78名囚犯。他们没有任何作战经验，就这样投入战斗[336]。许多红军战士过去几天一直在从事毫不间断的战斗，他们疲惫至极，倒在地上睡着了。

早上，透过薄雾和国王广场挥之不去的硝烟，红军士兵终于看清这片作战地带。团长再次打来电话，命令他们攻往国会大厦。涅乌斯特罗耶夫从二楼窗户望去，看见前方开阔地有一栋三层建筑。那里是不是国会大厦，他有些怀疑，但他下达的命令很明确："既然你们觉得那栋建筑就是国会大厦，那就进攻吧！"涅乌斯特罗耶夫的部下第二次冲出既占阵地，穿过开阔地，攻往他们认为是国会大厦的建筑。施普雷河北岸的红军炮兵开火，伴随"乌拉"的呐喊，几发红色信号弹腾空而起，红军的进攻开始了。红军步兵冲向那栋建筑，刚跑了50米，德军部署在附近的迫击炮和动物园防空炮塔上的高射炮，就朝他们射来密集的弹雨。机枪也嘶吼起来。涅乌斯特罗耶夫回忆道："枪炮声骤然淹没我们的'乌拉'呐喊声。"[337]红军步兵再次退回内政部。这场进攻很可能又一次把克罗尔歌剧院当作目标，倘若他们确实朝国会大厦发起冲击的话，那么涅乌斯特罗耶夫的部下实际上没能前进多远。

上午10点左右，团长跨过毛奇桥，花了点时间让自己和第1营判明方位。他们知道国会大厦就在附近，但不确定具体位置。津琴科借助地图和周边建筑细细研究一番，发现国王广场远端有一栋灰色三层建筑，那座建筑有个损毁的圆顶。他立马得出结论，那里就是国会大厦。津琴科朝电台走去，打算汇报师长，同时命令第1营准备发起第三轮进攻，穿过国王广场开阔地，攻往那座圆顶建筑。

佩列韦尔特金将军命令麾下其他部队尽快赶到施普雷河南岸，加强步兵第150师，该师不仅疲惫不堪，战斗力多少也有些下降。他首先投入步兵第469团，这是步兵第150师担任军长预备队的最后一个团。步兵第469团指战员迅速进入内政部大楼。佩列韦尔特金随后命令步兵第171师采取行动，渡过施普雷河，直接支援步兵第150师计划发起的进攻。最后，他命令步兵第207师渡过施普雷河，进攻并夺取克罗尔歌剧院，消除敌人构成的翼侧威胁，确保红军对国会大厦发起的主要突击[338]。红军还把几门火炮运过施普雷河，拆散后搬上"希姆莱大楼"二楼组装起来。他们在此处占据发射阵地，支援步兵进攻克罗尔歌剧院和国会大厦。几门火炮就位，很快就开炮轰击克罗尔歌剧院。

德国守军当天上午也没闲着，几次展开反冲击。第一次反冲击从国会大厦后方发起，打击红军步兵第525团的官兵，这股红军沿阿尔森街进入开阔地，企图夺取瑞士领事馆东面几栋建筑。施普雷河北岸的红军炮兵开炮，迫使德国人经过激烈战斗后退入对面几栋建筑。党卫队"安哈尔特"团官兵发起第二次反冲击，沿施利芬河岸打击红军步兵第594团，这场反冲击也被红军击退。但战役剩下的时间里，德军仍沿这条街道留在施普雷河南岸，因为红军没有足够的兵力肃清这些建筑。红军坦克现在也驶过毛奇桥。

当天下午早些时候，步兵第207师步兵第587、第598团冲击克罗尔歌剧院。这场进攻获得坦克支援，但立即遭遇德军激烈抵抗，他们的阵地设在歌剧院内。俄国人有没有攻入克罗尔歌剧院不得而知，只知道他们立即在废墟周围掘壕据守，与歌剧院里的守军猛烈交火。

红军对德国守军施加的压力越来越大，党卫队二级突击队中队长巴比克派传令兵去帝国总理府求援。汉斯·莱茵的部队随后奉命赶往国会大厦。莱茵来到巴比克的指挥所，这处指挥所设在国会大厦后面的多罗滕街，是前总统府邸的组成部分。他奉命增援国会大厦，协助克罗尔歌剧院遭隔断的守军。这股援兵穿过地下隧道赶往国会大厦[339]。巴比克得知莱茵以前使用过苏制迫击炮，于是把几门缴获的迫击炮交给他指挥。这些迫击炮部署在国会大厦的院子里，发射阵地防护得很好。莱茵随后带着便携式电台来到屋顶，指引炮火打击红军设在克罗尔歌剧院、施普雷河对岸荣军院街北面OKW建筑群总参大楼的阵地。俄国人的坦克企图沿拉特诺街而行，再取道克罗尔歌剧院对面的直达路线攻往国会大厦。据莱茵说，德军这场炮击立即挡住对方的推进。俄国人很快投入210毫米火炮，猛烈轰击国会大厦。一辆JS-2重型坦克随后出现在克罗尔歌剧院前方，开炮轰击国会大厦的德军阵地[340]。看见敌坦克到来，巴利克忧心忡忡，再次派传令兵赶往帝国总理府，请求坦克支援。

得知巴比克求援，蒙克命令314号虎王坦克车长迪尔斯赶往国会大厦，打击驶过毛奇桥的敌坦克。迪尔斯昨天和图尔克坚守萨尔兰街与波茨坦广场的十字路口，顽强抵御崔可夫的部队。他接到命令，立即指挥虎王调转方向，驶上赫尔曼·戈林街。他绕过国会大厦左侧，发现30多辆敌坦克和其他车辆停在内政部与克罗尔歌剧院之间的空地。苏联方面的一份记述称，渡过施普雷河的坦克、车辆、火炮多达89辆/门，打算直接支援步兵部队进攻国会大厦[341]。迪尔斯5月1日一直守在国会大厦，当天下午剩余的时间，他的虎王在克罗尔歌剧院地带与红军各种战车周旋，据他说击毁敌人30辆战车，包括1辆JS-2重型坦克，莱茵称，迪尔斯那一炮打得很准，炮弹穿过国王广场开阔地击毁敌坦克[342]。

国会大厦北面，几辆三号突击炮加入德军发起的另一场反冲击，在红军步兵第525团与步兵第380团第2营之间插入根楔子。这根楔子破坏了俄国人攻往国会大厦下一阶段的准备工作，迫使红军步兵投入白刃战，再次在该地带全力击退德军的反扑。

第2营的红军士兵此时已到达耐力极限，攻克内政部大楼后，他们没得到口粮和饮用水，更没有休息，此时奉命在大白天发起第三次冲击，一举攻克国会大厦。这场进攻从一开始就不顺利，几名连长没能有效协调他们冲过建筑工地的突击。建筑垃圾和灌满水的沟渠迫使各分队分成一个个缺乏协同的小股士兵群。似乎至少有一股红军士兵冲到国会大厦入口,但立即被德军猛烈的火力逼退。涅乌斯特罗耶夫回忆道:

> 局面越来越严峻。敌人射出的火力极为猛烈,就连我们的阵地似乎也不安全。炮弹和炸弹在各处炸开,此时是大白天,可我们觉得战斗似乎发生在黄昏。后来有人告诉我,柏林4月30日是大晴天,可我们就没见到太阳,没有一丝阳光穿透战场上的硝烟。[343]

红军的进攻停滞不前,于是他们派更多坦克驶过毛奇桥,支援步兵冲击国会大厦。这些坦克可以直接驶过毛奇街,在水淹的国王广场左转,也可以绕过内政部,赶到仍在德国人手里的克罗尔歌剧院前方。但无论红军坦克沿哪条路线前进,都会暴露在外,遭到德军从多个角度袭来的火力打击。

俄国人评估了眼下的局面,发觉无法一举攻克国会大厦。德军严密防御西南面的克罗尔歌剧院,还在二楼窗户后的隐蔽发射阵地部署了好几门大口径火炮。步兵第207师根本没办法削弱对方的防御。东北面,外交区其他部分沿施普雷河河曲部延伸,德国人在那里构设的重要路障和其他防御阵地依然完好。夜间,只有反坦克歼击炮兵第420师寥寥几辆ISU–152自行火炮和几门重型火炮设法驶过毛奇桥,部署在桥梁南端的"希姆莱大楼"入口。俄国人此时仍遭到蒂尔加滕袭来的炮火打击,洪堡海因和动物园两座防空炮塔也朝他们射来猛烈的炮火。虽说防空炮塔上的高射炮兵看不到国王广场,但炮兵观察员用电台提供坐标,指引他们以断断续续的炮火轰击疑似的敌军阵地[344]。

红军士兵确实攻入国会大厦,结果朱可夫收到不符合实情的报告,说国会大厦顶上已升起苏联国旗。这份报告促使白俄罗斯第1方面军司令部给辖内部队下达"第6号令",声称红军已攻克国会大厦,下午14点25分在国会大厦顶部升起红旗。以下就是朱可夫司令部下达的号令:

第6号令
致白俄罗斯第1方面军辖内各部队

1945年4月30日

1. 精锐党卫队部队据守柏林城内的国会大厦地区。为加强该地区的防御，敌人1945年4月27日/28日夜间用降落伞空投了一个海军陆战营。部署在国会大厦地区的敌人顽强抵抗我方进攻部队，把每栋建筑、每层楼梯、每个房间、每间地下室、每个据点打造成防御枢纽部。国会大厦主楼内的战斗演变成一场场白刃战。

2. 库兹涅佐夫上将突击第3集团军辖内部队继续进攻，粉碎敌人的抵抗，夺得国会大厦主楼，今天，也就是1945年4月30日下午2点25分，在国会大厦顶部升起苏联国旗。争夺该地区和国会大厦主楼的战斗中，佩列韦尔特金少将的步兵第79军，以及该军编成内涅戈德上校的步兵第171师、沙季洛夫少将的步兵第150师打得特别英勇。

3. 各部队娴熟而又勇敢地完成作战任务，赢得胜利，我向步兵第171、第150师全体士兵、军士、军官、将军表达谢意，也要感谢直接指挥战斗的步兵第79军军长佩列韦尔特金少将。突击第3集团军军事委员会，会为在争夺国会大厦的战斗中表现最杰出的士兵、军士、军官、将军颁发勋章。

4. 最终战胜敌人的时刻即将到来。我们的国旗已飘扬在柏林市中心国会大厦主楼上方。

白俄罗斯第1方面军的士兵、军士、军官、将军同志们！继续前进，让我们以迅猛的最后一击把法西斯野兽消灭在巢穴里，加快最后时刻的到来，彻底击败法西斯德国。

在方面军各步兵、坦克兵、炮兵连宣读这道号令。

签名：

白俄罗斯第1方面军司令员，苏联元帅G.朱可夫
白俄罗斯第1方面军军事委员会委员捷列金中将
白俄罗斯第1方面军参谋长马利宁上将[345]

收到这道号令，步兵第150师的指战员蒙了，他们此时正为到达并攻克国会大厦苦苦挣扎。军部和师部人员也不知道方面军司令部这道号令究竟是什么意思。

涅乌斯特罗耶夫干脆端起望远镜，想看看国会大厦顶有没有升起苏联国旗。他什么也没看见，也不觉得有谁已攻入楼内。就在这时，师长用电台通知团长："要是我们的战士还没攻入国会大厦，楼顶也没升起红旗的话，那就想办法升起旗帜，哪怕在入口的门柱上也行，不惜一切代价！"[346]朱可夫输掉了奔向柏林的竞赛，5月1日前拿不下国会大厦的话，又是个失败。所有苏联人都把国会大厦视为纳粹的象征，无论付出多大牺牲，5月1日前必须攻克这座建筑。

红军定于18点重新发动进攻，一举夺取国会大厦。步兵第674团第1营、步兵第380团第1营奉命发起冲击。I.夏诺夫上士指挥步兵第674团一个连，受领了率领突击、攻入国会大厦的任务。另外，该团第1营奉命召集在先前的战斗中被德军猛烈火力驱散的战士，把他们组织起来，在夏诺夫身后投入战斗。这项任务表明，先前的突击严重打乱红军的战斗队形[347]。另外，红军还把重型坦克第88团调过毛奇桥，18点30分前为进攻国会大厦的步兵提供火力支援[348]。

俄国人动身穿过国王广场，可能是借助人行道穿过水淹的隧道，或是绕过广场北部边缘。红军士兵在砖砌的门廊炸开几个豁口，大概使用了缴获的"铁拳"。守军此时据守在国会大厦楼上和地下室里。德国人没料到对方会把国会大厦定为主要进攻目标，部署在这里的守备兵力很少，根本没打算长久抵抗。据苏方资料称，红军指战员到达国会大厦门口，朝门厅投入手榴弹，随后冲了进去。他们直到23点才攻入大楼。这场进攻夺得国会大厦主入口门厅和大楼南入口。夏诺夫对此次进攻的描述颇具英雄主义色彩，说明他们不太费力地攻克国会大厦，尽管如此，他描绘的战斗场面还是值得一读：

谁能忘掉进攻前几分钟的情形呢！我看着这群战士，听着他们的交谈，胜利完成任务的信心越来越强。他们带着原木和砖块，在几个窗台下搭设平台，这样就能更容易地翻出去。他们还拖来几箱手榴弹，把我们的衣兜塞得满满当当。我检查了准备状况，看他们有没有给突击步枪弹鼓和机枪弹盘填满子弹。

广场上，隆隆炮声就没停过。右侧突然有东西起火燃烧。一栋大楼坍塌。黑烟沿着地面弥漫开来。要是现在就以烟雾为掩护投入进攻该多好，就在这时，我听见营长的声音："夏诺夫，炮火准备即将开始，炮一响您就得冲上去！"

营长还告诉我，会在我身后布设电话线。我们商定，要是电话线炸断的话，我一攻入国会大厦，就发射红色信号弹通知他。

这时，我方炮兵开炮了，我发出号令："冲啊！"所有人翻过窗户冲向广场。尽管很难确定自己的方位，但每个排都朝他们该去的方向前进。灰尘、烟雾、火焰笼罩国会大厦。我来回奔波，不让任何一个战士脱离我的视线。在此期间我挨了两块弹片，一块击中我右腿，另一块击中我右肩。

眼下没时间包扎伤口。我们从一个弹坑冲到下一个弹坑，隐蔽在炸断的树干后，克服一片片洼地和一处处障碍物，以低姿匍匐穿过开阔地，到达营长早些时候对我说过的宽阔的运河。

运河上的桥梁用木梁和铁轨构设了障碍。桥梁左侧有几对铁轨跨过运河。我很高兴，因为全连用不着泅渡就能到达对岸。有些战士穿过障碍物，还有些战士爬过铁轨，几个排冒着敌军火力渡过运河，再次排成紧密的战斗队形。营长事先叮嘱过，让我们排成这种散兵线，我也加入战斗队形。连队右侧和后方，我们遇到友邻团几个分队。我们穿过一片火海，每前进一步都伴随地雷和炮弹的爆炸。各种武器开火，全连高呼"乌拉"投入进攻。我冲在连队前方，对自己居然还活着感到奇怪。一块块弹片呼啸掠过，我不停地奔跑，全连跟着我向前冲去。前面约有五名战士，我们冲上国会大厦门口的台阶。就在这时，德国人一发炮弹落在几根高大的门柱间。亚基莫维奇位于右侧。我们刚站起身，一颗子弹击中他胸膛，他倒下牺牲了，举起的手里仍攥着手榴弹。亚基莫维奇的鲜血洒在台阶上，浸透了石板。我们后来把他葬在高处，从那里能看见国会大厦圆顶当时升起的那面胜利的红旗。我们写信告诉亚基莫维奇年迈的母亲，他为那面红旗献出了生命。

我们刚踏上宽阔的楼梯，密集的弹雨扑面而来。德国人从所有窗户开火射击，但我们已到达国会大厦厚厚的墙壁旁。我们前面有一扇很大的门，已被炮弹炸坏好几处。我们从大门和墙壁上的缺口往里面扔了几颗手榴弹。

其他地方也有不少豁口，我们的战士穿过缺口冲入国会大厦。

我们起初进入一条长长的走廊。整座庞大的建筑震颤不已。某处的台阶隆隆作响，另一处传来德语喊叫声。眼下没办法评估态势。有一点很清楚：楼内有不少德国兵，我们必须消灭他们。走廊尽头的桶和箱子一直堆到天花板。我们右拐进入一个房间，前方几个德国兵窜过，他们喊叫着，奔跑着，还以手里的突击步枪猛烈射击。我在房间里看见个巨大的女性塑像，手里举着天平。起初我简直以为她是个活人，因为她手里的秤盘晃个不停。经历了那么多艰难的夜晚，看看我脑袋里想的都是些什么！

我留下一个班的兵力封锁走廊右侧，另一个班赶往左侧。其他人涌入两个很大的房间，德国人从这里逃到大楼左侧。一个房间空空如也，另一个房间都是书柜，塞满书籍和文件，这里光线昏暗，还冒着烟。我们发现两个通往地下室的入口，我下令封锁入口。我们在房间里设立防御，开始侦察楼上的情况。我已经发射了红色信号弹，但我们的后方部队可能没看见。烟雾和火焰笼罩了一切。我们与后方部队没有电话通信。电话班班长叶尔马科夫中士冒着敌人猛烈的火力几次冲过广场，最终恢复通信，第一个从国会大厦用电话汇报我们已攻入大楼，正在楼内战斗，坎塔里亚下士和叶戈罗夫中士已经在大楼圆顶升起红旗。

涅乌斯特罗耶夫大尉、达维多夫大尉、萨姆索诺夫上尉、古谢夫上尉、别列斯特中尉、索科洛夫斯基少校和许多我以前从没见过的军官赶到了，我们兴奋不已！援兵终于到来。还有人带来个高脚杯。

"夏诺夫，我们喝一杯，庆祝升旗"，别列斯特中尉对我说道。

我们借着高脚杯轮流喝了点酒。

夜晚很快到来。枪炮声似乎稍稍减弱。我打算去楼下，但情况很快发生变化，地下室活跃起来，我几次接到报告："敌人在地下室里活动得很猖獗。"

"往里面扔手榴弹"，我答道。

手榴弹解决了一切问题。

我们往地下室扔了好多手榴弹，我还下令在走廊末端架设一挺机枪，只要德国人冒头，就会被机枪火力射倒。敌人确实从各个地方跑出来，在各处用机枪和突击步枪朝我们开火。

敌人从楼上发射了一枚"铁拳"，在门柱间炸开，我的连指挥所就设在旁边两个箱子上。伴随剧烈的爆炸，碎石飞舞，我不得不转移指挥所。

拂晓时，有人提议吃点东西。我们有黄油、奶酪、罐头、果酱。于是我安排部下补充能量。吃早饭时，每个人都攥着拔掉保险销的手榴弹。我们不得不几次中断吃饭，朝敌人投掷手榴弹。

几名步兵报告，好多德国人从地下室往上跑。我不由得想到，敌人跑上来会不会是想投降呢？

我吩咐道："让他们上来吧。"

舒布金用德语喊道："举起手来！"

我们站在楼梯平台处，前方冒出来三个德国兵，戴着蒙了伪装网的钢盔。他们把突击步枪挂在胸前，手里攥着手枪。

"看上去他们不像是来投降的，先别开火，"我吩咐身边的战士，"看看他们想做什么。"

几个德国人宣称："我们是谈判代表，你们找个军官来。"

有人叫来别列斯特中尉。德国人看见别列斯特，立即放下手里的手枪。有个穿着黄色毛绒夹克的女人出现了，是他们的翻译，身后跟着个可能职务挺高的德国官员。

别列斯特告诉他："立即投降，停止这种愚蠢的抵抗。"

那个德国官员要求给他20分钟时间好好想想。

事实证明，这是德国人拙劣的诡计。侦察员告诉我，两辆敌坦克和部分步兵出现在国会大厦左侧。就在这时，有个德国兵跳出地下室，高声喊道："投降吧，你们被包围了……"

我们射出的火力打断了他的话。

德国人早已决定进攻，他们组织部队，还派谈判代表分散我们的注意力。帝国大厦某个角落有一堆碎石块，下面就是西出口。德国人爬到楼上，开始焚烧各个房间。他们打算用烟把我们熏出国会大厦。我待的那个房间燃起烈焰，文件和书籍起火，就连我坐的箱子也没能幸免。我的大衣烧着了，有个战士的衬衫起了火，谢尔比纳的头发冒烟。

德国人很难绕过一堆堆火焰。他们没能吓住我们，只不过给我们添了些麻烦。我看见伊万诺夫击退六个德国兵，把他们全都干掉了，他身旁的墙壁上沾满血迹。我朝二楼走去。德国人守在角落的房间里，我们朝里面投掷燃烧瓶。德国人像服了兴奋剂那样朝我们扑来。一个家伙扑到我身上，我站在空处，队伍正向前移动，没有供我支撑的地方。我踢向德国人的胸膛，他搂住我的腿死不放手。我又抬起左腿朝他的脸踢了一脚，这家伙噗通一声摔倒在地。房间里很挤，德国人几乎都在这里。有些德国兵冲出燃烧的建筑，却没注意前方一道深渊，结果摔了下去。

战斗一直持续到凌晨3点。此时我们已肃清楼内各层,德国人的尸体随处可见。

我们眼前的景象很怪异,黑黢黢的,到处是煤烟。我拽起大衣角擦擦脸,却发现大衣烧得不成样子。

楼内平静下来,营长把我叫了过去:"夏诺夫同志,把国会大厦交给格里博夫和安东诺夫,去休息吧。"

我给格里博夫和安东诺夫指明楼内的危险处。他们带来早饭,我们吃了点东西,随后来到国会大厦入口,摊开雨衣充当帐篷,躺在石板上沉沉睡去。[349]

涅乌斯特罗耶夫担心德国人可能会在夜间发起反冲击,问题是何时、何处。于是他命令几个连严密防御[350]。各连各团的战旗很快挂在国会大厦入口和周围,还从底楼几扇窗户伸出。完成作战任务后,涅乌斯特罗耶夫安排部下轮

蒂尔加滕防空炮塔的L塔。地面上散落着各种损毁的运输车辆。照片前端是一辆损毁的中型装甲通信车(SdKfz.251/3)。炮台上能看见双联装38毫米高射炮。

动物园防空炮塔北入口。照片里能看见几辆损毁的牵引车和一具卡车底盘。墙上的德文标语是"宁死不当奴隶"。

柏林动物园,两辆JS-2坦克在动物园防空炮塔前方遭击毁。两辆坦克炸得面目全非,受损度几乎一样。防空炮塔上的128毫米高射炮无法压得太低,给距离炮塔这么近的目标造成这种破坏,位于炮塔下层、口径较小的38毫米高射炮倒是可以做到,但两辆坦克也可能是被"铁拳"击毁的。

流休息。他事后回忆道，4月30日夜间没有哪个红军战士爬上楼顶，"第5号红旗"此时还没有飘扬在国会大厦损毁的圆顶上。

白俄罗斯第1方面军作战日志记录下争夺国会大厦的战斗：

> 集团军辖内部队夜间做好进攻准备。步兵第79军几个兵团的强击群和强击队奉命对国会大厦发起决定性突击。他们加强侦察，肃清国会大厦旁边几栋建筑内的敌人，还前调火炮实施直瞄射击。
>
> 当天早上，国会大厦彻底陷入包围。
>
> 上午11点，集团军辖内部队投入进攻，开始冲击国会大厦。14点25分，步兵第150师步兵第756团第1营第1连，在夏诺夫上士率领下（步兵第756团第1营营长是涅乌斯特罗耶夫大尉），率先从西北面攻入国会大厦，侦察排排长科什卡巴耶夫中尉和侦察员布拉托夫第一个在国会大厦入口升起红旗。
>
> 与此同时，步兵第171师步兵第380团第1营第2连，在马列茨科夫上尉率领下（步兵第380团第1营营长是萨姆索诺夫大尉），从东北面攻入国会大厦。步兵第171师率先在国会大厦墙上升起红旗的是步兵第380团第1营通信排排长叶廖缅科上士和通信兵萨文科。
>
> 肃清国会大厦残敌的战斗一直持续到1945年5月1日晨。
>
> 1945年5月1日早上，步兵第150师步兵第756团第1营的叶戈罗夫中士和坎塔里亚中士在国会大厦圆顶升起苏联国旗。1945年6月20日，步兵第150师的代表团从国会大厦圆顶取下这面国旗送往莫斯科。[351]

注意，这里称萨姆索诺夫是大尉，他显然在战役结束后获得晋升。

俄国人打算派步兵第380团第2营绕到国会大厦北侧，从那个方向攻入国会大厦，支援在楼内战斗的分队。该营投入进攻，夺得王子河岸上剩余的建筑，而后向南突击，跨过开阔地攻往国会大厦。国会大厦后方，除了步兵，德国人还部署了几辆自行火炮，可能还有一辆黑豹坦克。这股德军发起反冲击，挡住红军部队。反坦克歼击炮兵第185营调来ISU-152自行火炮，击毁德军战车，击退对方的反冲击[352]。

整个柏林城内，红军的进攻力度似乎有所减弱，红军指战员凭直觉意识到，战役很快会结束，没人想在攻克德国首都的战斗中成为最后一个阵亡者。城外援兵没有开抵，柏林城内德军官兵的士气开始衰落，为鼓舞他们的斗志，德国军官为部下慷慨颁发了铁十字勋章和另一些奖章[353]。

5月1日，星期二

"柏林市中心，英勇的守军团结在元首身边，在最狭窄的区域顽强防御，抵抗布尔什维克分子的优势兵力。他们冒着敌人最猛烈的炮火和一波波空袭英勇战斗。帝国首都南面，德国第9集团军辖内部队与第12集团军取得联系，沿尼梅克—贝利茨—弗雷德构设防线，英勇抗击俄国人持续不断的冲击。我方部队在拉特诺与费尔贝林之间也击退敌人的猛烈进攻。梅克伦堡地区，布尔什维克分子对米里茨与代明之间地域发起主要突击，激烈的战斗仍在继续。部分敌军转向东北方，徒劳地企图渡过安克拉姆西面的佩讷河狭窄河段。东北方的沃尔加斯特支撑点击退敌人所有进攻。布尔什维克分子从东面突破迪韦诺河狭窄河段的企图也以失败告终，敌人损失惨重。"[354]

——OKW公报

第12集团军和第9集团军

柏林城外的最后一幕上演了。第9集团军辖内部队损失惨重，绝望而又疲惫的官兵总算到达第12集团军设在特罗伊恩布里岑与贝利茨之间的战线。集团军16.8万名官兵，约有30,000—40,000人逃到文克的战线，还带着10多万难民[355]。确切的数字可能永远也弄不清。鉴于当时的情况，德国人没时间庆祝布塞的部队突出重围。布塞回忆道："眼下的局面非常严峻，可以说绝望至极，我们没时间商讨任何问题。根本没有激动人心的会合，我们只是跟文克喝了杯香槟，随后我就倒在床上，三天来第一次睡着了。"[356]第12集团军辖下的第20军已坚守战线48小时，远远超出预期。第9集团军残部到达，第20军准备转身向西，开赴易北河畔的美军战线。撤往西面并不容易，正如文克说的那样：

第9集团军残部（文克估计有25,000—30,000人）没有任何补给物资，激烈的后卫作战期间，他们损失了几乎所有重武器和部分轻武器。这些官兵疲惫至极，过度的精神紧张导致他们一个个筋疲力尽、麻木不仁，哪怕下达最严厉的命令，发出最严重的威胁，都无法驱使他们继续向西跋涉。缓解这种状况的唯一办法是集团军首席军需长积极协助，提供部分卡车，第20军军需主任也联系了暂时恢复的铁路交通，还提供部分卡车，总算组织起向西的运输勤务。第9集团军彻底丧失战斗力，所以必须尽快撤往西面，作为首支向美军投降的部队，做好渡过易北河的准备。[357]

文克回忆道，布塞到达他的司令部，"累得筋疲力尽，浑身上下污秽不堪"，他的部下也是如此[358]。海因里齐安排的任务，第12集团军完成第二部分，总算救出施普雷集团军级集群和第9集团军。第12集团军眼下的新目标是：赶往易北河，向西岸的美军投降。尽管他决定向西开拔，但"文克"这个名字依然是柏林城内陷入重围的守军心中的希望，他们对城外的殊死战斗一无所知。

柏林卫戍区

柏林城内，戈培尔竭力把国家社会主义政权维持到最后一刻，此时，城内一个个街区沦为废墟，市民遭受种种艰难困苦。戈培尔企图跟俄国人谈判，由此可以看出，即便希特勒身亡，他的政治核心人物仍在为他的理想而奋斗。克雷布斯与崔可夫5月1日凌晨举行首轮谈判，参加谈判的一名红军情报官员记录下会谈内容。

主题：与德国陆军总参谋长汉斯·克雷布斯步兵上将、柏林卫戍区司令魏德林炮兵上将就柏林城内德军部队投降事宜的会谈记录。
资料来源：苏联国防部档案馆，1945年收藏。
近卫第8集团军情报处处长格拉德基中校汇编。

I. 1945年5月1日夜间，与德国陆军总参谋长汉斯·克雷布斯步兵上将的会谈经过。

1945年4月30日23点，一名德国陆军中校打着白旗来到近卫步兵第35师近卫步兵第102团作战地段前线，带着交付红军指挥员的信件；这名军使要求红军战士立即带他去见更高级别的军官，好让他传达重要信息。到达近卫步兵第35师师部，塞弗特中校把身份确认函交给师长斯莫林近卫上校和近卫步兵第4军参谋长列别德近卫军上校，这份书面确认函用俄文和德文写就，由希特勒总理府秘书长马丁·鲍曼签署。确认函里称，德国最高统帅部派塞弗特中校会晤红军指挥部代表，商定德国陆军总参谋长克雷布斯步兵上将穿过战线的时间和地点，好让他向红军军事指挥部门传达至关重要的信息。

列别德上校立即把德国军使到来的情况汇报给近卫军上将崔可夫，崔可夫同意接待对方，听听克雷布斯步兵上将要说些什么。

集团军司令员的决定立即传达给塞弗特中校，他回答道，德国陆军总参谋长半小时左右就能穿过前线。

凌晨3点，步兵上将克雷布斯在第56装甲军参谋长冯·杜夫文总参上校、一名翻译、一名士兵陪同下，穿过塞弗特中校先前穿过的前线地段，我方战士很快把他领到近卫步兵第35师师部。在师部等待他到来的是集团军副司令员杜哈诺夫近卫军中将、集团军情报处处长格拉德基近卫军中校。

杜哈诺夫中将询问对方穿越战线的目的，克雷布斯将军答道，戈培尔和鲍曼授权他把某些极其重要的绝密信息转告苏联最高统帅部。克雷布斯将军继续说道，他想跟集团军司令员崔可夫上将面谈此事。1945年5月1日3点30分，克雷布斯将军和冯·杜夫文上校来到集团军司令员的指挥所。克雷布斯将军递上自己的证件，说他想向朱可夫元帅或他的全权代表当面转达重要的绝密信息。崔可夫上将答道，方面军司令部授权他与克雷布斯将军会晤，办公室里的将军和军官都是方面军军事委员会成员，以及集团军司令部的高级军官，克雷布斯在他们面前完全可以开诚布公。近卫第8集团军司令员办公室里的人是：集团军副司令员杜哈诺夫中将、集团军炮兵主任波扎尔斯基中将、军事委员会委员普罗宁少将、集团军作战处处长托尔科纽克上校、集团军情报处处长格拉德基中校、情报处副处长马图索夫中校、军事译员克利别尔大尉。

克雷布斯将军把三份文件放在崔可夫上将面前：第一份文件是授权陆军总参谋长克雷布斯步兵上将会晤苏联最高统帅部，授权书上有帝国总理府秘书长鲍曼的签名，还盖有印章；第二份文件是戈培尔和鲍曼交给斯大林元帅的信件，也有签名和帝国总理府的印章；第三份文件是遵照希特勒的遗嘱，选定的帝国新政府和武装力量最高统帅部成员名单。三份文件都是1945年4月30日签发的。

戈培尔和鲍曼在寄给斯大林元帅的信里称，柏林时间1945年4月30日15点50分，阿道夫·希特勒在柏林自杀身亡。遵照他的遗嘱，整个国家的权力移交给他提名的帝国总统邓尼茨海军元帅、帝国总理戈培尔博士、党务部长鲍曼。

基于希特勒的遗愿，帝国总理戈培尔和鲍曼现在建议苏联最高统帅部，暂时停止柏林城内的军事行动，探讨为德国与苏联举行和平谈判打下基础的可能性，毕竟两国人民都在战争中蒙受了最惨重的损失。

克雷布斯将军呈交的德国政府和武装力量最高统帅部新成员名单，是遵照希特勒的遗嘱拟定的，具体如下：帝国总统邓尼茨海军元帅，帝国总理戈培尔博士，党务部长鲍曼，外交部长赛斯-英夸特，内政部长汉克①，陆军总司令舍尔纳元帅，武装力量最高统帅部参谋长约德尔大将，陆军总参谋长克雷布斯步兵上将，空军总司令冯·格赖姆元帅，海军总司令邓尼茨元帅。

听罢克雷布斯将军的陈述，崔可夫上将说自己没获得授权与德国政府进行任何形式的谈判，目前只讨论柏林守军无条件投降的问题。克雷布斯将军答道，戈培尔和鲍曼绝不会采取任何投降举措，首先是因为柏林投降多多少少相当于遵照希特勒遗嘱成立的德国新政府自我了断，其次是因为他们没获得帝国总统邓尼茨批准，邓尼茨此时在梅克伦堡，他们没办法联系上他。

克雷布斯随后重申，他们现在只是请求暂时停止柏林城内的军事行动：这样他们就能联系上目前在柏林城外的德国新政府其他成员，向他们传达元首的遗嘱，同时把元首去世、新政府成立的消息通报全国人民。这样一来，德国新政府就能凝聚力量，在法理上成为德国合法的新政府，苏联政府也就获得日后举行和平谈判的合法对手。

崔可夫上将听完后答道，他会把德国政府的请求呈报方面军司令员。崔

---

① 希特勒在遗嘱里指定汉克接替希姆莱出任党卫队全国领袖兼警察领导人，而不是内政部长。

可夫上将随后致电朱可夫元帅，汇报德国政府的请求，朱可夫元帅在电话里向克雷布斯提出以下问题：希特勒的尸体在哪里？德国新政府是不是也向盟军司令部，也就是英美军队，提出了类似请求？

克雷布斯答道，希特勒自杀后，遵照他的遗嘱立即焚毁了他的遗体。至于向英美司令部提出和平谈判的建议，克雷布斯说戈培尔和鲍曼没机会这样做，因为他们现在陷入包围，没有任何通信手段。

清晨5点，方面军司令员朱可夫确认了当初的无条件投降声明，还告诉他们，他已经联系过莫斯科，向苏联政府汇报了此次会谈的过程。收到苏联政府的答复，崔可夫上将向克雷布斯将军提出以下问题：希姆莱在哪里？古德里安和戈林又在哪里？柏林守军继续抵抗的意图是什么？

克雷布斯答道，希特勒自杀前几天，希姆莱就作为叛徒被开除出党，因为元首下令把所有德军部队从西线调来保卫柏林，阻止红军取得突破，而希姆莱故意不执行命令。另外，希姆莱未经元首批准，擅自同英国、美国政府代表商讨德国投降事宜。希特勒还确信希姆莱企图攫夺权力，推翻自己取而代之。

关于戈林和古德里安的去向，克雷布斯答道，古德里安病得很重，自1945年3月15日起几乎就不再履行陆军总参谋长的职责。他那时候是古德里安的副手，大部分工作落在他肩头。遵照元首的命令，克雷布斯自4月25日起出任陆军总参谋长。至于戈林，他也病得很重，已被解除职务，去巴伐利亚了。

对第三个问题，克雷布斯答道，他们打算保卫首都，直到最后一兵一卒。

早上8点，克雷布斯将军带来的几份文件送往方面军司令部，也就是朱可夫元帅的司令部。

由于会谈时间延长，白俄罗斯第1方面军副司令员索科洛夫斯基大将也赶来参加会晤。索科洛夫斯基建议克雷布斯，他应该派随行的冯·杜夫文上校和红军司令部代表格拉德基中校一同去见戈培尔，向他汇报此次会谈的过程，提出苏联最高统帅部要求柏林守军投降的最后通牒，再穿过前线布设一条电话线，好让双方直接会谈。

当日上午9点，冯·杜夫文上校在格拉德基中校和译员茹拉夫列夫近卫军中士陪同下赶往前线。他们穿越火线时，遭到德军火力打击。集团军司令员崔可夫命令格拉德基中校和译员返回司令部，但冯·杜夫文上校继续穿过前线赶往德国人那一方。没过多久，冯·杜夫文上校又沿原路回来，好安排直通电话线穿过前线的事宜，这项作业已经在进行。

当天晚些时候，亨泽勒收到元首暗堡下达的命令，让他确保阿尔布雷希特亲王街在一段时间内不要有轻武器开火。到了规定时间，亨泽勒下令"停火"。他在街上惊愕地看见，一名德军通信兵打着白旗，背着电话线轴赶往俄国人的战线[359]。

格拉德基的报告继续写道：

冯·杜夫文上校向戈培尔汇报了会谈过程和红军提出的要求，随后再次返回我方战线，从近卫步兵第102团指挥所打电话给克雷布斯将军，说戈培尔要求他（克雷布斯）亲自汇报会谈结果。动身离开前，克雷布斯请求索科洛夫斯基大将提出苏联方面最终确定的要求，索科洛夫斯基将军提出以下要求：（1）柏林守军迅速而又无条件地投降；（2）红军保证全体守军生命安全，允许他们保留自己的勋章和个人财物，允许军官佩戴冷兵器，为伤员提供医疗救助；（3）在接受以上建议的前提下，苏联政府不把名单上确定的德国新政府成员或高级顾问视为战俘；（4）身处柏林的德国新政府成员，红军司令部负责为他们联系邓尼茨提供方便，好让他们迅速联络盟国各政府，开始和平谈判。不过，红军司令部无法保证苏联、英国、美国政府会跟德国新政府举行任何形式的谈判。

1945年5月1日14点，克雷布斯步兵上将返回德军战线。他离开后，通往德军一方的电话线继续保留，前线这片地段没再展开军事行动，我们等待戈培尔给出最终答复。

18点，戈培尔的全权代表穿过前线，这名党卫队中校把一份函件交给集团军司令员崔可夫上将。克雷布斯和鲍曼签署的这份函件是德国政府对红军上述建议的答复，信里明确指出，他们不接受红军的建议，双方重新展开军事行动。党卫队中校迅速返回，通往德军战线的电话线被切断了，我们调集强大的兵力再次对陷入重围的柏林守军发起突击。

格拉德基的报告结束。[360]

当天早上，党卫队旅队长克鲁肯贝格接到蒙克打来的紧急电话。蒙克告诉他，克雷布斯、冯·杜夫文、塞弗特穿过红军战线去跟俄国人谈判，现在还没回来。蒙克继续说道："我们怀疑他们说不定会领着俄国人进入柏林市中心，您亲自负责，绝不能让俄国人利用地铁或其他方式进入中心地带。"[361]克鲁肯贝格不知道谈判一事，听到这个消息震惊不已。蒙克不相信去跟俄国人谈判的陆军军官，这件事再次说明党卫队与陆军严重不和。克鲁肯贝格战后回忆道："此时，每个人心中都充满深深的怀疑和猜忌。"[362]

克鲁肯贝格赶往帝国航空部，可能是想去看看塞弗特回来没有。待他到达那里又吃了一惊，因为他发现几名空军军官和100来个士兵正打算向俄国人投降。这群军人拒不服从克鲁肯贝格的任何命令，他后来回忆起接下来发生的事情：

我赶往那里，随后发生了令我终生难忘的事情，可能是因为空军的人再也不想战斗了。不管什么原因，他们显然听说了希特勒离世的消息，正打算投降。塞弗特的副官看见我过来，拔出手枪似乎要开火。但我的动作更快，射出的子弹贴着他身边飞过。听见枪声，塞弗特将军①突然出现了，我毫不掩饰自己的愤怒之情，吼道："这可不是开玩笑！"塞弗特赶紧让其他人冷静下来，事情就这样平息了。可我无法劝说空军人员参加战斗，让他们协助防御也做不到，所以我只好离开。[363]

德方谈判人员此时已从红军战线返回，令人惊讶的是，居然没人通知蒙克。克雷布斯见到戈培尔，把他从崔可夫那里拿到的清单递给戈培尔，上面写道：

1. 柏林投降；
2. 所有投降者必须交出武器；
3. 保证全体投降官兵的生命安全；

---

① 原文如此，前文是中校。

4. 为伤员提供救治；

5. 为德方用电台与盟国进行谈判提供方便。

读罢崔可夫的答复，戈培尔愤怒不已。他打心底里觉得，20年代和30年代，他好不容易从共产党人手里夺得柏林，现在绝不能再交还他们[364]。崔可夫的答复彻底粉碎了戈培尔寄予谈判的希望，他迅速做好和全家人一同自杀的准备。他和妻子用氰化物毒死几个孩子，当晚20点30分饮弹自尽。

朱可夫把德国人提议谈判和崔可夫的回复汇报斯大林，他发给斯大林的电报如下：

致斯大林同志

1. 5月1日清晨4点，德国陆军总参谋长克雷布斯步兵上将来到近卫第8集团军作战地带，把戈培尔和鲍曼签署的书面确认函交给崔可夫，请他把以下内容转告苏联最高统帅部：

柏林，1945年4月30日
帝国总理府
通知

我们授权德国陆军总参谋长克雷布斯步兵上将转达以下事宜：我谨此通知苏联人民领导人，德国人民的领袖阿道夫·希特勒，已于今天，也就是1945年4月30日15点30分自尽身亡，苏联人民领导人是第一个得知此事的外国人。

依据法定权力，元首在遗嘱里把他的权力和职责移交给邓尼茨海军元帅和戈培尔博士，指定他俩分别担任帝国总统和帝国总理，还派秘书马丁·鲍曼担任他的遗嘱执行人。

马丁·鲍曼作为阿道夫·希特勒的秘书，已授予我这位帝国新总理全权，与苏联人民领导人建立直接联系。这种联系旨在最大程度地为苏德两国人民奠定和平的基础，有利于战争中蒙受最大牺牲的两国人民的福祉和未来。

戈培尔博士
鲍曼

报告要点：

（1）阿道夫·希特勒自杀的原因是德国在战争中遭遇军事失败，另外，他再也无法创造必要的先决条件，为德国人民新的未来开辟道路。

（2）按照元首的遗嘱，德国成立唯一的合法政府，具体成员如下：

帝国总统——邓尼茨海军元帅

帝国总理——戈培尔博士

帝国外交部长——赛斯-英夸特博士

党务部长——马丁·鲍曼

陆军总司令——舍尔纳元帅

空军总司令——冯·格赖姆元帅

海军总司令——邓尼茨元帅

帝国内政部长——吉斯勒

党卫队全国领袖兼德国警察领导人——汉克

2. <u>回答我们的问题</u>：

（1）希特勒在何处开枪自尽，他的尸体在哪里？

<u>克雷布斯回答</u>：元首在柏林自杀身亡，遵照他的遗嘱，遗体于1945年4月30日火化了。

（2）戈培尔和鲍曼打算何时向德国人民公布希特勒的死讯和他的遗嘱？

<u>克雷布斯回答</u>：我们不打算公布希特勒的死讯和遗嘱，因为希姆莱得知此事会趁机组建自己的政府。另外，我们在柏林城内也没有发布公告的通信设备。我们打算先停战，开始和平谈判后，再宣布元首的死讯和新政府成立的消息。

（3）戈培尔、鲍曼和其他人知道希姆莱已经带着无条件投降的动议跟英国人和美国人接触了吗？

<u>克雷布斯回答</u>：我是在红军指挥部得知这件事的，戈培尔、鲍曼和其他人可能对此一无所知。克雷布斯补充道，希姆莱是个叛国贼，所作所为相当卑劣，他欺骗了元首，没有执行从西线调集兵力驰援柏林的命令，正因为这个原因，他被开除出党。

（4）你们会不会向全国军民宣布希姆莱是卖国贼，已被开除党籍的消息？

克雷布斯回答：我们没有通信设备发布这个消息，等停战条件实现，新政府合法成立，肯定会公开此事。

我们又问现在就公布此事会不会更好些，这样就能让德国军民都知道希姆莱是卖国贼，克雷布斯答道，戈培尔应该这样做。

（5）戈林、希姆莱、里宾特洛甫、古德里安目前在哪里，他们在计划成立的新政府担任什么职务？

克雷布斯回答：希特勒遗嘱指定的新政府成员里没有这些人。戈林在巴伐利亚，那里已被盟军占领；里宾特洛甫和希姆莱在梅克伦堡。

古德里安病了，自3月15日起不再担任陆军总参谋长，希特勒任命我接替他的职务。

（6）现在谁是德国军队最高统帅，他的参谋长又是谁？

克雷布斯回答：德国军队的最高统帅是邓尼茨海军元帅，他目前在梅克伦堡，他的司令部也在那里。

（7）柏林守军的处境已然无望，戈培尔是否会投降？

克雷布斯回答：未经邓尼茨批准，戈培尔无法做出投降的决定，把柏林交给红军。

由于邓尼茨在梅克伦堡，克雷布斯请求我们批准他的人驱车穿过红军战线，去梅克伦堡接受邓尼茨的指示。

上方的照片是从亚历山大广场西望。火车站位于照片左侧。下方的照片，突击第5集团军一群士兵沿国王大街赶往柏林市中心，左侧是一辆T-34/85坦克，中间似乎有一辆自行火炮，可能是ISU-152。这张照片大概是5月2日拍摄的。下方的照片是战役结束后的亚历山大广场西侧。德军在亚历山大广场坚守到5月1日夜间，贝伦范格率领部下赶往北面，加入其他突围部队。

3. 我从克雷布斯这些话得出的结论是，戈培尔想遵照希特勒的遗嘱成立新政府，他派克雷布斯过来，主要目的是试探苏联政府承认德国新政府的可能性，也想看看能否开启停战谈判。

获得停战保证前，我认为戈培尔和鲍曼不太可能遵照无条件投降的原则交出柏林。

我没允许他们派军官穿过我军战线去梅克伦堡见邓尼茨。

注：戈培尔和鲍曼签署的文件原稿都在方面军司令部。

（签名）：G.朱可夫

方面军司令部1945年5月1日上午10点35分用电传打字机传送文件。

红军总参谋部值班的索科洛夫少将接收。

I.博伊科夫中将发送。

副本抄送白俄罗斯第1方面军司令部战争经验研究处处长高级助理

（签名）：巴甫洛夫斯基中校[365]

斯大林认为德国人的抵抗意志已是强弩之末，于是下令16点30分在柏林城内重新发动进攻[366]。斯大林亲自下令进攻，这件事很有意思，因为此前没有他干预进攻行动的记录。这说明朱可夫的部队可能误以为德国人提议谈判是想投降，因而停止了城内大部分进攻行动，促使斯大林亲自下令重新展开战斗。

从菩提树下街望向东北面的国家图书馆和毗邻的大学，这张照片摄于1939年。5月1日，突击第5集团军辖内部队和坦克第11军，沿菩提树下街攻往勃兰登堡门。

魏德林再次到访元首暗堡，发现这里每个人都准备尽快逃离。克雷布斯告诉魏德林，他现在没有更多指示下达给他（魏德林）或在柏林城内鏖战的官兵了。魏德林随即离开元首暗堡，返回本德勒街的卫戍区司令部。当晚21点左右，他召集司令部人员，说自己打算5月2日上午投降，把柏林交给俄国人。倘若城内部队想突围的话，可以在夜间试试看[367]。魏德林给城内守军24小时逃离柏林，以免落入俄国人手里。

虽说许多官兵已听说元首离世的传闻，但克雷布斯亲自揭开这个秘密。广播里播报了元首英勇捐躯的消息。战争临近尾声，柏林即将投降，每个人都得做出生死攸关的抉择。有人决定突围，也有人选择留在城内投降。还有不少人认为，纳粹政权没了，活在布尔什维克统治下生不如死，干脆自杀了事。

中央地区

近卫步兵第26军辖内部队向西攻击前进，当日凌晨跨过完好无损的威廉皇帝桥。他们的目标是夺取皇宫广场、前方桥梁、通往菩提树下街的进军路线。一支共青团员部队先前攻占了威廉皇帝桥，佩斯科夫上士是其中一员。他的部队占领了哪座地铁站不得而知，但很可能是菩提树下街上的某座。佩斯科夫后来回忆起这场战斗：

> 随着战斗的进行，我们营几乎一路到达皇宫广场的威廉皇帝桥。车站就在200米外，但很难接近。敌人顽强抵抗，从窗户、大门、毗邻建筑射出猛烈的火力，还朝我们发射"铁拳"。我们营付出惨烈的牺牲，最后几场战斗中，我们失去许多战友，包括几名指挥员。
>
> 但我们从没想过拖延战斗。此时是五一前夕，我们决心攻克皇家车站庆祝劳动节，这样就能为苏联欢度节日多送上一份胜利。
>
> 5月1日那个平静的夜晚，所有共青团员奉命来到地下室，我们的指挥所设在这里。我们12名团员都很年轻，但军事能力并不比老兵逊色。我们都经受过战火考验，没有谁是胆小鬼。阿列克谢恩科下士是强渡施普雷河的首批红军战士之一，还在西岸守住一片登陆场。列兵巴霍尔金是营长的传令兵，热情开朗，讨人喜欢，多次冒着敌人猛烈的火力在废墟瓦砾间攀高爬低，把营长

的作战命令传达给下属指挥员。卫生员杜夏·齐维尔科从火线疏散过十几名伤员，自己也三次负伤。她很勇敢，工作一丝不苟，经常鼓励伤员，营里所有人都喜欢她、尊敬她。12名共青团员齐聚地下室指挥所，他们都与德寇战斗过，个个表现不凡。

我是营里的党代表，奉命让这些团员了解他们即将执行的任务，我说道：

"明天是五一劳动节，我们要对桥梁发动进攻。我们是共青团员，必须冲在最前方，率领身后的部队。过去的一次次战斗中，我们忠实地完成了授予我们的任务，多次树立起纪律和勇气的榜样。我希望明天的战斗也不辱没我们的使命，我们会攻克车站，让我们这些共青团员亲手在那里升起胜利的红旗！"

没人提出异议，他们当然不会有什么其他看法。所有团员都对明天的进攻取得胜利充满信心，阿列克谢恩科郑重承诺，他要第一个冲入车站，亲手升起红旗。

众人散开，忙着从事战斗准备。夜晚悄然度过。我们在夜间为全体战士分发子弹和手榴弹，上级还为我们这片地段调拨了几辆IS坦克和大批重型火炮。

拂晓到来，炮火准备开始了。炮火的硝烟和红色的砖尘遮天蔽日。我们兴奋地看着一发发炮弹击中车站，不难想象，德国佬此时肯定如丧考妣。他们遭到毁灭性炮火压制，几乎不再以步枪和机枪射击。

车站建筑面朝我们这一侧的底楼，有一扇很大的窗户。我们的强击群本打算从这里攻入楼内，但粗粗的金属格栅封闭了窗户。炮兵帮了大忙，他们射出几发炮弹击中钢窗旁边，落点越来越近，最后，一发炮弹终于命中金属格栅中央，炸开个很大的缺口。

决定性时刻到了。全体战士赶往出发点，准备冲向前方。

"红旗在谁手里？"营长列舍特涅夫问道。

"在我这里！"阿列克谢恩科大声答道。

炮兵此时把火力转向邻近几栋建筑。

"冲啊！"巴拉涅茨大尉发出号令。

共青团员一马当先，其他战士跟在他们身后向前冲去。

炮火准备与地面进攻无缝衔接，所以德国人根本来不及搞清楚发生了什么状况。红军战士英勇地往前冲了200米，钻入窗户，往车站入口投掷手榴弹，剧烈的爆炸声在车站一个个宽敞的房间里轰然作响。

我们迅速肃清车站底层，敌人逃入地下室和楼上，显然想跟我们脱离接触，重新设立防御。阿列克谢恩科暂时没能攻上楼顶，于是在二楼一扇窗户挂出红旗。打出胜利的标志不算为时过早，因为我们施加的压力毫未减弱，很快攻克楼顶。部分战士在车站外战斗的喧嚣声，淹没了从地下室窗户传出的动静，我和列兵法伊祖林决定让脚架式机枪暂停射击。我们凑近墙壁，来到窗户旁，往里面扔了几枚反坦克手榴弹。

我们冲入地下室，103个负伤的德国兵高举双手，惊恐万状地喊道："希特勒完蛋了，俄国军人真勇敢！"[368]

近卫步兵第94师和步兵第266师夺得菩提树下街北侧的军械库和国家图书馆。步兵第416、第295师也夺得街对面的国家歌剧院大楼和帝国银行。双方沿库尔街激战。潘科夫斯基少校和兰秋霍夫上尉共同描述了他们的部队从帝国银行冲到勃兰登堡门的战斗：

持续不断的枪炮声笼罩柏林市中心，陷入重围的希特勒分子仍在负隅顽抗。我方坦克、自行火炮、车队冲过一条条街道。没人看见我们的步兵：他们在大楼和庭院内消灭残敌。

此时是五一劳动节前夜。纳索诺夫少校的营正为进攻做准备，他们刚接到团长的命令，受领的任务是突破到勃兰登堡门。营里的党员在院子里开会，营长向全体党员通报了分队的作战任务。

他最后说道："党员同志们！我们终于能在五一劳动节对敌人发起最后的打击，这是莫大的荣幸。这场打击必然是，也一定是对希特勒分子的致命一击……一如既往，共产党员必须冲在最前面……就这些！"

第5连连长，共产党员托卡列夫请求发言。

他对营长说道："我连里的党员和所有战士会光荣地执行他们受领的任务。"

街道另一侧某栋四层楼的废墟里，营里的共青团员也召开类似的短会，沃利克中士说道："共青团员同志们！我们师的战旗上饰有两枚战斗勋章，这是我们的功绩。团员们，我们要一如既往地冲在最前面！我个人保证，我会在这场战斗中第一个在勃兰登堡门升起胜利的红旗。"

夜幕降临前，营里各分队对帝国银行发起冲击。陷入困境的希特勒分子守在里面，用各种武器朝我们开火。尽管如此，托卡列夫上尉第5连的战士依然奋勇向前，朝各扇窗户和阁楼开火射击。炮长别雷上士是党员，他把火炮推到开阔地，以直瞄火力打击敌火力点。他负了伤，但没有离开自己的火炮。

所有战士冲向进攻线前沿，那里距离帝国银行不到100米。机枪手和炮组把他们的火力发挥到极致。一发绿色信号弹腾入空中，托卡列夫上尉第一个站起身，大声喊出号令：

"为了祖国，为了斯大林！冲啊！"

所有战士跳出隐蔽处，成群结队地跟在他身后，高呼"乌拉"向前冲去。德国人加强了火力。此刻我们离河岸最多500米。就在这时，一发"铁拳"在这位英勇的指挥员脚下炸开。托卡列夫倒下，身负重伤。战斗队形稍稍停顿，但季亚科夫上士已冲到最前方。

"同志们，继续前进！"

"为连长报仇！……乌拉！"

全体战士跟在季亚科夫身后往前冲。一颗颗手榴弹投入大楼入口和窗户。我们的炮兵和机枪手不停地朝楼上开火，不让敌人获得瞄准射击的机会。砖块和灰泥簌簌而下。两个强击群冲进大楼入口。他们投掷手榴弹夺得门厅后攻入楼内。有那么几分钟，楼内爆发了激烈的战斗。

第一批俘虏列队离开大楼主入口。他们举手投降后，我方战士把这群俘虏押出去。与此同时，二楼和三楼的窗户也挂出白旗……

当天早上，营里没参加战斗的分队聚在半毁的造纸厂内，营长宣读了最高统帅为五一劳动节颁布的日训令。队伍里的士兵、军士、军官郑重宣誓，在当天上午即将到来的战斗中，他们绝不辜负斯大林同志的信任……

简短的会议刚结束，他们直接投入战斗。整个五月一日在紧张的战斗中度过。营属各分队赶往歌剧院，肃清一栋栋建筑、一个个街区内的残敌。德国人在尼德瓦尔街和平行的库尔街顽强抵抗。他们在这里拼凑了强大的作战力量，甚至有10辆自行火炮和配备火箭发射器的装甲战车。当日指挥全营的斯捷潘诺夫大尉定下决心，不实施正面冲击，而是迂回机动，穿过几个街区内的建筑。战斗工兵受领的任务是，夜幕降临后，在附近建筑的墙壁上打开12条通道。

尽管敌人的火力非常猛烈，但我方战斗工兵还是在步兵协助下逐一打开各条通道。他们使用了撬棍、炸药、缴获的"铁拳"。到凌晨2点，各条通道已打开，一个个强击群悄然潜入，利用这些通道到达敌人翼侧和后方。激烈的夜战爆发了。德国人殊死抵抗，但又怕彻底陷入包围，因而沿猎兵街和鸽子街逃往歌剧院。没等敌人弄清情况，我们的强击群就跟在他们身后冲入歌剧院。庞大的建筑内，他们在黑暗中用堑壕铲、匕首、手榴弹跟敌人厮杀。半小时后，一切都结束了。

各分队毫不停顿，继续攻往勃兰登堡门。突击部队肃清几个街区时，季亚科夫上士发来报告，他的排负责掩护全营右翼，据他说，200名德军士兵在8辆自行火炮和装甲车支援下发起反冲击，有可能切断我们攻往前方的几个连。几分钟后，他们又发来报告，说德国人正沿熊街运动。情况越来越棘手。营长决定，各强击群的行动不能停止。他命令副营长福季耶夫大尉消除翼侧遭受的威胁。他和营里的党代表古厄万中尉匆匆赶往那里。

福季耶夫率领一个排，在腓特烈大街地铁站地带设立防御。进入贝伦街拐角处，福季耶夫大尉把戈罗季茨基中士的脚架式机枪组部署在建筑内。这挺机枪射出的近距离火力，把希特勒分子打得晕头转向。福季耶夫大尉抓住机会，率领部下发起反冲击，彻底解决了问题。40来个德国兵投降，其他人混乱不堪地逃往菩提树下街……

杜金大尉的步兵第6连此时正英勇地追击残敌，而后才攻往勃兰登堡门，随着战斗的进行，他们到达阿德隆旅馆，这里是德国人的野战医院。旅馆门口停着几辆运送伤兵的救护车。我方突击步兵追击敌人，冲入旅馆院落，在那里展开战斗时，几辆救护车继续把负伤的德军官兵卸下。野战医院里有1200多名伤员，杜金大尉留下一个排保护医院，掩护自己的右翼，随后率领另外几个排继续前进。沃利克中士的强击群冲在全连最前方，逐一肃清各栋建筑内的残敌，毫不停顿地朝戈林街追去。他们用不着停下来跟敌人战斗，而是绕过德国人依然固守的建筑，把他们留给连里跟进的各分队去对付。

从戈林街望去，强击群终于看见他们要攻克的目标：勃兰登拱门。再往前，透过拂晓的薄雾能看见灰色的国会大厦，圆顶上已升起红旗。

整条戈林街笼罩在密集的火力下。

火力从蒂尔加滕一侧袭来,德国人仍守在那里,勃兰登堡拱门也射来猛烈的火力。因此,杜金大尉命令部下穿过内部庭院攻击前进。我方战士占领街区内最后一栋面朝菩提树下街的建筑,友邻几个强击群和机枪组前进,营长射出一发绿色信号灯,示意各分队发起总攻。一群群战士从各个院落冲上街道,他们朝敌人投掷手榴弹,迅速攻往勃兰登堡门。

沃利克中士左手举着一面展开的红旗,第一个冲向拱门。在杜金大尉和列兵列别季科协助下,他爬上勃兰登堡门,在一匹青铜马身上找到个弹孔,把旗杆插了进去。[369]

当晚晚些时候,特赖宁少尉的分队接到"夺取勃兰登堡门"的命令。他们从当天早些时候攻占的威廉皇帝桥发动进攻:

5月1日晚,我们营位于威廉皇帝桥,随后接到命令,让我们渡过运河赶往菩提树下街,一路攻往勃兰登堡门。

德国人继续从西岸射来火力。机枪喷吐的火舌在夜色中闪耀,还不时响起"铁拳"的爆炸声。国会大厦附近某处,德国人有条不紊地朝皇帝车站前方的皇宫广场发射迫击炮弹。但敌人注定要失败,这种猛烈的火力毫无用处,改变不了任何事情。

我们的战士在桥梁外侧集合,他们悄声交谈,为即将发起的进攻做好准备。

我听见迫击炮手梅拉索夫的声音,他是个老兵,经历过从高加索山区到柏林的光荣征程,每次进攻前他的老生常谈已成为我们的"保留节目"。

梅拉索夫说道:"当初在莫兹多克附近的草原上,我就一直在想,我肯

福斯大街上的新帝国总理府,这张照片摄于20世纪30年代末。两张照片充分展示出整座建筑的长度。

定能体会到在柏林街头战斗的快乐!"

"没错!"共产党员列别杰夫回忆道,"想当初在维斯瓦河畔,我们向斯大林同志保证过,我们的迫击炮会到达柏林城内"。

就在这时,战斗号令传来:"做好准备,各就各位!"

迫击炮兵扛起迫击炮身管和底钣,机枪手紧紧拎着他们的机枪。通信人员已经把车站打造成营指挥所,正准备把电话线拖过运河。

克雷森科中尉的步兵和叶尔绍夫的机枪手率先渡河,迎着敌人持续不断的火力赶往桥梁。

上方的照片是北望帝国总理府花园内元首暗堡的入口,摄于1945年夏季。下方的照片是1947年拆除的同一座建筑。

双方在桥上交火,激烈的枪炮声中突然响起"乌拉"的呐喊。战斗的喧嚣渐渐远去。

几分钟后,克雷森科中尉派传令兵来找营长,他是个立陶宛人,名叫希曼斯卡斯。这个小伙最近才加入我们的通信排,可他身上再也见不到原先的害羞、优柔寡断,变化真大!

希曼斯卡斯简明扼要地报告道:"少校同志,连长克雷森科中尉命令我告诉您:任务完成,已渡过运河!全连在街左侧拐角的建筑内设立防御,敌人在右侧那栋建筑里。"

营里的分队继续渡河。德国人发现了我们的动向,直接朝第二股突击力量集中的车站门口开火射击,一发发"铁拳"炸开。

我们这里已经有人负伤,就连营长也挂了彩。

久利马梅多夫大尉接替营长指挥全营,采取的措施同样迅速而又果断。

一群群战士渡过运河。传令兵希曼斯卡斯和亚基莫维奇冒着敌人持续不断的火力,四次跨过桥梁汇报情况。

此时天色已亮。敌狙击手发现了通信兵巴丘林和格尔聪,他俩正忙着把电话线拖过桥梁。一发发子弹呼啸掠过,两人本可以隐蔽在障碍物后,等待战斗结束，但营里急需通信，而且勃兰登堡门就在前方……

电话线布设完毕。久利马梅多夫大尉随即收到前方分队的电话报告：

"我已到达菩提树下街，我们正在集中，准备攻往勃兰登堡门。"

此时，阿尼西莫夫大尉的战斗工兵已经在桥上忙碌起来。斧头、铁镐的撞击声清晰可辨。这群不知疲倦的工兵正为坦克铺设道路。

一辆红军坦克驶上当初德国人为元首举办胜利阅兵式装饰一新的菩提树下街，不慌不忙地转动炮塔，炮口气势汹汹地瞄向德国人开火射击的建筑。

伴随坦克炮的轰鸣，墙壁轰然坍塌，敌人的火力点哑了。

全营指战员奋勇向前，通信兵好不容易才解开他们的线轴。

停止前进！敌人隐蔽在一栋三层楼的阁楼里，不停地朝街上开火。于是，那辆IS重型坦克再次逼近，连发两炮，立马解决了问题。街道再次畅通。

他们越往前，遭遇的敌火力点越多。对方使用各种武器，从阁楼、窗户、地下室开火射击。全营不断向前，毕竟勃兰登堡门就在前方……

我们的步兵和机枪手位于右侧，左侧是我方通信人员和迫击炮兵。

这场毫不停顿的推进粉碎了德国人的士气，把他们吓坏了。敌人爬出来投降，先是每次一个人，随后就成群结队地出现。他们高举双手，一个个惨兮兮的，沮丧至极。看来他们想明白了，再抵抗下去毫无意义。

清晨的阳光照亮战场。

高大的勃兰登堡门出现在前方不远处，我们迅速冲到这个灰色的目标。

久利马梅多夫大尉、迫击炮兵连连长切尔维亚科夫大尉和我奔向拱门。另一群士兵从西面朝我们而来，是友军！

我们与崔可夫将军从西南面攻来的近卫军部队会合。斯大林格勒的英雄和高加索山区的保卫者，在法西斯巢穴中心会师。我们欢欣鼓舞，两支部队的战士拥抱在一起，相互亲吻。

红军部队在勃兰登堡门会师。有个年轻的军官朗诵了诗句，其他人高呼"乌拉"。[370]

"劳赫"防区残余的守军都是第18装甲掷弹兵师的官兵，他们没有突围。上午11点，动物园防空炮塔收到他们发来的最后一封电报：

战役结束后,福斯大街与赫尔曼·戈林街拐角处的新帝国总理府地下车库。战争后期制造的一辆42式105毫米突击榴弹炮退入宽度很勉强的车库隔间。战役结束后,车库里堆满泥土和碎石瓦砾,这辆战车是拖走报废还是干脆埋在这里不得而知。这部自行火炮可能隶属党卫队"诺德兰"师。

战役结束后的新帝国总理府。朱可夫在回忆录里称,双方为争夺这座建筑激烈交战。但守军5月1日夜里溜往北面,企图突出重围,红军官兵"攻入"这座空无一人的建筑。帝国新总理府遭受的破坏,大多是空袭造成的。

广播塔到西十字车站、哈伦湖、威斯特伐利亚街,东南面到费尔贝林街,东北面到路德维希教堂,这些地段仍在德军手里。敌人位于动物园。从广播塔到克尼的凯撒路仍在德军手里。[371]

柏林城内各防区仍有零星的战斗,但激烈度下降。红军指战员知道战役即将结束,都在等待这座城市必然到来的投降。有个德国老兵回忆道,战役最后几天的强度明显减弱:"5月1日,俄国人继续发射炮火,但没再发生白刃战。您知道,每个人都在谈论帝国总理府和周边地带的战斗,的确有,但主要是炮火和狙击手的冷枪。我至少能沿几条街道行走。依我看,俄国人也不愿再打下去,他们也想活着。"[372]

德国守军注意到战斗中的间歇,不由得怀疑战争是不是结束了。激战声到下午消失。就连波茨坦广场的战斗强度也减弱了,红军为突破到福斯大街,昨日在那里激战。卡尔·海因茨·图尔克把他的虎王停在波茨坦车站,走入地铁隧道。他那辆坦克的弹药所剩无几,他想设法联系上营长。图尔克走下台阶,遇到一大群平民,他们壮着胆子问这位外来者,战争是不是结束了。图尔克在隧道里遇到个摩托车传令兵,他告诉图尔克,希特勒死了。图尔克还得知,"诺德兰"师工兵排的官兵就在附近,另外还有提供增援的人民冲锋队员

战役结束后的新帝国总理府入口。青铜铸造、带有反万字标志的德国鹰徽仍挂在大厅内拱门上方。

青铜铸造、带有反万字标志的德国鹰徽。是左侧照片挂在入口处上方的同一尊鹰徽吗？这尊鹰徽的确来自新帝国总理府，是伦敦帝国战争博物馆的展品，这张照片摄于现代。

和希特勒青年团员。图尔克给指挥"诺德兰"师残部的克里斯滕森捎话，让他把人民冲锋队员和希特勒青年团员打发回家。克里斯滕森照办了，随后穿过静得有些诡异的街道赶到图尔克的阵地，他通知图尔克，今晚晚些时候计划穿过韦登达默桥向北突围[373]。

朔勒斯和部下仍据守黑罗尔德保险大楼，在这里度过一个相对平静的夜晚，俄国人可能接到暂时停止进攻的命令，因为4月30日/5月1日夜间，德方代表正跟崔可夫谈判。5月1日下午，尽管大部分地区的战斗逐渐平息，但这处的红军依然遵照斯大林的命令，对保险大楼发动进攻。红军攻到这座庞大的方形建筑，双方在楼外和损毁的一楼展开白刃战。傍晚前后，俄国人控制大楼入口和一楼庞大的门厅，朔勒斯和部下坚守一楼其他地方和二楼几个房间①。俄国

---

① 这段文字的first floor和ground floor相当混乱，一楼和二楼是译者按照常理自行翻译的。

北望新帝国总理府旧址。1959年仍能看见元首暗堡入口。苏联人把这座建筑夷为平地，大部分材料用于在城内各处建造红军战争纪念碑。

国会大厦北面一辆损毁的JS-2坦克。这辆战车似乎遭遇灭顶之灾，不仅炮塔被炸飞，就连引擎检修舱盖也被炸开了。是战役期间动物园防空炮塔上的128毫米高射炮干的吗？

人傍晚调来一挺机枪，架在大楼入口，朝街对面疑似的德军阵地开火。朔勒斯召集部下发动夜袭，把俄国人逐出保险大楼。激烈的战斗持续到5月2日晨。虽说德军夺回门厅，但俄国人仍控制大楼入口。朔勒斯在战斗中负伤，很快疏散到科赫街地铁站[374]。

尽管拉脱维亚志愿者顽强抵抗，但红军步兵第9军辖下的步兵第301、第248师，还是攻克阿尔布雷希特亲王街上的盖世太保总部和帝国保安总局。总之，红军当日的确取得进展，但腓特烈大街东侧、宪兵广场、帝国航空部、波茨坦广场仍在德军手里[375]。步兵第301师是离帝国总理府最近的红军部队。他们穿过政府区期间抓获的俘虏交代了希特勒的藏身地，所以红军指战员知道自己与希特勒仅隔500米。该师的克利缅科中校奉命率领一支搜索队进入帝国总理府寻找希特勒——要是他还在那里的话[376]。

东面，直到此时仍有援兵开抵养老院市场。大约76名海军水兵从波茨坦广场赶来。他们在登霍夫公园附近遭遇俄国人火力打击，但继续向东而行，最后在附近某栋建筑的地下室里找到阿里贝特·舒尔茨和另一些希特勒青年团员。这群装束完全不同的士兵到来，让人误以为文克终于赶到，正全力解救柏林。

最后一期《装甲熊报》也送到了，报上宣布元首昨日离世。希特勒的死讯没有引发德军官兵的悲痛之情，他们此时关心的是接下来该怎么做。战斗群

上图：从国会大厦主会议厅仰望穹顶。照片右侧，红军官兵的涂鸦清晰可见。5月1日夜间，红军官兵奉命摸黑爬到屋顶，把红旗插上国会大厦圆顶。

上图：国会大厦主会议厅内部。前方墙壁上的弹坑清晰可辨，可能是"铁拳"造成的。主会议厅几乎没发生战斗，因为从屋顶落下的横梁和碎石瓦砾让交战双方难以展开行动。涅乌斯特罗耶夫大尉和部下在主会议厅守了一整夜，因为德国人不时从楼下渗透到旁边房屋。

左图和下图：上方照片里的88毫米高射炮，部署在蒂尔加滕附近的国王广场南端。注意炮管上的16道战果环，但不清楚这些战果是击落飞机、击毁坦克还是二者兼备。炮管瞄向北面的毛奇桥，红军战车驶过毛奇桥攻往国会大厦。从散落在旁边的弹壳可以看出，这门火炮经历了激烈的战斗。照片里还能看见德国人损毁的各种指挥车和卡车。下方的照片是国会大厦门前另一门88毫米高射炮。

1933年2月27日的国会纵火案发生前,国会大厦内的主会议厅。

指挥官蒂默把身边的小伙召集起来,平端着步枪说道:"我们向新统帅和他的政府宣誓效忠。"这群小伙不得不再次宣誓效忠于邓尼茨[377]。简短的仪式结束后没多久,红军开着辆卡车在附近游荡,用大喇叭呼吁德国守军立即投降,无疑是自由德国委员会"赛德利茨的人"干的。他们反复呼吁,声称不想见到更多流血牺牲,守军唯一的选择是立即投降。尽管每个希特勒青年团员只剩15—20发子弹,但战斗群指挥官蒂默不愿投降,还打算发起最后一场反冲击,把敌人逐出养老院市场。

蒂默直接向元首暗堡请调援兵。当天下午,"明歇贝格"装甲师2辆可用的虎Ⅰ式坦克、党卫队第503重型装甲营1辆四号"旋风"防空坦克和部分陆军士兵赶来支援进攻。德国人拼凑的兵力约有200—300人,目标是把俄国人逐出他们在养老院市场南部边缘和库尔街前沿占据的阵地。这场反冲击持续了一下午,双方一直厮杀到夜里,蒂默率领的小股战斗群劫数难逃,全凭源于绝望的勇气殊死奋战。

德军把俄国人逐出养老院市场,在战斗中还击毁8—9辆敌坦克。他们为此付出的代价也很大,半数官兵在养老院市场的废墟间非死即伤。相关记录没提到德军坦克的损失。蒂默也在战斗中负伤,舒尔茨这群人现在由党卫队三级小队长京特·施密特兴接管,此人可能隶属守卫该地带的"挪威"团辖内分队。红军没再进攻养老院市场,因为他们觉得战役已临近尾声。德国人夜间收到消息,让他们去施潘道区集合,准备突围,赶往易北河畔向美军投降[378]。

舒尔茨和战友夜间悄然离开地下室,穿过黑黢黢的街道退向西面,此时的街头平静得有些诡异。数百个燃烧的火堆照亮他们的道路,一处处残垣断壁闪烁的光芒在遍布碎石瓦砾的街道投下吓人的阴影。零零星星的枪炮声此起彼伏,但除此之外,他们这场行军没受到红军滋扰。

养老院市场北面,坦克第11军继续朝西北面攻往菩提树下街和国会大厦。德国人顽强抵抗,红军坦克兵不停地战斗,几乎没有任何喘息之机。几天前冲过养老院市场后,红军坦克损失惨重,战斗力大幅度下降,严重拖缓部队的进展。红军进入商业区,这里的多层建筑对德军实施防御非常有利,他们

在柏林上空遭击落,坠毁在国王广场的福克-武尔夫Fw-190战斗机残骸。整个柏林战役期间,德国空军与红空军的空战始终没停过。

步兵第150师冲击国会大厦的部分指战员获得苏联英雄称号后合影。从左到右分别是涅乌斯特罗耶夫大尉、萨亚诺夫上士(持红旗者)、萨姆索诺夫大尉,另外两名士兵姓名不详。

战役结束后,步兵第150师卷起来的战旗送入国会大厦。这张照片摄于20世纪60年代初,拍摄地点不详。

居高临下，逐一消灭沿各条狭窄街道行进的红军坦克。红军发现德国人的阵地，坦克兵就猛轰大楼，直到屋顶坍塌，砸在守军身上。这种做法纯属权宜之计，因为坦克炮无法抬升到足够的高度轰击大楼上层目标。以下战例充分说明红军坦克兵面临的难题。红军克服某处德军阵地后，为首的坦克遭到一门反坦克炮打击：

一发炮弹袭来，又是一炮，击毁最前方的坦克，可敌人的反坦克炮在哪里？步兵连连长F.S.斯特列尔科夫中尉叫来一群冲锋枪手："谢尔盖耶夫同志，带五个冲锋枪手去前方侦察，任务是朝右前方探明敌军发射阵地，10,点汇报情况。"英勇的共青团员答道："明白！"这场……突袭持续了三个钟头。这段时间里，侦察兵N.I.谢尔盖耶夫一个人消灭敌人5个冲锋枪手、3件反坦克武器。敌人的炮弹袭来，这个勇敢的年轻人负了致命伤，但任务完成了，探明敌人的兵力。拐角处的房屋里驻有敌人一个冲锋枪手连，还有一门火炮。我方坦克射出猛烈的炮火，但敌军火炮继续阻挡我方坦克的运动。斯特列尔科夫中尉又叫来三名冲锋枪手，命令他们消灭敌人的火炮和炮组人员。P.I.达维坚科中士率领几名冲锋枪手，从后方小心翼翼地爬向德国人的火炮，着手消灭对方。敌人顽强抵抗，达维坚科身负重伤。可那门火炮怎样了？能留下敌火炮，任由它一直以猛烈的炮火打击我方坦克吗？达维坚科强忍着剧烈的疼痛向前爬去，用"铁拳"击毁敌人的火炮。我们的坦克终于再次向前驶去。[379]

为坦克肃清通道耗费了时间，俄国人很晚才明白过来，坦克和步兵需要相互配合展开行动。上述战例，坦克第11军耗时4个多钟头才恢复进军，充分说明城市作战非常耽误时间。

津琴科穿过沦为废墟的国王广场，午夜前后到达国会大厦。他立即询问红旗在哪里，涅乌斯特罗耶夫答道，红旗挂得到处都是，但津琴科关心的是第5号红旗。涅乌斯特罗耶夫记得他把那面旗帜交给指挥侦察班的中士，中士跟随步兵第1连攻入国会大厦，随后一路攻上楼顶。他们找国会大厦里的各分队询问一番，得知第5号红旗留在"希姆莱大楼"的地下室里。

津琴科立即拎起已接通的电话打给设在内政部的团部，尽管楼外的炮火和轻武器火力持续不停，但他还是命令团部人员立即把那面旗帜送到国会大

战役结束后西望国会大厦。1945年5月2日清晨,"锤子镰刀"旗飘扬在国会大厦顶部。

厦。两名情报官主动提出,让他们去"希姆莱大楼"取回红旗。第5号红旗送来了,津琴科随即命令去楼顶升起旗帜,几名红军战士摸黑出发,几分钟后无功而返,天太黑,没有一丝光线,他们无法判明方向。

津琴科火了,对涅乌斯特罗耶夫说道:"代表党组织的苏联武装力量最高统帅部、我们的社会主义祖国、全体苏联人民命令您在柏林上方升起胜利的红旗,这个历史性时刻,您的部下却找不到通往楼顶的路!"他最后说道:"营长同志,无论如何都得让胜利的红旗飘扬在国会大厦上方!"[380]说罢,他转身离开国会大厦,返回内政部。

几名情报官和侦察兵走入黑黢黢的走廊,寻找通往楼顶的楼梯。等候在楼下大厅的红军指战员听见喊叫声、冲锋枪射击声、手榴弹爆炸声,随后一片寂静。一小时后,几名战士回来了,说他们用皮带把第5号红旗系在楼顶。5月1日凌晨1点30分左右,在国会大厦楼顶升起第5号红旗的任务完成了。

大批德军官兵滞留在地下室,他们冲上楼梯,对红军发起突袭。俄国人起初没发现地下室,但他们很快发现了通往地下室楼梯的入口。红军一支巡逻队进入地下室,到达底部平台,发现一道混凝土砌就的长走廊。他们沿走廊而行,德国人射来一发"铁拳",还以自动武器射击,当场打死五个红军战士,其他人负了伤,赶紧沿楼梯撤回。涅乌斯特罗耶夫在楼内找到几个俘虏,向他们询问地下室里的情况。据俘虏交代,地下室足有三层,各条走廊相互连接。他还得知,地下室储备了大量食物和弹药。这种情况让俄国人深感担忧,他们的手榴弹用完了，弹药所剩无几，急缺食物和饮水。许多战士已经有24小时没喝水了。团长用野战电话通知涅乌斯特罗耶夫，正为他们运送补给物资。

但德国人开始炮击国会大厦，炮火持续了几个钟头，没人能靠近这座建筑。另外，地下室里的守军在几处对楼内红军发起突袭，外面的德军援兵也展开反冲击，企图把红军逐出国会大厦。面对敌人不断施加的压力，涅乌斯特罗耶夫下令立即攻入地下室，阻止地下室里的敌人与外面的援兵展开协同一致的进攻，重新攻入楼上。红军对地下室的首轮突击失败了，伤亡50人，仅一个营就阵亡20人[381]。他们根本无法突破楼梯井，更别说进入地下通道了。

国会大厦外，德军炮火切断楼内红军分队与内政部里团部的联系。国会大厦里的红军分队继续坚守一楼的防御，处境越来越孤立。部署在防御圈边缘的红军士兵，看见德国人在国会大厦周边街道展开行动，涅乌斯特罗耶夫估计对方即将再次发动进攻。不出所料，德军中午从四个地方投入进攻，在三处取得突破，一举攻入国会大厦主楼。德国人在近距离发射"铁拳"，双方厮杀得极为激烈。一股投火焰迅速蔓延，笼罩了门厅和若干房间，浓烟把防御方和进攻方呛得喘不过气来。国会大厦里的指挥员，相互间已没有任何通信联络。混乱的战斗随之而来，双方都企图赢得艰巨的白刃战[382]。红军最终把德国人赶出主楼，此时，火焰把这里熏得漆黑。涅乌斯特罗耶夫后来写道："我们的处境也好不到哪里去，我的部下一个个累得筋疲力尽，看上去都很惨，大多数人衣衫褴褛，好多人双手或脸部烧伤了。"[383]楼内的红军指战员总算暂时获得喘息之机。

德国人在周边地区发起几次反冲击，其中一次攻往克罗尔歌剧院，迪尔斯的虎王坦克打头阵，意图救援歌剧院内的守军。这场进攻给红军坦克造成损失，导致他们无法增援国会大厦的红军分队。步兵第674团第2营和整个步兵第380团，再次企图从北面到达国会大厦和周边地区，但德国人从总统官邸地带发起反冲击，挡住对方的进攻[384]。孔策和战友夜间赶往国会大厦后方几栋建筑，巴比克的指挥所此时就设在那里。待他们到达指挥所，巴比克告诉孔策，希特勒死了。孔策顿时醒悟过来，接下来该怎么做得自己拿主意了。他回到战友身旁，告诉他们准备向北突围。他征用了1辆"追猎者"坦克歼击车和1辆大众汽车，载上仅剩的20名部下，打算驶过韦登达默桥赶往北面[385]。

零零星星的战斗持续了一整天。国会大厦内残余的德国守军，夜间撤离这座建筑。莱茵率领部下突围，而后退往北面。他们先穿过腓特烈大街快铁站，在红军大举突破施普雷河前几小时进入废墟地，但他们发现几条街道上都有红军部队[386]。

北面，罗斯巴赫上校下达命令，把剩下的所有食物分发给当地居民，随后命令罗斯巴赫战斗群剩余的人民冲锋队员，傍晚前后做好战斗准备。战斗群140名士兵在舒尔特海斯啤酒厂会合，战斗群指挥所设在此处。部队集合后，罗斯巴赫向他们宣读命令，上级批准该战斗群朝西北方突围，与文克的部队会合。经历了数周二战期间最残酷的战斗，援兵正在城外等候守军突围的念头，激发了城内官兵的希望和干劲。弗里茨·弗雷德战后回忆道："文克部队在城外等候我们的说法，激发了我们新的希望。"[387]罗斯巴赫上校问谁是柏林人，140名士兵只有弗雷德和另一个伙计站出来。罗斯巴赫命令他俩率领连里其他人，早上取道舍恩豪泽大道地铁铁轨离开柏林，地铁轨道在那里高出地面。战斗群官兵安顿下来，为清晨的突围做好准备[388]。

西面，获得波兰人民军第1步兵师加强的机械化第1军取得些进展。战役最后几天，红军在该地区的进展都是波兰军队取得的。波兰步兵获得波兰第1野战炮兵团第1连加强，集中在弗里切街一线，支援机械化第1军辖下的机械化第19、第35旅。第1营的首要任务是肃清腓特烈大街上的路障，这些路障堵住佩斯塔洛齐街入口，红军在此处折损好几辆坦克。波兰步兵在坦克和火炮支援下完成任务，攻入周边几栋建筑。

其他坦克继续前进，16点与机械化第19旅和配属该旅的第2、第3营会合，他们正在卡尔·奥古斯特广场战斗。为执行下一阶段作战行动，波兰第2、第3步兵营和残余的红军步兵各组建一个强击群，每个强击群获得3辆坦克加强。他们的目标是三一教堂周边地区，这座教堂构成德军主要防御阵地，德国人还把第614重型坦克歼击连剩下的2辆"大象"坦克歼击车部署在此处。两辆重型坦克歼击车没留下作战记录，但不难想象，它们受领的任务无非是击毁该地区的敌战车，直到弹药和燃料耗尽[389]。守卫教堂的是一支冲锋队[①]，这些

---

① 原文写的是SA。

北眺柏林西区,这张照片摄于20世纪30年代初:(1)柏林广播电台;(2)阿道夫·希特勒广场;(3)帝国街;(4)凯撒路。从市区向西突围的路线,由东向西穿过凯撒路,通往施潘道区。

人显然想方设法逃避城内的战斗,只想等待战役结束。不过他们的确实施了抵抗,否则波兰人不会绕开对方的阵地。波兰部队随后在浓密的烟幕下发起突击,一举攻克德军阵地,教堂傍晚前后落入波兰人手里。

波兰第2步兵团,在第2炮兵连支援下,穿过坦克第219旅作战地段,占领技校对面与兰德韦尔运河相接的楔形地带。在此期间,坦克第219旅卷入兰德韦尔运河沿岸地带的战斗。波兰人陷入尴尬境地,为进攻技校,他们必须穿过阿尔贝特·施佩尔战前拓宽,为希特勒沿东西轴线检阅部队搭设检阅台的街道。在没有坦克支援的情况下,他们上午9点、10点、下午14点30分三次发起冲击,都被守军机枪火力轻而易举地击退。虽说几辆红军坦克的确以直射火力支援头两场冲击,但这些战车没有投入进攻,以免遭受守军"铁拳"火力打击。15点,红军坦克奉命调往其他地方,波兰人失去战车支援。

波兰步兵团现在不得不靠自己的炮兵支援取得进展。他们把火炮部署在500米外,两门76毫米火炮拆散后,搬到桥梁旁边某栋幸存建筑的三楼组装起来。波兰侦察兵随后奉命寻找其他接敌路线,5月2日凌晨1点40分,他们沿狭窄的哈登贝格街发起翼侧突击，虽说损失26人，但总算取得胜利[390]。

波兰第3步兵团获得第3炮兵连加强，赶去支援近卫坦克第12军位于兰德韦尔运河北面的近卫坦克第66旅。该旅只剩15辆坦克，目前停在富兰克林街一线。波兰人突破德军防御，一路穿过密集的工业区，21点到达夏洛滕堡桥正北面的英国街一线。眼下的情况，坦克很容易遭到"铁拳"打击。近卫坦克第66旅的任务是控制桥梁，夺取蒂尔加滕快铁站。但侦察兵报告，快铁站的防御极为严密。该旅决定，等天亮后再彻底侦察一番。在此期间，他们穿过夏洛滕堡大道、控制桥梁的企图以失败告终，直到3辆JS-2坦克上前，驶过街道为波兰人形成一堵钢铁墙壁。第二天早上，波兰人发起冲击，一举夺得快铁站，打开了进入蒂尔加滕的通道。他们迅速向东攻往胜利纪念柱，在那里升起波兰国旗。

5月1日上午，莱麦尔和战友仍在站岗执勤，随后就出事了：

临近中午，情况越来越危急。俄国人到达国家歌剧院一栋小楼和伊甸园旅馆。猛烈的步兵火力，伴随手榴弹的爆炸声和垂死者的惨呼。我们的少尉手足无措，他没经历过实战，更没指挥过一个连，于是他问我该如何是好。我建议全连撤往动物园掩蔽部，可这"违反了他接到的命令"。所以我只好把机枪架在面朝布达佩斯街的二楼窗户后，几支半自动步枪部署在另外几扇窗户后，还有些士兵待在楼梯处担任预备队。陆军服装仓库里，将军依然待在防御阵地，通信站仍设在水族馆泵房内。

下午晚些时候，将军终于率领参谋人员离开屋子，通信人员尾随其后。我们对此全然不知，一名传令兵跑来，传达了某处某位战斗指挥官的命令，让我们原地等待党卫队员赶来换防。我们随即构设防线，宽大的环形防线穿过动物园，一直延伸到东面的防空炮塔「L塔」。这项任务从一开始就注定要失败，因为除了我，其他人都没有战壕铲，另外，俄国人所有火炮都对准动物园。党卫队连确实赶到了，他们从威廉皇帝纪念教堂而来，而教堂已落入俄国人手里。残阳似血，昏暗而又沉闷，太阳落山了。

我们在动物园硕大的敞开式楼梯处见到几个巨大的兽笼，原本想钻入对面的狮笼，因为里面的大石块看上去很安全。可我们走入狮子饲养员的小房间，却发现岩层是空的。

少尉固执己见，觉得我们至少应该遵照命令设立防线。我带着机枪手攀上一座人造山丘。就在这时，隐蔽在树上的几个敌狙击手开枪，机枪手当场阵亡。我又一次责怪少尉，每拖延一分钟，都有战友付出血的代价。他说要是我们撤离的话，水族馆里的战友就真完了。连里其他人此时不作他想，都在等待命令。

黄昏时，动物园附近的外围防线开始收缩：

党卫队掷弹兵跑出水族馆，先是零零星星，随后越来越多。我跳起身，冒着炮火冲向待在狮笼里的少尉。他不下令后撤的话，那就让我来。他耸耸肩。我又冲出去，朝散兵坑里的战友喊道："去防空炮塔集合！"前方喷出一道火舌，发出耀眼的光芒，震耳欲聋的轰鸣让我屏住呼吸。我猛然跳入一个深洞，右脚传来剧烈的疼痛，看来还是中弹了。

此时我对一切都漠不关心。我穿过迫击炮弹击中后起火燃烧的树木，一瘸一拐地走向防空炮塔，照明弹昏暗的光线下，防空炮塔伫立在黑暗中。一具不停颤动的尸体把我绊倒，我的嗓子渴得冒烟，子弹从头上呼啸掠过。我从一群士兵身旁走过，他们在掩蔽部前方50米构设新阵地，一点没觉得自己是这里的最后一批守军。我蹒跚而行，突然间到达防空炮塔。一扇扇装甲门有的开着，有的关着，塔内光线通明。这里静得吓人，厚重的钢筋水泥墙吞噬了一切噪音。

硕大的门厅里有不少步兵。宽大的楼梯平台上，两名医生带着助手专心致志地忙碌着。等待之余，我观察了门厅里的活动。正中央站着个空军将领，我后来得知他是高射炮师师长冯·叙多将军……源源不断的士兵从外面赶来。他们立即分成一个个小组，每组50人，指定队长后，有人给他们分发口粮和"铁拳"，没有枪支。这些小组受领了明确的任务，随后动身出发。

莱麦尔乘电梯来到防空炮塔五楼，医疗中心设在这里。几扇房门大开，人满为患："走廊和台阶上，伤员和平民躺得到处都是，还有妇女和儿童。"

莱麦尔得到"丰盛"的食物，是面条，吃完后他找了个角落酣然入睡。几小时后他惊醒了，听见有人大声读出国防军每日公报，在场的人听得聚精会神："帝国首都英勇的保卫者紧密团结在元首身边，目前仍在坚守。"莱麦尔后来回忆道，他听到希特勒在前线战斗中阵亡的消息。冯·叙多中将用大喇叭召集防空炮塔内残余的官兵，宣布他打算向西突围，与文克集团军会合，他随后把防空炮塔指挥权移交给一名医生。

动物园防空炮塔忙着准备突围。参谋人员烧掉证件，不少人换上便装。伯切尔接到劳赫中将打来的电

威廉皇帝纪念教堂门前的88毫米牵引式Flak 36/37高射炮。这门高射炮涂有三色伪装。德军严密防御动物园接近地。

话，劳赫告诉他："元首死了，5月2日凌晨4点突围。"[391]夜间，第18装甲掷弹兵师残部转移到防空炮塔周边地带，俄国人没理会，他们似乎在等待战役结束，不愿为进攻"堡垒"付出毫无必要的损失，就像他们在战后记述里提到的那样。

这场突围由高射炮师一名少尉组织，分成三路纵队，发动进攻后穿过动物园。左路纵队从防空炮塔出发，穿过公园赶往海豹馆，率领该纵队的中尉突围期间阵亡。右路纵队穿过大象馆。两支纵队遭遇的抵抗都不激烈，一路向西而去。中路纵队赶往克莱内斯剧院附近的小型掩蔽部方向。柏林动物园园长卢茨·黑克博士也在这支队伍里，他很熟悉动物园的地形，因而担任侦察兵。他在动物园边缘凑近俄国人的阵地，近得甚至能听见对方的说话声。待黑克返回原处，却发现中路纵队已离开，黑暗中无法判明他们的去向，他只好返回动物园防空炮塔[392]。

每个人都赶往哈弗尔河，打算从地上或地下突出重围。许多人步行穿过地铁隧道到达帝国体育场，随后朝通入施潘道区的桥梁而去[393]。

机械化第1军辖下的机械化第19旅遂行激烈的巷战，夺得与锡默尔斯多夫街、俾斯麦街、席勒街相接的街区，朝威廉皇帝纪念教堂方向发展进攻。该旅到达歌德街上的公园，随后报告，说德国守军隐蔽在席勒街、歌德街2.5米高的街垒后面顽强抵抗。日终前，机械化第19旅会同波兰第1步兵师打垮守军，继续沿歌德街攻击前进[394]。

德军设在动物园内的最后一座主要防御堡垒陷入包围。崔可夫的部队先以火炮和火箭炮猛烈开火，夜间，他们发现大批德军官兵逃往西面，立即派地面部队投入进攻。近卫步兵第28军穿过布达佩斯街，在动物园围墙上打开几个缺口，红军坦克和火炮此时在动物园内与守军交火。

近卫步兵第39师步兵第112团第3营副营长希罗科夫近卫军少校的报告，详细阐述了最初的进攻行动：

敌人早已把布达佩斯街打造成筑垒街道，不仅构设了路障，还精心组织火力配系，覆盖所有接近地。布达佩斯街西侧，我们营前方有一堵钢筋混凝土墙，把动物园和港口隔开，火炮和坦克都设为直接射击。街道西侧所有建筑构设了环形防御，配备大批大口径机枪、自动防空炮、狙击手、"铁拳"射手。

营长受领任务，向我们介绍了情况，占领出发阵地，对街道发起冲击前，他决定以配属我营的火炮和迫击炮开火，压制敌火力点，分散敌军注意力，给每个强击群分配任务，传达到每个战士后，步兵和炮兵可以用相同的参数直接射击。值得注意的是，进攻开始前，两个德国兵跑来投诚，交代了德军武器装备的确切位置，以及德国官兵的总体情绪。

全营指战员把俘虏交代的情况记在心里。按照营长的信号，支援力量加强火力打击敌火力点，榴弹射手朝街上发射发烟罐，与此同时，喷火器兵消灭了钢筋混凝土墙壁。强击群步兵穿过通道冲入各栋建筑，以白刃战消灭楼上的敌人。他们攻入地下室，继续从事近战。敌人被我方分队快速的行动打得晕头转向，不辨东西，开始逃入公园深处，同时也有不少敌人投降。[395]

威廉皇帝纪念教堂位于选帝侯路东端，激烈的战斗中几次易手，最终落入红军手里。红军某步兵团提交的报告称，近卫军上士涅奇普连科率领步兵第4连第2排冲上陶恩齐恩街。他们攻往街道北部，击退德军的反冲击。德国人随即撤离。涅奇普连科用狙击步枪射杀10个德国兵，还夺得一处机枪阵地。残余的德军转移到威廉皇帝纪念教堂和附近的建筑，在这些地方构设了防御支撑点。

红军营长命令炮兵支援该营的一门122毫米榴弹炮以直射火力打击敌阵地。尽管德军机枪火力非常猛烈，但这门榴弹炮还是朝敌支撑点发射了多达30发炮弹："教堂周围，损毁的砖墙腾起红色烟尘。近卫军上士涅奇普连科的排以此为掩护投入进攻，以白刃战夺得教堂，击毙的敌军官兵多达45人。"涅奇普连科在战斗中负伤："他是个狙击教官，经历相当传奇，当上排长后，从维斯瓦河一路征战到柏林。他射杀过200个德军官兵，还消灭敌人20挺机枪和3门火炮。"[396]红军炮兵观察员和狙击手从威廉皇帝纪念教堂望去，动物园的情况一览无遗。

接下来两篇记述谈到红军最终攻入柏林动物园和防空炮塔的情形。下一篇记述涉及的部队，隶属近卫坦克第1集团军还是近卫步兵第28军不得而知。近卫军少尉I.帕林讲述了他那支坦克部队的进攻：

我们的坦克驶过兰德韦尔运河上损毁的桥梁，连长告诉我们，接下来要攻往动物园，他命令我们全速前进，不必理会「动物园防空炮塔」射来的炮弹，战役已临近尾声。

此时是4月30日。

我们在坦克战斗舱内各就各位，驾驶战车径直驶向蒂尔加滕街。

德国人的机枪从四面八方朝我们倾泻火力。

没过多久，我们被迫退回小街，因为敌人从两侧朝我们发射"铁拳"，几辆坦克中弹起火。当日下午我们逼近动物园，十字路口一道庞大的障碍挡住我们的去路。趁我们延误之际，德国人加强火力，我们也以坦克上的武器还击。团里的战斗工兵和突击步枪兵迅速赶来支援，没用一小时就拆除障碍，坦克顺利通过。团长列兹尼克近卫军中校打来电话，命令我和马尔特诺夫少尉的坦克率领一群步兵穿过障碍物缺口，突破到下一条街道，探明敌人在何处，附近是否有我方友邻部队。我行驶在前方，马尔特诺夫的坦克跟在后面。两辆战车驶过一个个弹坑，碾碎了途中遇到的树枝。

没过一会儿，我觉得应该看看周围的情况，于是推开舱盖，探出身子。没等我看清街上的状况，附近某栋建筑二楼的窗户后射出一发"铁拳"。火箭弹击中坦克履带炸开。有那么几分钟，我失去意识，身子挂在舱盖口。我的机械师兼驾驶员也负了伤。但我们很快清醒过来。马尔特诺夫的坦克和我方步兵朝德军狙击手、"铁拳"射手猛烈射击，我们抓紧时间修理受损的战车。两小时后，我的坦克又能从事战斗了。此时，营里其他坦克赶了上来。但德国人也加强防御，射出的火力更加猛烈，一发发"铁拳"从各扇窗户后袭来。街上堆满燃烧的坦克和障碍物。我们向前行驶了几百米，又一次被迫停下。我们必须绕道而行，可这里没有能通行的道路。几名指挥员决定：炸掉建筑，为坦克开辟通道，从另一侧绕过动物园。

说干就干！步兵肃清附近几栋建筑的入口，近卫军大尉帕列尔的战斗工兵找到个能顺利突破的地方：一座充当仓库的小楼，与相邻两栋建筑共用一堵墙壁。我们炸开墙壁，进入动物园旁边的院落。炸掉栅栏后，我们看见缺口处黑色的树木轮廓。此时已是晚上。

坦克连连长斯涅吉列夫近卫军上尉说道："去动物园吧！"一辆辆坦克驶入通道。近卫军上士科鲁利科的战车行驶在最前方，我跟在他身后，后面是一长串坦克、自行火炮、牵引着火炮的卡车、载满弹药的车辆。

我们进入动物园，停在几个大型水族馆之间。步兵在前方挖掘了散兵坑。我们奉命载满弹药，以便明日晨进攻动物园里的德军防御阵地。[397]

4月30日深夜，近卫军大尉奥西涅茨基的部队攻入动物园：

五一劳动节前夕，我的营赶往布达佩斯街与吕措街拐角。我看看地图：我们当前位置的前方是个绿色三角，用小字标注着"动物园"。国会大厦附近的大花园也叫蒂尔加滕，意思是"动物园"，但我们前方才是真正的动物园，只是不叫"蒂尔加滕"罢了。我们听见一头老虎的吼声。几名战士笑道："这不是洞穴里的野兽，这里的野生动物比我们搏斗了近四年的野兽老实多了。"

我打电话给近卫军少尉莫兹日林，命令他率领一个排，带上一挺手提式机枪和一挺脚架式机枪穿过动物园，侦察敌人的情况，探明对方的火力点。

花园里黑黢黢的。我们左侧的教堂在燃烧，右侧几栋建筑也着了火，但动物园仿佛隐藏在黑暗中。莫兹日林身后的战斗工兵带着探雷器和炸药，任务是炸开动物园周围的砖墙，为部队开辟通道。步兵在动物园内战斗，几挺机枪猛烈射击。莫兹日林进入动物园，他的排趴在地上，朝敌人射出还击火力。少尉派传令兵告诉我：敌人把他挡在某个人工洞穴旁边。

动物园里有不少野生动物的洞穴，都是用石块堆砌的，这些洞穴现在成为德国人的防御阵地。

我用电台联络获得苏联英雄称号的团长舍厄金上校。他命令我次日晨夺取动物园，而后攻往铁路线。我们获得炮兵力量加强：14门汽车牵引的火炮，外加马匹拖曳的1个团属炮兵连。

凌晨3点，我们发动进攻。德国人分成一个个2—3人的小组，在动物园各处顽强防御，还充分利用野生动物的洞穴和各条沟渠。

各种野生动物在动物园里游荡。伴随枪炮声，我们再次听见猛虎的咆哮、豺狼的号叫、野猫的喵喵叫声。有人发现高高的树丫上影影绰绰，觉得是绰号"杜鹃鸟"的敌狙击手。几支步枪开火射击，树上的身影一头摔落在地。几名战士惊讶而又懊恼地发现，他们打死的是一只猴子。

我们几乎穿过整个动物园，随后遇到一堵砖墙。

我在这里决定使用火炮。牵引火炮的车辆驶来。第2连连长克鲁奇宁上尉报告，前方有一座很大的堡垒。这个情况有点出乎我们意料，地图上没标注任何堡垒。我怀疑克鲁齐宁是不是把某座筑垒建筑称为堡垒了。但克鲁齐宁坚称：确实是一座庞大的五层堡垒，各扇窗户都覆有钢板；牵引车调转方向，火炮猛轰堡垒，却无法炸开堡垒墙壁。

我赶了过去，黎明前的薄雾中，我看见一座黑黢黢的巨塔。灰色的水泥墙还没完工，一块块铸模板仍挂在墙上，这些模板的作用是固定水泥，直到浇筑的水泥硬化。我们绕着四角塔楼/堡垒走了一圈，听见里面传来各种声响。堡垒所有出入门紧闭。德国人以钢板和关闭的窗户为掩护，用突击步枪朝我们射击。但我们此时位于堡垒墙壁下方，所以他们射不着我们。周围的围栏向外伸出，形成木桩和"刺猬"，还有我方炮弹炸毁的若干车辆残骸。

清晨到来，堡垒射出的火力停止了。

团长用电台给我下达命令："非必要情况不得开火，再等等！"

我们先后用德语和俄语喊道："赶紧开门投降！"但堡垒一片寂静，里面的喊叫声停了，就好像堡垒里的人都死了。

里面有不少德国人，他们会不会从某条地下通道逃走了？真那样的话，就太让人失望了。但厚重的钢门打开，一名德国军官高举双手走了出来。

就在这时，舍厄金上校给我下达了命令："做好收容俘虏的准备！"

德国人带着饭盒、弹药和一袋袋破烂走出堡垒几扇大门，随即放下武器，步枪和突击步枪很快在堡垒出口堆成一座小山。

德国人按照我们的指示列队，在我方士兵押解下赶往后方。想想看，我们在这里见到的都是些什么人！

我们进入堡垒，德国人称之为掩蔽部。这是座五层高的建筑，钢筋混凝土结构，配有一扇扇充当射孔的小窗。堡垒几处角落，竖立着半圆形塔楼，塔楼顶部的露台上布设了威力强大的高射炮。

堡垒三楼有一所医院，我的警卫部队到达那里，一名外科医生正在手术室里给负伤的德国军官动手术。看见我们到来，医生吓了一跳，似乎要停止手术，为了不打扰他，我们撤走警卫人员。

堡垒里的电梯仍在工作，电力供应正常。这是座设施完善的掩蔽部，食物和水都不缺，还有通风和供暖设施。

德军坦克部队被打垮后，残余的官兵躲在这里。短短几个钟头，我们收容了大约2500名俘虏。

我们在堡垒几个房间里找到大批地形图，还发现德军总参谋部派驻这里的一组人员。

我们来到堡垒顶部，看见几门压低炮管的重型高射炮。站在顶部的水泥板上，能看见整个柏林：北部、南部、东部、西部。火炮和战机把这座灰蒙蒙的城市炸得满目疮痍。几栋高层建筑只剩一堵墙。但即便在这些墙壁上，英勇的红军战士也已升起一面面红旗。[398]

另一篇记述也谈到此处的战斗，出自近卫步兵团参谋长马尔科夫

战役结束后，波茨坦广场遭淹没的地铁入口。5月1日/2日夜间，德国人炸毁兰德韦尔运河下方的护墙，放水淹没地铁隧道，阻止红军追击向北突围的德军。党卫队算错了平民百姓撤离地下掩蔽部需要的时间，涌入的河水淹死许多人。

洪水消退后，波茨坦地铁站的主站台。这里有两部自动扶梯，在当时非常先进。

近卫军少校。近卫步兵第88师近卫步兵第266团，奉命夺取完好的渡场进入蒂尔加滕：

近卫军大尉克拉夫采夫率领的近卫步兵营，受领的任务是5月1日/2日夜间从剧院发起冲击，攻往动物园火车站，而后赶往体育场北部边缘，在那里掘壕据守。

营长克拉夫采夫近卫军大尉受领任务，把全营编为三个强击群，还给每个强击群下达了具体指示。近卫军大尉博加特尔率领第一强击群，任务是赶往左翼，夺取动物园火车站，而后开赴体育场北部边缘，在那里掘壕据守，等待后续命令。塔拉索夫上尉率领第二强击群，接到的指令是从右翼进攻动物园里的建筑和赛马场，到达赛马场北部边缘就地据守。乌里扬采夫中尉率领第三强击群，任务是沿中路冲击，迅速前出到体育场与赛马场之间的运河河段，就地据守。全营从当前阵地出发，旋即在布达佩斯街遭

洪水退去后，波茨坦地铁站内的武器贮存柜。照片里能见到弹药箱和几具"铁拳"。武器贮存柜后方的标牌上写着"禁止吸烟"。

遇强有力的抵抗。营里的指战员迅速分批冲过哈登贝格街，没理会敞开的翼侧，火速赶往前方。

博加特尔大尉的强击群动身赶往动物园火车站，随即遭遇敌人猛烈的火力抵抗。

强击群逼近车站建筑，把手榴弹投入一扇扇窗户，随后冲了进去，逐一肃清各个房间。他们朝房内投掷手榴弹，伴随剧烈的爆炸，迅速冲进去消灭残敌。争夺各个房间的战斗中，博加特尔强击群击毙50个希特勒分子，驱散另外30人，就这样夺得整座建筑。

强击群在地下室里俘虏的德军官兵多达250人，这些德国兵藏在里面，企图躲避我方突击部队。肃清整座建筑后，博加特尔大尉的强击群继续向前，没有减缓进攻速度，一路赶往运河，迅速夺得河上的桥梁，由于我方几个强击群动作很快，敌人没来得及炸毁桥梁。

塔拉索夫上尉的强击群遭遇敌人强有力的抵抗，对方依托建筑和地下通道负隅顽抗，近卫军大尉克拉夫采夫身先士卒向前冲去，深受鼓舞的强击群指战员也奋勇向前。沙拉富季诺夫下士率领一群战士逼近建筑，投掷手榴弹后冲了进去，与盘踞在里面的敌人展开白刃战。

四名英勇的战士组成的战斗小组击毙15个希特勒分子，沙拉富季诺夫本人射杀一个德国兵，还用棍棒击倒另一个敌人。

营长亲自率领第二个战斗小组赶往地下通道，先用"铁拳"轰击，再朝入口投掷手榴弹，随后冲入地下通道，为强击群打开前进道路。

强击群逐一肃清各栋建筑，消灭一股股负隅顽抗之敌，他们朝敌军官兵射击，不断赶往赛马场北部边缘。

乌里扬采夫中尉的第三强击群沿中路前进，敌人依托体育场南部边缘的堑壕顽强抵抗。

乌里扬采夫中尉先派阿尔扎诺夫少尉率领一群战士从右侧逼近敌堑壕，再用"铁拳"轰击堑壕，随后率领部下高呼"乌拉"冲入堑壕……朝躲在堑壕里的希特勒分子开枪射击。没有一个敌人活着逃离堑壕。强击群毫不停顿，迅速向前冲去，消灭了途中遭遇的一群群小股敌人，火速赶往运河，完成受领的任务后就地固守。

近卫步兵营破坏了敌人的爆破作业,一举夺得运河上的桥梁,这让执行渡河任务的我方坦克得以顺利通过运河。

营长克拉夫采夫大尉率领全营夺取并守住桥梁,战场上的坦克部队指挥员向他表达了感谢之情。[399]

红军总参谋部的战后研究,详细阐述了近卫步兵第28军近卫步兵第39师辖内部队夺取动物园和周边地区的最后之战:

沃尔夫冈·克勒穆施,驾驶最后一架飞机飞入柏林执行秘密任务:把希特勒的遗嘱送到邓尼茨的指挥部。他奇迹般地与携带希特勒遗嘱的信使会合,可他们在大万湖相遇时,彼此都不信任对方。克勒穆施最后带走几个伤兵,而不是希特勒的遗嘱。

敌人在动物园构设的防御,主要依托钢筋混凝土体系(掩蔽部),牢固、预有准备的石制建筑,以及2米高的钢筋混凝土围墙。从东面通往动物园的各条街道,不仅被一道道街垒封锁,还遭到机枪、火炮、"铁拳"射手纵射火力打击。

近卫步兵第39师奉命夺取动物园,消灭守军,该师获得榴弹炮兵第186旅(72门122毫米榴弹炮)、炮兵第295团1个营(6门152毫米加榴炮)、近卫迫击炮兵第59团、2个坦克团、军属工兵1个连加强。

4月30日上午10点,近卫步兵第112、第117团几个获得加强的自动步枪手连,穿过各堵墙壁上的缺口向前冲去,夺得水族馆区域的G形建筑。

如前所述,由于各条街道遭到敌人各种武器纵射火力打击,前调师属炮兵和加强炮兵非常困难,坦克也难以开抵步兵分队遂行战斗的地段。

因此,两个工兵连受领了炸开障碍物、为火炮和坦克开辟通道的任务。这群工兵炸塌五堵墙壁,每堵足有1米厚;一个工兵连以烟幕为掩护,在动物园围墙上打开几条通道。

几支步兵分队忙着夺取G形建筑之际,师属炮兵和坦克前调,穿过通道赶往各步兵分队战斗地段,加强炮兵傍晚前后跟进。

几支步兵分队企图夺取钢筋混凝土掩蔽部,但没能成功。

指挥员随后决定,设法在200—300米距离内以直射炮火摧毁敌人的掩蔽部。但此举也没能奏效，因为炮弹无法穿透掩蔽部墙壁，没给掩蔽部里的守军造成任何伤害，就连152毫米炮弹也无济于事。

师长最终决定封锁各座敌掩蔽部，再以挖掘坑道的方式到达掩蔽部入口。这个办法终于成功了。几支分队挖掘坑道到达各座敌掩蔽部，俘获3000多名敌军官兵。

攻克各座掩蔽部后，敌人在该地区的后续抵抗急剧减弱，我方部队5月1日彻底肃清整个动物园。

近卫第8集团军辖内部队攻入动物园，迫使柏林卫戍区司令魏德林将军匆匆放弃了设在动物园某座掩蔽部的指挥和通信中心，转移到本德勒街的通信中心。[400]

近卫步兵第4军辖内部队，渗透到兰德韦尔运河北面的蒂尔加滕住宅区。红军部队终于进入胜利大道，近卫步兵第28军编成内的近卫步兵第79师报告，他们占领波茨坦快铁站，正在夺取波茨坦广场地铁站。莱比锡街与威廉大街交叉路口也落入红军手里。崔可夫之所以取得进展，部分原因是德国守军已撤离，准备突围。

"明歇贝格"装甲师残余的官兵，继续沿萨维尼广场实施抵抗，抗击科涅夫近卫坦克第7军仍在柏林城内作战的部队。傍晚前后，他们缓缓向西退却，与撤往西北面的第51装甲掷弹兵团会合。平民百姓也向西转移，想跟随军人突围。当天早些时候，哈弗尔河畔的古堡向红军第47集团军投降。古堡的小股守军先前扛着"铁拳"冲入附近街道，一次次突袭让红军坦克付出代价，于是俄国人把注意力转向这股敌人。古堡守军投降后，红军控制了哈弗尔河北岸几处渡口，南岸的情况尽收眼底，德军很快会在那里发起突围。

近卫坦克第6军"面对敌人的顽强抵抗继续前进"，但突击势头受到限制：

近卫坦克第52旅与步兵第20师协同作战，夺得保尔斯博尔纳街与艾森察恩街十字路口。

近卫坦克第53旅经过顽强战斗，日终前到达埃姆泽广场。

近卫摩托化步兵第22旅及配属部队，肃清柏林街上的路障继续推进，前出到勃兰登堡街与巴尔街十字路口地铁站「费尔贝林广场站」以南地域。

近卫坦克第51旅克服敌人的顽强抵抗，目前在勃兰登堡街与萨克森街十字路口西北面附近，为争夺地铁站遂行战斗「可能是康斯坦茨街地铁站」。

近卫坦克第9军辖内部队从东面而来，穿过维尔默斯多夫区，跨过诺伦多夫广场和维滕贝格广场以南地带。近卫机械化第70旅和坦克第91旅同时发起攻击，企图包围仍在南面抵御近卫坦克第6军的德国守军。

近卫坦克第7军无力阻止德国人向西突围，该军兵力稀疏分散，目前仍沿快铁路堤通往东面、东北面、西面的路线遂行防御，这道防线从保尔斯博尔纳街起，途经威斯特伐利亚街、黑尔街快铁站、帝国体育场快铁站、皮歇尔斯贝格快铁站，直到38.6高地南坡。近卫摩托化步兵第23旅和近卫坦克第56旅昼间发动进攻，但进展缓慢。17点，他们沿策森尔街、威廉大街、西十字车站战斗，当日停止了后续进攻。

雷巴尔科近卫坦克第3集团军在柏林城内打得很艰苦。最高统帅部大本营把方面军作战分界线向西调整后，该集团军的作用降到次要地位，雷巴尔科麾下部队丧失了干劲，不愿在这座已然战败的城市里继续冒上送命的危险。这就难怪他的三个军进展甚微，他们似乎没采取太多措施阻止德军部队向西运动，任由对方穿过己方防线，准备发起突围。

万湖岛

红军飞机朝万湖岛抛撒劝降传单，传单上称红军已攻克柏林，岛上守军没理由再抵抗下去。党卫队二级突击队中队长阿尔方斯·普福塞尔指出："此时，岛上官兵似乎觉得无法接受束手就擒的念头。他们仍坚信自己能击退俄国人，解救首都。"文克援兵正从西南方赶来的消息加强了这种信念。

据普福塞尔称，当晚21点前后，从本德勒街出发穿过柏林市区的"迈尔少将"，搭乘小舟到达万湖岛。普福塞尔很可能记错了，要么就是采访者写错了。没有迈尔少将赶到万湖岛的记录，但确有记录称约翰迈尔少校来到该岛。约翰迈尔少校和另外三人离开柏林，企图赶往弗伦斯堡。"迈尔少将"称希特勒死了，继任者是邓尼茨。他还告诉普福塞尔，他得设法前往弗伦斯堡执行重要任务。普福塞尔当时不知道，"迈尔少将"带着希特勒的遗嘱。

普福塞尔手里仍有一枚帝国保安总局的橡皮图章，于是为"迈尔少将"顺利离开柏林大开方便之门。据普福塞尔说："我从附近的客栈老板那里弄到几件便衣，还写了张通行证，证明迈尔从某座集中营正式获释，身份证件晚些时候会寄给他。我随后在通行证上盖了帝国保安总局的图章。"午夜前后，"迈尔少将"得到一条小舟，很快渡到哈弗尔河对岸。普福塞尔后来再没见过他。我们会在后文详述"迈尔少将"漫长而又危险的跋涉。

当晚，万湖岛上的托特战斗群收到弗伦斯堡发来的电报，命令他们坚守岛屿，因为"文克集团军"正赶来解救柏林。电报里还称，第9集团军正向北开赴柏林。岛上的官兵又一次萌生了希望。

托特上校立即复电，称电报收悉，但岛上的坦克和守军急需汽油及弹药。弗伦斯堡保证会给他们运送补给。出人意料，托特的请求很快获得回应，德国空军5月2日/3日夜间向万湖岛空投了食物补给，但没有汽油，也没有弹药。

数百公里外，相关人员忙着准备前往柏林的最后一场飞行任务。德国空军飞行员沃尔夫冈·克勒穆施当时在哥本哈根，隶属第138海上侦察中队，该中队的任务是搜索运送战争物资跨越北海前往苏联的盟军护航船队。驾驶布洛姆福斯BV-138水上飞机的克勒穆施，讲述了后来发生的事情：

1945年5月1日下午，我奉命来到队部，还以为是例行商讨当晚的任务。在严格保密的情况下，上级透露了要我执行的任务，听得我瞠目结舌：

"您得飞往柏林，去接元首大本营几名重要的信使，接头暗号是'约翰迈尔'。从凌晨1点起，载有信使的车队会等候在万湖东岸的芦苇丛里，几部车辆届时会开启大灯照向您。

"确认乘客的身份，您就让他们上飞机，载着他们飞往什未林湖，届时会有一支车队等在什未林湖西岸某处，您把机上的乘客交给他们。您可以借助月光降落在万湖。务必在拂晓前完成这项任务。"

我检查飞机，做好23点30分起飞的准备。哥本哈根没有德国中部的无线电助航图，也弄不到导航图，最后我只能依靠从某家人造黄油公司广告地图册撕下的一张小幅地图。

为搞到这些东西，我忙得不可开交，这番举动显然引起有关部门怀疑。基地指挥官带着一名军官突然来到我的宿舍，说我被捕了，他们怀疑我企图带着机组人员驾机叛逃。基地指挥官称，他敢肯定，我打算驾驶飞机降落到俄国人战线后方。直到他仔细询问了几名指挥官，我才获释。

我们午夜前不久起飞，沿300米左右的高度在瓦讷明德附近飞越德国海岸。我们从很远处能识别出维滕贝尔格，西方盟军在那里拓展易北河畔的登陆场，猛烈的炮火照亮天空。我打算穿过文克集团军先遣部队，从贝尔齐希—波茨坦方向逼近柏林。

眼前的景象很可怕。无论我们望向何处，都能见到熊熊烈焰或一团团腾起的火焰，空中充斥着火花和灰烬。拉特诺、根廷、普拉特、莱宁、勃兰登堡……整个勃兰登堡地区起火燃烧。浓烟涌入机舱，我们似乎闻到尸体燃烧的丝丝甜味。

韦尔德和波茨坦的情况也是如此，火势很大。柏林看上去活像仓促拼凑的一堆火炬。不时发生的爆炸照亮夜空。

首都南部边缘，探照灯光束射向我们，猛烈的防空炮火袭来。借助一栋栋房屋燃烧的反光，我们向北飞去，沿哈弗尔河映射出的河面保持低空低速飞行。

最后，我总算识别出哈弗尔湖区的轮廓。

孔雀岛「戈培尔在岛上有一座乡间别墅」的剪影清晰可辨。城堡和几栋别墅的窗户都已破碎。待我辨认出平坦的芦苇岸堤，立即降低高度，直接朝湖面降去。

进场期间，探照灯光束和曳光弹再次袭来，但我们很快消失进湖岸的阴影里。

我们刚越过遍布芦苇的湖岸就迅速着陆。飞机航速显然有些过快，我们降落时，机身下方的湖面平坦得犹如镜子，结果，飞机像电梯那样又腾起20米左右，在黑暗中失重，随后重重地落下。

岸上的高射炮探照灯仍在搜寻我们的下落，降落伞式照明弹照亮湖面。火力从四面八方袭来。坦克肯定部署在岸边的灌木丛里。落在飞机周围的炮弹激起一股股水柱。我们随后中弹，报务员和机械师负了轻伤。

我下令开火还击，还亲自操纵一门20毫米机炮。我们肯定瞄得很准，因为没过一会儿，我们就平安离开。

直到此刻我才有时间考虑我们的处境。上级承诺的月光不见踪影。我们缓缓滑向东岸，但又被迫离开，因为大部分火力是从那里射来的。

待眼睛习惯了黑暗，我识别出右舷的小片滩地。就在这时，我看见……几条阴影朝飞机而来，是逃离敌人奔向湖边的德国人，还是在飞机下方投掷手榴弹的俄国人？

我们的注意力高度集中，几乎有些难以忍受，我下令让中置引擎的螺旋桨反转，好停下飞机，方便小艇靠过来。我扳开手枪击锤，这时，一艘小艇停在飞机右舷窗。

三个平民推开舷窗钻入机舱。是敌是友？他们会说德语证明不了任何问题，所谓的"赛德利茨部队"我们听得太多了。

我要求来者提供身份证明，可他们不愿表明自己的身份，声称他们隶属某个逃到小滩的党卫队指挥部。于是我向他们询问东岸的情况。他们说那里到处都是俄国人，天亮后敌人会搜索湖区，所以我应该立即带他们飞离。

虽说我很愿意协助难民逃离战场，但我首先要完成自己的任务。因此，我让他们仨返回小滩，换上军装，再证明自己的身份。几个家伙开始对我发号施令，还想接管飞机，我只好拔出手枪，命令他们返回小艇。

为寻找重要的信使，我们再次缓缓滑向东岸，结果又遭到火力打击。上级说载有信使的车队会打开大灯，可我们找了半天也没看见。我觉得这种情况说明俄国人出现在会合点，几名信使根本无法到来。我完成不了受领的任务，因而决定尽量多带走些难民。

我们靠近小滩，几艘小艇再次靠了过来。我下令关闭引擎，以免旋转的螺旋桨伤到艇上人员。艇上的人大多是"万湖海军旅"的伤员，该旅成员从柏林各所医院招募而来，准备发起突围，奔向文克集团军。我们把伤员领上飞机时，几艘小艇翻覆，我们只能眼睁睁地看着落水人员淹死在湖里。

七名伤员上了飞机，我决定再从小滩带走些人，于是打算让飞机慢慢滑行到岛屿浅滩。我下令再次启动引擎，可机械师报告，我们先前开火射击，耗尽了蓄电池的电力，起动机无法运转。我们陷入困境。

眼下没时间多想，我们不能在湖面上待到拂晓，天亮后肯定会沦为俄国人绝佳的打击目标。我们决定弃机，炸毁飞机，然后步行赶往西面。天亮前我们得尽量走远些。

橡皮艇准备完毕，炸弹也布放就位，下达弃机令的时刻到了。长期以来，薄板构成的机舱一直是我们的家，没人知道飞机外等待我们的是什么。

鉴于这种情况，我决心再试一次，看能否保全飞机。BV-138有一台内置式辅助发动机，可以替代蓄电池。我们用曲柄启动辅助发动机，折腾半天总算奏效了。小小的发动机温度太低，即便启动，蓄电池的点火电流还是太弱。但我没有罢手。除了飞行员，我命令全体机组人员守在辅助发动机旁，让他们不停地转动曲柄。所有不必要的耗电设备悉数关闭，但电压表读数依然是零。

尽管如此，我还是按下右舷引擎启动钮，除了小型辅助发动机发出吭哧吭哧的声音，没有任何动静。我紧张地等待引擎高速运转的轰鸣，可惜没能如愿，我只好听天由命地松开启动钮。命运似乎对我们不利。

突然，右螺旋桨猛地转了一圈。我赶紧加大油门，螺旋桨又转了一圈，然后……奇迹出现了，引擎骤然轰鸣起来。电流再次注入蓄电池，另外几台引擎顺利启动。我们得救了！

此刻我拿不定主意，看来不能在小滩停留。首先，蓄电池的电力彻底耗尽，即便引擎全速运转，充满电也要好几个钟头；其次，此时已过4点，拂晓很快会到来，我们面临的风险越来越大。我只能认为此次任务失败了。

飞行员出色地驾驶飞机顺利起飞。我们毫不费力地从湖面爬升。我引导飞行员飞往易北河，越过梅克伦堡飞往海岸，在最窄处飞越波罗的海。我选择这条航线有特殊的理由。

天色渐渐放亮，仪表板上的油压警示灯闪烁起来。机械师报告，先前中弹的机身受损，像手风琴那样皱起。油管和水管破裂。我们能否平安返回哥本哈根很值得怀疑。因此，我们从一片水域缓缓飞到下一片水域，

战役结束一周后，动物园防空炮塔G塔入口仍挂着投降的白旗。炮塔内的128毫米炮弹被搬了出来，堆在入口两侧等候处理。

最后沿海岸线飞回哥本哈根，90分钟后降落在那里。

直到此刻，我们才告诉机上的伤员到了何处。飞机上的七名乘员简直不敢相信自己的好运。他们逃脱了押解到西伯利亚的厄运。就我而言，他们都是证人，能证明我们为执行任务尽到了最大努力。

克勒穆施不知道，他当晚的确按照命令跟几名信使碰了头。约翰迈尔少校多年后回忆起当晚的情形："不可思议的事情发生了。1945年5月2日夜里，一架飞机降落在万湖。我和几名同伴划着小艇赶到那架水上飞机旁，总算登上飞机。敌人的火力此刻非常猛烈，可机长却要求我们证明自己的身份。我不肯出示证件，因为我无法确定他是否忠于元首，结果他用手枪逼我们离开飞机。没过多久，飞机抛下我们飞走了。"401

离开柏林的最后一架飞机消失了。约翰迈尔步行向西，最终到达西方盟军战线，不过，他这番跋涉没有相关记录。

5月2日，星期三

"元首身先士卒，在率领守军保卫帝国首都的战斗中英勇牺牲。为了让人民和欧洲免遭布尔什维克主义涂炭，他献出自己的生命。这种至死不渝的榜样值得所有军人效仿。英勇的柏林守军，残余力量分成各种战斗编组，继续在政府区战斗。"402

——OKW公报

"苏联元帅朱可夫指挥的白俄罗斯第1方面军辖内部队，在乌克兰第1方面军各部队支援下，经过艰巨的巷战，彻底击败德国军队的柏林守军，今天，5月2日，完全占领了德国首都。"

——斯大林发布的公告

凌晨1点30分，步兵第9军辖内步兵第301师，以炮火打击帝国总理府上层。炮火准备结束后，伊万·克利缅科中校率领搜索队赶往帝国总理府，途中没遭遇任何抵抗。就像朱可夫在夸大其词的战后回忆录里写的那样，红军兵不血刃地占领帝国总理府。克利缅科当时不知道，元首暗堡里的人，除了极少数例外，几小时前已逃离暗堡，企图从北面突出重围。这座庞大的地下掩蔽部只剩伤员、护士、少许官兵，他们很快投降了。

克利缅科没用多少时间就找到元首暗堡入口。进入暗堡，他首先见到几个刚刚自杀的德国军官的尸体。一具具尸体、一滩滩血迹散发出令人作呕的恶臭。克利缅科的部下沿后方楼梯而上，进入帝国总理府庭院，很快发现了戈培尔、他妻子和几个孩子的尸体，但没找到希特勒的遗体[403]。

主要的突围行动，是德国空军中将奥托·叙多在动物园防空炮塔组织的。第18装甲掷弹兵师、"明歇贝格"装甲师的坦克和装甲掷弹兵，以几辆虎式坦克打头阵，5月1日/2日夜间赶往哈弗尔河上的夏洛滕桥，希特勒青年团员在这座桥梁坚守了一个多星期[404]。

哈弗尔河上，只有夏洛滕桥和舒伦堡桥尚存，还得反复争夺才能通过。南面连接黑尔街的弗赖桥昨晚被炸毁，俄国人射出的一发炮弹刚好命中德军布设在桥上的炸药。措贝尔少校乘坐装甲运兵车，率领第一突击波次冲过夏洛滕桥。大批军人和平民跟在他们身后，这些军民利用地铁隧道，在动物园防空炮塔当面之敌下方潜行，穿过夏洛滕堡区，悄无声息地到达康特街。穿越桥梁简直是一场屠杀。

全速行驶的德军车辆从伤员身上碾过，红军炮弹和机枪火力猛烈打击桥梁开阔地。冲向桥梁的希特勒青年团员中弹倒地。惊慌和恐惧驱使众人不顾一切地奔向桥梁[405]。

一连数日，幸存者不断向西逃窜，红军波-2双翼飞机从空中监视突围纵队，还把德国人的位置报告给周围的红军地面部队[406]。德军主要突围集团在武斯特马克与凯钦之间向西跋涉，5月4日，他们作为一股有组织的作战力量到达勃兰登堡北面湖区，随后落入一个个小口袋。大多数军民遭红军包围，不得不投降，但也有些人设法逃到易北河，渡河后向西方盟军投降。

"明歇贝格"装甲师一名成员记录下向西突围的经历。他写道，到5月3日，"后卫土崩瓦解，他们也想逃往西面，没人愿意在最后时刻丧生。此时已谈不上指挥控制，穆默特将军失踪。我们损失惨重，伤员丢弃在他们倒下的地方，加入我们队列的平民越来越多。"[407]到5月4日，"明歇贝格"装甲师不复存在，日记里继续写道：

> 我们身后的柏林烈焰四起。许多部队肯定仍在城内鏖战。一道道明亮的闪烁不时划破血红色的天空。我们周围，到处是俄国人的坦克，咯咯作响的机枪火力持续不停。我们以近战取得些进展……但已走到穷途末路。弹药耗尽，部队解散，我们打算分成一个个小组继续突围。我们师就这样在柏林战役中灰飞烟灭。
>
> 其他部队的人员也遭受了同样的厄运。[408]

动物园防空炮塔里的官兵不安地等待着。高级军医下令把所有武器和弹药运到底楼。炮塔顶部威力强大的火炮陷入沉默。油漆匠忙着在炮塔主入口涂上硕大的红十字标志。据克劳斯·莱麦尔称，随后"首批俄国人突然到来，一名俄国军医接管炮塔指挥权"。

城内守军第二场主要突围发生在北部市区。旅队长蒙克组织的这场突围，人员主要是守卫政府区的党卫队员。为准备突围，党卫队奉命炸毁兰德韦尔运河下方的快铁隧道。

黑尔佳·克隆格是个年轻的德国姑娘，跟父亲躲在快铁沿线的掩蔽部里，这条快铁铁路线在安哈尔特火车站与约克街之间穿过兰德韦尔运河下方。她回忆道，5月1日她走出掩蔽部，来到周围的铁轨，"附近突然发出剧烈的爆炸，冲击波把我推到隧道墙壁上。有些人称，据说党卫队要炸毁兰德韦尔运河「隧道」……很快，一股涓涓细流沿铁轨延伸，尺寸越来越大。"[409]这场爆破的时机值得关注，因为它发生在党卫队离开该地区向北突围之后。德军突围用不上几条隧道，这种情况下，似乎没理由炸毁隧道。另外，帝国宣传部人员和黑尔佳一同待在掩蔽部里，他们跟当地的党卫队有联系。据她说，宣传部人员事先没接到河水即将淹没隧道的任何警告。另一个年轻的姑娘埃迪特·诺伊曼，躲在毛奇街邮政总局附近的掩蔽部里，据她说，"党卫队5月2日炸毁兰德韦尔运河下方一段隧道，河水淹没地铁。难民涉水而行，从安哈尔特火车站一路逃到斯德丁火车站，地铁在那里驶出地面。"[410]我们又一次无法确

红军攻入柏林市中心,发现守军寥寥无几,因为许多人不是企图突围,就是扔掉武器、脱下军装混入城内居民。5月4日拍摄的这张照片是菩提树下街的阿德隆旅馆。战役期间,这家举世闻名的旅馆成了临时医院,入口上方挂的红十字旗清晰可见。旅馆门前停着两辆损毁的救护车。右侧能看见丢弃的"铁拳"和K98卡宾枪。这张照片是美国陆军通信兵的摄影师贾斯·F.基里安拍摄的。

定具体日期,如果隧道是5月1日后炸毁的,那么这场破坏归咎于党卫队的可能性显著下降。

另一份记述出自库尔特·埃伯哈德,这名50岁的人民冲锋队员证实,党卫队炸毁了隧道,目的是阻止红军攻入政府区。他的记述还证实,党卫队确实考虑过疏散隧道内平民百姓的问题,可他们计算的时间出了岔子。埃伯哈德5月1日待在安哈尔特火车站掩蔽部,看见一顶顶黑色的钢盔,还看见链条挂着的半月形胸牌闪闪发亮,顿时明白来的是谁。这群党卫队员在掩蔽部里搜捕逃兵。埃伯哈德从衣兜里掏出连长签发的证明,但他知道这份文件可能起不到什么作用,因为"链狗"的任务是搜捕每个"只要还能爬行"的人,把他们押回前线。埃伯哈德闪过一个念头,要不要翻过栏杆逃跑,就在这时,他听见有人声嘶力竭地喊道:

"战斗指挥官特此命令,所有人撤离掩蔽部……6点要实施爆破。立即穿过地铁南北向隧道,集合点是斯德丁火车站……随身只携带小件行李,所有大件物品、行李、自行车、婴儿车都留下!等柏林获救,我们会找回这些东西!立即出发!元首万岁!"

掩蔽部里沉默片刻，随后不知从何处传出一阵轻蔑的笑声，带队的党卫队指挥官猛地转过身，耸耸肩，挤过人群离开了。

埃伯哈德回忆道：

人群陆陆续续动身赶往北面。他们经过一个个车站，清晨昏暗的灰光穿过上方街道的格栅照入隧道。待他们到达菩提树下街车站，队伍后方有人喊道："爆破了！"后面很快传来惊慌失措的叫喊声，一股冰冷的气流从后方袭来，众人推推搡搡。河水从他们脚下淌过，隧道里的人群拼命向前奔逃。

湍急的水流从身后袭来，埃伯哈德卷入其中①，不慎滑倒在地，左右两侧的人跌倒在他身上，他大声咳嗽，好不容易爬起来，伸手往旁边摸去，河水冲到他脸上，一时间几乎喘不过气来。他随后看见站台坡道，赶紧伸手抓住，双膝在地上滑动。周围、前方、身后、站台上的人惊恐交加，现场混乱不堪。他脑中此刻一片空白，湿漉漉的手一次次从站台边缘滑落，但他拖着双膝，一再把自己拽回原处。河水发出奇怪的汩汩声和啸声。周围的惨呼不绝于耳。埃伯哈德总算抓住一块布死死不放，有人把他拽了上去，他用尽最后一丝力气站起身。他竭力不去想身边发生的惨剧。虽说他上了年纪，体力也不太好，但承受力比身旁他见到的那些人强得多。此处简直成了可怕的疯人院。

埃伯哈德死里逃生，总算离开隧道，但数百人（说不定更多）丧生。埃伯哈德后来指出，据他对这起事件的了解，党卫队工兵部队指挥官考虑过疏散安哈尔特火车站掩蔽部平民百姓的问题，但他错误估算了"毫无纪律可言、虚弱、疲惫、拖家带口的百姓完成这场跋涉需要的时间，种种情况造成……40分钟延误，就在这40分钟里，党卫队工兵过早炸毁了隧道"[411]。爆破兰德韦尔运河隧道显然是战役结束前实施的。

格奥尔格·迪尔斯指挥党卫队第503重型装甲营车号314的虎王坦克，与

---

① 科尼利厄斯·瑞恩整理过的采访记录使用第三人称。

"诺德兰"师残余的战车共同率领向北发起的突围。第9伞兵师和"大德意志"警卫团的散兵游勇随后加入他们的队列。这场突围跨过韦登达默桥后遇到大麻烦。突围纵队向北行进,而后转向东北面,最终沿舍恩豪泽大道高出地面的快铁铁轨、舒尔特海斯啤酒厂戛然而止。迪尔斯回忆起5月2日19点驶过施普雷河后,他那辆虎王坦克的最后时刻:

我们在舍恩豪泽大道到达俄国人所谓的第二道包围圈。贝伦范格将军想让混乱的队伍恢复秩序,于是命令我们驶到街道另一侧,穿过地铁地下通道,担任突围先锋。我们没开多远就碾上己方部队埋设的地雷。贝伦范格将军立即赶过来,我汇报道,坦克暂时动弹不得,但一小时内就能做好再次投入战斗的准备。贝伦范格将军对我说道:"小伙子,看来您必须炸掉坦克了,最重要的是,您得让您的部下平安回家,这场战争我们打输了。"[412]

迪尔斯和车组人员炸毁虎王,步行赶往西北面。贝伦范格和妻子自杀身亡。蒙克起初率领几个小股群体跨过施普雷河,赶往韦登达默桥西面,企图逃往北面,与施泰纳位于奥拉宁堡附近的部队会合。他们不知道施泰纳其实不在那里。为避免陷入重围,整个第3装甲集团军已撤往西面。蒙克率领的这群官兵注定要失败,城内其他作战部队一头闯入红军战线。蒙克率领元首暗堡成员组成的主要突围群,次日向红军投降[413]。帝国青年领袖阿图尔·阿克斯曼和马丁·鲍曼率领不同的小组向北逃过施普雷河。阿克斯曼最终到达西方盟军战线,而鲍曼的最终下落谜团重重,但普遍认为他自杀身亡,1972年在莱尔特火车站挖出一具尸骸,1998年经DNA检测,证实是马丁·鲍姆的尸体[414]。

洪堡海因防空炮塔地带的德国守军,所处的位置对突围很有利,因为红军部署在北面的兵力薄弱,尤其是波兰第1师从奥拉宁堡地区开入柏林城内后。德国伞兵分成一个个小组向北突围,有些人搭乘车辆,但大多数人步行跋涉。附近的"大德意志"警卫团残部,带着5辆"追猎者"坦克歼击车动身出发,伦霍夫少校率领大约68名部下排成井然有序的纵队,在党卫队发起主要突围前赶往舍恩豪泽大道[415]。他们绕过毫无防范的红军部队,部署在舍恩豪泽大道快铁站周围的党卫队部队随后拦住敌人。这群突围官兵促使朱可夫命令近卫步兵第12军、步兵第79军部署在该地区的部队展开追击。从目前找到的红军作战态势图看,伦霍夫率领部下,作为一股有组织的突围群,一路逃到潘科区。据某份报告称,这股德军最终到达易北河,在石勒苏益格—荷尔斯泰因向美军投降[416]。

5月3日晨,勃兰登堡门外,菩提树下街损毁、燃烧的德国卡车和指挥车。这些车辆是德军夜间向北突围时遗弃的。

经过几次谈判,据守多层地下室的国会大厦守军清晨4点放下武器。投降的德军官兵充其量只有120人。红军把他们押到"希姆莱大楼",经SMERSH(反间谍机构,克格勃的前身)审讯后,和其他战俘一同送往东面。国会大厦里的红军官兵开玩笑说,希特勒躲在地下室里,他们仔细搜查废墟,找到通往地下的隧道,却发现炮火给隧道造成严重破坏,没人能在红军进攻期间利用隧道逃生。这也是国会大厦守军投降而不是撤离的主要原因。激战期间显然有炮弹击中上方街道,炸塌了隧道顶。数千名德军官兵在国会大厦里负隅顽抗的说法,完全是红军指挥员战后出于政治和宣传目的编造的。

步兵第150师步兵第674、第756团在国会大厦鏖战,步兵第171师步兵第380团和他们并肩奋战,该团后来再度出击,夺得勃兰登堡门,而后赶到阿德隆旅馆。步兵第171师辖内另外两个团(步兵第525、第713团),分别夺得河岸和胜利大道接近地。步兵第207师逼近夏洛滕堡大道上的简易机场,等待近卫第8集团军从南面赶来。

近卫坦克第2集团军奉命撤离市区,既占地域移交给其他集团军,白俄罗斯第1方面军的战斗命令证实了这一点:

方面军司令员命令:
1. 发给近卫坦克第2集团军司令员:

a.从维茨勒本车站到施普雷河，集团军辖内部队占据的作战地带，1945年5月3日上午10点前悉数移交给近卫第8集团军司令员。集团军辖内部队占据的施普雷河以北地域，移交给突击第3集团军司令员，时间规定如上。移交作战地带和施普雷河以北地域时，务必向近卫第8集团军、突击第3集团军司令员详细通报残余的敌支撑点或负隅顽抗之敌据守的区域、街区、具体建筑。

b.移交作战地带后，集团军辖内部队撤出柏林，1945年5月3日日终前集中到瑙恩、雷策（瑙恩西北方13公里）、布绍、瓦内维茨「音译」、林德（瓦内维茨东南面4公里）、格赫利茨、韦尼茨、布雷多地域。

集团军司令部设在大贝赫尼茨。

白俄罗斯第1方面军司令部
第00644号战斗命令
1945年5月2日签发

类似的命令也发给近卫坦克第1集团军，任务是接替科涅夫近卫坦克第3集团军和部署在柏林南郊的第28集团军。

5月1日22点40分，魏德林用电台向红军发出投降的请求。近卫步兵第79师、近卫步兵第39师、近卫步兵第4军收到对方的电报：

注意，注意，这里是第56装甲军。我们请求停火。柏林时间12点50分，我们会派停战谈判代表去波茨坦桥，识别标志是白旗。等待回复。

电文一连发送了五次。近卫步兵第79师复电："明白，明白！我会把你们的请求转告上级。"

魏德林的参谋人员复电："俄国电台，复电收悉。请你们向上级汇报。"[417]

魏德林选择中午跟红军协商最终投降事宜，是为了给那些不愿投降，打算突出重围的部下争取些时间。冯·杜夫文上校带着军部两名少校，按照约定时间来到波茨坦桥。红军战士立即领他们去见近卫步兵第47师长谢姆琴科上校，杜夫文把相关文件交给谢姆琴科，文件证明魏德林授权杜夫文与红军商谈投降事宜。谢姆琴科不打算把德军谈判代表送到朱可夫那里，太耽误时间，相反,他决定敦促柏林守军尽快放下武器。

谢姆琴科问冯·杜夫文,他们安排柏林守军投降需要多少时间。冯·杜夫文答道,需要三四个钟头,他们打算夜间投降,因为戈培尔下令朝所有企图投降红军的人开枪。冯·杜夫文此时还不知道戈培尔和家人已于当晚自杀身亡。近卫步兵第47师几个先遣营5点30分报告,德军官兵正在集合。18点,魏德林带着参谋人员和他那片地区的1200名德军官兵来到红军战线投降。

红军拘押了魏德林,立即带他去见崔可夫,崔可夫确认了魏德林柏林卫戍区司令的职务。获悉魏德林的权力,崔可夫要求他写一道命令,用广播的方式通知仍在抵抗的守军投降。魏德林同意,请副参谋长雷菲奥尔上校写了以下命令:

命令

1945年4月30日,元首结束自己的生命,抛弃了我们这些宣誓效忠他的人。

你们认为,尽管缺乏重武器、缺乏弹药、总体形势让继续战斗变得毫无意义,但遵照元首的命令,你们应该继续保卫柏林。

你们多战斗一个钟头,都增加了柏林居民严重的苦难,也给我们带来伤亡。

现在为柏林献身的人,都是徒劳无益的受害者。

因此,我跟红军最高统帅部协商后,要求你们立即停止抵抗。

柏林卫戍区司令
炮兵上将魏德林
翻译(德文到俄文):突击第3集团军司令部情报处调查科科长
阿尔佩罗维奇大尉

近卫第8集团军政治部第7科取走这道命令,在仍有抵抗的地区向德军战线播报。另外,魏德林下达的命令转发给突击第3、第5集团军,沿他们的战线通报德军。

魏德林来崔可夫司令部前,帝国宣传部副部长汉斯·弗里切的代表已赶到这里,宣称弗里切作为纳粹政府的高级政治代表,准备发表广播讲话,命令德国守军无条件投降。崔可夫派政治部的瓦伊加切夫中校带着德方代表去帝国宣传部，安排用电台发布投降公告的事宜。他们在宣传部找到弗里切，弗里切颁布了投降令。

瓦伊加切夫请近卫步兵第74师近卫步兵第236团团长陪他一同去前线，以防红军战士误击自己人。他们到达德军战线，尽管带着德方代表，还打着白旗，但对面的德军士兵还是朝他们开枪射击。待弄清几个俄国人是谈判代表，德军这才停火。

他们到达帝国宣传部，与弗里切协商后，双方决定，为表明德方的诚意，弗里切应当保证市中心残余的党卫队员投降。二级突击队大队长梅茨率领4000名士兵组成的特遣队分散在Z防区，当日晚些时候按照弗里切的要求放下武器。瓦伊加切夫离开宣传部，来到突击第5集团军步兵第295师第1038团战线。该团团长随后奉命接管、查封帝国宣传部，保护档案和其他文件[418]。

5月2日上午，柏林城内其他官兵发觉他们别无选择。拉脱维亚党卫队燧发枪手营的拉脱维亚志愿者换上便衣，装扮成外国劳工，企图逃往西面。法国党卫队员第二天早上醒来，穿过地铁隧道来到帝国总理府对面的车站，亨利·费内发现街上满是红军士兵和坦克，赶紧率领法国志愿者退回波茨坦广场，最终在那里投降红军[419]。

由于洪堡海因与腓特烈斯海因防空炮塔之间的街区控制在德军手里，柏林东部地区的战斗仍在持续。近卫步兵第12军辖内几个师继续进攻，战役期间首次朝南面和东面冲入该地区，消灭敌人残余的抵抗。红军最终攻占亚历山大广场地铁站。

俄国人很快在柏林城内搜捕一切身着制服的人。如果某人看上去像个官员，就会被押解到滕佩尔霍夫。参加柏林战役的某个老兵讲述了德军投降后发生的事情：

滕佩尔霍夫机场少说有70,000—80,000个身着制服的人。俄国人甚至把身着制服的铁路、公路交通人员押到这里。几个火车站站长戴着鲜红色的帽子，帽上镶有金边，结果被俄国人当作将军押走。他们根本没办法说清自己的身份，许多人不得不跟随德军官兵一同赶往瓦泽河畔兰茨贝格的战俘营。战俘里还有穿着机修工制服的柏林电力公司员工和邮政职员，在街上游荡的人，只要身上的衣服看上去像军装,都会被俄国人逮捕。[420]

俄国人事后宣称,他们攻克柏林后俘虏7万人。关押在滕佩尔霍夫机场的大部分德国俘虏,根本不是受过训练的军人,战役期间也没朝红军官兵开过一枪。许多人只是行政人员、不太重要的军事人员,或是躲起来等待红军进攻结束的军人。自柏林4月24日陷入包围以来,在城内顽强抵抗的德军作战部队,早已离开这座城市,朝北面、西面、西南面突围。许多人在柏林城外被俘,俄国人把他们押送到各战俘营,没有计入滕佩尔霍夫的战俘总数,所以,苏联官方公布的战俘数不太可信。

万湖岛

5月2日上午,红军猛烈的炮火从国王街一路递延到市政厅。炮击结束后没多久,脖子挨了块弹片的波茨坦士官学校校长武尔费少将,爬过部分损毁的格利尼克桥。武尔费刚到达万湖岛,就跟托特上校争吵起来,因为他觉得自己的军衔比对方高,理应接掌战斗群指挥权。但托特据理力争,说什么都不肯移交指挥权,武尔费只得作罢。

弗伦斯堡发来最后一封电报,通知托特战斗群,文克的部队到达博恩施塔特海德,就在波茨坦西面。与此同时,在格里布里茨湖、施特普兴湖、波莱湖、小万湖沿岛屿岸边巡逻的几支巡逻队报告,他们听见波茨坦方向传来俄国人"乌拉"的喊叫声。普福塞尔判断,这种情况似乎说明第12集团军正在赶来。

俄国人在德赖林登组建新政府,还任命原市长担任新政府成员,当天晚些时候,此人来到托特的指挥所,竭力劝说他投降。托特立即逮捕了他。几个红军逃兵游到岛上,想加入德军一方参战,但托特不太相信,把他们也关押起来。托特战斗群显然不打算投降。

文克的救援

第12集团军撤往易北河,5月3日终于到达坦哲蒙,很快跟美国第9集团军展开谈判。5月4日,摩尔将军、基廷将军、威廉斯上校率领的美军代表团,会晤了三名德国军官,德方带队的是橡叶双剑饰骑士铁十字勋章获得者、装甲兵上将

西望勃兰登堡门,这张照片摄于20世纪30年代中期。注意最左侧站岗执勤的国防军士兵和一群德国少女联盟成员。战役结束后,勃兰登堡门成为苏联宣传摄影师的拍摄重点。

鸟瞰勃兰登堡门和巴黎广场,这张照片摄于20世纪20年代中期。

马克西米利安·冯·埃德尔斯海姆①。埃德尔斯海姆转达了文克将军的希望:

1. 接管伤员;
2. 允许平民百姓,尤其是妇女和儿童,渡过易北河逃到西岸;
3. 允许不携带武器的军人渡过易北河逃到西岸;
4. 集团军打完最后一场战斗,射光最后一发子弹,井然有序地向美军投降,全体官兵作为忠诚的军人交给美军最高统帅部处置。

装甲兵上将文克[421]

---

① 埃德尔斯海姆此时是第12集团军第48装甲军军长,奉命跟美军谈判,哈格曼中将暂时代理军长职务。

摩尔将军的答复很简单。他再次强调美军与苏联红军依然是盟友。美军允许德国人从施托考、坦哲蒙、费希兰渡河。德军官兵会获得八天给养，可以设立自己的野战医院。最后一个条件是："平民百姓不得渡河！"德方代表团接下来半小时反复商讨此事。几个美国人见谈判陷入僵局，便取出新出版的《星条旗报》，报上刊登的文章谈到美军近期解放的几座集中营。美军代表团告诉德国人，尽管他们（德国人）认为俄国佬是野蛮人，但在他们（美国人）看来，德国人显然好不到哪里去。面对美军代表团这种看法，几个德国人勉强接受了投降条款。

上图：5月3日上午，红军指战员齐聚勃兰登堡门，庆祝他们击败柏林守军和纳粹德国，赢得代价高昂的胜利。照片里能看见两辆JS-2坦克，远处还有两辆，停在勃兰登堡门下方的路障附近。

上图：一辆JS-2坦克停在勃兰登堡门外照相留念。注意他们左侧的两个红军女兵。站在前面的红军女兵佩戴着缴获的德国望远镜和短剑。

上图：5月4日，菩提树下街上的巴黎广场，损毁的车辆残骸随处可见。红军部队此时开始撤离市区，不再像5月2日—3日那样跑到勃兰登堡门前拍照留念。这张照片是美国陆军通信兵的摄影师贾斯·F.基里安拍摄的。

右图：1945年5月，朱可夫和参谋人员站在勃兰登堡门前。注意此处的路障已拆除。

左图:1945年5月3日,红军指挥员站在国会大厦门前合影;(1)突击第3集团军司令员瓦西里·库兹涅佐夫上将;(2)军事委员会委员利特维诺夫少将;(3)集团军参谋长,近卫军少将布克什特诺维奇;(4)集团军政治部主任利西钦上校;(5)步兵第79军军长佩列韦尔特金少将;(6)步兵第79军参谋长列图戈夫上校;(7)步兵第150师师长沙季洛夫少将;(8)步兵第171师师长诺戈达上校;(9)步兵第79军炮兵司令瓦西里科夫上校。

上图:5月3日,苏联国旗飘扬在国会大厦上方的诸多照片之一。下方是国会大厦街(腓特烈—埃伯特广场)和多萝滕街拐角。街上的JS-2坦克,可能隶属近卫坦克第7旅近卫重型坦克第104团。

上两图:旧帝国总理府战前、战后的照片。上方的照片是从威廉大街朝北拍摄的,摄于20世纪30年代中期,帝国宣传部位于右侧。下方的照片是战后从拆除的宣传部原址拍摄的,旧帝国总理府损毁的外立面清晰可见,观景阳台成了防御阵地。

左图:1945年5月3日站在勃兰登堡门西侧合影的红军指挥员:(1)突击第3集团军司令员瓦西里·库兹涅佐夫上将;(2)军事委员会委员利特维诺夫少将;(3)集团军参谋长,近卫军少将布克什特诺维奇;(4)集团军政治部主任利西钦上校;(5)步兵第79军军长佩列韦尔特金少将;(6)步兵第79军参谋长列图诺夫上校。注意德军四号坦克歼击车发射的高爆弹在勃兰登堡门上造成的弹孔,赫伯特·孔策在战斗中发现红军士兵在门上挂了面"锤子镰刀"旗,立即告知坦克歼击车车长,车长随后开炮击落红旗。

上图：5月3日，近卫坦克第7旅近卫重型坦克第104团的JS-2（车号443、452）一路驶过勃兰登堡门。这张照片与上一张国会大厦顶部的照片是同时拍摄的。

上图：近卫坦克第7旅近卫重型坦克第104团的JS-2坦克，停在勃兰登堡门西侧外。该旅参加过芬兰北部和挪威的战役，1944年重新装备JS-2坦克后，以北极熊为徽标。注意远处伪装的美制斯蒂贝克卡车，车后拖曳着火炮。

上图：1945年5月3日，红军指挥员站在国会大厦前合影：（1）突击第3集团军司令员瓦西里·库兹涅佐夫上将；（2）军事委员会委员利特维诺夫少将；（3）集团军参谋长，近卫军少将布克什特诺维奇。

上图：德军官兵5月3日上午投降。照片里这支队伍从亚历山大街转向东面的席克勒尔街，他们似乎从亚历山大广场方向而来。各条街道依然烟雾弥漫。背景处能看见快铁高架铁路线。照片里，租借法案提供的美制斯蒂贝克US6卡车驶往左侧。西方盟国帮助苏联红军实现了摩托化，但东线军事历史学家在某种程度上忽略了这一点。战争期间，盟国运往苏联的卡车超过15万辆。战争最后一年，红军的机动性和快速推进，完全归功于租借法案帮助他们实现的摩托化。斯蒂贝克US6还成为红军搭载BM-13N"斯大林管风琴"火箭炮的主要底盘。

第八章 / 强击柏林　691

上图：1945年5月3日，一支德军俘虏队伍步行离开柏林。从照片里可以看出，这些俘虏都很年轻，可能是阿图尔·阿克斯曼在战役期间组建的希特勒青年团部队成员。

上图：5月3日，JS-2坦克车组和其他红军官兵看着源源不断的德国俘虏列队通过。除了一名车组成员，其他红军战士的神情都很严肃，经历了三周艰苦卓绝的战斗，他们还没感受到胜利的喜悦。这张照片说明红军坦克不仅承受力强，还能重复使用。照片里的JS-2坦克，火炮防盾左侧中弹的痕迹很明显，可能是"铁拳"造成的，但红军维修部门很快修复了受损的战车，把它送回前线服役。

上图：战役结束后，德军官兵走出地铁站，放下武器和钢盔。

上图：动物园G塔外，德军阵亡官兵的墓地。埋在这里的遗体后来重新挖出来，运到维尔默斯多夫某处墓地下葬。

左图：格鲁讷瓦尔德一处德军士兵的临时墓地。战役结束后有人照料这处墓地，说明葬在此处的可能是征入希特勒青年团或人民冲锋队的柏林本地人。

一群德军官兵5月2日投降，值得注意的是，他们的军装和武器装备各不相同。这张照片的拍摄地点不详。

蒂尔加滕街上一辆损毁的德军指挥车，此处位于本德勒街OKW总部附近。

第12集团军设立环形防御圈，文克命令百姓换上德国军装，设法渡过易北河。他解救了那么多跟随第9集团军残部逃到此处的平民百姓，不愿轻易抛弃他们。在对岸美军警惕的目光监视下，文克的部下击退红军发起的一连串进攻。俄国人很快以炮火不分青红皂白地轰击西岸，战机也从空中猛烈扫射。美军立即后撤几公里，以免己方人员遭受伤亡，此举也是避免与苏联红军发生冲突。德国人赶紧把平民百姓送到渡口，尽管美军规定德国百姓不得渡过河，但截至5月7日，文克还是把105,000名军民送到对岸，平均每天18,000人。他的工兵迅速修复易北河上一座步行桥，为渡河行动创造了条件[422]。5月7日夜间，文克带着身边的参谋和几名士兵，冒着俄国人的机枪火力，乘坐充气橡皮艇渡过易北河。

5月3日，星期四

"帝国首都，英勇的守军残部，仍在一个个孤立的住宅区和政府区顽强抵御布尔什维克分子。"

——OKW公报[423]

万湖岛

托特战斗群仍在岛上坚守。几支德军巡逻队凌晨3点前后报告，红军部队集结在萨克罗渡口。阿尔方斯·普福塞尔和他的营带着自动武器和"铁拳"奉命赶往现场。他们看见首批敌坦克搭乘浮舟朝岛上而来,乘坐木船和充气橡皮艇的红军步兵尾随其后。普福塞尔的部下辨识出七辆敌坦克。此时,东面泛起微光,德军士兵让敌坦克逼近到离湖岸50米才开火。一条条船只上的俄国人还击,对岸一个榴弹炮连也开炮射击。据普福塞尔说,"湖面上的坦克和船只多多少少成了活靶",尽管德军士兵只有轻武器,但还是果断击退俄国人的进攻。整场战斗持续了大约一个半钟头,红军坦克悉数损毁。普福塞尔留下小股兵力守卫湖岸,带着营里其他官兵返回指挥所。

格利尼克桥上发生小规模交火,一群党卫队士兵企图自行赶往波茨坦。结果,所有人悉数毙命,唯一的幸存者也身负重伤。

当天下午,岛上守军从广播里得知,红军攻占施潘道区,这才意识到他们是首都最后一支有组织的德军部队,看来最后之战即将到来。

希特勒在哪里?

5月2日—4日,克利缅科中校审问了在蒂尔加滕及周边地带被俘的德国人,想弄清希特勒究竟出了什么事。他领导苏联的绝密调查任务,代号"神话行动",目的是确定希特勒确实死了[424]。

克利缅科讯问希特勒身边一个名叫哈里·门格斯豪森的党卫队保镖,事情有了转机。门格斯豪森告诉克利缅科,他在帝国总理府楼上巡逻时,停下来从窗户望向内庭,看见另外两个党卫队保镖,京舍和林格,搬出两具尸体,浇上汽油点火焚烧。门格斯豪森说汽油烧着了,但火焰没把尸体烧光。他看见的是阿道夫·希特勒、埃娃·布劳恩的尸体。

克利缅科带着门格斯豪森返回帝国总理府,让他指认弹坑。埋葬希特勒尸体残骸的弹坑,其实是俄国人自己找到的。克利缅科几名部下最初搜查内庭期间发现个弹坑,坑底扔着具"铁拳"。为安全起见,他们拿走"铁拳",无意间发现一条人腿从土里伸出。他们赶紧挖掘,找到两具半烧毁的尸体,一男一女。俄国人怀疑这就是希特勒的尸体,但不敢确定,于是把两具尸体埋回,还在现场做了标志。

门格斯豪森指认同一个弹坑,证实了克利缅科的判断,看来此处就是希特勒的葬身地。他把门格斯豪森带回指挥所，完整记录下对方的回忆，还跟元首暗堡其他成员交代的情况做了对比。

克利缅科5月4日夜里下令把两具尸体移走，挖掘期间，他们发现尸体下方还埋着两具狗尸。从狗项圈上刻的字判断，他们确定其中一条是希特勒的德国牧羊犬布隆迪。俄国人随后用床单裹好希特勒和埃娃·布劳恩的尸体残骸，放在木箱里带离元首暗堡，用卡车送往克利缅科的指挥所[425]。

5月4日，OKW播报了柏林战役的最后一份公告：

> 保卫帝国首都的战斗结束了。在这场无与伦比的英勇斗争中，国防军各军兵种将士和人民冲锋队忠于他们的效忠誓言，奋战到最后一息，堪称德国最佳军事传统的典范。[426]

这番豪言壮语没给经历惨烈鏖战的德军官兵带去多少安慰。许多生还者即将向东强行军，在苏联劳改营度过10年残酷的囚禁岁月。

5月23日，邓尼茨领导的德国新政府终于解散，向西方盟国和苏联投降，德国发动的欧洲战争就此结束。

尾注：

1. OKW File, Last Announcements of OKW, 26 April.
2. Army Group Weichsel war diary, 20—29 Apr, p. 379.
3. Ibid, pp.371, 372, 379—381.
4. Schultz-Naumann, p.29.
5. Heinrici interview, p.31.
6. Eismann memoir, p.153.
7. MS #R-79, p.32.
8. Tissier, Slaughter at Halbe, p.88.
9. Army Group Weichsel war diary, 20—29 Apr, p.382.
10. Ibid, p.383.
11. Schultz-Naumann, p.157.
12. Spaeter, vol. III, p.502.
13. Weidling interrogation, and Holzträger, p.71.
14. Weidling interrogation.
15. Ibid.
16. Ibid.
17. Ibid.
18. Ibid.
19. Platonov, p.19.
20. Ibid, p.20.
21. Ibid, pp.21—23.
22. Genzow interview.
23. Le Tissier, Race for the Reichstag, p.123.
24. Eilhardt, p.52.
25. Le Tissier, Race for the Reichstag, p.123.
26. Venghaus, pp.437—438, and Tieke, Tragedy of the Faithful, p.307.
27. Forbes, p.274.
28. Ibid.
29. R. Landwehr, French Volunteers of the Waffen SS, p.59. 福布斯称，第4排当时在北面的公墓（柏林街和赫尔曼街）。See also footnote on p.277.
30. Forbes, p.275.
31. Ibid, p.276.
32. Ibid, p.278.
33. Ibid.
34. Ibid.

35. Landwehr, French Volunteers of the Waffen SS, p.60.
36. Haas interview, pp.5—6.
37. Henseler interview, pp. 9—10.
38. Vladimir Abyzov, The Final Assault, 1945, pp.49—50.
39. Chuikov, p.190.
40. Forbes, p.280.
41. Schneider, p.302, and Forbes, p.280.
42. Schneider, p.302.
43. Forbes, p.281.
44. A.L. Getman, Tanks are Heading to Berlin, p.366.
45. Forbes, p.281.
46. Ibid, p.282, and Chuikov, p.190.
47. Forbes, p.283.
48. Abyzov, p.54.
49. Margarita Probst interview (RC: 57/16).
50. Abyzov, p.54.
51. Shturm Berlina, Guards Junior Lieutenant A. Chernenko, "The Tank Assault on Kurfürstenstraße".
52. Chuikov, p.191.
53. Le Tissier, With Our Backs to Berlin, pp.126—128.
54. Ibid.
55. Von Zabeltitz interview.
56. K. Ache interview (RC: 70/7).
57. Ache interview.
58. Venghaus, p.260.
59. J. Engelmann, Die 18. Infanterie und Panzergrenadier Division 1934—1945, pp.151, 153.
60. Weidling interrogation report.
61. Illum interview.
62. H. Bonath interview (RC: 70/11).
63. Altner, p.83.
64. Ibid, p.118.
65. Ibid, p.116.
66. Ibid, p.121.
67. Ibid.
68. "Flakscheinw.Rgt.82." Akte 143. Unterlagen der Ia-Abteilung der 1. Flakdivision: taktische Lagemeldungen von Einheiten der Division während der Kämpfe um Berlin.
69. P. Slowe and R. Woods, Battlefield Berlin: Siege, Surrender & Occupation, 1945, p.134.

70.Deutsches Rotes Kreuz and 79th Rifle corps reports, Vandersmissen archive.

71.Le Tissier, Race for the Reichstag, p.120.

72.TsAMO. General Staff of the Red Army, Chief of the Directorate for the use of War Experience. Short summary no. 22 on the generalized combat experience of the forces of the First Belorussian Front for April 1945 (6 June 1945). Annex 8 "Battalion Street Battle at Night", Colonel Utin.

73.Spaeter, vol. III, p.502.

74.Wrede interview.

75.Spaeter, vol. III, p.502.

76.The Berlin Operation 1945, pp.363—365.

77.Fred Hildenbrandt, The Conquest of Berlin (RC: Document XLVII).

78.Krukenberg interview.

79.Ibid.

80.Thorwald, p.222, and Schultz-Naumann, pp.175—176.

81.Scholles interview, and Michelis, p.110.

82.Jansen interview. 吊死的两个军人是一辆受损突击炮的车组人员，当地党卫队指挥官命令他们驾驶突击炮加入该地段的防御，他们不肯，说要把突击炮开到蒂尔加滕维修。党卫队指挥官认为两人怯懦畏战，于是命令手下把他俩吊死在快铁铁路桥下。几十个老兵和平民声称，他们在战役最后几天看见吊在桥下的两具尸体。战争结束后，东德当局在此处竖了块纪念牌匾。

83.Venghaus, p.207.

84.Timm interview.

85.Schulz interview.

86.OKW File, Last Announcements of OKW, 27 April.

87.Krivosheev, p.158.

88.Ibid.

89.TsAMO. Journal of Combat Actions of the First Belorussian Front for April and the first 10 days of May 1945 (25 July 1945), "1st Belorussian Front Losses", p.530.

90.Heiber and Glantz, p.731. 戈培尔在每日会议上向希特勒汇报了这个数字。

91.Operations Directorate, First Belorussian Front. Short summaries of generalized experience of forces provided by army headquarters and staffs of service branches. 12—28 May 1945, "Annex 1 Number of Combat Sorties and Flight Hours for April 1945", p.629.

92.Army Group Weichsel war diary, 20—29 Apr, p.424.

93.Ibid, p.428.

94.Schultz-Naumann, p.31.

95.Heinrici interview, p.14.

96.Army Group Weichsel war diary, 20—29 Apr, pp.433, 437.

97.Ibid, p.428.

98.(NARA/T311/170/7222444).

99.Army Group Weichsel war diary, 20—29 Apr, pp.433, 437, 439.

100.Le Tissier, Slaughter at Halbe, p.105.

101.MS #R-79, p.44.

102.Ibid, p.45.

103.Wenck interview.

104.Ritter, p.19.

105.MS #B-606, p.26.

106.Klaus, and Kehlenbeck, p.293. See also 12.Armee operational maps in the Ryan Collection.

107.Koniev, p.124.

108.5月初，布拉格进攻战役开始前不久，希维尔切夫斯基将军重返指挥岗位。

109.Koniev memoir, p.170.

110.Shtua Berlina, Three Times Hero of the Soviet Union Guards Colonel A. Pokryshkin, "At the Airport in Jüterbog".

111.Weidling interrogation report, and Weidling, The Final Battle in Berlin (RC: 69/2).

112.Heiber, and Glantz, p.736.

113.Ibid.

114.Ibid, p.738.

115.Venghaus, p.161.

116.Ibid, p.734.

117.Shturm Berlina, Senior Lieutenant Monastyrskiy, "One of my Company's Battles".

118.Ibid, "Episodes in the Battle for Alexanderplatz".

119.Winge interview.

120.Schulz interview.

121.Forbes, pp.283—284.

122.Michelis, p.111, Tieke, p.309, and Landwehr, Nordic Warriors, p.153.

123.Schneider, p.302.

124.Le Tissier, Race for the Reichstag, p.136.

125.Illum interview.

126.Henseler interview.

127.Ibid.

128.Ibid.

129.Ibid. 虽然笔者认为这件事可能发生在4月28日，但还是按照亨泽勒的叙述书写。

130.Ibid.

131.Scholles interview.

132.Heiber, and Glantz, p.731.

133. Ibid.

134. Scholles interview.

135. Abyzov, p.56.

136. Chuikov, p.192. 崔可夫在回忆录里感叹，称使用这种武器是不得已的手段。但红军不分青红皂白地发射了那么多炮弹和火箭弹，使用喷火器很难称之为"不人道"。

137. TsAMO. Operations Directorate, First Belorussian Front. Short summaries of generalized experience of forces provided by army headquarters and staffs of service branches. 12—28 May 1945, "Battle in the Südende Area", CoS Guards Major Markov.

138. Koniev memoir, p.172.

139. Engelmann, p.151.

140. Schneider, p.302.

141. Heiber, and Glantz, p.731.

142. Le Tissier, Race for the Reichstag, p.131. 勒蒂西耶称该旅推进得更远，但没有证据证实他的说法。

143. Heiber, and Glantz, p.734.

144. Engelmann, pp.151, 153, Heiber, and Glantz, p.734.

145. Altner, p.125.

146. Ibid, pp.142, 150.

147. Le Tissier, Race for the Reichstag, pp.132—133.

148. OKW File, Last Announcements of OKW, 28 April.

149. Schultz-Naumann, p.177, and H.O. Wöhlermann interview (RC: 69/3).

150. Venghaus, pp.213—214.

151. Army Group Weichsel war diary, 20—29 Apr, pp.451, 454—455.

152. Ibid, p.466.

153. Walter Gorlitz, trans. by David Irving, The Memoirs of Field Marshall Wilhelm Keitel: Chief of the German High Command, 1938—1945 (New York: Cooper Square Press, 1965), p.217. 虽然凯特尔在回忆录里没有提到第5猎兵师，但随后的报告证实，该师的展开地域也令他大吃一惊，这种情况让他更加不相信海因里齐。

154. Schultz-Naumann, p.37.

155. Gorlitz, pp.218—219.

156. Müller-Hillebrand interview, pp.2—3 (RC: 67/14).

157. Hasso von Manteuffel interview, p.9 (RC: 67/14).

158. Ibid.

159. Hasso von Manteuffel interview, p.10.

160. Army Group Weichsel war diary, 20—29 Apr, p.469.

161. Schultz-Naumann, p.39.

162. MS #B-606, pp.26—28, Schultz-Naumann, p.179, and Voss and Kehlenbeck, pp.291—292.

163. Ritter, pp.19—20, Wenck interview, and Tissier, Slaughter at Halbe, p.95.
164. 阐明这个问题的最佳资料是文克参谋长的记述,参阅MS #B-606。
165. Ibid, pp.34—36.
166. Le Tissier, Race for the Reichstag, p.153.
167. Ryan outline for 28 April (RC: 75/1).
168. Eilhardt, p.54.
169. Venghaus, p.162.
170. Der Panzerbär, 29 April 1945 (Author's collection).
171. Le Tissier, Race for the Reichstag, p.147.
172. Shturm Berlina, "Episodes in the Battle for Alexanderplatz".
173. Shturm Berlina, "Before the Assault".
174. Shturm Berlina, "The Assault on the Polizeipresidium".
175. Shturm Berlina, "At the approach to the Polizeipresidium".
176. Shturm Berlina, "The Companies meet inside the Building".
177. Platonov, p.26.
178. Ibid, p.23.
179. Ibid.
180. Winge interview.
181. Schulz interview.
182. Le Tissier, Race for the Reichstag, pp.147.
183. Henseler interview.
184. Ibid, and Venghaus, pp.171—172.
185. Le Tissier, Race for the Reichstag, p.147.
186. Pētersons, p.79.
187. Haas interview.
188. Ibid.
189. Ibid.
190. Margarete Prochno interview (RC: 58/33).
191. Chuikov, pp.196—198.
192. Forbes, p.291.
193. Ibid, p.294.
194. Ibid.
195. Illum interview.
196. Scholles interview, and Landwehr, Nordic Warriors, p.153.
197. Illum interview.
198. Ibid.
199. Hillblad, p.78.

200.Abyzov, p.57.

201.The Berlin Operation 1945, pp.372—373.

202.Pētersons, p.82.

203.Venghaus, p.214.

204.Shturm Berlina, Captain N. Sencha, "The Assault on the Anhalter Railway Station".

205.Le Tissier, Race for the Reichstag, p.150.

206.TsAMO. Operations Directorate, First Belorussian Front. Short summaries of generalized experience of forces provided by army headquarters and staffs of service branches. 12—28 May 1945, "Short Results of Battle", Assistant Chief of Staff, Guards Captain Kolykhalov.

207.TsAMO. Operations Directorate, First Belorussian Front. Short summaries of generalized experience of forces provided by army headquarters and staffs of service branches. 12—28 May 1945, "Assault by the 2nd Battalion, 117th Guards Rifle Regiment on the building in block 122 reinforced by the enemy".

208.Koniev memoir, p.172.

209.Ibid.

210.The Berlin Operation 1945, p.374.

211.C. Barrand, K. Jan Hindiks and A. Uvarov, Berlin: At All Cost! (1994).

212.Koniev memoir, p.173.

213.Engelmann, p.153.

214.H. Bonath interview (RC: 70:11).

215.除了东部地区，夏洛滕堡区构筑的街垒和其他防御工事大多比城内其他地区更牢固。

216.W. Feldheim interview (RC: 70/11).

217.Ibid.

218.Engelmann, pp.151, 153.

219.Ibid.

220.Alfons Pfoser interview (RC: 66/4).

221.Koniev memoir, p.175.

222.Le Tissier, Race for the Reichstag, p.131.

223.Altner, p.143.

224.Ibid, pp.144—148.

225.Ibid.

226.H. Wetzki interview (RC: 70/16).

227.Ibid.

228.P. Claus, p.20 (RC: 69/16).

229.Shturm Berlina, Guards Lieutenant Ilyukhin, "At the Landwehrkanal".

230.Nebolsin, p.331.

231.Altner, pp.151—160.

232. Lothar Kranz interview (RC: Document 47).

233. Dr Lutz Heck interview (RC: 59/32).

234. S.A. Neustroyev second interview (RC: 72/8).

235. Ibid.

236. Ibid.

237. 巴比克的身份和背景始终是个谜。从现有的德国一手资料看，确实有这名党卫队军官，他为国王广场的组织和防御工作发挥了重要作用。遗憾的是，战役结束70多年后，我们没掌握此人的更多情况。合理的假设是，他隶属普通党卫队，而不是武装党卫队，后来在突围期间阵亡。

238. Le Tissier, Race for the Reichstag, p.146.

239. "Funkspruch KR von der 9.Fallschirmjägerdivision am 1.Flak-Division, durchgegeben Uffz. Classaner 16.27 Uhr." Akte 143. Unterlagen der Ia-Abteilung der 1. Flakdivision: taktische Lagemeldungen von Einheiten der Division während der Kämpfe um Berlin.

240. Ibid, p.178.

241. Le Tissier, With Our Back to Berlin, p.178.

242. Neustroyev, first interview.

243. Venghaus, p.207.

244. Neustroyev, first interview.

245. Wrede interview.

246. Spaeter vol. III, p.504.

247. Ibid, p.503.

248. OKW File, Last Announcements of OKW, 29 April.

249. Weidling interrogation report.

250. Le Tissier, Race for the Reichstag, pp.156, 163.

251. Der Panzerbär, Ryan Outline notes.

252. "Verb.Kemp.Abschnitt Dora." Akte 142. Unterlagen der Ia-Abteilung der 1. Flakdivision: Meldungen über die Gefechtstätigkeit der Division vom 21.4.—24.4.1945.

253. Le Tissier, Race for the Reichstag, p.165.

254. Weidling interrogation report.

255. MS #B-606, p.28, and 12.Armee operations maps.

256. Le Tissier, Race for the Reichstag, pp.117—120.

257. Ritter interview.

258. Ibid.

259. Ibid, and Wenck interview.

260. Wenck interview.

261. Ritter interview.

262. Le Tissier, Race for the Reichstag, p.155.

263. MS #B-606, p.29.

264. Fest, p.104.

265. Le Tissier, Race for the Reichstag, p.164.

266. Ibid, p.107.

267. Schultz-Naumann, p.41.

268. The Berlin Operation 1945, p.375.

269. Shturm Berlina, "Episodes in the fighting for the Alexanderplatz", Guards Senior Lieutenant A. Padunov, "On Alexanderplatz".

270. Ibid, "Episodes in the fighting for the Alexanderplatz", Guards Lieutenant Colonel Kachtov, "Komsomol Member Yashagashvili's Feat".

271. Ibid, "Episodes in the fighting for the Alexanderplatz", Guards Senior Sergeant M. Legkikh, "The Building at the Bridge".

272. Ibid, "Episodes in the battle for the Rathouse", Major D. Skvortsov, "Under Cover of Tanks".

273. Le Tissier, Race for the Reichstag, p.160.

274. TsAMO. Journal of Combat Actions of the First Belorussian Front for April and the first 10 days of May 1945 (25 July 1945), 29 April 1945, pp.339—350.

275. Schulz interview.

276. Shturm Berlina, Captain A. Ter-Akopyan, "On Kommandantenstraße".

277. Illum interview.

278. Tieke, Tragedy of the Faithful, p.318.

279. Scholles interview.

280. Chuikov, p.161.

281. Ibid, pp.160—162.

282. Le Tissier, Race for the Reichstag, p.162.

283. Abyzov, p.58.

284. Ibid, p.59.

285. Forbes, p.295.

286. Ibid, p.297.

287. Ibid, p.296.

288. Fey, pp.315—316, and Schneider, p.374.

289. Bowen, "The Ghost Battalion".

290. Pētersons, p.83, and map p.91.

291. Le Tissier, Race for the Reichstag, p.160.

292. Schneider, p.374.

293. Böttcher interview.

294. Ibid.

295. Von Zabeltitz interview.

296. Le Tissier, Race for the Reichstag, p.158, and TsAMO. Journal of Combat Actions of the First Belorussian Front for April and the first 10 days of May 1945 (25 July 1945), 29 April, 1945, pp.339—350.

297. Neustroyev, first interview.

298. Shturm Berlina, Hero of the Soviet Union Guards Senior Lieutenant Samsonov.

299. Ibid, Colonel V. Kurnatsishvili, "The Fight for the Beachhead".

300. Venghaus, p.272.

301. Neustroyev, first interview.

302. OKW File, Last Announcements of OKW, 30 April.

303. Ibid, p.44.

304. Schultz-Naumann, p.24.

305. Le Tissier, Slaughter at Halbe, p.177.

306. Le Tissier, Race for the Reichstag, p.165.

307. Weidling interrogation report.

308. Schultz-Naumann, p.180.

309. Weidling interrogation report.

310. Ibid.

311. Von Zabeltitz interview, and Schultz-Naumann, p.181.

312. Weidling interrogation report.

313. Ibid.

314. Venghaus, p.214.

315. "Abschnitt Seifert (Berta)." Akte 142. Unterlagen der Ia-Abteilung der 1. Flakdivision: Meldungen über die Gefechtstätigkeit der Division vom 21.4.—24.4.1945.

316. Ibid, p.162.

317. Le Tissier, Race for the Reichstag, p.166.

318. Ibid, p.170.

319. Engelmann, pp.151, 153.

320. Böttcher interview.

321. Ibid.

322. Ibid.

323. Klaus Lemmer, "Front City Berlin" (RC: 63/2—6).

324. TsAMO. Journal of Combat Actions of the First Belorussian Front for April and the first 10 days of May 1945 (25 July 1945), 30 April 1945, pp.351—367.

325. Schulz interview.

326. Ibid.

327. Winge interview.

328. Henseler interview.

329. Scholles interview.

330. Ibid.

331. Forbes, p.301.

332. Abyzov, pp.63—64.

333. Fey, pp.323—324.

334. J.P. O'Donnell, The Bunker: The History of the Reich Chancellery Group, p.218.

335. Neustroyev, first interview.

336. Ibid.

337. Ibid.

338. Ibid.

339. H. Rhein interview (RC: 69/12).

340. Ibid.

341. Neustroyev, first interview.

342. Rhein interview. 莱茵没提到该地区的其他敌坦克。

343. Neustroyev, first interview.

344. Ibid, and Le Tissier, Race for the Reichstag, p.167.

345. TsAMO. Journal of Combat Actions of the First Belorussian Front for April and the first 10 days of May 1945 (25 July 1945), 30 April 1945, pp.351—367.

346. Neustroyev, first interview.

347. Ibid.

348. M. Baryatinskiy, The IS Tanks, p.53.

349. Shturm Berlina, Hero of the Soviet Union Senior Sergeant, I Syanov, "How we assaulted the Reichstag".

350. Neustroyev, first interview.

351. TsAMO. Journal of Combat Actions of the First Belorussian Front for April and the first 10 days of May 1945 (25 July 1945), 30 April 1945, pp.351—367.

352. Neustroyev, first interview.

353. Altner, p.178.

354. OKW File, Last Announcements of OKW, 1 May.

355. Le Tissier, Slaughter at Halbe, p.201.

356. T. Busse interview (RC: 67/17).

357. MS #B-606, p.32.

358. Wenck interview.

359. Henseler interview.

360. Surrender of Berlin Garrison (RC: 69/1).

361. Krukenberg interview.

362. Ibid.

363. Ibid, and Weidling interrogation report.

364. Fest, p.137.

365. TsAMO. Journal of Combat Actions of the First Belorussian Front for April and the first 10 days of May 1945 (25 July 1945), 30 April 1945, pp.351—367.

366. Le Tissier, Race for the Reichstag, p.179. 格拉德基的报告，与勒蒂西耶所写的重新恢复进攻的时间相差两小时。实际情况是，战斗一直在持续。但崔可夫作战地带，他那些指战员此时都希望等待战争结束，没人愿意在最后时刻冒上生命危险。红军炮兵和火箭炮兵继续轰击已探明的德军阵地，但所有德方记述都指出，红军在该地区没发起重要的进攻行动。

367. Weidling interrogation report.

368. Shturm Berlina, Senior Sergeant N. Peskov, "Komsomal Members in the Battle for the Wilhelm Bridge".

369. Ibid, Major Pan'kovskiy and Senior Lieutenant Lantyukhov, "The Passageway to the Brandenburg Gate".

370. Ibid, Senior Lieutenant A. Traynin, "On Unter den Linden".

371. "Von Funkstelle Verbindungskompanie Abschnitt Rauch." Akte 143. Unterlagen der Ia-Abteilung der 1. Flakdivision: taktische Lagemeldungen von Einheiten der Division während der Kämpfe um Berlin.

372. A. Lampe interview (RC: 67/10).

373. Schneider, p.324.

374. Scholles interview.

375. Le Tissier, Race for the Reichstag, p.179.

376. "Chancellery Attack", Der Spiegel, Nr. 19, 5 May 1965, pp.94—99 (RC: 66/30).

377. Schulz interview.

378. Ibid.

379. Platonov, pp.27—29.

380. Neustroyev, second interview.

381. Ibid.

382. Rhein interview.

383. Neustroyev, second interview.

384. Ibid.

385. Venghaus, p.272.

386. Rhein interview.

387. Wrede interview.

388. Ibid.

389. Karlheinz, p.227.

390. Le Tissier, Race for the Reichstag, pp.179—181.

391. Böttcher interview.

392.Heck interview.

393.Ache interview.

394.Nebolsin, p.332.

395.TsAMO. Operations Directorate, First Belorussian Front. Short summaries of generalized experience of forces provided by army headquarters and staffs of service branches. 12—28 May 1945, "Combat Episode".

396.Ibid, "The Last battle for the Fortress".

397.Shturm Berlina, Guards Junior Lieutenant I. Palin, "The Trip to the Zoo".

398.Ibid, Guards Captain G. Osinetskiy, "The Battle at the Zoo".

399.TsAMO. Operations Directorate, First Belorussian Front. Short summaries of generalized experience of forces provided by army headquarters and staffs of service branches. 12—28 May 1945, "Battle in Berlin in the Vicinity of the Zoological Garden".

400.The Berlin Operation 1945, p.384.

401.Wolfgang Klemusch, "My Last Flight for Hitler" (RC: 63/4—6).

402.OKW File, Last Announcements of OKW, 2 May.

403.I. Klimenke, "Chancellery Attack".

404.Le Tissier, With Our Backs to Berlin, p.129.

405.Hass interview.

406.Le Tissier, With Our Backs to Berlin, p.55.

407.Thorwald, p.258.

408.Ibid. 当天晚些时候，这群官兵向红军投降，他们步行返回柏林，随后赶往东面的战俘营。

409.Helga Klunge interview (RC: 57/12).

410.Edith Neumann interview (RC: 57/15).

411.Kurt Eberhard interview (RC: Document XLVII).

412.Fey, p.317.

413.国防军官兵和党卫队成员在舒尔特海啤酒厂投降，Werde interview, and Tissier, Race for the Reichstag, p.188.

414.Fest, p.149.

415.Spaeter, vol. III, p.506，书中称这群官兵赶往普伦茨劳街，这种说法可能有误。

416.Archer, p.15.

417."Surrender of Berlin Garrison 1st and 2nd May, 1945", p.1 (RC: 69/1).

418.Ibid.

419.Forbes, pp.309, 311.

420.Lampe interview.

421.Ritter interview.

422. "Summary of Final Battles between the Order and Elbe in Apr/May 1945 (Especially the Battles of 12th Army)", p.10, and Wenck interview.

423.Schultz-Naumann, pp.119V21.

424.Henrik Eberle and Matthias Uhl(eds) The Hitler Book: The Secret Dossier Prepared for Stalin (New York: Public Affairs), p.x.

425.Klimenke, "Chancellery Attack".

426.OKW File, Last Announcements of OKW, 4 May.

第三部

余波

第九章

逃离柏林

红军赢得柏林战役后几天、几周、几个月里发生了什么事？以下记述（有些是第一人称，还有些是根据一手资料整理过的）说明了红军最终突击过后的动荡和混乱。这些记述揭示出从征服者沦为被征服者的德国。幸存者的经历几乎没什么可取之处。有些人毫无歉意。暴行、强奸、冷漠、死亡、绝望、愤怒、偶尔的善意、生存交织在一起，成为每份记述的共同点。这些记述为德方投降后不久，柏林城内及周边地区发生的情况提供了历史记事，也是个人在希特勒第三帝国覆灭的余波中经受的磨难。

总的说来，这些记述是参战者先前回忆柏林战事的续篇，分成"柏林城内""向西突围""向北突围""万湖突围"几部分。为了跟书中其他内容保持一致，作者在适当的地方添加了说明。为了让读者看明白，这些记述做了编辑，但保留了20世纪60年代原始采访的特点。（）里的话是原先的采访者添加，而「」里的话是本书作者增添的。

柏林城内
贡纳尔·伊卢姆
党卫队第11"诺德兰"志愿者装甲掷弹兵师
4月30日

有人把负伤的伊卢姆接走，送到附近的德累斯顿银行，医护人员给"老赫尔曼"的脑袋和脸临时裹了条绷带。几人把他抬到另一处急救站，一支医疗组随后把他送到阿德隆旅馆的紧急战地医院。伊卢姆大致记得，整座旅馆挤满伤员，地上躺得满满当当，根本没有立足地。尽管说不出确切数字，但他估计旅馆里有几千名伤员。医生敷衍了事地检查了他的伤口，不过，由于他的眼睛伤势复杂，还是把他转到韦登达默桥对面、齐格尔街的诊所。

街道上战火纷飞，伊卢姆不得不在医护兵的带领下，从地铁隧道赶往诊所。他的脑袋裹满绷带，几乎什么也看不见。刚到达通入隧道的梯子底部，他听见有人问道："二级小队长，是您吗？"伊卢姆立即分辨出对方的声音：是他连里质朴的农家小伙克努森。他问道："克努森，您在这里做什么？"克努森答道："不知道，我在这里站岗。"

医护兵总算带着伊卢姆来到诊所，这里只治疗眼伤，医生给他动了手术。伊卢姆在阿德隆旅馆上交了手枪，因为临时医院严禁携带武器。他随后转到临时设在邮政总局大楼内的另一所军医院，一名挪威医生在那里给他的腿做了手术。

4月30日和5月1日，伊卢姆待在医院，跟其他伤员一同躺在塞了稻草的麻袋上。做完手术，医护兵把他送入地下室，让他躺在房门边。5月1日一早，首批红军士兵冲入医院。伊卢姆知道情况不妙，他很害怕，因为此时他仍穿着党卫队军装。但护士给他盖了条毛毯，伊卢姆趁机脱掉军装，卷起来藏在毯子下。

见俄国人到来，几名医生迎上去。俄国人立即要求众人交出手表，还搜查整座医院，甚至扯掉某些伤员的绷带。这一幕持续了整个上午。在此期间，伊卢姆听见外面的战斗声逐渐减弱，随后一片寂静，只是偶尔传来零零星星的枪声。俄国人到来前，几名医生把医院里所有女人藏起来，但俄国人下午发现了她们的藏身处。肆无忌惮的强奸开始了，从下午一直持续到深夜。伊卢姆觉得俄国人始终在医院进进出出，忙着强奸妇女，他清楚地听见持续不停的尖叫声。听着她们的哭喊，自己却无能为力，简直是一场可怕的磨难，他后来指出："没亲身经历过的人根本无法想象。"

伊卢姆在医院待到5月2日，整个掩蔽部奉命疏散，他转到沙里泰医院，在这里待到6月中旬，所有伤员随后突然转往东面。伊卢姆转入黑尔茨贝格一所精神病院，重新注册登记。他一直没暴露自己是党卫队员，因为他腋下没刺血型纹身「作者注：武装党卫队员左腋下刺有血型纹身，以便负伤后在战场上获得优先救治」。伊卢姆听说所有外国人可以留在德国，而不是递押到俄国，于是声称自己是丹麦水手。

接下来，俄国人用封闭的牲口车把伊卢姆和另外60名伤员送到奥得河畔法兰克福。这趟行程耗时四天，8名伤员死在途中。到达奥得河畔法兰克福，俄国人把伊卢姆安置在一所容纳20,000来人的大型医院，他在那里一直待到7月底。这座城市的东侧成为波兰领土，俄国人把伊卢姆和另外17个伤员送到市区德国一侧，把他们扔在医院草坪上。这些伤员经历了诸多艰难困苦，医院总算收纳了他们，但伊卢姆用干面包刻了个图章，凭借伪造的证件逃之夭夭，最终返回柏林。

伊卢姆12月19日回到哥本哈根与家人团聚，由于丹麦政府通过的法律规定，丹麦人加入党卫队是犯罪行为，必须受到惩处，因此，伊卢姆12月21日遭逮捕。他身陷囹圄，但又一次顺利逃脱，先逃往瑞典，随后逃到瑞士。

向西突围

弗里德里希·伯切尔
第18装甲掷弹兵师
5月1日

消息几乎立即在动物园防空炮塔内传播开来，照料伤员的医生和护士似乎松了口气。他们戴上红十字袖章，某个医生告诉伯切尔，等部队撤离，他们就立即宣布防空炮塔是战地医院。这个消息或突围的说法引来大批平民百姓。他们涌入防空炮塔，堵在过道和楼梯上，防空炮塔里挤得水泄不通。

在此期间，俄国人已夺得动物园，此时正以炮火猛轰防空炮塔。按照计划，第18装甲掷弹兵师师部人员应当以手头现有的兵力冲出防空炮塔，在夏洛滕堡车站与凯撒路之间的电话局（确切地点伯切尔记不得了，可能是德尔讷堡街的电话局），跟该师位于两条街道十字路口的作战部队会合，而后一同突围。

伯切尔指出，离开防空炮塔安全的藏身处，穿过俄国人猛烈的炮火需要极大的勇气。200来名官兵离开防空炮塔赶往集合点，大多隶属第18装甲掷弹兵师或叙多将军的防空部队。跟随他们一同离开的平民寥寥无几，因为普通百姓冒上生命危险突围似乎很不值得。伯切尔指挥这群突围官兵。离开防空炮塔的首段行程很不顺利，他们猛跑几步，趴倒在地，匍匐前进，再次趴下，然后站起来猛跑几步。俄国人封锁了大部分直接通往集合点的街道，根本无法通过。伯切尔率领部下离开防空炮塔时天色尚黑，待他们到达集合点，5月2日拂晓已到来。他们在集合点没见到其他战友。伯切尔决定再等等，因为劳赫将军昨天答应参加这场突围，伯切尔期盼他能赶来。众人等了45分钟，既没看见劳赫将军，也没见到师属作战部队的踪影。周围一片寂静，远处传来炮弹爆炸声。伯切尔最终决定不能再等下去，必须抓紧时间尽快突围。

他们越靠近施潘道桥，几条街道上的人潮越拥挤。军人、平民、各种车辆源源不断地向西涌去，彼此间很难保持紧密联系。伯切尔、他的参谋人员、离开防空炮塔的全体官兵步行跋涉，他们的车辆早就被红军落在防空炮塔附近的炮弹炸毁。伯切尔等人离桥梁还剩几百米，发现人潮几乎一动不动，仿佛被一道无形的堤坝挡住。伯切尔和副官扎利施奋力向前挤去，穿过数千名百姓，大多数妇女拎着装有财物的手提箱，还有人把箱子堆在婴儿车、手拉车或小推车上。人群里能见到几个士兵，还有些孩子。桥梁前方最后几米处空无一人，许多人挤在门道或躲在墙壁后，避开红军射向桥梁的火力。桥上停着几部起火燃烧的车辆，除了几具尸体，还有些伤员躺在桥面上。伯切尔随即发现，火力射自敌人的小口径轻型步兵武器。就在他仔细判断火力射自何处时，一名身着全套军装的海军上将走到他身边说道："中校，这是我的望远镜，您拿去。"伯切尔端起望远镜仔细查看，发现火力射自右侧第一栋房屋。透过敞开的窗户，他清楚地看见俄国人把一挺轻机枪架在屋内的桌上。伯切尔在人群中找到一门四联装高射炮「作者注：这是辆四号"旋风"防空坦克，隶属党卫队第503重型装甲营」，于是命令党卫队炮组朝那栋建筑开火。密集的弹雨打哑俄国人的机枪，屋内毫无动静。伯切尔随后带着高射炮驶上施潘道桥。四联装高射炮继续扫射房屋，俄国人没有还击。待他们到达桥梁尽头，伯切尔听见数千人长长松了口气。人群一直待在桥梁前方，目不转睛地盯着伯切尔指挥高射炮的一举一动，不敢越雷池半步，提心吊胆的这几分钟，决定了他们能否继续奔向自由。看见一切无恙，他们立即奔向施潘道桥。伯切尔站了一会儿，看着人潮朝他涌来，不由得想道："就像大坝开了闸，释放出一股无法控制的力量。我现在知道'恐慌'是什么意思了，就像这样。"

伯切尔无法在人潮中找到自己的参谋人员，但他决心继续赶往西南面。混乱中，他只找到第18装甲掷弹兵师一名炮兵指挥官、宪兵部队的科赫中尉、他的副官扎利施。安全起见，伯切尔接管了两辆虎王坦克和跟随坦克行进的一群党卫队员。桥梁后方和整个施潘道区，几乎听不到俄国人的枪炮声，但在距离施塔肯不远处，他们陷入红军密集的火力网。炮弹直接命中一辆虎王，坦克起火燃烧。两名车组人员跳出战车，在地上来回翻滚，竭力扑灭身上的火焰。伯切尔觉得这是他见过的最可怕的场面。

伯切尔手头兵力太少，既没有有组织的作战部队，也没有训练有素的侦察兵，根本无法穿过施塔肯镇。他们只好转身向南赶往波茨坦，在此期间，科赫中尉胳膊中弹。

到5月9日，伯切尔带着20来名部下在波茨坦地区的树林里游荡，不敢进入任何一个村庄，生怕被俄国人俘虏。他们还得小心避开红军扫荡部队，对方正在仔细搜索一片片树林。波茨坦附近的树林里，激战留下的痕迹随处可见，许多地方散落着尸体和损毁的车辆。伯切尔觉得，文克的部队一度到达过这里。

这几天，食物和饮水成了大问题。树林里几乎找不到吃的，干净的水很少见，他们也不敢进入村庄索要食物。他们找到个池塘，脏兮兮的池水里满是绿色黏液。烈日当头，伯切尔饥渴交加。他从急救包里掏出块纱布过滤池水，好歹把让人恶心的绿色黏液滤掉。

5月9日，科赫的伤势严重恶化，胳膊肿得厉害，还发起高烧。伯切尔一行在树林里遇到些散兵游勇，从他们那里得知，有一所战地急救医院设在附近村庄的牧师家里。几名士兵赶紧给科赫找来便衣，带着他赶往战地医院方向。伯切尔和部下（现在只剩12人）在树林里又遇到几个掉队的士兵，每个人的说法各不相同。有人说："美国人就在附近。"另一个人说："逃往南面的道路依然畅通。"还有人说："我们应该去西面，那里是唯一的生路。"

5月9日傍晚，他们爬入小树苗种植园的灌木丛，这些树苗为他们提供了出色的掩护。很快来了支红军扫荡部队，着手梳理周边树林，慢慢逼近伯切尔和他的11个同伴。俄国人显然不知道德军官兵躲在树林里，他们不过是例行巡逻而已。躲在苗圃里的人尽量隐蔽好，俄国人毫无目标地朝苗圃开了几枪，最后转身离去，伯切尔和部下安然无恙，长长地松了口气。他们当晚在树林里过夜。

次日一早，他们看见一个身着便衣的年轻人，背着个麻袋走近他们的藏身处。令众人惊异的是，他突然喊道："伯切尔，伯切尔！"伯切尔爬出苗圃，来到年轻人面前，问他是谁，想做什么。年轻人答道："是科赫中尉派我来的，他在牧师家的急救医院，他让我给你们送点便衣。"他放下袋子，又补充道："顺便说一句，战争结束了，德国5月8日签了降书。"说罢转身离去。

伯切尔把消息告知躲在苗圃里的战友，德国投降的消息让所有人无比沮丧。突然间一切都变了。在此之前，他们依然是一支分队，做了上级命令他们做的事，仍希望跟其他德军部队会合，届时就能再次成为战斗力量。这一刻众人都知道，一切都结束了，最后一扇敞开的门在他们面前砰然关闭。没人再需要他们。他们默默地换上便衣，整个心态似乎发生了变化。他们再次成为平民百姓，自然有平民百姓的问题。首先，他们都想回家，所有交谈围绕这个话题展开。"您住在哪里？小伙子，那里太远了，但愿您能平安到家。""我想知道家里的情况，很久没有家人的消息了。"伯切尔换衣服时遇到些麻烦。他一连几周穿着军靴，双脚肿得厉害，根本没办法脱掉军靴。他只好穿上便裤，盖住总参军官的军裤和靴子，但愿没人发现。众人换好衣服，赶紧把军装和武器埋起来。他们没有理由再待在一起，于是相互道别后逐一离去。这是个伤感的时刻，一个时代就此告终。临别时每个人都说道："再见，也许我们还能重逢。祝您好运，希望您能平安到家。"

伯切尔带着副官扎利施离去。他也想返回西里西亚的家中，但首先要弄清德国投降的问题，是无条件投降还是有条件投降，有条件投降的话，具体条件是什么？他日后该何去何从？伯切尔决定去村里找科赫。

牧师家是一栋很大的房子，屋内安置了20来个伤员。牧师的妻子像招呼老朋友那样接待了伯切尔和扎利施："科赫中尉跟我说了您的事，您平安无恙地来到这里真要感谢上帝，一切都结束了。"她赶紧给两人端上煮土豆和蘸酱，伯切尔好多天没吃上热食了，他觉得热乎乎的土豆简直是一顿美餐。他们吃饭的客厅很大，很舒适，除了牧师的妻子，还有她女儿埃娃和小儿子在场，她的小儿子就是先前去树林给伯切尔他们送便衣的那个年轻人。他原先是"骑士团"成员（党卫队选中某些年轻小伙，送他们去党卫队学校培训，日后担任党卫队骨干和"高贵血统"的成员），后来加入德国空军。他当上飞行员，在战斗中丢了条胳膊，现在戴着"绍尔布鲁赫义肢"（德国著名的外科医生绍尔布鲁赫设计的这款义肢，是那个时代最先进的）。

扎利施决定先把身上穿了一半的便衣彻底换掉。牧师在自家地窖里存放了大批各种款式的便装，供伤员自行挑选。伯切尔吃着土豆，扎利施在地下室里换衣服，房门突然开了，"一个俄国NKVD军官"「作者注：此时应该是反间谍部门的军官」和两个红军士兵站在门口。红军军官朝屋内看看，指着伯切尔和牧师的小儿子喊道："你是军人，你也是军人！"伯切尔惊恐交加，一时间无言以对，只能用食指敲着自己的额头告诉俄国人，说他是军人简直是发疯。红军军官转身对身后的人说道："你也是军人！"伯切尔这才发现扎利施，俄国人把他从地窖带了上来，他脸色发青，吓得浑身发颤。扎利施的胆子向来不大，此刻吓得说不出话来。他结结巴巴地辩解了几句，没人能听懂他说了些什么。但牧师的儿子对付俄国人似乎很有经验，他跳起身喊道："我们是军人？难道您看不出我们是残疾人吗？"为证明自己的话，他脱掉外衣，卷起衬衫袖子，给俄国人看他的义肢，还动了动义肢的手指。几个俄国人立即凑上来，惊得目瞪口呆。他们都想摸摸这条义肢，过了片刻，红军军官示意牧师的儿子取下义肢让他仔细看看。

义肢取下后，手指无法动弹了，俄国人百思不得其解。牧师的儿子只好戴上义肢，随后再摘下，折腾了十几次，俄国人看得瞠目结舌，觉得自己见证了奇迹。

伯切尔此时如坐针毡，他的便裤有点短，军靴和两侧缝有红色宽条纹的总参军官军裤暴露在外，他只好尽量把双腿缩在桌子下。牧师的女儿埃娃坐在一旁，凑到他耳边低声说道："您就说是我未婚夫，在拉斯佩公司工作。"伯切尔觉得这个借口不足以解释自己为何会待在此处，因为他没有负伤。他知道，等俄国军官玩厌了义肢，肯定会盘问自己。他环顾四周，看见餐具柜上有个小盘子，上面摆着些白色的药片。他站起身，端着盘子离开房间，走到伤员身旁，给一张张病床上的伤员分发药片，还低声说道："拿着，看在上帝的分儿上，千万别吃！我不知道这是什么药。"红军军官似乎以为伯切尔是照料伤员的医护人员，故而没有盘问他，但他说晚上还会回来，希望届时每个人都在场。

当天下午，牧师办完事回来了，见到伯切尔和扎利施赶忙说道："你们得赶紧离开，否则他们会逮捕你们。"伯切尔告诉他，现在不能走，因为俄国人晚上会回来，要是发现他俩失踪了，肯定会迁怒牧师。埃娃再次帮了伯切尔，她原先一直在柏林拉斯佩公司工作，非常了解公司的情况。她给伯切尔打了封辞退信，信上说伯切尔是公司员工，但鉴于目前的军事和政治局面，公司不得不解雇他。信件还证明，伯切尔的身份证件在空袭中遗失了。辞退信的签名是"人事经理冯·德拉格"。伯切尔在信件下方签上"冯·德拉格"的名字。埃娃还给伯切尔介绍了公司的详情、电话号码、具体位置、制造的产品，而冯·德拉格确实是公司人事经理。

遗弃的黑豹G型坦克，编号122，这辆后期型号的黑豹可能隶属"明歇贝格"装甲师。注意车身后部的消焰器。照片上能看见火炮防盾侧面的红外线灯安装支架。这辆战车很可能参加了穿过柏林西区向西突围的行动。从几张照片明显能看出，这辆黑豹要么是主动弃车，要么是驶离道路，穿过围墙驶下路堤。第一张照片摄于战役结束后不久，另外两张是晚些时候的夏季或秋季拍摄的，因为坦克旁的松树都砍掉了。这辆战车残骸的具体位置不明，可能是在黑尔街，或是奥林匹克体育场附近某条支路。中间那张照片，履带右侧地面上是安装在FG 1250红外夜视仪上的20厘米探照灯。

当晚20点30分左右，红军军官带着两三个士兵回来了，喝得醉醺醺的。他们在屋内闲逛，发现一架钢琴，立即说想听音乐。于是牧师弹奏起来，先是赞美诗，然后是民歌，俄国人意犹未尽，于是牧师又弹起圣咏、流行歌曲和他能想起的各种乐曲。他一连弹奏了四个钟头,每当他重复某个曲子,俄国人就会大声喊道:"您刚才弹过了!"牧师不得不停下,换首新曲子,直到几个俄国人离去。

第二天早上,伯切尔和扎利施离开牧师家前往西里西亚。伯切尔此时已脱掉军靴,换了身轻便的夏装,脚上穿着漆皮皮鞋。这是牧师姐夫的鞋子和衣服,他目睹俄国人强奸他妻子和几个女儿后自杀了。这双漆皮鞋几乎是新的,更适合出席某些盛大场合时搭配燕尾服,所以走了一英里,伯切尔的脚就疼痛不已。

他和扎利施沿道路向东跋涉,看见前方有个高速公路收费站,一群俄国人占据了收费员的岗位,伯切尔和他的副官此刻无法转身逃离,因为这样一来未免太可疑了。两人硬着头皮往前走,俄国人冲出来逮捕他们,把他俩关入收费站后面一个大房间,里面关了20来人。等俄国人锁上房门,伯切尔立即走过房间,推开窗户爬出去,扎利施跟在他身后。他俩穿过野地走了一段路,随后再次踏上主干道。下一个目标是于特博格镇,伯切尔的姑妈住在那里,他们次日赶到那里,没再出意外。

伯切尔和扎利施立即前往姑妈家。此时,伯切尔的脚疼得厉害,没等走入姑妈的公寓,就把鞋子脱掉了。他们发现姑妈不是孤身一人,新镇长跟她住在一起,此人是个共产党员,以前是穆斯考镇的园丁。姑妈是个热情、随和的人,知道侄子是职业军官,见他突然到来,却穿着轻便的夏装,还光着脚,不禁大吃一惊。镇长住在隔壁房间,墙壁很薄,可她还是大声问候亲侄子和他的同伴:"天哪,你还活着!你们是怎么逃出柏林的?你的军官制服呢?"伯切尔脸色苍白,瞟了眼镇长房间的房门,低声说道:"看在上帝的分儿上,声音低点,你知道住在隔壁的是个共产党园丁,说不定会告发我们。"姑妈笑着说道:"他?他会帮我们的,我让他去给你们弄点吃的。"说罢,姑妈走入隔壁房间。没过一会儿,他们看见新镇长从花园穿过马路,走入于特博格镇公所。扎利施和伯切尔此时找到双合适的鞋子,正准备开溜。他们估计新镇长马上会叫俄国人来逮捕他俩。两人站在门后等待时,看见三四个红军士兵沿街道而来。这些红军士兵毫无戒心,都穿着溜冰鞋,冲锋枪挎在背后,相互推推搡搡。过了片刻,他们看见镇公所一名工作人员拎着两个装满食物的大纸袋走过来。两人在伯切尔姑妈家过夜，第二天早上，他俩都拿到通行证，这样就可以放心大胆地出发了。

他们又跋涉了好几天，白天步行，晚上睡在谷仓里或露天地，具体视情况而定。他们发现，避免俄国人劫掠的好办法是装成法国劳工。伯切尔费力地教扎利施法国儿歌Au Claire de la Lune（明亮的月光下），因为这是他唯一会唱的法国歌曲。他们每次遇到俄国人，就唱起这首歌，但只会唱第一句，因为伯切尔根本不记得后面的歌词。唯一的麻烦是，这首歌不是进行曲，而是摇篮曲，很难让人齐步走。但几乎所有俄国人都被唬住，他们通常会凑过来高呼"同志，同志"，热情拥抱伯切尔和扎利施。只有一次他们遇到些麻烦，有个俄国人跟他俩拥抱后说道："同志，您要想回家的话就得调转方向，你们正往东走，法国在你们身后，在那里，西面！"伯切尔连声道谢，不得不跟着俄国人向西走了一整天，设法逃脱后才再次转向东面。

伯切尔把扎利施平安送到家，扎利施的妻子喜出望外。伯切尔随后孤身上路。

5月底，伯切尔总算到达父母住的瓦尔登堡，这才得知妻子逃往捷克斯洛伐克，目前仍待在那里。伯切尔觉得留在瓦尔登堡太危险，因为这里的人都知道他是个职业军官，于是去赛滕多夫某个朋友的庄园，当了一段时间农民。他到达朋友家没几天，红军没收了庄园，伯切尔发觉自己现在替俄国人干活。

伯切尔在赛滕多夫待了整整一年，熟悉了红军和他们的日常活动。他对索科洛夫斯基军队[①]内部的腐败深感震惊。他干活没有薪酬，只得到些食物。他还惊愕地发现，红军战地厨房每天有四份不同的菜单：一份给将军，一份给将军的参谋人员，另一份给高级军官，最后一份给普通士兵和非战斗人员。

伯切尔很快跟红军兽医少校和一名中士勾结起来，把牛、马、干草和其他东西倒卖给波兰人，换取食物和香烟。倒卖干草和牛比较简单，因为俄国人很少核查，但倒卖马匹不太容易，得想办法偷梁换柱。兽医通常会偷来些年迈体衰的马匹，替换身强体健的好马，再把换下的良驹卖给波兰人。

俄国人和波兰人相互看不顺眼，德国百姓利用这一点获益匪浅。俄

---

① 1946年3月起，索科洛夫斯基担任苏军驻德军队集群司令。

国人劫掠某处，德国人就把波兰警察请来，波兰人抢劫的话，德国人就去找苏联警察。

过了一年左右，伯切尔终于抓住他等待已久的机会逃往西面。几个俄国劫掠者枪杀了一名波兰人，波兰警察怒不可遏，对俄国人恨之入骨。在波兰秘密警察帮助下，伯切尔渡过易北河逃到西面。英国人盘问了他，但没提他以前是德国总参军官的往事。伯切尔没有入狱，最终跟妻子团聚。

库尔特·阿赫
第18装甲掷弹兵师
4月30日

俄国人4月30日从蒂尔加滕而来，当天下午离「动物园」掩蔽部仅隔200米。部分红军突击部队驻守在耶本斯街的武器局大楼里。周围爆发激烈的白刃战。黄昏时，附近的房屋起火燃烧，熊熊烈焰照亮掩蔽部。

当晚20点，以下消息在掩蔽部迅速传播开来："柏林保卫战即将结束，鉴于掩蔽部里大多是伤残军人、妇女、儿童，不再考虑坚守掩蔽部。每个军人和平民自行决定，可以待在掩蔽部等待俄国人到来，他们很快会到达，也可以逃往300米外哈登贝格街/动物园地铁入口。选择突围的话，计划是穿过地铁竖井赶往阿道夫·希特勒广场地铁站，加入等候在那里的部队。那些部队打算今晚突围，穿过施潘道区赶往瑙恩方向，跟文克集团军会合。"

俄国人的炮火非常猛烈，冒着重重困难，我带着希尔德加德、几个孩子、若干部下和几个平民平安到达地铁竖井。我们21点前后离开掩蔽部，从快铁天桥下方穿过耶本斯街。我不知道突围小组究竟有多少人。离开掩蔽部时非常混乱，我带上碰巧赶来的每个人。

地铁竖井处混乱不堪。大批军人、妇女、孩子、老人、伤员涌出维滕贝格广场车站，逃往阿道夫·希特勒广场。几支火把在黑暗中指明前进方向。俄国人在我们头顶的街道上，我们必经的几个中间车站，入口处爆发激战，守军竭力阻止俄国人进入竖井。

有个医院的医护兵，是我部队的中士，随身带的小狗（黑尔佳·潘策尔）趴在他肩头。混乱中，沃尔夫冈「阿赫带的一个孩子」不见了。5月1日凌晨1点左右，我们到达今天所称的总统广场，发现各部队残部聚集在这里准备突围，我那支部队的4辆无线电通信车也在其中。突围战斗群编有5辆突击炮、4辆装甲车、大约10辆普通军用卡车，还有几辆坦克。我们穿过林登街赶往鲁勒本。俄国人位于奥林匹克体育场后面，没有干涉我们突围，他们大概觉得，干嘛要浪费弹药，冒上生命危险呢？反正红军占领了施潘道区，没人能通过。因此，尽管清晨到来，这里还是很平静。

人群聚在园圃区一个个花园里（这些小小的园地在城内随处可见，每片都有小屋或棚屋，供柏林市民购买或租用，满足个人爱好或来此度过周末）。我们计划清晨6点突围，4点钟电台里传来希特勒去世的消息，更准确地说，他是在战斗中牺牲的。战斗本该告终，但此时一片混乱，我们不知所措，甚至对元首离世的消息没做出任何反应。

凌晨2点到6点，我们（希尔德加德、黑尔佳、黑尔内鲁斯少尉和他的未婚妻丽塔、带着个荷兰人的德雷斯克小姐、格奥尔格·克恩、医护兵和我）睡在一间小屋里。清晨4点，沃尔夫冈仍不见踪影，我派两名部下去找他。他们5点左右总算找到他，沃尔夫冈正跟我另外两名部下在几辆突击炮周围闲逛，他跟我那两个部下很熟，最近几周成了好朋友。沃尔夫冈穿着运动训练服，左胸口绣着他的名字"潘策尔"。他长了张圆乎乎的胖脸，块头很大，尽管才9岁，但看上去像12或14岁。由于他从没跟军人一起待过，所以尽管前几天很艰苦，压力也很大，可在他看来，整件事就像一场游戏。他太小，根本不明白情况是多么严重，所以跟我们走散后一点也不害怕。他觉得跟我的部下待在一起，我们肯定也知道他在哪里。我们跟他走散了整整8个钟头！

清晨6点前后，我们穿过施潘道区突围。我们知道俄国人占领了该地区。猛烈的步兵火力从各栋房屋朝我们射来。眼下的情况极为危险。在施潘道郊区，我把几个孩子送上装甲无线电通信车。希尔德加德也应该上车，可她退后一步，把位子让给一个瘸了腿的女人。车上载有2名负了轻伤的士兵，还有2个女人，已无法容纳更多人。

位于队伍最前方的几辆突击炮缓缓行进，无线电通信车尾随其后，再往后是一大群军民。俄国人盘踞在街道两侧的房屋里。我方人员穿过街道时，朝各栋房屋猛烈射击。突围纵队主力轻而易举地到达哈弗尔河，看来我们很快能平安逃脱。俄国人似乎兵力虚弱，几乎没实施抵抗。我们在哈弗尔桥遭遇更激烈的阻截。摩托化部队集结在布伦斯比特勒路，步兵忙着赶往施潘道区政府。红军狙击手埋伏在房屋楼顶，我们无法干掉他们。我们赶往布伦斯比特勒路跟摩托化部队会合时，敌狙击手仍潜伏在楼顶。此时是上午8点到9点，摩托化部队正等待步兵赶到布伦斯比特勒路。他们沿街道左侧排开，以房屋为掩护，但这里一片寂静。

行驶在前方的一辆坦克发回消息，前方3公里的街道畅通无阻，街道左侧的园圃区显然也没有俄国人。于是，一辆突击炮缓缓驶上园圃区开始处（瑙恩街）。步行人员尾随其后，再往后是摩托化部队余部。整支队伍长1000—1500米。

待我们到达园圃区，步行人员离开街道，沿着与街道平行处穿过一个个花园。在离路弯不远处，大致是区政府路，我们遭遇敌人首次打击。孤零零的机枪火力从我们前方稍左侧射来（可能射自哈内贝格）。突然，一架俯冲轰炸机对为首几辆坦克发起攻击，还以机炮不断扫射园圃区。俄国人一门反坦克炮和坦克也朝我们为首的坦克开炮。炮弹直接命中我方坦克，它突然歪向一旁，停在街道上，挡住整支突围队伍。

轻型火炮也从拉内贝格方向朝我们开火。我们（希尔德加德、我、黑尔内鲁斯少尉和丽塔、克恩、医护兵和我手下另外几名士兵）趴在花园里，离街道30米左右。我们前方不远处一座兵营熊熊燃烧。兵营对面的街道另一侧，伫立着一栋砖制房屋。房屋前方10米左右，载着几个孩子的无线电通信车停在街上。炮弹不断落在街头，步行突围者伤亡惨重。我下令设法赶到街对面那栋孤零零的砖制房屋。我带着希尔德加德和几名部下顺利到达街对面，逃到房屋后面的入口躲避炮火。几名伤员躺在那里，希尔德加德赶紧给他们包扎伤口。

我爬回到屋子前面，沿房屋墙壁寻求隐蔽。一发炮弹击中街道，落在无线电通信车前方5米开外。无线电通信车倒退几米，随后停下。车门开了，一名妇女跳下车，左脚立即中弹。过了片刻，两个孩子下了车，我手下两名士兵也跟着下车。街上弹雨纷飞，我没办法冲上去保护孩子。一名士兵朝我打了个手势，示意两个孩子平安到达他隐蔽的那道堑壕。堑壕离我25米左右，与街道平行，位于道路左侧的南面。黑尔内鲁斯少尉、丽塔、克恩、德雷斯克小姐和荷兰人也躲在堑壕里。

与此同时，砖制房屋遭到红军炮火猛烈打击。停留在街道这一侧不复可能，我们不得不撤到铁轨后方。希尔德加德想冲过街道，跑到其他人那里。我赶紧阻止她，这么做肯定会送命。无奈之下，她只好跟着我们撤到铁轨另一侧。我从没跟希尔德加德说过，我看见几个孩子下了车，时至今日她才得知此事。我怕她怪我，怕她会说我应该让她冲过街道，也怕她把几个孩子走失的责任归咎于我。

此时，从哈内贝格到布伦斯比特勒路，俄国人楔入突围纵队。他们冲上布伦斯比特勒路，把突围纵队切成两段，大批平民位于南面。我们在布伦斯比特勒路北侧，与其他人彻底隔绝，根本没办法重新会合。俄国人从左翼发起反冲击，推进到街道边缘。铁轨后方很平静，突围纵队的北段聚在这里，约有500—600人，几乎都是军人。人群里有一位将军，几个年迈的参谋军官，还有一名参谋长。这些人大多上了年纪，都是预备役军官。他们吓得魂不附体，根本无法指挥队伍。这群士兵群龙无首，全凭我们这些下级军官实施相当松散的集体指挥。

由于铁轨这一侧没发现敌人的动静，我们决定赶往西面。20个士兵组成前卫，带着三挺机枪走在最前方，其他人跟在他们身后200米左右。跟随我们一同出发的平民寥寥无几，希尔德加德是其中之一。她是个典型的门外汉，对各种武器全无了解，觉得坦克和装甲车坚不可摧，因此，她不太担心躲在装甲通信车里的几个孩子。我也努力让她相信这一点，还告诉她，几个孩子肯定安然无恙。我确实认为几个孩子平安无事，毕竟他们安全逃入堑壕，那里有人照料他们。

我们一路赶往法尔肯塞，没遭遇敌人打击。我们沿几条平行的铁轨而行（这是通往法尔肯塞的快铁线和通往豪恩、汉堡的铁路线）。前卫在镇子边缘遭遇红军，但对方实力虚弱，我们轻而易举地粉碎他们的抵抗。俄国人在法尔肯塞只有少量兵力，见我们到来，红军士兵仓促逃离。他们丢下一辆福特型救护车「作者注：美国租借法案提供的」，我们大喜过望，赶紧把部分伤员送上车，开着救护车一同出发。

法尔肯塞的居民涌上街头，泪流满面地拥抱我们，以为我们是传说中文克集团军的首批部队，把他们从俄国人的暴行中解救出来。我们得知镇内只有红军一支烘焙面包的部队，故而抵抗得不激烈，但早些时候从镇内通过的俄国人，残暴地对待镇内居民，还强奸了几乎所有女人。

我们绕过下一个镇子布里塞朗。镇内各条街道上停着红军几支孤零零的摩托化纵队，除此之外没见到其他人。我们逼近某个十字路口，发现俄国人一支卡车车队，都是帆布顶的敞篷卡车，正穿过路口。约有6—8辆卡车向南行驶。我们迅速开火。我本想缴获这批卡车，因为某辆卡车上载满汽油罐。我们本来可以乘坐俄国人这些卡车，以此为伪装平安行进！我们逼近十字路口，随后开火射击，俄国人丢下卡车逃之夭夭。我打算乘坐卡车，但其他军官一致反对，觉得此举过于冒险，逃窜的俄国人可能会招来援兵。

逃离的俄国人肯定上报了我们的位置，没过多久，一架航速缓慢的俄国飞机（拉塔，我们经常称之为"咖啡研磨机"）开始在我们上空盘旋。每当我们不得不在露天地行进，它就出现在空中，滞空时间有时候甚至超过一小时。俄国人没费心思朝我们开火，他们大概觉得，反正迟早会逮住我们。

5月1日，我们没遇到敌人，因而彻夜行军。5月2日，我们只能缓缓前进，路上的车辆很多，各处不时出现少量俄国人，迫使我们谨慎行事。另外我们还得考虑到，头顶上的"拉塔"飞机很可能上报了我们的位置，我们随时可能遭遇更强大的抵抗。救护车出了故障，我们不得不弃车，全体人员再次步行跋涉。越来越多的士兵离开队伍自谋出路，到5月3日，我们的队伍只剩100来人。希尔德加德是队伍里唯一的平民，也是唯一的女性。在劳恩镇外一片小森林里，队伍分成一个个10—15人的小组休息。

我们在劳恩镇外另一片树林内见到可怕的场面。30来人吊死在树上，大多是妇女和孩子，其中只有两个年龄约35岁或40岁的男人。这些人显然是自杀的，因为他们一对对地把自己吊死：每根绳索的中段都挂在树枝上，绳索两端各挂一具尸体。（希尔德加德只记得她见到三名妇女吊死在树林内某处，尸体撞断的树枝垂在她们腿间。）

5月3日是我父亲的寿辰。当天清晨5点左右，我们趴在瑙恩郊外的树林里，观察着通往镇内的主干道。路上满是俄国人的车辆。炮火突然袭来，一发发小口径炮弹掠过树林，落在红军车辆通行的主干道左右两侧。最后一丝希望油然而起,绝望之余,我们突然再次幻想,文克集团军来了。

我带着一名中士朝前方空地爬去,那是树林里的防火带。我们突然听见防火带另一侧有人用德语喊道:"过来,到这里就安全了!"我拿不定主意,不知道是否该按照对方的呼叫继续向前,心里多少有点怀疑。于是我返回我们那个小组,询问其他人的意见。此时,射向道路的炮火刚刚停息,只是偶尔传来枪声。

我回到自己的小组,他们筋疲力尽地趴在地上,只有中士笔直地站在那里。突然一声枪响,中士倒下,心脏中弹身亡。我带着另一个士兵,再次爬向防火带。透过望远镜,我看见几个身着原野灰军装的士兵,就在100米外。他们站直身子,以一棵棵树木为掩护逼近林间空地。我俩躲在两棵纤细的松树后,对方没发现我们,此时就在20米开外,我们听见他们说话时带有浓重的萨克森口音。突然,我看见他们的军装上绣着FD两个字母,对方的身份暴露无遗。他们是所谓的"自由德国"解放军成员〔作者注:也就是"赛德利茨的部队"〕,接受俄国人指挥,在柏林地区作战。

我们都知道,现在必须分散行事,这样才有逃脱的机会。我们掰掉中士的半块狗牌(德军士兵戴着中间打孔的椭圆形狗牌,阵亡的话,其他人就掰断下半块狗牌,作为官方身份识别证明,刻有相同信息的上半块狗牌留在尸体上),用树叶和松枝遮掩了尸体。

我们分成一个个三三两两的小组,总目标是西面。由于"自由德国"的人从北面而来,所以我们赶往西面,设法绕开对方。我们不得不穿过一片300—400米宽的开阔地,以便再次进入隐蔽地。两人迈着平稳的步伐走在前方,待他们走出去100来米,我和希尔德加德才跟上去。走了百十来米,我回头望向树林边缘,看见四个红军士兵把一门苏制轻型反坦克炮推出树林。走在前方的两名战友没有回头,所以没见到这一幕。我赶紧拽着希尔德加德面朝树林趴倒在地。过了片刻,第一发炮弹从我们上方呼啸掠过,落在前方两名战友前面。他俩趴倒在地,随后爬起来向前猛冲。稍稍停顿后,第二发炮弹接踵而至。俄国人朝我们开了大约10炮。我带着希尔德加德,利用每一炮的间歇冲向一座废弃的小农舍。

我们继续往前爬,确定俄国人没再追来,便跑入一座谷仓。我把军帽和肩章藏在干草垛下，还脱掉装甲兵外套，用帐篷布把它卷起来。希尔德加德穿着两件毛衣，她脱下一件让我穿上，这件黑色高领毛衣还算合身。我把手枪塞入裤兜，又把军队通行证和军饷簿藏在靴子里。我再次穿上灰绿色的军官雨衣，雨衣脏兮兮的，没人认得出这是什么玩意。我把帐篷捆扛在肩头，左手拎着公文包，包里装着好多巧克力（这是可可粉与巧克力混合制成的圆形甜品口粮，每块巧克力的大小犹如镍币，厚度是镍币的两倍，三四块巧克力足以让人维持几个钟头）。另外，我们还带了些熏肉、军用干面包、大约10包香烟。我的部下在动物园掩蔽部得到的口粮很丰富，所以突围时携带的补给物资相当充裕，都是高能量浓缩口粮。其他部队的情况不见得如此。

我们在一片小树林里睡了大约三小时。我们累得要命，无法继续前行。希尔德加德脚疼得厉害，她先前想保护她最喜爱的鞋子（浅口蓝色麂皮晚礼服鞋），我们离开掩蔽部时她穿上这双鞋，外面套了双胶靴。

我们沿田间小径赶往瑙恩方向，一个红军士兵端着冲锋枪穿过牧场朝我们走来。他拦住我们说道："你是军人，你这个混蛋！"

希尔德加德镇定自若，用法语跟对方解释一番，我也用磕磕巴巴的德语告诉他，我不明白他在说什么。俄国人对我们的反应很满意，随后索要香烟，我塞给他一包烟，他高高兴兴地离开了。

（5月3日）16点前后，我们到达瑙恩郊外。通往镇内的道路上停着一支难民车队，约有20辆马拉大车，队伍里只见到寥寥几名妇女。我觉得他们肯定是德国难民，要是能加入他们的行列就太好了，我和希尔德加德穿过牧场，朝一辆大车走去。有个年轻妇女穿着灰色绗缝夹克，扎着头巾站在大车旁。我上前询问能不能让我们加入。她用蹩脚的德语答道，这是波兰难民的大车队，正要返回故土。他们从清晨起一直站在这里。俄国人把车队里的男人带走了，让他们帮着修建机场，直到傍晚才回来。她的大车上，除了其他物品，还有件旧雨衣。我用军官雨衣跟她交换，好让自己看上去更像平民，她对这项交易也很高兴。

就在这时，一支骑自行车的红军巡逻队停在路边，想把我和希尔德加德带走。年轻的波兰农妇用俄语跟他们交谈。她后来告诉我们，她对俄国人说，这两人也是难民，不该为难我们。俄国人又喊道"Uri，Uri"，我们摇摇头，不明白他们说什么，俄国人伸手抓住我们的手腕，想摘下我们腕上的手表。我们只好交出手表，两个红军士兵骑上自行车离开了。

年轻的波兰妇女劝我们别去瑙恩镇内过夜，建议我们去一座偏远的农场，还给我们详细介绍了农场的情况。天黑前不久，我们到达农场，见到农夫和他妻子，还有个年迈的女佣。犹豫再三，他们总算答应收留我们过夜，但又解释道，我们待在这里不安全，因为红军士兵不时出来劫掠，也经常来农场，我和希尔德加德都很年轻，显然不无危险。

他们把我们领到厨房旁边一个房间，门上用粉笔写着俄文字母。农夫解释道，俄国人征用了这个房间，从明天起，这里就是红军宿舍。我们也许能在这里安安稳稳地睡上一觉，因为劫掠的俄国人不会闯入从里面锁上的房间。他们给我们送来些面包，还有一杯牛奶，20点左右，我俩疲惫地倒在帆布床上沉沉睡去。

第二天（5月4日）早上，天色刚刚放亮，响亮的叫喊声、步枪枪托几次敲击房门的声音把我们惊醒。我们听见农夫年迈的妻子反复喊道："Kommandatura，Kommandatura（指挥官）。"敲门声停了。我们的房间在底楼，有一条小小的走廊。我坐在帆布床上，手里攥着手枪，因为我担心俄国人可能会穿过走廊进来。他们确实穿过走廊前方的花园，但没有打搅我们。

夫妇俩把我们领入厨房，再次给我们提供了牛奶和面包，还建议我们中午前别离开厨房。8点前后，两个醉醺醺的红军士兵沿着人行道走来。希尔德加德赶紧戴上块旧头巾，让自己看上去更老些，我们坐在厨房角落削土豆、洗蔬菜。醉醺醺的红军士兵进来要吃的，农夫给了他们面包和牛奶，俄国人离开了。

上午10点左右，我们离开农舍赶往瑙恩方向，45分钟后进入镇内，一个50来岁的妇女拦住我们，把我们领到她的公寓。她在医院当护士助理，此时刚下班。她在途中告诉我们要十二分小心，还劝我们尽快离开瑙恩，因为俄国人四处搜捕身强体壮的男女，随后把他们押去干苦力。她还告诉我们，俄国人昨晚在医院里两次强奸了她。

我们走入她的公寓，见到的情形简直一团糟。砸碎的盘子和衣物散落在地，房间里到处都是排泄物。她给我们倒了咖啡，让我们提提神，还给希尔德加德找了双鞋子，15点左右，我们悄悄溜过货运场，赶往柏林方向。我们决定尽快返回柏林，继续往西走毫无意义，肯定无法摆脱俄国人。返回柏林的决定让我们免遭落入俄国人手里的厄运，我们后来得知，逃往西面的人都被俄国人逮住，还关押起来。我们向东跋涉，没人理会我们，因为俄国人知道，反正我们在他们控制下。我俩看上去像一对夫妻，这也打消了俄国人的怀疑。

我们沿荒芜的田野和林间小径行进。我在途中烧掉军饷簿和其他有可能给我们带来麻烦的文件。我的手枪和勋章那天早上就已丢入农舍的户外厕所。

返回柏林途中，红军士兵和巡逻队几次拦住我们。幸亏希尔德加德的法语很流利，我俩只用法语交谈，这才顺利通过，俄国人以为我们是法国外籍劳工。另外，我俩看上去衣衫褴褛，我当然不会再给人留下自己是德国军人的印象，已经两个星期没刮胡子了。

5月6日18点前后，我们到达霍亨索伦路快铁站。我第一个念头是去AEG大楼的住处取些便衣。俄国人和另一些平民在那里劫掠，进入大楼不成问题。我先前在公寓地下室布置了一间客房，里面摆满家具和各种家用物品。房门半开，前方摆着我岳母的毛皮大衣，是我藏在那里的。整条走廊里堆满原野灰军装，因为服装仓库就在我那间客房旁边。我在自己的住处没发现什么令人不安的东西。我的平民证件仍放在书架上。希尔德加德和我尽可能多地带上各种民用物品，那件毛皮大衣也没落下！我们还往袋子里塞满水果和肉罐头。

我们下一个目标是施马根多夫车站。我在那里有亲戚，姑妈和姑父在鲁多尔施塔特街与黑克伦布尔吉舍街拐角处的楼房开了间很大的咖啡糕点铺。走了20分钟，我们到达那座楼房，可除了碎石瓦砾，什么也没见到。我们不得不赶紧逃离，因为住在附近的一个女人很久前就是共产党员，她看见我，大声叫嚷起来："那家伙是战犯，绞死他！"直到很久后我才得知她为何说我是战犯。4月16日，我把该地区的防务移交给党卫队部队，他们纵火焚烧我亲戚开咖啡馆的那座大型角楼。附近的居民不知道指挥权发生变更，认为我对这起纵火事件负有个人责任！

我和希尔德加德赶紧逃离，赶往马科布伦纳街1号她的公寓，没用20分钟就到达那里。公寓房门半开，保险销挂在里面，因为房门坏了。我们想强行推门进入，希尔德加德的姐夫出现在门口，他也是汉斯·潘策尔的妹夫。

他认出我俩，大声吼道："泼妇，滚开！你这个军官也给我滚！这里不欢迎你们！"①

我们离开了，不知如何是好，还能去哪里呢？我们沿劳巴赫街漫无目的地行走，突然有人喊道："库尔特，库尔特！"是住在劳巴赫街32号的珠宝商奥托·维泽。他收留了我们。他很幸运，住处安然无恙，也没遭受劫掠。我们彻底洗漱一番，吃了点东西，在屋子的防空洞里过夜。

第二天（5月7日）早上，我和希尔德加德骑着奥托提供的两辆自行车前往马洛，希尔德加德的父母住在那里。我们想弄清几个孩子的下落，德雷斯克小姐和他们待在一起，但愿她把孩子送到祖父母家里了。可我们的希望落了空，希尔德加德的双亲听完我们讲述的经历担心不已。临近中午，我们又骑车返回柏林。

我们寄希望于动物园掩蔽部，说不定那里还有些负伤的军人和平民，也许能透露些情况。站在动物园掩蔽部门口的两个红军士兵不让我们进去。我们等了两小时，出来个中尉，带着我俩和另外8个平民进入掩体，吩咐我们打扫卫生，楼梯要清理干净，因为英国军官代表团15点要来视察掩体。

4月30日，我把一只手提箱藏在掩蔽部锅炉房里，箱内装有希尔德加德和几个孩子的东西。我们本不该进入地下室，可我们还是去了。我很熟悉掩蔽部的情况，还有个手电筒。手提箱仍在原处，虽说被撬开了，但部分东西还在。

我找了两个背包，把熏肉、军用面包、香烟、咖啡、罐头装进去。大批食物散落在各处，四下里乱得难以言述。忙了三个钟头，我们带着战利品离开掩体。

我们还是在维泽家过夜。第二天（5月8日）早上，我们骑着自行车再次赶往马洛，去希尔德加德父母家过夜。

5月9日，马洛镇所有居民重新登记注册。希尔德加德的父亲劝我回柏林，因为我在马洛没有合法的住处，很可能遭逮捕。5月9日下午，我返回柏林的维泽家。我决定尽快离开柏林，去找疏散到因斯布鲁克市泽费尔德的家人。

---

① 阿赫的记述是节选，本书作者没有介绍人物关系，所以前后内容读起来非常混乱。

5月10日上午，我去了帕雷策尔街，维尔默斯多夫区的格特劳登医院，以前我听说那里有个德国护士能说会写俄文。我找到她，请她给我写了份证明：

库尔特·阿赫骑自行车前往奥地利蒂罗尔地区泽费尔德，路线是柏林—慕尼黑高速公路，特此证明。

证明书上不仅有签名，还盖了俄国人的图章。

5月11日上午10点左右，我骑着女士自行车动身出发。在教练汽车道上（高速公路的起点）骑了100米，车胎爆了。我把公文包和背包放在一旁，动手修补车胎。突然，一个年轻的红军士兵挎着冲锋枪出现在我面前。他从我的背包里翻出一条裤子、一条内裤、几包香烟。他查看我的证明，嘟囔着："Nix gutt, nix gutt（不行，不行）。"但他咧嘴笑了笑，随即走开了。

教练汽车道上的车流量不大，有些行人，偶尔驶过一辆俄国人的汽车。在德赖林登（库尔特撰写这份记述时，那里是苏占区检查站），有个穿便衣的人骑着自行车追上来。他的自行车上插着面蓝白红三色国旗，看来是法国人。我们交谈起来，他告诉我，俄国人把他从亚历山大广场的盖世太保监狱里解放了。他原先是柏林的外籍劳工。获释后，他得到通行证，现在要去巴黎。他饿得要命，我倒有不少熏肉、巧克力、香烟，于是给了他点吃的。我们决定一同骑车去美国占领区。结识这个法国人对我至关重要。遇到俄国人盘查，他就掏出通行证，非常管用。俄国人指指我，法国人赶紧告诉对方，通行证是颁发给我们俩的。就这样，我们一次次通行无阻。通行证上盖的印戳很大，看上去很有权威，红军巡逻队显然没人能看懂通行证上写的内容，所以不知道通行证是否真是发给两个人的。〔作者注：苏联红军招募的兵员，很多来自幅员辽阔、识字率很低的中亚地区。〕

我们打算在德绍—罗斯劳城外渡过易北河，俄国人命令所有通行者到一片很大的牧场集合，外国人单独分开。于是我装成法国人，跟我的朋友待在一起。我们5月13日15点左右来到这里，17点来了个红军军官，他告诉我们这群"外国人"，要想进入美国占领区的话，就得去易北河畔的维滕贝格，我们在那里有可能到达西面。

我们赶紧出发，20点前后到达维滕贝格，三男两女站在市场上朝我们挥手。他们也是法国外籍劳工，朝我们挥手是因为他们看见我朋友那辆自行车上的法国国旗。他们热情欢迎我们，还领我俩去俄国人分配给法国人住宿的别墅。他们给我们安排了睡觉的床垫，还给我们搞了点食物。过了一小时，一名原集中营囚犯带着个10岁的男孩来到此处，这是我首次见到集中营囚犯，甚至还跟他交谈了一番。

第二天早上，我们查看了整座别墅。顶楼是办公室。别墅与一家百货商店后部相连，可以从顶楼的办公室进入商店。办公室门锁上了，但我们透过锁孔看了看，发现隔壁房间挂着一排排连衣裙和男士套装。我们想趁此机会给自己换身像样的衣服，于是做了把万能钥匙，把房门另一侧锁芯里的钥匙推出去，随后打开房门。房间里有几个俄国妇女正在挑选衣物，她们尖叫起来我们才发现，我赶紧拿起钥匙，关上房门重新锁好。

等我们回到别墅底楼，却发现两个辅警（波兰人）正等着我们。他们逮捕我们，把我们押到市政厅，随后把我们交给三楼的警备司令。有人把我们逐一领入房间，里面坐着个身穿军装的女人。她宣布我们"企图劫掠"，故而判处死刑。集中营囚犯第一个进去，随后是我，过了10分钟，我那个法国朋友才进去。在此期间，集中营囚犯用俄语跟两个哨兵交谈了一番，他1932年—1933年在苏联当过工人，会说几句俄语。他随后凑过来告诉我们，等法国人被"判刑"出来后，我们仨就逃跑。他已经跟哨兵说好，届时哨兵会去楼下的大厅，他们一离开我们就跑。

说干就干！我们跑回别墅，取了自行车赶紧动身出发。几天后，我在泽费尔德跟家人团聚了。

直到1945年9月我才返回柏林，还带希尔德加德去施塔肯看了我们当初的突围路线。

我们向许多人打听消息，我觉得肯定有人收容了几个孩子，把他们带到东面去了。

1959年，我跟格奥尔格·克恩单独谈了谈，他是最后一个见到几个孩子还活着的人。克恩告诉我，他觉得沃尔夫冈死于败血症。沃尔夫冈的腿上扎了条止血带，还绑了张标签，说明必须定时松开止血带。尽管伤势并不重,可要是不这么做的话,这个男孩很可能死于败血症。我相信两个孩子都已不在人世。

阿尔贝特·舒尔茨[①]
希特勒青年团
5月1日

  5月1日/2日夜间,德军部队奉命取道登霍夫广场撤往威廉大街的帝国总理府。总命令是集结在帝国总理府,而后一同朝施潘道方向突围,冲到美军战线,在那里缴械投降。但凌晨1点45分前后经过登霍夫广场时,舒尔茨负伤,冲锋枪子弹射中他大腿。战友把他抬入耶路撒冷街一间地下室,剪开他的裤子,给他负伤的腿绑了块木板。地下室里还有一名腹部负伤的人民冲锋队员、一名肩膀中弹的党卫队员、三个没负伤的希特勒青年团员。舒尔茨乞求他们任别丢下伤员,可三个希特勒青年团员突然逃离地下室。

  舒尔茨没放弃希望,他手里仍有步枪,暗自决心射杀第一个冲入地下室的俄国人,但他突然想起库尔街的市财政局大楼有个急救站。腹部负伤的人民冲锋队员疼得厉害,说他无法行走,但舒尔茨鼓励他无论如何都得试试。他还让党卫队员解下他腿上的绷带和木板。舒尔茨随后站起身,以步枪拄地,党卫队员用没负伤的肩膀在另一侧撑着他。他们就这样离开地下室,朝库尔街走去。人民冲锋队员想跟上,勉强走了几米就倒在街上。舒尔茨和党卫队员艰难地朝急救站跋涉,这番动作让舒尔茨腿上的伤口再次迸裂,刚到达急救站,他就失去意识。

  急救站的医护兵替他重新包扎一番,没过一会儿,舒尔茨又晕了过去,待他醒来,发觉自己躺在手术台上。医生俯身对他说道:"慢慢数数字。"舒尔茨开始数数,但他隐约看见几个身着棕色军装的人走来走去,这才知道红军占领了急救站。他进入麻醉状态,等他醒来,发现自己躺在过道里,皮夹克盖在腿上。

---

① 前文是阿里贝特·舒尔茨。

没过多久，有个红军士兵走过来，拿走舒尔茨的皮夹克，这件外套是舒尔茨先前从红军俘虏身上扒下来的。皮夹克内兜里装有舒尔茨几名战友的照片，他们都在战斗中阵亡了，另外还有他的军饷簿，但他没办法取回这些东西。

躺在敞开的走廊里，舒尔茨觉得很不安全，他问护士能不能把他推入侧面的房间。他躺在走廊之际，另外几个红军士兵走过来，给伤病员分发德国香烟。舒尔茨还听见一名红军军官对医生说道："要是哪个红军士兵敢碰这里的女人，我立马枪毙他。"

当天晚些时候，护士终于把舒尔茨安排进房间，病房里还有三个伤员：一名双脚炸飞的上尉，一个肺部负伤的挪威人，还有个头部中弹的红发党卫队员。舒尔茨和上尉的伤势相对较轻，所以他俩睡在地上，另外两人分享病房里唯一一张床。红发党卫队员神志不清，痛苦地惨叫了几个钟头后死去，没过多久，挪威人也死了。

5月3日，俄国人来到急救站，给德国伤病员送来食物和香烟。他们还从明斯克带来个翻译，他告诉德国人，战争结束了，第三帝国不复存在。当天晚些时候，俄国人带走好几箱波兰货币，这些装钱的箱子堆放在财务室的墙壁旁。搬运钱箱时，俄国人在箱子后面发现一大堆武器。这些武器是俄国人冲入急救站期间，伤病员仓促丢弃的。俄国翻译小心翼翼地把枪支弹药放入卡车后厢带离。

5月5日—6日，急救站里所有伤病员重新登记，几名苏联医生给他们做了检查，还仔细盘问他们的军衔和所属部队。没人承认自己是党卫队员，舒尔茨更是矢口否认。他告诉讯问人员，他才16岁，根本不知道自己被派到哪支部队。翻译同情地点点头："没错，你只是个孩子。"

但也有人处境不妙，例如舒尔茨在急救站结交的朋友，是党卫队第33"查理大帝"掷弹兵师成员。他是里昂人，名叫莱昂·德加斯帕里，腿上有个反万字刺青。讯问人员逐一盘查排好队的伤病员，护士叫德加斯帕里出列，派他去"取点药品"，这才让他逃过一劫。由于党卫队第12"希特勒青年团"装甲师是战役前组建的，跟大多数党卫队员不同，该师官兵的左腋没有刺血型纹身。舒尔茨利用这一点，总算让俄国人相信自己不是党卫队员。「作者注：党卫队第12"希特勒青年团"装甲师组建于1943年，舒尔茨加入的可能是补充兵营，该师当时在匈牙利和奥地利作战。」

舒尔茨跟德加斯帕里成了好朋友。这个法国人真是个八面玲珑的滑头，很快给他俩弄到床铺（这段时间舒尔茨又搬到走廊里），还搞来罐头食品。没过多久，他就跟一名护士打得火热，对方说他可以跟她住在一起。德加斯帕里当然急于逃离急救站，他说这很容易做到，因为急救站里有好多便装，随处可见。

5月8日，一名红军军官来到急救站，对伤病员发表讲话，宣布战争终于结束，第三帝国向盟国正式投降，大伙现在可以回家了。总的说来，德国投降的消息让大多数士兵如释重负，但也有些人无法接受。过了几小时，有人发现那名双脚炸飞的上尉死于氰化物中毒。这件事在急救站引发轩然大波，俄国人往各间病房门口派了哨兵，以防再有人自杀。

当天，首批平民陆续来到急救站，寻找他们失踪的亲人。伤病员里的柏林人，急切地询问到访者，有没有见到仍在城内的某些朋友，还打听他们原先居住的那些社区的状况。舒尔茨得知，德军炮火炸毁了霍夫曼广场上的房屋，他们原本瞄准的是附近的红军炮兵阵地。但舒尔茨请某位到访者给家人捎个话。几天后，舒尔茨的母亲赶到急救站探望他，她是个共产党员，但红军占领柏林初期，她的政治面貌没起到什么作用，俄国人三次强奸了她。她告诉儿子，她会想办法把他带离急救站。舒尔茨暗自决定，真能做到的话，他就跟德加斯帕里一同逃跑。「作者注：俄国人对德国共产党员没什么好感。苏德战争是意识形态和种族冲突，如果你是德国人，那你就是敌人，跟你的政治面貌没什么关系。」

但舒尔茨不得不推延逃跑计划，他患了坏疽。苏联医生说，他觉得舒尔茨负伤的腿必须截除，但德国医生不同意这番诊断，最终救了他的腿。

此时是5月中旬，急救站里的传言挥之不去，据说俄国人要把所有战俘押解到屈斯特林。急救站几个出入口突然封闭，任何人不得离开，就连某些到访的平民也被扣留。舒尔茨的母亲那天刚好来看儿子，结果被困在急救站，她找了急救站负责人，这才脱身。5月21日，转运战俘的工作开始了。舒尔茨差点丧失逃离此地的希望，但一名德国医生去找急救站负责人，说舒尔茨年纪太小，不能跟其他战俘一同离开。负责人最终给舒尔茨的母亲写了张便条，批准她带儿子离开急救站，还告诉她："毕竟他还是个孩子。"就这样，舒尔茨的母亲带着他回家了。

四周后，舒尔茨仍在家里休养，来了两个NKVD的人。舒尔茨这回没法否认自己的党卫队员身份了，因为对方从舒尔茨进急救站第一天，被红军士兵偷走的那件皮夹克里找到他的军饷簿。NKVD的人让舒尔茨带上随身物品跟他们走。就在这时，舒尔茨的母亲大声抗议起来，还掏出昔日的共产党员证，一再恳求他们别带走她儿子。两名侦查员查看了党员证，听到她声泪俱下的哀求，轻轻点点头，没把舒尔茨带走。

当年9月，德加斯帕里出人意料地上门探望舒尔茨，他告诉舒尔茨，他从战俘营获释，打算以"前强制劳工"的身份申请遣返。

阿尔贝特·弗里茨
"明歇贝格"装甲师
5月1日

弗里茨参加向西突围的行动，目睹了途中的杀戮和破坏。待他到达夏洛滕堡桥，发现这里挤满车辆。烧毁的卡车和轿车堵塞了桥梁和引桥。就在这时，不知从何处而来的红军步兵肆无忌惮地朝桥上开火。众人赶紧隐蔽在各个角落和凹陷处。弗里茨朝桥梁走去，无意间遇到菲舍尔少校和他妻子，她是红十字会护士。

他们设法清理桥上损毁、烧毁的车辆。弗里茨回忆道，他们站在桥上，"菲舍尔带着我和另外几名军官，手里攥着手枪，强迫众人帮忙，把阻碍大伙沿特定路线向西突围的车辆残骸移走。"他们把一辆坦克回收车当作推土机使用，把车辆残骸推到一旁。

尽管俄国人的机枪、步枪火力持续不停，但不知怎么回事，大批军人和平民驾驶着他们的车辆，缓缓驶过桥上损毁车辆间的通道。清理工作没费多少时间，据弗里茨说，持续了不到半小时，但敌人的火力持续不断，致使清理工作似乎长达几个钟头。众人顺利过桥进入施潘道区，随即遭遇敌人更猛烈的火力。过桥后，他们遇到穆默特少将，将军也端着冲锋枪。他们从施潘道区政府门前经过，弗里茨回忆道，他在这里"看见许多阵亡的俄国人"。两辆卡车此时位于车队最前方,进入施潘道区,卡车上两具高射武器朝正前方猛烈射击。一门20毫米高射炮看上去有点像绰号"芝加哥钢琴"的美式火炮,另一挺是点50口径高射机枪。众人借助两辆卡车杀开血路,不停地朝埋伏在屋顶和屋内的敌狙击手、机枪手射击。

俄国人的120毫米火炮,居高临下地倾泻火力,炮火可能射自某个塔楼。德国人以20毫米高射炮还击。施潘道区政府先前在空袭中部分受损,德军突围期间,俄国人的火力自上而下,德国人朝上方还击,这座圆顶建筑起火燃烧。火势很大,据弗里茨说,"此刻脑袋里一片空白,每个人只是机械地往前走。"他一门心思逃往文克集团军方向。大批军民此时只想做一件事:赶紧逃离柏林!他们经过火车站时,俄国人的火力越发猛烈,弗里茨甚至无法穿过道路。红军封锁各条小街小巷,还使用了德国人当初阻止他们攻入城内的街垒,从一道道街垒后方用机枪、步枪、迫击炮开火射击。为穿过一条小巷,弗里茨攀在突击炮侧面,他蜷起双膝,以免双脚卷入战车履带。突击炮刚到达路口另一侧,狙击手的子弹射伤驾驶员。上尉喊道:"我能开这玩意,您赶紧上车操纵机枪!"他俩把驾驶员推到一旁,令弗里茨大吃一惊的是,他们刚爬入突击炮,他回头朝战斗舱内看了一眼,发现几名车组人员"一动不动,像孩子那样陷入恐惧"。

他们离开施潘道区,忽然看见前方和田野里有一群敌坦克,其中一辆是JS-2重型坦克,还有一辆重达70吨的ISU-152自行火炮。高射炮、卡车、各种车辆、坦克率领的队伍和数千名士兵停了下来。弗里茨记得每个人都在问:"怎么了,怎么了,出什么事了?"回答沿队伍传递到后方:"约瑟夫·斯大林式坦克!"

德军突围纵队在这里转身向右,沿长满树木的土路穿过田野,经过某个村庄。待他们到达另一侧,突然遇到红军一处炮兵阵地。据弗里茨说,情况很奇怪,因为俄国人的火炮正面朝西。德军突围纵队直接绕过红军炮兵阵地,向西走出去好几公里,俄国人才开炮,但炮火射程已达极限。德国人很快到达克雷门村。

柏林城外的红军官兵,似乎完全没料到德国人会出现在面前。突围纵队进入克雷门村,遇到一个正在操练的红军连,立即"消灭了"对方。没过多久，村内其他红军官兵与德军纵队展开战斗，双方混杂在一起。红军一辆自行火炮驶出院落，适逢弗里茨和他那群官兵沿道路而来。弗里茨的突击炮一路向前。此时，德国人还剩15辆坦克，在"各处与俄国人展开坦克战"。部分坦克到达瑙恩，还有些甚至驶到更远处，最终耗尽燃料，车组人员不得不炸毁无法行驶的战车。接下来两三天，突围纵队分成一个个小股群体。

此时，弗里茨一行只剩10名军官、50—60个士兵，还有3—4个妇女，她们觉得跟军人待在一起更安全。弗里茨对上尉说道："我觉得我们应该分成一个个小组向西突围。"

上尉似乎不愿分散众人，说道："我们依然是一支部队，随时准备战斗。"

弗里茨不记得这场跋涉持续了多久，但他们次日睡在谷仓里。清晨到来，所有人又冷又饿，弗里茨问道："您现在还认为我们是一支战斗部队吗？"上尉答道："也许您是对的。"

众人分道扬镳，分成一个个小组向西而去。弗里茨跟上尉、一名下士、一个姑娘一组。他们一路向西，偶尔停下来吃点东西，有一次他们停下来休息，一个15岁的小姑娘加入他们的行列，说什么也不肯离开。他们躲在树林里，但俄国人几次发现他们，从四面八方射来火力。上尉装了只假眼，两天前刚刚完婚，弗里茨对他说道："我们昨晚就该分散突围，现在太晚了。"

弗里茨记得，他们一度躲在沟壑里，一群红军官兵从旁边经过，但一个红军士兵突然转身朝他们走来。弗里茨问上尉："我们该怎么做？是自杀还是进俄国人的战俘营？"

要是孤身一人的话，弗里茨肯定会自杀了事。但上尉说道："算了。现在还不是死的时候。"弗里茨耸耸肩，觉得上尉说得很有道理。

红军士兵朝他们走来，弗里茨本能地递上右手的手枪。他左手腕戴着手表，令他惊讶的是，俄国人没接他递上的手枪，而是摘下他左手腕的手表。

俄国人押着他们来到一处场地，有个红军少校随后骑着马把他们领到一栋屋子前。弗里茨记得那个红军少校身材魁梧，高6英尺10英寸左右，胸前挂着一部大型望远镜。少校让人把弗里茨和另外几个德国人带走。众人离开时，弗里茨对上尉说道："我猜他们要枪毙我们了。"有个年轻的德军少尉说道："我懂点俄文，能听明白他们说了些什么。他们没打算枪毙我们。"

他们来到一处庄园，聚在院落里。好多俄国人好奇地围在他们身边。弗里茨记得自己的军装上佩戴着一枚体育奖章，俄国人很快把它据为己有。

红军少校从屋内走出来，询问俘虏里谁是军官。他随后让其他人等在外面，把上尉和弗里茨领入屋内，对他们说道："你们先得洗个澡，再把胡子刮刮。"

有人领他们去浴室，弗里茨记得，他盯着镜子，发觉自己"晒得黑黢黢的，脸上的胡子好几天没刮了"。他们洗漱一番，刮掉胡须。有个俄国人给他们读了份报纸，特意强调"希特勒死了，柏林已投降"。他还说好多德国人自杀了，这个年轻的俄国人会说德语，他随后问道："您当兵多久了？"弗里茨答道："七年半。"俄国人惊异地说道："什么，您当兵七年半才是少尉？我入伍三年半，已经是少校了。"说着，他自豪地挺起胸脯，展示自己的军衔。

俄国人随后把他俩领入一间很大的书房，里面坐着个红军上校，还有个翻译。审讯开始了，弗里茨说没有地图他交代不清，于是俄国人取来地图。地图摊开，弗里茨凝神观看，想弄清他们逃往西面的可能性有多大。但他看不明白地图上的各种标志，不过他看清了，他们此刻大致位于瑙恩与勃兰登堡之间。上校随后吩咐道："把这些法西斯分子带走。"

弗里茨记得，返回柏林的跋涉无比漫长。他在途中看见许多德国人奉命挖掘堑壕，于是问押解他们的一个俄国人："挖掘这些堑壕对付谁？"俄国人答道："对付美国人。"

弗里茨在苏联战俘营关押到1949年，获释后当了记账员。

向北突围

汉斯·亨泽勒
党卫队第11"诺德兰"志愿者装甲掷弹兵师
5月2日

亨泽勒率领部下赶到集合点，奉命从这里进入最靠近的地铁隧道，可能是施塔特米特地铁站或法兰西街地铁站。隧道内挤满形形色色的人，既有军人也有平民。此处没有灯光，偶尔出现手电筒光束或划亮的火柴。为防止走散，亨泽勒和部下紧紧攥着前方战友的皮带，就这样在混乱不堪的隧道里等了大约两小时，一直没收到继续前进的命令。

最后他们总算接到前进的命令，穿过隧道，在腓特烈大街火车站重新回到街面，再从那里向北赶往斯德丁火车站。待他们在腓特烈大街火车站回到街面，亨泽勒看见一大群人，既有各部队官兵，也有包括妇女和儿童在内的平民百姓，还有载满行李箱的轿车和卡车，全都聚集在小小的车站周围。此时是凌晨1点左右，但没听见任何枪炮声。亨泽勒看见一群士兵从人群中走过，一个个似乎醉醺醺的，还用他听不懂的语言放声高歌。亨泽勒问他们是什么人，有人告诉他："他们是法国志愿者。"

尽管混乱不堪，但亨泽勒还是找到二级突击队大队长福斯，福斯给他下达了指令："突围分成四个波次，坦克构成第一波次，第二波次是突击炮，第三波次是步兵，剩下的人组成第四波次。"亨泽勒跟随第三波次突围。

他们在韦登达默桥北侧一道大型防坦克路障后方集合，排成长长的纵队。第一波次向前而去，亨泽勒觉得那些坦克似乎顺利通过，没遭遇猛烈的火力。由于亨泽勒和步兵位于后方，所以看不清前方发生的情况。第二波次随后出发，突击炮似乎也顺利通过，没遭遇激烈抵抗。第三波次很快踏上腓特烈大街，可他们刚出发，前方的第二波次就遭到从几条小巷射出的坦克炮火打击。几辆突击炮突然停下，跟在他们身后的步兵纵队也停下脚步。与此同时，德军部署在后方街垒的一挺机枪开火，子弹从德军官兵头上掠过，在街道两侧的房屋墙壁上擦出一串串火花。街上的德军官兵，有人看清子弹射来的方向，也有人以为是俄国人从屋顶朝他们开火，开始朝一栋栋房屋还击。那些房屋早已严重受损，猛烈的火力立即导致大批碎石瓦砾从上层跌落街道。

亨泽勒回忆道："街头混乱不堪，喧嚣声吓人。由于机枪子弹从上方呼啸掠过，我们不得不埋头前行。街道两侧的房屋里说不定根本没有俄国人，但枪声和火花让人以为敌人正朝我们开火。落下的碎石瓦砾根本无法消除众人的误会。"

前方几辆突击炮无法继续前进，突然调转方向，退回后方街垒，径直驶入跟在他们身后的步兵群。有些士兵来不及避让，结果被己方突击炮撞倒。亨泽勒和部下奋力跑到侧面，爬上一堆巨大的瓦砾，避开突击炮退却路线。整群官兵随后潮水般退到防坦克街垒后面。

部队在防坦克街垒后方重新编组，然后以同样的方式再次突围，但又被红军击退，混乱不堪地撤了回来。第二次突围失败后，亨泽勒突然遇到塞弗特中校。浑身湿透的塞弗特告诉亨泽勒，他先前跳入施普雷河，想游到桥梁右边，利用与腓特烈大街平行的街道通过，可惜没成功，只好返回出发地点。

眼下的情况很明显，他们无法一路向前，转向右侧也行不通。塞弗特建议转向桥梁左侧，赶往国会大厦方向。400来名官兵、几辆突击炮、一门榴弹炮组成的突围群，在塞弗特中校率领下，沿施普雷河赶往国会大厦。他们没走多远，一道防坦克街垒挡住去路。众人只用15分钟就拆除路障，一辆突击炮把插入地面、构成街垒支柱的几根钢轨拔出来。此时天色渐亮，即将到达国会大

从菩提树下街沿腓特烈大街北望（摄于20世纪30年代中期）。党卫队从菩提树下街发起有组织的突围，一路向北而去。

从腓特烈大街快铁站沿腓特烈大街北望（摄于20世纪20年代）。德国人在快铁站下方继续突围，还跨过施普雷河上的桥梁。红军严阵以待，以猛烈的火力打击德军坦克、党卫队掷弹兵、平民百姓构成的突围队伍。

厦时，他们遭遇一辆红军坦克射来的炮火。不过，他们看清敌坦克的位置，突击炮连发几炮，击毁敌坦克。

塞弗特突围群再次转身向右，朝北面而去，很快到达卡尔街附近的快铁铁路路堤。他们跨过路堤，冲入沙里泰医院。他们在这里突然发现，整个院落里躺满熟睡的红军官兵。有个德国兵端起机枪朝人群开火，现场一片混乱，俄国人争相逃窜，很快消失了。德军突围群穿过医院院落赶往罗伯特·科赫广场，随后跨过荣军院街朝恩典教堂而去。他们在那里推倒一道6英尺高的铁栅栏，总算顺利通过。众人来到教堂后面的肖舍街，沿街道一直走到施瓦茨科普夫街拐角。

他们在街上看见一门88毫米高射炮，不远处有台水泵，一群妇女拎着桶排队打水。她们告诉这群军人，俄国人就在前方稍远处，但不在他们刚刚赶来的方向。得知这个消息，突围群里的大多数人调转方向，沿另一条路折返。塞弗特和亨泽勒劝说众人继续前进，可除了他俩和另外两人，其他人还是离开了。从此处能看见红军官兵就在300—400米外运动。他们觉得白天在街上行进太危险，于是躲入金龟子兵营对面一栋焚毁建筑的三楼。塞弗特浑身湿透，冻得瑟瑟发抖。他们在楼里躲了一整天。

（亨泽勒承认，"他这番叙述缺了一天"。他说突围发生在4月30日/5月1日夜间，但又承认，很可能是次日，也就是5月1日/2日夜间［作者注：采访者的更正是正确的］。他说不清缺的究竟是哪天。我们估计，突围其实发生在5月1日/2日夜间，从其他资料看，这一点似乎很明确，四人躲在楼内那天是5月2日。）

他们从藏身处看见，突围群里的其他人遭遇敌人猛烈的火力，潮水般退回肖舍街，在街上又遭到红军火力打击，有那么一刻，混乱的德军官兵企图分散突围，他们四散奔逃，胡乱射击。最后，街头再次平静下来，一两个平民从亨泽勒等人藏身建筑的地下室走出来，但没看见亨泽勒一行。

他们一直躲到天黑，随后穿过金龟子兵营，赶往街对面一连串后院。街上停着辆损毁的汽车，他们从汽车座位上扯些布裹好鞋子，以此消除脚步声。他们的目标依然是逃离柏林向北突围，但在各处都遇到红军官兵。他们沿肖舍街走了一段，随后来到潘克河，这条小河流经该地域，他们沿一排房屋下

5月4日晨,从距离韦登达默桥不远处的腓特烈大街南望。照片里能看见快铁站。德军损毁的Sd.Kfz.7半履带车、Sd.Kfz.251装甲车和一辆卡车面朝北停在街上。这张照片是美国陆军通信兵团的摄影师,五级技术兵贾斯·F.基里安拍摄的。

方的河岸而行。河流最终汇入一条隧道,可他们进去后才发现隧道堵住了。另外两名士兵立即拦住去路,他们先前爬进隧道,也想从这里通过。隧道无法通行,塞弗特和亨泽勒只好返回,溜进一片废墟,在地窖里躲了一整天。另外两个士兵留在后面的隧道附近。

5月3日/4日夜间,他们继续前进,穿过韦丁区赶往格伦茨街,在那里爬上快铁铁路路堤,沿路堤穿过洪堡海因、格孙德布伦嫩快铁站,在博恩霍尔梅街车站前方不远处下了路堤,走入几座花园。他们在这里遇到个年迈的妇女,不仅给他们搞了点吃的,还收留他们躲在半毁的小屋里。

5月4日黄昏,他们回到铁路路堤,继续向北跋涉。几人小心翼翼地走在漆黑的夜色中,突然看见前方20英尺闪过一丝光芒:是个点燃香烟的红军哨兵。运气真不错,要不是火光闪现,他们会直接撞上敌哨兵。几人离开路堤,穿过潘科区返回布赖特街。他们跌跌撞撞地来到一座农场,躲入谷仓,却发现住在农场里的不止他们几个。俄国人待在隔壁,没过多久,对方进入亨泽勒等人藏身的谷仓。塞弗特跳出后窗消失了,亨泽勒后来再没见到他。亨泽勒躲在鸡舍后面,俄国人没发现他。过了几个钟头,农夫走入谷仓,很快发现了俄国人没看见的东西：亨泽勒的双脚从鸡舍下伸出，看得一清二楚。亨泽勒走出来，向对方解释了先前发生的事情，农夫让他待在这里，随后送来些食物。

5月5日傍晚，天色渐黑，亨泽勒三人开始寻找塞弗特，他们昨晚看见他跳出后窗。找遍整片地带，他们也没见到塞弗特的踪影，只好动身出发，赶往皇官公园北面。他们不敢沿大街行进，只能继续穿过一个个后院和花园。他们为此找了个梯子，以便翻过一道道栅栏。他们穿过公园，再次开始了夜间穿过无数小花园的疲惫之旅。突然，奇迹出现了，他们发现自己伫立在一片宽阔的空地前，随即明白过来，终于离开市区。几人欣喜若狂，跪下双膝感谢上苍，泪水顺着脸颊滚滚而下，他们拥抱在一起，相互拍打后背，随后像孩子那样，在田野里兴奋地奔跑起来。

亨泽勒从此处慢慢前行，经过多次危险的绕行赶往易北河。接下来一周，他跟两名战友分道扬镳，在平民百姓帮助下，一次次躲开红军巡逻队，终于靠近把他跟美国占领区隔开的那条河流。有个海军炮兵途中赶上来，跟他结伴而行，5月13日星期天，圣灵降临节那个晚上，他俩终于来到河边。

他们已选好渡河地点，于是仔细收拾好寥寥几件随身物品，打算带着这些东西游到对岸。夜色漆黑，四下里一片寂静，易北河就在15英尺外。两人跋涉了一整天，游泳过河肯定很费力气，亨泽勒想休息一会儿再动身。他看见前方的地上似乎有根圆木，于是走过去坐在"圆木"上。令他大吃一惊的是，"圆木"突然站起来，还用冲锋枪指着他，原来是个睡在地上的红军士兵，他的同伴睡在旁边的散兵坑里，可不知怎么回事，这个哨兵却躺在露天地。俄国人看上去比亨泽勒和他的同伴更惊慌，但他端着冲锋枪，亨泽勒和同伴只好赶紧坐下，高举双手，表明自己没有敌意。就这样，经历了近两周异乎寻常的逃亡之旅，亨泽勒在离目标咫尺之遥的地方当了红军的俘虏。

俄国人把他俩从易北河押回柏林，随后送到菲尔斯滕瓦尔德。但亨泽勒再次展现出自己的聪明才智：他逃离押往东面的战俘队列，一路逃回柏林。他在柏林城内某处躲入地下，英国人后来占领这片地区。英军开入城内「作者注：西方盟军8月份进入柏林」，亨泽勒结交了几个英国兵，最终说服他们用卡车把他送到西部占领区。他从那里返回莱茵兰的家中，拘押两年后终于获释。

汉斯·莱茵博士
第9伞兵师
5月1日

5月1日傍晚，守卫国会大厦的德军官兵接到命令，肃清大楼，取道腓特烈大街车站和韦登达默桥向北突围。车站和桥梁遭到红军猛烈炮击。莱茵率领20名部下过桥，随即冲入腓特烈大街西面，造船工路附近的废墟。他觉得逃往北面唯一的机会，是夜间穿过居民区的废墟瓦砾，因为各条街道基本控制在俄国人手里。

莱茵在某片废墟听见一名党卫队军官正跟某个党卫队一等兵交谈。他仔细聆听两人的对话，发觉一等兵很熟悉这片地区，而本该领路的党卫队军官显然不是柏林人。莱茵赶忙凑过去，对党卫队军官说道："您和这位一等兵，还有我和我的部下，应该一同突围，我们有20个战斗经验丰富的士兵，能保护你

德国人沿腓特烈大街突围期间损毁的一门拖曳式37毫米43型双联装高射炮。照片摄于5月3日上午。这门37毫米双联装高射炮部署在韦登达默桥。第一张照片的拍摄角度向南（能看见上一张照片里损毁的车辆），第二张照片朝东北面拍摄。从高射炮周围散落的弹壳看，德军突围期间，这门高射炮为他们提供了火力掩护。

们。"党卫队一等兵坚决反对莱茵的主意，他觉得溜过红军战线唯一的办法是独自行事，最多两人。人越多，被俄国人发现的可能性越大。但党卫队军官似乎愿意跟莱茵等人同行，不过，他想看看莱茵的证件，以免跟错人。「作者注：党卫队军官想核实莱茵的身份，生怕对方是赛德利茨的部下。」

他们终于出发了。党卫队一等兵走在前面，党卫队军官和莱茵尾随其后。由于夜色漆黑，莱茵给部下下达明确的命令："排成单路纵队紧跟着我，千万别跟丢你前面的人。"走在最后面的是个能干的中士，名叫盖尔。

23名官兵缓缓向北而去。他们不敢站直身子大步向前，大部分路段不得不爬行。每次经过红军阵地，他们就得趴在地上，靠肘部支撑，一点点往前挪。待他们首次停下来休息，莱茵惊异地发现，原先的20名部下只剩7—8人，盖尔中士也不见了。

艰难跋涉期间，他们在途中看见党卫队车组驾驶的一辆黑豹坦克「作者注：从现有资料看，柏林城内没有武装党卫队的黑豹坦克。这辆黑豹可能隶属"明歇贝格"装甲师，车组人员弃车后，武装党卫队员接管了坦克」。他们走上前，党卫队军官似乎认识坦克车长，他跟对方聊了起来，看上去很亲密。莱茵抓住机会问车长，他是否打算向北突围。车长答道："没错！"莱茵又问能不能让他和他的部下搭乘坦克，车长同意了。几名士兵和几个党卫队员爬上坦克，众人向北而去。

途中，莱茵听见某个党卫队员对另一个士兵说道："不管怎么说，我们现在还没被逮住，试试看说不定能逃出去，反正元首已经死了。"这是莱茵首次听说希特勒的死讯，他惊愕不已，彬彬有礼地问对方："元首什么时候死的，怎么死的？"知情的党卫队员答道："他是自杀的，他妻子也自杀了。"莱茵又吃了一惊："没听说元首结过婚，他妻子是谁？"党卫队员答道："埃娃·布劳恩，元首几天前娶了她。"莱茵没听说过埃娃·布劳恩，也没太大兴趣打听她是谁或元首出了什么事。他没再多说什么，一是因为他没有评论他人隐私的习惯，二是因为这个话题素来是个禁忌。

挤满士兵的坦克逼近舍恩豪泽大道，俄国人的炮火更加猛烈。车长关上炮塔舱盖，坦克最后停在舍恩豪泽广场快铁站。莱茵命令部下离开坦克，因为再坐在坦克上太危险了，他打算率领部下继续步行跋涉。他们刚到达附近一条

上图：德军企图沿施普雷河北面的腓特烈大街突围后，红军士兵小心翼翼地穿过德军损毁车辆的残骸。照片里能看见几辆损毁的 Sd.Kfz.7 装甲车，照片中间依稀可见的车辆似乎是一辆三号突击炮。照片右后方是伯措啤酒厂的手推车，车上装满用于封闭防坦克路障的砖块。

上图：从施普雷河北面的腓特烈大街北望，奥拉宁堡门地铁站入口位于左侧，约翰尼斯街位于右上角，能看见那里停着辆帝国邮政的卡车。德军突围后，损毁的车辆和尸体散落在街上。这张照片可能摄于5月3日上午。近处损毁的车辆好像是霍希108 1A型指挥车远处的车辆似乎是损毁的SdKfz 251半履带车，车号531，隶属党卫队第11"诺德兰"装甲侦察营，车后拖着一门75毫米 le.IG 18 轻型步兵炮。右侧的建筑是腓特烈大街上原先的第2禁卫步兵团团部。

右图：上一张照片（本页上右）角度更宽的补充，但拍摄角度向南。照片里仍能见到霍希108 1A型指挥车，还能看见两辆损毁的桶式车，以及夜间沿腓特烈大街突围期间阵亡者的尸体。最前方的桶式车，车牌号是WL-528251，驾驶员一侧的挡泥板上喷涂了所属部队的战术徽标。从照片里能看出，从这里到后方的施普雷河烟雾四起，车辆残骸随处可见。

左图：党卫队第11"诺德兰"装甲侦察营第5连，车号531的SdKfz 251半履带车后部细节照。不太清楚阵亡的德国兵是车组成员还是跟随装甲车步行突围的人员。

东西向街道（可能是博恩霍尔梅街），就发现根本无法穿过街道，强行通过的话肯定会送命。俄国人的火力沿街道由东向西射来。莱茵和7名部下转身离开，打算沿各条小街行进，然后再设法穿过街道，继续赶往北面。

莱茵带着部下悄然来到某栋楼房的阁楼，暂时待在这里。他们见到几件便衣，但不够所有人换装，所以干脆都没换。

过了一会儿，他们听见通往阁楼的楼梯传来脚步声。莱茵命令部下打开枪支保险。来的是德国人，目的很明确："俄国人占领了整片地区，有人向俄国人举报了你们。所以我们要求你们尽快离开这栋楼房，否则俄国人要开炮了。"

莱茵答道："我完全理解你们面临的难题，可我请你们也理解我们的处境。我们愿意离开这栋屋子，条件是你们提供便衣。要是我们穿着军装出去，肯定会立即送命。"两个平民犹豫片刻，其中一人说道："这件事我们得商量一下，您知道，仅凭一个人没法弄到七套便衣。"

莱茵答道："无论如何请你们跟楼内其他居民商量一下。"其实他心里有数，根本不是他们需要多少套便衣的问题，而是那两个家伙根本不愿帮忙。

过了几分钟，他们又听见脚步声。这回来的是两个女人，她们冲入阁楼，抓起几件便衣转身离开，还恶狠狠地撂下一句话："赶紧滚出去！"莱茵知道处境已趋无望，但他什么也没说。

随后上来个男人："俄国人委任的街区负责人就住在我们这栋楼，他想跟您谈谈。"莱茵答道："请他上来吧。"对方解释道，街区负责人不想上阁楼，但他愿意在中间楼层跟莱茵会面。

莱茵知道处境越来越危急，于是带着一名下士来到三楼，同俄国人新委任的街区负责人会面，对方看上去挺正派。街区负责人直截了当地指出："俄国人知道你们在这里，您现在有两个选择：要么离开大楼向俄国人投降，要么被俄国人的炮弹炸死。"

莱恩立即问道，投降条件是什么，一旦落入俄国人手里，等待他们的命运又是什么。街区负责人答道："我可以向您保证，他们会把你们当作普通战俘对待，等德国签署了降书，你们就会获释。"

莱茵请对方给他几分钟时间，让他同部下商量此事。他没有直接下达命令，而是跟部下商讨相关决定，这还是首次。此举有违军事传统，但莱茵觉得事关重大，从人性角度看，他无权决定部下的生死。

几名部下一致同意投降。

街区负责人告诉他们接下来该如何行事："你们得打着白旗走出大楼，去我指给你们看的那栋房屋。"

莱茵和他的部下照办了。指定的那栋房屋里满是红军士兵，还有好多德军战俘。俄国人解除了莱茵和他部下的武装，让他们跟其他战俘待在一起。令他惊喜的是，盖尔中士也在这里，他告诉莱茵，他是夜间穿过废墟期间被俘的。他还亲眼看见有个德国平民几小时前跑来报告俄国人，说几个德国兵躲在他那栋房屋的阁楼上。当天不断有德军官兵押解到这里。

临近傍晚，俄国人把所有战俘押往某位红军将领的司令部。转移期间，莱茵听说柏林投降了，于是求见红军将领。他似乎是唯一为自身命运抗争的人，其他战俘看上去好像都听天由命了。

过了一会儿，俄国人把莱茵领到一名参谋军官面前，对方的德语说得很流利。莱茵立即跟他交涉："我们先前得到保证，只要德国签署了降书，我们就会获释。正因为这个条件，我们才同意不做任何抵抗地向贵军投降。德国今天早上签署了降书，我请求你们释放我和我的部下。"

红军参谋军官彬彬有礼，但态度坚决："您战斗到最终投降的那一刻，您是战士，我也是。部分德军官兵仍在战斗，要是我放您走的话，就得冒上您可能会再次投入战斗的风险。"

他说的不无道理，莱茵只得让步。他知道这意味着自己会关入苏联战俘营，可不管怎么说，他总算还活着。

第二天，俄国人命令战俘动身赶往东面。他们在瓦泽河畔兰茨贝格待了段时间，随后继续跋涉，最终进入苏联境内。

莱茵在兰茨贝格跟朗格上尉、他的副官扎贝尔中尉交谈了一番，这才得知他先前看见两个吊死在腓特烈大街上的军人出了什么事，朗格上尉原先是某突击炮部队指挥官，吊死的两个军人是他的部下。其中一个是军官，堪称朗格最英勇的部下，不仅获得过战伤勋章，还因为表现杰出荣膺金质德意志勋章。盟军登陆诺曼底后，这名军官在法国被俘，但他设法逃脱，费尽千辛万苦才归队。部队开抵柏林，上级命令这名军官把一辆出故障的突击炮开去修理厂维修。他带着中士出发，途中被某个党卫队一级突击队大队长拦下，对方命令他把突击炮开入附近的阵地。这名军官解释道，突击炮出了故障，必须送去修理。一级突击队大队长不由分说，叫来几个党卫队员，把这名军官和随行的中士吊死在现场。「作者注：这就是两具尸体吊在腓特烈大街快铁铁路桥下的由来，好几名柏林战役参战者提到过此事。」

莱茵后来辗转于苏联几座战俘营，四年后的1949年获释，返回卡尔斯鲁厄。

弗里茨·弗雷德
罗斯巴赫战斗群（人民冲锋队混编部队）
5月1日

4月30日/5月1日夜间，弗雷德和警卫连其他官兵接到命令，把仓库里剩余的食品分发给百姓，做好行军和战斗准备。140人的连队向设在舒尔特海斯啤酒厂的指挥部报到。上级宣读命令，让他们沿舍恩豪泽大道突出柏林，在战车支援下赶往门希米勒方向（柏林以北25公里），在那里与文克集团军会合，有报告称，文克集团军在红军部队外围形成包围圈「作者注：文克的部队根本不在柏林北面，但柏林城内官兵传播着各种传言」。

文克集团军等在柏林城外的消息，让弗雷德和战友萌生新的希望，他们本以为柏林城内的官兵遭隔断，彻底陷入孤立。他们当时就没想过，文克的部队说不定根本不在北面。听到突围的命令，弗雷德首先想到自己的家人："我们还能重逢吗？"但他是个老兵，不太担心此类事情，在他看来，命令就是命令，其他的就得看运气了。

突围行动要想成功，只能由熟悉市区地形的人率领，罗斯巴赫上校命令所有柏林人上前一步。整个战斗群只有两人挺身而出，一个是弗雷德，另一个也叫弗里茨，住在斯特拉斯堡街。弗雷德是在附近长大的，对各条街道了如指掌，于是罗斯巴赫上校命令他率领全连沿突围路线前进。弗雷德只是个一等兵，觉得自己的角色非常奇特，因为他率领的连队不仅有士兵，还有军士，甚至有几名军官。

拂晓时刻，他们动身出发，沿舍恩豪泽大道赶往北面。快铁铁轨在这片地段升高,他们以此为掩护不断向前。零零星星的枪声传来,但这片地带没落下猛烈的炮火。待他们到达舍恩豪泽大道快铁站,却发觉无法继续前进,因为大批部队封锁了街道。弗雷德吩咐战友待在原地,他和弗里茨去前面察看情况。车站另一侧,炸弹炸塌的高架铁轨垂落到街上,为弗雷德和弗里茨提供了掩护。两人爬上扭曲的钢梁,想看看能否溜过去,突然发现30—40辆坦克和装甲车从南面而来,轰鸣着沿街道而行。这些战车显然是支援罗斯巴赫战斗群突围的装甲力量,可坦克和装甲车没有停下,而是全速行驶,消失在潘科区方向。这是弗雷德最后一次见到装甲支援力量。「作者注:这支装甲纵队可能是向北突围的"大德意志"警卫团。」

此时是上午10点左右。突然,一群士兵在舍恩豪泽大道另一侧越过快铁站。弗雷德发现他们大多是"大德意志"警卫团的士兵,一个个全副武装,都很年轻,只有16—18岁,显然缺乏战斗经验。先前冲过的战车无疑惊动了俄国人,因为这群官兵赶往前方时,"斯大林管风琴"猛烈的齐射击中大街。弗雷德不知道俄国人的火箭炮部署在何处,只听见火箭弹的呼啸,看见一发发火箭弹落在周围,他只能蹲在扭曲的铁轨和钢梁后面。但"大德意志"警卫团的小伙径直冲入猛烈的炮火,遭受了惨重的伤亡。弗雷德和战友帮不上什么忙,因为他们只有卡宾枪,外加几把手枪。弗雷德无能为力,眼睁睁地看着那些缺乏

党卫队第11"诺德兰"装甲掷弹兵师第3"瑞典"连,车号339的SdKfz 251半履带车,沿腓特烈大街向北突围期间损毁。注意这不是前两张照片的那辆SdKfz 251,这辆半履带车停在北面,位于车号531那辆半履带车所在街道的左侧。照片里这辆战车,几乎可以说在前两张照片的视野外。德军阵亡士兵倒在损毁的战车周围。

经验的士兵一头冲入俄国人的炮火。

情况很明显,俄国人准备沿街道发起反冲击,攻往市中心。弗雷德知道,眼下这种情况,突围毫无希望,于是返回后方75码左右的战斗群。他告诉战友去保罗·格哈德基金会大楼,那是座带祷告室的大型教堂建筑,每次去一个人,把步枪堆放在院落里,扔掉弹药,然后各自回家。弗雷德和弗里茨随后沿舍恩豪泽大道而行,返回舍恩豪泽大道与格莱姆街拐角的体育馆电影院。他们看见警卫连四名后勤军士平静地坐在电影院台阶上吃早饭,有面包,还有香肠。(和许多普通士兵一样,弗雷德极度厌恶后勤军士,因为他们经常给他找麻烦。他认为这帮家伙不仅懒惰,还有官僚作风,总是囤积物资,不肯分发给部队。)

他们刚到达电影院,就看见红军首批重型火炮隆隆驶过舍恩豪泽大道快铁高架桥。几个后勤军士立即跳起身,命令弗雷德和弗里茨拿着步枪进入防御阵地。但弗雷德不想听凭他们摆布,厉声告诉他们,自己现在是连长,他们得听他的命令。有个后勤军士火了,伸手去掏手枪,但弗雷德和弗里茨动作更快,手里的武器指向对方,命令四个后勤军士把手枪扔到街上,随后押着他们沿舍恩豪泽大道赶往格奈斯特街拐角。

他们在那里突然看见几个身着长大衣的红军军官平静地走在街上,似乎没携带任何武器。弗雷德顿时明白过来,这片地区大部分地段已落入俄国人手里,他们赶紧躲入旁边一栋楼房,敲响某间公寓的房门。一名妇女开门请他们进去,给他们煮了咖啡,还说道:"你们是德国军人,真是太好了,你们得把俄国人赶走。"他们不想让她失望,什么也没说。

过了一会儿,他们又冒险回到街头,看见人行道上有个红军士兵坐在扶手椅上,这把椅子显然是他从附近某间公寓拿来的,身旁放着一大堆军用手枪。看见几个德国兵走来,红军士兵问道:"你们的手枪呢?"弗雷德长期在东线服役,对俄国人的心态略知一二,简短地答道:"没有手枪,我要回家找我妈妈。"红军士兵点点头,朝他们挥挥手:"好的,你们走吧。"

但弗雷德和弗里茨想知道舒尔特海斯啤酒厂的指挥所出了什么状况,于是返回那里。他们看见啤酒厂大型建筑和前方街道上挤满陆军官兵和党卫队人员,大多数人仍端着武器,显然在等待后续命令。弗雷德看见一名手无寸铁的红军军官举着白旗走近啤酒厂大楼，跟几个军衔较高的德国军官交谈起来。没过多久，消息传播开来，俄国人给德军官兵15分钟时间放下武器投降，否则就要以炮火摧毁啤酒厂。时间一分一秒地流逝，红军军官转身离去。最后的时刻即将到来，党卫队员终于放下手里的武器。陆军官兵也打算脱掉军装，沿几条后街逃之夭夭。

指挥部正式投降，弗雷德和弗里茨也想回家了，啤酒厂里存放着大量白兰地和香烟，他俩决定走之前捞上一票。两人扔掉几件备用衣物，清空野战背包，走入一间储藏室。但在储藏室里，弗雷德又遇到他的宿敌：一名后勤军士坐在硕大的办公桌后，手枪摆放在面前，正仔细开列各种库存物资清单。两名士兵从以往的经验得知，即便眼下这种时刻，也不能指望后勤军士会大发慈悲，允许他们取走任何东西。唯一的办法是直接动手：弗雷德跟对方说话时，弗里茨绕到军士身后，抡起一瓶白兰地砸晕了他。两人随后把一瓶瓶白兰地、一条条香烟塞入背包。由于先前遇到的俄国人都告诉他们可以回家，于是两人握手道别，还说等情况稍稍好转后再见面。弗里茨随后动身赶往斯特拉斯堡街的家里，弗雷德想到格莱姆街不久前还有战斗，心里有些不安，但他还是朝那里走去。

他离开啤酒厂赶往舍恩豪泽大道，几条街道上空无一人，偶尔有红军火炮和坦克从他身旁驶过。弗雷德不时看见在街角站岗的红军士兵，他们拦下四处游荡的德国兵，收缴武器后打发他们离开，还说："战争结束了，你们回家吧。"弗雷德只穿着军装，扎着军用腰带，背着个小小的背包。街道上，偶尔有人透过稍稍推开的房门向外张望，除此之外，一切都很平静。弗雷德走到舍恩豪泽大道与坎蒂安街拐角，五个挎着冲锋枪的红军士兵从房屋门口走出来，命令他停下。弗雷德高举双手朝他们走去，有个红军士兵问他去哪里，弗雷德指着格莱姆街方向说道："我要去那里，回妈妈家，离这里两分钟路程。"俄国人摇摇头说道："不行，不行，那里还在打仗，您跟我们走。"

一个红军士兵带着他走上坎蒂安街，来到高迪街与松嫩堡街拐角某栋后楼的底层公寓，屋里还有三个红军士兵，跷着脚躺在床上。有个红军士兵德语说得很好，问弗雷德要去哪里。弗雷德说自己只想回家，他就住在法尔克广场斜对面。红军士兵笑着说道："您到不了那里，您此刻在红军战线，坐在这里

红军部署在佛兰德街与卡门西尔瓦街路口的M-30榴弹炮,朝西北方的舍恩豪泽大道快铁站总方向开炮。由于步兵第79军没越过A防区的快铁环线,这张照片可能是5月3日拍摄的,红军正与昨晚突围、目前沿舍恩豪泽大道逃往北面的德军交火。

等待后续命令吧。"

  弗雷德坐在椅子上,郁郁不乐地想到,他离家人就隔几百码。过了一会儿,他告诉俄国人他想上厕所,于是红军士兵领他去浴室。弗雷德在浴室里惊愕地看见,俄国人把一根香肠和部分黄油浸在抽水马桶里,显然是为防止食物在温暖的春季变质。他不知道该在哪里小便,俄国人指指浴缸,弗雷德只好照办。

  尽管这番经历不太愉快,但弗雷德很快就饿了,他问俄国人能不能给他搞点吃的。很幸运,附近一家面包店仍在营业,红军士兵给他拿来些新鲜的面包卷和一小盒猪油。弗雷德狼吞虎咽地吃光食物,随后坐着等待接下来会发生什么事。

  过了一会儿,有个红军士兵问他:"同志,几点了?"弗雷德戴的手表很大,是他当初在丹麦买的,他看看手表说道:"7点差一刻。"俄国人笑着说道:"同志,我们交换手表吧。"弗雷德知道,最好别跟对方争执,于是摘下手表递过去,俄国人把手表揣入衣兜,没给弗雷德任何东西作交换。弗雷德还被迫从背包里取出些香烟送给几个红军士兵。

  没过多久,一个长着亚洲人面孔的红军士兵走入公寓,示意弗雷德跟他走。他们来到街上,红军士兵告诉弗雷德跟在他身后五步,这是他那个地区俘房的传统位置。弗雷德觉得这种奇怪的做法很滑稽,就连松嫩堡街上,站在房屋门口的人看着他们经过,也难以置信地连连摇头。红军士兵领着他踏上松嫩堡街,赶往快铁轨道通向舍恩弗利斯街穿过的高架桥。他在那里让弗雷德上前,示意他应该沿阿尼姆广场方向继续行进,说罢转身返回。

弗雷德觉得最好脱掉军装换上便衣,但他震惊地发现,部分柏林居民对德国军人抱有深深的敌意。他在街上问几个平民,能不能给他找件外套换上,他们却朝他吼道:"滚开,你这个肮脏的战犯!"这些话听得弗雷德惊愕而又难过,他首次觉察到德国军民间出现了深深的鸿沟。他茫然、疲惫、绝望,步履蹒跚地朝舍恩豪泽大道走去。弗雷德看见街上有很多红军士兵,其中一名少校朝他喊道:"同志,您要去哪里?"弗雷德从恍惚中苏醒过来,答道:"我要回家。"少校又问道:"您是柏林人吗?"弗雷德说是的。少校叫来一名端着步枪的红军士兵,吩咐道:"带他去警备司令部。"

两人从舍恩豪泽大道沿席韦尔拜因街而行,随后左转进入塞洛街,警备司令部设在丹麦街拐角附近某栋房屋内。门口的哨兵放两人进去,一个德国人站在过道里,他问弗雷德:"您是不是要去警备司令部?您是柏林人?"弗雷德说是的,对方递给他一张通行证,上面写道,通行证持有者是柏林人,可以在城内自由活动,批准他回家。

但这份通行证还需要当地指挥员签字。弗雷德走入指挥员办公室,递上通行证。指挥员瞟了一眼,刚要签字,房门突然开了,一名红军士兵进来汇报情况。当然,弗雷德听不懂他们说了些什么,但俄国人把他的通行证丢入废纸篓,还把他推出门外。

弗雷德又回到街上,震惊地看见一大群德军士兵站在他面前,当天早些时候,俄国人奉命把这些俘虏带离柏林。俄国人命令弗雷德加入战俘行列,跟随其他人立即出发。他后来从其他战俘那里得知,自己的运气糟透了。俄国人凑满100名战俘就把他们押走,而弗雷德恰好是第100个。

战俘队伍穿过普伦茨劳贝格向北赶往潘科区,弗雷德再次体会到部分柏林居民的怒火和敌意。德军战俘步履沉重地穿过各条街道,许多居民凑上来,朝他们吐唾沫,还骂他们是战犯。弗雷德觉得,当地的共产党员都跑来实施报复,竭力羞辱德军官兵。

他们在潘科区柏林街的蒂沃利电影院过夜，次日穿过韦森塞区，经过弗雷德周末养花种菜的小苗圃，一路赶往马尔肖。跋涉途中，有些平民百姓给干渴的战俘送上饮水，弗雷德抓住机会，把纸条塞给某个送水的妇女。注明妻子住址的纸条上写道："被俘，估计两年内能回来。"他后来得知，这张纸条真的送到他妻子手里。俄国人押着战俘赶往旧兰茨贝格，最终前往「波兰边境的」屈斯特林。一路上，他们几乎没得到食物，只有些半腐烂的肉，还有全是糠的面包，这种面包的滋味就像稻草烘焙制成的。

跋涉途中，有个红军军士沿战俘队列而行，收缴战俘残留的手表，还从一群德国军官那里弄到几块手表，德国军官立即向负责的红军军官投诉此事。一名红军少校赶来，命令军士把偷来的手表悉数归还（那群德国军官只取回部分手表），随后当场枪毙了他。「作者注：部分红军军官开始约束部下，采取了严厉的纪律措施。纪律措施意味着简易军事法庭，此类军事法庭在当时的红军部队里很常见，也是残酷军事氛围的缩影，许多红军指战员在这种氛围下战斗、丧命。」

囚禁生涯结束后，弗雷德返回东柏林普伦茨劳贝格的家中，1960年从那里逃到西部地区，恰好赶在柏林墙竖起前。

瓦尔特·蒂姆
党卫队第11"赫尔曼·冯·扎尔察"装甲营
5月1日

5月1日，党卫队二级突击队大队长扎尔巴赫命令蒂姆和他的车组，当晚去法兰西街，准备向北穿过潘科区，突出柏林包围圈。扎尔巴赫只提到突击炮分排，没说是否有其他部队参加这场突围。他们当晚集结在腓特烈大街的法兰西街地铁站。现场的官兵，蒂姆只认识装甲运兵车分排的人。

另一些部队和车辆逐渐赶到，当晚晚些时候（可能是22点前后），他们奉命沿腓特烈大街向北而行。此时，街上挤满形形色色的坦克、突击炮、卡车、轿车和其他车辆，车流向北涌去。人行道上满是部队和军衔各异的官兵，有的在车辆间步行跋涉，也有的坐在车上。人员和车辆组成的突围队伍密集而又混乱，几乎不太可能构成团结一致的紧密编队。就连蒂姆突击炮分排的车辆也在人潮中走散。俄国人偶尔射来几发炮弹，没有集中炮火猛烈轰击。

过了片刻，蒂姆发现排里一名中士不见了，于是返回地铁站，想看看他是不是留在那里。在地铁站入口，弹片击中他左上臂，血流如注，但只是皮肉伤，蒂姆用手帕包扎伤口，没太在意。他找了一圈，没见到中士，于是返回他那些突击炮（车辆行驶速度很慢，他毫不费力地追上他们），继续沿街道而行。

在菩提树下街周围，蒂姆遇到20来个陆军士兵，这群士兵恳求蒂姆的几辆突击炮捎上他们。蒂姆让他们爬上突击炮，随后继续向前。除了零零星星的炮弹，俄国人没射来密集的炮火。午夜前后，他们到达韦登达默桥，所有车辆堵在这里。附近几栋建筑起火燃烧，现场一片混乱，从四面八方赶来的官兵和车辆挤满整片地带。蒂姆的突击炮就在桥梁正前方，由于交通堵塞，他们无法前进。

蒂姆爬出突击炮，刚绕到战车后面，就遇到"诺德兰"师师长齐格勒少将。齐格勒担任师长期间，蒂姆只见过他几次，但立即认出他来。齐格勒带着一两名军官，其中有个一级突击队中队长。

齐格勒告诉蒂姆："俄国人渗透到桥梁附近的街道两侧，我们必须冲过去，再往前还有一片无人区。我得联系蒙克，所以必须进您的突击炮。"

他们绕到突击炮右侧，准备钻入战车，有人（蒂姆不知道是谁）从韦登达姆方向朝突击炮射来一发"铁拳"。破甲弹没击中突击炮顶部，但把坐在突击炮上的士兵一扫而空。蒂姆事后回忆道："突然间，我那辆突击炮上一个人都没了，他们仿佛都被卷走了。"

蒂姆仍在发愣，齐格勒说道："动作快点，我们得赶紧离开！"齐格勒带着一级突击队中队长钻入突击炮，但车内没有足够的空间容纳他俩和车组人员，齐格勒让蒂姆把装填手赶出去。装填手是个非常年轻的小伙，蒂姆实在不愿把他赶出去，就这样抛弃他。但齐格勒不容分说，朝蒂姆吼道："我命令您把这家伙赶出去！"蒂姆很不情愿地让装填手离开，但让他趴在突击炮顶部，隐蔽在炮塔后面，这样也许能安全点。

他们钻入突击炮，蒂姆突然看见他那个分排的一辆装甲运兵车，于是让装甲车跟在突击炮身后。他们小心翼翼地驶向桥梁，蒂姆朝街道两侧的房屋和桥对面发射了三发高爆弹。齐格勒命令他把年轻的装填手赶出去，蒂姆气得要命，所以小小地报复一把，开炮时他故意关闭了通风设施。滚滚浓烟卷入突击炮战斗舱，呛得齐格勒大声咳嗽起来，情绪变得相当激动。蒂姆注意到，总的说来，齐格勒似乎非常紧张。

突击炮全速驶过桥梁，装甲车尾随其后。到达桥梁对面，蒂姆伸手关上舱盖。舱盖还没彻底关闭，一枚手榴弹从上方落入突击炮战斗舱炸开，细碎的弹片雨点般击中蒂姆的脸和脖子。他头部侧面严重灼伤，熏得漆黑，所幸大部分弹片只穿透皮肤，没什么大碍。突击炮一路向北行驶了2公里左右，但蒂姆不知道确切的行进路线。四周很平静，路上只有这两辆车，他们也没见到任何步兵。

齐格勒这时候说道："停车！我得去找蒙克，很快就回来，在这里等我。"他钻出突击炮，消失在街道上。蒂姆后来再没见过他。但蒂姆走下突击炮，在炮塔后面看见年轻装填手的尸体，身上满是弹片。众人抬着小伙走入一间屋子，把他的尸体放在过道里。

他们等了一小时左右，虽说四周依然平静，但蒂姆决定继续前进，不等齐格勒了。一级突击队中队长想再等等，但蒂姆告诉他："不能再等了，我们得出发！"突击炮又向前行驶了一段路，蒂姆推开舱盖张望，看见发动机起火。他打开引擎盖，发觉油箱从外面烧着了。他告诉其他人："没办法再开了，我们扑灭不了火焰。"众人弃车，蒂姆带着两名车组成员和一级突击队中队长，登上另外三名战友驾驶的装甲运兵车。

他们漫无目的地向前行驶，不知道自己究竟要去哪里。天色渐亮（可能是清晨4点左右），他们到达舍恩豪泽大道，看见大批车辆沿舍恩豪泽大道驶往北面，但不知道这些车辆隶属哪些部队。他们又往前开了一段，蒂姆说他看见空军第5野战师的车辆「作者注：蒂姆弄错了，他看见的车辆可能隶属第9伞兵师辖内部队，空军第5野战师不在柏林城内」。他们此刻位于舍恩豪泽大道地铁站，空军人员开着各种车辆、突击炮、装甲运兵车行驶在街上。蒂姆想跟他们打听情况，可眼下无比混乱，谁也说不清具体状况。他沿着街道往前走了一段，还是一片混乱。最后，他看见有个空军上校双手抱头，坐在一家烧毁店铺前的凳子上。蒂姆上前打听情况，空军上校告诉他："走到下一个街角，您就明白了。"前方街道有一座桥梁，蒂姆走过去，这才发现桥上满是起火燃烧的战车。

他转身返回装甲运兵车，召集众人商量眼下的处境。所有人都认为，乘坐装甲车继续前进太危险，肯定会被俄国人的炮火击中。从这一刻起，他们只好各自逃生。

与此同时，大批德军官兵和车辆沿街道排成密集队形，据蒂姆说，看上去"活像纳粹党在卢斯特加滕召开的集会"。就在这时，红军猛烈的炮火从北面呼啸袭来，砸向人群和车队。蒂姆觉得这通炮火射自122毫米火炮。一发炮弹在离他站立处不远的地方炸开，一大块弹片击中他左脚踝。蒂姆赶紧隐蔽到在此处升高的地铁轨道下方，随后吃力地爬上德国空军一辆突击炮，这辆战车正退回市中心。

过了一会儿，蒂姆没了力气，只好跳下突击炮，请站在附近的两个士兵搭把手，把他抬入一栋楼房。两人抬着他进入地下室（蒂姆不知道此处的具体位置），地下室里还有好多平民。两个士兵想把他放在床上，有个妇女大声喊道："别弄脏我干净的白色亚麻床单。"蒂姆只好坐在角落处，把脚搁在小凳上，很快失去知觉，此时是清晨5点左右。

5月2日中午前后，蒂姆苏醒过来，发现地下室里的平民都不见了。但过了一会儿，两个男人走入地下室，给他端来一杯水。蒂姆请两人扶他上街，因为他想找个医院治伤。他们刚走出楼房，红军一辆卡车沿街道驶来。两个红军士兵把蒂姆抬上满是德国伤兵的卡车，把他们送到附近一所医院，蒂姆得到很好的照料：医护人员给他打了破伤风疫苗，还替他清理、包扎了伤口。这所战地医院设在一家商店里，前室的地上铺着一张张床垫。蒂姆是第一个享用床垫的伤员。他躺在那里，一个长着亚洲人面孔的红军士兵走过来，蒂姆此前从没见过亚洲人，红军士兵对他说道："手枪！"蒂姆掏出手枪递给他，衣袖无意间撩开，红军士兵立即说道："手表！"于是蒂姆又交出手表。俄国人随后出去，拦住两个德国平民，吩咐他们送蒂姆去设在学校里的另一所医院。

在第二所医院里忙碌的都是德国平民医生。蒂姆在这里动了手术，没用麻醉剂，操刀的女医生坦率地告诉他，她其实是皮肤病和性功能障碍方面的专家。一名护士脱掉蒂姆脚上的战车靴，还烧掉他的各种证件「作者注：因为蒂姆是个党卫队员」。蒂姆此时穿着绿夹克，裤子脏兮兮的，看上去跟平民百姓没什么区别。

次日，蒂姆搭乘马拉大车前往潘科区的医院。原先结识的几名护士几乎每天都来看望他，还从她们兼职的红军军官俱乐部给他捎来食物。蒂姆一度想装成平民蒙混过关，但没能奏效。某天，苏联医生委员会来到医院，这里的一名护士指出伤病员里的所有军人。俄国人随后把蒂姆送到奥得河畔法兰克福某座战俘营，他在那里遇到团长考施。两人都不想承认党卫队员的身份，于是蒂姆说自己是国防军一等兵，考施自称是少尉。许多战俘显然知道实情，但没人揭发他们。

蒂姆的腿伤患了并发症，苏联医生想给他截肢，但蒂姆最终说服他们没截掉自己的脚，伤势最终痊愈。他辗转于各所医院和战俘营，一直跟俄国人说自己是国防军一等兵，但他知道，一旦某个战俘揭发，他就再也无法返回石勒苏益格—荷尔斯泰因的家了。他最终交代了自己的党卫队员身份，在战俘营待到1947年12月。待他最终获释，体重只剩112磅。

汉斯－约阿希姆·韦茨基
希特勒青年团
5月1日

火车站相对平静，但车站外、腓特烈大街炸毁的阿特拉斯旅馆外面、韦登达默桥对面各条街道上，仍有大批官兵。韦茨基在火车站看见大约两个营身着黑色制服的党卫队员，他当时认为对方是"阿道夫·希特勒"警卫旗队成员（警卫旗队成员是否会穿黑色制服，这一点值得怀疑，这些党卫队员可能是警察或各部委官员）。他还看见两辆医院列车停在车站隧道里。兰德韦尔运河隧道次日炸毁，河水淹没的可能就是这两辆医院列车。韦登达默桥北面有一道庞大的防坦克街垒，部署了一门四联装20毫米高射炮。

韦茨基和他那些战友，部分驻守火车站，还有些人待在阿特拉斯旅馆。谁来率领众人朝北面的奥拉宁堡方向突围，几方发生争执。国防军官兵说，党卫队的人带头突围合情合理。但党卫队人员称，眼下最新锐的部队是几支希特勒青年团队伍，应该让他们打头阵。众人争论不休，就在这时，五辆装甲战车从菩提树下街方向驶来，包括1辆虎王、2辆四号坦克歼击车、2辆装甲侦察车。众人最终达成一致，几辆装甲战车位于最前方，希特勒青年团员、国防军官兵、党卫队员尾随其后。

守卫街垒的四联装高射炮随即撤离，虎王缓缓驶入街垒狭窄的通道。韦茨基听说鲍曼和魏德林坐在坦克里，但他只看见坦克车长从舱口探头张望一番，等待出发的命令。韦茨基站在街垒后面，北面没射来火力。突然，虎王轰鸣着驶离街垒，希特勒青年团员跟了上去，沿街道两侧的房屋向前而去。有些人攀过一个个屋顶，朝同一方向前进。另外几辆战车和装甲车缓缓跟在后面。他们刚到达约翰尼斯街拐角，突然遭到猛烈的火力打击，俄国人不仅使用火炮，还有机枪、步枪和各种能想到的武器……「记录缺失」……什么也听不见，只能蹲在一切可利用的隐蔽物后面。他们知道突围不复可能，但几辆战车冒着雨点般的火力继续沿街道行进，一直开到阿尔萨斯街拐角。韦茨基后来看见五辆中弹的战车停在街头，彻底烧毁。

希特勒青年团员小心翼翼地退回腓特烈大街，一度发现自己陷入交战双方的火力，因为进入大学妇女诊所的部分党卫队员朝北面射击，俄国人朝南面开火。希特勒青年团员朝各个方向还击，竭力跨过桥梁返回火车站隐蔽地。此时是清晨4点到5点间。

他们总算回到火车站，国防军官兵接管了突围行动指挥权。情况很明显，沿街道突围不可能做到，众人决定从地下隧道再试试。他们分成两股，一股穿过快铁隧道赶往斯德丁快铁站，另一股穿过地铁隧道赶往奥拉宁堡门。希特勒青年团员缓缓穿过地铁隧道，四下里很平静，跟在他们身后的一大群军人挤满隧道。待他们到达奥拉宁堡门车站，突围群里的其他人推推搡搡地跟在后面，韦茨基抬头望去，看见铁轨上方的天桥上部署了一挺马克西姆重机枪，一名红军军官打着白旗站在机枪旁。红军军官朝他们喊道："伙计，希特勒完蛋了，战争结束了，你们投降吧！"几个党卫队员立即喊道："这是卑鄙的谎话，希特勒没死，谁敢投降就毙了他，我们能冲出去！"一名中士平静地吩咐部下："小伙子，把有可能给你们带来麻烦的东西都丢掉！"他们放下武器，大多数人还把证件扔了，但韦茨基把证件藏在靴子里。此时，许多德军官兵仍在隧道里来回游荡，争论该如何是好。他们争了快一个钟头，俄国人无动于衷地守在铁轨上方的天桥上,机枪随时准备开火。红军军官终于喊道:"伙计,我们的耐心是有限的,你们得立即投降!"虽然没人想率先采取主动,但最后还是三五成群地走出车站来到街上。他们列队,60人一组,随后动身出发。韦茨基和他那组战俘沿街道而行,经过每个路口,几乎都能看见红军的坦克或火炮。

他们步行赶往阿达尔贝特街的贝塔尼恩医院,战俘收容点设在那里。身穿皮夹克的红军武装哨兵看押收容点,德军战俘随后从那里赶往西里西亚快铁站,经过广场综艺剧院,穿过法兰克福大道、西格弗里德街、马格屠宰场,赶往某座前强制劳工营地,5月2日傍晚到达营地。经历了四周拘押和三次审讯,韦茨基获释,总算能回家了。

韦茨基的战时服役就此结束,但他的经历还有个残酷的续篇。1945年9月3日,俄国人逮捕了他和另外18个霍佩加滕地区的前希特勒青年团员,罪名是支持法西斯主义、煽动武装叛乱,还指控他们是秘密组织"狼人"成员。其中三人判处死刑,而且据韦茨基所知,立即执行了。其他人判处不同的刑期,韦茨基是10年有期徒刑。他先是关押在柏林地区各所监狱,最后递解到西伯利亚的沃尔库塔集中营。韦茨基服了一半刑期,1950年获释返回柏林。他很快加入"反对不人道战斗小组",该组织最初的目的是收集铁幕后方囚犯的消息,但西方情报机构介入后,很快成为间谍组织。1952年,某个双面间谍把韦茨基诱骗到东柏林,以间谍罪逮捕了他。他被判处8年有期徒刑,1960年获释。就这样,韦茨基从15岁到30岁,近14年时间不是在希特勒青年团就是在各座战俘营度过。

罗曼·布格哈特
党卫队第11"诺德兰"志愿者装甲掷弹兵师
5月1日

桥上停着德军一辆自行式高射炮,轮胎瘪了,发动机熄火,再也无法移动。施普雷河对岸的俄国人,朝企图靠近桥梁的人开枪射击。布格哈特让部下和德国少女联盟的姑娘待在某栋建筑里,打算亲自过去看看能否过桥。他告诉众人:"要是我没回来的话,就去找我。"和其他士兵一样,他很快发现根本不可能活着冲过桥梁，于是回到两名部下和几个姑娘身边，带着他们返回地铁竖井。在腓特烈大街车站，布格哈特遇到二级突击队大队长福尔默，福尔默看上去疲惫而又绝望。布格哈特问道："我们现在该怎么做？"福尔默上下打量他一番，随后说道："布格哈特，一切都结束了，结束了！"说罢，他转身上楼，朝街上走去。布格哈特后来得知，福尔默5月2日在腓特烈大街地铁站出口丧生。

布格哈特带着部下和德国少女联盟的姑娘，想找个能躺下睡觉的地方，因为最近几周他们就没踏踏实实地睡过一觉。他们走了几百码，在地铁竖井里找到合适的地方，一直睡到5月2日早上。突然传来的叫喊声把他们惊醒："快起来，我们要沿地铁竖井突围，设法逃到动物园防空炮塔。"布格哈特带着两名部下和几个姑娘循声而去，再次沿地铁隧道行进。某些地方的积水深及脚踝，隧道里漆黑一片，布格哈特很快发现，他跟一名部下和几个姑娘走散了。这场枯燥的跋涉持续了好几个钟头，众人终于看见前方出现亮光，是奥拉宁堡门地铁站。

车站里挤满平民百姓，看见100来个军人从隧道内走出来，这些平民满怀敌意地叫嚷起来："你们来这里做什么？柏林投降了，放下武器！"还有人喊道："希特勒自杀了，戈培尔也服毒自尽，投降吧！"

这种吊儿郎当、一点不爱国的言论把布格哈特气坏了，他事后自豪地回忆道："我们没理会此类蠢话，继续朝地铁站出口走去，想看看外面的情况。"有些平民提醒他们别离开车站，因为红军坦克包围了此地。在通往街头的楼梯上，他们遇到几个戴着红白色袖章的平民，其中一个用蹩脚的德语说道："放下武器投降，你们被俄国人包围了！"

布格哈特答道："找个红军军官来！"过了几分钟，一名红军大尉带着几个士兵过来。他看见德国兵端起冲锋枪做好开火准备，却一点儿没退缩，而是用流利的德语让德国人放下武器："柏林投降了，所以你们是投降的俘虏，用不了两周就会获释。"布格哈特问道："你们如何处置武装党卫队的官兵？"

红军军官答道："跟国防军官兵的待遇一样。"现场的德国兵一动不动，也没放下武器，红军军官又说道："给你们10分钟时间想清楚，不投降的话，我们就要开火了。你们可以派个人跟我上去，亲眼看看继续顽抗毫无用处，我保证他的生命安全。"真有个德国兵跟他上去看了一圈，回来说的确如此，继续抵抗无异于自杀。

众人放下武器，朝楼上走去。俄国人把他们领到附近一栋房屋的院子里，把伤员挑出来，用救护车送走。德军战俘随后被迫交出手表和其他贵重物品。布格哈特在苏联战俘营的岁月就此开始，直到1950年才获释。

布格哈特说道：

我始终不理解也不相信，德国居然会落得如此悲惨的下场。我一直以为邓尼茨会跟西方盟国谈判，共同把俄国人赶出德国。待在战俘营很长一段时间里，我确信英国人和美国人会跟俄国人开战。从来没人告诉过我，我会在战俘营里关押五年。他们先是对我们说，清理完波森的废墟瓦砾就能回家。随后又让我们去乌克兰帮着当地农民收割庄稼，完事后就能回家。最后，我在苏联待了五年。忙碌了十一年「包括他的战时服役」，却一无所获。

约翰内斯·"汉内"·索贝克
4月30日

「宣传部掩蔽部里的」每个人民冲锋队连都得为元首暗堡提供一名传令兵，这些传令兵来回奔波于元首暗堡，每趟行程至少一英里。下午晚些时候，有个醉醺醺的党卫队员跌跌撞撞地走进来，朝地下室里的男男女女大声嚷嚷着什么。起初没人注意他说了些什么，这段时间醉鬼挺多，但汉内突然扶着党卫队员的肩膀喊道："小伙子，您说什么？"

那家伙傻笑着，猛灌了几口酒，稍事停顿，又操着柏林口音嚷嚷起来："我说……我想……我只是想从食堂弄点黄油，还有什么？我走上台阶……好像看见了什么……我看见了什么？我看见元首躺在院子里……元首……我看见元首躺在院子里，死了！……元首死了！像火把那样在燃烧！……我跑进去拿了黄油……我走下台阶返回……觉得自己看见了什么……元首的尸体仍在燃烧！"

地下室里死一般地沉寂。凑到党卫队员身边的人越来越多。起初众人呆若木鸡，但紧张的气氛随后被打破了。很奇怪，没人怀疑希特勒是不是真的死了。也许这是个心照不宣的梦想，突然间成真，犹如一颗地雷，炸毁了所有禁忌。众人跑来跑去，忙着收拾东西，都想赶紧离开此地。

没过多久，汉内和连长奥斯卡·哈夫奉命去楼上瑙曼的办公室。瑙曼直截了当地告诉他们，希特勒死了，所有人解除效忠誓言："不过，我还是希望你们做好准备，今晚22点跟随几辆虎式坦克朝奥拉宁堡方向突围。务必让你们的部下做好准备！文克在柏林外围等你们！"汉内、哈夫跟弗里切商讨了眼下的局面，弗里切告诉他们，现在只能自己拿主意了，但他们必须把瑙曼的命令传达给连队。

他俩把希特勒离世的消息告知剩下的85—90个人民冲锋队员，还说眼下只能靠他们自己，党卫队正组织当晚向北突围。只有50人自愿跟随汉内和哈夫突围。哈夫告诉他们，今晚22点45分在毛厄尔街会合。其他人可以在地下室等待最后时刻到来，也可以自行离去。

众人准备之际，汉内的一个传令兵从帝国总理府暗堡返回，他告诉汉内：

小伙子，我在那里看见些事情。炮击间歇，我站在花园里呼吸新鲜空气。戈培尔的小女儿从暗堡里跑出来玩耍，我刚要走过去把她带回暗堡，她姐姐跑出来，掸掉妹妹衣服上的沙子，对她说道："快进去，给我们打针的叔叔来了，他说一点儿也不疼，打完针你就能喝果汁了，别害怕。"她俩随后跑进掩体。您怎么看？

没过多久，他们就知道该怎么看了。他们听说戈培尔带着全家人自杀身亡。这个消息对他们没什么触动。事情发生得太快，根本没时间多想。几乎没人真正知道希特勒和戈培尔死了意味着什么。但这件事渐渐产生影响，因为希特勒和戈培尔自杀的消息是个信号，意味着所有人都自由了。

弗里切随后从楼上下来，给众人下达命令："效忠誓言解除，每个人都可以离开政府区，回家吧！"这道命令犹如一包炸药，炸碎了最后的禁忌和仅存的一点点纪律。

汉内决定脱掉军装，穿着高领毛衣出发，他也不知道这项决定是对是错。他丢下证明自己军人身份的所有证件，只带上体育参赛卡。

22点45分,哈夫和汉内召集部下,众人集结在毛厄尔街。此时炮火平息,他们趁机赶往菩提树下街。宽阔的街道空空荡荡,赶往菩提树下街没什么危险,因为炮火似乎落在其他地区。汉内觉得,俄国人正全速前进,"斯大林管风琴"肯定要停火。他们听见腓特烈大街方向传来坦克炮声。众人到达克兰茨勒咖啡馆所在的街角,这是柏林最具历史意义、游客最多的街角。大多数人民冲锋队员跟随哈夫赶往夏洛滕堡。汉内带着五个部下(他只认识其中一个)继续沿腓特烈大街而行。他们贴着街边沿废墟行进,因为他们听见也看见,德军一辆虎王停在腓特烈大街快铁站前方的路中央,正跟远处奥拉宁堡门的2—3辆T-34交火。

几个部下把人民冲锋队军装丢入废墟。汉内穿着高领毛衣,外面套了件他从帝国宣传部储物柜弄到的紧身棕色民用夹克。其他人也换上便衣。

汉内事后回忆道:

> 每逢炮火稍稍停顿,我们就往前飞奔一段,然后隐蔽在街上大片废墟瓦砾间。我们一直沿街道右侧行进,渐渐到达腓特烈大街车站。街上遍布碎石瓦砾,炮弹的爆炸把巨大、扭曲的钢梁和椽子丢得到处都是。

待他们到达车站对面的海军上将剧场,几人躲入废墟,猫着腰穿过沦为废墟的几栋楼房,最终到达韦登达默桥。汉内决心跨过桥梁去父母家,他们住在北面。德军坦克与红军战车的交火"激烈而又吓人",但每发炮弹射出总有段间歇。他们趴在地上,一点点往前挪,总算爬过街道,来到街对面的桥梁处。汉内此时一心想过桥,这是生死攸关的时刻,他知道,能不能活下来全凭他们爬行的正确时机,必须尽量贴近桥栏。情况很危险,几人低着头趴在地上,地上覆盖的泥土和尘埃散发出恶臭。他们以慢如蜗牛般的速度爬入造船工路,自23点离开宣传部,他们已跋涉了快两个钟头,这段路程的直线距离只有四分之三英里,平日里步行用不了20分钟。玻璃碎片和石块划破他们的双手双膝,吸入的灰尘让他们喘着粗气,但离开坦克交火射程后,总算能休息片刻。他们沿造船工路赶往阿尔布雷希特街,途中遇到一道防坦克街垒,几人相互帮着爬过街垒。他们在阿尔布雷希特街看见一栋受损较轻的房屋,于是跑入地下室。几人又累又渴,汗流浃背,身上脏兮兮的。

他们跌跌撞撞地走入地下室,看见他们到来,地下室里的人惊恐交加,汉内赶忙解释,说他们不是军人,是从帝国宣传部逃过来的平民,他们在那里从事广播工作。就在这时,一个奇怪的身影从地下室后方出现,朝他们跑过来。是个黑人,他冲到汉内面前嚷道:"汉内,您是从哪里来的?"两人拥抱在一起,他是寥寥几个获准留在柏林的黑人艺术家之一,认识汉内。汉内一行跋涉了那么远,倒在地上沉沉睡去。

5月2日早上,外面一片平静,麻雀的叫声清晰可辨,没听见枪声。汉内走到外面察看情况,迎面走来个长着亚洲人面孔的红军士兵。汉内告诉对方,自己不是军人,地下室里也没有军人,红军士兵命令所有人出来,领他们前往红军临时设在当地警察局的指挥部。待他们到达指挥部,红军指挥员只是摇摇头,用磕磕巴巴的德语打发他们走人。

汉内继续赶往父母家。他们沿阿尔布雷希特街左侧而行,看见一支漫长的红军坦克纵队隆隆驶过。他们向左转入腓特烈大街,发现红军坦克纵队蜿蜒返回奥拉宁堡门方向。他们很快穿过技术之家和埃尔班咖啡馆,随后在奥拉宁堡门转身向右,踏上阿尔萨斯街。他们还是没见到什么人,只看见大批坦克。几人胳膊上戴着白袖章,穿过坦克纵队继续赶路。

在费雷林街拐角,他们遇到一群全副武装的德军士兵。这群德国兵看见汉内一行也吃了一惊,想知道他们要去哪里,汉内平静地告诉他们,战争结束了,还说希特勒和戈培尔自杀身亡,俄国人正攻往国会大厦。率队的连长和许多士兵不愿相信这些消息,但汉内是个著名的足球明星,他们觉得他肯定不会撒谎,于是放他通过。汉内一行很快又遇到更多德军官兵,这回是党卫队的人,据汉内说,他们带着20多部战车和其他车辆。汉内把先前那番话又跟党卫队哨兵说了一遍,对方死死盯着他,就好像他是个鬼魂,随后让他离开。

汉内总算到达施塔加德街的父母家。他父母安然无恙,房子也还在。房子前方部署了一门75毫米迫击炮,德军士兵仍在开炮。他惊愕地听见普伦茨劳大道和舍恩豪泽大道快铁站传来战斗声,激烈的战斗让他震惊不已:"这么说,柏林战役仍在继续。"他觉得自己很幸运,既没被俄国人逮捕,也没被仍在顽抗的德军官兵征入某个战斗群。5月3日上午,门前的德军迫击炮组不见了,俄国人出现在街头。

汉内后来重操旧业,继续播报体育赛事,还帮着重建了柏林几个体育俱乐部。

空军少尉汉斯－维尔纳·阿诺尔德
第9伞兵师第5高射炮连连长
5月3日

5月1日/2日夜间,阿诺尔德率领第5连40名士兵,带着2—3门20毫米高射炮,跟随主力跨过韦登达默桥向北突围。他的部队先前一直部署在蒂尔加滕和中央区,但没有卷入直接抗击红军的重大交战。

他们刚驶过桥梁,猛烈的机枪火力从四面八方袭来,阿诺尔德的司机负伤。阿诺尔德赶紧踩下刹车,接过小型指挥车的方向盘。就在这时,有个家伙跳上汽车踏板,告诉阿诺尔德:"希特勒用开枪加服毒的方式自杀了。"阿诺尔德吃了一惊,赶紧问对方是谁,那人说自己是"党卫队全国副总指挥拉滕胡贝尔"「作者注:完全有可能,党卫队地区总队长汉斯·拉滕胡贝尔是希特勒保镖队负责人,当晚率领元首暗堡部分人员突围期间跨过韦登达默桥」。阿诺尔德和几名部下坐在车上,周围一片混乱,尽管他们首次得知希特勒身亡,但谁都没时间认真消化这个消息。拉滕胡贝尔爬入车内。

阿诺尔德驾驶指挥车返回车队。一部分车辆继续沿街道而行,不乘车的人很快落在后面。整个夜间,俄国人的火力不断射向车队,天亮时,他们总算到达舍恩豪泽大道快铁/地铁站。街上有一道防坦克街垒,整支车队停下。德军逼近街垒的各种企图都以失败告终,俄国人从街垒后方射出的迫击炮火极为猛烈,迫使德军车辆退却。弹片炸伤拉滕胡贝尔的腿部,他赶忙下车,躲入附近一栋房屋最靠近的门道。德军车队进退不得,陷入困境。

阿诺尔德听说,率领突围行动的大多数高级军官,以及他师里的军官,在舒尔特海斯啤酒厂设立了指挥所。许多士兵离开车辆自行逃生。阿诺尔德带着部下赶往啤酒厂,在那里得知交战双方正在谈判。据阿诺尔德说,啤酒厂当日没发生战斗,但他确实看见几名红军军官赶来,跟德国人商讨投降条款,随后离开。

当天下午,阿诺尔德决定去找上司,于是开着指挥车沿街道而行,赶往他认为对方可能在的地方。街上几乎空无一人，突然，两个端着冲锋枪的红军士兵从两侧冲上来，命令他停车。他们让他把汽车停到路边下车，阿诺尔德下车后走了几步，另外两个红军警卫命令他进入某个院落，那里是战俘收容点。次日（5月3日），德军战俘前往兰茨贝格，在那里待到1945年9月，随后赶往东面一座战俘营。阿诺尔德1953年获释。

万湖突围
党卫队二级突击队中队长阿尔方斯·普福塞尔
托特战斗群
5月3日

下午早些时候，几支巡逻队突然报告，红军再次企图渡过波莱湖登岛，几辆敌坦克已到达岛屿中心的高尔夫球场。德国人立即把可用的部队、坦克、88炮投入战斗，无论如何要赶在敌人构设牢固的登陆场前击退对方。德军援兵开抵高尔夫球场，发现那里有50辆敌坦克，当时湖水较浅，敌坦克很可能是涉水上岸的。14点前后，争夺高尔夫球场的激战爆发开来，持续了大约两小时。德国人的"铁拳"和高射炮让红军坦克付出惨重的代价，部分坦克立即返回对岸，但还是有20多辆T-34被德军步兵和残余的黑豹坦克击毁。普福塞尔称，搭乘坦克上岛的红军士兵，没有一个活着逃离。激战的最后时刻，苏德士兵展开白刃战。这场战斗16点结束，红军的进攻以失败告终。

18点，托特上校把几名军官叫到指挥所掩体，概述了他的突围计划。据他说，弗伦斯堡电台报道，波茨坦方向传来俄国人的"呐喊声"，表明文克集团军已逼近，他们必须冲破红军封锁线，朝那个方向突围。为此，战斗群剩下的82门高射炮应当沿大万湖部署，剩下的装甲战车半埋起来。当晚22点，所有火炮朝红军战线开炮，23点前射光所有炮弹。战斗群随后步行突围，跨过万湖桥，再设法渡过泰尔托运河赶往南面。跟战斗群待在一起的平民可以参加突围，但不会获得专门保护。普福塞尔提醒托特，泰尔托运河上的主公路桥已炸毁，目前只剩快铁桥。托特上校没加理会。

22点，德军开炮射击。一连两个钟头，一发发炮弹射向他们料想的敌军战线。但红军没有还击。23点，岛上守军跨过部分受损的万湖桥突围，党卫队官兵打头阵。普福塞尔觉得该营位于右翼稍后方,另一群混编官兵位于左侧。大批平民加入突围队伍,但他们不知道托特下令不必专门保护他们。

23点过后不久,前卫部队到达桥梁另一侧,红军的"斯大林管风琴"开火了,猛烈的炮火几乎把德军整个前卫消灭殆尽。普福塞尔率领部下走近,看见到处是尸体,呻吟和哭喊声从四面八方传来,"妈妈,妈妈""救救我""给我补一枪,别把我丢在这里"……普福塞尔当然不是首次见到伤员,但他突然想到,重伤员总是大声呼喊妈妈,而不是爸爸。普福塞尔和部下没法救助伤员,他们能做的只是伏低身子,冒着雨点般的炮火向前飞奔。突然,俄国人的炮火停息了。

他们从火车站附近的快铁高架桥下方通过,赶往波茨坦大道,一道防坦克街垒挡住去路。他们设法钻过街垒,随后转身向左,穿过德赖林登森林赶往高速公路。他们沿高速公路向南,奔向泰尔托运河上的桥梁。普福塞尔途中再次告诉托特,运河上的桥梁炸毁了,但上校告诉他:"即便桥梁炸毁了,我们也能过去。"托特坚信战斗群能顺利渡河,此时他们已进入巴贝尔斯贝格。

5月4日凌晨1点30分,托特战斗群到达泰尔托运河,发现混凝土大桥彻底沉入河里,根本无法通过。他们显然无法再前进了,但战斗群后方的队伍仍在继续向前。大批人员聚在运河北岸,包括平民百姓在内的11,000—12,000人挤在损毁桥梁前方狭小的空间。就在这时,先前一直沉默的红军炮兵终于开炮。红军部署在附近的每一门火炮似乎同时怒吼起来,炮弹雨点般落向密集的人群,突围沦为屠杀,托特上校也在首批阵亡者中。猛烈的炮火持续了大约半小时,普福塞尔后来指出,他的几个朋友根据被俘人数判断,这场短暂的炮击造成近4000人丧生。

普福塞尔待在战斗群主力稍右侧,迅速判明情况已然无望,于是赶紧沿高速公路往回走。待他走近波茨坦大道,发觉武尔费将军跟在他身旁。将军转身对他苦涩地说道:"您的元首现在会怎么做呢?"普福塞尔简短地答道:"我觉得我们现在不该讨论这件事。"武尔费傲慢地说道:"德国军官知道如何去死。"说罢,他走到路边举枪自尽。

普福塞尔孤身前行,突然跟九个红军士兵迎头相遇。俄国人命令他站住,普福塞尔镇定自若地摘下刻有骷髅徽标的党卫队戒指扔在地上。他的手枪先前从兜里掉落,他根本没时间捡起。几个红军士兵立即上前,抢走他的背包和手表。有个士兵打着手势,示意他想要普福塞尔的婚戒。普福塞尔竭力告诉他们,这枚戒指不值钱:"不是真金……是镀金……"可红军士兵一再坚持,普福塞尔只好告诉他:"戒指戴在手指上,取不下来。"对方告诉他,这很容易,只要砍掉他的手指就能摘下来。普福塞尔耸耸肩,被迫交出婚戒。他发觉这群红军士兵打算枪毙他,于是扯着嗓子喊道,自己是个高级军官,要立即去见红军指挥员。此举救了他一命。

普福塞尔的声音洪亮而又威严,显然把听惯严厉命令的红军士兵吓了一跳,他们赶紧把他带到德赖林登镇,领他去见三名红军政委。

几个红军政委想知道这名德国军官为何要见他们。为给出合理的解释,普福塞尔告诉他们,自己其实不是德国人,而是荷兰人。几个政委听了片刻,其中一人说道:"真是胡说八道。"他叫来另外几个士兵把普福塞尔押走,红军士兵抢走普福塞尔的钢笔,扯掉他的肩章,把他关入存放土豆的地窖,里面还关着另外几个德国兵。

普福塞尔在这里待到5月6日,俄国人随后押着他们渡过泰尔托运河,把他们关入大格尔申的临时战俘营。这座战俘营关押了大约12,000名战俘。当天,一名红军中尉召集所有战俘,用流利的德语向他们发表了一通政治演说,大致内容是苏联遵守战争法规,只对付军人,而西方盟国不断轰炸德国各座城市,杀害妇女、儿童、老人。他告诉战俘,他们会获得苏联发给他们的面包和黄油,从美国人那里得不到任何东西。他补充道,这是东西方的重大决战,苏联很快会跟美国开战。他还告诉战俘,他们不会拘押太久,转到更大的营地后,很快会获释。

12,000名战俘赶往特雷宾,在那里关押了几个月。那段时间,普福塞尔脱掉军装换上便衣。但在特雷宾,德国反法西斯组织成员在几名苏联医生陪同下,逐一检查战俘,把左腋刺有血型文身或弄掉纹身后留下疤痕的人与其他战俘分开。普福塞尔知道他们第二天会查到自己的营房,于是找了块烧红的木炭,灼伤左上臂12处,烫掉血型纹身,还往灼伤处撒盐,好让伤口发炎。

次日,德国反法西斯委员会成员和几个德国医生来到营地,命令战俘举起胳膊。他们随后把战俘分成T组(有血型纹身者)和O组(刻意祛除纹身者）。他们让普福塞尔站到O组，尽管普福塞尔心里明白，但他故意询问分组是怎么回事。负责分组的德国人对他说道："别装蒜，您很清楚血型纹身是什么意思。"普福塞尔答道："我真不知道，我根本不是军人。"在场的甄别人员吃了一惊，赶紧问他怎么会关在这里。普福塞尔告诉他们，俄国人从街上逮住他，然后把他和其他战俘一同押到此地。

他们把普福塞尔送到"教授"那里，此人是负责战俘营医疗事务的苏联医生。苏联医生问他，胳膊上的伤疤是怎么回事，普福塞尔说可能是战俘营恶劣的伙食造成的。医生气得满脸通红，对普福塞尔说道，德国人给苏联战俘的伙食更差。他一再斥责普福塞尔是党卫队员，故意弄掉血型纹身。普福塞尔矢口否认自己是军人。

两人争执了几个钟头，医生从他胳膊上取下三四块痂，想寻找血型纹身。不知怎么回事，他没找到正确的痂。就这样，普福塞尔几天后从战俘营获释，乘火车返回柏林。但他的磨难没有彻底结束，到家后没过几小时，美国占领当局逮捕了他，显然是某个邻居举报的结果。他又被拘押了几个月，多次受到审讯，但最终获释。

第十章

评估

人员伤亡

柏林战略进攻战役共造成70多万军民丧生、负伤、失踪,这个数字无可争议。换句话说,战役期间每天伤亡近4.4万人。

仅红军就伤亡361,367人。塞洛高地的红军公墓,安葬了4月16日—19日,朱可夫进攻高地期间阵亡的约25,000名官兵。特雷普托公园、潘科区、蒂尔加滕区的红军公墓,葬有20,000余名红军指战员的遗体。上百万苏联军人获得"攻克柏林奖章",这枚奖章授予在柏林城内及周边地区参加战斗的作战官兵和后方人员。600多名红军指战员获得苏联英雄称号,13人罕见地获得第二枚金星奖章。这些数字清楚地说明,有多少红军指战员直接或间接参与了对德国首都的突击。

德国第3装甲集团军、第9集团军、第12集团军的总损失不得而知,但阵亡、负伤、被俘总数可能超过20万[1]。柏林城内激战期间,死于非命的德国平民估计有12.5万人,但确切的数字谁也说不清[2]。城内居民的负伤总数不得而知,而柏林周边交战地域,德国平民的伤亡数也无从估算。德方死者没有官方纪念碑,就连公墓也寥寥无几,研究柏林战役的某位历史学家一针见血地指出:"整个苏联境内和柏林地区,除极少数例外,'法西斯德军'阵亡者没获得体面的埋葬,大批尸体被直接丢入群葬坑或他们据守过的堑壕。"[3]

可资比较的是,1941年—1945年,美国陆军(包括陆军航空队)在欧

红军1945年8月举办胜利阅兵式,德国的征服者朱可夫和艾森豪威尔在柏林合影。

1945年8月,西方盟军进入柏林期间,苏联人正式举办胜利阅兵式。

洲战区阵亡116,991人,469,637人负伤、被俘或失踪[4]。换句话说,历时16天的柏林战役,德国和苏联的伤亡总数,超过美国陆军整个战争期间在欧洲大陆的总伤亡数!

高伤亡率是战役性质的产物。大多数西方读者很难理解,柏林战役期间,双方沿东线展开的鏖战,激烈度是西方盟军官兵整个战争期间从未经历过的,无论是敦刻尔克、诺曼底还是突出部战役。这些战役完全没有可比性。红军火力的密度和持续时间,超过欧洲战区或太平洋战区任何一方投入的火力。

朱可夫的胜利?

许多人认为柏林战役堪称朱可夫最伟大的军事成就。今天的俄罗斯,仍把攻克柏林视为这位"从未打输任何一场战役"的军事指挥员的最高成就。朱可夫的雕像伫立在红场入口。伟大卫国战争博物馆用一整个侧厅介绍红军冲击德国国会大厦的情形。朱可夫在回忆录里谈到柏林战略进攻战役:

> 三个方面军(白俄罗斯第1方面军、乌克兰第1方面军、白俄罗斯第2方面军)辖内兵团仅用16天就粉碎柏林地域的敌守军,一举攻克德国首都。之所以能赢得胜利,是因为战争临近尾声时,苏联红军在物质和精神方面比以往任何时候更强大,可以说我们在军事指挥和战略、战役技术上远胜敌军。[5]

他这番话主要着眼于苏联的遗产,而不是历史事实。

朱可夫没想到德国人会以战术创造性、作战技能,甚至是宿命论顽强据守柏林接近地。尽管红军近期的普鲁士、波美拉尼亚进攻战役提供了实实在在的经验,朱可夫策划对柏林的最终突击时本该加以借鉴,但他没有重视自己面临的挑战。

埃哈德·劳斯大将在3月8日发给希特勒的报告里总结道:"我要汇报波美拉尼亚战役的一个特点,我们迄今为止击毁的580辆敌坦克,三分之二(380辆)是被'铁拳'干掉的,也就是说,英勇的士兵单枪匹马击毁这些坦克。此前从没有哪支军队用'铁拳'取得过这么大的战果。"⁶但朱可夫麾下各兵团在冬季和春季战役期间遭受的损失,没有在红军对柏林发起最终突击前催生新的战役措施,从而减少各作战兵团的伤亡。他麾下几个坦克集团军,根本没采取统一的方式保护他们的坦克免遭空心装药火箭弹打击。谁都没料到,"铁拳"居然是一款相当有效的市区作战武器。

苏联老兵弗拉基米尔·帕夫洛维奇·罗扎诺夫战后接受的采访,让我们

时过境迁!这张照片很罕见,拍摄的是受损的腓特烈大帝雕像,原本伫立在勃兰登堡门西面。雕像底座上刻着"腓特烈二世,德国皇帝,普鲁士国王"。照片右侧能看见一台吊机正把红军战士巨大的青铜塑像置于蒂尔加滕战争纪念碑上方。这张照片拍完后不久,腓特烈大帝雕像不是被埋了起来,就是被胜利的红军炸毁了。蒂尔加滕战争纪念碑是朱可夫在柏林建造的首座战争纪念碑。

深入了解到德军采取的小规模行动,给红军突击部队造成的大麻烦。罗扎诺夫是个步兵,经历过库尔斯克和华沙战役,随后参加突击柏林的作战行动。他作为某炮兵团侦察排成员,亲身经历了大部分巷战。他回忆道:"战斗激烈而又艰巨,双方为争夺每一条街道、每一栋房屋而战。这就意味着必须攻入地下室,还得为争夺各楼层和一扇扇窗户激烈厮杀。房屋坍塌,许多战友葬身废墟。"他认为部队遭遇的困难,主要是德国守军有效使用"铁拳"造成的[7]。

朱可夫麾下诸集团军,代价最高昂的缺点是坦克和步兵兵团缺乏协同。坦克第11军的最终评估,为我们了解红军在柏林战役中面临的难题提供了绝佳视角:

坦克炮火通常用于摧毁街垒,打开通道,消灭敌有生力量和火力阵地,对付敌坦克和自行火炮,也用于摧毁敌发射阵地和其他许多任务。我们沿各条街道投入进攻,大多数情况下在人行道和步行道上战斗。在柏林城内展开行动期间,很明显,我们在一条街道上无法投入多于一个坦克连的兵力。步兵不得不呈梯次配置,他们跟坦克军协同作战,既要发展坦克取得的战果,又要掩护战车免遭坦克杀手「铁拳」打击。柏林战役期间,为对付敌"坦克杀手",保护己方战车,各坦克旅配属给军属摩托化步兵旅的摩托化步兵营。此举是因为突击第5集团军的步兵力量通常无法保护坦克。步兵经常冲入地下室或在房屋内各处战斗,结果,坦克孤立无援地滞留在街上。坦克向前推进,步兵却在后方战斗,坦克不得不等待步兵跟上,结果遭受了惨重的损失。[8]

两个例子说明了红军坦克兵团蒙受的损失。截至5月2日,近卫重型坦克第7旅伤亡391人,28辆JS-2坦克被德军反坦克炮击毁,另外11辆坦克毁于"铁拳",还有28辆战车受损,但修复后重新投入战斗。每个重型坦克旅平均有65辆坦克,上述数字说明该旅的战斗损失近100%。近卫重型坦克第67旅的情况也好不到哪里去,该旅伤亡343人,12辆JS-2坦克被德军反坦克炮和坦克炮火击毁,另外18辆毁于"铁拳"。令人难以置信的是,该旅还有41辆坦克受损,但后来修复。该旅的损失率高达109%,由此可见,许多坦克修复了不止一次[9]。

战役期间，善于思考的红军指挥员姗姗来迟地组织了小股诸兵种合成战斗群，还为战车设计了防护网，以便更好地从事市区作战，降低"铁拳"给己方战车造成的破坏。

朱可夫的主要目标是按照斯大林的计划时间表，抢在西方盟军前攻克柏林。包括部下性命在内的其他考虑都是次要的。因此，朱可夫得知竞争对手科涅夫也朝柏林发起突击，立即命令麾下部队越过城内预先划定的方面军作战分界线，阻止科涅夫到达国会大厦。他没打算跟科涅夫协调作战行动，只想扰乱对方的推进，根本不考虑潜在的后果。雷巴尔科和崔可夫的作战部队沿兰德韦尔运河自相残杀固然令人遗憾，但朱可夫和科涅夫互不相让的气氛下，发生这出悲剧无法避免。

朱可夫可能从来没感激乌克兰第1方面军协助他完成了斯大林规定的计划时间表。没多少历史学家明白，科涅夫的作战行动为确保朱可夫赢得柏林战役

1945年秋季，柏林城内的蒂尔加滕苏联战争纪念碑，就在国会大厦西面。俄国人用希特勒新总理府的花岗岩迅速建造纪念碑，还强调无论如何要在1945年11月前完成。这座纪念碑建在盟军占领的柏林西部地区，旨在不断提醒西方盟国：攻克柏林的是苏联红军！不无讽刺意味的是，红军攻入柏林的各坦克集团军，配备的战车近三分之一是美国制造的M4A3谢尔曼坦克，红军几乎每个作战师都以美制斯蒂贝克卡车实现机动化，租借法案提供的美制道格拉斯A-20"浩劫/波士顿"战机，也大力支援了红军地面部队。没有美国的租借法案，红军真能在1945年4月对柏林发动进攻吗？注意照片背景处的克罗尔歌剧院和内政部，俄国人战后炸毁这两座建筑。

塞洛高地之战结束七个月后的1945年11月27日,朱可夫下令在塞洛建造红军公墓,纪念他进攻柏林的开端。这片公墓占地六公顷,一层层花岗岩底座上伫立着一尊3.9米高的青铜塑像。海因里齐以弹性防御挫败朱可夫对此处发动的进攻。为突破塞洛高地,沿帝国铁路1号线攻往柏林,红军伤亡人数可能高达25,000人。27年后的1972年,公墓添加了纪念馆,纪念碑上,朱可夫的名字旁刻了"苏联英雄"几个字。

起到重要作用。近卫坦克第1集团军作战处处长波佩尔将军战后写道:

> 可如果乌克兰第1方面军辖内兵团没有协助我们把柏林与德国其他地区隔开,会发生什么情况呢?德国第12集团军集中的希特勒分子会从西线变更部署对付红军,朝柏林发动强有力的进攻。他们随后可能会把首都拱手让给美国人。这种情况下,我们的方面军司令员朱可夫元帅不可能成为"柏林的征服者",科涅夫也做不到,夺得胜利果实的只会是艾森豪威尔。[10]

近卫坦克第3集团军在第28集团军支援下攻入柏林南郊,几乎凭一己之力攻占帝国总理府。与此同时,科涅夫麾下兵团包围雷曼集团军级集群,切断万湖岛上的守军,还阻止德国第9、第12集团军加入柏林保卫战。这些举措确保了朱可夫白俄罗斯第1方面军继续消灭柏林守军,用不着防范敌人从南面突然发动进攻。没有科涅夫的南路突击,很难说朱可夫要多久才能攻克柏林。

1945年6月,朱可夫在公开场合声称,他是柏林战略进攻战役中红军各方面军的总指挥。科涅夫1962年接受采访时，采访者直截了当地询问他对此的看法。科涅夫立马答道，朱可夫说的是他指挥的两个方面军（白俄罗斯第1、第2方面军），还谈到他与朱可夫不同的打法。科涅夫迅速总结了自己突破尼斯河防线的办法，先实施两小时炮火准备，而后投下烟幕，而不是像朱可夫那样，在进攻初始阶段使用探照灯。他这番话说明，早在20世纪60年代初，苏联方面就认为朱可夫攻克柏林的初期作战计划是个败笔。科涅夫可能不愿说任何贬低朱可夫的话，匆匆结束这个话题："至于谁的打法更有效，让历史学家去评判吧。"[11]这话说得没错。

科涅夫的结论

科涅夫对红军在柏林周边地区的作战行动做出坦率的评估。他的记述为读者提供了饶有趣味的视角，而红军将帅的叙述很少能做到这一点，尤其是朱可夫和崔可夫的回忆录：

> 柏林城内的一场场战斗夜以继日地进行，我在这里想详细谈谈柏林防御的性质，我们在战斗中不得不克服这些防御，但谈论这一点时，别把我的言论与某个具体日期联系在一起。
>
> 我听到过这样的观点，说什么柏林城内的战斗本来用不着这么猛烈，这么仓促，归根结底，部队的牺牲本来可以少些。这些议论看似不无道理，但忽略了最重要的东西：实际情况，战斗的实际紧张程度，民众的实际精神状态。我国人民当时强烈、急不可耐地期盼尽快结束战争。那些想评论红军指战员付出的牺牲是否合理的人，那些想评论能不能晚一两天攻克柏林的人，都应该记住这一点，否则就不可能真正明白柏林城内一场场战斗的情况……
>
> 戈培尔领导民事当局机构，负责柏林民防的训练工作。至于魏德林，出任柏林卫戍区司令时就接到希特勒非常明确的命令：保卫首都，战斗到最后一兵一卒。
>
> 德国人企图长期坚守柏林，因而按照坚固防御的要求构筑工事，还建立了强大的火力配系、支撑点、抵抗枢纽部。越靠近市中心，防御越严密。他们改造了墙壁很厚的大型石砌建筑，好用于旷日持久的防御，还把好多房屋的门

窗封死，只留下射孔。「作者注：科涅夫夸大了德国人的准备程度。」

经过这样加固的几栋楼房构成抵抗枢纽部，厚达4米的坚固街垒掩护两翼。这些街垒同时又是强固的防坦克障碍物。为构筑街垒，德国人使用了木头、泥土、水泥、钢铁。他们还重加固街角的楼房，好实施侧射和斜射。从组织防御的角度看，这一切都是深思熟虑的结果。德国人在所有防御枢纽部准备了大批"铁拳"，巷战中，"铁拳"堪称威力强大的反坦克武器。

德国人的防御体系，广泛利用市内众多地下建筑。防空洞，地铁隧道，地下下水道，排水沟等等，总之他们使用了各种地下通道，既用于调动部队（把部队从一处经地下调到另一处），又用于前送弹药。城内守军利用地下设施给我们造成很多麻烦。我方部队即将夺取某个抵抗枢纽部时，这里的一切抵抗看似结束了，但德国人却利用地下通道，把侦察小组、单独的破坏分子、狙击手派到我们后方。经地下交通线潜入的这些自动步枪手、狙击手、火箭筒射手、"铁拳"射手，朝我方沿已夺取街道行驶的汽车、坦克、火炮开火，切断交通线，在我们前线后方制造紧张的局面。「作者注：科涅夫的描述，不由得让人想起近50年后，俄国人在车臣首府格罗兹尼的战斗中遭遇的战术困境。」

柏林市区的战斗要求我们在各自地段直接组织战斗的下级指挥员，尤其是团长和营长，具备高超的能力，因为我们的强击群通常由营长指挥。

除了我提到的那些原因，还有许多情况也给我方部队在巷战中的运动造成妨碍。柏林城内，尤其是市中心，建有许多专用的钢筋混凝土掩蔽部。其中最大的是地面上的钢筋混凝土掩蔽部，可容纳300—1000名士兵组成的大股守备部队。部分地面掩蔽部有六层，高达36米，屋顶厚度从1.5米到3.5米不等，墙体厚度1米到2.5米，现代野战火炮对此几乎无能为力。「作者注：科涅夫指的是三座大型防空炮塔。」

这些「防空炮塔的」平台上，通常配置数门高射炮，可同时对付飞机、坦克、步兵。

这些「防空炮塔」是列入市区防御体系的特殊堡垒，整个柏林约有400座掩蔽部。市内还建有许多钢筋混凝土野战帽堡，里面可容纳数名机枪射手。我们的战士冲入某座工厂厂区，通常会遭到德国人从这些钢筋混凝土帽堡射出的火力打击。

柏林城内还配置了许多高射炮，巷战期间，这些高射炮为反坦克防御发挥了特别重要的作用。不算"铁拳"的话，我们在柏林损失的大部分坦克和自行火炮，都是德军高射炮造成的。

柏林战役期间，德国人击毁、击伤我方800多辆坦克和自行火炮。这些损失大多发生在市区的战斗中。「作者注：红军战车的总损失显然更高，参阅引言。」

为尽量减少"铁拳"造成的损失，我们在战斗期间采用了简单而又非常有效的办法：在坦克周围设置了所谓的隔离层，也就是把钢板或铁片挂在装甲板上。"铁拳"弹头击中坦克，首先穿透第一层无关紧要的障碍物，这层障碍物之后是空隙，弹头最终撞上坦克装甲板时已丧失推动力，经常发生反跳，不会造成损失。

为什么这么晚才采用这种"隔离层"呢？显然是因为实践中，我们没遇到过在巷战中如此广泛地使用"铁拳"的情况，而在野战条件下，"铁拳"也没让我们特别重视。

主要由老年人和少年组成的人民冲锋队营，配备的"铁拳"特别多。"铁拳"正是这样一种武器，它能让体力欠佳或没受过作战训练的人在心理上产生自信，让他们确信，尽管昨天刚刚入伍，今天就真的能有所作为。我必须指出，这些"铁拳"射手通常会战斗到最后一刻，而且在战争的最后阶段，明显比那些久经沙场，但多年征战屡遭败绩，疲惫不堪的德军官兵表现得更加坚定。

一如既往，德军士兵只有在走投无路的情况下才投降，他们的军官也是如此。但他们的战斗意志已耗尽，只剩悲观、毫无希望的决心，也就是战斗到上级下令投降为止。

正如我所说，争夺柏林决定性战斗的那些日子里，一种可称之为歇斯底里自我牺牲的情绪主导了人民冲锋队。第三帝国这些最后的保卫者，包括许多年纪很小的孩子，把自己视为最后希望的化身，期盼在最后时刻违反一切常理出现奇迹。[12]

科涅夫对红军强击柏林的坦率看法，写于20世纪60年代初，时至今日还是很有借鉴意义，而且是红军参战指挥员从红军视角撰写的战斗评估中最好的一篇。

红军颁发给柏林战役参战官兵的奖状。上书"我们的事业是正义的！我们赢得胜利！德国彻底战败！颁发给荣获苏沃洛夫勋章、赫梅利尼茨基勋章的近卫红旗雅罗斯拉夫尔机械化第21旅近卫坦克第69团T-34坦克连的机械师兼瞄准手，近卫军上士亚历山大·阿法纳西耶维奇·梅利尼奇。您在卫国战争中履行了对祖国的职责，在与德国侵略者激烈战斗的战场上为苏联武装力量增辉，也为斯大林的近卫军增光添彩。近卫坦克第1集团军军事委员会注意到您在攻克德国帝国主义首都柏林的历史性战役中表现出色，特此祝贺您赢得的胜利。签名：近卫坦克第1集团军司令员，近卫坦克兵上将M.卡图科夫；近卫坦克第1集团军军事委员会委员，近卫坦克兵中将N.波佩利。1945年5月9日，柏林"。

攻克柏林奖章。颁发给英勇突击并攻克柏林的参战者，近卫军上士米哈伊洛夫·加夫里尔·米哈伊洛维奇。根据苏联最高苏维埃主席团1945年6月9日颁布的命令，以苏联最高苏维埃主席团的名义，1945年12月20日颁发"攻克柏林"奖章。刻赤近卫歼击机第54航空兵团，近卫军中尉。

损毁的赫库莱斯桥附近，希特勒半身像凝视着"千年帝国"首都的废墟。希特勒自杀身亡，在最后一场激烈战役中幸免于难的大批柏林守军，却面临在苏联境内服10年或更长时间苦役的厄运。

尾注：

1.Le Tissier, Slaughter at Halbe, p.212. 实际上，德军伤亡人数可能更高。

2.Keegan,"Berlin", pp.82—83.

3.Le Tissier, Race for the Reichstag, p.195.

4.Army Battle Casualties and Non-Combat Deaths in World War II, Final Report, 7 December 1941—31 December 1946, p.5.

5.Zhukov, p.288.

6.P. Tsouras (ed.), Panzers on the Eastern Front, p.220.

7.Oder and Berlin, Russian participants interviews.

8.Platonov, pp.29—30.

9.M. Baryatinskiy, The IS Tanks, p.53.

10.Popiel, p.20.

11.Koniev interview.

12.Koniev memoir, pp.162—165.

附录 A
美国陆军就柏林城内苏联驻军的情报报告—5月8日[1]

美军头两个进入德国战败首都的军人提交的报告，准确评估了红军强击柏林后，这座城市的状况。这份5月8日撰写的报告，获得20世纪60年代后续采访的补充，让我们得以了解柏林的面貌、巷战的激烈程度、红军的状况。

5月7日，美国第5装甲师师长奥利弗将军，派查尔斯·图伊上尉、彼得·布莱克少尉渡过易北河，邀请对岸的红军师长跟奥利弗将军共进晚餐。图伊上尉负责传递口信，布莱克少尉担任翻译，因为他出生在柏林，德语很流利，比师里任何人都更了解易北河以东地区的情况。他们乘吉普出发，司机是个来自旧金山的中国人。

他们渡过易北河，向俄国人转达师长的邀请，布莱克随后问道，要是他们驱车去柏林会怎样。俄国人答道，去留随意，但"风险自负"。图伊和布莱克立即出发，成为柏林陷落五天后，率先进入该城的美国军人。两人返回后撰写了以下报告。

报告
440-G 军事情报审讯小组—1945年5月8日
主题：到访柏林
提交师情报参谋

1945年5月7日7点前后，我们在维滕贝尔格以北2英里左右处，乘船渡过易北河，预先获得驻守该地区的美国第84步兵师批准。我们到达维滕贝尔格，联系红军哥萨克骑兵第32师指挥所，得到口头批准，允许我们沿他们的主要补给路线赶往、进入柏林。我们8点左右动身出发。

离开维滕贝尔格，我们发现直通佩勒贝格的公路坑坑洼洼，布满弹坑，我们不得不从巴特维斯马克绕行。这让我们穿过维滕贝尔格南面的部分乡村，有迹象表明这些地方发生过相当激烈的战斗，德国人的无后坐力炮和防空武器被遗弃在树林里。所有村庄都驻有红军骑兵部队，他们显然分成若干连级分队。俄国人还把部分火炮部署在树林内，显然是中口径高射炮。他们在各村入口设立路障，精心组织交通管制，对民用交通控制得特别严，但实际效果不太好，因为路障旁的哨兵只会说俄语，无法有效盘查通行者。一些小型桥梁被炸毁，到目前为止，俄国人没采取任何措施修理或重建桥梁。

我们在克莱茨克重新踏上红军主要补给路线，从此处起，沿这条5号路线一路赶往柏林。我们在路上见到大批各种型号的车辆，大多是即将散架的马拉大车和型号老旧的苏制福特T型汽车，偶尔能见到几辆租借法案提供的现代卡车。交通显然毫无组织可言，我们遇到几次严重的堵车，积压的车队每次都超过1英里，完全是缺乏组织和常识造成的。桥梁几乎都已炸毁，取而代之的是最简陋的水坝，车辆经常堵在这里，驶过这些单向瓶颈地的交通根本没人指挥。一支支漫长的德军战俘队列穿过这些桥梁，优先权高于补给卡车，赶往四面八方的难民，优先通过权也高于坦克。经常见到的情况是，三支车队堵在一处瓶颈地，另外两支车队陷入与道路平行的田野，企图绕开堵塞地段。雪上加霜的是，红军主要补给路线上满是损毁的坦克、卡车、轿车、手推车，以及马匹和牛的尸体，还有许多红军士兵在路上赶着羊和其他牲畜，显然是从德国农场征用的。由于一支支车队（如果能称之为车队的话）通常由速度差异很大的各种车辆组成（坦克跟马拉大车、骑兵部队混杂在一起），这些车队的平均车速很低，看上去很容易遭受空袭。

车队里还能见到大批火炮，跟炮组人员不同，所有火炮看上去都挺干净，保养得很好。我们注意到，这些火炮口径最大的是105毫米榴弹炮。路上的坦克大多是T–34，但也能见到德制、英制、美制坦克。T–34坦克底盘还用于搭载自行火炮。这款坦克看上去不错，轮廓低矮，履带宽大，但大多数

T-34的履带过于宽松了。我们还见到几辆斯大林式重型坦克，这款坦克配备的主炮，让整部战车看上去甚至比黑豹、虎式坦克更厉害。俄国人的大多数工艺远不如我们那般精湛，不过，虽说做工粗糙，但那些武器看上去很耐用，完全能发挥应有的效力。红军官兵配备的轻武器形形色色，以冲锋枪为主。他们的冲锋枪跟英国配备弹鼓的冲锋枪类似。他们的手枪有点像我们的点45柯尔特，但做工粗糙。红军配备的步枪也很多，长长的枪身，型号各异。我们几乎没见到戴钢盔的红军士兵。他们的军装五颜六色，大多很脏，而且不太统一。我们还见到数量多得不成比例的红军军官和大批女兵，甚至还有女司机。"同行的"女人也很多。驻军毫无纪律可言。卡车司机似乎对机械专业知识一窍不通，因为他们经常把扎破后稍事修补就能使用的轮胎直接扔掉。租借法案提供的卡车，看上去保养得很好。

我们遇到跟随红军一同战斗的两个波兰集团军辖内部队，波兰官兵衣着得体，纪律严明，他们的车队看上去组织得井井有条。波兰人的军装很漂亮，一个个军官看似既能干又有效率。不过，他们不像俄国人那般崇敬机械装置，我们看见波兰军队里有很多骑兵部队。

在距离柏林还有半数路程的瑙恩，我们遇到一群英美战俘，他们的状况不太好，其中还有六名身负重伤的飞行员，根本没得到值得一提的医疗救治，我们今天早上派救护车去接他们。其他战俘见到我们，一个个欣喜若狂。苏联军事管制政府似乎完全帮不了他们，当务之急，是派卡车或跟俄国人共同做出安排，把我们的人接走，以免他们饿死。大多数战俘想赶往易北河，但途中的红军哨兵拦住他们。公平地说，我们也在占领区拦阻一心想回家的俄国人和波兰人。我方战俘的伙食条件很差。许多人重述了俄国人实施暴行的传言，我们无法核实这些说法，反正我们也没打算核实。但德国百姓看上去极度惊慌、恐惧。大多数德国人一言不发，只有一两个人怪我们"来得太晚"。这种情况下值得一提的是，俄国人安排德国百姓清扫所有城镇的街道，与德国人在欧洲各地对成千上万犹太人犯下的暴行截然相反。俄国人急于打扫街道的干劲非常滑稽，因为他们显然没下功夫清理重要的障碍物，例如损毁的车辆、坍塌的房屋和桥梁。但俄国人无疑想让"优等种族"干活，这些年来，"优等种族"一直驱使奴工干苦力。

我们接近柏林，见到越来越多激烈近战的痕迹，损毁的坦克很多，还有大批遗弃的88炮。很明显，损毁的坦克主要是"铁拳"击毁的，不过我们也见到德国人的50毫米反坦克炮，当然还有88炮。柏林郊外的施塔肯机场，现在由红空军使用，我们见到十几架双翼飞机（显然是炮兵观察机），还有许多蓝色涂装，外形很现代的战斗机，跟"飓风"战斗机相似，但尺寸稍小些。机场上还有几架涂有红空军标志的C-47。就我们所见，苏联空军组织得挺好。

柏林郊区只剩50%的地方还能居住，但几乎每栋房屋都遭到机枪火力破坏，所有窗户都破了。鲁勒本赛马场受损严重，我们从远处看见，奥林匹克体育场至少遭到炮火破坏。大量证据表明，皇家空军和美国陆航队实施了猛烈空袭，据当地居民说，皇家空军的轰炸更可怕。我们先沿汉堡大道进城，一如既往，受损的痕迹和各种残骸随处可见，我们随后发现无法跨过桥梁进入柏林（几十辆损毁的有轨电车堵住桥梁），只好取道夏洛滕堡和施潘道大道进城。我们穿过左侧的路易森宫，转身向南，沿腓特烈大街而行。从驶过桥梁进入柏林那一刻起，我们发觉进入一大片瓦砾堆。毫不夸张地说，每栋房屋先是遭到空袭，然后是炮击，最后是机枪火力打击。路易森宫不复存在，施潘道大道同样如此。我们转身向南，到达昔日的俾斯麦街，德国歌剧院沦为废墟，克尼广场难以辨认。工学院荡然无存，离作家哈登贝格出生地不远的哈登贝格街无从辨识。我们继续赶往大施特恩广场，进入蒂尔加滕。柏林这座中央公园内仍传来地雷爆炸声，以及听上去像小口径火炮的射击声，但总的说来，爆炸声不多。公园沦为战场，重型和中型火炮怪异地散落在四周，一座座炸毁的帽堡只剩残骸，扭曲的钢筋暴露在外。我们靠近胜利纪念柱，纪念柱依然伫立，但炮弹破坏了底部，把纪念柱底座炸得粉碎。柱顶的胜利女神塑像飘扬着一面红旗。身着红军军装的一名女警卫指挥我们的车辆右转，驶往蒂尔加滕的住宅区和使馆区。日本大使馆仍在原处，虽然外墙受损严重，但工作人员多多少少仍在坚守岗位。隔壁的意大利大使馆也是一片狼藉。再往前走，部分昔日的政府大楼，仍能通过基墙的大体形状识别出来。

到达赫尔曼·戈林街，我们再次转向北面，驶往勃兰登堡门。纳粹摆出相当愚蠢的抵抗姿态，在街上构筑了一道防坦克街垒，德国百姓此刻忙着拆除街垒。勃兰登堡门挨了炮弹，后方的巴黎广场不见了。阿德隆旅馆堪称柏林的华尔道夫酒店，被炮弹炸毁一半，残余部分熏得漆黑。我们来到菩提树下街，这里成为红军车辆的大型停车场。当地居民忙着清扫街道，在街道中心张贴红军宣传海报。

菩提树下街上的整个政府建筑区不复存在，那些菩提树也消失了。戈培尔的宣传部走上所有宣传部门必然的归宿。德皇精心建造的宫殿，著名的军械库（博物馆式的军械库）损毁，里面的藏品损失殆尽。高爆弹炸毁了整条街上的外墙。阵亡将士纪念碑前方的广场损毁，一座小型纪念馆也遭了殃，纳粹当初在这里举行精心策划的游行，大批士兵迈着鹅步，伴随鼓乐、火炮和飞机的轰鸣列队行进，这座纪念馆炸成怪异的碎片，一根根小柱子从屋顶下伸出。前方的柏林大教堂，圆顶炸没了，红军新兵在威廉皇帝纪念教堂（或者说是纪念教堂残迹）前方进行密集队形操练。一尊青铜塑像落在街上，看上去似乎是腓特烈大帝，但塑像面朝下落在尘埃里，一时难以辨认。

我们调转方向驶往威廉大街。希特勒当初为旧总理府添加了侧厅，旧总理府受损严重。同一条街上美轮美奂的新总理府基本完好，只有侧面受损，新总理府内部似乎烧毁了，但红军把急救站和兵营设在此处。大楼前方的金色鹰徽从华丽的基座上射落一部分，元首当初检阅支持者站立的阳台，此时只剩下一点点支撑，中央部分，也就是希特勒当年站的地方，被炮弹炸毁。两个德国人在大楼门前张贴红军宣传海报。

返程途中，我们看见国会大厦圆顶上飘扬着红旗。勃兰登堡门西面200码左右的夏洛滕堡大道上，红军士兵忙着搭建巨大的检阅台。他们说5月27日前后要举办胜利阅兵式，期盼斯大林元帅届时会莅临。德国百姓在这座新建筑前方清扫街道。

我们往回走，沿来时的路线原路返回。柏林城外，红军主要补给路线依然拥堵。天黑前我们总算回到易北河。

就此次旅行所见，我们想特别强调以下几点：

1. 俄国人对我们不太熟悉。我们是他们见到的首批美国人，虽说他们熟悉我们乘坐的吉普，但大多数人根本不认识我们的军装和钢盔。我们没有美国国旗，所以遇到盘查，总是通过手势和"美国人"的答复表明自己的身份。对方通常会报以一连串善意的问候，无休止的握手，以及包括拥抱在内的各种友好姿态。所有人都很高兴见到我们，无一例外，还有两个红军军官坚持要给我们拍照，相机是德国货，但我们不知道相机里有没有胶卷。在菩提树下街中段，有个红军军官请我们喝了一大杯美味的朗姆酒。俄国人每次拦住我们盘查身份，只要我们答一句"美国人"，都能起到"芝麻开门"的神奇效果。每个人见到我们，都有种发自内心的喜悦之情，我们没遇到不信任、不友好的言行。但考虑到日后通行的方便，我们还是建议在吉普上悬挂美国国旗，越大越好。红军官兵喜欢听轻武器射击声。

2. 虽然乡间道路的交通管理很差，但柏林城内井井有条，红军女警察用红色、黄色的旗帜干净利落地发出信号，态度坚定地指挥我们驶上她们想让我们去的方向。但我们绝非"只看见某些东西"，我们想去哪里都可以，而且也确实是这么做的。顺便说一句，红色和黄色信号旗显然没起到什么作用，我们进入柏林时不明白信号旗的意思，现在也不太懂。

3. 红军士兵的士气似乎很高昂。他们唱歌、喝酒，通常把战争变成一场狂欢，这种狂欢中，交通堵塞和路障纯属无关紧要的问题。

4. 他们的火炮散得很开，配有橡胶轮胎，以自行方式运动时，看上去威力强大，令人生畏。火炮数量很多。他们广泛利用自然条件伪装火炮。我们看见红军几支大股部队在树林里宿营或开入林地，以避开有可能出现的空中侦察。

最后我们想说，从所有迹象和我们在柏林城内跟许多红军军官交谈的情况看，我们似乎是柏林投降后首批进入德国首都的美国军人。

美国陆军
查尔斯·K.图伊上尉
彼得·J.布莱克少尉

20世纪60年代初的采访，补充了以上报告的内容。以下第一部分是采访者对布莱克回忆的评论，第二部分是布莱克本人的评述。

德国广播电台战争期间基本设在瑙恩镇，此处离柏林还有半数路程，布莱克在镇内遇到许多美军战俘，他们在北非被俘后一直关押在这里。几名战俘带着布莱克来到附近一所医院，医院里有6名伤势很重的美军飞行员。（布莱克安排救护车把这些飞行员送回去。）这些战俘已搬入瑙恩镇内德国居民家里。布莱克问他们，想不想跟他一同返回易北河，他们觉得这个主意不错。但等布莱克从柏林返回，这群美军战俘又觉得最好还是留在镇内。布莱克问怎么回事，这些战俘说，他们待在镇内，好歹能为收留他们的德国家庭提供些保护，以免俄国人欺负他们。美军战俘在每栋房屋的房门上张贴了屋内居民的名单，还在名单下挂了一面临时制作的美国国旗。留在镇内的决定是他们认真考虑的结果，这些美军战俘说，他们刚开始收拾东西，收留他们的德国家庭都打算自杀，于是，美国人决定留下。（有报告称，这群美军战俘后来赶往易北河，返回河对面美军一侧。）

还有件事，布莱克在报告里没提，他的总体印象是，红军官兵纪律松弛。布莱克回忆道，各道路障都有挎着冲锋枪的红军哨兵。唯一的问题是，几乎每个哨兵都喝得酩酊大醉。只要有人靠近，他们就用枪口指着来者的腹部，布莱克觉得这些哨兵根本无法做出任何明智的决定。红军遇到的交通堵塞非常严重。一座座桥梁被炸毁，布莱克看见红军将领就如何更有效地修复桥梁跟普通士兵争得不可开交。

布莱克的评述如下：

你根本无法想象他们有多混乱，简直是一团糟。20架飞机就能消灭这支军队。有几点你得明白，（1）醉酒，（2）军纪松弛，（3）俄国人对自己人也冷漠残酷。我们看见许多大车载着身负重伤的俄国人。有时候你会看见俄国人粗暴地把伤员丢到车上，根本不考虑他们的伤势；还有些时候，他们把伤员绑在坦克炮塔侧面。如果伤员死了，他们就把尸体直接丢入路边的沟渠。我觉得大多数红军士兵来自亚洲地区，他们对跟我同行的中国兵非常好奇。我们进入柏林，街道上仍能见到尸体。俄国人在蒂尔加滕把我们拦下，给我们送上美味的白兰地。我们仍能听见零零星星的枪声，以及地雷爆炸声「参阅他提交的报告]。但我不知道城内是否还有战斗。我们驱车离开时，一个俄国人离开道路走到草地上，随后发生爆炸，他倒下了。我们没有停车查看他是被地雷还是其他东西炸伤的，因为我们觉得最好赶紧离开此地，以免惹上麻烦。红军哨兵封锁了总理府和暗堡区，我们无法接近。柏林城内总是有种奇怪的气味。松树林环绕该城，不难闻到松树散发的清香，但现在闻上去像是松树着火的味道，你能闻到飘过市区的烟雾。满目疮痍的市区，最引人注目的是损毁的自行火炮和坦克，数量多得惊人。停在市中心的许多战车残骸仍在燃烧。我们在城内各处都看见德国妇女在彻底损毁的坦克周围清扫街道。我对城内战斗的评价是，要么是战斗极为激烈，要么是俄国人彻底疯了。几乎每堵墙壁上都散布着弹孔。

据我判断，红军大举集结，似乎要向西进攻，渡过易北河。他们的分散，他们的伪装，一切都表明他们的意图。铁路平板车上载有大批火炮。我们很清楚，自己不该来这里，所以没仔细查看俄国人的炮位。当然，红军集结部队也许只是为应对残余敌军的游击战。毕竟俄国人当初就是这样对付德国人的，他们估计德国人也会以游击战的方式还以颜色。柏林城内到处能见到大幅海报，上面写着斯大林的话：希特勒分子来来去去，但德国人民永远存在。

从一开始我就注意到，俄国人在柏林城内散布这样说法，说这座城市遭受的破坏，主要是美国和英国空军干的。此举显然是想让德国的民意有利于俄国人。

与布莱克和图伊1945年提交的官方报告相比，他20世纪60年代对柏林之行的回忆更加生动[①]。布莱克目睹的情况，强调了当时获胜的红军重要的士气问题。另外，他作为独立的第三方证实，柏林城内的战斗非常激烈，就像苏德老兵在正文中叙述的那样。

---

① 当时的冷战气氛下，布莱克的评述无疑受到"政治正确"影响，与他1945年5月8日提交的报告形成鲜明对比。

尾注：

1. RC, Box 46.

附录 B

红军作战序列

柏林战略进攻战役的红军作战序列相当庞大。以下名单没有列出参与这场突击的所有兵团/部队。数百个步兵师、坦克旅、炮兵团参加了柏林战略进攻战役。为了在力所能及的范围内列出红军作战序列，除了白俄罗斯第1方面军和乌克兰第1方面军，其他集团军仅细分到军一级。两个方面军在柏林城内战斗的诸集团军，我把步兵战斗序列细分到师一级，坦克兵和自行炮兵细分到团一级。我不细分炮兵部队，是因为红军配属各集团军的炮兵部队实在太多。我还要指出，"自行炮兵"通常指的是诸如SU-76或ISU-152这些中型、重型坦克歼击车，之所以提到这些战车，是因为它们承担反坦克和间接火力系统的双重任务。

白俄罗斯第2方面军——K.K.罗科索夫斯基元帅

突击第2集团军——I.I.费久宁斯基上将
    步兵第108、第116军

第65集团军——P.I.巴托夫上将
    步兵第18、第46、第105军

第70集团军——V.S.波波夫上将
    步兵第47、第96、第114军

第49集团军——I.T.格里申上将

　　　　步兵第70、第121军
第19集团军——V.Z.罗曼诺夫斯基中将
　　　　近卫步兵第40、步兵第132、第134军
近卫坦克第5集团军——M.D.西年科坦克兵少将
　　　　坦克第29军
空军第4集团军——K.A.韦尔希宁空军上将
　　　　强击航空兵第4、轰炸航空兵第5、歼击航空兵第8军

白俄罗斯第1方面军——G. K. 朱可夫元帅

第61集团军——P.A.别洛夫上将
　　　　近卫步兵第9军：G.A.哈柳津中将/A.D.舍缅科夫中将
　　　　　　近卫步兵第12、第75师、步兵第415师
　　　　步兵第80军：V.A.韦尔日比茨基少将
　　　　　　步兵第212、第234、第356师
　　　　步兵第89军：M.A.西亚佐夫少将
　　　　　　步兵第23、第311、第397师
　　　　装甲部队
　　　　　　近卫自行炮兵第312团
　　　　　　自行炮兵第1811、第1899团
　　　　　　独立特种摩托化第286营
　　　　炮兵部队
　　　　　　反坦克歼击炮兵第533团
　　　　　　迫击炮兵第547团
　　　　　　近卫加农炮兵第38旅
　　　　　　预备队炮兵第1282团
　　　　　　反坦克歼击炮兵第41团
　　　　　　防空第20师
　　　　　　近卫迫击炮兵第19、第93团
　　　　工程兵部队

战斗工兵第38旅

突击战斗工兵第81、第85营（突击战斗工兵第17旅）

军事建筑第70、第71大队

化学兵部队

独立防化兵第77营

波兰人民军第1集团军——S.G.波普瓦夫斯基中将

波兰第1"塔德乌什·科斯丘什科"步兵师

波兰第2、第3、第4、第6步兵师

第1骑兵旅

装甲部队

重型坦克第4团

自行炮兵第13团

4个自行炮兵团

独立自行炮兵第7营

炮兵部队

波兰第1炮兵旅

榴弹炮兵第2、第3旅

波兰第4重型战斗炮兵旅

波兰第5炮兵旅

集团军迫击炮兵第1团

波兰第1防空师

波兰第1独立防空营

近卫迫击炮兵第41团

工程兵部队

波兰第1战斗工兵旅

独立舟桥第3、第6营

集团军工兵第7营

化学兵部队

波兰第1、第3独立防化兵营

波兰第2独立喷火器营

第47集团军——F.I.佩尔霍罗维奇中将

步兵第77军：Y.S.沃罗比约夫少将/中将[1]

步兵第185、第260、第328师

步兵第125军：A.M.安德烈耶夫中将

步兵第60、第76、第175师

步兵第129军：M.B.阿纳什金少将

步兵第82、第132、第143师

装甲部队

近卫重型坦克第70团

近卫重型自行炮兵第334团

自行炮兵第1204、第1416、第1825、第1892团

炮兵兵团/部队

反坦克歼击炮兵第163团

集团军迫击炮兵第460团

近卫加农炮兵第30旅

集团军预备队炮兵第148团

炮兵第6师

波兰陆军第1迫击炮兵旅

防空第74师

近卫迫击炮兵第38、第305团

近卫迫击炮兵第16旅

工程兵部队

集团军战斗工兵第18旅

突击战斗工兵第7、第10营（战斗工兵第2旅）

---

[1] 应为V.G.波兹尼亚克中将。

摩托化舟桥第4团

军事建筑第121、第122大队

化学兵部队

独立喷火器第20营

独立背囊式喷火器第177连

独立防化兵第81营

突击第3集团军——V.I.库兹涅佐夫上将

步兵第7军：V.A.奇斯托夫少将/Y.T.切列维琴科上将

步兵第146、第265、第364师

近卫步兵第12军：A.F.卡赞金中将/A.A.菲拉托夫少将

近卫步兵第23、第52、步兵第33师

步兵第79军：S.L.佩列韦尔特金少将

步兵第150、第171、第207师

装甲兵团/部队

自行炮兵第1203、第1728、第1729团

坦克第9军

自行炮兵第1049团

近卫重型坦克第88团

坦克第85团

近卫重型自行炮兵第351团

自行炮兵第1818团

炮兵兵团/部队

近卫反坦克歼击炮兵第163团

近卫迫击炮兵第203团

反坦克歼击炮兵第136旅

集团军预备队炮兵第1622团

突破炮兵第4军（炮兵第5师）

战斗坦克炮兵第40旅

防空第19师

近卫迫击炮兵第22、第23旅

近卫迫击炮兵第50团

工程兵部队

战斗工兵第25旅

近卫摩托化工兵第4、第5营（近卫独立摩托化工兵第1旅）

独立摩托化舟桥第138营（独立摩托化舟桥第7旅）

军事建筑第68、第124大队

化学兵部队

独立防化兵第33营

独立地雷式喷火器第10营

突击第5集团军——N.E.别尔扎林上将

步兵第9军：I.P.罗斯雷中将

步兵第230、第248、第301师

近卫步兵第26军：P.A.菲尔索夫少将

近卫步兵第89、第94、步兵第266师

步兵第32军：D.S.热列宾中将

近卫步兵第60、步兵第295、第416师

近卫重型坦克第89团

工兵坦克第92团

近卫重型自行炮兵第396团

独立摩托化第274营

装甲兵团/部队

9个自行炮兵师

近卫重型坦克第67、第11旅

坦克第220旅

重型自行炮兵第36团

自行炮兵第1504团

炮兵兵团/部队

  反坦克歼击炮兵第507团

  集团军迫击炮兵第489团

  近卫反坦克歼击炮兵第44营

  集团军预备队炮兵第1617团

  突破炮兵第6军（炮兵第2、第14师）

  独立炮兵第32师（不包括近卫重型炮兵第58旅）

  近卫炮兵第3旅

  反坦克歼击炮兵第4旅

  迫击炮兵第32旅（炮兵第22师）

  近卫防空第2师

  近卫迫击炮兵第2、第25旅

  近卫迫击炮兵第37、第92团

  近卫迫击炮兵第6旅（炮兵第14师）

工程兵部队

  战斗工兵第61旅

  突击工兵第17旅（突击工兵第82、第83、第84营）

  近卫摩托化工兵第2、第7营（近卫摩托化工兵第1旅）

  独立摩托化舟桥第13营

  军事建筑第67、第69大队

  工程技术第92团

化学兵部队

  独立喷火器第8营

  独立防化兵第10营

近卫第8集团军——V.I.崔可夫上将

  近卫步兵第4军：V.A.格拉祖诺夫中将

    近卫步兵第35、第47、第57师

近卫步兵第28军：V.M.舒加耶夫中将[①]

  近卫步兵第39、第79、第88师

近卫步兵第29军：P.I.扎利兹尤克少将

  近卫步兵第27、第74、第82师

装甲部队

  自行炮兵第1087、第1200、第1061团

  近卫重型坦克第7旅

  近卫坦克第34团

  坦克第65、第259团

  近卫重型炮兵第394团

  自行炮兵第371、第694团

炮兵兵团/部队

  反坦克歼击炮兵第266团

  近卫迫击炮兵第141团

  近卫加农炮兵第43旅

  防空炮兵第878团

  突破炮兵第3军（炮兵第18、第29师）

  反坦克歼击炮兵第38旅

  反坦克歼击炮兵第1、第1091团

  近卫反坦克歼击炮兵第295团

  近卫防空第3师

  近卫迫击炮兵第2师

  近卫迫击炮兵第36旅（炮兵第29师）

  近卫迫击炮兵第59、第311团

工程兵部队

  战斗工兵第64旅

---

① 应为A.I.雷若夫中将。

摩托化工兵第7旅（摩托化舟桥第63、第136营）

突击战斗工兵第2旅（突击战斗工兵第6、第8、第9营）

工程技术第166团

喷火坦克第5168团

军事建筑第72大队

化学兵部队

　　独立喷火器第19营

　　独立防化兵第29营

第69集团军——V.Y.科尔帕奇上将

步兵第25军：N.I.特鲁法诺夫少将

　　近卫步兵第77、步兵第4师

步兵第61军：I.F.格里戈里耶夫斯基中将

　　步兵第134、第246、第247师

步兵第91军：F.A.沃尔科夫中将

　　步兵第117、第283师

装甲部队

　　自行炮兵第1205、第1206、第1221团

　　坦克第68旅

　　自行炮兵第12旅

　　近卫坦克第33、第89团

　　近卫重型自行炮兵第344团

　　独立特种摩托化第273营

炮兵兵团/部队

　　反坦克歼击炮兵第22团

　　集团军迫击炮兵第256团

　　加农炮兵第62旅

　　防空炮兵第594团

炮兵第12师

独立炮兵第34师

迫击炮兵第293团

反坦克歼击炮兵第8、第39旅

防空第18师

近卫迫击炮兵第41旅（炮兵第22师）

近卫迫击炮兵第75、第303团

工程兵部队

战斗工兵第37旅

摩托化舟桥第11旅（不含营）

军事建筑第154、第155大队

化学兵部队

独立防化兵第40营

独立喷火器第6营

第33集团军——V.D.茨韦塔耶夫上将

步兵第16军：E.V.多布罗沃利斯基中将

步兵第323、339、第383师

步兵第38军：A.D.捷列什科夫中将

步兵第64、第89、第169师

步兵第62军：I.S.沃罗比约夫中将

步兵第22、第49、第362师

近卫骑兵第2军：V.V.克留科夫中将

近卫骑兵第3、第4、第17师

装甲兵团/部队

9个自行炮兵师

坦克第257团

近卫重型自行炮兵第360、第361团

独立特种摩托化第283营

炮兵兵团/部队

  反坦克歼击炮兵第873团

  迫击炮兵第538团

  反坦克歼击炮兵第142旅

  集团军防空第1266团

  炮兵第22师（不含迫击炮兵第33旅、近卫迫击炮兵第41旅）

  近卫迫击炮兵第35旅

  独立炮兵第331、第322师

  防空第64师

  近卫摩托化第49团

工程兵部队

  战斗工兵第34旅

  摩托化舟桥第1营（摩托化舟桥第11团）

  摩托化舟桥第61营（摩托化舟桥第7旅）

化学兵部队

  独立防化兵第25营

空军第16集团军——S.I.鲁坚科空军上将

  辖28个航空兵师，外加7个独立航空兵团，共计3188架飞机，其中3033架是战机，包括：

  歼击机：1548架

  强击机：687架

  轰炸机：684架（533架昼间轰炸机，151架夜间轰炸机）

  侦察机：114架（包括炮兵观察机）

近卫歼击航空兵第1军：E.M.别列茨基空军中将

  近卫歼击航空兵第3师：E.M.戈尔巴秋克中校（拉-5、拉-7歼击机）

    近卫歼击航空兵第32、第63团（拉-7歼击机）

  近卫歼击航空兵第4师：V.A.基塔耶夫少将（雅克-3U歼击机）

    近卫歼击航空兵第64、第65、第66团

歼击航空兵第3军：E.Ya.萨维茨基空军中将

    歼击航空兵第265师：A.A.卡里亚金上校

        歼击航空兵第291、第402团（雅克-3歼击机），

        歼击航空兵第812团（雅克-9歼击机）

    歼击航空兵第278师：K.D.奥尔洛夫上校

        歼击航空兵第15、第43、第274团

轰炸航空兵第3军：A.Z.卡拉瓦茨基少将

    轰炸航空兵第183师：M.A.西特金上校

        轰炸航空兵第319、第454、第540团

    轰炸航空兵第241师：A.G.费多罗夫上校

        轰炸航空兵第24、第128、第779团（佩-2轰炸机）

    轰炸航空兵第301师：F.M.费多伦科上校

        轰炸航空兵第34、第54、第96团（佩-2轰炸机）

轰炸航空兵第6军：I.P.斯科克少将

    轰炸航空兵第113师：M.S.菲诺格诺夫上校（图-2轰炸机）

    轰炸航空兵第326师：V.S.列别杰夫上校（图-2轰炸机）

    轰炸航空兵第334师：F.D.别雷上校

        重型轰炸航空兵第132团（图-2轰炸机）

强击航空兵第6军：B.K.托卡列夫少将

    强击航空兵第197师：T.E.科瓦廖夫上校

        强击航空兵第618、第765、第805团（伊尔-2强击机）

    强击航空兵第198师：V.I.别洛乌索夫上校

        强击航空兵第41、第567、第945团（伊尔-2强击机）

歼击航空兵第6军：I.M.祖索夫少将

    歼击航空兵第234师：E.Z.塔纳什维利少将

        歼击航空兵第133、第157、第233团（雅克-3歼击机）

        歼击航空兵第248团（雅克-9歼击机）

    歼击航空兵第273师：K.D.伊萨耶夫上校

        近卫歼击航空兵第30、第67、第157、第163团

强击航空兵第9军：I.V.克鲁普斯基少将

    近卫强击航空兵第3师：A.A.斯米尔诺夫上校

        近卫强击航空兵第33、第70、第71团（伊尔-2强击机）

    强击航空兵第300师：V.A.季莫费耶夫上校

        强击航空兵第106、第382、第724、第904团（伊尔-2强击机）

歼击航空兵第13军：B.A.西迪耶夫少将

    歼击航空兵第193师：S.I.米罗诺夫上校

        歼击航空兵第347、第515、第518团（雅克-9歼击机）

    歼击航空兵第283师：S.N.奇尔瓦上校

        近卫歼击航空兵第56团（雅克-9歼击机）

        歼击航空兵第431团（雅克-9歼击机）

        近卫歼击航空兵第116团（雅克-3歼击机）

诸独立航空兵师：

    近卫歼击航空兵第1师：V.V.苏霍尔亚博夫上校

        近卫歼击航空兵第19、第53、第54、第55团

    近卫强击航空兵第2师：G.I.科马罗夫少将

        近卫强击航空兵第58、第59、第78、第79团

    近卫夜间轰炸航空兵第9师

        近卫夜间轰炸航空兵第23团（波-2轰炸机）

        近卫夜间轰炸航空兵第44团（波-2轰炸机）

        近卫夜间轰炸航空兵第45团（波-2轰炸机）

    近卫强击航空兵第11师

        近卫强击航空兵第173、第174、第175团（伊尔-2强击机）

    轰炸航空兵第188师：A.I.普希金上校

        轰炸航空兵第367、第368、第373团

    轰炸航空兵第221师

        近卫轰炸航空兵第8团（佩-2轰炸机）

        轰炸航空兵第57、第745团（佩-2轰炸机）

    歼击航空兵第240师：G.V.济明少将

近卫歼击航空兵第133、歼击航空兵第42、第744团

夜间轰炸航空兵第242师

夜间轰炸航空兵第661、第717、第997团（波-2轰炸机）

歼击航空兵第282师：Yu.M.别尔卡雷上校（雅克-3、雅克-9歼击机）

歼击航空兵第127、第517、第774团

歼击航空兵第286师：V.I.斯大林上校

歼击航空兵第165、第721、第739团（拉-7歼击机）

诸独立航空兵团

近卫歼击航空兵第176团（拉-7歼击机）

独立远程侦察航空兵第16团

独立侦察航空兵第72、第93、第98团

近卫运输航空兵第62团（里-2运输机）

空军第18集团军——A.Y.戈洛瓦诺夫空军主帅

近卫轰炸航空兵第1、第2、第3、第4师

快速力量

近卫坦克第1集团军——MY.卡图科夫坦克兵上将

近卫机械化第8军：I.F.德廖莫夫少将

近卫机械化第19、第20、第21旅

近卫坦克第1旅

近卫重型坦克第48团

近卫重型自行炮兵第353团

近卫自行炮兵第400团

近卫坦克第11军：A.H.巴巴贾尼扬上校

近卫坦克第40、第44、第45旅

近卫摩托化步兵第27旅

轻型炮兵第350团

重型自行炮兵第362、第399团

坦克第11军：I.I.尤舒克坦克兵少将

  坦克第20、第36、第65旅

  摩托化步兵第12旅

  近卫重型坦克第50团

  轻型炮兵第1071团

  自行炮兵第1461、第1493团

装甲预备队

  近卫坦克第64旅

  自行炮兵第19旅

  近卫重型坦克第11团

  独立特种机械化第274营

  摩托车第6团

  摩托车第12营

集团军炮兵兵团/部队

  轻型炮兵第197旅

  近卫迫击炮兵第79、第316团

  反坦克歼击炮兵第25旅

  近卫防空第4师

工程兵部队

  战斗工兵第17旅

  摩托化舟桥第1团

近卫坦克第2集团军——S.I.波格丹诺夫坦克兵上将

  机械化第1军：S.I.克里沃舍因坦克兵中将

    机械化第19、第35、第37旅

    坦克第219旅

    近卫重型自行炮兵第347团

    自行炮兵第75、第1822团

近卫坦克第9军：A.F.波波夫少将[1]
  近卫坦克第47、第50、第65旅
  近卫摩托化步兵第33旅
  轻型炮兵第1643团
  近卫重型自行炮兵第341团
  近卫自行炮兵第369、第386团

近卫坦克第12军：N.M.捷利亚科夫坦克兵少将/A.I.舍甫琴科上校
  近卫坦克第48、第49、第66旅
  近卫摩托化步兵第34旅
  近卫重型坦克第79团
  近卫轻型炮兵第283团
  近卫自行炮兵第387、第393团

装甲预备队
  重型坦克第7团
  摩托车第5团
  摩托车第16营

集团军炮兵兵团/部队
  轻型炮兵第198旅
  近卫迫击炮兵第86、第94团
  反坦克歼击炮兵第20旅
  炮兵第24师

工程兵部队
  战斗工兵第18旅
  近卫摩托化工兵第36旅（近卫工兵第1旅）

---

[1] 应为N.D.韦杰涅耶夫坦克兵少将。

方面军预备队

第3集团军——A.V.戈尔巴托夫上将

    步兵第35军：N.A.尼基京少将

        步兵第250、第290、第348师

    步兵第40军：A.S.库兹涅佐夫中将

        步兵第5、第169师

    步兵第41军：V.K.乌尔班诺维奇中将

        近卫步兵第120师、步兵第369师

    装甲部队

        自行炮兵第1812、第1888、第1901团

    炮兵兵团/部队

        反坦克歼击炮兵第584团

        集团军迫击炮兵第475团

        加农炮兵第44旅

        防空炮兵第1284团

        军属炮兵第4旅

        重型榴弹炮兵第58旅（炮兵第2师）

        轻型炮兵第182旅（炮兵第29师）

        防空第31师

        近卫迫击炮兵第24团

    工程兵部队

        战斗工兵第10、第35旅

        摩托化舟桥第85团

近卫骑兵第2军：V.V.克留科夫中将

    近卫骑兵第3、第4、第17师

    坦克第160、第184、第189团

    自行炮兵第1459团

    近卫反坦克歼击炮兵第149团

近卫迫击炮兵第60师

防空炮兵第1730团

近卫迫击炮兵第10团

反坦克歼击炮兵第33旅

近卫迫击炮兵第56团

近卫骑兵第7军：M.P.康斯坦丁诺夫中将

近卫骑兵第14、第15、第16师

坦克第32、第47、第114团

自行炮兵第1816团

近卫反坦克歼击炮兵第145团

近卫迫击炮兵第57师

近卫反坦克歼击炮兵第733团

近卫迫击炮兵第7、第318团

反坦克歼击炮兵第45旅

方面军预备队

坦克第244团（不含迫击炮部队）

防空第13、第32师

预备队炮兵第1259、第1263团

近卫炮兵第221团

独立预备队炮兵第13、第17、第27、第30、第31、第179、第615师

近卫摩托化工兵第1旅（摩托化工兵第1营，电工第6营，特种布雷第8营）

战斗工兵第120营

独立布雷工兵第63、第73营

独立预备队工兵第26营

独立防化兵第31营

防化兵第19旅（司令部预备队）

近卫骑兵第2、第3、第7军，近卫坦克第3、第8军

乌克兰第1方面军——I.S.科涅夫元帅

近卫第3集团军——V.N.戈尔多夫上将
　　步兵第21、第76、第120军
　　坦克第25军

第13集团军——N.P.普霍夫上将
　　步兵第24、第27、第102军

近卫第5集团军——A.S.扎多夫上将
　　近卫步兵第32、第33、第34军

波兰人民军第2集团军——K.K.希维尔切夫斯基中将
　　波兰第5、第7、第8、第9、第10步兵师
　　波兰第1坦克军

第52集团军——K.A.科罗捷耶夫上将
　　步兵第48、第73、第78军
　　近卫机械化第7军

空军第2集团军——S.A.克拉索夫斯基空军上将
　　近卫强击航空兵第1、第2、强击航空兵第3军
　　近卫轰炸航空兵第4、第6军
　　歼击航空兵第2、第5、第6军

快速力量
　　近卫坦克第3集团军——P.S.雷巴尔科坦克兵上将
　　　　近卫坦克第6军：V.A.米特罗法诺夫少将
　　　　　　近卫坦克第51、第52、第53旅
　　　　　　近卫摩托化步兵第22旅

近卫自行炮兵第385、自行炮兵第1893、第1894团

近卫坦克第7军：V.V.诺维科夫少将

近卫坦克第54、第55、第56旅

近卫摩托化步兵第23旅

近卫自行炮兵第384、自行炮兵第702、第1977团

机械化第9军：I.P.苏霍夫坦克兵中将

机械化第69、第70、第71旅

坦克第91旅

近卫自行炮兵第383、自行炮兵第1507、第1978团

自行炮兵第16旅

近卫坦克第57、独立坦克第90团

近卫坦克第4集团军——D.D.列柳申科上将

近卫机械化第5、第6军

近卫坦克第10军

第28集团军——A.A.卢钦斯基中将

步兵第20军

近卫步兵第48、第55、步兵第20师

近卫步兵第3军

近卫步兵第50、第54、第96师

步兵第128军

步兵第61、第130、第152师

第31集团军——P.G.沙夫拉诺夫中将

近卫第1骑兵军：V.K.巴拉诺夫中将

附录 C

白俄罗斯第 1 方面军的伤亡

以下三份表格摘自白俄罗斯第1方面军作战日志,让我们得以详细了解,柏林战役期间该方面军明确记录的伤亡情况。表20包括该方面军在一段相对"平静"的时期遭受的损失,这段时期含扩大登陆场、奥得河畔、攻克屈斯特林的交战。

表20:白俄罗斯第1方面军作战部队的人员伤亡,1945年4月1日—10日

集团军或独立军	阵亡	负伤	失踪	其他原因	合计
近卫坦克第1集团军	25	16	7	276	324
近卫坦克第2集团军	—	3	—	151	154
突击第3集团军	44	93	—	814	951
突击第5集团军	216	720	1	172	1109
近卫第8集团军	241	662	2	630	1535
第33集团军	213	815	4	367	1399
第47集团军	62	61	1	411	535
第61集团军	138	168	2	269	577
第69集团军	228	579	1	364	1172
空军第16集团军	14	9	8	61	92
近卫骑兵第2军	8	4	—	114	126
近卫骑兵第7军	—	2	—	75	77
坦克第9军	1	2	4	14	21
「缺」重型坦克旅	6	21	—	1	28
第15筑垒地域	13	52	—	3	68
「缺」坦克军	14	50	3	40	107

(接上表)

集团军或独立军	阵亡	负伤	失踪	其他原因	合计
「缺」余部	54	107	2	506	669
方面军总计	**1277**	**3364**	**35**	**4268**	**8944**
波兰第1集团军	10	43	1	228	282

以上表格根据方面军司令部人事部门的报告汇编而成，参阅delo 0012, volume 1, pp. 427 and 428。

表21、22的伤亡总计并不准确，但反映出原始档案里的确切数字，具体如下：

白俄罗斯第1方面军司令部战争经验研究处处长高级助理

巴甫洛夫斯基中校「签名」

德沃埃格拉佐夫中校拟制

表21：白俄罗斯第1方面军作战部队的人员伤亡，1945年4月11日—5月1日

军团或部队	阵亡	负伤	失踪	其他原因	合计
近卫坦克第1集团军	1395	5857	58	344	7654
近卫坦克第2集团军	1443	6155	1	266	7865
突击第3集团军	3280	13,541	108	1074	17,993
突击第5集团军	3628	13,702	60	476	17,966
近卫第8集团军	4145	18,919	421	999	24,484
第33集团军	3462	13,696	220	532	17,910
第47集团军	2615	10,839	22	726	14,202
第61集团军	1897	5679	306	780	8662
第69集团军	3781	13,944	26	795	18,446
空军第16集团军	134	67	81	119	401
独立部队	391	576	53	765	2586
总计	**27,649**	**108,611**	**1388**	**7560**	**155,809**
波兰第1集团军	1656	5793	516	616	7781

表22：白俄罗斯第1方面军作战部队的人员伤亡，1945年5月1日—9日

军团或部队	阵亡	负伤	失踪	其他原因	合计
近卫坦克第1集团军	312	1619	42	225	2198
近卫坦克第2集团军	361	1830	1	230	2422
第3集团军	854	2412	53	346	3665

（接上表）

军团或部队	阵亡	负伤	失踪	其他原因	合计
突击第3集团军	839	2500	17	307	3663
突击第5集团军	640	2302	39	169	3150
近卫第8集团军	662	3042	69	406	4189
第33集团军	273	834	12	300	1419
第47集团军	1101	3163	42	2200	4526
第61集团军	462	1397	2	264	2125
第69集团军	304	514	6	414	1238
空军第16集团军	41	14	20	47	122
独立部队	409	1156	37	260	2762
总计	**6268**	**20,783**	**340**	**3198**	**30,479**
波兰第1集团军	358	1217	—	195	1870

附录 D

近卫坦克第3集团军的伤亡

柏林战役中,帕维尔·雷巴尔科将军的近卫坦克第3集团军发挥了重要作用,立下的战功远远超出集团军的实力。可以说,该集团军的推进速度比白俄罗斯第1方面军辖内任何作战军团更快,4月28日就攻入柏林市中心。

以下是近卫坦克第3集团军基于各军军长报告的战斗损失。集团军作战日志里,辖内三个军的损失情况不尽相同,因为有的军列出重要的详情,有的军一带而过。例如,近卫坦克第7军没列出人员损失,所以不清楚该军阵亡、负伤人数。而机械化第9军详细罗列了损失,甚至包括望远镜等个人装备。

总损失无疑很大。历时21天的柏林战役期间,近卫坦克第3集团军每天伤亡286人,每日平均损失10辆坦克。但大部分损失发生在集团军攻入柏林郊区后,也就是4月23日前后,从这一刻起,该集团军的每日损失肯定急剧攀升。充分证明这一点的是近卫坦克第6军的前进速度,该军堪称整个集团军的缩影。

表23:1945年4月16日—22日,近卫坦克第6军前出到泰尔托运河的每日前进速度(公里)

兵团	日期(4月)							合计	日均速度
	16日	17日	18日	19日	20日	21日	22日		
近坦第51旅	10	4	20	38	48	16	40	176	25
近坦第52旅	10	8	24	40	48	16	40	186	26
近坦第53旅	10	8	25	45	48	10	42	188	26
近摩步第22旅	—	17	6	50	42	20	32	167	25

上表列出的前进速度，是白俄罗斯第1方面军辖内兵团/军团的两倍多。渡过泰尔托运河后，集团军作战日志明确指出："1945年4月24日到5月2日，柏林巷战期间，集团军每天只取得1公里进展。"

表24：近卫坦克第3集团军4月16日—5月7日的战斗损失				
	近卫坦克第6军	近卫坦克第7军	机械化第9军	总计
人员				
阵亡	368	—	482	850
负伤	987	—	1968	2955
失踪	0	—	26	26
合计	1355	2184※	2476	6015
战车				
坦克	62	65	57	184
自行火炮	10	9	3	22
合计	72	74	60	206

（※这个总数没有详细列出阵亡、负伤、失踪数）

战斗损失相当惨重。例如，近卫坦克第7军报告，辖内近卫摩托化步兵第23旅、近卫坦克第54、第55、第56旅共计2205人。该军称伤亡2184人，损失率近100%。战役期间，补充兵派往各部队，但伤亡数还是高得令人难以置信，充分说明了他们4月25日—26日为争夺奥林匹克体育场从事激烈战斗后几乎陷入停顿的原因。很明显，大部分损失发生在步兵旅。没有足够的步兵，红军坦克无法在柏林各条街道展开卓有成效的行动。柏林战役开始时，近卫坦克第7军有124辆可用的T–34坦克，上表说明该军的坦克损失率高达52%。请读者注意，这个数字代表"彻底损失"，不包括受损、可修复的坦克，也不考虑战役期间获得多少辆补充坦克，所以实际损失可能更高。柏林战役开始时，近卫坦克第7军有52辆自行火炮，损失率达到17%，但和坦克一样，由于受损战车修复后重返前线，实际损失率很可能更高。

附录 E

德军作战序列

由于缺乏原始文件,我们无法准确统计在柏林城内、周边地区作战的所有德军兵团及部队。许多训练有素的部队和散兵游勇组成临时性战斗群,还以高级指挥官的名字命名。

维斯瓦集团军群——戈特哈德·海因里齐大将
第3装甲集团军——装甲兵上将哈索·冯·曼陀菲尔
"斯维讷明德"要塞军:安萨特中将
第402补充兵师
第3海军师
第32军:步兵上将沙克
第1坦克歼击营(第1、第3连)
第929陆军炮兵营(摩托化)
"福格特"步兵师
文特鲁普战斗群
冯·德尔·马维茨营
保罗战斗群
第6警报部队
第1549战地补充兵营(调自第549人民掷弹兵师)

第549人民掷弹兵师

 第1097掷弹兵团（第1、第2营）

 第1098掷弹兵营（第1、第2营）

 第1099掷弹兵营（第1、第2营）

 第549燧发枪手营

 第1549炮兵团

 第1549工兵营

 第1549通信营

 第3高射炮团

  第374重型高射炮营

  第474重型高射炮营

  第437重型高射炮营

  第605重型高射炮营

斯德丁要塞

 第1斯德丁要塞步兵团（第1453、第1454营）

 第2斯德丁要塞步兵团（第1455、第1457营）

 第3斯德丁要塞步兵团（奥弗、罗格营）

 第4斯德丁要塞步兵团（拉泽、本纳营）

 第5斯德丁要塞步兵团（第1海军营、警察战地补充兵营战斗群）

 第85要塞机枪营

 第1斯德丁要塞机枪营

 第3132要塞炮兵指挥部（第II、第III、第3156、第3158营）

 第VIII要塞反坦克炮兵总队

 第1警察营

 第2警察营

  第121高射炮团

  第150重型高射炮营

  第676重型高射炮营

第281步兵师

第322掷弹兵团（第1、第2营）

第368掷弹兵团（第1、第2营）

第418掷弹兵团（第1、第2营）

第281燧发枪手营

第281战地补充兵营

第281炮兵团（第1、第2、第3、第4营）

第281反坦克营

第281工兵营

第281通信营

"奥得河"军：党卫队全国副总指挥冯·德姆·巴赫/赫恩莱因将军

 赫茨贝格高射炮团（第21高射炮团（摩托化））

  第661混编高射炮营

  第691重型高射炮营

  第1104混编高射炮营

  第1103重型高射炮营

  第34高射炮营第1连（摩托化）

  第411高射炮营第1连（摩托化）

 "米勒"师级集群（1945年4月16日转隶）

  党卫队第27"朗格马克"志愿者掷弹兵师战斗群

  党卫队第28"瓦隆人"志愿者掷弹兵师战斗群

  第6坦克歼击营

 党卫队第4装甲侦察营

 第610特别师

 党卫队第9装甲掷弹兵补充训练营

  党卫队第1警察猎兵旅

  党卫队第8警察猎兵团（第1、第2、第3营）

  党卫队第50警察猎兵团（第1、第2、第3营）

  "奥得河"野战训练团第2营

 "克洛塞克"步兵师

"汉堡"人民冲锋队营

"勃兰登堡"人民冲锋队营

第1091掷弹兵团第2营（调自第547人民掷弹兵师）

第5坦克歼击训练营附属营（调自"波罗的海"装甲训练总队）

"奥得河"野战训练团第1营

"波罗的海"装甲训练总队/第227步兵师师部

（动员后，1945年4月28日开赴普伦茨劳地区）

"波罗的海"装甲掷弹兵训练团（A）

（第5、第73装甲掷弹兵训练营）

"波罗的海"装甲掷弹兵训练团（B）

（第76、第90装甲掷弹兵训练营）

"波罗的海"装甲训练团（C）

［第5、第13装甲训练营，2辆五号坦克，2辆38（t）坦克］

狙击手培训队

第204防空训练连

第82装甲训练连

第4汽车训练营

第218装甲工兵训练营

第46装甲军：步兵上将马丁·加赖斯

装甲集团军第3突击营（科尔贝格）

装甲军第466通信营

第466宪兵队

装甲军第466绘图部

党卫队炮兵补充训练团第5营

"赫尔曼·戈林"第2伞兵装甲补充训练旅

党卫队第27"朗格马克"师训练部队

党卫队第28"瓦隆人"师训练部队

陆军第210突击炮旅

陆军第184突击炮旅

党卫队第503重型装甲营

第406人民炮兵军

  第37炮兵团第2营

  第41炮兵团第2营

  党卫队11装甲炮兵团（第1、第3营）

  第935迫击炮营

  第24炮兵观察员营

  第503装甲观察营

第547人民掷弹兵师

  第1091掷弹兵团（第1营）

  第1092掷弹兵团（第1、第2营）

  第XXV/82人民冲锋队营

  第1547战地补充兵营（第1连）

  第1547工兵营

  第1547通信营

  第3伞兵补充训练团第2营

  第1伞兵补充训练团第3营

  党卫队"尼德兰"装甲掷弹兵师残部

    党卫队第23炮兵团（第1、第2、第3营）

    党卫队第49装甲掷弹兵团

    党卫队第23反坦克营

  第138高射炮团

    第1202重型高射炮营

    第1102重型高射炮营

    第229重型高射炮营

    第611高射炮营第1连（摩托化）

第1海军步兵师

  第1海军步兵团（第1、第2营）

  第2海军步兵团（第1、第2营）

第4海军步兵团（第1、第2营）

第1海军燧发枪手营

第1海军战地补充兵营

第1海军炮兵团

第1海军工兵营（第1连）

第1海军反坦克营（第1、第2连）

第1海军通信营

党卫队"太阳"歼击总队

  党卫队"米特"歼击总队

  党卫队第600伞兵营

第6高射炮团（摩托化）（也支援党卫队第11装甲掷弹兵师）

  第83轻型高射炮营

第145高射炮团（也支援党卫队第11装甲掷弹兵师）

  第244混编高射炮营

  第1101重型高射炮营

  第23高射炮营第1连（摩托化）

  第4高射炮营第5连（摩托化）

党卫队第11"诺德兰"装甲掷弹兵师

  党卫队第23"挪威"志愿者装甲掷弹兵团（第2、第3营）

  党卫队第24"丹麦"志愿者装甲掷弹兵团（第2、第3营）

  党卫队第11装甲侦察营

  党卫队第11装甲营

  党卫队第11反坦克营

  党卫队第11高射炮营

  党卫队第11装甲工兵营

  党卫队第11装甲通信营

党卫队第3装甲军

  党卫队第103工兵团团部

  党卫队军属第103通信营

党卫队第103宪兵队

党卫队军属第103警卫连

党卫队军属第103绘图部

党卫队第3装甲军战斗学校

党卫队第23"尼德兰"志愿者装甲掷弹兵师

  党卫队第48志愿者装甲掷弹兵团（第1、第2营）

  党卫队第49志愿者装甲掷弹兵团（第1营）

  党卫队第23通信连

党卫队第27"朗格马克"志愿者掷弹兵师

  党卫队第66志愿者掷弹兵团

  党卫队第67志愿者掷弹兵团

  党卫队第27反坦克营

第18装甲掷弹兵师

  第30装甲掷弹兵团（第1、第2营）

  第51装甲掷弹兵团（第1、第2营）

  第118装甲团

  第118炮兵团（第1、第3营、第1209高射炮营）

  第18反坦克营

  第18通信营

第3装甲集团军预备队

  党卫队第28"瓦隆人"志愿者掷弹兵师

    党卫队第69志愿者掷弹兵团第1营

    党卫队第69志愿者掷弹兵团第2营

    党卫队工兵连

    党卫队通信连

  党卫队第33"查理大帝"武装掷弹兵师

    党卫队"查理大帝"志愿者掷弹兵团（第57团第1营，第58团第2营）

重武器营（第1反坦克连，坦克歼击连，高射炮连）

防线警戒部队

  盖奇拦截总队

  第16（？）团团部（摩托化）

  第115装甲侦察营

  第630装甲工兵营（摩托化）

  第（？）637营（摩托化）

  第3装甲炮兵指挥官（？）团（第1、第2营）

  第18工兵营（第18装甲掷弹兵师）

  党卫队第15武装掷弹兵师（拉脱维亚第1师）

    党卫队第32志愿者掷弹兵团（第1、第2营）

    党卫队第33志愿者掷弹兵团（第1、第2营）

    党卫队第34志愿者掷弹兵团（第1、第2营）

    党卫队燧发枪手营（第2连）

    党卫队炮兵营

    党卫队反坦克营

    党卫队工兵连

  "赫尔曼·戈林"师训练总队

    第1伞兵补充训练团（第1、第2营）

    第3伞兵补充训练团（第3营）

    第4伞兵补充训练团（第1、第2、第3营）

第3装甲集团军未编组兵团/部队

  "维斯瓦河"反坦克师［征召的希特勒青年团新兵］

    D反坦克旅（第2、第3营）

    F反坦克旅（第2营）

    R反坦克旅（第3营）

    P反坦克旅（第1、第2、第3营）

    D坦克歼击旅（第1营）

装甲集团军第3通信团

装甲集团军"科尔贝格"突击营

第703宪兵队

第210、第316前线装甲侦察队

第697宣传训练指挥部

装甲集团军第435绘图部

第3装甲集团军加强部队

"克兰普尼茨"装甲补充兵总队(1945年4月28日开抵)

"克兰普尼茨"第1装甲掷弹兵团(第1、第2营)

"克兰普尼茨"第2装甲掷弹兵团(第1、第2营)

"克兰普尼茨"装甲营

"克兰普尼茨"装甲通信连

"克兰普尼茨"装甲侦察车连

"克兰普尼茨"工兵连

"克兰普尼茨"装甲反坦克营

"克兰普尼茨"后勤部队

"施拉格特"步兵师(帝国劳役团第1师)(1945年4月29日开抵)

"施拉格特"第1掷弹兵团

"施拉格特"第2掷弹兵团

"施拉格特"第3掷弹兵团

"施拉格特"燧发枪手营(第4连)

"施拉格特"反坦克营(第1、第2、第3、第4连)

"施拉格特"炮兵团

"施拉格特"工兵营(第3连)

"施拉格特"通信营(第2连)

第9集团军——步兵上将特奥多尔·布塞

第101军:炮兵上将威廉·柏林/弗里德里希·西克斯特中将

第406勘测连

第111教导突击炮旅

第5猎兵师

  第56猎兵团

  第75猎兵团

  第5炮兵团

  第41炮兵团第1营

  第5自行车营

  第5反坦克营

  第5工兵营

  第5通信营

  第5战地补充兵营

  第5医护营

第606步兵师/第606特设师部（1945年4月8日出现在维斯瓦集团军群作战地图上）

  A掷弹兵团残部

  萨托尔掷弹兵团

    巴尔科夫营

    施潘道营

  罗德掷弹兵团

    波茨坦营

    第67营

  布雷门警察营

第309"柏林"步兵师（1945年4月8日出现在维斯瓦集团军群作战地图上）

  第1129坦克歼击连

  第4人民冲锋队驻地营

  第1234团（波茨坦）（第1、第2营）

  第406勘测连

第25装甲掷弹兵师

"一千零一夜"战斗群

屈斯特林要塞（到1945年3月28日，要塞守军不是投降就是逃往西面），要塞守军战斗序列摘自《1945年，屈斯特林沦为废墟》[1]

 要塞指挥部

 第1450要塞步兵营

 第50装甲掷弹兵补充兵营

 第346特别装甲部队第1行进营

 第346特别装甲部队第2行进营

 第344特别装甲部队第3行进营

 第68工兵补充训练营

 第513工兵营

 第1/3132要塞炮兵营（4个连）

 第39炮兵补充兵营

 第114高射炮团

 5部75毫米坦克炮塔（未做好发射准备）

 第738要塞通信连

 散兵游勇（集中在施蒂尔普纳格尔兵营）

 康复连（归队）

 缓刑营

 第4步兵营

 土耳其补充兵营（德国人）

 土耳其补充兵营（土耳其人）

 北高加索补充兵营（德国人）

 北高加索补充兵营（高加索人）

 军官和官员（调自城堡兵营）

 人民冲锋队「第16/186人民冲锋队营」

屈斯特林要塞以下战斗序列摘自维斯瓦集团军群1945年3月27日的作战地图，与上述战斗序列稍有不同，特摘抄如下：

阿尔特斯塔特战斗群（380人）

米特战斗群（830人）

福（？）（180人）

舒尔茨战斗群（240人）

战斗预备队（480人）

总兵力约3000人

"明歇贝格"装甲师第2营（1945年4月22日遭切断，加入要塞守军）

第56装甲军：炮兵上将赫尔穆特·魏德林

第402勘测连

第9伞兵师：空降兵上将布鲁诺·布罗伊尔/哈里·赫尔曼上校

　　第25伞兵团

　　第26伞兵团

　　第27伞兵团

　　第9伞兵炮兵营

　　第9伞兵营

第20装甲掷弹兵师：格奥尔格·朔尔策少将

　　第76装甲掷弹兵团

　　第90装甲掷弹兵团

　　第8装甲营

　　第20炮兵团

"明歇贝格"装甲师：维尔纳·穆默特少将

　　"明歇贝格"第1装甲掷弹兵团（第1、第2营）

　　"明歇贝格"第2装甲掷弹兵团（第1、第2营）

　　第29装甲团第1营或"明歇贝格"装甲营

　　第1装甲营

　　第2装甲营

　　"明歇贝格"装甲炮兵团

　　"明歇贝格"反坦克连

　　"明歇贝格"装甲侦察车连

"明歇贝格"装甲工兵连

"明歇贝格"装甲通信连

第920"德贝里茨"坦克歼击旅

党卫队第11装甲军：党卫队全国副总指挥马蒂亚斯·克莱因海斯特坎普

第303"德贝里茨"步兵师

第300掷弹兵团

第301掷弹兵团

第302掷弹兵团

第303燧发枪手营

第303炮兵团

第303通信营

第169步兵师

第378掷弹兵团

第379掷弹兵团

第392掷弹兵团

第230燧发枪手营

第230炮兵团

第712步兵师

第732掷弹兵团

第745掷弹兵团

第764掷弹兵团

第1712炮兵团

第712反坦克营

维斯瓦集团军群每日态势图表明，该师1945年4月8日还获得以下部队：

第1239军校学员团（第1、第2营）

第1241军校学员团（古斯特罗姆）（第1、第2营）

第1（？）营（豪克）

第108人民冲锋队营

B（？）团

第63（？）营

"库尔马克"装甲掷弹兵师：

"库尔马克"装甲燧发枪手团

"库尔马克"装甲第1装甲掷弹兵团

"库尔马克"装甲第2装甲掷弹兵团

"库尔马克"装甲团（第2营，第3连配备"追猎者"坦克歼击车）

工兵营

通信连

陆军高射炮连

"库尔马克"补给部队

法兰克福要塞守军：恩斯特·比勒尔中将（维斯瓦集团军群1945年4月8日的作战态势图显示，要塞守军总兵力为12580人）

第2要塞掷弹兵团和1个人民冲锋队营

第3要塞掷弹兵团和2个人民冲锋队营

第4要塞掷弹兵团和1个人民冲锋队营

第84要塞机枪营

第5要塞掷弹兵营（人民冲锋队营）

第6要塞掷弹兵营

第7要塞掷弹兵营

第8要塞掷弹兵营

第185重型高射炮营

第405重型高射炮营

第829要塞步兵高射炮营

第737要塞通信连

第1320要塞炮兵指挥部

第1325要塞炮兵营（3个连）

第1326要塞炮兵营（4个连）

第1327要塞炮兵营（5个连）

12门75毫米火炮

要塞反坦克炮部队

第952要塞工兵封锁连

党卫队第5山地军：党卫队全国副总指挥弗里德里希·雅克尔恩

　　党卫队第25坦克歼击连

　　第1坦克歼击支队

　　第2坦克歼击支队

　　党卫队第505侦察营

　　第286步兵师

　　　　第926掷弹兵团

　　　　第927掷弹兵团

　　　　第931掷弹兵团

　　　　第286炮兵团

　　党卫队第32"1月30日"志愿者掷弹兵师

　　　　党卫队第86"席尔"志愿者掷弹兵团

　　　　党卫队第87"库尔马克"志愿者掷弹兵团

　　　　党卫队第88志愿者掷弹兵团

　　　　党卫队第32燧发枪手营

　　　　党卫队第32志愿者炮兵团（摩托化）

　　　　党卫队第32坦克歼击营

　　　　党卫队第32通信营（摩托化）

　　　　图林根第1人民冲锋队营

　　第391保安师（1945年4月8日出现在维斯瓦集团军群作战地图上）

　　　　第95掷弹兵团

　　　　第1233军校学员掷弹兵团

　　　　第391炮兵团

　　　　党卫队"海尔"营

　　　　第1239团第3营

　　　　施塔尔胡特战斗群

第62警卫营

第239保安营

党卫队特别突击营

第8/16人民冲锋队营

雷格纳师（第433、第463步兵师残部）

第1237军校学员掷弹兵团

下弗兰肯人民冲锋队营

德累斯顿人民冲锋队营

上多瑙河人民冲锋队营

德林警察营

集团军预备队

第156步兵师

第541人民掷弹兵师

第404人民炮兵军

第406人民炮兵军

第408人民炮兵军

集团军群预备队

党卫队第3装甲军：党卫队全国副总指挥费利克斯·施泰纳（辖内几个师后来转隶第9集团军）

党卫队第11"诺德兰"志愿者装甲掷弹兵师：党卫队旅队长约阿希姆·齐格勒/党卫队旅队长古斯塔夫·克鲁肯贝格博士

党卫队第23"挪威"装甲掷弹兵团

党卫队第24"丹麦"装甲掷弹兵团

党卫队第11"赫尔曼·冯·扎尔察"装甲营

党卫队第503重型装甲营

党卫队第23"尼德兰"志愿者装甲掷弹兵师：党卫队旅队长于尔根·瓦格纳

党卫队第48"塞法特将军"装甲掷弹兵团

党卫队第49"德勒伊特"装甲掷弹兵团

（以下两个师后来转隶第3装甲集团军）

党卫队第27"朗格马克"志愿者掷弹兵师

党卫队第28"瓦隆人"志愿者掷弹兵师

OKW预备队（后来转隶第9集团军第56装甲军）

 第18装甲掷弹兵师：约瑟夫·劳赫中将

  第30装甲掷弹兵团

  第51装甲掷弹兵团

  第118装甲团

  第18炮兵团

第12集团军——装甲兵上将瓦尔特·文克

第20军：骑兵上将卡尔-埃里克·克勒

 "特奥多尔·克尔纳"师：布鲁诺·弗兰克维茨中将

  "特奥多尔·克尔纳"第1掷弹兵团

  "特奥多尔·克尔纳"第2掷弹兵团

  "特奥多尔·克尔纳"第3掷弹兵团

  "特奥多尔·克尔纳"燧发枪手营（4个连）

  "特奥多尔·克尔纳"坦克歼击营

  "特奥多尔·克尔纳"炮兵团（只有团部、第5/411连）

  "特奥多尔·克尔纳"工兵营（3个连）

  通信连

 "乌尔里希·冯·胡滕"步兵师

  "乌尔里希·冯·胡滕"第1掷弹兵团

  "乌尔里希·冯·胡滕"第2掷弹兵团

  "乌尔里希·冯·胡滕"第3掷弹兵团

  "乌尔里希·冯·胡滕"燧发枪手营

"乌尔里希·冯·胡滕"炮兵营

"费迪南德·冯·席尔"步兵师

 "费迪南德·冯·席尔"第1掷弹兵营

 "费迪南德·冯·席尔"第2掷弹兵营

 "费迪南德·冯·席尔"第3掷弹兵营

"沙恩霍斯特"步兵师

 "沙恩霍斯特"第1掷弹兵营

 "沙恩霍斯特"第2掷弹兵营

 "沙恩霍斯特"第3掷弹兵营

 "沙恩霍斯特"燧发枪手营

 "沙恩霍斯特"坦克歼击营

 "沙恩霍斯特"炮兵团

第1170突击炮旅

第39装甲军：卡尔·阿恩特中将

 "克劳塞维茨"装甲师

  "克劳塞维茨"装甲团

  第42装甲掷弹兵团

  "统帅堂"第1装甲掷弹兵团（第1、第2、第3营）

  第144装甲炮兵营

  "大德意志"装甲歼击营

  第144装甲工兵营

  "克劳塞维茨"装甲通信连

 "施拉格特"步兵师

 第84步兵师

第41装甲军：鲁道夫·霍尔斯特中将

 "冯·哈克"师级集群

 第199步兵师残部

 "报复性武器"步兵师

第48装甲军：装甲兵上将马克西米利安·赖希斯弗赖赫尔·冯·埃德尔斯海姆

第14高射炮师

"莱比锡"战斗群

"哈勒"战斗群

中央集团军群——费迪南德·舍尔纳元帅

第4装甲集团军——装甲兵上将弗里茨-胡贝特·格雷泽尔

（后转隶第9集团军）

第5军：炮兵上将库尔特·韦格尔

党卫队第35"警察"掷弹兵师

党卫队第89"警察"掷弹兵团

党卫队第90"警察"掷弹兵团

党卫队第91"警察"掷弹兵团

党卫队第36掷弹兵师

党卫队第72掷弹兵团

党卫队第73掷弹兵团

第1"施塔恩斯多夫"装甲营

第2"施塔恩斯多夫"装甲营

第275步兵师

第983掷弹兵团

第984掷弹兵团

第985掷弹兵团

第275燧发枪手营

第275炮兵团

第342步兵师

第554掷弹兵团

第697掷弹兵团

第698掷弹兵团

第21装甲师

第125装甲掷弹兵团

第192装甲掷弹兵团

第22装甲团

第155装甲炮兵团

第305陆军高射炮营

第21装甲侦察营

集团军群预备队

 党卫队第10"弗伦茨贝格"装甲师：党卫队旅队长海因茨·哈梅尔

  党卫队第21装甲掷弹兵团

  党卫队第22装甲掷弹兵团

  党卫队第10装甲团

  党卫队第10装甲炮兵团

  党卫队第10摩托车团

  党卫队第10突击炮营

  党卫队第10反坦克营

  党卫队第10高射炮营

  党卫队第10工兵营

  党卫队第10装甲通信营

 元首护卫师：奥托-恩斯特·雷默少将

  第102装甲团

  第99装甲掷弹兵团

  第120装甲炮兵团

  第673反坦克营

  空军高射炮营

  第102装甲侦察连

  第124装甲工兵营

  第120装甲通信营

  第120装甲战地补充营

施普雷集团军级集群（雷曼）

    若干人民冲锋队营

    "弗里德里希·路德维希·雅恩"帝国劳役团步兵师：格哈德·克莱因上校/弗朗茨上校

        "弗里德里希·路德维希·雅恩"第1掷弹兵团

        "弗里德里希·路德维希·雅恩"第2掷弹兵团

        "弗里德里希·路德维希·雅恩"第3掷弹兵团

        "弗里德里希·路德维希·雅恩"燧发枪手营（4个连）

        "弗里德里希·路德维希·雅恩"炮兵团

        "弗里德里希·路德维希·雅恩"工兵营（3个连）

    其他临时性兵团

    韦勒［残部赶往波茨坦的施普雷集团军级集群（雷曼）］

    "波茨坦"步兵师：埃里希·洛伦茨上校

第21集团军——步兵上将库尔特·冯·蒂佩尔斯基希

作战序列（1945年4月27—30日）

    党卫队第3装甲军（从第3装甲集团军转隶）

        党卫队第4"警察"装甲掷弹兵师战斗群

        第3海军步兵师

        党卫队第33"查理大帝"武装掷弹兵师（法国第1师）战斗群

        党卫队第15武装掷弹兵师（拉脱维亚第1师）战斗群

    第101军（最初调自第9集团军，随后调自第3装甲集团军）

        第5猎兵师

        第606特别师

    第27军（调自第4集团军）

        "赫尔曼·戈林"第2伞兵装甲补充训练旅

        第1海军步兵师

        第547人民掷弹兵师

柏林卫戍区（3月9日可用的预备队）
 "大德意志"警卫团
 装甲侦察车连
 第1装甲测绘连
 党卫队第2警察营
 第3警察本土防卫营
 装甲车
 人民冲锋队营（1号、2号征兵令召集约59个营，参阅表7）
 希特勒青年团部队
  反坦克师
  第60要塞团第2营
  斯科尔宁战斗群
  希特勒青年团第200大队
  蒂默战斗群
 党卫队部队
  "阿道夫·希特勒"警卫旗队警卫团
  党卫队"安哈尔特"团第1营
  党卫队团第2营
  "阿道夫·希特勒"警卫旗队补充训练营元首护卫连
  党卫队全国领袖护卫营
 空军部队
  第1高射炮师（参阅表9）
   第126高射炮团（北部高炮群）
   第22高射炮团（南部高炮群）
   第82探照灯团
   第123重型炮塔高射炮营
   师部（腓特烈斯海因防空炮塔）
    第123重型炮塔高射炮营第1连（腓特烈斯海因防空炮塔）
    第123重型炮塔高射炮营第2连（洪堡海因防空炮塔）

第123重型炮塔高射炮营第3连（动物园防空炮塔）

独立高射炮部队（参阅表10）

外部赶来增援柏林的各种部队

米勒战斗群（调自德贝里茨训练场，4月22日开入施潘道区北郊）

克兰普尼茨反坦克旅

第968工兵营

第116机枪营

第614重型坦克歼击连

"查理大帝"突击营（4月24日开抵）

"幽灵"营（柏林城内的西班牙志愿者）

党卫队第15燧发枪手营（拉脱维亚志愿者）

第56装甲军残部

  第18装甲掷弹兵师（完整）

  "明歇贝格"装甲师（残部）

  第9伞兵师（残部）

  党卫队第11"诺德兰"装甲掷弹兵师（完整）

  第20装甲掷弹兵师（残部）

  第309"柏林"步兵师（残部）

  第408人民炮兵军（残部）

城内还有第169、第712、第606、第303步兵师的散兵游勇。

尾注：

1.Bundesarchiv, WF-03/5084, Blatt 966-967 cited in 1945 – Als Küstrin in Trümmer sank, Fritz Kohlhase (Eigenverlag, 1996).

参考文献

原始文献
马里兰州大学公园市，美国国家档案馆

Record Group 226: Interagency Working Group (IWG), Boxes 440–442

Box 440

NO 135 "Possibility of Anglo-German Agreement March 1945"

Box 441

NO 841 "German View of American Russian Relations Jan 1945"

NO 855 "German view of Yalta Conference"

NO 880 "German Evaluation of Allied Military Affairs Feb 1945"

NO 905 "German account of Decisions Reached at Yalta Conference"

Box 442

NO 969 "German Discussion of Yalta Conference Results"

NO 975 "German Information on Yalta Decision"

NO 986 "German Attitude Toward Alleged British Policy on Disagreement at Yalta."

Record Group 242: National Archives Collection of Foreign Records Seized

T77 Records of Headquarters, German Armed Forces High Command (Oberkommando der Wehrmacht/OKW)

T78 Records of Headquarters, German Army High Command (Oberkommando der Heeres/OKH)

T311 Records of German Field Commands: Armies

T313 Records of German Field Commands: Panzer Armies

Record Group 331: Records of Allied Operational and Occupational Headquarters, World War II, 1907–1966, Supreme Headquarters Allied Expeditionary Force. G–2 Division.

航拍影像

Flight Can #ON017070: Image Number 4013, 4305, 4309

Flight Can #ON017062: Image Number 3069, 3073, 3074, 3075, 3081

Flight Can #ON017056: Image Number 3202

Flight Can #ON017082: Image Number 3078

Flight Can #ON014065: 4176, 4175, 4177, 4172

Army Battle Casualties and Non-Combat Deaths in World War II, Final Report (Washington, DC, Statistical and Accounting Branch of the office of the Adjutant General, Department of the US Army: 1946)

MS # P–136 The German Defense of Berlin by Wilhelm Wilmer, Oberst a.d. (Historical Division, United States Army, Europe, 1953)

MS # D–189 The Pomeranian Battle and Command in the East (Historical Division, United States Army Europe, 1947)

德国弗赖堡，联邦军事档案馆

RH 10–173 Panzerdivision Müncheberg

RH 19 XV Heeresgruppe Weichsel

RH 20–9 9. Armee

RH 24–56 LVI. Armeekorps

RH 26–309 309.Infanteriedivision bzw. Infanteriedivision Großdeutschland

RH 27–20 20.Panzerdivision

RH 27–18 18.Panzerdivision

RS 4 Brigaden, Bataillons und Verbände der Waffen-SS

RS 3–11 11.SS-Freiwilligen Panzer-grenadier-Division (Nordland)

RS 3–15 15.Waffen-Grenadierdivision der SS (lett. Nr.1)

俄亥俄州阿森斯市俄亥俄大学奥尔登图书馆马恩中心，科尼利厄斯·瑞恩的藏品

德国军队

Box 61

Folder 5

Berlin districts by Army command Chronological listing of days and dates

Organization of 3rd SS Panzer Corps, Apr 23, 1945

Folder 7

Willemer, Wilhelm, "The German Defense of Berlin", OCMH, MS #P- 136

Box 62

Folder 2

Bauer, Magna, "Ninth Army's Last Attack and Surrender Apr 21 – May 7, 1945", OCMH, MS#R–79, Apr, 1956

Folder 3

Bauer, Magna, "The End of Army Group Weichsel and Twelfth Army, Apr 27 – May 7, 1945", OCNH, MS#R–69, June, 1956

Folder 5

German messages, field commands and main events, Apr 20–29, 1945

Folder 6–7

Army Group Weichsel war diary, Apr 20–29, 1945

Folder 8

OKW messages and documents listing, Feb–Mar, 1945

Folder 9

OKM messages, Apr 26 – May 15, 1945

Box 64

Folder 1

OKW documents and messages, Feb – Apr, 1945

Folder 2–3

Army Group Weichsel war diary, Apr 20–29, 1945

Box 65 National (Alpine) Redoubt.

Folder 2

Newspaper articles

Folder 3

With 12th Army Group's Reorientation of Strategy, Mar 21, 1945

Folder 4

Hq, 7th Army, G–2 Study on National Redoubt, Mar 25, 1945

Folder 5

Hofer, Franz, "National Redoubt", OCMH, MS#B–458

Folder 6

"The Alpine Defense-Line"/"The Alpine-Fortification", OCMH, MS #B

Folder 7

Von Hengel, Georg R., "The Alpine Redoubt", OCMH, MS #B–461

Folder 8

Von Hengel, Georg R., "Report on the Alpine Fortress", OCMH, MS #B–459 Hitler's Bunker.

Folder 9

Maps and floor plans of Fuhrerbunker

Fuhrer messages and directives concerning defense of Berlin and transfer of command to Doenitz

Box 66

Folder 1

Kratschmar, Heinz, Interview

Folder 2

Lohmann, Hanns-Heinrich, Interview

Folder 3

Voss, Lt Peter, Interview Hitler's Court.

Folder 15

Erickson, "Conclusions re Hitler's death" Folder 30

Hitler files.

Hitler: Forms for marriage

Hitler: Political testament

Hitler: Private will

Hitler: Will

Box 67

OKW

Folder 1

Schramm, Percy (ed), Excerpts from WAR DIARY OF THE ARMY HIGH COMMAND, v.4

Folder 5

Schultz, Maj Joachim, "War Diary of Hq North (A)", Apr 20 – May 23, Schultz, "The Battle for Berlin"

Berlin Command

Folder 10

Lampe, Lt Albrecht, Interview

Folder 11

Refior, Col Hans, Interview, Refior, "My Berlin Diary"

Folder 12

Reymann, Gen Hellmuth, Interview Reymann, "I Had To Defend Berlin"

3.Panzer Armee

Folder 14

Muller-Hillebrand, Maj Gen Burkhart, Interview

Folder 15

Steiner, Gen Felix M., Interview

Folder 16

Von Manteuffel, Gen Hasso, Interview

Box 67

9.Armee

Folder 17

Busse, Gen Theodor, Interview

Busse, "The Last Battle of the 9th Army", MILITARY SCIENCE REVIEW, v.5, #4, Apr, 1955, Bauer, Magna, "Ninth Army's Last Attack and Surrender", OCMH, MS #R–79

Folder 18

Fritz, Lt Albert, Interview

12.Armee

Folder 23

Reichhelm, Col Gunther, Interview

Reichhelm, "The Last Rally: Battles Fought by the German 12th Army in the Heart of Germany, between East and West (13 April – 7 May 1945)", OCMH, MS#B–606, May 31, 1947

Folder 24

Wenck, Gen Walter, Interview

Ritter, H.W., "Factual Report of Interviews with General A.D. Walter Wenck"

"Summary of Final Battles between the Order and Elbe in Apr/May 1945 (Especially the Battles of 12th Army)" Army Group Weichsel (Vistula).

Box 68

Folder 2

Eismann, Col Hans G., Interview

Folder 3

Heinrici, Gen Gotthard, Interview Memoirs

Army Group Weichsel command structure Map overlay Statement to Chief of Staff,

Apr, 1945 Weapon and equipment lists

    Folder 4

    Heinrici diary History and account

    Jodl–Heinrici telephone conversation, Apr 26, 1945 Army Group Weichsel war diary, Apr 20–29, 1945

        LVI (56th) Panzer Corps

    Folder 8

    Bottcher, Lt Col Friedrich, Interview

    Box 69

    Folder 1

    Von Dufving, Col Theodor, Interview

    "Surrender of Berlin Garrison 1st and 2nd May, 1945"

    Folder 2

    Weidling, Gen H., Russian interrogations Weidling, "The Final Battle in Berlin (April 23 to May 2, 1945)", WEHRWISSENSCHAFTLICHE RUNDSCHAU, Jan–Mar, 1962

    Folder 3

    Wohlermann, Hans-Oscar, Interview

    Wohlermann, "Commentary on General of the Artillery H. Weidling's: The Final Battle in Berlin", WEHRWISSENSCHAFTLICHE RUNDSCHAU, June, 1962

        1st Flak Division

    Folder 8

    Von Zabeltitz, Capt Leonhardt, Interview 9th Paratroop (Fallschirmjäger) Division.

    Folder 9

    Arnold, Lt Hans-Werner, Interview

    Folder 10

    Hirsch, Lt Alfred, Interview

    Folder 11

    Jansen, Lt Hans, Interview

    Folder 12

Rein, Lt Hans, Interview Nordland Division.

Folder 14

Bensch, Sgt Willy, Interview

Folder 15

Burghart, Cpl Roman, Inteview

Folder 18

Haas, Cpl Fritz, Interview

Folder 19

Henseler, Lt Hans, Interview

Folder 20

Illum, Gunnar M., Interview

Folder 23

Krukenberg, Maj Gen Gustav, Interview

Folder 24

Scholles, Sgt Hans-Peter, Interview

Folder 25

Timm, Lt Walter, Interview

Folder 26

Winge, Pvt Hans-Joachim, Interview

Box 69

Volkssturm

Folder 30

Haaf, Oskar, Interview

Folder 33

Hellriegel, Hermann, Interview

Folder 36

Wrede, Fritz, Questionnaire Interview

Zoo Flak Tower

Folder 7

Ache, Capt Kurt, Interview Hitler Youth.

Folder 11

Bonath, PFC Herbert, Interview

Folder 12

Feldheim, Willy, Interview

Folder 13

Pienkny, Gunther, Interview

Folder 14

Schulz, Aribert, Interview

Folder 16

Wetzki, Hans J., Interview Cab 81204

地图

Draw 8

Supplement #1 to the report of Col Reichhelm on the battles of the 12th Army, Apr 13 to May 7, 1945: Starting position on Apr 12–13, 1945, scale 1:1,000,000.

Supplement #2 to the report of Col Reichhelm on the battles of the 12th Army, Apr 13 to May 7, 1945: Starting positions on Apr 24, 1945, and development of enemy positions until Apr 29, 1945, scale 1:1,000,000.

Supplement #3 to the report of Col Reichhelm on the battles of the 12th Army, Apr 13 to May 7, 1945: Position of the 20th A.K. on Apr 28–29 for regrouping and attack, scale 1:250,000 (2 copies).

Supplement #4 to the report of Col Reichhelm on the battles of the 12th Army, Apr 13 to May 7, 1945: Position of the 12th Army from May 1 to May 7, 1945, scale 1:250,000.

苏联红军

Box 71

Folder 7

Chuikov, Marshal Vasili Ivanovich, Interview

Report from 150th Rifle Division concerning the seizure of the Reichstag Chuikov, "The Assault on Berlin"

Duka, Maj Gen M., STORMING OF THE SPREE

Box 74

Folder 8

Ehrenburg, Ilya, WE COME AS JUDGES Ehrenburg, PEOPLE, YEARS, LIFE v.3

Folder 9

Table of contents of SHTURM BERLINA Red Army Order of Battle, Apr 15, 1945

Bocca, G., "Red Rape: The Final Agony of Berlin," TRUE (12p.)

Box 72

Folder 1

Golbov, Sergei Ivanovich, Interview

Folder 2

Ivanov, Maj Gen Georgy Vasilievich, Interview together with Lt Georgy Vladimirovitch Kilchevsky and Maj Aronvich Lazaris

Folder 3

Koniev, Marshall Ivan Stephanovich, Interview Koniev, MEMOIRS

Account of meeting with Stalin, Apr 1, 1945, from "Forty Five", NOVIY MIR, #5, 1965 Excerpts from THE GREAT FATHERLAND WAR OF THE SOVIET UNION 1941–1945

Folder 8

Neustroyev, Lt Col S.A., THE STORMING OF THE REICHSTAG

Neustroyev, SHTURM BERLINA

Box 74

Folder 10

Platonov, S.P., THE SECOND WORLD WAR 1935–1945

Yedenskii, THE BERLIN OPERATIONS OF THE THIRD SHOCK

Folder 12

Popiel, N.N., FORWARD TO BERLIN

Account of Stalin–Zhukov–Koniev meeting of Apr 1, 1945

Box 73

Folder 2

Notes of Seelow Heights Terrain Russian book excerpts

Folder 3

Thirteen Leading Soviet War Correspondents, WHAT WE SAW IN BERLIN

Telpuchowski, Boris S., THE SOVIET HISTORY OF THE GERAT FATHERLAND WAR 1941–1945

Folder 4

Orders from the Supreme Soviet Command to Front Commanders, Apr 3–23, 1945, Notes on Russian army structure and officer personnel

SHTURM BERLINA table of contents and order of battle for April 15, 1945

Box 74

Folder 11

Zhukov, Marshal Georgi K., "TAKING BERLIN", MILITARY-HISTORCAL JOURNAL, #6, 1965

Allied Political and Military Leadership

Box 42

Folder 1–2

Allied War Diaries Sept 4, 1944 – June, 1945: messages, memos, reports, minutes between SHAEF and CCS

Folder 3–4

SHAEF files Nov 10, 1943 – Mar 31, 1945: letters, memos, messages, minutes, reports between SHAEF and CCS and SHAEF internal activities

Folder 5

"Report by the Supreme Commander to the Combined Chiefs of Staff on the Operations in Europe of the Allied Expeditionary Force", Feb 12, 1944

西线盟军

Box 43

Folder 3

Background paper: "Political Decision-making Machinery for Germany/Berlin

Question, with Special Reference to the British Position (1943-45)"

"Instrument of Unconditional Surrender of Germany to the Supreme Commands of the United States of America, the United Kingdom, and the Union of Soviet Socialist Republics"

G-3 SHAEF to Chief of Staff, GCT 384.1- 1/Plans, May, 1945, subject: Negotiations for the Surrender

"Agreement between the Allied High Commands and Certain German Emissaries"

"Act of Military Surrender"

"Undertaking Given by Certain German Emissaries to the Allied High Commands"

"Act of Surrender"(Rheims version)

"Act of Military Surrender" (Berlin version)

Box B Folder 7

Eisenhower, Dwight D., Interview

Box 44

Folder 4

Gillem, A.C., Interview

Folder 5

Military orders concerning advance beyond the Elbe River.

Hq, 9th Army to Corps commanders, Apr 15, 1945, subject: Future Operations

Hq, 9th Army to Corps commanders, Apr 13, 1945, subject: Current Operations

Hq, 12th Army, Letter of Instructions Number Twenty, Apr 4, 1945

Hq, 9th Army, Letter of Instructions Number Nineteen, Apr 7, 1945 with Amendment Number One, Apr 11, 1945

Hq, 9th Army, Letter of Instructions Number Eighteen, Mar 29, 1945

Operation ECLIPSE

Folder 6

SHAEF Appreciation and Outline Plan, Nov 10, 1944

German translation of captured SHAEF Appreciation and Outline Plan, Nov 10, 1944

English translation of German copy of captured SHAEF Appreciation and

Outline Plan

    Cab 81204

    Drawer 8

    Maps of Berlin, showing zones of occupation, scale 1:12,500, 1950.

    Germany, showing administrative zones of occupation, as of July 1, 1944, 1946.

    Box 46

    Folder 5

    Blake, Lt Peter J., Interview

    MII Team 440-G report, "Visit to Berlin", May 8, 1945

莫斯科，俄罗斯联邦国防部中央档案馆

"Short summaries of generalized experience of forces provided by army headquarters and staffs of service branches"

"Journal of combat actions of the first Belorussian front for April and the first ten days of May 1945"

"Summary no. 22 on the generalized combat experience of the forces of the 1st Belorussian Front for April 1945"

"Fighting 3rd Guards Tank Army, Vol. VI, as prepared by the Headquarters' Department on the Use of the War's Experience"

"Extract from the journal of combat actions of forces of the 28th Army"

Akte 143. Unterlagen der Ia-Abteilung der 1. Flakdivision: taktische Lagemeldungen von Einheiten der Division während der Kämpfe um Berlin. http://wwii.germandocsinrussia.org.

已出版的著作
书籍

Abyzov, Vladimir, The Final Assault, 1945 (Moscow: Novosti Press Agency Publishing House, 1985).

Altner, Helmut, Berlin Dance of Death (Hevertown, PA: Casemate, 2002).

Arcer, Lee, Kraska, Robert and Lippert, Mario, Panzers in Berlin 1945 (Sussex, UK: Panzerwrecks Ltd, 2019).

Ambrose, Stephen E., Eisenhower and Berlin, 1945: The Decision to Halt at the Elbe (New York: W.W. Norton & Company, Inc., 1967).

Bahm, Karl, Berlin 1945: The Final Reckoning (St Paul, MN: MBI Publishing, 2001).

Bartov, Omer, Hitler's Army: Soldiers, Nazis, and War in the Third Reich (New York: Oxford University Press, 1992).

Baryatinskiy, Mikhail, The IS Tanks: IS-1, IS-2, IS-3 (Surrey, UK: Ian Allan Publishing Ltd, 2006).

Baumgart, Eberhard, Jenseits von Halbe: Der Todesmarsch der 9. Armee in den "Morgenthau" Ende April/Anfang Mai 1945 (Germany: Druffel-Verlag, 2001).

Beevor, Antony, The Fall of Berlin 1945 (New York: Viking, 2002).

Bessonov, Evgeni, Tank Rider, Into the Reich with the Red Army (London, UK: Greenhill Books, 2003).

Bracher, Karl Dietrich, The German Dictatorship: The Origins, Structure, and Effects of National Socialism (New York: Praeger, 1970).

Brownlow, Donald Grey, Panzer Baron: The Military Exploits of General Hasso von Manteuffel (North Quincy, MA: The Christopher Publishing House, 1975).

Chamberlain, Peter, Doyle, Hillary and Jentz, Thomas, Encyclopedia of German Tanks of WWII (London, Weidenfeld Military: New Edition, 1999).

Chuikov, Marshal Vasili I., The Fall of Berlin (New York: Holt, Rinehart and Winston, 1967).

Clark, Christopher, Iron Kingdom: The Rise and Downfall of Prussia 1600—1947 (Cambridge, MA: Belknap Press of Harvard University Press, 2006).

Courtois, Stéhane, et al, (trans. Johnson Murphy and Mark Kramer), The Black Book of Communism: Crimes, Terror, Repression (Cambridge, MA: Harvard University Press, 1999).

Crofoot, Craig, The Berlin Direction: April–May 1945: an Extraction of the Official Soviet Army Order of Battle of the Berlin Strategic Offensive Operation, April–May 1945

(West Chester, OH: The Nafziger Collection, 1999).

Davies, Norman, Rising '44: The Battle for Warsaw (New York: Viking Press, 2004).

de Zayas, Alfred-Maurice, A Terrible Revenge: The Ethnic Cleansing of the East European Germans (New York: Palgrave MacMillan, 2006).

Ditting, Dr Wolfgang et al, Sowjetische Gräberstätten und Ehrenmale in Ostdeutschland heute (Berlin, Germany: Wostok, 2005).

Duffy, Christopher, Red Storm on the Reich: The Soviet March on Germany, 1945 (New York: Da Capo Press, 1993).

Eberle, Henrik and Uhl, Matthias, The Hitler Book: The Secret Dossier Prepared for Stalin from the Interrogations of Hitler's Personal Aides (New York: PublicAffairs, 2005).

Eilhardt, Hans Joachim, Frühjahr 1945: Kampf um Berlin Fluch t in den Westen (Aachen, Germany: Helios Verlag, 2003).

Eisenhower, Dwight D., Crusade in Europe: A Personal Account of World War II (New York: Doubleday & Company, Inc., 1948).

Engelmann, Joachim, Die 18. Infanterie und Panzergrenadier Division 1934–1945 (Eggolsheim, Germany: Dörfler im Nebel Verlag GmbH, 2004).

Erickson, John, The Road to Berlin (Boulder, CO: Westview Press, 1983).

Ethel, Jeffery and Price, Dr Alfred, Target Berlin, Mission 250: 6 March 1944 (London, UK: Greenhill Books/Lionel Leventhal Ltd, 1981).

Fest, Joachim, Inside Hitler's Bunker: The Last Days of the Third Reich (New York: Farrar, Strauss and Giroux, 2004).

Fey, Will, Armor Battles of the Waffen-SS 1943–45 (Winnipeg, Canada: J.J. Fedorowicz Publishing, 1990).

Fleischer, Wolfgang, Panzerfaust and other German Infantry Anti-Tank Weapons (Atglen, PA: Schiffer Military/Aviation History, 1994).

Foedrowitz, Michael, The Flak Towers in Berlin, Hamburg and Vienna 1940–1950 (Atglen, PA: Schiffer Military/Aviation History, 1998).

Forbes, Robert, Pour L'Europe: The French Volunteers of the Waffen-SS (Robert Forbes, 2000).

Fritz, Stephen G., Endkampf: Soldiers, Civilians, and the Death of the Third Reich (Lexington, Kentucky: The University Press of Kentucky, 2004).

Gablentz, O.M. von der (ed.), Documents on the Status of Berlin, 1944–1959 (München, Germany: R. Oldenbourg, 1959).

Gavin, James M., On to Berlin: Battles of an Airborne Commander, 1943–1946 (New York: Viking Press, 1978).

Getman, A.L., Tanks are Heading to Berlin (Moscow: Nayka Publishing House, 1973).

Glantz, David M., Zhukov's Greatest Defeat: The Red Army's Epic Disaster in Operation Mars, 1942 (Kansas, United States: University of Kansas Press, 1999).

… …, Red Storm over the Balkans: The Failed Soviet Invasion of Romania, Spring 1944 (Kansas, United States: University of Kansas Press, 2007).

Gorlitz, Walter, The Memoirs of Field Marshal Wilhelm Keitel: Chief of the German High Command, 1938–1945 (New York: Cooper Square Press, 2000).

Gosztony, Peter, Der Kampf um Berlin 1945 (Germany: DTV, 1975).

Gunter, Georg, Last Laurels. The German Defence of Upper Silesia January–May 1945 (England: Helion & Company, 2002).

Hamilton, A. Stephan, The Oder Front. Gothard Heinrici, Heeresgruppe Weichsel and the German Defense in the East, April–May 1945 (England: Helion & Company, 2010).

… …, The Oder Front, Volume II. Document, Reports and Personal Accounts (England: Helion & Company, 2012).

… …, Panzergrenaiders to the Front! The Combat History of Panzergrenadier-Division 'Brandenburg' (England: Helion & Company, 2016).

Hastings, Max, Armageddon: The battle for Germany, 1944–1945 (New York: Alfred A. Knopf, 2004).

Heiber, Helmut and Glantz, David M. (eds), Hitler and His Generals: Military Conferences 1942–1945: The First Complete Stenographic Record of the Military Situation Conferences from Stalingrad to Berlin (New York: Enigma Books, 2003).

Heidemann, Ronald, Verbotenes Ostpreußen (Düsseldorf, Germany: Droste Verlag

GmbH, 1990).

Hillblad, Thorolf (ed.), Twilight of the Gods: A Swedish Waffen-SS Volunteer's Experiences with the 11th SS-Panzergrenadier Division "Nordland", Eastern Front 1944–45 (England: Helion & Company, 2004).

Holzträger, Hans, In a Raging Inferno: Combat Units of the Hitler Youth, 1944–45 (England: Helion & Company, 2000).

Jentz, Thomas L., Panzertruppen: The Complete Guide to the Creation & Combat Employment of Germany's Tank Force, 1943–1945 (Atglen, PA: Schiffer Military History, 1996).

……, Germany's Tiger Tanks: Tiger I & II: Combat Tactics (Atglen, PA: Schiffer Military History, 1996).

……, and Doyle, Hilary L., Germany's Tiger Tanks: VK45.02 to Tiger II: Design, Production & Modifications (Atglen, PA: Schiffer Military History, 1996).

Kampe, Hans Georg, Zossen–Wünsdorf 1945: Die letzten Kriegswochen im Hauptquartier des OKH (Berlin, Germany: Projekt + Verlag Dr Erwin Meißler, 1997).

Kissel, Hans, Hitler's Last Levy: The Volkssturm 1944–45 (England: Helion & Company, 2005).

Krivosheev, Colonel-General G.F. (ed.), Soviet Casualties and Combat Losses in the Twentieth Century (London, UK: Greenhill Books, 1997).

Kuby, Erich, The Russians and Berlin 1945 (London, UK: William Heinemann Ltd, 1965).

Ladd, Brian, The Ghosts of Berlin: Confronting German History in the Urban Landscape (Chicago: University of Chicago Press, 1997).

Lakowski, Richard, and Dorst, Klaus, Berlin: Frühjahr, 1945 (East Berlin: Miltärverlag der Deutschen Demokratischen Republik, 1985).

……, Gedenkstätte/Museum Seelower Höhen (Seelow, Germany: 1992).

……, Seelow 1945: Die Entscheidungsschlacht an der Oder (Berlin, Germany: Brandenburgisches Verlagshaus, 1994).

……, Der Kessel von Halbe: Das letzte Drama (Berlin, Germany:

Brandenburg, 2001).

Landwehr, Richard, and Nielsen, Holger Thor, Nordic Warriors: SS Panzergrenadier Regiment 24 Danmark, Eastern Front, 1943–45 (Hailfax, UK: Shelf Books Ltd, 1999).

… …, French Volunteers of the Waffen-SS (Brookings, Oregon: Siegrunen, 2002).

Lehmann, Armin D., Hitler's Last Courier: A Life in Transition (Bloomington, Indiana: Xlibris Corporation, 2000).

Luck, Hans von, Panzer Commander: Memoirs of Colonel Hans von Luck (New York: Dell Publishing, 1989).

Mabire, Jean, Berlin im Todeskampf 1945: Französische Freiwillige der Waffen-SS als letzte Verteidiger der Reichskanzlei 1945 (Coburg, Germany: Nation Europa Verlag, 1995).

Macdonogh, Giles, After the Reich: The Brutal History of the Allied Occupation (New York: Basic Books, 2007).

Maier, Georg, Drama Between Budapest and Vienna: The Final Battles of the 6.Panzer-Armee in the East – 1945 (Winnipeg, Canada: J.J. Fedorowicz Publishing, Inc., 2004).

Megargee, Geoffrey P., War of Annihilation: Combat and Genocide on the Eastern Front, 1941 (Lanham, MD: Rowman & Littlefield Publishers Inc., 2006).

Michaelis, Rolf, Die 11.SS-freiwilligen-Panzer-Grenadier-Division"Nordland" (Berlin, Germany: Michaelis, 2001).

Michulec, Robert and Zientarzewski, Miroslaw, T-34: Mythical Weapon (Gdynia, Poland: Armageddon & Airconnection, 2006).

Millet, Allan R. and Murray, Williamson (ed.), Military Effectiveness: Volume III, The Second World War (Boston, MA: Unwin Hyman, 1990).

Müller, Rolf-Dieter and Ueberschär, Gerd, Hitler's War in the East: A Critical Assessment (New York: Berghahn Books, 2002).

Münch, Karlheinz, The Combat History of German Heavy Anti-Tank Unit 653 in World War II (Mechanicsburg, PA: Stackpole Books, 2005).

Naimark, Norman, The Russians in Germany: A History of the Soviet Zone of Occupation, 1945–1949 (Cambridge, Massachusetts: The Belknap Press of Harvard

University Press, 3rd Printing, 1997).

…… , Fires of Hatred: Ethnic Cleansing in Twentieth-Century Europe (Cambridge, Massachusetts: Harvard University Press, 2001).

O'Donnell, James P., The Bunker: The History of the Reich Chancellery Group (Boston, MA: Houghton Mifflin Company, 1978).

Pçtersons, Aivars, Mums jâpârnâk: Latvieðu karavîripçdçjie Berlînes aizstâvji (Riga, Latvia: Aplis, 2003).

Pierik, Perry, From Leningrad to Berlin: Dutch Volunteers in the Service of the German Waffen-SS, 1941–1945 (Soesterberg, Netherlands: Aspekt, 2001).

Piotrowski, Tadeusz, Poland's Holocaust (New York: McFarland & Company, 1997).

Popiel, Nikolai, Forward to Berlin (Moscow: ACT Publishing House, 2001).

Ramm, Gerald, Gott Mit Uns: Kriegserlebnisse aus Brandenburg und Berlin (Woltersdorf/Schleuse, Germany: Verlag Gerald Raum, 2001).

Rummel, R.J., Lethal Politics: Soviet Genocide and Mass Murder since 1917 (New Brunswick, New Jersey: Transaction Publishers, 1996).

Ryan, Cornelius, The Last Battle (New York: Pocket Books, 1985).

Saft, Ulrich, Krieg im Osten: Das bittere Ende jenseits der Weichsel bis Oder und Neiâe (Walsrode, Germany: Militärbuchverlag Saft, 2002).

Schiefer, Joachim, Historischer Atlas zum Kriegsende 1945: Zwischen Berlin und dem Erzgebirge (Leipzig, Germany: Sax-Verlag Beucha, 1998).

Schneider, Russ, Gotterdammerung 1945: Germany's Last Stand in the East (Philomont, VA: Eastern Front/Warfield Books Inc., 1998).

Schneider, Wolfgang, Tigers in Combat II (Mechanicsburg, PA: Stackpole Books, 2005).

Schramm, Percy E., Kriegstagbuch Des Oberkommandos Der Wehrmacht, 1940–1945 (Wehrmachtführungsstab): Band I-IV (München, Germany: Bernard & Graefe Verlag, 1982).

Schultz-Naumann, Joachim, The Last Thirty Days: The War Diary of the German High Command from April to May 1945 (New York: Madison Books, 1995).

Sharp, Charles C., Soviet Order of Battle World War II: Volume II "School of Battle": Soviet Tank Corps and Tank Brigades, January 1942–1945 (George F. Nafziger, 1995).

………, Soviet Order of Battle World War II: Volume III "Red Storm": Soviet Mechanized Corps and Guards Armored Units 1942–1945 (George F. Nafziger, 1995).

………, Soviet Order of Battle World War II: Volume IV "Red Guards": Soviet Guards Rifle and Airborne Units 1941–1945 (George F. Nafziger, 1995).

………, Soviet Order of Battle World War II: Volume VI "Red Thunder": Soviet Artillery Corp, Divisions, and Brigades 1941–1945 (George F. Nafziger, 1995).

………, Soviet Order of Battle World War II: Volume X "Red Swarm": Soviet Rifle Divisions Formed From 1942–1945 (George F. Nafziger, 1996).

………, Soviet Order of Battle World War II: Volume XII "Red Hammers": Soviet Self-propelled Artillery and Lend Lease Armor 1941–1945 (George F. Nafziger, 1998).

………, Soviet Infantry Tactics in World War II: Red Army Infantry Tactics from Squad to Rifle Company from the Combat Regulations of November 1942 (George F. Nafziger, 1998).

………, Soviet Armor Tactics in World War II: Red Army Armor Tactics from Individual Vehicle to Company According to the Combat Regulations of February 1944 (George F. Nafziger, 1999).

Slowe, Peter and Woods, Richard, Battlefield Berlin: Siege, Surrender & Occupation, 1945 (London, UK: Robert Hale, 1988).

Spaeter, Helmuth, The History of the Panzerkorps Großdeutschland vol. 1–3 (Winnipeg, Canada: J.J. Fedorowicz Publishing, 1995.)

Stimpel, Hans-Martin, Widersinn 1945: Aufstellung, Einsatz und Untergang einer Fallschirmjägerdivision (Göttingen, Germany: Cuvillier, 2003).

Taylor, Frederick, The Berlin Wall: A World Divided, 1961–1989 (New York: Harper Collins, 2006).

Tessin, Georg, Verbände und Truppen der deutschen Wehrmacht und der Waffen SS im Zweiten Weltkrieg 1939–1945. Bearbeitet auf Grund der Unterlagen des Bundesarchivs Militärarchivs; herausgegeben mit Unterstützung des Bundesarchivs und des Arbeitskreises für Wehrforschung. 14 Bände + 3 Registerbände in mehreren Teilen (Osnabrück, Germany: 1967–1998).

Thorwald, Juergen, Flight in the Winter: Russia Conquers –January to May 1945 (New York: Pantheon Books Inc., 1951).

Thrams, Hermann von, Küstrin 1945: Tagebuch einer Festung (Berlin, Germany: Landesverband Berlin, 1992).

Tieke, Wilhelm, Das Ende Zwischen Oder und Elbe: Der Kampf um Berlin 1945 (Stuttgart, Germany: Motorbuch Verlag, 1995).

……, Tragedy of the Faithful: A History of the III. (germanisches) SS-Panzer Korps (Winnipeg, Canada: J.J. Fedorowicz, 2001).

Le Tissier, Tony, Zhukov at the Oder: The Decisive Battle for Berlin (Westport, CT: Praeger, 1996).

……, Berlin: Then and Now (London, UK: After The Battle Publications, 2000).

……, With Our Backs to Berlin: The German Army in Retreat 1945 (England: Sutton Publishing Ltd, 2001).

……, Slaughter at Halbe: The Destruction of Hitler's 9th Army, April 1945 (England: Sutton Publishing Ltd, 2005).

Trevor-Roper, H.R.R., The Last Days of Hitler (New York: The MacMillan Company, 1947).

…… (ed.), Blitzkrieg to Defeat: Hitler's War Directives 1939–1945 (New York: Holt, Rinehart and Winston, 1964).

Tsouras, Peter G. (ed.), Panzers on the Eastern Front: General Erhard Raus and his Panzer Divisions in Russia 1941–1945 (Barnsley, England: Greenhill Books/Lionel Leventhal Limited London, 2005).

Tully, Andrew, Berlin: Story of a Battle: April–May 1945 (New York: Simon and Schuster, 1963).

Venghaus, Wolfgang, Berlin 1945: Die Zeit vom 16. April bis 2. Mai: Eine Dokumentation in Berichten, Bildern und Bemerkungen (Netphen, Germany: Venghaus, undated).

Voss, Klaus and Kehlenbeck, Paul, Letzte Divisionen 1945: Die Panzerdivision Clausewitz and Die Infanteriedivision Schill (Schleusingen, Germany: AMUN-Verlag, 2000).

Wallin, Erik, Göotterdämmerung: Schwedische und deutsche Freiwillige der SS-Division "Nordland" im Endkampf 1945 in Pommern und Berlin (Pluwig, Germany: Munin Verlag GmbH, 2000).

Wegner, Bernd, The Waffen-SS: Organization, Ideology and Function (Cambridge, MA: Basil Blackwell Ltd, 1990).

Yelton, David K., Hitler's Volkssturm: The Nazi Militia and the Fall of Germany, 1944–1945 (Kansas: University Press of Kansas, 2002).

Zhukov, Georgi K., Marshal Zhukov's Greatest Battles (New York: First Cooper Square Press Edition, 2002).

Ziemke, Earl F., Stalingrad to Berlin: The German Defeat in the East (New York: Barnes and Noble Books, 1996).

文章

Ash, Lucy, 'The Rape of Berlin' (2015), https://www.bbc.com/news/magazine-32529679.

Beevor, Antony, 'By banning my book, Russia is deluding itself about its past' (2015), https://www.theguardian.com/commentisfree/2015/aug/05/banning-book-russia-pastholocaust-red-army-antony-beevor.

Bowen, Wayne H., 'The Ghost Battalion: Spaniards in the Waffen-SS, 1944–1945', The Historian, 1/1/2001, from www.encyclopedia.com.

Burleigh, Michael, 'Russia's Revenge' (2002), https://www.theguardian.com/books/2002/apr/20/historybooks.highereducation.

D'este, Carlo, 'The final Days' (2002), https://www.nytimes.com/2002/09/08/books/the-final-days.html.

Keegan, John, 'Berlin', MHQ: The Quarterly Journal of Military History, No. 11 (Winter 1990).

Novikov, A.A., 'The Air Forces in the Berlin Operation', Soviet Military History Journal, May 1975.

Rudenko, Air Marshal S.I., 'On the Employment of Aviation in the Berlin Operation', Soviet Military History Journal, May 1985.

Skorodumov, N., 'Maneuvers of the 12th Guards Tank Corps in the Berlin Operation', Soviet Military History Journal, May 1978.

'"The Last Battle" Enrages Pravda; Writer Finds Smear Plot by U.S., Bonn in Ryan Book' (1966), https://www.nytimes.com/1966/07/11/archives/the-last-battle-enrages-pravdawriter-finds-smear-plot-by-us-bonn.html.

私人档案

Lennart Westberg.

Peter Vandersmissen.

纪录片和电影

C. Barrand, K. Jan Hindiks, A. Uvarov, Berlin: At All Cost! (1994).

Mikhail Chiaureli, The Fall of Berlin (Mosfilm Cinema Concern, 1949).

网站

http://www.lexikon-der-wehrmacht.de/

www.russianbattlefield.ru : 'Development History of the JS-1/JS-2'

wwii.germandocsinrussia.org

地图说明

为了让读者了解战役整体局势，我使用了当年的地图，也作为本书的战役态势图。而书中的战术态势图，是在美国第8航空队1945年2月和3月拍摄的空中侦察照片的基础上绘制的。这些地图使用二战时期的地名，可能和柏林现今的地名不太一样。各部队的运动是基于我对战时战役记录、第一人称叙述广泛的档案研究。摘自白俄罗斯第1、乌克兰第1方面军作战日志的详细地图，提供了各部队运动的详情。

彩照部分包括英国陆军军官塞西尔·F.S.纽曼1945年夏季驻扎柏林期间拍摄的六张照片。这些罕见的照片让我们得以一窥战役期间柏林的情形。动物园G塔128毫米高射炮的彩照是首次公开，几张红军和德军遭击毁或遗弃的坦克彩照也是如此。另外几张照片彻底展现出帝国首都满目疮痍的模样。

彩色地图

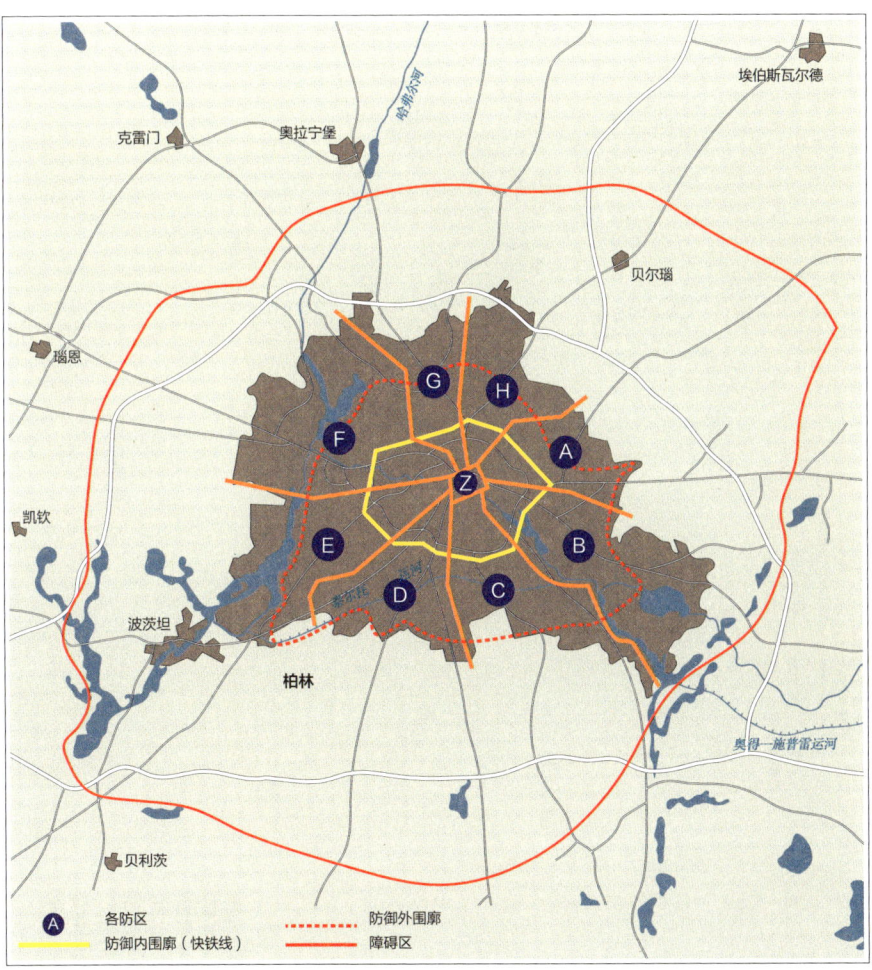

地图1：柏林卫戍区各防区。防御外围廊主要是行政管理性质，1945年2月—3月仅在东部地区构设了"龙牙"和另一些防御工事。防御内围廊强大得多，沿快铁轨道系统延伸，许多车站强化了防御，纵横交错的各条街道布设了路障，还部署了88毫米高射炮和无法行驶的战车。

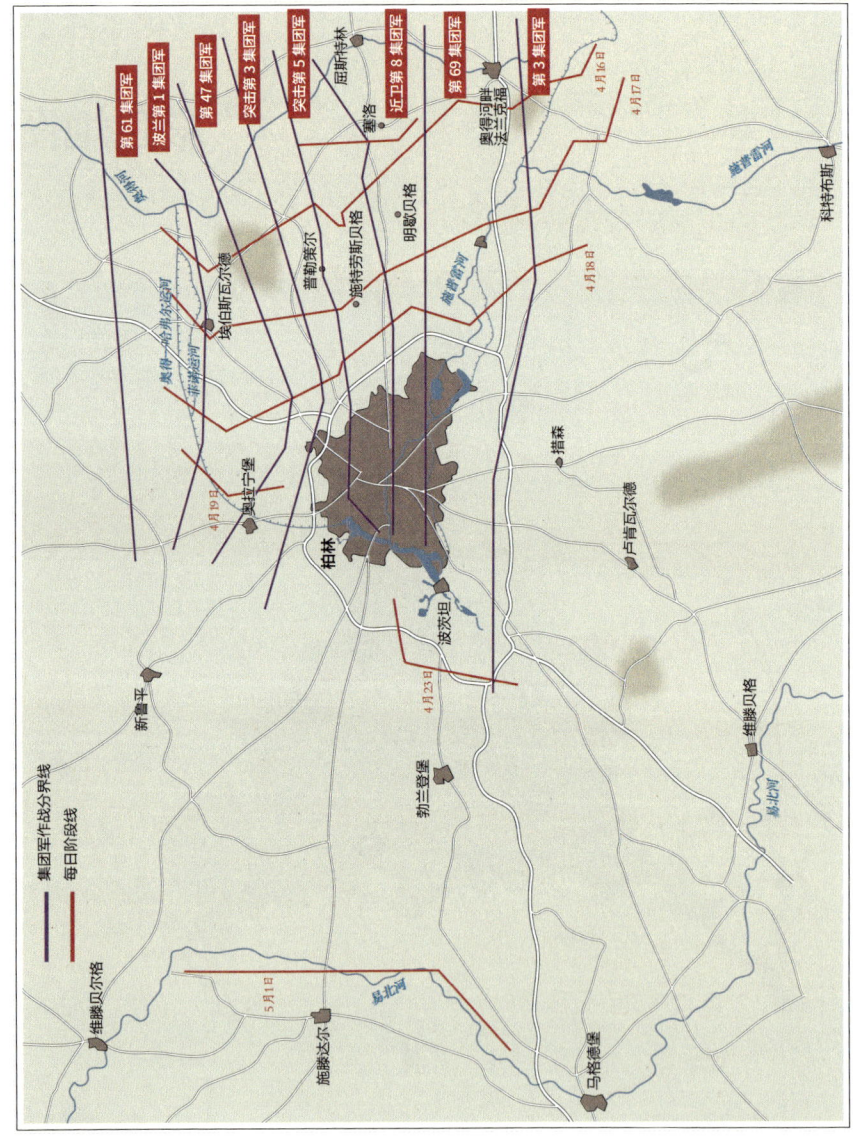

地图2：朱可夫元帅为白俄罗斯第1方面军制定的阶段段线，但红军没能按计划完成。朱可夫比原定计划晚了近七天才到达柏林。希特勒身亡的消息传开，守军决定突围或投降后，红军5月2日才占领柏林。

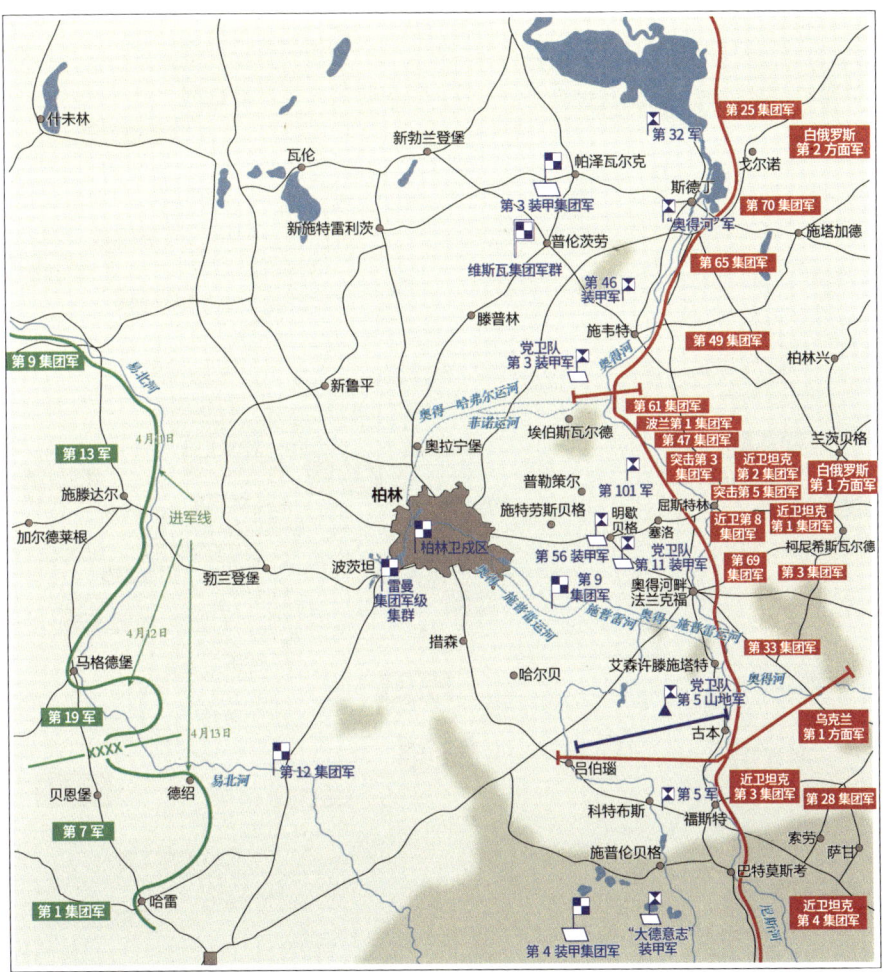

地图3: 1945年4月5日的作战态势。西方盟军到达易北河之际,艾森豪威尔将军决定不再继续攻往柏林。

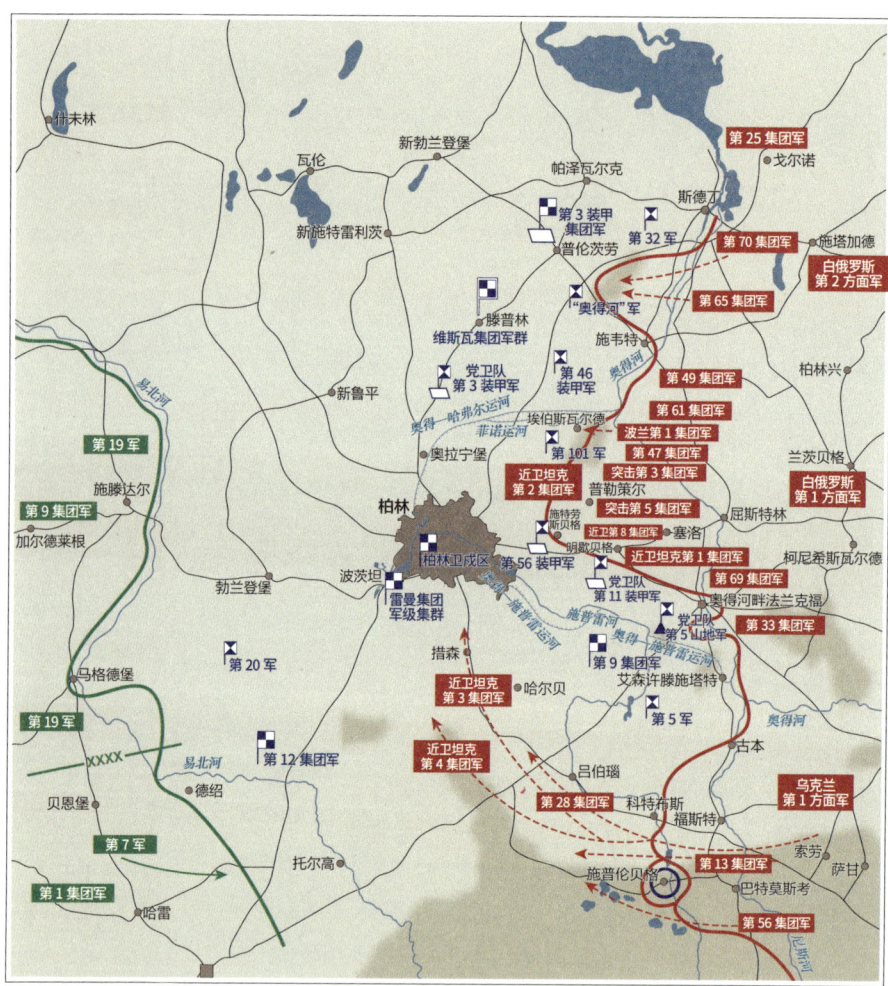

地图4：4月16日—20日，柏林战役。战役头四天，红军企图突破德军防线。海因里齐大将沿塞洛高地遂行纵深防御，这场深思熟虑的防御作战严重拖缓了白俄罗斯第1方面军的进展。在此期间，科涅夫元帅的乌克兰第1方面军轻而易举地突破了中央集团军群缺乏纵深防御的左翼，迅速向北攻往柏林。

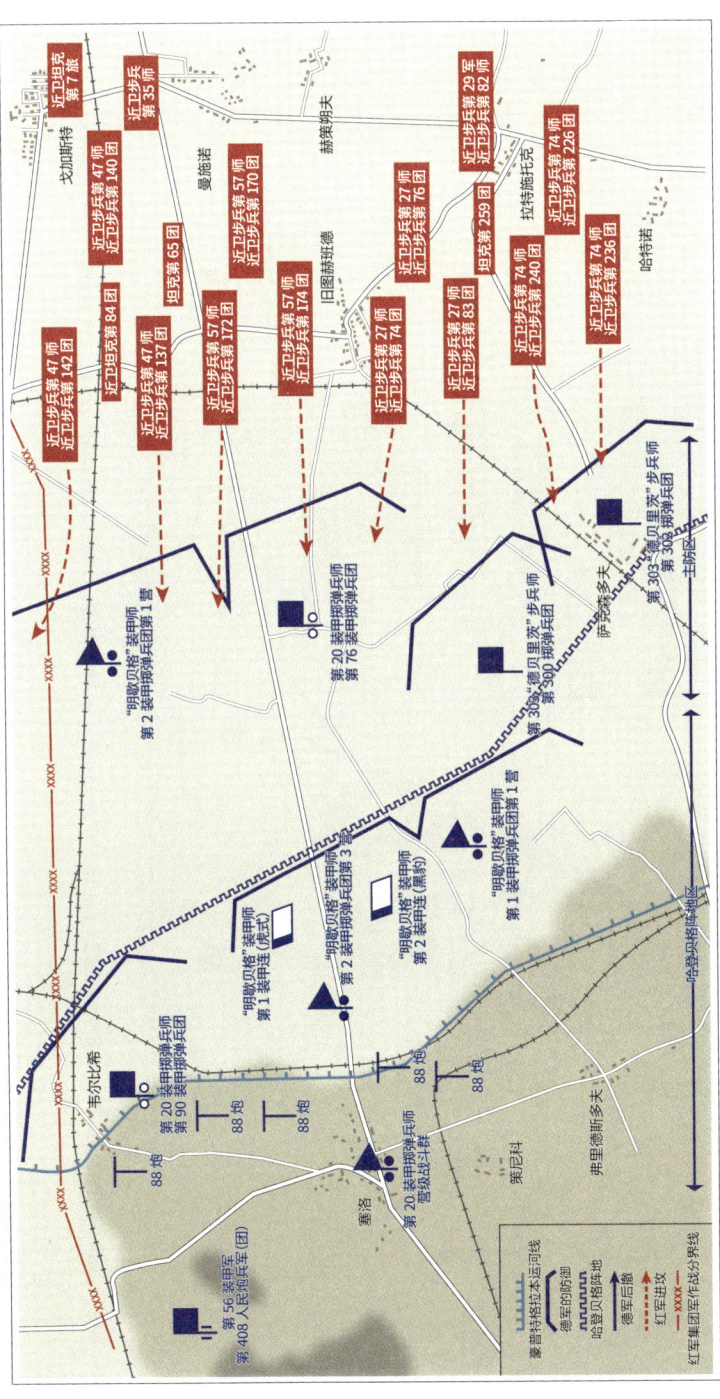

地图5：泽洛高地之战。近卫第8集团军作战地带，4月16日3点—7点。二战期间最猛烈的炮火准备结束后，崔可夫将军的部队基本以为敌防线上不会再有德军官兵活着，但德军强大的防御很快使他们打得措手不及。

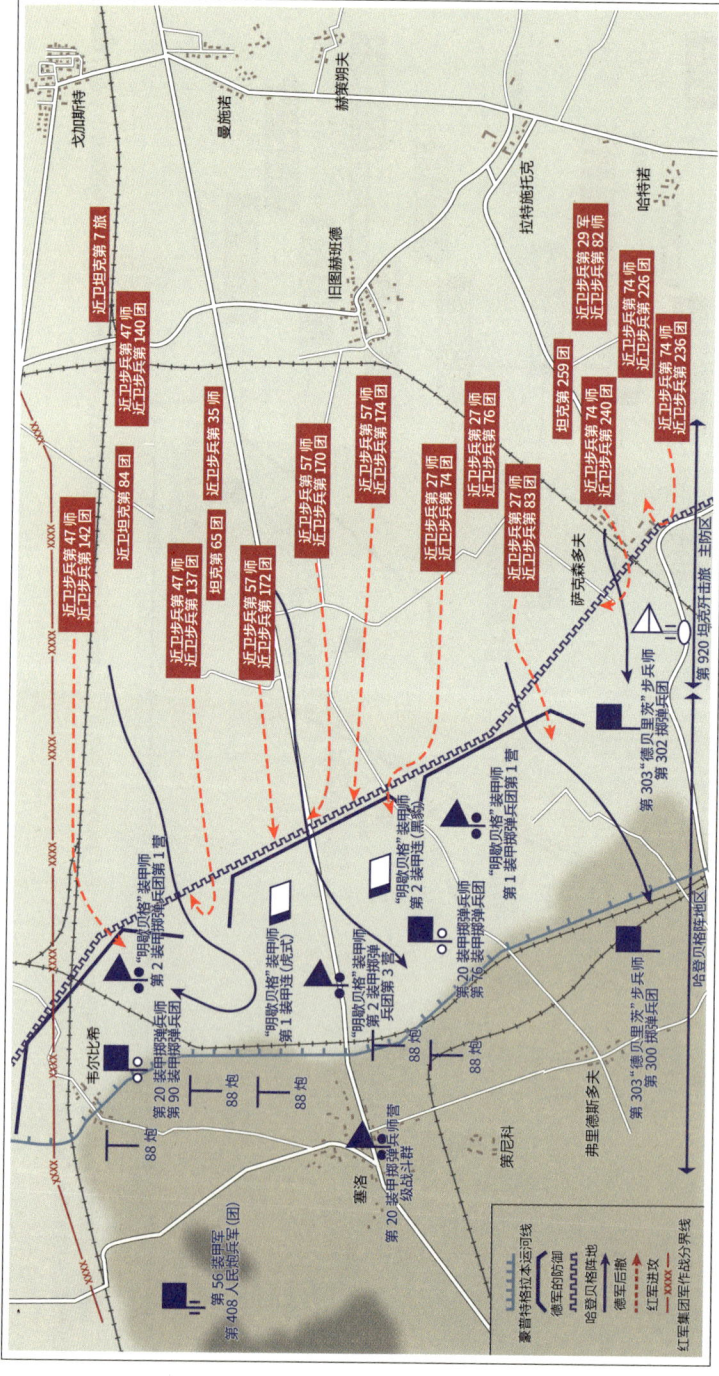

地图6：塞洛高地之战。近卫第8集团军作战地带，4月16日7点—14点。近卫第8集团军的推进在哈登贝格阵地受阻，德军这道防线沿豪普特格拉本运河延伸。

彩色地图　871

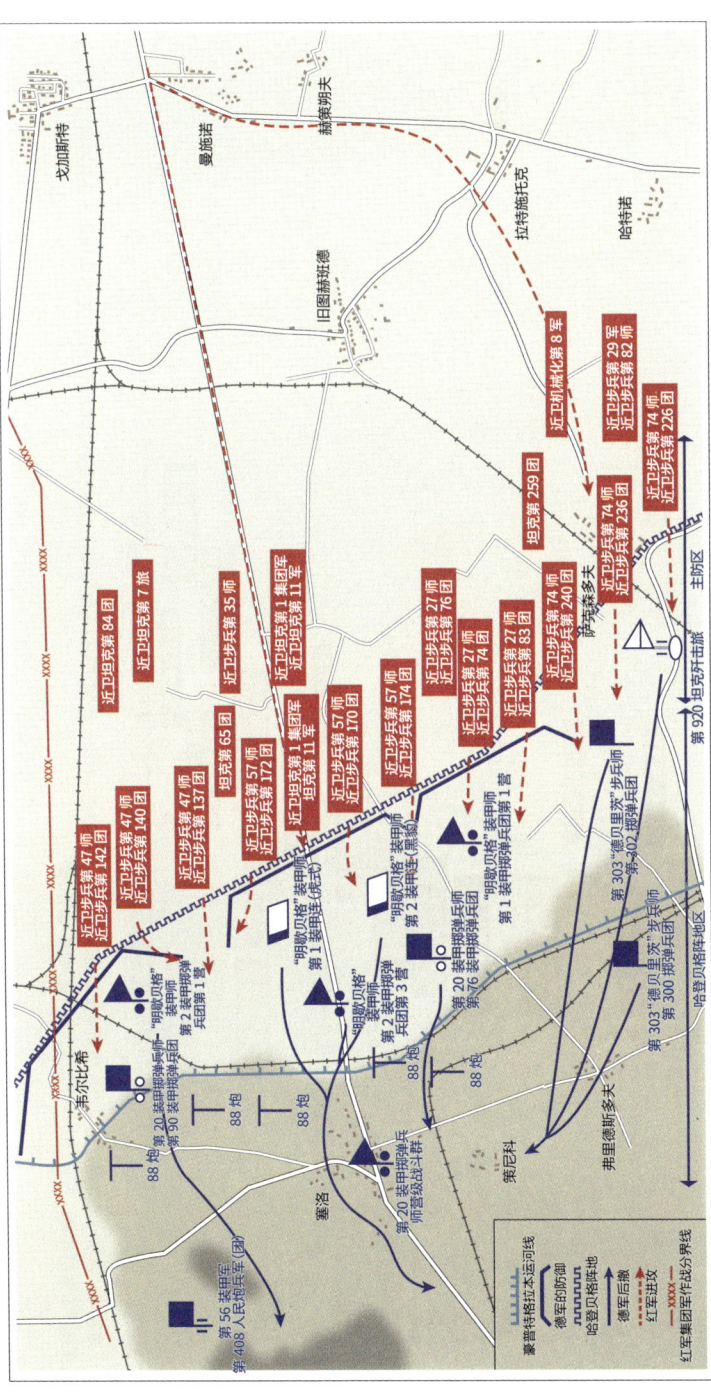

地图 7：泽洛高地之战。近卫第 8 集团军作战地带。4 月 16 日 14 点—24 点。由于作战进展落后于计划安排，朱可夫没等步兵突破德军防御，就命令近卫坦克第 1、第 2 集团军投入交战，他认为加强火力能顺利击败守军。这道命令给红军前线部队造成混乱，毫无必要地加剧了伤亡。

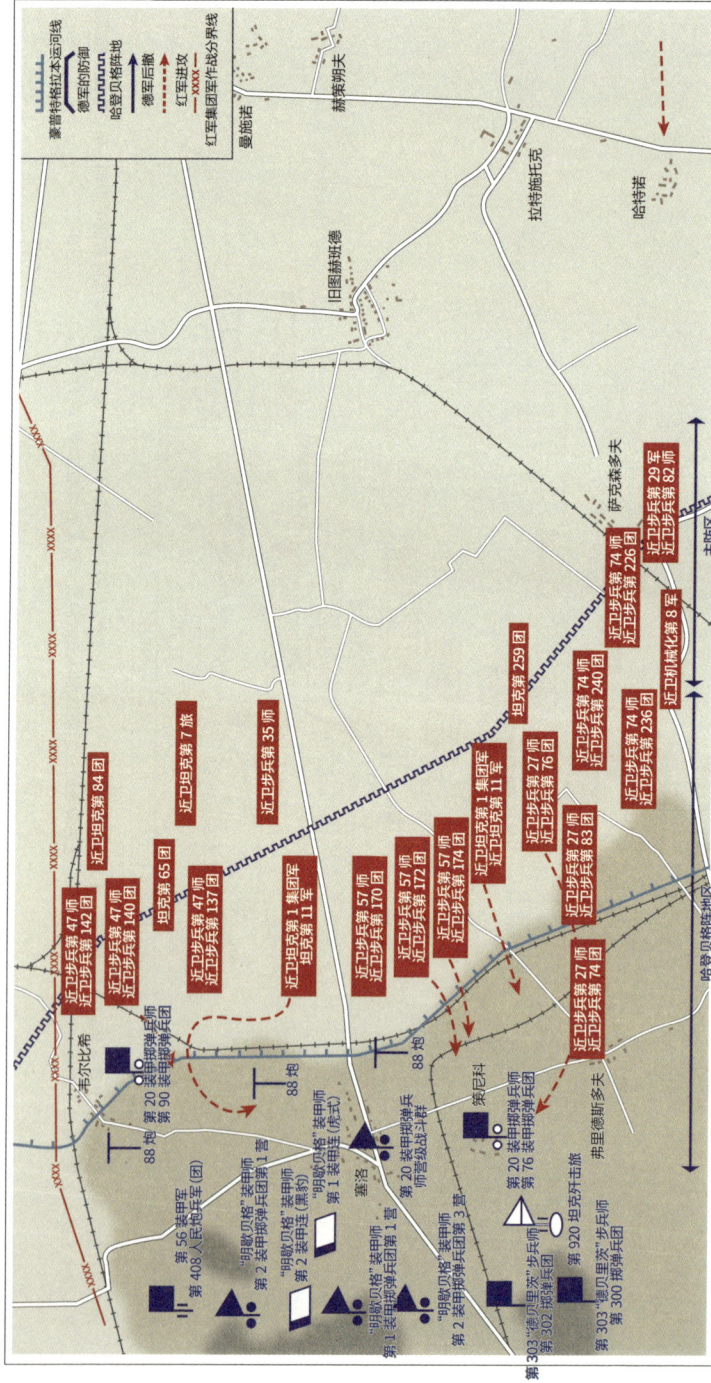

地图 8：塞洛高地之战。近卫第 8 集团军作战地带，4 月 17 日 0 点—6 点。德国守军以夜色为掩护，撤至塞洛高地顶部。近卫第 8 集团军各分队指挥员自行决定，不直接冲击塞洛高地，而是设法从南北两面绕开德军强大的防御。

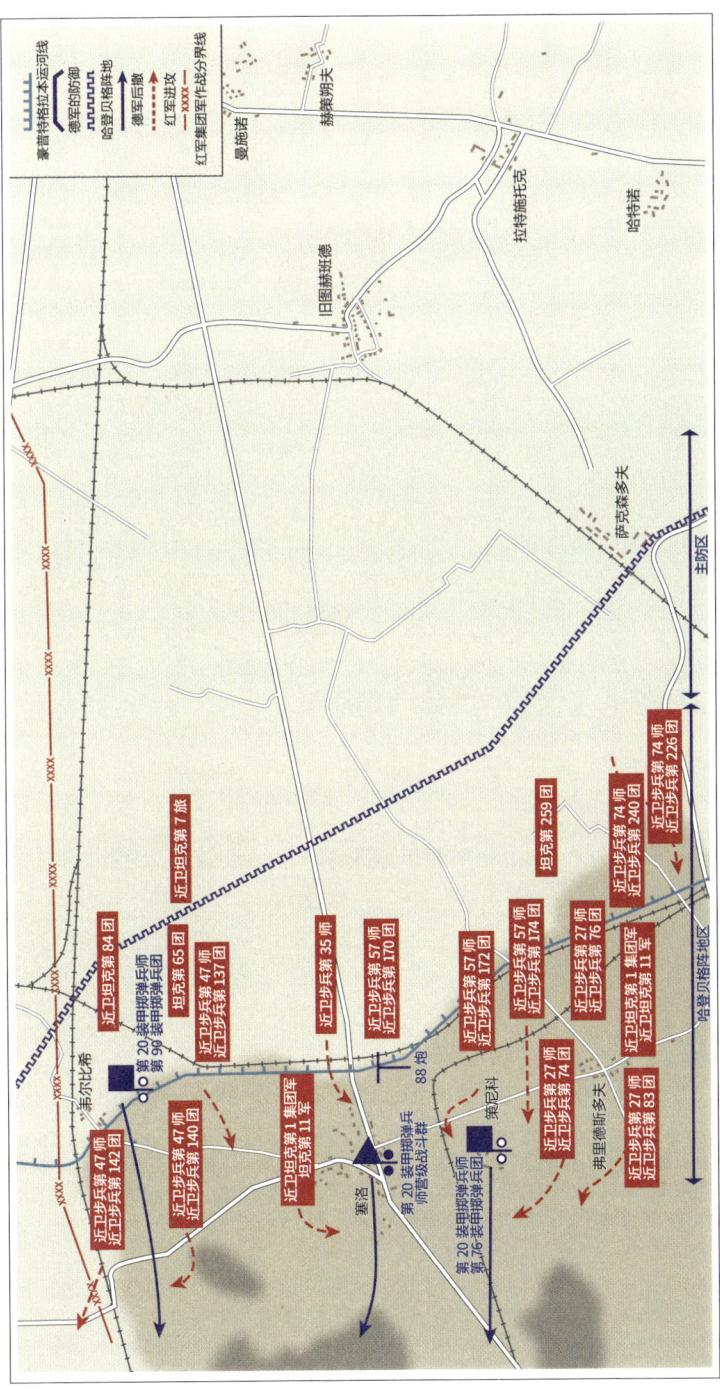

地图9：塞洛高地之战。近卫第8集团军作战地带，4月17日6点—19点。经过近40个小时卷不间断的激战，崔可夫近卫第8集团军终于夺得塞洛镇，肃清了高地。

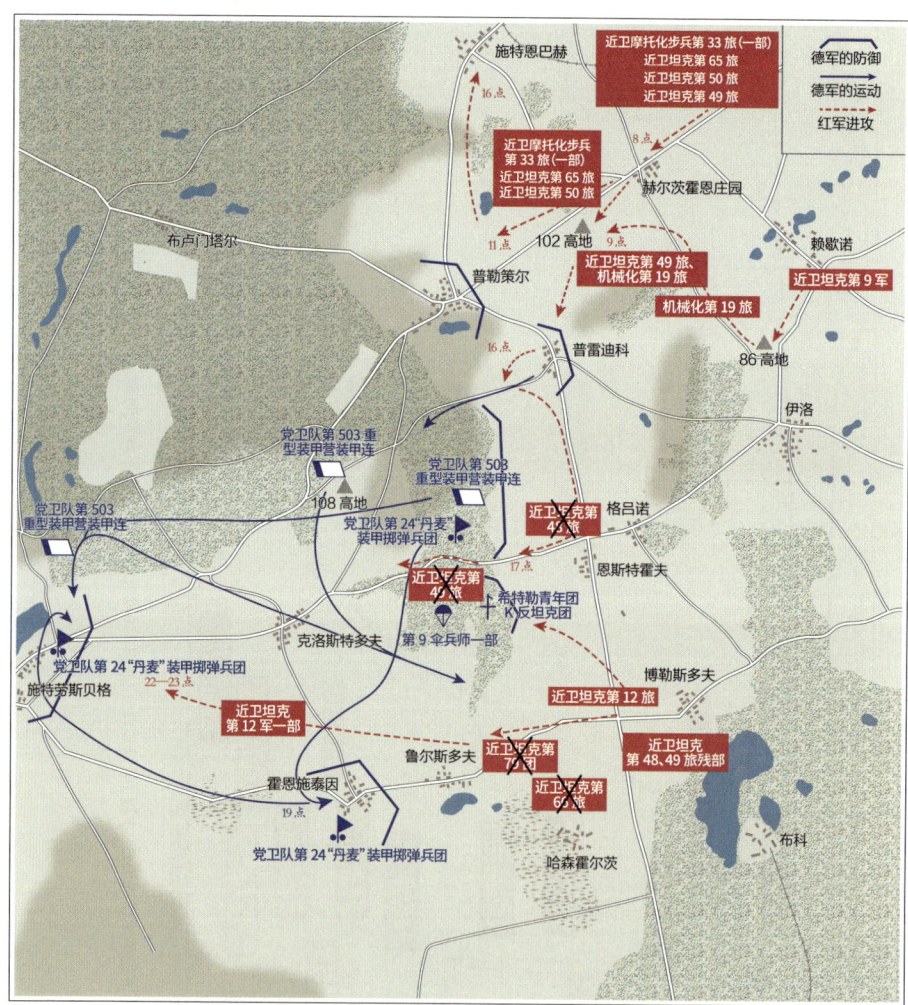

地图10：普勒策尔之战。近卫坦克第2集团军作战地带，4月19日6点—19点。近卫坦克第2集团军零零碎碎地攻往西面，没获得适当的步兵支援，党卫队第11"诺德兰"装甲掷弹兵师部分力量和党卫队第503重型装甲营，给该集团军辖内分队造成严重损失。近卫坦克第2集团军当日遭受重创，再也没能恢复原先的实力。后来争夺柏林的交战期间，集团军辖内三个军分配给突击第3、第5集团军。

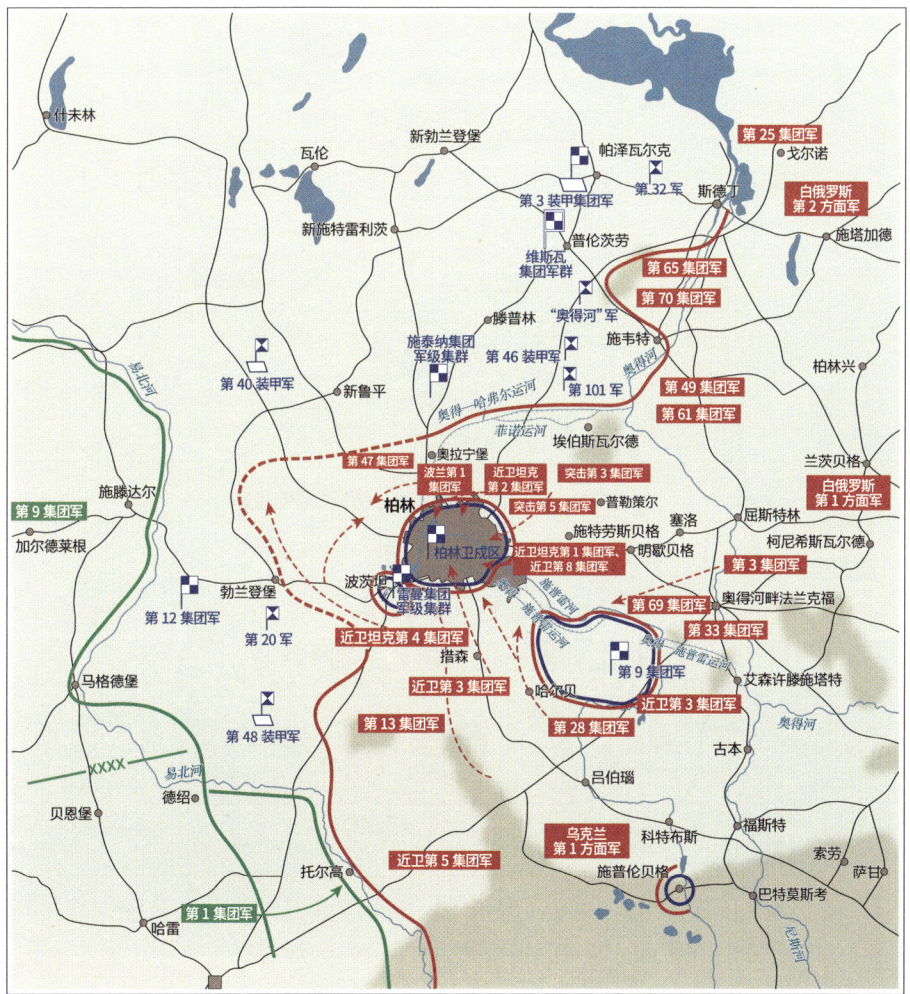

地图11：柏林战役，4月21日—25日，红军达成突破。第56装甲军撤离后，海因里齐大将的防御土崩瓦解。第9集团军陷入重围。白俄罗斯第1、乌克兰第1方面军完成对柏林的合围。

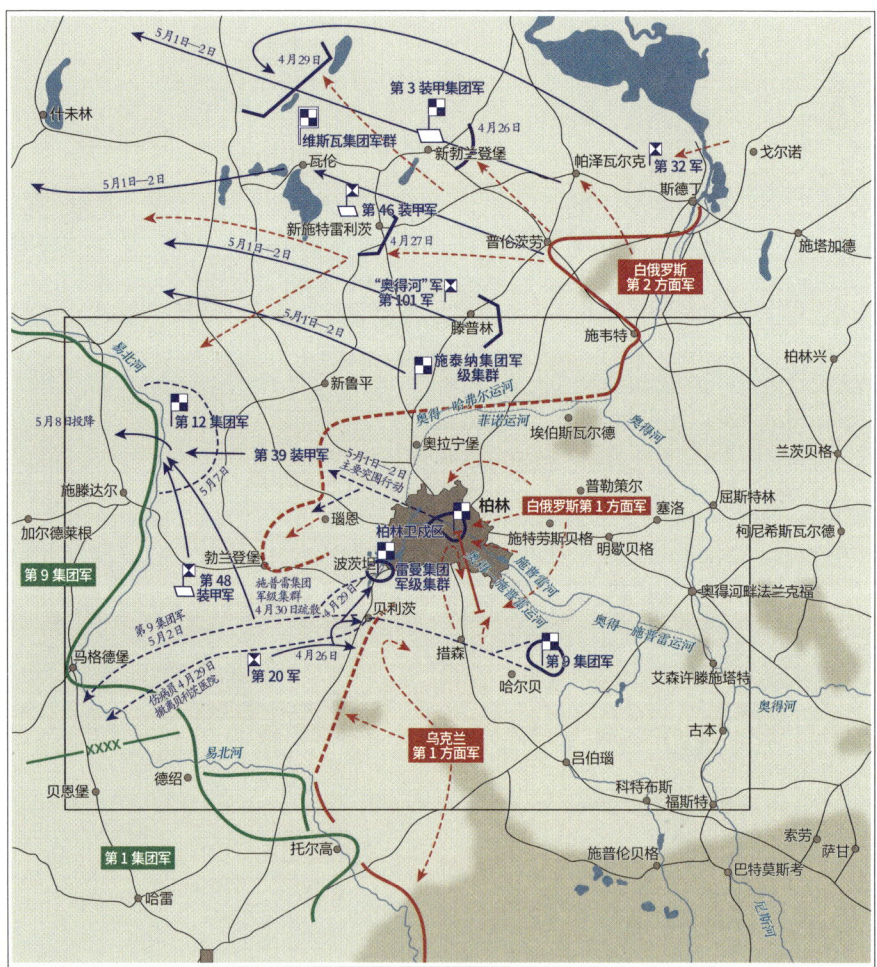

地图12：柏林战役，4月26日—5月3日。第3装甲集团军未经OKW/OKH批准就撤往西方盟军战线。第9集团军向西突围，朝发动救援进攻的第12集团军而去。白俄罗斯第1方面军，在乌克兰第1方面军近卫坦克第3集团军、第28集团军协助下，继续消灭柏林守军，希特勒自杀后，城内守军投降。细节参阅地图12a。

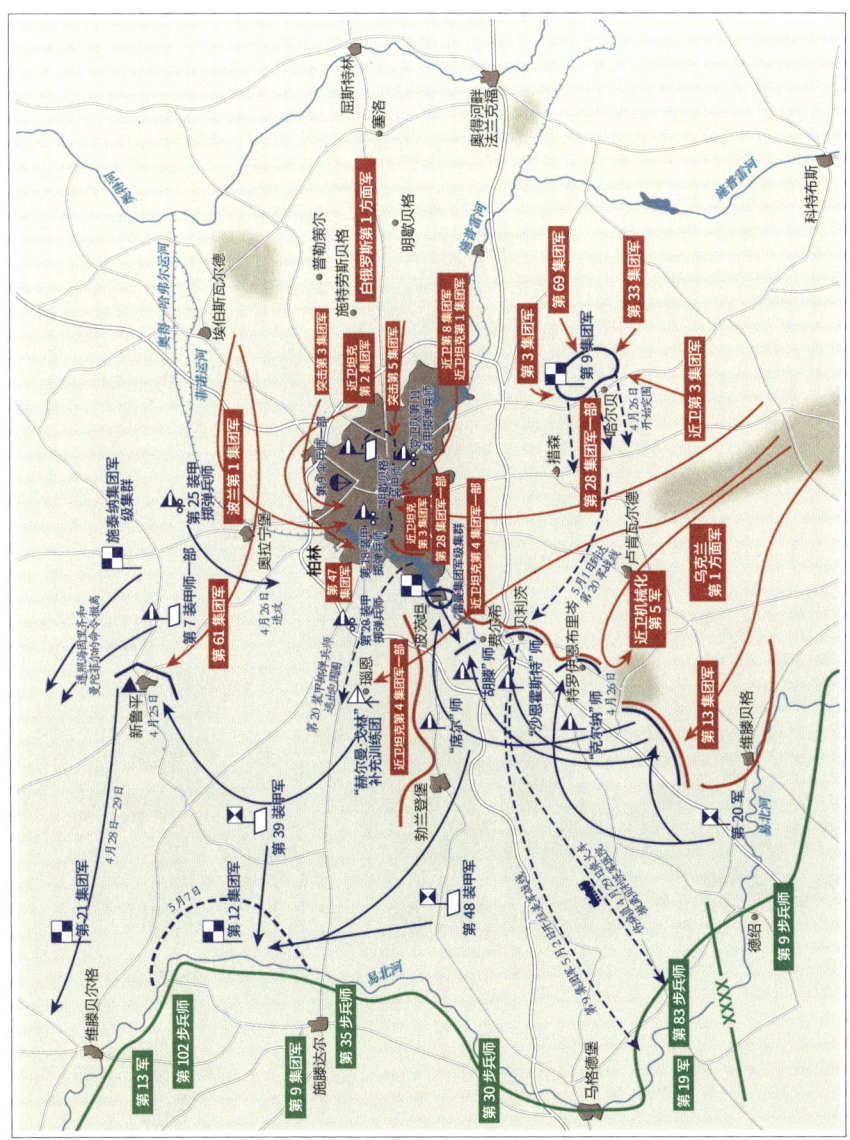

地图12a：柏林战役，4月26日—5月3日，细节图。第12集团军遂行了两场反突击，一场在特罗伊恩布里岑附近的正西面，另一场攻往东北方的波茨坦。两场反突击解救了第9集团军和雷曼集团军级集群。

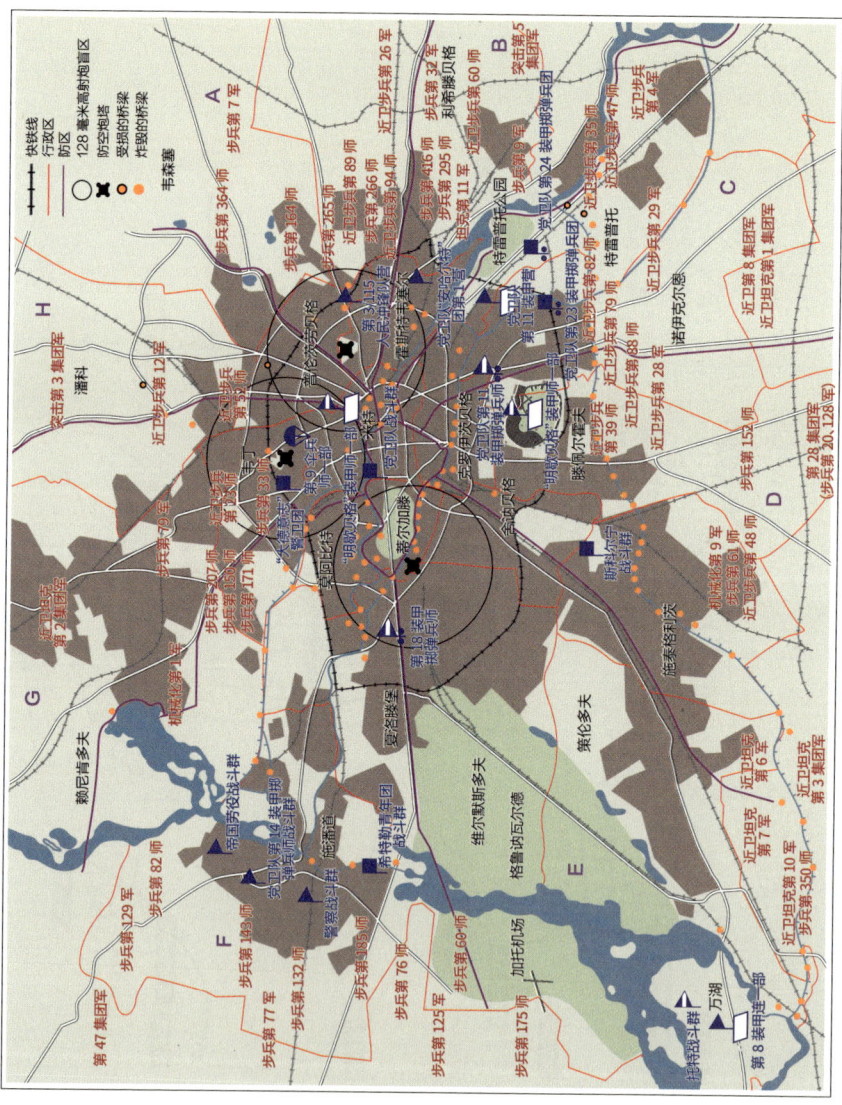

地图13：柏林战役作战详情，4月25日。

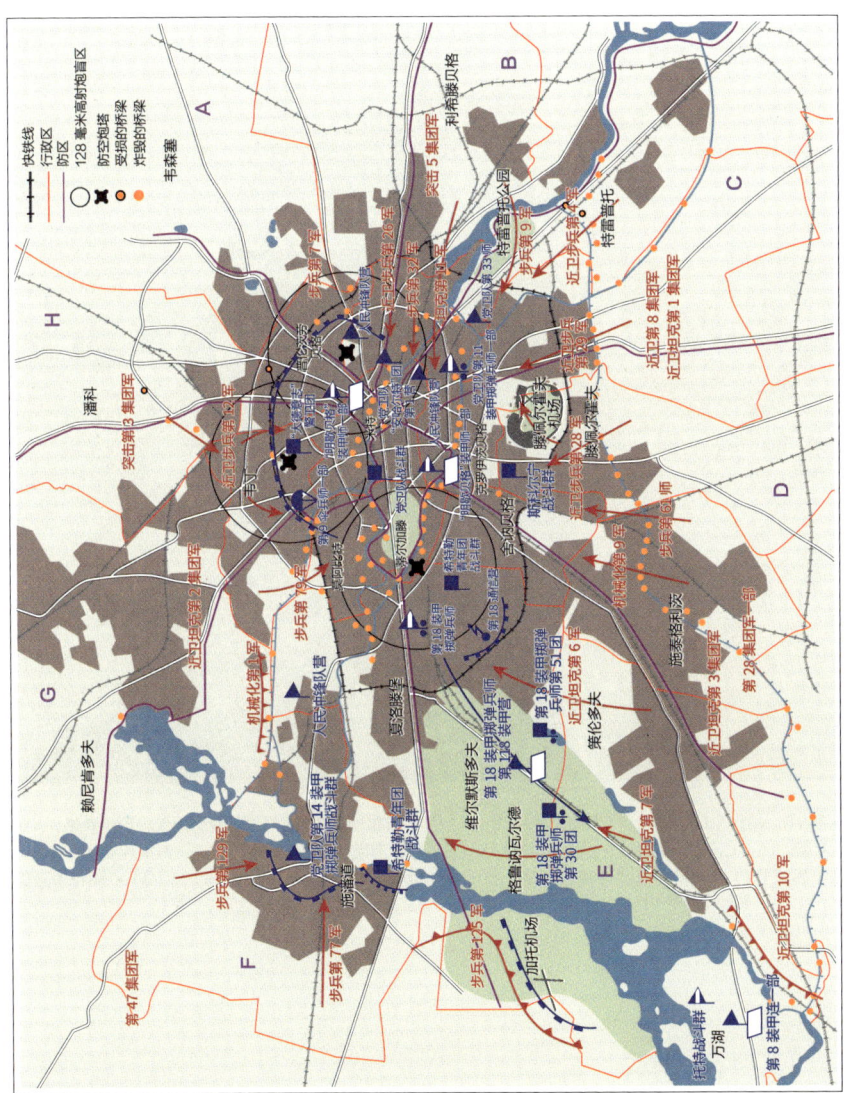

地图14: 柏林战役作战详情,4月26日。

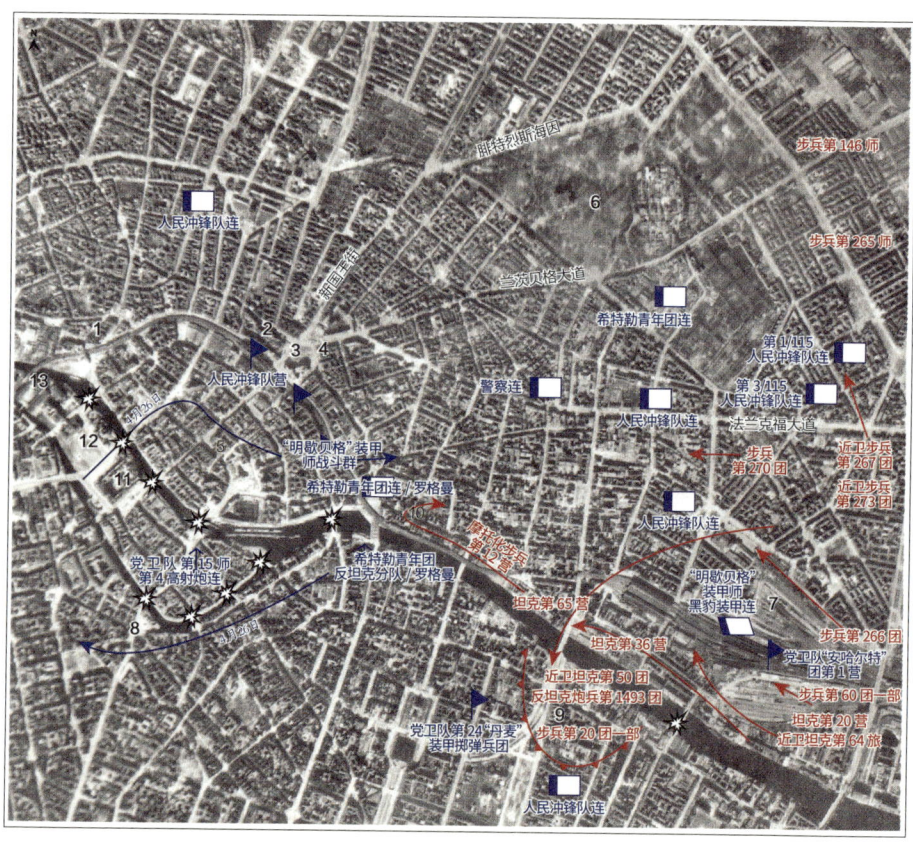

地图15：柏林东区争夺战，4月25日—26日。（1）伯尔泽快铁站；（2）亚历山大广场快铁站；（3）亚历山大广场；（4）警察总局；（5）红色市政厅；（6）腓特烈斯海因防空炮塔；（7）西里西亚火车站；（8）养老院市场；（9）托马斯 K. 莱布尼茨小学；（10）扬诺维茨快铁站；（11）城堡；（12）卢斯特加滕和柏林大教堂；（13）佩加蒙博物馆。

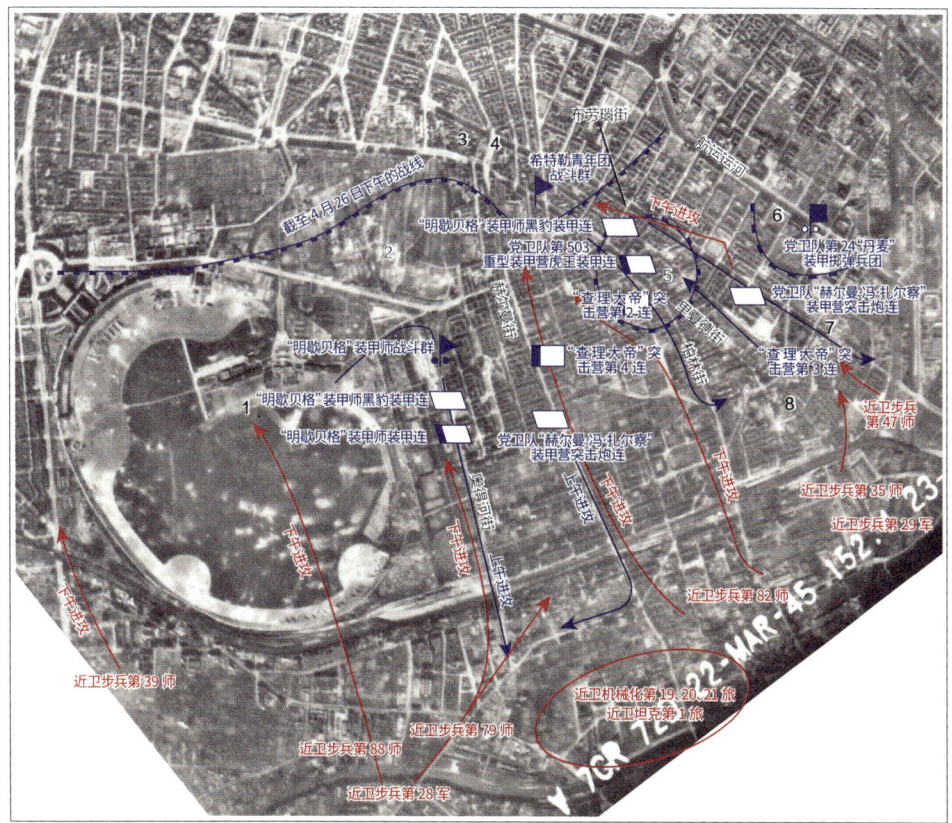

地图16：柏林，滕佩尔霍夫/诺伊克尔恩争夺战，4月26日。（1）滕佩尔霍夫机场；（2）哈森海德人民公园；（3）卡尔施塔特百货公司；（4）赫尔曼广场；（5）诺伊克尔恩区公所；（6）哈斯的目标；（7）赫茨贝格广场；（8）里夏德广场。

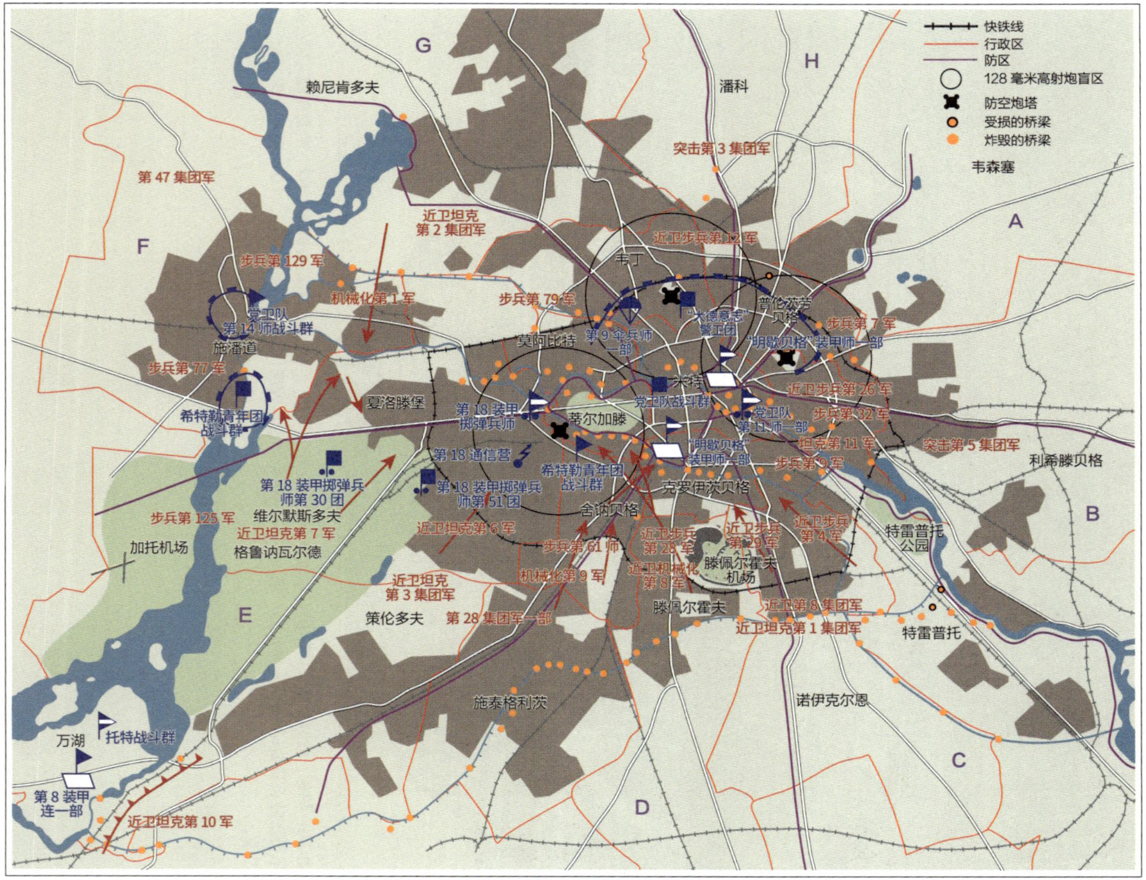

地图 17: 柏林战役作战详情，4 月 27 日。

地图18：争夺柏林中央地区，4月27日。遵照朱可夫元帅的命令，近卫第8集团军派遣部分兵力向西跨过他们与乌克兰第1方面军的作战分界线，企图阻止对方渡过兰德韦尔加膝，近卫步兵第242团发动进攻，渡过兰德韦尔运河，还攻克安哈尔特火车站。（1）巴黎广场；（2）博物馆岛上的卢斯特花园；（3）乔老院市场；（4）威廉广场／帝国宣传部；（5）帝国总理府／元首暗堡；（6）帝国航空部；（7）盖世太保总部；（8）波茨坦火车站／广场；（9）安哈尔特火车站；（10）欧罗巴大厦；（11）贝勒联盟广场；（12）赫蒂百货公司（右侧）；（13）诺伦多夫广场；（14）动物园／防空炮塔；（15）威廉皇帝纪念教堂；（16）胜利纪念柱；（17）壳牌公司大楼。

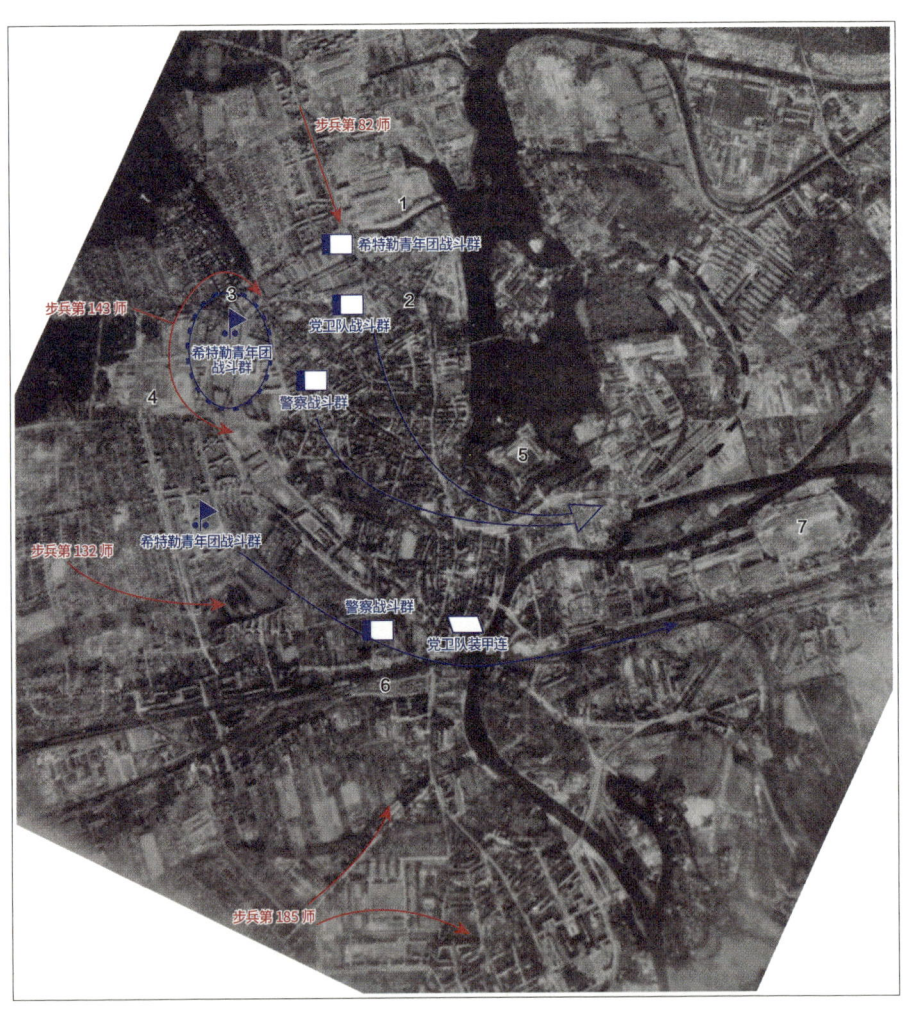

地图 19：争夺柏林施潘道区的交战，4月26日—27日。（1）哈肯菲尔德飞机仪表厂；（2）军用补给仓库；（3）国家政治教育学校（纳波拉）；（4）警察学校；（5）城堡；（6）施潘道西火车站；（7）鲁勒本。

地图20：争夺柏林养老院市场，4月26日—27日。（1）帝国银行；（2）豪斯沃格泰广场；（3）登霍夫广场；（4）圣约瑟夫二世医院；（5）养老院市场；（6）外汇交易市场；（7）帝国出版局；（8）电影院；（9）耶路撒冷教堂。

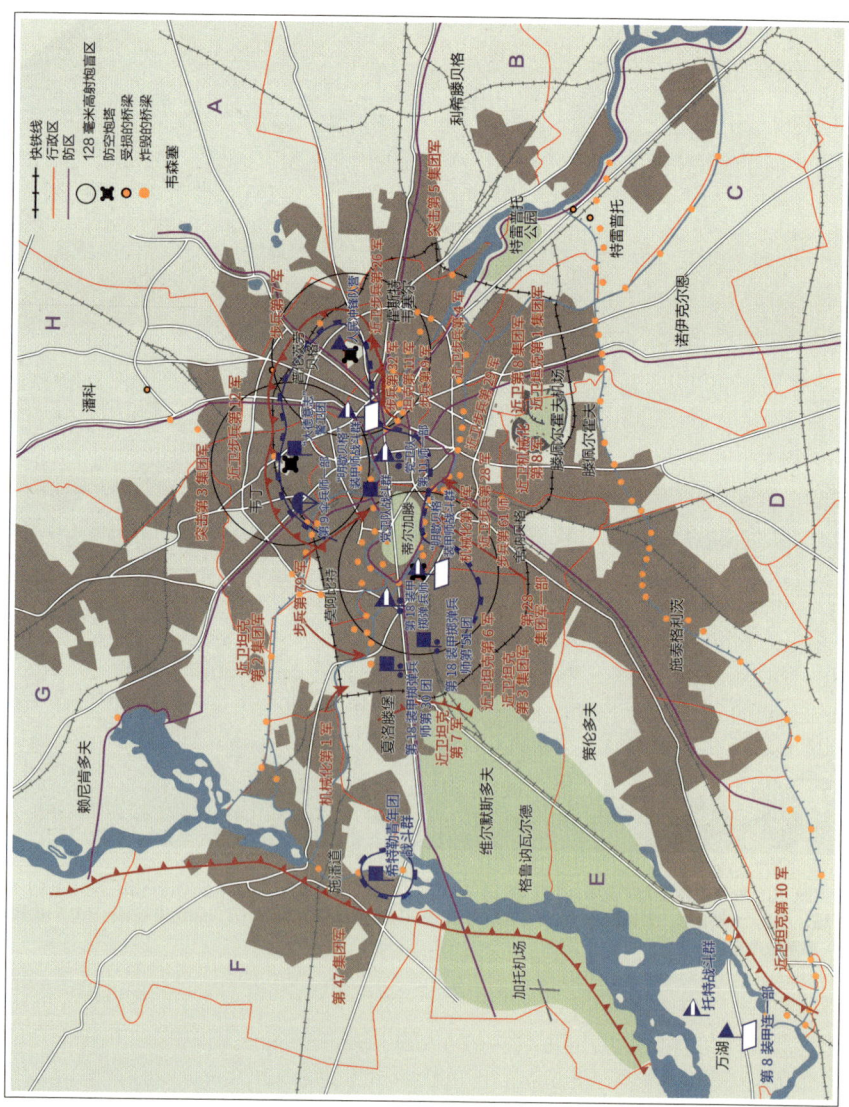

地图 21：柏林战役
作战详情，4 月 28 日。

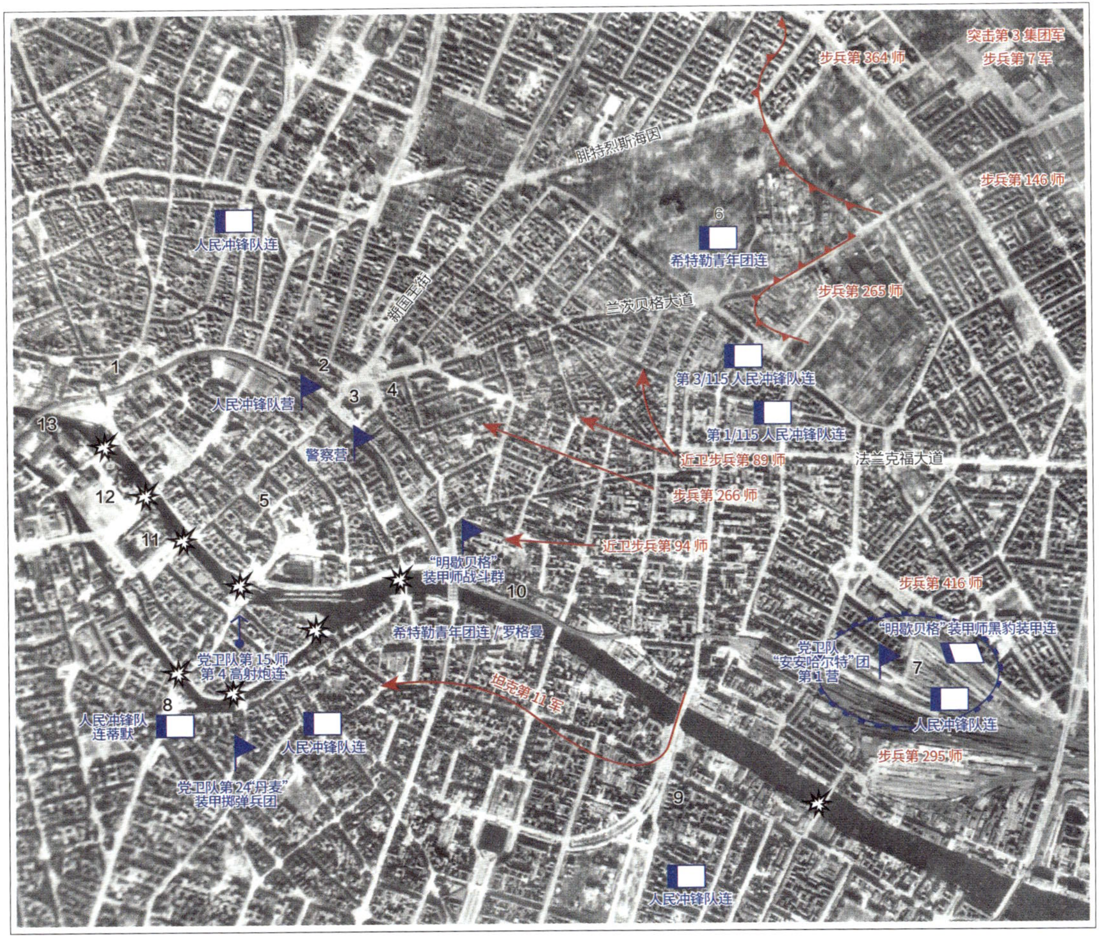

彩色地图　887

地图22：争夺柏林东区，4月27日—28日。（1）伯尔泽快铁站；（2）亚历山大广场快铁站；（3）警察总局；（5）红色市政厅；（6）腓特烈斯海因防空炮塔；（7）西里西亚火车站；（8）养老院市场；（9）托马斯K.莱布尼茨小学；（10）扬诺维茨快铁站；（11）城堡；（12）卢斯特加滕和柏林大教堂；（13）佩加蒙博物馆。

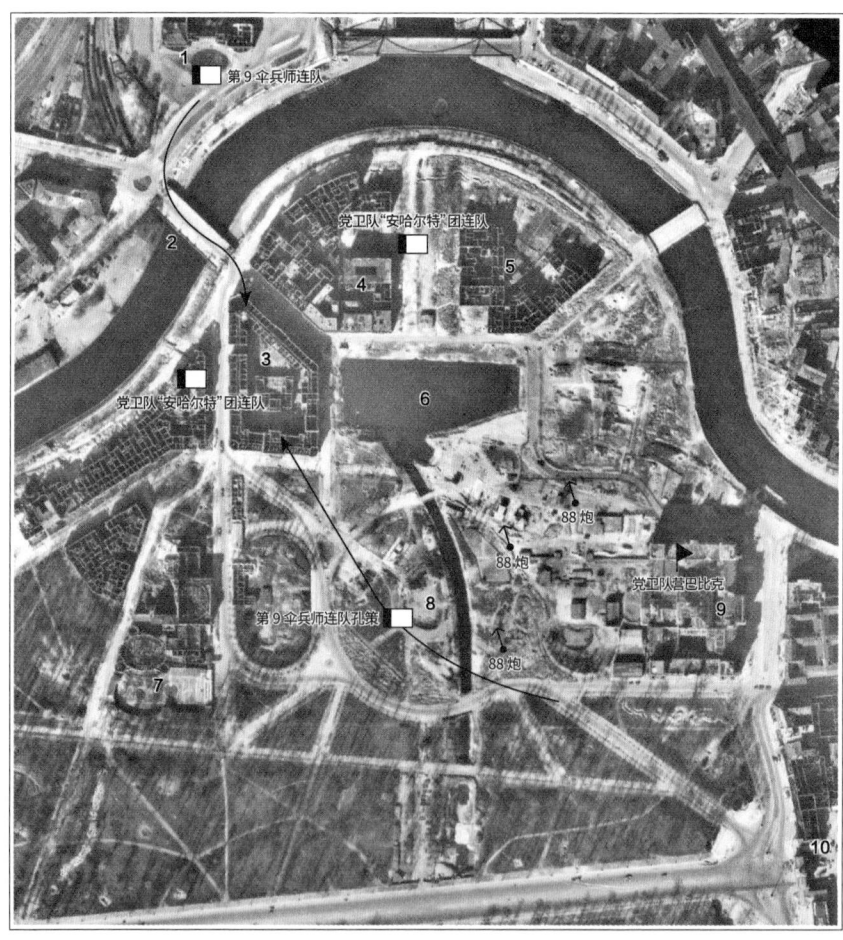

地图23：争夺国会大厦，4月28日。（1）莱尔特火车站；（2）毛奇桥；（3）内政部，希姆莱大楼；（4）瑞士领事馆；（5）外交区；（6）快铁施工工地和淹没的隧道；（7）克罗尔歌剧院；（8）国王广场；（9）国会大厦；（10）勃兰登堡门。

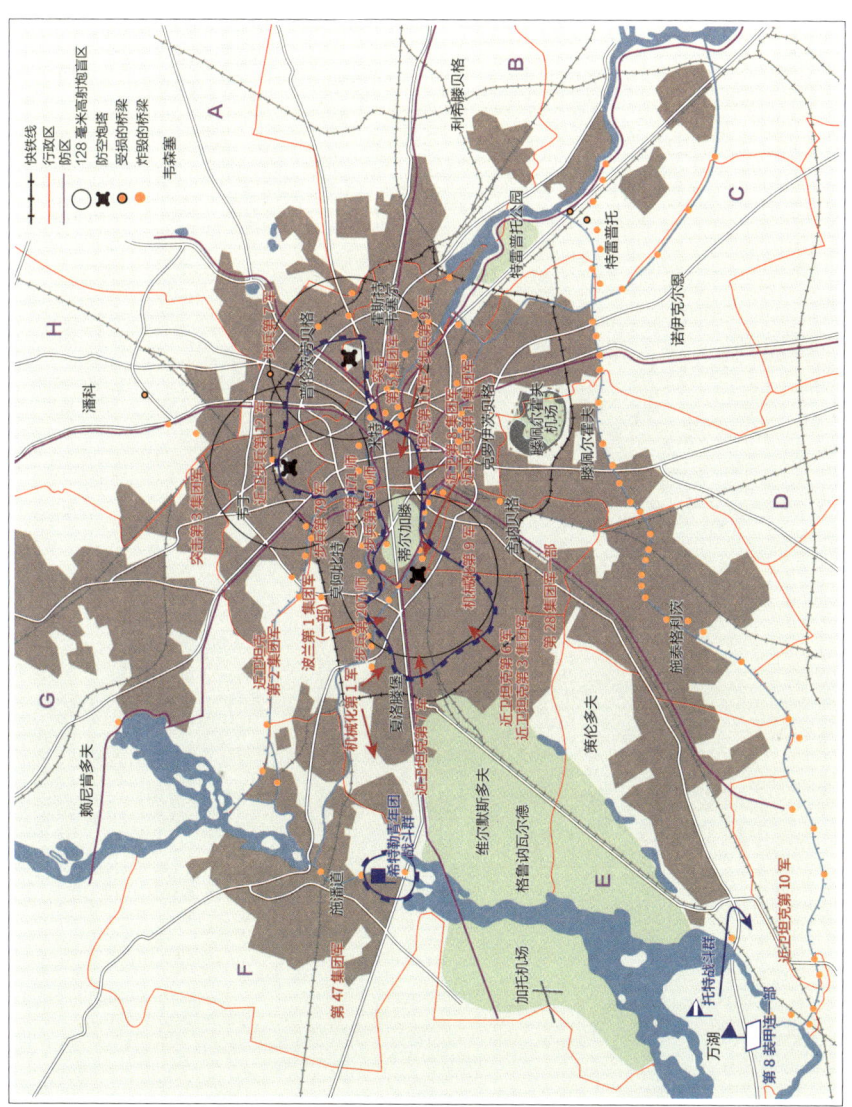

地图2.4：柏林战役作战详情，4月29日—30日。

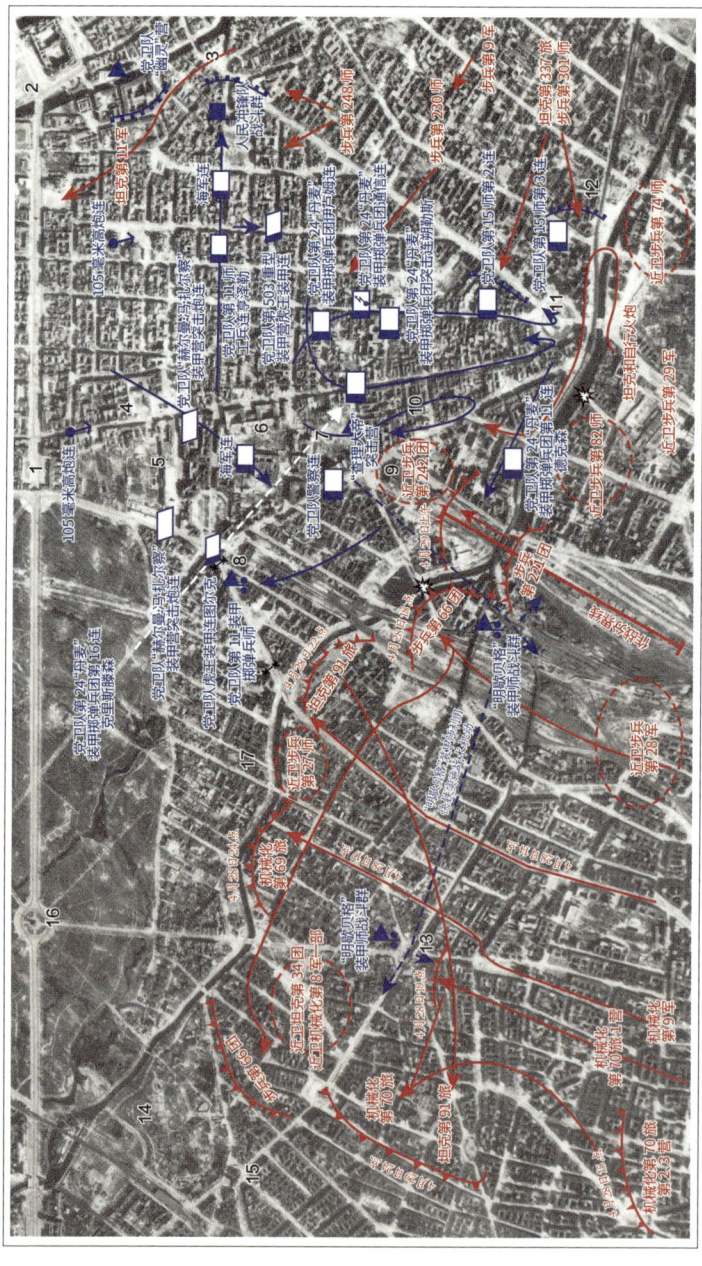

地图 25：争夺柏林中央地区，4 月 28 日—29 日。乌克兰第 1 方面军辖内近卫坦克第 3 集团军、第 28 集团军发动进攻，穿过近卫第 8 集团军先遣支队，与白俄罗斯第 1 方面军辖内部队在自相残杀。第 28 集团军辖内近卫步兵第 221 团强渡兰德韦尔运河，前出到安哈尔特火车站外。问题是：哪个方面军率先政到安哈尔特火车站？(1) 巴黎广场；(2) 博物馆岛上的卢斯特加滕；(3) 亲老院市场；(4) 威廉广场 / 帝国宣传部；(5) 帝国总理府 / 元首暗堡；(6) 帝国航空部；(7) 盖世太保总部；(8) 波茨坦火车站 / 门场；(9) 安哈尔特火车站；(10) 欧罗巴厦；(11) 贝鄂联盟广场 / 赫尔百货公司（右侧）；(12) 帝国专利局；(13) 诺伦多夫广场；(14) 动物园 / 防空塔；(15) 威廉皇帝纪念教堂；(16) 胜利纪念柱；(17) 克牌公司大楼。

地图 26：争夺柏林中央地区，4月29日—30日。大本营及时介入，阻止红军兵团继续自相残杀，捋顺了两个方面军的作战地域。近卫坦克第3集团军奉命转向西面，第28集团军奉命撤往南面。（1）巴黎广场；（2）博物馆岛上的卢斯特花园；（3）养老院市场；（4）威廉广场／帝国宣传部；（5）帝国总理府／元首暗堡；（6）帝国航空部；（7）盖世太保总部；（8）波茨坦大车站／安哈尔特大车站／广场；（9）安哈尔特大车站；（10）欧罗巴大厦；（11）贝勒联盟广场／赫蒂百货公司（右侧）；（12）帝国专利局；（13）诺伦多夫广场；（14）动物园／防空炮塔；（15）威廉皇帝纪念教堂；（16）胜利纪念柱；（17）完牌公司大楼。

地图27：争夺柏林东区，4月29日—30日。(1) 伯尔泽快铁站；(2) 亚历山大广场快铁站；(3) 亚历山大广场；(4) 警察总局；(5) 红色市政厅；(6) 腓特烈斯海因防空炮塔；(7) 西里西亚火车站；(8) 养老院市场；(9) 托马斯 K. 莱布尼茨次小学；(10) 扬诺维茨堡快铁站；(11) 城堡；(12) 卢斯特加腾和柏林特加腾和佩加蒙博物馆。

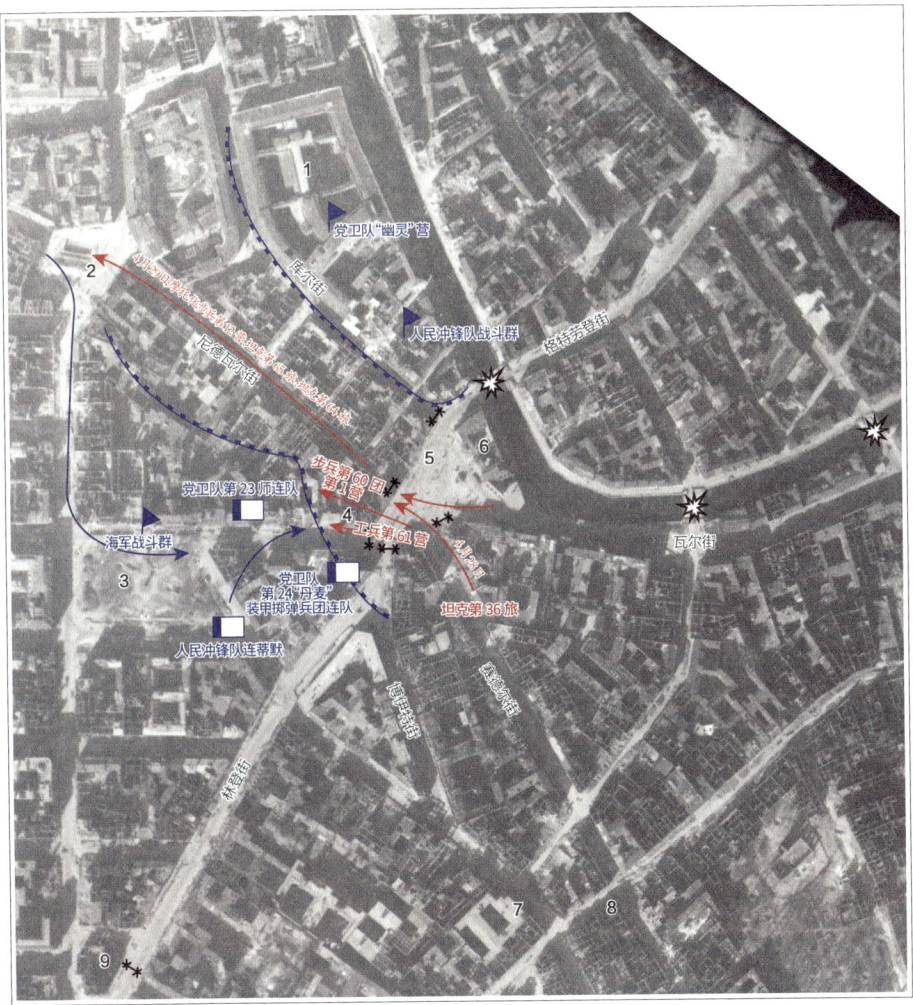

地图28：争夺柏林养老院市场，4月28日—29日。（1）帝国银行；（2）豪斯沃格泰广场；（3）登霍夫广场；（4）圣约瑟夫二世医院；（5）养老院市场；（6）外汇交易市场；（7）帝国出版局；（8）电影院；（9）耶路撒冷教堂。

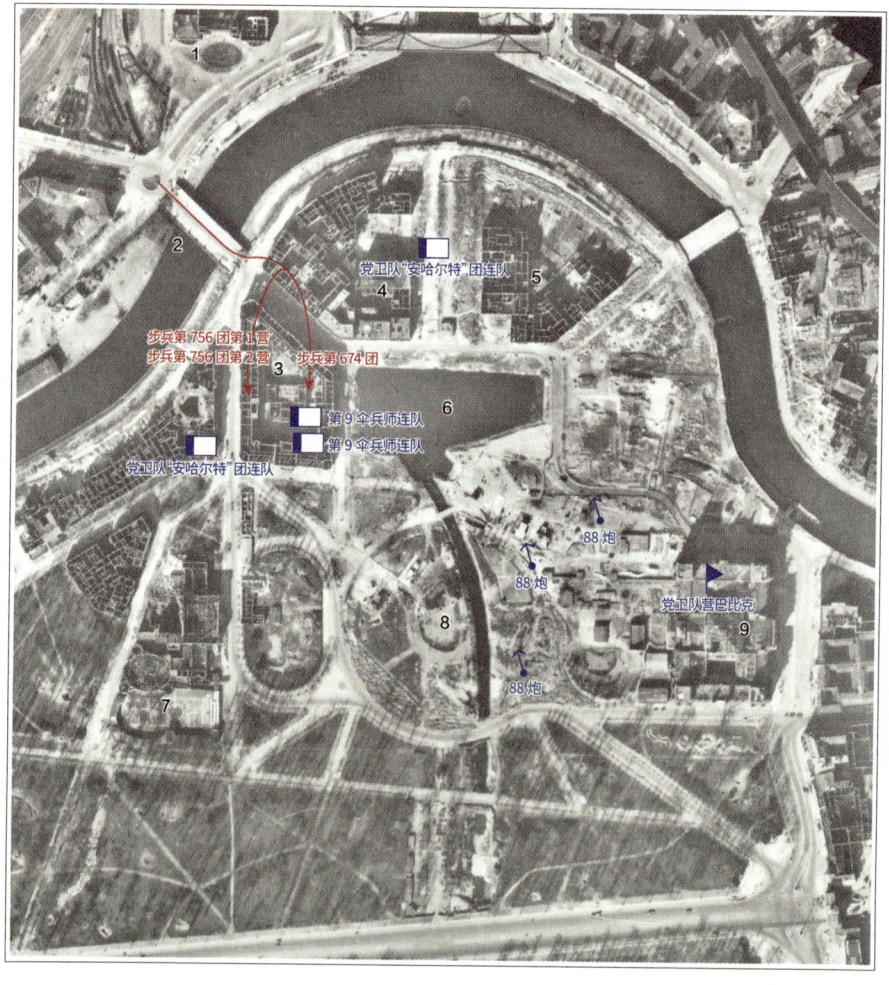

地图 29：争夺国会大厦，4 月 29 日。（1）莱尔特火车站；（2）毛奇桥；（3）内政部，希姆莱大楼；（4）瑞士领事馆；（5）外交区；（6）快铁施工工地和淹没的隧道；（7）克罗尔歌剧院；（8）国王广场；（9）国会大厦；（10）勃兰登堡门。

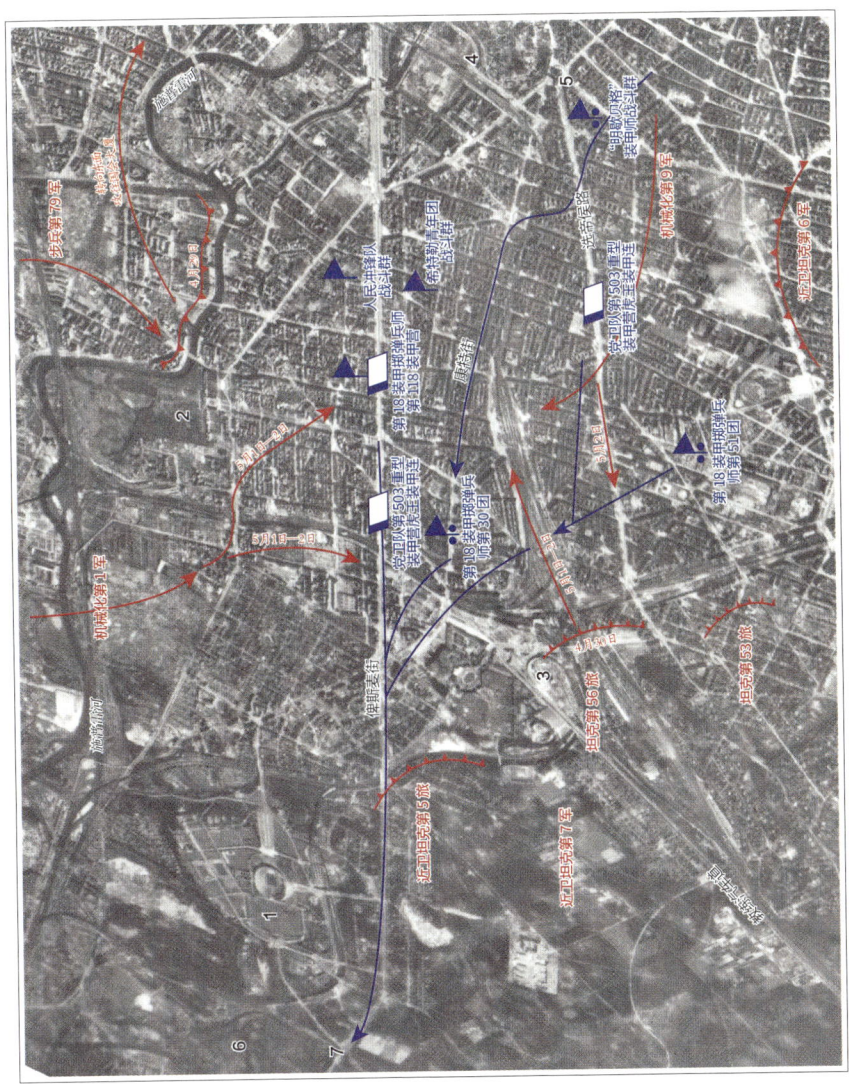

地图 30：4月29日—30日，柏林西部地区的交战。（1）奥林匹克体育场；（2）夏洛滕堡军宅；（3）教练汽车道；（4）动物园防空炮塔；（5）威廉皇帝纪念教堂；（6）施潘道区；（7）皮敞尔斯多夫。

地图31：争夺国会大厦，4月30日上午。（1）莱尔特火车站；（2）毛奇桥；（3）内政部，希姆莱大楼；（4）瑞士领事馆；（5）外交区；（6）快铁施工工地和淹没的隧道；（7）克罗尔歌剧院；（8）国王广场；（9）国会大厦；（10）勃兰登堡门。

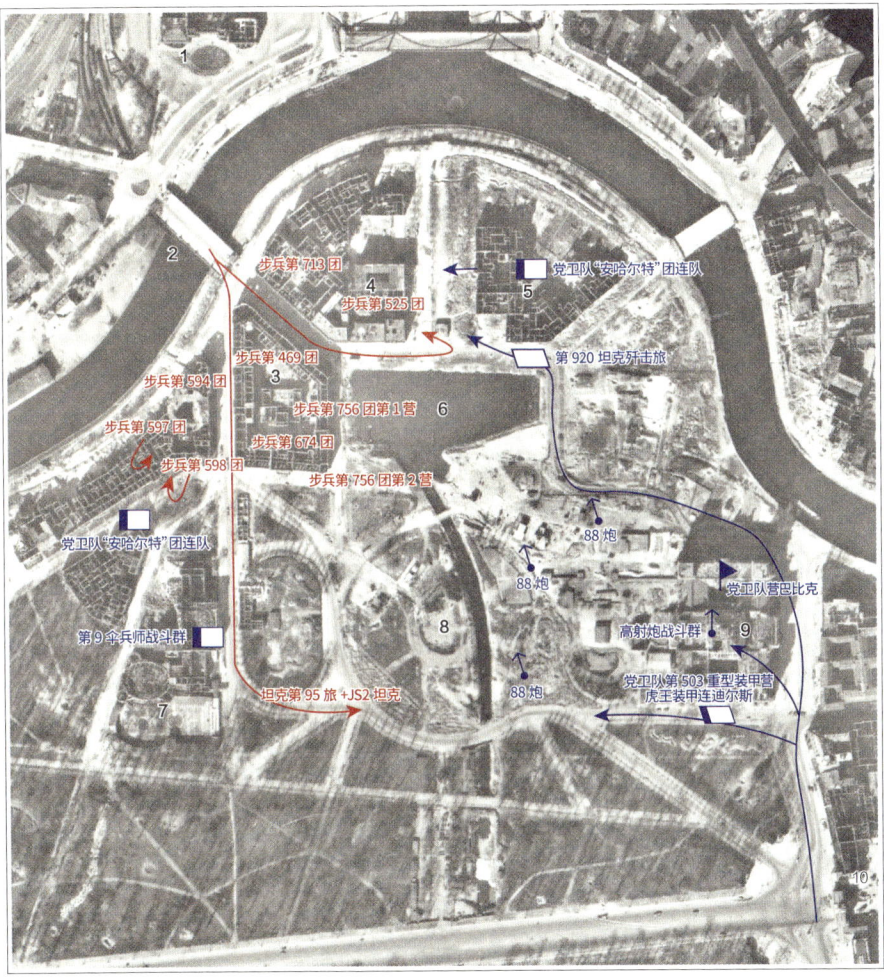

地图32：争夺国会大厦，4月30日下午。（1）莱尔特火车站；（2）毛奇桥；（3）内政部，希姆莱大楼；（4）瑞士领事馆；（5）外交区；（6）快铁施工工地和淹没的隧道；（7）克罗尔歌剧院；（8）国王广场；（9）国会大厦；（10）勃兰登堡门。

地图33：争夺国会大厦，4月30日傍晚。（1）莱尔特火车站；（2）毛奇桥；（3）内政部，希姆莱大楼；（4）瑞士领事馆；（5）外交区；（6）快铁施工工地和淹没的隧道；（7）克罗尔歌剧院；（8）国王广场；（9）国会大厦；（10）勃兰登堡门。

地图34：争夺柏林养老院市场，4月30日。（1）帝国银行；（2）豪斯沃格泰广场；（3）登霍夫广场；（4）圣约瑟夫二世医院；（5）养老院市场；（6）外汇交易市场；（7）帝国出版局；（8）电影院；（9）耶路撒冷教堂。

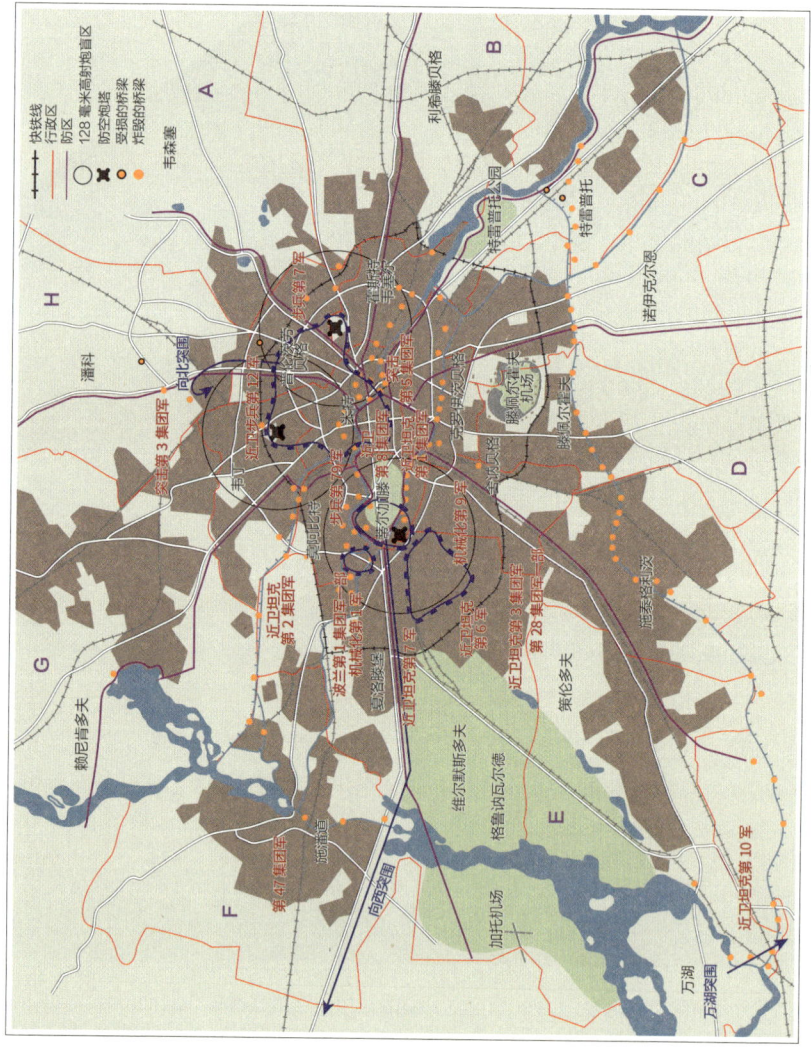

地图35：柏林战役详情，5月1日—2日。

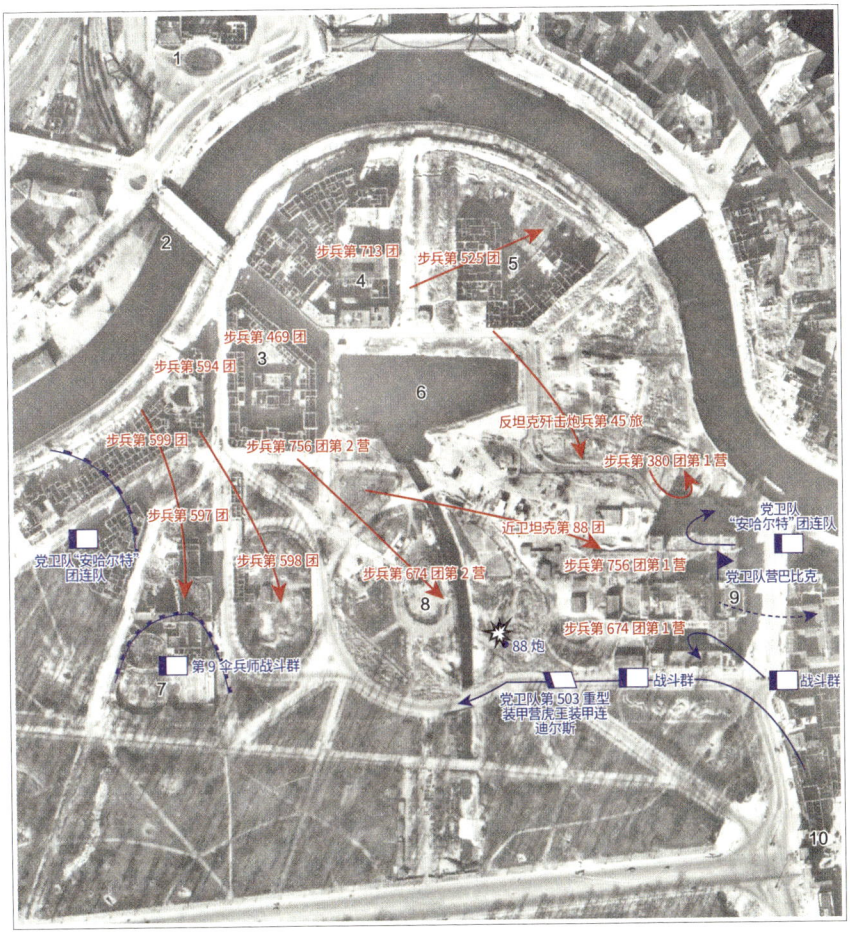

地图36：争夺国会大厦，5月1日。(1)莱尔特火车站；(2)毛奇桥；(3)内政部，希姆莱大楼；(4)瑞士领事馆；(5)外交区；(6)快铁施工工地和淹没的隧道；(7)克罗尔歌剧院；(8)国王广场；(9)国会大厦；(10)勃兰登堡门。

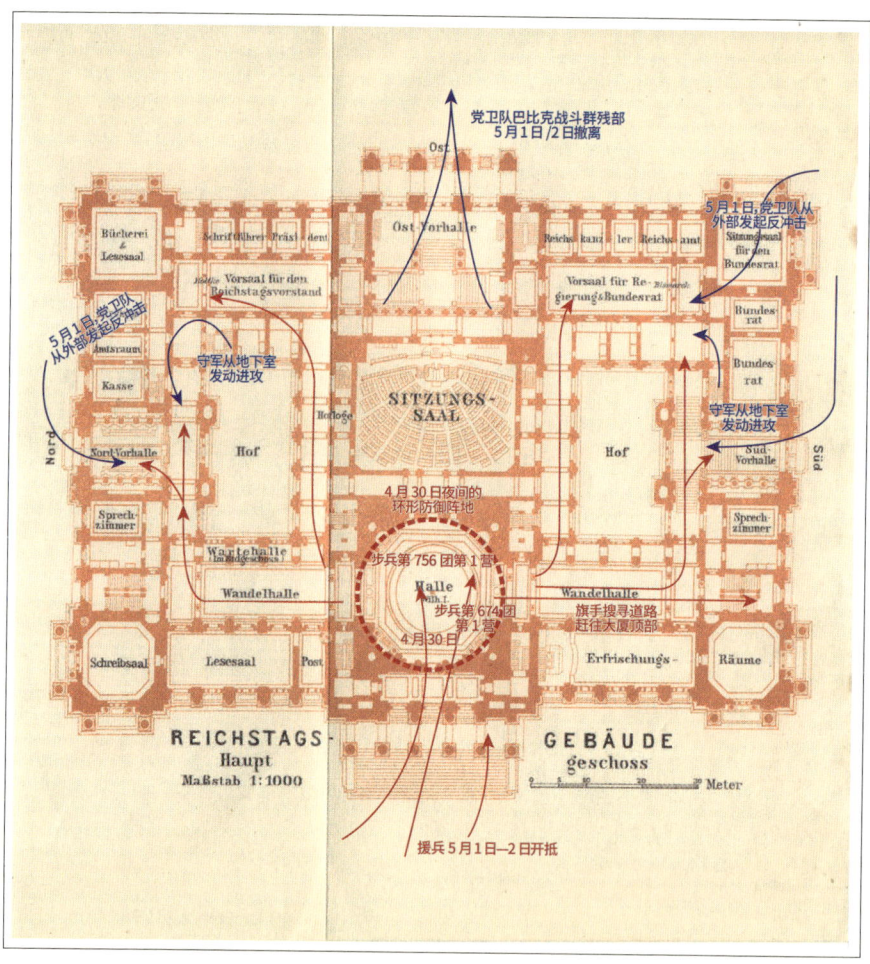

地图37：国会大厦内的战斗，4月30日—5月1日。

地图38：5月2日，市区北部突围的最后时刻。

地图 39：中央区详情。（1）勃兰登堡门；（2）巴黎广场；（3）城市大学建筑群；（4）阿德隆旅馆；（5）元首暗堡/花园入口；（6）新帝国总理府；（7）旧帝国总理府；（8）帝国宣传部和掩蔽部；（9）威廉广场和地铁站；（10）莱比锡广场；（11）波茨坦广场/地铁站；（12）波茨坦火车站；（13）安哈尔特火车站；（14）帝国航空部；（15）盖世太保总部；（16）欧罗巴大厦；（17）贝勒联盟广场/赫蒂百货公司（右侧）。

地图40：美国第8航空队1945年2月3日对威廉大街实施昼间轰炸的影像分析。这张照片摄于1945年2月8日，呈现出美国第8航空队波音B-17轰炸机，2月3日对德国柏林威廉大街地区实施昼间轰炸造成的毁灭性破坏。方圆1.5平方英里地区遭受严重破坏，包括（1）安哈尔特火车站；（2）欧罗巴大厦和联合保险公司；（3）艺术和工艺品博物馆；（4）飞行员之家；（5）普鲁士大厦；（6）韦特海姆的商店；（7）国营铁路部门；（8）帝国总统办公厅；（9）航空部；（10）运输部；（11）邮局和万国邮政博物馆；（12）普鲁士总理戈林的办公室；包括住宅区在内的其他地区。

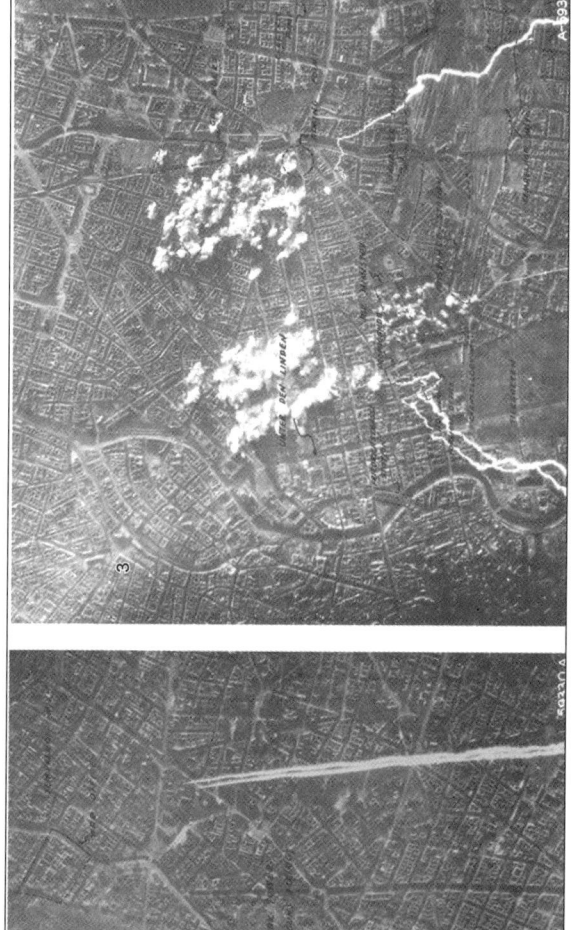

地图 41：美国第 8 航空队 1945 年 2 月 3 日空袭柏林，两张连续拍摄的航拍照片。2 月 3 日这场空袭，是美国第 8 航空队实施的规模最大的昼间空袭，旨在打击柏林城内的主要铁路站场，阻止德国第 6 装甲集团军部署到奥得河前线，盟军怀疑德国人利用这些站场把该集团军从西线调往东线。盟军情报部门的评估存在有误，因为第 6 装甲集团军部署到布达佩斯周边地域。这场空袭是盟国对尔联表明的政治立场。在整个柏林城内引发大火，烈焰燃烧了好几天，柏林市中心几为平地。估计这场空袭炸死 3000，炸伤 20000 名德国人，还导致 12 万人流离失所。盟军的伤亡微乎其微，只有 36 架遭击落。这场空袭没取得军事影响。德国人经常把频繁的建筑打造成防御阵地，各条街道上的碎石瓦砾给红军的进攻造成妨碍。左侧的照片表明，首批炸弹投下时，动物园 G 塔两门 128 毫米双联装高射炮正朝空中的敌机开炮。右侧的照片是几秒钟中后拍摄的，表明炸弹命中柏林市中后点和实际命中的目标。注意右侧照片里的瞄准点和实际命中的目标：（1）动物园 G 塔；（2）动物园 L 塔；（3）亚历山大广场。

地图42：美国第8航空队1945年2月3日轰炸动物园西面的柏林市区之前和之后的照片。注意建筑遭受破坏的程度。（1）柏林动物园位于左上角，动物园上方是兰德韦尔运河；（2）照片中央附近的维滕贝格广场是一片开阔地。注意右侧照片腾起的滚滚烟雾，很可能是动物园G塔上的128毫米高射炮朝拍照的盟军侦察机开炮造成的。

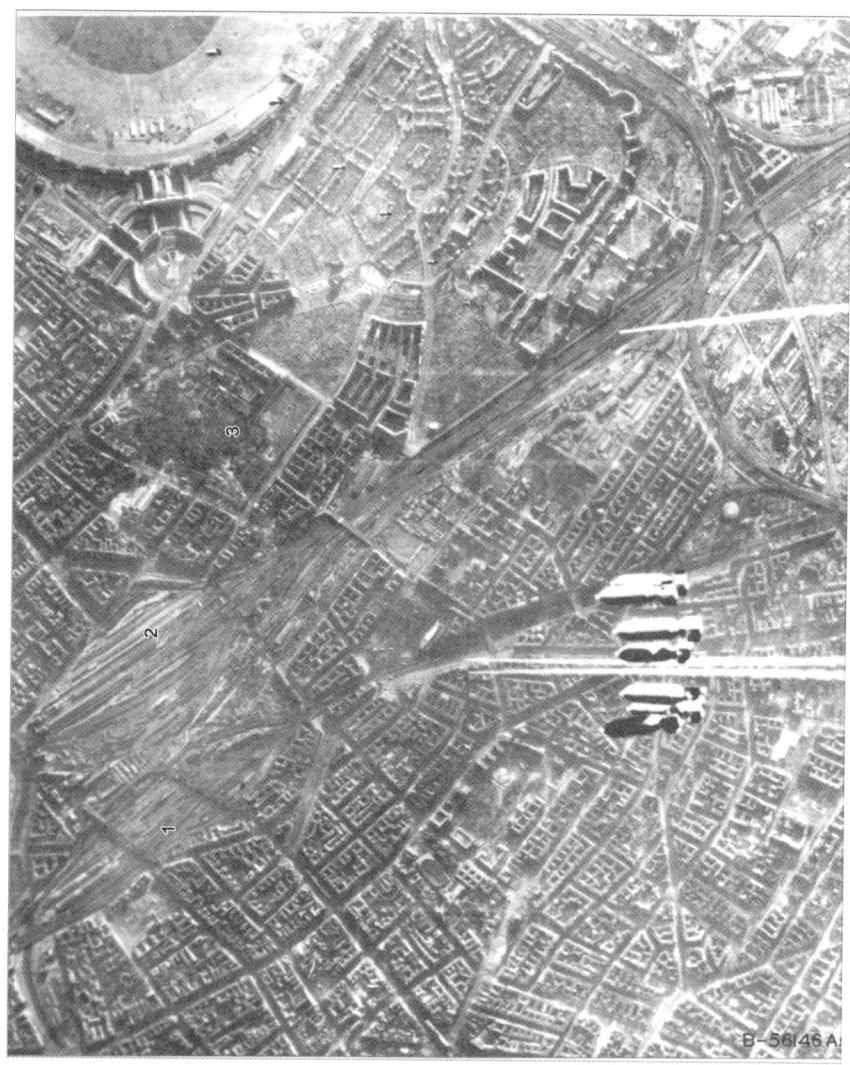

地图43：盟国第8航空队2月3日空袭兰德韦尔运河南面的（1）波茨坦，（2）安哈尔特铁路站场的航拍照片。滕佩尔霍夫和（3）维多利亚公园位于右侧。

彩色地图 909

地图 44：美国第 8 航空队 1944 年 3 月 8 日昼间空袭柏林的航拍照片。照片里能看见（1）西里西亚铁路战场，（2）施普雷河，（3）特雷普托公园地带。特雷普托公园至关重要，党卫队第 24 "丹麦" 装甲掷弹兵团一部和人民冲锋队据守此处，抗击红军步兵第 9 军辖内部队，红军发动两栖进攻，一举冲入公园。

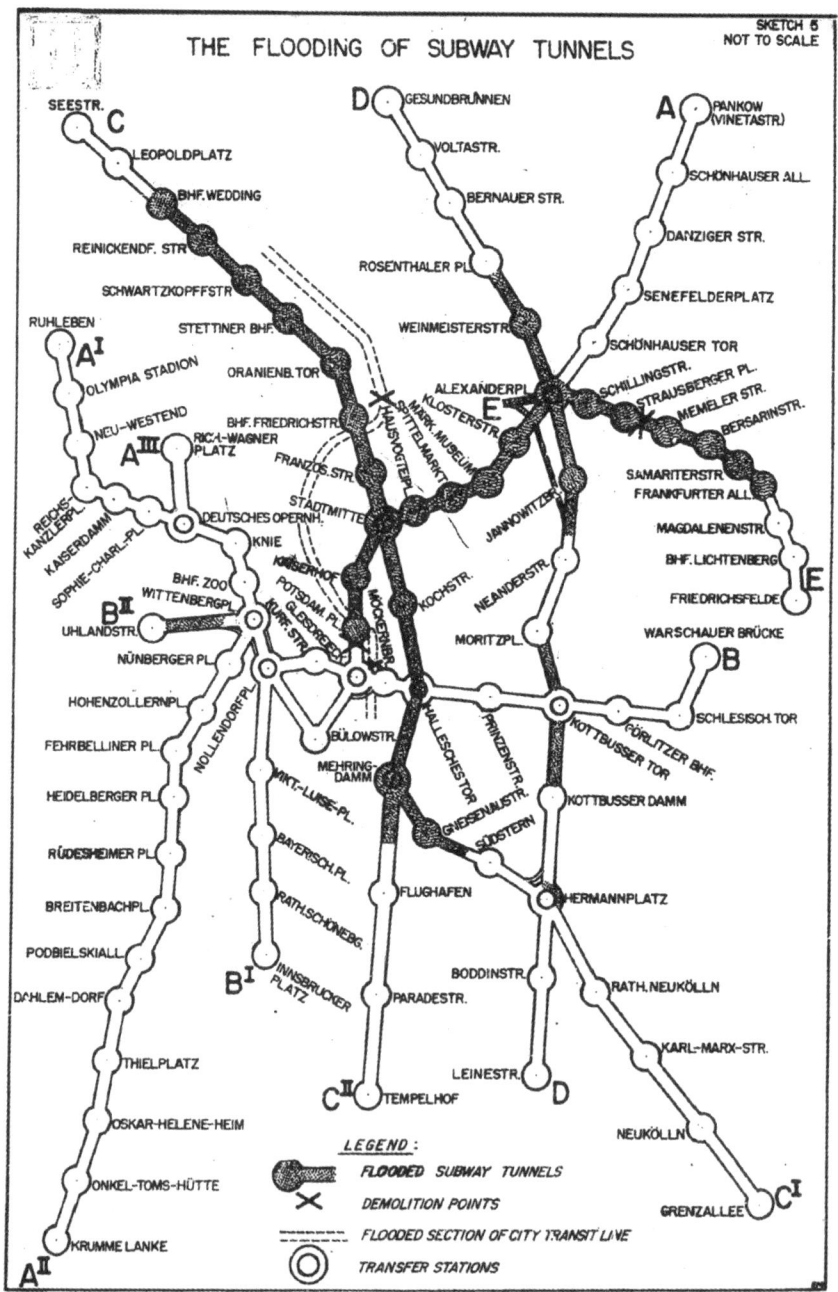

地图45：这张图描绘了战役结束时淹没的快铁隧道。注意德国人沿波茨坦广场布设的爆破点，表明党卫队5月1日夜间炸毁隧道的地点，以此协助城内守军向北突围。平民百姓撤离地下掩蔽部的时间安排出了岔子，河水灌入时，许多人仍滞留在隧道里。实施爆破前，党卫队已提醒平民百姓赶紧撤离。

彩照

蒂尔加滕区，兰德韦尔运河对面的 L 塔。这张照片可能是 1945 年秋季拍摄的。炮塔主平台上能看见许多 30 毫米高射炮，炮塔顶部还能看见雷达天线的残骸。炮塔底部周围的地面上，散落着许多损毁的运输车辆。左侧有一座兵营建筑。右侧远处，胜利纪念柱和国会大厦清晰可辨。

动物园 G 塔，部署在上层平台西南角的 128 毫米双联装高射炮。这些火炮喷涂了三色伪装，而西北角的高射炮喷涂的是纯灰色。照片里能看见，这些大口径火炮压低射角打击地面目标时产生的焦痕，以及给炮台护墙边缘的混凝土造成的破坏，红军指战员和德军官兵的战后记述，都证明这些高射炮投入地面战斗。

动物园 G 塔东北角下方平台部署的一门 38 毫米双联装高射炮,迷彩涂装采用了柔化边缘的变体。炮台护墙的焦痕表明,这门高射炮压低炮管打击地面目标,完全符合红军和德军官兵的说法。

1945 年夏季,格鲁讷瓦尔德,教练汽车道上损毁的 T-34/85 坦克。这辆战车可能隶属在柏林该地区作战的近卫坦克第 3 集团军近卫坦克第 7 军。炮塔上的双环已褪色,但还是能看见,表明这辆坦克可能隶属近卫坦克第 55 旅。

右侧最近处的黑豹是 D 型，第二辆是战争后期的黑豹 F 型，第三辆可能是黑豹 G 型。黑豹 F 型和 G 型都采用三色迷彩涂装，在阳光下晒得有些褪色，还覆满灰尘和污垢。黑豹 D 型似乎使用了两种不同的迷彩涂装，炮塔是单色，也许只喷涂了氧化铁红色，而车身使用双色涂装。右侧至少有四辆 T-34/85 坦克。

1945 年夏末，沿施普雷运河南眺。右侧是柏林大教堂。宽阔的运河给红军的强渡造成困难。左侧的伯尔泽证券交易所经历了激烈的战斗。右侧最近处几栋建筑外墙上的弹孔表明，西岸的防御非常严密。

1946年夏季，从指挥官街20号沿新格林街望向东北面。坦克第11军辖内部队从右侧杀到左侧，穿过新格林街赶往养老院市场。街道尽头的几栋建筑今天依然存在。照片背景处见到的塔楼是旧市政厅。

1946年夏季的养老院市场，可能是东眺，背景处能看见圣彼得教堂的尖塔，这座尖塔今天已不复存在。该地区的争夺战异常激烈，一直持续到战役最后几天。昔日繁华的养老院市场，今天已见不到原先的建筑。

1946年夏季，德军一辆82/E型大众指挥车的残骸停在格鲁讷瓦尔德。似乎有一辆坦克从这辆指挥车前方地带驶过。

1946年夏季，从损毁的奥古斯塔桥（今天的乔治·C. 马歇尔桥）沿兰德韦尔运河一段废墟西望波茨坦桥（左侧画面外）。这张照片表明，没有桥梁可用的情况下，红军将士跨越运河面临巨大的障碍。

1946年夏季，东望勃兰登堡门。门上的大洞，可能是4月29日德军四号坦克歼击车车长为击落红军挂在门上的"锤子镰刀"旗，发射的高爆弹造成的，详情参阅本书第八章。

1946年夏季，东望威廉皇帝纪念教堂。这片地带的战斗非常激烈，教堂外墙面的累累弹痕可资证明。激战的不同时刻，德军和红军士兵都占领过教堂，因为教堂尖塔为观察周围的市中心提供了出色的位置。几乎可以肯定，教堂北立面遭受的破坏，是附近动物园防空炮塔128毫米高射炮故意或意外命中造成的。

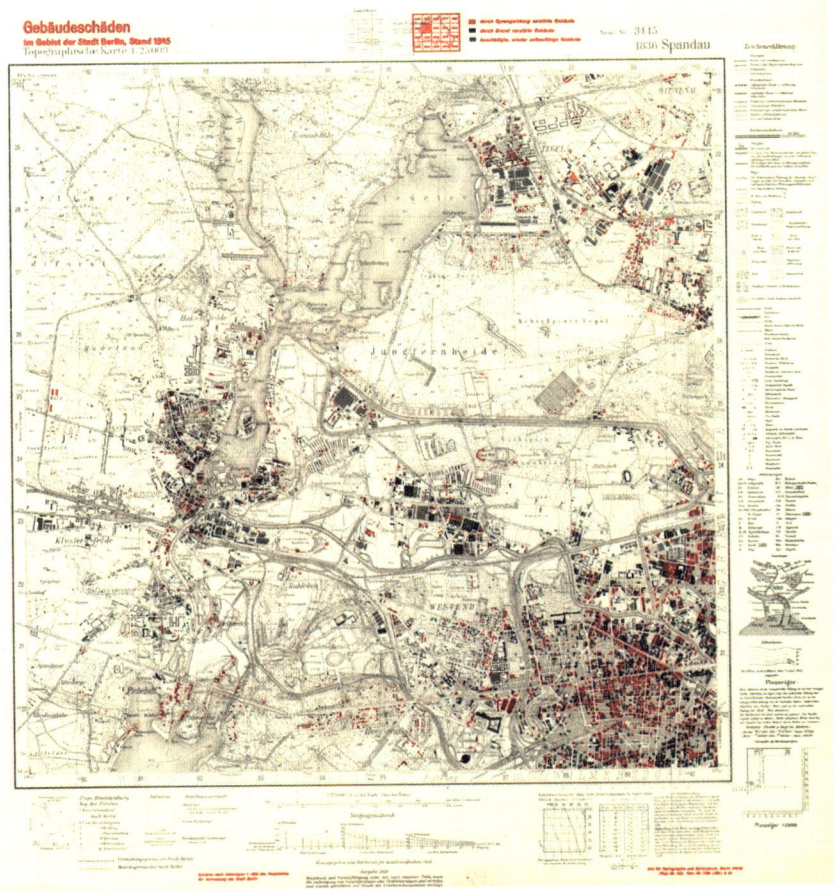

1945年，柏林西北部建筑遭受破坏的情况。红色是毁于炮火的建筑，蓝色是遭焚毁的建筑，绿色代表受损但可以重建的建筑。这张地图表明红军攻入柏林期间，爆发激烈战斗的各地区，必须指出，市中心许多建筑先前就被盟军的空袭炸毁。施潘道区遭受的破坏，大多发生在守军向西突围期间。

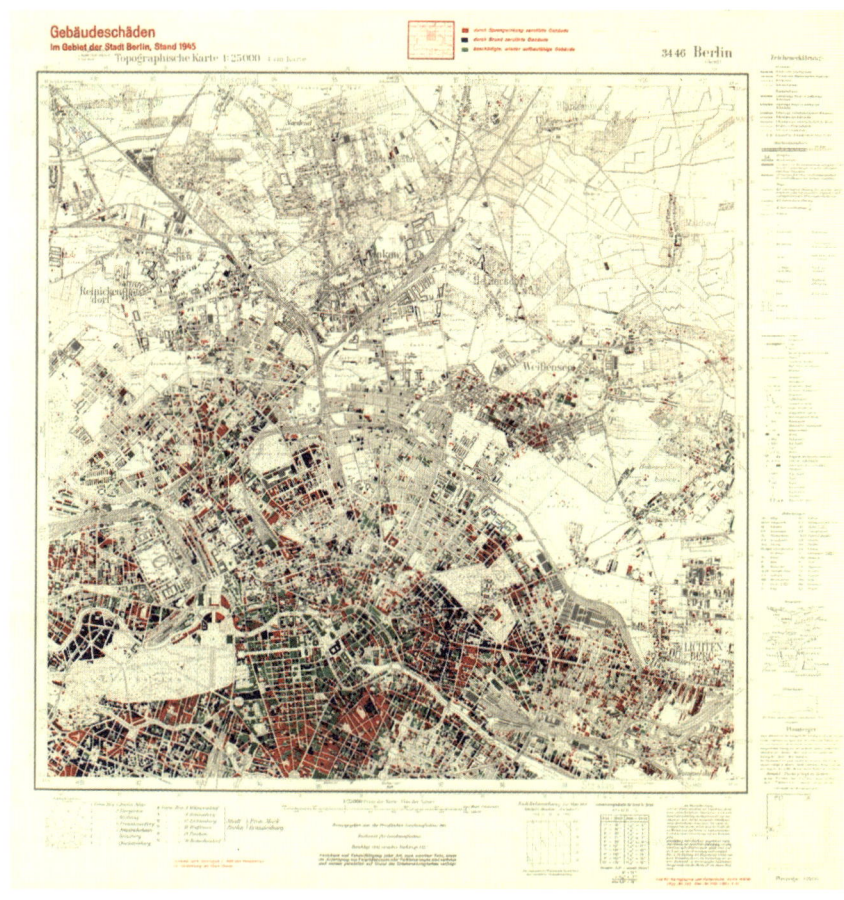

1945年，柏林东北部建筑遭受破坏的情况。红色是毁于炮火的建筑，蓝色是遭焚毁的建筑，绿色代表受损但可以重建的建筑。这张地图表明红军攻入柏林期间，爆发激烈战斗的各地区，必须指出，市中心许多建筑先前就被盟军的空袭炸毁。从图中可以看出，韦森塞区受损严重，这种情况完全符合那里爆发激烈防御作战的报告，而洪堡海因与腓特烈斯海因防空炮塔之间的建筑受损较轻，说明红军不打算穿过柏林这片地带。

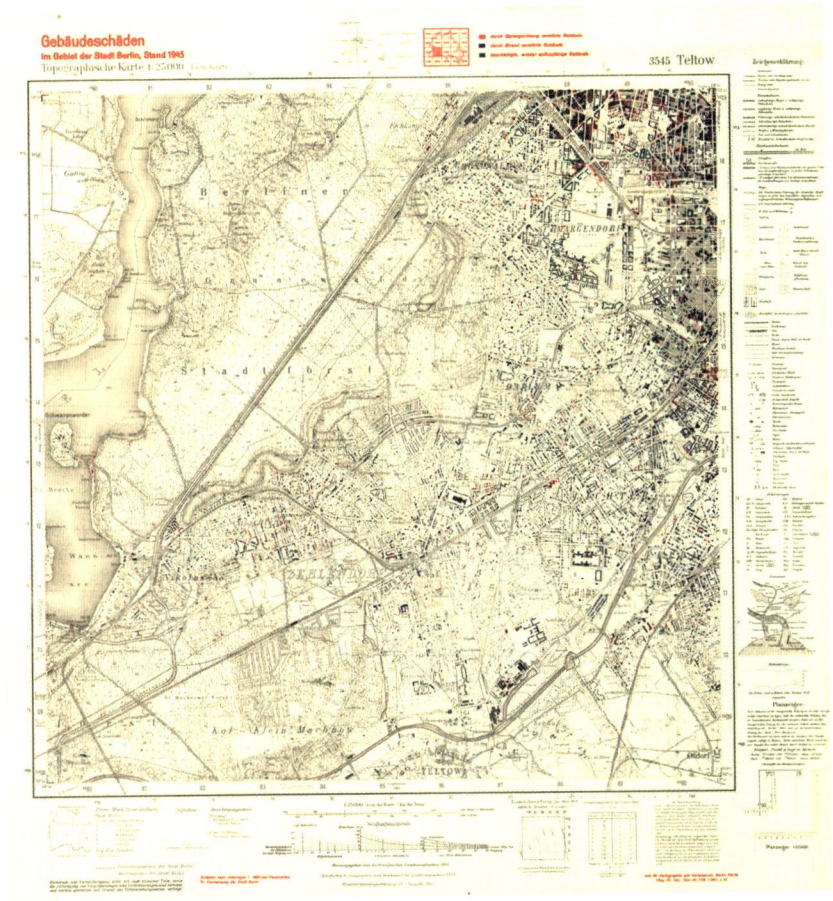

1945年，柏林西南部建筑遭受破坏的情况。红色是毁于炮火的建筑，蓝色是遭焚毁的建筑，绿色代表受损但可以重建的建筑。这张地图表明红军攻入柏林期间，爆发激烈战斗的各地区，必须指出，市中心许多建筑先前就被盟军的空袭炸毁。图中遭受破坏的建筑，大多是近卫坦克第3集团军前进期间造成的。

1945年，柏林东南部建筑遭受破坏的情况。红色是毁于炮火的建筑，蓝色是遭焚毁的建筑，绿色代表受损但可以重建的建筑。这张地图表明红军攻入柏林期间，爆发激烈战斗的各地区，必须指出，市中心许多建筑先前就被盟军的空袭炸毁。